Termus Tomus

Opervm Venerabi

Termus Tomus

Opervm Venerabi

ISBN/EAN: 9783741192463

Manufactured in Europe, USA, Canada, Australia, Japa

Cover: Foto ©Thomas Meinert / pixelio.de

Manufactured and distributed by brebook publishing software
(www.brebook.com)

Termus Tomus

Opervm Venerabi

TERTIVS TOMVS

OPERVM VENERABILIS Bedæ, historica, uitas aliquot Sanctorum, ac collectanea quædam cõplectens, quorum catalogum uersa pagina docet.

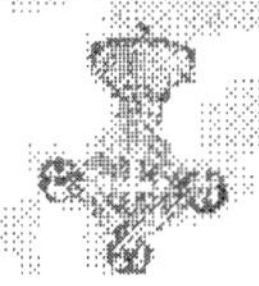

TERTII TOMI

ELENCHVS.

GLORIOSISSIMO REGI Ceoluulpho, Beda famulus Christi & presbyter.

ISTORIAM Gentis Anglorum Ecclesiasticam, quam nuper ediderum, libentissime tibi desideranti Rex, & prius ad legendum ac probandum transmisi, & nunc ad transcribendum ac plenius ex tempore meditandum retransmitto: satisque studium tuae sinceritatis amplector, quo non solum audiendis scripturae sacrae verbis aurem sedulus accommodas, verumetiam noscendis priorum gestis sive dictis, & maxime nostrae gentis, virorum illustrium curam vigilanter impendis. Si enim historia de bonis bona referat, ad imitandum bonum auditor solicitus instigatur: seu mala commemoret de pravis, nihilominus religiosus ac pius auditor sive Lector, devitando quod noxium est ac perversum, solertius ad exequenda ea quae bona ac Deo digna esse cognoverit, accenditur. Quod ipsum tu quoque vigilantissime deprehendens, historiam memoratam in notitiam tibi simul & eis quibus te regendis divina praefecit authoritas, ob generalis curam salutis latius propagari desideras. Vt autem in his quae scripsi vel tibi magnanime Rex, vel caeteris auditoribus sive Lectoribus huius historiae occasionem dubitandi subtraham, quibus haec maxime authoribus didicerim, breviter intimare curabo. Author ante omnes atque adiutor Opusculi huius Albinus abbas reverendissimus, vir per omnia doctissimus extitit: qui in ecclesia Cantuariorum a beatae memoriae Theodoro archiepiscopo, & Hadriano abbate viris venerabilibus atque eruditissimis institutus, diligenter omnia quae in ipsa Cantuariorum provincia, vel etiam in contiguis eisdem regionibus a discipulis beati Papae Gregorij gesta fuere, vel monumentis literarum vel seniorum traditione cognoverat, ea mihi de his quae memoria digna videbantur per religiosum Lundoniensis ecclesiae presbyterum Nothelmum, sive literis mandata, sive ipsius Nothelmi viva voce referenda, transmisit. Qui videlicet Nothelmus postea Romam veniens, nonnullas ibi beati Gregorij papae simul & aliorum pontificum epistolas, perscrutato eiusdem sanctae ecclesiae Romanae scrinio, permissu eius qui nunc ipsi ecclesiae praeest, Gregorij pontificis, invenit: reversusque nobis nostrae historiae inserendas cum consilio praefati Albini reverendissimi patris attulit. A principio itaque voluminis huius usque ad tempus quo gens Anglorum fidem Christi percepit, ex priorum maxime scriptis hinc inde collectis ea quae promemus, didicimus. Exinde autem usque ad tempora praesentia, quae in ecclesia Cantuariorum per discipulos beati Gregorij Papae, sive successores eorum, vel sub quibus regibus gesta sint, memorati abbatis Albini industria, Nothelmo ut diximus perferente, cognouimus. Qui etiam provinciae Orientalium Saxonum simul & Occidentalium, necnon & Orientalium Anglorum atque Nordan Humbrorum, a quibus praesulibus, vel quorum tempore regum gratiam Evangelij perceperint, nonnulla mihi ex parte prodiderunt. Denique hortatu praecipue ipsius Albini, ut hoc Opus aggredi auderem, provocatus sum. Daniel quoque reverendissimus Occidentalium Saxonum episcopus, qui nunc usque superest, nonnulla mihi de Historia Ecclesiastica provinciae ipsius, simul & proxima illi Australium Saxonum, necnon & Vectae insulae literis mandata declaravit. Qualiter vero per ministerium Ceddi & Ceadda religiosorum Christi sacerdotum, vel provincia Merciorum ad fidem Christi quam non noverat, pervenerit, vel provincia Orientalium Saxonum fidem quam olim exsufflaverat, recuperaverit, qualis etiam ipsorum patrum vita vel obitus extiterit, diligenter a fratribus monasterij, quod ab ipsis conditum Lastingaeu cognominatur, agnouimus. Porro in provincia Orientalium Anglorum, quae fuerint gesta Ecclesiastica, partim ex scriptis, vel traditione priorum, partim reverendissimi abbatis Esi relatione comperimus. At vero in provincia Lindissi, quae sint gesta erga fidem Christi,

sti, quae in successione sacerdotalis extiterit, vel literis reverendissimi antistitis Cyneberti, vel aliorum fidelium virorum viva voce didicimus. Ad haec quae in Nordan Humbrorum provincia, ex quo tempore fidem Christi perceperunt usque ad praesens, per diversas regiones in ecclesia sunt acta, non uno quolibet auctore, sed fideli innumerorum testium, qui haec scire vel meminisse poterant, assertione cognovi, exceptis his quae per meipsum nosse poteram. Inter quae notandum, quod ea quae de sanctissimo patre nostro, & antistite Cudberto, vel in hoc volumine, vel in libello gestorum ipsius conscripsi, partim ex eis quae de illo prius à fratribus Lindisfarnensis ecclesiae scripta reperi, assumpsi, simpliciter fidem historiae quam legebam, accommodans: partim vero ea quae certissima fidelium virorum attestatione per meipsum cognoscere potui, solerter adiicere curavi. Lectoremque suppliciter obsecro, ut si qua in his quae scripsimus, aliter quam se veritas habet, posita reperierit, non hoc nobis imputet, qui (quae vera lex historiae est) simpliciter ea quae fama vulgante collegimus, ad instructionem posteritatis literis mandare studuimus.

BEDA AD LECTOREM.

OMNES ad quos haec Historia pervenire poterit nostrae nationis legentes sive audientes, suppliciter precor, ut pro meis infirmitatibus & mentis & corporis, apud supernam clementiam saepius intervenire meminerint: & in sua quisque provincia hanc mihi suae remunerationis vicem rependant, ut qui de singulis provinciis sive locis sublimioribus, quae memoratu digna, atque incolis grata credideram, diligenter adnotare curavi, apud omnes fructum piae intercessionis inveniam.

Vale.

Ecclesiastica

Ecclesiasticæ Historiæ gentis Anglorum,

LIBER I.

De situ Britanniæ uel Hyberniæ, & priscis earum incolis. Caput 1.

BRITANNIA Oceani insula, cui quondam Albion nomen fuit, inter Septentrionem & Occidentem locata est, Germaniæ, Galliæ, Hispaniæ, maximis Europæ partibus, multo interuallo aduersa. Quæ per millia passuum octingenta in Boream longa, latitudinis habet millia ducenta, exceptis duntaxat prolixioribus diuersorum promontoriorum tractibus, quibus efficitur, ut circuitus eius quadragies octies septuagena quinque millia compleat. Habet à meridie Galliam belgicam, cuius proximum littus transmeantibus aperit ciuitas, quæ dicitur Rutubi portus, qui portus à gente Anglorum nunc corrupte Reptacestir uocatur, interposito mari à Gessoriaco Morinorum gentis littore proximo traiectu, millium quinquaginta, siue, ut quidam scripsere, stadiorum quadringentorum quinquaginta. à tergo autem, unde Oceano infinito patet, Orcadas insulas habet. Opima frugibus atque arboribus insula, & alendis apta pecoribus ac iumentis. Vineas etiam quibusdam in locis germinans: sed & auium ferax terra marique generis diuersi, fluuiis quoque multum piscosis, ac fontibus præclara copiosis. Et quidem præcipue isicio abundat & anguilla. Capiuntur autem sæpissime & uituli marini, & delphines, nec non & balenæ. Exceptis autem uariorum generibus conchiliorum, in quibus sunt & musculæ, quibus inclusam sæpe margaritam, omnis quidem coloris optimam inueniunt: id est, & rubicundi & purpurei, & hyacinthini & prasini, sed maxime candidi. Sunt & cochleæ satis superque abundantes, quibus tinctura coccinei coloris conficitur. Cuius rubor pulcherrimus nullo unquam solis ardore, nulla ualet pluuiarum iniuria pallescere: sed quo uetustior, eo solet esse uenustior. Habet fontes salinarum, habet & fontes calidos, & ex eis fluuios balnearum calidarum, omni ætati & sexui per distincta loca iuxta suum cuique modum accommodos. Aqua enim (ut sanctus Basilius dicit) feruidam qualitatem recipit, cum per certa quædam metalla transcurrit, & fit non solum calida, sed & ardens. Quæ etiam uenis metallorum æris, ferri, plumbi, & argenti fœcunda gignit & lapidem gagatem plurimum optimumque. Est autem nigrigemmeus, & ardens igni admotus, incensus serpentes fugat, attritu calefactus applicita detinet æque ut succinum. Erat & uiginti & octo ciuitatibus quondam nobilissimis insignita, præter castella innumera, quæ & ipsa muris, turribus, portis ac seris erant instructa firmissimis. Et quia prope sub ipso septentrionali uertice mundi iacet, lucidas æstate noctes habet, ita ut medio sæpe tempore noctis in quæstionem ueniat intuentibus, utrum crepusculum adhuc permaneat uespertinum, an iam aduenerit matutinum, utpote nocturno sole non longe sub terris ad orientem Boreales per plagas redeunte. Unde etiam plurimæ longitudinis habet dies æstate, sicut & noctes contra in bruma, sole nimirum tunc Libycas in partes secedente, id est, horarum decem & octo. Plurimæ item breuitatis noctes æstate, & dies habet in bruma, hoc est, sex solummodo æquinoctialium horarum. Cum in Armenia, Macedonia, Italia, cæterisque eiusdem lineæ regionibus longissima dies siue nox quindecim, breuissima nouem compleat horas. Hæc in præsenti iuxta numerum librorum, quibus lex diuina scripta est, quinque gentium linguis unam eandemque summæ ueritatis & ueræ sublimitatis scientiam scrutatur & confitetur, Anglorum uidelicet, Britonum, Scottorum, Pictorum & Latinorum, quæ meditatione scripturarum cæteris omnibus est facta communis. In primis autem hæc insula Britones solum, à quibus nomen accepit, incolas habuit, qui de tractu Armoricano (ut fertur) Britanniam aduecti, australes sibi partes illius uindicarunt. Et cum plurimam insulæ partem (incipientes ab austro) possedissent, contigit gentem Pictorum de Scythia (ut perhibent) longis nauibus non multis Oceanum ingressam, circumagente flatu uentorum, extra fines omnes Britanniæ Hyberniam peruenisse, eiusque Septentrionales oras intrasse, atque inuenta ibi gente Scottorum sibi quoque in partibus illius sedes petisse, nec impetrare potuisse. Est autem Hybernia insula omnium post Britanniam maxima, ad Occidentem quidem Britanniæ sita: sed sicut contra Aquilonem ea breuior, ita in meridiem se trans illius fines plurimum protendens, usque contra Hispaniæ Septentrionalia, quamuis magno æquore interiacente, peruenit. Ad hanc ergo usque peruenientes nauigio Picti (ut diximus) petierunt in ea sibi quoque sedes & habitationem donari. Responderunt Scotti, quod non ambos eos caperet insula: sed possumus (inquiunt) salubre nobis dare consilium, quid agere ualeatis. Nouimus insulam aliam esse non procul à nostra, contra ortum solis, quam sæpe lucidioribus diebus de longe aspicere solemus. Hanc adire si uultis, habitabilem nobis facere ualeatis: uel si qui restiterint, nobis auxiliariis utimini. Itaque petentes Britanniam Picti habitare, per Septentrionales insulæ partes cœperunt. Nam austrina Britones occupauerant. Cumque uxores Picti non habentes peterent à Scottis, ea solum conditione dare consenserunt, ut ubi res ueniret in dubium, magis de fœminea regum prosapia, quam de masculina regem sibi eligerent: quod usque hodie apud Pictos constat esse seruatum. Procedente autem tempore Britannia post Britones & Pictos tertiam

Scottorum nationem in Pictorum parte recepit: qui duce Reuda de Hybernia egressi, uel amicitia uel ferro sibimet inter eos sedes, quas hactenus habent, uindicarunt: à quo uidelicet duce usque hodie Dalreudini uocantur. nam lingua eorum dal partem significat. Hybernia autem & latitudine sui status & salubritate ac serenitate aërum multum Britanniæ præstat, ita ut raro ibi nix plus quàm triduana remaneat: nemo propter hyemem aut fœna secet æstate, aut stabula fabricet iumentis. Nullum ibi reptile uideri soleat, nullus uiuere serpens ualeat. Nam sæpe illo de Britannia allati serpentes, mox ut proximante terris nauigio odore aëris illius attacti fuerint, intereunt: quin potius omnia penè, quæ de eadem insula sunt, contra uenenum ualent. Denique uidimus, quibusdam à serpente percussis, rasa folia codicum, qui de Hybernia fuerunt, & ipsam rasuram aquæ immissam, ac potui datam, talibus protinus totam uim ueneni grassantis, totum inflati corporis absumpsisse ac sedasse tumorem. Diues lactis ac mellis insula, nec uinearum expers, piscium uolucrumque, sed & ceruorum uenatu insignis. Hæc autem propriè patria Scottorum est. Ab hac egressi (ut diximus) tertiam in Britannia Britonibus, & Pictis gentem addiderunt. Est autem sinus maris permaximus, qui antiquitus gentem Britonum à Pictis secernebat, qui ab occidente in terras longo spacio erumpit, ubi est ciuitas Britonum munitissima usque hodie, quæ uocatur Alcluith: ad cuius uidelicet sinus partem septentrionalem Scotti (quos diximus) aduenientes sibi locum patriæ fecerunt.

Vt Britanniam primus Romanorum Caius Iulius adierit. Caput II.

VErum eadem Britannia Romanis usque ad Caium Iulium Cæsarem inaccessa atque incognita fuit: qui anno ab urbe condita sexcentesimo nonagesimo tertio, ante uero incarnationis Dominicæ tempus anno sexagesimo, functus gradu consulatus cum Lucio Bibulo, dum contra Germanorum Gallorumque gentes, qui Rheno tantum flumine dirimebantur, bellum gereret, uenit ad Morinos, unde in Britanniam proximus & breuissimus transitus est. Et nauib. circiter onerariis atque actuariis octoginta præparatis in Britanniam transuehitur, ubi acerba primum pugna fatigatus, deinde aduersa tempestate correptus, plurimam classis partem, & non paruum numerum militum, equitum uero penè omnem disperdidit. Regressus in Galliam, legiones in hyberna dimisit, ac sexcentas naues utriusque commodi fieri imperauit: quibus iterum in Britanniam transuectus, dum ipse in hostem cum ingenti exercitu pergit, naues in anchoris stantes, tempestate correptæ uel collisæ inter se, uel harenis illisæ ac dissolutæ sunt: ex quibus quadraginta perierunt, cæteræ cum magna difficultate reparatæ sunt. Cæsaris equitatus primo congressu à Britannis uictus, ibique Labienus tribunus occisus est. Secundo prælio cum magno suorum discrimine uictos Britannos in fugam uertit. Inde ad flumen Thamesim profectus est, quem uno tantum loco uadis transmeabilem ferunt. In huius ulteriore ripa, Cassobellauno duce, immensa hostium multitudo consederat, ripamque fluminis ac penè totum sub aqua uadum acutissimis sudibus præstruxerat. Quarum uestigia sudium ibidem usque hodie uisuntur, & uidentur inspectantibus, quod singulæ earum ad modum humani femoris grossæ & circumfusæ plumbo immobiliter hæreant, in profundum fluminis infixæ. Quod ubi à Romanis deprehensum ac uitatum est, Barbari legionum impetum non ferentes, syluis sese abdidere, unde crebris eruptionibus Romanos grauiter ac sæpe lacerabant. Interea Trinobantum firmissima ciuitas, cum Androgorio duce, datis quadraginta obsidibus Cæsari sese dedidit. Quod exemplum secutæ urbes aliæ complures, in fœdus Romanorum uenerunt. Iisdem demonstrantibus, Cæsar oppidum Cassobellauni inter duas paludes situm, obtentu insuper syluarum munitum, omnibusque rebus confertissimum, tandem graui pugna cepit. Exin Cæsar à Britannis reuersus in Galliam, postquam legiones in hyberna misit, repentinis bellorum tumultibus undique circumuentus & conflictatus est.

Vt eandem secundus Romanorum Claudius adiens, Orcadas etiam insulas adiecerit Romano imperio, sed & Vespasianus ab eo missus, Vectam quoque insulam Romanis subdiderit. Caput III.

ANno autem ab urbe condita septingentesimo nonagesimo septimo Claudius imperator ab Augusto quartus, cupiens se utilem reipublicæ ostentare principem, bellum ubique & uictoriam undecunque quæsiuit. Itaque expeditionem in Britanniam mouit, quæ excitata in tumultum propter non redditos transfugas uidebatur. Transuectus in insulam est, quam neque ante Iulium Cæsarem, neque post eum quisquam adire ausus fuerat, ibique sine ullo prælio ac sanguine intra paucissimos dies plurimam insulæ partem in deditionem recepit. Orcadas etiam insulas ultra Britanniam in Oceano positas, Romano adiecit imperio, ac sexto quàm profectus erat mense Romam rediit, filioque suo Britannici nomen imposuit. Hoc autem bellum quarto imperii sui anno compleuit, qui est annus ab incarnatione Domini quadragesimusquartus: quo etiam anno fames grauissima per Syriam facta est, quæ in actibus Apostolorum per prophetam Agabum prædicta esse memoratur. Ab eodem Claudio Vespasianus, qui post Neronem imperauit, in Britanniam missus, etiam Vectam insulam Britanniæ proximam à meridie Romanorum ditioni subiugauit: quæ habet ab oriente in occasum triginta circiter millia passuum, ab austro in boream duodecim, in Orientalibus suis [illegible] mari sex millib. in occidentalibus trib. a meridiano Britãniae litore distans. Succedẽs autẽ Claudio in imperium Nero, nil omnino in re militari ausus est. Vnde inter alia Romani regni detrimenta innumera Britanniam pene amisit. Nam duo sub eo nobilissima oppida illic capta atque subuersa sunt.

Vt Lucius Britannorum rex missis ad Eleutherium Papam literis, Christianum se fieri petierit.
Caput IIII.

ANno ab incarnatione Domini, centesimo quinquagesimo sexto, Marcus Antonius Verus decimusquartus, ab Augusto regnum cum Aurelio Commodo fratre suscepit. Quorum temporibus cum Eleutherius uir sanctus, pontificatui Romanae ecclesiae praeesset, misit ad eum Lucius Britanniorum rex epistolam, obsecrans ut per eius mandatum Christianus efficeretur. Et mox effectum piae postulationis consecutus est, susceptamque fidem Britanni usque in tempora Diocletiani principis inuiolatam integramque quieta pace seruabant.

Vt Seuerus receptam Britanniae partem, uallo à caetera distinxerit. Cap. V.

ANno ab incarnatione Domini, centesimo octogesimo nono, Seuerus genere Afer Tripolitanus, ab oppido Lepti, decimusseptimus ab Augusto imperium adeptus, decem & septem annis tenuit. Hic natura trux, multis semper bellis lacessitus, fortissime quidẽ rempublicam, sed laboriosissime rexit. Victor ergo ciuilium bellorum, quae ei grauissima occurrerant, in Britannias defectu pene omnium sociorum trahitur, ubi magnis grauibusque praeliis saepe gestis, receptam partem insulae, à caeteris indomitis gentibus non muro (ut quidam aestimant) sed uallo distinguendam putauit. Murus etenim de lapidibus, uallum uero (quo ad repellendam uim hostium castra muniuntur) fit de caespitibus, quibus circumcisis e terra, uelut murus exstruitur altus supra terram, ita ut in ante sit fossa, de qua leuati sunt caespites, supra quam sudes de lignis fortissimis praefiguntur. Itaque Seuerus magnam fossam firmissimumque uallum, crebris insuper turribus communitum, à mari ad mare duxit: ibique apud Eboracum oppidũ morbo obiit, relinquens duos filios, Bassianum & Getam: quorum Geta hostis publicus iudicatus interiit: Bassianus uero Antonini cognomine assumpto regno potitus est.

De imperio Diocletiani, & ut Christianos persecutus sit. Cap. VI.

ANno incarnationis Dominicae ducentesimo octogesimo sexto, Diocletianus tricesimus tertius ab Augusto imperator ab exercitu electus, annis uiginti fuit, Maximianumque cognomento Herculium socium creauit imperii. Quorum tempore Carausius quidam genere quidem infimus, sed consilio & manu promptus, cum ad obseruanda Oceani litora (quae tunc Franci & Saxones infestabant) positus, plus in perniciem quàm in prouectum reipublicae ageret, ereptamque praedonibus praedam, nulla ex parte restituendo dominis, sed sibi soli uindicando, accendisset suspicionem, quia ipsos quoque hostes ad incursandos fines artifici negligentia permitteret. Quamobrem à Maximiano iussus occidi purpuram sumpsit, ac Britannias occupauit, quibus sibi per septem annos fortissime uindicatis ac retentis, tandem fraude Allecti socii sui interfectus est. Allectus uero postea ereptam Carausio insulam per triennium tenuit, quem Asclepiodotus praefectus praetorio oppressit, Britanniamque post decem annos recepit. Interea Diocletianus in Oriente, Maximianus Herculius in Occidente uastari ecclesias, affligi, interfici Christianos decimo post Neronem loco praeceperunt: quae persecutio omnibus fere ante actis diuturnior atque immanior fuit. Nam per decem annos incendiis ecclesiarum, proscriptionibus innocentum, caedibus martyrum incessabiliter acta est. Denique etiam Britanniam tum plurima confessionis Deo deuotae gloria sublimauit.

Passio sancti Albani & sociorum eius, qui eo tempore pro Domino sanguinem fuderunt. Cap. VII.

SIquidem in ea passus est sanctus Albanus, de quo presbyter Fortunatus in laude uirginum, cum beatorum martyrum, qui de toto orbe ad Dominum uenirent, mentionem faceret, ait: Albanum egregium foecunda Britannia profert. Qui uidelicet Albanus Paganus adhuc cum perfidorum principum mandata aduersum Christianos saeuirent, clericum quendam persecutores fugientem hospitio recepit: quem dum orationibus continuis ac uigiliis die noctuque studere conspiceret, subito diuina gratia respectus exemplum fidei ac pietatis illius coepit aemulari, ac salutaribus eius exhortationibus paulatim edoctus, relictis idololatriae tenebris, Christianus integro ex corde factus est. Cumque praefatus clericus aliquot diebus apud eum hospitaretur, peruenit ad aures nefandi principis, confessorem Christi, cui necdum fuerat locus martyrii deputatus, penes Albanum latere. Vnde statim iussit milites eum diligentius inquirere. Qui cum ad tugurium martyris peruenissent, mox se sanctus Albanus pro hospite ac magistro suo ipsius habitu, id est, caracalla, qua uestiebatur indutus, militibus exhibuit, atque ad iudicem uinctus perductus est. Contigit autem iudicem ea hora, qua ad eum Albanus adducebatur, aris adsistere, ac daemonibus hostias offerre. Cumque uidisset Albanũ, mox ira succensus nimia, quod se ille ultro pro hospite, quem susceperat, militibus offerre, ac discrimini dare prostetisset, ad simulachra dæmonum, quibus assistebat, eum iussit pertrahi: Quia rebellem, inquiens, ac sacrilegum celare, quam militibus reddere maluisti, ut contemptor diuum meritam blasphemiæ suæ pœnam lueret, quæcunque illi debebantur supplicia, tu soluere habes, si a cultu nostræ religionis discedere tentas. At sanctus Albanus, qui se ultro persecutoribus fidei Christianum esse prodiderat, nequaquam minas principis metuit, sed accinctus armis militiæ spiritualis palam se iussis illius parere nolle pronunciabat. Tum iudex: Cuius, inquit, familiæ uel generis es? Albanus respondit: Quid ad te pertinet, qua stirpe genitus sim? sed si ueritatem religionis audire desideras, Christianum iam me esse, Christianisque officiis uacare cognosce. Ait iudex: Nomen tuum quæro, quod sine mora mihi insinua. At ille: Albanus, inquit, a parentibus uocor, & Deum uerum ac uiuum, qui uniuersa creauit, adoro semper & colo. Tum iudex repletus iracundia dixit: Si uis perennis uitæ felicitate perfrui, diis magnis sacrificare ne differas. Albanus respondit: Sacrificia hæc quæ a uobis redduntur dæmonibus, nec auxiliari subiectis possunt, nec supplicantium sibi desideria uel uota complere. Quinimo quicunque his sacrificia simulachris obtulerit, æternas inferni pœnas pro mercede recipiet. His auditis iudex nimio furore commotus cædi sanctum Dei confessorem a tortoribus præcepit: autumans se uerberibus, quam uerbis non poterat, cordis eius emollire constantiam. Qui cum tormentis afficeretur acerrimis, patienter hæc pro Domino, imo gaudenter ferebat. At ubi iudex illum tormentis superari, uel a cultu Christianæ religionis reuocari nõ posse persensit, capite eum plecti iussit. Cumque ad mortem duceretur, peruenit ad flumen, quod muro & arena, ubi feriendus erat, meatu rapidissimo diuidebatur. Viditque ibi non paruam hominum multitudinem utriusque sexus, conditionis diuersæ & ætatis, quæ sine dubio diuinitatis instinctu ad obsequium beatissimi confessoris ac martyris uocabatur, & ita fluminis ipsius occupabat pontem, ut intra uesperam transire uix posset. Denique cunctis pene egressis, iudex sine obsequio in ciuitate substiterat. Igitur sanctus Albanus, cui ardens inerat deuotio mentis ad martyrium ocyus peruenire, accessit ad torrentem, & dirigens ad cœlum oculos, illico siccato alueo, uidit undam suis cessisse ac uiam dedisse uestigiis. Quod cum inter alios etiam ipse carnifex, qui eum percussurus erat, uidisset, festinauit ei ubi ad locum destinatum morti uenerat occurrere, diuino nimirum admonitus instinctu, proiectoque ense, quem strictum tenuerat, pedibus eius aduoluitur, multum desiderans, ut cum martyre, uel pro martyre, quem percutere iubebatur, ipse potius mereretur percuti. Dum ergo is ex persecutore factus esset collega ueritatis & fidei, ac iacente ferro esset inter carnifices iusta cunctatio, montem cum turbis reuerentissimus Dei confessor ascendit. Qui opportune lætus gratia decentissima quingentis fere passibus ab arena situs est, uariis herbarum floribus depictus, imo usquequaque uestitus, in quo nihil repente arduum, nihil præceps, nihil abruptum, quem lateribus longe lateque deductum in modum æquoris natura complanat. Dignum uidelicet eum pro insita sibi specie uenustatis iam olim reddens, qui beati martyris cruore dicaretur. In huius ergo uertice sanctus Albanus dari sibi a Deo aquam rogauit, statimque incluso meatu ante pedes eius fons perennis exortus est, ut omnes agnoscerent, etiam torrentem martyri obsequium detulisse. Neque enim fieri poterat, ut in arduo montis cacumine martyr aquam, quam in fluuio non reliquerat, peteret, si hoc opportunum esse non uideret. Qui uidelicet fluuius ministerio persoluto, deuotione completa, officii testimonium relinquens, reuersus est ad naturam. Decollatus itaque martyr fortissimus, ibidem accepit coronam uitæ, quam repromisit Deus diligentibus se. Sed ille qui piis ceruicibus impias intulit manus, gaudere super mortuum non est permissus. Nam oculi eius in terram una cum beati martyris capite deciderunt. Decollatus est ibi etiam tum miles ille, qui antea superno nutu correptus, sanctum Dei confessorem ferire recusauit. De quo nimirum constat, quia etsi fonte baptismatis non est ablutus, sui tamen est sanguinis lauacro mundatus, ac regni cœlestis dignus factus ingressu. Tunc iudex tanta miraculorum cœlestium nouitate perculsus, cessari mox a persecutione præcepit, honorem referre incipiens cædi sanctorum, per quam eos opinabatur prius a Christianæ fidei posse deuotione cessare. Passus est autem beatus Albanus die decimo Kalendarum Iuliarum iuxta ciuitatem Verolamium, quæ nunc a gente Anglorum Vuerlamacestir siue Vuaetlingacestir appellatur, ubi postea redeunte temporum Christianorum serenitate, ecclesia est mirandi operis, atque eius martyrio condigna extructa. In quo uidelicet loco usque ad hanc diem curatio infirmorum, & frequentium operatio uirtutum celebrari nõ desinit. Passi sunt ea tempestate Aarõ & Iulius Legionum urbis ciues, aliique utriusque sexus diuersis in locis perplures, qui diuersis cruciatibus torti, & inaudita membrorum discerptione lacerati, animas ad supernæ ciuitatis gaudia perfecto agone miserunt.

Vt hac cessante persecutione, ecclesiæ in Brittaniis aliquantulum usque ad tempora Arrianæ uesaniæ pacem habuerint. Cap. VIII.

At ubi turbo persecutionis quieuit, progressi in publicum fideles Christi, qui se tempore discriminis syluis ac desertis abditis ue speluncis occultauerant, renouant ecclesias ad solum usque destructas, basilicas sanctorum martyrum fundant, construunt, perficiunt, ac ueluti uictricia signa passim propalant, dies festos celebrant, sacra mundo corde atque ore conficiunt. Mansitque hæc in ecclesiis Christi, quæ erant in Britannia, pax,

pax, usque ad tempora Arrianae uesaniae, quae corrupto orbe toto, hanc etiam insulam, extra orbem tam longe remotam, ueneno sui infecit erroris. Et hac quasi uia pestilentiae trans oceanum patefacta, non mora, omnis se lues haereseos cuiusque insulae noui semper aliquid audire gaudenti, & nihil certi firmiter obtinenti infudit. His temporibus Constantius, qui uiuente Diocletiano Galliam Hispaniamque regebat, uir summae mansuetudinis & ciuilitatis, in Britannia morte obiit. Hic Constantinum filium ex concubina Helena creatum imperatorem Galliarum reliquit. Scribit autem Eutropius, quod Constantinus in Britannia creatus imperator patri in regnum successerit. Cuius temporibus Arriana haeresis exorta, & in Nicena synodo detecta atque damnata, nihilominus exitiabile perfidiae suae uirus (ut diximus) non solum orbis totius, sed & insularum ecclesiis aspersit.

Ut regnante Gratiano, Maximus in Britannia imperator creatus, cum magno exercitu in Galliam redierit. Caput IX.

ANno ab incarnatione Domini trecentesimo septuagesimo septimo Gratianus quadragesimus ab Augusto post mortem Valentis sex annis imperium tenuit: quamuis iam dudum antea cum patruo Valente, & cum Valentiniano fratre regnaret. Qui cum afflictum & pene collapsum reipublicae statum uideret, Theodosium Hispanum uirum restituendae reipublicae necessitate apud Sirmium purpura induit, orientisque & Thraciae simul praefecit imperio. Qua tempestate Maximus, uir quidem strenuus & probus, atque Augusto dignus, nisi contra sacramenti fidem per tyrannidem emersisset, in Britannia inuitus propemodum ab exercitu creatus imperator in Galliam transiit, ubi Gratianum Augustum subita incursione perterritum, atque in Italiam transire meditantem, dolis circumuentum interfecit, fratremque eius Valentinianum Augustum Italia expulit. Valentinianus in orientem refugiens, a Theodosio paterna pietate susceptus, mox etiam imperio restitutus est, clausis uidelicet intra muros Aquileiae, & capto atque occiso ab eis Maximo tyranno.

Ut Arcadio regnante, Pelagius Brito contra gratiam Dei superba bella susceperit. Cap. X.

ANno ab incarnatione Domini trecentesimo nonagesimo quarto Arcadius filius Theodosii cum fratre Honorio, quadragesimus tertius ab Augusto regnum suscipiens, tenuit annos tredecim. Cuius temporibus Pelagius Brito contra auxilium gratiae supernae uenena suae perfidiae longe lateque dispersit, utens cooperatore Iuliano de Campania, quem dudum amissi episcopatus intemperans cupido exagitabat. Quibus sanctus Augustinus, sicut & caeteri patres orthodoxi, multis sententiarum catholicarum millibus responderunt, nec eorum tamen dementiam corrigere ualebant; sed quod grauius est, correpta eorum uesania, magis augescere contradicendo, quam fauendo ueritati uoluit emendari. Quod pulchre uersibus heroicis Prosper rhetor insinuat, cum ait:

Contra Augustinum narratur serpere quidam
  Scriptor, quem dudum liuor adurit edax.
Quis caput obscuris contectum utcunque cauernis
  Tollere humo miserum propulit anguiculum?
Aut hunc fruge sua aequorei pauere Britanni,
  Aut huic Campano gramine corda tument.

Ut regnante Honorio Gratianus & Constantinus in Britannia tyranni creati, & mox prior in Britannia, secundus in Gallia sit interemptus. Cap. XI.

ANno ab incarnatione Domini quadringentesimo septimo, tenente imperium Honorio Augusto filio Theodosii iunioris loco, ab Augusto quadragesimo quarto, ante biennium Romanae irruptionis, quae per Alaricum regem Gotthorum facta est, cum gentes Alanorum, Sueuorum, Vandalorum, multaeque cum his aliae, protritis Francis, transito Rheno, totas per Gallias saeuirent, apud Britannias Gratianus municeps tyrannus creatur & occiditur. Huius loco Constantinus ex infima militia, propter solam spem nominis sine merito uirtutis eligitur, qui continuo ut inuasit imperium, in Gallias transiit, ubi saepe a Barbaris incertis foederibus illusus, detrimento magis reipublicae fuit. Unde mox iubente Honorio Constantius comes in Galliam cum exercitu profectus, Constantinum imperatorem apud Arelatem ciuitatem clausit, cepit, & occidit. Constantemque filium eius, quem ex monacho Caesarem fecerat, Gerontius comes suus apud Viennam interfecit. Fracta est autem a Gotthis anno millesimo centesimo sexagesimo quarto suae conditionis, ex quo tempore Romani in Britannia regnare cessarunt, post annos ferme quadringentos septuaginta, ex quo Caius Iulius Caesar eandem insulam adiit. Habitabant autem intra uallum, quod Seuerum trans insulam fecisse commemorauimus, ad plagam meridianam, quod ciuitates, fana, pontes, & stratae ibidem factae usque hodie testantur, & caeterum ulteriores Britanniae partes, uel eas etiam quae ultra Britanniam sunt, insulas iure dominandi possidebant.

Ut Britones a Scottis uastati Pictisque, Romanorum auxilia quaesierint, qui secundo uenientes murum trans insulam fecerint, sed hoc confestim a praefatis hostibus interrupto, maiore sint calamitate depressi. Caput XII.

EXin Britannia omni armato milite, militaribus copiis uniuersis, tota floridae iuuentutis alacritate spoliata, quae tyrannorum temeritate abducta, nusquam ultra domum rediit, praedae tantum patuit, utpote omnis bellici usus prorsus ignara. Denique subito duabus gentibus transmarinis uehementer saeuis, Scottorum a Circio, Pictorum ab Aquilone

multos

multos stupet gemitq; per annos. Transmarinas autem dicimus has gentes, non quod extra Britanniam essent positæ, sed quia à parte Britonum erant remotæ, duobus sinibus maris interiacentibus, quorum unus ab orientali mari, alter ab occidentali, Britanniæ terras longe lateq; irrumpit, quamuis ad se inuicem pertingere non possint. Orientalis habet in medio sui urbem Giudi. Occidentalis supra se, hoc est, ad dexteram sui habet urbem Alcluit, quod lingua eorum significat Petram Cluith: est enim iuxta fluuium nominis illius. Ob harum ergo infestationem gentium, Britones legatos Romam cum epistolis mittentes, lachrymosis precibus auxilia flagitabant, subiectionemq; continuam, dummodo hostis imminens longius arceretur, promittebant. Quibus mox legio destinatur armata, quæ ubi in insulam aduecta, & congressa est cum hostibus, magnam eorum multitudinem sternens, cæteros sociorum finibus expulit, eosq; interim à dirissima depressione liberatos, hortata est, instruere inter duo maria trans insulam murum, qui arcendis hostibus posset esse præsidio, sicq; domum cum triumpho magno reuersa est. At insulani murum, quem iussi fuerant, non tam lapidibus, quam cespitibus construentes, utpote nullum tanti operis artificem habentes, ad nihil utilem statuunt. Fecerunt autem eum inter duo freta, uel sinus (de quibus diximus) maris, per milia passuum plurima, ut ubi aquarum munitio deerat, ibi præsidio ualli fines suos ab hostium irruptione defenderent. Cuius operis ibidem facti, id est, ualli latissimi & altissimi usq; hodie certissima uestigia cernere licet. Incipit autem duorum ferme milium spacio à monasterio Aebercurnig ad Occidentem, in loco qui sermone Pictorum Peanuahel, lingua autem Anglorum Penneltun appellatur, & tendens contra Occidentem terminatur iuxta urbem Alcluith. Verum priores inimici ut Romanum militem abisse conspexerant, mox aduecti nauibus irrumpunt terminos, cæduntq; omnia, & quasi maturam segetem obuia queq; metunt, calcant, transeunt. Vnde rursum mittuntur Romam legati, flebili uoce auxilium implorantes, ne penitus misera patria deleretur, ne nomen Romanæ prouinciæ, quod apud eos tam diu claruerat, exterarum gentium improbitate obrutum uilesceret. Rursum mittitur legio, quæ inopinata tempore autumni adueniens, magnas hostium strages dedit, eosq; qui euadere poterant omnes trans maria fugauit, qui prius anniuersarias prædas trans maria, nullo obsistente, cogere solebant. Tum Romani denunciauere Britonibus non se ultra ob eorum defensionem tam laboriosis expeditionibus posse fatigari, ipsos potius monent arma corripere, & certandi cum hostibus studium subire, qui non alia ob causam, quam si ipsi inertia soluerentur, eis possent esse fortiores. Quin etiam quod & hoc sociis, quos derelinquere cogebantur, aliquid commodi allaturum putabant, murum à mari ad mare recto tramite inter urbes, quæ ibidem ob metum hostium factæ fuerant (ubi & Seuerus quondam uallum fecerat) firmo de lapide locarunt. Quem uidelicet murum hactenus famosum atq; conspicuum, sumptu publico priuatoq; adiuncta secum Britannorum manu construebant, octo pedes latum, & duodecim altum, recta ab Oriente in Occasum linea, ut usq; hodie intuentibus clarum est. Quo mox condito, dant fortia segni populo monita, præbent instruendorum exemplaria armorum. Sed & in litore Oceani ad meridiem, quo naues eorum habebantur, quia & inde Barbarorum irruptio timebatur, turres per interualla ad prospectum maris collocant, & ualedicunt sociis tanquam ultra non reuersuri. Quibus ad sua remeantibus, cognita Scoti Pictiq; reditus denegatione, redeunt confestim ipsi, & solito confidentiores facti, omnem aquilonarem extremamq; insulæ partem pro indigenis ad murum usq; capessunt. Statuitur ad hæc in edito arcis acies segnis, ubi trementi corde stupida dies noctesq; marcebat. At contra non cessabant uncinata hostium tela, ignaui propugnatores miserrime de muris tracti solo allidebantur. Quid plura? relictis ciuitatibus ac muro, fugiunt, disperguntur. Insequitur hostis, accelerantur strages cunctis crudeliores prioribus. Sicut enim agni à feris, ita miseri ciues discerpuntur ab hostibus. Vnde & mansionibus ac possessiunculis suis eiecti, imminens sibi famis periculum latrocinio, ac rapacitate mutua temperabant, augentes externas domesticis motibus clades, donec omnis regio totius cibi sustentaculo, excepto uenandi solatio, uacuaretur.

Vt regnante Theodosio minore, cuius tempore Palladius ad Scottos in Christum credentes missus est, Britones à Boetio consule auxilium flagitantes non impetrauerint.

Cap. XIII.

ANno Dominicæ incarnationis uigesimo quadringentesimo tertio, Theodosius iunior post Honorium quadragesimus quintus ab Augusto regnum suscipiens, uiginti & septem annis tenuit. cuius anno imperij octauo Palladius ad Scotos in Christum credentes à pontifice Romanæ ecclesiæ Cælestino primus mittitur episcopus. Anno autem regni eius uigesimo tertio Boetius uir illustris, qui & patricius fuit, tertium cum Symacho gessit consulatum. Ad hunc pauperculæ Britonum reliquiæ mittunt epistolam, cuius hoc principium est: Boetio ter consuli gemitus Britannorum. Et in processu epistolæ ita suas calamitates explicant: Repellunt Barbari ad mare, repellit mare ad Barbaros: inter hæc oriuntur duo genera funerum, aut iugulamur, aut mergimur. Neq; hæc tamen agentes quicquam ab illo auxilij impetrare quiuerunt, utpote qui grauissimis eo tempore bellis cum Bleda & Attila regibus Hunnorum erat occupatus. Et quamuis anno ante hunc proximo Bleda Attilæ fratris sui sit interemptus insidijs, At-

tila

illa tamen ipse adeo intolerabilis reipublicę remansit hostis, ut totam pene Europam excisis inuasisq; ciuitatibus atq; castellis corroderet. Quin & hisdem temporibus fames Constantinopolim inuasit, nec mora pestis secuta est: sed & plurimi eiusdem urbis muri cum quinquaginta septem turribus corruerunt, multis quoq; ciuitatibus collapsis, fames & aerum pestifer odor plurima hominum milia iumentorumq; deleuit.

Vt Britones fame coacti, Barbaros suis e finibus expulerint, nec mora frugum copiam, luxuriam, pestilentiam, & exterminium gentis secutum sit. Cap. XIIII.

INterea Britones fames sua praefata magis magisq; afficiens, ac famam suae malitiae posteris diuturnam relinquens, multos eorum coegit uictas infestis praedonibus dare manus: alios uero nunquam, quin potius confidentes in diuinum, ubi humanum cessabat, auxilium, de ipsis montibus, speluncis ac saltibus continue rebellabant, & tum primum inimicis, qui per multos annos praedas in terra agebant, strages dare coeperunt. Reuertuntur ergo impudentes grassatores Hyberni domum, post non longum tempus reuersuri. Picti in extrema parte insulae tunc primum & deinceps quieuerunt, praedas tamen nonnunquam exinde, & contritiones de Britonum gente agere non cessarunt. Cessante autem uastatione hostili, tanta frugum copia insula, quanta nulla retro aetas meminit, affluere coepit, cum quibus & luxuria crescere, & hanc continuo omnium lues scelerum comitari acceleraunt; crudelitas praecipue, & odium ueritatis amorq; mendacii, ita ut si quis eorum mitior & ueritati aliquatenus propior uideretur, in hunc quasi Britanniae subuersorem omnium odia telaq; sine respectu contorquerentur. Et non solum haec seculares uiri, sed etiam ipse grex Domini, eiusq; pastores egerunt, ebrietati, animositati, litigio, contentioni, inuidiae, caeterisq; huiusmodi facinoribus sua colla, abiecto leui iugo Christi, subdentes. Interea subito corruptae mentis homines acerba pestis corripuit, quae in breui tantam eius multitudinem strauit, ut ne sepeliendis quidem mortuis uiui sufficerent: sed ne morte quidem suorum, nec timore mortis, hi qui supererant, a morte animae, qua peccando sternebantur, reuocari poterant. Vnde non multo post acrior gentem peccatricem ultio diri sceleris secuta est. Initum namq; est consilium, quid agendum, ubi quaerendum esset praesidium, ad euitandas uel repellendas tam feras, tamq; creberrimas gentium aquilonarium irruptiones, placuitq; omnibus cum suo rege Vortigerno, ut Saxonum gentem de transmarinis partibus in auxilium uocarent: quod Domini nutu dispositum esse constat, ut ueniret contra improbos malum, sicut euidentius rerum exitus probauit.

Vt inuitata in Britanniam gens Anglorum, primo quidem aduersarios longius eiecerit, sed non multo post iuncto cum his foedere, in socios arma uerterit. Cap. XV.

ANno ab incarnatione Domini quadringentesimo nono, Martianus cum Valentiniano quadragesimus sextus ab Augusto regnum adeptus, septem annis tenuit. Tunc Anglorum siue Saxonum gens, inuitata a rege praefato in Britanniam, tribus longis nauibus aduehitur, & in orientali parte insulae iubente eodem rege locum manendi, quasi pro patria pugnaturus, re autem uera hanc expugnaturus suscepit. Inito ergo certamine cum hostibus, qui ab Aquilone ad aciem uenerant, uictoriam sumpsere Saxones. Quod ubi domi nunciatum est, simul & insulae fertilitas, ac segnitia Britonum, mittitur confestim illo classis prolixior armatorum, ferens manum fortiorum, quae praemissae adiuncta cohorti, inuincibilem fecit exercitum. Susceperunt ergo qui aduenerant, donantibus Britannis locum habitationis inter eos ea conditione, ut hi pro patriae pace & salute contra aduersarios militarent, illi militantibus debita stipendia conferrent. Aduenerant autem de tribus Germaniae populis fortioribus, id est, Saxonibus, Anglis, Vitis. De Vitarum origine sunt Cantuarii & Vectuarii, hoc est, ea gens quae Vectam tenet insulam, & ea quae usq; hodie in prouincia occidentalium Saxonum, Vitarum natio nominatur, posita contra ipsam insulam Vectam. De Saxonibus, id est, ea regione quae nunc antiquorum Saxonum cognominatur, uenere orientales Saxones, Meridiani Saxones, Occidui Saxones. Porro de Anglis, hoc est, de illa patria, quae Angulus dicitur, & ab eo tempore usq; hodie manere desertus inter prouincias Vitarum & Saxonum perhibetur, orientales Angli, Mediterranei Angli, Merci, tota Nordhumbrorum progenies, id est, illarum gentium, quae ad Boream Humbri fluminis inhabitant, caeteriq; Anglorum populi sunt orti. Duces fuisse perhibentur eorum primi duo fratres Hengistus & Horsus, e quibus Horsus postea occisus in bello a Britonibus, hactenus in orientalibus Cantiae partibus monumentum habet suo nomine insigne. Erant autem filii Vuegisi, cuius pater Vecta, cuius pater Voden: de cuius stirpe multarum prouinciarum regium genus originem duxit. Non mora ergo, confluentibus certatim in insulam gentium memoratarum cateruis, grandescere populus coepit aduenarum, ita ut ipsis quoque, qui eos aduocauerant, indigenis essent terrori. Tum subito inito ad tempus foedere cum Pictis, quos longius iam bellando pepulerant, in socios arma incipiunt conuertere. Et primum quidem annonas sibi eos affluentius ministrare cogunt, quaerentes occasionem diuortii, protestantes, nisi profusior sibi alimentorum copia daretur, se cuncta insulae rupto foedere loca uastaturos: neque aliquanto segnius minas effectibus prosequuntur.

Siquidem

Siquidem, ut breuiter dicam, accensus manibus paganorum ignis, iustas de sceleribus populi Dei ultiones expetijt: non illius impar, qui quondam a Chaldæis succensus, Hierosolymorum mœnia, imo ædificia cuncta consumpsit. Sic enim & hic agente impio uictore, imo disponente iusto iudice, proximas quasque ciuitates agrosque depopulans, ab orientali mari usque ad occidentale, nullo prohibente suum continuauit incendium, totamque prope insulæ pereuntis superficiem obtexit. Ruebant ædificia publica simul & priuata, passim sacerdotes inter altaria trucidabantur, præsules cum populis sine ullo respectu honoris ferro pariter ac flammis absumebantur, nec erat, qui crudeliter interemptos sepulturæ traderet. Itaque nonnulli de miserandis reliquijs in montibus comprehensi aceruatim iugulabantur. Alij fame confecti procedentes, manus hostibus dabant, pro accipiendis alimentorum subsidijs, æternum subituri seruitium, si tamen non continuo trucidarentur. Alij transmarinas regiones dolentes petebant: alij perstantes in patria trepidi pauperem uitam in montibus, syluis, uel rupibus arduis, suspecta semper mente agebant.

Vt Britones primam de gente Anglorum uictoriam, duce Ambrosio Romano homine, sumpserint.

Cap. XVI.

At ubi hostilis exercitus, exterminatis dispersisque insulæ indigenis, domum reuersus est, coeperunt & illi paulatim uires animosque resumere, emergentes de latibulis, quibus abditi fuerant, & unanimo consensu auxilium cœleste precantes, ne usque ad internitionem usquequaque delerentur. Vtebantur eo tempore duce Ambrosio Aureliano, uiro modesto, qui solus forte Romanæ gentis præfatæ tempestati superfuerat, occisis in eadem parentibus regium nomen & insigne ferentibus. Hoc ergo duce uires capessunt Britones, & uictores prouocantes ad prælium, uictoriam (ipso Deo fauente) suscipiunt. Et ex eo tempore nunc ciues, nunc hostes uincebant, usque ad annum obsessionis Badonici montis, quando non minimas eisdem hostibus strages dabant, quadragesimo circiter & quarto anno aduentus eorum in Britanniam. Sed hæc postmodum.

Vt Germanus episcopus cum Lupo in Britanniam nauigans, & primo maris, & postmodum Pelagianorum tempestatem diuina uirtute sedauerit.

Cap. XVII.

Ante paucos sane aduentus eorum annos hæresis Pelagiana per Agricolam illata, Seueriani episcopi Pelagiani filium, fidem Britannorum fœda peste commaculauerat. Verum Britanni cum neque suscipere dogma peruersum, gratiam Christi blasphemando, ullatenus uellent, neque uersutiam nefariæ persuasionis refutare uerbis certando sufficerent, inueniunt salubre consilium, ut a Gallicanis antistitibus auxilium belli spiritalis inquirant. Quam ob causam collecta magna synodo quærebatur in commune, qui illuc ad succurrendum fidei mitti deberent: atque omnium iudicio eliguntur apostolici sacerdotes, Germanus Altissiodorensis, & Lupus Trecassinæ ciuitatis episcopi, qui ad confirmandam fidem gratiæ cœlestis in Britanniam uenirent. Qui cum prompta deuotione preces & iussa sanctæ ecclesiæ suscepissent, intrant Oceanum, & usque ad medium itineris, quo a Gallico sinu in Britanniam usque tenditur, secundis flatibus nauis tuta uolabat. Tum subito occurrit pergentibus inimica uis dæmonum, qui tantos talesque uiros ad recuperandam tendere populis salutem inuiderent. Concitant procellas, cœlum diemque nubium nocte subducunt. Ventorum furores uela non sustinent, cedebant ministeria uicta nautarum, ferebatur nauigium oratione, non uiribus, & casu dux ipse uel pontifex fractus corpore, lassitudine ac sopore resolutus est. Tunc uero quasi repugnatore cessante tempestas excitata conualuit, & iam nauigium superfusis fluctibus mergebatur. Tum beatus Lupus omnesque turbati excitant seniorem, elementis furentibus opponendum, qui periculi immanitate constantior Christum inuocat, & assumpto in nomine sanctæ Trinitatis leui aquæ spargine, fluctus sæuientes opprimit, collegam commonet, hortatur uniuersos, oratio uno ore & clamore profunditur. Adest diuinitas, fugantur inimici, tranquillitas serena subsequitur, uenti e contrario ad itineris ministeria reuertuntur, decursisque breui spatio pelagi, optati litoris quiete potiuntur. Ibi conueniens ex diuersis partibus multitudo, excepit sacerdotes, quos uenturos etiam uaticinatio aduersa prædixerat. Nunciabant enim sinistri spiritus, quod timebant, qui imperio sacerdotum dum ab obsessis corporibus detruduntur, & tempestatis ordinem & pericula quæ intulerant, fatebantur, uictosque se eorum meritis & imperio non negabant. Interea Britanniarum insulam apostolici sacerdotes raptim opinione, prædicatione, uirtutibus impleuerant. Diuinusque per eos sermo quotidie non solum in ecclesijs, uerum etiam per triuia & per rura prædicabatur, ita ut passim & fideles catholici firmarentur, & deprauati uiam correctionis agnoscerent. Erat illis apostolorum instar & gloria & auctoritas per conscientiam, doctrina per literas, uirtutes ex meritis. Itaque regionis uniuersitas in eorum sententiam prompta transierat. Latebant abditi sinistræ persuasionis auctores, & more maligni spiritus gemebant perire sibi populos euadentes. Ad extremum diuturna meditatione concepta, præsumunt inire conflictum, procedunt conspicui diuitijs, ueste fulgentes, circumdati assentatione multorum. Discrimenque certaminis subire maluerunt, quam in populo, quem subuerterant, pudorem taciturnitatis incurrere, ne uiderentur ipsi se silentio damnasse. Illic plane immensa multitudo etiam cum

coniucōspicua ac libere erudiretur, cōuincuntur. Aderat populus & spectator futurus & iudex, astabant partes dispari conditione dissimiles, hinc diuina fides, inde humana presumptio; hinc pietas, inde superbia; inde Pelagius auctor, hinc Christus. Primo in loco beatissimi sacerdotes Germanus atque Lupus prebuerunt aduersarijs copiam disputandi, que sola nuditate uerborum diu inaniter & aures occupauit & tempora. Deinde uero antistites uenerandi torrentes eloquij sui cum apostolicis & euangelicis imbribus profuderunt. Miscebatur sermo proprius cum diuino, & assertiones molestissimas lectionum testimonijs sequebatur. Conuincitur uanitas, perfidia confutatur; ita ut ad singula uerborum obiectiones errare se, dum respondere nequeunt, faterentur. Populus arbiter uix manus continet, iudicium tamen clamore testatur.

Vt idem filiam Tribuni cæcam illuminauerit, ac deinde ad sanctum Albanum peruenientes, reliquias ibidem & ipsius acceperint, & beatorum Apostolorum siue aliorum martyrum posuerint. Cap. XVIII.

TVnc subito quidam Tribunitiæ potestatis cum coniuge procedit in medium, filiam decem annorum cæcam curandam sacerdotibus offerens, quam illi aduersarijs offerri præceperunt; sed hi conscientia puniente deterriti, iungunt cum parentibus preces, & curationem paruulæ a sacerdotibus deprecantur. Qui ergo inclinatos animo aduersarios intuentes, orationem breuiter fundunt. Ac deinde Germanus plenus spiritu sancto inuocat Trinitatem; nec mora adhærentem lateri suo capsulam cum sanctorum reliquijs collo auulsam manibus comprehendit, eamque in conspectu omnium puellæ oculis applicuit. Quos statim euacuatos tenebris lumen ueritatis impleuit. Exultant parentes, miraculum populus contremiscit; post quam diem ita ex animis omnium suasio iniqua deleta est, ut sacerdotum doctrinam sitientibus desiderijs sectarentur. Compressa itaque perditorum damnabili errore, auctoribus confutatis, atque animis omnium fidei puritate compositis, sacerdotes beatum Albanum martyrem acturi Deo per ipsum gratias petierunt. Vbi Germanus omnium Apostolorum diuersorumque martyrum secum reliquias habens, facta oratione iussit reuelli sepulchrum, preciosa ibidem munera conditurus, opportunum arbitratus, ut membra sanctorum ex diuersis regionibus collecta, quos pares meritis receperat cœlum, sepulchri quoque unius teneret hospitium. Quibus depositis honorifice atque sociatis, de loco ipso, ubi beati martyris effusus erat sanguis, massam pulueris secum portaturus abstulit, in qua apparebat cruore seruato, rubuisse martyrum cædem, persecutore pallente. Quibus ita gestis, innumera hominum eadem die ad Dominum turba conuersa est.

Vnde ictu.

Vt idem causa infirmitatis ibidem detentus, & incendia domorum orando restinxerit, & ipse per uisionem sit a suo languore curatus. Cap. XIX.

VNde dum reuerterentur, insidiator inimicus casualibus laqueis præparatis, Germani pedem lapsus occasione contriuit, ignorans merita illius sicut beatissimi Iob afflictione corporis propaganda. Et dum aliquandiu uno in loco infirmitatis necessitate teneretur, in uicina qua manebat casula exarsit incendium. Quod combustis domibus, quæ illic palustri arundine tegebantur, ad illud habitaculum in quo idem iacebat, flatibus ferebatur. Concurritur omnium ad antistitem, ut elatus manibus periculum quod imminebat, euaderet. Quibus increpatis moueri se fidei præsumptione non passus est. At multitudo omnis desperatione perterrita obuiam currit incendio. Sed ut Dei potentia manifestior appareret, quicquid custodire tentauerat turba, consumitur; quod uero iacens & infirmus defenderat, reuerentiæ hospitio sancti uiri expauescens flamma transiliuit, & ultra citraque desæuiens, & inter globos flammantis incendij, incolume tabernaculum, quod habitator inclusus seruabat, emicuit. Exultat turba miraculo, & uictam se diuinis uiribus gratulatur. Excubabat diebus ac noctibus ante tugurium pauperis uulgi innumera multitudo; hi animas curare cupientes, hi corpora. Referri nequeunt, quæ Christus operabatur in famulo, qui in infirmitate faciebat mirabilia. Et cum nulla sibi remedia permitteret adhiberi, quadam nocte candentem niueis uestibus uidit sibi adesse personam, quæ manu extensa iacentem uideretur attollere, eumque consistere firmis uestigijs imperabat. Post quam horam ita fugatis doloribus recepit pristinam sanitatem, ut die reddito iter laboris subiret intrepidus.

Vt idem episcopi Brettonibus in pugna auxilium cœleste tulerint, sicque domum reuersi sint. Capit. XX.

INterea Saxones Pictique bellum aduersum Brettones iunctis uiribus susceperunt, quos eadem necessitas in castra contraxerat; & cum trepidi partes suas pene impares iudicarent, sanctorum antistitum auxilium petierunt; qui promissum maturantes aduentum, tantum pauentibus fiduciæ contulerunt, ut accessisse maximus crederetur exercitus. Itaque apostolicis ducibus Christus militabat in castris. Aderant etiam quadragesimæ uenerabiles dies, quos religiosiores reddebat præsentia sacerdotum, in tantum, ut quotidianis prædicationibus instituti, certatim populi ad gratiam baptismatis conuolarent. Nam maxima exercitus multitudo undam lauacri salutaris expetijt, & ecclesia ad diem resurrectionis Dominicæ frondibus contexta componitur, atque in expeditione campestri instar ciuitatis aptatur. Madidus baptismate procedit exercitus; fides feruet in populo, &

b compresconculcato armatorum præsidio diuinitatis expectatur auxilium. Institutio, uel forma castrensis hostibus nunciatur, qui uictoriam quasi de inermi exercitu præsumentes, assumpta alacritate festinant, quorum tamen aduentus exploratione cognoscitur: cumque emensa solennitate Paschali, recens de lauacro pars maior exercitus arma capere et bellum parare tentaret, Germanus se ducem prœlij profitetur. Eligit expeditos, circumiecta percurrit, & e regione qua hostium sperabatur aduentus, uallem circumdatam mediis montibus intuetur. Quo in loco nouum componit exercitum, ipse dux agminis. Et iam aderat ferox hostium multitudo, quam appropinquare intuebantur in insidiis constituti. Tunc subito Germanus signifer uniuersos admonet & prædicat, ut uoci suæ uno clamore respondeant, securisque hostibus qui se insperatos adesse confiderent, Alleluia tertio repetitum sacerdotes exclamabant. Sequitur una uox omnium, & elatum clamorem repercusso aere montium conclusa multiplicant, hostile agmen terrore prosternitur, & super se non solum rupes circumdatas, sed etiam ipsam cœli machinam contremiscunt, trepidationique iniectæ uix sufficere pedum pernicitas credebatur. Passim fugam ineunt, arma proiiciunt, gaudentes uel nuda corpora eripuisse discrimini, plures etiam timore præcipites flumen quod transierant, deuorauit. Vltionem suam innocens exercitus intuetur, & uictoriæ concessæ otiosus spectator efficitur. Spolia colliguntur exposita, & cœlestis palmæ gaudia miles religiosus amplectitur. Triumphant pontifices hostibus fusis sine sanguine, triumphant uictoria fide obtenta, non uiribus. Composita itaque insula securitate multiplici, superatisque hostibus uel inuisibilibus uel carne conspicuis, reditum moliuntur pontifices. Quibus tranquillam nauigationem, & merita propria, & intercessio beati martyris Albani parauerunt, quietosque eos suorum desideriis felix carina restituit.

Vt rursus Germanus cum Seuero Brittaniam reuersus, & prius claudo iuueni incessum, deinde populo Dei, condemnatis siue emendatis hæreticis, gressum fidei restituerit. Caput XXI.

NEc multo post interposito tempore nunciatur ex eadem insula, Pelagianam peruersitatem iterato paucis auctoribus dilatari, rursusque ad beatissimum uirum preces sacerdotum omnium deferuntur, ut causam Dei quam prius obtinuerat, tutaretur. Quorum petitioni festinus obtemperat. Nam adsciscito sibi Seuero totius sanctitatis uiro, qui erat discipulus beatissimi patris Lupi Trecasenorum episcopi, & tunc Treueris ordinatus episcopus, gentibus primæ Germaniæ uerbum Dei prædicabat, mare conscendit, & consentientibus elementis tranquillo nauigio Brittanias petiit. Interea sinistri spiritus peruolantes totam insulam, Germanum uenire inuiti prædicabant, in tantum ut Elafius quidam regionis illius primus, in occursum sanctorum sine ulla manifesti nuncii relatione properaret, exhibens secum filium, quem in ipso flore adolescentiæ debilitas dolenda damnauerat. Erat enim arescentibus neruis contracto poplite, cui per siccitatem cruris usus uestigij negabatur. Hunc Elafium prouincia tota subsequitur. Veniunt sacerdotes, occurrit inscia multitudo, confestim benedictio, & sermo diuinæ doctrinæ profunditur. Recognoscunt populum in ea qua fuerat credulitate durantem, intelligunt culpam esse paucorum, inquirunt auctores, inuentosque condemnant. Tum subito Elafius pedibus aduoluitur sacerdotum, offerens filium, cuius necessitatem ipsa debilitas etiam sine precibus allegabat. Fit communis omnium dolor, & præcipue sacerdotum, qui conceptam misericordiam ad diuinam clementiam contulerunt, statimque adolescentem beatus Germanus sedere compulit, attrectat poplitem debilitate curuatum, & per tota infirmitatis spacia medicabilis dextera percurrit, salubremque tactum sanitas festina subsequitur, ariditas succum, nerui officia receperunt, & in conspectu omnium incolumitas filio, patri filius restituitur. Impletur populus stupore miraculi, & in pectoribus omnium fides catholica inculcata firmatur, prædicatione deinde ad plebem de prauitatis emendatione conuertitur. Omniumque sententia prauitatis auctores, qui erant expulsi insula, sacerdotibus adducuntur ad mediterranea deferendi, ut & regio absolutione, & illi emendatione fruerentur, factumque est ut in illis locis multo ex eo tempore fides intemerata perduraret. Itaque compositis omnibus, beati sacerdotes ea qua uenerant prosperitate redierunt. Porro Germanus post hæc ad Rauennam pro pace Armoricanæ gentis supplicaturus aduenit, ibique a Valentiniano & Placidia matre ipsius summa reuerentia susceptus, migrauit ad Christum. Cuius corpus honorifico agmine comitantibus uirtutum operibus suam defertur ad urbem. Nec multo post Valentinianus ab Aetij patricij, quem occiderat, satellitibus interimitur, Anno imperij Marciani sexto, cum quo simul Hesperium concidit regnum.

Vt Brittones quiescentibus ad tempus exteris, ciuilibus sese bellis contriuerint, simul et maioribus flagitiis submerserint. Caput XXII.

INterea Brittania cessatum quidem est parumper ab externis, sed non a ciuilibus bellis. Manebant exterminia ciuitatum ab hoste dirutarum ac desertarum, pugnabant contra inuicem, qui hostem euaserant, ciues. Attamen recente adhuc memoria calamitatis & cladis inflictæ, seruabant utcunque reges, sacerdotes, priuati & optimates suum quique ordinem. At illis decedentibus, cum successisset ætas tempessimis filius nescit, & praesentis solum serenitatis statum experta, ita cunctis veritatis ac iustitiae moderaminibus concussis ac subversis sunt, ut nullum earum non dicam vestigium, sed ne memoria quidem praeter in paucis, & valde paucis ulla appareret. Qui inter alia inenarrabilium scelerum facta, quae historicus eorum Gildas flebili sermone describit, & hoc addebant, ut nunquam genti Saxonum sive Anglorum secum Britanniam incolenti, verbum fidei praedicando committerent. Sed non tamen divina pietas plebem suam quam praescivit, deseruit, quin multo digniores genti memoratae praecones veritatis, per quos crederet, destinavit.

Vt sanctus papa Gregorius Augustinum cum monachis ad praedicandum genti Anglorum miserit, epistola quoque illos exhortatoria, ne a laborando cessarent, confortaverit. Caput XXIII.

SIquidem anno ab incarnatione Domini quingentesimo octogesimo secundo Mauritius ab Augusto quinquagesimus quartus imperium suscipiens, uno & viginti annis tenuit. Cuius anno regni decimo Gregorius vir doctrina & actione praecipuus pontificatum Romanae & apostolicae sedis sortitus, rexit annos tredecim, menses sex, & dies decem. Qui divino admonitus instinctu anno decimoquarto eiusdem principis, adventus vero Anglorum in Britanniam anno circiter centesimo quinquagesimo misit servum Dei Augustinum, & alios plures cum eo monachos timentes Dominum, praedicare verbum Dei genti Anglorum. Qui cum iussis pontificalibus obtemperantes, memoratum opus aggredi coepissent, iamque aliquantulum itineris confecissent, perculsi timore inerti redire domum, potius quam barbaram, feram, incredulamque gentem, cuius nec linguam quidem nossent, adire, cogitabant, & hoc esse tutius communi consilio decernebant. Nec mora Augustinum, quem eis episcopum ordinandum (si ab Anglis susciperentur) disposuerat, domum remittunt, qui a beato Gregorio humili supplicatu obtineret, ne tam periculosam, tam laboriosam, tam incertam peregrinationem adire deberent. Quibus ille exhortatorias mittens literas, in opus eos verbi, divino confisos auxilio, proficisci suadet. Quarum videlicet literarum ista est forma: Gregorius servus servorum Dei. Quia melius fuerat bona non incipere, quam ab his quae coepta sunt cogitatione retrorsum redire, summo studio dilectissimi filii oportet, ut opus bonum, quod auxiliante Domino coepistis, impleatis. Nec ergo labor vos itineris, nec maledicorum hominum linguae deterreant: sed omni instantia, omnique fervore quae incoepistis Deo authore peragite. Scientes quod laborem magnum aeternae retributionis gloria sequitur. Remeanti autem Augustino praeposito vestro, quem & abbatem vobis constituimus, in omnibus humiliter obedite, scien-

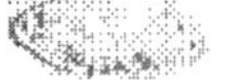

tes hoc vestris animabus per omnia profuturum, quicquid a vobis fuerit in eius admonitione completum. Omnipotens Deus sua vos gratia protegat, & vestri laboris fructum in aeterna me patria videre concedat. Quatenus & si vobiscum laborare nequeo, simul in gaudio retributionis inveniar, quia laborare scilicet volo. Deus vos incolumes custodiat dilectissimi filii. Data die decima Kalendarum Augustarum, imperante Domino nostro Mauricio Tiberio piissimo Augusto anno decimo quarto, post Consulatum eiusdem Domini nostri anno decimo tertio, indictione decima quarta.

Vt Arelatensi archiepiscopo epistolam pro eorum susceptione miserit. Caput XXIIII.

MIsit etiam tunc idem venerandus pontifex ad Etherium Arelatensem archiepiscopum, ut Augustinum Britanniam pergentem benigne susciperet literas, quarum iste est textus. Reverendissimo & sanctissimo fratri Etherio coepiscopo Gregorius servus servorum Dei. Licet apud sacerdotes habentes Deo placitam charitatem religiosi viri nullius commendatione indigeant, quia tamen aptum scribendi se ingessit, fraternitati vestrae nostras mittere literas curavimus, insinuantes latorem praesentium Augustinum servum Dei, de cuius certi sumus studio, cum aliis servis Dei, illuc nos pro utilitate animarum auxiliante Domino direxisse. Quem necesse est, ut sacerdotali studio sanctitas vestra adiuvare, & sua ei solatia praebere festinet. Cui etiam ut promptiores ad suffragandum possitis existere, causam vobis iniunximus subtiliter indicare. Scientes quod ex cognitione tota vos propter Deum devotione ad solandum, quia res exigit, commodetis. Candidum praeterea presbyterum communem filium, quem ad gubernationem patrimonioli ecclesiae nostrae transmisimus, charitati vestrae in omnibus commendamus. Deus te incolumem custodiat reverendissime frater. Data die decima Kalendarum Augustarum imperante Domino nostro Mauricio Tiberio piissimo Augusto, Anno decimo quarto post consulatum eiusdem Domini nostri, Anno decimo tertio, indictione decima quarta.

Vt veniens Britanniam Augustinus primo in insula Tanato regi Cantuariorum praedicarit, et sic accepta ab eo licentia Cantiam praedicaturus intrarit. Caput XXV.

ROboratus ergo confirmatione beati patris Gregorii Augustinus, cum famulis Christi qui erant cum eo, rediit in opus verbi, pervenitque Britanniam. Erat eo tempore rex Edilbertus in Cantia potentissimus, qui ad confinium usque Humbrae fluminis magni, quo meridiani & Septentrionales Anglorum populi dirimuntur, fines imperii tetenderat. Est autem ad orientalem Cantii plagam Tanatos insula non modica, id est, magnitudinis iuxta consuetudinem aestimationis Anglorum, familiarum sexcentarum, quam a continenti terra secernit fluuius Vantsumu, qui est latitudinis circiter trium stadiorum, & duobus tantum in locis est transmeabilis. Vtrumque enim caput protendit in mare. In hac ergo applicuit seruus Domini Augustinus, & socii eius uiri (ut ferunt) ferme quadraginta. Acceperunt autem praecipiente beato Papa Gregorio de gente Francorum interpretes, & mittens ad Ethelbertum mandauit se uenisse de Roma, ac nuncium ferre optimum, qui sibi obtemperantibus aeterna in coelis gaudia, & regnum sine fine cum Deo uiuo & uero futurum, sine ulla dubietate promitteret. Qui haec audiens, manere illos in ea quam adierant insula, & eis necessaria ministrari, donec uideret quid eis faceret, iussit. Nam & antea fama ad eum Christianae religionis peruenerat, utpote qui & uxorem habebat Christianam de gente Francorum regia, nomine Bertham: quam ea conditione a parentibus acceperat, ut ritum fidei ac religionis suae cum episcopo, quem ei adiutorem fidei dederant nomine Luidhardo, inuiolatam seruare licentiam haberet. Post dies ergo aliquot uenit ad insulam rex, & residens sub diuo iussit Augustinum cum sociis ad suum ibidem aduenire colloquium. Cauerat autem ne in aliquam domum ad se introirent, uetere usus augurio, ne superuenientes, si quid maleficae artis habuissent, eum superando deciperent. At illi non daemonica sed diuina uirtute praediti ueniebant, crucem pro uexillo ferentes argenteam, & imaginem Domini saluatoris in tabula depictam, letaniasque canentes pro sua simul & eorum propter quos & ad quos uenerant salute aeterna, Domino supplicabant. Cumque ad iussionem regis residentes, uerbum ei uitae una cum omnibus qui aderant eius comitibus praedicarent, respondit ille dicens: Pulchra sunt quidem uerba & promissa quae affertis, sed quia noua sunt & incerta, non his possum assensum tribuere, relictis eis quae tanto tempore cum omni Anglorum gente seruaui. Verum quia de longe huc peregrini uenistis, & ut ego mihi uideor perspexisse, ea quae uos uera & optima credebatis, nobis quoque communicare desiderastis, nolumus molesti esse uobis, quin potius benigno uos hospitio recipere, & quae uictui uestro sunt necessaria ministrare curamus. Nec prohibemus, quin omnes, quos potestis, fidei uestrae religionis praedicando societis. Dedit ergo eis mansionem in ciuitate Doruuernensi (quae imperii sui totius erat metropolis) eisque, ut promiserat, cum administratione uictus temporalis, licentiam quoque praedicandi non abstulit. Fertur autem quod appropinquantes ciuitati, more suo cum cruce sancta & imagine magni regis Domini nostri Iesu Christi, hanc letaniam consona uoce modularentur: Deprecamur te Domine in omni misericordia tua, ut auferatur furor tuus & ira tua a ciuitate ista, & de domo sancta tua, quoniam peccauimus, alleluia.

Vt idem in Cantia primitiuae ecclesiae & doctrinam sit imitatus & uitam, atque in urbe regis sedem episcopatus acceperit. Cap. XXVI.

AT ubi datam sibi mansionem intrauerunt, coeperunt apostolicam primitiuae ecclesiae uitam imitari: orationibus uidelicet assiduis, uigiliis, ac ieiuniis seruiendo, uerbum uitae, quibus poterant, praedicando, cuncta huius mundi uelut aliena spernendo, ea tantum, quae uictui necessaria uidebantur, ab eis, quos docebant, accipiendo, secundum ea quae docebant ipsi per omnia uiuendo, & paratum ad patiendum aduersa quaeque, uel etiam ad moriendum pro ea quam praedicabant ueritate animum habendo. Quid? Crediderunt nonnulli & baptizabantur, mirantes simplicitatem innocentis uitae, ac dulcedinem doctrinae eorum coelestis. Erat autem prope ipsam ciuitatem ad orientem ecclesia in honorem sancti Martini antiquitus facta, dum adhuc Romani Britanniam incolerent, in qua regina, quam Christianam fuisse praediximus, orare consueuerat. In hac ergo & ipsi primo conuenire, psallere, orare, missas facere, praedicare, & baptizare coeperunt, donec rege ad fidem conuerso, maiorem praedicandi per omnia, & ecclesias fabricandi uel restaurandi, licentiam acciperent. At ubi ipse etiam inter alios delectatus uita mundissima sanctorum, & promissis eorum suauissimis, quae uera esse miraculorum quoque multorum ostensione firmauerant, credens baptizatus est, coepere plures quotidie ad audiendum uerbum confluere, ac relicto gentilitatis ritu, unitati se sanctae Christi ecclesiae credendo sociare. Quorum fidei & conuersioni ita congratulatus esse rex perhibetur, ut nullum tamen cogeret ad Christianismum, sed tantummodo credentes artiori dilectione, quasi conciues sibi regni coelestis, amplecteretur. Didicerat enim a doctoribus auctoribusque suae salutis, seruitium Christi uoluntarium, non coacticium debere esse. Nec distulit, quin etiam ipsis doctoribus suis locum sedis eorum gradui congruum, in Doruuernis metropoli sua donaret, simul & necessarias in diuersis speciebus possessiones conferret.

Vt idem episcopus factus Gregorio papae, quae sint Britanniae gesta mandarit, simul & de necessariis eius responsa acceperit. Caput XXVII.

INterea uir Domini Augustinus uenit Arelas, & ab archiepiscopo eiusdem ciuitatis Etherio, iuxta quod iussa sancti patris Gregorii acceperant, archiepiscopus genti Anglorum ordinatus est: reuersusque in Britanniam, misit continuo Romam Laurentium presbyterum & Petrum monachum, qui beato pontifici Gregorio gentem Anglorum fidem Christi accepisse, ac se episcopum factum esse referrent: simul & de eis,

quæ

quæ necessaria uidebantur, quæstionibus eius consulta flagitans. Nec mora, congrua quæstionibus responsa recepit: quæ etiam huic historiæ nostræ commodum duximus indere. Interrogatio Augustini episcopi Cantuariorum ecclesiæ. De episcopis, qualiter cum suis clericis conuersentur: uel de his quæ fidelium oblationibus accedunt altari, quantæ debeant fieri portiones, & qualiter episcopus agere in ecclesia debeat. Respondit Gregorius Papa, urbis Romæ. Sacra scriptura testatur (quam te bene nosse dubium non est) & specialiter beati Pauli ad Timo. epistolæ, in quibus eum studuit erudire, qualiter in domo Dei conuersari deberet. Mos autem sedis Apostolicæ est, ordinatis episcopis præcepta tradere, ut in omni stipendio quod accedit, quatuor debeant fieri portiones: una uidelicet episcopo & familiæ propter hospitalitatem atque susceptionem, alia clero, tertia pauperibus, quarta ecclesiis reparandis. Sed quia fraternitas tua monasterij regulis erudita, seorsum fieri non debet a clericis suis in ecclesia Anglorum, quæ auctore Deo nuper adhuc ad fidem perducta est, hanc debet conuersationem instituere, quæ initio nascentis ecclesiæ fuit patribus nostris, in quibus nullus eorum ex his quæ possidebant aliquid suum esse dicebat, sed erant eis omnia communia. Si qui uero sunt clerici extra sacros ordines constituti, qui se continere non possunt, sortiri uxores debent, & stipendia sua exterius accipere. Quia & de eisdem patribus, de quibus præfati sumus, nouimus scriptum quod diuidebatur singulis prout cuique opus erat. De eorum quoque stipendio cogitandum atque prouidendum est, & sub ecclesiastica regula sunt tenendi, ut bonis moribus uiuant, & canendis psalmis inuigilent, & ab omnibus illicitis & cor & linguam & corpus Deo auctore conseruent. Communi autem uita uiuentibus, iam de faciendis portionibus uel exhibenda hospitalitate, & adimplenda misericordia, nobis quid erit loquendum? Cum omne quod superest, in causis pijs ac religiosis erogandum est, Domino magistro omnium docente: Quod superest, date eleemosynam, & ecce omnia munda sunt uobis. Interrogatio Augustini: Cum una sit fides, cur sunt ecclesiarum diuersæ consuetudines, & altera consuetudo missarum in sancta Romana ecclesia, atque altera in Galliarum tenetur. Respondit Gregorius Papa: Nouit fraternitas tua Romanæ ecclesiæ consuetudinem, in qua se meminit nutritam. Sed mihi placet, ut siue in Romana, siue in Galliarum, seu in qualibet ecclesia, aliquid inuenisti quod plus omnipotenti Deo possit placere, sollicite eligas, & in Anglorum ecclesia, quæ adhuc ad fidem noua est, institutione præcipua, quæ de multis ecclesijs colligere potuisti, infundas. Non enim pro locis res, sed pro bonis rebus loca amanda sunt. Ex singulis ergo quibusque ecclesiis, quæ pia, quæ religiosa, quæ recta sunt, elige, & hæc quasi in fasciculum collecta, apud Anglorum mentes in consuetudinem depone. Interrogatio Augustini: Obsecro quid pati debeat, si quis aliquid de ecclesia furto abstulerit. Respondit Gregorius: Hoc tua fraternitas ex persona furis pensare potest, qualiter ualeat corrigi. Sunt enim quidam, qui habentes subsidia furtum perpetrant, & sunt alij, qui hac in re ex inopia delinquunt. Vnde necesse est, ut quidam damnis, quidam uero uerberibus: & quidam districtius, quidam autem leuius corrigantur. Et cum paulo districtius agitur, ex charitate agendum est, non ex furore: quia ipsi hoc præstatur qui corrigitur, ne gehennæ ignibus tradatur. Sic enim nos fidelibus tenere disciplinam debemus, sicut boni patres carnalibus filijs solent, quos & pro culpis uerberibus feriunt, & tamen ipsos, quos doloribus affligunt, habere hæredes quærunt, & quæ possident ipsis seruant, quos irati insequi uidentur. Hæc ergo charitas in mente tenenda est, & ipsa modum correptionis dictet, ita ut mens extra rationis regulam omnino nihil faciat. Addes etiam, quomodo ea, quæ furto de ecclesijs abstulerunt, reddere debeant. Sed absit, ut ecclesia cum augmento recipiat, quod de terrenis rebus uidetur amittere, & lucra de uanis quærere. Interrogatio Augustini: Si debeant duo germani fratres singulas sorores accipere, quæ sunt ab illis longa progenie generatæ. Respondit Gregorius: Hoc fieri modis omnibus licet. Nequaquam enim in sacris eloquijs inuenitur, quod huic capitulo contradicere uideatur. Interrogatio Augustini: Vsque ad quotam generationem debeant fideles cum propinquis sibi coniugio copulari? Respondit Gregorius: Quædam terrena lex in Romana republica permittit, ut siue frater & soror, seu duorum fratrum germanorum, uel duarum sororum filius & filia misceantur. Sed experimento didicimus, ex tali coniugio sobolem non posse succrescere. Et sacra lex prohibet cognationis turpitudinem reuelare. Vnde necesse est, ut iam tertia uel quarta generatio fidelium licenter sibi iungi debeat. Nam secunda, quam diximus, a se omni modo debet abstinere. Cum nouerca autem miscere graue est facinus, quia & in lege scriptum est: Turpitudinem patris tui non reuelabis. Neque enim patris turpitudinem filius reuelare potest: sed quia scriptum est, Erunt duo in carne una, qui turpitudinem nouercæ, quæ una caro cum patre fuit, reuelare præsumpserit, profecto patris turpitudinem reuelauit. Cum cognata quoque misceri prohibitum est, quia per coniunctionem priorem caro fratris fuerit facta. Pro qua re etiam Iohannes Baptista capite truncatus est, & sancto martyrio consummatus. Cui non est dictum, ut Christum negaret, & tamen pro Christi confessione occisus est: sed quia idem Dominus noster Iesus Christus dixerat: Ego sum ueritas, quia pro ueritate Iohannes occisus est, uidelicet & pro Christo sanguinem fudit. Quia uero sunt multi in Anglorum gente, qui dum adhuc in infidelitate essent, huic nefando coniugio dicuntur admixti, ad fidem uenientes admonendi sunt, ut se abstineant, & graue hoc esse peccatum cognoscant. Tremendum Dei iudicium timeant, ne pro carnali dilectione tormenta aeterni cruciatus incurrant. Non tamen pro hac re corporis & sanguinis Domini communione priuandi sunt, ne in eis illa ulcisci uideamur, in quibus se per ignorantiam ante lauacrum baptismatis astrinxerunt. In hoc enim tempore sancta ecclesia quaedam per feruorem corrigit, quaedam per mansuetudinem tolerat, quaedam per considerationem dissimulat, atque ita portat & dissimulat, ut saepe malum quod aduersatur portando & dissimulando compescat. Omnes autem qui ad fidem ueniunt, admonendi sunt, ne tale aliquid audeant perpetrare. Si qui autem perpetrauerint, corporis & sanguinis Domini communione priuandi sunt: quia sicut in his, qui per ignorantiam fecerunt, culpa aliquatenus toleranda est, ita in his fortiter insequenda, qui non metuunt sciendo peccare. Interrogatio Augustini: Si longinquitas itineris magna interiacet, ut episcopi non facile ualeant conuenire, an debeat sine aliorum episcoporum praesentia episcopus ordinari? Respondit Gregorius: Et quidem in Anglorum ecclesia, in qua adhuc solus tu episcopus inueniris, ordinare episcopum nō aliter nisi sine episcopis potes. Nā quando de Galliis episcopi ueniunt, qui in ordinatione episcopi testes assistunt? Sed fraternitatem tuam ita uolumus episcopos ordinare, ut ipsi sibi episcopi longo interuallo minime disiungantur, quatenus nulla sit necessitas, ut in ordinatione episcopi alii conuenire nō possint. Pastores quoque quorum praesentia ualde est utilis, facile debeant conuenire. Cum igitur auctore Deo ita fuerint episcopi in propinquis sibi locis ordinati, per omnia episcoporum ordinatio sine aggregatis tribus uel quatuor episcopis fieri non debet. Nam in ipsis rebus spiritalibus, ut sapienter & mature disponantur, exemplum trahere a rebus etiam carnalibus possumus. Certe enim dum coniugia in mundo celebrantur, coniugati quique conuocantur, ut qui in uia iam coniugii praecesserunt, in subsequentis quoque copulae gaudio misceantur. Cur non ergo & in hac spiritali ordinatione, qua per sacrum ministerium homo Deo coniungitur, tales conueniant, qui uel in prouectu ordinati episcopi gaudeant, uel pro eius custodia omnipotenti Deo preces pariter fundant? Interrogatio Augustini: Qualiter debemus cum Galliarum & Brittaniarum episcopis agere? Respondit Gregorius: In Galliarum episcopis nullam tibi auctoritatem tribuimus: quia ab antiquis praedecessorum meorum temporibus pallium Arelatensis episcopus accepit, quem nos priuare auctoritate percepta minime debemus. Si igitur contingat, ut fraternitas tua ad Galliarum prouinciam transeat, cum eodem Arelatensi episcopo debet agere, qualiter si qua sunt uitia in episcopis corrigantur. Qui si forte in disciplinae uigore tepidus existat, tuae fraternitatis zelo accendendus est. Cui etiam epistolas fecimus, ut cum tuae sanctitatis praesentia in Galliis & ipse tota mente subueniat, & quae sunt creatoris nostri iussioni contraria, ab episcoporum moribus compescat. Ipse autem ex auctoritate propria episcopos Galliarum iudicare non poteris: sed suadendo, blandiendo, bona quoque opera eorum imitationi monstrando, prauorum mentes ad sanctitatis studia reforma. Quia scriptum est in lege: Per alienam messem transiens, falcem mittere non debet, sed manu spicas conterere & manducare. Falcem enim iudicii mittere non potes in ea segete, quae alteri uidetur esse commissa: sed per effectum boni operis frumenta Dominica uitiorum suorum paleis expolia, & in ecclesiae corpore monendo & persuadendo quasi mandendo conuerte. Quicquid uero ex auctoritate agendum est, cum praedicto Arelatensi episcopo agatur, ne praetermitti possit hoc, quod antiqua patrum institutio inuenit. Brittaniarum uero omnes episcopos tuae fraternitati committimus, ut indocti doceantur, infirmi persuasione roborentur, peruersi auctoritate corrigantur. Interrogatio Augustini: Si praegnans mulier debet baptizari? Aut postquam genuerit, post quantum tempus possit ecclesiam intrare? Aut etiam ne morte praeoccupetur, quod genuerit, post quot dies hoc liceat sacri baptismatis sacramenta percipere? Aut post quantum temporis huic uir suus possit in carnis copulatione coniungi? Aut si menstrua consuetudine tenetur, an ecclesiam intrare ei liceat? Aut sacrae communionis sacramenta percipere? Aut uir suae coniugi permixtus, priusquam lauetur aqua, si ecclesiam possit intrare? Vel etiam ad mysterium communionis sacrae accedere? Quae omnia rudi Anglorum genti oportet habere comperta. Respondit Gregorius: Hoc non ambigo, fraternitatem tuam esse requisitam, cui iam & responsum reddidisse me arbitror. Sed hoc quod ipse dicere & sentire potuisti, credo quod mea apud te uolueris responsione firmari. Mulier etenim praegnans cur non debeat baptizari, cum non sit ante omnipotentis Dei oculos culpa aliqua foecunditas carnis? Nam cum primi parentes nostri in paradiso deliquissent, immortalitatem, quam acceperant, recto Dei iudicio perdiderunt. Quia itaque idem omnipotens Deus humanum genus pro culpa sua funditus extinguere noluit, & immortalitatem homini pro peccato suo abstulit, & tamen pro benignitate suae pietatis, foecunditatem ei sobolis reseruauit. Quod ergo naturae humanae ex omnipotentis Dei dono seruatum est, qua ratione poterit a sacri baptismatis gratia prohiberi? In illo quippe mysterio, in quo omnis culpa funditus extinguitur, ualde stultum est, si donum gratiae contradicere posse uideatur. Cum uero enixa fuerit mulier, post quot dies debeat ecclesiam intrare, Testamenti ueteris praecepto manifestū est, quod ita habet: Mulier si suscepto semine pepererit masculum, triginta tribus diebus manebit in

sangui

sanguine purificationis suæ. Omne sanctum non tanget, nec ingredietur in sanctuarium, donec impleantur dies purgationis suæ. Si autem fœminam pepererit, sexaginta sex diebus manebit in sanguine purificationis suæ. Quod tamen sciendum est, quia in mysterio accipitur. Nam si hora eadem qua genuerit, actura gratias intret ecclesiam, nullo peccati pondere grauatur. Voluptas etenim carnis, non dolor in culpa est. In carnis autem commixtione uoluptas est, nam in prolis prolatione gemitus. Unde & ipsi primæ matri omnium Dei præceptum transgressæ dictum est: Multiplicabo ærumnas tuas, & conceptus tuos, & in doloribus paries. Si itaque enixam mulierem prohibemus ecclesiam intrare, ipsam ei pœnam suam in culpam deputamus. Baptizare autem uel enixam mulierem, uel hoc quod genuerit, si mortis periculo urgetur, uel ipsam hora eadem qua gignit, uel hoc quod gignitur eadem qua natum est, nullo modo prohibetur: quia sancti mysterii gratia sicut uiuentibus atque discernentibus, cum magna discretione prouidenda est, ita his quibus mors imminet, sine ulla dilatione offerenda, ne dum adhuc tempus ad præbendum redemptionis mysterium quæritur, interueniente paululum mora inueniri non ualeat, qui redimatur. Ad eius uero concubitum uir suus accedere non debet, quousque qui gignitur, ablactetur. Praua autem consuetudo in coniugatorum moribus surrexit, ut mulieres filios quos gignunt, nutrire contemnant, eosque aliis mulieribus ad nutriendum tradant; quod uidelicet ex sola causa incontinentiæ uidetur inuentum: quia dum se continere nolunt, despiciunt lactare quos gignunt. Hæ itaque quæ filios suos ex praua consuetudine aliis ad nutriendum tradunt, nisi purgationis tempus transierit, uiris suis non debent admisceri: quippe & sine partus causa, cum in consuetis suis menstruis detinentur, uiris suis misceri prohibentur: ita ut morte lex sacra feriat, si quis uir ad menstruatam mulierem accedat. Quæ tamen mulier dum consuetudinem menstruam patitur, prohiberi ecclesiam intrare non debet: quia ei naturæ superfluitas in culpam non ualet reputari, & per hoc quod inuita patitur, iniustum non est, ut ingressu ecclesiæ priuetur. Nouimus namque quod mulier, quæ fluxum patiebatur sanguinis, post tergum Domini humiliter ueniens, uestimenti eius fimbriam tetigit, atque ab ea statim sua infirmitas recessit. Si ergo in fluxu sanguinis posita, laudabiliter potuit Domini uestimentum tangere, cur quæ menstruum sanguinis patitur, ei non liceat Domini ecclesiam intrare? Sed dicis, illam infirmitas compulit, has uero de quibus loquimur, consuetudo constringit. Perpende autem frater charissime, quia omne quod in hac mortali carne patimur ex infirmitate naturæ, est digno Dei iudicio post culpam ordinatum. Esurire namque, sitire, æstuare, algere, lassescere, ex infirmitate naturæ est. Et quid est aliud contra famem alimenta, contra sitim potum, contra æstum auras, contra frigus uestem, contra lassitudinem requiem quærere, nisi medicamentum quoddam contra ægritudines explorare? Fœminæ itaque & menstruus sui sanguinis fluxus ægritudo est. Si igitur bene præsumpsit, quæ uestimentum Domini in languore posita tetigit, quod uni personæ infirmanti conceditur, cur non concedatur cunctis mulieribus, quæ naturæ suæ uitio infirmantur? Sanctæ autem communionis mysterium in iisdem diebus percipere non debet prohiberi. Si autem ex ueneratione magna percipere non præsumitur, laudanda est: sed si perceperit, non iudicanda. Bonarum quippe mentium est, & ibi aliquo modo culpas suas agnoscere, ubi culpa non est: quia sæpe sine culpa agitur, quod uenit ex culpa. Unde etiam cum esurimus, sine culpa comedimus, ex culpa primi hominis factum est, ut esuriamus. Menstrua enim consuetudo mulieribus non aliqua culpa est, uidelicet quæ naturaliter accidit: sed tamen quia natura ipsa ita uitiata est, ut etiam sine uoluntatis studio uideatur esse polluta, ex culpa uenit uitium, in quo se ipsa qualis per iudicium facta sit humana natura cognoscit. Et homo qui culpam sponte perpetrauit, reatum culpæ portet inuitus. Atque ideo fœminæ cum semetipsas considerant, si in menstrua consuetudine ad sacramentum Dominici corporis & sanguinis accedere non præsumunt, de sua recta consideratione laudandæ sunt: dum uero percipiendo ex religiosæ uitæ consuetudine eiusdem mysterii amore rapiuntur, reprimendæ (sicut prædiximus) non sunt. Sicut enim in Testamento ueteri exteriora opera obseruantur: ita in Testamento nouo, non tam quod exterius agitur, quam id quod interius cogitatur, sollicita intentione attenditur, ut subtili sententia puniatur. Nam cum multa lex uelut immunda manducare prohibeat, in Euangelio tamen Dominus dicit: Non quod intrat in os, coinquinat hominem: sed quæ exeunt de ore, illa sunt quæ coinquinant. Atque paulo post subiecit exponens: Ex corde exeunt cogitationes malæ. Ubi uberrime indicatum est, quod illud ab omnipotenti Deo pollutum esse in opere ostenditur, quod ex pollutæ cogitationis radice generatur. Unde Paulus quoque apostolus dicit: Omnia munda mundis, coinquinatis autem & infidelibus nihil est mundum. Atque mox eiusdem causam coinquinationis annuncians subiungit: Coinquinata sunt enim & mens eorum & conscientia. Si ergo ei cibus immundus non est, cui mens immunda non fuerit, cur quod munda mente mulier ex natura patitur, ei in immunditiam reputetur? Vir autem cum propria coniuge dormiens, nisi lotus aqua intrare ecclesiam non debet: sed neque lotus statim intrare debet. Lex autem ueteri populo præcipit, ut mixtus uir mulieri & lauari aqua debeat, & ante solis occasum ecclesiam non intrare. Quod tamen intelligi spiritaliter potest: quia mulieri uir miscetur, quando illicitæ concupiscentiæ animus in cogitatione per delectationem coniungitur. Quia nisi prius ignis concupiscentiæ a mente deferueat, dignum se congregationi fratrum æstimare non debet, qui se grauari per negligentiam prauæ uoluntatis uidetur. Quamuis de hac re diuersæ hominum nationes diuersa sentiant, atque alia custodire uideantur, Romanorum tamen semper ab antiquioribus usus fuit, post admixtionem proprię coniugis, & lauacri purificationem quærere, & ab ingressu ecclesię paululum reuerenter abstinere. Nec hęc dicentes culpam deputamus esse coniugium, sed quia ipsa licita admixtio coniugis sine uoluptate carnis fieri non potest, à sacri loci ingressu abstinendum est: quia uoluptas ipsa esse sine culpa nullatenus potest. Non enim de adulterio, uel fornicatione, sed de legitimo coniugio natus fuerat, qui dicebat: Ecce enim in iniquitatibus conceptus sum, & in delictis peperit me mater mea. Qui enim in iniquitatibus conceptum se nouerat, à delicto se natum gemebat: quia portat arbor in ramo humorem uitij, quem traxit ex radice. In quibus tamen uerbis non admixtionem coniugum iniquitatem nominat, sed ipsam uidelicet uoluptatem admixtionis. Sunt etenim multa quæ licita esse probantur ac legitima, & tamen in eorum actu aliquatenus fœdamur: sicut sępe irascendo culpas insequimur, & tranquillitatem in nobis animi perturbamus: & cum rectum sit quod agitur, non est tamen approbabile, quod in eo animus perturbatur. Contra uitia quippe delinquentium iratus fuerat, qui dicebat: Turbatus est præ ira oculus meus. Quia enim non ualet nisi tranquilla mens in contemplationis se lucem suspendere, in ira suum oculum turbatum dolebat: quia dum male acta deorsum insequitur, confundi atque turbari à summorum contemplatione cogebatur. Est ergo laudabilis ira contra uitium, & tamen molesta, quia turbatum se aliquem reatum incurrisse æstimat. Oportet itaque legitima carnis copula ut causa prolis sit, non uoluptatis: & carnis commixtio creandorum liberorum sit gratia, non satisfactio uitiorum. Si quis uero suam coniugem, non cupidine uoluptatis raptus, sed solummodo creandorum liberorum gratia utitur, iste profectò siue de ingressu ecclesię, siue de sumendo Dominici corporis sanguinisque mysterio, suo est relinquendus iudicio, quia à nobis prohiberi non debet accipere, qui in igne positus nescit ardere. Cum uero non amor procreandæ sobolis, sed uoluptas dominatur in opere commixtionis: habent coniuges etiam de sua commixtione quod defleant. Hoc enim eis concedit sancta prædicatio, & tamen de ipsa concessione metu animum concutit. Nam cum Paulus apostolus Corinthijs scribens diceret, Qui se continere non potest, habeat uxorem suam: statim subiungere curauit, Hoc autem dico secundum indulgentiam, non secundum imperium: nõ enim indulgetur quod licet, quia iustum est: quod igitur indulgere dixit, culpam esse demonstrauit. Vigilanti uero mente pensandum est, quod in Sina monte Dominus locuturus ad populum, prius eundem populum abstinere à mulieribus præcepit. Et si illic ubi Dominus per creaturam subditam hominibus loquebatur, tanta prouisione est munditia corporis requisita, ut qui uerba Dei perciperent, mulieribus mixti non essent: quanto magis mulieres quæ corpus Domini omnipotentis accipiunt, custodire in se munditiam carnis debent, ne ipsa inæstimabilis mysterij magnitudine grauentur. Hinc etenim ad Dauid de pueris suis per sacerdotem dicitur, ut si à mulieribus mundi essent, panes propositionis acciperent, quos omnino non acciperent, nisi prius mundos eos Dauid à mulieribus fateretur. Tunc autem uir, qui post admixtionem coniugis lotus aqua fuerit, etiam sacræ communionis mysterium ualet accipere, cum ei iuxta præfinitam sententiam etiam ecclesiam licuerit intrare. Interrogatio. Augustinus: Si post illusionem, quæ per somnium solet accidere, uel corpus Domini quilibet accipere ualeat, uel si sacerdos sit, sacra mysteria celebrare? Respondit Gregorius: Hunc quidem testamentum ueteris legis, sicut & in superiori capitulo iam diximus, pollutum dicit, & nisi lotum aqua et usque ad uesperam intrare ecclesiam non concedit. Quod tamen aliter populus spiritalis intelligens, sub eodem intellectu accipiet quo præfati sumus: quia quasi per somnium illuditur, qui tentatus immunditia ueris imaginibus in cogitatione inquinatur, sed lauandus est aqua, ut culpas cogitationis lachrymis abluat. Et nisi prius ignis tentationis recesserit, reum se quasi usque ad uesperum cognoscat. Sed est in eadem illusione ualde necessaria discretio, quæ subtiliter pensari debet, ex qua re accidat menti dormientis. Aliquando enim ex crapula, aliquando ex naturę superfluitate uel infirmitate, aliquando ex cogitatione contingit. Et quidem cum ex naturæ superfluitate uel infirmitate euenerit, omnimodo hæc illusio non est timenda: quia hanc animus nesciens pertulisse magis dolendum est, quàm fecisse: cum uero ultra modum appetitus gulæ in sumendis alimentis rapitur, atque idcirco humorum receptacula grauantur, habet exinde animus aliquem reatum, non tamen usque ad prohibitionem percipiendi sancti mysterij, uel missarum solemnia celebrandi: cum fortasse aut festus dies exigit, aut exhiberi mysterium (pro eo quod sacerdos alius in loco deest) ipsa necessitas compellit. Nam si adsunt alij, qui implere mysterium ualeant, illusio pro crapula facta, à perceptione sacri mysterij prohibere non debet: sed ab immolatione sacri mysterij abstinere (ut arbitror) humiliter debet, si tamen dormientis mentem turpi imaginatione non concusserit. Nam sunt quibus ita plerumque illusio nascitur, ut eorum animus etiam in somno corporis positus, turpibus imaginationibus non fœdetur: qua in re unum ibi ostenditur ipsa mens rea, non tamen uel suo iudicio libera, cum se, etsi dormiente corpore nihil meminit uidisse, tamen in uigilijs corporis meminit in ingluuiem [illegible] cecidisse. Si uero ex turpi cogitatione uigilantis orta illusio dormientis, patet animo suo reatus. Videt enim a qua radice inquinatio illa processerit, quia quod cogitauit sciens, hoc pertulit nesciens. Sed pensandum est, ipsa cogitatio utrum suggestione, an delectatione, uel quod maius est, peccati consensu acciderit. Tribus enim modis impletur omne peccatum, uidelicet suggestione, delectatione, consensu. Suggestio quippe fit per diabolum, delectatio per carnem, consensus per spiritum. Quia & primam culpam serpens suggessit, Eua uelut caro delectata est, Adam uero uelut spiritus consensit. Et necessaria est magna discretio, ut inter suggestionem atque delectationem, inter delectationem & consensum, iudex sui animus praesideat. Cum enim malignus spiritus peccatum suggerit in mente, si nulla peccati delectatio sequatur, peccatum omnimodo perpetratum non est: cum uero delectari caro coeperit, tunc peccatum incipit nasci: si autem ex deliberatione consentit, tunc peccatum cognoscitur perfici. In suggestione igitur peccati initium est, in delectatione fit nutrimentum, in consensu perfectio. Et saepe contingit, ut hoc quod malignus spiritus seminat in cogitatione, caro in delectationem trahat, nec tamen anima eidem delectationi consentiat. Et cum caro delectari sine anima nequeat, ipse tamen animus carnis uoluptatibus reluctans, in delectatione carnali aliquo modo ligatur inuitus, ut ei ex ratione contradicat, nec consentiat, & tamen delectatione ligatus sit, sed ligatum se uehementer ingemiscat. Vnde & ille coelestis exercitus praecipuus miles gemebat, dicens: Video aliam legem in membris meis repugnantem legi mentis meae, & captiuum me ducentem in lege peccati quae est in membris meis. Si autem captiuus erat, minime pugnabat: sed & pugnabat, quare captiuus erat. Repugnabat igitur legi mentis, cui lex quae in membris est repugnabat. Si autem pugnabat, captiuus non erat. Ecce itaque homo est (ut ita dixerim) captiuus & liber. Liber ex iustitia quam diligit: captiuus ex delectatione quam portat inuitus. Hucusque responsiones beati Papae Gregorii, ad consulta reuerendissimi antistitis Augustini. Epistolam uero quam se Arelatensi episcopo fecisse commemorat, ad Vergilium Etherii successorem dederat, cuius haec forma est.

Vt Papa Gregorius epistolam Arelatensi episcopo pro adiuuando in opere Dei Augustino miserit. Cap. XXVIII.

Reuerendissimo & sanctissimo fratri Vergilio coepiscopo Gregorius seruus seruorum Dei. Quantus sit affectus uenientibus sponte fratribus impendendus, ex eo quod plerumque solent charitatis causa inuitari, cognoscitur. Et ideo si communem fratrem Augustinum episcopum ad uos uenire contigerit, ita illum dilectio uestra, sicut decet, affectuose dulciterque suscipiat, ut & ipsum consolationis suae bono refoueat, & alios qualiter fraterna charitas colenda sit doceat. Et quoniam saepius euenit, ut hi qui longe sunt positi, prius ab aliis quae sunt emendanda cognoscant, si quas fortasse sacerdotum uel aliorum culpas intimauerit, una cum eo residentes subtili cuncta inuestigatione perquirite. Et ita uos in ea quae Deum offendunt, & ad iracundiam prouocant, districtos ac sollicitos exhibete, ut & ad aliorum emendationem & uindicta culpabilem feriat, & innocentem falsa opinio non affligat. Deus te incolumem custodiat, reuerendissime frater. Data die decimo Kalendarum Iuliarum, imperante Domino nostro Mauritio Tiberio piissimo Augusto, Anno decimo octauo post consulatum eiusdem domini nostri, anno decimo nono, indictione quarta.

Vt idem Augustino pallium & epistolam, & plures uerbi ministros miserit. Cap. XXIX.

Praeterea idem papa Gregorius Augustino episcopo, quia suggesserat ei, multam quidem sibi messem, sed operarios paucos esse, misit cum praefatis legatariis suis plures cooperatores ac uerbi ministros, in quibus primi & praecipui erant Mellitus, Iustus, Paulinus, Rufinianus: & per eos generaliter uniuersa quae ad cultum erant ac ministerium ecclesiae necessaria, uasa uidelicet sacra & uestimenta altarium, ornamenta quoque ecclesiarum, & sacerdotalia uel clericalia indumenta, sanctorum etiam apostolorum ac martyrum reliquias, necnon & codices plurimos. Misit etiam literas, in quibus significat se ei pallium direxisse, simul & insinuat qualiter episcopos in Britannia constituere deberet. Quarum literarum iste est textus.

Reuerendissimo & sanctissimo fratri Augustino coepiscopo, Gregorius seruus seruorum Dei. Cum certum sit pro omnipotenti Deo laborantibus ineffabilia aeterni regni praemia reseruari, nobis tamen eis necesse est honorum beneficia tribuere, ut in spiritalis operis studio ex remuneratione ualeant multiplicius insudare. Et quia noua Anglorum ecclesia ad omnipotentis Dei gratiam, eodem Domino largiente, & te laborante perducta est, usum tibi pallii in ea ad sola missarum solennia agenda concedimus, ita ut per loca singula duodecim episcopos ordines, qui tuae subiaceant ditioni, quatenus Lundoniensis ciuitatis episcopus semper in posterum a synodo propria debeat consecrari, atque honoris pallium ab hac sancta & Apostolica, cui Deo auctore deseruio, sede percipiat. Ad Eburacam uero ciuitatem te uolumus episcopum mittere, quem ipse iudicaueris ordinare, ita duntaxat, ut si eadem ciuitas cum finitimis locis uerbum Dei receperit, ipse quoque duodecim episcopos ordinet, & metropolitani honore perfruatur: quia ei quoque (si uita comes fuerit) pallium tribuere Domino fauente

dispono,

disponimus, quem tamen tuæ fraternitatis uolumus dispositioni subiacere. Post obitum uero tuum, ita episcopis quos ordinauerit, præsit, ut Lundoniensis episcopi nullo modo ditioni subiaceat. Sit uero inter Lundoniensis & Eboracensis ciuitatis episcopos in posterum honoris ista distinctio, ut ipse prior habeatur, qui prius fuerit ordinatus. Communi autem consilio, & concordi actione quæque sunt pro Christi zelo agenda, disponant unanimiter, recte sentiant, & ea quæ senserint, non sibimet discrepando perficiant. Tua uero fraternitas non solum eos episcopos quos ordinauerit, neque hos tantummodo qui Eboraci per episcopum fuerint ordinati, sed etiam omnes Brittaniæ sacerdotes habeat Deo Domino nostro Iesu Christo auctore subiectos, quatenus ex lingua & uita tuæ sanctitatis, & recte credendi & bene uiuendi normam percipiant, atque officium suum fide ac moribus exequentes, ad cælestia quum Dominus uoluerit regna pertingant. Deus te incolumem custodiat, reuerentissime frater. Data die decima Kalendarum Iuliarum, imperante domino nostro Mauricio Tiberio piissimo Augusto, anno decimonono, post consulatum eiusdem domini anno decimooctauo, indictione quarta.

Exemplar epistolæ, quam Mellito abbati Brittaniam pergenti misit. Caput XXX.

Abeuntibus autem præfatis legatarijs, misit post eos beatæ pater Gregorius literas memoratu dignas, in quibus aperte, quam studiose erga saluationem nostræ gentis inuigilauerit, ostendit, ita scribens: Dilectissimo filio Mellito abbati, Gregorius seruus seruorum Dei. Post discessum congregationis nostræ quæ tecum est, ualde sumus suspensi redditi, quia nihil de prosperitate uestri itineris audisse nos contigit. Quum ergo Deus omnipotens uos ad reuerentissimum uirum fratrem nostrum Augustinum episcopum perduxerit, dicite ei, quid diu mecum de causa Anglorum cogitans tractaui, uidelicet quod fana idolorum destrui in eadem gente minime debeant: sed ipsa quæ in eis sunt idola, destruantur: aqua benedicta fiat, in eisdem fanis aspergatur, altaria construantur, reliquiæ componantur. Quia si fana eadem bene constructa sunt, necesse est ut a cultu dæmonum in obsequium ueri Dei debeant commutari, ut dum gens ipsa eadem fana sua non uidet destrui, de corde errorem deponat, & Deum uerum cognoscens ac adorans ad loca quæ consueuit familiarius concurrat. Et quia boues solent in sacrificio dæmonum multos occidere, debet eis etiam hac de re aliqua sollemnitas immutari: ut die dedicationis, uel natalitijs sanctorum martyrum, quorum illic reliquiæ ponuntur, tabernacula sibi circa easdem ecclesias, quæ ex fanis commutatæ sunt, de ramis arborum faciant, & religiosis conuiuijs sollemnitatem celebrent, nec diabolo iam animalia immolent, sed ad laudem Dei in esu suo animalia occidant, & donatori omnium de satietate sua gratias referant, ut dum eis aliqua exterius gaudia reseruantur, ad interiora gaudia consentire facilius ualeant. Nam duris mentibus simul omnia abscindere impossibile esse non dubium est: quia & is qui summum locum ascendere nititur, gradibus uel passibus, non autem saltibus eleuatur. Sic Israelitico populo Dominus in Aegypto quidem innotuit, sed tamen eis sacrificiorum usus, quæ diabolo solebat exhibere, in cultu proprio reseruauit, ut eis in suo sacrificio animalia immolare præciperet, quatenus cor mutantes, aliud de sacrificio amitterent, aliud retinerent, ut & ipsa essent animalia quæ offerre consueuerant, uero tamen Deo hæc & non idolis immolantes, iam sacrificia ipsa non essent. Hæc igitur dilectionem tuam prædicto fratri necesse est dicere, ut ipse in præsenti illic positus perpendat, qualiter omnia debeat dispensare. Deus te incolumem custodiat dilectissime fili. Data die decima quinta Kalendarum Iuliarum, imperante domino nostro Mauricio Tiberio piissimo Augusto, anno decimonono, post consulatum eiusdem domini, anno decimooctauo, indictione quarta.

Vt Augustinum per literas, ne de uirtutibus suis glorietur, exhortatus sit. Caput XXXI.

Quo in tempore misit etiam Augustino epistolam super miraculis, quæ per eum facta esse cognouerat, in qua eum ne per illorum copiam periculum elationis incurreret, his uerbis hortatur: Scio frater charissime, quia omnipotens Deus per dilectionem tuam in gentem quam eligi uoluit, magna miracula ostendit. Vnde necesse est, ut de eodem dono cœlesti & timendo gaudeas, & gaudendo pertimescas. Gaudeas uidelicet, quia Anglorum animæ per exteriora miracula ad interiorem gratiam pertrahuntur: pertimescas uero, ne inter signa quæ fiunt, infirmus animus in sua præsumptione se eleuet, & unde foris in honorem tollitur, inde per inanem gloriam intus cadat. Meminisse etenim debemus, quod discipuli cum gaudio a prædicatione redeuntes, dum cœlesti magistro dicerent: Domine in nomine tuo etiam dæmonia nobis subiecta sunt: protinus audierunt: Nolite gaudere super hoc, sed potius gaudete, quia nomina uestra scripta sunt in cœlo. In priuata enim & temporali lætitia mentem posuerant, qui de miraculis gaudebant. Sed de priuato ad commune, & de temporali ad æternam lætitiam reuocantur, quibus dicitur: In hoc gaudete, quia nomina uestra scripta sunt in cœlo. Non enim omnes electi miracula faciunt, sed tamen eorum nomina omnium in cœlo tenentur adscripta. Veritatis enim discipulis esse gaudendum non debet, nisi de eo bono, quod commune cum omnibus habent, & in

& in quo sibi laetitiam non habeat. Restat itaque frater charissime, ut inter ea quae operante Domino exterius facis, semper te interius subtiliter iudices, ac subtiliter intelligas & temetipsum quis sis, & quanta sit in eadem gente gratia, pro cuius conuersione etiam faciendorum signorum dona percepisti. Et si quando te creatori nostro seu per linguam siue per opera reminisceris deliquisse, semper haec ad memoriam reuoces, ut surgentem cordis gloriam memoria reatus premat. Et quicquid de faciendis signis acceperis uel accepisti, haec non tibi, sed eis deputes donata, pro quorum tibi salute collata sunt.

Vt Edilbercto epistolas & dona miserit. Caput XXXII.

Misit & idem beatus Papa Gregorius eodem tempore etiam regi Edilbercto epistolam, simul & dona in diuersis speciebus perplurima, temporalibus quoque honoribus regem glorificare satagens, cui gloriae coelestis suo labore & industria notitiam prouenisse gaudebat. Exemplar autem praefatae epistolae hoc est. Domino gloriosissimo atque praecellentissimo filio Edilbercto regi Anglorum, Gregorius episcopus. Propter hoc omnipotens Deus bonos quosque ad regimina populorum perducit, ut per eos omnibus quibus praelati fuerint, dona suae pietatis impendat. Quod in Anglorum gente factum cognouimus, cui uestra gloria est idcirco praeposita, ut per bona quae uobis concessa sunt, etiam subiectae uobis genti superna beneficia praestarentur. Et ideo gloriose fili, eam quam accepisti diuinitus gratiam, sollicita mente custodi, Christianam namque fidem in populis tibi subditis extendere festina, zelum rectitudinis tuae in eorum multiplica conuersione, idolorum cultus insequere, fanorum aedificia euerte, subditorum mores ex magna uitae munditia exhortando, terrendo, blandiendo, corrigendo, & boni operis exempla monstrando aedifica, ut illum retributorem inuenias in caelo, cuius nomen atque cognitionem dilataueris in terra. Ipse enim uestrae quoque gloriae nomen etiam posteris gloriosius reddet, cuius uos honorem quaeritis & seruatis in gentibus. Sic etenim Constantinus quondam piissimus imperator Romanam rempublicam a peruersis idolorum cultibus reuocans, omnipotenti Deo, domino nostro Iesu Christo secum subdidit, seque cum subiectis populis tota ad Deum mente conuertit. Vnde factum est, ut antiquorum principum nomen suis uir ille laudibus uinceret, & tanto in opinione praecessores suos, quanto & in bono opere superaret. Et nunc itaque uestra gloria cognitionem unius Dei patris, & filii & spiritus sancti regibus ac populis sibimet subiectis festinet infundere, ut & antiquos gentis suae reges laudibus ac meritis transeat, & quanto in subiectis suis etiam aliena peccata deterserit, tanto etiam de peccatis propriis ante omnipotentis Dei terribile examen securior fiat. Reuerendissimus frater noster Augustinus episcopus in monasterii regula doctus, sacrae scripturae scientia repletus, bonis auctore Deo operibus praeditus, quaeque uos admonet, libenter audite, deuote peragite, studiose in memoria reseruate: quia si uos eum in eo quod pro omnipotenti Deo loquitur auditis, isdem omnipotens Deus hunc pro uobis exorantem celerius exaudiet. Si enim (quod absit) uerba eius postponitis, quomodo eum omnipotens Deus poterit audire pro uobis, quem uos negligitis audire pro Deo? Tota igitur mente cum eo uos in feruore fidei stringite, atque adnisum illius uirtute quam uobis diuinitas tribuit, adiuuate, ut regni sui uos ipse faciat participes, cuius uos fidem in regno uestro recipi facitis & custodiri. Praeterea scire uestram gloriam uolumus, quod sicut in scriptura sacra ex uerbis Domini omnipotentis agnoscimus, praesentis mundi iam terminus iuxta est, & sanctorum regnum uenturum est, quod nullo unquam poterit fine terminari. Appropinquante autem eodem mundi termino, multa imminent quae antea non fuerunt, uidelicet immutationes aeris, terroresque de coelo, & contra ordinem temporum tempestates, bella, fames, pestilentiae, terraemotus per loca: quae tamen non omnia nostris diebus uentura sunt, sed post nostros dies omnia subsequentur. Vos itaque si qua ex his euenire in terra uestra cognoscitis, nullo modo animum uestrum perturbetis: quia idcirco haec signa de fine seculi praemittuntur, ut de animabus nostris debeamus esse solliciti, de mortis hora suspecti, & uenturo iudici in bonis actibus inueniamur esse praeparati. Haec nunc gloriose fili paucis locutus sum, ut cum Christiana fides in regno uestro excreuerit, nostra quoque locutio apud uos latior excrescat, & tanto plus loqui libeat, quanto se in mente nostra gaudia de gentis uestrae perfecta conuersione multiplicant. Parua autem exenia transmisi, quae uobis parua non erunt, quum a uobis ex beati Petri apostoli fuerint benedictione suscepta. Omnipotens itaque Deus, in uobis gratiam suam quam coepit perficiat, atque uitam uestram, & hic per multorum annorum spatia extendat, & post longa tempora in caelestis uos patriae congregatione recipiat. Incolumem excellentiam uestram gratia superna custodiat domine fili. Data die decima Kalendarum Iuliarum, imperante domino nostro Mauritio Tiberio piissimo Augusto, anno decimonono, post consulatum eiusdem anno decimooctauo, indictione quarta.

Vt Augustinus ecclesiam Saluatoris instaurauerit, & monasterium beati Petri apostoli fecerit: & de primo eius abbate Petro. Caput XXXIII.

AT Augustinus ubi in regia ciuitate sedem episcopalem (ut praediximus) accepit, recuperauit in ea, regio fultus adminiculo, eccle-

siam

siam quam dudum Romanorum antiquorum fidelium opere factam fuisse didicerat, & eam in nomine sancti saluatoris Dei & domini nostri Iesu Christi sacrauit, atque ibidem sibi habitationem statuit & cunctis successoribus suis. Fecit autem & monasterium non longe ab ipsa ciuitate ad Orientem, in quo eius hortatu Edelbert ecclesiam beatorum apostolorum Petri & Pauli a fundamentis construxit, ac diuersis donis ditauit, in qua & ipsius Augustini & omnium episcoporum Doruuernensium, simul & regum Cantij poni corpora possent. Quam tamen ecclesiam non ipse Augustinus, sed successor eius Laurentius consecrauit. Primus autem eiusdem monasterij abbas Petrus presbyter fuit, qui legatus Galliam missus, demersus est in sinu maris, qui uocatur Amfleat, & ab incolis loci ignobili traditus sepulturae: sed omnipotens Deus, ut qualis meriti uir fuerit demonstraret, omni nocte supra sepulchrum eius lux coelestis apparuit, donec animaduertentes uicini, qui uidebant sanctum fuisse uirum, qui ibi esset sepultus, & inuestigantes unde & quis esset, abstulerunt corpus, & in Bonouia ciuitate iuxta honorem tanto uiro congruum in ecclesia posuerunt.

Vt Edelfridus rex Nord. Humbrorum Scottorum gentes praelio conterens, ab Anglorum finibus expulerit. Caput XXXIIII.

His temporibus Nord Humbrorum regno praefuit rex fortissimus, & gloriae cupidissimus Edelfridus, qui plus omnibus Anglorum primatibus gentem uastauit Britonum, ita ut Sauli quondam, regi Israeliticae gentis comparandus uideretur, excepto dumtaxat hoc, quod diuinae erat religionis ignarus. Nemo enim in tribunis, nemo in regibus plures eorum terras, exterminatis uel subiugatis indigenis, aut tributarias genti Anglorum, aut habitabiles fecit. Cui merito poterat illud, quod benedicens filium Patriarcha in persona Saulis dicebat, aptari: Beniamin lupus rapax, mane comedet praedam, & uespere diuidet spolia. Vnde motus eius profectibus Edan rex Scottorum, qui Britanniam inhabitant, uenit contra eum cum immenso ac forti exercitu, sed cum paucis uictus aufugit. Siquidem in loco celeberrimo, qui dicitur Degsastan, id est, Degsa lapis, omnis pene eius est caesus exercitus. In qua etiam pugna Theodbaldus frater Edilfridi, cum omni illo, quem ipse ducebat exercitu, peremptus est. Quod uidelicet bellum Edilfridus anno ab incarnatione Domini sexcentesimo tertio, regni autem sui, quod uiginti quatuor annis tenuit, anno undecimo perfecit. Porro anno Focatis, qui tum regni Romani apicem tenebat, primo. Neque ex eo tempore quisquam regum Scottorum in Britanniam aduersus gentem Anglorum usque ad hanc diem in praelium uenire audebat.

LIBRI PRIMI FINIS.

Ecclesiasticae Historiae gentis Anglorum,

LIBER II.

De obitu beati Papae Gregorij. Caput I.

HIS temporibus, id est, anno Dominicae incarnationis sexcentesimo quinto, beatus Papa Gregorius, postquam sedem Romanae & apostolicae ecclesiae tredecim annos, menses sex, & dies decem gloriosissime rexit, defunctus est, atque ad aeternam regni coelestis sedem translatus. De quo nos conuenit (quia nostram, id est, Anglorum gentem de potestate Satanae ad fidem Christi sua industria conuertit) latiorem in nostra historia Ecclesiastica facere sermonem, quem recte nostrum appellare possumus & debemus Apostolum. Quia cum primum in toto orbe gereret pontificatum, & conuersis iamdudum ad fidem ueritatis esset praelatus ecclesiis, nostram gentem eatenus idolis mancipatam Christi fecit ecclesiam, ita ut apostolicum illum de eo liceat nobis proferre sermonem, Quia & si alijs non est apostolus, sed tamen nobis est. Nam signaculum apostolatus eius nos sumus in Domino. Erat autem natione Romanus, ex patre Gordiano, genus a proauis non solum nobile, sed & religiosum ducens. Denique Felix eiusdem sedis Apostolicae quondam episcopus, uir magnae gloriae in Christo & ecclesia eius fuit atauus. Sed & ipse nobilitatem religionis non minore quam parentes & cognati uirtute deuotionis exercuit. Nobilitatem uero illam, quam ad seculum uidebatur habere, totam ad nanciscendam supernae gloriae dignitatis diuina gratia largiente conuertit. Nam mutato repente seculari habitu, monasterium petijt, in quo tanta perfectionis gratia coepit conuersari, ut (sicut ipse postea flendo attestari solebat) animo illius labentia cuncta subter essent, ut rebus omnibus quae uoluuntur, eminerent, ut nulla nisi coelestia cogitare soleret, ut etiam retentus corpore ipsa iam carnis claustra contemplatione transiret, mortem quoque, quae pene cunctis poena est, uidelicet ut ingressum uitae & laboris sui praemium amaret. Hoc autem ipse de se non profectum iactando uirtutum, sed deflendo potius defectum, quem (ut referre consueuerat) sibi per curam pastoralem incurrisse uidebatur. Denique tempore quodam secreto, cum diacono suo Petro colloquens, enumeratis animi sui uirtutibus priscis mox dolendo subiunxit: At nunc ex occasione curae pastoralis secularium hominum negotia patitur, & post tam pulchram quietis suae speciem terreni actus puluere foedatur. Cumque se pro condescensione multorum ad exteriora sparserit, etiam cum interiora appetit, ad haec

procul-

procul dubio minus recolo. Perpendo itaque quid tolero: perpendo quid amisi, dumque intueor illud quod perdidi, fit hoc grauius quod porto. Haec quidem sanctus uir ex magna humilitatis intentione dicebat. Sed non credere decet quicquam eum monasterialis perfectionis perdidisse occasione curae pastoralis, imo potiorem tunc sumpsisse profectum de labore conuersionis multorum, quam de propria quondam quiete conuersationis habuerat, maxime quia & pontificali functus officio, domum suam monasterium facere curauit. Et dum primum de monasterio abstractus, ad ministerium altaris ordinatus, atque Constantinopolim apocrisiarius ab apostolica sede directus est, non tamen in terreno conuersatus palatio, propositum uitae coelestis intermisit. Nam quosdam fratrum ex monasterio suo, qui eum gratia germanae charitatis ad regiam urbem secuti sunt, in tutamentum coepit obseruantiae regularis habere, uidelicet ut eorum semper exemplo (sicut ipse scribit) ad orationis placidum litus, quasi anchorae fune restringeretur, cum incessabili causarum secularium impulsu fluctuaret, concussamque seculi actibus mentem inter eos quotidie per studiosae lectionis roboraret alloquium. Horum ergo consortio non solum a terrenis est munitus incursibus, uerumetiam ad coelestis exercitia uitae magis magisque succensus. Nam hortati sunt eum, ut librum beati Iob magnis inuolutum obscuritatibus, mystica interpretatione discuteret: neque negare potuit opus, quod sibi fraternus amor multis utile futurum imponebat. Sed eundem librum, quomodo iuxta literam intelligendus, qualiter ad Christi & ecclesiae sacramenta referendus, quo sensu unicuique fidelium sit aptandus, per triginta quinque libros expositionis, miranda ratione perdocuit: quod uidelicet opus in regia quidem urbe apocrisiarius inchoauit, Romae autem iam factus pontifex impleuit. Qui cum esset adhuc in regia urbe positus, nascentem ibi nouam haeresim de statu nostrae resurrectionis, cum ipso quo exorta est initio, iuuante se gratia catholicae ueritatis attriuit. Siquidem Eutychius eiusdem urbis episcopus dogmatizabat, corpus nostrum in illa resurrectionis gloria impalpabile, uentis aerique subtilius esse futurum. Quod ille audiens, & ratione ueritatis & exemplo Dominicae resurrectionis probauit, hoc dogma orthodoxae fidei omnibus modis esse contrarium. Catholica etenim fides habet, quod corpus nostrum illa immortalitatis gloria sublimatum, subtile quidem sit per effectum spiritualis potentiae, sed palpabile per ueritatem naturae, iuxta exemplum Dominici corporis, de quo a mortuis suscitato, dicit ipse discipulis: Palpate & uidete, quia spiritus carnem & ossa non habet, sicut me uidetis habere. In cuius assertione fidei uenerabilis pater Gregorius in tantum contra nascentem haeresim nouam laborare contendit, tanta hanc instantia, iuuante etiam piissimo imperatore Tiberio Constantino, comminuit, ut nullus exinde sit inuentus, qui eius resuscitator existeret.

Alium quoque librum composuit egregium, qui uocatur Pastoralis, in quo manifesta luce patefecit, quales ad ecclesiae regimen assumi, qualiter ipsi rectores uiuere, qua discretione singulas quasque audientium instruere personas, & quanta consideratione propriam quotidie debeant fragilitatem pensare. Sed & Homilias euangelij numero quadraginta composuit, quas in duobus codicibus aequa sorte distinxit. Libros etiam dialogorum quatuor fecit, in quibus rogatu Petri diaconi sui uirtutes sanctorum, quos in Italia clariores nosse uel audire poterat, ad exemplum uiuendi posteris collegit, ut (sicut in libris expositionum suarum, quibus sit uirtutibus insudandum edocuit) ita etiam descriptis sanctorum miraculis, quae uirtutum earundem sit claritas ostenderet. Primam quoque & ultimam Ezechielis prophetae partem, quae uidebantur obscuriores, per homilias uiginti duas, quantum lucis intus habeant, demonstrauit, excepto libello responsionum, quem ad interrogationes sancti Augustini primi Anglorum gentis episcopi scripsit, ut supra docuimus, cuius ipsum libellum his inserere historijs: libello quoque synodico, quem cum episcopis Italiae de necessarijs ecclesiae causis utillimum composuit: & familiaribus ad quosdam literis. Quod eo magis mirum est, tot eum ac tanta condere uolumina potuisse, quod pene omni iuuentutis suae tempore (ut uerbis ipsius loquar) crebris uiscerum doloribus cruciabatur, horis momentisque omnibus fracta stomachi uirtute lassescebat, lentis quidem sed tamen continuis febribus anhelabat. Verum inter haec dum sollicitus pensaret, quia Scriptura teste, omnis filius qui recipitur flagellatur, quo malis praesentibus durius deprimebatur, eo de aeterna certius praesumptione respirabat. Haec quidem de immortali eius dicta sint ingenio, quod nec tanto corporis potuit dolore restringi. Nam alij quidem pontifices construendis ornandisque auro uel argento ecclesijs operam dabant: hic autem totus erga animarum lucra uacabat. Quicquid pecuniae habuerat, hoc sedulus dispergere ac dare pauperibus curabat, ut iustitia eius maneret in seculum seculi, & cornu eius exaltaretur in gloria, ut illud beati Iob ueraciter dicere posset: Auris audiens beatificabat me, & oculus uidens testimonium reddebat mihi, eo quod liberassem pauperem uociferantem, & pupillum cui non esset adiutor. Benedictio perituri super me ueniebat, & cor uiduae consolatus sum. Iustitia indutus sum, & uestiuit me sicut uestimento & diademate iudicio meo. Oculus fui caeco, & pes claudo. Pater eram pauperum, & causam quam nesciebam, diligentissime inuestigabam. Conterebam molas iniqui, & de dentibus illius auferebam praedam. Et paulo post: Si negaui, inquit, quod uolebant pauperibus, & oculos uiduae expectare feci. Si comedi buccellam meam solus, & non comedit pupillus ex ea. Quia ab infantia mea creuit mecum miseratio, & de utero matris meae egressa est mecum. Ad cuius pietatis

& nostra suo populo perenniter etiam hoc, quod nostram gentem per prædicatores, quos huc direxit, de dentibus antiqui hostis eripiens, æternæ libertatis fecit esse participem. Cuius fidei & salutis congaudens, quamque digna laude commendans, ipse dicit in expositione beati Iob: Ecce lingua Britanniæ, quæ nihil aliud nouerat quam barbarum frendere, iamdudum in diuinis laudibus Hebræum cœpit alleluia resonare. Ecce quondam tumidus, iam substratus sanctorum pedibus, seruit oceanus, eiusque barbaros motus, quos terreni principes edomare ferro nequiuerant, hos pro diuina formidine sacerdotum ora simplicibus uerbis ligant: & qui cateruas pugnantium infideles nequaquam metuerat, iam nunc fideles humilium linguas timet. Quia enim præceptis, cœlestibus uerbis, clarescentibus quoque miraculis, uirtus ei diuinæ cognitionis infunditur, eiusdem diuinitatis terrore refrenatur, ut praue agere metuat, ac totis desideriis ad æternitatis gloriam peruenire concupiscat. Quibus uerbis beatus Gregorius hoc quoque declarat, quod sanctus Augustinus & socii eius non sola prædicatione uerborum, sed etiam cœlestium ostensione signorum gentem Anglorum ad agnitionem ueritatis perducebant. Fecit inter alia beatus papa Gregorius, ut in ecclesiis beatorum apostolorum Petri & Pauli, super corpora eorum missæ celebrarentur. Sed & in ipsa missarum celebratione tria uerba maximæ perfectionis plena superadiecit: Diesque nostros in tua pace disponas, atque ab æterna damnatione nos eripi, & in electorum tuorum iubeas grege numerari. Rexit autem ecclesiam temporibus imperatorum Mauricii & Focatis. Secundo autem eiusdem Focatis anno transiens ex hac uita, migrauit ad ueram, quæ in cœlis est, uitam. Sepultus uero est corpore in ecclesia beati Petri apostoli ante secretarium, die quarto iduum Martiarum: quando ipse cum cæteris sanctis ecclesiæ pastoribus resurrecturus in gloria. Scriptumque est in tumba ipsius Epitaphium huiusmodi:

Suscipe terra tuo corpus de corpore sumptum,
 Reddere quod ualeas uiuificante Deo.
Spiritus astra petit, lethi nil iura nocebunt,
 Cui uitæ alterius mors magis ipsa uia est.
Pontificis summi hoc clauduntur membra sepulchro,
 Qui innumeris semper uiuit ubique bonis.
Esuriem dapibus superauit, frigora ueste,
 Atque animas monitis texit ab hoste sacris.
Implebatque actu, quicquid sermone docebat,
 Esset ut exemplum, mystica uerba loquens.
Ad Christum Anglos conuertit pietate magistra,
 Acquirens fidei agmina gente noua.
Hic labor, hoc studium, hæc tibi cura, hoc pastor
 Ut Domino offerres plurima lucra gregis.
Hisque Dei consul factus lætare triumphis,
 Nam mercedem operum iam sine fine tenes.

Nec silentio prætereunda opinio, quæ de beato Gregorio, traditione maiorum, ad nos usque perlata est: qua uidelicet ex causa admonitus, tam sedulam erga salutem nostræ gentis curam gesserit. Dicunt, quia die quadam cum aduenientibus nuper mercatoribus multa uenalia in forum fuissent collata, multique ad emendum confluxissent, & ipsum Gregorium inter alios aduenisse, ac uidisse inter alia pueros uenales positos, candidi corporis, ac uenusti uultus, capillorum quoque forma egregia. Quos cum aspiceret, interrogauit, ut aiunt, de qua regione uel terra essent allati? dictumque est quod de Britannia insula, cuius incolæ tales essent aspectus. Rursus interrogauit, utrum idem insulani Christiani, an paganis adhuc erroribus essent implicati? Dictumque est, quod essent pagani. At ille intimo ex corde longa trahens suspiria: Heu proh dolor, inquit, quod tam lucidi uultus homines tenebrarum auctor possidet, tantaque gratia frontis conspicui mentem ab interna gratia uacuam gestant. Rursus ergo interrogauit, quod esset uocabulum gentis illius? Responsum est, quod Angli uocarentur. At ille, Bene, inquit, Nam & angelicam habent faciem, & tales angelorum in cœlis decet esse cohæredes. Quod (sit) habet nomen ipsa prouincia, de qua isti sunt allati? Responsum est, quod Deiri uocarentur idem prouinciales. At ille, Bene, inquit, Deiri de ira eruti, & ad misericordiam Christi uocati. Rex prouinciæ illius quomodo uocatur? Responsum est, quod Ælle diceretur. At ille alludens ad nomen, ait: Alleluia laudem Dei creatoris illis in partibus oportet cantari. Accedensque ad pontificem Romanæ & Apostolicæ sedis (nondum enim erat ipse pontifex factus) rogauit, ut genti Anglorum in Britanniam aliquos uerbi ministros, per quos ad Christum conuerteretur, mitteret: seipsum paratum esse in hoc opus Domino cooperante perficiendum, si tamen apostolico papæ hoc ut fieret placeret. Quod dum perficere non posset, quia etsi pontifex concedere illi quod petierat, uoluit, non tamen ciues Romani ut tam longe ab urbe secederet, potuere permittere. Mox ut ipse pontificatus officio functus est, perfecit opus diu desideratum: alios quidem prædicatores mittens, sed ipse prædicationem ut fructificaret, suis exhortationibus ac precibus adiuuans. Hæc iuxta opinionem quam ab antiquis accepimus, historiæ nostræ ecclesiasticæ inserere oportunum duximus.

Vt Augustinus Britonum episcopos pro pace catholica monens, atque admonens, cœlesti coram eis facto miraculo, quæ se sequerentur mala prædixerit. Caput II.

INterea Augustinus adiutorio usus Edilbercti regis, conuocauit ad suum colloquium episcopos siue doctores proximæ Britonum prouinciæ, in loco ubi usque hodie lingua Anglorum Augustinaes ac, id est, robur Augustini, in confinio Huicciorum & occidentalium Saxonum appellatur: cœpitque eis fraterna admonitione suadere, ut pace catholica secum habita, communem euangelizandi gentibus pro Domino laborem susciperent. Non enim paschæ diem Dominicum suo tempore, sed a decimaquarta usque ad uicesimam

lunam

tinam suam obseruabant. Quae computatio octoginta quatuor annorum circulo continetur. Sed & alia plurima unitati ecclesiasticae contraria faciebant. Qui cum longa disputatione habita, neque precibus neque hortamentis neque increpationibus Augustini ac sociorum eius assensum praebere uoluissent, sed suas potius traditiones uniuersis, quae per orbem sibi in Christo concordant, ecclesiis praeferrent, sanctus pater Augustinus hoc laboriosi ac longi certaminis finem fecit, ut diceret: Obsecremus Deum, qui habitare facit unanimes in domo patris sui, ut ipse nobis insinuare coelestibus signis dignetur, quae sequenda traditio, quibus sit uijs ad ingressum regni illius properandum. Adducatur aliquis aeger, & per cuius preces fuerit curatus, huius fides & operatio Deo deuota atque omnibus sequenda credatur. Quod cum aduersarii inuiti licet concederent, allatus est quidam de genere Anglorum oculorum luce priuatus, qui cum oblatus Britonum sacerdotibus nil curationis uel sanationis horum ministerio perciperet, tandem Augustinus iusta necessitate compulsus, flectit genua sua ad patrem Domini nostri Iesu Christi, deprecans ut uisum caeco, quem amiserat, restitueret, & per illuminationem unius hominis corporalem in plurimorum cordibus fidelium spiritualis gratiae lucem accenderet. Nec mora, illuminatur caecus, ac uerus summae lucis praeco ab omnibus praedicatur Augustinus. Tum Britones confitentur quidem intellexisse se, ueram esse uiam iustitiae quam praedicaret Augustinus; sed non se posse absque suorum consensu ac licentia priscis abdicare moribus. Vnde postulabant, ut secundo synodus pluribus aduenientibus fieret. Quod cum esset statutum, uenerunt (ut perhibent) septem Britonum episcopi & plures uiri doctissimi, maxime de nobilissimo eorum monasterio, quod uocatur lingua Anglorum Bancornaburg, cui tempore illo Dinooth abbas praefuisse narratur, qui ad praefatum ituri concilium, uenerunt primo ad quendam uirum sanctum ac prudentem, qui apud eos anachoreticam ducere solebat uitam, consulentes, an ad praedicationem Augustini suas deserere traditiones deberent. Qui respondebat: Si homo Dei est, sequimini illum. Dixerunt: Et unde hoc possumus probare? At ille, Dominus inquit, ait: Tollite iugum meum super uos, & discite a me, quia mitis sum & humilis corde. Si ergo Augustinus ille mitis est & humilis corde, credibile est, quia iugum Christi & ipse portet, & uobis portandum offerat: sin autem immitis ac superbus est, constat, quia non est de Deo, neque nobis eius sermo curandus est. Qui rursus aiebant: Et unde uel hoc dinoscere ualemus? Procurate, inquit, ut ipse prior cum suis ad locum synodi adueniat, & si uobis appropinquantibus assurrexerit, scientes quia famulus Christi est, obtemperanter illum audite. Sin autem uos spreuerit, nec coram uobis assurgere uoluerit, cum sitis numero plures, & ipse spernatur a uobis. Fecerunt ut dixerat. Factumque est, ut uenientibus illis sederet Augustinus in sella. Quod illi uidentes, mox in iram conuersi sunt, eumque notantes superbiae, cunctis quae dicebat contradicere laborabant. Dicebat autem eis, quod in multis quidem nostrae consuetudini, imo uniuersalis ecclesiae contraria geritis: & tamen si in tribus his mihi obtemperare uultis, ut pascha suo tempore celebretis, ut ministerium baptizandi, quo Deo renascimur, iuxta morem Romanae sanctae ecclesiae & Apostolicae ecclesiae compleatis, ut genti Anglorum una nobiscum praedicetis uerbum Domini, caetera quae agitis quamuis moribus nostris contraria, aequanimiter cuncta tolerabimus. At illi nihil horum se facturos, neque illum pro archiepiscopo habituros esse respondebant: conferentes ad inuicem, quia si modo nobis assurgere noluit, quanto magis si ei subdi coeperimus, iam nos pro nihilo contemnet. Quibus uir Domini Augustinus fertur minitans praedixisse, quod si pacem cum fratribus accipere nollent, bellum ab hostibus forent accepturi: Et si nationi Anglorum noluissent uiam uitae praedicare, per horum manus ultionem essent mortis passuri. Quod ita per omnia (ut praedixerat) diuino agente iudicio patratum est. Siquidem post haec ipse, de quo diximus, rex Anglorum fortissimus Edilfridus collecto grandi exercitu ad ciuitatem Legionum, quae a gente Anglorum Legacestir, a Britonibus autem rectius Carlegion appellatur, maximam gentis perfidae stragem dedit. Cumque bellum acturus uideret sacerdotes eorum, qui ad exorandum Deum pro milite bellum agente conuenerant, seorsum in tutiore loco consistere; sciscitabatur qui essent, quidue acturi illo conuenissent. Erant autem plurimi eorum de monasterio Bancor, in quo tantus fertur fuisse numerus monachorum, ut cum in septem portiones esset cum praepositis sibi rectoribus monasterium diuisum, nulla harum portio minus quam trecentos homines haberet, qui omnes de labore manuum suarum uiuere solebant. Horum ergo plurimi ad memoratam aciem, peracto ieiunio triduano, cum alijs orandi causa conuenerunt, habentes defensorem nomine Brocmailum, qui eos intentos precibus a Barbarorum gladijs protegeret. Quorum causam aduentus cum intellexisset rex Edilfridus, ait: Ergo si aduersum nos ad Deum suum clamant, profecto & ipsi, quamuis arma non ferant, contra nos pugnant, qui aduersis nos inprecationibus persequuntur. Itaque in hos primum arma uerti iubet, & sic caeteras nefandae militiae copias, non sine magno exercitus sui damno, deleuit. Extinctos in ea pugna ferunt, de his qui ad orandum uenerant, uiros circiter mille ducentos, & solum quinquaginta fuga esse lapsos. Brocmailus ad primum hostium aduentum cum suis terga uertens, eos quos defendere debuerat, inermes ac nudos ferientibus gladijs reliquit. Sicque completum est praesagium sancti pontificis Augustini, quamuis ipso iam multo ante tempore ad coelestia regna sublato, ut etiam temporali interitu ultionem sentiens perdidit, quòd oblata sibi perpetuæ salutis consilia sprevit.

Vt idem Mellitum ac Iustum episcopos fecerit, & de obitu eius. Caput III.

ANno Dominicæ incarnationis sexcentesimo quarto, Augustinus Britanniarum archiepiscopus ordinauit duos episcopos, Mellitum uidelicet & Iustum. Mellitũ quidẽ ad prædicandum prouinciæ orientalium Saxonum, qui Thamesi fluuio dirimuntur a Cantia, & ipsi orientali mari contigui, quorũ metropolis Londonia ciuitas est, super ripam præfati fluminis posita, & ipsa multorum emporium populorum terra mariq; uenientium: in qua uidelicet gente tunc temporis Sabercthus nepos Edelberthi ex sorore Ricula regnabat, quamuis sub potestate positus eiusdem Edelberthi, qui omnibus (ut supra dictum est) usq; ad terminum Humbri fluminis Anglorum gentibus imperabat. Vbi uero & hæc prouincia uerbum ueritatis prædicante Mellito accepit, fecit rex Edelberthus in ciuitate Londonia ecclesiam sancti Pauli apostoli, in qua locum sedis episcopalis & ipse & successores eius haberent. Iustũ uero in ipsa Cantia Augustinus ordinauit episcopũ, in ciuitate Dorouerni, quam gens Anglorum à primario quondam illius qui dicebatur Rof, Rofcester, cognominat. Distat autem à Dorouerni milibus passuum ferme uiginti quatuor ad occidentem, in qua rex Edelberthus ecclesiã beati Andreæ apostoli fecit, qui etiã episcopis utriusq; huius ecclesiæ dona multa, sicut & Dorouerniensi, obtulit: sed & territoria ac possessiones in usum eorum, qui erant cum episcopis, adiecit. Defunctus est autem Deo dilectus pater Augustinus, & positum corpus eius foras iuxta ecclesiam beatorum apostolorum Petri & Pauli, cuius supra meminimus, quod ea necdum fuerat perfecta, nec dedicata: mox uerò ut dedicata est, intro illata, in porticu illius aquilonali decenter sepultum est: in qua etiam sequentium archiepiscoporũ omnium sunt corpora tumulata, præter duorum tantummodo, id est, Theodori & Berthuualdi, quorum corpora in ipsa ecclesia posita sunt, eo quod prædicta porticus plura capere nequiuit. Habet hæc in medio sui pene altare in honorem beati Gregorii papæ dedicatum, in quo per omne sabbatum à presbytero loci illius agendæ eorum solenniter celebrantur. Scriptum uero est in tumba eiusdem Augustini epitaphium huiusmodi: Hic requiescit Dominus Augustinus Doruuernensis archiepiscopus primus, qui olim huc à beato Gregorio Romanæ urbis pontifice directus, & à Deo operatione miraculorũ suffultus, & Edelberthum regem, ac gentem illius ab idolorum cultu ad fidem Christi perduxit, & completis in pace diebus officii sui defunctus est septimo Kalendas Iunias, eodem rege regnante.

Vt Laurentius cum coepiscopis suis Scottos unitatem sanctæ Ecclesiæ maxime in pascha obseruando sequi monuerit, & ut Mellitus Romam uenerit. Cap. IIII.

SVccessit autem Augustino in episcopatum Laurentius, quem ipse idcirco adhuc uiuens ordinauerat, ne se defuncto status ecclesiæ tam rudis uel ad horam pastore destitutus uacillare inciperet. In quo & exemplum sequebatur primi pastoris ecclesiæ, hoc est, beatissimi apostolorum principis Petri, qui fundata Romæ ecclesia Christi, Clementem sibi adiutorem euangelizandi, simul & successorem consecrasse perhibetur. Laurẽtius archiepiscopatus gradu potitus, strenuissime fundamenta ecclesiæ, quæ nobiliter iacta uidit, augmentare, atque ad perfectum debiti culminis, & crebra uoce sanctæ exhortationis, & continuis piæ operationis exemplis prouehere curauit. Deniq; nõ solum nouæ, quæ de Anglis erat collecta, ecclesiæ curam gerebat, sed & ueterum Britanniæ incolarum, necnõ & Scottorum, qui Hyberniam insulam Britanniæ proximam incolunt, populis pastoralem impendere sollicitudinem curabat. Siquidem ubi Scottorum in præfata ipsorum patria, quomodo & Britonum in ipsa Britannia uitam ac professionem minus ecclesiasticã in multis esse cognouit, maxime quod paschæ solennitatem non suo tempore celebrarent, sed ut supra docuimus, à decima quarta luna usque ad uicesimam Dominicæ resurrectionis diem obseruandam esse putarent, scripsit cum coepiscopis suis exhortatoriam ad eos epistolam, obsecrans eos & contestans, unitatem pacis & catholicæ obseruationis cum ea, quæ toto orbe diffusa est, Christi Ecclesia tenere. cuius uidelicet epistolæ principium hoc est: Dominis charissimis fratribus, episcopis uel abbatibus per uniuersam Scottiam, Laurentius, Mellitus & Iustus episcopi, serui seruorum Dei. Dum nos sedes Apostolica more suo, sicut in uniuerso orbe terrarum, in his occiduis partibus ad prædicandum gentibus paganis dirigeret, atque in hanc insulam, quæ Britannia nuncupatur, contigit introisse, antequam cognosceremus credentes, quòd iuxta morem uniuersalis ecclesiæ ingrederentur, in magna reuerentia sanctitatis tam Britones quàm Scottos uenerati sumus, sed cognoscentes Britones, Scottos meliores putauimus. Scottos uero per Daganum episcopum in hanc quam superius memorauimus insulam, & Columbanum abbatem in Gallias uenientem, nihil discrepare à Britonibus in eorum conuersatione didicimus. Nam Daganus episcopus ad nos ueniens nõ solum cibum nobiscum, sed nec in eodem hospitio quo uescebamur, sumere uoluit. Misit idem Laurentius cum coepiscopis suis, etiã Britonum sacerdotibus literas suo gradui condignas, quibus eos in unitate catholica confirmare satagit. Sed quantum hæc agendo profecerit, adhuc præsentia tẽpora declarant. His temporibus uenit Mellitus Londoniæ episcopus Romã, de necessariis ecclesiæ Anglorum giorum causa cum apostolico papa Bonifacio tractaturus. Et cum idem papa reuerentissimus cogeret synodum episcoporum Italiae, de uita monachorum & quiete ordinaturus, & ipse Mellitus inter eos assedit anno octauo imperij Focatis principis, indictione decima tertia, tertia die Kalendarum Martiarum: ut quaeque erant regulariter decreta, sua quoque auctoritate subscribens confirmaret, ac Brittaniam rediens, secum Anglorum ecclesiis mandanda atque obseruanda deferret, una cum epistolis, quas idem pontifex Deo dilecto archiepiscopo Laurentio, & clero uniuerso, similiter & Edilbercto regi atque genti Anglorum direxit. Hic est Bonifacius quartus à beato Gregorio Romanae urbis episcopo, qui impetrauit à Focate principe donari Ecclesiae Christi templum Romae quod Pantheon uocabatur ab antiquis, quasi simulacrum esset omnium deorum: in quo ipse eliminata omni spurcitia, fecit ecclesiam sanctae Dei genetricis atque omnium martyrum Christi, ut exclusa multitudine daemonum, multitudo ibi sanctorum memoriam haberet.

Vt defunctis Edilbercto & Saberchto regibus, successores eorum idololatriam resuscitarint, ob quod & Mellitus ac Iustus à Brittania discesserint.

Caput V.

ANno ab incarnatione Dominica sexcentesimo decimo sexto (qui est annus uicesimus primus, ex quo Augustinus cum sociis ad praedicandum genti Anglorum missus est) Edelberthus rex Cantuariorum post regnum temporale, quod quinquaginta & sex annis gloriosissime tenuerat, aeterna coelestis regni gaudia subiit: qui tertius quidem in regibus gentis Anglorum cunctis Australibus eorum prouinciis, quae Humbro fluuio & contiguis ei terminis sequestrantur à Borealibus, imperauit, sed primus omnium coeli regna conscendit. Nam primus imperium huiusmodi Elli rex Australium Saxonum: secundus Celin rex occidentalium Saxonum, qui lingua ipsorum Ceaulin uocabatur: tertius, ut diximus, Edelberthus rex Cantuariorum: quartus Redwald, rex orientalium Anglorum, qui etiam uiuente Edelbertho eidem suae genti ducatum praebebat, obtinuit: quintus Eduinus rex Nord Humbrorum gentis, id est, eius quae ad Borealem Humbri fluminis plagam inhabitat, maiore potentia cunctis qui Brittaniam incolunt, Anglorum pariter & Brittonum populis praefuit, praeter Cantuariis tantum: nec non & Meuanias Brittonum insulas, quae inter Hiberniam & Brittaniam sitae sunt, Anglorum subiecit imperio. Sextus Osualdus & ipse Nord Humbrorum rex Christianissimus, hisdem finibus regnum tenuit. Septimus Osuiu frater eius aequalibus pene terminis regnum nonnullo tempore coercens, Pictorum quoque ac Scotorum gentes, quae Septentrionales Brittaniae fines tenent, maxima ex parte perdomuit, ac tributarias fecit. Sed haec postmodum. Defunctus uero est rex Edelberthus die uigesima quarta mensis Februarii, post uiginti & unum annos acceptae fidei, atque in porticu S. Martini intra ecclesiam beatorum apostolorum Petri & Pauli sepultus, ubi & Bertha regina condita est: qui inter caetera bona, quae genti suae consulendo conferebat, etiam decreta illi iudiciorum iuxta exempla Romanorum cum consilio sapientium constituit: quae conscripta Anglorum sermone hactenus habentur, & obseruantur ab ea: in quibus primum posuit, qualiter id emendare deberet, qui aliquid rerum uel ecclesiae, uel episcopi, uel reliquorum ordinum furto auferret, uolens scilicet tuitionem eis, quos & quorum doctrinam susceperat, praestare. Erat autem idem Edelberthus filius Irminrici, cuius pater Octa, cuius pater Orrich cognomento Oisc, à quo reges Cantuariorum solent Oiscingas cognominari. Cuius pater Hengist, qui cum filio suo Oisc inuitatus à Vortigerno Brittaniam primus intrauit, ut supra retulimus. At uero post mortem Edelberthi, cum filius eius Eadbaldus regni gubernacula suscepisset, magno tenellis adhuc ibi ecclesiae crementis detrimento fuit. Siquidem non solum Christi fidem recipere noluerat, sed & fornicatione pollutus est tali, qualem nec inter gentes auditam Apostolus testatur, ita ut uxorem patris haberet. Quo utroque scelere occasionem dedit ad priorem uomitum reuertendi his, qui sub imperio sui parentis, uel fauore uel timore regio fidei & castimoniae iura susceperant. Nec superna flagella districtionis perfido regi castigando uel corrigendo defuere. Nam crebra mentis uesania, & spiritus immundi inuasione premebatur. Auxit autem procellam huiusmodi perturbationis etiam mors Sabercthi regis orientalium Saxonum, qui ubi regna perennia petens, tres filios suos, qui pagani perdurauerant, regni temporalis haeredes reliquit. Coeperunt illi mox idololatriae, quam uiuente eo aliquantulum intermisisse uidebantur, palam seruire, subiectisque populis idola colendi liberam dare licentiam. Cumque uiderent pontificem celebratis in ecclesia missarum solenniis, eucharistiam populo dare, dicebant (ut uulgo fertur) ad eum barbara inflati stultitia: quare non & nobis porrigis panem nitidum, quem & patri nostro Saba (sic namque eum appellare consueuerant) dabas, & populo adhuc in ecclesia dare non desistis? Quibus ille respondebat: Si uultis ablui fonte illo salutari, quo pater uester ablutus est, potestis etiam panis sancti, cui ille participabat, esse participes. Sin autem lauacrum uitae contemnitis, nullatenus ualetis panem uitae percipere. At illi: Nolumus, inquiunt, fontem illum intrare: quia nec illo opus nos habere nouimus, sed tamen pane illo refici uolumus. Cumque diligenter ac saepe ab illo essent admoniti, nequaquam fieri posse, ut absque purgatione sacrosancta quis oblationi sacrosanctae communicaret, ad ultimum furore commoti aiebant: Si non uis assentire nobis in tam facili causa, quam petimus, non poteris iam in nostra prouincia demorari. Et expulerunt eum, ac de suo regno cum suis abire iusserunt. Qui expulsi inde, uenerunt Cantiam tractaturi cum Laurentio & Iusto coepiscopis, quid in his esset agendum. Decretumque est communi consilio, quia satius esset, ut omnes in patriam redeuntes, libera ibi mente Domino deseruirent, quam inter rebelles fidei Barbaros sine fructu residerent. Discessere itaque primo Mellitus ac Iustus, atque ad partes Galliæ secessere, ibi rerum finem expectare disponentes. Sed non multo tempore reges, qui præconem a se ueritatis expulerant, dæmonicis cultibus impune seruiebant. Nam egressi contra gentem Geuissorum in prælium, omnes pariter cum sua militia corruerunt: nec (licet auctoribus perditis) excitatum ad scelera uulgus potuit corrigi, atque ad simplicitatem fidei & charitatis quæ est in Christo, reuocari.

Vt correptus ab apostolo Petro Laurentius, Aedilbaldum regem ad Christum conuerterit, qui mox Mellitum & Iustum ad prædicandum reuocarit. Caput VI.

Cvm uero Laurentius Mellitum Iustumque secuturus, ac Britanniam esset relicturus, iussit ipsa sibi nocte in ecclesia beatorum apostolorum Petri & Pauli, de qua frequenter iam diximus, stratum parari: in quo cum post multas preces ac lachrymas ad Deum pro statu ecclesiæ fusas, ad quiescendum membra posuisset atque obdormisset, apparuit ei beatissimus Apostolorum princeps, & multo illum tempore secretæ noctis flagellis artioribus afficiens, sciscitabatur Apostolica districtione, quare gregem, quem sibi ipse crediderat, relinqueret: uel cui pastorum oues Christi in medio luporum positas fugiens ipse dimitteret. An mei, inquit, oblitus es exempli, qui pro paruulis Christi, quos mihi in indicium suæ dilectionis commendauerat, uincula, uerbera, carceres, afflictiones, ipsam postremo mortem, mortem autem crucis, ab infidelibus & inimicis Christi ipse cum Christo coronandus pertuli? His beati Petri flagellis simul & exhortationibus animatus famulus Christi Laurentius, mox mane facto uenit ad regem, & retecto uestimento, quantis esset uerberibus laceratus, ostendit. Qui multum miratus, & inquirens quis tanto uiro tales ausus esset plagas infligere: Vt audiuit, quia causa suæ salutis episcopus ab apostolo Christi tanta esset tormenta plagasque perpessus, extimuit multum: atque anathematizato omni idololatriæ cultu, abdicato connubio non legitimo, suscepit fidem Christi, & baptizatus ecclesiæ rebus quantum ualuit, in omnibus consulere ac fauere curauit. Misit etiam in Galliam, & reuocauit Mellitum & Iustum, eosque ad suas ecclesias libere instituendas redire præcepit: qui post annum ex quo abierant, reuersi sunt. Et Iustus quidem ad ciuitatem Rhofi, cui præfuerat, rediit: Mellitum uero Londonienses episcopum recipere noluerunt, idololatris pontificibus magis seruire gaudentes. Non enim tanta erat ei, quanta patri ipsius, regni potestas, ut etiam nolentibus ac contradicentibus paganis antistitem suæ posset ecclesiæ reddere. Verumtamen ipse cum sua gente, ex quo ad Dominum conuersus est, diuinis se studuit mancipare præceptis. Denique & in monasterio beatissimi apostolorum principis, ecclesiam sanctæ Dei genetricis fecit, quam consecrauit archiepiscopus Mellitus.

Vt Mellitus episcopus flammas ardentis suæ ciuitatis orando restinxerit. Cap. VII.

Hoc enim regnante rege, beatus archiepiscopus Laurentius regnum cœleste conscendit, atque in ecclesia & monasterio sancti apostoli Petri, iuxta prædecessorem suum Augustinum sepultus est, die quarto nonarum Februariarum. Post quem Mellitus, qui erat Londoniæ episcopus, sedem Dorouernensis ecclesiæ tertius ab Augustino suscepit: Iustus autem adhuc superstes, Rhofensem regebat ecclesiam. Qui cum magna ecclesiam Anglorum cura ac labore gubernarent, susceperunt scripta exhortatoria a pontifice Romanæ & Apostolicæ sedis Bonifacio, qui post Deusdedit ecclesiæ præfuit, anno incarnationis Dominicæ sexcentesimo decimo nono. Erat autem Mellitus corporis quidem infirmitate, id est, podagra grauatus, sed mentis gressibus sanis alacriter terrena quæque transiliens, atque ad cœlestia semper amanda, petenda & quærenda peruolans. Erat carnis origine nobilis, sed culmine mentis nobilior. Denique ut unum eius uirtutis, unde cætera facilius possint intimari, testimonium referam: tempore quodam ciuitas Dorouernensis, per culpam incuriæ igni correpta, crebrescentibus cœpit flammis consumi: quibus cum nullo aquarum iniectu posset aliquis obsistere, iamque ciuitatis esset pars uastata non minima, atque ad episcopium furens se flamma dilataret, confidens episcopus in diuinum, ubi humanum deerat, auxilium, iussit se obuiam sæuientibus & huc illucque uolantibus ignium globis efferri. Erat autem eo loci, ubi flammarum impetus maxime incumbebat, martyrium beatorum quatuor coronatorum. Ibi ergo perlatus obsequentum manibus episcopus, cœpit orando periculum infirmus abigere, quod firma fortium manus multum laborando nequiuerat. Nec mora, uentus qui a meridie flans, urbi incendia sparserat, contra meridiem reflexus, primo uim sui furoris a læsione locorum quæ contra erant, abstraxit, ac mox funditus quiescendo flammis pariter sopitis atque extinctis compescuit. Et quia uir Dei igne diuinæ charitatis fortiter ardebat, quia potestatum aeriarum a sua suorumque læsione crebris orationibus uel exhortationibus repellere consueuerat, merito uentis flammisque mundialibus præualere, & ne sibi suisque nocerent, obtinere poterat. Et hic ergo postquam annis quinque rexit ecclesiam, Eadbaldo regnante migrauit ad cœlos, sepultusque est cum patribus suis in sæpedicto monasterio & ecclesia beatissimi apostolorum principis, anno ab incarnatione Domini

sexcen

[illegible] Kalendarum Martiarum.

Vt Bonifacius papa Iusto successori eius pallium et epistolam miserit. Cap. VIII.

CVi statim successit in pontificatum Iustus, qui erat Hrofensis ecclesiae episcopus. Ille autem ecclesiae Rofensis Romanum pro se consecrauit episcopum, data sibi ordinandi episcopos authoritate a pontifice Bonifacio, quem successorem fuisse Deusdedit supra meminimus. cuius authoritatis ista est forma. Dilectissimo fratri Iusto Bonifacius. Quam deuote, quamque etiam uigilanter pro Christi Euangelio elaborauerit uestra fraternitas, non solum epistolae a uobis directae tenor, imo indulta desuper operi uestro perfectio indicauit. Nec enim omnipotens Deus aut sui nominis sacramentum, aut uestri laboris fructum deseruit, dum ipse praedicatoribus Euangelii fideliter repromisit: Ecce ego uobiscum sum omnibus diebus usque ad consummationem saeculi. Quod specialiter iniuncto uobis ministerio eius clementia demonstrauit, aperiens corda gentium ad suscipiendum praedicationis uestrae singulare mysterium. Magno enim praemio fastigiorum uestrorum delectabilem cursum bonitatis suae suffragiis illustrauit, dum creditorum uobis talentorum fidelissimae negotiationis officiis uberem fructum impendens ei, quod signare possitis multiplicatis generationibus praeparauit. Hoc etenim illa uobis repensatione collatum est, qui iniuncto ministerio iugiter persistentes, laudabili patientia redemptionem gentis illius expectastis, & uestris ut proficerent meritis, eorum est saluatio propinata, dicente Domino: Qui perseuerauerit usque in finem, hic saluus erit. Saluati ergo estis spe patientiae & tolerantiae uirtute, ut infidelium corda naturali ac superstitioso morbo purgata, sui consequerentur misericordiam Saluatoris. Susceptis namque apicibus filii nostri Adelualdi regis, reperimus quanta sit eruditione eius animum ad uerae conuersionis, & indubitatae fidei credulitatem fraternitas uestra perduxerit. Qua ex re de longanimitate clementiae caelestis certam assumentes fiduciam, non solum suppositarum ei gentium plenissimam salutem, imo quoque uicinarum, uestrae quoque praedicationis ministerio credimus subsequendam, quatenus sicut scriptum est: Consummati operis uobis merces a retributore omnium bonorum Domino tribuatur. Et uere per omnem terram exisse sonum eorum, & in fines orbis terrae uerba ipsorum, uniuersalis gentium confessio suscepto Christianae sacramento fidei protestetur. Pallium praeterea per latorem praesentium, fraternitati tuae benignitatis studiis inuitati direximus: quod uidelicet tantum in sacrosanctis celebrandis mysteriis utendi licentiam impertiuimus: concedentes etiam tibi ordinare episcopos exigente opportunitate, Domini praeueniente misericordia, ut sicut Christi euangelium plurimorum annunciatione in omnibus gentibus, quae necdum conuersae sunt, dilatetur. Studeat ergo tua fraternitas hoc, quod sedis Apostolicae humanitate percepit, intemerata mentis sinceritate seruare: intendens cuius rei similitudine tam praecipuum indumentum humeris tuis baiulandum susceperis. talemque te Domini implorata clementia exhibendum studeas, ut indulti muneris praemia non cum reatibus, sed cum commodis animarum ante tribunal summi & uenturi iudicis repraesentes. Deus te incolumem custodiat, dilectissime frater.

De imperio regis Eduini, & ut ueniente ad euangelizandum Paulino, primo filia eius cum aliis fidei Christianae sacramentis imbuta sit. Cap. IX.

QVo tempore etiam gens Nordan Humbrorum, hoc est, ea natio Anglorum, quae ad Aquilonarem Humbri fluminis plagam habitabat, cum rege suo Eduino uerbum fidei, praedicante Paulino, cuius supra meminimus, suscepit. Cui uidelicet regi in auspicium suscipiendae fidei, & regni caelestis potestas & terreni creuerat imperii, ita ut (quod nemo Anglorum ante eum fecit) omnes Britanniae fines, qua uel ipsorum uel Brettonum prouinciae habitabantur, sub ditione acciperet. Quin & Meuanias insulas, sicut & supra docuimus, imperio subiugauit Anglorum: quarum prior, quae ad Austrum est, & situ amplior, & frugum prouentu atque ubertate felicior, nongentarum sexaginta familiarum mensuram, iuxta aestimationem Anglorum, secunda trecentarum & ultra spatium tenet. Huic autem genti occasio fuit percipiendae fidei, quod praefatus rex eius cognatione iunctus est regibus Cantuariorum, accepta in coniugem Edilberga filia Edilberthi regis, quae alio nomine Tate uocabatur. Huius consortium cum primo ipse, missis procis, a fratre eius Eadbaldo, qui tunc regno Cantuariorum praeerat, peteret, responsum est, non esse licitum Christianam uirginem pagano in coniugem dari, ne fides & sacramenta caelestis regis consortio profanarentur regis, qui ueri Dei cultus esset prorsus ignarus. Quae cum Eduino uerba nunciis referrentur, promisit se nihil omnibus modis contrarium Christianae fidei, quam uirgo colebat, esse facturum: quin potius permissurum, ut fidem cultumque suae religionis cum omnibus, qui secum uenissent uiris siue foeminis, sacerdotibus seu ministris more Christiano seruaret. Neque abnegauit se etiam eandem subiturum esse religionem, si tamen examinata a prudentibus, sanctior ac Deo dignior posset inueniri. Itaque promittitur uirgo, atque Eduino mittitur, & iuxta quod dispositum fuerat, ordinatur episcopus uir Deo dilectus Paulinus, qui cum illa ueniret, eamque & comites eius, ne paganorum possent societate pollui, quotidiana exhortatione & sacramentorum caelestium celebratione confirmaret. Ordinatus est autem Paulinus episcopus a iusto archiepiscopo, sub die duodecima Kalendarum Augustarum, anno ab incarnatione Domini sexcentesimo uicesimo quinto. Et sic cum praefata uirgine ad regem Eduinum, quasi comes copulae carnalis aduenit. Sed ipse potius toto animo intendens, ut gentem quam adibat, ad agnitionem ueritatis aduocaret, iuxta uocem Apostoli, Virginem unam castam exhiberet Christo. Cumque in prouinciam uenisset, laborauit multum, ut & eos qui secum uenerant, ne a fide deficerent, Domino adiuuante contineret, & aliquos, si forte posset, de paganis ad fidei gratiam praedicando conuerteret. Sed sicut Apostolus ait, Quamuis multo tempore illo laborante in uerbo, Deus saeculi huius excaecauit mentes infidelium, ne eis fulgeret illuminatio euangelii gloriae Christi. Anno autem sequenti uenit in prouinciam quidam sicarius, uocabulo Eumerus, missus a rege Occidentalium Saxonum, nomine Cuichelmo, sperans se regem Eduinum regno simul & uita priuaturum: qui habebat sicam bicipitem toxicatam, ut si ferri uulnus minus ad mortem regis sufficeret, peste iuuaretur ueneni. Peruenit autem ad regem primo die Paschae, iuxta amnem Deruuentionem, ubi tunc erat uilla regalis. Intrauitque quasi nuncium domini sui referens: & cum simulatam legationem ore astuto uolueret, exurrexit repente, & euaginata sub ueste sica, impetum fecit in regem. Quod cum uideret Lilla, minister regi amicissimus, non habens scutum ad manum, quo regem a nece defenderet, mox interposuit corpus suum ante ictum pungentis. Sed tanta ui hostis ferrum infixit, ut per corpus militis occisi etiam regem uulneraret. Qui cum mox undique gladiis impeteretur, in ipso tumultu etiam alium de militibus, cui nomen erat Fordhere, sica nefanda peremit. Eadem autem nocte sacrosancta Dominici Paschae, pepererat regina filiam regi, cui nomen Eanfled. Cumque idem rex praesente Paulino episcopo gratias ageret diis suis pro nata sibi filia: econtra episcopus gratias coepit agere Domino Christo, regique astruere, quod ipse precibus suis apud illum obtinuerit, ut regina sospes & absque dolore graui sobolem procrearet. Cuius uerbis delectatus rex, promisit se abrenunciatis idolis Christo seruiturum, si uitam sibi & uictoriam donaret pugnanti aduersus regem, a quo homicida ille, qui eum uulnerauerat, missus est: & in pignus promissionis implendae, eandem filiam suam Christo consecrandam Paulino episcopo assignauit: quae baptizata est die sancto Pentecostes, prima de gente Nordhumbrorum, cum duodecim aliis de familia eius. Quo tempore curatus a uulnere sibi pridem inflicto, rex collecto exercitu uenit aduersus gentem Occidentalium Saxonum, ac bello inito, uniuersos quos in necem suam conspirasse didicerat, aut occidit, aut in deditionem recepit. Sicque uictor in patriam reuersus, non statim & inconsulte sacramenta fidei Christianae percipere uoluit, quamuis nec idolis ultra seruiuit, ex quo se Christo seruiturum esse promiserat: uerum primo diligentius ex eo tempore, & ab ipso uenerabili uiro Paulino rationem fidei ediscere, & cum suis primatibus, quos sapientiores nouerat, curauit conferre, quid de his agendum arbitrarentur. Sed & ipse, cum esset uir natura sagacissimus, saepe diu solus residens, ore quidem tacito, sed in intimis cordis multa secum colloquens, quid sibi esset faciendum, quae religio seruanda tractabat.

Vt papa Bonifacius eundem regem, missis literis, sit hortatus ad fidem. Cap. X.

QVo tempore exhortatorias ad fidem literas a pontifice sedis Apostolicae Bonifacio accepit, quarum ista est forma. Viro glorioso Eduino regi Anglorum, Bonifacius episcopus, seruus seruorum Dei. Licet summae diuinitatis potentia humanae locutionis officiis explanari non ualeat: quippe quae sui magnitudine ita inuisibili atque inuestigabili aeternitate consistit, ut eam nulla ingenii sagacitas, quanta sit, comprehendere disserereque sufficiat: quia tamen eius humanitas ad insinuationem sui reseratis cordis ianuis, quae de semetipsa proferuntur, secreta humanis mentibus inspiratione clementer infundit, ad annunciandam uobis plenitudinem fidei Christianae, sacerdotalem curauimus sollicitudinem prorogare, ut perinde Christi euangelium, quod Saluator noster omnibus praecepit gentibus praedicari, uestris quoque sensibus inserentes, salutis uestrae remedia propinentur. Supernae igitur maiestatis clementia, quae cuncta solo uerbo praeceptionis suae condidit & creauit, caelum uidelicet & terram, mare & omnia quae in eis sunt (dispositis ordinibus quibus subsisterent) coaeterni uerbi sui consilio, & sancti spiritus unitate dispensans, hominem ad imaginem & similitudinem suam ex limo terrae plasmatum constituit, eique tantam praemii praerogatiuam indulsit, ut eum cunctis praeponeret, atque seruato termino praeceptionis aeternitatis subsistentia praemuniret. Hunc ergo Deum patrem, filium & spiritum sanctum, quod est indiuidua trinitas, ab ortu solis usque ad occasum humanum genus, quippe ut creatorem omnium, atque factorem suum salutifera confessione, fide ueneratur & colit: cui etiam summitates imperii, rerumque potestates submissae sunt, quia eius dispositione omnium praelatio regnorum conceditur. Eius ergo bonitatis misericordia, totius creaturae suae dilatandi subdidit, etiam in extremitate terrae positarum gentium corda frigida sancti spiritus feruore in sui quoque agnitione mirabiliter est dignata succendere. Quae enim in gloriosi filii nostri Audubaldi regis, gentibusque ei suppositis illustratione, clementia redemptoris fuerit operata, plenius ex uicinitate locorum uestram gloriam conicimus cognouisse. Eius ergo mirabile donum & in uobis certa spei coelesti longanimitate conferri confidimus. Cum

protes

præfatam gloriosam coniugem uestram, quæ uestri corporis pars esse dignoscitur, æternitatis præmio per sacri baptismatis regenerationem illuminatam agnouimus. Vnde præsenti stylo gloriosos uos adhortandos cum omni affectu intimæ charitatis curauimus, quatenus abominatis idolis, eorumque cultu, spretisque fanorum fanaticis, & auguriorum deceptabilibus blandimentis, credatis in Deum patrem omnipotentem, eiusque filium Iesum Christum, & spiritum sanctum, ut credentes à diabolicæ captiuitatis nexibus, sanctæ & indiuiduæ trinitatis cooperante potentia, absoluti, æternæ uitæ possitis esse participes. Quanta autem reatitudinis culpa teneantur astricti hi, qui idololatriarum perniciosissimam superstitionem colentes amplectuntur, eorum quos colunt exempla perditionis insinuant. unde de eis per Psalmistam dicitur: Omnes dij gentium dæmonia, Dominus autem cœlos fecit. & iterum, Oculos habent & non uident, aures habent & non audiunt, nares habent & non odorabunt. Manus habent & nõ palpabunt, pedes habent & non ambulabunt. Similes ergo efficiuntur his, qui spem suæ confidentiæ ponunt in eis. Quomodo enim iuuandi quemlibet possunt habere uirtutem hi, qui ex corruptibili materia inferiorum etiam, suppositorumque sibi manibus construuntur, quibus uidelicet artificium humanum accommodans eis inanimatam membrorum similitudinem contulisti: qui nisi à te moti fuerint, ambulare non poterunt: sed tanquam lapis in uno loco positus, ita constructi, nihilque intelligentiæ habentes, ipsaque insensibilitate obruti, nullam neque lædendi neque iuuandi facultatem adepti sunt? Qua ergo mentis deceptione eos deos, quibus uos ipsi imaginem corporis tradidistis, colentes sequimini, iudicio discreto reperire non possumus. Vnde oportet uos suscepto signo sanctæ crucis per quod humanum genus redemptum est, execrandæ diabolicæ uersutiæ supplantationem, quæ diuinæ bonitatis operibus inuidus æmulusque consistit, à cordibus uestris abijcere, iniectisque manibus hos, quos eatenus materiæ compage uobis deos fabricastis, confringendos diminuendosque summopere procurate. ipsa enim eorum dissolutio corruptioque, quæ nunquam uiuentem spiritum habuit, nec sensibilitatem à suis factoribus potuit quolibet modo suscipere, uobis patenter insinuet, quod nihil erat quod eatenus colebatis, dum profecto meliores uos, qui spiritum uiuentem à Domino percepistis, eorum constructioni nihilominus existatis: quippe quos Deus omnipotens ex primi hominis quem plasmauit cognatione deductos, per secula innumerabilibus propaginibus pullulare constituit. Accedite ergo ad agnitionem eius qui uos creauit, qui in uobis uitæ insufflauit spiritum, qui pro uestra redemptione filium suum unigenitum misit, ut uos ab originali peccato eriperet, & ereptos de potestate diabolicæ nequitiæ cœlestibus præmijs muneraret. Suscipite uerba prædicatorum, & Euangelium Dei, quod uobis annunciant, quatenus credentes (sicut sæpius dictum est) in Deum patrem omnipotentem, & in Iesum Christum eius filium, & spiritum sanctum, & inseparabilem trinitatem: fugatis dæmoniorum sensibus, expulsaque à uobis sollicitatione uenenosi & deceptabilis hostis per aquam & spiritum sanctum renati, ei cui credideritis, in splendore gloriæ sempiternæ cohabitare eius opitulatione & munificentia ualeatis. Præterea benedictionem protectoris uestri beati Petri apostolorum principis uobis direximus, id est camisiam cum ornatura in auro una, & lena ancirana una: quod petimus, ut eo benignitatis animo gloria uestra suscipiat, quo à nobis noscitur destinatum.

Vt coniugem ipsius per epistolam salutis illius sedulam agere curam monuerit. Cap. XI.

AD coniugem quoque eius Edelburgam huiusmodi literas idem pontifex misit. Exemplar epistolæ beatissimi & apostolici Bonifacij Papæ urbis Romæ directæ Edelburgæ reginæ Eduini regis. Dominæ gloriosæ filiæ Edelburgæ reginæ Bonifacius episcopus seruus seruorum Dei. Redemptoris nostri benignitas humano generi, quod pretiosi sanguinis sui effusione à uinculis diabolicæ captiuitatis eripuit, multa prouidentia quibus saluaretur propinauit remedia, quatenus sui nominis agnitionem diuerso modo gentibus innotescens, creatorem suum suscepto Christianæ fidei agnoscerent sacramento, quod quidem in uestræ gloriæ sensibus cœlesti collatum munere mystica regenerationis uestræ purgationis patenter infusum. Magno ergo largitatis Dominicæ beneficio mens nostra gaudio exultauit, quod scintillam orthodoxæ religionis in uestri dignatus est conuersione succendere. Ex qua re non solum gloriosi coniugis uestri, immo totius gentis subpositæ uobis intelligentiam in amorem sui facilius inflammaret. Didicimus namque referentibus, qui ad nos gloriosi filij nostri Audubaldi regis laudabilem conuersionem nunciantes peruenerunt, quod etiam uestra gloria Christianæ fidei suscepto mirabili sacramento pijs & Deo placitis iugiter operibus enitescat, ab idolorum etiam cultu, seu fanorum auguriorumque illecebris se diligenter abstineat, & ita in amore redemptoris sui immutata deuotione persistens inuigilet, ut ad dilatandam Christianam fidem incessabiliter nõ desistat operam commodare. Cumque de gloriosa coniuge uestra paterna charitas sollicite perquisisset, cognouimus quod eatenus abominandis idolis seruiens, ad suscipiendam uocem prædicatorum suam differt obedientiam exhibere. Qua ex re non modica nobis amaritudo congesta est, ab eo quod pars corporis uestri ab agnitione summæ & indiuiduæ trinitatis remansit extranea. Vnde paternis officijs uestræ gloriosæ Christianitati nostram commonitionem nõ distulimus conferre, adhortantes quatenus diuinæ inspirationis imbuta subsidijs importune & opportune agendum non differas, ut &

ipse

ipse saluatoris nostri Domini Iesu Christi cooperante potentia Christianorum numero copuletur, ut perinde intemerato societatis foedere iura teneas maritalis consortij. Scriptum namque est: Erunt duo in carne una. Quomodo namque unitas uobis coniunctionis inesse dici poterit, si à uestræ fidei splendore interpositis detestabilis erroris tenebris remanserit ille alienus? Vnde orationi continuò insistens, à longanimitate coelestis clementiæ illuminationis illius beneficia impetrare nõ desinatur: uidelicet, ut quos copulatio carnalis affectus unum quodammodo corpus exhibuisse monstratur, hos quoque unitas fidei etiam post huius uitæ transitũ in perpetua societate conseruet. Insiste ergo gloriosa filia, & summis conatibus duritiam cordis ipsius religiosa diuinorum præceptorum insinuatione mollire summopere dematurа, infundens sensibus eius quantum sit præclarum, quod credendo suscepisti mysterium, quantumue sit admirabile, quod renata præmium consequi meruisti. Frigiditatem cordis ipsius sancti spiritus annunciatione succende, quatenus amoto torpore perniciosissimi cultus, diuinæ fidei calorem eius intelligentiam tuarum exhortationum frequentatione succendat: ut profecto sacræ scripturæ testimonium per te expletum indubitanter perclareat, Saluabitur uir infidelis per mulierem fidelem. Ad hoc enim misericordiam dominicæ pietatis consecuta es, ut fructum fidei creditorumque tibi beneficiorum redemptori tuo multiplicem resignares. Quod equidem suffragante præsidio benignitatis ipsius, ut explere ualeas, assiduis non desistimus precibus postulare. His ergo præmissis, paternæ uobis dilectionis exhibentes officia, hortamur, ut nos (reperta portitoris occasione) de his quæ per uos superna potentia mirabiliter in conuersione coniugis uestri, summissæque uobis gentis dignatus fuerit operari, prosperis quantocyus nuncijs releuetis, quatenus sollicitudo nostra, quæ de uestri uestrorumque omnium animæ salute optabilia desideranter expectat, uobis nunciantibus releuetur, illustrationemque diuinæ propitiationis in uobis diffusam opulentius agnoscentes, hilari confessione largitori omnium bonorum Deo, & beato Petro apostolorum principi uberes meritò gratias exsoluamus. Præterea benedictionem protectoris uestri beati Petri apostolorum principis uobis direximus, id est, speculum argenteum, & pectinem eburneum inauratum: quod petimus, ut eo benignitatis animo gloria uestra suscipiat, quo à nobis noscitur destinatum.

Vt Eduinus per uisionem quondam sibi exuli ostensam sit ad credendum prouocatus.

Caput XII.

HAec quidem memoratus papa Bonifacius, de salute regis Eduini ac gentis ipsius literis agebat: sed & oraculum coeleste, quod illi quondam exulanti apud Redualdum regem Anglorum pietas diuina reuelare dignata est, non minimum ad suscipienda uel intelligenda doctrinæ monita salutaria sensum illius iuuabat. Cum ergo uideret Paulinus difficulter posse sublimitatem animi regalis ad humilitatem uiæ salutaris, & suscipiendum mysterium uiuificæ crucis inclinari, ac pro salute illius simul & gentis cui præerat, & uerbo exhortationis apud homines, & apud diuinam pietatem uerbo deprecationis ageret: tandem (ut uerisimile uidetur) didicit in spiritu, quod uel quale esset oraculum regi quondam coelitus ostensum. Nec exinde distulit, quin continuo regem admoneret explere uotum, quod in oraculo sibi exhibito se facturum promiserat, si temporis illius ærumnis exemptus ad regni fastigia perueniret. Erat autẽ oraculũ huiusmodi. Cum persequente illũ Edelfrido, qui ante eum regnauit, per diuersa occulta loca uel regna multo annorũ tempore profugus uagaretur, tandem uenit ad regem Redualdum, obsecrans ut uitam suam à tanti persecutoris insidijs tutando seruaret: qui libenter eum excipiens, promisit se quæ petebat esse facturum. At postquã Edelfridum in hac eum prouincia apparuisse, & apud regem illius familiariter cum socijs habitare cognouit, misit nuncios qui Redualdo pecuniam multam pro nece eius offerrẽt: neque aliquid profecit. misit secundo, misit tertio, & copiosiora auri & argenti dona offerens, & bellum insuper illi, si contemneretur, indicens. Qui uel minis fractus, uel corruptus muneribus, cessit deprecanti, & siue occidere se Eduinum, seu legatarijs tradere promisit. Quod ubi fidelissimus quidam amicus illius animaduertit, intrauit cubiculum quo dormire disponebat (erat enim prima hora noctis) & euocatum foras, quid erga eum agere rex promisisset, edocuit, & insuper adiecit: Si ergo uis, hac ipsa hora educam te de hac prouincia, & ea in loca te introducam, ubi nunquam te uel Redualdus uel Edelfridus inuenire ualeant. Qui ait: Gratias quidem ago beneuolentiæ tuæ, non tamen hoc facere possum quod suggeris, ut pactũ quod cum tanto rege inij, ipse primus irritum faciam, cum ille mihi nihil mali fecerit, nihil adhuc inimicitiarũ intulerit: quin potius si moriturus sum, ille me magis quàm ignobilior quisquam morti tradat. Quò enim nunc fugiam, qui per omnes Britanniæ prouincias tot annorum temporumque curriculis uagabundus hostium uitabam insidias? Abeunte igitur amico remansit Eduinus solus foris, residensque moestus ante palatium, multis coepit cogitationum æstibus affici, quid ageret, quoue pedem uerteret nescius. Cũque diu tacitis mentis angoribus, & cæco carperetur igne, uidit subitò intempestæ noctis silentio appropinquantem sibi hominem uultus habitusque incogniti, quem uidens, ut ignotum & inopinatum non parum expauit. At ille accedens salutauit eum, & interrogauit, quare illa hora cæteris quiescentibus, & alto sopore pressis, solus ipse moestus in lapide peruigil sederet: At ille uicissim sciscitabarat, quid ad eum pertineret, utrum ipse intus an foris noctem transigeret? Qui respondens ait: Ne me aestimes tuae moestitiae, & insomniorum, & forinsecae ac solitariae sessionis causam nescire. Scio enim certissime qui es, & quare moeres, & quae uentura tibi in proximo mala formidas. Sed dicito mihi quid mercedis dare uelles ei, siqui sit qui his te moeroribus absoluat, & Redualdo suadeat, ut nec ipse tibi aliquid mali faciat, nec tuis te hostibus perimendum tradat? Qui cum se omnia quae posset, huic tali pro mercede beneficii daturum esse responderet, adiecit ille: Quid si etiam te regem futurum extinctis hostibus in ueritate promittat, ita ut non solum omnes progenitores tuos, sed & omnes, qui ante te reges in gente Anglorum potestate fuerant, transcendas? At Eduinus constantior interrogando factus, non dubitauit promittere, quin ei qui tanta sibi beneficia donaret, dignis ipse gratiarum actionibus responderet. Tum ille tertio: Si autem, inquit, is qui tibi tanta taliaque dona ueraciter aduentura praedixerit, etiam consilium tibi melius atque utilius, quam aliquis de tuis parentibus aut cognatis unquam audiuit, ostendere potuerit, num ei obtemperare, & monita eius salutaria suscipere consentis? Nec distulit Eduinus, quin continuo polliceretur, se in omnibus secuturum doctrinam illius, qui se tot ac tantis calamitatibus ereptum, ad regni apicem proueheret. Quo accepto responso, confestim is qui loquebatur cum eo, imposuit dexteram suam capiti eius dicens: Cum hoc ergo tibi signum aduenerit, memento huius temporis ac loquelae nostrae, & ea quae nunc promittis, adimplere ne differas. Et his dictis, ut ferunt, repente disparuit, ut intelligeret non hominem esse, qui sibi apparuisset, sed spiritum. Et cum regius iuuenis solus adhuc ibidem sederet, gauisus quidem de collata sibi spe ac benigna consolatione, sed multum sollicitus, ac mente sedula cogitans, quis esset ille, uel unde ueniret, qui haec sibi loqueretur: Venit ad eum praefatus amicus illius, laetoque uultu salutans eum: Surge, inquit, intra, & sopitis ac relictis curarum anxietatibus, quieti membra simul & animum compone: quia immutatum est cor regis, nec tibi aliquid mali facere, sed fidem potius pollicitam seruare disponit. Postquam enim cogitationem suam, de qua tibi ante dixi, reginae in secreto reuelauit, reuocauit eum illa ab intentione, admonens quia nulla ratione conueniat tanto regi amicum suum optimum in necessitate positum auro uendere: imo fidem suam, quae omnibus ornamentis pretiosior est, amore pecuniae perdere. Quid plura? Fecit rex ut dictum est, nec solum exulem nuncium hostibus non tradidit, sed etiam eum, ut in regnum perueniret, adiuuit. Nam mox redeuntibus domum nunciis, exercitum ad debellandum Edelfridum collegit copiosum, eumque sibi occurrentem cum exercitu multum impari (non enim dederat illi spacium, quo totum suum congregaret atque adunaret exercitum) occidit in finibus gentis Merciorum, ad Orientalem plagam amnis, qui uocatur Idle. In quo certamine & filius Redualdi, uocabulo Regnheri, occisus est, ac sic Eduinus iuxta oraculum quod acceperat, non tantum regis sibi infesti insidias uitauit, uerumetiam eidem peremto in regni gloriam successit. Cum ergo praedicante uerbum Dei Paulino rex credere differret, & per aliquod tempus, ut diximus, horis competentibus solitarius sederet, & quid agendum sibi esset, quae religio sequenda sedulus secum ipse scrutari consuesset, ingrediens ad eum quadam die uir Dei, imposuit dexteram capiti eius, & an hoc signum agnosceret, requisiuit. Qui cum tremens ad pedes eius procidere uellet, leuauit eum, & quasi familiari uoce affatus: Ecce, inquit, hostium manus quos timuisti, Domino donante euasisti. Ecce regnum quod desiderasti, ipso largiente percepisti. Memento, ut tertium quod promisisti, facere non differas, suscipiendo fidem eius, & praecepta seruando, qui te & a temporalibus aduersis eripiens, temporalis regni honore sublimauit: & si deinceps uoluntati eius, quam per me tibi praedicat, obsecundare uolueris, etiam a perpetuis malorum tormentis te liberabit, & aeterni secum regni in coelis faciet esse participem.

Quale consilium idem cum primatibus suis de percipienda Christi fide habuerit, & ut pontifex eius suas aras profanauerit. Cap. XIII.

QVibus auditis rex suscipere quidem se fidem, quam docebat, & uelle & debere respondebat: uerum adhuc cum amicis principibus & consiliariis suis sese de hoc collaturum esse dicebat, ut si & illi eadem cum eo sentire uellent, omnes pariter in fonte uitae Christo consecrarentur. Et annuente Paulino, fecit ut dixerat. Habito enim cum sapientibus consilio, sciscitabatur singillatim ab omnibus, qualis sibi doctrina haec eatenus inaudita, & nouus diuinitatis qui praedicabatur, cultus uideretur. Cui primus pontificum ipsius Coifi continuo respondit: Tu uide rex, quale sit hoc, quod nobis modo praedicatur: ego autem tibi uerissime quod certum didici, profiteor, quia nihil omnino uirtutis habet religio illa, quam hucusque tenuimus. Nullus enim tuorum studiosius quam ego, culturae deorum nostrorum se subdidit: & nihilominus multi sunt, qui ampliora a te beneficia quam ego, & maiores accipiunt dignitates, magisque prosperantur in omnibus quae agenda uel acquirenda disponunt. Si autem dii aliquid ualerent, me potius iuuare uellent, qui illis impensius seruire curaui. Unde restat, ut si ea, quae nunc nobis noua praedicantur, meliora esse & fortiora, habita examinatione perspexeris, absque ullo cunctamine suscipere illa festinemus. Cuius suasioni uerbisque prudentibus alius optimatum regis tribuens assensum, continuo subdidit: Talis, inquiens, mihi uidetur rex, uita hominum praesens in terris, ad comparationem eius quod nobis incertum est temporis, quale cum te residente ad cœnam cum ducibus ac ministris tuis tempore brumali, accenso quidem foco in medio, & calido effecto cœnaculo, furentibus autem foris per omnia turbinibus hyemalium pluuiarum uel niuium, adueniensque unus passerum domum citissime peruolauerit, qui cum per unum ostium ingrediens, mox per aliud exierit, ipso quidem tempore quo intus est hyemis tempestate non tangitur: sed tamen minimo spatio serenitatis ad momentum excurso, mox de hyeme in hyemem regrediens tuis oculis elabitur. ita hæc uita hominum ad modicum apparet, quid autem sequatur quidue præcesserit, prorsus ignoramus. Vnde si hæc noua doctrina certius aliquid attulerit, merito esse sequenda esse uidetur. His similia & cæteri maiores natu ac regis consiliarij diuinitus admoniti prosequebantur. Adiecit autem Coifi, quia uellet ipsum Paulinum diligentius audire de Deo, quem prædicabat uerbum facientem. Quod cum iubente rege faceret, exclamauit auditis eius sermonibus dicens. Iam olim intellexeram, nihil esse quod colebamus: quia uidelicet quanto studiosius in eo cultu ueritatem quærebam, tanto minus inueniebam. Nunc autem aperte profiteor, quia in hac prædicatione ueritas claret illa, quæ nobis uitæ, salutis & beatitudinis æternæ dona ualet tribuere. Vnde suggero rex ut templa & altaria, quæ sine fructu utilitatis sacrauimus, ocyus anathemati & igni contradamus. Quid plura? Præbuit palam assensum euangelizanti beato Paulino rex, & abrenuncians idololatriæ, fidem se Christi suscipere confessus est. Cumque à præfato pontifice sacrorum suorum quæreret, quis aras & fana idolorum, cum septis quibus erant circundata, primus profanare deberet? ille respondit. Ego. quis enim ea quæ per stultitiam colui, nunc ad exemplum omnium aptius, quam ipse per sapientiam mihi à Deo uero donatam, destruam? Statimque abiecta superstitione uanitatis, rogauit sibi regem arma dare, & equum emissarium, quem ascendens ad idola destruenda ueniret. Non enim licuerat pontificem sacrorum, uel arma ferre, uel præter in equa equitare. Accinctus ergo gladio accepit lanceam in manu, & ascendens emissarium regis, pergebat ad idola. Quod aspiciens uulgus, æstimabat eum insanire. Nec distulit ille, mox ut appropiabat ad fanum, profanare illud, iniecta in eo lancea quam tenebat, multumque gauisus de agnitione ueri Dei cultus, iussit socijs suis destruere ac succendere fanum cum omnibus septis suis. Ostenditur autem locus ille quondam idolorum non longe ab Eboraco ad orientem amnem Doruuentionem, & uocatur hodie Godmunddin Gaham, ubi pontifex ille, inspirante Deo uero, polluit ac destruxit eas, quas ipse sacrauerat, aras.

Vt idem Eduini cum sua gente fidelis sit factus, & ubi Paulinus baptizauerit. Cap. XIIII.

Igitur accepit rex Eduinus cum cunctis gentis suæ nobilibus ac plebe perplurima, fidem & lauacrum sanctæ regenerationis, anno regni sui undecimo, qui est annus Dominicæ incarnationis sexcentesimus uicesimus septimus, ab aduentu uero Anglorum in Britanniam, annus circiter centesimus octogesimus. Baptizatus est autem Eboraci die sancto Paschæ pridie Iduum Aprilium, in ecclesia sancti Petri apostoli, quam ibidem ipse de ligno cum catechizaretur, atque ad percipiendum baptisma imbueretur, citato opere construxit. in qua etiam ciuitate ipsi doctori atque antistiti suo Paulino sedem episcopatus donauit. Mox autem ut baptisma consecutus est, curauit docente eodem Paulino maiorem ipso in loco, & augustiorem de lapide fabricare basilicam, in cuius medio ipsum quod prius fecerat oratorium includeretur. Præparatis ergo fundamentis in gyro prioris oratorij, per quadrum cœpit ædificare basilicam. Sed priusquam altitudo parietis esset consummata, rex ipse impia nece occisus, opus idem successori suo Osuualdo perficiendum reliquit. Paulinus autem ex eo tempore sex annis continuis, id est, usque ad finem imperij regis illius, uerbum Dei (annuente ac fauente ipso) in ea prouincia prædicabat: credebantque & baptizabantur quotquot erant præordinati ad uitam æternam: in quibus erant Osfridus & Eadfridus, filij regis Eduini, qui ambo ei exuli nati sunt de Quenburga filia Cearli regis Merciorum. Baptizati sunt tempore sequenti & alij liberi eius de Edilberga regina progeniti, Edilhunus & Edilthrida filia, & alter filius Vuscfrea: quorum primi albati adhuc, rapti sunt de hac uita, & Eboraci in ecclesia sepulti. Baptizatus est & Iffi filius Osfridi, nepos Eduini, & alij nobiles & egregij uiri non pauci. Tantus autem fertur tunc fuisse feruor fidei ac desiderium lauacri salutaris genti Nord Humbrorum, ut quodam tempore Paulinus ueniens cum rege & regina in uillam regiam, quæ uocatur Adgefrin, triginta sex diebus ibidem cum eis catechizandi & baptizandi officio deditus moraretur: quibus diebus cunctis à mane usque ad uesperam, nil aliud ageret, quàm confluentem eò de cunctis uiculis ac locis plebem, Christi uerbo salutis instruere, atque instructam in fluuio Gleni, qui proximus erat, lauacro remissionis abluere. Hæc uilla tempore sequentium regum deserta, & alia pro illa est facta in loco, qui uocatur Melmin. Hæc quidem in prouincia Bernicioru, sed & in prouincia Deirorum, ubi sæpius manere cum rege solebat, baptizabat in fluuio Sualua, qui uicum iuxta Cataractam præterfluit. Nondum enim oratoria uel baptisteria in ipso exordio nascentis ibi ecclesiæ poterant ædificari. Attamen in campo Donæ (ubi tunc etiam uilla regia erat) fecit basilicam, quam postmodum pagani, à quibus Eduinus rex occisus est, cum tota eadem uilla succenderunt: pro qua reges posteriores fecere sibi uillam in regione quæ uocatur Loidis. Euasit autem ignem altare, quia lapideum erat, & seruatur adhuc in monasterio reuerendissimi abbatis & presbyteri Thrumuuldi, quod est in sylua Elmete.

Vt provincia orientalium Anglorum fidem Christi susceperit. Caput XV.

TAntum autem (ut ferunt) devotionis Eduinus erga cultum veritatis habuit, ut etiam regi orientalium Anglorum, Carpualdo filio Redualdi persuaderet, relictis idolorum superstitionibus, fidem & sacramenta Christi cum sua provincia suscipere. Et quidem pater eius Redualdus iamdudum in Cantia sacramentis Christianae fidei imbutus est, sed frustra: nam rediens domum ab uxore sua & quibusdam perversis doctoribus seductus est, atque a sinceritate fidei depravatus, habuit posteriora peiora prioribus, ita ut in morem antiquorum Samaritanorum & Christo servire videretur, & diis quibus antea serviebat. Atque in eodem fano & altare haberet ad sacrificium Christi, & arulam ad victimas daemoniorum: quod videlicet fanum rex eiusdem provinciae Aldulfus (qui nostra aetate fuit) usque ad suum tempus perdurasse, & se in pueritia vidisse testabatur. Erat autem praefatus rex Redualdus natu nobilis, quamlibet actu ignobilis, filius Tytili, cuius pater fuit Vuffa, a quo reges Anglorum orientalium Vuffingas appellantur. Verum Carpualdus non multo postquam fidem accepit, tempore occisus est, a viro gentili nomine Richberto. & exinde tribus annis provincia in errore versata est, donec accepit regnum eiusdem frater Carpualdi Sibertus, vir per omnia doctissimus atque Christianissimus: qui vivente adhuc fratre, cum exularet in Gallia, fidei sacramentis imbutus est, quorum participem, mox ubi regnare coepit, totam suam provinciam facere curavit: cuius studiis gloriosissime favit Felix episcopus, qui de Burgundiorum partibus, ubi ortus & ordinatus est, cum venisset ad Honorium archiepiscopum, eique indicasset desiderium suum, misit eum ad praedicandum verbum vitae, praefatae nationi Anglorum. Nec vota ipsius in cassum cecidere: quin potius fructum in ea multiplicem credentium populorum pius agri spiritalis cultor invenit. Siquidem totam illam provinciam iuxta sui nominis sacramentum, a longa iniquitate atque infelicitate liberatam, ad fidem & opera iustitiae ac perpetuae felicitatis dona perduxit: accepitque sedem episcopatus in civitate Dummock, & cum septendecim annos eidem provinciae pontificali regimine praeesset, ibidem in pace vitam finivit.

Vt Paulinus in provincia Lindissi praedicaverit, & de qualitate regni Eduini. Cap. XVI.

PRaedicabat autem Paulinus verbum etiam provinciae Lindissi, quae est prima ad meridianam Humbrae fluminis ripam, pertingens usque ad mare: praefectumque Lindocolinae civitatis, cui nomen erat Blecca, primum cum domo sua convertit ad Dominum. In qua videlicet civitate & ecclesiam operis egregii de lapide fecit, cuius tecto vel longa incuria, vel hostili manu deiecto, parietes hactenus stare videntur, & omnibus annis aliqua miraculorum sanitatum in eodem loco solent ad utilitatem eorum qui fideliter quaerunt, ostendi. In qua ecclesia Paulinus transeunte ad Christum Iusto, Honorium pro eo consecravit episcopum, ut in sequentibus suo loco dicemus. De huius fide provinciae narravit mihi presbyter & abbas quidam vir veracissimus de monasterio Peartan, vocabulo Deda, retulisse sibi quendam seniorem, baptizatum se fuisse die media, a Paulino episcopo, praesente rege Eduino, & multam populi turbam in fluvio Treanta, iuxta civitatem quae lingua Anglorum Tiouulfingacestir vocatur: qui etiam effigiem eiusdem Paulini referre esset solitus, quod esset vir longae staturae, paululum incurvus, nigro capillo, facie macilenta, naso adunco, pertenui, venerabilis simul & terribilis aspectu. Habuit autem secum in ministerio & Iacobum diaconum, virum utique industrium ac nobilem in Christo & in ecclesia, qui ad nostra usque tempora permansit. Tanta autem eo tempore pax in Britannia, quaquaversum imperium regis Eduini pervenerat, fuisse perhibetur, ut (sicut usque hodie in proverbio dicitur) etiam si mulier una cum recens nato parvulo vellet totam perambulare insulam a mari ad mare, nullo se laedente, valeret. Tantum quoque rex idem utilitati suae gentis consuluit, ut plerisque in locis, ubi fontes lucidos iuxta publicos viarum transitus conspexit, ibi ob refrigerium viantium erigi stipites, & aereos caucos suspendi iuberet, neque hos quisquam nisi ad usum necessarium contingere prae magnitudine vel timoris eius auderet, vel amoris vellet. Tantum vero excellentiae in regno habuit, ut non solum in pugna ante illum vexilla gestarentur, sed & tempore pacis equitantem inter civitates sive villas aut provincias suas, cum ministris semper antecedere signifer consuesset. Necnon & incedente illo ubilibet per plateas, illud genus vexilli, quod Romani Tufam, Angli vero appellant Thuuf, ante eum ferri solebat.

Vt idem ab Honorio papa exhortatorias literas acceperit, qui etiam Paulino pallium misit. Cap. XVII.

QVo tempore praesulatum sedis Apostolicae Honorius Bonifacii successor habebat, qui ubi gentem Nord Humbrorum cum suo rege ad fidem confessionemque Christi, Paulino euangelizante conversam esse didicit, misit eidem Paulino pallium, misit & regi Eduino literas exhortatorias, paterna illum charitate accendens, ut in fide veritatis, quam acceperat, persistere semper ac proficere curarent. Quarum videlicet literarum iste est ordo: Domino excellentissimo atque praecellentissimo filio Eduino regi Anglorum, Honorius episcopus servus servorum Dei salutem. Ita Christianitatis vestrae integritas circa sui conditoris cultum fidei est ardore succensa, ut longe lateque resplendeat, & in omni mundo annuntiata, vestri operis multiplicet fructum. Sic enim vos reges esse co-

ut quia sicut ceteris, quae per eosdem temporis, Christi ecclesiis aestimarent, ut contra paschalem computum, & decreta synodalia sedis totius pontificum aliud quibus celebrari. Sed & Iohannes, qui & successori eius Honorio Seuerino successit, cum adhuc esset electus in pontificatum, pro eodem errore corrigendo, literas eis magna auctoritate atque eruditione plenas direxit, euidenter astruens, quia dominicum paschae diem a quintadecima luna usque ad uicesimam primam lunam (quod in Niceno synodo probatum est) oporteret inquiri. Nec non & pro Pelagiana heresi (quam apud eos reuiuiscere didicerat) cauenda ac repellenda, in eadem illos epistola admonere curauit, cuius epistolae principium hoc est: Dilectissimis & sanctissimis Thomiano, Columbano, Cronano, Dimano & Baithano episcopis: Cromano, Herniano, Laistrano, Scellano & Segino presbyteris: Sarano caeterisque doctoribus seu abbatibus Scottis, Hilarus archipresbyter, & seruans locum sanctae sedis Apostolicae, Iohannes diaconus & in Dei nomine electus, item Iohannes primicerius, & seruans locum sanctae sedis Apostolicae, & Iohannes seruus Dei consiliarius eiusdem Apostolicae sedis. Scripta, quae perlatores ad sanctae memoriae Seuerinum papam adduxerunt, eo de hac luce migrante, reciproca responsa ad ea quae postulata fuerant, siluerunt. Quibus reseratis, ne diu tantae quaestionis caligo indiscussa remaneret, reperimus quosdam prouinciae uestrae contra orthodoxam fidem, nouam ex ueteri heresim renouare conantes, pascha nostrum, in quo immolatus est Christus, nebulosa caligine refutantes, & cum Hebraeis celebrare nitentes. Quo epistolae principio manifeste declaratur, & nuperrime temporibus illis hanc apud eos heresim exortam, & non totam eorum gentem, sed quosdam ex eis hac fuisse implicitos. Exposita autem ratione paschalis obseruantiae, ita de Pelagianis in eadem epistola subdunt: Et hoc quoque cognouimus, quod uirus Pelagianae hereseos apud uos denuo reuiuiscit, quod omnino hortamur, ut a uestris mentibus huiusmodi uenenatum superstitionis facinus auferatur. Nam qualiter ipsa execranda heresis damnata est, latere uos non debet: quia non solum per istos ducentos annos abolita est, sed & quotidie a nobis perpetuo anathemate sepulta damnatur: & hortamur ne quorum arma combusta sunt, apud uos eorum cineres suscitentur. Nam quis non execretur superbum eorum conamen & impium dicentium, posse sine peccato hominem existere ex propria uoluntate, & non ex gratia Dei? Et primum quidem blasphemiae & stultiloquium est dicere, esse hominem sine peccato, quod omnino non potest, nisi unus mediator Dei & hominum homo Christus Iesus, qui sine peccato est conceptus & partus. Nam caeteri homines cum peccato originali nascentes, testimonium praeuaricationis Adae (etiam sine peccato actuali existentes) portare noscuntur, secundum prophetam dicentem: Ecce enim in iniquitatibus conceptus sum, & in peccatis concepit me mater mea.

Ut occiso Eduine Paulinus Cantiam rediens, Hrofensis ecclesiae praesulatum susceperit. Cap. XX.

At uero Eduinus, cum decem & septem annis genti Anglorum simul & Brittonum gloriosissime praeesset, e quibus etiam sex ipse (ut diximus) Christi regno militauit, rebellauit aduersus eum Caedualla rex Brittonum, auxilium praebente illi Penda uiro strenuissimo, de regio genere Merciorum, qui & ipse ex eo tempore gentis eiusdem regno annis uiginti & duobus uaria sorte praefuit. Et conserto graui praelio in campo, qui uocatur Hethfelth, occisus est Eduinus die quarto iduum Octobrium, anno Dominicae incarnationis sexcentesimo tricesimo tertio, cum esset annorum quadraginta & octo, eiusque totus uel interemptus uel dispersus est exercitus. In quo etiam bello ante illum unus filius eius Osfrid iuuenis bellicosus cecidit, alter Edfrid necessitate cogente ad Pendam regem transfugit, & ab eo postmodum regnante Osualdo contra fidem iurisiurandi peremptus est. Quo tempore maxima est facta strages in ecclesia uel gente Nordanhumbrorum, maxime quod unus ex ducibus, a quibus acta est, paganus, alter quia barbarus erat, pagano saeuior. Siquidem Penda cum omni Merciorum gente idolis deditus, & Christiani erat nominis ignarus. At uero Caedualla quamuis nomen & professionem haberet Christiani, adeo tamen erat animo ac moribus barbarus, ut ne sexui quidem muliebri, uel innocuae paruulorum parceret aetati, quin uniuersos atrocitate ferina morti per tormenta contraderet, multo tempore totas eorum prouincias debacchando peruagatus, ac totum genus Anglorum Brittaniae finibus erasurum se esse deliberans. Sed nec religioni Christianae, quae apud eos exorta erat, aliquid impendebat honoris. Quippe cum usque hodie moris sit Brittonum, fidem religionemque Anglorum pro nihilo habere, neque in aliquo eis magis communicare, quam paganis. Allatum est autem caput Eduini regis Eboracum, & illatum postea in ecclesiam beati Petri apostoli, quam ipse coeperat, sed successor eius Osualdus perfecit, ut supra docuimus. Positum est autem in porticu sancti papae Gregorii, a cuius ipse discipulis uerbum uitae susceperat. Turbatis itaque rebus Nordanhumbrorum huius articulo cladis, cum nihil alicubi praesidii nisi in fuga esse uideretur, Paulinus assumpta secum Edilburga regina, quam pridem adduxerat, rediit Cantiam nauigio, atque ab Honorio archiepiscopo & rege Eadbaldo multum honorifice susceptus est. Venit autem illuc duce Basso milite regis Eduini fortissimo, habens secum Eanfledam filiam, & Vuscfrean filium Eduini, nec non & Iffi filium Osfridi filii eius, quos postea mater metu Eadbaldi & Osualdi regum misit in Galliam nutriendos regi Dagoberto, qui erat amicus illius, ibique ambo in infantia defuncti, & iuxta honorem uel regiis pueris, uel innocentibus Christi congruum in ecclesia sepulti sunt. Attulit quoque ferens secum uasa pretiosa Eduini regis perplura, in quibus & crucem magnam auream, & calicem aureum consecratum ad ministerium altaris, quæ hactenus in ecclesia Cantij conseruata monstrantur. Quo in tempore Rhofensis ecclesia pastorem minime habebat, eo quod Romanus præsul illius ad Honorium papam à Iusto archiepiscopo legatarius missus, absorptus fuerat fluctibus Italici maris, ac per hoc curam illius præfatus Paulinus inuitatione Honorij antistitis, & Eadbaldi regis suscepit, ac tenuit usque dum & ipse suo tempore ad cœlestia regna, cum gloriosi fructu laboris ascendit: in qua ecclesia moriens pallium quoque quod à Romano papa acceperat, reliquit. Reliquerat autem in ecclesia sua Eboraci Iacobum diaconum, uirum utique ecclesiasticum & sanctum, qui multo exhinc tempore in ecclesia manens, magnas antiquo hosti prædas docendo & baptizando eripuit. Cuius nomine uicus in quo maxime solebat habitare, iuxta Cataractam, usque hodie cognominatur. Qui quoniam cantandi in ecclesia erat peritissimus, recuperata postmodum pace in prouincia crescente numero fidelium, etiam magister ecclesiasticæ cantionis iuxta morem Romanorum seu Cantuariorum, multis cœpit existere. Et ipse senex & plenus dierum, iuxta scripturas, patrum uiam secutus est.

SECVNDI LIBRI FINIS.

Ecclesiasticæ Historiæ gentis Anglorum, LIBER III.

Vt primi successores Eduini regis, & fidem suæ gentis prodiderint, & regnum: sed & Christianissimus rex Osualdus utrunque restaurauerit. Caput I.

AT interfecto in pugna Eduino, suscepit pro illo regnum Deirorum (de qua prouincia ille generis prosapiam & primordia regni habuerat) filius patrui eius Elfrici, uocabulo Osricus, qui ad prædicationem Paulini fidei erat sacramentis imbutus. Porro regnum Berniciorum (nam in has duas prouincias gens Nordhumbrorum antiquitus diuisa erat) suscepit filius Edilfridi, qui de illa prouincia generis & regni originem duxerat, nomine Eanfridus. Siquidem tempore toto quo regnauit Eduinus, filii præfati regis Edilfridi, qui ante illum regnauerat, cum magna nobilium iuuentute apud Scottos siue Pictos exulabant, ibique ad doctrinam Scottorum catechizati, & baptismatis gratia sunt recreati: qui in mortuo rege inimico, patriam sunt redire permissi, accepitque primus eorum, quem diximus, Osricus regnum Deirorum, secundus uero Eanfridus regnum Berniciorum. Vterque autem, ut terreni regni infulas sortitus est, sacramenta regni cœlestis, quibus initiatus erat, anathematizando prodidit, ac se priscis idololatriæ sordibus polluendum perdendumque restituit. Nec mora, utrunque rex Britonum Cedualla impia manu, sed iusta ultione peremit. Et primo quidem proxima æstate Osricum, dum se in oppido municipio temerarie obsedisset, erumpens subito cum suis omnibus, imparatum cum toto exercitu deleuit. Deinde cum anno integro prouincias Nordhumbrorum non ut rex uictor possideret, sed quasi tyrannus sæuiens disperderet, ac tragica cæde dilaceraret, tandem Eanfridum inconsulte ad se cum duodecim electis militibus postulandæ pacis gratia uenientem, simili sorte damnauit. Infaustus ille annus, & omnibus bonis exosus usque hodie permanet, tam propter apostasiam regum Anglorum, qua se fidei sacramentis exuerant, quam propter uesanam Britonici regis tyrannidem. Vnde cunctis placuit, regum tempora computantibus, ut ablata de medio regum perfidorum memoria, idem annus sequentis regis, id est, Osualdi uiri Deo dilecti, regno assignaretur: quo post occisionem fratris Eanfridi, superueniente cum paruo exercitu, sed fide Christi munito, infandus Britonum dux cum immensis illis copiis, quibus nihil resistere posse iactabat, interemptus est, in loco qui lingua Anglorum Denisesburna, id est, riuus Denisi uocatur.

Vt de ligno crucis, quod idem rex contra barbaros pugnaturus erexerat, inter innumera sanationum miracula quidam a dolentis brachij sit languore curatus. Caput II.

OStenditur autem usque hodie, & in magna ueneratione habetur locus ille, ubi uenturus ad hanc pugnam Osualdus signum sanctæ crucis erexit, ac flexis genibus Deum deprecatus est, ut in tanta rerum necessitate suis cultoribus cœlesti succurreret auxilio. Denique fertur, quia facta citato opere cruce, ac fouea præparata in qua statui deberet, ipse fide feruens hanc arripuerit, ac foueæ imposuerit, atque utraque manu erectam tenuerit, donec aggesto à militibus puluere terræ figeretur. Et hoc facto, elata in altum uoce, cuncto exercitui proclamauerit: Flectamus omnes genua, & Deum omnipotentem uiuum ac uerum in commune deprecemur, ut nos ab hoste superbo ac feroce, sua miseratione defendat. Scit enim ipse, quia iusta pro salute gentis nostræ bella suscepimus. Fecerunt omnes ut iusserat. Et sic incipiente diluculo in hostem progressi, iuxta meritum suæ fidei uictoria potiti sunt. In cuius loco orationis innumeræ uirtutes sanitatum noscuntur esse patratæ, ad indicium uidelicet ac memoriam fidei regis. Nam & usque hodie multi de ipso ligno sacrosanctæ crucis astulas excidere solent, quas cum in aquas miserint, eisque languentes homines aut pecudes potauerint, siue asperserint, mox sanitati restituuntur. Vocatur

vocatur locus ille lingua Anglorum Heofonfeld, quod dici potest Latine, coelestis campus, quod certo utique praesagio futurorum antiquitus nomen accepit: significans nimirum quod ibidem coeleste erigendum trophaeum, coelestis inchoanda victoria, coelestia usque hodie forent miracula celebranda. Est autem locus iste iuxta murum illum ad aquilonem, quo Romani quondam ob arcendos barbarorum impetus totam a mari usque ad mare praecinxere Britanniam, ut supra docuimus. In quo videlicet loco consuetudinem multo iam tempore fecerant fratres Hagustaldensis ecclesiae (quae non longe abest) advenientes omni anno, pridie quam postea idem rex Osualdus occisus est, vigilias pro salute animae eius facere, plurimaque psalmorum laude celebrata, victimam pro eo mane sacrae oblationis offerre. Qui etiam crescente bona consuetudine, nuper ibidem ecclesia constructa, sacratiorem & cunctis honorabiliorem omnibus locum fecerunt. Nec immerito, quia nullum, ut comperimus, fidei Christianae signum, nulla ecclesia, nullum altare in tota Berniciorum gente erectum est, priusquam hoc sacrae crucis vexillum novus militiae ductor, dictante fidei devotione, contra hostem immanissimum pugnaturus statueret. Nec abre est, unum e pluribus quae ad hanc crucem patrata sunt, virtutis miraculum narrare. Quidam e fratribus eiusdem Hagustaldensis ecclesiae, nomine Bothelm, qui nunc usque superest, ante paucos annos, dum incautius forte noctu in glacie incederet, repente corruens brachium contrivit, ac gravissima fracturae ipsius coepit molestia fatigari, ita ut ne ad os quidem adducere ipsum brachium ob nimietatem doloris ullatenus valeret. Qui cum audisset quendam de fratribus mane ad locum eiusdem sanctae crucis ascendere disposuisse, rogavit ut aliquam sibi partem de illo ligno venerabili rediens afferret, credere se dicens, quia per hoc donante Domino, salutem posset consequi. Fecit ille ut rogatus est, & reversus ad vesperam, sedentibus iam ad mensam fratribus, obtulit ei aliquid de veteri musco, quo superficies ligni erat obsita. Qui cum sedens ad mensam non haberet ad manum, ubi oblatum sibi munus reponeret, misit hoc in sinum suum. Et dum iret cubitum, oblitus hoc alicubi deponere, permisit suo in sinu permanere. At medio noctis tempore cum evigilaret, sensit nescio quid frigidi suo lateri adiacere, admotaque manu requirere quid esset, ita sanum brachium manumque reperit, ac si nil unquam tanti languoris habuisset.

Ut idem rex postulans de gente Scottorum antistitem, acceperit Aidanum, eidemque in insula Lindisfarnensi sedem episcopatus donaverit. Caput III.

Idem ergo Osualdus, mox ubi regnum suscepit, desiderans totam cui praeesse coepit gentem, fidei Christianae gratia imbui, cuius experimenta permaxima in expugnandis Barbaris iam ceperat, misit ad maiores natu Scottorum, inter [illegible]

quos exulans ipse baptismatis sacramenta cum his qui secum erant militibus consecutus erat, petens ut sibi mitteretur antistes, cuius doctrina ac ministerio gens, quam regebat Anglorum, Dominicae fidei & dona disceret, & susciperet sacramenta. Neque aliquanto tardius quod petiit impetravit: accepit namque pontificem Aidanum, summae mansuetudinis & pietatis ac moderaminis virum, habentemque zelum Dei, quamvis non plene secundum scientiam. Namque diem paschae Dominicum more suae gentis, cuius saepius mentionem fecimus, a quartadecima luna usque ad vicesimam observare solebat. Hoc etenim ordine septentrionalis Scottorum provincia, & omnis natio Pictorum illo adhuc tempore pascha Dominicum celebrabat, aestimans se in hac observantia sancti ac laude digni patris Anatolii scripta secutam. Quod quidem an verum sit, peritus quisque facillime cognoscit. Porro gentes Scottorum, quae in Australibus Hiberniae insulae partibus morabantur, iamdudum ad admonitionem Apostolicae sedis antistitis pascha canonico ritu observare didicerunt. Venienti igitur ad se episcopo, rex locum sedis episcopalis in insula Lindisfarnensi, ubi ipse petebat, tribuit. Qui videlicet locus accedente ac recedente reumate, bis quotidie instar insulae maris circumluitur undis, bis renudato litore contiguus terrae redditur. Cuius admonitionibus humiliter ac libenter in omnibus auscultans, ecclesiam Christi in regno suo multum diligenter aedificare ac dilatare curavit. Ubi pulcherrimo saepe spectaculo contigit, ut evangelizante antistite, qui Anglorum linguam perfecte non noverat, ipse rex suis ducibus ac ministris interpres verbi existeret coelestis: quia nimirum tam longo exilii sui tempore linguam Scottorum iam plene didicerat. Exinde coepere plures per dies de Scottorum regione venire in Britanniam, atque illis Anglorum provinciis, quibus regnavit rex Osualdus, magna devotione verbum fidei praedicare, & credentibus gratiam baptismi, quicunque sacerdotali erant gradu praediti, ministrare. Construebantur ergo ecclesiae per loca, confluebant ad audiendum verbum Dei populi gaudentes, donabantur munere regio possessiones & territoria ad instituenda monasteria, imbuebantur praeceptoribus Scottis parvuli Anglorum una cum maioribus studiis, & observatione disciplinae regularis. Nam monachi erant, maxime qui ad praedicandum venerant. Monachus ipse episcopus Aidanus, utpote de insula quae vocatur Hy destinatus, cuius monasterium in cunctis pene septentrionalium Scottorum & omnium Pictorum monasteriis non parvo tempore arcem tenebat, regendisque eorum populis praeerat. Quae videlicet insula ad ius quidem Britanniae pertinet, non magno ab ea freto discreta, sed donatione Pictorum, qui illas Britanniae plagas incolunt, iamdudum monachis Scottorum tradita, eo quod illis praedicantibus fidem Christi perceperunt.

Quando gens Pictorum fidem Christi perceperit. Caput IIII.

Siquidem anno incarnationis Dominicæ quingentesimo sexagesimo quinto (quo tempore gubernaculum Romani imperii post Iustinianum Iustinus minor accepit) venit de Hybernia presbyter & abbas habitu & vita monachi insignis, nomine Columbanus, in Britanniam, prædicaturus verbum Dei provinciis Septentrionalium Pictorum: hoc est, eis qui arduis atque horrentibus montium iugis ab australibus eorum sunt regionibus sequestrati. Namque ipsi australes Picti, qui intra eosdem montes habent sedes, multo ante tempore (ut perhibent) relicto errore idololatriæ, fidem veritatis acceperant, prædicante eis verbum Nynia episcopo reverendissimo & sanctissimo viro de natione Britonum, qui erat Romæ regulariter fidem & mysteria veritatis edoctus: cuius sedem episcopatus, sancti Martini episcopi nomine, & ecclesia insignem (ubi ipse etiam corpore una cum pluribus sanctis requiescit) iam nunc Anglorum gens obtinet. Qui locus ad provinciam Berniciorum pertinens, vulgo vocatur Ad candidam casam, eo quod ibi ecclesiam de lapide insolito Britonibus more fecerit. Venit autem in Britanniam Columbanus, regnante Pictis Bridio filio Meilochon, rege potentissimo, nono anno regni eius, gentemque illam verbo & exemplo ad fidem Christi convertit: unde & præfatam insulam ab eis in possessionem monasterii faciendi accepit. Neque enim magna est, sed quasi familiarum quinque, iuxta æstimationem Anglorum, quam successores eius usque hodie tenent: ubi & ipse sepultus est, cum esset annorum septuaginta septem, post annos circiter triginta & duos ex quo ipse Britanniam prædicaturus adiit. Fecerat autem priusquam Britanniam veniret, monasterium nobile in Hybernia, quod a copia roborum Dearmach lingua Scotorum, hoc est, campus roborum cognominatur. Ex quo utroque monasterio perplurima exinde monasteria per discipulos eius & in Britannia & in Hybernia propagata sunt: in quibus omnibus idem monasterium insulanum, in quo ipse requiescit corpore, principatum tenet. Habere autem solet ipsa insula rectorem semper abbatem presbyterum, cuius iuri & omnis provincia, & ipsi etiam episcopi, ordine inusitato debeant esse subiecti, iuxta exemplum primi doctoris illius, qui non episcopus, sed presbyter extitit & monachus: de cuius vita & verbis nonnulla a discipulis eius feruntur scripta haberi. Verum qualiscunque fuerit ipse, nos hoc de illo certum tenemus, quod reliquit successores magna continentia, ac divino amore regularique institutione insignes: in tempore quidem summæ festivitatis dubiis circulis sequentes, utpote quibus longe ultra orbem positis, nemo synodalia Paschalis observantiæ decreta porrexerat, tantum ea quæ in propheticis, evangelicis & Apostolicis literis discere poterant, pietatis & castitatis opera diligenter observantes. Permansit autem huiusmodi observantia paschalis apud eos tempore non pauco, hoc est, usque ad annum Dominicæ incarnationis septingentesimum decimum sextum, per annos centum quinquaginta. At tunc veniente ad eos reverendissimo & sanctissimo patre & sacerdote Egbertho de natione Anglorum, qui in Hybernia diutius exulaverat pro Christo, eratque doctissimus in scripturis, & longævæ vitæ perfectione eximius, correcti sunt per eum, & ad verum canonicumque paschæ diem translati: quem tamen & antea non semper in luna quartadecima cum Iudæis, ut quidam rebantur, sed in die quidem Dominica, alia tamen quam decebat hebdomada, celebrabant. Sciebant enim (ut Christiani) resurrectionem Dominicam, quæ prima sabbati facta est, prima sabbati semper esse celebrandam: sed ut barbari & rustici, quando eadem prima sabbati, quæ nunc Dominica dies cognominatur, veniret, minime didicerant. Verum quia gratia charitatis fervere non omiserant, huius quoque rei notitiam ad perfectum percipere meruerunt, iuxta promissum Apostoli dicentis: Et si quid aliter sapitis, & hoc quoque vobis Deus revelabit: de quo plenius in sequentibus suo loco dicendum.

De vita Aidani episcopi. Caput V.

Ab hac ergo insula, ab horum collegio monachorum, ad provinciam Anglorum instituendam in Christo missus est Aidanus, accepto gradu episcopatus: quo tempore eidem monasterio Segenius abbas & presbyter præfuit. unde inter alia vivendi documenta saluberrimum abstinentiæ vel continentiæ clericis exemplum reliquit: cuius doctrinam id maxime commendabat omnibus, quod non aliter quam vivebat cum suis, ipse docebat. Nihil enim huius mundi quærere, nil amare curabat. Cuncta quæ sibi a regibus vel divitibus seculi donabantur, mox pauperibus qui occurrerent, erogare gaudebat. Discurrere per cuncta, & urbana & rustica loca, non equorum dorso, sed pedum incessu vectus, nisi si maior forte necessitas compulisset, solebat: quatenus ubicunque aliquos vel divites vel pauperes incedens aspexisset, confestim ad hos divertens, vel ad fidei suscipiendæ sacramentum, si infideles essent, invitaret: vel si fideles, in ipsa eos fide confortaret, atque ad eleemosynas, bonorumque operum executionem & verbis excitaret & factis. In tantum autem vita illius a nostri temporis segnitia distabat, ut omnes qui cum eo incedebant, sive attonsi, seu laici, meditari deberent, id est, aut legendis scripturis, aut psalmis discendis operam dare. Hoc erat quotidianum opus illius, & omnium qui cum eo erant fratrum, ubicunque locorum devenissent. Et si forte evenisset (quod tamen raro evenit) ut ad regis convivium vocaretur, intrabat cum uno clerico aut duobus: & ubi paululum reficiebatur, accelerabat ocyus ad legendum cum suis, sive ad orandum egredi. Cuius exemplis informati, tempore illo, religiosi quiq[ue] quique uiri ac fœminæ, consuetudinẽ fecerunt per totũ annũ, excepta remissione quinquagesimæ paschalis, quarta & sexta sabbati ieiuniũ ad nonam usq; horam protelare. Nunquã diuitibus honoris siue timoris gratia, si qua deliquissent, reticebat, sed aspera illos inuectione corrigebat. Nullam potentibus seculi pecuniam, excepta solummodo esca, si quos hospitio suscepisset, unquam dare solebat: sed ea potius quæ sibi a diuitibus donaria pecuniarum largiebantur, uel in usus pauperũ (ut diximus) dispergebat, uel ad redemptionem eorum qui iniuste fuerant uenditi, dispensabat. Denique multos quos precio dato redemerat, redemptos postmodum suos discipulos fecit, atq; ad sacerdotalem usq; gradum erudiendo atq; instituendo prouexit. Ferunt autem quia cum de prouincia Scottorũ rex Osualdus postulasset antistitem, qui sibi suæq; genti uerbum fidei ministraret, missus fuerit primo alius austerioris animi uir, qui cum aliquandiu genti Anglorum prædicans nil proficeret, nec libenter a populo audiretur, rediens in patriam, retulit in conuentu seniorum, quia nihil prodesse docendo genti ad quã missus erat potuisset, eo quod essent homines indomabiles, & duræ ac barbaræ mentis. At illi, ut perhibent, tractatum magnũ in concilio quid esset agendum habere cœperunt, desiderantes quidem genti quam petebantur saluti esse, sed non recepto quem miserant prædicatore dolentes. Tunc ait Aidan (nam & ipse concilio intererat) ad eum de quo agebatur sacerdotẽ: Videtur mihi frater, quia durior iusto indoctis auditoribus fuisti, & non eis iuxta apostolicam disciplinam primo lac doctrinæ mollioris porrexisti, donec paulatim enutriti uerbo Dei, ad capienda perfectiora, & ad facienda sublimiora Dei præcepta sufficerent. Quo audito, omnes qui considebant, ad ipsum ora & oculos conuerti, diligenter quid diceret, discutiebant, & ipsum esse dignum episcopatu, ipsum ad erudiendos incredulos & indoctos mitti debere decernunt, qui gratia discretionis, quæ uirtutum mater est, ante omnia probatur imbutus: sicq; illum ordinantes ad prædicandum miserunt. Qui ubi tempus accepit, sicut prius moderamine discretionis, ita postmodum & cæteris uirtutibus ornatus apparuit.

De religione ac pietate miranda Osualdi regis. Caput VI.

HUius igitur reuerendissimi antistitis doctrina rex Osualdus cum ea cui præerat gente Anglorum institutus, nõ solum incognita progenitoribus suis regna cœlorum sperare didicit, sed & regna terrarum plusquam ulli maiorum suorum ab eodem uno omnipotenti Deo, qui fecit cœlum & terram, consecutus est. Denique omnes nationes & prouincias Britanniæ, quæ in quatuor linguas, id est, Britonum, Pictorum, Scottorum, & Anglorum, diuisæ sunt, in ditione accepit. Quo regni culmine sublimatus, nihilominus, quod mirum dictu est, pauperibus & peregrinis semper humilis, benignus & largus fuit. Denique fertur, quod tempore quodam, cum die sancto Paschæ cum præfato episcopo consedisset ad prandium, positusq; esset in mensa coram eo discus argenteus regalibus epulis refertus, & iamiamq; essent manus ad panem benedicendum missuri, intrasse subito ministrum ipsius, cui suscipiendorum inopum erat cura delegata, & indicasse regi, quia multitudo pauperum undecunq; adueniens maxima per plateas sederet, postulans aliquid eleemosynæ a rege. Qui mox dapes sibimet appositas deferri pauperibus, & discum confringi, atq; eisdem minutatim diuidi præcepit. Quo uiso, pontifex qui assidebat, delectatus tali facto pietatis, apprehendit dexteram eius, & ait: Nunquam inueterascat hæc manus. Quod & ita iuxta uotum benedictionis eius prouenit. Nam cum interfecto illo in pugna, manus cum brachio a cætero essent corpore resectæ, contigit ut hactenus incorruptæ perdurent. Denique in urbe regia, quæ a regina quondam uocabulo Bebba cognominatur, loculo inclusæ argenteo in ecclesia S. Petri seruantur, ac digno a cunctis honore uenerantur. Huius industria regis Deirorum & Berniciorum prouinciæ, quæ eatenus ab inuicem discordabant, in unam sunt pacem, & uelut unum compaginatæ in populum. Erat autem nepos Eduini regis ex sorore Acha, dignumq; fuit, ut tantus præcessor talem haberet de sua consanguinitate & religionis hæredem, & regni.

Ut prouincia Occidentalium Saxonum uerbum Dei prædicante Birino susceperit, et de successoribus eius Agilberto & Eleutherio. Cap. VII.

EO tempore gens Occidentalium Saxonũ, qui antiquitus Geuissæ uocabantur, regnante Cynigilso, fidem Christi suscepit, prædicante illis uerbum Byrino episcopo, qui cum consilio papæ Honorii uenerat in Britanniam, promittens quod se illo præsente in intimis ultra Anglorũ partibus, quo nullus doctor præcessisset, sanctæ fidei semina esset sparsurum. Unde & iussu eiusdem pontificis per Asterium Genuensem episcopum in episcopatus consecratus est gradum. Sed in Britanniam perueniens, ac primum Geuissorum gentem ingrediens, cum omnes ibidem paganissimos inueniret, utilius esse ratus est, ibi potius uerbum Dei prædicare, quam ultra progrediens eos quibus prædicare deberet, inquirere. Itaq; euangelizante illo in præfata prouincia, cum rex ipse cathecizatus fonte baptismi cum sua gente ablueretur, contigit tunc temporis sanctissimum ac uictoriosissimum regem Nord Humbrorum Osualdum affuisse, eumq; de lauacro exeuntem suscepisse, ac pulcherrimo prorsus & Deo digno consortio, cuius erat filiam accepturus in coniugem, ipsum prius secunda generatione Deo dedicatum sibi accepit in filium. Donauerunt ergo ambo reges eidem episcopo ciuitatem, quæ uocatur Dorcic, ad faciendam

dam inibi sedem episcopalem, ubi factis dedicatisque ecclesiis, multisque ad Dominum pio eius labore populis aduocatis, migrauit ad Dominum, sepultusque in eadem ciuitate: & post annos multos Hædde episcopatum agente, translatus inde in Ventam ciuitatem, atque in ecclesia beatorum apostolorum Petri & Pauli positus est. Defuncto autem & rege, successit in regnum filius eius Coinualch, qui & fidem & sacramenta regni cœlestis suscipere renuit, & non multo post etiam regni terrestris potentiam perdidit. Repudiata enim sorore Pendan regis Merciorum, quam duxerat, aliam accepit uxorem. Ideoque bello petitus, ac regno priuatus ab illo, secessit ad regem Orientalium Anglorum, cui nomen erat Anna: apud quem triennio exulans fidem cognouit, ac suscepit ueritatis. Nam & ipse, apud quem exulabat, rex erat uir bonus, & bona ac sancta sobole felix, ut in sequentibus docebimus. Cum uero restitutus esset in regnum Coinualch, uenit in prouinciam de Hybernia Pontifex quidam, nomine Agilbertus, natione quidem Gallus, sed tamen legendarum gratia scripturarum in Hybernia non paruo tempore demoratus: coniunxitque se regi, sponte ministerium prædicandi assumens, cuius eruditionem atque industriam uidens rex, rogauit eum, accepta ibi sede episcopali, suæ gentis manere pontificem. Qui precibus eius annuens, multis annis eidem genti sacerdotali iure præfuit. Tandem rex qui Saxonum linguam tantum nouerat, pertæsus barbaræ loquelæ, subintroduxit in prouinciam alium suæ linguæ episcopum, uocabulo Vini, & ipsum in Gallia ordinatum: diuidensque in duas parochias prouinciam, huic in ciuitate Venta, quæ à gente Saxonum Vintancestir appellatur, sedem episcopalem tribuit. Vnde offensus grauiter Agilbertus, quod hoc ipso inconsulto ageret rex, rediit in Galliam, & accepto episcopatu Parisiacæ ciuitatis, ibidem senex & plenus dierum obiit. Non multis autem annis post abscessum eius à Britannia transactis, pulsus est Vini ab eodem rege de episcopatu: qui secedens ad regem Merciorum, uocabulo Vulfheri, emit pretio ab eodem sedem Londoniæ ciuitatis, eiusque episcopus usque ad uitæ suæ terminum mansit. Sicque prouincia Occidentalium Saxonum tempore non pauco absque præsule fuit. Quo etiam tempore rex præfatus ipsius gentis grauissimis regni sui damnis sæpissime ab hostibus afflictus, tandem ad memoriam reduxit, quod eum quem pridem perfidia regno depulerit, fides agnita Christi in regnum reuocauerit: intellexitque quod etiam tunc destituta pontifice prouincia, recte pariter diuino fuerit destituta præsidio. Misit ergo legatarios in Galliam ad Agilbertum, summissa illum satisfactione deprecans ad episcopatum suæ gentis redire. At ille se excusans, & uenire non posse contestans, quia episcopatu propriæ ciuitatis ac parochiæ teneretur astrictus: Ne tamen obnixe petenti nil ferret auxilij, misit pro se illo presbyterum Eleutherium, nepotem suum, qui ei si uellet, ordinaretur episcopus, dicens, quod ipse eum dignum esse episcopatu iudicaret. Qui honorifice à populo & à rege susceptus, rogauerunt Theodorum tunc archiepiscopum Doruuernensis ecclesiæ, ipsum sibi antistitem consecrari: qui consecratus in ipsa ciuitate, multis annis episcopatum Geuissorum ex synodica sanctione solus sedulo moderamine gessit.

Vt rex Cantuariorum Earconbertus idola destrui præceperit, & de filia eius Earcongotha, & propinqua eius Edilberga sacratis Deo uirginibus. Cap. VIII.

ANno Dominicæ incarnationis sexcentesimo quadragesimo, Eadbaldus rex Cantuariorum transiens ex hac uita, Earconberto filio regni gubernacula reliquit: quæ ille susceptâ uiginti quatuor annis & aliquot mensibus nobilissime rexit. Hic primus regum Anglorum in toto regno suo idola relinqui ac destrui, simul & ieiunium quadraginta dierum obseruari, principali auctoritate præcepit. Quæ ne facile à quopiam posset contemni, in transgressores dignas & competentes punitiones proposuit. Cuius filia Earcongotha, ut condigna parenti soboles, magnarum fuit uirgo uirtutum, indesinenter semper seruiens Deo in monasterio, quod in regione Francorum constructum est ab abbatissa nobilissima, uocabulo Fara, in loco qui dicitur Brige. Nam eo tempore necdum multis in regione Anglorum monasterijs constructis, multi de Britannia monachicæ conuersationis gratia Francorum uel Galliarum monasteria adire solebant, & filias suas eisdem erudiendas, ac sponso cœlesti copulandas mittebant: maxime in Brige & in Cale, & in Andilegum monasterio. Inter quas erat Sedrido filia uxoris Annæ regis Orientalium Anglorum, cuius supra meminimus, & filia naturalis eiusdem regis Edilburg: quæ utraque cum esset peregrina, præ merito uirtutum eiusdem monasterij Brigensis est abbatissa constituta. Cuius regis filia maior Sexburg, uxor Earconberti regis Cantuariorum, habuit filiam Earcongotham, de qua sumus dicturi. Huius autem uirginis Deo dedicatæ, multa quidem ab incolis loci illius solent opera uirtutum & signa miraculorum usque hodie narrari. Verum nos de transitu tantum illius, quo cœlestia regna petijt, aliquid breuiter dicere sufficiat. Imminente ergo die suæ uocationis, cœpit circuire in monasterio casulas infirmarum Christi famularum, earumque maxime quæ uel ætate prouectæ, uel probitate erant morum insigniores: quarum se omnium precibus humiliter commendans, obitum proximum sibi, quem reuelatione didicerat, non celabat esse futurum: quam uidelicet reuelationem huiusmodi esse perhibebat. Vidisse se albatorum cateruam hominum idem monasterium intrare, hosque à se interrogatos quid quærerent, aut quid ibi uellent, respondisse, quod ob hoc illo fuerint destinati, ut aureum illud numisma, quod

eo de

od de Cantia uenerat, secum assumerent. Ipsius autem noctis, in cuius ultima parte, id est incipiente aurora, praesentis mundi tenebras transiens, supernam migrauit ad lucem, multi de fratribus eiusdem monasterii, qui aliis erant in aedibus, iam manifeste se concentum angelorum psallentium audisse referebant, & sonitum quasi plurimae multitudinis monasterium ingredientis. Vnde mox egressi dignoscere quid esset, uiderunt lucem caelitus emissam fuisse permaximam, quae sanctam illam animam carnis uinculis absolutam ad aeterna patriae caelestis gaudia ducebat. Addunt & alia, quae ipsa nocte in monasterio eodem diuinitus fuerint ostensa miracula, sed haec nos ad alia tendentes suis narrare permittimus. Sepultum est autem corpus uenerabile uirginis & sponsae Christi in ecclesia beati protomartyris Stephani: placuitque post diem tertium, ut lapis quo monumentum tegebatur, amoueretur, & altius in ipso loco reponeretur, quod dum fieret, tantae fragrantia suauitatis ab imis ebulliuit, ut cunctis qui astabant fratribus & sororibus, quasi opobalsami cellaria esse uiderentur aperta. Sed & matertera eius, de qua diximus Aedilberga, & ipsa Deo dilectam perpetuae uirginitatis gloriam in magna corporis continentia seruauit, quae cuius esset uirtutis magis post mortem claruit. Cum enim esset abbatissa, coepit facere in monasterio suo ecclesiam in honorem omnium apostolorum, in qua suum corpus sepeliri cupiebat. Sed cum opus idem ad medium ferme esset perductum, illa ne hoc perficeret, morte praerepta est, & in ipso ecclesiae loco ubi desiderabat, condita. Post cuius mortem fratribus alia magis curantibus, intermissum est hoc aedificium annis septem, quibus completis, statuerunt ob nimietatem laboris huius structuram funditus relinquere, ossa uero abbatissae illo de loco eleuata, in ecclesiam quae esset perfecta ac dedicata, transferre. Et aperientes sepulchrum eius, ita intemeratum corpus inuenere, ut a corruptione concupiscentiae carnalis erat immune, & ita deinde lotum atque aliis uestibus indutum, transtulerunt illud in ecclesiam beati Stephani martyris: cuius uidelicet natalis ibi in magna gloria solet celebrari, die nonarum Iuliarum.

Vt in loco in quo occisus est rex Osuualdus, crebra sanitatum miracula facta, utque ibi primo iumentum cuiusdam uiantis, ac deinde puella paralytica sit curata.

Capit. IX.

Regnauit autem Osuualdus christianissimus rex Nordanhumbrorum nouem annos, annumerato etiam illo anno, quem & feralis impietas regis Brittonum, & apostasia demens regum Anglorum detestabilem fecerat. Siquidem ut supra docuimus, unanimo omnium consensu firmatum est, ut nomen & memoria apostatarum de catalogo regum Christianorum prorsus aboleri deberet, neque aliquis regno eorum annus annotari. Quo completo annorum curriculo occisus est, commisso graui proelio, ab eadem pagana gente paganoque rege Merciorum, a quo & praedecessor eius Eduinus peremptus fuerat, in loco qui lingua Anglorum nuncupatur Maserfelth, anno aetatis suae trigesimo octauo, die quinto mensis Augusti. Cuius quanta fides in Deum, quae deuotio mentis fuerit, etiam post mortem uirtutum miraculis claruit. Namque in loco ubi pro patria dimicans a paganis interfectus est, usque hodie sanitates infirmorum & hominum & pecorum celebrari non desinunt. Vnde contigit, ut puluerem ipsum, ubi corpus eius in terram corruit, multi auferentes, & in aquam mittentes, suis per haec infirmis multum commodi afferrent. Qui uidelicet mos adeo increbruit, ut paulatim ablata exinde terra, fossam ad mensuram staturae uirilis altam reddiderit. Nec mirandum in loco mortis illius infirmos sanari, qui semper dum uiueret, infirmis & pauperibus consulere, & eleemosynas dare, opem ferre non cessabat. Et multa quidem in loco illo, uel de puluere loci illius facta uirtutum miracula narrantur, sed nos duo tantum, quae a maioribus audiuimus, referre satis duximus. Non multo post interfectionem eius exacto tempore contigit, ut quidam equo sedens iter iuxta locum agere illum, cuius equus subito lassescere, consistere, caput in terram declinare, spumas ex ore demittere, & augescente dolore nimio in terram coepit ruere: desiluit eques, & stramine subtracto coepit expectare horam, qua aut meliorato reciperet iumentum, aut relinqueret mortuum. At ipsum diu graui dolore uexatum, cum diuersas in partes se torqueret, repente uolutando deuenit in illud loci, ubi rex memorabilis occubuit. Nec mora, quiescente dolore cessabat ab insanis membrorum motibus, & consueto equorum more, quasi post lassitudinem in diuersum latus uicissim sese uoluere, statimque exurgens quasi sanus per omnia, uirecta herbarum auidius carpere coepit: quo ille uiso, ut uir sagacis ingenii, intellexit aliquid mirae sanctitatis huic loco, quo equus est curatus, inesse. Et posito ibi signo, non multo post ascendit equum, atque hospitium quo proposuerat, accessit: quo dum adueniret, inuenit puellam ibi neptem patrisfamilias longo paralysis morbo grauatam. Et cum familiares domus illius de acerba puellae infirmitate ipso praesente quererentur, coepit dicere ille de loco ubi caballus suus esset curatus. Quid multa? imponentes eam carro, duxerunt ad locum illum, ibidemque deposuerunt. At illa posita in loco, obdormiuit parumper, & ubi euigilauit, sanatam se ab illa corporis dissolutione sentiens, postulata aqua ipsa lauit faciem, crines composuit, caput linteo cooperuit, & cum his qui se adduxerant, sana pedibus incedendo reuersa est.

Vt puluis loci illius contra ignem ualuerit.

Capit. X.

Eodem tempore uenit alius quidam de natione Brittonum (ut ferunt) iter faciens iuxta ipsum locum, in quo praefata erat pugna completa: & uidit unius loci spatium caetero campo

uiri

uiridiorem ac uenustiorem, cœpitque sagaci animo conijcere, quòd nulla esset alia causa insolitæ illo in loco uiriditatis, nisi quòd ibidem sanctior cætero exercitu uir aliquis fuisset interfectus. Tulit itaque de puluere terræ illius secum, illigans in linteo, cogitans quod futurum erat, quia ad medelam infirmantium idem puluis proficeret. Et pergens itinere suo, peruenit ad uicum quendam uespere, intrauitque in domum, in qua uicani cœnantes epulabantur, & susceptus à dominis domus, resedit & ipse cum eis ad conuiuium, appendens linteolum cum puluere quem attulerat in una poste parietis. Cumque diutius epulis atque ebrietati uacarent, accenso grandi igne in medio, contigit uolantibus in altum scintillis, culmen domus quod erat uirgis contextum atque fœno tectum, subitaneis flammis impleri. Quod cum repente conuiuæ terrore confusi conspicerent, fugerunt foras nihil ardenti domui, iamiamque perituræ prodesse ualentes. Consumpta ergo domo flammis, postis solummodo, in quo puluis ille inclusus pendebat, tutus ab ignibus & intactus remansit. Qua uisa uirtute mirati sunt ualde, & perquirentes subtilius inuenerunt, quòd de illo loco adsumptus erat puluis, ubi regis Osualdi sanguis erat effusus. Quibus patefactis ac diffamatis longe lateque miraculis, multi locum frequentare illum, & sanitatum ibi gratiam capere sibi suisque cœperunt.

Vt super reliquias eius lux cœlestis tota nocte steterit, & ut per eas sint dæmoniaci curati. Caput XI.

Inter quæ nequaquam silentio prætereundum reor, quid uirtutis ac miraculi cœlestis fuerit ostensum, cum ossa eius inuenta, atque ad ecclesiam, in qua nunc seruantur, translata sunt. Factum est autem hoc per industriam reginæ Merciorum Osthrydæ, quæ erat filia fratris eius Osuiui, qui post illum regni apicem tenebat, ut in sequentibus dicemus. Est monasterium nobile in prouincia Lindissi, nomine Beardaneu, quod eadem regina cum uiro suo Adilredo multum diligebat, uenerabatur, excolebat, in quo desiderabat honoranda patrui sui ossa recondere. Cumque uenisset carrum, in quo eadem ossa ducebantur, incumbente uespera, in monasterium præfatum, noluerunt ea, qui erant in monasterio, libenter excipere: quia etsi sanctum eum nouerant, tamen quia de alia prouincia ortus fuerat, & super eos regnum acceperat, ueteranis eum odijs etiam mortuum insequebantur. Vnde factum est, ut ipsa nocte reliquiæ allatæ foris permanerent, tentorio tantum maiore supra carrum, in quo inerant extenso: sed miraculi cœlestis ostensio, quam reuerenter eæ suscipiendæ à cunctis fidelibus essent, patefecit. Nam tota ea nocte columna lucis à carro illo ad cœlum usque porrecta, omnibus pene eiusdem Lindissæ prouinciæ locis conspicua stabat. Vnde mane facto fratres monasterij illius, qui pridie abnuerant, diligenter ipsi petere cœperunt, ut apud se eædem sanctæ ac Deo dilectæ reliquiæ conderentur. Lota igitur ossa intulerunt in thecam, quam in hoc præparauerant, atque in ecclesia iuxta honorem congruum posuerunt. Et ut regia uiri sancti persona memoriam haberet æternam, uexillum eius super tumbam ex auro & purpura compositum apposuerunt, ipsamque aquam in qua lauerant ossa, in angulum sacrarij fuderunt. Ex quo tempore factum est, ut ipsa terra quæ lauacrum uenerabile suscepit, ad abigendos ex obsessis corporibus dæmones, gratiam salutaris haberet effectum. Denique tempore sequente, cum præfata regina in eodem monasterio moraretur, uenit ad salutandam eam abbatissa quædam uenerabilis, quæ usque hodie superest, uocabulo Edilhild, soror uirorum sanctorum Edeluini & Alduini, quorum prior episcopus in Lindissi prouincia, secundus erat abbas in monasterio, quod uocatur Peartaneu, à quo non longe & illa monasterium habebat. Quum ergo ueniens illuc loqueretur cum regina, atque inter alia sermone de Osualdo exorto diceret, quòd & ipsa lucem ipsa nocte illa supra reliquias eius ad cœlum usque altam uidisset, adiecit regina, quòd de puluere pauimenti in quo aqua lauacri illius effusa est, multi iam sanati essent infirmi. At illa petiit sibi portionem pulueris salutiferi dari, & accipiens illigatum panno condidit in capsella, & rediit. Transacto autem tempore aliquanto, cum esset in suo monasterio, uenit illuc quidam hospes, qui solebat nocturnis sæpius horis repente ab immundo spiritu grauissime uexari. Qui cum benigne susceptus, post cœnam in lecto membra posuisset, subito à diabolo arreptus, clamare, dentibus frendere, spumare, & diuersis motibus cœpit membra torquere. Cumque à nullo uel teneri uel ligari potuisset, cucurrit minister, & pulsans ad ostium nunciauit abbatissæ. At illa aperiens ianuam monasterij, exiuit ipsa cum una sanctimonialium fœminarum ad locum uirorum, & euocans presbyterum, rogauit secum uenire ad patientem. Vbi cum uenientes uiderent multos adfuisse, qui uexatum tenere, & motus eius insanos comprimere conati nequaquam ualebant, dicebat presbyter exorcismos, & quæcunque poterat, pro sedando miseri furore, agebat: sed nec ipse, quamuis multum laborans, proficere aliquid ualebat. Cumque nil salutis furenti superesse uideretur, repente uenit in mentem abbatissæ puluis ille præfatus, statimque iussit ire ministram, & capsellam in qua erat adducere. Et cum illa afferens quæ iussa est, intraret atrium domus, in cuius interioribus dæmoniosus torquebatur, conticuit ille subito, & quasi in somnum laxatus deposuit caput, membra in quietem omnia composuit. Conticuere omnes, intentique ora tenebant, quem res exitum haberet, solliciti expectantes. Et post aliquantum horæ spatium resedit qui uexabatur, & grauiter suspirans: Modo, inquit, sanum sapio, recepi enim sensum animi mei. At illi sedulo sciscitabantur, quomodo hoc contigisset. Qui ait: Mox ut uirgo hæc cum capsella quam portabat, appropinquauit atrio

domus

domum hostes diffugere omnia qui me premebant spiritus maligni, & me relicto, nusquam comparuerunt. Tunc dedit ei abbatissa portiunculam de puluere illo, & sic data oratione a presbytero noctem illam quietissimam duxit, neque aliquid ex eo nocturni timoris aut uexationis ab antiquo hoste pertulit.

Vt ad tumbam eius sit puerulus a febre curatus. Cap. XII.

Sequenti dehinc tempore fuit in eodem monasterio puerulus quidam, longo febrium incommodo grauiter uexatus: qui cum die quadam sollicitus horam accessionis expectaret, ingressus ad eum quidam de fratribus: Vis, inquit, mi nate, doceam te quomodo cureris ab huius molestia langoris? Surge, inquit, ingredere ecclesiam, & accedens ad sepulchrum Osualdi, ibi reside, & quietus manens adhaere tumbae: uide ne exeas inde, nec de loco mouearis, donec hora recessionis febrium transierit: tunc ipse intrabo, & educam te inde. Fecit ut ille suaserat: sedentemque eum ad tumbam, sancti infirmitas tangere nequaquam praesumpsit, quinimo in tantum timens aufugit, ut nec secunda die, nec tertia, nec unquam exinde eum auderet contingere. Quod ita esse gestum, qui referebat mihi frater inde adueniens adiecit, quod eo adhuc tempore quo mecum loquebatur, superesset in eodem monasterio iam iuuenis ille, in quo tunc puero factum erat hoc miraculum sanationis. Nec mirandum preces regis illius iam cum Domino regnantis multum ualere apud eum, qui temporalis regni quondam gubernacula tenens, magis pro aeterno regno semper laborare ac deprecari solebat. Denique ferunt, quia a tempore matutinae laudis saepius ad diem usque in orationibus persisterit, atque ob crebrum morem orandi siue gratias agendi Domino, semper ubicunque sedens supinas super genua sua manus habere solitus sit. Vulgatum est autem, & in consuetudinem prouerbii uersum, quod etiam inter uerba orationis uitam finierit. Namque cum armis & hostibus circumseptus, iamiamque uideret se esse perimendum, orauit ad Dominum pro animabus exercitus sui. Vnde dicunt in prouerbio: Deus miserere animabus, dixit Osualdus cadens in terram. Ossa illius translata & condita sunt in monasterio quod diximus. Porro caput & manus cum brachiis a corpore praecisas, iussit rex qui occiderat, in stipitibus suspendi. Quo post annum deueniens cum exercitu successor regni eius, Osuiu abstulit ea, & caput quidem in cymiterio Lindisfarnensis ecclesiae, in regia uero ciuitate manus cum brachiis condidit.

Vt in Hibernia scholasticus a morte reuocatus per eius reliquias curatus. Cap. XIII.

Nec solum inclyti fama uiri Britanniae fines lustrauit uniuersos, sed etiam trans Oceanum longe radios salutiferae lucis spargens, Germaniae simul & Hyberniae partes attigit. Denique reuerendissimus antistes Acca solet referre, quia cum Romam uadens apud sanctissimum Fresonum gentis episcopum Vilbrordum cum suo antistite Vuilfrido moraretur, crebro eum audiret, quae de mirandis reliquiis eiusdem reuerendissimi regis in illa prouincia gesta fuere, narrare. Et in Hybernia cum presbyter adhuc peregrinam pro aeterna patria duceret uitam, rumorem sanctitatis eius in ea quoque insula longe lateque iam percrebuisse ferebat. E quibus unum quod inter alia retulit miraculum, praesenti nostrae historiae inserendum credidimus. Tempore, inquit, mortalitatis quae Britanniam Hyberniamque lata strage uastauit, percussus est eiusdem clade pestis inter alios scholasticus quidam de genere Scotorum, doctus quidem uir studiis literarum, sed erga curam perpetuae suae salutationis nil omnino studii & industriae gerens: qui cum se morti proximum uideret, timere coepit & pauere, ne mox mortuus ob merita scelerum ad inferni claustra raperetur, clamauitque me cum essem in uicino positus, & inter aegra tremens suspiria, flebili uoce talia mecum querebatur: Vides, inquit, quia crescente corporis molestia ad articulum subeundae mortis compellor, nec dubito me post mortem corporis statim ad perpetuam animae mortem rapiendum, ac infernalibus subdendum esse tormentis, qui tempore non pauco inter studia diuinae lectionis uitiorum potius implicamentis, quam diuinis solebam seruire mandatis. Inest autem animo, si mihi pietas diuina aliqua uiuendi spacia donauerit, uitiosos mores corrigere, & ad imperium diuinae uoluntatis totam ex integro mentem uitamque transferre. Verum noui non hoc esse meriti mei, ut inducias uiuendi uel accipiam, uel me accepturum esse confidam, nisi forte misero mihi & indigno uenia per auxilium eorum qui illi fideliter seruierunt, propitiari dignatus fuerit. Audiuimus enim, & fama est celeberrima, quod fuerit in gente uestra rex mirandae sanctitatis, uocabulo Osualdus, cuius excellentia fidei & uirtutis etiam post mortem uirtutum frequentium operatione claruerit: precorque si aliquid reliquiarum illius penes te depositum habes, afferas mihi, si forte mihi Dominus per eius merita misereri uoluerit. At ego respondi: Habeo quidem de ligno in quo caput eius occisi a paganis infixum est, & si firmo corde credideris, potest diuina pietas per tanti meritum uiri & huius uitae spacia longiora concedere, & ingressu te uitae perennis dignum reddere. Nec moratus ille, integram se in hoc habere fidem respondebat. Tunc benedixi aquam, & astulam roboris praefati immittens, obtuli aegro potandam. Nec mora, melius habere coepit, & conualescens ab infirmitate multo deinceps tempore uixit, totoque ad Deum corde & opere conuersus, omnibus ubicunque perueniebat, clementiam pii conditoris, & fidelis eius famuli gloriam praedicabat.

ut defuncto Paulino, Ithamar pro eo Rhofensis ecclesiae praesulatum susceperit, et de humilitate mirabili Osuini regis, qui ab Osuiu crudeli caede peremptus est.

Caput XIIII.

TRanslato ergo ad caelestia regna Osualdo, suscepit regni terrestris sedem pro eo frater eius Osuin, iuuenis triginta circiter annorum, & per annos uiginti octo laboriosissime tenuit. Impugnatus uidelicet a pagano rege Penda, & ab ea qua fratrem eius occiderat pagana gente Merciorum, & a filio quoque suo Alchfrido, necnon & a fratruo, id est filio fratris sui qui ante eum regnauit, filio Adiluualdo. Cuius anno secundo, hoc est, ab incarnatione Dominica, anno sexcentesimo quadragesimo quarto, reuerentissimus pater Paulinus quondam quidem Eboracensis, sed tunc episcopus Rhofensis ciuitatis, transijt ad Dominum sexto Iduum Octobrium die. Qui decem & nouem annos, & menses duos, & uiginti unum dies episcopatum tenuit, sepultusque est in secretario beati apostoli Andreae, quod rex Edilbertus a fundamentis in eadem Rhofi ciuitate construxit. In cuius locum Honorius archiepiscopus ordinauit Ithamar, oriundum quidem de gente Cantuariorum, sed uita & eruditione antecessoribus suis aequandum. Habuit autem Osuin primus regni sui temporibus consortem regiae dignitatis, uocabulo Osuini, de stirpe regis Eduini, hoc est filium Osrici de quo supra retulimus, uirum eximiae pietatis & religionis, qui prouinciae Deirorum septem annis in maxima omnium rerum affluentia, & ipse amabilis omnibus praefuit. Sed nec cum eo ille, qui ceteram Transhumbranae gentis partem ab Aquilone, id est, Berniciorum prouinciam regebat, habere pacem potuit, quin potius ingrauescentibus causis dissensionum miserrima hunc caede peremit. Siquidem congregato contra inuicem exercitu, cum uideret se Osuinus cum illo qui plures habebat auxiliarios non posse bello confligere, ratus est utilius, tunc dimissa intentione bellandi, seruare se ad tempora meliora. Remisit ergo exercitum, quem congregauerat, ac singulos domum redire praecepit a loco, qui uocatur Vuilfaresdun, id est mons Vuilfari, & est a uico Cataractone decem ferme milibus passuum contra solstitialem occasum secretus. Diuertitque ipse cum uno tantum milite sibi fidissimo, nomine Tondhere, celandus in domo comitis Hunualdi, quem etiam ipsum sibi amicissimum autumabat. Sed heu proh dolor longe aliter erat. Nam ab eodem comite proditum eum Osuinus cum praefato ipsius milite per praefectum suum Edilwinum detestanda omnibus morte interfecit. Quod factum est die tertiadecima Kalendarum Septembrium, anno regni eius nono, in loco qui dicitur Ingethlingum, ubi postmodum castigandi huius facinoris gratia monasterium constructum est, in quo pro utriusque regis & occisi uidelicet, & eius qui occidere iussit, animae redemptione quotidie Domino preces offerri deberent. Erat autem rex Osuinus & aspectu uenustus, & statura sublimis, & affatu iucundus, & moribus ciuilis, & manu omnibus, id est nobilibus simul atque ignobilibus largus. Vnde contigit ut ob regiam eius & animi & uultus & meritorum dignitatem ab omnibus diligeretur, & undique ad eius ministerium de cunctis prope prouincijs uiri etiam nobilissimi concurrerent. Cuius inter ceteras uirtutis & modestiae, & (ut ita dicam) specialis benedictionis glorias etiam maxima fuisse fertur humilitas, ut uno probare sat erit exemplo. Donauerat equum optimum antistiti Aidano, in quo ille quamuis ambulare solitus, uel amnium fluenta transire, uel si alia quaelibet necessitas insisteret, uiam peragere posset. Cui cum paruo interiecto tempore pauper quidam occurreret, eleemosynam petens, desiliens ille praecepit equum, ita ut erat stratus regaliter, pauperi dari: erat enim multum misericors & cultor pauperum, ac uelut pater miserorum. Hoc cum regi esset relatum, dicebat episcopo, cum forte ingressuri essent ad prandium: Quid uoluisti domine antistes equum regium, quem te conueniebat proprium habere, pauperi dare? Numquid non habuimus equos uiliores plurimos, & alias species quae ad pauperum dona sufficerent, quamuis illum eis equum non dares, quem tibi specialiter possidendum elegi? Cui statim episcopus: Quid loqueris, inquit, rex? Num tibi carior est ille filius equae, quam ille filius Dei? Quibus dictis intrabant ad prandendum, & episcopus quidem residebat in suo loco. Porro rex uenerat enim de uenatu, & coepit consistens ad focum calefieri cum ministris. Et repente inter calefaciendum recordans uerbi, quod dixerat illi antistes, discinxit se gladio suo, & dedit illum ministro, festinusque accedens ante pedes episcopi corruit, postulans ut sibi placatus esset, quia nunquam, inquit, deinceps aliquid loquar de hoc, aut iudicabo quid uel quantum de pecunia nostra filijs Dei tribuas. Quod uidens episcopus multum pertimuit, ac statim exurgens leuauit eum, promittens se multum illi esse placatum, dummodo ille residens ad epulas tristitiam deponeret. Dumque rex iubente ac postulante episcopo laetitiam reciperet: coepit contra episcopus tristis usque ad lachrymarum profusionem effici. Quem dum presbyter suus lingua patria, quam rex & domestici eius non nouerant, quare lachrymaretur interrogasset: Scio, inquit, quod non multo tempore uicturus est rex. Nunquam enim ante haec humilem regem uidi. Vnde animaduerto citius illum ex hac uita rapiendum. Non enim digna est haec gens talem habere rectorem. Nec multo post dira antistitis praesagia tristi regis funere, de quo supra diximus, impleta sunt. Sed & ipse antistes Aidan, non plus quam duodecimo post occisionem regis quem amabat, die, id est, pridie Kalendarum Septembrium de seculo sublatus perpetua laborum suorum a Domino praemia recepit.

Vt episcopus Aidan nautis & tempestatem futuram prædixerit, & oleum sanctum quo hanc sedarent, dederit. Caput XV.

QVi cuius meriti fuerit, etiam miraculorum signis internus arbiter edocuit: e quibus tria memoriæ causa ponere satis sit. Presbyter quidam nomine Vtta, multæ grauitatis ac ueritatis uir, & ob id omnibus etiam ipsis principibus seculi honorabilis, cum mitteretur Cantiam ob adducendam coniugem regi Osuiu, filiam uidelicet Eduini regis Eanfledam, quæ occiso patre illuc fuerat adducta: qui terrestri quidem itinere illo uenire, sed nauigio cum uirgine redire disponebat: accessit ad episcopum Aidanum, obsecrans eum pro se suisque qui tunc iter erant aggressuri, Domino supplicare. Qui benedicens illos, ac Domino commendans, dedit etiam oleum sanctificatum. Scio, inquiens, quia ubi nauem ascenderitis, tempestas uobis & uentus contrarius superueniet: sed tu memento, ut hoc oleum quod tibi do, mittas in mare, & statim quiescentibus uentis serenitas maris uos læta prosequetur, & cupito itinere domum remittet. Quæ cuncta, ut prædixerat antistes, ex ordine completa sunt. Et quidem in primis furentibus undis pelagi, tentabant nautæ anchoris in mare missis nauem retinere, neque hoc agentes aliquid proficiebant. Cumque mergentibus undique & implere incipientibus nauem fluctibus, mortem sibi omnes imminere, iam iamque adesse uiderent, tandem presbyter reminiscens uerba antistitis, assumpta ampulla, misit de oleo in pontum, & statim ut prædictum erat, suo quieuit a feruore. Sicque factum est, ut uir Dei per prophetiæ spiritum tempestatem prædixerit futuram, & per uirtutem eiusdem spiritus hanc exortam, quamuis corporaliter absens, sopiuerit. Cuius ordinem miraculi non quilibet dubius relator, sed fidelissimus mihi nostræ ecclesiæ presbyter, Cynimund uocabulo narrauit, qui se hoc ab ipso Vtta presbytero, in quo & per quem completum est, audisse perhibebat.

Vt idem admotum ab hostibus urbi regiæ ignem orando amouerit. Caput XVI.

ALiud eiusdem patris memorabile miraculum ferunt multi, qui nosse potuerunt. Nam tempore episcopatus eius hostilis Merciorum exercitus Penda duce Nordanhymbrorum regiones impia clade longe lateque deuastans, peruenit ad urbem usque regiam, quæ ex Bebbæ quondam reginæ uocabulo cognominatur, eamque cum neque armis, neque obsidione capere poterat, flammis absumere conatus est, discissisque uiculis quos in uicinia urbis inuenit, aduexit illo plurimam congeriem trabium, tignorum, parietum, uirgeorum, & tecti fœnei, & his urbem in magna altitudine circumdedit a parte, quæ terræ est contigua. Et dum uentum opportunum cerneret, illato igne comburere urbem nisus est. Quo tempore reuerendissimus antistes Aidan in insula Farne, quæ duobus ferme millibus passuum ab urbe procul abest, morabatur. Illuc enim sæpius secretæ orationis & silentii causa secedere consueuerat. Denique usque hodie locum sedis illius solitariæ in eadem insula solent ostendere. Qui cum uentis ferentibus globos ignis ac fumum supra muros urbis exaltare conspiceret, fertur eleuatis ad cœlum oculis manibusque cum lachrymis dixisse: Vide Domine quanta mala facit Penda. Quo dicto statim mutati ab urbe uenti, in eos qui accenderant flammarum incendia retorserunt, ita ut aliquot læsi, omnes territi impugnare ultra urbem cessarent, quam diuinitus iuuari cognouerant.

Vt destina ecclesiæ, cui idem incumbens obierat, ardentibus cætera domus flammis, absumi nequiuerit, & de interna uita illius. Caput XVII.

HVnc cum dies mortis egredi e corpore cogeret, completis annis episcopatus sui septemdecim, erat in uilla regia non longe ab urbe de qua præfati sumus. In hac enim habens ecclesiam & cubiculum, sæpius ibidem diuertere ac manere, atque inde ad prædicandum circumquaque exire consueuerat, quod ipsum & in aliis uillis regiis facere solebat, utpote nil propriæ possessionis excepta ecclesia sua & adiacentibus agellis habens. Tetenderunt ergo ei ægrotanti tentorium ad occidentalem ecclesiæ partem, ita ut ipsum tentorium parieti hæreret ecclesiæ. Vnde factum est ut acclinis destinæ, quæ extrinsecus ecclesiæ pro munimine erat apposita, spiritum ultimum exhalaret. Obiit autem decimoseptimo episcopatus sui anno, pridie Kalendarum Septembrium. Cuius corpus mox inde translatum ad insulam Lindisfarnensium, atque in cœmeterio fratrum sepultum est. At interiecto tempore aliquanto, cum fabricata esset ibi basilica maior, atque in honorem beatissimi apostolorum principis dedicata, illo ossa eius translata, atque ad dexteram eius altaris iuxta uenerationem tanto pontifice dignam condita sunt. Successit uero ei in episcopatum Finan, & ipse illo ab Hii Scottorum insula ac monasterio destinatus, ac tempore non pauco in episcopatu permansit. Contigit autem post aliquot annos, ut Penda Merciorum rex cum hostili exercitu hæc in loca perueniens, cum cuncta quæ poterat ferro flammaque perderet, uicus quoque ille in quo antistes obiit, una cum ecclesia memorata flammis absumeretur. Sed mirum in modum sola illa destina cui incumbens obiit, ab ignibus circum cuncta uorantibus, absumi non potuit. Quo clarescente miraculo, mox ibidem ecclesia restaurata, & hæc eadem destina in munimentum est parietis, ut ante fuerat, forinsecus apposita. Rursumque peracto tempore aliquanto euenit per culpam incuriæ uicum eundem & ipsam pariter ecclesiam ignibus consumi, sed ne tunc quidem eandem tangere flamma destinam ualebat. Et cum magno utique miraculo ipsa eius foramina ingrediens, quibus ædificio erat affixa, perderet, ipsam tamen lædere nullatenus ualebant. Vnde tertio ædificata ibi ecclesia, destinam illam non ut antea de foris in fulcimentum domus apposuerunt, sed intro in ipsam ecclesiam in memoriam miraculi posuerunt, ubi intrantes genu flectere ac misericordiæ cœlesti supplicare deberent. Constatque multos ex eo tempore gratiam sanitatis in eodem loco consecutos, quin etiam astulis ex ipsa destina excisis, & in aquam missis plures sibi suisque languorum remedia conquisisse. Scripsi hæc de persona & operibus uiri præfati, nequaquam in eo laudans aut eligens hoc quod de obseruatione paschæ minus perfecte sapiebat: imo hoc multum detestans, sicut in libro quem de temporibus composui manifestissime probaui. Sed quasi uerax historicus simpliciter ea quæ de illo siue per illum sunt gesta describens, & quæ laude sunt digna in eius actibus laudans, atque ad utilitatem legentium memoriæ commendans: studium uidelicet pacis & charitatis, continentiæ & humilitatis, animum ira & auaritia uictorem, superbiæ simul & uanæ gloriæ contemptorem, industriam faciendi simul & docendi mandata cœlestia, solertiam lectionis & uigiliarum, autoritatem sacerdote dignam, redarguendi superbos ac potentes, pariter & infirmos consolandi, ac pauperes recreandi uel defendendi clementiam. Qui, ut breuiter multa comprehendam, quantum ab eis qui illum nouere didicimus, nil ex omnibus quæ in euangelicis, siue apostolicis, siue propheticis literis facienda cognouerat, prætermittere, sed cuncta pro suis uiribus operibus explere curabat. Hæc in præfato antistite multum complector & amo, quia nimirum hæc Deo placuisse non ambigo. Quod autem pascha non suo tempore obseruabat, uel canonicum eius tempus ignorans, uel suæ gentis autoritate ne agnitum sequeretur deuictus, non approbo nec laudo. In quo tamen hoc approbo, quia in celebratione sui paschæ non aliud corde tenebat, uenerabatur & prædicabat, quam quod nos, id est, redemptionem generis humani per passionem, resurrectionem, ascensionem in cœlos mediatoris Dei & hominum hominis Iesu Christi. Vnde & hanc non, ut quidam falso opinantur, quarta decima luna in qualibet feria cum Iudæis, sed die Dominica semper agebat, a luna quarta decima usque ad uicesimam, propter fidem uidelicet Dominicæ resurrectionis, quam una sabbati factam, propter spem nostræ resurrectionis, quam eandem una sabbati, quæ nunc Dominica dies dicitur, ueraciter futuram cum sancta ecclesia credebat.

De uita & morte religiosi regis Sigbercti. Caput XVIII.

His temporibus regno Orientalium Anglorum post Erpualdum Redualdi successorem, Sigbertus frater eius præfuit, homo bonus ac religiosus, qui dudum in Gallia, dum inimicitias Redualdi fugiens exularet, lauacrum baptismi percepit: & patriam reuersus, ubi regno potitus est, mox ea quæ in Galliis bene disposita uidit, imitari cupiens, instituit scholam in qua pueri literis erudirentur, iuuante se episcopo Felice, quem de Cantia acceperat, eisque pædagogos ac magistros iuxta morem Cantuariorum præbente. Tantumque rex ille cœlestis regni amator factus est, ut ad ultimum relictis regni negotiis, & cognato suo Egrico commendatis, qui & antea partem eiusdem regni tenebat, intraret monasterium quod sibi fecerat, atque accepta tonsura, pro æterno magis regno militare curaret. Quod dum multo tempore faceret, contigit gentem Merciorum duce rege Penda aduersus Orientales Anglos in bellum procedere: qui dum se inferiores in bello hostibus conspicerent, rogauerunt Sigbertum ad confirmandum militem secum uenire in prælium. Illo nolente ac contradicente, inuitum de monasterio eruentes duxerunt in certamen, sperantes minus animos militum trepidare, minusque præsente duce quondam strenuissimo & eximio posse fugam meditari. Sed ipse professionis suæ non immemor, dum opimo esset uallatus exercitu, non nisi uirgam tantum habere in manu uoluit. Occisusque est una cum rege Egrico, & cunctus eorum, insistentibus paganis, cæsus siue dispersus exercitus. Successor autem regni eorum factus est Anna, filius Eni, de regio genere, uir optimus atque optimæ genitor sobolis, de quibus in sequentibus suo tempore dicendum est: qui & ipse postea ab eodem pagano Merciorum duce, a quo & prædecessores eius, occisus est.

Vt Furseus apud Orientales Anglos monasterium fecerit, & de uisionibus uel sanctitate eius, cui etiam caro post mortem incorrupta testimonium perhibuerit. Cap. XIX.

Verum dum adhuc Sigbertus regni infulas teneret, superuenit de Hybernia uir sanctus nomine Furseus, uerbo & actibus clarus, sed & egregiis insignis uirtutibus, cupiens pro Domino ubicunque sibi opportunum inueniret, peregrinam ducere uitam. Qui cum ad prouinciam Orientalium peruenisset Anglorum, susceptus est honorifice a rege præfato, & solitum sibi opus euangelizandi exequens, multos & exemplo uirtutis, & incitamento sermonis uel incredulos ad Christum conuertit, uel iam credentes amplius in fide atque amore Christi confirmauit. Vbi quadam infirmitate corporis arreptus, angelica meruit uisione perfrui, in qua admonitus est cœpto uerbi ministerio sedulus insistere, uigiliisque consuetis & orationibus indefessus incumbere: eo quod certus sibi exitus esset, sed incerta eiusdem exitus hora futura, dicente Domino: Vigilate itaque, quia nescitis diem neque horam. Qua uisione confirmatus, curauit locum monasterii, quem a præfato rege Sigberto acceperat, uelocissime construere, ac regularibus instituere disciplinis. Erat autem monasterium syluarum & maris uicinitate amœnum, con-

structum

structum in castro quodam, quod lingua Anglorum Cnobheresburg, id est urbs Cnobheri uocatur: quod deinde rex prouinciae illius Anna, ac nobiles quique augustioribus aedificiis ac donariis adornauerunt. Erat autem uir iste de nobilissimo genere Scotorum: sed longe animo nobilior, quam carne. Ab ipso tempore pueritiae suae curam non modicam lectionibus sacris, simul & monasticis exhibebat disciplinis: & quod maxime sanctos decet, cuncta quae agenda didicerat, sollicitus agere curabat. Quid multa? procedente tempore & ipse sibi monasterium, in quo liberius caelestibus studiis uacaret, construxit: ubi correptus infirmitate (sicut libellus de uita eius conscriptus sufficienter edocet) raptus est e corpore: & a uespera usque ad galli cantum corpore exutus, angelicorum agminum & aspectus intueri, & laudes beatas meruit audire. Referre autem erat solitus, quod aperte eos inter alia resonare audiret: Ibunt sancti de uirtute in uirtutem. & iterum, Videbitur Deus Deorum in Syon. Qui reductus in corpore, & die tertia rursum eductus, uidit non solum maiora beatorum gaudia, sed & maxima malignorum spirituum certamina, qui crebris accusationibus improbi iter illi caeleste intercludere contendebant: nec tamen, protegentibus eum angelis, quicquam proficiebant. De quibus omnibus si quis plenius scire uult, id est, quanta fraudis solertia daemones & actus eius, & uerba superflua, & ipsas etiam cogitationes, quasi in libro descriptas replicauerint, quae ab angelis sanctis, ac uiris iustis sibi inter angelos apparentibus laeta uel tristia cognouerit, legat ipsum, de quo dixi libellum uitae eius, & multum ex illo (ut reor) profectus spiritalis accipiet. In quibus tamen unum est, quod & nos in hac historia ponere multis commodum duximus. Cum ergo in altum esset elatus, iussus est ab angelis qui eum ducebant, respicere in mundum. At ille oculos in inferiora deflectens, uidit quasi uallem tenebrosam subtus se in imo positam. Vidit & quatuor ignes in aere non multo ab inuicem spacio distantes: & interrogans angelos qui essent hi ignes, audiuit hos esse ignes, qui mundum succendentes essent consumpturi. Primum, mendacii, cum hoc quod in baptismo abrenunciare nos Satanae, & omnibus operibus eius promisimus, minime implemus: secundum cupiditatis, cum mundi diuitias amori caelestium praeponimus: tertium dissensionis, cum animas proximorum etiam in superuacuis rebus offendere non formidamus: quartum impietatis, cum infirmiores spoliare, & eis fraudem facere pro nihilo ducimus. Crescentes uero paulatim ignes usque ad inuicem sese extenderunt, atque in immensam adunati sunt flammam. Cumque appropinquassent, pertimescens ille dicit angelo: Domine, ecce ignis mihi appropinquat. At ille: Quod non incendisti, inquit, non ardebit in te. Nam etsi terribilis iste & grandis esse rogus uidetur, tamen iuxta merita operum singulos examinat: quia uniuscuiusque cupiditas in hoc igne ardebit. Sicut enim quis ardet in corpore per illicitam uoluptatem, ita solutus corpore ardebit per debitam poenam. Tunc uidit unum de tribus angelis, qui sibi in tota utraque uisione ductores adfuerant, praecedentem ignis flammas diuidere, & duos ab utroque latere circumuolantes, ab ignium se periculo defendere. Vidit autem & daemones per ignem uolantes, incendia bellorum contra iustos struere: sequuntur aduersus ipsum accusationes malignorum, defensiones spirituum bonorum, copiosior caelestium agminum uisio: sed & uirorum de sua natione Scotorum, quos olim sacerdotali gradu non ignobiliter potitos fama iam uulgante compererat: a quibus non pauca quae uel ipsi uel omnibus qui audire uellent, multum salubria essent, audiuit. Qui cum uerba finissent, & cum angelicis spiritibus ipsi quoque ad caelos redirent, remanserunt cum beato Furseo tres angeli de quibus diximus, qui eum ad corpus referrent. Cumque praefato igni maximo appropiarent, diuisit quidem angelus sicut prius ignem flammae: sed uir Dei ubi ad patefactam usque inter flammas ianuam peruenit, arripientes immundi spiritus unum de eis quos in ignibus torrebant, iactauerunt in eum, & contingentes humerum maxillamque eius incenderunt: cognouitque hominem, & quod uestimentum eius moriens acceperit, ad memoriam reduxit: quem angelus sanctus statim apprehendens in ignem reiecit. Dicebatque hostis malignus: Nolite repellere, quem ante suscepistis. Nam sicut bona eius peccatoris suscepistis, ita & de poenis eius participes esse debetis. Contradicens angelus: Non, inquit, hoc propter auaritiam, sed propter saluandam eius animam suscepit. Cessauitque ignis, & conuersus ad eum angelus: Quod incendisti, inquit, hoc arsit in te. Si enim huius uiri in peccatis suis mortui pecuniam non accepisses, nec poena eius in te arderet. Et plura locutus, quid erga salutem eorum qui poeniterent, esset agendum, salubri sermone edocuit. Qui postmodum in corpore restitutus, omni uitae suae tempore signum incendii, quod in anima pertulit, uisibile cunctis in humero maxillaque portauit: mirumque in modum quod anima in occulto passa sit, caro palam praemonstrabat. Curabat autem semper, sicut & antea consueuerat, omnibus opus uirtutum & exemplis ostendere, & praedicare sermonibus. Ordinem autem uisionum suarum illis solummodo, qui propter desiderium compunctionis interrogabant, exponere uolebat. Superest adhuc quidam frater senior monasterii nostri, qui narrare solet, dixisse sibi quendam multum ueracem ac religiosum hominem, quod ipsum Furseum uiderit in prouincia Orientalium Anglorum, illasque uisiones ex ipsius ore audierit: adiiciens, quod tempus hyemis fuerit acerrimum & glacie constrictum, cum sedens in tenui ueste uir ita inter dicendum propter magnitudinem memorati timoris uel suauitatis, quasi in mediae aestatis caumate sudauerit. Cum ergo, ut ad superiora redeamus, multis annis in Scotis verbum Dei omnibus annuncians, cumque irruentium turbarum non facile ferret, relictis omnibus quae habere videbatur, ab ipsa quoque insula patria discessit: & paucis cum fratribus per Britones in provinciam Anglorum devenit, ibique praedicans verbum, ut diximus, monasterium nobile construxit. Quibus rite gestis, cupiens se ab omnibus seculi huius, & ipsius quoque monasterii negotiis alienare, reliquit monasterium & animarum curam fratri suo Fullano & presbyteris Gobbano & Dicullo, & ipse ab omnibus mundi rebus liber in anachoretica conversatione vitam finire disposuit. Habuit alterum fratrem vocabulo Vltanum, qui de monasterii probatione diuturna ad eremiticam vitam pervenerat. Hunc ergo solus petens, annum totum cum eo in continentia & orationibus, in quotidianis manuum vixit laboribus. Dein turbatam incursione gentilium provinciam videns, & monasteriis quoque periculum imminere praevidens, dimissis ordinate omnibus navigavit in Galliam, ibique a rege Francorum Lodouio vel patricio Herconualdo honorifice susceptus, monasterium construxit in loco Latiniaco nominato: ac non multo post infirmitate correptus, diem clausit ultimum. Cuius corpus idem Herconualdus patricius accipiens, servavit in porticu quadam ecclesiae, quam in villa sua, cui nomen erat Perrona, faciebat, donec ipsa ecclesia dedicaretur. Quod cum post dies viginti septem esset factum, & corpus ipsum de porticu ablatum, prope altare esset recondendum, inventum est ita illaesum, ac si eadem hora de hac luce fuisset egressus. Sed & post annos quatuor constructa domuncula cultiore receptui corporis eiusdem, ad orientem altaris, adhuc sine macula corruptionis inventum, ibidem digno cum honore translatum est, ubi merita illius multis saepe constat Deo operante claruisse virtutibus. Haec & de corporis eius incorruptione breviter attigimus, ut quanta esset viri sublimitas, legentibus notius existeret: quae cuncta in libello eius sufficientius, & de aliis commilitonibus ipsius quisquis legerit, inveniet.

Vt defuncto Honorio, pontificatu sit functus Deusdedit, & qui tempore illo orientalium Anglorum, qui Rhofensis ecclesiae fuerint antistites. Caput XX.

INterea defuncto Felice orientalium Anglorum episcopo, post decem & septem annos accepti episcopatus Honorius loco eius ordinavit Thomam diaconum eius de provincia Gyruiorum: & post annos sui episcopatus quinque de hac vita subtracto, Bertgilsum cognomine Bonifacium, de provincia Cantuariorum loco eius substituit. Et ipse quoque Honorius postquam metas sui cursus implevit, migravit ex hac luce, anno ab incarnatione Domini sexcentesimo quinquagesimo tertio, pridie Kalendarum Octobrium, & cessante episcopatu per annum & sex menses electus est archiepiscopus cathedrae Doruvernensis sextus Deusdedit, de gente occidentalium Saxonum: quem ordinaturus venit illuc Ithamar, antistes ecclesiae Hrofensis. Ordinatus est autem die septimo Kalendarum Aprilium, & rexit ecclesiam annos novem, menses quatuor, duos dies. Et ipso defuncto Ithamar consecravit pro eo Damianum, qui de genere Australium Saxonum erat oriundus.

Vt provincia Mediterraneorum Anglorum sub rege Peada Christiana sit facta. Cap. XXI.

HIs temporibus Middelengli, id est, mediterranei Angli, sub principe Peada filio Pendan regis fidem & sacramenta veritatis perceperunt. Qui cum esset iuvenis optimus, ac regis nomine ac persona dignissimus, praelatus est a patre regno gentis illius: venitque ad regem Nordhumbrorum Osuiu, postulans filiam eius Alchfledam sibi coniugem dari: neque aliter quod petebat impetrare potuit, nisi fidem Christi ac baptisma cum gente cui praeerat acciperet. At ille audita praedicatione veritatis, & promissione regni coelestis, spe resurrectionis ac futurae immortalitatis, libenter se Christianum fieri velle confessus est, etiamsi virginem non acciperet: persuasus maxime ad percipiendam fidem a filio regis Osuiu nomine Alchfrido, qui erat cognatus & amicus eius, habens sororem ipsius coniugem vocabulo Cyneburgam filiam Pendan regis. Baptizatus est ergo a Finano episcopo, cum omnibus qui secum venerant comitibus ac militibus, eorumque famulis universis, in vico regis illustri, qui vocatur Admurum. Et acceptis quatuor presbyteris, qui ad docendam baptizandamque gentem illius & eruditione & vita videbantur idonei, multo cum gaudio reversus est. Erant autem presbyteri Cedda & Adda, & Betti & Diuma, quorum ultimus natione Scottus, caeteri fuere Angli. Adda autem erat frater Vttae presbyteri illustris, & abbatis monasterii, quod vocatur ad Caprae caput, cuius supra meminimus. Venientes igitur in provinciam memorati sacerdotes cum principe, praedicabant verbum, & libenter auditi sunt: multique quotidie & nobilium & infimorum abrenunciata sorde idololatriae, fidei sunt fonte abluti. Nec prohibuit Penda rex, quin etiam in sua, hoc est, Merciorum natione verbum, si qui vellent audire, praedicaretur. Quin potius odio habebat & despiciebat eos, quos fide Christi imbutos opera fidei non habere deprehendit, dicens contemnendos & miseros esse eos, qui Deo suo in quem crederent, obedire contemnerent. Coepta sunt haec biennio ante mortem Pendan regis. Ipso autem occiso, cum Osuiu rex Christianissimus regnum eius acciperet, (ut in sequentibus dicemus) factus est Diuma unus e praefatis quatuor sacerdotibus episcopus mediterraneorum Anglorum simul & Merciorum, ordinatus a Finano episcopo. Paucitas enim sacerdotum cogebat unum antistitem duobus popu lis praefici. Qui cum pauco sub tempore non paucam Domino plebem acquisisset, defunctus est apud mediterraneos Anglos, in regione quae uocatur in Feppingum. Suscepitque pro illo episcopatum Ceollach, & ipse de natione Scotorum, qui non multo post episcopatu relicto reuersus est ad insulam Hii, ubi plurimorum caput & arcem Scoti habuere coenobiorum, succedente illo in episcopatum Trumhere uiro religioso, & monachica uita instituto, natione quidem Anglo, sed a Scotis ordinato episcopo, quod temporibus Vulfheri regis (de quo in sequentibus dicemus) factum est.

Vt orientales Saxones, fidem quam dudum abiecerant, sub rege Sigberto praedicante Cedde receperint. Caput XXII.

EO tempore etiam orientales Saxones fidem, quam olim expulso Mellito antistite abiecerant, instantia regis Osuui receperunt. Erat enim rex eiusdem gentis Sigbert, qui post Sigbertum cognomento paruum regnauit, amicus eiusdem Osuui regis, qui cum frequenter ad eum in prouinciam Nordhumbrorum ueniret, solebat eum hortari, ad intelligendum deos esse non posse, qui hominum manibus facti essent: Dei creandi materiam uel lignum uel lapidem esse non posse, quorum recisurae uel igni absumerentur, uel in uasa quaelibet humani usus formarentur, uel certe despectui habita foras proiicerentur, & pedibus conculcata in terram uerterentur. Deum potius intelligendum maiestate incomprehensibilem, humanis oculis inuisibilem, omnipotentem & aeternum, qui coelum & terram, & humanum genus crearet, regeret, & iudicaturus esset orbem in aequitate, cuius sedes aeterna meritoque intelligendum, quia omnes qui uoluntatem eius a quo creati sunt, discerent & facerent, aeterna ab illo praemia essent percepturi. Haec & huiusmodi multa cum rex Osuui regi Sigberto amicabili, & quasi fraterno consilio, saepe inculcaret, tandem iuuante amicorum consensu credidit, & facto cum suis consilio, cum exhortatione fauentibus cunctis & annuentibus fidei, baptizatus est cum eis a Finano episcopo in uilla regia, cuius supra meminimus, quae cognominatur Ad murum. Est enim iuxta murum, quo olim Romani Britanniam insulam praecinxere, duodecim millibus passuum a mari orientali secreta. Igitur rex Sigbert aeterni regni iam ciuis effectus, temporalis sui regni sedem repetiit, postulans ab Osuui rege, ut aliquos sibi doctores daret, qui gentem suam ad fidem Christi conuerterent, ac fonte salutari abluerent. At ille mittens ad prouinciam mediterraneorum Anglorum, clamauit ad se uirum Dei Cedd, & dato illi socio altero quodam presbytero, misit praedicare uerbum genti orientalium Saxonum. Vbi cum omnia perambulantes multam Domino ecclesiam congregassent, contigit quodam tempore eundem Cedd redire domum, ac peruenire ad ecclesiam

[illegible]

Lindisfarnensem, propter colloquium Finani episcopi: qui ubi prosperatum ei opus euangelii comperit, fecit eum episcopum in gentem orientalium Saxonum, uocatis ad se in ministerium ordinationis aliis duobus episcopis: qui accepto gradu episcopatus rediit ad prouinciam, & maiore auctoritate coeptum opus explens, fecit per loca ecclesias, presbyteros & diaconos ordinauit, qui se in uerbo fidei & ministerio baptizandi adiuuarent, maxime in ciuitate, quae lingua Saxonum Ithancestir appellatur, sed & in illa quae Tilaburg cognominatur, quorum prior locus est in ripa Pentae amnis, secundus in ripa Tamensis, in quibus collecto examine famulorum Christi disciplinam uitae regularis, in quantum rudes adhuc capere poterant, custodiri docuit. Cumque tempore non pauco in praefata prouincia gaudente rege, congaudente uniuerso populo, uitae coelestis institutio quotidianum sumeret augmentum, contigit ipsum regem instigante omnium bonorum inimico propinquorum suorum manu interfici. Erant autem duo germani fratres qui hoc facinus patrarunt: qui cum interrogarentur, cur hoc facerent, nihil aliud respondere potuerunt, nisi ob hoc se iratos fuisse & inimicos regi, quod ille nimium suis parcere soleret inimicis, & factas ab eis iniurias mox obsecrantibus placida mente dimitteret. Talis erat culpa regis pro qua occideretur, quod euangelica praecepta deuoto corde seruaret, in qua tamen morte eius innoxia, iuxta praedictum uiri Dei, uera est eius culpa punita. Habuerat enim unus ex his, qui eum occiderunt, comes illicitum coniugium, quod cum episcopus prohibere & corrigere non posset, excommunicauit eum, atque omnibus qui se audire uellent, praecepit ne domum eius intrarent, neque de cibis illius acciperent. Contempsit autem rex praeceptum, & rogatus a comite intrauit epulaturus domum eius, qui cum abisset, obuiauit ei antistes. At rex intuens eum, mox tremefactus desiluit de equo, ceciditque ante pedes eius ueniam reatus postulans. Nam & episcopus pariter desiluit: sederat enim & ipse in equo. Iratus autem tetigit regem iacentem uirga quam tenebat manu, & pontificali auctoritate protestans, Dico tibi, inquit, quia noluisti te continere a domo perditi & damnati illius, tu in ipsa domo mori habes. Sed et credendum est, quia talis mors uiri religiosi non solum talem culpam diluerit, sed etiam meritum eius auxerit, quia nimirum ob causam pietatis, quia propter obseruantiam mandatorum Christi contigit. Successit autem Sigberto in regnum Suidhelmus filius Sexbaldi, qui baptizatus est ab ipso Cedde in prouincia orientalium Anglorum, in uico regio qui dicitur Rendlesham, id est, mansio Rendili: suscepitque eum ascendentem de fonte sacro Edilualdus rex ipsius gentis orientalium Anglorum, frater Annae regis eorundem.

Vt idem episcopus Cedd locum monasterii construendi ab Oidilualdo rege accipiens, orationibus & ieiunio Domino consecrauerit: & de obitu ipsius. Cap. XXIII.

SOlebat autem idem uir Domini, cum apud orientales Saxones episcopatus officio fungeretur, sæpius etiam suam, id est Nord Humbrorum prouinciam exhortandi gratia reuisere: quem cum Oidiluald filius Osualdi regis, qui in Deirorum partibus regnum habebat, uirum sanctum & sapientem probumque moribus uideret, postulauit eum possessionem terræ aliquam a se ad construendum monasterium accipere, in quo ipse rex & frequentius ad deprecandum Dominum uerbumque audiendum aduenire, & defunctus sepeliri deberet. Nam & seipsum fideliter credidit, multum iuuari eorum orationibus quotidianis, qui illo in loco Domino seruirent. Habuerat autem idem rex secum fratrem germanum eiusdem episcopi uocabulo Celin, uirum æque Deo deuotum, qui ipsi ac familiæ ipsius uerbum & sacramenta fidei (erat enim presbyter) ministrare solebat: per cuius notitiam maxime ad diligendum noscendumque episcopum peruenit. Fauens ergo uotis regis antistes, elegit sibi locum monasterii construendi in montibus arduis ac remotis, in quibus latronum magis latibula ac lustra ferarum, quam habitacula fuisse uidebantur hominum: ut iuxta prophetiam Esaiæ, in cubilibus, in quibus prius dracones habitabant, oriretur uiror calami & iunci, id est, ut fructus bonorum operum ibi nascerentur, ubi prius uel bestiæ commorari, uel homines bestialiter uiuere consueuerant. Studens autem uir Domini acceptum monasterii locum primo precibus ac ieiuniis a pristina flagitiorum sorde purgare, & sic in eo monasterii fundamenta iacere, postulauit a rege ut sibi totum quadragesimæ tempus quod instabat, facultatem ac licentiam ibidem orationis causa demorandi concederet: quibus diebus cunctis, excepta Dominica, ieiunium ad uesperam iuxta morem protelans, ne tunc quidem nisi panis permodicum, & unum ouum gallinaceum cum paruo lacte aqua mixto percipiebat. Dicebat enim hanc esse consuetudinem eorum, a quibus normam disciplinæ regularis didicerat, ut accepta nuper loca ad faciendum monasterium uel ecclesiam, prius orationibus ac ieiuniis Domino consecrent. Cumque decem dies quadragesimæ restarent, uenit qui clamaret eum ad regem. At ille, ne opus religiosum negotiorum regalium causa intermitteretur, petiit presbyterum suum Cynibillum, qui etiam frater germanus erat ipsius, pia cœpta complere. Cui cum ille libenter acquiesceret, expleto studio ieiuniorum & orationis, fecit ibi monasterium, quod nunc Lestingau uocatur, & religiosis moribus iuxta ritum Lindisfarnensium, ubi educatus erat, instituit. Qui cum annis multis & in præfata prouincia episcopatum administraret, & huius quoque monasterii statutis præpositis curam gereret, casu contigit, ut ad ipsum monasterium tempore mortalitatis adueniens, tactus ibidem infirmitate corporis obiret: qui primo quidem foris sepultus est, tempore autem procedente in eodem monasterio ecclesia est in honorem beatæ Dei genetricis de lapide facta, & in illa corpus ipsius ad dexteram altaris reconditum. Dedit autem episcopus regendum post se monasterium fratri suo Ceaddæ, qui postea episcopus factus est, ut in sequentibus dicemus. Quatuor siquidem quos diximus germani fratres, Cedd & Cynibil, & Celin & Ceadda (quod raro inuenitur) omnes sacerdotes Domini fuere præclari, & duo ex eis etiam summi sacerdotii gradu functi sunt. Cum ergo episcopum defunctum ac sepultum in prouincia Nord Humbrorum audirent, fratres qui in monasterio eius erant in prouincia Orientalium Saxonum, uenerunt illo de suo monasterio homines circiter triginta, cupientes ad corpus sui patris aut uiuere (si sic Deo placeret) aut morientes ibi sepeliri: qui libenter a suis fratribus & commilitonibus suscepti, omnes ibidem superueniente præfatæ pestilentiæ clade defuncti sunt, excepto uno puerulo, quem orationibus patris sui a morte constat esse seruatum. Nam cum multo post hæc tempore uiueret, & scripturis legendis operam daret, tandem didicit se aqua baptismatis non esse regeneratum: & mox fonte lauacri salutaris ablutus, etiam postmodum ad ordinem presbyteri promotus est, multisque in ecclesia utilis fuit: de quo dubitandum non crediderim, quin intercessionibus (ut dixi) patris, ad cuius corpus dilectionis ipsius gratia uenerat, sit ab articulo mortis retentus, ut & ipse sic mortem euaderet æternam, & aliis quoque fratribus ministerium uitæ ac salutis docendo exhiberet.

Vt prouincia Merciorum occiso rege Penda fidem Christi susceperit: & Osuiu pro adepta uictoria possessiones & territoria Deo ad construenda monasteria dederit. Caput XXIIII.

HIs temporibus rex Osuiu, cum acerbas & intolerabiles pateretur irruptiones sæpedicti regis Merciorum, qui fratrem eius occiderat, ad ultimum necessitate cogente, promisit se ei innumera & maiora quam credi potest, ornamenta regia, uel donaria in pretium pacis largiturum, dummodo ille domum rediret, & prouincias regni eius usque ad internecionem uastare desineret. Cumque rex perfidus nullatenus precibus illius assensum præberet, qui totam eius gentem a paruo usque ad magnum delere atque exterminare decreuerat, respexit ille ad diuinæ auxilium pietatis, quo ab impietate barbarica posset eripi: uotoque se obligans, Si paganus, inquit, nescit accipere nostra donaria, offeramus ei, qui nouit, Domino Deo nostro. Vouit ergo, quod si uictor existeret, filiam suam Domino sacra uirginitate dicandam offerret, simul & duodecim possessiones prædiorum ad construenda monasteria donaret: & sic cum paucissimo exercitu se certamini dedit. Denique fertur, quod tricies maiorem pagani habuerint exercitum: siquidem ipsi triginta legiones ducibus nobilissimis instructas in bello habuisse: quibus Osuiu rex cum Alchfrido filio perparuum (ut dixi) habens exercitum, sed Christo duce confisus occurrit. Nam alius filius eius Ecfrid eo tempore in prouincia Merciorum apud reginam Cinuise obses tenebatur. Filius autem Osualdi regis Edeluald, qui eis auxilio esse debuerat, in parte erat aduersariorum, eisque contra patriam & patruum suum pugnaturis ductor extiterat, quamuis ipso tempore pugnandi sese pugnae subtraxerat, euentumque discriminis tuto in loco expectabat. Inito ergo certamine fugati sunt & caesi pagani, duces regii triginta, & qui ad auxilium uenerant, pene omnes interfecti, in quibus Edilhere, frater Annae regis Orientalium Anglorum, qui post eum regnauit, auctor ipse belli, perditis militibus siue auxiliis interemptus est. Et quia prope fluuium Iuuuet pugnatum est, qui tunc prae inundantia pluuiarum late alueum suum, imo omnes ripas suas transierat, contigit ut multo plures aqua fugientes, quam bellantes perderet ensis. Tunc rex Osuiu iuxta quod Domino uouerat, pro collata sibi uictoria gratias Deo referens, dedit filiam suam Elfledam, quae uixdum unius anni aetatem impleuerat, perpetua ei uirginitate consecrandam, donatis insuper duodecim possessiunculis terrarum, in quibus ablato studio militiae terrestris, ad exercendam militiam coelestem, supplicandumque pro pace gentis eius aeterna deuotione sedulae monachorum locus facultasque suppeteret. E quibus uidelicet possessiunculis sex in prouincia Deirorum, sex in Berniciorum dedit. Singulae uero possessiones decem erant familiarum, id est, simul omnes centum uiginti. Intrauit autem praefata regis Osuiu filia Deo dicanda monasterium, quod nuncupatur Heruthee, id est, Insula cerui, cui tunc Hilda abbatissa praefuit, quae post biennium comparata possessione decem familiarum, in loco qui dicitur Streaneshalch, ibi monasterium construxit, in quo memorata regis filia primo discipula uitae regularis, deinde etiam magistra extitit, donec completo sexaginta annorum numero ad complexum & nuptias sponsi coelestis uirgo beata intraret. In quo monasterio & ipsa & pater eius Osuiu, & mater eius Eanfled, & pater matris eius Eduinus, & multi alii nobiles in ecclesia sancti Petri apostoli sepulti sunt. Hoc autem bellum rex Osuiu in regione Loidis tertiodecimo regni sui anno, decimaseptima die Kalendarum Decembrium, cum magna utriusque populi utilitate confecit. Nam & suam gentem ab hostili paganorum depopulatione liberauit, & ipsam gentem Merciorum finitimarumque prouinciarum desecto capite perfido, ad fidei Christianae gratiam conuertit. Primus autem in prouincia Merciorum simul & Lindisfarorum, ac mediterraneorum Anglorum factus est episcopus Diuma (ut supra diximus) qui apud mediterraneos Anglos defunctus est. Secundus Cellach, qui relicto episcopatus officio uiuens ad Scotiam rediit, uterque de genere Scotorum. Tertius Trumhere de natione quidem Anglorum, sed doctus & ordinatus a Scotis, qui erat abbas in monasterio quod dicitur Ingethlingum, ipse est locus in quo occisus est rex Osuini, ut supra meminimus. Nam regina Eanfled propinqua illius, ob castigationem necis eius iniustae, postulauit a rege Osuiu, ut donaret ibi locum monasterio construendo praefato Dei famulo Trumhere (quia propinquus & ipse erat regis occisi) in quo uidelicet monasterio orationes assiduae pro utriusque regis, id est, & occisi, & eius qui occidere iussit, aeterna salute fierent. Idem autem rex Osuiu tribus annis post occisionem Pendan regis, Merciorum genti, necnon & caeteris australium prouinciarum populis praefuit, qui etiam gentem Pictorum maxima ex parte regno Anglorum subiecit. Quo tempore donauit praefato Peada filio regis Pendan, eo quod esset cognatus suus, regnum australium Merciorum, qui sunt (ut dicunt) familiarum quinque millium, discreti fluuio Treanta ab aquilonaribus Merciis, quorum terra est familiarum septem milium. Sed idem Peada proximo uere multum nefarie peremptus est proditione (ut dicunt) coniugis suae, in ipso tempore festi Paschalis. Completis autem tribus annis post interfectionem Pendan regis, rebellauerunt aduersus regem Osuiu duces gentis Merciorum Immin, & Eaba & Eadbert, leuato in regem Vulfhere, filio eiusdem Pendan adolescente, quem occultum seruauerant: & eiectis principibus regis non proprii, fines suos fortiter, simul & libertatem receperunt: sicque cum suo rege liberi, Christo uero regi pro sempiterno in coelis regno seruire gaudebant. Praefuit autem rex idem genti Merciorum annis decem & septem: habuitque primum episcopum Trumhere, de quo supra diximus, secundum Iaromanum, tertium Ceaddan, quartum Vinfridum. Omnes hi per ordinem sibimet succedentes, sub rege Vulfhere gentis Merciorum, episcopatu sunt functi.

Vt quaestio sit mota de tempore paschae, aduersus eos qui de Scotia uenerant. Cap. XXV.

INterea Aidano episcopo de hac uita sublato, Finan pro illo gradum episcopatus a Scotis ordinatus ac missus acceperat, qui in insula Lindisfarnensi fecit ecclesiam episcopali sede congruam: quam tamen more Scotorum non de lapide, sed de robore secto totam composuit, atque arundine texit: quam tempore sequente reuerendissimus archiepiscopus Theodorus, in honorem beati Petri apostoli dedicauit. Sed episcopus loci illius Eadbert, ablata arundine, plumbi laminis eam totam, hoc est, & tectum & ipsos quoque parietes eius cooperire curauit. His temporibus quaestio facta est frequens & magna, de obseruatione paschae, confirmantibus eis qui de Cantia uel de Galliis aduenerant, quod Scoti Dominicum paschae diem contra uniuersalis ecclesiae morem celebrarent. Erat in his acerrimus ueri Paschae defensor, nomine Ronan, natione quidem Scotus, ſed in Galliæ uel Italiæ partibus regulam eccleſiaſticæ ueritatis edoctus, qui cum Finano confligens, multos quidem correxit, uel ad ſolertiorem ueritatis inquiſitionem accendit, nequaquam tamen Finanum emendare potuit, quin potius quod eſſet homo feroci animi, acerbiorem caſtigando, & apertum ueritatis aduerſarium reddidit. Obſeruabat autem Iacob diaconus quondam (ut ſupra docuimus) uenerabilis archiepiſcopi Paulini, uerum & catholicum paſcha cum omnibus quos ad correctiorem uiam erudire poterat. Obſeruabat & regina Eanfled cum ſuis, iuxta quod in Cantia fieri uiderat, habens ſecum de Cantia presbyterum catholicæ obſeruationis nomine Romanum. Vnde nonnunquam contigiſſe fertur illis temporibus, ut bis in anno uno Paſcha celebraretur. Et cum rex Paſcha dominicum ſolutis ieiuniis faceret, tunc regina cum ſuis perſiſtens adhuc in ieiunio, diem Palmarum celebraret. Hæc autem diſſonantia paſchalis obſeruantiæ uiuente Aidano patienter ab omnibus tolerabatur, qui patenter intellexerant, quia etſi paſcha contra morem eorum qui ipſum miſerant, facere nō poterat, opera tamen fidei, pietatis & dilectionis, iuxta morem omnibus ſanctis conſuetum diligenter exequi curauit. Vnde ab omnibus, etiam his qui de paſcha aliter ſentiebant, merito diligebatur: nec ſolum a mediocribus, uerum ab ipſis quoque epiſcopis Honorio Cantuariorum, & Felice Orientalium Anglorum uenerationi habitus eſt. Defuncto autem Finano, qui poſt illum fuit, cum Colmanus in epiſcopatum ſuccederet, & ipſe miſſus a Scotia, grauior de obſeruatione paſchæ, nec nō & de aliis eccleſiaſticæ uitæ diſciplinis controuerſia nata eſt. Vnde merito mouit hæc quæſtio ſenſus & corda multorum, timentium, ne forte accepto Chriſtianitatis uocabulo, in uacuum currerent aut cucurriſſent. Peruenit & ad ipſas principum aures, Oſuiu uidelicet regis & filii eius Alchfridi, quia nimirum Oſuiu a Scotis edoctus ac baptizatus, illorum etiam lingua optime imbutus, nil melius quàm quod illi docuiſſent, autumabat. Porrò Alchfrid magiſtrū habuit eruditionis Chriſtianæ Vilfridum, uirum doctiſſimum. Nam & Romam prius propter doctrinam eccleſiaſticam adierat, & apud Dalphinum archiepiſcopum Galliarum, Lugduni multum temporis egerat, a quo etiā coronæ eccleſiaſticæ coronam ſuſceperat. Huius doctrinam omnibus Scotorum traditionibus iure præferendam ſciebat. Vnde ei etiam donauerat monaſterium quadraginta familiarū, in loco qui dicitur Humpum: quem uidelicet locum paulo ante eis qui Scotos ſequebantur, in poſſeſſionem monaſterii dederat. Sed quia illi poſtmodum, data ſibi optione, magis loco cedere, quàm ſuam mutare conſuetudinem uolebant, dedit eum illi, qui dignam loco & doctrinam haberet & uitam. Venerat eo tempore Agilbertus Occidentalium Saxonum epiſcopus, cuius ſupra meminimus, amicus Alchfridi regis & Vuilfridi abbatis, ad prouinciam Nordan humbrorum, & apud eos aliquandiu demorabatur, qui etiam Vuilfridum, rogatu Alchfridi in præfato ſuo monaſterio presbyterum fecit: habebat autem ſecum ipſe presbyterum, nomine Agathonem. Mota ergo ibi quæſtione de paſcha, uel tonſura, uel aliis rebus eccleſiaſticis, diſpoſitum eſt, ut in monaſterio, quod dicitur Streneſhalch, quod interpretatur ſinus fari, cui tunc Hilda abbatiſſa Deo deuota fœmina præfuit, ſynodus fieret, & hæc quæſtio terminari deberet. Veneruntque illò reges ambo, pater ſcilicet & filius, epiſcopi Colman cum clericis ſuis de Scotia: Agilbertus cum Agathone & Vuilfrido presbyteris. Iacobus & Romanus in horum parte erant: Hilda abbatiſſa cum ſuis in parte Scotorum, in qua erat etiam uenerabilis epiſcopus Cedda iamdudum ordinatus a Scotis, ut ſupra docuimus, qui & interpres in eo concilio uigilantiſſimus utriuſque partis extitit. Primusque rex Oſuiu, præmiſſa præfatione, quod oporteret eos qui uni Deo ſeruirent, unam uiuendi regulam tenere, nec diſcrepare in celebratione ſacramentorū cœleſtium, qui unum omnes in cœlis regnum expectarent: inquirendum potius, quæ eſſet uerior traditio, & hanc ab omnibus communiter eſſe ſequendam. Iuſſit primo dicere epiſcopū ſuum Colmanum qui eſſet ritus, & unde originem ducens ille quem ipſe ſequeretur. Tunc Colmanus, Paſcha, inquit, hoc quod agere ſoleo, a maioribus meis accepi, qui me huc epiſcopum miſerunt, quod omnes patres noſtri uiri Deo dilecti eodem modo celebraſſe noſcuntur. Quod ne cui contemnendum & reprobandum eſſe uideatur, ipſum eſt quod beatus euangeliſta Ioannes, diſcipulus ſpecialiter Domino dilectus, cum omnibus quibus præerat eccleſiis, celebraſſe legitur. Quo hæc & his ſimilia dicente, iuſſit rex & Agilbertum proferre in medium, morem ſuæ obſeruationis, unde initium haberet, uel qua hunc auctoritate ſequeretur. Reſpondit Agilbertus, Loquatur obſecro uice mea diſcipulus meus Vuilfrid presbyter, quia unum ambo ſapimus cum cæteris qui hic aſſident eccleſiaſticæ traditionis cultoribus, & ille melius ac manifeſtius ipſa lingua Anglorum, quàm ego per interpretem, poteſt explanare quæ ſentimus. Tunc Vuilfrid iubente rege ut diceret, ita exorſus eſt: Paſcha quod facimus, inquit, uidimus Romæ, ubi beati apoſtoli Petrus & Paulus uixere, docuere, paſſi ſunt & ſepulti, ab omnibus celebrari: hoc in Italia, hoc in Gallia, quas diſcendi uel orandi ſtudio pertranſiuimus, ab omnibus agi conſpeximus: hoc Africam, Aſiam & Aegyptum, Græciam & omnem orbem quacunque Chriſti eccleſia diffuſa eſt, per diuerſas nationes ac linguas, uno ac non diuerſo temporis ordine geri comperimus: præter hos tantum & obſtinationis eorum complices, Pictos dico, & Brittones, cum quibus de duabus ultimis Oceani inſulis, hi non tota, contra totum orbem ſtulto labore

re pug

expugnant. Cui haec dicenti respondit Colmanus: Mirum quare stultum appellare uelitis laborem nostrum, in quo tanti apostoli, qui super pectus Domini recumbere dignus fuit, exempla sectamur, cum ipsum sapientissime uixisse omnis mundus nouerit. At Vuilfridus, Absit, inquit, ut Iohannem stultitiae reprehendamus, cum scita legis Moysaicae iuxta literam seruaret, iudaizante adhuc in multis ecclesia, nec subito ualentibus apostolis omnem legis obseruantiam, quae a Deo instituta est, abdicare. Quomodo simulachra, quae a daemonibus inuenta sunt, repudiare omnes qui ad fidem ueniunt, necesse est, uidelicet ne scandalum facerent eis, qui inter gentes erant Iudaeis. Hinc est enim quod Paulus Timotheum circumcidit, quod hostias in templo immolauit, quod cum Aquila & Priscilla caput Corinthi totondit, ad nihil uidelicet utile, nisi ad scandalum uitandum Iudaeorum. Hinc quod eidem Paulo Iacobus ait, Vides frater, quot milia sunt in Iudaeis, qui crediderunt, & omnes hi aemulatores sunt legis. Nec tamen hodie clarescente per mundum euangelio necesse est, imo nec licitum fidelibus uel circumcidi, uel hostias Deo uictimarum offerre carnalium. Itaque Iohannes secundum legis consuetudinem decimaquarta die mensis primi, ad uesperam incipiebat celebrationem festi Paschalis, nil curans utrum haec sabbato, an alia qualibet feria proueniret. At uero Petrus cum Romae praedicaret, memor quia Dominus prima sabbati resurrexit a mortuis, ac mundo spem resurrectionis contulit, ita Pascha faciendum intellexit, ut secundum consuetudinem ac praecepta legis, decimamquartam lunam primi mensis, aeque sicut Iohannes orientem, ad uesperam semper expectaret: & hac exorta, si Dominica dies (quae tunc prima sabbati uocabatur) erat mane uentura, in ipsa uespera Pascha Dominicum celebrare incipiebat, quomodo & nos omnes hodie facere solemus: sin autem Dominica non proximo mane post lunam decimamquartam, sed sextadecima aut septimadecima, aut alia qualibet luna, usque ad uicesimamprimam esset uentura, expectabat eam, & praecedente sabbato uespere sacrosancta Paschae solemnia inchoabat, sicque fiebat, ut dominica Paschae dies, non nisi a quintadecima luna usque ad uicesimamprimam seruaretur. Nec haec euangelica & apostolica traditio legem soluit, sed potius adimplet, in qua obseruandum Pascha a quartadecima luna primi mensis ad uesperam usque ad uicesimamprimam lunam eiusdem mensis ad uesperam praeceptum est: in quam obseruantiam imitandam, omnes beati Iohannis successores in Asia post obitum eius, & omnis per orbem ecclesia conuersa est. Et hoc esse uerum Pascha, hoc solum fidelibus celebrandum, Nicaeno concilio non statutum nouiter, sed confirmatum est, ut Ecclesiastica docet historia. Vnde constat uos, Colmane, neque Iohannis (ut autumatis) exempla sectari, neque Petri, cuius traditioni scientes contradicitis: neque legi, neque euangelio in obseruatione uestri Paschae congruere. Iohannes enim ad legis Mosaicae decreta tempus paschale custodiens, nil de prima sabbati curabat: quod uos non facitis, qui nonnisi prima sabbati Pascha celebratis. Petrus a decimaquinta luna usque ad uicesimamprimam diem Paschae dominicum celebrabat: quod uos non facitis, qui a decimaquarta usque ad uicesimam lunam diem dominicum Paschae obseruatis: ita ut tertiadecima luna ad uesperam saepius Pascha incipiatis, cuius neque lex ullam fecit mentionem, neque auctor ac dator euangelii Dominus in ea, sed in quartadecima luna uel uetus Pascha manducauit ad uesperam, uel noui Testamenti sacramenta in commemorationem suae passionis Ecclesiae celebranda tradidit. Itemque lunam uicesimamprimam, quam lex maxime celebrandam commendauit, a celebratione uestri Paschae funditus eliminatis: sicque ut dixi, in celebratione summae festiuitatis neque Iohanni, neque Petro, neque legi, neque euangelio concordatis. His contra Colmanus: Nunquid, ait, Anatholius uir sanctus, & in praefata historia Ecclesiastica multum laudatus, legi uel euangelio contraria sapuit, qui a quartadecima usque ad uicesimam Pascha celebrandum scripsit? Nunquid reuerentissimum patrem nostrum Columbam, & successores eius, uiros Deo dilectos, qui eodem modo Pascha fecerunt, diuinis paginis contraria sapuisse uel egisse credendum est? cum plurimi fuerint in eis, quorum sanctitati caelestia signa & uirtutum quas fecerunt miracula, testimonium praebuerunt, quos ut ipse sanctos esse non dubitans, semper eorum uitam, mores & disciplinam sequi non desisto. At Vuilfridus, Constat, inquit, Anatholium uirum sanctissimum, doctissimum ac laude esse dignissimum: sed quid uobis cum illo, cum nec eius decreta seruetis? Ille enim in Pascha suo regulam utique ueritatis sequens, circulum nouendecim annorum posuit, quem uos aut ignoratis, aut agnitum a tota Christi ecclesia custoditum, pro nihilo contemnitis. Ille sic in Paschae dominicum decimamquartam lunam computauit, ut hanc eadem ipsa die more Aegyptiorum decimamquintam lunam ad uesperam esse fateretur. Sic idem uicesimam diem dominico Paschae annotauit, ut hanc declinata eadem die esse uicesimamprimam crederet. Cuius regulam distinctionis uos ignorasse probat, quod aliquoties Pascha manifestissime ante plenilunium, id est, in tertiadecima luna facitis. De patre autem uestro Columba & sequacibus eius, quorum sanctitatem uos imitari, & regulam ac praecepta caelestibus signis confirmata sequi perhibetis, possem respondere: quia multis in iudicio dicentibus Domino, quod in nomine eius prophetauerint, & daemonia eiecerint, & uirtutes multas fecerint, responsurus sit Dominus, quia nunquam eos nouerit. Sed absit, ut de patribus uestris hoc dicam: quia iustius multo est de incognitis bonum credere quam malum. Vnde & illos Dei famulos, ac Deo dilectos esse non nego, qui sim-

simplicitate rustica, sed intentione pia, Deum dilexerunt. Neque illis multum obesse Paschæ celebrationem reor, quamdiu nullus advenerat, qui eis instituti perfectioris decreta, quæ sequerentur, ostenderet: quos utique credo, si qui tunc ad eos catholicus calculator adveniret, sic eius monita fuisse secuturos, quomodo ea quæ noverant ac didicerant Dei mandata, probantur fuisse secuti. Tu autem & socii tui, si audita decreta sedis apostolicæ, imò universalis Ecclesiæ, & hæc literis sacris confirmata sequi cõtemnitis, absque ulla dubietate peccatis. Etsi enim patres tui sancti fuerunt, numquid universali quæ per orbem est Christi ecclesiæ, horum est paucitas uno de angulo extremæ insulæ præferenda? Et si sanctus erat ac potens virtutibus ille Columba vester, imò & noster si Christi erat, num præferri potuit beatissimo apostolorum principi, cui Dominus ait, Tu es Petrus, & super hanc petram ædificabo ecclesiam meam, & portæ inferi non prævalebunt adversus eam, & tibi dabo claves regni cælorum. Hæc perorante Vilfrido dixit rex, Verene Colmane hæc illi Petro dicta sunt à Domino? qui ait, Vere rex. At ille, Habetis, inquit, vos proferre aliquid tantæ potestatis vestro Columbæ datum? At ille ait, Nihil. Rursum autem rex, Si utrique vestrum, inquit, in hoc sine ulla controversia consentiunt, quod hæc principaliter Petro dicta, & ei claves regni cælorum sint datæ à Domino? responderunt, Etiam utique. At ille ita conclusit, Et ego vobis dico, quia hic est ostiarius ille, cui ego cõtradicere nolo, sed in quantum novi vel valeo, huius cupio in omnibus obedire statutis, ne forte me adveniente ad fores regni cælorum, non sit qui reseret, averso illo qui claves tenere probatur. Hæc dicente rege, faverunt assidentes quique sive astantes maiores una cum mediocribus, & abdicata minus perfecta institutione, ad ea quæ meliora cognoverant, sese transferre festinabant.

Ut Colman victus domum redierit, et Tuda pro illo episcopatu sit functus, qualisque illis doctoribus ecclesiæ fuerit habitus. Cap. XXVI.

Finitoque conflictu, ac soluta concione, Agilbertus domum rediit. Colman videns spretam suam doctrinam, sectamque esse despectã, assumptis his qui se sequi voluerunt, id est, qui Pascha catholicũ & tonsuram coronæ (nam & de hoc quæstio non minima erat) recipere nolebãt, in Scotiam regressus est, tractaturus cũ suis quid de his facere deberet. Cedd relictis Scotorum vestigiis, ad suam sedem rediit, utpote agnita observatione catholici Paschæ. Facta est autẽ hæc quæstio anno Dominicæ incarnationis sexcentesimo sexagesimo quarto, qui fuit annus Osuini regis vicesimus secundus, episcopatus autem Scotorum, quem gesserunt in provincia Anglorum annus tricesimus: siquidem Aidan decem & septem annis, Finan decem, Colman tribus episcopatum tenuere. Reverso autem patriam Colmano, suscepit pro illo episcopatum Nordhumbrorum famulus Christi Tuda, qui erat apud Scotos austrinos eruditus, atque ordinatus episcopus, habens iuxta morem provinciæ illius coronam tonsuræ ecclesiasticæ, & catholicam temporis paschalis regulam observans: vir quidem bonus ac religiosus, sed permodico tempore ecclesiam regens. Venerat autem de Scotia, tenente adhuc pontificatum Colmano, & diligenter ea quæ ad fidem ac veritatem pertinent, & verbo cunctos docebat & opere. Porro fratribus qui in Lindisfarnensi ecclesia Scotis abeuntibus remanere maluerũt, præpositus est abbatis iure vir reverendissimus ac mansuetissimus Eata, qui erat abbas in monasterio quod vocatur Mailros. Quod aiũt Colmanum abeuntem petisse & impetrasse à rege Osuio, eo quod esset idem Eata unus de duodecim pueris Aidani, quos primo episcopatus sui tempore de natione Anglorum erudiendos in Christo accepit. Multum namque eundem episcopum Colmanum rex pro insita illi prudentia diligebat. Ipse est Eata, qui non multo post eidem ecclesiæ Lindisfarnensis episcopus factus est. Abiens autem domum Colman assumpsit secum partem ossium reverendissimi patris Aidani: partem vero in ecclesia cui præerat reliquit, & in secretario eius condi præcepit. Quantæ autem parsimoniæ, cuiusque continentiæ fuerit ipse cum prædecessoribus suis, testabatur etiam locus ille quẽ regebant, ubi abeuntibus eis, excepta ecclesia, paucissimæ domus repertæ sunt: hoc est illæ solummodo, sine quibus conversatio civilis esse nullatenus poterat, nil pecuniarum absque pecoribus habebant. Si quid enim pecuniæ à divitibus accipiebãt, mox pauperibus dabãt. Nam neque ad susceptionem potentium sæculi, vel pecunias colligi, vel domos prævidere necesse fuit, qui nunquam ad ecclesiam, nisi orationis tantum, & audiendi verbum Dei causa veniebãt. Rex ipse cum opportunitas exegisset, cum quinque tantum aut sex veniebat, & expleta in ecclesia oratione discedebat. Quod si forte eos ibi refici contingeret, simplici tantum & quotidiano fratrũ cibo contenti, nil ultra quærebant. Tota enim tunc fuit sollicitudo doctoribus illis Deo serviendi, non sæculo: tota cura cordis excolendi, non ventris. Unde & in magna erat veneratione tempore illo religionis habitus, ita ut ubicunque clericus aliquis, aut monachus adveniret, gaudenter ab omnibus tanquam Dei famulus exciperetur. Etiam si in itinere pergens inveniretur, accurrebãt, & flexa cervice vel manu signari, vel ore illius se benedici gaudebant: verbis quoque horum exhortatoriis diligenter auditum præbebant. Sed & diebus Dominicis ad ecclesiam sive ad monasteria certatim, non reficiendi corporis, sed audiendi sermonis Dei gratia confluebant: & si quis sacerdotum in vicum forte deveniret, mox congregati in unum vicani verbum vitæ ab illo expetere curabant. Nam neque alia ipsis sacerdotibus aut clericis vicos adeundi,

quàm

quam prædicandi, baptizandi, infirmos uisitandi, & ut breuiter dicam, animas curandi causa: qui in tantum erant ab omni auaritiæ peste castigati, ut nemo territoria ac possessiones ad construenda monasteria, nisi a potestatibus seculi coactus acciperet. Quæ consuetudo per omnia aliquanto post hæc tempora in ecclesiis Nordanhumbrorum seruata est. Sed de his satis dictum.

Vt Egbertus uir sanctus de natione Anglorum, monachicam in Hibernia uitam duxerit. Cap. XXVII.

EOdem anno Dominicæ incarnationis sexcentesimo sexagesimo quarto facta est eclipsis solis die tertio mensis Maii, hora circiter decima diei: quo etiam anno subita pestilentiæ lues depopulans prius australes Britanniæ plagas, Nordanhumbrorum quoque prouinciam corripiens, atque acerba clade diutius longe lateque desæuiens, magnam hominum multitudinem strauit. Qua plaga præfatus Domini sacerdos Tuda raptus est de mundo, & in monasterio, quod uocatur Pegnaletch, honorifice sepultus. Hæc autem plaga Hiberniam quoque insulam pari clade premebat. Erant ibidem eo tempore multi nobilium, simul & mediocrium de gente Anglorum, qui tempore Finani & Colmani episcoporum, relicta insula patria, uel diuinæ lectionis, uel continentioris uitæ gratia illo secesserant. Et quidam quidem mox se monasticæ conuersationi fideliter mancipauerunt, alii magis circumeundo per cellas magistrorum, lectioni operam dare gaudebant: quos omnes Scoti libentissime suscipientes, uictum eis quotidianum sine pretio, libros quoque ad legendum, & magisterium gratuitum præbere curabant. Erant inter hos duo iuuenes magnæ indolis, de nobilibus Anglorum, Edilhun & Egbertus: quorum prior frater fuit Edilwini, uiri æque Deo dilecti, qui & ipse aliquanto post tempore Hiberniam gratia legendi adiit, & bene instructus in patriam rediit, atque episcopus in prouincia Lindissi factus, multo ecclesiam tempore nobilissime rexit. Hi ergo cum essent in monasterio, quod lingua Scotorum Rathmelsigi appellatur, & omnes socii ipsorum uel mortalitate de seculo rapti, uel per alia essent loca dispersi, correpti sunt ambo morbo eiusdem mortalitatis, & grauissime afflicti. E quibus Egbertus (sicut mihi referebat quidam ueracissimus & uenerandæ canitiei presbyter, qui se hæc ab ipso audisse perhibebat) cum se æstimaret esse moriturum, egressus est tempore matutino de cubiculo, in quo infirmi quiescebant, & residens solus in loco oportuno, cœpit sedulus cogitare de actibus suis, & compunctus memoria peccatorum suorum faciem lachrymis abluebat, atque intimo ex corde Deum precabatur, ne adhuc mori deberet, priusquam uel præteritas negligentias, quas in pueritia siue infantia commiserat, perfectius ex tempore castigaret, uel in bonis se operibus abundantius exerceret. Vouit etiam uotum, quia adeo peregrinus uiuere uellet, ut nunquam in insulam, in qua natus est, id est, Britanniam rediret: quod præter solemnem canonici temporis psalmodiam, si non ualetudo corporis obsisteret, quotidie psalterium totum in memoriam diuinæ laudis decantaret, quod in omni septimana diem cum nocte ieiunus transiret. Cumque finitis lachrymis, precibus & uotis domum rediret, inuenit sodalem dormientem, & ipse quoque lectulum conscendens, cœpit in quietem membra laxare. Et paululum quiescente eo, expergefactus sodalis respexit eum, & ait: O frater Egberte, o quid fecisti? Sperabam quia pariter ad uitam æternam intraremus. Verumtamen scito, quia quod petisti, accipies. Didicerat enim per uisionem, & quid ille petisset, & quia peteret impetrasset. Quid multa? ipse Edilhun proxima nocte defunctus est: at uero Egbertus decussa molestia corporis conualuit, ac multo postea tempore uiuens, acceptumque sacerdotii gradum condignis ornans actibus, post multa uirtutum bona, ut ipse desiderabat, nuper, id est anno Dominicæ incarnationis septingentesimo uicesimo nono, cum esset ipse annorum nonaginta, migrauit ad regna cœlestia. Duxit autem uitam in magna humilitatis, mansuetudinis, continentiæ, simplicitatis & iustitiæ perfectione. Vnde & genti suæ, & illis in quibus exulabat nationibus Scotorum siue Pictorum, & exemplo uiuendi, & instantia docendi, & auctoritate corripiendi, & pietate largiendi de his quæ a diuitibus acceperat, multum profuit. Addidit autem uoto quod diximus, ut in quadragesima semper non plus quam semel in die reficeretur, non aliud quam panem ac lac tenuissimum, & hoc cum mensura gustaret: quod uidelicet lac pridie nouum in phiala ponere solebat, & post noctem ablata superficie crassiore, ipse residuum cum modico, ut diximus, pane bibebat. Cuius modum continentiæ etiam quadraginta diebus ante natale Domini, totidem quoque post peracta solennia pentecostes, hoc est, quinquagesimæ, semper obseruare curabat.

Vt defuncto Tuda, Vilfridus in Gallia, Ceadda apud occidentales Saxones in prouinciam Nordanhumbrorum sint ordinati episcopi. Cap. XXVIII.

INterea rex Alchfrid misit Vuilfridum presbyterum ad regem Galliarum, qui eum sibi suisque consecrari faceret episcopum. At ille misit eum ordinandum ad Agilbertum, de quo supra diximus, qui relicta Britannia Parisiacæ ciuitatis factus erat episcopus. Et consecratus est magno cum honore ab ipso, conuenientibus plurimis episcopis in uico regio, qui uocatur In compendio. Quo adhuc in transmarinis partibus propter ordinationem demorante, imitatus industriam filii rex Osuius, misit Cantiam uirum sanctum, modestum moribus, scripturarum lectione sufficienter instructum, & ea quæ agenda in scripturis didicerat, operibus sollerter exequentem, qui Eboracensis ecclesiæ ordinaretur episcopus. Erat autem presbyter uocabulo Ceadda, frater

reuerentis,

rorum Petri & Pauli, & sanctorum martyrum Laurentij, Iohannis & Pauli, & Gregorij atque Pancratij, eis fecimus dari, uestræ excellentiæ profecto omnes contradendas. Nam & coniugi uestræ, nostræ spiritali filiæ, direximus per præfatos gerulos crucem clauem auream habentem, de sacratissimis uinculis beatorum apostolorum Petri & Pauli: de cuius pio studio cognoscentes, tantum cuncta sedes Apostolica una nobiscum lætatur, quantum eius pia opera coram Deo fragrant & uernant. Festinet igitur quæsumus uestra celsitudo (ut optamus) totam suam insulam Deo Christo dicare. Habet enim protectorem, humani generis redemptorem Dominum nostrum Iesum Christum, qui ei cuncta prospera impartiet, ut nouum Christi populum coaceruet, catholicam ibi & Apostolicam constituens fidem. Scriptum est enim: Quærite primum regnum Dei & iustitiam eius, & hæc omnia adijcientur uobis. Nimirum enim quærit & impetrabit, & ei omnes suæ insulæ (ut optamus) subdentur. Paterno itaque affectu salutantes uestram excellentiam, diuinam iugiter precamur clementiam, quæ uos uestrosque omnes in omnibus bonis operibus auxiliari dignetur, ut cum Christo in futuro regnetis seculo. Incolumem excellentiam uestram gratia superna custodiat. Quis sane pro Vuighardo reperiri ac dedicari sit antistes, libro sequente opportunius dicetur.

Vt orientales Saxones tempore mortalitatis ad idololatriam reuersi, sed per instantiam Iarumanni episcopi mox sint ab errore correcti. Capu. XXX.

EOdem tempore prouinciæ orientalium Saxonum post Cuuidhelmum (de quo supra diximus) præfuere reges Sighere & Sebbi, quamuis ipsi regi Merciorum Vulfhere subiecti. Quæ uidelicet prouincia, cum præfatæ mortalitatis clade premeretur, Sighere cum sua parte populi relictis Christianæ fidei sacramentis ad apostasiam conuersus est. Nam & ipse rex, & plurimi de plebe siue optimatibus diligentes hanc uitam, & futuram non quærentes, siue etiam non esse credentes, cœperunt fana quæ derelicta erant, restaurare, & adorare simulacra, quasi per hæc possent a mortalitate defendi. Porro socius eius & coheres regni eiusdem Sebbi magna fidem perceptam cum suis omnibus deuotione seruauit, & magna (ut in sequentibus dicemus) uitam fidelem felicitate compleuit. Quod ubi rex Vulfhere comperit, fidem uidelicet prouinciæ ex parte profanatam, misit ad corrigendum errorem, reuocandamque ad fidem ueritatis prouinciam Iarumannum episcopum, qui successor erat Trumhere, qui multa agens solertia iuxta quod mihi presbyter, qui comes itineris illi & cooperator uerbi extiterat, referebat. Erat enim religiosus & bonus uir longe lateque omnia peruagatus, & populum & regem præfatum ad uiam iustitiæ reduxit, adeo ut relictis siue de-

structis fanis arisque quas fecerant, aperirent ecclesias, ac nomen Christi cui contradixerant, confiteri gauderent, magis cum fide resurrectionis in illo mori, quam in perfidiæ sordibus inter idola uiuere cupientes. Quibus ita gestis, & ipsi sacerdotes, doctoresque eorum domum rediere lætantes.

TERTII LIBRI FINIS.

Ecclesiasticæ Historiæ gentis Anglorum, LIBER IIII

Vt defuncto Deusdedit Vighart ad suscipiendum episcopatum Romam sit missus, sed illo ibidem defuncto Theodorus archiepiscopus ordinatus, et cum Adriano abbate sit in Britanniam missus. Cap. I.

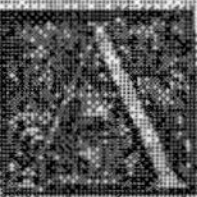

ANNO memorato præfatæ eclipsis, & mox sequentis pestilentiæ, quo & Colman episcopus unanimi catholicorum intentione superatus, ad suos reuersus est, Deusdedit sextus ecclesiæ Doruuernensis episcopus obijt, pridie idus Iulias. Sed & Ercombert rex Cantuariorum eodem mense ac die defunctus, Egberto filio sedem regni reliquit, quam ille susceptam per nouem annos tenuit. Tunc cessante non pauco tempore episcopatu, missus est Romam ab ipso simul & a rege Nordanhumbrorum Osuiu (ut in præcedente libro diximus) Vuighart presbyter, uir in ecclesiasticis disciplinis doctissimus de genere Anglorum, petentibus ecclesia Anglorum episcopum ordinari: missis pariter Apostolico papæ donarijs & aureis atque argenteis uasis non paucis. Qui ubi Romam peruenit, cui sedi Apostolicæ tempore illo Vitalianus præerat, postquam itineris sui causam præfato papæ Apostolico patefecit, non multo post & ipse, & omnes pene qui cum eo aduenerant socij, pestilentia superueniente, deleti sunt. At Apostolicus papa habito de his consilio, quæsiuit sedulus quem ecclesijs Anglorum archiepiscopum mitteret. Erat autem in monasterio Niridano, quod est non longe a Neapoli Campaniæ, abbas Adrianus, uir natione Afer, sacris literis diligenter imbutus, monasterialibus simul & ecclesiasticis disciplinis institutus, Græcæ pariter & Latinæ linguæ peritissimus. Hunc ad se accitum papa iussit, episcopatu accepto, in Britanniam uenire: qui indignum se tanto gradui respondens, ostendere posse se dixit alium, cuius magis ad suscipiendum episcopatum & eruditio conueniret & ætas. Cumque monachum quendam de uicino uirginum monasterio nomine Andream pontifici offerret, hic ab omnibus, qui eum nouere, dignus episcopatu iudicatus est: uerum pondus corporis infirmitatis, ne episcopus fieri posset, obtinuit. Et rursum Adrianus ad suscipiendum episcopatum actus est: qui petijt inducias, si forte aliu(m), qui episcopus ordinaretur, ex tempore posset inuenire. Erat ipso tempore Romae monachus Adriano notus, nomine Theodorus, natus ex Tharso Ciliciae, uir & saeculari, & diuina literatura, Graecè & Latinè instructus, probus moribus, & aetate uenerandus, id est, annos habens aetatis [illegible]. Hunc offerens Adrianus pontifici, ut episcopus ordinaretur, obtinuit: his tamen conditionibus interpositis, ut ipse eum perduceret in Britanniam, eo quod iam bis partes Galliarum diuersis ex causis adisset, & ob id maiorem huius itineris peragendi notitiam haberet, sufficiensque esset in possessione hominum propriorum: & ut ei doctrinae cooperator existens, diligenter attenderet, ne quid ille contrarium ueritati fidei Graecorum more in ecclesiam cui praeesset, introduceret. Qui subdiaconus ordinatus, quatuor expectauit menses, donec illi coma cresceret, quo in coronam tonderi posset. Habuerat enim tonsuram more orientalium sancti Pauli apostoli. Qui ordinatus est à Vitaliano papa, anno Dominicae incarnationis [illegible] sub die 7. Kalendarum Aprilium Dominica. Et ita una cum Adriano 6. Kalendas Iunias Britanniam missus est. Qui cum pariter per mare ad Massiliam, & deinde per terram Arelatem peruenissent, & tradidissent Ioanni archiepiscopo ciuitatis illius scripta commendatitia Vitaliani pontificis, retenti sunt ab eo, quousque Ebroinus maior domus regiae copiam pergendi quoquo uellent, tribuit eis. Qua accepta Theodorus profectus est ad Agilbertum Parisiorum episcopum, de quo superius diximus, & ab eo benignè susceptus, & multo tempore habitus est. Adrianus uero perrexit primum ad Emmae Senonum, & postea ad Faronem Meldorum episcopos, & bene cum eis diu fuit. Coegerat enim eos imminens hyems, ut ubicunque potuissent, quieti manerent. Quod cum nuncij certi narrassent regi Egberto, esse scilicet episcopum, quem petierant à Romano antistite, in regno Francorum, misit illo continuò Redfridum praefectum suum ad adducendum eum: quo cum peruenisset, assumpsit Theodorum cum Ebroini licentia, & perduxit eum ad portum, cui nomen est Quentauuic, ubi fatigatus infirmitate aliquantisper moratus est, & cum conualescere coepisset, nauigauit in Britanniam. Adrianum autem Ebroinus retinuit, quoniam suspicabatur eum habere aliquam legationem imperatoris ad Britanniae reges aduersus regnum, cuius tunc ipse maximam curam gerebat. Sed eum tale nihil illum habere uel habuisse ueraciter comperisset, absoluit eum, & post Theodorum ire permisit: qui statim ut ad illum peruenit, dedit ei monasterium beati Petri apostoli, ubi archiepiscopi Cantiae sepeliri, ut perhibui, solent. Praeceperat enim Theodoro abeunti Dominus papa Apostolicus, ut in diocesi sua prouideret & daret ei locum, in quo cum suis aptè degere potuisset.

Vt Theodoro cuncta peragrante, Anglorum ecclesiae cum catholica ueritate literarum quoque sanctarum coeperint studijs imbui: & quod Putta pro Damiano Rhofensis ecclesiae sit factus episcopus. Cap. II.

Peruenit autem Theodorus ad ecclesiam suam secundo postquam consecratus est anno, sub die sexto Kalendarum Iuniarum Dominica, & fecit in ea annos uiginti & unum, menses tres, dies uiginti sex. Moxque peragrata insula tota, quaquauersum Anglorum gentes morabantur (nam & libentissime ab omnibus suscipiebatur atque audiebatur) rectum uiuendi ordinem, ritum celebrandi paschae canonicum, per omnia comitante & cooperante Adriano disseminabat. Isque primus erat archiepiscoporum, cui omnis Anglorum ecclesia manus dare consentiret. Et quia literis sacris simul & saecularibus, ut diximus, abundanter ambo erant instructi, congregata discipulorum caterua, scientiae salutaris quotidie flumina irrigandis eorum cordibus emanabant: ita ut etiam metricae artis, astronomiae & arithmeticae ecclesiasticae disciplinam inter sacrorum apicum uolumina suis auditoribus contraderent. Indicio est, quod usque hodie supersunt de eorum discipulis, qui Latinam Graecamque linguam aeque ut propriam in qua nati sunt, norunt. Neque unquam prorsus ex quo Britanniam petierunt Angli, feliciora fuere tempora, dum & fortissimos Christianosque habentes reges cunctis barbaris nationibus essent terrori, & omnium uota ad nuper audita coelestis regni gaudia penderent, & quicunque lectionibus sacris cuperent erudiri, haberent in promptu magistros qui docerent. Sed & sonos cantandi in ecclesia, quos eatenus in Cantia tantum nouerant, ab hoc tempore per omnes Anglorum ecclesias discere coeperunt: primusque excepto Iacobo (de quo supra diximus) cantandi magister Nordanhumbrorum ecclesijs Eddi cognomento Stephanus fuit, inuitatus de Cantia à reuerendissimo uiro Vilfrido, qui primus inter episcopos, qui de Anglorum gente essent, catholicum uiuendi morem ecclesijs Anglorum tradere didicit. Itaque Theodorus perlustrans uniuersa, ordinabat locis opportunis episcopos, & ea quae minus perfecta reperit, his quoque iuuantibus corrigebat. In quibus & Ceaddam episcopum cum argueret, non fuisse rite consecratum, respondens ipse uoce humillima, dixit: Si me, inquit, nosti episcopatum non rite suscepisse, libenter ab officio discedo, quippe qui neque me unquam hoc esse dignum arbitrabar: sed obedientiae causa iussus subire, hoc quamuis indignus consensi. At ille audiens humilitatem responsionis eius, dixit non eum episcopatum dimittere debere, sed ipse ordinationem eius denuo catholica ratione consummauit. Eo autem tempore quo defuncto Deusdedit, Dorouernensis ecclesiae episcopus quaerebatur, ordinabatur, mittebatur, Vilfridus quoque de Britannia in Galliam ordinandus est missus: & quoniam ante Theodorum rediit ipse, etiam in Cantia presbyteros & diaconos usque

dum

dem archiepiscopus ad sedem suam peruenisset, ordinabat. At ipse ueniens mox in ciuitatem Rhofi, ubi defuncto Damiano, episcopatus iam diu cessabat, ordinauit uirum magis ecclesiasticis disciplinis institutum, & uitæ simplicitate contentum, quàm in sæculi rebus strenuum, cui nomen erat Putta, maxime autem modulandi in ecclesia more Romanorum, quem à discipulis papæ Gregorij didicerat, peritum.

Vt Ceadda, de quo supra dictum est, prouinciæ Merciorum sit episcopus datus, & de uita & obitu & sepultura eius. Caput III.

Eo tempore prouinciæ Merciorum rex Vulfhere præfuit, qui cum mortuo Iarumanno sibi quoque suisque à Theodoro episcopum dari peteret, non eis nouum uoluit ordinare episcopum, sed postulauit à rege Osuio, ut illis episcopus Ceadda daretur: qui tunc in monasterio suo, quod est in Læstingæhe, quietam uitam agebat, Vulfrido administrante episcopatum Eboracensis ecclesiæ, necnon & omnium Nordanhymbrorum, sed & Pictorum, quousque rex Osuiu imperium protendere poterat. Et quia moris erat eidem reuerendissimo antistiti opus euangelij magis ambulando per loca, quàm equitando perficere, iussit eum Theodorus, ubicunque longius iter instaret, equitare: multumque renitentem studio & amore pij laboris, ipse eum manu sua leuauit in equum: quia nimirum sanctum esse uirum cognouit, atque equo uehi quo esset necesse, compulit. Suscepto itaque episcopatu gentis Merciorum, simul & Lindisfarorum Ceadda, iuxta exempla patrum antiquorum in magna uitæ perfectione administrare curauit: cui etiam rex Vulfhere donauit terram quinquaginta familiarum ad construendum monasterium in loco qui dicitur Ad Baruæ, id est, ad nemus, in prouincia Lindissi, in quo usque hodie instituta ab ipso regularis uitæ uestigia permanent. Habuit autem sedem episcopalem in loco qui uocatur Licidfeld, in quo & defunctus ac sepultus est, ubi usque hodie sequentium quoque prouinciæ illius episcoporum sedes est. Fecerat uero sibi mansionem non longe ab ecclesia remotiorem, in qua secretius cum paucis, id est, septem siue octo fratribus, quoties à labore & ministerio uerbi uacabat, orare ac legere solebat. Qui cum in illa prouincia duobus annis ac dimidio ecclesiam gloriosissime rexisset, adfuit superno dispensante iudicio, tempus de quo loquitur Ecclesiastes, Quia tempus mittendi lapides, & tempus colligendi. Superuenit namque clades diuinitus missa, quæ per mortem carnis uiuos ecclesiæ lapides de terrenis sedibus ad ædificium cœleste transferret. Cumque plurimis de ecclesia eiusdem reuerendissimi antistitis de carne subtractis, ueniret hora ipsius, ut transiret ex hoc mundo ad Dominum, contigit die quadam, ut in præfata mansione forte ipse cum uno tantum fratre, cui uocabulum erat Ouini, commoraretur, ceteris eum sociis pro causa opportuna ad ecclesiam reuersis. Erat autem idem Ouini monachus magni meriti, & pura intentione supernæ retributionis mundum derelinquens, dignusque per omnia, cui Dominus specialiter sua reuelaret arcana, dignus cui fidem narranti audientes accommodarent. Venerat enim cum regina Ædilthryde de prouincia Orientalium Anglorum, eratque primus ministrorum, & princeps domus eius. Qui cum crescente fidei feruore sæculo abrenunciare disponeret, non hoc segniter fecit, sed adeo se mundi rebus exuit, ut relictis omnibus quæ habebat, simplici tantum habitu indutus, & securim atque asciam in manu ferens, ueniret ad monasterium eiusdem reuerendissimi patris, quod uocatur Læstingæ. Non enim ad otium, ut quidam, sed ad laborem se monasterium intrare signabat, quod ipsum etiam facto monstrauit: nam quo minus sufficiebat meditationi scripturarum, eo amplius operi manuum studium impendebat. Denique cum episcopo in præfata mansione pro sua reuerentia deuotione inter fratres habitus, cum illi intus lectioni uacabant, ipse foris, quæ opus esse uidebantur, operabatur. Qui cum die quadam tale aliquid foris ageret, digressis ad ecclesiam sociis, ut dicere cœperam, & episcopo solitario in oratorio loci lectioni uel orationi operam dante, audiuit repente, ut postea referebat, uocem suauissimam cantantium atque lætantium de cœlo ad terras usque descendere: quam uidelicet uocem ab Euro austro, id est, ab alto brumalis exortus, primo se audisse dicebat, ac deinde paulatim eam sibi appropinquare, donec ad tectum usque oratorij in quo erat episcopus perueniret, quod ingressa totum impleuit, atque in gyro circumdedit. At ille dum sollicitus in ea quæ audiebat, animum intenderet, audiuit denuo transacto quasi dimidiæ horæ spacio ascendere de tecto eiusdem oratorij idem lætitiæ canticum, & ipsa qua uenerat uia, ad cœlos usque cum ineffabili dulcedine reuerti. Qui cum aliquantulum horæ quasi attonitus maneret, & quid hoc esset solerti animo scrutaretur, aperuit episcopus fenestram oratorij, & sonitum manu faciens, ut sæpius consueuit, siquis foris esset, ad se intrare præcepit. Intrauit ille concitus, cui dixit antistes: Vade cito ad ecclesiam, & hos septem fratres huc uenire facito, tu quoque simul adesto. Qui cum uenissent, primo admonuit eos, ut uirtutem dilectionis & pacis ad inuicem & ad omnes fideles seruarent: instituta quoque disciplinæ regularis, quæ uel ab ipso didicissent, & in ipso uidissent, uel in patrum præcedentium factis siue dictis inuenissent, indefessa instantia sequerentur. Deinde subiunxit, diem sui obitus iam proxime instare. Namque hospes, inquit, ille amabilis, qui fratres nostros uisitare solebat, ad me quoque hodie uenire, meque de sæculo euocare dignatus est. Propter quod reuertentes ad ecclesiam, dicite fratribus, ut & meum exitum Domino precibus commendent, & suum quoque exitum (cuius hora incerta est) uigiliis, orationibus, bonis operibus præuenire meminerint. Cumque hæc &

huiusmodi plura loqueretur, atque illi percepta eius benedictione iam multum tristes exissent, redit ipse solus qui carmen coeleste audierat, & prosternens se in terram, Obsecro, inquit, pater, licet ne aliquid interrogare? Interroga, inquit, quod uis. At ille, Obsecro, inquit, ut dicas quod erat canticum illud lætantium, quod audiui uenientium de cœlis super oratorium hoc, & post tempus redeuntium ad cœlos. Respondit ille, Si uocem carminis audisti, & cœlestes superuenire cœtus cognouisti, præcipio tibi in nomine Domini, ne hoc cuiquam ante meum obitum dicas. Reuera autem angelorum fuere spiritus, qui me ad cœlestia, quæ semper amabam ac desiderabam præmia uocare uenerunt, & post dies septem se redituros, ac me secum adducturos esse promiserunt. Quod quidem, ita ut ei prædictum erat, opere completum est. Nam confestim languore corporis tactus est, & hoc per dies ingrauescente, septimo (ut promissum ei fuerat) die postquam obitum suum Dominici corporis & sanguinis perceptione muniuit, soluta ab ergastulo corporis anima sancta ducentibus (ut credi fas est) angelis comitibus æterna gaudia petiuit. Non autem mirum, si diem mortis uel potius diem Domini lætus aspexit, quem semper usque dum ueniret, sollicitus expectare curauit. Namque inter plura continentiæ, humilitatis, doctrinæ, orationum, uoluntariæ paupertatis, & cæterarum uirtutum merita, in tantum erat timori Domini subditus, in tantum nouissimorum suorum in omnibus operibus suis memor, ut sicut mihi quidam frater, de his qui me in scripturis diuinis erudiebant, & erat in monasterio ac magisterio illius educatus, uocabulo Trumbert, referre solebat: si forte legente eo uel aliud quid agente, repente flatus uenti maior assurgeret, continuo misericordiam Domini inuocaret, & eam generi humano propitiari rogaret: si autem uiolentior aura insisteret, iam clauso codice procideret in faciem, atque obnixius orationi incumberet. At si procella fortior aut nimbus perurgeret, uel etiam corusci ac tonitrua terras & aera terrerent, tunc ueniens ad ecclesiam sollicitus orationibus ac psalmis, donec serenitas aeris rediret, fixa mente uacaret. Cumque interrogaretur a suis, quare hoc faceret, respondebat, Non legistis: Quia intonuit de cœlo Dominus, & altissimus dedit uocem suam. Misit sagittas suas, & dissipauit eos, fulgura multiplicauit, & conturbauit eos. Mouet enim aera Dominus, uentos excitat, iaculatur fulgura, de cœlo intonat, ut terrigenas ad timendum se suscitet, ut corda eorum in memoriam futuri iudicii reuocet, ut superbiam eorum dissipet, & conturbet audaciam, reducto ad mentem tremendo illo tempore, quando ipse cœlis ac terris ardentibus uenturus est in nubibus cum potestate magna & maiestate, ad iudicandos uiuos ac mortuos. Propter quod, inquit, oportet nos admonitioni eius cœlesti debito cum timore & amore respondere, ut quoties aere commoto, manum quasi ad feriendum minitans exerit, nec adhuc tamen percutit, mox imploremus eius misericordiam, & discussis penetralibus cordis nostri, atque expurgatis uitiorum ruderibus, solliciti ne unquam percuti mereamur, agamus. Conuenit autem reuelationi & relationi præfati fratris de obitu huius antistitis, etiam sermo reuerendissimi patris Egberti de quo supra diximus, qui dudum cum eodem Ceadda adolescente & ipse adolescens in Hybernia monachicam in orationibus & continentia & meditatione diuinarum scripturarum uitam sedulus agebat. Sed illo postmodum in patriam reuerso, ipse peregrinus pro Domino usque ad finem uitæ permansit. Cum ergo ueniret ad eum longo post tempore gratia uisitationis de Britannia uir sanctissimus & continentissimus, uocabulo Higbald, qui erat abbas in prouincia Lindissi, & ut sanctos decebat, de uita patrum priorum sermonem facerent, atque hanc æmulari gauderent, interuenit mentio reuerendissimi antistitis Ceaddæ, dixitque Egbert, scio hominem in hac insula adhuc in carne manentem, qui cum uir ille de mundo transiret, uidit animam Ceddi fratris ipsius cum agmine angelorum descendentem de cœlo, & assumpta secum anima eius ad cœlestia regna redire. Quod utrum de se, an de alio aliquo diceret, nobis manet incertum: dum tamen hoc tantus uir dixit, quia uerum sit, esse non potest incertum. Obiit autem Ceadda sexto die nonarum Martiarum, & sepultus est quidem primo iuxta ecclesiam sanctæ Mariæ, sed postmodum ibidem constructa ecclesia beatissimi principis apostolorum Petri, in eandem sunt eius ossa translata. In quo utroque loco ad indicium uirtutis illius solent crebra sanitatum miracula operari. Denique nuper phreneticus quidam, dum per cuncta errando discurreret, deuenit ibi uespere, nescientibus siue non curantibus loci custodibus, & ibi tota nocte requiescens, mane sanato sensu egressus, mirantibus & gaudentibus cunctis, quid ibi sanitatis Domino largiente consequeretur, ostendit. Est autem locus sepulchri tumba lignea in modum domunculi facta coopertus, habens foramen in pariete, per quod solent hi, qui causa deuotionis illo adueniunt, manum suam immittere, ac partem pulueris inde assumere: quam cum in aquas miserint, atque has infirmantibus iumentis siue hominibus gustandas dederint, mox infirmitatis ablata molestia, ad cupitæ sospitatis gaudia redeunt. In cuius locum ordinauit Theodorus Vuinfridum uirum bonum & modestum, qui sicut prædecessores eius prouinciis Merciorum & Mediterraneorum Anglorum, & Lindisfarorum episcopatus officio præesset, in quibus cunctis Vulfhere (qui adhuc superat) sceptra regni tenebat. Erat autem Vuinfridus de clero eius cui ipse successerat antistitis, & diaconatus officio sub eo non paruo tempore fungebatur.

Vt Colmanus episcopus relicta Britannia duo monasteria in Scottia fecerit, alterum Anglis, quos secum adduxerat, fecerit. Caput IIII.

INterea Colmanus qui de Scottis erat episcopus, relinquens Britanniam tulit secum omnes quos in Lindisfarorum insula congregauerat Scottos, sed & de gente Anglorum uiros circiter triginta, qui utrique monachicae conuersationis erant studiis imbuti. Et relictis in ecclesia sua aliquot fratribus, primo uenit ad insulam Hii, unde erat ad praedicandum uerbum Dei Anglorum genti destinatus. Deinde secessit ad insulam quandam paruam, quae ad occidentalem plagam ab Hybernia procul secreta sermone Scotico Inisbofinde, id est, insula uitulae albae nuncupatur. In hanc ergo perueniens construxit monasterium, & monachos inibi, quos de utraque natione collectos adduxerat, collocauit. Qui cum inuicem concordare non possent, eo quod Scotti tempore aestatis quo fruges erant colligendae, relicto monasterio per nota sibi loca dispersi uagarentur, at uero hyeme succedente redirent, & his quae Angli praeparauerant, communiter uti desiderabant, quaesiuit Colmanus huic dissensioni remedium, & circuiens omnia prope uel longe, inuenit locum in Hybernia insula aptum monasterio construendo, qui lingua Scotorum Magio nominatur: emitque partem eius non grandem ad construendum ibi monasterium a comite ad cuius possessionem pertinebat, ea conditione addita, ut pro ipso etiam, qui eis locum commodaret, consistentes ibi monachi Domino preces offerrent. Et constructo statim monasterio, iuuante etiam comite & uicinis omnibus, Anglos ibidem collocauit, relictis in praefata insula Scottis. Quod uidelicet monasterium usque hodie ab Anglis tenetur incolis. Ipsum namque est quod nunc grande de modico effectum Inmageo consuete uocatur: & conuersis iamdudum ad meliora institutis omnibus, egregium examen continet monachorum, qui de prouincia Anglorum ibidem collecti ad exemplum uenerabilium patrum sub regula & abbate canonico in magna continentia & synceritate proprio labore manuum uiuunt.

De morte Osuiu et Egbercti regum, et de synodo facta ad locum Herudford, cui praesidebat archiepiscopus Theodorus. Caput V.

ANno Dominicae incarnationis sexcentesimo septuagesimo, qui est annus secundus ex quo in Britanniam uenit Theodorus, Osuiu rex Nordanhymbrorum pressus est infirmitate qua & mortuus est, anno aetatis suae 58. qui in tantum eo tempore tenebatur amore Romanae & apostolicae institutionis, ut si ab infirmitate saluaretur, etiam Romam uenire, ibique ad loca sancta uitam finire disponeret, Vilfridumque episcopum ducem sibi itineris fieri, promissa non parua pecuniarum donatione rogaret. Qui defunctus die decima quinta Kalendarum Martiarum Egfridum filium regni haeredem reliquit: cuius anno regni tertio Theodorus cogit concilium episcoporum, una cum eis, qui canonica patrum statuta diligerent & nossent, magistris ecclesiae pluribus: quibus pariter congregatis, diligenter ea quae unitati pacis ecclesiasticae congruerent, eo quo pontificem decebat animo coepit obseruanda docere. cuius synodicae actionis huiusmodi textus est.

In nomine Domini Dei & saluatoris nostri Iesu Christi regnante in perpetuum, ac gubernante Ecclesiam suam eodem Domino nostro Iesu Christo, placuit conuenire nos iuxta morem canonum uenerabilium tractaturos de necessariis Ecclesiae negociis. Conuenimus autem die 24. mensis Septembris, indictione prima, in loco qui dicitur Herudford. Ego quidem Theodorus quamuis indignus ab Apostolica sede destinatus Doruuernensis ecclesiae episcopus, & consacerdos ac frater noster reuerendissimus Bisi Orientalium Anglorum episcopus, quibus etiam frater & consacerdos noster Vuilfridus Nordanhymbrorum gentis episcopus per proprios legatarios affuit. Affuerunt & fratres ac consacerdotes nostri Putta episcopus Castelli Cantuariorum, quod dicitur Rofescestir, Leutherius episcopus Occidentalium Saxonum, Vuinfridus episcopus prouinciae Merciorum. Cumque in unum conuenientes iuxta ordinem quique suum resedissemus, Rogo, inquam, dilectissimi fratres propter timorem & amorem redemptoris nostri, ut in commune omnes pro nostra fide tractemus, ut quaeque decreta ac definita sunt a sanctis ac probabilibus patribus, incorrupte ab omnibus nobis seruentur. Haec & alia quamplura, quae ad charitatem pertinebant, unitatemque ecclesiae conseruandam, prosecutus sum. Cumque explessem praefationem, interrogaui unumquemque eorum per ordinem, si consentirent ea quae a patribus canonice sunt antiquitus decreta, custodire. Ad quod omnes consacerdotes nostri respondentes dixerunt: Optime omnibus placet, quaeque definierunt sanctorum canones patrum, nos quoque omnes alacri animo libentissime seruare. Quibus statim protuli eundem librum canonum, & ex eodem libro decem capitula, quae per loca notaueram, quia maxime nobis necessaria sciebam, illis coram ostendi, & ut haec diligentius ab omnibus susciperentur, rogaui.

Primum capitulum, ut sanctum diem paschae in commune omnes seruemus Dominica post decimamquartam lunam primi mensis. Secundum, ut nullus episcoporum parochiam alterius inuadat, sed contentus sit gubernatione creditae sibi plebis. Tertium, ut quaeque monasteria Deo consecrata nulli episcoporum liceat ea in aliquo inquietare, nec quicquam de eorum rebus uiolenter abstrahere. Quartum, ut episcopi monachi non migrent de loco ad locum, hoc est, de monasterio ad monasterium, nisi per dimissionem proprii abbatis: sed in ea permaneant obedientia, quam tempore suae conuersionis promiserunt. Quintum, ut nullus clericorum relinquod proprium episcopum passim quolibet discurrant, neque alicubi veniens absque commendatitiis literis sui præsulis suscipiatur. Quod si semel susceptus est, & noluerit invitatus redire, & susceptor & is qui susceptus est, excommunicationi subiacebit. Sextum, ut episcopi atque clerici peregrini contenti sint hospitalitatis munere oblato, nullique eorum liceat ullum officium sacerdotale absque permissu episcopi, in cuius parochia esse cognoscitur, agere. Septimum, ut bis in anno synodus congregetur: sed quia diversæ causæ impediunt, placuit omnibus in commune, ut Kalendis Augusti in loco qui appellatur Clofeshooh, semel in anno congregetur. Octavum, ut nullus episcoporum se præferat alteri per ambitionem, sed omnes agnoscant tempus & ordinem consecrationis suæ. Nonum capitulum in commune tractatum est, ut plures episcopi crescente numero fidelium augerentur: sed de hac re ad præsens siluimus. Decimum pro coniugiis, ut nulli liceat nisi legitimum habere connubium. Nullus incestum faciat, nullus coniugem propriam, nisi ut sanctum evangelium docet, fornicationis causa relinquat. Quod si quisquam propriam expulerit coniugem legitimo sibi matrimonio coniunctam, si Christianus esse recte voluerit, nulli alteri copuletur, sed ita permaneat, aut propriæ reconcilietur coniugi. His itaque capitulis in commune tractatis ac definitis, ut nullum deinceps ab aliquo nostrum oriatur contentionis scandalum, aut alia pro aliis divulgarentur, placuit ut quæque definita sunt, unusquisque nostrum manus propriæ subscriptione confirmaret. Quam sententiam definitionis nostræ Titillo notario scribendam dictavi, actum in mense & indictione supra scripta. Quisquis igitur contra hanc sententiam iuxta decreta canonum, nostra etiam consensione ac subscriptione manus nostræ confirmatam, quoquo modo venire, eamque infringere tentaverit, noverit se ab omni officio sacerdotali & nostra societate separatum. Divina nos gratia in unitate sanctæ suæ ecclesiæ viventes custodiat incolumes. Facta autem est hæc synodus anno ab incarnatione Domini sexcentesimo septuagesimo tertio, quo anno rex Cantuariorum Egbert mense Iulio obierat, succedente in regnum fratre Lothere, quod ipse annos undecim & menses septem tenuit. Bisi autem episcopus orientalium Anglorum, qui in præfata synodo fuisse perhibetur, ipse erat successor Bonifacii, cuius supra meminimus, vir multæ sanctitatis & religionis. Nam Bonifacio post decem & septem annos episcopatus sui defuncto, episcopus pro eo Theodoro ordinante factus est. Quo adhuc superstite, sed gravissima infirmitate ab administrando episcopatu prohibito, duo sunt pro illo Aecci & Baduuine electi & consecrati episcopi, ex quo usque hodie provincia illa duos habere solet episcopos.

[illegible] episcopatum acceperit, & Erconuualdus Orientalibus Saxonibus sit episcopus datus. Caput VI.

Non multo post hæc elapso tempore offensus a Vinfride Merciorum episcopo per meritum cuiusdam inobedientiæ, Theodorus archiepiscopus deposuit eum de episcopatu, post annos accepti episcopatus non multos, & in loco eius ordinavit episcopum Sexuulfum, qui erat constructor & abbas monasterii, quod dicitur Medeshamstedi, in regione Girviorum. Depositus vero Vinfrides rediit ad monasterium suum, quod dicitur Adbearue, ibique in optima conversatione vitam finivit. Tunc etiam orientalibus Saxonibus, quibus eo tempore præfuerunt Sebbe & Sighere, quorum supra meminimus, Erconuualdum constituit episcopum in civitate Londonia: cuius videlicet viri & in episcopatu & ante episcopatum vita & conversatio fertur fuisse sanctissima, sicut etiam nunc cœlestium signa virtutum indicio sunt. Etenim usque hodie feretrum eius caballarium, quo infirmus vehi solebat, servatum a discipulis eius, multos febricitantes, vel alio quolibet incommodo fessos sanare non desistit. Non solum autem suppositi eidem feretro, vel appositi curantur ægroti, sed & astulæ de illo abscissæ atque ad infirmos allatæ, citam illis solent afferre medelam. Hic sane priusquam episcopus factus esset, duo præclara monasteria, unum sibi, alterum sorori suæ Edilburgæ construxerat, quod utrumque regularibus disciplinis optime instruxerat: sibi quidem in regione Sudergeona iuxta fluvium Tamensem, in loco qui vocatur Ceroteseie, id est, Ceroti insula: sorori autem in orientalium Saxonum provincia, in loco qui nuncupatur in Berecingum, in quo ipsa Deo devotarum mater ac nutrix posset existere feminarum. Quæ suscepto regimine monasterii condignam se in omnibus episcopo fratre & ipsa, recte vivendo & subiectis regulariter ac pie consulendo præbuit, ut etiam cœlestia indicio fuere miracula.

Vt in monasterio Berecingensi, ubi corpora sanctimonialium feminarum poni deberent, cœlesti sit luce monstratum. Cap. VII.

In hoc etenim monasterio plura virtutum sunt signa patrata, quæ & ad memoriam ædificationemque sequentium, ab his qui novere, descripta habentur a multis, e quibus & nos aliqua historiæ nostræ ecclesiasticæ inserere curavimus. Cum tempestas sæpe dictæ cladis late cuncta depopulans, etiam partem monasterii huius illam, qua viri tenebantur, invasisset, & passim cotidie raperentur ad Dominum, sollicita mater congregationis, qua hora etiam illam monasterii partem, qua ancillarum Dei caterva a virorum erat secreta contubernio, eadem plaga tangeret, crebrius in conventu sororum perquirere cœpit, quo loci in monasterio corpora sua poni, & cœmiterium fieri vellent, cum eas eadem qua ceteros exterminio raperet e mundo contingeret. Cumque nihil certi responsi, tametsi sæpius inquipensa sororibus ac ceteris, accepit ipsa cum omnibus certissimum superna prouisione responsum. Cum enim nocte quadam, expletis matutinae laudis psalmodiis, egressae de oratorio famulae Christi ad sepulchra fratrum, qui eas ex hac luce praecesserant, solitas Domino laudes decantarent: ecce subito lux emissa caelitus, ueluti linteum magnum, uenit super omnes, tantoque eas stupore percussit, ut etiam canticum quod canebant, tremefactae intermitterent. Ipse autem splendor emissae lucis, in cuius comparatione sol meridianus uideri posset obscurus, non multo post illo eleuatus de loco, in meridianam monasterii partem, hoc est, ad Occidentem oratorii secessit, ibique aliquandiu remoratus, & ea loca operiens, sic uidentibus cunctis ad caeli se alta subduxit, ut nulli esset dubium, quin ipsa lux quae animas famularum Christi esset ductura uel susceptura in caelis, etiam corporibus earum locum in quo requietura, & diem resurrectionis essent expectatura, monstraret. Cuius radius lucis tantus exstitit, ut quidam de fratribus senior, qui in ipsa hora in oratorio eorum cum altero iuniore positus fuerat, referret, quod mane ingressi per rimas ostiorum uel fenestrarum radii lucis omnem diurni luminis uiderentur superare fulgorem.

Vt in eodem monasterio puerulus moriens uirginem quae se erat secutura clamauerit, utq; alia de corpore egressura iam particulam futurae lucis aspexerit. Cap. VIII.

Erat in eodem monasterio puer trium circiter nō amplius annorum, Esica nomine, qui propter infantilem adhuc aetatem in uirginum Deo dedicatarū solebat cella nutriri, ibiq; meditari. Hic praefata pestilentia tactus, ubi ad extrema peruenit, clamauit tertio unam de consecratis Christi uirginibus, proprio eā nomine quasi praesentem alloquens, Eadgyd, Eadgyd, Eadgyd: & sic terminans temporalem uitam, intrauit aeternam. At uirgo illa quam moriēs uocabat, mox in loco quo erat eadem eius infirmitate arrepta, ipso quo uocata est die de hac luce subtracta, & illum qui se uocauit ad regnū caeleste secuta est. Item quaedam ex eisdem ancillis Dei cum praefato tacta morbo atq; ad extrema esset perducta, coepit subito circa mediam noctē clamare his quae sibi ministrabant, petens ut lucernam quae inibi accensa erat, extinguerent. Quod cum frequenter faceret, nec tamen ei aliquis obtemperaret, ad extremū intulit: Scio quod me hoc insana mente loqui arbitramini, sed iam nunc non ita esse cognoscite. Nam uere dico uobis, quod domum hanc tanta luce impletā esse perspicio, ut uestra illa lucerna mihi omnimodis esse uideatur obscura. Et cum ne adhuc quidem talia loquenti quisquam responderet, uel assensum praeberet, iterum dixit: Accendite ergo lucernam illam quamdiu uultis: attamen scitote, quia non est mea: nam mea lux, incipiente aurora, mihi aduentura est. Coepitq; narrare, quia apparuerit sibi uir Dei quidam, qui eodem anno fuerat defunctus, dicens, quod adueniente diluculo perennem esset exitura ad lucem. Cuius ueritas uisionis cita circa exortum diei puellae morte probata est.

Quae sint ostensa caelitus signa, cum et ipsa mater congregationis illius e mundo transiret. Cap. IX.

Cum autem & ipsa mater pia Deo deuotae congregationis Edilburga esset rapienda de mundo, apparuit uisio miranda cuidā de sororibus, cui nomē erat Thorthgyd, quae multis iam annis in eodem monasterio commorata, & ipsa semper in omni humilitate ac sinceritate Deo seruire satagebat, & adiutrix disciplinae regularis eidem matri existere, minores docendo uel castigando curabat. Cuius ut uirtus iuxta apostolum in infirmitate perficeretur, tacta est repente grauissimo corporis morbo, & per annos nouem pia redemptoris nostri prouisione multū fatigata: uidelicet ut quicquid in ea uitii sordidantis inter uirtutes per ignorantiam uel incuriam resedisset, totum hoc caminus diutinae tribulationis excoqueret. Haec autē quadā nocte incipiente crepusculo, egressa de cubiculo quo manebat, uidit manifeste quasi corpus hominis quod esset sole clarius, sindone inuolutum, in sublime ferri, elatum uidelicet de domo, in qua sorores pausare solebant. Cumq; diligentius intueretur quo trahente leuaretur sursum haec quam contemplabatur species corporis gloriosi, uidit quod quasi funibus auro clarioribus in superna tolleretur, donec caelis patentibus introducta amplius ab illa uideri non potuit. Nec dubium remansit cogitanti de uisione, quin aliquis de illa congregatione citius esset moriturus, cuius anima per bona quae fecisset opera, quasi per funes aureos leuanda esset ad caelos. Quod reuera ita contigit. Nam non multis interpositis diebus, Deo dilecta mater congregationis ipsius ergastulo carnis educta est, cuius talē fuisse constat uitā, ut nemo qui eam nouerit, dubitare debeat, quin ei exeunti de hac uita, caelestis patriae patuerit ingressus.

In eodem quoq; monasterio quaedā erat femina sanctimonialis, & ad saeculi huius dignitatem nobilis, & in amore futuri saeculi nobilior, quae ita multis iam annis omni corporis fuerat officio destituta, ut ne unum quidē mouere ipsa membrum ualeret. Haec ubi corpus abbatissae uenerabilis in ecclesiā delatum, donec sepulturae daretur, cognouit, postulauit se afferri illuc, & in modum orantium ad illud acclinari. Quod dum fieret, quasi uiuentem allocuta rogauit, ut apud misericordiam pii conditoris impetraret se a tantis tamq; diutinis cruciatibus absolui. Nec multo tardius exaudita est: nam post dies duodecim & ipsa educta ex carne temporales afflictiones aeterna mercede mutauit. Cum uero praefata Christi famula Thorthgyd tres adhuc annos post obitum Dominae in hac uita teneretur, in tantum ea qua praediximus, infirmitate decocta est, ut uix ossibus haereret, & ad ultimū cū tempus iā resolutionis instaret, nō solum membrorum ceterorū, sed & linguae motu cauit. Quod dum infans dictus ac noctibus ageretur, subito uisione spirituali recreata est, & oculos aperuit, aspiciensque in cœlum, sic ad eam quam intuebatur uisionem cœpit loqui: Gratus est mihi multum aduentus tuus, & bene uenisti. Et hoc dicto parumper reticuit, quasi responsum eius quem uidebat, & cui loquebatur, expectans. Rursumque quasi leuiter indignata subiunxit, Nequaquam hoc læta ferre queo. Rursumque modicum silens tertio dixit: Si nullatenus hodie fieri potest, obsecro ut non sit longum spatium in medio. Et sicut antea parum silens, ita sermonem conclusit: Si omnimodis ita definitum est, neque hanc sententiam licet immutari, obsecro ne amplius quam hæc solummodo proxima nox intersit. Quibus dictis interrogata a circumsedentibus, cum quo loqueretur: Cum charissima, inquit, mea matre Edilburga. Ex quo intellexere, quod ipsa ei tempus transmigrationis suæ proximum nunciare uenisset. Nam & ita ut rogabat, transacta una die ac nocte, soluta carnis simul & infirmitatis uinculis ad æternæ gaudia salutis intrauit.

Ut ad cœmiterium eiusdem monasterii, orans cæca lumen receperit. Cap. X.

SVccessit autem Edilburgæ in officio abbatissæ deuota Deo famula nomine Hildilhid, multisque annis, id est, usque ad ultimam senectutem, eidem monasterio strenuissime, & in obseruantia disciplinæ regularis, & in earum quæ ad communes usus pertinent rerum prouidentia, præfuit: cui quum propter angustiam loci, in quo monasterium constructum est, placuisset, ut ossa famulorum famularumque Christi, quæ ibidem fuerant tumulata, tollerentur, & transferrentur omnia in ecclesiam beatæ Dei genitricis, unoque conderentur in loco: quoties ibi claritas luminis cœlestis, quanta sæpe fragrantia mirandi apparuerit odoris, quæ alia sint signa ostensa, in ipso libro de quo excerpsimus, hæc quisquis legerit, inueniet. Sane nullatenus prætereundum arbitror miraculum sanitatis, quod ad ipsum cœmiterium Deo dicatæ congregationis factum idem libellus refert. Erat quippe in proximo comes quidam, cuius uxor ingruente oculis caligine subita, tantum per dies eadem molestia crebrescente grauata est, ut ne minimam quidem lucis alicuius posset particulam uidere. Cui dum aliquandiu cæcitatis huius nocte clausa maneret, repente uenit in mentem, quia si ad monasterium delata uirginum sanctimonialium ad reliquias sanctorum peteret, perditam posset recipere lucem. Nec distulit quin continuo quod mente conceperat, expleret. Perducta namque a puellis suis in monasterium (quia in proximo erat) ubi se dum sua fide integram se habere professa est, introducta est in cœmiterium. Et cum ibidem diutius flexis genibus oraret, nihilo tardius meruit exaudiri. Nam exurgens ab oratione priusquam exiret de loco, petitæ lucis gratiam recepit, & quæ famularum manibus adducta fuerat, ipsa libero pedum incessu domum læta reuersa est: quasi ad hoc solummodo lucem amitteret temporalem, ut quanta sanctos Christi lux in cœlis, quæ gratia uirtutis possideret, sua sanatione demonstraret.

Ut rex eiusdem prouinciæ Sebbi in monachica conuersatione uitam finierit. Caput XI.

EO tempore præerat regno orientalium Saxonum, ut idem etiam libellus docet, uir multum Deo deuotus nomine Sebbi, cuius supra meminimus. Erat enim religiosis actibus, crebris precibus, piis eleemosynarum fructibus plurimum intentus, uitam priuatam & monachicam cunctis regni diuitiis & honoribus præferens, quam & olim iam, si non obstinatus coniugis animus diuortium negaret, relicto regno subisset. Unde & multis uisum (et sæpe dictum est), quia talis animi uirum episcopum magis, quam regem ordinari deceret. Cumque annos triginta in regno, miles regni cœlestis exegisset, correptus est corporis infirmitate permaxima, qua & mortuus est: admonuitque coniugem, ut uel tunc diuino se seruitio pariter manciparent, cum amplius pariter mundum amplecti, uel potius mundo seruire non possent. Quod dum ægre impetraret ab ea, uenit ad antistitem Londoniæ ciuitatis, uocabulo Valdhere, qui Erconwaldo successerat, & per eius benedictionem habitum religionis, quem diu desiderarat, accepit. Attulit autem eidem & summam pecuniæ non paruam, pauperibus erogandam, nil omnimodis sibi reseruans, sed pauper spiritu magis propter regnum cœlorum manere desiderans. Qui cum ingrauescente præfata ægritudine diem sibi mortis imminere sensisset, timere cœpit homo animi regalis, ne ad mortem ueniens tanto affectus dolore aliquid indignum suæ personæ uel ore proferret, uel aliorum motu gereret membrorum. Unde accito ad se præfato urbis Londoniæ in qua tunc ipse manebat episcopo, rogauit ne plures eo moriente quam ipse episcopus & duo sui ministri adessent. Quod dum episcopus libentissime se facturum promitteret, non multo post idem uir Dei, cum membra sopori dedisset, uidit uisionem consolatoriam, quæ omnem ei anxietatem memoratæ sollicitudinis auferret: insuper & qua die esset hanc uitam terminaturus, ostenderet. Vidit enim (ut post ipse referebat) uenisse ad se tres uiros claro indutos habitu, quorum unus residens ante lectulum eius, stantibus his qui secum aduenerant comitibus, & interrogantibus de statu eius quem languentem uisitare uenerant, dixit, quod anima eius & sine ullo dolore, & cum magno lucis splendore esset egressura de corpore: sed & tertium exinde diem quo esset moriturus, insinuauit. Quod ita utrumque ut ex uisione didicit, completum est. Nam die dehinc tertio completa hora nona, subito quasi leuiter obdormiens, sine ullo sensu doloris emisit spiritum. Cuius cor-

pori

pore tumulando praeparauerant sarcophagum lapideum: sed cum huic corpus imponere coepissent, inuenerunt hoc mensura palmi longius esse sarcophago. Dolantes ergo lapidem in quantum ualebant, addiderunt longitudini sarcophagi quasi duorum mensuram digitorum, sed nec sic quidem corpus capiebat. Vnde facta difficultate tumulandi, cogitabant aut aliud quaerere loculum, aut ipsum corpus si possent in genibus inflectendo breuiare, donec ipso loculo caperetur. Sed mira res, & non nisi coelitus facta, ne aliquid horum fieri deberet, prohibuit. Nam subito astante episcopo & filio regis eiusdem, ac monacho Sighardo, qui post illum cum fratre suo Fredo regnauit & turba hominum non modica, inuentum est sarcophagum illud congruae longitudinis ad mensuram corporis, adeo ut a parte capitis etiam ceruical posset interponi: a parte uero pedum mensura quatuor digitorum in sarcophago corpus excederet. Conditus est autem in ecclesia beati doctoris gentium, cuius edoctus monitis coelestia sperare didicerat.

Vt episcopatum Occidentalium Saxonum pro Eleutherio Haeddi, episcopatum Rofensis ecclesiae pro Putta Cuichelm, & pro ipso Gebmundum acceperit, & qui tunc Nordanhymbrorum fuerint episcopi. Caput XII.

QVartus Occidentalium Saxonum antistes Eleutherius fuit: siquidem primus Birinus, secundus Agilbertus, tertius exstitit Vini. Cumque mortuus esset Coinualch, quo regnante idem Eleutherius episcopus factus est, acceperunt subreguli regnum gentis, & diuisum inter se tenuerunt annis circiter decem: ipsisque regnantibus defunctus est ille, & episcopatu functus, Haeddi pro eo consecratus est a Theodoro in ciuitate Londonia, cuius episcopatus tempore deuictis atque amotis subregulis Caedualla suscepit imperium, & cum duobus annis hoc tenuisset, tandem superni regni amore compunctus reliquit, eodem adhuc praesule ecclesiam gubernante, ac Romam abiens ibi uitam finiuit, ut in sequentibus latius dicendum est. Anno autem Dominicae incarnationis sexcentesimo septuagesimo sexto, cum Edilred rex Merciorum adducto maligno exercitu Cantiam uastaret, & ecclesias ac monasteria sine respectu pietatis uel diuini timoris foedaret, ciuitatem quoque Rhofi, in qua erat Putta episcopus, quamuis eo tempore absens, communi clade absumpsit. Quod ille ubi comperit, ecclesiam uidelicet suam rebus ablatis omnibus depopulatam, diuertit ad Sexuulfum Merciorum antistitem, & accepta ab eo possessione ecclesiae cuiusdam, & agelli non grandis, ibidem in pace uitam finiuit, nil omnino de restaurando episcopatu suo agens: quia (sicut & supra diximus) magis in ecclesiasticis quam in mundanis rebus erat industrius: sed in illa sola ecclesia Deo seruiens, & ubicumque rogabatur ad docenda ecclesiastica carmina diuertens. Pro quo Theodorus in ciuitate Rhofi Cuichelmum consecrauit episcopum, sed illo post non multum temporis prae inopia rerum ab episcopatu decedente, atque ad alia loca secedente, Gebmundum pro eo substituit antistitem. Anno Dominicae incarnationis sexcentesimo septuagesimo octauo, qui est annus imperii regis Ecgfridi octauus, apparuit mense Augusto stella quae dicitur cometa, & tribus mensibus permanens, matutinis horis oriebatur, excelsam radiantis flammae quasi columnam praeferens. Quo etiam anno orta inter ipsum regem Ecgfridum & reuerendissimum antistitem Vilfridum dissensione, pulsus est idem antistes a sede sui episcopatus, & duo in locum eius substituti episcopi, qui Nordanhymbrorum genti praeessent: Bosa uidelicet qui Deirorum, & Eata qui Berniciorum prouinciam gubernaret: hic in ciuitate Eboraci, ille in Hagustaldensi siue Lindisfarnensi ecclesia cathedram habens episcopalem, ambo de monachorum collegio in episcopatus gradum adsciti. Cum quibus & Eadhedum in prouinciam Lindisfarorum, quam nuperrime rex Ecgfridus superato in bello, & fugato Vulfhere obtinuerat, ordinatur episcopus: & hunc primum eadem prouincia accepit proprium praesulem, secundum Edilunum, tertium Eadgarum, quartum Cinibertum, quem in praesenti habet. Habebat enim ante Eadhedum antistitem Sexuulfum, qui etiam Merciorum & Mediterraneorum Anglorum simul episcopus fuit: unde & expulsus de Lindissi, in illarum prouinciarum regimine permansit. Ordinati sunt autem Eadhedus, Bosa, & Eata Eboraci ab archiepiscopo Theodoro, qui etiam post tres abscessionis Vilfridi annos, horum numero duos addidit antistites, Tumberctum ad ecclesiam Hagustaldensem, remanente Eata ad Lindisfarnensem, & Trumuini ad prouinciam Pictorum, quae tunc temporis Anglorum erat imperio subiecta. Eadhedum de Lindissi reuersum, eo quod Edilredus prouinciam recepisset, Rhipensi ecclesiae praefecit.

Vt Vilfridus episcopus prouinciam Australium Saxonum ad Christum conuerterit. Cap. XIII.

PVlsus est autem ab episcopatu suo Vilfridus, & multa diu loca peruagatus Romam adiit, in Britanniam rediit. Et si propter inimicitias memorati regis in patriam siue parochiam suam recipi non potuit, non tamen ab euangelizandi potuit ministerio cohiberi: siquidem diuertens ad prouinciam Australium Saxonum, quae post Cantuarios ad Austrum & ad Occidentem usque ad Occidentales Saxones pertingit, habens terram familiarum septem millium, & eo adhuc tempore paganis cultibus seruiebat, huic uerbum fidei & lauacrum salutis ministrabat. Erat autem rex gentis ipsius Edilualch, non multo ante baptizatus in prouincia Merciorum, praesente ac suggerente rege Vulfhere, a quo etiam egressus de fonte loco filii susceptus est, in cuius signum adoptionis duas illi prouincias donauit, Vectam uidelicet insulam, & Meanuarorum prouinciam in gente Occidentalium Saxonum. Itaque episco-

po,

pso concedente, imò multum gaudente rege, primos prouinciæ duces ac milites sacrosancto fonte abluebat. Verùm presbyteri Eappa & Padda, & Burghelm & Oidda, cæteram plebem uel tunc uel tempore sequente baptizabant. Porrò regina nomine Ebbe, in sua insula, id est, Vicciorum prouincia fuerat baptizata. Erat autem filia Eanfridi fratris Eanheri, qui ambo cum suo populo Christiani fuere. Cæterùm tota prouincia Australium Saxonum diuini nominis & fidei erat ignara. Erat autem ibi monachus quidam de natione Scotorum, uocabulo Dicul, habens monasteriolum permodicum in loco qui uocatur Bosanham, syluis & mari circundatum, & in eo fratres quinque siue sex in humili & paupere uita Domino famulantes. Sed prouincialium nullus eorum uel uitam æmulari, uel prædicationem curabat audire. Euangelizans autem genti episcopus Vuilfridus, non solum eam ab ærumna perpetuæ damnationis, uerum & à clade infanda temporalis interitus eripuit. Siquidem tribus annis ante aduentum eius in prouinciam nulla illis in locis pluuia ceciderat, unde & fames acerrima plebem inuadens impia nece prostrauit. Denique ferunt, quia sæpe quadraginta simul aut quinquaginta homines inedia macerati procederent ad præcipitium aliquod siue ripam maris, & iunctis misere manibus pariter omnes aut ruina perituri, aut fluctibus absorbendi deciderent. Verùm ipso die quo baptisma fidei gens suscepit illa, descendit pluuia serena & copiosa, refloruit terra, rediitque uiridantibus aruis annus lætus & frugifer. Sicque abiecta prisca superstitione, exsufflata idololatria, cor omnium & caro omnium exultauerunt in Deum uiuum: intelligentes eum, qui uerus est Deus, & interioribus se bonis & exterioribus cœlesti gratia ditasse. Nam & antistes cum uenisset in prouinciam, tantamque ibi famis pœnam uideret, docuit eos piscando uictum quærere, namque mare & flumina eorum piscibus abundabant, sed piscandi peritia genti nulla nisi ad anguillas tantum inerat. Collectis ergo undecunque retibus anguillaribus homines antistitis miserunt in mare, & diuina se iuuante gratia, mox cepere pisces diuersi generis trecentos: quibus trifariam diuisis, centum pauperibus dederunt, centum his à quibus retia acceperant, centum in suos usus habebant. Quo beneficio multum antistes cor omnium in suum conuertit amorem, & libentius eo prædicante cœlestia sperare cœperunt, cuius ministerio temporalia bona sumpserunt. Quo tempore rex Edilualch donauit reuerentissimo antistiti Vuilfrido terram octoginta septem familiarum, ubi suos homines qui exules uagabantur, recipere posset, uocabulo Seolesey, quod dicitur Latinè Insula uituli marini. Est autem locus ille undique mari circundatus, præter ab Occidente, unde habet ingressum amplitudinis quasi iactus fundæ: qualis locus à Latinis peninsula, à Græcis solet Chersonesus uocari. Hunc ergo locum cum accepisset episcopus Vuilfridus, fundauit ibi monasterium ac regulari uita instituit, maximè ex his quos secum adduxerat fratribus, quod usque hodie successores eius tenere noscuntur. Nam ipse illis in partibus annos quinque, id est, usque ad mortem Egfridi regis merito omnibus honorabilis, officium episcopatus & uerbo exercebat & opere. Et quoniam illi rex cum præfata loci possessione omnes qui ibidem erant facultates cum agris & hominibus donauit, omnes fide Christi institutos unda baptismatis abluit. Inter quos seruos & ancillas ducentos quinquaginta, quos omnes nō solū baptizando à seruitute dæmonica saluauit, sed etiam libertate donando humanæ iugo seruitutis absoluit.

Vt intercessione Osualdi regis pestifera mortalitas sublata. Cap. XIIII.

IN quo tunc monasterio nonnulla cœlestis gratiæ dona specialiter ostensa fuisse perhibentur, utpote ubi nuper expulsa diaboli tyrannide Christus iam regnare cœperat: è quibus unum, quod mihi reuerendissimus antistes Acca sæpius referre, & à fidelissimis eiusdem monasterii fratribus sibi reuelatum asserere solebat, memoriæ mandare commodum duximus. Eodem ferme tempore quo ipsa prouincia nomē Christi susceperat, multas Britanniæ prouincias mortalitas sæua corripiebat: quæ cum præfatum quoque monasterium, cui tunc regendo reuerentissimus ac religiosissimus Christi sacerdos uocabulo Eappa præfuit, nutu diuinæ dispensationis attingeret, multique siue de his qui cum antistite illo uenerant, siue de illis qui de eadē prouincia Saxonum nuper ad fidem fuerant uocati, passim de hac uita raperentur, uisum est fratribus triduanum ieiunium agere, & diuinam suppliciter obsecrare clementiam, ut misericordiam sibi dignaretur impendere: siue periclitantes hoc morbo à præsenti morte liberaret, seu raptos è mundo à perpetua animæ damnatione seruaret. Erat tunc temporis in eodē monasterio puerulus quidam de natione Saxonū, nuper uocatus ad fidem, qui eadem tactus infirmitate, non pauco tempore recubans in lectulo iacebat. Cum ergo secunda memorati ieiunii ac supplicationum dies ageretur, contigit forte ipsum puerum hora ferme secunda diei in loco in quo æger iacebat solum inueniri, cui diuina dispensatione subitò beatissimi apostolorum principes dignati sunt apparere. Erat enim puer multum simplicis ac mansueti animi, sinceraque deuotione sacramenta fidei quæ susceperat, seruans. Salutantes ergo illum uerbis piissimis apostoli dicebant, Noli timere fili mortem, pro qua sollicitus es: nos enim te hodierna die ad cœlestia regna sumus perducturi. Sed primum expectare habes, donec missæ celebrentur, ac uiatico Dominici corporis ac sanguinis accepto, sic infirmitate simul & morte absolutus ad æterna in cœlis gaudia subleueris. Clama ergo ad te presbyterum Eappam, & dicito illi, quia Dominus exaudiuit

preces

preces uestras & deuotionem, ac somnia propitius aspexit, neque aliquis de hoc monasterio, siue de adiacentibus ei possessiunculis hac clade ultra moriturus est, sed omnes qui alicubi de uestris hac aegritudine laborant, resurrecturi à languore ad pristinam sunt sospitatem recuperandi, praeter te solum, quem hodierna est die liberandum à morte, & ad uisionem Domini Christi, cui fideliter seruisti, perducendus in coelum: quod diuina uobis misericordia, per intercessionem religiosi ac Deo dilecti regis Osualdi, qui quondam genti Nordan Humbrorum, & regni temporalis auctoritate, & Christianae pietatis, quae ad regnum perenne ducit, deuotione sublimiter praefuit, conferre dignata est. Hac etenim die idem rex ab infidelibus in bello corporaliter extinctus, mox ad sempiterna animarum gaudia assumptus in coelum, & electorum est sociatus agminibus. Quaerant in suis codicibus, in quibus defunctorum est adnotata depositio, & inuenient illum hac (ut diximus) die raptum esse de seculo. Celebrent ergo missas per cuncta monasterii oratoria huius, siue pro gratiarum actione exauditae suae deprecationis, siue etiam in memoriam praefati regis Osualdi, qui quondam ipsorum genti praeerat. Ideoque pro eis, quasi pro suae gentis aduenis supplex orabat ad Dominum. Et cunctis conuenientibus ad ecclesiam fratribus communicent omnes sacrificiis coelestibus, & ita soluto ieiunio corpus quoque suis reficiant alimentis. Quae uerba cum omnia uocato ad se presbytero puer narrasset, interrogauit eum sollicitus, quales essent habitu uel specie uiri, qui sibi apparuissent. Respondit, praeclari omnino habitus & uultus erant: laetissimi ac pulcherrimi, quales nunquam ante uideram, neque aliquos hominum tanti decoris ac uenustatis esse posse credebam. Vnus quidem attonsus erat ut clericus, alius barbam habebat prolixam: dicebantque quod unus eorum Petrus, alius uocaretur Paulus, & ipsi essent ministri Domini & saluatoris nostri Iesu Christi, ad tuitionem nostri monasterii missi ab ipso de coelis. Credidit ergo uerbis pueri presbyter, ac statim egressus requisiuit in annale suo, & inuenit eadem ipsa die Osualdum regem fuisse peremptum. Vocatisque fratribus parare prandium, missas fieri, atque omnes communicare more solito praecepit: simul & infirmanti puero de eodem sacrificio Dominicae oblationis particulam deferri mandauit. Quibus ita gestis, non multo post eadem ipsa die puer defunctus est, suaque morte probauit uera fuisse uerba, quae ab apostolis Christi audierat. Sed & hoc uerbis eius testimonium perhibuit, quod nemo praeter ipsum tempore illo ex eodem est monasterio raptus de mondo. Ex qua nimirum uisione multi qui haec audire potuerunt, & ad exorandam in aduersis diuinam clementiam, & ad salutaria ieiuniorum remedia subeunda, sunt mirabiliter accensi: & ex eo tempore non solum in eodem monasterio, sed & in plerisque locis aliis coepit annuatim eiusdem regis ac militis Christi natalitius dies missarum celebratione uenerari.

Vt Cædualla interfecto rege Australium Saxonum Edilualch, prouinciam illam saeua caede ac depopulatione attriuerit. Cap. XV.

INterea superueniens cum exercitu Cædualla iuuenis strenuissimus, de regio genere Geuissorum, cum exularet à patria sua, interfecit regem Edilualch, ac prouinciam illam saeua caede ac depopulatione attriuit. Sed mox expulsus est à ducibus regis Berchtuno & Andhuno, qui deinceps regnum prouinciae tenuerunt. Quorum prior postea ab eodem Cædualla, cum esset rex Geuissorum, occisus est, & prouincia grauiore est seruitio subacta. Sed & qui post Cæduallam regnauit, simili prouinciam illam afflictione plurimo annorum tempore mancipauit. Quare factum est, ut toto illo tempore Episcopum proprium habere nequiuerit: sed reuocato domum Vuilfrido primo suo antistite, ipsi episcopo Geuissorum, id est, Occidentalium Saxonum, qui essent in Venta ciuitate, subiacerent.

Vt Vecta insula Christianos incolas susceperit, cuius regii duo pueri statim post acceptum baptisma sint interempti. Cap. XVI.

POstquam ergo Cædualla regno potitus est Geuissorum, cepit & insulam Vectam, quae eatenus erat tota idololatriae dedita, ac stragica caede omnes indigenas exterminare, ac suae prouinciae homines pro his substituere contendit, uoto se obligans, quamuis nondum regeneratus (ut ferunt) in Christo: quia si cepisset insulam, quartam partem eius simul & praedae Domino daret. Quod ita soluit, ut hanc Vuilfrido episcopo, qui tunc forte de gente sua superueniens aderat, utendam pro Domino offerret. Est autem mensura eiusdem insulae iuxta aestimationem Anglorum mille ducentarum familiarum: unde data est episcopo possessio terrae trecentarum familiarum. At ipse partem quam accepit, commendauit cuidam de clericis suis, cui nomen Bernuuini, & erat filius sororis eius, dans illi presbyterum nomine Hiddila, qui omnibus qui saluari uellent, uerbum ac lauacrum uitae ministraret. Vbi silentio praetereundum non esse reor, quod in primitias eorum, qui de eadem insula credendo salui fiebant, duo regii pueri, fratres uidelicet Aruualdi regis insulae speciali sunt Dei gratia coronati: Siquidem imminentibus insulae hostibus fuga lapsi sunt de insula, & in proximam Vitorum prouinciam translati, ubi cum delati in locum qui uocatur Ad lapidem, occultandos se à facie regis uictoris credidissent, proditi sunt, atque occidi iussi. Quod cum audisset abbas quidam & presbyter uocabulo Cimberth, habens non longe ab inde monasterium in loco qui uocatur Reodford, id est, uadum arundinis, uenit ad regem, qui tunc eidem

in partiin partibus occultis curabatur a uulneribus, quae ei inflicta fuerant proelianti in insula Vecta, misit ab eo, ut si necesse esset pueros interfici, prius eos liceret fidei Christianae sacramentis imbui. Concessit rex, & ipse instructos eos uerbo ueritatis, ac fonte salutaris ablutos, de ingressu regni aeterni certos reddidit. Moxque illi instante carnifice mortem laeti subiere temporalem, per quam se ad uitam animae perpetuam non dubitabant esse transituros. Hoc ergo ordine postquam omnes Britanniarum prouinciae fidem Christi susceperant, suscepit & insula Vecta, in qua tamen ob aerumnam externae subiectionis, nemo gradum ministerii ac sedis episcopatus ante Danielem, qui nunc Occidentalium Saxonum & Geuissorum est episcopus, accepit. Sita est autem haec insula contra medium Australium Saxonum & Geuissorum, interposito pelago latitudinis trium millium, quod uocatur Solente: in quo uidelicet pelago bini aestus Oceani, qui circum Britanniam ex infinito Oceano Septentrionali erumpunt, sibimet inuicem quotidie compugnantes occurrunt, ultra ostium fluminis Homelea, quod per terras Iutarum, quae ad regionem Geuissorum pertinent, praefatum pelagus intrat, finitoque conflictu in Oceanum refusi, unde uenerant, redeunt.

De synodo facta in campo Hedtfeld, praesidente archiepiscopo Theodoro. Cap. XVII.

HIs temporibus audiens Theodorus fidem ecclesiae Constantinopoli per haeresim Eutychetis multum esse turbatam, & ecclesias Anglorum quibus praeerat, ab huiusmodi labe immunes perdurare desiderans, collecto uenerabilium sacerdotum doctorumque plurimorum coetu, cuius essent fidei singulos sedulus inquirebat, omniumque unanimem in fide catholica reperit consensum: & hunc synodalibus literis ad instructionem memoriamque sequentium commendare curauit, quarum uidelicet literarum istud exordium est:

In nomine Domini Iesu Christi saluatoris, imperantibus dominis piissimis nostris, Ecgfrido rege Humbronensium, anno decimo regni eius, sub die quintadecima Kalend. Octobris, indictione octaua: & Edilredo rege Mercinensium, anno sexto regni eius, & Aldwulfo rege Estranglorum, anno decimoseptimo regni eius, & Lothario rege Cantuariorum, regni eius anno septimo, praesidente ipso Theodoro gratia Dei archiepiscopo Britanniae insulae, & ciuitatis Doruuernis, unacum eo sedentibus ceteris episcopis Britanniae insulae, uiris uenerabilibus, praepositis sacrosanctis Euangeliis, in loco qui Saxonico uocabulo Hedtfeld nominatur, pariter tractantes, fidem rectam & orthodoxam exposuimus, sicut Dominus noster Iesus incarnatus tradidit discipulis suis, qui praesentialiter uiderunt & audierunt sermones eius, atque sanctorum patrum tradidit symbolum, & generaliter omnes sancti & uniuersales synodi, & omnis probabilium catholicae ecclesiae doctorum chorus. Hos itaque sequentes nos pie atque orthodoxe, iuxta diuinitus inspiratam doctrinam eorum, professi credimus consonanter, & confitemur secundum sanctos patres, proprie & ueraciter patrem, & filium & spiritum sanctum, trinitatem in unitate consubstantialem, & unitatem in trinitate: hoc est, unum Deum in tribus subsistentiis uel personis consubstantialibus, aequalis gloriae & honoris. Et post multa huiusmodi, quae ad rectae fidei confessionem pertinebant, haec quoque sancta synodus suis literis addidit: Suscepimus sanctas & uniuersales quinque synodos beatorum & Deo acceptabilium patrum, id est, qui in Nicaea congregati fuerunt trecentorum decem & octo, contra Arrium impiissimum & eiusdem dogmata: & in Constantinopoli centum quinquaginta, contra uesaniam Macedonii & Eudoxii, & eorum dogmata: & in Epheso primo ducentorum, contra nequissimum Nestorium & eiusdem dogmata: & in Chalcedone sexcentorum & triginta contra Eutychen & Nestorium & eorum dogmata: & iterum in Constantinopoli quinto congregati sunt concilio, in tempore Iustiniani minoris, contra Theodorum & Theodoretum, & Ibae epistolas & eorum dogmata, contra Cyrillum paulo post: & synodum quae facta est in urbe Roma, in tempore Martini papae beatissimi, indictione octaua, imperante Constantino piissimo anno nono. Suscipimus & glorificamus Dominum nostrum Iesum Christum, sicut isti glorificauerunt, nihil addentes uel subtrahentes, & anathematizamus corde & ore quos anathematizarunt, & quos susceperunt, suscipimus, glorificantes Deum patrem sine initio, & filium eius unigenitum ex patre generatum ante secula, & spiritum sanctum procedentem ex patre & filio inenarrabiliter, sicut praedicauerunt hi, quos memorauimus supra, sancti Apostoli, & Prophetae, & doctores. Et nos omnes subscribimus, qui cum Theodoro archiepiscopo fidem catholicam exposuimus.

De Ioanne cantatore sedis apostolicae, qui propter docendum uenerat in Britanniam. Capit. XVIII.

INterfuit huic synodo, pariterque catholicae fidei decreta firmabat uir uenerabilis Ioannes archicantor ecclesiae sancti Petri, & abbas monasterii beati Martini, qui nuper uenerat a Roma per iussionem papae Agathonis, duce reuerentissimo abbate Biscopo, cognomine Benedicto, cuius supra meminimus. Cum enim idem Benedictus construxisset monasterium Britanniae in honorem beatissimi Apostolorum principis, iuxta ostium fluminis Viuri, uenit Romam cum cooperatore ac socio eiusdem operis Ceolfrido, qui post ipsum eiusdem monasterii abbas fuit (quod & ante saepius facere consueuerat) atque honorifice a beatae memoriae papa Agathone susceptus est, petiitque & accepit ab eo in munimentum

nimentum

nimentum libertatis monasterij quod fecerat, epistolam priuilegij ex auctoritate Apostolica firmatam, iuxta quod Ecgfridum regem uoluisse ac licentiam dedisse nouerat, quo concedente & possessionem terræ largiente, ipsum monasterium fecerat: accepit & præfatum Ioannem abbatem in Britanniam perducendum, quatenus in monasterio suo cursum canendi annuum, sicut ad sanctum Petrum Romæ agebatur, edoceret. Egitq; abbas Ioannes, ut iussionem acceperat pontificis, & ordinem uidelicet, ritumq; canendi ac legendi uiua uoce præfati monasterij cantores edocendo, & ea quæ totius anni circulus in celebratione dierum festorum poscebat, etiam literis mandando: quæ hactenus in eodem monasterio seruata, & à multis iam sunt circumquaque transcripta. Non solum autem idem Ioannes ipsius monasterij fratres docebat, uerum de omnibus pene eiusdem prouinciæ monasterijs ad audiendum eum, qui cantandi erant periti confluebant. Sed & ipsum, per loca in quibus doceret, multi inuitare curabant. Ipse autem, excepto cantandi uel legendi munere, & aliud in mandatis ab Apostolico papa acceperat, ut cuius esset fidei Anglorum ecclesia diligenter edisceret, Romamq; rediens referret. Nam & synodum beati papæ Martini centum quinque episcoporum consensum, non multo ante Romæ celebratam, contra eos maxime, qui unam in Christo operationem & uoluntatem prædicabant, secum ueniens attulit, atque in præfato religiosissimi abbatis Benedicti monasterio transcribendam commodauit. Tales namque eo tempore Constantinopolitanæ ecclesiæ fidem multum turbauerant, sed Domino donante proditi iam tunc & uicti sunt. Vnde uolens Agatho papa, sicut in alijs prouincijs, ita etiam in Britannia, qualis esset status ecclesiæ, quomodo ab hæreticorum contagijs castus, dicere, hoc negocium reuerentissimo abbati Ioanni in Britanniam destinato iniunxit. Quamobrem collecta pro hoc in Britannia synodo, quam diximus, inuenta est in omnibus fides catholica inuiolata: datumq; illi exemplar eius Romam perferendum, uerum ille patriam reuertens, non multo postquam Oceanum transijt, arreptus infirmitate, ac defunctus est: corpusq; eius ab amicis propter amorem sancti Martini, cuius monasterio præerat, Turonis delatum, atque honorifice sepultum est. Nam & benigno ecclesiæ illius hospitio, cum in Britanniam iret, exceptus est, rogatusq; multum à fratribus, ut Romam reuertens illo itinere reuerteretur, atque ad eam diuerteret ecclesiam. Denique ibidem adiutores itineris & iniuncti operis accepit: qui etsi in itinere defunctus est, nihilominus exemplum catholicæ fidei Anglorum Romam perlatum est, atq; ab Apostolico papa omnibusq; qui audiere uel legere, gratanti-
ssime susceptum.

Beda tom. 3.

Vt Ædilthrida regina uirgo perpetua permanserit, cuius nec corpus in monumento corrumpi potuerit. Caput XIX.

ACcepit autem rex Ecgfridus coniugem nomine Edildridam, filiam Annæ regis Orientalium Anglorum, cuius sæpius mentionem fecimus, uiri bene religiosi, ac per omnia mente & opere egregij: quam & alter ante illum uir habuerat uxorem, princeps uidelicet Australium Giruiorum, uocabulo Tondbert: sed illo post modicum temporis ex quo eam accepit defuncto, data est regi præfato: cuius consortio cum uteretur duodecim annis, perpetua tamē mansit uirginitatis integritate gloriosa, sicut mihimet sciscitanti (cum hoc an ita esset, quibusdam uenisset in dubium) beatæ memoriæ Vuilfridus episcopus referebat, dicens se testem uirginitatis eius esse certissimum, adeo ut Ecgfridus promiserit se ei terras ac pecunias multas esse donaturum, si reginam posset persuadere eius uti connubio, quia sciebat illam nullum uirorum plus illo diligere. Nec diffidendum est, nostra etiam ætate fieri potuisse, quod æuo præcedente aliquoties factum fideles historiæ narrant, donante uno eodemq; Domino, qui se nobiscum usq; in finem seculi manere pollicetur. Nam etiam signum diuini miraculi, quo eiusdem fœminæ sepulta caro corrumpi non potuit, indicio est, quod à uirili contactu incorrupta perdurauerit: quæ multum diu regem postulans, ut seculi curas relinquere, atque in monasterio tantum uero regi Christo seruire permitteretur, quod ubi uix aliquando impetrauit, intrauit monasterium Ebbe abbatissæ, quæ erat amita Ecgfridi regis, positū in loco quem Coludi urbem nominant, accepto uelamine sanctimonialis habitus à præfato antistite Vuilfrido. Post annum uero ipsa facta est abbatissa in regione quæ uocatur Elge, ubi constructo monasterio uirginum Deo deuotarum perplurimū mater uirgo, & exemplis uitæ cœlestis esse cœpit, & monitis. De qua ferunt, quia ex quo monasterium petijt, nunquā lineis, sed solum laneis uestimentis uti uoluerit, raroq; in calidis balneis præter imminentibus solennijs maioribus, uerbi gratia, Paschæ, Pentecostes, Epiphaniæ, lauari uoluerit, & tunc nouissima omnium lota prius suo suarumq; ministrarum obsequio cæteris, quæ ibi essent famulabus Christi. Rarò etiam præter maiora solennia uel arctiorem necessitatem, plusquam semel per diem manducauerit semper, si non infirmitas grauior prohibuisset. Ex tempore matutinæ synaxeos usq; ad ortū diei in ecclesia precibus intenta persisteret. Sunt etiam qui dicunt, quod per prophetiæ spiritum, & pestilentiam qua ipsa esset moritura, prædixerit, & numerum quoq; eorum qui de suo monasterio hac essent de mundo rapiendi, palam cunctis præsentibus intimauerit. Rapta est autem ad Dominum in medio suorū post annos septem, ex quo abbatissæ gradum susceperat, & æque ut ipsa iusserat, non alibi quam in mealio eorum iuxta ordinem quo transierat, ligneo in locello sepulta: cui successit in ministerium abbatissae soror eius Sexburga, quam habuerat in coniugem Earconbertus rex Cantuariorum. Et cum sedecim annos esset sepulta, placuit eidem sorori abbatissae leuari ossa eius, & in locello nouo posita in ecclesiam transferri: iussitque quosdam e fratribus quaerere lapidem, de quo locellum in hoc facere possent: qui ascensa naui (ipsa enim regio Elge undique est aquis & paludibus circumdata, neque lapides maiores habet) uenerunt ad ciuitatulam quandam desolatam non procul inde sitam, quae lingua Anglorum Grandacestir uocatur, & mox inuenerunt iuxta muros ciuitatis locellum de marmore albo pulcherrime factum, operculo quoque similis lapidis aptissime tectum. Vnde intelligentes a Domino suum iter esse prosperatum, gratias agentes retulerunt ad monasterium. Cumque corpus sacrae uirginis ac sponsae Christi aperto sepulchro esset prolatum in lucem, ita incorruptum inuentum est, ac si eodem die fuisset defuncta, siue humo condita, sicut & praefatus antistes Vuilfridus, & multi alii, qui nouere, testantur. Sed certiori notitia medicus Cynefridus, qui & morienti illi & eleuatae de tumulo affuit, referre erat solitus, quod illa infirmata habuerat tumorem maximum sub maxilla: & iusserunt me, inquit, incidere tumorem illum, ut efflueret noxius humor qui inerat. Quod dum facerem, uidebatur illa per biduum aliquanto leuius habere, ita ut multi putarent, quod sanari posset a languore. Tertia autem die prioribus aggrauata doloribus, & rapta confestim de mundo, dolorem omnem ac mortem perpetua salute ac uita mutauit. Cumque post tam multos annos eleuanda essent ossa de sepulchro, & extento desuper papilione, omnis congregatio hinc fratrum, inde sororum psallens circumsisteret, ipsa autem abbatissa intus cum paucis ossa eleuatura & dilutura intrasset, repente audiuimus abbatissam intus clara uoce proclamare, Sit gloria nomini Domini. Nec multo post clamauerunt me intro, reserato ostio papilionis, uidique eleuatum de tumulo, & positum in lectulo corpus sacrae Deo uirginis quasi dormientis simile. Sed & discooperto uultus indumento monstrauerunt mihi etiam uulnus incisurae, quod feceram, curatum: ita ut mirum in modum pro aperto & hianti uulnere, cum quo sepulta erat, tenuissima tunc cicatricis uestigia apparerent. Sed & linteamina omnia, quibus inuolutum erat corpus, integra apparuerunt, & ita noua, ut ipso die uiderentur castis eius membris esse circumdata. Ferunt autem, quia cum praefato tumore ac dolore maxillae siue colli premeretur, multum delectata sit hoc genere infirmitatis, ac solita dicere: Scio certissime, quia merito in collo pondus languoris porto, in quo iuuenculam memini me superuacua monilium pondera portare: & credo quod ideo me superna pietas dolore colli uoluit grauari, ut sic absoluar reatu superuacuae leuitatis, dum mihi nunc pro auro & margaritis de collo rubor tumoris ardorque promineat. Contigit autem tactu indumentorum eorundem & daemonia ab obsessis effugata corporibus, & infirmitates alias aliquoties esse curatas. Sed & loculum in quo primo sepulta est, nonnullis oculos dolentibus saluti fuisse perhibent: qui cum suum caput eidem loculo apponentes orassent, mox doloris siue caliginis incommodum ab oculis amouerent. Lauerunt igitur uirginis corpus, & nouis indutum uestibus intulerunt in ecclesiam, atque in eo quod allatum erat sarcophago posuerunt, ubi usque hodie in magna ueneratione habetur. Mirum uero in modum ita aptum corpori uirginis sarcophagum inuentum est, ac si ei specialiter praeparatum fuisset: & locus quoque capitis seorsum fabrefactus, ad mensuram capitis illius aptissime figuratus apparuit. Est autem Elge in prouincia orientalium Anglorum regio familiarum circiter sexcentarum, in similitudinem insulae uel paludibus (ut diximus) circumdata, uel aquis, unde & a copia anguillarum, quae in eisdem paludibus capiuntur, nomen accepit: ubi monasterium habere desiderauit memorata Christi famula, quoniam de prouincia eorundem orientalium Anglorum ipsa, ut praefati sumus, carnis originem duxerat.

Hymnus de illa. Caput XX.

Videtur opportunum huic historiae etiam hymnum uirginitatis inserere, quem ante annos plurimos in laudem ac praeconium eiusdem reginae ac sponsae Christi (& ideo ueraciter reginae, quia sponsae Christi) elegiaco metro composuimus: & imitari morem sacrae scripturae, cuius historiae carmina plurima indita, & haec metro ac uersibus constat esse composita.

Alma Deus trinitas, quae saecula cuncta gubernas,
Annue iam coeptis alma Deus trinitas.
Bella Maro resonet, nos pacis dona canamus:
Munera nos Christi, bella Maro resonet.
Carmina casta mihi, foedae non raptus Helenae:
Luxus erit lubricis, carmina casta mihi.
Dona superna loquar, miserae non proelia Troiae:
Terra quibus gaudet, dona superna loquar.
En Deus altus adit uenerandae uirginis aluum:
Liberet ut homines, en Deus altus adit.
Foemina uirgo parit mundi deuota parentem,
Porta Maria Dei foemina uirgo parit. (tis
Gaudet amica cohors de uirgine matre tonan-
Virginitate micans gaudet amica cohors.
Huius honor genuit casto de germine plures,
Virgineos flores huius honor genuit.
Ignibus usta feris uirgo non cessit Agathe:
Eulalia perfert ignibus usta feras.
Casta feras superat mentis pro culmine Tecla:
Euphemia sacra casta feras superat.
Laeta ridet gladios ferro robustior Agnes:
Caecilia infestos laeta ridet gladios. (phus
Multus in orbe uiget per sobria corda trium-
Sobrietatis amor multus in orbe uiget.
Nostra quoque egregia iam tempora uirgo beauit:

Ediltrida

Ædildrida nitet nostra quoque egregia.
Orta patre eximio regali & stemmate clara,
Nobilior Domino est, orta patre eximio.
Percipit inde decus reginæ & sceptra sub astris,
Plus super astra manens, percipit inde decus.
Quid petis alma uirum sponso iam dedita summo?
Sponsus adest Christus, quid petis alma uirum?
Regis ut ætherei matrem iam credo sequaris:
Tu quoque sis mater regis ut ætherei.
Sponsa dicata Deo bis sex regnauerat annis,
Inque monasterio est sponsa dicata Deo.
Tota sacrata polo celsis ubi floruit actis,
Reddidit atque animam tota sacrata polo. (bres,
Virginis alma caro est tumulata bis octo Nouem
Nec putet in tumulo uirginis alma caro.
Christe tui est operis, quia uestis et ipsa sepul-
Inuiolata nitet. Christe tui est operis. chro)
Hydros & ater abit sacræ pro uestis honore:
Morbi diffugiunt, hydros & ater abit.
Zelus in hoste furit quondam qui uicerat Euam:
Virgo triumphat ouans, zelus in hoste furit.
Aspice nupta Deo, quæ sit tibi gloria terris:
Quæ maneat cœlis, aspice nupta Deo.
Munera læta capis festiuis fulgida tædis;
Ecce uenit sponsus, munera læta capis.
Et noua dulcisono modularis carmina plectro:
Sponsa hymno exultas & noua dulcisono.
Nullus ab altithroni comitatu segregat agni,
Quam affectu tulerat nullus ab altithroni.

Vt Theodorus episcopus inter Ecgfridum & Edilredum reges pacem fecerit. Caput XXI.

ANno regni Ecgfridi nono, conserto graui prælio inter ipsum & Edilredum regem Merciorum, iuxta fluuium Treanta, occisus est Elfuuini frater regis Ecgfridi, iuuenis circiter decem & octo annorum, utrique prouinciæ multum amabilis. Nam sororem eius quæ dicebatur Osthrida, rex Edilred habebat uxorem. Cumque materies belli acrioris, & inimicitiæ longioris inter reges populosque feroces uideretur exorta, Theodorus Deo dilectus antistes diuino functus auxilio salutifera exhortatione cœptum tanti periculi funditus extinguit incendium, adeo ut pacatis alterutrum regibus ac populis, nullius anima hominis pro interfecto regis fratre, sed debita solummodo multa pecuniæ regi ultori daretur. Cuius fœdera pacis multo exinde tempore inter eosdem reges, eorumque regna durarunt.

Vt uincula cuiusdam captiui, cum pro eo missæ cantarentur, soluta sint. Caput XXII.

IN præfato autem prælio, quo occisus est rex Elfuuini, memorabile quoddam factum esse constat, quod nequaquam silentio prætereundum arbitror, sed multorum saluti si referatur, fore proficuum. Occisus est ibi inter alios de militia eius iuuenis uocabulo Imma, qui cum die illo & nocte sequente inter cadauera occisorum similis mortuo iaceret, tandem recepto spiritu reuixit, ac residens sua uulnera prout potuit ipse alligauit, deinde modicum requiescens leuauit se, & cœpit abire sicubi amicos qui sibi curam agerent posset inuenire. Quod dum faceret, inuentus est & captus a uiris hostilis exercitus, & ad Dominum ipsorum, comitem uidelicet Edilredi regis adductus: a quo interrogatus quis esset, timuit se militem fuisse confiteri: rusticum se potius & pauperem, atque uxoreo uinculo colligatum fuisse respondit, & propter uictum militibus ad ferendum in expeditionem se cum sui similibus uenisse testatus est. At ille suscipiens eum, curam uulneribus egit, & ubi sanari cœpit, noctu eum ne aufugeret, uinciri præcepit, nec tamen uinciri potuit. Nam mox, ut abiere qui uinxerant, eadem sunt eius uincula soluta. Habebat enim germanum fratrem, cui nomen erat Tunna, presbyterum & abbatem monasterij in ciuitate quæ hactenus ab eius nomine Tunnacestir cognominatur: qui cum eum in pugna peremptum audiret, uenit quærere, si forte corpus eius inuenire posset: inuentumque alium illi per omnia simillimum putauit ipsum esse, quem ad monasterium suum deferens honorifice sepeliuit, & pro absolutione animæ eius sæpius missas facere curauit. Quarum celebratione factum est quod dixi, ut nullus eum posset uincire, quin continuo solueretur. Interea comes qui eum tenebat, mirari & interrogare cœpit, quare ligari non posset, an forte literas solutorias, de qualibus fabulæ ferunt, apud se haberet, propter quas ligari non posset. At ille respondit nihil se talium artium nosse: sed habeo fratrem, inquit, presbyterum in mea prouincia, & scio, quia ille me interfectum putans pro me missas crebras facit: & si nunc in alia uita essem, ibi anima mea per intercessionem eius solueretur à pœnis. Dumque aliquanto tempore apud comitem teneretur, animaduerterunt qui eum diligentius considerabant, ex uultu & habitu & sermonibus eius, quia non erat de paupere uulgo (ut dixerat) sed de nobilibus. Tum secrete aduocans eum comes, interrogauit intentius unde esset, promittens se nihil ei mali facturum pro eo, si simpliciter sibi quis esset, proderet. Quod dum ille faceret, ministrum se regis fuisse manifestans, respondit, Et ego per singula tua responsa cognoueram, quod rusticus non eras. Et nunc quidem dignus es morte, quia omnes fratres & cognati mei in illa sunt pugna interempti: nec te tamen occidam, ne fidem mei promissi præuaricer. Vt ergo conualuit, uendidit eum Londoniam Fresoni cuidam, sed nec ab illo, nec cum illuc duceretur, ullatenus potuit alligari. Verum cum alia atque alia uinculorum genera ei hostes imponerent, dissoluta sunt: cumque uideret qui emerat, eum uinculis non posse cohiberi, donauit ei facultatem sese redimendi, si posset. A tertia enim hora quando missæ fieri solebant, sæpissime uincula soluebantur. At ille dato iureiurando ut rediret, uel pecuniam illi pro se mitteret, uenit Cantiam ad regem Lothere, qui erat filius sororis Edildrydæ reginæ, de qua supra dictum est, qui & ipse quondam eiusdem regique minister fuerat) pretium suæ redemptionis ac suo Domino pro se (ut promiserat) misit: qui post hæc in patriam reuersus, atque ad suum fratrem perueniens, replicauit ex ordine cuncta quæ sibi aduersa, quæue in aduersis solatia prouenissent: cognouitque referente eo, illis maximè temporibus sua fuisse uincula soluta, quibus pro se missarum fuerant celebrata solennia: sed & alia quæ periclitanti ei commoda contigissent & prospera, per intercessionem fraternam & oblationem hostiæ salutaris cœlitus sibi fuisse donata, intellexit. Multique hæc à præfato uiro audientes, accensi sunt in fide ac deuotione pietatis ad orandum, uel ad eleemosynas faciendas, uel ad offerendas Domino uictimas sacræ oblationis, pro ereptione suorum, qui de sæculo migrauerunt. Intellexerunt enim, quòd sacrificium salutare ad redemptionem ualeret & animæ & corporis sempiternam. Hanc mihi historiam etiam quidam eorum, qui ab ipso uiro in quo facta est, audiere, narrarunt: unde eam quam liquido comperi, indubitanter historiæ nostræ ecclesiasticæ inserendam credidi.

De uita et obitu Hildæ abbatissæ. Caput XXIII.

ANno post hunc sequente, hoc est, anno Dominicæ incarnationis sexcentesimo octogesimo, religiosissima Christi famula Hilda, abbatissa monasterij quod dicitur Streaneshalch (ut supra retulimus) post multa quæ fecit in terra opera cœlestia, ad percipienda præmia uitæ cœlestis de terris ablata transiuit, die quintadecima Kalend. Decembrium, cùm esset annorum sexaginta sex, quibus æqua portione diuisis, tredecim primos in sæculari habitu nobilissimè conuersata compleuit, & totidem sequentes nobilius in monachica uita Domino consecrauit. Nam & nobilis natu erat, hoc est, filia nepotis Eduini regis, uocabulo Herericj: cum quo etiam rege ad prædicationem beatæ memoriæ Paulini primi Nordan Humbrorum episcopi fidem & sacramenta Christi suscepit, atque hæc usque dum ad eius uisionem peruenire meruit, intemerata seruauit: quæ cùm relicto habitu sæculari illi soli seruire decreuisset, secessit ad prouinciam orientalium Anglorum (erat namque propinqua regis illius) desiderans exinde, si quo modo posset, derelicta patria, & omnibus quæcunque habuerat, in Galliam peruenire, atque in monasterio Cale peregrinam pro Domino uitam ducere, quo facilius perpetuam in cœlis patriam posset mereri. Nam & in eodem monasterio soror ipsius Hereswid, mater Aldulfi regis orientalium Anglorum, regularibus subdita disciplinis ipso tempore coronam expectabat æternam: cuius æmulata exemplum, & ipsa proposito peregrinandi, annum totum in præfata prouincia retenta est: deinde ab Aidano episcopo in patriam reuocata, accepit locum unius familiæ ad Septentrionalem plagam Uuiri fluminis, ubi æquè anno uno monachicam cum perpaucis socijs uitam agebat. Post hæc facta est abbatissa in monasterio quod uocatur Heortheu: quod uidelicet monasterium factum erat non multo ante à religiosa Christi famula Heiu, quæ prima fœminarum fertur in prouincia Nordan Humbrorum propositum, uestemque sanctimonialis habitus consecrante Aidano episcopo suscepisse. Sed illa post non multum tempus facti monasterij secessit ad ciuitatem Calcariam, quæ à gente Anglorum Kalcacestir appellatur, ibique mansionem sibi instituit. Prælata autem regimini monasterij illius famula Christi Hilda mox hoc regulari uita per omnia, prout à doctis uiris discere poterat, ordinare curabat. Nam & episcopus Aidan, & quique nouerant eam religiosi, pro insita ei sapientia & amore diuini famulatus, sedulò eam uisitare, obnixè amare, diligenter erudire solebant. Cùm ergo aliquot annos huic monasterio regularis uitæ institutioni multum intenta præesset, contigit eam suscipere etiam construendum siue ordinandum monasterium, in loco qui uocatur Streaneshalch, quod opus sibi iniunctum non segniter impleuit. Nam eisdem, quibus prius monasterium etiam hoc disciplinis uitæ regularis instituit. Et quidem multam ibi quoque iustitiæ, pietatis & castimoniæ, cæterarumque uirtutum, sed maximè pacis & charitatis custodiam docuit, ita ut in exemplum primitiuæ ecclesiæ nullus ibi diues, nullus esset egens, omnibus essent omnia communia, cùm nihil cuiusquam esse uideretur proprium. Tantæ enim erat ipsa prudentiæ, ut non solum mediocres quique in necessitatibus suis, sed etiam reges ac principes nonnunquam ab ea consilium quærerent & inuenirent. Tantum lectioni diuinarum scripturarum suos uacare subditos, tantum operibus iustitiæ se exercere faciebat, ut facillimè uiderentur ibidem, qui ecclesiasticum gradum, hoc est, altaris officium aptè subirent, plurimos posse reperiri. Denique quinque ex eodem monasterio postea episcopos uidimus, & hos omnes singularis meriti ac sanctitatis uiros, quorum hæc sunt nomina: Bosa, Aeda, Oftfor, Ioannes & Uuilfridus. De primo supra diximus, quòd Eboraci fuerit consecratus antistes: de secundo breuiter intimandum, quòd in episcopatum Dorcicestre fuerit ordinatus: de ultimis infra dicendum est, quòd eorum primus Hagustaldensis, secundus Eboracensis ecclesiæ ordinatus sit episcopus. De medio nunc dicamus, quia cùm in utroque Hildæ abbatissæ monasterio lectioni & obseruationi scripturarum operam dedisset, tandem perfectiora desiderans, uenit Cantiam ad archiepiscopum beatæ recordationis Theodorum: ubi postquam aliquandiu lectionibus sacris uacauit, etiam Romam adire curauit, quod eo tempore magnæ uirtutis æstimabatur: & inde cum rediens Britanniam adisset, diuertit ad prouinciam Uuicciorum, cui tunc rex Osric præfuit, ibique uerbum fidei prædicans, simul & exemplum uiuendi sese uidentibus atque audientibus exhibens, multo tempore mansit. Quo tempore antistes prouinciæ illius uocabulo Bosel tanta erat corporis infirmitaesset depressus, ut officium episcopatus per se implere nõ posset: propter quod omnium iudicio præfatus uir in episcopatum pro eo electus, ac iubente Edilredo rege per Vulfridum beatæ memoriæ antistitem, qui tunc temporis Mediterraneorum Anglorum episcopatũ gerebat, ordinatus est, pro eo quod archiepiscopus Theodorus iam defunctus erat, & nondum alius pro eo ordinatus episcopus. In qua uidelicet prouincia paulo ante, hoc est, ante præfatum uirum Dei Boselum uir strenuissimus & doctissimus atque excellentis ingenii, uocabulo Tatfrid, de eiusdem abbatissæ monasterio electus est antistes, sed priusquam ordinari posset, morte immatura præreptus est. Non solum autem præfata Christi ancilla & abbatissa Hilda, quã omnes qui nouerant, ob insigne pietatis & gratiæ matrem uocare consueuerant, in suo monasterio uitæ exemplo præsentibus extitit, sed etiam in plurimis longius manentibus, ad quos felix industriæ ac uirtutis eius rumor peruenit, occasionẽ salutis & correctionis ministrauit. Oportebat namque impleri somnium, quod mater eius Bregosuid in infantia eius uidit. Quæ cum uir eius Heriric exularet sub rege Britonum Cereatice, ubi & ueneno periit, uidit per somniũ, quasi subito sublatum eum quæsierit cum omni diligentia, nullumque eius uspiam uestigium apparuerit. Verum cum solertissime illum quæsisset, extemplo se reperire sub ueste sua monile pretiosissimum, quod dum attentius consideraret, tanti fulgore luminis refulgere uidebatur, ut omnes Britanniæ fines illius gratia splendoris impleret. Quod nimirum somnium ueraciter in filia eius, de qua loquimur, impletum est: cuius uita non sibi solummodo, sed multis bene uiuere uolentibus exempla operum lucis præbuit.

Verum illa cum multis annis huic monasterio præesset, placuit pio prouisori salutis nostræ sanctam eius animam longa etiam infirmitate carnis examinari, ut iuxta exemplum Apostoli uirtus eius in infirmitate perficeretur. Percussa etenim febribus acri cœpit ardore fatigari, & per sex continuos annos eadem molestia laborare nõ cessabat: in quo toto tempore nunquam ipsa uel conditori suo gratias agere, uel commissum sibi gregem & publice & priuatim docere prætermittebat. Nam suo prædocta exemplo monebat omnes, & in salute accepta corporis Domino obtemperanter seruiendum, & in aduersis rerum siue in infirmitatibus membrorum fideliter Domino esse gratias semper agendas. Septimo ergo suæ infirmitatis anno, conuerso ad interanea dolore, ad diem peruenit ultimum, & circa galli cantum percepto uiatico sacrosanctæ communionis, cum accersitis ancillis Christi quæ erant in eodem monasterio, de seruanda eas inuicem, imo cum omni pace euangelica admoneret, inter uerba exhortationis læta mortem uidit, imo (ut uerbis Domini loquar) de morte transiuit ad uitam. Qua uidelicet nocte Dominus omnipotens obitum ipsius in alio longius posito monasterio (quod ipsa eodem anno construxerat, & appellatur Hacanos) manifesta uisione reuelare dignatus est. Erat in eodem monasterio quædam sanctimonialis fœmina nomine Begu, quæ triginta & amplius annos dedicata Domino uirginitate in monachica conuersatione seruiebat. Hæc tunc in dormitorio sororum pausans, audiuit subito in aere notum campanæ sonum, quo ad orationes excitari uel conuocari solebant, cũ quis eorum de seculo fuisset euocatus, apertisque (ut sibi uidebatur) oculis aspexit, detecto domus culmine fusam desuper lucẽ omnia repleuisse: cuius uidelicet lucis cum sollicita intenderet, uidit animam præfatæ Dei famulæ in ipsa luce comitantibus ac ducentibus eam angelis ad cœlum ferri. Cumque somno excussa uideret cæteras pausantes circa se sorores, intellexit uel in somnio, uel in uisione mentis ostensum sibi esse quod uiderat. Statimque exurgens nimio timore perterrita cucurrit ad uirginem, quæ tunc monasterio abbatissæ uice præfuit, cui nomen erat Frigith, fletuque ac lachrymis multum perfusa, ac suspiria longa trahens, nũciauit matrem illarum omnium Hildam abbatissam iam migrasse de seculo, & se aspectante cum luce immensa ducibus angelis ad æternæ limina lucis, & supernorum consortia ciuium ascendisse. Quod cum illa audisset, suscitauit cunctas sorores, & in ecclesiam conuocatas, orationibus ac psalmis pro anima matris operam dare monuit. Quod cum residuo noctis tempore diligenter agerent, uenerunt primo diluculo fratres, qui eius obitum nunciarent, a loco ubi defuncta est. At illæ respondentes dixerunt se prius eadem cognouisse, & cum exponerent per ordinem, quomodo hæc uel quando didicissent, inuentum est eadem hora transitum eius illis ostensum esse per uisionem, qua illam referebãt exisse de mundo. Pulchraque rerum concordia procuratum est diuinitus, ut cum illi exitum eius de hac uita uiderent, tunc illæ introitum eius in perpetuam animarum uitam cognoscerent. Distant autem inter se monasteria hæc tredecim ferme milibus passuum. Ferunt autem quod eadem nocte in ipso quoque monasterio ubi præfata Dei famula obiit, cuidam uirginum Deo deuotarum, quæ illam immenso amore diligebat, obitus illius in uisione apparuerit, quæ animam eius cum angelis ad cœlum ire conspexerit, atque hoc ipsa qua factum est hora, his quæ secum erant famulabus Christi manifeste narrauerit, easque ad orandum pro anima eius, etiam priusquam cætera congregatio eius obitum cognouisset, excitauerit. Quod ita fuisse factum mox congregationi mane facto innotuit. Erat enim hæc ipsa hora cum aliis nonnullis Christi ancillis in extremis monasterii locis seorsum posita, ubi nuper uenientes ad conuersionem fœminæ solebant probari, donec regulariter institutæ in societatem congregationis susciperentur.

Quod in monasterio eius fratri cuidam canendi donum diuinitus sit concessum. Cap. XXIIII.

IN huius monasterio abbatissæ fuit frater quidam diuina gratia specialiter insignis, qui carmina religioni & pietati apta facere solebat, ita ut quicquid ex diuinis literis per interpretes disceret, hoc ipse post pusillum uerbis poeticis maxima suauitate & compunctione compositis, in sua, id est, Anglorum lingua proferret. Cuius carminibus multorum sæpe animi ad contemptum seculi, & appetitum sunt uitæ cœlestis accensi. Et quidem & alii post illum in gente Anglorum religiosa poemata facere tentabant, sed nullus ei æquiparari potuit. Namque ipse non ab hominibus, neque per hominem institutus canendi artem didicit, sed diuinitus adiutus gratis canendi donum accepit. Unde nihil unquam friuoli & superuacui poematis facere potuit, sed ea tantummodo quæ ad religionem pertinent, religiosam eius linguam decebant. Siquidem in habitu seculari usque ad tempora prouectioris ætatis constitutus, nil carminum aliquando didicerat. Unde nonnunquam in conuiuio cum esset lætitiæ causa decretum, ut omnes per ordinem cantare deberent, ille ubi appropinquare sibi citharam cernebat, surgebat a media cœna, & egressus ad suam domum repedabat. Quod dum tempore quodam faceret, & relicta domo conuiuii egressus esset ad stabula iumentorum, quorum ei custodia nocte illa erat delegata, ibique hora competenti membra dedisset sopori, astitit ei quidam per somnium, eumque salutans, ac suo appellans nomine, Cedmon, inquit, canta mihi aliquid. At ille respondit, Nescio, inquit, cantare. Nam & ideo de conuiuio egressus huc secessi, quia cantare non poteram. Rursum ille qui cum eo loquebatur, At tamen, ait, cantare mihi habes. Quid, inquit, debeo cantare? At ille, Canta, inquit, principium creaturarum. Quo accepto responso statim ipse cœpit cantare in laudem Dei conditoris uersus, quos nunquam audierat, quorum iste est sensus: Nunc laudare debemus auctorem regni cœlestis, potentiam creatoris, & consilium illius facta patris gloriæ. Quomodo ille cum sit æternus Deus, omnium miraculorum auctor extitit, qui primo filiis hominum cœlum pro culmine tecti, dehinc terram custos humani generis omnipotens creauit. Hic est sensus, non autem ordo ipse uerborum quæ dormiens ille canebat, neque enim possunt carmina, quamuis optime composita, ex alia in aliam linguam ad uerbum sine detrimento sui decoris ac dignitatis transferri. Exurgens autem a somno cuncta, quæ dormiens cantauerat, memoriter retinuit, & his mox plura in eundem modum uerba Deo digni carminis adiunxit. Ueniensque mane ad uillicum qui sibi præerat, quid doni percepisset, indicauit, atque ad abbatissam perductus, iussus est multis doctioribus uiris præsentibus indicare somnium, & dicere carmen, ut uniuersorum iudicio quid uel unde esset quod referebat, probaretur. Uisumque est omnibus cœlestem ei a Domino concessam esse gratiam. Exponebantque illi quendam sacræ historiæ siue doctrinæ sermonem, præcipientes ei si posset hunc in modulationem carminis transferre. At ille suscepto negotio abiit, & mane rediens optimo carmine quod iubebatur, compositum reddidit. Unde mox abbatissa amplexata gratiam Dei in uiro, secularem illum habitum relinquere, & monachicum suscipere propositum docuit, susceptumque in monasterium cum omnibus suis fratrum cohorti associauit, iussitque illum seriem sacræ historiæ doceri. At ipse cuncta quæ audiendo discere poterat, rememorando secum, & quasi mundum animal ruminando in carmen dulcissimum conuertebat, suauiusque resonando doctores suos uicissim auditores faciebat suos. Canebat autem de creatione mundi, & origine humani generis, & tota Genesis historia, de egressu Israel ex Aegypto, & ingressu in terram repromissionis, de aliis plurimis sacræ scripturæ historiis, de incarnatione Dominica, passione, & resurrectione, & ascensione in cœlum, de aduentu spiritus sancti, & apostolorum doctrina. Item de terrore futuri iudicii, & horrore pœnæ gehennalis, ac dulcedine regni cœlestis multa carmina faciebat. Sed & alia perplura, de beneficiis & iudiciis diuinis, in quibus cunctis homines ab amore scelerum abstrahere, ad dilectionem uero & solertiam bonæ actionis excitare curabat. Erat enim uir multum religiosus, & regularibus disciplinis humiliter subditus, aduersum uero illos, qui aliter facere uolebant, zelo magni feruoris accensus. Unde & pulchro uitam suam fine conclusit. Nam propinquante hora sui discessus, quatuordecim diebus præueniente corporea infirmitate pressus est, adeo tamen moderate, ut & loqui toto eo tempore posset, & ingredi. Erat autem in proximo casa, in qua infirmiores, & qui prope morituri esse uidebantur, induci solebant. Rogauit ergo ministrum suum uespere incumbente, nocte qua de seculo erat exiturus, ut in ea sibi locum quiescendi præpararet, qui miratus cur hoc rogaret, qui nequaquam adhuc moriturus esse uidebatur, fecit tamen quod dixerat. Cumque ibidem positi uicissim aliqua gaudente animo, una cum eis qui ibidem ante inerant, loquerentur ac iocarentur, & iam mediæ noctis tempus esset transcensum, interrogauit omnes, si Eucharistiam intus haberent. Respondebant, quid opus est Eucharistia? neque enim mori adhuc habes, qui tam hilariter nobiscum uelut sospes loqueris. Rursus ille, Et tamen, ait, afferte mihi Eucharistiam. Qua accepta in manu interrogauit, si omnes placidum erga se animum, & sine querela controuersiæ ac rancoris haberent. Respondebant omnes, placidissimam se mentem ad illum, & ab omni ira remotam habere. Eumque uicissim rogabant, ut placidam erga ipsos mentem haberet. Qui confestim respondit: Placidam ego mentem, filioli, erga omnes Dei famulos gero. Sicque se cœlesti muniens uiatico, uitæ alterius ingressui parauit, & interrogauit, Quam prope esset hora qua qui fratres ad dicendas Domino laudes nocturnas excitari deberet. Respondebant, Non longe est. At ille, Bene ergo, expectemus horam illam. Et signans se signo sanctae crucis, reclinauit caput ad ceruical, modicumque obdormiens, ita cum silentio uitam finiuit. Sicque factum est, ut quomodo simplici ac pura mente, tranquillaque deuotione Domino seruierat, ita etiam tranquilla morte mundum relinquens ad eius uisionem ueniret: illaque lingua quae tot salutaria uerba in laudem conditoris composuerat, ultima quoque uerba in laudem ipsius signando sese, & spiritum suum in manus eius commendando clauderet: qui etiam praescius sui obitus extitisse ex his quae narrauimus, uidetur.

Qualis uisio cuidam uiro Dei apparuerit, priusquam monasterium Coludanae urbis esset incendio consumptum. Cap. XXV.

His temporibus monasterium uirginum, quod Coludi urbem cognominant, cuius & supra meminimus, per culpam incuriae flammis absumptum est. Quod tamen a malitia inhabitantium in eo, & praecipue illorum qui maiores esse uidebantur, contigisse omnes qui nouere, facillime potuerunt aduertere. Sed non defuit puniendis admonitio diuinae pietatis, qua correcti per ieiunia, fletus & preces, iram a se instar Niniuitarum iusti iudicis auerterent. Erat namque in eodem monasterio uir de genere Scottorum Adamnanus uocabulo, ducens uitam in continentia & orationibus multum Deo deuotam, ita ut nil unquam cibi uel potus, excepta die Dominica & quinta Sabbati, perciperet: saepe autem noctes integras peruigil in oratione transigeret. Quae quidem illi districtio uitae artioris primo ex necessitate emendandae suae prauitatis obuenerat: sed procedente tempore necessitatem in consuetudinem uerterat. Siquidem in adolescentia sua sceleris aliquid commiserat, quod commissum, ubi ad cor suum rediit, grauissime exhorruit, & se pro illo puniendum a districto iudice timebat. Accedens ergo ad sacerdotem a quo sibi sperabat iter salutis posse demonstrari, confessus est reatum suum, petiitque ut consilium sibi daret quo posset fugere a uentura ira. Qui audito eius commisso dixit: Grande uulnus grandioris curam medelae desiderat, & ideo ieiuniis, psalmis & orationibus quantum uales insiste, quo praeoccupando faciem Domini in confessione propitium eum inuenire merearis. At ille quem nimius reae conscientiae tenebat dolor, & internis peccatorum uinculis quibus grauabatur, ocius desiderabat absolui, Adolescentior sum, inquit, aetate, & uegetus corpore, quicquid mihi imposueris agendum, dummodo saluus fiam in die Domini, totum facile feram, etiamsi totam noctem stando in precibus peragere, etsi integram septimanam iubeas abstinendo transigere. Qui dixit, Multum est ut tota septimana absque alimento corporis perduret: sed biduanum uel triduanum sat est obseruare ieiunium. Hoc facto donec post modicum tempus rediens ad te, quid facere debeas, & quamdiu poenitentiam insistere, tibi plenius ostendam. Quibus dictis, & descripta illi mensura poenitendi, abiit sacerdos, & ingruente repente causa subita, secessit in Hyberniam, unde originem duxerat, nec ultra ad eum iuxta suum condictum rediit. At ipse memor praecepti eius simul & promissi sui, totum se lachrymis, poenitentiae, uigiliis sanctis & continentiae mancipauit, ita ut quinta solum Sabbati & Dominica (sicut praedixi) reficeretur, caeteris septimanae diebus ieiunus permaneret. Cumque sacerdotem suum in Hyberniam secessisse, ibique defunctum esse audisset, semper ex eo tempore iuxta condictum eius memoratum, continentiae modum obseruabat: & quod causa diuini timoris semel ob reatum compunctus coeperat, iam causa diuini amoris delectatus praemiis indefessus agebat. Quod dum multo tempore sedulus exequeretur, contigit eum die quadam de monasterio illo longius egressum, comitante secum uno de fratribus peracto itinere redire: qui cum monasterio propinquarent, & aedificia illius sublimiter erecta aspicerent, solutus est in lachrymas uir Dei, & tristitiam cordis uultu indice prodebat. Quod intuens comes, quare faceret inquisiuit. At ille, Cuncta, inquit, haec quae cernis aedificia publica uel priuata in proximo est ut ignis absumens in cinerem conuertat. Quod ille audiens, mox ut intrauerunt monasterium, matri congregationis uocabulo Ebbae curauit indicare. At illa merito turbata de tali praesagio, uocauit ad se uirum, & diligentius ab eo rem, uel unde hoc ipse nosset inquirebat. Qui ait, Nuper occupatus noctu uigiliis & psalmis, uidi astantem mihi subito quendam incogniti uultus: cuius praesentia cum essem exterritus, dixit mihi ne timerem: & quasi familiari me uoce alloquens, Bene facis, inquit, qui tempore isto nocturnae quietis, non somno indulgere, sed uigiliis & orationibus insistere maluisti. At ego, Noui, inquam, multum mihi esse necesse uigiliis salutaribus insistere, & pro meis erratibus sedulo Dominum deprecari. Qui adiciens, Verum, inquit, dicis, quia tibi & multis opus est peccata sua bonis operibus redimere, & cum cessant a laboribus rerum temporalium, tunc pro appetitu aeternorum bonorum liberius laborare: sed hoc tamen paucissimi faciunt. Siquidem modo totum hoc monasterium ex ordine perlustrans, singulorum casas ac lectos inspexi, & neminem ex omnibus praeter te erga sanitatem animae suae occupatum repperi: sed omnes prorsus & uiri & foeminae, aut somno torpent inerti, aut ad peccata uigilant. Nam & domunculae quae ad orandum uel legendum factae erant, nunc in comessationum, potationum, fabulationum, & caeterarum sunt illecebrarum cubilia conuersae. Virgines quoque Deo dicatae, contempta reuerentia suae professionis, quotiescunque uacant, texendis subtilioribus indumentis operam dant, quibus aut se ipsas ad uicem sponsarum in periculum sui status adornent, aut externorum sibi uirorum amicitiam comparent. Unde merito loco huic & habitatoribus eius gratia de cœlo uindicta flammis sæuientibus præparata est. Dixit autem abbatissa, Et quare non citius hoc compertum mihi reuelare uoluisti? Qui respondit, Timui propter reuerentiã tuã, ne forte nimium conturbareris: & tamen hanc consolationem habeas, quod in diebus tuis hæc plaga non superueniet. Qua diuulgata uisione aliquantulum loci accolæ paucis diebus timere, & seipsos intermissis facinoribus castigare cœperunt. Verum post obitum ipsius abbatissæ redierunt ad pristinas sordes, imo sceleratiora fecerunt. Et cum dicerent pax & securitas, extemplo præfatæ ultionis sunt pœna multati. Quæ mihi cuncta sic esse facta reuerentissimus meus compresbyter Edgils referebat, qui tunc in illo monasterio degebat. Postea autem discedentibus inde ob desolationem plurimis incolarum, in nostro monasterio plurimo tempore conuersatus, ibidemque defunctus est. Hæc ideo nostræ historiæ inserenda credidimus, ut admoneremus lectorem operum Domini, quam terribilis sit in consiliis super filios hominũ: ne forte nos aliquando carnis illecebris seruientes, minusque Dei iudicium formidantes, repentina eius ira corripiat, & uel temporalibus damnis iuste sæuiens affligat, uel ad perpetuam perditionẽ districtius examinans tollat.

De morte Ecgfridi et Lotheri regum.

Caput XXVI.

ANno Dominicæ incarnationis sexcentesimo octogesimo quarto, Ecgfridus rex Nordan Humbrorũ misso in Hyberniam cum exercitu duce Berto, uastauit misere gentem innoxiam, & nationi Anglorũ semper amicissimã, ita ut nec ecclesiis quidem aut monasteriis manus parceret hostilis. At insulani & quantũ ualuere armis, arma repellebant, & inuocantes diuinæ auxilium pietatis cœlitus se uindicari cõtinuis diu imprecationibus postulabant. Et quamuis maledici regnũ Dei possidere non possint, creditum tamen est quod hi qui merito impietatis suæ maledicebantur, ocius Domino uindice pœnas sui reatus luerent. Et quidem anno post hunc proximo, idem rex cum temere exercitũ ad uastandam Pictorũ prouinciã duxisset, multum prohibentibus amicis, & maxime beatæ memoriæ Cuthberto, qui nuper fuerat ordinatus episcopus, introductus est (simulantibus fugã hostibus) in angustias inaccessorũ montiũ, & cum maxima parte copiarũ quas secũ adduxerat, extinctus, anno ætatis suæ quadragesimo, regni autẽ quintodecimo, die XIII. Kalendarum Iuniarũ. Et quidem (ut dixi) prohibuerũt amici, ne hoc bellum iniret, sed quoniam anno præcedente noluerat audire reuerendissimũ patrem Ecgbertũ, ne Scotiam nil se lædentem impugnaret, datum est illi ex pœna peccati illius, ne nunc eos qui ipsum ab interitu reuocare cupiebant, audiret. Ex quo tempore spes cœpit & uirtus regni Anglorũ fluere, ac retro sublapsa referri. Nam & Picti terram possessionis suæ quam tenuerunt Angli, & Scoti qui erãt in Britannia, & Britonum quoque pars nonnulla, libertatẽ receperunt, quam & hactenus habent per annos circiter quadraginta sex. Vbi inter plurimos gentis Anglorũ uel interemptos gladio, uel seruitio addictos, uel de terra Pictorũ fuga lapsos, etiam reuerendissimus uir domini Trumuini, qui in eos episcopatũ acceperat, recessit cum suis qui erant in monasterio Ebbercurni, posito quidem in regione Anglorũ, sed in uicinia freti, quod Anglorũ terras Pictorumque disterminat: eosque ubicunque poterat, amicis per monasteria commendans, ipse in sæpe dicto famulorũ famularumque Dei monasterio quod uocatur Streaneshalch, locũ mansionis elegit: ibique cum paucis suorũ in monachica districtione uitam nõ sibi solũmodo, sed & multis utilẽ plurimo annorũ tempore duxit: ubi etiã defunctus in ecclesia beati Petri apostoli iuxta honorẽ & uita & gradu eius condignũ conditus est. Præerat quidem tunc eidẽ monasterio regia uirgo Elfled, unà cum matre Eanflede, quarum supra fecimus mentionẽ. Sed adueniente illuc episcopo, maximũ regendi auxilium, simul & suæ uitæ solatium deuota Deo doctrix inuenit. Successit autem Ecgfrido in regnum Alfrid, uir in scripturis doctissimus, qui frater eius & filius Oswi regis esse dicebatur. Destructumque regni statum, quamuis intra fines angustiores, nobiliter recuperauit. Quo uidelicet anno, qui est ab incarnatione Dominica sexcentesimus octogesimus quintus, Lothere Cantuariorum rex, cum post Ecgbertũ fratrem suum, qui nouẽ annis regnauerat, ipse duodecim annis regnasset, mortuus erat octauo idus Februarii. Vulneratus namque est in pugna Australium Saxonum, quos contra eum Edric filius Ecgberti aggregarat, & inter medendum defunctus est. Ac post eum idem Edric anno uno ac dimidio regnauit, quo defuncto regnũ illud per aliquod temporis spacium reges dubii uel externi disperdiderunt, donec legitimus rex Victred, id est, filius Ecgberti cõfortatus in regno, religione simul & industria gentẽ suã ab extranea inuasione liberaret.

Vt uir Domini Cuthbertus sit episcopus factus, utque in monachica adhuc uita positus uixerit et docuerit.

Caput XXVII.

IPso etiam anno, quo finem uitæ accepit rex Ecgfridus, episcopum (ut diximus) fecit ordinari Lindisfarnensium ecclesiæ, uirum sanctum & uenerabilem Cuthbertum, qui in insula permodica, quæ appellatur Farne, & ab eadem ecclesia nouem ferme millibus passuum in Oceano procul abest, uitam solitariã per annos plures in magna corporis & mentis cõtinentia duxerat. Qui quidem a prima ætate pueritiæ studio religiosæ uitæ semper ardebat, sed ab ineunte adolescentia monachicum & nomen assumpsit & habitum. Intrauit enim primo monasterium Mailros, quod in ripa Tuidi fluminis positum, tunc abbas Eata uir omnium mansuetis-

simus

simul regebat: qui postea episcopus Hagustaldensis siue Lindisfarnensis ecclesiae factus est, ut supra memorauimus: cuius tempore illo praepositus Boisil magnarum uirtutum & prophetici spiritus sacerdos fuit. Huius discipulatui Cudbertus humiliter subditus, & scientiam ab eo scripturarum, & bonorum operum sumpsit exempla. Qui postquam migrauit ad Dominum, Cudbertus eidem monasterio factus praepositus, plures & auctoritate magistri, & exemplo suae actionis, regularem instituebat ad uitam. Nec solum ipsi monasterio regularis uitae monita, simul & exempla praebebat, sed & uulgus circumpositum longe lateque a uita stultae consuetudinis ad caelestium gaudiorum conuertere curabat amorem. Nam & multi fidem quam habebant iniquis profanabant operibus: & aliqui etiam tempore mortalitatis neglectis fidei sacramentis (quibus erant imbuti) ad erratica idololatriae medicamina concurrebant, quasi missam a Deo conditore plagam per incantationes uel phylacteria, uel alia quaelibet daemoniacae artis arcana cohibere ualerent. Ad utrorumque ergo corrigendum errorem, crebro ipse de monasterio egressus, aliquoties equo sedens, sed saepius pedibus incedens, circumpositas ueniebat ad uillas, & uiam ueritatis praedicabat errantibus, quod ipsum etiam Boisil suo tempore facere consueuerat. Erat quippe moris eo tempore populis Anglorum, ut ueniente in uillam clerico uel presbytero, cuncti ad eius imperium uerbum audituri confluerent, libenter ea quae dicerentur, audirent, libentius ea quae audire & intelligere poterant operando sequerentur. Porro Cudberto tanta erat dicendi peritia, tantus amor persuadendi quae coeperat, talis uultus angelici lumen, ut nullus praesentium latebras ei sui cordis celare praesumeret, quin omnes palam quae gesserant confitendo proferrent: quia nimirum haec eadem illum latere nullo modo putabant, & confessa dignis (ut imperabat) poenitentiae fructibus abstergerent. Solebat autem ea maxime loca peragrare, & illis praedicare in uiculis, qui in arduis asperisque montibus procul positi aliis horrori erant ad uisendum, & paupertate pariter ac rusticitate sua doctorum arcebant accessum. Quos tamen ille libenter pio mancipatus labore, tanta doctrinae solertia excolebat industria, ut de monasterio egressus saepe hebdomada integra, aliquando duabus uel tribus, nonnunquam etiam mense pleno domum non rediret: sed demoratus in montanis plebem rusticam uerbo praedicationis simul & opere uirtutis ad caelestia uocaret. Cum ergo uenerabilis Domini famulus multos in Mailrosensi monasterio degens annos, magnis uirtutum signis effulgeret, transtulit eum reuerentissimus abbas ipsius Eata ad insulam Lindisfarnensium, ut ibi quoque fratribus custodiam disciplinae regularis & auctoritate praepositi intimaret, & propria actione praemonstraret. Nam & ipsum locum tunc idem reuerentissimus pater abbatis iure regebat. Siquidem a temporibus antiquis ibidem & episcopus cum clero, & abbas solebat manere cum monachis, qui tamen & ipsi ad curam episcopi familiariter pertinerent. Quia nimirum Aidan, qui primus eius loci episcopus fuit, cum monachis illuc & ipse monachus adueniens, monachicam in eo conuersationem instituit, quomodo & prius beatus pater Augustinus in Cantia fecisse noscitur, scribente ei reuerentissimo papa Gregorio, quod & supra posuimus. Sed quia tua fraternitas, inquit, monasterii regulis erudita seorsum fieri non debet a clericis suis in ecclesia Anglorum, quae nuper auctore Deo ad fidem perducta est, hanc debet conuersationem instituere, quae in initio nascentis ecclesiae fuit patribus nostris, in quibus nullus eorum ex his quae possidebant, aliquid suum esse dicebat, sed erant eis omnia communia.

Vt idem in uita anachoretica, & fontem de arida terra orando produxerit, & segetem de labore manuum ultra tempus serendi acceperit.

Caput XXVIII.

EXin Cudbertus crescentibus meritis religiosae intentionis, ad anachoreticae quoque contemplationis (quae diximus) silentia secreta peruenit. Verum quia de uita illius & uirtutibus ante annos plures sufficienter & uersibus heroicis, & simplici oratione conscripsimus, hoc tantum in praesenti commemorare satis sit, quod aditurus insulam protestatus est fratribus dicens: Si mihi diuina gratia in loco illo donauerit, ut de opere manuum mearum uiuere queam, libens ibi morabor: si autem minime, ad uos citissime Deo uolente reuertar. Erat autem locus & aquae prorsus & frugis & arboris inops, sed & spirituum malignorum frequentia humanae habitationi minus accommodus: sed ad uotum uiri Dei habitabilis per omnia factus est. Siquidem ad aduentum eius spiritus recessere maligni. Cum autem ipse sibi, fugatis hostibus, mansionem angustam circummuro aggere, & domos in ea necessarias, iuuante fratrum manu, id est, oratorium & habitaculum commune construxisset, iussit fratres in eiusdem habitaculi pauimento foueam facere: erat autem tellus durissima & saxosa, cui nulla omnino spes uenae fontanae uideretur inesse. Quod dum facerent ad fidem & preces famuli Dei, alia die aqua plena inuenta est, quae usque ad hanc diem sufficientem cunctis illo aduenientibus gratiae suae caelestis copiam ministrat. Sed & ferramenta sibi ruralia cum frumento afferri rogauit, quod dum praeparata terra tempore congruo seminasset, nil omnino non dicam spicarum, sed ne herbae quidem ex eo germinare usque ad aestatis tempora contigit. Vnde assistentibus ex more fratribus, hordeum iussit afferri, si forte uel natura soli illius, uel uoluntas esset superni largitoris, ut illius frugis ibi potius seges oriretur. Quod dum sibi allatum ultra omne tempus serendi, ultra omnem spem fructificandi eodem in agro sereret, mox copiosa seges exorta desideratam proprio labore uiro Dei refectionem praebebat. Cum

ergo

ergo ibidem multis annis Deo solitarius seruiret (tanta autem erat altitudo aggeris quo mansio eius erat uallata, ut caelum tantum ex ea, cuius intuitum sitiebat, aspicere posset) contigit ut congregata synodo non parua sub praesentia regis Egfridi iuxta fluuium Alne, in loco qui dicitur Adtuifyrdi, quod significat ad duplex uadum, cui beatae memoriae Theodorus archiepiscopus praesidebat, uno animo omniumque consensu ad episcopatum ecclesiae Lindisfarnensis eligeretur. Qui cum multis legatariis ac literis ad se praemissis nequaquam suo monasterio posset erui, tandem rex ipse praefatus una cum sanctissimo antistite Trumuuino, necnon & aliis religiosis ac potentibus uiris in insulam nauigauit. Conueniunt & de ipsa insula Lindisfarnensium in hoc ipsum multi de fratribus, genu flectunt omnes, adiurant per Dominum, lachrymas fundunt, obsecrant, donec ipsum quoque lachrymis dulcibus plenum extrahunt latebris, atque ad synodum pertrahunt. Quo dum perueniret, quamuis multum renitens, unanima cunctorum uoluntate superatur, atque ad suscipiendum episcopatus officium collum submittere compellitur, eo maxime uictus sermone, quod famulus Dei Boisil (cum mente prophetica cuncta, quae essent superuentura, patefaceret) antistitem quoque eum futurum esse praedixerat. Non tamen statim ordinatio decreta, sed peracta hyeme quae imminebat, in ipsa solennitate Paschali completa est Eboraci, sub praesentia praefati regis Egfridi, conuenientibus ad consecrationem eius septem episcopis, in quibus beatae memoriae Theodorus primatum tenebat. Electus est autem primo in episcopatum Hagustaldensis ecclesiae pro Tumberto, qui ab episcopatu fuerat depositus. Sed quoniam ipse plus Lindisfarnensi ecclesiae, in qua conuersatus fuerat, dilexit praefici, placuit ut Eata reuerso ad sedem ecclesiae Hagustaldensis, cui regendae primo fuerat ordinatus, Cudbertus ecclesiae Lindisfarnensis gubernacula susciperet. Qui suscepti episcopatus gradum, ad imitationem beatorum apostolorum, uirtutum ornabat operibus. Commissam namque sibi plebem & orationibus protegebat assiduis, & admonitionibus saluberrimis ad coelestia uocabat. Et (quod maxime doctores iuuare solet) ea quae agenda docebat, ipse prius agendo praemonstrabat. Erat quippe ante omnia diuinae charitatis igne feruidus, patientiae uirtute modestus, orationum deuotioni sollertissime intentus, affabilis omnibus, qui ad se consolationis gratia ueniebant. Hoc ipsum quoque orationis loco ducens, si infirmis fratribus opem suae exhortationis tribueret, sciens quia qui dixit: Diliges Dominum Deum tuum, dixit & Diliges proximum tuum sicut teipsum. Erat & abstinentiae castigatione insignis, erat gratia compunctionis semper ad coelestia suspensus. Denique cum sacrificium Deo uictimae salutaris offerret, non eleuata in altum uoce, sed profusis ex imo pectore lachrymis, Domino sua uota commendabat. Duobus autem annis in episcopatu peractis, repetiit insulam ac monasterium suum, diuino admonitus oraculo, quia dies sibi mortis, uel uitae magis illius, quae sola uita dicenda est, iam appropiaret introitus. Sicut ipse quoque tempore eodem nonnullis, sed uerbis obscurioribus, quae tamen postmodum manifeste intelligerentur, solita sibi simplicitate pandebat: quibusdam autem hoc idem etiam manifeste reuelabat.

Ut idem iam episcopus obitum suum proxime futurum Hereberto praedixerit. Cap. XXIX.

ERat enim quidam presbyter uitae & morum probitate uenerabilis, nomine Herebertus, iamdudum cum uiro Dei spiritualis amicitiae foedere copulatus: qui in insula stagni illius pergrandis, de quo Deruuentionis fluuii primordia erumpunt, uitam ducens solitariam, annis singulis eum uisitare, & monita perpetuae ab eo salutis audire solebat. Hic cum audiret eum ad ciuitatem Lugubaliam deuenisse, uenit ex more, cupiens salutaribus eius exhortationibus ad superna desideria magis magisque accendi. Qui dum sese alterutrum coelestis uitae poculis ebriarent, dixit inter alia antistes: Memento, frater Hereberte, ut modo quicquid opus habes, me interroges, mecumque loquaris: postquam enim ab inuicem digressi fuerimus, non ultra nos in hoc saeculo carnis obtutibus inuicem aspiciemus. Certus sum namque, quia tempus meae resolutionis instat, & uelox est depositio tabernaculi mei. Qui haec audiens, prouolutus est eius uestigiis, & fusis cum gemitu lachrymis, Obsecro (inquit) per Dominum, ne me deseras, sed tui memor sis fidelissimi sodalis, rogesque supernam pietatem, ut cui simul in terris seruiuimus, ad eius uidendam gratiam simul transeamus ad caelos. Nosti enim, quia ad tui oris imperium semper uiuere studui, & quicquid ignorantia uel fragilitate deliqui, aeque ad tuae uoluntatis examen mox emendare curaui. Incubuit precibus antistes, statimque edoctus in spiritu impetrasse se quod petebat a Domino, Surge (inquit) frater mi, & noli plorare, sed gaudio gaude: quia quod rogauimus, superna nobis clementia donauit. Cuius promissi & prophetiae ueritatem sequens rerum astruxit euentus: quia & digredientes ab inuicem non se ultra corporaliter uiderunt: sed uno eodemque die, hoc est, Kalendarum Aprilium tertiadecima, egredientes e corpore spiritus eorum, mox beata inuicem uisione coniuncti sunt, atque angelico ministerio pariter ad regnum coeleste translati. Sed Herebertus diutina prius infirmitate decoquitur, illa ut credibile est dispensatione Dominicae pietatis, ut si quid minus haberet meriti a beato Cudberto, suppleret hoc castigans longae aegritudinis dolor, quatenus aequatus gratia suo intercessori, sicut uno eodemque tempore cum eo de corpore egredi, ita etiam una atque indissimili sede perpetuae beatitudinis meruisset recipi. Obiit autem pater reuerendissimus in insula Farne, multum deprecatus fratres, ut ibi quoque sepeliretur, ubi non paruo tempore pro Domino militauerat. Attamen tandem eorum precibus uictus, uestibus, assensum dedit, ut ad insulam Lindisfarnensium relatus, in ecclesia deponeretur. Quod dum factum esset, episcopatum ecclesiae illius anno uno seruabat uenerabilis antistes Vuilfridus, donec eligeretur qui pro Cudberto antistes ordinari deberet. Ordinatus est autem post haec Eadbertus, uir scientia scripturarum diuinarum, simul & praeceptorum caelestium obseruantia, ac maxime eleemosynarum operatione insignis: ita ut iuxta legem omnibus annis decimam, non solum quadrupedum, uerumetiam frugum omnium atque pomorum, necnon & uestimentorum partem pauperibus daret.

Vt corpus illius post undecim annos sepulturae sit corruptionis immune repertum: nec multo post successor episcopatus eius de mundo transierit. Cap. XXX.

Volens autem latius demonstrare diuina dispensatio, quanta in gloria uir Domini Cudbertus post mortem uiueret, cuius ante mortem uita sublimis crebris etiam miraculorum patebat indiciis, transactis sepulturae eius annis undecim, immisit in animo fratrum, ut tollerent ossa illius: quae more mortuorum consumpto iam & in puluerem redacto corpore, reliqua sicca inuenienda putabant, atque in nouo recondita loculo in eodem quidem loco, sed supra pauimentum dignae uenerationis gratia locarent. Quod dum sibi placuisse Eadberto antistiti suo referrent, annuit consilio eorum, iussitque ut die depositionis eius hoc facere meminissent. Fecerunt autem ita: & aperientes sepulchrum, inuenerunt corpus totum, quasi adhuc uiueret, integrum, & flexibilibus articulorum compagibus multo dormienti quam mortuo similius: sed & uestimenta omnia quibus indutum erat, non solum intemerata, uerumetiam prisca nouitate & claritudine miranda apparebant. Quod ubi uidere fratres, nimio mox timore perculsi, festinauerunt referre antistiti quae inuenerant: qui tum forte in remotiori ab ecclesia loco refluis undique pelagi fluctibus cincto, solitarius manebat. In hoc etenim semper Quadragesimae tempus agere, in hoc quadraginta ante Dominicum natale dies in magna continentiae, orationis & lachrymarum deuotione transigere solebat: in quo etiam uenerabilis praedecessor eius Cudbertus, priusquam insulam Farne peteret, aliquandiu secretus Domino militabat. Attulerunt autem ei & partem indumentorum, quae corpus sanctum ambierant: quae cum ille & munera gratanter acciperet, & miracula libenter audiret (nam & ipsa indumenta quasi patris adhuc corpori circundata, miro deosculabatur affectu) Noua, inquit, indumenta corpori pro his quae tulistis, circundate, & sic reponite in arca quam parastis. Scio autem certissime, quod non diu uacuus remanebit locus ille, qui tanta miraculi coelestis gratia sacratus est. & quam beatus est, cui in eo facultatem quiescendi Dominus totius beatitudinis auctor atque largitor praestare dignabitur. Haec & huiusmodi plura ubi multis cum lachrymis, & magna compunctione antistes lingua etiam tremente compleuit, fecerunt fratres ut iusserat: & inuolutum nouo amictu corpus, nouaque in theca reconditum, supra pauimentum sanctuarii posuerunt. Nec mora, Deo dilectus antistes Eadbertus morbo correptus est acerbo, ac per dies crescente multumque ingrauescente ardore languoris, non multo post, id est, pridie Nonas Maias, etiam ipse migrauit ad Dominum: cuius etiam corpus in sepulchro benedicti patris Cudberti ponentes, posuerunt desuper arcam, in qua incorrupta eiusdem patris membra locauerant. In quo etiam loco signa sanitatum aliquoties facta meritis amborum testimonium ferunt, e quibus aliqua in libro uitae illius olim memoriae mandauimus. Sed & in hac historia quaedam quae nos nuper audisse contigit, superadiicere commodum duximus.

Vt quidam ad tumbam eius sit a paralysi sanatus.
Caput XXXI.

Erat in eodem monasterio frater quidam nomine Beaduuegen, tempore non pauco hospitum ministerio deseruiens, qui nunc usque superest, testimonium habens ab uniuersis fratribus, cunctisque superuenientibus hospitibus, quod uir esset multae pietatis ac religionis, iniunctoque sibi officio supernae tantum mercedis gratia subditus. Hic cum quadam die lenas siue saga, quibus in hospitali utebatur, in mari lauisset, rediens domum repente in medio itinere molestia corporali tactus est, ita ut corruens in terram, & aliquandiu pronus iacens, uix tandem resurgeret. Resurgens autem sensit dimidiam corporis sui partem a capite usque ad pedes paralysis langore depressam, & maximo cum labore baculo innitens domum peruenit. Crescebat morbus paulatim, & nocte superueniente grauior effectus est, ita ut die redeunte uix ipse per se exurgere aut incedere ualeret. Quo affectus incommodo, concepit utile mente consilium, ut ad ecclesiam quomodo posset perueniens, intraret ad tumbam reuerendissimi patris Cudberti, ibique genibus flexis supplex supernam pietatem rogaret, ut uel ab huiusmodi languore, si hoc sibi utile esset, liberaretur: uel si se tali molestia diutius castigari diuina prouidente gratia oporteret, patienter dolorem ac placida mente sustineret illatum. Fecit igitur ut animo disposuerat, & imbecilles artus baculo sustentans intrauit ecclesiam, ac prosternens se ad corpus uiri Dei, pia intentione per eius auxilium Dominum sibi fieri propitium precabatur: atque inter preces uelut in soporem solutus, sentit, ut ipse postea referre erat solitus, quasi magnam latamque manum caput sibi in parte qua dolebat, tetigisse, eodemque tactu totam illam quae languore pressa fuerat, corporis sui partem paulatim fugiente dolore ac sanitate subsequente ad pedes usque pertransisse. Quo facto, mox euigilans sanissimus surrexit, ac pro sua sanitate Domino gratias denuo referens, quid erga se actum esset, fratribus indicauit: cunctisque congaudentibus, ad ministerium quod sollicitus exhibere solebat, quasi flagel-

flagello probante castigatior redijt. Sed & indumenta, quibus Deo dicatum corpus Cudberti uel uiuum antea, uel postea defunctum uestierant, etiam ipsa à gratia curandi non uacarunt: sicut in uolumine uitæ & uirtutum eius quisque legerit, inueniet.

Vt quidam ad reliquias eius nuper fuerit ab oculi langore curatus. Cap. XXXII.

Nec silentio prætereundum, quod ante triennium per reliquias eius factum, nuper mihi per ipsum in quo factum est, fratrem innotuit. Est autem factum in monasterio, quod iuxta amnem Dacore constructum ab eo cognomen accepit, cui tunc uir religiosus Suidbertus abbatis iure præfuit. Erat namque in eo quidam adolescens, cui tumor deformis palpebram oculi fœdauerat, qui cum per dies crescens oculo interitum minaretur, curabant medici hunc appositis pigmentorum fomentis emollire: nec ualebant. quidam abscindendum esse dicebant, alij hoc fieri metu maioris periculi, uetabant. Cumque tempore non pauco frater præfatus tali incommodo laboraret, neque imminens oculo exitiũ humana manus curare ualeret, quin potius per dies augesceret, contigit eum subito diuinæ pietatis gratia per sanctissimi patris Cudberti reliquias sanari. Nam quando fratres sui corpus ipsius post multos sepulturæ annos incorruptum repererunt, tulerunt partem de capillis, quam more reliquiarum rogantibus amicis dare uel ostendere in signum miraculi possent. Harum particulam reliquiarum eo tempore habebat penes se quidã de presbyteris eiusdem monasterij, nomine Thridredus, qui nunc ipsius monasterij abbas est. Qui cum die quadã ingressus ecclesiam aperuisset thecam reliquiarum, ut portionem earum roganti amico præstaret, contigit & ipsum adolescentem, cuius oculus languebat, in eadem tunc ecclesia adesse: cumque presbyter portionem (quantam uoluit) amico dedisset, residuum dedit adolescenti, ut suo in loco reponeret. At ille salubri instinctu admonitus, cum accepisset capillos sancti capitis, apposuit palpebræ languenti, & aliquandiu tumorem illum infestum horum appositione comprimere ac mollire curabat. Quo facto, reliquias ut iusserat, sua in theca recondidit; credens suum oculum capillis uiri Dei, quibus attactus erat, ocyus esse sanandum. Neque enim eum sua fides fefellit. Erat enim, ut referre est solitus, tunc circiter horam secundam diei. Sed cum alia quæque dies illa exigebat, cogitaret & faceret, imminente hora ipsius diei sexta, repente contingens oculum ita sanũ cum palpebra inuenit, ac si nihil unquam in eo deformitatis ac tumoris apparuisset.

QVARTI LIBRI FINIS.

Ecclesiasticæ Historiæ gentis Anglorum,

LIBER V.

Vt Aedilualdus successor Cudberti in anachoretica uita laborantibus in mari fratribus tempestatem orando sedauerit. Cap. I.

VCCESSIT autẽ uiro domini Cudberto in exercenda uita solitaria, quam in insula Farne, ante episcopatus sui tempora gerebat, uir uenerabilis Aedilualdus, qui multis annis in monasterio, quod dicitur Incipum, acceptum presbyteratus officium, condignis gradui ipsi consecrabat actibus. Cuius ut meritum uel uita qualis fuerit, clarescat certius, unum eius narro miraculum, quod mihi unus è fratribus, propter quos & in quibus patratum est, ipse narrauit: uidelicet Chutfridus uenerabilis Christi famulus & presbyter, qui etiam postea fratribus eiusdem ecclesiæ Lindisfarnensis, in qua educatus est, abbatis iure præfuit. Veni, inquit, cum duobus fratribus alijs ad insulam Farne, loqui desiderans cum reuerendissimo patre Aedilualdo: cumque allocutione eius refecti & benedictione petita domũ rediremus, ecce subito positis nobis in medio mari interrupta est serenitas qua uehebamur, & tanta ingruit tamque fera tempestatis hyemis, ut neque uelo neque remigio quicquã proficere, neque aliud quàm mortem sperare ualeremus. Cumque diu multum cum uento pelagoque frustra certantes, tandem post terga respiceremus, si forte uel ipsam, de qua egressi eramus insulam aliquo conamine repetere possemus, inuenimus nos undique uersum pari tempestate præclusos, nullamque spem nobis in nobis restare salutis. Vbi autem longius uisum leuauimus, uidimus in ipsa insula Farne egressum de latibulis suis amantissimũ Deo patrem Aedilualdum iter nostrum inspicere. Audito etenim fragore procellarum, ac feruentis Oceani, exierat uidere quid nobis accideret: cumque nos in labore ac desperatione positos cerneret, flectebat genua sua ad patrem domini nostri Iesu Christi, pro nostra uita & salute deprecaturus. Et cum orationem compleret, simul tumida æquora placauit, adeo ut cessante per omnia sæuitia tempestatis, secundi nos uenti ad terram usque per plana maris terga comitarentur. Cumque euadentes ad terram nauiculam quoque nostram ab undis exportaremus, mox eadẽ quæ nostri gratia modicum siluerat tempestas, rediit, & toto illo die multum furere nõ cessauit: ut palam daretur intelligi, quòd modica illa quæ prouenerat intercapedo quietis, ad uiri Dei preces nostræ euasionis gratia cœlitus donata esset. Mansit itaque idem uir Dei in insula Farne duodecim annis, ibidemque defunctus est, sed in insula Lindisfarnensi iuxta prædecessorum corpora episcoporum in ecclesia sancti Petri apostoli sepultus est. Gesta uero sunt hæc temporibus Alfridi regis, qui post translatum Egfridum genti Nordan Humbrorum decem & octo annis præfuit.

Vt episcopus Ioannes mutum benedicendo curauerit. Caput II.

HVius regni principio, defuncto Eata episcopo, Ioannes uir sanctus Hagustaldensis ecclesiæ præsulatum suscepit: de quo plura uirtutum miracula, qui eum familiariter nouerunt, dicere solent, & maxime uir reuerendissimus ac ueracissimus Berechtus, diaconus quondam eius, nunc autem abbas monasterii quod uocatur Inderauuda, id est, in sylua Deirorum: e quibus aliqua memoriæ tradere, commodum duximus. Est autem mansio quædam secretior, nemore raro, & uallo circundata, nõ longe ab Hagustaldensi ecclesia, id est, unius ferme miliarii & dimidii spatio, interfluente Thino amne separata, habens cœmiterium sancti Michaëlis archangeli, in qua uir Dei sæpius, ubi opportunitas arridebat temporis, & maxime in Quadragesima manere cum paucis, atque orationibus ac lectioni quietus operã dare cõsueuerat. Cumque tempore quodã incipiente Quadragesima ibidẽ mansurus adueniret, iussit suis quærere pauperem aliquem, maiore infirmitate uel inopia grauatum, quem secum habere illis diebus ad faciendam eleemosynam posset (sic enim semper facere solebat.) Erat autem in uilla non longe posita quidam adolescens mutus, episcopo notus (nam sæpius ante illum percipiendæ eleemosynæ gratia uenire consueuerat) qui ne unũ quidem sermonem unquã proferre poterat: sed & scabiem tantam & furfures habebat in capite, ut nil unquam capillorũ ei in superiori parte capitis nasci ualeret, tãtum in circuitu horridi crines stare uidebantur. Hunc ergo adduci præcipit episcopus, & ei in conceptis eiusdem mansionis paruum tugurium fieri, in quo manens quotidianã ab eo stipem acciperet. Cumque una Quadragesimæ esset impleta septimana, sequenti Dominica iussit ad se intrare pauperem. Ingresso linguam proferre ex ore, ac sibi ostendere iussit, & apprehendens eum de mento, signum sanctæ crucis linguæ eius impressit, quã signatam reuocare in os, & loqui illum præcepit: Dicito (inquiens) aliquod uerbũ, dicito gea, gea: quod est, lingua Anglorum uerbum affirmandi & consentiendi, id est, etiam. Dixit ille statim soluto uinculo linguæ quod iussus erat. Addidit episcopus nomina literarum. Dicito A: dixit ille A. Dicito B: dixit ille B. Cumque singula literarum nomina dicente episcopo responderet, addidit & syllabas, ac uerba illi dicenda proponere. Et cum in omnibus consequenter responderet, præcepit eum sententias longiores dicere, & fecit. Neque ulterius cessauit tota die illa, & nocte sequente, quantum uigilare potuit, ut fertur, qui præsentes fuere, loqui aliquid, & arcana suæ cogitationis ac uoluntatis, quod nunquam antea potuit, aliis ostendere, in similitudinem illius diu claudi, qui curatus ab apostolis Petro & Ioanne, exiliens stetit & ambulabat, & intrauit cum illis in templum, ambulans & exiliens, & laudans Dominum, gaudens nimirum uti officio pedum, quo tanto tempore erat destitutus: cuius sanitati congaudens episcopus, præcepit medico etiam sanandæ scabredini capitis eius curam adhibere. Fecit ut iusserat, & iuuante benedictione ac precibus antistitis, nata est cum sanitate cutis, uenusta species capillorum. Factusque est iuuenis limpidus uultu & loquela promptus, capillis pulcherrime crispis, qui ante fuerat deformis, pauper & mutus. Sicque de percepta lætatus sospitate, offerente ei etiam episcopo, ut in sua familia manendi locum acciperet, magis domum reuersus est.

Vt idem puellam languentem orando sanauerit. Caput III.

NArrauit idem Berechtus & aliud de præfato antistite miraculum. Quia cum reuerentissimus uir Vuilfridus post longum exilium in episcopatum esset Hagustaldensis ecclesiæ receptus, & idem Ioannes, defuncto Bosa, uiro multæ sanctitatis & humilitatis, episcopus pro eo Eboraci substitutus, uenit et ipse tẽpore quodam ad monasterium uirginum, in loco qui uocatur Vetadũ, cui tunc Hereburg abbatissa præfuit. Vbi cũ uenissemus, inquit, & magno uniuersorum gaudio suscepti essemus, indicauit nobis abbatissa, quod quædam de numero uirginum, quæ erat filia ipsius carnalis, grauissimo languore teneretur (quia phlebotomata est nuper in brachio,) & cum adhuc esset in studio, tacta est infirmitate repentini doloris: quo mox increscẽte magis grauatum est brachium illud uulneratum, ac uersum in tumorẽ, adeo ut uix duabus manibus circumplecti posset: ipsaque iacens in lecto præ nimietate doloris iam moritura uideretur. Rogauit ergo episcopum abbatissa, ut intrare ad eam ac benedicere illam dignaretur: quia crederet eam ad benedictionẽ uel tactum illius mox melius habituram. Interrogans autem ille, quando phlebotomata esset puella, & ut cognouit, quia in luna quarta, dixit: Multum insipienter & indocte fecistis, in luna quarta phlebotomando. Memini enim beatæ memoriæ Theodorum archiepiscopum dicere, quia periculosa sit satis illius temporis phlebotomia, quando & lumen lunæ, & reuma Oceani in cremento est. Et quid ego possum puellæ, si moritura est, facere? At illa instantius obsecrans pro filia, quam oppido diligebat (nam & abbatissam eam pro se facere disposuerat) tandem obtinuit, ut ad languentem intraret. Intrauit ergo me secum assumpto ad uirginem, quæ iacebat multo, ut dixi, dolore constricta, & brachio in tantum grossescente, ut nihil prorsus in cubito flexionis haberet: & astans dixit orationem su per illam, ac benedicta egressus est. Cumque post hac hora competente consideremus ad mensam, adueniens quidam clamauit me, dicens foras & ait: Postulat Coenburg (hoc enim erat nomen uirginis) ut ocyus regrediaris ad eam. Quod dum facerem, reperi illam ingrediens uultu hilariorem, & uelut sospiti simillimam. Et dum assiderem illi, dixit: Vis petamus bibere? Et ego, Volo (inquam) & multum delector, si potes. Cumque oblato poculo biberemus ambo, coepit mihi dicere, quod ex quo episcopus orationem pro me (benedictione completa) fecit, & egressus est, statim melius habere incipi, & si necdum uires pristinas recepi, dolor tamen omnis, & de brachio ubi ardentior inerat, & de toto meo corpore, etiam ipso episcopo foras eum exportante, funditus ablatus est, tametsi tumor adhuc in brachio manere uideatur. Abeuntibus autem nobis inde, continuo fugam dolorum membrorum, fuga quoque tumoris horrendi secuta est, & ereptam morti ac doloribus uirgo laudes Domino Saluatori, una cum caeteris, qui ibi erant, seruis illius, referebat.

Vt coniugem comitis infirmam aqua benedicta curauerit. Caput IIII.

ALiud quoque non multum huic dissimile miraculum, de praefato antistite narrauit idem abbas dicens: Villa erat comitis cuiusdam, qui uocabatur Puch, non longe a monasterio nostro, id est duorum ferme milium spatio separata, cuius coniux quadraginta ferme diebus erat acerbissimo languore detenta, ita ut tribus septimanis non posset de cubiculo in quo iacebat, foras efferri. Contigit autem eo tempore uirum Dei illo ad dedicandam ecclesiam ab eodem comite uocari, cumque dedicata esset ecclesia, rogauit comes eum ad prandendum domum suam ingredi. Renuit episcopus, dicens se ad monasterium quod proximum erat, reuerti debere. At ille obnixius precibus instans, uouit etiam se eleemosynas pauperibus daturum, dummodo ille dignaretur ea die domum suam ingrediens, ieiunium soluere. Rogaui & ego una cum illo, promittens etiam me eleemosynas in alimoniam inopum dare, dum ille domum comitis pransurus, ac benedictionem daturus intraret. Cumque hoc tarde ac difficulter impetraremus, intrauimus ad reficiendum. Miserat autem episcopus mulieri, quae infirma iacebat, de aqua benedicta, quam in dedicationem ecclesiae consecrauerat, per unum de his qui mecum uenerant fratribus, praecipiens ut gustandam illi daret, & ubicunque maximum ei dolorem inesse didicisset, de ipsa eam aqua lauaret. Quod ut factum est, surrexit statim mulier sana, & non solum se infirmitate longa carere, sed & perditas dudum uires recepisse sentiens, obtulit poculum episcopo, ac nobis, coeptumque ministerium nobis omnibus propinandi, usque ad prandium completum non omisit. Imitata socrum beati Petri, quae cum febrium fuisset ardoribus fatigata, ad tactum manus Dominicae surrexit, & sanitate simul ac uirtute recepta, ministrabat eis.

Vt puerum comitis & ipsum a mortis periculo reuocauerit. Caput V.

ALio item tempore uocatus ad dedicandam ecclesiam comitis, uocabulo Addi, cum postulatum complesset ministerium, rogatus est ab eodem comite intrare ad unum de pueris eius, qui acerrima aegritudine premebatur, ita ut deficientibus penitus omnium membrorum officiis, iamiamque moriturus esse uideretur. Cui etiam loculus iam tunc erat praeparatus, in quo defunctus condi deberet. Addidit autem his etiam lachrymas precibus, diligenter obsecrans ut intraret oraturus pro illo, quia multum necessaria sibi esset uita ipsius. Crederet uero, quia si ille ei manum imponere, atque eum benedicere uoluisset, statim melius haberet. Intrauit ergo illo episcopus, & uidit eum moestis omnibus iam morti proximum, positumque loculum iuxta eum, in quo sepeliendus poni deberet: dixitque orationem, ac benedixit eum, & egrediens dixit solito consolantium sermone: Bene conualescas, & cito. Cumque post haec sederent ad mensam, misit puer ad dominum suum, rogans sibi poculum uini mittere, quia sitiret. Gauisus ille multum quod bibere posset, misit ei calicem uini benedictum ab episcopo, quem ut bibit, surrexit continuo, & ueterno infirmitatis discusso, induit se ipse uestimentis suis, & egressus inde intrauit & salutauit episcopum & conuiuas, dicens quod ipse quoque delectaretur manducare & bibere cum eis. Iusserunt eum sedere secum ad epulas, multum gaudentes de sospitate illius. Residebat, uescebatur, bibebat, laetabatur, quasi unus e conuiuis agebat. & multis post haec annis uiuens, in eadem quam acceperat salute permansit. Hoc autem miraculum memoratus abbas non se praesente factum, sed ab his qui praesentes fuerunt, sibi perhibet esse relatum.

Vt clericum suum cadendo contritum, aeque oratione et benedictione a morte reuocauerit. Caput VI.

NEque hoc silentio praetereundum arbitror, quod famulus Christi Herebaldus in se ipso ab eo factum solet narrare miraculum: qui tunc quidem in clero illius conuersatus, nunc in monasterio quod est iuxta hostium Tini fluminis, abbatis iure praeest. Vitam, inquit, illius quantum hominibus aestimare fas est, quam praestantem optime cognoui, per omnia episcopo dignam esse comperi, sed & cuius meriti apud internum arbitrum fuerit, & in multis aliis & in me ipso maxime expertus sum, quippe quem ab ipso (ut ita dicam) mortis limite reuocatum ad uiam uitae sua oratione ac benedictione reduxit. Nam cum primaeuo adolescentiae tempore in clero illius degerem, legendi quidem canendique studiis traditus, sed non adhuc animum perfecte a iuuenilibus cohibens illecebris, contigit die quadam nos iter agentes cum illo deuenisse in uiam planam & amplam, aptamque cursui equorum: coe-

peruntq;

ceperuntque iuuenes qui cum ipso erant, maximè laici, postulare episcopum, ut cursu maiore equos suos inuicem probare liceret. At ille primò negauit, otiosum dicens esse, quod desiderabant: sed ad ultimum multorum unanima intentione deuictus, Facite, inquit, si uultis, ita tamen, ut Herebaldus ab illo se certamine abstineat. Porrò ipse diligenter obsecrabam, & mihi certandi cum illis copia daretur (fidebam namque equo, quem mihi ipse optimum donauerat) nec tamen impetrare potui. At cum sæpius huc atque illuc, spectante me & episcopo, incitatis in cursum equis reuerterentur, & ipse lasciuo superatus animo, non me potui cohibere, sed (prohibente licet illo) ludentibus me miscui, & simul cursu equi contendere cœpi. Quod dum agerem, audiui illum post tergum mihi cum gemitu dicentem: O quàm magnum uæ facis mihi sic equitando. Et ego audiens nihilominus cœpi institui uetitis. Nec mora, dum feruens equus quoddam itineris concauum ualentiore impetu transiliret, lapsus decidi, & mox uelut emoriens sensum penitus motumque omnem perdidi. Erat namque in loco illo lapis terræ æqualis, obtectus cespite tenui: neque ullus alter in tota illa campi planitie lapis inueniri poterat. Casuque euenerat, uel potius diuina prouisione, ad puniendam inobedientiæ meæ culpam, ut hunc capite ac manu quam capiti ruens supposueram, tangerem, atque infracto pollice, capitis quoque iunctura solueretur, & ego ut dixi, similis mortuo fierem. Et quia moueri non poteram, tetenderunt ibidem papilionem, in quo iacerem. Erat autem circiter horam diei septimam, à qua ad uesperam usque quietus, & quasi mortuus permanens, tunc paululum reuiuisco, feroque domum à socijs, ac tacitus tota nocte perduro. Vomebam autem sanguinem, eo quod & interanea essent ruendo conuulsa. At episcopus grauissimè de casu & interitu meo dolebat, eo quod me speciali diligeret affectu. Nec uoluit nocte illa iuxta morem cum clericis suis manere, uerum solus in oratione persistens noctem ducebat peruigilem, pro mea (ut reor) sospitate superni pietati supplicans. Et mane primo ingressus ad me, & dicta super me oratione, uocauit me nomine meo, & quasi de graui somno excitatum interrogauit, si nossem quis esset, qui loqueretur ad me. At ego aperiens oculos aio: Etiam: Tu es antistes meus amatus. Potes, inquit, uiuere? Et ego, Possum (inquam) per orationes uestras, si uoluerit Dominus. Qui imponens capiti meo manum cum uerbis benedictionis, rediit ad orandum. Et post pusillum me reuisens, inuenit sedentem, & iam loqui ualentem, cœpitque me interrogare (diuino, ut mox patuit, admonitus instinctu) an me esse baptizatum absque scrupulo nossem. Cui ego absque ulla me hoc dubietate scire respondi, quod salutari fonte in remissionem peccatorum essem ablutus, & nomen presbyteri, à quo me baptizatum noueram, dixi. At ille, Si ab hoc, inquit, sacerdote baptizatus es, non es perfectè baptizatus. Noui namque eum, & quia cum esset presbyter ordinatus, nullatenus propter ingenij tarditatem potuit catechizandi uel baptizandi ministerium discere: propter quod & ipse illum ab huius præsumptione ministerij, quod regulariter implere nequibat, omnino cessare præcepi. Quibus dictis, eadem hora me catechizare ipse curauit: factumque est, ut exsufflante illo in faciem meam, confestim me melius habere sentirem. Vocauit autem medicum, & dissolutam mihi emicranij iuncturam componere atque alligare iussit. Tantumque mox accepta eius benedictione conualui, ut in crastinum ascendens equum cum ipso iter in alium locum facerem. Nec multo post plenè curatus, uitali etiam unda perfusus sum. Mansit autem in episcopatu annis triginta tribus, & sic cœlestia regna conscendens, sepultus est in porticu sancti Petri, in monasterio suo quod dicitur In silua Derorum, anno ab incarnatione Domini septingentesimo uicesimo primo. Nam cum præ maiore senectute minus episcopatui administrando sufficeret, ordinato in episcopatum Eboracensis ecclesiæ Vuilfrido presbytero suo, secessit ad monasterium præfatum, ibique uitam Deo digna conuersatione compleuit.

Vt Cædualla rex occidentalium Saxonum baptizandus Romam uenerit: sed et successor eius Ini eadem beatorum Apostolorum limina deuotus adierit.

Caput VII.

Anno autem regni Aldfridi tertio, Cædualla rex occidentalium Saxonum, cum genti suæ duobus annis strenuissimè præesset, relicto imperio propter Dominum regnumque perpetuum, uenit Romam, hoc sibi gloriæ singularis desiderans adipisci, ut ad limina beatorum apostolorum fonte baptismatis ablueretur, in quo solo didicerat generi humano patere uitæ cœlestis introitum: simul etiam sperans, quia mox baptizatus, carne solutus ad æterna gaudia iam mundus transiret. Quod utrumque ut mente disposuerat, Domino adiuuante completum est. Etenim illo perueniens, pontificatum agente Sergio, baptizatus est die sancto sabbati paschalis, anno ab incarnatione Domini sexcentesimo octuagesimo nono, & in albis adhuc positus, languore correptus duodecimo Kalendarum Maiarum die solutus est à carne, & beatorum est consortio sociatus in cœlis. Cui etiam tempore baptismatis papa memoratus Petri nomen imposuerat, ut beatissimo apostolorum principi, ad cuius sacratissimum corpus per longa locorum interualla pio ductus amore uenerat, etiam sanctissimum nomen referret: qui in eius quoque ecclesia sepultus est. Et iubente pontifice, epitaphium in eius monumento scriptum est, ut & memoria deuotionis ipsius fixa per secula maneret, & legentes quoque uel audientes exempla facti ad studium religionis accenderet.

Scriptum est ergo hoc modo:

Culmen, opes, sobolem, pollentia regna, triumphos,
Exuuias, proceres, mœnia, castra, lares:

Quæq; patrum uirtus, & quæ congesserat ipse,
Ceadual armipotens liquit amore Dei.
Vt Petrum sedemq; Petri rex cerneret hospes,
Cuius fonte meras sumeret almus aquas.
Splendificumq; iubar radianti carperet haustu,
Ex quo uiuificus fulgor ubiq; fluit.
Percipiensq; alacer rediuiuæ præmia uitæ,
Barbaricam rabiem nomen & inde suum.
Conuersus conuertit ouans, Petrumq; uocari
Sergius antistes iussit ut ipse pater.
Fonte renascentis, quē Christi gratia purgans,
Protinus albatum uexit in arce poli.
Mira fides regis, clementia maxima Christi,
Cuius consilium nullus adire potest.
Sospes enim ueniēs supremo ex orbe Britāni,
Per uarias gentes, per freta, perq; uias.
Vrbem Romuleā uidit, templumq; uerēdum,
Aspexit Petri mystica dona gerens.
Candidus inter oues Christi sociabilis ibit,
Corpore nam tumulū mente superna tenet.
Cōmutasse magis sceptrorum insignia credas,
Quem regnum Christi promeruisse uides.

Hic depositus est Ceadualla, qui & Petrus, rex Saxonum, sub die duodecima Kalendarum Maiarum, indictione secunda, qui uixit annos plus minus triginta, imperante Domino Iustiniano piissimo augusto, anno eius consulatus quarto, pontificante Apostolico uiro Domino Sergio papa anno secundo. Abeunte autē Romam Ceadualla successit in regnū Ihua, de stirpe regia, qui cum triginta & septē annis imperium tenuisset gētis illius, & ipse relicto regno ac iunioribus commendato, ad limina beatorū Apostolorū Gregorii pontificatū tenēte profectus est, cupiens in uicinia locorū sanctorū ad tēpus peregrinari in terris, quo familiarius à sanctis recipi mereretur in cœlis: quod his temporibus plures de gente Anglorum nobiles, ignobiles, q; laici & clerici, uiri ac fœminæ certatim facere consueuerunt.

De obitu Theodori archiepiscopi. Cap. VIII.

ANno autem post hunc, quo Ceadualla Romæ defunctus est proximo, id est, septingentesimo nonagesimo incarnationis Dominicæ, Theodorus beatæ memoriæ archiepiscopus senex & plenus dierū, id est, annorum octoginta & octo defunctus est: quem se numerum annorum fuisse habiturum, ipse iamdudū somnio reuelante edoctus suis prædicere solebat. Mansit autem in episcopatu annis uiginti duobus, sepultusq; est in ecclesia sancti Petri, in qua omnium episcoporum Doruuernensiū sunt corpora deposita. De quo unà cum consortibus eiusdē sui gradus rectè & ueraciter dici potest, quia corpora ipsorum in pace sepulta sunt, & nomen eorum uiuet in generatione & generationes. Vt enim breuiter dicam, tantum profectus spiritalis tempore præsulatus illius Anglorum ecclesiæ, quantum nunquam antea potuere, ceperunt. Cuius personam, uitam, ætatem & obitū, epitaphium quoque monumenti ipsius uersibus Heroicis triginta & quatuor palam ac lucide cunctis illo uenientibus pandit: quorum primi sunt hi.

Hic sacer in tumba pausat cum corpore præsul,
Quē Theodorū nunc lingua Pelasga uocat.
Princeps pontificum, felix, summusq; sacerdos,
Limpida discipulis dogmata disseruit.

Vltimi autem hi:

Namq; diē nonā decimā September habebat,
Cum carnis claustra spiritus egreditur.
Alma nouæ scandens felix consortia uitæ,
Ciuibus angelicis iunctus in arce poli.

Vt Theodoro defuncto archiepiscopatus gradum Berechtualdus susceperit, et inter plurimos quos ordinauit, etiam Tobiam uirum doctissimum Rhofensi ecclesiæ fecerit antistitem. Cap. IX.

SVccessit autē Theodoro in episcopatu Berechtualdus, qui erat abbas in monasterio quodam iuxta ostiū aquilonare fluminis Genladæ positum, quod Racuulf nuncupatur. Vir & ipse scientia scripturarum imbutus, & ecclesiasticis simul ac monasterialibus disciplinis summe instructus, tametsi prædecessori suo minime comparandus: qui electus est quidem in episcopatum anno Dominicæ incarnationis sexcentesimo nonagesimo secundo, die primo mensis Iulii, regnantibus in Cātia Vuicthredo & Suebhardo. Ordinatus autem anno sequente, tertio die Kalendarū Iuliarum Dominica, à Goduino Metropolitano episcopo Galliarū, & sedit in sede sua pridie Kalendarum Septembriū Dominica: qui inter multos quos ordinauit antistites etiam Gebmundo Rhofensis ecclesiæ præsule defuncto, Tobiam pro illo consecrauit, uirum Latina, Græca & Saxonica lingua, atque eruditione multiplici instructum.

Vt Ecgbertus uir sanctus ad prædicandum in Germaniam uenire uoluerit, nec ualuerit, porro Vuictbertus aduenerit quidem, sed quia nihil profecisset, rursum in Hiberniam unde uenerat, redierit. Caput X.

EO tēpore uenerabilis & cum omni honorificentia nominandus famulus Christi, & sacerdos Ecgbertus, quem in Hybernia insula peregrinam ducere uitā pro adipiscenda in cœlis patria retulimus, proposuit animo pluribus prodesse, id est, inito opere Apostolico uerbū Dei aliquibus earū, quæ nondū audierant, gentibus euangelizando cōmittere, quarū in Germania plurimas nouerat esse nationes, à quibus Angli uel Saxones, qui nunc Brittanniā incolunt, genus & originem duxisse noscuntur, unde hactenus à uicina gente Brittonum, corrupte Germani nuncupantur. Sunt autē Fresones, Rugini, Dani, Huni, antiqui Saxones, Boructuari: sunt etiam alii perplures iisdē in partibus populi paganis adhuc ritibus seruientes, ad quos uenire præfatus Christi miles circumnauigata Brittannia disposuit, si quos forte ex illis ereptos Sadente ad Christum transferre valeret: vel si hoc fieri non posset, Romam venire ad videnda atque adoranda beatorum apostolorum, ac martyrum Christi limina cogitauit. Sed ne aliquid horum perficeret, superna illi oracula, simul & opera restiterunt. Siquidem electis sociis strenuissimis, & ad praedicandum verbum idoneis, utpote actione simul & eruditione praeclaris, praeparatis omnibus, quae nauigantibus esse necessaria videbantur, venit die quadam mane primo ad eum unus de fratribus, discipulus quondam in Britannia, & minister Deo dilecti sacerdotis Boisili. Cum esset idem Boisil praepositus monasterii Mailrosensis sub abbate Eata, ut supra narrauimus, referens ei visionem, quae sibi eadem nocte apparuisset. Cum expletis (inquit) hymnis matutinalibus in lecto membra deposuissem, ac leuis mihi somnus obrepsisset, apparuit magister quondam meus & nutritor amantissimus Boisil, interrogauitque me, an eum cognoscere possem. Aio: Etiam: Tu es enim Boisil. At ille, Ad hoc, inquit, venio, ut responsum Domini saluatoris Egberto afferam, quod te tamen referente oportet ad illum venire. Dic ergo illi, quia non valet iter quod proposuit, implere: Dei enim voluntas est, ut ad Columbae monasteria magis docenda pergat. Erat autem Columba primus doctor fidei Christianae Transmontanis Pictis ad Aquilonem, primusque fundator monasterii, quod in Hii insula multis diu Scotorum Pictorumque populis venerabile mansit. Qui videlicet Columba nunc a nonnullis, composito a cella & Columba nomine, Columcelli vocatur. Audiens autem verba visionis Egbertus, praecepit fratri qui retulerat, ne cuiquam haec alteri referret, ne forte illusoria esset visio. Ipse autem tacitus rem considerans, veram esse timebat: attamen a praeparando itinere, quo ad gentes docendas iret, cessare nolebat. At post paucos dies rursum venit ad eum praefatus frater, dicens, quia & ea nocte sibi post expletos matutinos Boisil per visum apparuerit dicens, Quare tam negligenter ac tepide dixisti Egberto, quae tibi dicenda praecepi? At nunc vade & dic illi, Quia velit nolit, debet ad monasteria Columbae venire, quia aratra eorum non recte incedunt. Oportet autem eum ad rectum haec tramitem reuocare. Qui haec audiens, denuo praecepit fratri, ne haec cuiquam patefaceret. Ipse vero tametsi certus est factus de visione, nihilominus tentauit iter dispositum cum fratribus memoratis incipere. Cumque iam nauim imposuissent, quae tanti itineris necessitas poscebat, atque opportunos aliquot diebus ventos expectarent, facta est nocte quadam tam saeua tempestas, quae perditis nonnullis ex parte his quae in naui erant rebus, ipsam in latus iacentem inter undas relinqueret. Saluata sunt tamen omnia, quae erant Egberti & sociorum eius. Tum ille quasi propheticum illud dicens, quia propter me est tempestas haec, subtraxit se illi profectioni, & remanere domi passus est. At vero unus de sociis eius, vocabulo Vuictbertus, cum

esset & ipse contemptu mundi, ac doctrinae scientia insignis (nam multos annos in Hybernia peregrinus anachoreticam in magna perfectione vitam egerat) ascendit nauem, & in Fresiam perueniens, duobus annis continuis genti illi, ac regi illius Radbedo verbum salutis praedicabat, neque aliquem tanti laboris fructum apud barbaros inuenit auditores. Tunc reuersus ad dilectae locum peregrinationis, solito in silentio Domino vacare coepit: & quoniam externis prodesse ad fidem non poterat, suis amplius ex virtutum exemplis prodesse curabat.

Vt Vuilbrordus in Fresia praedicans multos ad Christum conuerterit, & ut socii eius Heuualdi sint martyrium passi. Caput XI.

VT autem vidit vir Domini Egbertus, quia nec ipse ad praedicandum gentibus venire permittebatur, retentus ob aliam sanctae ecclesiae utilitatem, de qua oraculo fuerat praemonitus, nec Vuictbertus illas deueniens in partes quicquam proficiebat, tentauit adhuc in opus verbi mittere viros sanctos & industrios, in quibus eximius Vuilbrordus presbyteri gradu & merito praefulgebat. Qui cum illo aduenissent (erant autem numero duodecim) diuertentes ad Pipinum ducem Francorum, gratanter ab illo suscepti sunt: & quia nuper citeriorem Fresiam, expulso inde Radbedo rege, ceperat, illo eos ad praedicandum misit. Ipse quoque imperiali auctoritate iuuans, ne quis praedicantibus quicquam molestiae inferret, multisque eos qui fidem suscipere vellent, beneficiis attollens. Vnde factum est, opitulante gratia diuina, ut multos in breui ab idololatria ad fidem conuerterent Christi. Horum secuti exempla duo quidam presbyteri de natione Anglorum, qui in Hybernia multo tempore pro aeterna patria exulauerant, venerunt ad prouinciam antiquorum Saxonum, si forte aliquos ibidem praedicando Christo acquirere possent. Erant autem unius ambo sicut deuotionis, sic etiam vocabuli. Nam uterque eorum appellabatur Heuualdus, ea tamen distinctione, ut pro diuersa capillorum specie, unus niger, alter albus Heuualdus diceretur. Quorum uterque pietate religionis imbutus, sed niger Heuualdus magis sacrarum literarum erat scientia instructus. Qui venientes in prouinciam, intrauerunt hospitium cuiusdam uillici, petieruntque ab eo, ut transmitterentur ad satrapam, qui super eum erat, eo quod haberent aliquid legationis & causae utilis, quod deberent ad illum perferre. Non enim habent regem iidem antiqui Saxones, sed satrapas plurimos suae genti praepositos, qui ingruente belli articulo mittunt aequaliter sortes, & quemcunque sors ostenderit, hunc tempore belli ducem omnes sequuntur, & huic obtemperant: peracto autem bello, rursum aequalis potentiae omnes fiunt satrapae. Suscepit ergo eos uillicus, & promittens se mittere eos ad satrapam, qui super se erat (ut petebant) aliquot diebus secum tenuit. Qui eum cognouissent barbari, quod essent alterius religionis (nam & hymnis & psalmis semper, & orationibus uacabant, & quotidie sacrificium Deo uictimæ salutaris offerebant, habentes secum uascula sacra, & tabulam altaris uice dedicatam) suspecti sunt habiti, quia si peruenirent ad satrapam, & loquerentur cum illo, auerterent illum a diis suis, & ad nouam Christianæ fidei religionem transferrent: sicque paulatim omnis eorum prouincia ueterem cogeretur in nouam mutare culturam. Itaque rapuerunt eos subito, & interemerunt: album quidem Heuualdum ueloci occisione gladij: nigellum autem longo suppliciorum cruciatu, & horrenda membrorum omnium discerptione, quos interemptos in Rhenum proiecerunt. Quod cum satrapas ille, quem uidere uolebant, audisset, iratus est ualde, quod ad se uenire uolentes peregrini nõ permitterentur: & mittens occidit uicanos illos omnes, uicumque incendio consumpsit. Passi sunt autem præfati sacerdotes & famuli Christi quinto nonarum Octobrium die. Nec martyrio eorum cœlestia defuere miracula. Nam cum perempta eorum corpora, amni (ut diximus) a paganis essent iniecta, contigit ut hæc contra impetum fluuij decurrentis per quadraginta fere milia passuum, ad ea usque loca ubi illorum essent socij, transferrentur. Sed & radius lucis permaximus, atque ad cœlum usque altus, omni nocte supra locum fulgebat illum, ubicunque ea peruenisse contingeret: & hoc etiam paganis, qui eos occiderant, intuentibus. Sed & unus ex eis in uisione nocturna apparuit cuidam de socijs suis, cui nomen erat Tilmon, uiro illustri, & ad sæculum quoque nobili, qui de milite factus fuerat monachus, indicans quod eo loci corpora eorum posset inuenire, ubi lucem de cœlo terris radiasse conspiceret. Quod ita completum est. Inuenta namque eorum corpora iuxta honorem martyribus condignum recondita sunt: & dies passionis uel inuentionis eorum, congrua illis in locis ueneratione celebratur. Denique gloriosissimus dux Francorum Pipinus ubi hæc comperit, adducta ad se eorum corpora condidit cum multa gloria in ecclesia Coloniæ ciuitatis iuxta Rhenum. Fertur autem, quia in loco in quo occisi sunt, fons ebullierit, qui in eodem loco usque hodie copiosa fluenti sui dona perfundat.

Ut uiri uenerabiles Suidbertus in Britannia, Vuilbrordus Romæ in Fresiam sint ordinati episcopi.
Caput XI.

PRimis sane temporibus aduentus eorum in Fresiam, mox ut comperit Vuilbrordus datam sibi a principe licentiam ibidem prædicandi, accelerauit uenire Romam, cuius sedi Apostolicæ tunc Sergius papa præerat, ut cum eius licentia & benedictione desideratum euangelizandi gentibus opus iniret: simul & reliquias beatorum apostolorum ac martyrum Christi ab eo se sperans accipere, ut dum in gente sua prædicaret, destructis idolis ecclesias institueret, haberet in promptu reliquias sanctorum quas ibi introduceret, quibusque ibidem depositis consequenter in eorum honorem, quorum essent illæ, singula quæque loca dedicaret. Sed & alia perplura quæ tanti operis negocium quærebat, uel sibi discere, uel inde accipere cupiebat. In quibus omnibus cum sui uoti compos esset effectus, ad prædicandum rediit. Quo tempore fratres qui erant in Fresia uerbi ministerio mancipati, elegerunt ex suo numero uirum modestum moribus & mansuetum corde Suidbertum, qui eis ordinaretur antistes: quem in Britanniam destinatum ad petitionem eorum ordinauit reuerendissimus Vuilfridus episcopus, qui tunc forte patria pulsus in Merciorum regionibus exulabat. Non enim eo tempore habebat episcopum Cantia, defuncto quidem Theodoro, sed necdum Berchtuualdo successore eius, qui trans mare ordinandus ierat, ad sedem episcopatus sui reuerso. Qui uidelicet Suidbertus accepto episcopatu de Britannia regressus, nõ multo post ad gentem Boructuariorum secessit, ac multos eorum prædicando ad uiam ueritatis perduxit. Sed expugnatis non longo post tempore Boructuariis a gente antiquorum Saxonum, dispersi sunt quolibet hi qui uerbum receperant: ipse antistes cum quibusdam Pipinum petijt, qui interpellante Blithrude coniuge sua, dedit ei locum mansionis in insula quadam Rheni, quæ lingua eorum uocatur In litore: in qua ipse constructo monasterio, quod hactenus hæredes eius possident, aliquandiu continentissimam gessit uitam, ibique diem clausit ultimum. Postquam uero per annos aliquot in Fresia qui aduenerant, docuerunt, misit Pipinus fauente omnium consensu, uirum uenerabilem Vuilbrordum Romam, cuius adhuc pontificatum Sergius habebat, postulans ut eidem Fresonum genti archiepiscopus ordinaretur. Quod ita ut petierat, impletum est, anno ab incarnatione Domini sexcentesimo nonagesimo sexto. Ordinatus est autem in ecclesia sanctæ martyris Cæciliæ, die natalis eius, imposito sibi a papa memorato nomine Clementis, ac mox remissus ad sedem episcopatus sui, id est, post dies quatuordecim, ex quo in urbem uenerat. Donauit autem ei Pipinus locum cathedræ episcopalis in castello suo illustri, quod antiquo gentium illarum uerbo Vuiltaburg, id est, oppidum Vuiltorum, lingua autem Gallica Traiectum uocatur: in quo ædificata ecclesia, reuerendissimus pontifex longe lateque uerbum fidei prædicans, multosque ab errore reuocans, plures per illas regiones ecclesias & monasteria nonnulla construxit. Nam non multo post alios quoque illis in regionibus ipse constituit antistites ex eorum numero fratrum, qui uel secum, uel post se illo ad prædicandum uenerant: ex quibus aliquanti iam dormierunt in Domino. Ipse autem Vuilbrordus cognomento Clemens, adhuc superest, longa iam uenerabilis ætate, utpote tricesimum & sextum in episcopatu habens annum, & post multiplices

multiplices militiae caelestis agones ad praemia remunerationis supernae tota mente suspirans.

Vt quidam in prouincia Nordan Humbrorum a mortuis resurgens, multa & tremenda & desideranda quae uiderat, narrauerit. Cap. XIII.

HIs temporibus miraculum memorabile, & antiquorum simile in Britannia factum est. Namque ad excitationem uiuentium de morte animae, quidam aliquandiu mortuus ad uitam resurrexit corporis, & multa memoratu digna quae uiderat, narrauit: e quibus hic aliqua breuiter perstringenda esse putaui. Erat autem paterfamilias in regione Nordan Humbrorum, quae uocatur Incuneningum, religiosam cum domo sua gerens uitam: qui infirmitate corporis tactus, & hac crescente per dies ad extrema perductus, primo tempore noctis defunctus est: sed diluculo reuiuiscens, ac repente residens, omnes qui corpori flentes assederant, timore immenso perculsos in fugam conuertit: uxor tantum quae eum amplius amabat (quamuis multum tremens & pauida) remansit. Quam ille consolatus, Noli, inquit, timere, quia iam uere resurrexi a morte, qua tenebar, & apud homines sum iterum uiuere permissus: non tamen ea mihi, qua ante consueueram conuersatione, sed multum dissimili ex hoc tempore uiuendum est. Statimque surgens abiit ad uillulae oratorium, & usque ad diem in oratione persistens, mox omnem quam possederat substantiam in tres diuisit portiones: e quibus unam coniugi, alteram filiis tradidit, tertiam sibi ipsi retentans, statim pauperibus distribuit. Nec multo post seculi curis absolutus ad monasterium Mailros, quod Tuidi fluminis circumflexu maxima ex parte clauditur, peruenit: acceptaque tonsura, locum secretae mansionis quam prouiderat abbas, intrauit, & ibi usque ad diem mortis in tanta mentis & corporis contritione durauit, ut multa illum quae alios laterent, uel horrenda uel desideranda uidisse (etiamsi lingua sileret) uita loqueretur. Narrabat autem hoc modo quod uiderat: Lucidus, inquit, aspectu & clarus erat indumento qui me ducebat. Incedebamus autem tacentes (ut uidebatur mihi) contra ortum solis solstitialem: cumque ambularemus, deuenimus ad uallem multae latitudinis ac profunditatis, infinitae autem longitudinis, quae ad leuam nobis sita, unum latus flammis feruentibus nimium terribile, alterum furenti grandine ac frigore niuium omnia perflante atque uerrente non minus intolerabile praeferebat. Vtrumque autem erat animabus hominum plenum, quae uicissim huc inde uidebantur quasi tempestatis impetu iactari. Cum enim uim feruoris immensi tolerare non possent, prosiliebant miserae in medium rigoris infesti: & cum neque ibi quippiam requiei inuenire ualerent, resiliebant rursus urendae in medium flammarum inextinguibilium. Cumque hac infelici uicissitudine longe lateque, prout aspicere poteram, sine ulla quietis intercapedine, innumerabilis spirituum deformium multitudo torqueretur, cogitare coepi, quod hic fortasse esset infernus, de cuius tormentis intolerabilibus narrare saepius audiui. Respondit cogitationi meae ductor, qui me praecedebat: Non hoc, inquiens, suspiceris: non enim hic infernus est ille, quem putas. At cum me hoc spectaculo tam horrendo perterritum paulatim in ulteriora produceret, uidi subito ante nos obscurari incipere loca, & tenebris omnia repleri. Quas cum intraremus, in tantum paulisper condensatae sunt, ut nihil praeter ipsas aspicerem, excepta duntaxat specie & ueste eius qui me ducebat. Et cum progrederemur sola sub nocte per umbras, ecce subito apparent ante nos crebri flammarum tetrarum globi ascendentes quasi de puteo magno, rursumque decidentes in eundem. Quo cum perductus essem, repente ductor meus disparuit, ac me solum in medio tenebrarum & horrendae uisionis reliquit. At cum eosdem globos ignium sine intermissione modo alta peterent, modo ima barathri repeterent, cerno omnia quae ascendebant fastigia flammarum plena esse spiritibus hominum, qui instar fauillarum cum fumo ascendentium, nunc ad sublimiora proiicerentur, nunc retractis ignium uaporibus relaberentur in profundum. Sed & foetor incomparabilis cum eisdem uaporibus ebulliens, omnia illa tenebrarum loca replebat. Et cum diutius ibi pauidus consisterem, utpote incertus quid agerem, quo uerterem gressum, qui me finis maneret: audio subito post terga sonitum immanissimi fletus ac miserrimi, simul & cachinnum crepitantem, quasi uulgi indocti captis hostibus insultantis. Vt autem sonitus idem clarior redditus ad me usque peruenit, considero turbam malignorum spirituum, quae animas hominum moerentes eiulantesque, ipsa multum exultans & cachinnans medias illas trahebat in tenebras. E quibus uidelicet hominibus, ut dignoscere potui, quidam erat attonsus ut clericus, quidam laicus, quaedam foemina. Trahentes autem eos maligni spiritus, descenderunt in medium barathri illius ardentis. Factumque est, ut cum longius subeuntibus eis, fletum hominum & risum daemoniorum clare discernere nequirem, sonum tamen adhuc promiscuum in auribus haberem. Interea ascenderunt quidam spirituum obscurorum de abysso illa flammiuoma, & accurrentes circumdederunt me, atque oculis flammantibus & de ore ac naribus ignem putidum efflantes, angebant. Forcipibus quoque igneis quos tenebant in manibus, minitabantur me comprehendere: nec tamen me ullatenus contingere, tametsi terrere praesumebant. Qui cum undique uersum hostibus & caecitate tenebrarum conclusus, huc illucque oculos circumferrem, si forte alicunde quid auxilii quo saluarer, adueniret, apparuit retro uia qua ueneram, quasi fulgor stellae micantis inter tenebras, qui paulatim crescens, & ad me ocyus festinans: ubi appropinquauit, dispersi sunt, & aufugerunt omnes qui me forcipibus rapere quaerebant spiritus infesti.

le autem qui aduenientem eos fugauit, erat ipse qui me ante ducebat: qui mox conuersus ad dexterum iter, quasi contra ortum solis brumalem me ducere cœpit. Nec mora, exemptum tenebris in auras me serenæ lucis eduxit. Cumque me in luce aperta duceret, uidi ante nos murum permaximum, cuius neque longitudini hinc uel inde, neque altitudini ullus esse terminus uideretur. Cœpi autem mirari, quare ad murum accederemus, cum in eo nullam ianuam, uel fenestram, uel ascensum alicubi conspicerem. Cum ergo peruenissemus ad murum, statim, nescio quo ordine, fuimus in summitate eius. Et ecce, ibi erat campus latissimus ac lætissimus, tantaque fragrantia uernantium flosculorum plenus, ut omnem mox fœtorem tenebrosi fornacis, qui me peruaserat, effugaret admirandi huius suauitas odoris. Tanta autem lux cuncta ea loca perfuderat, ut omni splendore diei, siue solis meridiani radiis uideretur esse præclarior. Erantque in hoc campo innumera hominum albatorum conuenticula, sedesque plurimæ agminum lætantium. Cumque inter choros felicium incolarum medios me duceret, cogitare cœpi, quod hoc fortasse esset regnum cœlorum, de quo prædicari sæpius audiui. Respondit ille cogitatui meo: Non, inquiens, hoc est regnum cœlorum, quod autumas. Cumque procedentes transissemus, & has beatorum mansiones spirituum, aspicio ante nos multo maiorem luminis gratiam quam prius, in qua etiam uocem cantantium dulcissimam audiui, & odoris fragrantia miri tanta de loco effundebatur, ut is quem antea degustans quasi maximum rebar, iam permodicus mihi odor uideretur: sicut etiam lux illa campi florentis eximia, in comparatione eius quæ nunc apparuit lucis, tenuissima prorsus uidebatur & parua. In cuius amœnitatem loci cum nos intraturos sperarem, repente ductor substitit, nec mora gressum retorquens, ipse me uia qua uenimus, reduxit. Cumque reuersi perueniremus ad mansiones illas lætas spirituum candidatorum, dixit mihi: Scis quæ sint ista omnia quæ uidisti? Respondi ego, Non. & ait, Vallis illa quam aspexisti flammis feruentibus & frigoribus horrenda rigidis, ipse est locus in quo examinandæ & castigandæ sunt animæ illorum, qui differentes confiteri & emendare scelera sua quæ fecerunt, in ipso tandem mortis articulo ad pœnitentiam confugiunt, & sic de corpore exeunt: qui tamen quia confessionem & pœnitentiam uel in morte habuerunt, omnes in die iudicii ad regnum cœlorum perueniunt. Multos autem preces uiuentium, & eleemosynæ, & ieiunia, & maxime celebratio missarum, ut etiam ante diem iudicii liberentur, adiuuant. Porro puteus ille flammiuomus ac putidus, quem uidisti, ipsum est os gehennæ, in quo quicunque semel inciderit, nunquam inde liberabitur in æuum. Locus uero iste florifer, in quo pulcherrimam hanc iuuentutem iucundari ac fulgere conspicis, ipse est in quo recipiuntur animæ eorum qui in bonis quidem operibus de corpore exeunt, non tamen sunt tantæ perfectionis, ut in regnum cœlorum statim mereantur introduci: qui tamen omnes in die iudicii ad uisionem Christi, & gaudia regni cœlestis intrabunt. Nam quicunque in omni uerbo, & opere & cogitatione perfecti sunt, mox de corpore egressi ad regnum cœleste perueniunt. Ad cuius uicinia pertinet locus ille, ubi sonum cantilenæ dulcis cum odore suauitatis ac splendore lucis audisti. Tu autem quia nunc ad corpus reuerti, & rursum inter homines uiuere debes, si actus tuos curiosius discutere, & mores sermonesque tuos in rectitudine ac simplicitate seruare studueris, accipies & ipse post mortem locum mansionis inter hæc, quæ cernis, agmina lætabunda spirituum beatorum. Namque ego cum ad tempus abscessissem a te, ad hoc feci, ut quid de te fieri deberet, agnoscerem. Hæc mihi cum dixisset, multum detestatus sum reuerti ad corpus, delectatus nimirum suauitate ac decore loci illius quem intuebar, simul & consortio eorum, quos in illo esse uidebam. Nec tamen ductorem meum aliquid rogare audebam: sed inter hæc, nescio quo ordine, repente inter homines me uiuere cerno. Hæc & alia quæ uiderat idem uir Domini non omnibus passim desidiosis ac uitæ suæ incuriosis referre uolebat, sed illis solummodo, qui uel tormentorum metu perterriti, uel spe gaudiorum perennium delectati, profectum pietatis ex eius uerbis haurire uolebant. Denique in uicinia cellæ illius habitabat quidam monachus, nomine Hemgils, presbyteratus etiam (quem bonis operibus adornabat) gradu præeminens, qui adhuc superest, & in Hybernia insula solitarius ultimam uitæ ætatem pane cibario & frigida aqua sustentat: hic sæpius ad eundem uirum ingrediens, audiuit ab eo repetita interrogatione, quæ & qualia essent, quæ exutus corpore uiderat: per cuius relationem ad nostram quoque agnitionem peruenere, quæ de his pauca perstrinximus. Narrabat autem uisiones suas etiam regi Alfrido, uiro undecunque doctissimo, & tam libenter tamque studiose ab illo auditus est, ut eius rogatu in monasterio supra memorato inditus, ac monachica sit tonsura coronatus, atque ad eum audiendum sæpissime, cum illas in partes deuenisset, accederet. Cui uidelicet monasterio tempore illo religiosæ ac modestæ uitæ abbas & presbyter Ediluualdus præerat, qui nunc episcopalem Lindisfarnensis ecclesiæ cathedram condignis gradu actibus seruat. Accepit autem in eodem monasterio locum mansionis secretiorem, ubi liberius continuis in orationibus famulatui sui conditoris uacaret. Et quia locus ipse super ripam fluminis erat situs, solebat hunc crebro ob magnum castigandi corporis affectum ingredi, ac sæpius in eo supermeantibus undis immergi: sicque ibidem quamdiu sustinere posse uidebatur, psalmis uel precibus insistere, fixusque manere, ascendente aqua fluminis usque ad lumbos, aliquando & usque ad collum, atque inde egrediens ad terram, nunquam ipsa uestimenta uda uel algida deponere curabat, [illegible] corpori castigans & frangebatur. Cumque tempore hyemali, defluentibus circa eum semifractarum crustis glacierum, quas & ipse aliquando contriuerat, quo haberet locum standi siue immergendi se in fluuio: dicerentque qui uidebant, Mirum frater Drichelme (hoc enim erat uiro nomen) quod tantam frigoris asperitatem ulla ratione tolerare praeuales: Respondebat ille simpliciter (erat namque homo simplicis ingenii, ac moderatae naturae) Frigidiora ego uidi. Et cum dicerent, Mirum quod tam austeram tenere continentiam uelis: Respondebat, Austeriora ego uidi. Sicque usque ad diem suae uocationis infatigabili coelestium bonorum desiderio corpus senile inter quotidiana ieiunia domabat, multisque & uerbo & conuersatione saluti fuit.

Vt contra alter ad mortem ueniens, oblatum sibi a daemonibus codicem suorum uiderit peccatorum. Caput XIIII.

AT contra fuit quidam in prouincia Merciorum, cuius uisiones ac uerba & conuersatio plurimis, sed non sibimet ipsi profuit. Fuit autem temporibus Coenredi, qui post Edilredum regnauit, uir in laico habitu, atque officio militari positus, sed quantum pro industria exteriori regi placens, tantum pro interna suimet negligentia displicens. Admonebat ergo illum sedulo, ut confiteretur & emendaret ac relinqueret scelera sua, priusquam subito mortis superuentu tempus omne poenitendi & emendandi perderet. Verum ille, licet frequenter admonitus, spernebat uerba salutis, seseque tempore sequenti poenitentiam acturum esse promittebat. Inter haec tactus infirmitate decidit in lectum, atque acri coepit dolore torqueri. Ad quem ingressus rex (diligebat enim eum multum) hortabatur, ut uel tunc antequam moreretur, poenitentiam ageret commissorum. At ille respondebat, non se tunc uelle confiteri peccata sua, sed cum ab infirmitate resurgeret, ne forte exprobrarent sibi sodales, quod timore mortis faceret ea quae sospes facere noluerat. Fortiter quidem, ut sibi uidebatur locutus, sed miserabiliter, ut postea patuit, daemonica fraude seductus est. Cumque morbo ingrauescente denuo ad eum uisitandum ac docendum rex intraret, clamabat statim miserabili uoce: Quid uis modo? quid huc uenisti? Non enim mihi aliquid utilitatis aut salutis potes ultra conferre. At ille, Noli, inquit, ita loqui, uide ut sanum sapias. Non, inquit, insanio, sed pessimam mihi conscientiam certus prae oculis habeo. Et quid, inquit, hoc est? Paulo ante, inquit, intrauerunt domum hanc duo pulcherrimi iuuenes, & resederunt circa me, unus ad caput, & unus ad pedes: protulitque unus libellum perpulchrum, sed uehementer modicum, ac mihi ad legendum dedit, in quo omnia quae unquam bona feceram intuens scripta reperi: & haec erant nimium pauca & modica. Receperunt codicem, neque aliquid mihi dicebant. Tunc subito superuenit exercitus malignorum & horrendorum uultu spirituum, domumque hanc & exterius obsedit, & intus maxima ex parte residens impleuit. Tunc ille, qui & obscuritate tenebrosae faciei, & primatu sedis maior esse uidebatur eorum, proferens codicem horrendae uisionis, & magnitudinis enormis, & ponderis pene importabilis, iussit uni ex satellitibus suis mihi ad legendum deferre. Quem cum legissem, inueni omnia scelera, non solum quae opere uel uerbo, sed etiam quae tenuissima cogitatione peccaui, manifestissime in eo tetris esse descripta literis. Dicebatque ad illos qui mihi assederant uiros albatos & praeclaros: Quid hic sedetis, scientes certissime, quia noster est iste? Responderunt, Verum dicitis, accipite, & in cumulum damnationis uestrae ducite. Quo dicto, statim disparuerunt. Surgentesque duo nequissimi spiritus, habentes in manibus uomeres, percusserunt me, unus in capite, & alius in pede. Qui uidelicet modo cum magno tormento irrepunt in interiora corporis mei, moxque ut ad se inuicem perueniunt, moriar, & paratis ad rapiendum me daemonibus in inferni claustra pertrahar. Sic loquebatur miser desperans, & non multo post defunctus, poenitentiam, quam ad breue tempus cum fructu ueniae facere supersedit, in aeternum sine fructu poenis subditus facit. De quo constat, quia (sicut beatus papa Gregorius de quibusdam scribit) non pro se ista, cui non profuere, sed pro aliis uiderit, qui eius interitum cognoscentes, differre tempus poenitentiae dum uacat, timerent, ne improuiso mortis articulo praeuenti, impoenitentes perirent. Quod autem codices diuersos per bonos siue malos spiritus sibi uidit offerri, ob id superna dispensatione factum est, ut meminerimus facta & cogitationes nostras, non in uentum diffluere, sed ad examen summi iudicis cuncta seruari, & siue per amicos angelos in fine nobis ostendenda, siue per hostes. Quod uero prius candidum codicem protulerunt angeli, deinde atrum daemones: illi perparuum, isti enormem, animaduertendum est, quod in prima aetate bona aliqua fecit, quae tamen uniuersa praue agendo iuuenis obnubilauit. Qui si e contrario errores pueritiae corrigere in adolescentia, ac benefaciendo a Dei oculis abscondere curasset, posset eorum numero sociari, de quibus ait Psalmus, Beati quorum remissae sunt iniquitates, & quorum tecta sunt peccata. Hanc historiam sicut a uenerabili antistite Pechthelmo didici, simpliciter ob salutem legentium siue audientium, narrandam esse putaui.

Vt item alius moriturus deputatum sibi apud inferos locum poenarum uiderit. Caput XV.

NOui autem ipse fratrem, quem utinam non nossem, cuius etiam nomen si hoc aliquid prodesset, dicere possem, positum in monasterio nobili, sed ipsum ignobiliter uiuentem. Corripiebatur quidem sedulo a fratribus ac maioribus loci, atque ad castigatiorem uitam conuerti admonebatur. Et quamuis eos

audire

audire noluisset, tolerabatur tamen ab eis longanimiter ob necessitatem operum ipsius exteriorum. erat enim fabrili arte singularis. Seruiebat autem multum ebrietati, & cæteris uitæ remissioris illecebris, magisque in officina sua die noctuque residere, quam ad psallendum atque orandum in ecclesia, audiendumque cum fratribus uerbum uitæ concurrere consueuerat. Vnde accidit illi, quod solent dicere quidam, quia qui non uult ecclesiæ ianuam sponte humiliatus ingredi, necesse habet in ianuam inferni non sponte damnatus introduci. Percussus enim languore, atque ad extrema perductus, uocauit fratres, & multum mœrens ac damnato similis cœpit narrare, quia uideret inferos apertos, & Satanam demersum in profundum tartari, Caiphanque cum cæteris qui occiderunt Dominum iuxta eum flammis ultricibus contraditum: in quorum uicinia, inquit, heu misero mihi, locum aspicio æternæ perditionis esse præparatum. Audientes hæc fratres, cœperunt diligenter exhortari, ut uel tunc positus adhuc in corpore pœnitentiam ageret. Respondebat ille desperans: Non est mihi modo tempus uitam mutandi, cum ipse uiderim iudicium meum iam esse completum. Talia dicens, sine uiatico salutis obiit, & corpus eius in ultimis est monasterii locis humatum, neque aliquis pro eo uel missas facere, uel psalmos cantare, uel saltem orare præsumebat. O quam grandi distantia diuisit Dominus lucem & tenebras. Beatus protomartyr Stephanus passurus mortem pro ueritate, uidit cœlos apertos, uidit gloriam Dei, & Iesum stantem a dextris Dei: & ubi erat futurus ipse post mortem, ibi oculos mentis ante mortem, quo lætior occumberet, misit. At contra faber iste tenebrosæ mentis & actionis, imminente morte uidit aperta tartara, uidit damnationem diaboli & sequacium eius: uidit etiam suum infelix inter tales carcerem, quo miserabilius ipse desperata salute periret, sed uiuentibus qui hæc cognouissent, causam salutis sua perditione relinqueret. Factum est hoc nuper in prouincia Berniciorum, ac longe lateque diffamatum, multos ad agendam & non differendam scelerum suorum pœnitudinem prouocauit. Quod utinam exhinc etiam nostrarum sua lectione literarum.

Vt plurimæ Scotorum ecclesiæ instante Adamnano catholicum pascha susceperint: utque idem librum de locis sanctis scripserit. Caput XVI.

QVo tempore plurima pars Scotorum in Hybernia, & nonnulla etiam de Brittonibus in Britannia, rationabile & ecclesiasticum paschalis obseruantiæ tempus, Domino donante suscepit. Siquidem Adamnanus, presbyter & abbas monachorum qui erant in insula Hii, cum legationis gratia missus a sua gente uenisset ad Alfridum regem Anglorum, & aliquandiu in ea prouincia moratus uideret ritus ecclesiæ canonicos, & a pluribus qui erant eruditiores esset solerter admonitus, ne contra uniuersalem Ecclesiæ morem, uel in obseruantia paschali, uel in aliis quibusque decretis cum suis paucissimis, & in extremo mundi angulo positis uiuere præsumeret, mutatus mente est, ita ut ea quæ uiderat & audierat in ecclesiis Anglorum, suæ suorumque consuetudini libentissime præferret. Erat enim uir bonus & sapiens, & scientia scripturarum nobilissime instructus. Qui cum domum rediisset, curauit suos qui erant in Hii, quiue eidem erant subditi monasterio, ad eum, quem cognouerat, quemque ipse toto ex corde susceperat, ueritatis callem perducere, nec ualuit. Nauigauit itaque in Hyberniam, & prædicans eis, ac modesta exhortatione declarans legitimum paschæ tempus, plurimos eorum, & pene omnes qui ab Hiensium erant dominio liberi, ab errore correctos, ad unitatem reduxit catholicam, ac legitimum Paschæ tempus obseruare perdocuit. Qui cum celebrato in Hybernia canonico Pascha, ad suam insulam reuertisset, suoque in monasterio catholicam temporis paschalis obseruantiam instantissime prædicaret, nec tamen perficere quod conabatur posset, contigit eum ante expletum anni circulum migrasse de seculo, diuina utique gratia disponente, ut uir unitatis & pacis studiosissimus ante ad uitam raperetur æternam, quam redeunte tempore paschali grauiorem cum eis, qui eum ad ueritatem sequi nolebant, cogeretur habere discordiam. Scripsit idem uir de locis sanctis librum legentibus multum utillimum, cuius auctor erat docendo ac dictando Galliarum episcopus Arculfus, qui locorum gratia sanctorum uenerat Hierosolymam, & lustrata omni terra repromissionis, Damascum quoque, Constantinopolim, Alexandriam, multasque maris insulas adierat, patriamque nauigio reuertens, ui tempestatis in Occidentalia Britanniæ litora delatus est: ac post multa ad memoratum Christi famulum Adamnanum perueniens, ubi doctus in scripturis, sanctorumque locorum gnarus esse compertus est, libentissime est ab illo susceptus, libentius auditus: adeo ut quæque ille se in locis sanctis memoratu digna uidisse testabatur, cuncta mox iste literis mandare curauerit. Fecitque opus (ut dixi) multis utile, & maxime illis qui longius ab eis locis, in quibus Patriarchæ & Apostoli erant, secreti, ea tantum de his quæ lectione didicerint, norunt. Porrexit autem librum hunc Adamnanus Alfrido regi, ac per eius est largitionem etiam minoribus ad legendum contraditus. Scriptor quoque ipse multis ab eo muneribus donatus, in patriam remissus est. De cuius scriptis aliqua decerpere, ac nostræ huic historiæ inserere commodum fore legentibus reor.

Quæ in eodem libro de loco Dominicæ natiuitatis, passionis et resurrectionis commemorauit. Caput XVII.

SCripsit ergo de loco Dominicæ natiuitatis in hunc modum: Bethleem ciuitas Dauid in

dor-

dorso sita est angusto, ex omni parte uallibus circundata, ab occidente in orientem mille passibus longa, humili, sine turribus muro per extrema plani uerticis instructa: in cuius orientali angulo, quasi quoddam naturale semiantrum est, cuius exterior pars natiuitatis Dominicae fuisse dicitur locus, interior praesepe Domini nominatur. Haec spelunca tota interius pretioso marmore tecta, supra locum ubi Dominus natus specialius traditur, sanctae Mariae grandem gestat ecclesiam. Scripsit item hoc modo de loco passionis & resurrectionis illius. Ingressis a septentrionali parte urbem Hierosolymam, primum de locis sanctis pro conditione platearum diuertendum est ad ecclesiam Constantinianam, quae Martyrium appellatur. Hanc Constantinus imperator, eo quod ibi crux Domini ab Helena eius matre reperta sit, magnifico & regio cultu construxit. Dehinc ab occasu Golgothana uidetur ecclesia, in qua etiam rupis illa apparet, quae quondam ipsam affixo Domini corpore crucem Domini sub argenteam modo pergrandem sustinens crucem, pendente magna desuper aerea rota cum lampadibus. Infra ipsum uero locum Dominicae crucis excisa in petra crypta est, in qua super altare pro defunctis honoratis sacrificium solet offerri, positis interim in platea corporibus. Huius quoque ad occasum ecclesiae Anastasis, hoc est, resurrectionis Dominicae rotunda ecclesia tribus cincta parietibus, duodecim columnis sustentatur, inter parietes singulos latum habens spatium uiae, quae tria altaria in tribus locis parietis medii continet, hoc est, australi, aquilonali & occidentali. Haec bis quaternas portas, id est, introitus, per tres e regione parietes habet, e quibus quatuor ad Vulturnum, & quatuor ad Eurum spectant: huius in medio monumentum Domini rotundum petra excisum est, cuius culmen intrinsecus stans homo manu contingere potest, ab oriente habens introitum, cui lapis ille magnus appositus est, quod intrinsecus ferramentorum uestigia usque in praesens ostendit. Nam extrinsecus usque ad culminis summitatem totum marmore tectum est. Summum uero culmen auro ornatum auream magnam gestat crucem. In huius ergo monumenti aquilonali parte, sepulchrum Domini in eadem petra excisum, longitudinis septem pedum, trium mensura palmarum pauimento altius eminet, introitum habens a latere meridiano, ubi die noctuque duodecim lampades ardent, quatuor intra sepulchrum, octo supra in margine dextro. Lapis qui ad ostium monumenti positus erat, nunc fissus est, cuius pars minor quadratum altare ante ostium nihilominus eiusdem monumenti stat, maior uero pars in orientali eiusdem ecclesiae loco, quadrangulum aliud altare sub linteaminibus extat. Color autem eiusdem monumenti & sepulchri, albo & rubicundo permixtus uidetur.

Quae item de loco ascensionis Dominicae, & sepulchris patriarcharum scripserit. Cap. XVII.

De loco quoque ascensionis Dominicae praefatus auctor hoc modo refert. Mons Oliuarum altitudine monti Sion par est, sed latitudine & longitudine praestat, exceptis uitibus & oliuis rarae ferax arboris, frumenti quoque & hordei fertilis. Neque enim brucosa, sed herbosa & florida soli illius est qualitas: in cuius summo uertice, ubi Dominus ad caelos ascendit, ecclesia rotunda grandis ternas per circuitum cameratas habet porticus desuper tectas. Interior namque domus propter Dominici corporis meatum camerari & tegi non potuit, altare ad Orientem habens angusto culmine protectum, in cuius medio ultima Domini uestigia, caelo desuper patente ubi ascendit, uisuntur. Quae cum quotidie a credentibus terra tollatur, nihilominus manet, eandemque adhuc speciem ueluti impressis signata uestigiis seruat. Haec circa aenea rota iacet, usque ad ceruicem alta, ab occasu habens introitum, pendente desuper in trochleis magna lampade, totaque die & nocte lucente. In occidentali eiusdem ecclesiae parte fenestrae octo, totidemque e regione lampades in funibus pendentes, usque Hierosolymam per uitrum fulgent: quarum lux corda intuentium cum quadam alacritate & compunctione pauefacere dicitur. In die ascensionis Dominicae, per annos singulos missa peracta, ualidi flaminis procella desursum uenire consueuit, & omnes qui in ecclesia adfuerint, terrae prosternere. De situ etiam Hebron, & monumentis patrum ita scribit: Hebron quondam ciuitas & metropolis regni Dauid, nunc ruinis tantum, quid tunc fuerit, ostendens: uno ad Orientem stadio speluncam duplicem in ualle habet, ubi sepulchra patriarcharum quadrato muro circundantur, capitibus uersis ad Aquilonem: & haec singula singulis tecta lapidibus, instar basilicae dolatis, trium patriarcharum candidis, Adam obscurioris & uilioris operis, qui haud longe ab illis ad Borealem extremamque muri illius partem pausat. Trium quoque feminarum uiliores & minores memoriae cernuntur. Mambre etiam collis mille passibus a monumentis his ad Boream, herbosus ualde & floridus, campestrem habens in uertice planitiem: in cuius Aquilonari parte quercus Abrahae duorum hominum altitudinis truncus, ecclesia circundatus est. Haec de opusculis excerpta praefati scriptoris ad sensum quidem uerborum illius, sed breuioribus strictisque comprehensa sermonibus nostris, ad utilitatem legentium historiis indere placuit. Plura uoluminis illius, si quem scire delectat, uel in ipso illo uolumine, uel in eo, quod de illo dudum strictim excerpsimus, epitomate requirat.

Vt Australes Saxones episcopos acceperint Eadbertum et Eollan, Occidentales Danihelem et Aldhelmum, et de scriptis eiusdem Aldhelmi. Cap. XIX.

ANno Dominicæ incarnationis septingentesimo quinto, Alfridus rex Nordanhymbrorum defunctus est, anno regni sui uicesimo, necdum impleto: cui succedens in imperium filius suus Osredus, puer octo circiter annorum, regnauit annis undecim. Huius regni principio antistes occidentalium Saxonum Heddi coelestem migrauit ad uitam. Bonus quippe erat uir ac iustus, & episcopalem uitam siue doctrinam magis insito sibi uirtutum amore, quam lectionibus institutus exercebat. Denique reuerentissimus antistes Pecthelmus, de quo in sequentibus loco suo dicendum est, qui cum successore eius Aldhelmo multo tempore adhuc diaconus siue monachus fuit, referre est solitus, quod in loco quo defunctus est, ob meritum sanctitatis eius, multa sanitatum sint patrata miracula: hominesque prouinciæ illius solitos ablatum inde puluerem, propter languentes in aquam mittere, atque huius gustum siue aspersionem multis sanitatem ægrotis & hominibus & pecoribus conferre: propter quod, frequenti ablatione pulueris sacri, fossa sit ibidem facta non minima. Quo defuncto episcopatus prouinciæ illius in duas parochias diuisus est: una data est Danieli, quam usque hodie regit: altera Aldhelmo, cui annis quatuor strenuissime præfuit: ambo & in rebus ecclesiasticis & in scientia scripturarum sufficienter instructi. Denique Aldhelmus cum esset adhuc presbyter & abbas monasterii, quod Maildufi urbem nominant, scripsit iubente synodo suæ gentis librum egregium aduersus errorem Brittonum, quo uel pascha non suo tempore celebrant, uel alia perplura ecclesiasticæ castitati & paci contraria gerunt, multosque eorum, qui occidentalibus Saxonibus subditi erant Brittones, ad catholicam Dominici paschæ celebrationem huius lectione perduxit. Scripsit & de uirginitate librum eximium, quem in exemplum Sedulii geminato opere, & uersibus hexametris, & prosa composuit. Scripsit & alia nonnulla, utpote uir undecunque doctissimus: nam & sermone nitidus, & scripturarum (ut dixi) tam liberalium, quam ecclesiasticarum erat eruditione mirandus. Quo defuncto pontificatum pro eo suscepit Forthere, qui usque hodie superest, uir & ipse in scripturis sanctis multum eruditus. Quibus episcopatum administrantibus statutum est synodali decreto, ut prouincia Australium Saxonum, quæ eatenus ad ciuitatis Ventanæ, cui tunc Danihel præerat, parochiam pertinebat, & ipsa sedem episcopalem ac proprium haberet episcopum: consecratusque est eis primus antistes Eadbertus, qui erat abbas in monasterio beatæ memoriæ Vuilfridi episcopi, quod dicitur Selæseu: quo defuncto Eolla suscepit officium pontificatus. Ipso autem ante aliquot annos ex hac luce subtracto, episcopatus usque hodie cessauit.

Vt Coenred Merciorum, et Offa Orientalium Saxonum rex in monachico habitu Romæ uitam finierint, et de uita uel obitu Vuilfridi episcopi. Capu. XX.

ANno autem imperii Osredi quarto Coenredus, qui regno Merciorum nobilissime tempore aliquanto præfuerat, nobilius multo sceptra regni reliquit. Nam uenit Romam, ibique attonsus, pontificatum habente Constantino, ac monachus factus, ad limina Apostolorum in precibus, ieiuniis & eleemosynis usque ad diem permansit ultimum: succedente in regnum Coenredo filio Edilredi, qui ante ipsum Coenredum idem regnum tenebat. Venit autem cum illo & filius Sigheri regis Orientalium Saxonum, cuius supra meminimus, uocabulo Offa, iuuenis amantissimæ ætatis & uenustatis, totæque suæ genti ad tenenda seruandaque regni sceptra exoptatissimus. Qui pari ductus deuotione mentis reliquit uxorem, agros, cognatos & patriam propter Christum & propter Euangelium, ut in hac uita centuplum acciperet, & in seculo uenturo uitam æternam. Et ipse ergo, ubi ad loca sancta Romam peruenerunt, attonsus, & in monachico uitam habitu complens, ad uisionem beatorum Apostolorum in cælis diu desideratam peruenit. Eodem sane anno, quo hi Brittanniam reliquere, antistes eximius Vuilfridus post quadraginta & quinque annos accepti episcopatus diem clausit extremum, in prouincia quæ uocatur Inundalum, corpusque eius loculo inditum, perlatum est in monasterium ipsius, quod dicitur Inhrypum, & iuxta honorem tanto pontifici congruum in ecclesia beati apostoli Petri sepultum. De cuius statu uitæ (ut ad priora repedantes, paucis quæ sunt gesta, memoremus) cum esset puer bonæ indolis, atque ætatem in probis moribus transigeret, ita se modeste & circumspecte in omnibus gerebat, ut merito a maioribus quasi unus ex ipsis amaretur, & ueneraretur. Vbi quartumdecimum ætatis contigit annum, monasticam seculari uitam prætulit. Quod ubi patri suo narrauit (iam enim mater obierat) libenter eius uotis ac desideriis cœlestibus annuit, eumque coeptis insistere salutaribus iussit. Venit ergo ad insulam Lindisfarnensem, ibique monachorum famulatui se contradens, diligenter ea quæ monasticæ castitatis ac pietatis erant, & discere curabat, & agere. Et quia acris erat ingenii, didicit citissime psalmos & aliquot codices, necdum quidem attonsus, uerum his qui tonsura maiores sunt uirtutibus, id est, humilitatis & obedientiæ non mediocriter insignitus: propter quod a senioribus & carus & iure colebatur affectu. In quo uidelicet monasterio cum aliquot annos Deo seruiret, animaduertit paulatim adolescens animi sagacis, minime perfectam esse uirtutis uiam, quæ tradebatur a Scotis: proposuitque animo uenire Romam, & qui ad sedem Apostolicam ritus ecclesiastici siue monasteriales seruarentur, uidere. Quod cum fratribus referret, laudauerunt eius propositum, tium, eumq; id quod mente disposuerat perficere suadebant. At ille confestim ueniens ad reginam Eanfledam, cui notus erat, eiusq; cõsilio & suffragiis praefato fuerat monasterio sociatus, indicauit ei desiderium sibi inesse beatorum Apostolorum limina uisitandi: quæ delectata bono adolescentis proposito, misit eum in Cantiã ad regem Earconbertũ, qui erat filius auunculi sui, postulans ut eum honorifice Romam transmitteret. Quo tẽpore ibi gradũ archiepiscopatus Honorius unus ex discipulis beati papæ Gregorij, uir in rebus ecclesiasticis sublimiter institutus, seruabat. Vbi cum aliquandiu demoratus adolescens animi uiuacis, diligẽter his quæ inspiciebat, discẽdis operam daret, superuenit illo alius adolescens nomine Biscop, cognomento Benedictus de nobilibus Anglorum, cupiẽs & ipse Romã uenire, cuius supra meminimus. Huius ergo comitatui rex sociauit Vuilfridũ, atq; illum secum Romã perducere iussit. Qui cum Lugdunũ peruenissent, Vuilfridus à Dalfino ciuitatis episcopo ibi retentus est, Benedictus coeptum iter gnauiter Romam usq; compleuit. Delectabatur enim antistes prudentia uerborum iuuenis, gratia uenusti uultus, alacritate actionis, & constantia ac maturitate cogitationis. Vnde & omnia quæ necesse habebat, abundanter ipsi cum sociis suis (quamdiu secum erãt) donabat: & insuper offerebat, ut si uellet, partem Galliarum non minimam illi regendã committeret, ac filiam fratris sui uirginem illi coniugẽ daret, eumq; ipse loco adoptiui haberet. At ille gratias agẽs pietati, quam erga eum (cum esset peregrinus) habere dignaretur, respondit, propositum se magis alterius conuersationis habere, & ideo patria relicta Romam iter agere coepisse. Quibus auditis antistes misit eum Romam, dato duce itineris, & cunctis simul, quæ necessitas poscebat itineris, largiter subministratis, obsecrans sedulo, ut cum in patriam reuerteretur, per se iter facere meminisset. Veniẽs uero Vuilfridus Romam, & orationibus ac meditationi rerum ecclesiasticarum (ut animo proposuerat) quotidiana mancipatus instantia, peruenit ad amicitiam uiri sanctissimi ac doctissimi, Bonifacij uidelicet archidiaconi, qui etiam consiliarius erat Apostolici papæ: cuius magisterio quatuor Euãgeliorum libros ex ordine didicit, computum paschæ rationabilẽ, & alia multa, quæ in patria nequiuerat, ecclesiasticis disciplinis accõmoda, eodem magistro tradente percepit. Et cum menses aliquot ibi studiis occupatus felicibus exegisset, rediit ad Dalfinum in Galliam, & tres annos apud ipsum cõmoratus, attonsus est ab eo, & in tanto habitus amore, ut heredem sibi illum facere cogitaret. Sed ne hoc fieri posset, antistes crudeli morte praereptus est, & Vuilfridus ad suæ potius, hoc est, Anglorum gentis episcopatum reseruatus. Nam Brunechilda regina missis militibus episcopũ iussit interfici, quem ad locum, quo decollandus erat, secutus est Vuilfridus clericus illius, desiderans cum eo (tametsi ipso multum prohibente) pariter occumbere. Sed hunc ubi peregrinum atq; oriundum de natione Anglorum cognouere, carnifices pepercere illi, neq; eum trucidare cum suo uoluere pontifice. At ille in Britanniã ueniens, cõiunctus est amicitiæ Alchfridi regis, qui catholicas ecclesiæ regulas sequi semper, & amare didicerat. Vnde & illi, quia catholicum eum esse comperit, mox donauit terram decem familiarum, in loco qui dicitur Stanford: & non multo post monasterium triginta familiarum, in loco qui uocatur Inhrypum, quem uidelicet locum dederat pridẽ, ad construendum inibi monasterium, his qui Scotos sequebãtur: uerũ quia illi postmodũ optione data maluerũt loco cedere, quàm pascha catholicum, caeterosq; ritus canonicos iuxta Romanæ & Apostolicæ ecclesiæ consuetudinem recipere, dedit hoc illi, quem melioribus imbutum disciplinis ac moribus uidit. Quo in tẽpore ad iussionem praefati regis presbyter ordinatus est in eodem monasterio, ab Agilberto episcopo Geuissorum, cuius suprà meminimus, desiderante rege, ut uir tantæ eruditionis ac religionis sibi specialiter indiuiduo comitatu sacerdos esset ac doctor. Quem non multo post, detecta & eliminata (ut supra docuimus) Scotorum secta, in Galliam mittens, cum consilio atq; consensu patris sui Osuiu, episcopum sibi rogauit ordinari, cum esset annorum circiter triginta, eodem Agilberto tunc episcopatũ agente Parisiacæ ciuitatis, cũ quo & alij undecim episcopi ad dedicationem antistitis cõuenientes, multum honorifice ministerium impleuerũt. Quo adhuc in Transmarinis partibus demorante, cõsecratus est in episcopatum Eboraci, iubente rege Osuiu Ceadda, uir sanctus, ut suprà memoratum est: & tribus annis ecclesiam sublimiter regens, dehinc ad monasterij sui quod est in Læstingaei, curam secessit, accipiente Vuilfrido episcopatum totius Nordan Humbrorum prouinciæ. qui deinde regnãte Ecgfrido pulsus est episcopatu, & alij pro illo consecrati antistites, quorũ suprà meminimus, Romamq; iturus, & coram Apostolico papa causam dicturus, ubi nauẽ conscendit, flante Fauonio pulsus est in Fresiam, & honorifice susceptus à barbaris ac rege illorum Aldgislo, praedicabat eis Christum, & multa eorum millia uerbo ueritatis instituens, à peccatorum suorũ sordibus fonte salutoris abluit: & quod postmodum Vuilbrordus reuerendissimus Christi pontifex in magna deuotione compleuit, ipse primus ibi opus Euangelicum coepit. Ibi ergo hyemem cum noua Dei plebe feliciter exigens, sic Romã ueniendi iter repetijt, & ubi causa eius uentilata est praesente Agathone papa, & pluribus episcopis, uniuersorũ iudicio absq; crimine accusatus fuisse, episcopatu esse dignus inuentus est. Quo in tempore idem papa Agatho cum synodum congregaret Romæ centum uiginti quinq; episcoporum, aduersus eos qui unã in Domino saluatore uoluntatẽ atq; operationẽ dogmatizabãt, uocari iussit & Vuilfridũ, atq; inter episcopos considentes dicere fidem suam simul & prouinciæ siue insulæ de qua uenerat cum catholicis in fide esse sociatam, placuit hoc inter cætera eiusdem synodi gestis inseri, scriptumque est hoc modo: Vuilfridus Deo amabilis, episcopus Eboracensis ciuitatis, apostolicam sedem de sua causa appellans, & ab hac potestate de certis incertisque rebus absolutus, & cum aliis centum uiginti quinque coepiscopis in synodo in iudicii sede constitutus, & pro omni aquilonari parte Britanniæ & Hiberniæ insulis, quæ ab Anglorum & Brittonum, necnon Scottorum & Pictorum gentibus incoluntur, ueram & catholicam fidem confessus est, & cum subscriptione sua corroborauit. Post hæc reuersus in Britanniam, prouinciam Australium Saxonum ab idololatriæ ritibus ad Christi fidem conuertit. Vectæ quoque insulæ uerbi ministros destinauit, & secundo anno Aldfridi, qui post Egfridum regnauit, sedem suam & episcopatum ipso rege inuitante recepit. Sed post quinque annos denuo accusatus ab eodem ipso rege & plurimis episcopis, præsulatu pulsus est, ueniensque Romam, cum præsentibus accusatoribus acciperet locum se defendendi, considentibus episcopis pluribus cum apostolico papa Ioanne, omnium iudicio probatum est, accusatores eius nonnulla in parte falsas contra eum esse machinatos calumnias. Scriptumque est a præfato papa regibus Anglorum Edilredo & Aldfrido, ut eum in episcopatum suum (eo quod iniuste fuerit condemnatus) facerent recipi. Iuuit autem causam absolutionis eius lectio synodi beatæ memoriæ papæ Agathonis, quæ quondam ipso præsente in urbe atque in eodem concilio inter episcopos residente (ut prædiximus) acta est. Cum ergo causa exigente synodus eadem coram nobilibus & frequentia populi iubente apostolico papa diebus aliquot legeretur, uentum est ad locum ubi scriptum erat: Vuilfridus Deo amabilis, episcopus Eboracensis ciuitatis, apostolicam sedem de sua causa appellans, & ab hac potestate de certis incertisque rebus absolutus, & cætera quæ supra posuimus. Quod ubi lectum est, stupor apprehendit audientes, & silente lectore cœperunt alterutrum requirere, quis esset ille Vuilfridus episcopus. Tum Bonifacius consiliarius apostolici papæ, & alii perplures, qui eum temporibus Agathonis papæ ibi uiderant, dicebant ipsum esse episcopum, qui nuper Romam accusatus a suis, atque ab apostolica sede iudicandus, aduenerat: Qui iamdudum, inquiunt, æque accusatus huc adueniens, mox audita ac diiudicata causa & controuersia utriusque partis, a beatæ memoriæ papa Agathone probatus est, contra fas a suo episcopatu repulsus, & tanti apud eum habitus est honoris, ut ipsum in concilio quod congregarat episcoporum, quasi uirum incorruptæ fidei, & animi probi residere præciperet. Quibus auditis dicebant omnes una cum ipso pontifice, uirum tantæ auctoritatis, qui per quadraginta prope annos episcopatu fungebatur, nequaquam damnari debere, sed ad integrum culpis accusationum absolutum, patriam cum honore reuerti. Qui cum Britanniam remeans in Galliarum partes deuenisset, tactus est infirmitate repentina, & ea crescente adeo pressus, ut neque equo uehi posset, sed manibus ministrorum portaretur in grabato. Sic delatus in ciuitatem Meldum Galliæ, quatuor diebus ac noctibus quasi mortuus iacebat, halitu tantum pertenui, quia uiueret demonstrans. Cumque ita sine cibo & potu, sine uoce & auditu quatriduo perseueraret, quinta demum illucescente die, quasi de graui experrectus somno, exurgens resedit, apertisque oculis uidit circa se choros psallentium simul & flentium fratrum, ac modicum suspirans interrogauit ubi esset Acca presbyter. Qui statim uocatus intrauit, & uidens eum melius habentem, ac loqui iam ualentem, flexis genibus gratias egit Deo, cum omnibus qui aderant fratribus. Et cum parum consedissent, ac de supernis iudiciis trepidi aliquantulum confabulari cœpissent, iussit pontifex cæteros ad horam egredi, & ad Accan presbyterum ita loquitur: Visio mihi modo tremenda apparuit, quam te audire ac silentio tegere uolo, donec sciam quid de me fieri uelit Deus. Astitit enim mihi quidam candido præclarus habitu, dicens se Michaelem esse archangelum, & ob hoc, inquit, missus sum, ut te a morte reuocem. Donauit enim tibi Dominus uitam per orationes ac lachrymas discipulorum & fratrum tuorum, & per intercessionem beatæ genitricis semperque uirginis Mariæ. Quapropter dico tibi, quia modo quidem ab infirmitate hac sanaberis, sed paratus esto, quia post quadriennium reuertens uisitabo te. Perueniens autem in patriam, maximam possessionum tuarum quæ tibi ablatæ sunt, portionem recipies, atque in pace uitam terminabis. Conualuit igitur episcopus cunctis gaudentibus, & Deo gratias agentibus, cœptoque itinere in Britanniam uenit. Lectis autem epistolis, quas ab Apostolico Papa aduexerat, Bertuualdus archiepiscopus, & Edilredus quondam rex, tunc autem abbas libentissime fauerunt, quippe qui Edilredus accitum ad se Conredum, quem pro se regem fecerat, amicum episcopo fieri poposcit, & impetrauit: sed Aldfridus Nordanhimbrorum rex eum suscipere contempsit, nec longo tempore superfuit. Vnde factum est, ut regnante Osredo filio eius, mox synodo facta iuxta fluuium Nidd, post aliquantum utriusque partis conflictum, tandem cunctis fauentibus in præsulatum sit suæ receptus ecclesiæ. Sicque quatuor annis, id est, usque ad diem obitus sui, uitam duxit in pace. Defunctus est autem quarto idus Octob. in monasterio suo, quod habebat in prouincia Vndalum sub regimine Cuthbaldi abbatis, & ministerio fratrum perlatus in primum suum monasterium, quod dicitur Inhrypum, positus est in ecclesia beati apostoli Petri iuxta altare ad Austrum, & supra docuimus, & hoc de illo epitaphium est scriptum:

Vuilfridus hic magnus requiescit corpore præsul,
Hanc Domino qui aulam ductus pietatis amore
Fecit, & eximio sacrauit nomine Petri,
Cui claues cœli Christus dedit arbiter orbis,
Atque auro ac Tyrio deuotus uestiit ostro.
Quin etiam sublime crucis radiante metallo
Hic posuit trophæum, necnon & quatuor auro
Scribi Euangelii præcepit in ordine libros,
Ac thecam e rutilo his condignam condidit auro.
Paschalis qui etiam solennia tempora cursus

Catho-

Catholici ad iustum correxit dogmata canonis,
Quem statuere patres, dubioque errore remoto
Certa suae genti ostendit moderamina ritus:
Inque locis istis monachorum examina crebra
Colligit, ac monitis cauit quae regula patrum
Sedulus instituit, multisque domique forisque
Iactatus nimium per tempora longa periclis:
Quindecies ternos postquam egit episcopus annos,
Transijt, & gaudens coelestia regna petiuit. Amen.)
Dona Iesu ut grex pastoris calle sequatur.

Vt religioso abbati Adriano Albinus, Vuilfrido in episcopatum Acca successerit. Caput XXI.

ANno post obitum praefati patris proximo, id est, quinto Osredi regis, reuerentissimus pater Adrianus abbas, cooperator in uerbo Dei Theodori beatae memoriae episcopi, defunctus est, & in monasterio suo in ecclesia beatae Dei genitricis sepultus: qui est annus quadragesimus primus, ex quo à Vitaliano papa directus est cum Theodoro: ex quo autem in Britanniam uenit, tricesimus nonus. Cuius doctrinae, simul & Theodori, inter alia testimonium perhibet, quod Albinus discipulus eius, qui monasterio ipsius in regimine successit, in tantum studijs scripturarum institutus est, ut Graecam quidem linguam non parua ex parte, Latinam uero non minus quàm Anglorum, quae sibi naturalis est, nouerit. Suscepit uero pro Vuilfrido episcopatum Hagustaldensis ecclesiae Acca presbyter eius, uir & ipse strenuissimus, & coram Deo & hominibus magnificus: qui & ipsius ecclesiae suae, quae in beati Andreae apostoli honorem consecrata est, aedificium multifario decore, ac mirificis ampliauit operibus. Dedit namque operam (quod & hodie facit) ut acquisitis undecunque reliquijs beatorum Apostolorum & martyrum Christi, in uenerationem illorum poneret altaria, distinctis porticibus in hoc ipsum intra muros eiusdem ecclesiae. Sed & historias passionum eorum, una cum caeteris ecclesiasticis uoluminibus, summa industria congregans, amplissimam ibi ac nobilissimam bibliothecam fecit. Nec non & uasa sancta & luminaria, aliaque huiusmodi quae ad ornatum domus Dei pertinent, studiosissime parauit. Cantorem quoque egregium nomine Maban, qui à successoribus discipulorum beati papae Gregorij in Cantia fuerat cantandi sonos edoctus, ad se suosque instituendos accersijt, ac per annos duodecim tenuit, quatenus & ea quae illi non nouerant, carmina ecclesiastica doceret: & ea quae quondam cognita, longo usu uel negligentia inueterare coeperant, huius doctrina in priscum renouarentur statum. Nam & ipse episcopus Acca cantator erat peritissimus, quomodo etiam in literis sanctis doctissimus, & in catholicae fidei confessione castissimus, in ecclesiasticae quoque institutionis regulis solertissimus extiterat, & usquedum sua praemia piae deuotionis acciperet, existere non desistit: utpote qui à pueritia in clero sanctissimi ac Deo dilecti Bosa Eboracensis episcopi nutritus atque eruditus est. Deinde ad Vuilfridum episcopum spe melioris propositi adueniens, omnem in eius obsequio usque ad obitum illius expleuit aetatem: cum quo etiam Romam ueniens, multa illic quae in patria nequiuerat, ecclesiae sanctae institutionis utilia didicit.

Vt Ceolfridus abbas regi Pictorum architectos ecclesiae faciendae, & epistolam de catholico pascha, uel tonsura miserit. Caput XXII.

EO tempore Naitanus rex Pictorum (qui septentrionales Britanniae plagas inhabitant) admonitus ecclesiasticarum frequenti meditatione scripturarum, abrenunciauit errori, quo eatenus in obseruatione paschae cum sua gente tenebatur: & se suosque omnes ad catholicam obseruantiam Dominicae resurrectionis temporis celebrandam perduxit. Quod ut facilius & maiori autoritate perficeret, quaesiuit auxilium de gente Anglorum, quos iamdudum ad exemplum sanctae Romanae & Apostolicae ecclesiae suam religionem instituisse cognouit. Siquidem misit legatarios ad uirum uenerabilem Ceolfridum, abbatem monasterij beatorum apostolorum Petri & Pauli, quod est ad ostium Vuyri amnis, & iuxta amnem Tinam, in loco qui uocatur Ingyruum, cui ipse post Benedictum (de quo supra diximus) gloriosissime praefuit: postulans ut exhortatorias sibi literas mitteret, quibus potentius confutare posset eos, qui pascha non suo tempore obseruare praesumerent: simul & de tonsurae modo uel ratione qua clericos insigniri deceret, excepto quòd etiam ipse in his non parua ex parte esset imbutus. Et architectos sibi mitti petijt, qui iuxta morem Romanorum ecclesiam de lapide in gente ipsius facerent, promittens hanc in honorem beati apostolorum principis dedicandam: se quoque ipsum cum suis omnibus morem sanctae Romanae & Apostolicae ecclesiae semper imitaturum, in quantum dumtaxat tam longe à Romanorum loquela & natione segregati hunc ediscere possent. Cuius religiosis uotis ac precibus fauens reuerentissimus abbas Ceolfridus, misit architectos quos petebat, & literas scriptas in hunc modum: Domino excellentissimo & gloriosissimo regi Naitano, Ceolfridus abbas in Domino salutem. Catholicam sancti paschae obseruantiam, quam à nobis rex Deo deuote religioso studio quaesisti, promptissime ac libentissime tuo desiderio, iuxta quod ab Apostolica sede didicimus, patefacere satagimus. Scimus namque coelitus sanctae Ecclesiae donatum, quoties ipsi rerum Domini discendae, docendae, custodiendae ueritati operam impendunt. Nam & uerè omnino dixit quidam secularium scriptorum, quòd felicissimo mundus statu ageretur, si uel reges philosopharentur, uel regnarent philosophi. Quòd si de philosophia huius mundi uere intelligere de statu huius mundi, merito diligere potuit homo huius mundi: quanto magis ciuibus patriae coelestis in hoc mundo peregrinantibus optandum est, & totis animi uiritur supplicandum, ut quo plus in mundo quisque potens est, eo amplius eius qui super omnia est iudicis mandatis auscultare contendant, atque hæc obseruanda secum eos quoque qui sibi commissi sunt, & exemplis simul & authoritate instituant. Tres sunt ergo regulæ sacris inditæ literis, quibus paschæ celebrandi tempus nobis præfinitum nulla prorsus humana licet authoritate mutari: è quibus duæ in lege Moysi diuinitus statutæ, tertia in Euangelio per effectum Dominicæ passionis & resurrectionis adiuncta est. Præcepit enim lex, ut pascha primo mense anni, & tertia eiusdem mensis septimana, id est, à quintadecima die usque ad uicesimam primam fieri deberet. Additum est per institutionem Apostolicam ex Euangelio, ut in ipsa tertia septimana diem Dominicam expectare, atque in ea temporis paschalis initium tenere debeamus. Quam uidelicet regulam triformem, si quis rite custodierit, nunquam in adnotatione festi paschalis errabit. Verum si de his singulis enucleatius ac latius audire desideras, scriptum est in Exodo, ubi liberandus de Aegypto populus Israel primum pascha facere iubetur: quia dixerit Dominus ad Moysen & Aaron: Mensis iste uobis principium mensium primus erit in mensibus anni. Loquimini ad uniuersum coetum filiorum Israel, & dicite eis. Decima die mensis huius tollat unusquisque agnum per familias & domus suas. Et paulo post. Et seruabitis eum usque ad quartamdecimam diem mensis huius. Immolabitque eum uniuersa multitudo filiorum Israel ad uesperam. Quibus uerbis manifestissime constat, quia in obseruatione paschali mentio fiebat diei quartædecimæ, ut non tamen in ipsa die quartadecima pascha fieri præcipiatur, sed adueniente tandem uespera diei quartædecimæ, id est, quintadecima luna, quæ initium tertiæ septimanæ faciat, in coelum faciem prodeunte, agnus immolari iubeatur. Et quia ipsa est nox quintædecimæ lunæ, in qua percussis Aegyptiis Israel est à longa seruitute redemptus. Septem, inquit, diebus azyma comedetis. Quibus item uerbis tota tertia septimana eiusdem primi mensis decernitur solennis esse debere. Sed ne putaremus eosdem septem dies à quartadecima usque ad uicesimam esse computandos, continuo subiecit. In die primo non erit fermentum in domibus uestris. Quicunque comederit fermentum, peribit anima illa de Israel. A die primo usque ad diem septimum, & cætera, usque dum ait. In eadem enim ipsa die educam exercitum uestrum de terra Aegypti. Primum ergo diem azymorum appellat eum, in quo exercitum eorum esset educturus de Aegypto. Constat autem, quia non quartadecima die, in cuius uespera agnus est immolatus, & quæ propriè pascha siue Phase dicitur: sed quintadecima sunt educti ex Aegypto, sicut in libro Numerorum apertissime legitur: Profecti igitur de Ramesse quintadecima die mensis primi, altera die fecerunt Phase filii Israel in manu excelsa. Septem ergo dies azymorum, in quarum prima eductus est populus Domini ex Aegypto, ab initio (ut diximus) tertiæ septimanæ, hoc est, à quintadecima die mensis primi usque ad uicesimam primam eiusdem mensis diem completam computari oportet. Porro dies quartadecimus extra hunc numerum separatim, sub paschæ titulo prænotatur, sicut Exodi sequentia patefacere docent. Ubi cum dictum esset. In eadem enim ipsa die educam exercitum uestrum de terra Aegypti, protinus adiunctum est. Et custodietis diem istum in generationes uestras ritu perpetuo. Primo mense quartadecima die mensis comedetis azyma usque ad diem uicesimam primam eiusdem mensis ad uesperam. Septem diebus fermentatum non inuenietur in domibus uestris. Quis enim non uideat, à quartadecima usque ad uicesimam primam, non septem solummodo, sed octo potius esse dies, si & ipsa quartadecima annumeretur? Sin autem (ut diligentius explorata scripturæ ueritas docet) à uespera diei quartædecimæ usque ad uesperam uicesimæ primæ computauerimus, uidebimus profecto, quod ita dies quartadecima uesperam suam festi paschalis initio porrigat, ut non amplius tota sacra solennitas, quam septem tantummodo noctes, cum totidem diebus comprehendat. Unde uera esse probatur nostra diffinitio, qua tempus paschale primo mense anni, & tertia eius hebdomada celebrandum esse diximus. Veraciter enim tertia agitur hebdomada, quod à uespera quartædecimæ diei incipit, & in uespera uicesimæ primæ completur. Postquam uero pascha nostrum immolatus est Christus, diemque nobis Dominicam, quæ apud antiquos una uel prima Sabbati siue Sabbatorum uocatur, gaudio suæ resurrectionis fecit esse solennem, ita hanc nunc Apostolica traditio festis paschalibus inseruit, ut nihil omnino tempus paschæ legalis præoccupandum, nihil minuendum esse decerneret: quin potius statuit, ut expectaretur iuxta præceptum legis idem primus anni mensis, expectaretur quartadecima dies illius, expectaretur uespera eiusdem. Et cum hæc dies in Sabbatum forte incideret, tolleret unusquisque agnum per familias & domos suas, & immolarent eum ad uesperam: id est, præpararent omnes ecclesiæ per orbem, quæ unam catholicam faciunt, panem & uinum in mysterium carnis & sanguinis agni immaculati, qui abstulit peccata mundi. Et præcedente congrua lectionum, orationum & ceremoniarum paschalium solennitate, offerrent hæc Domino in spem futuræ suæ redemptionis. Ipsa est enim eadem nox, in qua de Aegypto per sanguinem agni Israelitica plebs erepta est: ipsa est, in qua per resurrectionem Christi liberatus est à morte æterna omnis Dei populus. Mane autem illucescente die Dominica, primum paschalis festi diem celebrarent. Ipsa est enim dies, in qua resurrectionis suæ gloriam Dominus multifario piæ reuelationis gaudio discipulis patefecit. Ipsa prima dies azymorum, de qua multum distincte in Leuitico scriptum est. Mense primo quartadecima die mensis huius, ad uesperam phase Domini est, & quintadecima

tadecima

quintadecima die mensis huius solemnitas azymorum Domini est. Septem diebus azyma comedetis, dies primus erit celeberrimus sanctusque. Si ergo fieri posset, ut semper in diem quintumdecimum primi mensis, id est, in lunam quintamdecimam Dominica dies incurreret, uno semper eodemque tempore cum antiquo Dei populo, quanquam sacramentorum genere discreto, sicut una eademque fide pascha celebrare possemus. Quia uero dies septimanae non aequali cum luna tramite procurrit, decreuit Apostolica traditio, quae per beatum Petrum Romae praedicata, per Marcum euangelistam & interpretem ipsius Alexandriae confirmata est, ut adueniente primo mense, adueniente in eo uespera diei quintaedecimae, expectetur etiam dies Dominica a quintadecima usque ad uicesimam primam diem eiusdem mensis. In quacunque enim harum inuenta fuerit, merito in ea pascha celebrabitur: quia nimirum haec ad numerum pertinet illarum septem dierum, quibus azyma celebrari iubetur. Itaque fit, ut nunquam pascha nostrum a septimana mensis primi tertia in utramuis partem declinet: sed uel totam eam, id est, omnes septem legalium azymorum dies, uel certe aliquos de illis teneat. Nam etsi saltem unum ex eis, hoc est, ipsum septimum apprehenderit, quem tam excellenter scriptura commendat: Dies autem septimus erit celebrior & sanctior, nullumque seruile opus fiet in eo: nullus arguere nos poterit, quod non recte Dominicum paschae diem, quem de euangelio suscepimus, in ipsa quam lex statuit, tertia primi mensis hebdomada celebremus. Cuius obseruantiae catholica ratione patefacta, patet e contrario error irrationabilis eorum, qui praefixos in lege terminos nulla cogente necessitate uel anticipare uel transcendere praesumunt. Namque sine ratione necessitatis anticipant illi tempus in lege praescriptum, qui Dominicum paschae diem a quartadecima mensis primi usque ad uicesimam putant lunam esse seruandum. Cum enim a uespera diei tertiaedecimae uigilias sanctae noctis celebrare incipiunt, claret quod illam in exordio sui paschae diem statuunt, cuius nullam omnino mentionem in decreto legis inueniunt. Et cum uicesima prima die mensis pascha Dominicum celebrare refugiunt, patet profecto quod illam per omnia diem a sua solennitate secernunt, quam lex maiore prae caeteris festiuitate memorabilem saepenumero commendat. Sicque diem paschae ordine peruerso, & aliquando in secunda hebdomada totum compleant, & nunquam in hebdomadae tertiae die septimo ponant. Rursumque qui a sextadecima die mensis saepe dicti usque ad uicesimam secundam pascha celebrandum magis autumant, non minore utique errore, (tametsi altero latere) a recto ueritatis tramite diuertunt, & ueluti naufragia Scyllae fugientes, in Charybdis uoraginem submergendi decidunt. Nam cum a luna decimasexta primi mensis oriente, id est, a uespera diei quintaedecimae pascha incipiendum doceant, nimirum constat,

quod quartamdecimam ipsam diem mensis eiusdem, quam lex primitus & praecipue commendat, a sua prorsus solennitate secludunt: ita ut quintamdecimam, in qua populus Dei ab Aegyptia seruitute redemptus est, & in qua Dominus suo mundum sanguine a peccatorum tenebris liberauit, in qua etiam sepultus spem nobis post mortem beatae quietis tribuit, uix uesperi tangant. Idemque poenam erroris sui in semetipsos recipientes, cum in uicesima secunda die mensis paschae diem statuunt Dominicum, legitimos utique terminos paschae aperta transgressione uiolant, utpote qui ab illius diei uespera pascha incipiunt, in qua hoc lex consummari & perfici debere decreuit. Illam in pascha diem assignent primam, cuius in lege mentio nulla usquam reperitur, id est, quartae primam septimanae. Qui utrique non solum in definitione & computo lunaris aetatis, sed & in mensis primi nonnunquam inuentione falluntur. Quae disputatio maior est, quam epistola hac uel ualeat comprehendi, uel debeat. Tantum hoc dicam, quod per aequinoctium uernale semper inerrabiliter possit inueniri, qui mensis iuxta computum lunae primus anni, qui esse debeat ultimus. Aequinoctium autem iuxta sententiam omnium Orientalium, & maxime Aegyptiorum, qui prae caeteris doctoribus calculandi palmam tenent, duodecimo Kalendarum Aprilium die prouenire consueuit, ut etiam ipsi horologica inspectione probamus. Quaecunque ergo luna ante aequinoctium plena est, quartadecima uidelicet uel quintadecima existens, haec ad praecedentis anni nouissimum pertinet mensem, ideoque paschae celebrando habilis non est. Quae uero post aequinoctium uel in ipso aequinoctio suum plenilunium habet, in hac absque ulla dubietate, quia primi mensis est, & antiquos pascha celebrare solitos, & nos ubi Dominica dies aduenerit, celebrare debere, noscendum est. Quod ita fieri oportere, illa nimirum ratio cogit, quia in Genesi scriptum est, quod Deus fecit duo magna luminaria. Luminare maius, ut praeesset diei, & luminare minus, ut praeesset nocti. Vel, sicut alia dicit editio: Luminare maius in inchoationem diei, & luminare minus in inchoationem noctis. Sicut ergo prius sol a medio procedens orientis, aequinoctium uernale suo praefixit exortu, deinde luna sole ad uesperam occidente, & ipsa plena a medio secuta est orientis: ita omnibus annis idem primus lunae mensis eodem necesse est ordine seruari, ut non ante aequinoctium, sed uel ipso aequinoctii die (sicut in principio factum est) uel eo transcenso plenilunium habere debeat. At si uno saltem die plenilunium tempus aequinoctii praecesserit, non hanc primo mensi anni incipientis, sed ultimo potius praeterito lunam esse ascribendam, & ideo festis paschalibus inhabilem, memorata ratio probat. Quod si mysticam quoque uos in his rationem audire delectat, primo mense anni, qui etiam mensis nouorum dictus est, pascha facere iubemur, quia renouato ad amorem caelestium spiritu mysteriis nostræ, sacramenta Dominicæ resurrectionis & ereptionis nostræ celebrare debemus. Tertia eiusdem mensis septimana facere præcipimur, quia ante legem & sub lege promissus tertio tempore seculi cum gratia uenit ipse, qui pascha nostrum immolaretur Christus: quia tertia post immolationem suæ passionis die resurgens a mortuis, hanc Dominicam uocari, & in ea nos annuatim paschalia eiusdem resurrectionis uoluit festa celebrare. Quia nos quoque ita solum ueraciter eius solennia celebramus, si per fidem, spem & charitatem pascha, id est, transitum de hoc mundo ad patrem cum illo facere curamus. Post æquinoctium ueris plenilunium mensis præcipimur obseruare paschalis, ut uidelicet primo sol longiorem nocte faciat diem, deinde luna plenum suæ lucis orbem mundo præsentet: quia primo quidem sol iustitiæ, in cuius pennis est sanitas, id est, Dominus Iesus per resurrectionis suæ triumphum cunctas mortis tenebras superauit, ac sic ascendens in cœlos, misso desuper spiritu, ecclesiam suam, quæ sæpe lunæ uocabulo designatur, internæ gratiæ luce repleuit: quem uidelicet ordinem nostræ salutis propheta contemplatus aiebat: Eleuatus est sol, & luna stetit in ordine suo. Qui ergo plenitudinem lunæ paschalis ante æquinoctium prouenire posse contenderit, talis in mysteriorum celebratione maximorum a sanctarum quidem scripturarum doctrina discordat, concordat autem eis, qui sine præueniente gratia Christi se saluari posse confidunt: qui etsi uera lux tenebras mundi moriendo ac resurgendo nunquam uicisset, perfectam se habere posse iustitiam dogmatizare præsumunt. Itaque post æquinoctialem solis exortum post plenilunium primi mensis hunc ex ordine subsequentem, id est, post completam diem eiusdem mensis quartamdecimam, quæ cuncta ex lege obseruanda accepimus, expectamus adhuc, monente Euangelio, in ipsa hebdomada tertia tempus diei Dominicæ, & sic demum uotiua paschæ nostri festa celebramus: ut indicemus nos non cum antiquis excussum Ægyptiæ seruitutis iugum uenerari, sed redemptionem totius mundi, quæ in antiqui Dei populi liberatione præfigurata, in Christi autem resurrectione completa est, deuota fide ac dilectione colere, utque resurrectionis etiam nostræ, quam eadem die Dominica futuram credimus, spe nos certissima gaudere signemus. Hic autem, quem uobis sequendum monstramus, computus paschæ decennouenali circulo continetur, qui dudum quidem, hoc est, ipsis Apostolorum temporibus iam seruari in Ecclesia cœpit, maxime Romæ & Ægypti, ut supra iam diximus. Sed per industriam Eusebii, qui a beato martyre Pamphilo cognomen habet, distinctius in ordinem compositus est, ut quod eatenus per Alexandriæ pontificem singulis annis per omnes ecclesias mandari consueuerat, iam deinde congesta in ordinem serie lunæ quartædecimæ, facillime posset ab omnibus sciri. Cuius computum paschalis Theophilus Alexandriæ præsul in centum annorum tempus Theodosio imperatori composuit. Item successor eius Cyrillus seriem nonaginta & quinque annorum, in quinque decennouenalibus circulis comprehendit: post quem Dionysius Exiguus totidem alios ex ordine pari schemate subnexuit, qui ad nostra usque tempora pertingebant. Quibus termino appropinquantibus, tanta hodie calculatorum exuberat copia, ut etiam in nostris per Brittanniam ecclesiis plures sint, qui mandatis memoriæ ueteribus illis Ægyptiorum argumentis facillime possint in quotlibet spacia temporum paschales protendere circulos, etiam ad quingentos usque & triginta duos uoluerint annos: quibus expletis, omnia quæ ad solis & lunæ, mensis & septimanæ consequentiam spectant, eodem quo prius ordine, recurrunt. Ideo autem circulos eosdem temporum instantium uobis mittere supersedimus, quia de ratione tantum temporis paschalis instrui quærentes, ipsos uobis circulos paschæ catholicos abundare probastis. Verum his de pascha succincte, ut petistis, strictimque commemoratis, tonsuram quoque, de qua pariter uobis literas fieri uoluistis, hortor ut ecclesiasticam & Christianæ fidei congruam habere curetis. Et quidem scimus, quia neque Apostoli omnes uno eodemque sunt modo attonsi, neque nunc ecclesia catholica, sicut una fide, spe & charitate in Deum consentit, ita etiam una atque indissimili totum per orbem tonsuræ sibi forma congruit. Denique ut superiora, id est, patriarcharum tempora respiciamus, Iob exemplar patientiæ, dum ingruente tribulationum articulo caput totondit, probauit utique, quia tempore felicitatis capillos nutrire consueuerat. At Ioseph & ipse castitatis, humilitatis, pietatis, cæterarumque uirtutum executor ac doctor eximius, cum esset seruitio absoluendus, attonsus esse legitur: patet profecto, quia tempore seruitutis intonsis in carcere crinibus manere solebat. Ecce uterque uir Dei diuersum ab alterutro uultus habitum foris præmonstrabat, quorum tamen intus conscientia in parilitate uirtutum sibi gratia concordabat. Verum etsi profiteri nobis liberum est, quia tonsuræ discrimen non noceat, quibus pura in Deum fides & charitas in proximum syncera est, maxime cum nunquam patribus catholicis, sicut de paschæ uel fidei diuersitate conflictus, ita etiam de tonsuræ differentia legatur aliqua fuisse controuersia: inter omnes tamen, quas uel in ecclesia, uel in uniuerso hominum genere reperimus, tonsuras, nullam magis sequendam nobis amplectendamque iure dixerim ea, quam in capite suo gestabat ille, cui se confitenti Dominus ait: Tu es Petrus, & super hanc petram ædificabo ecclesiam meam, & portæ inferi non præualebunt aduersus eam, & tibi dabo claues regni cœlorum. Nullam uero magis abominandam detestandamque merito cunctis fidelibus crediderim ea, quam habebat ille, cui gratiam sancti spiritus comparare uolenti dicit idem Petrus: Pecunia tua tecum sit in perditione, quoniam donum

Dei

Dei excellentiam pecunia possideret. Nõ enim est tibi pars neq; sors in sermone hoc. Neque uero ob id tantum in coronam attondemur, quia Petrus ita attonsus est; sed quia Petrus in memoriam Dominicæ passionis ita attonsus est, idcirco & nos qui per eandem passionē saluari desideramus, ipsius passionis signū cum illo in uertice, summa uidelicet corporis nostri parte, gestamus. Sicut enim omnis ecclesia, quæ per mortem sui uiuificatoris ecclesia facta est, signū sanctæ crucis eius in fronte portare consueuit, ut crebro uexilli huius munimine à malignorum spirituum defendatur incursibus, crebra huius admonitione doceatur, se quoq; carnem suam cum uitiis & concupiscentiis crucifigere debere: ita etiam oportet eos, qui uel monachi uotū, uel gradum clericatus habentes, arctioribus se necesse habent pro Domino continentiæ frænis astringere. Formam quoq; coronæ, quā ipse in passione sua spineam portauit in capite, ut spinas ac tribulos peccatorum nostrorū portaret, id est, exportaret & auferret à nobis, suo quemque in capite per tonsuram præferre, ut se etiam irrisiones & opprobria pro illo libenter ac prompto animo sufferre ipso etiam frontispicio doceant, ut coronam uitæ æternæ, quam repromisit Deus diligentibus se, se semper expectare, proq; huius perceptione & aduersa se mundi & prospera contemnere designent. Cæterum tonsuram eam, quam Magum ferunt habuisse Simonem, quis rogo fidelium non statim cum ipsa magia primo detestetur, & merito exsufflet? Quæ in frontis quidem superficie coronæ uidetur speciem præferre, sed ubi ad ceruicem considerando perueneris, decurtatam eam quam te uidere putabas, inuenies coronā. Vt merito talem simoniacis & non Christianis habitum conuenire cognoscas, qui in præsenti quidem uita à deceptis hominibus putabantur digni perpetuæ gloria coronæ; sed in ea quæ hanc sequitur uitam, non solum omni spe coronæ priuati, sed æterna insuper sunt pœna damnati. Neque uero me hæc ita prosecutum æstimes, quasi eos qui hanc tonsuram habent cōdemnandos iudicem, si fide & operibus unitati catholicæ fauerint: imò confidenter profiteor, plurimos ex eis sanctos ac Deo dignos extitisse: ex quibus est Adamnanus abbas & sacerdos Columbiensium egregius, qui cum legatus suæ gentis ad Aldfridum regem missus, nostrū quoque monasterium uidere uoluisset, miramq; in moribus ac uerbis prudentiam, humilitatem, religionem ostenderet, dixi illi inter alia colloquens: Obsecro sancte frater, qui ad coronam te uitæ, quæ terminum nesciat, tendere credis, quid contrario tuæ fidei habitu terminatā in capite coronæ imaginem portas? & si beati consortium Petri quæris, cur eius quem ille anathematizauit tonsuræ imaginem imitaris, & non potius eius, cum quo in æternum beatus uiuere cupis, etiam nunc habitum te quantum potes imitari monstras? Respondit ille: Scias pro certo, frater mi dilecte, quia etsi Simonis tonsurā ex consuetudine patria habeam, simoniacam tamen perfidiam tota mente detestor ac respuo; beatissimi autem Apostolorum principis, quantum mea paruitas sufficit, uestigia sequi desidero. At ego: Credo, inquam, uere quod ita sit; sed tamen indicio fit, quod ea quæ Apostoli sunt Petri in abdito cordis amplectimini, si quæ eius esse nostis, etiam in facie tenetis. Namque prudentiam tuam facillime diiudicare reor, quod aptius multo sit eius, quem toto corde abominaris, cuiusq; horrendam faciem uidere refugis, habitum uultus à tuo uultu Deo iam dicato separare: & econtra eius, quem apud Deum patronum habere quæris, sicut facta uel monita cupis sequi, sic etiam morem habitus te imitari condeceat. Hæc tunc Adamnano dixi, qui quidem quantum conspectis ecclesiarum nostrarum statutis profecisset, probauit, cum reuersus ad Scotiam, multas postea gentis eiusdem turbas ad catholicam temporis paschalis obseruantiam sua prædicatione correxit: tametsi eos qui in Hii insula morabantur monachos, quibusq; speciali rectoris iure præerat, necdum ad uiam statuti melioris reducere ualebat. Tonsuram quoq;, si tantum sibi auctoritatis subesset, emendare meminisset. Sed & nunc tuam prudentiam, rex, admoneo, ut ea quæ unitati catholicæ & Apostolicæ ecclesiæ concinunt, una cum gente, cui te Rex regum & Dominus dominorum præfecit, in omnibus seruare contendas. Sic enim fit, ut post acceptam temporalis regni potentiam, ipse beatissimus Apostolorum princeps cœlestis quoque regni tibi tuisq; cum cæteris electis libens pandat introitum. Gratia te regis æterni longiori tempore regnantem ad nostram omnium pacem custodiat incolumem, dilectissime in Christo fili. Hæc epistola cum præsente rege Naitano, multisq; uiris doctioribus esset lecta, ac diligenter ab his qui intelligere poterant, in linguam eius propriam interpretata, multum de eius exhortatione gauisus esse perhibetur: ita ut exurgens de medio optimatum suorum consessu genua flecteret in terram, Deo gratias agens, quod tale munusculū de terra Anglorum mereretur accipere. Et quidem & antea noui, inquit, quia hæc erat uera paschæ celebratio, sed in tantum modo rationem huius temporis obseruandi cognosco, ut parum mihi omnino uidear de his antea intellexisse. Vnde palā profiteor, uobisq; qui assidetis præsentibus protestor, quia hoc obseruare tēpus paschæ cum uniuersa mea gente perpetuo uolo, & hanc accipere debere tonsuram, quam plenam esse rationis audiuimus, omnes qui in meo regno sunt clericos decerno. Nec mora, quæ dixerat regia auctoritate perfecit. Statim namq; iussu publico mittebantur ad transcribendum, discendum, obseruandum per uniuersas Pictorū prouincias circuli paschæ decennouennales, obliteratis per omnia erroneis octoginta & quatuor annorum circulis. Attondebantur omnes in coronam ministri altaris ac monachi: & quasi nouo se discipulatui beatissimi apostolorum principis Petri subdideram, ciuisque tuendam patrocinio gentem esse gaudebat.

Vt Hiienses monachi cum subiectis sibi monasterijs canonicum, praedicante Ecgberto, celebrare Pascha coeperint. Caput XXIII.

NEc multo post illi quoque qui insulam Hii incolebant monachi, Scotticae nationis, cum his quae sibi erant subdita monasterijs, ad ritum Paschae, ac tonsurae canonicum, Domino procurante perducti sunt. Siquidem anno ab incarnatione Domini septingentesimo sexto decimo, quo Osredo occiso Coenredus gubernacula regni Nordanhumbrorum suscepit, cum uenisset ad eos de Hybernia Deo amabilis, & cum omni honorificentia nominandus pater ac sacerdos Ecgbertus (cuius superius memoriam saepius fecimus) honorifice ab eis, & multo cum gaudio susceptus est. Qui quoniam & doctor suauissimus, & eorum quae agenda docebat, erat executor deuotissimus, libenter auditus ab uniuersis, immutauit pijs ac sedulis exhortationibus inueteratam illam traditionem parentum eorum, de quibus apostolicum illum licet proferre sermonem, quod aemulationem Dei habebant, sed non secundum scientiam: catholicoque illos atque apostolico more celebrationem (ut diximus) praecipuae solennitatis sub figura coronae perpetuae agere perdocuit. Quod mira diuinae constat factum dispensatione pietatis, ut quoniam gens illa, quam nouerat scientiam diuinae cognitionis, libenter ac sine inuidia populis Anglorum communicare curauit, ipsa quoque postmodum per gentem Anglorum in eis, quae minus habuerat, ad perfectam uiuendi normam perueniret. Sicut econtra Brittones, qui nolebant Anglis eam quam habebant, fidei Christianae notitiam pandere, credentibus iam populis Anglorum, & in regula fidei catholicae per omnia instructis, ipsi adhuc inueterati & claudicantes à semitis suis, & capita sine corona praetendunt, & solennia Christi sine Ecclesiae Christi societate uenerantur. Susceperunt autem Hiienses monachi, docente Ecgberto, ritus uiuendi catholicos, sub abbate Duunchado, post annos circiter octoginta, ex quo ad praedicationem gentis Anglorum Aidanum miserant antistitem. Mansit autem uir Domini Ecgbertus annis tredecim in praefata insula, quam ipse uelut noua quadam relucente gratia ecclesiasticae societatis & pacis Christo consecrauerat: annoque incarnationis Dominicae septingentesimo uicesimo octauo, quo Pascha Dominicum octauo kalendarum Maiarum die celebrabatur, cum missarum solennia in memoriam eiusdem Dominicae resurrectionis celebrasset, eodem die & ipse migrauit ad Dominum, ac gaudium summae festiuitatis quod cum fratribus, quos ad unitatis gratiam conuerterat, inchoauit, cum Domino & Apostolis caeterisque coeli ciuibus compleuit, imo ipsum celebrare sine fine non desinit. Mira autem diuinae dispensatio prouisionis erat, quod uenerabilis uir non solum in Pascha transiuit de hoc mundo ad patrem: uerum etiam cum eo die Pascha celebraretur, quo nunquam prius in eis locis celebrari solebat. Gaudebant ergo fratres de cognitione certa, & catholica temporis Paschalis: laetabantur de patrocinio pergentis ad Dominum patris, per quem fuerant correcti. Gratulabatur ille quod eatenus in carne seruatus est, donec illum in Pascha diem suos auditores, quem semper antea uitabant, suscipere ac secum agere uideret. Sicque certus de illorum correctione reuerendissimus pater exultauit, ut uideret diem Domini: uidit, & gauisus est.

Quis sit in praesenti status gentis Anglorum uel Brittaniae totius, cum recapitulatione chronica totius operis. Caput XXIIII.

ANno Dominicae incarnationis septingentesimo uicesimo quinto (qui erat annus septimus Osrici regis Nordanhumbrorum, qui Coenredo successerat) Victredus filius Ecgberti, rex Cantuariorum defunctus est, nono die kalendarum Maiarum, & regni quod per triginta quatuor & semis annos tenebat, filios tres, Edilbertum, Eadbertum & Aldricum reliquit haeredes. Anno post quem proximo Tobias Hrofensis ecclesiae praesul defunctus est, uir (ut supra meminimus) doctissimus. Erat enim discipulus beatae memoriae magistrorum Theodori archiepiscopi, & abbatis Adriani: unde (ut dictum est) cum eruditione literarum uel ecclesiasticarum uel generalium, ita Graecam quoque cum Latina didicit linguam, ut tam notas & familiares sibi eas, quam natiuitatis suae loquelam haberet. Sepultus uero est in porticu sancti Pauli apostoli, quam intro ecclesiam sancti Andreae sibi ipse in locum sepulchri fecerat. Post quem episcopatus officium Alduulf Berctualdo archiepiscopo consecrante suscepit. Anno Dominicae incarnationis septingentesimo uicesimo nono, apparuerunt cometae duo circa solem, multum intuentibus terrorem incutientes. Vnus quippe solem praecedebat mane orientem, alter uespere sequebatur occidentem, quasi orienti simul & occidenti dirae cladis praesagi: uel certe unus diei, alter noctis praecurrebat exortum, ut utroque tempore mala mortalibus imminere signarent. Portabant autem facem ignis contra aquilonem, quasi ad accendendum acclinem: apparebantque mense Ianuario, & duabus ferme septimanis permanebant. Quo tempore grauissima Sarracenorum lues Gallias misera caede uastabat, & ipsi non multo post in eadem prouincia dignas suae perfidiae poenas luebant. Quo anno sanctus uir Domini Ecgbertus, ut supra commemorauimus, ipso die Paschae migrauit ad Dominum: & mox peracto Pascha, hoc est, septimo iduum Maiarum die, Osric rex Nordanhumbrorum uita decessit, cum ipse regni, quod undecim annis gubernabat, successorem fore Ceoluulfum decreuisset, fratrem illius qui ante se regnauerat Coenredi regis, cuius regni & principia cipit & processus suos: tantis redundauere rerum aduersitatum motibus, ut quid de his scribi debeat, quemue habitura sit finem, singula adhuc sciri ualeat. Anno Dominicae incarnationis septingentesimo tricesimo primo, Bertuualdus archiepiscopus longa consumptus aetate, defunctus est die quinto iduum Ianuariarum, qui sedit annos triginta septem, menses sex, dies quatuordecim. Pro quo anno eodem factus est archiepiscopus uocabulo Tatuine, de prouincia Merciorum, cum fuisset presbyter in monasterio quod uocatur Briudun. Consecratus est autem in Doruuernensi ciuitate, a uiris uenerabilibus, Daniele Ventano & Inguualdo Londoniensi, & Alduuino Licitfeldensi, & Alduulfo Rhofensi antistitibus, die decima Iunij mensis Dominica, uir religione & prudentia insignis, sacris quoque literis nobiliter instructus. Itaque in praesenti ecclesijs Cantuariorum Tatuine & Alduulfus episcopi praesunt. Porro prouinciae Orientalium Saxonum Inguualdus episcopus, prouinciae Orientalium Anglorum Eadbertus & Hadulacus episcopi, prouinciae Occidentalium Saxonum Daniel & Forthere episcopi, prouinciae Merciorum Alduuinus episcopus: & eis populis qui ultra amnem Sabrinam ad Occidentem habitant, Vualstodus episcopus: prouinciae Huicciorum Vuilfridus episcopus, prouinciae Lindisfarorum Cymbertus episcopus praeest: episcopatus Vectae insulae ad Danielem pertinet episcopum Ventae ciuitatis. Prouincia Australium Saxonum iam aliquot annis absque episcopo manens, ministerium sibi episcopale ab Occidentalium Saxonum antistite quaerit. Et hae omnes prouinciae caeteraeque Australes, ad confinium usque Humbrae fluminis, cum suis quoque regibus, Merciorum regi Edilbaldo subiectae sunt. At uero prouinciae Nordan Humbrorum, cui rex Ceoluulf praeest, quatuor nunc episcopi praesulatum tenent: Vuilfridus in Eboracensi ecclesia, Ediluualdus in Lindisfaronensi ecclesia, Acca in Hagustaldensi ecclesia, Pecthelmus in ea quae Candida casa uocatur, quae nuper multiplicatis fidelium plebibus, in sedem pontificatus addita, ipsum primum habet antistitem. Pictorum quoque natio tempore hoc & foedus pacis cum gente habet Anglorum, & catholicae pacis & ueritatis cum uniuersali Ecclesia particeps existere gaudet. Scoti qui Britanniam incolunt, suis contenti finibus, nihil contra gentem Anglorum insidiarum moliuntur, aut fraudium. Britones, quamuis & maxima ex parte domestico sibi odio gentem Anglorum, & totius catholicae ecclesiae statum Pascha, minus recte, moribusque improbis impugnent, tamen & diuina sibi & humana prorsus resistente uirtute, in neutro cupitum possunt obtinere propositum: quippe qui quamuis ex parte sui sint iuris, nonnulla tamen ex parte Anglorum sunt seruitio mancipati. Et arridente pace ac serenitate temporum, plures ab gente Nordan Humbrorum, tam nobiles quam priuati, se suosque liberos depositis armis satagunt magis accepta tonsura monasterialibus ascribere uotis, quam bellicis exercere studijs. Quae res quem sit habitura finem, posterior aetas uidebit. Haec est in praesentiarum uniuersae status Britanniae: Anno aduentus Anglorum in Britanniam, circiter ducentesimo octogesimo quinto: Dominicae autem incarnationis anno septingentesimo tricesimo primo: in cuius regno perpetuo exultet terra, & congratulante in fide eius Britannia, laetentur insulae multae, & confiteantur memoriae sanctitatis eius.

ECCLESIASTICAE HISTORIAE GENTIS ANGLORUM LIBRI QUINTI FINIS.

EPITO-

EPITOME SIVE BREVIARIVM TOTIVS PRAEcedentis *Historiæ Anglorum, per eundem venerabilem Bedam Anglosaxonem.*

VERVM EA QVAE TEMporum distinctione latius digesta sunt, ob memoriam conseruandam breuiter recapitulari placuit.

Anno igitur ante incarnationem Dominicam sexagesimo, Caius Iulius Cæsar, primus Romanorum, Britanniam bello pulsauit, & uicit, nec tamen ibi potuit regnum obtinere.

Anno ab incarnatione Domini quadragesimo sexto, Claudius secundus Romanorum, Britannias adiens, plurimam insulæ partem in deditionem recepit, & Orchadas quoque insulas Romano adiecit imperio.

Anno ab incarnatione Domini centesimo sexagesimo septimo, Eleutherius Romæ præsul factus, quindecim annos ecclesiam gloriosissimè rexit, cui literas rex Britanniæ Lucius mittens, ut Christianus efficeretur, petiit & impetrauit.

Anno ab incarnatione Domini centesimo octogesimo nono, Seuerus imperator factus, decem & septem annis regnauit, qui Britanniam uallo à mari usque ad mare præcinxit.

Anno trecentesimo octogesimo primo, Maximus in Britannia creatus imperator, in Galliam transijt, & Gratianum interfecit.

Anno quadringentesimo nono, Roma à Gothis fracta est, ex quo tempore Romani in Britannia regnare cessarunt.

Anno quadringentesimo tricesimo, Palladius ad Scotos in Christum credentes à Cælestino papa primus mittitur episcopus.

Anno quadringentesimo quinquagesimo nono, Martianus cum Valentiniano imperium suscipiens, septem annis tenuit. Quorum tempore Angli à Britonibus accersiti, Britanniam adierunt.

Anno quingentesimo uicesimo octauo, eclipsis solis facta est decimoquarto calendarum Martiarum, ab hora prima usque ad tertiam.

Anno quingentesimo quadragesimo, eclipsis solis facta est duodecimo calendas Iulij, & apparuerunt stellæ pene hora dimidia ab hora diei tertia.

Anno quingentesimo quadragesimo septimo, Ida regnare cœpit, à quo regalis Nordan Hymbrorum prosapia originem tenet, & duodecim annis in regno permansit.

Anno quingentesimo sexagesimo quinto, Columba presbyter de Scotia uenit in Britanniam ad docendos Pictos, & in insula Hii monasterium fecit.

Anno quingentesimo nonagesimo sexto, Gregorius papa misit in Britanniam Augustinum cum monachis, qui uerbum Dei genti Anglorum euangelizarent.

Anno quingentesimo nonagesimo septimo, uenere in Britanniam præfati doctores, qui fuit annus plus minus centesimus quinquagesimus aduentus Anglorum in Britanniam.

Anno sexcentesimo primo, misit papa Gregorius pallium in Britanniam Augustino episcopo iam facto, & plures uerbi ministros, cum quibus & Paulinum.

Anno sexcentesimo tertio, pugnatum est Adegsastane.

Anno sexcentesimo quarto, Orientales Saxones fidem Christi percepere, sub rege Sigberto & antistite Mellito.

Anno sexcentesimo quinto, Gregorius papa obijt.

Anno sexcentesimo decimo sexto, Edilbertus rex Cantuariorum defunctus est.

Anno sexcentesimo uicesimo secundo, Paulinus à Iusto archiepiscopo, ordinatur genti Nordan Humbrorum antistes.

Anno sexcentesimo uicesimo sexto, Eanfleda filia Eduini regis baptizata est, cum duodecim in sabbato Pentecostes.

Anno sexcentesimo uicesimo septimo, Eduinus rex baptizatus est cum sua gente in Pascha.

Anno sexcentesimo tricesimo tertio, Eduino rege perempto, Paulinus in Cantiam rediit.

Anno sexcentesimo quadragesimo, Eadbaldus rex Cantuariorum obiit.

Anno sexcentesimo quadragesimo secundo, Osualdus rex occisus est.

Anno sexcentesimo quadragesimo quarto, Paulinus quondam Eboraci, sed tunc Hrofensis ciuitatis episcopus, migrauit ad Dominũ.

Anno sexcentesimo quinquagesimo primo, Osuini rex occisus, & Aidan episcopus defunctus est.

Anno sexcentesimo quinquagesimo tertio, Middilangli sub principe Penda, fidei mysterijs sunt imbuti.

Anno sexcentesimo quinquagesimo quinto, periit Penda, & Mercij facti sunt Christiani.

Anno sexcentesimo sexagesimo quarto, eclipsis solis facta, Earconbertus rex Cantuariorum defunctus, & Colmanus cum suis ad Scotos reuersus est, & pestilentia uenit. Et Ceadda ac Vuilfridus Nordan Humbrorũ ordinantur episcopi.

Anno sexcentesimo sexagesimo octauo, Theodorus ordinatur episcopus.

Anno sexcentesimo septuagesimo, Osuui rex Nordan Humbrorum obiit.

Anno sexcentesimo septuagesimo tertio, Egbertus rex Cantuariorum obiit. Et synodus facta est ad Herutforda, præsente Egfrido rege, præsidente uero Theodoro archiepiscopo, utilissima decem capitulorum.

Anno sexcentesimo septuagesimo quinto Vulfhere rex Merciorum, postquam septendecim annis regnauerat defunctus, Edilredo fratri reliquit imperium.

Anno

Anno sexcentesimo septuagesimo sexto, Edilredus uastauit Cantiam.

Anno sexcentesimo septuagesimo octauo, cometa apparuit: Vuilfridus episcopus à sede sua pulsus est ab Egfrido rege, & pro eo Bosa, Eata & Eadhedus consecrati antistites.

Anno sexcentesimo septuagesimo nono, Elfuuinus occisus est.

Anno sexcentesimo octogesimo, facta est synodus in campo Hedfelda, de fide catholica, praesidente archiepiscopo Theodoro, in qua adfuit & Ioannes abbas Romanus, quo anno Hilda abbatissa in Streaneshalc obijt.

Anno sexcentesimo octogesimo quinto, Egfridus rex Nordan Humbrorum occisus est.

Anno eodem Lotherius rex Cantuariorum obijt.

Anno sexcentesimo octogesimo octauo, Ceaduualla rex Occidentalium Saxonum Romam de Britannia pergit.

Anno sexcentesimo nonagesimo, Theodorus archiepiscopus obijt.

Anno sexcentesimo nonagesimo septimo, Osthrida regina à suis, id est, Merciorum primatibus interempta est.

Anno sexcentesimo nonagesimo octauo, Berthredus dux regius Nordan Humbrorum à Pictis interfectus est.

Anno septingentesimo quarto, Edilredus postquam triginta & unum annos genti Merciorum praefuit, monachus factus, Conredo regnum dedit.

Anno septingentesimo quinto, Aldfridus rex Nordan Humbrorum defunctus est.

Anno septingentesimo nono, Coenredus rex Merciorum postquam sex annos regnauit, Romam pergit.

Anno septingentesimo undecimo, Berthfridus praefectus cum Pictis pugnauit.

Anno septingentesimo decimo sexto, Osredus rex Nordan Humbrorum interfectus est. Et rex Merciorum Ceolredus defunctus est. Et uir Domini Egbertus, Hiienses monachos ad catholicum Pascha, & ecclesiasticam correxit tonsuram.

Anno septingentesimo uicesimo quinto, Vuichtredus rex Cantuariorum obijt.

Anno septingentesimo uicesimo nono, cometae apparuerunt, sanctus Egbertus transijt, Osrichus mortuus est.

Anno septingentesimo tricesimo primo, Berthuualdus archiepiscopus obijt.

Anno eodem, Tatuuini consecratus est archiepiscopus.

Anno ab incarnatione Domini, septingentesimo tricesimo secundo, Egbertus pro Vuilfrido Eboraci episcopus factus. Cymbertus episcopus Lindisfarorum obijt.

Anno septingentesimo tricesimo tertio, eclipsis facta est solis, decimo octauo kalend. Septembris, circa horam diei tertiam, ita ut pene totus orbis solis quasi nigerrimo & horrendo scuto uideretur esse coopertus.

Anno ab incarnatione Domini, septingentesimo tricesimo tertio, Tatuuini archiepiscopus accepto ab Apostolica authoritate pallio, ordinauit Aluuich, & Sigfridum episcopos.

Anno septingentesimo tricesimo quarto, luna sanguineo rubore perfusa, quasi hora integra secunda, kalendarum Februariarum, circa galli cantum, dehinc nigredine subsequente, ad lucem propriam reuersa.

Anno ab incarnatione Christi, septingentesimo tricesimo quarto, Tatuuini episcopus obijt.

Anno ab incarnatione Domini, septingentesimo tricesimo quinto, Nothelmus archiepiscopus ordinatur: & Egbertus episcopus, accepto ab Apostolica sede pallio, primus post Paulinum in archiepiscopatum confirmatus est, ordinauitque Frithbertum & Frithuualdum episcopos.

Anno septingentesimo tricesimo septimo, nimia siccitas terram fecit infecundam, & Ceoluulfus sua uoluntate attonsus, regnum Eadberto reliquit.

Anno ab incarnatione Christi, septingentesimo tricesimo nono, Edilhardus Occidentalium Saxonum rex obijt, & Nothelmus archiepiscopus.

Anno ab incarnatione Domini, septingentesimo quadragesimo, Cudbertus pro Nothelmo consecratus est. Edilbaldus rex Merciorum per impiam fraudem uastabat partem Nordan Humbrorum, eratque rex eorum Eadbertus occupatus cum suo exercitu contra Pictos. Edilualdus quoque episcopus obijt, & pro eo Conuulfus ordinatur antistes. Arnuuini & Eadbertus interempti.

Anno septingentesimo quadragesimo primo, siccitas magna terram occupauit. Carolus rex Francorum obijt, & pro eo filij Carolomannus & Pippin regnum acceperunt.

Anno septingentesimo quadragesimo quinto, Vuilfridus episcopus & Inguualdus Londoniae episcopus migrauerunt ad Dominum.

Anno septingentesimo quadragesimo septimo, Herefridus uir Dei obijt.

Anno septingentesimo quinquagesimo, Cudredus rex Occidentalium Saxonum, surrexit contra Edilbaldum regem & Oengusum. Theodorus atque Eanredus obijt. Eadbertus campum Cyil cum alijs regionibus suo regno addidit.

Anno septingentesimo quinquagesimo sexto, anno regis Eadberti, quarto idus Ianuarias, eclipsis solis facta est: postea eodem anno & mense, hoc est nono kalendarum Februariarum, luna eclipsin passa horrendo & nigerrimo scuto.

Anno septingentesimo quinquagesimo quarto, Bonifacius qui & Vuinfridus Francorum episcopus cum quinquaginta tribus martyrio coronatus est, & pro eo Redgerus consecratur archiepiscopus à Stephano papa.

Anno septingentesimo quinquagesimo septi-

mo,

mo, Edilbaldus rex Merciorum, a suis tutoribus noctu morte fraudulenta miserabiliter peremptus occubuit. Beornredus regnare cœpit, Cynewulfus rex Occidentalium Saxonum obiit. Eodem quoque anno, Offa fugato Beornredo Merciorum regnū sanguinolento quæsiuit gladio.

Anno septingentesimo quinquagesimo octauo, Eadbertus rex Nordan Humbrorū, Dei amoris causa & cœlestis patriæ, violentia accepta sancti Petri tonsura, filio suo Osuulfo regnum reliquit.

Anno septingentesimo quinquagesimo nono, Osuulfus à suis ministris facinorose occisus est. Et Edilualdus anno eodem à sua plebe electus intrauit in regnum: cuius secundo anno magna tribulatio mortalitatis venit, & duobus ferme annis permansit, populantibus diuris ac diuersis ægritudinibus, maxime tamen dysenteriæ languore.

Anno septingentesimo sexagesimo primo, Oengus Pictorum rex obiit: qui regni sui principium usque ad finem facinore cruento tyrannus perduxit carnifex, & Osuuini occisus est.

Anno septingentesimo sexagesimo quinto, Aluchredus rex susceptus est in regnum.

Anno septingentesimo sexagesimo sexto Egbertus archiepiscopus prosapia regali ditatus, ac diuina scientia imbutus, & Frithubertus uere fideles episcopi ad Dominum migrauerunt.

Aec de Historia Ecclesiastica Britannorum, & maxime gentis Anglorum, prout uel ex literis antiquorum, uel ex traditione maiorum, uel ex mea ipse cognitione scire potui, Domino adiuuante, digessi Beda Dei famulus & presbyter monasterij beatorum apostolorum Petri & Pauli, quod est ad Viuraemudam & Ingyruum. Qui natus in territorio eiusdem monasterij, cum essem annorū septem, cura propinquorum datus sum educandus reuerendissimo abbati Benedicto, ac deinde Ceolfrido, cunctumq; ex eo tempus uitæ in eiusdem monasterij habitatione peragens, omnem meditandis scripturis operam dedi, atque inter obseruantiam disciplinæ regularis & quotidianam cantandi in ecclesia curam, semper aut discere, aut docere, aut scribere dulce habui. Decimonono autem uitæ meæ anno diaconatum, tricesimo gradum presbyteratus, utrumque per ministerium reuerendissimi Episcopi Ioannis, iubente Ceolfrido abbate, suscepi. Ex quo tempore accepti presbyteratus, usque ad annū ætatis meæ quinquagesimum nonum, hæc in scripturam sanctam meæ meorumq; necessitati ex opusculis uenerabilium patrum breuiter annotare, siue etiam ad formam sensus & interpretationis eorum superadijcere curaui.

ORATIO BEDAE

AD CHRISTVM.

TE deprecor bone IESV, ut cui propitius donasti uerba tuæ sapientiæ uel scientiæ dulciter haurire: dones etiam benignus aliquando ad te omnis sapientiæ fontem peruenire, & apparere semper ante faciem tuā, qui uiuis & regnas Deus per omnia secula seculorum, Amen.

DOMINO

DOMINO SANCTO AC BEATISSIMO PATRI EDfrido Episcopo, sed et omni congregationi fratrum, qui in Lindisfarnensi insula Christo deseruiunt, Beda fidelis uester conseruus, salutem.

VIA iussistis dilectissimi, ut libro quem de uita beatæ memoriæ patris nostri Cuthberti, uestro rogatu composui, præfationem aliquam in fronte iuxta morem præfigerem, per quam legentibus uniuersis & uestræ uoluntatis desiderium, & obeditionis nostræ pariter assensio fraterna claresceret: placuit in capite præfationis & uobis qui nostis ad memoriam reuocare, & eis qui ignorant hæc, forte legentibus notum facere, quia nec sine certissima exquisitione rerum gestarum aliquid de tanto uiro scribere, nec tandem ea quæ scripseram, sine subtili examinatione testium indubiorum, passim transcribenda quibusdam dare præsumpsi: quin potius primo diligenter exordium, progressum, & terminum gloriosissimæ conuersationis ac uitæ illius ab his qui nouerant, inuestigans. Quorum etiam nomina in ipso libro aliquoties ob certum cognitæ ueritatis indicium apponenda iudicaui, & sic demum ad schedulas manum mittere incipio. At digesto opusculo, sed adhuc in schedulis retento, frequenter & reuerentissimo fratri nostro Herefrido presbytero huc aduenienti, & aliis qui diutius cum uiro Dei conuersati, uitam illius optime nouerant, quæ scripsi legenda, atque ex tempore præstiti retractanda, ac nonnulla ad arbitrium eorum, prout uidebantur, sedulus emendaui, sicque ablatis omnibus scrupulorum ambagibus ad purum, certam ueritatis indaginem simplicibus explicitam sermonibus commendare membranulis, atque ad uestræ quoque fraternitatis præsentiam asportare curaui, quatenus uestræ authoritatis iudicio uel emendarentur falsa, uel probarentur uera esse quæ scripta sunt. Quod cum Domino adiuuante patrarem, & coram senioribus ac doctoribus uestræ congregationis libellus biduo legeretur, ac solertissime per singula ad uestrum pensaretur examen, nullus omnimodis inuentus est sermo, qui mutari deberet, sed cuncta quæ scripta erant, communi consilio decernebatur absque ulla ambiguitate legenda, & his qui religionis studio uellent, ad transcribendum esse tradenda. Sed & alia multa nec minora his quæ scripsimus, præsentibus nobis ad medium conferebatis, de uita & uirtutibus beati uiri superna cognitione dignissima, quæ prorsus memoria digna uidebantur, si non deliberato ac perfecto operi noua interserere uel supradicere minus congruum atque indecorum esse constaret. Dehinc admonendam uestræ almitatis commonitionem feci, ut sicut ipse munus obedientiæ meæ, quod iubere estis dignati, promptum soluere non distuli, ita uos quoque ad redhibendam mihi uestræ intercessionis præmium pigri non sitis, sed cum eundem librum relegentes pia sanctissimi patris memoria uestros animos ad desiderium regni cœlestis ardentius accenditis, pro mea quoque paruitate [illegible] diuinam exorare clementiam, quatenus & nunc pura mente desiderare, & in futuro perfecta beatitudine merear uidere bona Domini in terra uiuentium: sed & me defuncto, pro redemptione animæ meæ quasi pro familiaris & uernaculi uestri orare, & missas facere, & nomen meum inter uestra scribere dignemini. Nam & tu sanctissime antistes, hoc te mihi promisisse iam retines. In cuius etiam testimonium futuræ conscriptionis religioso fratri uestro Guthfrido Mansionario præcepisti, ut in albo uestræ sanctæ congregationis meum nunc quoque nomen apponeret. Sciat autem sanctitas uestra, quia uitam eiusdem Deo dilecti patris nostri, quam uobis prosa editam dedi, aliquanto quidem breuius, sed eodem tamen ordine, rogantibus quibusdam e nostris fratribus heroicis dudum uersibus edidi. Quos si uos habere delectat, a nobis exemplar accipere potestis: in cuius operis præfatione promisi me alias de uita & miraculis eius latius esse scripturum: quam uidelicet promissionem in præsenti opusculo, prout Deus dederit, adimplere satago. Omnipotentem pro nobis beatitudinem uestram Dominus omnipotens custodire dignetur incolumem dilectissimi fratres, & domini mei, Amen.

Cuthberti Episcopi & confessoris uita.

Quomodo puer Dei Cuthbertus per infantem sit prædicto episcopatus admonitus. Caput I.

RINCIPIUM nobis scribendi de uita beati Cuthberti, Hieremias propheta consecrat, qui anachoreticæ perfectionis statum glorificans, ait: Bonum est uiro cum portauerit iugum ab adolescentia sua, sedebit solitarius & tacebit, quia leuabit se super se. Huius namque boni dulcedine accensus uir Domini Cuthbertus, ab ineunte adolescentia iugo monachicæ institutionis collum subdidit, & ubi opportunitas luxit, arrepta etiam conuersatione anachoretica, non paruo tempore solitarius sedere, atque ob suauitatem diuinæ contemplationis ab humanis tacere delectabatur alloquiis. Sed ut hæc in maiore ætate posset, superna illi gratia ad uiam ueritatis paulatim a primis iam pueritiæ incitauerat annis. Siquidem usque ad octauum ætatis annum, qui post infantiam pueritiæ primus est, solis paruulorum ludis & lasciuiæ mentem dare nouerat, ita ut illud beati Samuelis tunc de ipso posset testimonium dici. Porro Cuthbertus necdum sciebat Dominum, neque reuelatus fuerat ei sermo Domini: quod in preconium laudis dictum est pueritiæ illius, quia ætate maior perfecte iam cognitu(r)us erat Dominum, ac sermonem Domini reserata cordis aure percepturus. Oblectabatur ergo ut diximus, iocis & uagitib. & sicuti eius ætatis ordo poscebat, paruulorum conuenticulis interesse cupiebat, ludentibus colludere desiderabat. Et quia agilis natura, acutus erat ingenio, contendentibus ludo sæpius præualere consueuerat, adeo ut fessis nonnunquam cæteris ille indefessus adhuc, si quis ultra secum uellet certare quasi uictor lætabundus inquireret. Siue enim saltu, siue cursu, siue luctatu, seu quolibet alio membrorum sinuamine se exercerent, ille omnes æquæuos, & nonnullos etiam maiores, se gloriabatur esse superatos. Cum enim esset paruulus, ut paruulus sapiebat, ut paruulus cogitabat: qui postmodum factus uir, plenissime ea quæ paruuli erant, deposuit. Et quidem diuina dispensatio primitus elationem animi puerilis digno se pedagogo compescere digna ta est. Nam sicut beatæ memoriæ Trumuuine episcopus ab ipso Cuthberto sibi dictum perhibebat, dum quadam die solito luctaminis in campo quodam non modica puerorum turba consisteret, interesset & ipse, & sicut ludentium lenitas solet contra congruum naturæ statum uariis flexibus mébra plerique inuarent, repente unus de paruulis triennis ferme, ut uidebatur, accurrit ad eum, & quasi senili constantia cœpit hortari, ne iocis & ocio indulgeret, sed stabilitati potius mentem simul & mébra subiugaret. Quo monita spernente, luget ille corruens in terram, & faciem lachrymis rigans. Accurrunt consolaturi cæteri, sed ille perstat in fletibus. Interrogant quid haberet repentinum, unde tantis assi ceretur lamentis. At ille tandem exclamans, consolantem se Cuthbertum: Quid inquit, sanctissime antistes & presbyter Cuthberte hæc & naturæ & gradui tuo contraria geris? Ludere te inter paruulos non decet, quem Dominus etiam maioribus natu magistrum uirtutis consecrauit. Audiens hæc bonæ indolis puer, fixa intentione suscepit, illo nimirum spiritu interius eius præcordia docente, qui per os infantis exterius eius auribus insonuit. Nec mirandum cuiquam paruuli lasciuiam per paruulum potuisse Domino agente cohiberi, qui ad prohibendam prophetæ insipientiam ore subiugalis muti, rationabilia uerba, cum uoluit, edidit, in cuius laude ueraciter dictum est, Quia ex ore infantium & lactentium perfecisti laudem.

Quomodo genu dolente claudus sit effectus, & angelo medicante sit mox sanatus. Caput. II.

Verum quia omni habenti dabitur & abundabit, id est, habenti propositum amoremque uirtutum harum copia superno munere donabitur: quoniam puer Domini Cuthbertus, quæ per hominem accepit hortamenta, sedulo cordis arcanis abdebat, etiam angelico uisu & affatu consolari promeruit. Nam subito dolore genu correptus illius eius cœpit tumore grossescere, ita ut neruis in poplite contractis, pedem primo a terra suspensum claudicans portaret, dehinc ingrauescente molestia, omni pene priuaretur incessu. Qui die quadam deportatus foras a ministris, atque sub diuo recumbens, uidit repente uenientem de longe equitem albis indutum uestimentis & honorabilem uultu: sed & equum cui insidebat incomparandi decoris. Qui ad aduenientem mansueto illum salutans alloquio, addidit quasi per iocum inquirere, si aliquid tali hospiti præbere uellet obsequium. At ille, Iam, ait, quit, promptissime tuis nuper assistere deuotus obsequiis, si non exigentibus culpis huius cô pede languore retinerer. Diu namque est quod molestia genu tumentis oppressus, nulla cuiuslibet medicorum industria possum sanari. Qui descendens equo, ac genu languidum diligentius considerans: Coque, inquit, triticeam in lacte farinam, & hac confectione calida tumorem superunge, & sanaberis. Et his dictis, ascendens equum, abiit. Ille iussis obtemperans, post dies paucos sanatus est, agnouitque angelum fuisse qui hæc sibi monita dedisset, mittente illo qui quondam Raphaelem archangelum ad sanandos Tobiæ uisus destinare dignatus est. Quod si cui uidetur incredibile, angelum in equo apparuisse, legat historiam Machabæorum, in qua angeli in equis & ad Iudæ Machabæi, & ad ipsius templi defensionem aduenisse memorantur.

Quomodo uentis orationibus mutatis rates Deo annuente delapsas reuocarit ad litus. Caput. III.

Ab hoc autem tempore deuotus Domino puer, sicut ipse postea familiaribus suis attestari solebat, sæpe in angustiis se uallantibus orans Dominum, angelica meruit opitulatione defendi: nec non etiam pro aliis in periculo constitutis, quia benigna pietate supplicabat, exaudiebatur ab illo qui clamantem pauperem exaudire, & ex omnibus tribulationibus eius consueuit eripere. Est denique monasterium non longe ab hostio fluminis Tini ad meridiem situm, tunc quidem uirorum, nunc autem mutato, ut solet, per tempora rerum statu, uirginum Christo seruientium nobili examine pollens: quî uidelicet famuli Christi dum ligna monasterii usibus apta per memorati alueum fluminis de longe ratibus ueherent, iamque e regione eiusdem monasterii appulsi ad littus appellere, ac rates ad terram educere conarentur, exsurgens subito ab occasu intempestiuus ascendens abripuit rates, atque ad ostium fluminis trahere cœpit. Quod uidentes de monasterio fratres, emissis in fluuio nauiculis, eos qui in ratibus laborabant adiuuare nitebantur, sed ui fluminis ac uentorum uiolentia superati, nequaquam ualebant: unde facta desperatione humani adiutorii, confugerunt ad diuinum. Egressi namque de monasterio, & labentibus in oceanum ratibus, collecti in proxima rupe flectebant

flectebant genua, supplicantes Domino pro his quos in tantum mortis discrimen iam iamque inruere cernebant. Sed prouisione diuina, quorum diu precibus uota sunt dilata, ut uidelicet quanta esset in Cuthberto uirtus precandi, patesceret. Stabat enim in altera amnis ripa uulgaris turba non modica, in qua stabat & ipse. Quae cum aspectantibus cum tristitia monachis rapi rates porro per mare cerneret, adeo ut quasi quinque aues paruulae (quinque enim erant rates) undis insidentes apparerent, coepit irridere uitam conuersationis eorum, quasi merito talia paterentur, qui communia mortalium iura spernentes, noua & ignota darent statuta uiuendi. Prohibuit probra deridentium Cuthbertus: Quid agitis inquiens, fratres, maledicentes his quos in letum iam trahi uidetis? Nonne melius esset & humanius, Dominum pro eorum deprecari salute, quam de illorum gaudere periculis? At illi rustico & animo & ore stomachantes aduersus eum, Nullus, inquiunt, hominum pro eis roget, nullius eorum misereatur Deus, qui & ueteres culturas hominibus tulere, & nouas qualiter obseruare debeant, nemo nouit. Quo accepto responso, ipse oraturus Dominum genua flexit, caput in terram declinauit, statimque retorta ui uentorum rates cum his qui ducebant gaudentibus integrae ad terram relatae, & iuxta ipsum monasterium in loco opportuno depositae. Videntes autem rustici erubuerunt de sua infidelitate, fidem uero uenerabilis Cuthberti exinde laude digna praedicabant, & deinceps praedicare nullatenus cessabant, adeo ut frater quidam nostri monasterii probatissimus, cuius ipse haec relatione didici, sese haec ab uno ipsorum rusticae simplicitatis uiro, & simulandi prorsus ignaro, coram multis saepe audisse narrauerit.

Quomodo cum pastoribus positus, animam sancti Aidani Lindisfarnensis episcopi ad caelum ferri ab angelis aspexerit. Cap. IIII.

AT ubi gubernante se gratia Christi uoluit famulum suum arctioris propositi subire uirtutem, altioris praemii gloriam promereri, contigit eum remotis in montibus commissorum sibi pecorum agere custodiam: qui dum nocte quadam dormientibus sociis ipse iuxta morem peruigil in oratione duraret, uidit subito fusum de caelo lumen, mediasque longae noctis interrupisse tenebras, in quo caelestium choros agminum terras petisse, nec mora rapta secum anima claritatis eximiae supernam redisse ad patriam. Compunctus est multum hoc uisu Deo dilectus adolescens ad subeundum gratiam spiritualis exercitii, ac promerendae inter magnificos uiros uitae felicitatisque perennis, continuoque Deo laudes gratiarumque referens actiones, sed & socios ad laudandum Dominum fraterna exhortatione prouocans: Heu miseri, inquit, qui somno & inertiae dediti, non meremur semper uigilantium ministrorum Christi cernere lucem. En ipse cum modico noctis tempore peruigil orarem, tanta Dei magnalia conspexi: aperta est ianua caeli, & inductus illuc angelico comitatu spiritus cuiusdam sancti, qui nunc nobis in infima caligine uersantibus supernae mansionis gloriam ac regem illius Christum perpetuo beatus intuetur. & quidem hunc uel episcopum quemlibet sanctum, uel eximium de fidelium numero uirum fuisse existimo, quem tanto splendore lucis, tot ducentium choris angelorum caelo inlatum uidi. Haec dicens uir Domini Cuthbertus, non parum corda pastorum ad reuerentiam diuinae laudationis accendit, agnouitque mane facto antistitem Lindisfarnensis ecclesiae Aidanum magnae utique uirtutis uirum, per id temporis quo uiderat raptum de corpore caelestia regna petisse, ac statim commendatis suis pecora quae pascebat dominis, monasterium petere decreuit.

Quomodo iter faciens cibos Domino procurante perceperit. Caput V.

CUmque nouum uitae continentioris ingressum sedulo iam corde meditaretur, affuit gratia superna, quae animum eius arctius in proposito firmaret, ac manifestis ostenderet indiciis: quia quaerentibus regnum Dei & iustitiam eius, ea quae ad uictum corporis pertinent, beneficio diuinae prouisionis adiciuntur. Quadam namque die dum iter solus ageret, diuertit hora tertia in uillam, quam eminus positam forte repperit, intrauitque domum cuiusdam religiosae matrisfamilias, paululum ibidem quiescere desiderans, & iumento potius cui insidebat, quam sibi alimentum poscere curans. erat enim tempus incipientis brumae. Suscepit ergo eum mulier benigne, rogauitque solicite, ut prandium parare, atque illum reficere liceret. Negauit uir Domini, Non possum, inquiens, adhuc manducare, quia dies ieiunii est. Erat namque sexta sabbati, qua plerique fidelium ob reuerentiam Dominicae passionis usque ad nonam horam solent protelare ieiunium. Perstitit in rogando mulier hospitalitatis studio deuota. Ecce inquiens, itinere quo uadis, nullum uiculum, nulla hominum habitacula reperies, & quidem longum restat iter, neque ante solis occubitum ualebis consummare: unde precor antequam egrediaris, accipias cibum, ne tota die ieiunium sustinere, uel etiam protrahere usque in crastinum cogaris. At ille, quamuis multum rogante femina, cogitatus instantia religionis amore deuincens, ieiunus diem duxit ad uesperam: cumque instante iam uespera cerneret iter, quod proposuerat, eodem die non posse finire, neque ullam in proximo hominum hospitia ubi manere posset adesse, ecce subito iter faciens uidet iuxta pastorum tuguria, quae aestate infirmiter posita tunc, iam deserta patebant. Hoc propter mansionem ingrediens, equum in quo uenerat, alligauit ad parietem, collectumque feni fasciculum, quem tecto uentus abstulerat, ei edendum apposuit. Ipse orando horas ducere coepit. At subito inter psallendum uidet equum elato sursum capite tecti casae carpentem seu ut sibi mos erat trahentem, atque inter cadentia foena tecti involutum pariter decidere linteum: volensque dinoscere certius quid esset, finita oratione accessit, & invenit involutum linteo dimidium panis calidi & carnem, quae ad unam sibi refectionem sufficere possent: laudemque decantans beneficiis coelestibus, Deo, inquit, gratias, qui & mihi pro eius amore ieiunanti, & meo comiti coenam providere dignatus est. Divisit ergo fragmen panis quod invenit, partemque eius dimidiam equo dedit, reliquam suo esui reservavit, atque ex illo iam die promptior factus est ad ieiunandum, quia intellexit eius dono sibi refectionem procuratam in solitudine, qui quondam Heliam solitarium, quia nullus hominum aderat qui ministraret, eiusmodi cibo per volucres non parvo tempore pavit, cuius oculi super timentes eum, sperantes autem in misericordia eius, ut eripiat a morte animas eorum, & alat eos in fame. Haec mihi religiosus nostri monasterii, quod est ad ostium Viuri fluminis, presbyter nomine Ingwald, qui nunc longa gravis senectute magis corde mundo coelestia, quam terrena carnalibus contemplatur aspectibus, ab ipso Cuthberto iam tunc episcopo se audisse perhibuit.

Quale ei testimonium venienti ad monasterium Boisilus, vir sanctus in spiritu perhibuerit.
Caput VI.

INterea venerabilis Domini famulus relictis saecularibus rebus monasterialem properat subire disciplinam, utpote coelesti visione ad appetenda perpetuae gaudia beatitudinis incitatus, ad tolerandam pro Domino esuriem sitimque temporalem epulis invitatus coelestibus: & quidem Lindisfarnensem ecclesiam multos habere sanctos viros, quorum doctrina & exemplis instrui posset, noverat, sed fama praeventus Boisili sublimium virtutum monachi & sacerdotis, Mailros petere maluit: casuque contigit cum illo pervenisset, equo desiliisset, ingressurusque ad orandum ecclesiam, ipsum pariter equum & hastam quam tenuerat manu, ministro dedisset (nec dum enim habitum deposuerat saecularem) Boisilus ipse pro foribus monasterii consistens prior illum videret, praevidensque in spiritu, quantus conversatione esset futurus quem cernebat, hoc unum dixit astantibus, Ecce servus Dei, imitatus illum, qui venientem ad se Nathanaël intuitus, Ecce, inquit, vere Israëlita, in quo dolus non est. Sicut religiosus ac veteranus Dei famulus, & presbyter Sigfridus solet attestari, qui eidem Boisilo haec dicenti inter ceteros astabat, nam in ipso monasterio adolescens prima adhuc monachicae vitae rudimentis institutus, nunc in nostro, id est, Gyruensi monasterio perfectum in Christo agens virum, & inter aegra spiritus extremi suspiria laetum vitae alterius ardens introitum. Nec plura loquens Boisilus, pervenientem mox ad se Cuthbertum benigne suscepit, causamque itineris exponentem, quia videlicet monasterium saeculo praetulerit, benignius secum retinuit. Erat enim praepositus eiusdem monasterii. Et post dies paucos adveniente viro beatae recordationis Eata tunc presbytero & abbate monasterii ipsius, postea Lindisfarnensis ecclesiae simul & eiusdem loci antistite indicavit ei de Cuthberto: & quia boni propositi animum gereret, exposuit, obtinuitque apud eum, ut accepta tonsura, fratrum fungeretur consortio. Et ingressus monasterium, confestim aequalem ceteris fratribus vitae regularis observantiam tenere, vel etiam artioris disciplinae studiis supergredi curabat, legendi videlicet, operandi, vigilandi, atque orandi solertior: sed & iuxta exemplum Samsonis fortissimi quondam Nazaraei ab omni quod inebriare potest, sedulus abstinebat: non autem tantam escarum valebat subire continentiam, ne necessariis minus idoneus efficeretur operibus. Erat enim robustus corpore, & integer viribus, atque ad quaecunque volebat, aptus exercitia laboris.

Quomodo angelum hospitio susceperit, dum panem quaerit mundanum, coelestem a Deo meruerit.
Caput VII.

CVmque post aliquot annos regi Alchfrido placeret pro redemptione animae suae locum quendam regni sui qui vocatur Inhrypum, ad construendum ibidem monasterium Eatae abbati donare, tollens idem abbas quosdam e fratribus secum, in quibus & Cuthbertum, condidit ibi, quod petebatur, monasterium, atque eisdem quibus antea Mailros institutis disciplinae regularis imbuit: ubi famulus Domini Cuthbertus suscipiendorum officio praepositus hospitum perhibendae suae gratia devotionis, angelum Domini suo suscepisse fertur hospitio. Exiens enim primo mane de interioribus monasterii aedibus ad hospitum cellulam, invenit ibi quendam sedentem iuvenem, quem hominem aestimans, solito mox humanitatis more suscepit. Nam lavandis manibus aquam dedit, pedes ipse abluit, linteo extersit, fovendos humiliter manibus suo in sinu composuit, atque ut horam diei tertiam etiam cibo reficiendus expectaret, rogavit, ne si ieiunus iret, fame pariter & frigore lassaretur hyberno. Putabat namque hominem nocturno itinere simul & flatibus defessum nivalis, illo requiescendi gratia diluculo divertisse. Negavit ille, & se cito iturum, quia longius esset mansio, ad quam properaret, respondit. At Cuthbertus diu multumque rogans, tandem adiuratione addita divini nominis, ad manendum coëgit: statimque ut expletis horae tertiae precibus reficiendi tempus aderat, apposuit mensam, sumendas obtulit escas, & obsecro te, inquit, frater reficias, dum recurrens panem calidum affero, spero enim quia iam coctus sit. At ubi rediit, non invenit hospitem, quem edentem reliquerat. Explorat vestigia quo iret, sed nulla usquam invenit. Recens autem nix terram texerat, quae facillime viantis iter proderet, & quo

quo

quid declinaret inuenit. Stupefactus ergo uir Dei, & secum quaerens de facto, reposuit mensam in conclaui. Quod ingressus continuo odorem habuit mirificum: circumspiciens autem unde esset, uidit iuxta se positos tres panes calidos insolitae candoris & gratiae, pauensque talia secum loquitur, Cerno quod angelus Dei erat quem suscepi, pascere, non pasci ueniens. En panes attulit, quales terra gignere nequit. Nam & lilia candore, & rosas odore, & mella praecellunt sapore: unde constat, quia non de nostra tellure orti, sed de paradiso uoluptatis sunt allati. Nec mirum quod epulas in terris sumere respuerit humanas, qui aeterno uitae pane fruitur in coelis. Itaque uir Domini de ostensa miraculi uirtute compunctus, maiorem ex eo uirtutum operibus curam impendebat: crescentibus autem uirtutibus, creuit & gratia coelestis. Denique saepius ex eo tempore angelos uidere & alloqui, sed & esuriens cibis speciali munere a Domino praeparatis meruit refici. Nam quia affabilis & iucundus erat moribus, plerunque dum ad exemplum uiuendi praesentibus patrum praecedentium gesta referret, ea quid sibi dona spiritualis superna pietas contulerit, humiliter interserere solebat. Et aliquando quidem palam, aliquando autem uelate quasi sub persona alterius id facere curabat. Quod tamen qui audiere, quia de seipso diceret, intelligebant, iuxta exemplum magistri Gentium, qui modo sub praetextu alterius personae loquitur dicens, Scio hominem in Christo ante annos quatuordecim raptum usque ad tertium coelum, & caetera illius loci.

Quomodo sancto in langore Cuthberto Boisilus moriturus omnia, quae sibi euentura erant, praedixerit. Caput VIII.

INterea quia fragilis est, & more fluxi uolubilis omnis seculi status, instante subito turbine praefatus abbas Eata cum Cuthberto & caeteris, quos secum adduxerat, fratribus domum repulsus est, & locus monasterii, quod condiderat, aliis ad incolendum monachis datur. Nec memoratus athleta Christi, mutatione loci mutauit mentem ab arrepto semel proposito militiae coelestis, uerum diligentissime iuxta quod & ante facere consueuerat, beati Boisili dictis pariter auscultabat, & actis. Quo tempore sicut Herefridus familiaris eius presbyter & abbas quondam monasterii Lindisfarnensis ipsum referre solitum testatur, morbo pestilentiae, quo tunc plurimi per Britanniam longe lateque decidebant, correptus est. At fratres monasterii illius totam pro eius uita & salute precantes, duxere noctem peruigilem. Omnes enim quasi hominis sancti necessariam sibi eius adhuc in carne praesentiam arbitrabantur. Quod dum ipsi mane quidam de illis indicaret (nam nesciente eo fecerant) respondens statim, Et quid iaceo, inquit. Neque enim dubitandum est, quia tot talium uirorum preces Deus non despexerit. Date baculum & caligas. Statimque exurgens coepit tentare incessum baculo innitens, & crescente per dies uirtute, sanitatem quidem recepit: sed quia tumor, qui in femore apparebat, paulatim a superficie deminutus corporis ad interiora perlapsus est, toto pene uitae suae tempore aliquantulum interaneorum non cessabat sentire dolorem, uidelicet ut iuxta Apostolum uirtus in infirmitate perficeretur. Quem cum famulus Domini Boisilus a ualetudine sanatum cerneret, ait, Vides frater, quia liberatus es a molestia, qua laborabas, & dico tibi, quod ea iam ultra tangendus non eris, neque hoc moriturus in tempore: simulque moneo, ut quia me mors ultima praestolatur, discere a me aliquid quandiu docere ualeam, non omittas. Non enim plusquam septem dies sunt, quibus mihi ad docendum sanitas corporis & linguae suppetat uirtus. Respondit Cuthbertus, nihil haesitans de ueritate dictorum illius, Et quid, inquit, mihi optimum est legere, quod tamen una ualeam consummare septimana? At ille, Ioannem, inquit, euangelistam. Est autem mihi codex, habens quaterniones septem, quos singulis diebus singulos possumus Domino adiuuante legendo, & quantum opus est, inter nos conferendo percurrere. Factumque est, ut dixerat. Quam ideo lectionem tam citius complere ualebant, quia solam in ea fidei, quae per dilectionem operatur, simplicitatem, non autem quaestionum profunda tractabant. Completa ergo post dies septem lectione, memoratae morbo arreptus uir Domini Boisilus diem peruenit ad ultimum, & hoc magna cum exultatione transcenso ad gaudium perpetuae lucis intrauit. Ferunt illum his septem diebus omnia Cuthberto, quae ei futura restabant, exposuisse. Propheticus namque, ut dixi, & mirae sanctitatis erat homo. Denique praefatam accubitam pestilentiae, triennio priusquam ueniret, Eatano abbati suo praedixisse futuram, nec se illa tollendum celauit: ipsum uero abbatem suum, non ea moriturum, sed illo potius morbo, quem dysenteriam medici appellant, uerum dico, ut res ipsa exitus docuit, sermone praemonuit. Sed & Cuthberto inter alia, quia episcopus esset ordinandus, insinuauit, unde idem Cuthbertus postmodum in secretis anachoreseos positus, dicere quidem nullis uolebat, quia episcopatum eius praedixerat futurum: sed tamen uisitantibus se aliquotiens fratribus solebat multo cum dolore protestari, quia etiam si fieri posset, ut in caput permodicam domunculam habens delitescam, ubi circumferentes me undique fluctus oceani tam a cuiuslibet hominum mortalium uisu pariter & cognatione secludant, nec sic quidem liberum me ab insidijs mundi fallentis aestimo, sed ibi quoque, quia qualibet ex causa philargyria me tollant, abripere possit, uereor.

Quam sedulus in ministerio uerbi Cuthbertus extiterit. Caput IX.

POst obitum uero dilecti Deo sacerdotis Boisili, memoratum praepositi officium Cuthbertus suscepit, & per aliquot annos spirituali, ut sanctum docebat exercere industria tamē solum ipsi monasterio regularis uitae monita, simul & exemplum praeferebat, sed & uulgus circumpositum longe lateq; a uita stultae consuetudinis ad caelestium gaudiorum conuertere curabat amorem. Nam & multi fidem quam habebant, iniquis profanabant operibus. & aliqui etiam tempore mortalitatis neglectis fidei, quo imbuti erant sacramentis, ad erratica idololatriae medicamina concurrebant, quasi missam à Deo conditore plagam per incantationes uel alligaturas, uel alia quaelibet daemoniacae artis arcana cohibere ualerent. Ad utrorumq; ergo corrigendum errorē crebrius ipse de monasterio egressus, aliquoties equo sedens, sed saepius pedes incedens circumpositas ueniebat ad uillas, & uiam ueritatis praedicabat errantibus, quod ipsum etiam Boisilus suo tempore facere consueuerat. Erat quippe moris eo tempore populis Anglorum, ut ueniente in uillam clerico uel presbytero cuncti ad eius imperium uerbum audituri confluerent, libenter ea quae dicerentur, audirent, libentiusq; quae audire & intelligere poterant, operando sequerentur. Porro Cuthberto tanta erat dicendi peritia, tantus amor persuadendi quae coeperat, talis uultus angelici lumen, ut nullus praesentium latebras ei sui cordis celare praesumeret, omnes palam quae gesserant confitendo proferrent, quia nimirum haec eadem illum latere nullo modo putabant, & confessa digna ut imperabat, poenitentiae fructibus abstergerent. Solebat autē ea maxime loca peragrare, illis praedicare in uiculis, qui in arduis asperisq; montibus procul positi aliis horrori erant ad uisendum, & paupertate pariter ac rusticitate sua doctorum prohibebant accessum: quos tamen ille pio libenter mancipatus labori, tanta doctrinae excolebat industria, ut de monasterio egrediens saepe hebdomada integra, aliquando duabus uel tribus, nonnunquam etiam mense pleno domum non rediret, sed demoratus in montanis plebem rusticam uerbo praedicationis simul & exemplo uirtutis ad caelestia uocaret.

Quomodo animalia maris, in quo pernox orauerat, illi egresso praebuerint obsequium: & frater qui haec uidebat, prae timore languescens, eius sit oratione recreatus. Caput X.

Verum sanctus uir in eodem monasterio uirtutibus signisque succresceret, opinionis eius circunquaque crebrescente, erat sanctimonialis femina & mater ancillarum Christi nomine Ebbe, regens monasterium, quod est in loco quem Coludi urbem nuncupant, religione pariter & nobilitate cunctis honorabilis: namque erat soror uterina regis Osuiu. Haec ad uirum Dei mittens, rogauit ut se suumq; monasterium gratia exhortationis inuisere dignaretur: nec negare potuit quod ab eo caritas ex animo famulae Dei deposcebat. Venit igitur ad eam, & diebus aliquot ibi permanens, uiam iustitiae quam praedicabat, moribus ac sic pariter & sermone pandebat, quia cum mox sibi solito quiescentibus nocte caeteris ad orationem solus exiret, & post longas orationum uigilias noctis, tandem instante hora communis synaxeos domum rediret: quadam nocte unus e fratribus eiusdem monasterij cum egredientem illum silentio cerneret, clanculo secutus eius uestigia, quo iret, quidue agere uellet, dinoscere quaerebat. At ille egressus monasterio, sequente explorature descendit ad mare, cuius ripae monasterium idem superpositum erat: ingressusq; altitudinem maris, donec ad collum usq; & brachia unda tumens assurgeret, peruigiles undisonis in laudibus tenebras noctis exegit: appropinquante autem diluculo, ascendit in terram, denuoq; coepit in littore flexis genibus orare. Quod dum ageret, uenerunt continuo de profundo maris quadrupedia, quae uulgo lutrae uocantur. Haec ante illum strata in arena, anhelitu suo pedes eius fouere coeperunt, ac uillo satagebant extergere: completoq; ministerio, percepta ab eo benedictione, patrias sunt relapsa sub undas. Ipse quoq; mox domum reuersus, canonicos cum fratribus hymnos hora competente compleuit. At frater qui eum de speculis praestolabatur, percussus pauore ingenti, uix prae angustia premente, domū notante gressu peruenit: primoq; mane accedens ad eum, sese in terram strauit, ueniam de reatu stulti ausus cum lachrymis flagitauit, nil dubitans illum nosse quid ipse nocte egerit, quid sit passus. Cui ille, Quid, inquit, habes frater? Quid fecisti? Num nostrum iter noctuosum lustrando explorare tentasti? Sed ea solum conditione tibi hoc indulgeo commissum, si promiseris te, quae uidisti, nulli ante meum obitum esse dicturum: in quo nimirum praecepto eius sequitur exemplum, qui discipulis in monte gloriam suae maiestatis ostendens, ait, Nemini dixeritis uisionem, donec filius hominis a mortuis resurgat. Promittentem ergo quae iusserat, fratrem benedixit, pariterq; culpam & molestiam quam temeraria incurrerat, abstersit: qui uirtutem quam uiderat, ipsius uiuente silentio tegens, post obitum eius plurimis indicare curabat.

Quomodo nautis tempestate praeclusis serenitatem maris ad tempus praedixerit, & cibos alimenti impetrauerit. Caput XI.

Coepit interea uir Dei etiam prophetiae spiritu pollere, uentura praedicere, praesentibus absentia nunciare. Quodam etenim tempore pergens de suo monasterio pro necessitate causae accidentis, ad terram Pictorum, qui Niduari uocantur, nauigando peruenit, comitantibus eum duobus e fratribus, quorum unus postea presbyterij functus officio, uirtutem miraculi, quam ibidem uir Domini monstrauit, multorum notitiae patefecit. Venerunt autem illo post natalis Domini diem, sperantes se quia tranquillitas simul & aurarum arridebat temperies, cito esse redituros, ideoq; nec cibaria secum

cum iubere, tanquam ocyus rediturus: sed longe aliter quam putabant, euenit. Nam mox ut terram tetigere, tempestas fera subuorta est, quae iter eis omne remeandi praecluderet: cumque per dies aliquot ibidem inter famis & frigoris pericula haererent, qui tamen tempore uir Dei humanitatis haud otia gerens, nec somnis uacans, quibus interdum sed pernox in oratione perstare satagebat, aderat sacratissima Dominicae apparitionis dies. Tum ille sociis blando, ut sicut semper affabilis erat, sermone alloquitur, Quid rogo tanta ignauia torpemus, & nō saltem quo iter salutis inquirimus? Ecce tellus niuibus, nebulis coelū horrescit, aer flatibus, aduersis furit fluctibus aequor, & nos inopia deficimus, nec adest homo qui reficiat: pulsemus ergo Dominum precibus, qui suo quondam populo maris rubri uiam aperuit, eumque in deserto mirabiliter pauit, orantes ut nostri quoque misereatur in periculis: credo si nō nostra fides dubitat, nō uult nos hodierna die ieiunos permanere, qui ipse per tot ac tanta suae miracula maiestatis dedit, sed curauit: precorque eamus alicubi, quaerentes quid nobis epularum in gaudium suae festiuitatis praestare dignetur. Haec dicens, eduxit eos sub ripam, quo ipse noctu peruigil orare consueuerat. Vbi aduenientes inuenerunt tria frusta delphinae carnis, quasi humano ministerio secta & praeparata ad coctuam, flexisque genibus gratias egerunt Domino. Dixit autem Cuthbertus, Videtis dilectissimi, quae sit gratia confidendi & sperandi in Domino: ecce & tria frusta famulis suis praeparauit, & ternario quoque numero quot dierum hic residendum sit, nobis ostendit. Sumite ergo munera, quae misit nobis Christus, & abeuntes reficiamus nos, manemusque intrepidi, certissima enim nobis post triduum serenitas coeli & maris adueniet. Factumque est ut dixerat, manente tridua tempestate permalida: quarto demum die tranquillitas promissa secuta est, quae illos secundis flatibus in patriam referret.

Quomodo iter faciens aquila ministra uictum et fore acceperit sibi ipse praedixerit, et perceperit. Caput XII.

QVadam quoque die, cum praedicaturus iuxta consuetudinem suam populis de monasterio exiret uno comite puero, longeque diu gradiendo fatigatis non parum adhuc restaret itineris, quo ad uicum, quo tendebant, perueniretur, ait ad puerum tentans eum, Dic age sodalis ubi hodie refici disponas, an habeas aliquem in uia, ad quem diuertere ualeas hospitem? At ille respondit, Et hoc ipsa, inquit, mecum tacitus in corde tractabam: quia nec uiatica nobis tulimus, neque aliquem in itinere notum habemus, qui nos suo recipere uelit hospitio, & non parum adhuc itineris superest, quod ieiuni sine molestia complere nequimus. Cui uir Domini, Disce, inquit, fili mi fidem semper & spem habere in Domino, quia nunquam fame periit, qui Deo fideliter seruit. Et suspiciens aspectans, uidensque aquilam in alto uolantem, Cernis, inquit, aquilam illam porro uolantem? etiam per huius ministerium possibile est Domino nos hodie reficere. Talia confabulantes, agebant iter iuxta fluuium quendam, & ecce subito uident aquilam in ripa residentem: dixitque uir Dei, Vides ubi nostra quam praedixi ministra residet? Curre rogo, & quid nobis epularum Domino mittente attulerit inspice, & citius affer. Qui accurrens attulit piscem non modicum, quem illa nuper de fluuio prehenderat. At uir Dei, Quid, inquit, fecisti? cur ministrae nostrae partem non dedisti? Seca citius medium, & illi partem, quam nobis ministrando meruit, exhibe. Fecit ut iusserat, sumptaque secū parte reliqua, ubi tempus reficiendi aderat, diuerterunt ad proximum uicum, & dato ad assandum pisciculo, se pariter & eos ad quos intrabant, gratissimo refecere conuiuio, praedicante Cuthberto uerbū Dei, atque eius beneficia collaudante: & quia beatus uir, cuius est nomen Domini spes eius, & non respexit in uanitates & in insanias falsas. Ac sic resumpto itinere, ad docendū eos quos proposuere, profecti sunt.

Quomodo praedicans populo fantasticum ignem diaboli, et praeuiderit uenturum, et uenientem extinxerit. Cap. XIII.

EOdem tempore dum congregatis in quodam uiculo perpluribus uerbū uitae praedicaret, praeuidit subito in spiritu antiquum hostem ad retardandū opus salutis adesse, moxque eum insidias quas futuras intellexit, docendo praeoccupare curauit. Namque inter ea quae disputauerat, repente huiusmodi monita intexuit. Oportet charissimi, ut quotiescunque uobis mysteria regni coelestis praedicantur, intento haec corde & sensu semper uigilantissimo audiatis, ne forte diabolus, qui mille nocendi habet artes, superuacuis uos curis ab aeternae salutis auditione praepediat. Et haec dicens, deinde sermonis, quē instituerat, ordinem repetijt: statimque hostis ille nequissimus fantasticum deferens ignem, domū iuxta positam incendit, ita ut uiderentur faces igniū totam uolitare per uillam, ac uento tenuis fragor altra concitare. Tum exiliens quasi ad extinguendum ignem turba pene tota, (quibusdam nam paucos ipse manu uilla retinuit) certatim aquas iactabat: nec tamen unda uera falsas potuit restinguere flammas, donec orante uiro Dei Cuthberto, fugatus auctor fallaciarum sit, & falsa incendia uacuas reportaret in auras. Quod uidens turba multum fallibratur, rursusque ad uirum Dei ingressa, flexis genibus instabilitatis animi ueniam precabatur, confitens se intellexisse, quia diabolus ab impedienda salute humana, ne ad horam cesset. At ipse confirmans incredulis uarias fragilitates, naturas quae operantur motiua, exequitur.

Quomodo flammas domus [illegible] uero igne ardentis orando restinxerit. Cap. XIIII.

NEc tantum ignem fantasticum, sed etiam uerum, quem multi frigidissimarum undis minime ualebant extinguere, ipse solis fluentibus lachrymarum riuulis compressit: siquidem dum more apostolorum gratia salutiferae institutionis uniuersa perambularet, deuenit die quadam in domum cuiusdam deuotae Deo feminae, quam crebrius inuisere curabat, quia & bonis operibus intentam nouerat, & ipsa eum prima pueritia nutriebat ab annis, unde & mater ab eo cognominari solebat. Habebat autem domum in occidentali parte uiculi: quam cum uir Domini Cuthbertus uerbum seminaturus intraret, repente in orientali plaga eiusdem uici per culpam incuriae domus incensa, uehementer coepit ardere. Nam & uentus ab eodem climate assurgens non modicus, diripiebat ignitos stramine tecti fasciculos, & totam late sufflabat per uillam: iactantes aquam qui aderant, fortior flamma repulit, longiusque fugauit. Tum praefata Dei famula cucurrit concita ad domum, in qua uirum Dei receperat, obsecrans ut orando succurreret, priusquam domus ipsius & tota simul uilla periret. At ille, Ne timeas, inquit, mater, animaequior esto: nam eiusmodi ut nec quamlibet ferox flamma nocebit: statimque egressus, ante ostium sternitur in terram. Quo adhuc orante, mutatur flatus uentorum, spiransque ab occasu totum casulis incendij periculum ab inuasione uillulae, quam uir Domini intrauerat, auertit. Sicque in duobus miraculis, duorum patrum est uirtutes imitatus, in fantasticis quidem praeuisis & euacuatis incendijs uirtutem reuerendissimi & sanctissimi patris Benedicti, qui simulatum ab antiquo hoste quasi ardentis coquinae incendium ab oculis discipulorum orando pepulit: in ueris uero atque ualidis acterorum ignium globis mitigatum uiri uenerabilis Marcelliani Anchoritani antistitis, qui ardente eadem ciuitate ipse contra ignem positus, orando flammas compescuit, quas tanta ciuium manus aquam proijciendo nequiuerat. Nec mirandum perfectos & fideliter Deo seruientes uiros tantam contra uim flammarum accipere potestatem, qui quotidiana uirtutum industria, & incentiua suae carnis edomare, & omnia tela nequissimi ignea norunt extinguere. Quibus aptissime congruit illud propheticum, Cum transieris per ignem, non combureris, & flamma non ardebit in te. At ego & mei similes propriae fragilitatis & inertiae conscij, certi quidem sumus, quia contra ignem materialem nil tale audemus: incerti autem, an ignem illum inextinguibilem futurae castigationis immunes euadere queamus. Sed potens est & larga pietas Saluatoris nostri, quae indignis nobis & nunc ad extinguenda uitiorum incendia, & ad euadendas in futuro poenarum flammas gratiam suae protectionis impendat.

Qualiter daemonium ab uxore praefecti [illegible] eiecerit. Cap. XV.

VErum quia paulo superius, quantum idem uenerabilis Cuthbertus aduersum simulatas diaboli fraudes ualuerit, exposuimus: nunc etiam quid aduersus uerum apertumque eius furorem ualeat, explicemus. Erat praefectus Egfridi regis Hildmer nomine, uir religiosus cum omni domo sua deditus operibus: ideoque beato Cuthberto specialiter dilectus, & cum itineris propinquitas congrueret, crebro ab eo uisitatus. Cuius uxor cum eleemosynis & caeteris uirtutum studijs esset intenta, subito correpta daemone coepit acerrime uexari, ita ut stridendo dentibus uoces miserabiles emittendo, brachia uel caetera sui corporis membra in diuersa rapiendo, non minimum cunctis intuentibus uel audientibus incuteret horrorem. Cumque iaceret exposita, & iam iamque uideretur esse moritura, ascendit uir eius equum, & concitus uenit ad hominem Dei, precatusque est eum dicens, Obsecro, quia uxor mea male habet, & uidetur iam proxima morti, ut mittas presbyterum, qui illam priusquam moriatur, uisitet, eique Dominici corporis & sanguinis sacramenta ministret: sed & corpus illius hic in locis sanctis sepeliri permittas. Erubescebat enim eam confiteri insanam, quam uir Domini sobriam semper uidere consueuerat: qui cum paulisper ab eo discederet uisurus, quem mitteret presbyterum cum illo, cognouit repente in spiritu, quia non communi infirmitate, sed daemonica infestatione premeretur coniunx, pro qua supplicabat. Reuersusque ad eum, Non, inquit, alium mittere, sed ipse ad uisitandam eam tecum pergere debeo. Cumque agerent iter, coepit flere homo, & dolorem cordis profluentibus in maxillam prodere lachrymis. Timebat enim, ne cum eam daemoniosam inueniret, arbitrari inciperet, quia non integra Domino, sed ficta fide seruisset: quem uir Domini mox blande consolatus, Noli, inquit, plorare, quasi inuenturus sim coniugem tuam, qualem nolles. Scio enim ipse, quamuis tu dicere pudeas, quia daemonio uexatur: scio etiam, quia priusquam illo peruenerimus, fugato daemonio liberabitur, ac nobis aduenientibus cum gaudio occurrens, has ipsi habenas sanissima mente accipiet, nosque intrare citius ubi cerat, ministerium quod consueuerat, nobis sedula impendet. Neque enim tali tormento soli subijciuntur mali, sed occulto Dei iudicio aliquotiens etiam innocentes in hoc seculo non tantum corpore, sed & mente captiuantur a diabolo: dumque haec & huiusmodi uerba in consolationem & eruditionem illius perorante Cuthberto appropinquarent domui, fugit repente spiritus nequam aduentum spiritus sancti, quo plenus erat uir Dei, ferre non ualens. Cuius solutis uinculis mulier qualis grauissimo experrecta de somno surrexit, illico, uiro Dei gratulabunda occurrens, frenum equi quo sederat, per se compraehendit. Moxque ad integrum recepto uigore mentis & corporia, eum cito descendere, atque ad benedicendam domum suam precabatur ingredi, deuotumque illi ministerium praebens, testabatur palam, quomodo ad primum freni eius tactum omni se molestia pristinae uexationis absolutam sensisset.

Qualiter in Lindisfarnensi monasterio uixerit uel docuerit. Caput XVI.

CVm ergo uenerabilis domini famulus multos in Mailrosensi monasterio degens annos, multis uirtutum spiritualium claresceret signis, transtulit eum reuerentissimus abbas ipsius Eata, in monasterium quod in Lindisfarnensi insula situm est, ut ibi quoque regulam monachicae perfectionis & praepositi auctoritate doceret, & exemplo uirtutis ostenderet. Nam & ipsum locum tunc idem reuerentissimus pater abbatiae iure regebat. Neque aliquem miretur, quod in eadem insula Lindisfarnensi cum permodica sit, & supra episcopi, & nunc abbatis & monachorum esse locum diximus, reuera enim ita est. Namque una eademque seruorum Dei habitatio utrosque simul tenet, imo omnes monachos tenet. Aidanus quippe, qui primus eiusdem loci episcopus fuit, monachus erat, & monachicam cum suis omnibus uitam semper agere solebat. Unde ab illo omnes loci ipsius antistites usque hodie sic episcopale exercent officium, ut regente monasterium abbate, quem ipsi cum consilio fratrum elegerint, omnes presbyteri, diacones, cantores, lectores, caeterique gradus ecclesiastici monachicam per omnia cum ipso episcopo regulam seruent. Quam uiuendi normam multum se diligere probauit beatus papa Gregorius, cum sciscitanti per literas Augustino, quem primum genti Anglorum episcopum miserat, qualiter episcopi cum suis clericis conuersari deberent: responderet inter alia. Sed quia tua fraternitas monasterii regulis erudita seorsum fieri non debet a clericis suis in ecclesia Anglorum, quae Deo auctore nuper adhuc ad fidem perducta est, hanc debet conuersationem instituere, quae initio nascentis ecclesiae fuit patribus nostris, in quibus nullus eorum ex his quae possidebant, aliquid suum esse dicebat, sed erant illis omnia communia. Igitur ad Lindisfarnensem ecclesiam siue monasterium uir Domini adueniens, mox instituta monachica fratribus uiuendo pariter & docendo tradebat: sed & circumquaque morantem uulgi multitudinem, more suo crebra uisitatione ad caelestia quaerenda ac promerenda succendebat. Necnon etiam signis clarior effectus, plurimos uariis languoribus & tormentis comprehensos orationum instantia pristinae sanitati restituit: nonnullos ab immundorum spirituum uexatione non solum praesens orando, uel certe eorum sanationem praedicendo curauit, in quibus erat & illa praefecti uxor, de qua supra retulimus. Erant autem quidam in monasterio fratres, qui priscae suae consuetudini, quam regulari mallent obtemperare custodiae, quos tamen ille modesta patientiae suae uirtute superabat, & quotidiano exercitio paulatim ad melioris propositi statum conuertebat. Denique saepius in conuentu fratrum de regula disputans, cum acerrimis contradicentium fatigaretur iniuriis, exurgebat repente, & placido uultu atque animo egrediens dimittebat conuentum: ac sequente nihilominus die, quasi nil obiectionis pridie sustinuisset, eadem quae prius monita eisdem dabat auditoribus, donec illos paulatim ut diximus, ad ea quae uellet, conuerteret. Erat namque in patientiae uirtute praecipuus, atque ad perferenda fortiter omnia quae uel animo uel corpori aduersa ingerebantur, inuictissimus, nec minus inter tristia, quae contigissent, faciem praetendens hilarem, ita ut palam daretur intelligi, quia internam spiritus sancti consolationem pressuras contemneret extrinsecas. Sed & uigiliarum atque orationis ita studiosus existebat, ut aliquotiens tres siue quatuor noctes continuas peruigil transegisse crederetur, cum per tanti temporis nec ad lectum proprium, nec extra dormitorium fratrum locum aliquem, in quo pausare posset, haberet. Siue enim locis secretioribus solus orationi uacabat, siue inter psallendum operabatur manibus, torporemque dormiendi laborando propellebat, siue certe circuibat insulam, quomodo se singula quaeque haberent pius explorator inquirens, pariter & longitudinem sibi psalmodiae ac uigiliarum incedendo alleuiabat. Denique arguere solebat pusillanimitatem fratrum, qui grauiter ferrent, si qui se nocturna uel meridiana quietis tempore importuna forte inquietudine suscitarent. Nemo, inquiens, mihi molestiam facit me excitando de somno, sed potius laetificat me qui excitat. Facit enim me discusso torpore somni utilitatis aliquid agere uel cogitare. Tantum autem compunctioni erat deditus, tantum coelestibus ardebat desideriis, ut missarum solennia celebrans nequaquam sine profusione lachrymarum implere posset officium. Sed congruo satis ordine dum passionis Dominicae mysteria celebraret, imitaretur ipse quod ageret, se ipsum uidelicet Deo in cordis contritione mactando, sed & astantes populos sursum corda habere, & gratias agere domino Deo nostro, magis ipse cor quam uocem exaltando, potius gemendo quam canendo admoneret. Erat zelo iustitiae feruidus ad arguendum peccantes, erat spiritu mansuetudinis modestus ad ignoscendum poenitentibus, ita ut nonnunquam confitentibus sibi peccata sua his qui deliquerant, prior ipse miseratus infirmos lachrymas funderet, & quid peccatori agendum esset, ipse iustus praemonstraret exemplo. Vestimentis utebatur communibus, ita temperamenter agens, ut horum neque munditiis neque sordibus esset notabilis. Unde usque hodie in eodem monasterio exemplo eius obseruatur, ne quis uarii aut praeciosi coloris habeat indumentum: sed ea maxime uestium specie sint contenti, quam naturalis ouium lana ministrat. His & huiusmodi spiritualibus exercitiis uenerabilis, & honorabiles quosque ad se imitandum prouocabat affectus, & improbos quosque ac rebelles a tenaci pertinacia sui reuocabat erroris.

Qualiter

Qualiter sibi in insula Farne pulsis dæmonibus habitationem fecerit. Cap. XVII.

AT postquam in eodem monasterio multa annorum curricula expleuit, tandem diu concupita, quæsita ac petita solitudinis secreta, comitante prioris abbatis sui simul & fratrum gratia multum lætabundus adijt. Gaudebat namque quia de longa perfectione conuersationis actiuæ, ad ocium diuinæ speculationis iam mereretur ascendere. Lætabatur ad eorum sortem se pertingere, de quibus canitur in Psalmo, Ambulabunt de uirtute in uirtutem, uidebitur Deus deorum in Syon. Et quidem in primis uirtutis solitariæ rudimentis secessit ad locum quendam, qui in exterioribus eius cellæ partibus secretior apparet. At cum ibidem aliquandiu solitarius cum hoste inuisibili orando ac ieiunando certaret, tandem maiora præsumens, longinquiorem ac remotiorem ab hominibus locum certaminis petijt. Farne dicitur insula medio in mari posita, quæ non sicut Lindisfarnensium incolarum regio, bis quotidie accedente æstu Oceani, quem reuma uocant Græci, fit insula, bis renudatis abeunte eo æstu litoribus contigua terræ redditur, sed aliquot millibus passuum ab hac semiinsula ad Eurum secreta, & hinc altissimo, & inde infinito clauditur Oceano. Nullus hanc facile ante famulum Domini Cuthbertum solus ualebat inhabitare colonus, propter uidelicet demorantium ibi phantasias dæmonum: uerum intrante eam milite Christi armato galea salutis, scuto fidei, & gladio spiritus, quod est uerbum Dei, omnia tela nequissimi ignea extincta, & ipse nequissimus cum omni satellitum suorum turba porro fugatus est hostis: qui uidelicet miles Christi, ut deuicta tyrannorum acie, monarcha terræ quam adierat, factus est, condidit ciuitatem suo aptam imperio, & domos in hac æque ciuitati congruas erexit. Est autem ædificium situ pene rotundum, à muro usque ad murum mensura quatuor ferme siue quinque perticarum distentum, murus ipse deforis altior longitudine stantis hominis. Nam intrinsecus uiuam cædendo rupem multo illum fecit altiorem, quatenus ad cohibendam oculorum siue cogitationum lasciuiam, ad erigendam in superna desideria totam mentis intentionem, pius incola nil de sua mansione præter cœlum posset intueri. Quem uidelicet murum non de secto lapide uel latere & cæmento, sed impolitis prorsus lapidibus & cespite, quem de medio loci fodiendo tulerat, composuit. E quibus quidam tantæ erant granditatis, ut uix à quatuor uiris uiderentur potuisse leuari: quos tamen ipse angelico adiutus auxilio illuc attulisse aliunde, & muro imposuisse repertus est. Duas in mansione habebat domos, oratorium scilicet & aliud ad communes usus aptum habitaculum: quorum parietes quidem de naturali terra multum intus forisque circumfodiendo siue cædendo confecit, culmina uero de lignis informibus & fœno superposuit. Porro ad portum insulæ maior erat domus, in qua uisitantes eum fratres suscipi & quiescere possent, nec longe ab ea fons eorundem usibus accommodus.

Qualiter precibus aquam de arida produxerit, uel qualiter ipse in anachoresi uixerit. Cap. XVIII.

AT uero ipsa eius mansio aquæ erat indiga, utpote in durissima & pene saxea rupe condita. Accitis ergo uir Domini fratribus, nec dum enim se ab aduenientium secluserat aspectibus, Cernitis, inquit, quia fontis inops sit mansio, quam adij: sed rogemus, obsecro, illum qui conuertit solidam petram in stagna aquarum, & rupem in fontes aquarum, non nobis sed nomini suo dante gloriam, ut de hac quoque rupe saxosa nobis uenam fontis aperire dignetur. Fodiamus in medio tugurioli mei, credo de torrente uoluptatis suæ potabit nos. Fecerunt ergo foueam, quam in crastinum emanante ab interioribus unda repletam inuenerunt: unde dubium non erat, hanc orationibus uiri Dei de aridissima prius terra elicitam fuisse aquam. Quæ uidelicet aqua mirum in modum primis contenta ripis, nec foras ebulliendo pauimentum inundare, nec hauriendo nouit deficere, ita moderante gratia largitoris, ut nec necessitati accipientis superflueret, nec sustentandæ necessitati copia deesset. Factis ergo iuuantibus se fratribus mansione ac domibus præfatis, incipit habitare solus uir Domini Cuthbertus: & primo quidem uenientibus ad se fratribus de sua cella egredi, eisque ministrare solebat: quorum dum pedes aqua calida deuotus lauaret, coactus est aliquoties ab eis etiam se discalciare, suosque pedes illis ad abluendum præbere. Namque in tantum à cultu sui corporis animum sustulerat, atque ad animæ solius cultum contulerat, ut semel calciatus tibracis, quas pelliceas habere solebat, sic menses perduraret integros. Aliquando etiam calciatus in pascha, non nisi post annum redeunte paschæ tempore, propter lotionem pedum, quæ in cœna Domini fieri solet, se discalciasse dicatur: unde ob crebras preces incuruationesque genuum, quas discalciatus exercebat, callum oblongum, nec exile in confinio pedum & tibiarum habuisse deprehensus est. Deinde increscente studio perfectionis includitur in suo monasterio, atque ab hominum remotus aspectibus, solitariam in ieiunijs, orationibus & uigilijs discit agere uitam, raro cum aduenientibus de intus habens colloquium, & hoc per fenestram: qua primitus aperta & uideri à fratribus, & fratres quos alloquebatur, ipse uidere gaudebat: exinde procedente tempore & ipsam occlusit, nec nisi dandæ benedictionis uel alterius cuiuslibet certæ necessitatis gratia reserabat.

Qualiter a messe quam suis manibus seuerat, uolucres abegerit. Capi. XIX.

ET primum quidem permodicum ab eis panem, quo reficeretur, accipiebat, ac suo bibebat è fonte: postmodum uero proprio manuum labore uiuere exemplo patrum magis aptum ducebat. Rogauit ergo afferri si-

bi instr

& instrumenta, quibus terram exerceret, & triticum quod sereret. Sed seminata uerno tempore terra, nullos usque ad medium aestatis reddidit fructus: unde adeuntibus se iuxta morem fratribus aiebat uir Dei, Forsitan aut telluris huiusce natura, aut uoluntas Dei non est, ut hoc in loco mihi triticum nascatur: afferte rogo hordeum, si forte uel illud fructum facere possit. Quod si nec illi Deus incrementum dare uoluerit, aptius est me ad coenobium reuerti, quam alieno hic labore sustentari: allatumque hordeum, cum ultra omne tempus serendi, ultra omnem spem fructificandi terrae commendaret, mox abundanter exortum fecit fructum copiosum: quod dum maturescere coepisset, uenere uolucres & hoc depascendo certatim insiliebant. Ad quos piissimus Christi seruus appropians, sicut post ipse referebat: solebat enim saepe, quia hilaris uultus & affabilis erat, ad confirmandam fidem audientium aliqua etiam de his quae ipse credendo obtinuerit, in medium proferre: Quid tangitis, inquit, sata, quae non seruistis? An forte uos plus me his opus habetis? Si tamen a Deo licentiam accepistis, facite quod ipse permisit: sin autem, recedite, neque ultra aliena laedatis. Dixerat, & ad primam iubentis uocem omnis uolucrum multitudo recessit, seque perenniter deinceps ab eiusdem messis inuasione continuit. En hic quoque uenerabilis Christi famulus in duobus miraculis duorum patrum est facta secutus: aqua uidelicet eductionis de rupe factum beati patris Benedicti, qui idem pene & eodem modo legitur fecisse miraculum, sed ideo uberius, quia plures erant, qui aquae inopia laborarent. Porro in arcendis a messe uolucribus reuerentissimi & sanctissimi patris Antonij sequebatur exemplum, qui ab horto, quem ipse plantauerat, uno onagros sermone compescuit.

Quomodo etiam coruorum quam uiro Dei fecerant iniuriam precibus & munere purgauerint. Cap. XX.

Libet etiam quoddam beati Cuthberti, in exemplum praefati patris Benedicti factum narrare miraculum, in quo auium obedientia & humilitate palam contumacia & superbia condemnatur humana. Corui siquidem erant multo ex tempore eiusdem insulae sedibus assueti: quos cum die quadam uir Dei nidificantes hospitium fratrum, de quo praefatus sum, rostro lacerare, ablatasque culmos quibus tectum fuerat ad fabricandi nidi ore ferre conspiceret, coercuit eos leui protensione dexterae, atque a fratrum iniuria cessare praecepit: sed illis imperium spernentibus, In nomine, inquit, Iesu Christi abite quantocius, neque in loco quem laesistis, ultra manere praesumatis. Vix uerba compleuerat, & confestim tristes abiere. Peracto autem triduo, unus e duobus rediit, & fodientem reperiens famulum Christi, sparsis lamentabiliter pennis, & summisso ad pedes eius capite, atque humiliata uoce quibus ualebat indicijs, ueniam precabatur. Quod intelligens uenerabilis pater, dedit facultatem remeandi. At ille impetrata redeundi licentia, mox sodalem adducturus abijt. Nec mora redeunt ambo, & secum digna munera ferunt, dimidium uidelicet axungiae porcinae, quod uir Domini aduenientibus postea fratribus saepius ostendere, atque ad ungenda calciamenta praebere solebat, contestans quanta hominibus obedientiae quanta humilitatis habenda, cum auis superbissima iniuriam, quam uiro Dei intulerat, precibus, lamentis & muneribus festinauit abluere. Denique ad dandum hominibus exemplum correctionis, multos deinceps annos in ipsa insula manebant, & nidificabant, nec aliquam molestiam cuiquam inrogare audebant. Nulli autem uideatur absurdum a uolucribus formam discere uirtutis, cum Salomon dicat, Vade ad formicam o piger, & considera uias eius, & disce sapientiam.

Qualiter etiam necessitatibus eius mare seruierit. Caput XXI.

Non solum autem aeris, sed & maris animalia, imo & ipsum mare sicut & aer & ignis, iuxta quod in superioribus exposuimus, uiro uenerabili praebuere obsequium. Quid enim a Creatori omnium creaturarum fideliter & integro corde famulanti, non est mirandum, si eius imperijs ac uotis omnis creatura deseruiat. At nos plerunque ideo subiectae nobis conditionis dominium perdimus, quia Domino & creatori omnium ipsi seruire negligimus. Et ipsum itaque mare promptum famulo Christi, ubi opus habuit, impendebat officium. Disponebat namque paruulum in suo monasterio, ubi cotidianis necessitatibus aptum condere domicilium, ex parte maris, quod assiduo fretorum gurgitum excauata rupis altissimum, nec breuem fecerat hiatum, fundamento huic supponenda erat, & hoc iuxta latitudinem hiatus duodecim pedes longa. Rogauit ergo fratres, qui se uisitaturi aduenerant, ut cum redire uellent, lignum sibi longitudinis duodecim pedum ad faciendam domunculae basim deferrent: qui promiserant se libentissime facturos quod petijt: sed accepta ab eo benedictione, ut in sua domo sunt reuersi, fugit mentem petitio patris, reuersique die debito ad eum, non attulere quod rogabantur: quibus ille benignissime receptis, & oratione solita Deo commendatis, Vbi est, inquit, lignum quod uos afferre rogabam? Tum illi reminiscentes petitionem eius, illamque confitentes obliuionem, ueniam de admisso precabantur. At uir mitissimus blando illos sermone consolatus, usque mane in insula manere & quiescere praecepit, dicens, Credo quia Deus non obliuiscitur mee uoluntatis & necessitatis. Fecerunt ut dixerat, & exurgentes mane uiderunt, quia nocturnus Oceani fluctus lignum memoratae longitudinis attulit, & in ipso insuper loco deposuit, ubi in aedificium desuper erat imponendum. Videntes autem, mox & uiri uenerabilis sanctitatem mirabantur, cui etiam elementa famularentur, & suae mentis tarditatem de-

sibi cum pudore culpabant, quos etiam insensibile elementum, quam sit sanctis obtemperandum doceret.

Quomodo multis ad se venientibus, monita dans salutis, fragiles expresserit antiqui hostis insidias.
Caput XXII.

VEniebant autem multi ad virum Dei, non solum de proximis Lindisfarnensium finibus, sed etiam de remotioribus Brittaniae partibus, fama nimirum virtutum eius acciti, qui vel sua quae commisissent errata, vel daemonum quae paterentur, tentamenta proferentes, vel certe communia mortalium quibus affligerentur, adversa patefacientes, a tanti sanctitate viri se consolandos sperabant. Nec eos fefellit spes. Nanque nullus ab eo sine gaudio consolationis abibat, nullum dolor animi quem illo attulerat, redeuntem comitatus est. Noverat quippe moestos pia exhortatione refovere, sciebat angustiatis gaudia vitae coelestis ad memoriam revocare, fragilia seculi huius & prospera simul & adversa monstrare didicerat, tentantis multifarias antiqui hostis pandere versutias, quibus facile caperetur animus, qui vel fraterno vel divino amore nudatus existeret: at qui integra fide roboratus incederet, insidias adversarii Domino auxiliante quasi casses transiret araneae. Quoties, inquit, meipsum de alta rupe praecipitem miserunt, quoties quasi ad interficiendum me lapides iactabant, & alia atque alia fantasiarum tentamenta me appetentes deterrere, ac de loco huius certaminis conabantur eliminare, nec tamen ullatenus vel corpus meum laesura aliqua vel mentem timore contaminare valebant. Hoc quoque fratribus solebat crebrius insinuare, ne conversationem eius quasi singulariter celsam mirarentur, quia contemptis secularibus curis secretius vivere mallet, sed iure, inquit, est coenobitarum vita miranda, qui abbatis per omnia subiiciuntur imperiis, ad eius arbitrium cuncta vigilandi, orandi, ieiunandi atque operandi tempora moderantur: quorum plurimos novi parvitatem meam longe & munditia mentis, & culmine gratiae propheticalis anteire: e quibus est venerabilis & cum omni honorificentia nominandus servus Christi Boisilus, qui me in Mailrosensi monasterio quondam senex adolescentem nutriebat, & inter erudiendum cuncta quae mihi erant ventura, prophetica veritate praedixit: & unum tantummodo restat ex omnibus ab eo mihi praedictis, quod utinam nunquam impleatur. Hoc autem dicebat quia praelatus Christi famulus episcopatus eum gradu significabat esse functurum, cuius perceptionem ipse non parum desiderio vitae secretioris horrebat.

Quomodo Aelfled abbatissa et puella eius per zonam ipsius sint sanatae. *Caput XXIII.*

NEc vero sanitatum miracula per hominem Dei, tametsi longe ab hominibus positum fieri cessabant. Siquidem venerabilis ancilla Christi Elfled, quae inter gaudia virginitatis non parvis famularum Christi agminibus maternae pietatis curam adhibebat, ac regalis stemmatis nobilitatem potiori nobilitate summae virtutis accumulabat, multo virum Dei semper excolebat amore. Haec eo tempore, sicut ipsa postea reverentissimo Lindisfarnensis ecclesiae presbytero Herefrido, & ille mihi referebat, gravi percussa languore, ac diu vexata, pene visa est pervenisse ad mortem. Cui cum nil curationis possent adhibere medici, subito divina intrinsecus gratia curante paulatim morti subtracta est, nec tamen plene sanata. Nam dolor quidem interaneorum abscessit, membrorum vigor rediit, sed facultas standi vel ambulandi prorsus deerat: quia nec ad standum erigi, nec nisi quadrupes valebat ingredi. Coepit ergo tristis aeternam timere debilitatem, nam & de medicorum auxilio iam pridem fuerat facta desperatio: cui cum die quadam inter angustias tristium cogitationum veniret in mentem beata & quieta conversatio reverentissimi patris Cuthberti, Utinam, inquit, haberem aliquid de rebus Cuthberti mei, scio certe, & credo & confido in Domino, quia cito sanarer. Et non multo post advenit, qui ei zonam lineam ab eo missam deferret: quae multum gavisa de munere, & desiderium suum viro sancto superne patefactum intelligens, succinxit se illa, & mane mox erecta ad standum, tertia vero die plenae est reddita sanitati. Post dies autem paucos coepit aegrotare quaedam de virginibus monasterii ipsius, dolore capitis intolerabili: quae cum ingravescente morbo per dies videretur esse moritura, intravit ad visitandum eam venerabilis abbatissa: cumque eam graviter afflictam conspiceret, tulit memoratam viri Dei zonam, & hac illi caput circumligare curavit: quae eodem mox die abeunte dolore curata est, collatamque zonam in sua condidit in capsa. Quam cum post dies aliquot abbatissa requireret, neque in capsa eadem, neque alibi iam prorsus potuit inveniri. Quod divina dispensatione factum intelligitur, videlicet ut & per duo sanitatis miracula Deo dilecti patris sanctitas appareret credentibus, & deinceps dubitandi de sanctitate illius occasio tolleretur incredulis. Si enim eadem zona semper adesset, semper ad hanc concurrere voluissent aegroti, & dum forte aliquis ex his non mereretur a sua infirmitate curari, derogaret impotentiae non salvantis, cum ipse potius esset salutis indignus. Unde provida, ut dictum est, dispensatione supernae pietatis, postquam fides credentium confirmata est, mox invidia perfidorum materia detrahendi est prorsus ablata.

Quid idem sanctus eidem Elfledae de vita Egfridi regis et episcopatu suo praedixerit. *Caput XXIIII.*

ALio item tempore rursus eadem reverendissima virgo & mater virginum Christi Elfled, rogavit virum Dei ad se venire in nomine Domini omnipotentis ut eum videre, & de necessariis mereretur

tur

tur alloquio: qui ascensa cum fratribus naui, uenit ad insulam, quae Coquedi fluminis ostio praeiacens ab eodem nomen accepit, & ipsa monachorum coetibus insignis. Nam praefata abbatissa illo cum sibi occurrere rogauerat. cuius postea colloquiis cum multa ab eo quae sciscitabatur, audiret, ecce repente in medio sermone aduoluta pedibus eius, adiurauit eum per nomen illud terribile ac uenerabile superni regis & angelorum eius, ut diceret illi quam longo tempore uicturus esset Egfridus frater illius, & regnum gubernaturus Anglorum. Scio enim inquit, quia prophetiae spiritu quo polles, etiam hoc dicere potes, si uis. At ille expauescens ad iuramentum, nec tamen uolens aperte quod petebatur reuelare secretum: Mirum inquit, quare sapiens foemina & in sanctis erudita scripturis, longa uocare uelis humanae tempora uitae, dicente psalmista: Quia anni nostri sicut aranea meditabuntur: & cum moneat Salomon, si annis multis uixerit homo, & in his omnibus laetus fuerit, meminisse debet tenebrosi temporis & dierum multorum, qui cum uenerint, uanitatis arguuntur praeterita: quanto magis is cui unum solu anni uita superest, breui uidetur tempore uixisse, ubi mors astiterit in ianuis? Haec audiens illa, diu lachrymis praesagia dira deflebat, extersaque facie, rursus audacia foeminea adiurauit per maiestatem summae diuinitatis, ut diceret, quem habiturus esset haeredem regni, cum filiis careret & fratribus, quipiam sineret. Ne dicas, inquit, quia caret, habebit enim successorem, quem germana, ut ipsum Egfridum, dilectione complectaris. At illa, Obsecro, inquit, dic ei a quibus in locis sit ille. Qui ait, Cernis hoc mare magnum & spaciosum, quam abundet insulis: Facile est Deo de aliqua harum sibi prouidere, quem regno praeficiat Anglorum. Intellexit ergo quia de Alfrido diceret, qui ferebatur filius fuisse patris illius, & tunc in insulis Scotorum ob studium literarum exulabat. Sciebat autem, quia Egfridus proposuerat eum constituere episcopum, quaerensque dinoscere si propositum sequeretur effectus, ita quaerendo exorsa est, O quam uaria intentione diuiduntur corda mortalium. Quidam adeptis gaudent diuitiis, alii amantes diuitias semper egent, tu gloriam mundi, quamuis offeratur, respuis, cum ad episcopatum pertingere posses, quo sublimius apud mortales nihil est, cur claustra deserti huic gradui praefers? At ille, Scio me, inquit, tanto gradu dignum non esse, nec tamen iudicium superni gubernatoris ubiquam effugere queo: qui si tanto oneri me subiiciendum disposuit, credo quia post modicum liberum reddet, & forsan non amplius quam duobus annis exactis solitariae meae solitudinis remittet ad requiem. Praecipio autem tibi in nomine Domini & saluatoris nostri, ne cui ante meum obitum, quae a me audisti, referas. Cumque illi haec & multa alia quae quaerebat, exposuisset, atque eam de quibus opus habebat, instruxisset, remeauit ad insulam & monasterium suum, solitariam ut coeperat, agebat sedulus uitam. Nec multo post congregata synodo non parua sub praesentia piissimi ac Deo dilecti regis Egfridi, cui beatae memoriae Theodorus archiepiscopus praesidebat, unanimo omnium consensu ad episcopatum ecclesiae Lindisfarnensis electus est: qui cum multis legatariis ac literis ad se praemissis nequaquam suo loco posset erui, tandem rex ipse praefatus una cum sanctissimo antistite Trumuuine, nec non & aliis quamplurimis religiosis ac potentibus uiris ad insulam nauigauit, genuflectunt omnes, adiurant per Dominum, lachrymas fundunt, obsecrant donec ipsum quoque lachrymis plenum dulcibus extrahunt latebris, atque ad synodum pertrahunt. Quo dum perueniret, quamuis multum renitens unanima omnium uoluntate superatur, atque ad suscipiendum episcopatus officium collum submittere compellitur. Nec tamen statim ordinatio, sed peracta hyeme, quae imminebat, expleta est: atque ut uerbis eius prophetiis per omnia satisfieret, Egfridus post annum Pictorum gladio trucidatur, & Alfridus in regnum frater eius nothus substituitur, qui non paucis ante temporibus in regionibus Scotorum lectioni operam dabat, ibi ob amorem sapientiae spontaneum passus exilium.

Quomodo electus ad episcopatum famulum comitis languentem aqua per se benedicta curauerit. Caput XXV.

CVm ergo electus ad episcopatum uir Domini Cuthbertus suam remeasset ad insulam, atque aliquantulum temporis secretus Domino solita deuotione militaret, euocauit eum uenerabilis episcopus eius Eata, atque ad suum colloquium Mailros uenire praecepit. Quo expleto colloquio, dum domum redire coepisset, occurrit illi comes quidam Egfridi regis, rogans obnixe, ut ad benedictionem dandam in uillulam suam domumque diuerteret. Quo cum peruenisset, & gratifico omnium susceptus esset officio, indicauit ei uir de infirmitate famuli sui. Deo, inquiens, gratias sanctissime pater, quod nos uidere, nostramque domum intrare dignatus es: & uere credimus, quia maximi nobis lucrum & mentis & corporis praestet aduentus tuus. Est autem nobis famulus pessima diutius infirmitate cruciatus, & in tantum doloris hodie perductus, ut morienti similior quam languenti appareat. Extrema namque corporis parte praemortua, per modicum ore & naribus flatum trahere uidetur: qui confestim benedixit aquam, & dedit ministro comitis nomine Baldhelmo, qui nunc usque superest, & in ecclesia Lindisfarnensi presbyterii gradum officio tenens, moribus implet, ubi reperiunt Dei commissa sciri uolentibus referre melle dulcius habet, qui & mihi hoc ipsum quod refero, miraculum narrauit. Huic ergo dedit aquam benedictam uir Dei, Vade inquit, & gustandam praebe languenti. Qui dicto parens, attulit aquam appropians, quasi dum tenuis uel fluuius infunderet, continuo contra morem se quietum dimissa in soporem. Erat enim iam uespera, quam silentio transegit noctem, & uisitante se Domino suo salutem mane apparuit.

Qualiter in episcopatu uixerit.
Caput XXVI.

SVsceptum autem episcopatus ordinem uenerabilis uir Domini Cuthbertus iuxta præcepta & exempla Apostolica uirtutum ornabat operibus. Commissam namque sibi plebem & orationibus protegebat assiduis, & admonitionibus saluberrimis ad cœlestia uocabat, & quod maxime doctores iuuat, ea quæ agenda docebat, ipse prius agendo præmonstrabat. Eripiebat inopem de manu fortioris eius, egenum & pauperem a diripientibus eum. Tristes ac pusillanimes consolari, male autem gaudentes ad tristitiam, quæ secundum Deum est, reuocare curabat. Solitam sibi parsimoniam sedulus exercere, & inter frequentiam turbarum monachicæ uitæ rigorem solertius obseruare gaudebat. Esurientibus alimenta, indumenta præbebat algentibus, cæterisque pontificalis insigniis uitæ decoratus incedebat. Cumque internis, id est animi uirtutibus, ea quoque quibus foris effulgebat, miraculorum signa testimonium darent, ex quibus aliqua breuiter memoriæ commendare curauimus.

Quomodo interitum Egfridi regis & militiæ eius, quem prædixerat, absens uiderit in spiritu.
Caput XXVII.

IGitur dum Egfridus rex ausu temerario exercitum in Pictos duceret, eorumque regna atrociore sæuitia deuastaret, sciens uir Domini Cuthbertus adesse tempus, de quo anno præterito sorori eius prædixerat, non eum amplius quam uno anno esse uicturum, uenit ad Lugubaliam ciuitatem, quæ a populis Anglorum corrupte Luel uocatur, ut alloqueretur reginam, quæ ibidem in monasterio suæ sororis euentum belli expectare disposuit. Postera autem die deducentibus eum ciuibus, ut uideret mœnia ciuitatis, fontemque in ea miro quondam Romanorum opere extructum, repente turbatus spiritu, ut stabat super baculum inclinatam faciem deflexit ad terram, rursumque se erigens, atque ad cœlum oculos attollens, ingemuit grauiter, & nõ grandi uoce ait, Forte modo discrimen factum est certaminis. At presbyter, qui astabat, intelligens de quo diceret, incauta uelocitate, quasi dubius, respondit & dixit, Unde scis? Nolens autem ille amplius de his, quæ sibi erant reuelata patefacere, Non uidetis inquit, quàm mire mutatus ac turbatus sit aer? Et quis mortalium sufficit inuestigare iudicia Dei? Attamen confestim intrauit ad reginam, & secreto eam alloquens (erat autem dies sabbati) Vide inquit, mane illucescente feria [illegible] die sabbati ascendas in currum, quia die Dominica in ciuitatem ire non licet, ut itaque & regem occisum [illegible] forte occisum [illegible]. Ego autem, quia crastino die ad uicinum monasterium obsecratus sum uenire ad dedicandam ecclesiam, expleta dedicatione in continuo subsequar. Veniente autem die Dominico prædicans uerbum Dei fratribus eiusdem monasterii, facto sermone & [illegible] exhortatus eos qui aderant, maxime sic cœpit: Obsecro dilectissimi iuxta Apostoli monita, uigilate, state in fide, uiriliter agite, & confortamini, ne forte superueniens aliqua tentatio uos imparatos inueniat, sed memores potius semper illius Dominici præcepti, Vigilate & orate, ne intretis in tentationem. Putabant autem, quia non multo ante pestilentiæ clades & eos & multos circumquaque lata cæde strauerat, eum de huiusmodi plaga iam redeunte fuisse locutum. At ille resumpto sermone, Quondam inquit, cum adhuc in mea demorarer insula solitarius, uenerunt ad me quidam de fratribus die sancto Dominici Natalis, rogabantque ut de mea cellula & mansione egrediens, solennem cum eis & lætum diem tantæ uenerationis transigerem; quorum ego precibus deuictus acquiescens egrediebar, & consedimus ad epulas. At in medio forte refectionis dixi ad eos, Obsecro fratres caute agamus, & uigilanter, ne per incuriam forte & securitatem inducamur in tentationem. At illi responderunt, Obsecramus hunc diem lætum agamus diem, quia natale est Domini nostri Iesu Christi. Et ego, Sic inquam faciamus. Cumque post hæc aliquandiu epulis, exultationi ac fabulis indulgeremus, rursus admonere cœpi, ut solliciti existeremus in orationibus & uigiliis, atque ad omnes tentationum incursus parati. Et illi bene, inquiunt, & optime doces: sed tamen quia abundant dies ieiuniorum, orationis, & uigiliarum, hodie gaudeamus in Domino. nam & angelus nascente Domino euangelizabat pastoribus gaudium magnum, quod esset omni populo celebrandum. Et ego, Bene inquam, faciamus sic. Sed cum epulantibus nobis & diem festum ducentibus, tertio admonitionis uerba repeterem, intellexere illi, quia nõ frustra hæc tam studiose suggererem, & expauescentes dicebant, Faciamus ut doces: quia necessitas magna nobis incumbit, ut contra insidias diaboli, & omnia tentamenta semper accincti spiritualiter uigilemus. Hæc dicens ego, nesciebam sicut nec illi aliquid nobis occursurum nouæ tentationis: sed tantum instinctu mentis admonitus sum, aduersa tentationum procellis semper cor nostrum semper esse muniendum. Sed ubi reuersi mane ad suam, id est Lindisfarnensis monasterii mansionem redierunt, ecce quendam de suis morbo pestilentiæ obiisse repererunt. Et crescente ac sæuiente per dies, menses, & anni pene totum, [illegible] nobilissima ille patrum, fratrumque caterua spiritualium præceps migrauit ad Dominum. Et nunc ergo fraerem uigilate & uos in orationibus, ut si quid nobis tribulationis ingruerit, uos iam paratos inueniat. Hęc dicente uenerabili antistite Cuthberto, ęstimabant qui pręsentes erant, quia de nostra pestilentia diceret. Sed post unum diem adueniens, qui fugerat e bello, occulta uiri Dei oracula miseria exponebat eloquij: probatumque est ipsa die eademque hora qua uiro Dei iuxta puteum stanti reuelatum est, cęsis circum[illegible] regem hostili gladio interisse prostratum.

Quomodo Herberto anachoritę obitum suum prędixerit, eundemque sibi a Domino precibus obtinuerit socio mori. Caput XXVIII.

NOn multo post tempore idem famulus Domini Cuthbertus ad eandem Lugubaliam ciuitatem rogatus aduenit, quatenus ibidem sacerdotes consecraret, sed & ipsam reginam dato habitu sanctę conuersationis benediceret. Erat autem presbyter uitę uenerabilis, nomine Herebertus, iam dudum uiro Dei Cuthberto spiritualis amicitię fœdere copulatus, qui in insula stagni illius pergrandis, de quo Deruuentionis fluuij primordia erumpunt, uitam solitariam ducens, annis singulis ad eum uenire, & monita ab eo perpetuę salutis audire consueuerat. Hic cum audisset eum in illa ciuitate demorari, uenit ex more cupiens salutaribus eius exhortationibus ad superna desideria magis magisque accendi. Qui dum sese alterutrum cęlestis uitę poculis debriarent, dixit inter alia Cuthbertus, Memento frater Hereberte, ut modo quicquid opus habes, me interroges, mecumque loquaris, quia postquam ab inuicem digressi fuerimus, non ultra nos inuicem in hoc sęculo carnis oculis uidebimus. Certus sum enim, quia tempus meę resolutionis instat, & uelox est depositio tabernaculi mei. Qui hęc audiens prouolutus eius pedibus, fusis cum gemitu lachrymis, Obsecro, inquit, per Dominum, ne me deseras, sed tui fidissimi sodalis memineris, rogesque supernam pietatem, ut cui pariter in terris seruiuimus, ad eius uidendam claritatem pariter transeamus ad cęlos. Nosti enim, quia ad tui oris imperium semper uiuere studui, & quicquid ignorantia uel fragilitate deliqui, ęque ad tuę uoluntatis arbitrium castigare curaui. Incubuit precibus episcopus, statimque edoctus in spiritu impetrasse se quod petierat a Domino, Surge, inquit, frater mi, & noli plorare, sed gaudio gaude: quia quod rogauimus, superna nobis clementia donauit. Cuius promissi & prophetię ueritas sequentium rerum fine astruitur, quia & digredientes ab inuicem, non amplius se corporaliter uiderunt, sed uno eodemque momento temporis egredientes e corpore spiritus eorum, mox beata inuicem uisione coniuncti sunt, atque angelico ministerio pariter ad regnum cęleste translati. Sed Herebertus diutina prius infirmitate decoquitur, illa forsitan dispensatione Dominicę pietatis, ut si quid minus haberet meriti a beato Cuthberto, suppleret dolor continuus longę ęgritudinis, quatenus ęquatus gratia suo intercessori, sicut uno eodemque tempore cum eo de corpore egredi, ita etiam una atque indissimili sede perpetuę beatitudinis mereretur recipi.

Quomodo uxorem comitis per presbyterum suum aqua benedicta sanauerit. Caput XX[illegible].

QVodam autem tempore dum parochiam suam circumiens, monita salutis omnibus rure & casis & uiculis largiretur, nec non etiam nuper baptizatis ad accipiendam spiritus sancti gratiam manum imponeret, deuenit ad uillulam cuiusdam comitis, cuius uxor male habens, pene proxima morti iacebat. Cui iam uenienti occurrens ipse comes, flexis genibus, gratias egit Domino de aduentu illius, & introducens illum benigno recepit hospitio. Cumque iuxta morem hospitalitatis manibus & pedibus refecisset, cœpit referre illi de languore coniugis desperatę, obsecrans ut ad spargendam eam aquam benediceret. Credo, inquit, quia mox aut sanitati Deo donante restituetur; aut si moritura est, perpetuam de morte transeat ad uitam, citiusque momentaneo compendio tam miserabilis ac diutinę uexationis accipiat. Annuit deprecanti uir Dei, & allatam benedicens aquam, dedit presbytero, pręcipiens ut super languidam aspergeret. Qui ingressus cubiculum, in quo illa exanimi simillima iacebat, aspersit illam & lectulum eius: sed & in illius apertam guttam salutiferi haustus immisit. Res mira & uehementer stupenda. Mox ut eam aqua benedicta tetigit languentem, & quid erga eam ageretur prorsus ignorantem, ita plenam & mentis & corporis sanitatem recepit, ut confestim conscipiscens benediceret Dominum, gratiasque referret, quod tales tantosque hospites ad se uisitandam curandamque destinare dignatus sit. Nec mora exurgens, ipsis suę sanitatis ministris ministerium sana prębuit, pulchroque spectaculo ipsa primo de tota tanti uiri familia episcopo porrexit refectionis obsequium, quę per ipsius benedictionem poculum mortis gustauerat, secuta exemplum socrus apostoli Petri, quę curata a febribus per Dominum, continuo surgens ministrabat illi & discipulis eius.

Quomodo puellam oleo perunctam a dolore capitis lateris curauerit. Caput XXX.

NEc huic dissimile sanitatis miraculum uenerabili antistiti Cuthberto factum multi qui pręsentes fuere, testantur; e quibus est religiosus presbyter Edilualdus, tunc minister uiri Dei, nunc autem abbas cœnobij Mailrosensis. Dum enim more suo pertransiret uniuersa docendo, deuenit in uicum quendam, in quo erant fœminę sanctimoniales non multę, quibus timore barbarici exercitus a monasterio suo profugis, locum mansionis uir Domini paufo ante dormierat: quarum una quae erat coniugata praefati sacerdotis Ethelwaldi, gravissimo tenebatur languore depressa, per integrum namque annum intolerabili capitis & totius lateris unius dolore vexata, funditus a medicis erat desperata. Indicantibus autem de illa viro Dei, & pro sanatione eius obsecrantibus his qui aderant, cum commiseratus ille miseram unxit oleo benedicto, quae ab illa mox hora meliorari incipiens, post dies paucos plena sospitate convaluit.

Qualiter infirmus per panem ab eo benedictum sit sanatus. Caput XXXI.

NEc silentio praetereundum arbitramur miraculum, quod eiusdem viri venerabilis virtute, quamvis ipso absente patratum cognovimus. Meminimus supra Hildmeri praefecti, cuius uxorem vir Dei ab immundo spiritu liberavit. Idem ergo praefectus postea decidit in lectum gravissima pressus infirmitate, adeo ut crescente molestia per dies, iam iamque putaretur esse moriturus. Aderant multi amicorum, qui ad consolandum venerant languentem: cumque lecto iacentis assiderent, repente unus eorum intulit, quia secum haberet panem, quem sibi nuper vir Domini Cuthbertus benedictionis gratia dedisset. Et Credo inquit, quia huius gustu possit, si tamen fidei nostrae tarditas non obsistit, medelam recipere salutis. Erant autem laici omnes, sed religiosi. Conversi igitur ad invicem, confitebantur singuli, quia absque ulla dubietate crederent per eiusdem benedicti panis communionem eum posse sanari: implentesque calicem aqua, immiserunt pauxillulum panis illius, & dederunt ei bibere. Cuius statim ut viscera gustu illo aquae per panem sanctificatae attigit, fugit dolor interaneorum omnis, fugit exteriorum tabitudo membrorum. Nec mora expeditus languentem virum salus subsecuta confirmavit, atque ad laudandam famuli Christi sanctitatem & admirandam fidei non fictae virtutem, mirificé & ipsum & omnes qui celeritatem inopinatae salutis videre vel audire, sustulit.

Qualiter oblatum sibi in itinere iuvenem moribundum orando sanitati restituerit. Caput XXXII.

QVodam quoque tempore dum sanctissimus gregis Dominici pastor sua lustrando circumiret ovilia, devenit in montana & agrestia loca, ubi multi erant de circumpositis villulis, quibus manus erat imponenda. Nec tamen in montibus ecclesia vel locus inveniri potuit aptus, qui pontificem cum suo comitatu susciperet. Tetenderunt ergo ei tentoria in via, & caesis de vicina sylva ramusculis, sibi quisque tabernacula ad manendum, qualia poterant, fecerunt. Ubi dum continuis duobus diebus verbum Dei praedicaret, ac spiritus sancti gratiam nuper regeneratis in Christo per manus impositionem ministraret, ecce subito apparuerunt mulieres ferentes in grabbato iuvenem longa gravitudinis acerbitate tabefactum, ponentesque in exitu sylvae, miserunt ad episcopum, rogantes, ut ad accipiendam benedictionem adire hunc afferri permitteret. Quem cum ad se perductum, acerrime vexatum conspexerat, iussit omnes secedere longius: & ad solita orationis arma confugiens, data benedictione pepulit pestem, quam solicita medicorum manus pigmentorum compositione nequiverat. Denique eadem hora surgens, & accepto cibo confortatus, reddita Deo gratiarum actione regressus est ad eas, quae se portaverant foeminas: sicque factum est, ut quae eum illo tristes languidum advexerant, cum eis inde gaudentibus, & ipse sospes ac letabundus domum rediret.

Qualiter tempore mortalitatis moribundum puerum matri sanum restituerit. Caput XXXIII.

EOdem tempore pestilentia subito mortalis in partibus gravissima nece incubuit, ita ut in magnis quondam, referta habitatoribus villis ac possessionibus vix parvae raraeque reliquiae, & interdum nullae residerent. Unde sanctissimus pater Cuthbertus diligentissime suam lustrans parochiam, eisdem ministrare non destitit reliquiis ministerium verbi, & necessariae consolationis opem ferre non desiit. Adveniens autem viculum quendam, ibidemque omnibus quos invenerat auxilio exhortationis adhibito, dixit ad presbyterum suum, Putas ne, superest quispiam hic in locis, cui nostra visitatione & allocutione opus sit, an cunctis qui male habebant visis, iam ad alios transire licet? Qui circumspiciens omnia, vidit mulierem eminus stantem, quae exstincto paulo ante filio, fratrem eius, iam morti proximum, tenebat in manibus, lachrymisque faciem rigantibus praeteritam pariter & praesentem testabatur aerumnam: quam cum viro Dei ostenderet, nil moratus accessit ad eam, & benedicens dedit osculum puero, dixitque ad matrem, Ne timeas nec moesta sis, salvabitur enim, & vivet infans, neque ultra quisquam de domo tua hac mortalitatis peste deficiet. Cuius propheticae veritati, ipsa cum filio mater multo exinde tempore vivaci testimonium dabat.

Qualiter animam cuiusdam qui de arbore cadendo mortuus est, ad caelum ferri conspexerit. Caput XXXIIII.

INterea dum praesciens ultimum sui obitus vir Domini Cuthbertus iam decrevisset animo, depositâ cura pastorali, singularis solitariam reditre ad vitam, quatenus excussis solicitudinibus aeternae inter libera orationum & psalmodiae studia diem mortis, vel potius vitae coelestis praestolaretur ingressum, voluit prius non solum suae circuitu parochiae, sed & aliis circa fidelium mansionibus visitatis, cunctos necessario exhortationis verbo confirmare, ac sic ipse desideratae solitudines dignis gaudiis resonent. Quod dum ageret, rogatus à nobilissima & sanctissima uirgine Christi Elfleda abbatissa, cuius superius memoriam fecimus, uenit ad possessionem monasterij ipsius, quatenus & eam & ipsam uidere atque alloqui, & ecclesiam dedicare deberet. Nam & ipsa possessio non paruo famulorum Christi examine pollebat. ubi dum hora refectionis ad mensam consedissent, subito uenerabilis pater Cuthbertus auersam à carnalibus epulis mentem ad spiritualia contemplanda contulit, unde et attonitus ab officio sua membra corporis, mutato colore faciei, & quasi attonitis contra morem oculis, cultellus quoque quem tenebat, decidit in mensam. Quod dum presbyter eius qui astabat & ministrabat aspiceret, inclinatus ad abbatissam, dixit silentio, Interroga episcopum quid uiderit. Scio enim, quia non sine causa manus eius tremefacta cultellum deseruit, uultusque mutatus est, sed uidit aliquid spirituale, quod nos ceteri uidere nequiuimus. At illa statim conuersa ad eum, Obsecro inquit, Domine mi episcope, dicas quid uideris modo, neque enim frustra lassata tua dextera cultellum, quem tenebat, amisit. Qui dissimulare conatus, uidisse se quippiam secreti, iocose respondit, Num tota die manducare ualebam? iam aliquando quiescere debui. Illa autem diligentius adiurante ac flagitante, ut exponeret uisionem, Vidi inquit, animam cuiusdam sancti manibus angelicis ad gaudia regni coelestis ferri. Rursus illa, De quo inquit, loco assumpta est? Respondit, De tuo monasterio. Adiecit nomen inquirere. Et ille, Tu mihi inquit, die crastino missas celebranti nomen eius indicabis. Hæc audiens illa, confestim misit ad maius suum monasterium uidere, qui nuper raptus esset e corpore. At nuncij omnes ibidem saluos incolumesque repertos, postquam mane facto reuerti ad Dominum coepit, obuios habuit eos qui corpus defuncti fratris sepeliendum in carro deferrent. interrogantesque quis esset, didicit quia quidam de pastoribus bonæ actionis uir incautius in arborem ascendens deciderat deorsum, & contrito corpore ipsa hora spiritum exhalauit, qua hunc uir Domini ad coelestia duci uidebat. Quod dum redientes abbatissæ referrent, statim illa ingressa ad episcopum, iam tunc dedicantem ecclesiam, stupore fœmineo quasi nouum aliquid incertumque nunciatura, Precor inquit, Domine mi episcope, memineris ad missas Haduualdi mei (hoc enim uiro erat nomen) qui heri cadendo de arbore defunctus est. Tunc liquido omnibus patuit, quia multi fontis prophetiæ spiritus sancti præcordiis inerat, qui & in præsenti occursum animæ rapti uidere, & quid sibi in futuro ab alijs indicandum esset, potuit prænidere.

Quomodo aquam gustando in uini saporem conuerterit. Caput XXXV.

INde peragrans ex ordine superiectas sibi sedes, uenit ad monasterium uirginum, quod nō longe ab ostio Tini fluminis situm, superius dixi, ubi a religiosa, & ad seculum quoque nobilissima famula Christi Verca abbatissa magnifice susceptus, postquam in meridiana quiete surrexerunt, sitire se dicens, ut biberet rogauit. Quærebant quid bibere uellet, rogantes ut uinum sibi uel ceruisiam afferri liceret. Aquā inquit, date mihi. Qui hausam de fonte aquam, obtulerunt ei. At ille data benedictione, ubi parum ex illa gustauit, dedit astanti presbytero suo, qui reddidit ministro. Et minister accepto poculo, Licet inquit, mihi bibere de potu, de quo bibit episcopus? Respondit, Etiam. Quare non liceat? Erat autem & ille presbyter eiusdem monasterij. Bibit ergo & uisa est ei aqua quasi in saporem uini conuersa, sumptoque tanti testimonio miraculi fratrem, qui proxime astabat, porrexit ei poculum: quatenus & ipse biberet, cuius quoque palato pro aqua uinum sapiebat. Aspectabant autem mutua se admiratione, & ubi quando tempus ad loquendum acceperunt, confitebantur alterutrum, quia uideretur sibi nunquam melius uinum bibisse. Sicut unus ex ipsis postea in nostro monasterio, quod est ad ostium Viuri fluminis, non paruo tempore demoratus, ibidemque nunc placida quiete sepultus, sua mihi relatione testatus est.

Quomodo inobedientes ei quondam fratres tempestate maris persequente sint afflicti. Caput XXXVI.

DVobus igitur annis in regimine episcopatus transactis, sciens in spiritu uir Domini Cuthbertus appropinquare diem sui transitus, abiecit pondus curæ pastoralis, atque ad dilectum eremiticæ conuersationis agonem quantocyus remeare curauit, quatenus insolita sibi solicitudinis mundanæ spineta liberior priscæ compunctionis flamma consumeret. Quo tempore ipsius ad insulam astantes fratres de mansione sua egredi, eosque præsens solebat alloqui. Libet autem referre quoddam tunc ab eo factum miraculum, quo clarius elucescat, quantum operæ sanctis obtemperandum sit etiam in his, quæ negligentius imperare uidentur. Quadam die dum uenissent quidam, egressusque ille exhortatorio ut illos sermone reficeret, post admonitionem completam solemnem dicens, Iam hora uobis ad mansionem uestram regrediendum. autem, quia prius est dispositis, primo sumite cibos, & aucam istam (pendebat enim auca in pariete) coquite & comedite, & sic in nomine Domini nauem ascendite, ac domum redite. Dixerat hæc, & data oratione & benedictione eos mansionem ingredi. Illi autē ut præceperat sumpsere cibos, sed quia abundabant cibis, quos secum attulerant, aucam, de qua præceperat, tangere non curabant. At cum refecti nauigium uellent ascendere, exorta subito tempestas fera omnem eis nauigandi facultatem abstulit. Sedebantque septem dierum spatio feruente unda conclusi tristes in insula residerent, nec tamen culpam inobedisit, pro quo hanc sibi [illegible] carcerem patiebantur, ad memoriam reuocarent: qui cum sedulo ad patris colloquium venerint, ac deuotius sibi [illegible] conquiescenti patientiae [illegible] mentis [illegible], tandem die egressus ipse ad eos, videbat moestitiam eorum, gratia suae visitationis & consolationis pia verbo lenire. Ingressus autem domum in qua manebant, ac videns aucam non fuisse comesam, placido vultu & laeto potius sermone redarguit eorum inobedientiam. Nonne, inquiens, adhuc pendet auca? Et quid mirum si vos mare non sinit abire? Citissime ergo mittite eam in caldarium, coquite & comedite, ut possit mare quiescere & vos domum remittere. Fecerunt statim ut iusserat, compuncti [illegible] ordine, ut cum ad praeceptum viri Dei conuersam in caldario foco agente feruere coepisset, eadem hora vnda in mari cessantibus ventis suo a feruore quieuerant. Et conspicientes [illegible] mare placidum, ascenderunt nauem, & secundis flatibus cum gaudio simul & pudore domum reuersi erant. Pudebat namque eos inobedientiae & sensus tarditatis, quo [illegible] etiam [illegible] castigationis dissoluere & emendare reatum. Gaudebant, quia intellexerunt tantam fuisse Deo curam de fideli suo famulo, ut contemptum eius etiam per elementa vindicaret. Gaudebant, quia videre tantam fuisse curam suo fuisse creatori, ut etiam manifesto miraculo ipsorum erratum corrigeret. Hoc factum quod retuli miraculum, non quolibet auctore, sed uno eorum qui interfuere narrante comperi, viro videlicet venerabilis monacho & presbytero eiusdem monasterij Cynemundo, qui pluribus late fidelium longaeuitatis & vitae gratia iam notus existit.

Qualiter [illegible] persolverit, quid ve de sua sepultura mandauerit. Cap. XXXVII.

Repetiit autem insulam mansionemque suam vir Dei Cuthbertus, mox peracta die solennitatis Dominicae. Cumque eum ascensurum nauem fratrum circumstaret, interrogauit unus ex eis veteranus & venerabilis vitae monachus, fortis quidem fide, sed dysenteriae morbo corpore iam factus imbecillis: Dic nobis, inquiens, Domine episcope, quando reditum tuum sperare debeamus. At ille simpliciter interroganti, simpliciter & ipse, quod verum nouerat, pandens: Quando, inquit, meum corpus huc relatis. Qui cum duos ferme menses in magna requie [illegible] exultatione [illegible] agens, multa consueta continentiae rigore corpus mentemque constringeret, [illegible] temporalis ignis dolores [illegible] praeparari [illegible]. Cuius obitum libet verbis describere, quibus [illegible] dicit, [illegible] venerabili Herefrido videlicet deuoto religionis presbyteroque, qui etiam tunc Lindisfarnensi monasterio abbatis iure praefuit. Tribus hebdomadibus continuis infirmitate decoctus sic ad extrema peruenit: siquidem quarta feria coepit aegrotare, & tertia quarta feria finita aegritudine migrauit ad Dominum. At cum mane primo inchoante infirmitate venissem ad eum (nam & ante triduum cum fratribus in insulam adueni) cupiens solitae benedictionis & exhortationis ab eo solatia percipere, ut dato signo [illegible] mei [illegible] processit ad fenestram, & salutanti se mihi suspirium pro responso reddidit. Cui ego, Quid habes, inquam, Domine mi episcope, num forte nocte hac tua te languor tetigit? At ille, Etiam, inquit, languor me tetigit nocte hac. Putabam quia de veteri sua infirmitate, cuius quotidiana pene molestia consueuerat excoqui, non autem de noua & insolita diceret. Nec plura interrogans, Da, inquam, benedictionem nobis, quia iam tempus est nauigandi, ac domum remeandi. Facite, inquit, ut dicitis, ascendite nauem, ac domum sani redite. Cum autem Deus susceperit animam meam, sepelite me in hac mansione iuxta oratorium meum ad meridiem contra orientalem plagam sanctae crucis, quam ibidem erexi. Est autem ad aquilonalem eiusdem oratorii partem sarcophagum terrae cespite abditum, quod olim mihi Cudda venerabilis abbas donauit. In hoc corpus meum reponite, inuoluentes in sindone, quam inuenietis illic. Nolui quidem ea viuens indui, sed pro amore dilectae Deo feminae, quae hanc misit mihi, Verca videlicet abbatissae, ad obuoluendum corpus meum reseruare curaui. His ego auditis, Obsecro, inquam, pater, quia infirmum & moriturum te audio, aliquos de fratribus hic ad ministrandum tibi remanere permittas. Abite, et inquit, modo, tempore autem opportuno redite. Cumque diligentius obsecrans, ut ministrum susciperet, nequaquam impetrarem, tandem interrogaui, quando deberemus reuerti. Qui ait, Quando Deus voluerit, & ipse vobis ostenderit. Fecimus ut iusserat. Conuocatisque mox in ecclesia fratribus cunctis, iussi orationes fieri sine intermissione pro eo: quia videtur, inquiebam, mihi ex quibusdam verbis illius appropinquare diem, quo sit iturus ad Dominum. Eram autem sollicitus de reditu propter infirmitatem eius, sed quinque diebus obsistente tempestate, ne redire possemus, quod diuinitus dispensatum fuisse res probauit exitus. Vt enim omnipotens Deus famulum suum ab omni labe mundanae fragilitatis ad purum castigaret, atque aduersariis eius, quam nihil contra fidei virtutem valerent, ostenderet, voluit eum tanto tempore segregatum ab hominibus & sine carnis dolore, & antiqui hostis acriori certamine probari. Vt autem redeunte tranquillitate insulam repetimus, inuenimus eum in suo monasterio egressum sedere in domum qua nos manere solebamus, & quia necessitas quaedam poscebat, ut fratres qui mecum venerant, redire ad proximum litus, ipse remanens in insula, confestim patri ministerium praebere curaui. Et quidem calefaciens aquam abluit pedem eius, qui gratia diutini tumoris iam tunc vlcus habebant, ac profluente sanie curam indigebant: sed & vinum calefaciens attuli,

vumq

numquam gustare rogaui. Videbam namque in facie eius, quia multum inedia simul & languore erat defessus. Completa curatione, resedit quietus in stratu, resedi & ego iuxta eum: cumque siluisset, dixi, Video domine episcope, quia multum uexatus es ab infirmitate, postquam recessimus a te: & mirum, quare nolueris, ut aliquos nostrum, qui tibi ministrarent, hic dimitteremus abeuntes. At ille, Dei, inquit, prouidentia & uoluntate gestum est, ut praesentia & auxilio destitutus humano, aliqua paterer aduersa. Postquam enim a me digressi estis, continuo coepit languor ingrauescere, ideoque de mea mansione egrediens huc intraui, ut quicunque uestrum mihi ministraturi aduenirent, hic me possent inuenire, nec meam mansionem necesse haberent ingredi. Ex quo autem ingressus huc in sede membra composui, non moui me hinc, sed quinque diebus his & noctibus hic quietus permansi. Cui ego, Et quomodo, inquam, domine mi episcope, sic uiuere potuisti? Num absque cibi perceptione tanto tempore mansisti? Tum ille retecto lectisternio, cui supersedebat, ostendit ibi cepas quinque reconditas, & ait, Hic mihi uictus erat his quinque diebus. Quotiescunque enim os siccitas & ardor nimius arsit & urebat, hoc gustando me recreare ac refrigerare curaui. Videbatur autem una de cepis minus quam dimidia parte corrosa. Insuper autem, Et aemulatores mei nunquam per omne tempus ex quo in hac insula commorari coepi, tot mihi persecutiones, quot in his quinque diebus intulere. Non audebam interrogare quae essent tentationes, de quibus dixerat, tantum rogauimus ministros suscipere. Annuit ille, & quosdam fratrum secum retinuit, in quibus erat Beda presbyter, qui ministerio eius familiariter semper adesse consueuerat, ideoque donationum acceptionumque eius omnium conscius erat, quem ob id maxime secum manere uoluit, ut si cuilibet a se perceptis muneribus digna recompensatione non respondisset, illius admonitione recoleret, & priusquam obiret, sua cuique restitueret. Sed & alium quendam de fratribus specialiter, ut inter ministros sibi adesset, designauit, qui longo quidem uentris fluxu grauiter aegrotabat, neque a medicis poterat curari: sed merito religionis, prudentiae & grauitatis dignus existebat, qui testis esset uerborum quae uir Dei ultima diceret, uel quo ordine ad Dominum migraret. Interea rediens domum narrabam fratribus, quia uenerabilis pater in sua se insula sepeliri iuberet: & uidetur mihi iustius esse multo, & dignius impetrare ab eo, quatenus huc transferri corpus illius, & iuxta honorem congruum in ecclesia condi permittat. Placuerunt illis quae dixeram, & uenientes ad episcopum rogabamus dicentes, Non audemus domine episcope, contemnere iussionem tuam, quia te hic tumulari mandasti: & tamen rogandum uidebatur nobis, ut te ad nostram ecclesiam, & nobiscum habere mereamur. At ille, Et meae, inquit, uoluntatis erat hic requiescere corpore, ubi quantulumcunque pro Domino certamen certaui, ubi cursum consummare desidero, unde ad coronam iustitiae subleuandum me a pio iudice spero: sed & uobis quoque commodius esse arbitror, ut hic requiescam, propter incursionem profugorum uel noxiorum quorumlibet. Qui cum ad corpus meum forte confugerint, quia qualiscunque sim, fama tamen exiit de me quia famulus Christi sum, necesse habebitis saepius pro talibus apud potentes seculi intercedere, atque ideo de praesentia corporis mei multum tolerare laboris. At nobis multum diu precantibus, laboremque huiusmodi gratum nobis ac leuem fore asseuerantibus, tandem cum consilio locutus uir Domini, Si meam, inquit, dispositionem superare, & meum corpus illo reducere uultis, uidetur mihi optimum, ut in interioribus basilicae uestrae illud tumuletis, quatenus & uos ipsi cum uolueritis sepulchrum uisitare possitis, & in potestate sit uestra, an aliqui illo de aduenientibus accedant. Gratias egimus permissioni & consilio illius flexis in terram genibus, ac domum redeuntes, frequentius illum exinde uisitare non desiuimus.

Quomodo ministro suo iam a profluuio uentris [illegible] sanitatem reddiderit. Caput XXXVIII.

CVmque increscente languore uideret tempus suae resolutionis instare, praecepit se in suam mansiunculam atque oratorium referri, erat autem hora diei tertia. Portauimus ergo illum, quia prae molestia languoris ipse non ualebat ingredi: at ubi ad portam peruenimus, rogabamus ut aliquem nostrum liceret ad ministrandum ei pariter intrare. Non enim per annos plurimos quispiam illuc, praeter ipsum intrauerat. Qui circumspectis omnibus, uidit fratrem, cuius supra meminimus, uentris fluxu languentem, & ait, Walhstod ingrediatur mecum, hoc enim erat nomen fratris. Qui cum ad nonam usque horam intus cum illo maneret, sic egressus uocauit me, Episcopus, inquiens, te iubet ad se intrare. Possum autem tibi rem referre nouam permirabilem, quia ex quo ingressus illum tetigi episcopum, deducturus eum ad orationem, continuo sensi me omni illa longae infirmitatis molestia carere. Non autem dubitandum superna pietatis hoc dispensatione procuratum, ut qui multos antea sospes adhuc sanauerat, nunc quoque moriturus curaret, quatenus hoc quoque indicio pateret, etiam corpore infirmatus uir sanctus, quantum spiritu ualeret. In qua profecto curatione sequebatur exemplum sanctissimi & reuerendissimi patris Aurelii Augustini episcopi, qui dum pressus infirmitate, qua & mortuus est, decumberet, uenit quidam cum suo aegroto, rogans ut eidem manum imponeret, quo sanus esse posset. At ille, Si, inquit, aliquid in his possem, mihi hoc utique primitus praestitissem.

Rurſus is qui uenerat, Te, inquit, ſaluificare iuſſus ſum: ſiquidem in ſomnis dictum accepi, Vade ad Auguſtaldenſem epiſcopum, et uidens manum propitiat, & ſanus eris. Quo ille audito, mox aegrotanti manū benedictione impoſuit: nec mora, ſanatum ad propria remiſit.

Quae ultima fratribus mandata dederit, et ut percepto uiatico inter uerba orationis ſpiritum reddiderit coelo. Cap. XXXIX.

Intrans autem, inquit ad eum, circa horā diei circiter nonam, inueniq; eum recumbentem in angulo ſui oratorij contra altare, aſſidere ei cepi & ipſe. Nec multa loquebatur, quia pondus aegritudinis facultatem loquendi minorauerat: uerum me diligentius inquirente, quem haereditarium ſermonem, quod ultimum uale fratribus relinqueret, cepit diſſerere pauca, ſed fortia de pace & humilitate, cauendisq; eis qui his obluctari, quàm oblectari mallent. Pacem, inquit, inter uos ſemper, & charitatem cuſtodite diuinam: & cum de ueſtro ſtatu conſilium uos agere neceſſitas popoſcerit, uidete attentius, ut unanimes exiſtatis in conſilijs: ſed & cum alijs Chriſti ſeruis mutuam habetote concordiā, nec uenientes ad uos hoſpitalitatis gratia, domeſticos fidei habeatis contemptui: ſed familiariter ac benigne tales ſuſcipere, tenere, ac dimittere curate, nequaquam uos meliores extimantes ceteris eiuſdem fidei & uitae conſortibus. Cum illis autē qui ab unitate catholicę pacis uel Paſcha nō ſuo tempore celebrando, uel peruerſe uiuendo aberrant, nulla ſit uobis communio: ſciatisq; & memoria retineatis, quia ſi uos unum e duobus aduerſis eligere neceſſitas coëgerit, multo plus diligo, ut eruentes de tumulo, tollentesq; uobiſcum mea oſſa, recedatis ab his locis, & ubicunq; Deus prouiderit, inco le maneatis, quàm ut ulla ratione conſentientes iniquitati, ſchiſmaticorum iugo colla ſubdatis. Catholica patrum ſtatuta diligentiſsime diſcere atq; obſeruare contendite, ea quoq; quae per meum miniſterium uobis diuina pietas inſtituta uitae regularis dare dignata eſt, exercere ſollicite. Scio enim, quia etſi quibuſdam contemptibilis uixi, poſt meum tamen obitū qualis fuerim, quàm mea doctrina non ſit contemnenda, uidebitis. Haec & his ſimilia uir Domini per interualla locutus, quia uis, ut diximus, infirmitatis poſsibilitatem loquendi ademerat, quietum expectatione futurae beatitudinis diē duxit ad ueſperam, at etiam peruigilem quietis in precibus continuauit & noctem. At ubi conſuetum nocturnae orationis tempus aderat, acceptis a me ſacramentis ſalutaribus exitum ſuum, quem iam ueniſſe cognouit, Dominici corporis & ſanguinis communione muniuit: atque eleuatis ad coelum oculis, extenſisq; in altum manibus, intentam ſupernis laudibus animam, ad gaudia regni coeleſtis emiſit.

Quomodo iuxta prophetiam pſalmi, quem eo moriente cantauerant, Lindiſfarnenſis ſit impugnata, & corpus eius in ecclesia ſepultum. Cap. XL.

At ego ſtatim egreſſus, nunciaui obitum eius fratribus, qui & ipſi noctem uigilando atq; orando tranſigebant: & tunc forte ſub ordine nocturnae laudis dicebant Pſalmum quinquageſimum nonum, cuius initium eſt, Deus repulisti nos, & deſtruxiſti nos: iratus es, & miſertus es nobis. Nec mora, currens unus eorum, accendit duas candelas, & utraque tenens manu, aſcendit eminentiorem locum ad oſtendendum fratribus, qui in Lindiſfarnenſi monaſterio manebant, quia ſancta illa anima iam migraſſet ad Dominum: tale namque inter ſe ſignum ſanctiſsimi eius obitus condixerant. Quod cum uideret frater, qui in ſpecula Lindiſfarnenſis inſulae longe de contra euentus eiuſdem peruigil expectauerat horam: cucurrit citius ad eccleſiam, ubi collectus omnis fratrum coetus nocturnae Pſalmodiae ſolennia celebrabat: contigitq; ut ipſi quoque intrante illo praefatum canerent Pſalmum, quod ſuperna diſpenſatione procuratum rerum euentus oſtendit. Siquidem defuncto uiro Dei, tanta eccleſiam illam tentationis aura concuſſit, ut plures e fratribus loco magis cedere, quàm talibus uellent intereſſe periculis. Attamen poſt annum ordinato in epiſcopatum Eadberto, magnarum uirtutum uiro, & in ſcripturis nobiliter erudito, maximeq; eleemoſynarum operibus dedito, fugatis perturbationum procellis ac tempeſtate, ut Scriptura ait, aedificans Hieruſalem, id eſt, uiſionem pacis Dominus, & diſperſiones Iſraël congregauit. Sanauit contritos corde, & alligauit contritiones eorum: ut palam daretur intelligi quid ſignificauerit Pſalmus cum cognita beati uiri morte canerent: quia uidelicet poſt eius obitum repellendi ac deſtruendi eſſent eius ciues, ſed poſt oſtenſionem irae miſericordia coeleſti protinus miſeratione refouendi: cuius ſequentia quoque Pſalmi uerba ſenſui concordare, qui retractat, intelligit. Impoſitum autem naui uenerabile corpus patris ad inſulam Lindiſfarnenſium retulimus: quod magno occurrentium agmine, chorisq; canentium ſuſceptum eſt, atq; in eccleſia beati apoſtoli Petri ad dexteram altaris petrino in ſarcophago repoſitum.

Quomodo puer daemoniacus ſit ſanatus, cui humus corporis eius ablutione inſuſa eſt, in aquam miſſa fuerat. Cap. XLI.

Sed nec defuncto & ſepulto Chriſti famulo ſigna ſanitatum, quae uiuens exercuerat, ceſſare potuerunt. Contigit namque puerum quendam in regione Lindiſfarnenſium acerrimo daemonis uexari, ita ut ſenſu rationis funditus amiſſo clamaret, ululare, & uel ſua membra, ad quicquid attingere posset, morsibus dilaniare niteretur. Missus est ad eum quidam presbyter de monasterio: qui cum solitus esset per exorcismi gratiam immundos fugare spiritus, huic tamen obsesso prodesse nil prorsus ualebat. Unde dedit consilium patri illius, ut impositum carro puerum ad monasterium deferret, atque ad reliquias beatorum martyrum quae ibi sunt, Dominum pro illo precaretur. Fecit ut monuerat, sed noluere sancti Dei martyres ei petitam reddere sanitatem, ut quam celsum inter se locum Cuthbertus haberet, ostenderent. Cum ergo insanus ululando, ingemiscendo & frendendo dentibus nimio cunctorum uisus & auditus horrore concuteret, nec esset qui aliquod remedii genus excogitare quiuisset, ecce quidam de presbyteris edoctus in spiritu, per opitulationem beati patris Cuthberti, illum posse sanari, uenit clanculo ad locum, ubi nouerat effusam fuisse aquam, qua corpus eius defunctum fuerat lotum: tollensque modicum humi particulam, immisit in aquam: quam deferens ad patientem, infudit in os eius. Qui horribiliter hiante, ore dira ac flebilia emittebat. Statim autem ut attigit aquam, continuit clamorem, os clausit, clausit & oculos, qui sanguinei & furibundi parebant, caput & corpus totum reclinauit in requiem. Qui etiam placido sopore noctem transegit, & mane de somno simul & uesania consurgens, liberatum se a daemonia, quo premebatur, beati Cuthberti meritis & intercessione cognouit. Mirandum, & bonis omnibus delectabile spectaculum, cum uideres filium cum patre sospitem loca sancta circuire, sanctorumque auxilio gratias sanissima mente referre, qui pridie prae insania mentis nec seipsum, qui esset, uel ubi esset, poterat agnoscere. Qui ubi tota fratrum caterua astante, uidente & congratulante, ad reliquias martyrum genibus flexis dedit laudem Deo, Domino & Saluatori nostro Iesu Christo, iam & ab hostibus crebre liberatus, & in fide firmior, quam fuerat effectus, ad propria rediit. Ostenditur usque hodie fossa illa, cui memorabile infusum est lauacrum, quadrato schemate facta, ligno undique circumdata, & lapillis intus impleta. Est autem iuxta ecclesiam, in qua corpus eius requiescit, ad partem meridianam: factumque est ex eo tempore, ut plures sanitatum operationes per eosdem lapides uel eandem terram Domino donante fierent.

Quomodo corpus eius post undecim annos sit sine corruptione repertum. Cap. XLII.

Volens autem latius monstrare diuina dispensatio, quanta in gloria uir sanctus post mortem uiueret, cuius ante mortem uita sublimis crebris etiam miraculorum patebat indiciis, transactis sepulturae eius annis undecim, immisit in animo fratrum, ut tollerent ossa illius, quae more mortuorum consumpto iam & in puluerem redacto, corpore reliquo sicca inuenienda rebantur, atque in leui arca recondita, in eodem quidem loco, sed supra pauimentum dignae uenerationis gratia locarent. Quod dum sibi placuisse Eadberto antistiti suo medio ferme quadragesimae tempore referrent, annuit consilio eorum, iussitque ut die depositionis eius, quae est tertiadecima Kalendarum Aprilium, hoc facere meminissent. Fecerunt autem sic. Et aperientes sepulchrum, inuenerunt corpus totum, quasi adhuc uiueret integrum, & flexibilibus artuum compagibus multo dormienti quam mortuo similius: sed & uestimenta omnia quibus indutum erat, non solum intemerata, uerum etiam prisca nouitate & claritudine miranda parebant. Quod ubi uiderunt, nimio mox timore & tremore sunt perculsi, adeo ut uix aliquid loqui auderent, uix intueri miraculum quod parebat, uix ipsi quid agerent nossent. Extremam autem indumentorum eius partem pro ostendendo incorruptionis signo tollentes (nam quae carni illius proxima adhaerant, prorsus tangere timebant) festinarunt referre antistiti quod inuenerant: qui tum forte in remotiore a monasterio loco refluis undique maris fluctibus cincto solitarius manebat (in hoc etenim semper Quadragesimae tempus agere, in hoc quadraginta ante Dominicum natale dies in magna continentiae, orationis & lachrymarum deuotione ducere consueuerat) in quo etiam uenerabilis praecessor eius Cuthbertus, priusquam Farne peteret, sicut & supra docuimus, aliquandiu secretus Domino militabat. Attulerunt autem & partem indumentorum, quae corpus sanctum ambierant. Quae cum ille & munera gratanter acciperet, & miracula libenter audiret (nam & ipsa indumenta, quasi patris adhuc corpori circumdata, miro deosculabatur affectu) Noua, inquit, indumenta corpori pro his quae tulistis circumdate, & sic reponite in thecam, quam parastis. Scio autem certissime, quia non diu uacuus remanebit locus, qui tanta caelestis miraculi uirtute consecratus est. Et beatus est multum, cui in eo facultatem quiescendi Dominus uerae beatitudinis auctor atque largitor concedere dignatur. Adiecitque mirandis, quae quondam uersibus dixi, & ait.

Quis Domini expediet caelestia munera dictu,
Vel Paradisiacae quae capit aula opes?
Dum piis miseris diruptos pondere lethi,
Viuere sidereas semper in arce dabit.
Mortua nec tamen qui meritis decorat honore,
Pulchraque perpetuis pignora praestat opis.
Quaque beata domus, fulgens hoc hospite felix,
Nescit quae nequeunt humana laeta inicia.
Nec nihil difficile omnipotentis uiribus arcto,
Ne de puluere uestra uidere iubet aetas.
Qui tridui fessus aestus ardere camini,
Lucis iter parat quod tua pompa sibi.
Qui spiritibus in medijs infundit membra puerilis,
Ne laedant hostes Chaldaea flammis decus.
Dum aquis metere remotum & fragrantia piebat amictu,
Quae pharam fragrans cui sacrat bonum
Qui

Qui reductus leuem formam in membra sanctis,
Cum tremens angelis se tunditur abire rubis.

Haec ubi multis cum lachrymis, ac magna compunctione pontifex tremente lingua compleuit, fecerunt fratres ut iusserat, & inuolutum nouo amictu corpus, leuique in theca reconditum, supra pauimentum sanctuarij composuerunt.

Quomodo corpus Eadberti episcopi in tumulo uiri Dei positum, sarcophagum illius desuper posuerint. Caput XLIII.

Nec mora Deo dilectus antistes Eadbertus morbo corripitur acerbo, & crescente per dies multumque ingrauescente ardore languoris, nō multo post, id est pridie nonas Maias, etiam ipse migrauit ad Dominum, impetrato ab eo munere, quod diligentissime petierat: uidelicet ut non repentina morte, sed longa excoctus aegritudine transiret e corpore. Cuius corpus in sepulchro beati patris Cuthberti ponentes, apposuerunt desuper arcam, in qua incorrupta eiusdem patris membra locauerant: ubi nunc usque, si petentium fides exigat, miraculorum signa fieri nō desinunt. Sed & indumenta, quae sanctissimum corpus eius, uel uiuū uel sepultū uestierant, à gratia curandi nō uacant.

Qualiter aegrotus ad tumbam eius orando sit sanatus. Caput XLIIII.

Denique adueniens transmarinis è partibus clericus quidam reuerentissimi & sanctissimi Vuilbrordi clementis Fresonum gentis episcopi, dum aliquot dies ibidem hospes moraretur, decidit in infirmitatem grauissimam, ita ut simul essente per longum tempus aegritudine iam desperatus iaceret: qui cum urgente dolore, uideretur sibi nec mori nec uiuere posse, inuento salubri consilio, dixit ministro suo, Obsecro perducas me hodie post celebratas missas, adorare ad corpus sacratissimum uiri Dei (erat enim dies Dominica) spero per gratiam intercessionis eius his cruciatibus eripiar, & uel sanatus ad praesentem uitam redeam, uel defunctus perueniam ad aeternam. Fecit ille ut rogauerat, baculoque innitentem aegrotum in ecclesiam non paruo cum labore perduxit. Qui cum ad sanctissimi, ac Deo dilecti patris sepulchrum genua curuaret, caputque in terram dimitteret, pro sua sospitate rogaret, tantas confestim uires suum corpus de incorrupto illius corpore accepisse persensit, ut absque labore ipse ab oratione resurgeret, absque adminiculo uel ministri ducentis uel baculi sustentantis ad hospitium rediret: qui post dies paucos roboratus ad integrum uirtute, uiam quā disposuerat peregit.

Qualiter paralyticus per eius calciamenta sit sanatus. Caput XLV.

Erat in monasterio quodam non procul inde posito adolescens, ea quam Graeci paralysin uocant, infirmitate, omni membrorum officio destitutus: unde abbas ipsius sciens in monasterio Lindisfarnensi medicos esse peritissimos, misit eum illo, rogans, infirmanti si quid possent, curationis conferrent. Qui cum suo quoque abbate & episcopo iubentibus diligenter illi assisterent, & quicquid nossent erga eum industriam medicinalis impenderent, nihil omnino proficere ualebant: quin potius crescebat quotidie morbus, & paulatim in deteriora succrescebat, adeo ut excepto ore nullum pene membrum posset loco mouere. Cum quē à carnalibus medicis diu frustra laborantibus desperatus ac destitutus iaceret, confugit ad diuinum medici coelestis auxilium, qui in ueritate petentibus propitius fit omnibus iniquitatibus nostris, qui sanat omnes languores nostros. Rogauit namque ministrum suum, ut aliquam sibi particulam de incorruptibilibus sacri corporis afferret exuuijs, quia crederet per huius se uirtutem ad gratiam sanitatis Domino largiente reuersurum. Qui consulto abbate attulit calceamenta, quae uir Dei in sepulchro pedes induerant, & ea pedibus dissoluti aegroti circumdedit: siquidem primò à pedibus eum paralysis apprehenderat. Fecit autem hoc noctis initio, cum tempus requiescendi adesset, statimque ille placidum dimissus in soporem, procedente intempestae noctis silentio, coepit alternis palpitare pedibus, ut palam qui uigilabant, & uidebant, ministri animaduerterent, quia donata per reliquias uiri sancti uirtute medicandi, sanitas optata à planta pedum per caetera membra esset uentura. At ubi consuetum in monasterio nocturnae orationis signum insonuit, excitatus sonitu resedit ipse. Nec mora, solidata interna uirtute neruis, artuumque compagibus uniuersis, & dolore fugato, sanatum se esse intelligens surrexit, & in gratiarum actione Domino omne nocturnae siue matutinae psalmodiae tempus stando persoluit: mane autem iam facto, processit ad ecclesiam, uidentibus & congratulantibus uniuersis, circuiuit loca sancta orando, & suo Saluatori sacrificium laudis offerendo. Factum namque est, ut pulcherrima rerum conuersione, is qui dissolutus toto corpore illuc in uehiculo perlatus fuerat, inde stricto firmatisque membris omnibus domum per se rediret incolumis. Vnde meminisse iuuat, quia haec est immutatio dexterae excelsi, cuius memoranda ab initio mirabilia mundo fulgere non cessant.

Qualiter anachoreta Felgildus per parietis eius tegmen sit a tumore uultus sanatus. Caput XLVI.

Nec praetereundum arbitror, quid miraculi coelestis etiam per reliquias sanctissimi oratorij, in quo pater uenerabilis solitarius Domino militare consueuerat, diuina pietas ostenderit: quod tamen utrum meritis eiusdem beati patris Cuthberti, an successoris eius Ediluualdi, qui aeque Deo dediti, discernendum sit.

Qui inter ma arbiter nouerit. Neque aliquis ratio uetat utriusque meritis factum credi, corroborante etiam fide reuerendissimi patris Felgildi, per quem & in quo miraculum ipsum, quod refero, sanationis completum est. Ipse est, qui tertius eiusdem loci & militiae spiritualis haeres hodie maior septuagenario in magno uitae futurae desiderio terminum praesentis expectat. Cum ergo uir domini Cuthbertus ad coelestia translatus, Ediluualdus eiusdem insulae & monasterij colonus existere coepisset, qui & ipse multos antea per annos in monachica conuersatione probatus, ritè gradum anachoreticae sublimitatis ascenderat, reperit quia parietes praefati oratorij, qui tabulis minus diligenter compactis erant compositi, longa essent uetustate dissoluti, & separatis ab inuicem tabulis, facilem turbinibus praebuissent ingressum. Sed uir uenerabilis, qui coelestis aedificij magis quàm terreni decorem quaerebat, sumpto foeno uel argilla, uel quicquid huiusmodi materiae reperisset, stipauerat rimulas, ne quotidiana imbrium siue uentorum iniuria ab orandi retardaretur instantia. Cum haec igitur Ediluualdus ingressus locum uidisset, postulauit à frequentantibus se fratribus pelliculam uituli, eamque in illo angulo quo & ipse & praedecessor eius Cuthbertus saepius orans, stare, uel genu flectere solebat, clauis affixam uiolentiis procellarum opposuit. At postquam ipse quoque expletis duodecim continuis annis, gaudium supernae beatitudinis intrauit, ac tertius locum eundem Felgildus incolere coepit, placuit reuerendissimo Lindisfarnensis ecclesiae pontifici Eadfrido, dissolutum uetustate oratorium à fundamentis restaurare. Quod dum esset opus expletum, & multi deuotae religionis à beato Christi famulo Felgildo postularent, quatenus aliquam illis particulam de reliquijs sancti ac Deo dilecti patris Cuthberti, siue successoris eius Ediluualdi dare deberet, uisum est illi diuisam particulatim memoratam pelliculam petentibus dandam: sed daturus eam alijs, prius in seipso, quid haec uirtutis haberet, expertus est. Habebat namque faciem deformi rubore, simul & tumore perfusam, cuius quidem futuri in eo languoris, & prius cum adhuc communem inter fratres uitam degeret, aspicientibus in facie eius signa patebant. At cum in solitudine remotus incorporei cultum, maiorem adhiberet continentiam, & quasi diutino carcere inclusus tenebris uel sole solis uel aeris uteretur afflatu, excreuit languor in maius, faciemque totam tumore et ardore repleuit. Timens ergo, ne forte magnitudine huiusmodi infirmitatis solitariam deserere uitam, & communem ac, si esset cui, conuersationem repetere, fidens uiri sancti praesumptione, sperauitque se illorum ope curandum, quorum se mansionem tenere, & uitam gaudebat imitari. Mittens enim praefatae partem pelliculae in aquam, ipsa aqua lauit faciem suam, statimque tumor omnis, qui hanc obsederat, & scabies foeda recessit, sicut quod mihi & primo religiosus quidam presbyter huius monasterij Gyruensis indicauit, qui se uultum illius, & prius tumentem ac deformem nouisse, & postea mundatum per fenestram manu palpasse referebat: & ipse postmodum Felgildus retulit, asserens quia res ita ut presbyter narrauerat esset expleta, & quia eo tempore cum inclusus per multa annorum curricula maneret, ut prius immunem ab huiusmodi deformitate uultum semper haberet, agens gratias Dei omnipotentis, qui & in praesenti multas, & in futuro cordis & corporis nostri languores sanare consueuit. Satiansque in bonis desiderium nostrum, ubi nos in perpetuum misericordia & miseratione coronat.

CVTHBERTI EPISCOPI ET CONFESSORIS VITAE, FINIS.

Beati

Beati Felicis confessoris uita.

FELICISSIMUM beati Felicis triumphum, quem in Nola Campaniæ ciuitate Domino adiuuante promeruit, Paulinus eiusdem ciuitatis episcopus, uersibus hexametris pulcherrime ac plenissime descripsit. qui quia metricis potius quam simplicibus sunt habiles lectoribus, placuit nobis ob plurimorum utilitatem eandem sancti confessoris historiam planioribus dilucidare sermonibus, eiusque imitari industriam, qui martyrium beati Cassiani de metrico opere Prudentii in communem, apertumque omnibus eloquium transtulit. Igitur Felix natus est in Nola quidem Campaniæ, sed patre Syro, nomine Hermia, qui de oriente Nolam ueniens, ibidemque quasi indigena inhabitans, genuit filium Felicem, eique defunctus reliquit hæreditatem substantiæ locupletis, cui tamen ipse promissæ in cœlestibus hæreditatis dona proposuit. Habuit autem & fratrem cognominem sui patris, id est, Hermiam, cum quo patrimonium diuideret terrenum, qui longe à Felicis moribus aberat, atque ideo felicitate indignus perpetua effectus est. Nam terrena solummodo bona diligere studuit, & Cæsaris potius quam Christi esse miles elegit. at contra, Felix nominis sui mysterium factis exequens, mox à puero se diuino famulatui subiecit, & crescente gratia uirtutum, primo lectoris officium in ecclesia suscepit, ac post ad exorcistæ gradum prouectus, immundos ex obsessis corporibus spiritus eijcere cœpit. Cumque & in hoc ministerio uirtutibus clarus extitisset, non mora condignum meritis presbyterij gradum subijt. Nec minor gradu mente & opere remansit, sicut & iam adueniens tentationum turbo probauit. Nam tempore eodem exorta infidelium persecutio, graui ecclesiam certamine pulsauit: nec tamen portæ mortis portas filiæ Syon, a laude sui creatoris auertere potuerunt. Cumque magistri auctoresque perfidiæ, primum suæ uesaniæ conflictum contra ipsos ueritatis ac fidei Dominicæ magistros intendissent, primosque episcopos uel presbyteros ecclesiarum ad terrorem minorum, aut morti tradere, aut ad negandam fidem cogere conspirassent: factum est, ut minister erroris & infesti furoris, Nolam quoque perueniens, episcopum urbis illius nomine Maximum, uirum doctrina, pietate atque ætate uenerabilem, ad tormenta quæreret: quod ille animaduertens, memor Dominici præcepti, quod dictum est, Cum uos persecuti fuerint in ciuitate ista, fugite in aliam: petijt ad tempus secessum loci remotioris, relicta tunc ecclesia ciuitatis Felice presbytero, quem filij loco amplectebatur, atque hunc sibi sedis accipere desiderabat. At persecutores ubi episcopum inuenire nequiuerant, nihil morati manus in Felicem mittere contendunt, eumque primum quasi maximum post episcopum urbis, arcere à constantia famosæ suæ uirtutis decreuere, uel blandiendo promissis, uel pœnis terrendo studuere. Comprehensus igitur Felix ab aduersarijs furentibus, sed ipse multum de interna spiritus sancti consolatione confisus, mittitur in carcerem tenebrarum, manus simul & collum ferrea uincula stringunt, neruo pedes arctantur, fragmenta quoque testarum subter eum sternebantur, ut neque horrorem, & frigora longæ noctis lignum, uel somnum, uel requiem capere aliquam, continuo horum acumine compunctus sineretur. Interea episcopus, qui ad montana in tribulatione hostem fugiendo secesserat, & ipse non minore martyrium passione gerebat, quam si ferro uictus, aut rogis superpositus, uel flammis esset datus carnificibus. Urebat namque animum illius cura maxima sui gregis, urebat & corpus fames, una cum gelido rigore hyemis, qui intra spinetum frutectis & alimento iacens, noctem una cum die peruigili sollicitudine continuabat in precibus. Nec difficile membra senilia, & longis exhausta ieiunijs, tanta uis malorum compressit usque ad mortem: sed superna pietas aperte ostendit, quanta sui cura uir ille dignus esset, ostenderet, mittitur e cœlo angelus, qui beatum Felicem confessorem, uinculis exemptum, ad quærendum, recreandum, ac domi reuocandum antistitem ocyus ire præciperet. Erant autem plures eodem in carcere clausi, sed angelus adueniens soli Felici, qui pietatis gratia uinctus erat, apparuit, lucis splendore comites, & ipsam quoque domum gratia lucis adimplens, cuius uoce simul & luce Felix motus intremuit. Ac primum quidem se somnij imagine illudi putauit: at angelus surgere illum, & se sequi ocyus præcepit: qui stupens ad imperium iubentis, respondit sequi se non posse, quia & uinculis, & clausuris carceris, & custodum diligentia teneretur. Porro angelus iterata uoce surgere illum propere, nihil obsistentibus uinculis iussit, & dicto citius catenæ de manibus & collo eius, & compedes cecidere de pedibus. Duxit autem illum foras miro rerum ordine, apertis sibi quidem ianuis carceris: sed cæteris clausis, ita ut per ipsos custodes, quibus claudebantur, ignaros rerum iter agerent, ipso angelo instar columnæ Mosaicæ, & ducatum Felici, & lumen usque dum hostium manus euaderet, præsentiæ suæ fulgore præbente. Ut autem peruenit beatus confessor Felix ad locum desertum, quo episcopus secesserat, inuenit eum ægra suspiria trahentem: & quidem gauisus, quod eum uiuentem inuenerat, contristatus uero est multum, quod inæstimabili morti proximum uidit. Itaque amplexus & osculatus est patrem, cœpitque tentare, si forte crebro anhelitu sui oris & suo fotu corporis aliquid caloris posset gelidis artubus afferre. [illegible]

posse

posset uel animo excitare, uel corpore: sed neque ignem aut alimentorum in proximo, quo eum rigentem ac tabescentem recrearet, haberet: tandem inuento salubri consilio, flexis genibus se ad patrem Domini nostri Iesu Christi, suppliciter obsecrans, ut ipse consilium suum panderet, quo ministerium peractum, quod iussus erat erga patrem suum, explere ualeret. Nec mora exaudiuit, ac uidit pendentem uuam in sentibus uicinis, et illam esse munus agnouit, qui naturarum conditor atque auctor omnium, et aquam de petra produxit arida, et ipsam eandem in uinum conuertit. Accessitque multum hoc munere diuinae pietatis, ubi racemum, atque ad os episcopi exprimens admouit: sed quia ille strictis dentibus tacebat mortuus, utpote omni sensu et corde et anima carens, oblatum sibi gustum prorsus accipere nesciebat: tandem sanctus presbyter Felix solerti manuum suarum [illegible] aperuit arida eius labia, et sic ori eius resoluta uua, qua [illegible] poterat, succi salutaris infudit. Quo gustu mox pater sensum et animae recepit, et corporis aperiuntur oculi, lingua quae sic ei hactenus faucibus ad loquendum soluta est: et ubi plene recognouit Felicem esse, qui ad se quaerendum uenisset, agnouit, paterna illum pietate complexus, et quare tam sero ueniret conquestus. Vbi, inquiens, tamdiu demoratus es fili? Nam te iamdudum Dominus ad me uenturum promiserat. Vides autem, quia si fragilitate uictus corporis ad horam cessi, solidam tamen animi fidelis constantiam seruaui: sicut etiam loci huius, ad quem secessi, status indicat. Poteram quidem ad uicum aliquem siue aliam urbem, ubi ab hostibus essem tutus, intrare, si mihi uilis fides, et chara haec uita fuisset: nunc autem [illegible] ad deserta uero magis [illegible] me gratiae [illegible] credidi, ut ille de me ipso quocumque modo uellet, aut in hac uita conseruaret, aut in futuram transferret. Neque uero me spes quae in Deum erat, fefellit, sicut tuo maxime teste probatur aduentu, per quem ab ipso, ut ita dixerim, limine mortis sum reuocatus ad uitam. Vnde nunc mi, comple festinus coeptum pietatis opus, et impositum me humeris domum reportare satage. Quibus dictis Felix celeriter quod iubebatur, expleuit: senemque sub humeris antistitem suum ad domum retulit, quam unica seruabat anus. In tantum namque antistes uenerabilis a mundi erat rebus alienus, ut illi de omni substantia domus, et summa censu, anus una superesset. Pulsatis ergo foribus [illegible] Felix [illegible] dedit et commendauit episcopum. Tunc episcopus pro impenso sibi officio pietatis, beato Felici debitam gratiarum retulit actionem, et imposita capiti eius dextera, paterna illum benedictione donauit: qui egressus inde, paucis diebus et ipse in domo sua, donec persecutionis turbo cessaret, delituit. Quod dum fieret, [illegible] de suo aduentu [illegible] per [illegible]

Felix tamen

gredientes, solabatur et confortabat uerbo exhortationis animos singulorum, qui ad tribulationem praesentis tempestatis non modicum fluctuantes [illegible]. Nec solum uerbo, sed et hoc illos docebat exemplo, et prospera mundi, et aduersa despicere, sola aeternae patriae gaudia quaerere, solam superni iudicis iram formidare. Rursum mota persecutione quaeritur Felix, ueniuntque hostes usque ad habitaculum eius, illum capere, ac morti tradere furentes, qui cum forte ab aedibus suis absens in medio ciuitatis cum amicis consisteret, ubi Felix uerbum fidei circumstantibus turbis praedicabat: quem ex longe uisum adhuc aduersarii, mox strictis gladiis accurrunt: sed peruenientes ad eum, mutato diuina prouisione uel uultu ipsius, uel corde illorum, nequaquam eum quem optime nouerant, agnoscere ualebant. Interrogantibus ergo ipsum, ubi esset Felix: intelligens uir prudentissimus, diuinitus actum esse, ne eum cognoscerent, ridensque inquirentibus, Nescio, inquit, Felicem, quem quaeritis. Nec prorsus fefellit: nemo enim seipsum facie nouit. Quo illi mox relinquentes eum, discurrerunt alibi, et quos forte obuios habebant, interrogabant, ubi esset Felix: e quibus unus causae prorsus ignarus, et furere eos cernens, coepit obiurgare eos dementes, qui praesentem non possent cognoscere eum, cum quo loquebantur: pariterque eis quo discederet ille, quem quaerebant, ostendit. Qui grauius furentes, statim uestigia beati Felicis insequuntur. At ille appropinquantibus ad se illis, admonitus tumultu percurrentis ciuitatis, et clamoribus attonitis aduenientium hostium uulgi, secessit in secretiorem locum: qui est quidem munimenti firmioris habens, semiruti tamen muri [illegible] fragmine praeceptus, sed mox ut [illegible] Dei recepit, mira diuinae manus est opere tutatus. [illegible] cui omnis creatura deseruit, consertis [illegible] ipso in loco, telas suspendit. Quo cum peruenissent, obstupuerunt hostes, et presso gradu loquebantur mutuo, dicentes, Non nescitum est nos hunc hominem quaerendo ingredi, cum liquido appareat, neminem hic prodisse, quia si quispiam intrasset, nequaquam hic araneorum fila integra remanerent, quae etiam muscae perrumpentes [illegible] scindere solent. Constat ergo, quia qui huc secessisse Felicem dixit, astu fecit, ut nos ab eius inuentione longius abstraheret: ergo recedamus, ac dimittamus hic hominis latebras scrutari, ubi ipsa loci facies neminem [illegible] praemonstrat. Sic delusi sollicitudine quaerentium, discedunt, [illegible] fidenter, ut cum qui sciat loca [illegible] induxerat, ubi maxime claruit sapientia pii conditoris ac protectoris nostri. Certe nonnunquam muri urbium [illegible] ac munitissimi, ciues suos obsidentibus ad [illegible] producunt magis quam liberant et [illegible] Christum si multi [illegible] persequentibus

in [illegible] tibus

eius armatis hostibus, tremulis araneorum cassibus ne inveniri vel capi posset, abscondit, unde et venerabilis pater Paulinus de his loquens ait, Ubicunque Christus adest nobis, & aranea, murus fiet: at cui Christus abest, & murus, aranea fiet. Discesserunt ergo incassum perquirentes iam hostes: & Felix illis abeuntibus liberior alias petit latebras, gaudens de adiutorio divinae protectionis, secumque decantans: Nam et si ambulem in medio umbrae mortis, non timebo mala, quoniam tu mecum es. Die autem facta, secessit in locum inter ipsa aedificiorum tecta secretiorem, ubi sex mensibus continuis ab hominum quidem notitia omnino segregatus, sed divinae praesentiae gratia fretus manebat absconditus, videlicet iuxta vocem psalmistae. In abdito vultus tui a conturbatione hominum: qui etiam intra illum, atque hominibus invisa, [illegible] tanto temporis spatio pavit. Manebat namque in vicinis aedibus quaedam devota Deo mulier, cuius ministerio nescientis, Felicem ipse solus scientiae fons & origo Dominus nutriebat. coquebat enim panes mulier, coquebat alias escas in cibario domus suae: & facta in recessu eo loci inferebat has, ubi Felix confessor latebat, ibique sumendas illi ponebat, ita ut neque huc se intrasse, neque rediisse unquam scire posset, sed praeparatas escas domi se credens, ita semper aliquas ponendas memor: & postea nec [illegible] escas. sic beatum Felicem servum suum, ut dixi, mensibus sex eisdem latebris obscurum & angusti tecti mansione ab humana quidem societate seiunctum, sed nunquam civium supernorum praesentia desertum. & parco nimis [illegible] ministratio, aliquando dixisse Felicem, quo tempore perhibetur etiam divinae collocutionis dono saepius dignus fuisse habitus. Erat autem in [illegible], in quibus morabatur habitaculis, cisterna vetus, de qua ipse in primis potum parvum hauriebat: sed hanc quamvis nimia vetustate esset siccata calore, non tamen beato confessori unde biberet, defuit. etenim pius conditor ac provisor salutis nostrae, qui quondam sicco aere caetera terra solum modo vellus pluvia caelesti perfudit, ipse confessori suo latenti [illegible] & ferventi aere, pro ut opus habebat, pocula caelestis gratiae, qua sitiens recrearetur, ministravit. Completo autem hoc tempore, admonitus est oraculo divino procedere de latebris, eo quod iam persecutionis turbo pertransisset: qui ut repente [illegible] apparuit in publico, gratissime ab omnibus quasi paradiso veniens, susceptus est: coepitque ex tempore fidem confirmare omnium, quae saeva tempestate erat nimium concussa. Interea Deo dilectus antistes Maximus longa provectus aetate, diem clausit ultimum. Nec mora Felix in episcopatum omnium iudicio eligitur, qui & confessor maximus, & doctor extitit sanctissimus: & quae ore docebat, ipse cuncta opere complebat. Verum Felix interim humilitatis gratia in corde haberet sublimari, [illegible] da scire ut hunc gradum suscipere deberet,

excusavit dicens: Compresbyterum suum quintum, multo dignius honorem praesulis gradus posse suscipere, eo quod is septem diebus antequam ipse ad ordinem presbyterii iussus promoveri, quod ius ei prius habebat, expletum est: [illegible] episcopatum [illegible] qui administrabat, ut humiliter beatissimo confessori subditus illum prorsus ad populum sermonem facere iuberet: & ipse plebem [illegible] Felicis doctrina regeret: qui videlicet Felix cum clericis, & virtute vel de populares esset, humilitatis etiam summae voluntariae paupertatis amator extitit. Possederat namque ex paterna haereditate praedia multa, domosque, ac divitias plurimas: sed tempore persecutionis proscriptus cuncta amiserat. At vero pace ecclesiis reddita, cum posset sua iure repetere, neque quisquam ultra vetabat: sed amicis suadentibus, ut debita sibi iura reposceret. Quae tempore cum sancto [illegible] dispergere, ac dare pauperibus posset, nullatenus id facere consentiens, suorum sententiis suggestiones eorum repellebat, dicens: Omnia mihi licent, sed non omnia expediunt. absit enim ut res, quas causa confessionis perdidi, repetam: absit ut terrenas opes iam caelestium bonorum contemplatione semel contempsi, quasi hanc mihi solam felicitatem, illa ratione repetam: quin potius pauper spiritu saeculi quaerens, quo opulentius regni caelorum dona percipiam, nec diffidebam, quin ille qui me & vinculis, tenebrisque dirae carceris eripuit, & ab hominibus secretum tanto tempore pavit, etiam caetero vitae meae spacio, [illegible] cogitatum meum, ipse me enutriet. [illegible] animum beatus confessor, [illegible] iugera ruris modici, & hoc conducta, & [illegible] proprii iuris, unde viveret, habebat. Sed haec utraque ne uno quidem famulo adiutus, propria manu coluit: fructum autem eiusdem suae mensis, vel hortuli adultu cum pauperibus semper communicare gaudebat. Eandem autem & in habitu parsimoniam vir beatissimus [illegible], ut simplici tantum vestimento, & quod nonnunquam vix sibi sufficeret, esset contentus: si quid vero superesset, pauperibus erogaret: & si forte aliunde contigit, ut geminum haberet indumentum, mox nudum meliore [illegible]. Talis vivens pietate vir & nomine & merito Felix, plenus dierum atque operum bonorum defunctus est, ac [illegible] esse receptus in gloriam, sicut etiam signa quae in ecclesia in qua sepultus est, sunt facta, perplura testantur. Erat enim ibi quidam rusticus pauper rebus, sed fide integer, qui angustiam paupertatis duorum solummodo boum possessione sustentabat, vel ipse videlicet his utens, vel aliis [illegible], pacta mercede commodans, atque eos cum multa inopi cura diligenter [illegible], quadam nocte furto ablatos perdidit, et mane facto, ubi eos furto certissime comperisset ablatos, omni spe sua quasi destitutus, ad memoriam patris, capite de corde reclinato sancti Felicis, [illegible] advolvens, ante fores domus sancti [illegible] prosternitur, fixisq; in terram uultibus implorat & obsecrat sanctum Felicem, reddere sibi boues, quos perdiderat: testatus multum cum lachrymis, nunquam se ipsum, si non boues reciperet, exiturum. Quod dum diu rogaret quidem rustica, sed fidelissima mente fecisset, superueniente uespera, eiectus est uiolentia turbæ, & sacris propulsatus ab ædibus. uenit autem domum, nec omittit continuis lamentis noctem ducere peruigilem. uerum quia omnis qui petit accipit, & qui quærit inuenit, & pulsanti aperietur, & sicut psalmista ait, desiderium pauperum exaudiuit Dominus: medio noctis tempore cum cæteris hominibus, ac rebus omnibus quietis, ipse solus excitante suo dolore, ac paupertate peruigil iaceret: mirum dictu, ueniunt subito ad hostium eius boues, quos quærebat, diuino uidelicet nutu, & prædonibus erepti, ad domum Domini per loca sua inter tenebras noctis eorumq; reuocati: pulsantesq; cornibus hostia cellæ, in qua manebat, suum, iam sese aduenisse signabant: sed ille multum tremens, nõ iam boues suos, sed fures sibi noxios adesse credẽs, diutius fores aperire tardauit, donec idem boues, quasi causam Domini tardantis intelligentes, magnum quoque cornibus fecissent, qui ad ostia domestica pulsassent, demonstrarent: receptis autem bobus rusticus, non rollice sed deuote ac fideliter agens, festinauit primo mane debitas redditori suo gratias rependere. assumens enim secum boues, uenit ad ecclesiam sancti Felicis, omnibus & illo iter facientibus, & ibidem perueniens beneficia quæ a sancto confessore percepisset, iocabunda uoce replicans, & ostendens: & qui amissis plorans uel inquirendo suos boues, uel recipiendo præ gaudio & uolorẽ quoque acem non minimum fecerat: & huius decrimenti solatium à beato Felice quærens, accepit, sicq; domum rediit, duplici gratiæ coelestis munere repletus. Cumq; in honorem eiusdem beati confessoris, augustior ecclesia fabricaretur, erant in proximo ipsius ecclesiæ duo rusticæ casulæ importuno situ, simul & deformi usu, quæ omne decus ecclesiæ non parum sua obscuritate fœdabant. Volens autem uenerabilis, ac Deo dilectus antistes Paulinus tolli hæc ædificia, & emundari loca, in quibus sita fuerant, postulauit eos, ad quorum possessionem pertinebant, hunc beato Felici præbere consensum, ut ad illustrandum decorandumq; locum ecclesiæ eius priuata sua tecta paterentur auferri. at illi preces eius rustica obstinatione spernentes, in gladio se animas dare, quam suas possessiones relinquere posse dicebant. Cumq; episcopum uiderent rusticos ista uincere, actum fuit diuinæ potentiæ manu. nam nocte quadam quiescentibus cunctis, subitus ignis ex una cellarum earundem oriens, uicina paulatim ædificia petere cœpit, ita ut magis magisq; suis incrementis adauctus, & prope & longe posita habitacula cuncta consumpturus esse uideretur. Tunc tantis excitati fragoribus & globis ignium, ciues accurrerunt, ut uel incendium si possent, omne aquas fundendo restinguerent, uel de suis longe domibus, quæ possent igni præripientes, auferrent. Cumq; se nil ualere posse conspicerent, cœperunt quærere diuinum, ubi humanum cessabat auxilium: aduolans ergo dux episcopus ad ecclesiam sancti Felicis, flectitur genibus, superna auxilia protectionis implorat: discurrit inde ad ecclesiam beatorum Apostolorum, quæ contigua erat ecclesiæ beati Felicis, & inde per intercessionem Apostolicam coelestis præsidii dona flagitat. ubi postquam oratum est, rediit domum episcopus, sumptamq; de ligno Dominicæ crucis non grandem assulam, misit in medium incendii, furentisq; flammæ immensa illa uolumina flammarum, quæ tanta uirorum manus aquis superfundendo nequiuerat, ipse lignum addendo restinxit, tanta etenim sanctæ crucis erat uirtus, ut sese natura relinqueret, & ignis qui omnia solet ligna deuorare, ipse ligno Dominicæ passionis uelox extinctus, absumeretur. Vbi uero tempestas tanta sopita, & mane redeunte cuncta diu noctis opera cõsiderare cœperunt, crediderunt non parua sancta incendiis damna esse perpessa: inuentum est autem nihil prorsus combustum, nisi quod debebat auferri, ex illis tantum domibus duabus, de quibus prædiximus, quas & homines consumere atq; auferre disposuerant, unam funditus absumptam uidebant. Quo facto multum erubuit rusticus ille, qui sua tecta contra decorem sanctorum ædificiorum stolida obstinatione defenderat, cernẽs se tuguriolum nulla mercede perdidisse, quæ in gratiam sanctorum sponte nolebat amittere, & mox ipse quod igni superfuerat de ædibus, propriis cœpit manu abolere, quatenus ocyus omnis circa ecclesiam beati confessoris locus congrua sanctis claritate ac luce redderetur insignis. ablata autem omni fœditate ruderum ac sordium earundem perfecit beatus antistes Paulinus ecclesiam, quam cœperat ad perfectum deducere, cuius ædificium omne tribus annis perfectum, & in picturis atque omni ornatu suo debito fine conclusit: in qua felicissimi beati Felicis uita & passio in æternum memorabilis celebratur, qui die quartodecimo mensis Ianuarii consummato cursu certaminis gloriosi percepit coronam, quam repromisit Deus diligentibus se.

EXPLICIT LIBER DE VITA ET confessione sancti Felicis, quem ego famulus Christi Beda de metrico opere beati episcopi Paulini simplici sermone transtuli.

Sancti Vedasti uita.

Quomodo sanctus Dei famulus Vedastus Regi Hluduuico adiutor esse. Caput I.

POSTQUAM Deus & Dominus noster Iesus Christus uenit quaerere quod perierat, de coelis in hunc mundum per uirginalem ueniens uterum, & tota suae dispensationis & nostrae salutis, peracta plenitudine cum triumpho gloriae, ad sedem paternae maiestatis reuersus est, ut tenebras ignorantiae tenebras toto depelleret orbe, multa sanctorum lumina doctorum Euangelicae praedicationis face fulgentia, toto diffuderat mundo. Sicut coelum fulgentibus ornatur stellis, quae tamen omnes ab uno illustrantur sole, sic & latae terrarum spatia sanctis splendescerent doctoribus: qui tamen ab aeterno sole illuminati, diuina praeueniente gratia, eos ignorantiae tenebris uera fidei fulgore, & glorioso Christi nomine illustrarent, ut eis ministrantibus longo ab initio saeculi exsules, aeternae uitae epulis fruerentur. De quorum numero sanctus Dei sacerdos Vedastus, & praedicator egregius temporibus fortissimi regis eius temporis Francorum Hluduuici, multa diuina dirigente gratia, ob multorum salutem peruenit regiones, qui diu iam superna pietatis fulcitus auxilio, populum diabolica fraude deceptum, & errorum laqueis captiuum, in lumen dirigeret salutis aeternae, & uerae quae in Christo est libertati restitueret: sed ut hoc acceptabili secundum Apostolum fieret tempore, qui ait, Ecce nunc tempus acceptabile, ecce nunc dies salutis: Dominus Iesus, qui uult omnes homines saluos fieri, tempus eatenus suo famulo praeuidebat causam, quomodo opportune ad ministerium uerbi Dei peruenire ualuisset. Contigit uero praefatum Francorum regem Hluduuicum Alamannis bella inferre, qui tunc temporis regno suo per se potiti sunt: sed non eos ita offendit imparatos, ut uoluit. Nam fortissima collecta manu regi e iuxta ripas Rheni fluminis obuiam uenerunt unanimes bellica uirtute patriam defendere, uel libera manu pro patria mori. & fortissime utrinque decertatum est: hi ne imperium gloriam, illi ne patriae perderent libertatem in mutuam ruentes caedem. Igitur rex nimio turbatus terrore, dum inimicos uidit fortiter pugnare, & suam gentem ad internecionem trucidari, magis coepit de salute desperare, quam de uictoria sperare: etsi necdum uoluntate renatus esset in Christo, tamen necessitate cogente ad Christi confugit auxilium. Et quia reginam habuit religiosam, baptismique sacramentis initiatam nomine Hluthilt, oculos cum hac uoce ad coelum leuauit: O Deus uniuersae potestatis, & summae maiestatis, quem regina Hluthildis colit, & adorat, concede mihi hodie de inimicis meis uictoriam. Nam ex hac die te solum mihi esse Deum, & ueneranda potestas, ut mihi triumphi praesta, & ego tibi promitto sempiternam seruitutem. Hoc diuina operante pietate regi a uerterunt Alamanni, uictoria cessit regi & Francis.

Quomodo rex fidelissimus post uictoriam ad baptismum, uel sic sanctum Vedastum secum assumpsit, nouus iter fidei sacramenta suscepit. Caput II.

O Mira omnipotentis Dei clementia, o ineffabilis bonitas, qui sic exaudit, & numquam derelinquit sperantes in se: quanta fide Christiani illius inuocare misericordiam debent, dum paganus rex ad unius precis effectum tantam promeruit uictoriam. Cur ex antiquis historiis diuinae pietatis auxilium adaequare debemus, qui ob unius momenti lachrymas tam celebrem uenturo suo seruo concessit triumphum Ezechiae regi, qui angustia tribulationis una tantummodo petitione promeruit, non solum a praesenti uastatione ciuitatem superna protectione defendi, sed etiam in eadem nocte, qua preces in diuinas effuderat aures, centum & octoginta quinque milia hostium laetus & liberatus occidi uiderat. Haec uero uictoria, de qua ante diximus, regi populoque suo causa fuit salutis aeternae, & ueluti ex nouo lucernam sanctum Vedastum sub modio latere absconditum, sed super candelabrum positum, ut compleret praedicationibus in domo Dei lucernam, ab errore idololatriae, & caligine ignorantiae in uiam plurimos educeret. Rex itaque superatis hostibus, & rebus in pace compositis, & Alamannis suae subiectis ditioni, rex ouans, cum laude triumphali, in patriam redeat: & ut fidelis tantae sibi gloriae largitori sponsor appareret, festinauit fonte Christi sacramentis praedicatione, & sancti baptismatis ablui sacramentis: ueniensque ad Tullum oppidum, ubi sanctum agnouit Vedastum laudabili religione soli seruire Deo, & dulcissimos eius placentia corpore fructus. Hunc uero ad sanctum Remedium Christi clarissimum sacerdotem ad Remensem properans ciuitatem, sibi socium adsumpsit, quatenus per singulos itinerarii sui gressus saluberrimis ab eo imbueretur doctrinis, & catholicae fidei firmis initiaretur fundamentis, ut paratus fide, & uirtutum scientia a tanto pontifice spiritali ablueretur lauacro, & ab illo donis coelestibus confirmaretur, quod ab isto prius diuina praeueniente gratia, Euangelicis coeptum fuerat praedicationibus. Hic ad fontem uitae festinantem deducebat regem, ille in fonte salutis aeternae renatum abluebat, ambo propemodum pari pietate patres: hic doctrina fidei, ille baptismatis unda, utrique aeterno regi regem temporalem, munus obtulerunt acceptabile. Hi sunt duae oliuae, duo candelabra lucentia, a quibus temporibus illis Dei auditus, & diabolica tantum in conspectu Deo, portam perpetuae lucis ingressum, cum fortissima gente Francorum credidit Christo. & facta est gens sancta, populus acquisitionis, ut annunciemur in eo

uirtu-

uirtutes illius, qui uos de tenebris uocauit in admirabile lumen suum.

Quomodo praesente rege et populo per Dei Vedastum caecum illuminauit. Caput III.

SAcra igitur Euangelicae auctoritatis narrat historia, Dominum Iesum Hiericho pergentem ad confirmanda in fide sua miracula corda populi praesentis, caecum quendam ad se clamantem lumen reddidisse oculorum, ut per corporale unius illius caeci lumen, spiritaliter multorum illuminarentur pectora: ita & Vedastus sanctus, Deo Christo donante per cuiusdam illuminationem caeci fidem, quam uerbo praedicauit in corde regis miraculo confirmauit: ut rex ipse intelligeret, tam sibi esse necessarium cordis lumen, quam caeco oculorum illustrationem: & quod diuina operata est gratia, per preces famuli sui oculis caeci noctis caligantis, hoc per sermones eiusdem famuli, eadem operante potentia, per spiritalis intelligentiam lucis in suo pectore perficeretur. Nam regia excellentia condigno comitatu cum multitudine maxima populi iter agentibus illis, uenerunt in quendam pagum, qui incolarum terrae illius consuetudine Vungispagus dicitur, prope Reguliacum uillam, quae sita est super florigeras Axonae fluminis ripas: & ecce eiusdem pontem rege transeunte, cum multitudine populi, obuius fuit illis caecus quidam huius diurnae lucis expers luminis, forte nec sui peccatus culpa, sed ut manifestarentur opera Dei in illo, & per illius illuminationem praesentem plurimorum illuminarentur corda spiritaliter: qui cum intellexisset a praetereuntibus sanctum Vedastum Christi famulum in eodem iter agere comitatu, clamauit, Sancte & electe Dei Vedaste, miserere mei: & superno pio pectore diligentius deposce potentiam, ut me exsoluentibus miseriis: non uitam posco, nec argentum, sed ut mihi lumen per sanctitatis tuae preces restituas oculorum. Sensit itaque uir Dei uirtutem sibi adesse supernam, non ob illius caeci tantummodo, sed plus propter praesentis populi salutem, totum se in sacras effudit preces: in diuina fidens pietate dexteram suam signo crucis posuit super oculos caeci dicens: Domine Iesu qui es lux mea uerum, qui aperuisti oculos caeci ad te clamantis, aperi oculos & istius: ut intelligat populus iste praesens, quia tu es solus Deus, faciens mirabilia in coelo & in terra. Mox ille caecus lumine recepto gaudens perrexit uiam suam, in quo loco tempore sequenti a religiosis uiris aedificata est ecclesia in testimonium miraculi istius, in qua orantibus & credentibus usque hodie beneficia praestantur diuina.

Quod rex Hludouicus ad baptismum, & quod in Remensi urbe seruum Dei Vedastum sancto commendauit Remedio pontifici. Caput IIII.

IGitur rex a uiro Dei Euangelicis apprime imbutus doctrinis, & huius praesenti miraculo in fidem firmiter confortatus, nil moratus in uia, nil dubitans in fide: sed magna alacritate animi, magna festinatione itineris, sanctissimum pontificem Remedium uidere properauit, ut illius sacratissimo ministerio spiritus sancti cooperante, in remissionem peccatorum, & spem uitae aeternae salubri baptismatis unda ablueretur fonte. Cum quo aliquantis moratus diebus, ut ecclesiasticis satisfaceret sanctionibus, & paenitentiae secundum Apostolicum praeceptum prius ablueretur lachrymis, dicente beato Petro principe apostolorum, Poenitentiam agite, & baptizetur unusquisque uestrum in nomine Domini nostri Iesu Christi: & sic in nomine sanctae trinitatis coelestis mysterii baptisma susciperet. Sciens uero beatus pontifex apostolum dicentem Paulum, Omnia uestra honeste cum ordine fiant, statuit diem, quo rex ecclesiam intraret, ad suscipienda diuinae pietatis sacramenta. Quale fuit tunc sanctis Dei gaudium, qualis in ecclesia Christi laetitia, cum uiderent regem Niniuae ad praedicationem Ionae de solio maiestatis suae descendisse, & in cinere sedisse poenitentiae: & sub pia Dei sacerdotis dextera, suae excellentiae caput humiliare. Baptizatus itaque rex est optimatibus suis, & populo, qui diuina praeueniente gratia salutaris lauacri gaudebat suscipere sacramentum utrumque & uictoria ex hostibus, & suae salutis uoti compos ad sceptra regni regalia reuersus est, sanctumque Vedastum beato pontifici commendauit Remedio, qui ibi moratus, uitae meritis, & uirtutum claruit exemplis: omnibus amabilis & uenerabilis factus est. Fuit enim morum dignitate religiosus, caritate praecipuus, fraterna dilectione iocundus, humili pietate eximius, orationum uigiliis assiduus, sermone modestus, corpore castus, ieiunio sobrius, miserorum consolator: non de crastino cogitans, sed semper de Dei confidens clementia, omnes ad se uenientes, aeternae uitae pane pascebat. Nullum in sua deiiciebat angustia, sed pie consolationis uerbis reficiebat moestos, nemini uel uerbo nocuit, sed fraterno amore cunctis prodesse satagebat, unde & a quam plurimis illustribus frequentabatur uiris, ut illius sacratissimo alloquio, & instructione cuiuslibet solicitudinis susciperent consolationem, uel in religione ecclesiastica exercitationis ab eo paratam audirent ueritatem. Unde & illius pia deuotione multi a diaboli laqueis liberati, & uiam uitae perpetuae superna adiuuante pietate sunt ingressi.

[illegible] uiri Dei in domo [illegible] de miraculo [illegible]. Caput V.

SOlitus et multi, ut suprà diximus, ob celeberrimam sanctitatis famam nobilium uel plebeiorum animum Dei uisitare solebant, ut consolaretur per gratiam, quae abundabat in labiis illius: & quia ex abundantia cordis os loquitur, & quia fraterno amore omnes diligebat, cunctis se affabilem praestabat, ut omnium fructum lucri acquireret: nec Dominicae talentum pecuniae pigritia obrutum haberet, sed quotidianum charitatis studio multiplicare studebat, ut cum usura reuerenter Domino suo in conspectu appareret illius. Igitur quidam uir nobilis & religiosus inter alios famulum Dei uisitare Christi, ut per eum caelestis doctrinae refice retur melle: & dum sermo dulcissimae allocutionis in longum traheretur, & sol medium caeli transiens centrum, crescentes duplicaret umbras, nolebat uir Dei hospitem suum absque charitatis dimittere mandato: mandauit puero, ut si quid illi remansisset uini, ad haec pocula portare amico, quatenus uel animae refectus, uel corpore confortatus, domum rediret: sed propter hospitum frequentiam, & uiri Dei largam hominibus munificentiam, non arida parte cantari, aridum inuenit uasculum, in quo uinum seruari solebat. Mox tristis, tacito murmure hoc ipsum puer paternis intimauit auribus: qui uerecundiae rubore perfusus, caritatis tamen dulcedine abundans, corde in diuina confisus suffragia, tacitas pulsis per Dei preces effudit: nil de diuino dubitans auxilio, nil de suae petitionis haesitans effectu, totus in eius credens clementiam, qui de arida petra sitienti populo fontem aquae uiuae produxit: uel in Cana Galilaeae aquam in mirabilem uini conuertit saporem. Dixit puero: Vade in Dei confidens bonitatem, & quodcunque inueneris, in uasculo, maturius nobis afferre. Qui celer paterno obediens praecepto cucurrit, & uas olim uini modo plenum inuenit: gratias agit Deo, alacri animo suis socius propinauit & uenienti amico, qui duplici roboratus charitate remeauit in propria. Sed famulus Christi ne uentilantis aurae uerbis, uel rumigero populi celebraretur fauore, sub magna attestatione praecepit puero, omnibus diebus uitae suae hoc tacere miraculum: plus Deo soli cognitus esse cupiens, quàm hominibus: certissime sciens omnium esse uirtutum uerum in humilitate custodiam: & hanc esse, quae caritatis gradibus altissima caeli regna conscendat, ipso dicente ueritate, Omnis qui se humiliat, exaltabitur.

Vt uir Dei à sancto Remigio episcopo ordinatus est, & Atrebatis ciuitati missus ad uerbum Dei praedicandum, & in ciuitatis introitu caecum & claudum curauit. Cap. VI.

DVm igitur Dei celeberrima uulgaretur fama, & caritatis in eo munificentia & religio uitae, & uerbi Dei instantia longe lateque ab omnibus celebraretur, uisum est beatissimo pontifici Remigio, tam perfectum Christi sacerdotem melius esse supra candelabrum ponere, ut spiritualis scientiae suae sanctitatis integritate lumen ad salutem luceret multorum, quàm sub modio latebris propemodum absconditus lateret. Diuina dispensatione & salubri sacerdotum consilio ordinauit eum episcopum, & ad praedicandum uerbum uitae Atrebatis eum direxerat urbi, quatenus populum diu in idololatria malae consuetudinis erroribus iacentem, Deo seruitore per assiduam sacrae praedicationis instantiam, per illum in uiam ueritatis, & agnitionem Dei deduceret, cunctis praestante gratia. Et praedicationis officio suscepto, concitus ad praedictam iam peruenerat urbem, & in auspicium futurae prosperitatis & salutis, Deus cuiusdam miraculi testificatione eius [illegible]. Igitur in ipso eius ad portam dum ingredi haberet, obuiam sibi egenos & infirmos: caecum scilicet, & claudum, miserabili uoce Dei uoce stipendia postulantes, mox sacerdos Christi illorum condolens miseriae, secum tractans quid illis solatii praestare potuisset: & dum apostolicae praedicationis pecuniam in sacculis se non habuisse [illegible], in diuina confidens clementia, & sanctorum apostolorum Petri & Ioannis confortatus exemplo ait: Aurum & argentum non est mecum: quod autem habeo, id est charitatis officia & pietatem orationis ad Deum, hoc uobis praestare non differo. Et mox haec uerba serui Dei ex intimo cordis affectu pro illorum lachrymas fundit miseria: & cum Deo supplicaret opem illis poscebat diuinam, uel pro illorum corporali, uel pro populi praesentis spirituali salute. Nec tam prompte & tam necessariae preces inefficaces esse potuerunt: sed ab illo qui per Isaiam inquit prophetam: Tempore opportuno exaudiui te, & in die salutis adiuui te. Mox ambo in conspectu multitudinis opem receperunt sanitatis: & hac luminis claritate ditatus, ille pedum incessu laetatus, ambo superna gratia magnificant pietatem, maiora quàm sperauerant munera portantes, domum reuersi sunt: sed & hoc miraculum sanitatis in illis plurimis fuit causa salutis aeternae, ut credentes caelestem uirtutem uerba consequi sacerdotis Dei, relictis idololatriae sordibus, in Christo credentes sacri baptismatis fonte purgati sunt.

[illegible] Caput VII.

PEracta uero miraculi testificatione uir Dei fauore populi festiuo, singula ciuitatis loca peragrans, quaesiuit inter ruinas aedificiorum, si quodlibet ecclesiae signum inuenire ualuisset. Nam antiquis fertur temporibus sacra in illa loca fidei floruisse religionem: sed propter peccata habitatorum terrae illius occulto Dei iudicio, sed iustissimo tradita est cum reliquis Galliae uel Germaniae ciuitatibus pagano & perfido Hunorum regi Attilae: ut urbs quoque illa depopulata, quae propter nimiam animae suae iniquitatem, nec

factasacerdotibus Dei honorem, nec ecclesiis Christi reuerentiam impendere sciebat, sed omnia quasi tempestas immanissima, ferro uastauit, & igne. Tunc in similitudinem Hierosolymitanae uastationis, quae ab impio Babyloniae rege facta est, Veniunt gentes in haereditatem Dei, & pollutis manibus prophanauerunt sacraria Christi, effuderuntque sanguinem seruorum Dei circa altaria altissimi regis. Non hæc paganorum fecit fortitudo, sed populi Christiani peccata meruerunt. Inuenit uero famulus Christi antiquam ecclesiae inter murorum fragmenta, [illegible] que crescere desierat, ubi quondam psallentium chori, ibi lustra & latibula ferarum uisa sunt, stercoribus & immunditiis omnia plena, ita ut uix uestigium aliquod remansisset murorum. Hæc cernens intimo cordis dolore ingemuit, dicens: O domine, hæc omnia uenerunt super nos, quia peccauimus cum patribus nostris, iniuste egimus, iniquitatem fecimus: sed tu Domine memor esto misericordiae tuae, & nostris parce peccatis, & ne obliuiscaris pauperum tuorum in finem. Dum hæc itaque lachrymosis murmuraret querelis, ecce subito ex ruinosis speluncis ursus prosiliit, cui uir Dei cum indignatione praecepit, ut in deserta secederet loca, nec ultra illius fluminis ripas transiret: qui mox illi terrorem minatione fugit, nec unquam postea illis uisus est in partibus. O mira omnipotentia Dei in sanctis suis potestas, quibus bestiae feroces humanae obediunt uoces. O miserabilis hominum audacia, qui salutiferae praedicationis uerba a sanctis prolata doctoribus contemnere non metuunt. Irrationabilis bestia in obtemperando sanctorum praeceptis quodammodo ratione utitur humana: homo uero ad imaginem Dei conditus ratione praeditus, comparatus est iumentis insipientibus, & similis factus illis, honorem suum non intelligit.

Quomodo in conuiuio apud Lotharium regem [illegible] signo sanctae crucis diabolica [illegible] fuit. Caput VIII.

DVm urbe conspexisset uir Dei ecclesias Christi desertas, et populi idololatriae erroribus infectum, ignorantiae tenebris obcaecatum, gemino se pietatis subdidit labori: populum scilicet intentione ad agnitionem ueri luminis perduxit, ecclesias ad culmen pristini decoris erexit, presbyteros & diaconos sibi in adiutorium per diuersa ecclesiarum disposuit loca: & ubi prius speluncae fuerant latronum, ibi orationum domos construxerat, magisque studuit eas diuinis ornare laudibus, quam pompa secularis diuitiis: comes erat uero pauperibus largus, diuitibus affabilis: quatenus omnes uel largitate munerum, uel iucunditate uerborum in uiam duceret ueritatis. Sciens itaque nullis [illegible] superbi secularis potentiae colla ad Christianae religionis humilitatem inclinari, nisi per suauissimas patientiae admonitiones, Apostolico instructus exemplo, omnia omnibus factus, ut omnes lucrifaceret. Seniores honoribus praeueniens, iuniores paterna dilectione admonens, ubique per officia charitatis non sua quaerens, sed quae Dei sunt. Christi sequens uestigia, potentium conuiuia non contempsit, non luxuria cordis, sed praedicationis obtentu, ut [illegible] semina Dei commonitionum infunderet cordibus. Igitur quidam nobilis Francus, potentia clarus, Hocinus nomine, regem Hlotharium praedicti regis Hludouici filium, qui tunc temporis Francorum regni nobiliter rexerat sceptra, inuitauit ad prandium, quod magno apparatu in domo sua regi & suis parauerat optimatibus. Rogatus quoque est sanctus ad conuiuium Vedastus, qui domum intrans more sibi solito dextera extenta, omnia sanctae crucis uexillo signauit. Quaedam uero uasa ubi cerusia stabant, impleta, sed male gentili errore daemoniacis incantationibus infecta, quae mox ab aspectu sanctae crucis destructa crepuerunt, & quicquid liquoris habuerunt, in terram effuderunt. Territus uero rex & optimates illius huius uisione miraculi, sciscitabatur pontificem causam repentini prodigii. Cui sanctus respondit episcopus, Per quasdam maleficiorum incantationes, ad decipiendas conuiuarum animas, diabolica in his latuit liquoribus potentia; sed uirtute crucis Christi territa, sic inuisibiliter de domo effugit illa, sicut uisibiliter conspicitis liquorem effusum in terram. Haec uero res multis proficiebat in salutem. Nam plurimi occultis diabolicae fraudis catenis absoluti, augurorum uanitate spreta, incantationum consuetudine relicta, ad ueræ religionis confugerunt puritatem, intelligentes diuinae potentiae efficaciam in suo famulo facere signa, nihil contra eius sanctitatem antiqui serpentis ualere machinamenta: & quod ille ad perditionem parauerat aliquorum, hoc Christi gratia ad redemptionem conuertit plurimorum.

De infirmitate, obitu & sepultura sancti uiri, & quomodo illius [illegible] ab igne [illegible] domus [illegible], in qua sanctus uir obijt. Caput IX.

REXerat igitur praefatus Dei sacerdos ecclesiam Christi, diuinae auxiliante gratia, annis circiter quadraginta, sub magna Euangelicae praedicationis deuotione, sub magno pietatis amore: ac per idem temporis multitudinem populi catholico dogmate ad Christianae fidei conuertit sanctitatem. Clarus ubique diuinae copia legis [illegible] Christi nomen cunctis exaudiebatur in ore, floruit in moribus [illegible] honestas, ardebat in pectoribus singulorum caelestis patriae amor, populus frequentibus ad ecclesiam concurrebat, festa cum magno gaudio nostri Saluatoris opportune celebrabantur diebus, eleemosynae circa domum ubertim [illegible] pauperibus dispergebantur, uerbum Dei quotidie per loca singula populis praedicabatur, hymnidicas laudes Deo horis canonicis clerus cantabat in ecclesiis: Beatum dicentes populum cui haec sunt; beatus populus cuius est Dominus Deus eorum. Omnes enim in pulchritudine pacis quiescebant, in agnitione ueritatis gaudebant, in sanctitate Christianae religionis laeti fiunt. Postquam uero pius praedicator, & sanctus Dei sacerdos meritis maturus, & annis plenus sui laboris Deo dispensante recipere debuit, in eadem Atrebatensi ciuitate ualida infirmitatis febre correptus est, diuina prouidentia misericorditer, ut ubi plurimum in Dei sudauit seruitio, inde ad palmam aeternae beatitudinis perueniret: & inter charissimorum manus filiorum animam suo redderet creatori. Ut uero sui obitum famuli Deus designaret, uisa est nocte quadam clarissima columna lucis a culmine domus, in qua sanctus iacebat sacerdos, usque ad summum coeli horarum fere spatio duarum stare fastigium. Quod cum uiro Dei dicerent, intellexit statim hoc signum suum demonstrare obitum: uocauitque suos ad se filios, ut eorum precibus suam fideli conditori commendaret animam. Et post dulces paternae pietatis admonitiones, & extrema charitatis uerba, sacrosancti corporis & sanguinis Christi confirmatus uiatico, inter manus lachrymantium spiritum emisit. O dies sancto laetissima sacerdoti, sed electo moestissima populo, qui tantus subito corporali uita destitutus pastore: quem tamen spiritali nunquam deserit intercessione, si sacratissimae admonitionis uerba, & probatissimae uitae uestigia sequi non desistit. Conuenerunt itaque ad obitum uenerandi uiri exequias clerus & populus copiosus, aliarumque ecclesiarum sacerdotes, presbyteri & diaconi: sed mixtum inter lachrymantium uoces in terra psallentium, auditur a quibusdam religiosis uiris, coetus audiebantur in coelo: & dum digno honoris officio feretrum, in quo iacebat corpus patrum, [illegible] in medio, accedentes mouere eum non ualebant. Quid uero agerent, ambigebant: quo se uerterent, nesciebant: sed cilabantur a Scupilio archipresbytero, uiro equidem religioso, qui secretarius fuerat sermonum sancti Dei, si aliquid de sibi eum uelle sepultura memoraret, timentes, ne forte illis hoc ideo accidisset, quia intra murum eiusdem ciuitatis illum sepelire disponebant: quibus ille respondit, Saepius eum audiui dicentem, quod nullius mortui cadauer in ciuitate sepeliri debuisset: quia omnis ciuitas locus debet esse uiuorum, non mortuorum: consilio ab eo accepto, foris ciuitatem in oratorio, quod sibi ipse parauerat, sepelirent patrem: qui mox facillime leuantes feretrum, portabant faciem cum [illegible] luminibus, laudibus & hymnis ad locum sibi placitum, sepelierunt eum cum magno honore iuxta altare eiusdem oratorii, nobilem terrae condentes thesaurum, in quo loco diuina praestante pietate usque hodie solent miracula fieri, quae magis certitudinem o- tantum quam distantiis fidei seruabantur. Superueniente itaque tempore, domus in qua Deo dilectus decessit, flammis arrepta ardere coepit: sed uidente quadam religiosa foemina, Hubria nomine, sanctus adueniens Vedastus flammas a domo discussit: & ita incolumis remansit cum lectulo, in qua uir uenerabilis sanctam ad coelestia regna animam emisit, ut omnes agnoscerent, quanta illius esset beatitudo in coelis, cuius lectuli domus in terris ardere non potuit, pro cuius meritorum quoque sanctitate, diuina operante pietate, quotidie uel uetera narrantur miracula, uel noua uidentur. Felix equidem Atrebatica ciuitas, tam excellentis munita patroni, cui maiorum ruinis uicesat illius tumuli in meritorum nobilitate clarescit: totusque pro eius sanctissima intercessione gaudeat populus, omnipotentique Deo aeternas referat laudes, qui tam clarum illis perdonauit doctorem, cuius praedicatione uiam agnouit ueritatis, cuius precibus sit in fidei firmitate, & uitae sanctitate consilii, ab omni aduersitate secura permaneat, & usque ad perfectam beatitudinis gloriam perueniret, praestante Domino nostro Iesu Christo, qui cum patre & spiritu sancto regnat Deus per omnia secula seculorum, Amen.

Homilia in die natalis sancti Vedasti pontificis dicenda ad populum. Caput X.

GAudete dilectissimi fratres in Domino, qui ad sanctissimi patris & protectoris nostri sancti scilicet Vedasti solennia conuenistis: & spirituali iucunditate laetamini: & ex intimo cordis affectu clementiam Domini nostri Iesu Christi collaudate, qui nos ab idololatriae tenebris ad agnitionem sui sancti nominis per huius sancti sacerdotis praedicationem perducere dignatus est. Sequamur unanimiter tam sancti doctoris uestigia, non simus tanti patris degeneres filii, sed sanctitatem uitae illius morum nobilitate imitemur. Abiiciamus ergo a nobis opera renebrarum, & induamur arma lucis, sic ut in die honeste ambulemus: quia nox ignorantiae recessit, & dies scientiae nobis lumen illuxit, ut filii lucis in omni castitate & pietate ambulemus. Non sint alicuius nequitiae uel malitiae occulta in cordibus nostris semina: quia homo uidet in facie, Deus autem corda considerat, nec aliquid illius omnipotentiae oculis occultari potest. Praeparemus nos in omni bonitate, ut praeclarus pontifex & pius praedicator noster Vedastus, gaudens nos ante tribunal summi iudicis in die ultimo deducat: quatenus ex numero tantae filiorum, illius cumuletur gloria, & nos cum illo desiderabilem audire mereamur sententiam, Venite benedicti patris mei, percipite regnum, quod uobis paratum est ab origine mundi. Ille de coelesti patria piis orationibus nostrum quotidie agonem adiuuare non desistit, desiderans suos charissimos filios, quos paterna pietate genuit in Christo, ad gloriam perpetuae peruenire beatitudinis. Quapropter charissimi

issimi fratres, unusquisque in suo ordine secundum uarium seculi actum fortiter diabolicis resistat suggestionibus, ut aeternam triumphi coronam cum pio parente nostro accipere dignus efficiatur. Non sunt enim condignae, ut ait Apostolus, passiones huius temporis ad superuenturam gloriam, quae reuelabitur in nobis. Igitur breue laboris tempus, diuina nobis uoluit esse pietas, & agonis nostri retributionem esse perpetuam, & per temporalem tribulationem permanentis gloriae mercede gaudere. Audiuimus itaque, cum Deo dilecti sacerdotis uita legeretur, quantam in omni bonitate habuit deuotionem, quomodo per abstinentiae rigorem suum castigauit corpus, qualiter per charitatis affectum omnibus prodesse contendit, incedamus cum omni alacritate mentis, & tota uirium facultate illius uitae uestigia, ut beatitudinis, in qua regnat cum Christo, consortes effici mereamur. Nulla carnalis concupiscentia, nulla secularis ambitio impediat iter nostrum: curramus per opera pietatis ad coelestis patriae portas, expectant nos ciues aeternae ciuitatis, & rex ipse qui uult omnes homines saluos fieri, nostram cum sanctis suis uehementer desiderat salutem. Decet enim nos illius esse cooperatores in salute nostra, qui nos in tantum dilexit, ut proprio filio suo non pepercit, sed pro nobis omnibus tradidit illum. Diligamus eum, quia ipse prior dilexit nos, faciamus illius uoluntatem, quia uoluntas illius felicitas est nostra: habeamus semper in mente, quod ipsa ueritas cuidam diuiti respondit in Euangelio, Si uis uitam ingredi, serua mandata, quae sunt mandata, nisi charitas Dei, & dilectio proximi? In his duobus praeceptis tota lex pendet, & prophetae. Dilectio itaque proximi, in operibus misericordiae comprobatur, qui seculi habeat substantiam, auxilietur non habenti: qui doctrinae habeat scientiam, corrigat errantem, dicente apostolo Iacobo, Qui conuerterit peccatorem ab errore uiae suae, cooperit multitudinem peccatorum suorum. Scire debemus charissimi fratres, quia quot animas quisque lucratus fuerit Deo, tantum accepturus erit mercedis à Deo. Quantam gloriam habere putamus sanctum Vedastum in coelesti regno cum Christo, qui tam innumerabilem populum sedula praedicatione Christo in terris acquisiuit? uel quanta sit gloria animae illius spiritus inter angelos, dum tantum honorem habet corpus illius inter homines? uel quid non potest pietatis precibus impetrare in coelis, qui tantis in mundo claruit miraculis? sed omnibus miraculis maior est Euangelicae praedicationis instantia, & sanctae charitatis in corde flagrantis. Valde enim utiliter accepta Dominicae pecuniae talenta multiplicare studuit: ideo feliciter sibi Dominum audiuit dicentem, Euge serue bone & fidelis, quia super pauca fuisti fidelis, super multa te constituam, intra in gaudium Domini Dei tui. Paruissima praesentis uitae bona, comparatione futurorum bonorum: sed qui in his fideliter laborat, in illis feliciter requiescit. Iste sanctus, ad cuius concurrere festa uoluistis, pro multorum laborum fidelitate, ideo plurimorum praemia in die iudicii suscepturus erit. Seipsum abstinentiae maceratione, alios per praedicationis prouexit fidelitatem: ideo laudabilis omnibus extat, iuxta uocem sapientissimi Salomonis, Memoria iusti cum laudibus, & nomen impiorum putrescit. dum uita iustorum laudabitur, iniquitas impiorum qui assidue detestatur ab omnibus. Quid est felicius, quam in bona conuersatione à Deo perpetuae promereri beatitudinis gloriam, & omnium laudes? Cogitemus quotidie, quia scituri sumus ante tribunal summi iudicis, qualiter in operis publicum deferamus: aequitas illius nullius accipiet personam, sed unicuique reddet secundum opera sua. & qui plus laborat in opere Dei, plus mercedis accipiet in regno Dei. Vnusquisque in qua uocatione uocatus est, in ea utiliter suam operetur salutem. Omnibus coelestis regni ianua patescit, sed meritorum qualitas alium introducet, alium expellet. Quam miserum hominem à gloria excludi sanctorum, & aeternis cum diabolo deputari flammis, peccatorum sarcina animam suam obruit in tartara: iustitiae abundantia ad coelestem tuetur gloriam. frequentemus saepius ecclesiam Christi, audiamus in ea diligenter uerba Dei: & quod aure percipimus, hoc corde retineamus, ut boni operis fructum feramus in patientia, & fraterno amore unusquisque alium adiuuare studeat, habemus praeclara sanctissimi patris nostri abundanter exempla in omni charitatis officio, in fidei feruore, in spei longanimitate, & perseuerantia sanctae bonitatis uitam, quem tanta celebramus laude, & tanto diligimus affectu, tota mentis intentione in omni conuersatione sancta eius sequamur uestigia, quatenus uiam uitae illius currentes, aeternae beatitudinis cum illo gloriam accipere mereamur, auxiliante nobis rege aeterno Domino nostro Iesu Christo, qui cum patre & spiritu sancto uiuit & regnat Deus per omnia secula seculorum,

Amen.

SANCTI VEDASTI VITAE FINIS.

PROLO-

PROLOGVS IN VITAM SANCTI COLVMBANI.

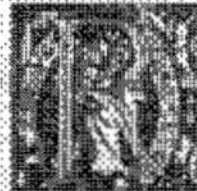

VTILANTEM, atque eximio fulgore micantem sanctorum præsulum atque monachorum uitam, solerti nobilium cõ dicta & conscripta doctorum, sollicite, ut & posteris alma redolent priscorum exempla. Egit hoc à seculis rerum sator æternus, ut suorum famulorum famam cõmendaret perennem, ut quæ præterita gesta sunt, quærent futuris exempla: & de præcedentium meritis, uel imitando exempla, uel memoriæ commendando, uentura soboles gloriaretur. Sicut beatus Athanasius Antonij, Hieronymus Pauli & Hilarionis, uel ceterorum, quos cultus bonæ uitæ laudabiles reddebat. Posthumianus uero, Seuerus & Gallus, Martini egregij præsulis, nostris memoriam dimisere seclis, plerique aliorum, quorum aut fama, aut bonorum operum exempla, uel uirtutum commendantur monimenta, ut sunt columnæ ecclesiarum, Hilarius, Ambrosius, Augustinus, qui inter tot seculi turbines fluctuante mundo, statum ecclesiæ sustentarunt: nec statu aduersante iniquo, ac hæreticorum procella quatiente, uerum fidem aduersitas macularet. Quorum nos exempla temerario conatu secuti qui nec meritorũ supplemento, nec facundiæ flore suffulti, nec elucubratæ scientiæ fonte, tanti patris nostri seculis refulgentis Columbani aggredimur texere gesta. Erit tamen nostrorum arbiter dictorum, uirtutũ largitor immensus, qui illi & gratiæ suæ munera & uitæ perennis largitus est coronam.

Sancti Columbani abbatis uita.

CAPVT I.

OLVMBANVS igitur qui & Columba uocatus est in Hybernia insula, quæ est in extremo oceano sita, & spectat Titanis occasum, dum uertitur orbis, & lux occiduas ponti descendit in umbras, unde denuo peracto cœli uolucris, irradiat totige diuino lumine mundum. Indeque huius litus, ut fertur, est amœnum, ac aduersantium exterarum carens bello nationum. Hanc & Scotorũ gens incolit, gens quanquam absque reliquarum gentium legibus, tamen in Christiani uigoris dogmate florens, omnium uicinarum gentium fidem præpollet. Natus ergo hic inter primordia fidei gentis illius est, uir iste beatus, ut fidem, quam fecundam ex parte gens illa habebat, suo ac sodalium suorũ munimine, cultu uberi fœcundaret. Sed priusquam lucem uitæ præsentis caperet, quid ante eius ortum actum sit, non est silendum. Nam cum eius genitrix sub grauida teneretur, subito per intempestam noctem sopore depressa, uidit è sinu suo rutilantem solem, & nimio fulgore micantem procedere, & mundo magnum lumen præbere. Postquam autem sopor membra laxauit, & cæcas surgens tenebras aurora fugauit, inter semetipsam pensare cœpit quæ uiderat, & accepit gaudio, tantæ uisionis uim sagaci animo trutinans, solaminis supplementum à uicinis petit, quos doctrina solertes reddidit, quærens ne uelatæ uisionis mysterium sapienti corde rimarentur. Tandem peritorum libramine responsa recepit, se egregiæ indolis utero concepisse uirum, qui & suæ salutis utilia, & proximorũ prouideret utilitati opportuna. Quem mater postquam edidit, tanta custodia seruauit, ut uix eum uel cognatus, uel aliorum moribus crederet, quoadusque uita pueri ad boni cultus operis, duce Christo, sine quo nihil boni agitur, aspiraret. Nec immeritò solem fulgentem è sinu suo mater prodire conspexit, quia hic in matris uniuersorũ ecclesiæ membris, instar Phœbi fulgore micuit, Domino dicente, Tunc iusti fulgebũt sicut sol in regno patris eorum. Sic Debbora supplici uoce ad Dominum spiritu sancto monente, olim loquebatur, dicens, Qui autem diligunt te, sicut sol in ortu suo splendet, sic rutilabunt. Aethereus etenim axis siderum distinctione flauescens, sicut de frequentia celebris fuerit speciosior est, sicut dies lux Phœbi aucta splendore, mundo amœna refulget: ita corpus ecclesiæ cum conditoris sui ditatum opibus, sanctorum augmentato numero, scientia religione nitescit, ut ex frequentia doctorum pullulent lucra subsequentium. Et ut sol uel luna alterutrumque omnia noctem & diem suo nitore nobilitant, ita sanctorum merita sacerdotum, ecclesiæ munimenta roborant.

CAPVT II.

PEractis itaque infantiæ annis, in puerili ætate pubescens, liberalium literarum doctrinis & grammaticorum studijs, ingenio capaci dare cœpit laborem, quem per omne pueritiæ & adolescentiæ tempus exercens, illis ad uirilem ætatem uberi intentione defixit. Sed cum eum elegantis formæ præsertim corporis candor & pubertas nobilis omnibus gratũ redderet, cœpit tandem contra eum antiquus hostis lethifera tela relaxare, ut quem tanto ingenio crescere cerneret, suis habenis suauius irretiret. Aggressus est igitur lasciuiarum puellarum in eum suscitare amorem, præcipuè quas forma corporis, perfunctorio decore, horrendo desiderio in miserorum animos solet immergere. Sed cum se egregius miles tantis telis undique urgeri conspiceret, & micantem sicam callidi hostis se contra erigi conspexisset, expertus sagittam humanam elto ad procliuia labendo demergi, [illegible] ad [illegible] ait, Nihil esse tam firmum religione, [illegible] custodia clausum, quod [illegible] relinquendo nequeant [illegible] clypeum [illegible] [illegible] contra [illegible] pugnaturus tempore [illegible] ne [illegible] labor, quo [illegible] grammaticis, rhetoricis, geometriis, & diuinarum scripturarum serie [illegible]. Dum haec [illegible] ueniret ad cuiusdam religiosae ac Deo dicatae cellulam feminae, quam cum primo humiliter salutasset, postea castigare illam [illegible] ut poterat hortamine est aggressa. Quae uidens in adolescente [illegible]. Ego, ait, [illegible] potui, ad bellum progressa exiui: en duodecim tempora uoluuntur, quo & domo careo, & hunc peregrinationis locum expetij, & nunquam deinceps Christo praesule, manu stiuam tenens, retro respexi. Et nisi fragilis sexus obstaret, mare transito, potiorem peregrinationis locum petissem. Tu uero adolescentiae flammis aestuans, natale solum incolis, & ad fragiles uoces, uelis nolis, fragilitati aurem accommodas, & [illegible] te feminarum [illegible] libere credis. Nunc [illegible] Euae Adam dilapsum, Samsonem a Dalila seductum, Dauid a pristina iustitia pulchritudine Bersabeae corruptum, sapientissimum Salomonem mulierum amore deceptum. Perge, inquit, o iuuenis, perge, euade ruinam, per quam multos comperis corruisse, declina uiam [illegible]. Huius ergo dictis stimulatus adolescens, & ultra quam adolescentem [illegible] tales increpans se [illegible] sodalibus [illegible] iter arripuit, matrem [illegible] dolore [illegible], precatur ut se non relinqueret. At ille: Non, inquit, audisti, qui amat patrem aut matrem plus quam me, non est me dignus? Obsistenti matri & limen [illegible] postulat ut se sinat [illegible] & pauimento prostrata, denegat se permissuram. Ille enim limen matremque transilijt, postulatque matrem se laetam habere: dum nunquam deinceps in hac uita uisuram, sed quocunque [illegible] iter pandat, se progressurum. Relicto ergo natali solo, quod Lagenorum terram incolae nuncupant, ad uirum uenerabilem nomine Sinilem pergit, qui eo tempore singulari religione, & scripturarum sacrarum scientia [illegible] inter suos pollebat. Quem cum uir sanctus ingenij sagacis esse uideret, omnium diuinarum scripturarum studijs imbuit, ita tamen ut fieri assolet, cum [illegible] magistri discipulos [illegible] ut [illegible] ingenio [illegible] uel fragrantem [illegible] sensum, uel negligentiae [illegible] eo [illegible] quaestionum materia [illegible] quaerere. At ille paulo quanquam, tamen sagaci e pectore [illegible] magistro [illegible] sed magistro [illegible] Psalmorum librum [illegible] & [illegible] ad [illegible]

[illegible] thesauri [illegible] condita [illegible] tur, ut intra adolescentiae annos [illegible] Psalmorum librum [illegible] sermone exponeret, multaque alia, quae uel ad canendum sunt digna, uel ad docendum utilia, condidit dicta.

CAPVT III.

Dedit deinde operam, ut monachorum [illegible] sociaretur, ac monasterium, quod uocabulum est Benchor, petijt, in quo praesul uirtutum ubertate cluebat beatus Congellus, [illegible] inter suos monachorum pater, quique & religionis studio, & regularis disciplinae cultu praecipuus habebatur. Ibi se totum orationibus & ieiunijs uacare coepit, & iugum Christi, quod sequentibus leue est, super se ferre, semetipsum sibi abnegando, ac crucem suam tollendo, Christum sequitur, qui aliorum doctor futurus erat, ipse quod doctrina didicerat, in suo corpore [illegible] secundo, uberius exemplo monstraret, quod alijs implendum fore docuisset. Peractis itaque annorum multorum in monasterio circulis, coepit peregrinationem desiderare, memor illius Domini imperij ad Abraham: Exi de terra tua, & de cognatione tua, & de domo patris tui, & uade in terram quam monstrauero tibi. Confitetur igitur uenerabili patri Congello cordis ardorem, & ignitum igne Domini desiderium, de quo igne Dominus in Euangelio loquitur, Ignem ueni mittere in terram, quam uolo ut ardeat: ardentem patri patefacit [illegible] non [illegible] responsum ut [illegible] anhelabat. Erat enim uenerabili Congello arduum [illegible] [illegible] dispendium. Tandem tamen aestimare coepit, & cordi anteponere, ut non plus sua necessitati studeret, quam aliorum utilitati opportunum pararet. Nec sine omnipotentis arbitrio fiebat, qui tyronem suum ad bella futura erudiebat, ut de eius uictorijs gloriosos referret triumphos, [illegible] supellectilem de caesorum hostium reportaret phalangis: nocendo [illegible] tamen alijs uelum deponunt sententiam. Se & pacis [illegible], & solaminis supplementum, comitesque itineris, quos religio clarioris redderet, largiturum. Collecto [illegible] coetu, omnium orationum suffragia postulat, ut futuro itineri solamen largitor pietatis tribuat. Vicesimum ergo aetatis annum agens, arrepto itinere cum duodecim comitibus, Christo duce ad litus maris accedunt: ibi omnipotentis misericordiam praestolantur, ut si suae uoluntati inhaereat, conceptis consilij effectus perficeretur, agnoscantque se ipsum clementis iudicis uoluntate adesse ac itineris ingressu dubitare perfecta ingrediuntur [illegible] & mare [illegible] properantibus [illegible] prosperum [illegible] periculosis ad Britannicos peruenerunt sinus. Paulisper ibidem commorantes, [illegible] receperunt, [illegible] cordis consilia ruminantur. Placet tandem Gallica plana terrae, & monachorum [illegible] alia [illegible] & si [illegible]

ferendam

ferenda sit, quantisper commorari. Si autem obduratas caligine arrogantiae mentes reperiant, ad vicinas regionum nationes pertransire.

CAPVT IIII.

A Britannicis ergo finibus progressi ad Gallias tendunt, ubi tunc vel ob frequentiam hostium externorum, vel negligentiam praesulum religionis virtus pene abolita habebatur, & fides tantum manebat Christiana. Nam poenitentiae medicamenta, & mortificationis amor, vix vel paucis in illis reperiebantur locis. Agebat autem venerandus vir, ut ad quaecunque loca progrederentur, verbum Evangelicum annunciaret. Erat enim gratum hominibus, quia quod facundiae cultus adornabat, elucubrante praedicationis doctrina, simul & exempla virtutum confirmabant. Tanta enim erat humilitatis ubertas, ut veritate, sicut de honoribus homines saeculi conantur quaerere dignitates, ita isti cum sodalibus suis de humilitatis cultu alter alterum niterentur praevenire, memores praecepti illius, Qui se humiliat, exaltabitur: & illud Isaiae, Ad quem respiciam, nisi ad humilem & quietum, & trementem sermones meos? Tanta pietas, tanta charitas omnibus inerat, ut unum velle, & unum nolle esset omnibus: modestia atque sobrietas, mansuetudo & lenitas, aeque in omnibus redolebat. Exsecrabatur ab his desidiae atque discordiae vitium, arrogantiae aut elationis supercilium duris castigationum ictibus feriebatur, irae ac litigii noxa sagaci intentione pellebatur. Tanta itaque patientiae virtus, charitatis affectus, lenitatis cultus aderat, ut mitem in medio eorum Dominum pariter non ambigeres habitare. Si quemquam in his labi in vitium reperissent, simul omnes aequo iure negligentem correptionibus cedere studebant. Communia omnia omnibus erat. Si quispiam aliquid proprium usurpare tentasset, ceterorum consortio segregatus, poenitentiae ultione vindicabatur. Nullus proximo contrarietatem rependere, nullus asperum sermonem audebat proferre, ita ut in humana conversatione angelicam vitam agi crederes. Tanta in beato viro gratia redundabat, ut in quaecunque domibus quantisper commoraretur, omnium animos ad religionis cultum dirigeret.

CAPVT V.

Pervenit ergo fama beati Columbani ad aulam Sigeberti regis, qui eo tempore duobus regnis Austrasiorum Burgundionumque inclytus regnabat Francis, quorum tunc nomen prae ceteris gentibus quae Gallias incolunt, habetur. Ad quem cum vir sanctus cum suis accessisset, gratum regi & aulicis ob egregiam doctrinae copiam redditur. Coepit eundem ab eo rex quaerere, ut intra terminos Galliarum resideret, nec ad alias gentes transiens se relinqueret; omnia quae eius voluntas poposcisset se paraturum. Tunc ille ait regi: Non se alienarum opum fore cupidum, sed Evangelici praeconii, in quantum carnis fragilitas non obsisteret, secuturum exemplum: Qui vult, inquit, post me venire, abneget semetipsum sibi, & tollat crucem suam, & sequatur me. Cui talia obiicienti, rex praebet responsum: Si Christi crucem tollere, & ipsum sequi desideras, potioris eremi sectare quietem, tantum ne nostra ditione solo relicto, ad vicinas pertranseas nationes, ut & tui praemii augmentum, & nostrae saluti provideas opportunitatem. Data itaque optione, obtemperans regis persuasionibus eremum petit. Erat enim tunc vasta eremus Vosagus nomine, in qua castrum olim dirutum, quod antiquorum traditio Anagrates nuncupabat. Ad quem cum vir Dei venisset, licet aspera essent vastitate solitudinis, & scopulosa interpositione loca, ibi cum suis resedit parvo alimento cum solamine contentus, memor illius verbi, Nō in solo pane hominem vivere, sed verbo vitae satiatum affatim dape abundare, qua quisquis sumpserit, nunquam esuriet in aevum.

CAPVT VI.

EO ergo in loco viro Dei cum suis commorante, subito unum e fratribus, vel ob probationem, vel qualibet culpa attrahente, vis febrium corpus flagellare. Sed cum nulla alimentorum solamina adessent, nisi corticum & herbarum pabula praeberentur tantummodo, coepit omnium animis aspirare, ut pro aegri fratris sospitate, ieiunio omnes & oratione vacarent. Tertia die iam peracto ieiunio, nihil habentibus unde fessa corpora reficerentur, subito conspiciunt virum quendam cum panum supplemento, vel pulmentorum quos oneratos habebat, ante fores astare; qui se referebat subita cordis admonitione actum, ut eis ex sua substantia subveniret, qui tantam pro Christo egestatem in eremo sustinerent. Oblatis itaque viro Dei quae detulerat, coepit eum cordis humilitate deposcere, ut vir sanctus pro coniuge sua deprecaretur Dominum, quam per anni circulum tantus ignis febrium urebat, ut iam crederetur superis reddi. Humili ergo & anxio corde poscenti, noluit vir sanctus denegare solamen, adhibitisque simul fratribus, pro ea Domini misericordiam deprecatur: cumque ille cum suis orationem complesset, statim ea quae periculum mortis in propatulo habebat, sanitati est reddita. At vero cū vir eius largita sibi a viro Dei benedictione domum remeasset, invenit coniugem suam domi sedentem sciscitatusque qua hora caminus febrium reliquisset, reperit ea hora sanatam fuisse, qua vir Dei pro ea Dominū deprecatus esset. Transacto itaque deinceps parvo temporis intervallo, dum pie capiti Christo placamenta ac praemia mentis, per castigationem carnis, iniuriasque famis, mortificata Deo membra offerrent, ac immobilem religionis statum servare studerent, dura acerbitatibus coepit frangi egestate ac comprimi; ut videlicet, prodo virtutem omnium exploratore criminum fieret, nec sibi tantum transeunte die, quo

vir

uir Dei cum suis nō alias dapes caperet, quàm arborum cortices, herbasque siluæ. Sed temperauit eis ariditatem, pietas uirtutis æternæ: monuit per uisum abbatem quendam, nomine Carantocum, qui monasterio cui Salicis nomen est, præerat, ut famulo suo Columbano, intra eremi uastitatem consistenti, necessaria deferret. Expergefactus igitur Carantocus cellarium suum Marchulfum nomine, uocat, eique admonitionis causam narrat. At ille, Fac inquit, ut imperatum est tibi. Iubet ergo Carantocus Marchulfum ire, & omnia quæ posset, parare, & beato Columbano deferre. Oneratis ergo Marchulfus uehiculis, iter arripuit: sed cum solitudinis ora attigit, uiam sibi pandi itineris nequaquam reperit. Fuit autem tandem consilium, ut si in hoc Dei esset imperium, præmissis equis imperantis potestas uiam aperiret. Mira itaque uirtus, antecedentes equi ignotum iter ungulis calcantes, rectoque itinere ante fores beati Columbani ad Anagrates perueniunt. Mirans ergo Marchulfus, equorum uestigia subsecutus, ad uirum Dei peruenit, & quæ detulerat, præsentat. Ille autem grates conditori rependit, qui sic famulis suis in deserto parare mensam non distulit. Accepta ergo Marchulfus ab eo benedictione, calle quo uenerat, repedauit, omnibusque rei gestæ causam patefecit. Cœpit namque exinde frequentia populi & infirmantium cohortes, ob sanitatem redintegrandam eum frequentare, & omnium infirmitati suffragia quærere: quorum uota cum reuocare à se nequiret, omnium petitionibus parens, orationum adiumento cunctorum ad se uenientium infirmitates, diuino fultus auxilio, curando subueniebat.

CAPUT VII.

Iisdem in locis cum sit, ut per opaca siluæ, interdum idem uir Dei deambularet, & librum humero ferens, de scripturis sacris secum disputaret, subita cogitatio in mentem ruit, quid de duobus eligeret melius, in hominum iniurias incidere, quàm ferarum sæuitiam sustinere. Cumque urgeret cogitationem innata seueritas, crebro frontem signo crucis armans, atque orans intra se ait, melius esse ferocitatem bestiarum absque alieno peccato, quàm hominum rabiem sustinere cum damno animarum. Dumque hæc animo uolueret, conspicit duodecim lupos aduenire, & dextra læuaque sibi astare, manebatque immobilis, atque dicens, Deus in adiutorium meum intende, Domine ad adiuuandum me festina. Propius autem illi accedunt, atque ora uestimentis suis iniungunt: cumque ille constans astaret, intactum relinquunt, siluamque peruagantur. Hac tentatione in securitatem traiecta, iter per saltum cœptum carpit, cumque haud procul abisset, audit uocem multorum Sueuorum per uias oberrantium, qui eo tempore iisdem in locis latrocinia exercebant. Sicque dæmon per constantiam traiecta tentatione, pepulit aduersitatem: sed hoc utrum diaboli fallacia fuerit, an rei ueritas gesserit, parum non agnouit. Paululum ergo secessit à cellula, longiusque uia eremi uasta penetrans, reperit saxum immane, præruptaque rupis latera, aspera scopulis terga, uia hominibus, ibique conspicit concauum in caute sinum: aggressusque abdita perscrutari, reperit in interiore sinu, ursi habitaculum, ipsumque interius residentem. Mitis ergo feram iubet abire, Nec deinceps, inquit, hos repetas calles. Abiit autem fera mitis, nec prorsus est ausa repedare. Distabatque ab Anagrate locus ille plus minusque septem millibus.

CAPUT VIII.

Quodam in tempore cum in eadem concauitate scopuli solitariam uitam duceret, sicut ei ita erat consuetudinis, ut cum Domini festum uel quorumlibet sanctorum sacræ solennitatis appropinquaret aduentus, ab aliorum societate segregatus, & abditis locis receptus, longioris spacij eremi secreto uacaretur, ut solida mente, & absque curarum inquietudine solum orationi uacaret, & religioni omni conatu insisteret, erat cibus eius attenuatus, ita ut uix eum uiuere crederes, nec aliud penitus, quàm agrestium herbarum exigua mensura, uel pomorum paruulorum, quæ eremus illa ferebat, quas etiam bulgias uulgo appellant: potus illius aqua erat; ut qui sæpe in altioribus occupatus, hæc aquæ agere nequiret, saltem per interualla dierum pro pane mensæ uota patraret. Erat quoque in monasterio eius puerulus quidam nomine Domoalis, qui cum certa opportunitate monasterij euenisset, solus patri se sociaret, ac fratribus obseruanda referret. Positus ergo in præfato sinu eminentis saxi, qui aliunde pene aditum denegabat, multis cum iam ibidem diebus resedisset, cœpit supradictus puerulus subsilenti uoce conquirere, cur in promptu aquam non haberet, sed gradi labore per montis ardua fessis poplitibus deferret. Cui Columbanus inquit, Fili, paulisper saxi terga scrutare, memento populo Israel Dominum de caute latices produxisse. At ille patri obediens, rupem cædere aggressus est. Sanctus itaque uir statim genibus prouolutus, orationibus deprecatur, ut suæ necessitati tribuat opportuna. Tandem eius precibus parens, pie petenti larga subuenit potestas: moxque latice producto, fons cœpit manare perennis, qui usque in hodiernum diem manat. Nec immerito misericors Dominus suis sanctis tribuit postulata, qui ob suorum præceptorum imperia proprias crucifixerunt uoluntates, tantum fide pollentes, ut qui eius misericordiam postulauerint, impetrare nō dubitent: quia ipse promisit dicens, Si habueritis fidē sicut granū synapis, dicetis monti huic transi, & transiet, & nihil impossibile erit uobis. Et alibi, Omnia quæcunque orantes petitis, credite quia accipietis, & eueniet uobis.

CAPUT IX.

Cumque iam multorum monachorū societate densaretur, cœpit cogitare, ut potiorem locum quæreret in eadem eremo, quo monasterium construxisset. Inuenit autem castrum firmissimo olim fuisse munimine cultum, à supradicto loco distans plus minus octo millibus: quem locum Luxouium prisca tempora nuncupauerat. Ibi aquæ calidæ cultu eximio constructæ habebantur, ibi imaginum lapidearum densitas vicina saltus densabat, quas cultu miserabili ritúque prophano, vetusta paganorum tempora honorabant, quibusque execrabiles cæremonias litabant. Solæ ibi bestiæ ac feræ, ursorum, bubalorum, luporum multitudo frequentabat. Ibi residens vir egregius, monasterium construere cœpit. Ad eius famam plebes undique concurrere, & se cultui religionis dicare curabant, ita ut plurima monachorum multitudo adunata, vix unius cœnobij collegio consistere valeret. Ibi nobilium liberi undique concurrere nitebantur, ut spretis phaleramentis seculi, & præsentium pompam facultatum contemnentes, æterna præmia caperent. Quod sentiens Columbanus, cernens undique ad pœnitentiæ medicamina plebes concurrere, & unius cœnobij septa tantam conuersantium cohortem, absque difficultate non continere: quamuis mente una & corde uno, tamen conuersationi tantæ multitudinis incongruum, alium experimento locum quærit, quem aquarum irriguitas adornabat, aliudque monasterium construxit, cui Ad fontanas nomen indidit, deditque gubernatores, propositi de quorum religione nihil dubitabat. His ergo tribus locis monachorum plebibus constitutis, ipse vicissim omnibus intererat, regulamque quam tenerent, spiritu sancto repletus condidit: in qua autem qualis & quantæ disciplinæ vir sanctus fuerit, prudens lector vel auditor agnoscit.

CAPVT X.

Eo itaque tempore quidam frater nomine Autiernus pulsare aures viri Dei cœpit, ut peregrinandi causa in Hyberniam pergeret: cui Columbanus ait, Pergentes in eremum, voluntatem Domini probemus, utrum desideratum arripias iter, an in cœtu fratrum permaneas. Pergentes ergo simul, tertium adolescentem nomine Sonianum, qui adhuc superstes in Christo est, in comitatum sumpserunt, & ad destinatum in eremo locum venerunt, unius panis tantum cibo contenti. Cumque iam duodecim transactis diebus, nec quicquam panis fragmenti remansisset, horaque refectionis appropinquaret, imperatur a patre, ut per prærupta vallis eant, atque ad ima vallis pervenientes, quicquid ad cibum opportune reperiant, deferant. Omnes illi per concava vallis, Mosellam usque perveniunt, capturamque piscium aliam a pastoribus confectam, & undis oppositam cernunt: accedentesque quinque magnos repperiunt pisces, sumentesque tres qui adhuc viui erant, patri præsentandos vehunt. At ille, Cur inquit, non quinque dimisistis? Respondent mortuos repperisse duos, proinde reliquisse. Et ille, Nequaquam ait, ex his comedetis, nisi quos dimisistis, deferatis. At illi miraculo perculsi de providentia divinæ gratiæ, pervenientes ad locum repertum, pisces relictos deferunt. Increpantur cur repertum munus reliquissent, & sic cibos parare iubentur: nempe spiritu sancto vir Deo plenus, noverat sibi a Domino pastum dapes parari. Alia quoque vice, cum in eadem solitudine moraretur, non tamen eo in loco, iam quinquaginta dies transierunt, unusque tamen de fratribus cum eo erat, Gallus nomine: cui ille imperat, ut ad fluvium eat, piscesque capiat. Ille abijt, retiaque duxit, ut ad Lignonem amnem pergeret. Quo cum pervenisset, retiaque in alveum laxasset, aspicit immanem multitudinem adventare, nec prorsus a retis teneri, sed velut in parietem impingere ac retro reuerti. Laboravit itaque per totum diem, nec vel unum capere quivit. Reversus itaque renunciat patri de inutili labore: ille inobedientem increpat, cur non ad denunciatum locum properasset, atque denuo, Vade cito, & ad denunciatum perge locum. Pervenit itaque, & undis rete opponens, tantam piscium copiam inuoluit rete, ut vix præ multitudine trahi potuisset. Hæc nobis supradictus Gallus sæpe narravit.

CAPVT XI.

Morabatur autem alia vice in supradicto specu positus, a quo ursum expulerat, diuque ibi oratione & ieiunio corpus afflixerat. Cognovit ergo per revelationem, fratres qui penes Luxovium erant, diversis morborum generibus vexari, nec amplius remansisse, quam qui ægrotis administrabant. Egressus itaque de specu, ad Luxovium venit. Cumque monasterium ingrederetur, imperat ut omnes surgant atque ad messem in area virgis cædant. Surrexerunt ergo, quorum conscientiam obedientiæ ignis urgebat, ad areamque venientes, virga messem cædere cum fidei gratia aggressi sunt. Videns ergo pater fidem infirmis & obedientiæ gratiam abundare, ait, Sinite, inquit, fessa ægritudine membra a labore deficere. Mirantur de sospitate obedientes, nullo doloris vestigio remanente, mensasque parare iubet, ut uberi gaudio omnes reficerentur. Increpantur deinde inobedientes, ignavia fidei arguitur, longinquo ægritudinis fasce deprimuntur. Mira ultione namque supra metam anni inobedientes ægritudinis pœna ita vehementer exussit, ut vix mortem evaderent, implerentque mensuram pœnitentiæ de suscepto inobedientiæ tempore.

CAPVT XII.

Interea tempus evenerat, ut copia segetum horreis conderetur; nec prorsus via ventorum nubes compellere cessabat. Vrgebat sane necessitas, ne maturæ messis spicæ in stipula germine misso perirent. Eratque vir Dei apud Fontanas cœnobium, ubi & messis copiam bonam ager locupletem tenebat. Incubuit enim ventorum flabra cum vehementia imbrium, nec orta nubila cæli dare terris pluviam quiescebant. Quid inter hæc vir Dei ageret, anxio corde pensabat. Armatur mentem fide, docuit imperare opportuna: accersitque omnes, ac segetem præcidi iubet. Mirantur illi patris imperium, nec tamen quisquam patris cogitatum deprompsit. Veniunt ergo omnes, falceque inter diffusiones imbrium secant segetem, patremque quid ageret conspiciunt. Ille autem quatuor plenus religiosis viris, per quatuor angulos messis præponit, Cominimum & Eunocum, ac Equonanum, ex Scotorum

Scottorum genere, quartum denique Gorganum, genere Britonum. His ordinatis, ipse cum reliquis messem in edito praecidebat. Illos autem fugiebat imber a segete, & ubique pluuia diffundebatur, medios tamen messores solis ardor torrebat, aestusque uehemens, quoadusque messem conderent, afflabat. Sic fides & oratio meruit, ut pulsa pluuia aestum inter imbres haberent.

CAPUT XIII.

ERat enim eo tempore dux quidam, nomine Vualdelenus, qui gentes quae inter Alpium septa, & Iurani saltus arua incolunt, regebat. Huic soboles nulla erat, ut legitur de Zacharia & Elisabeth an. Orantibus ut donum iam desperantibus esset. Hic cum coniuge sua Flauia nomine, & genere & prudentia nobili, ad beatum Columbanum ex Vesocionensi oppido pergit, precans eum simul, ut pro eis Dominum deprecaretur, dicentesque se multis opibus esse ditatos, sed cui haereditatem post obitum relinquerent, haeredem non haberent. Quibus uir sanctus, Si inquit, uoti uestri est, ut largitoris donum, eius nomini consecretis, mihique e lauacro suscipiendum tradatis, pro uobis Domini clementiam implorabo, ut non solum eum, quem Domino uoueritis, habeatis, uerum quoties uolueritis, post pignora suscipiatis. At illi laeti promittunt, se eius imperiis parituros, tamen pro ipsis Domini misericordiam non desinat implorare. Spondet uir Dei muneribus plenus, se in promptu habere tantum ne praedicta fide studeant uiolare. Mirum dictu, uir domum remeans, donum creatoris aluo grauida, mater futura expectat. Editum autem puerum ad uirum Dei defert, suis orationibus largitum munus demonstrat, gratesque conditori agit, qui sic ad petitiones famulorum suorum, quaesita dona largitur. Quem uir sanctus suis manibus receptum signauit, sacroque lauacro ablutum ipse suscepit, Donatumque nomen imposuit, matrique ad nutriendum reddidit. Qui post annos, in eodem monasterio sapientia imbutus, Vesocionensis pontifex est praefectus, nuncque superest eandem cathedram regens. Qui post in amore beati Columbani, ex ipsius regula monasterium uirorum construxit, quod Palatium nuncupant, ob ueterum munimenta murorum. Addidit post eum bonitatis largitor famuli sui prouentum, alium filium Ramelenum nomine, qui nobilitate & sapientia pollens, post obitum patris in eius honorem est suffectus, quamuis seculari habitu, tamen in creatoris amore uigil. Nam & ipse in amore beati uiri, in saltu Iurensi, super Nouiscam fluuium monasterium ex eius regula construxit, in quo Agricum abbatem praefecit: addiditque adhuc duas filias pristino muneri, & seculo nobiles, & Christi amori deditas. Post ista munera mater ipsorum Flauia, post mariti obitum, monasterium puellarum construxit in supradicta urbe Vesocionis, & omni munimine roborata, multarum puellarum concionem aduniuit. Tanta autem in eo uiri Dei gratia flagrauit, ut omnia phylacteria praesentis uitae conferentes,

Britonum.

ad omnipotentis Dei cultum anhelarent.

CAPUT XIIII.

HIc uero aliqua inserere nitimur, quae licet parua hominibus uideantur, erit [illegible] torum latratibus parentia, conditoris tamen largitio aeque in minimis, ut in magnis indigentibus corditer aspirat: nec differt in modicis autem pietatis accommodare, sicut in maximis exaudit uota petentis. Quadam etenim die, cum uir egregius Columbanus ad praecidendas messes cum fratribus parua Calme, quam Banaucal uocant, uenisset, & blando commodo pacifico flante, falce segetem secaret, contigit ut unus eorum Theodegisilus nomine, digitum falce praecideret, nec prorsus haereret, praeter paruae pellis retinaculum. Itaque stante uir Dei Theodegisilum cernens a longe, imperat, ut cum sodalibus cepti opus perficiat. At ille rei gestae causam prodit, celer autem ille ad ipsum properat, digitumque dimissum, pristinae ibidem sanitati restituit, imperatque ut celer ad cepti operis uires surgat. Coepit ergo cum gaudio geminare laborem, ac prae caeteris ad praecidendam stipulam uberius urgere, qui dudum de praecisione membri animum moerori subdiderat. Hoc nobis ipse Theodegisilus narrauit, digitumque monstrauit. Et in supradicto coenobio Luxouio tale quid uice alia gestum est inde. Nam quidam presbyter ex parochianis, pater Boboleni, qui nunc Bobiensi coenobio praeest, Vuinioc nomine, ad beatum Columbanum uenerat, eratque ille in saltu cum fratribus ob ligna opportunitates parandas. Cum supradictus Vuinioc superuenisset, uir [illegible] aspiceret, quam ut truncum quercus cuneis scindere parantem, elapsus a trunco cuneus, medium frontem secuit, ac uenarum profluus sanguinis undas produxit. Videns autem uir Dei Columbanus defecisse eum, sanguinem fluentem, stratus in terram orans ruit, surgensque saliua illum, sanum reddidit, ut nec cicatricis uestigia remaneret. Alia uice cum ad cibum capiendum ueniret beatus Columbanus in supradicto coenobio Luxouio, tegumenta manuum, quae Galli Vuantos, id est, chirothecas uocant, quas ad operis laborem solitus erat habere, supra lapidem qui ante fores refectorii erat, deposuit. Moxque quidem cornix, cornicula rapax aduolauit, unumque ex eis rostro ferens abstulit. Peracta autem refectionis hora, foris uir Dei rediens, tegumenta manuum requirit. Cumque omnes inter se conquirerent quis abstulisset, uir sanctus ait, nullum alium esse qui sine commeatu aliquid praesumeret contingere, nisi illum, qui a Noe dimissus, ad archam non remeasset: addiditque se nullo modo suos pullos alituros, si rapax furtum celeri uolatu non referret. Expectantibus autem omnibus fratribus in medio eorum, coruus aduolat, male sibi ablatum furtum rostro reportans, nec se pennigera conatur eripere fuga, sed mitis ante omnium conspectum, oblitus ferocitatis, ultionem expectat. Quem uir sanctus abire imperat. O mira aeterni iudicis uirtus, qui tam a suis famulis praestat, ut non solum hominum honoribus, sed etiam maiorum obedientia clarescit.

CAPVT XV.

PAtratum deinceps aliud miraculum, quod per beatum Columbanū, & eius cellerarii famulatur refero. Cum iam hora refectionis appropinquaret, & minister cellarii cervisiam administrare conaretur, quae ex frumenti & hordei succo excoquitur, quamque prae caeteris in orbe terrarum gentibus praeter Scordiscas & Dardanas gentes, quae oceanum incolunt, usitant, id est Gallia, Britannia, Hybernia, Germania, caeteraeque quae ab eorum moribus non desciscunt: vas quod Typrum nuncupant, ad cellarium deportat, & ante vas quo cervisia condita erat, apponit, tractoque serraculo, meatum in Typrum currere sinit. Quē subito beati Columbani patris imperio, alius e fratribus vocavit. At ille obedientiae igne ardens, oblitus meatum obstruere, serraculi cursu ad beatum virum pergit, serraculum, quem Duciolum vocāt, manu deferens. Postquam autem sibi vir Dei, quae voluerat imperata deprompsit, recordatus negligentiae, celeriter ad cellerarium rediit, conspicatus nihil in vase, de quo cervisia recurrebat, remansisse: invenitque eā supra Typrum cervisiam crevisse, & ne minimam stillam foras cecidisse, ut crederes in longitudine Typrum geminatum esse, ut qualis & quanta rotunditate infra Typrū inerat corona, talis in altum creverit vrna. Quantum imperantis imperium, quanta obedientia obsequentis, ut sic utriusque tristitiam Dominus voluisset avertere, ne si fratrum substantiam, & imperantis & obedientis error diminuisset, ambo se a licitis alimentis abdicassent. Sicque aequus arbiter occurrit, ut amborum culpas ablueret, quas illis si casu evenien te, vel Domino permittente tulissent, patrarique ambo suis noxis cavisse asseruissent.

CAPVT XVI.

EOdem in tempore actum est, ut per densa saltus abdita vir solitudinis amator, cumque propter Fredemungiam ascalmen erat, vir Dei ambularet, reperitque cadaver cervi, quem lupori ferocitas peremerat, ursum devorare velle, ecce iam sanguinem lambens, exiguam partem carnis voravit. Ad quem vir Dei accessit, increpans ne corium quod ad usus calciamentorum necessarium erat, laederet. Tunc bestia oblita feritatis, mitis esse coepit, & contra naturam absque murmure blandiens, atque colla submittens, cadaver reliquit. Quod vir Dei ad fratres rediens indicavit, ut eum locum peterent, & de cervi cadavere corium auferrent. Abeuntes ergo fratres, repererunt undique rapacium alitum procul multitudinem abesse, nec ad cadaver supra viri Dei interdictum accedere audere, diuque expectantes a longe, si vel fera vel avis audax contra prohibitum edictum argeretur praedam capere, conspiciunt ad odorem cadaveris lupos advenire, & procul adstantes, ac si monitorem celebrare aliquid entare, & celeri fuga pentere. Manserat aliquando penes Luxouiū Columbanus. Vuinicosus presbyter, cuius famulus fectmus ministerium, ad eum venit, sequebaturque Vuinicosus Columbae vestigia. Quocumque iter venerunt usque ad horreū quo frumenta condebantur aspiciensque Vuinicosus paruipēdens cupiēs, eo quod unicam ante se non habere panis abundantiam, quo tanta multitudo alatur, cuius segmenta corporis quaerendi frumenta, increpat. Cui beatus Columbanus respondit, Si vitae conditori suae destitutam plebem nunquam per manus eiusdem sciencie enim praeconicinentis vox psalmigraphi concelebrat, Non vidi iustum derelictum, nec semen eius quaerens panem. Perfacile satis horreum replet, qui de quinque panibus quinque milia hominū satiavit. Manente denique nocte illa ibi Vuinicoso, eius ri Dei fide & oratione horreum repletum est. Maneque consurgens Vuinicosus, iuxta horreū transiens inopinatū horreum etenim apertum, clausigerumque simul ante ostium astantem. Sciscitatur autem, quis hoc duxerit, aut quae plaustrorum congeries haec frumenta devexerint. Cui horrei custos ait, Non ut estimas putas, nam cerne, sive vestigia plaustrorum, vel iumentorum vestigia impressa appareant: nequaquam enim clavesque a me hac nocte discesserunt, sed obseratis horrei ostiis, divino solamine, frumento repletū est horreum. Coepit autem ille de industria intentis oculis terram respicere, & deferentium vestigia diligenti examinatione cognoscere. Cumque nihil horū simile quid reperisset, ait, Potens est Deus servis suis parare mensas in deserto. Transacto autem exinde tēporis intervallo, venit beatus Columbanus ad Fontanas coenobium, reperitque fratres sexaginta sarculo terram colere, & semini futuro consectā glebis arvū parare: cumque vidisset eos magno labore glebas scindere, ait, Sit vobis o fratres a Domino collata refectio. Quo audito, minister ait, Pater mi, nō sunt nobis amplius quam duo panes, & parum cervisiae, ille, Vade, inquit, & defer huc. Cōcito ille gradu pertexit, duosque panes & parum cervisiae detulit. Intuens autem oculos sanctus Columbanus, ait, Christe Iesu, unica spes orbis, tu hos panes & hunc potum multiplica, qui de quinque panibus quinque satiasti millia hominū in deserto. Mira res. Satiati sunt omnes, potuque hausto, pro ut voluntas cuique fuit, duplū minister fragminum sporta recollegit, potusque duplicatam mensuram: sicque intellexit plus mereri fidem, digna divini muneris facta, quā desperationem, quae solet diminuere etiam collata. Cum ergo quodā in tempore in eodē coenobio Luxouio vir Dei commoraretur, accidit ut unus e fratribus nomine & ipse Columbanus, febre correptus, atque in extremis positus, feliciter postularet exitū. Cumque iam ultimo halitu carere vellet, fidens de caelesti munere, quod longo famulatu quaesierat, vidit ad se virum fulgentem amictu accedere, sibique dicere, Non te modo a corpore ducere possum, quia orationibus & lachrymis patris tui Columbani praepedior. Cumque haec Columbanus audisset, & curvus ac si somno evigilasset, suum ministrum Theodegisum, gilium, cuius superius fecimus mentionem, uocare coepit: Festina, inquit, perge, & patrem cōmunem Columbanum ad me uenire compelle. Concita ergo gradu illa uenit, ac beatum Columbanum in ecclesia positum flentem reperit, postulatque ut ad aegrotum festinus accedat. Venit ergo perniciter, & quid uellet interrogauit. At ille causam obiecit. Cur me, inquit, tuis orationibus in hac aerumnosa uita detines? Nam adsunt qui me ducere uolunt, si tuis precibus & fletibus non praepediantur. Retentionis solue obstacula, ut mihi iam pateat caelestis regia. Tum metu Columbanus perculsus, signo facto omnes adesse imperauit, sancti solatii amissionē gaudio temperauit, corpus Christi abeunti de hac uita uiaticum praebet, ac post extrema oscula defunctionis cantum impleuit. Erat enim ex eodem genere quo beatus Columbanus, unoque commeatu & nomine, ex Hybernia processerant. Quomodo autem bestiae ac uolucres uiri Dei parerent imperio, non est silendum. Nam Chagnoaldum Lugduni pontificem, qui eius minister & discipulus fuit, nouimus referentem, qui se testabatur saepe uidisse, cum in eremo uel ieiunio, uel oratione uacans deambularet, esse saepe solitum feras bestias, ac aues accersere, quae ad imperium eius statim ueniebant. Quas manu blandiens attrectabat, & ferae, uolucresque gaudenses ac ludentes laetitia uberi, ueluti catuli solent dominis adulari, exultabant. Et sciuream, quam uulgo homines Squiriolum uocant, saepe de arduis arborum culminibus accersitam, manuque receptam, suoque collo positam, & sinu ingredientem ac exeuntem, saepe se uidisse supradictus uir testabatur.

CAPUT XVII.

CReuerat namque iam passim fama sancti uiri in uniuersas Galliae, & Germaniae prouincias, eratque omnium rumore laudabilis, omnique cultu uenerabilis, in tantum, ut Theodericus rex, qui eo regnabat in tempore ad eum saepe ueniret, & orationum suarum suffragium omni cum humilitate deposceret. Sigebertus etenim, cuius superius fecimus mentionē, apud Victoriacum uillam publicam, quae in suburbano Atrebatensis urbis sita est, Hilperici germani sui dolo, qui apud Turnacum oppidum illic erat, quē Sigebertus usque ad internitionem persequebatur, interfectus est. Perempto itaque Sigeberto, Hildebertus filius eius, regni sceptra suscepit annuente matre Brunchilde. Mortuo deinde Hildeberto, infra adolescentiae annos regnauerunt filii Hildeberti duo, Theodebertus & Theodericus, cū auia sua Brunechilde. Regno Burgundionum Theodericus potitur, regnum Austrasiorum Theodebertus suscepit regendum. Theodericus ergo, quia in terminis regni sui beatum Columbanū haberet, gratulabatur nō minime. Ad quem cum saepissime ueniret, coepit eum uir Dei increpare, cur concubinarum adulteriis misceretur, & non potius legitimi coniugii solaminis frueretur, ut regalis proles ex honorabili regina prodiret, & nō potius ex lupanaribus uideretur emergi. Cumque iam ad uiri Dei imperium regis sermo obtemperaret, & se ab omnibus illicitis segregare responderet, mentem Brunchildis auiae, secundae ut erat Iezabelis, antiquus anguis adiit, eamque contra uirum Dei stimulatā superbiae aculeo excitat, quia cerneret uiro Dei Theodericum obedire. Verebatur enim ne si abiectis concubinis, reginam aulae praefecisset, dignitatis atque honoris sui modum amputasset.

CAPUT XVIII.

EVenit ergo, ut quadam die beatus Columbanus ad Brunehildem ueniret (erat enim tunc apud Brocariacū uillam) cumque illa eum in aulā uenisse cerneret, filios Theoderici, quos de adulterinis permixtionibus habebat, ad uirum Dei adducit. Quos cū uidisset, sciscitatur quid sibi uelint. Cui Brunehildis ait, Regis sunt filii, tu eos tua benedictione robora. At ille, Nequaquam inquit, istos regalia sceptra suscepturos scias, quia de lupanaribus emerserunt. Illa furēs, paruulos abire iubet. Egrediens ergo uir Dei regiam aulam, dum limitem transiliret, fragor exortus, totam domum quatiens, omnibus terrorem incussit: nec tamen miserae foeminae furorem compescuit. Parat deinde insidias moliri, uicinisque monasteriis per nuncios imperat, ut nulli eorum extra monasterium iter pandatur, neque receptacula monachis eius, uel quaelibet subsidia tribuantur. Cernens autem beatus Columbanus regios animos aduersum se permotos, ad eum properat, ut suis monitis miserae pertinaciā in iram frangat: erat enim tunc temporis apud Spissiam uillam publicā. Quo cum iam sole occumbente uenisset, regi nunciant uirum Dei ibi esse, nec in regis domibus manere uelle. Tunc ait Theodericus, melius esse uirum Dei opportunis subsidiis honorare, quā Dominum ex seruorum eius offensa ad iracundiam prouocare. Iubet ergo regio cultu opportuna parare, Deique famulo dirigi. Itaque uenerunt, & iuxta imperium regis oblata offerunt. Qui cum uidisset dapes & pocula cultu regio administrata, inquirit quid sibi uelint ista. Aiunt illi, tibi à rege sunt directa. Abominatus autem ea, ait, Scriptum est, munera impiorum reprobat altissimus: non enim dignum est, ut famulorum Dei ora cibis eius polluantur, qui non solum suis, uerum etiam aliorum habitacula famulis Dei aditum denegant. His dictis, uascula omnia in frusta disrupta sunt, uinumque ac sicera solo diffusa, & caetera seperatim dispersa. Pauefacti autem ministri, rei gestae causam regi nunciant. Tunc ille pauore perculsus, cum auia diluculo ad uirum Dei properat: precantur de commissis ueniam, & in posterum emendare pollicentur. His placatus promissis, ad monasterium rediit: sed pollicita uadimonii iura non diu seruata uiolantur: excrescunt miseriarum incrementa, solitoque à rege adulteria patrantur. Quo audito, beatus Columbanus literas ad eum uerberibus plenas direxit, comminaturque excommunicationem, si emendare dilatando nō uellet. Ad hæc rursum permota Brunechildis, regis animum aduersus beatum Columbanum excitat, omniq; conatu perturbare contendit: cohortabatq; proceres aulicos, optimates omnes, ut regis animum contra uirum Dei perturbarent. Episcoposque sollicitare adgressa est, ut de eius religione detrahendo, statum regulæ quam suis custodiendum monachis indiderat, macularent. Obtemperantes igitur aulici persuasionibus miseræ reginæ, regis animum contra uirum Dei perturbant, cogentes eum accederet, ac religionem probaret. Concitus itaq; rex ad uirum Dei Luxouium uenit, conquerensq; est cum eo, cur a comprouincialibus moribus discederet, & intra septa secretiora omnibus Christianis aditus non pateret. Beatus itaq; Columbanus, ut erat audax atq; animo uigens, talia obijcienti regi, respondit se consuetudinem non habere, ut sæcularibus hominibus & a religione alienis, famulorum Dei habitationis pandat introitum, se & opportuna aptaq; loca ad hoc habere parata, quo omnium hospitum aduentus suscipiatur. Ad hæc rex, Si inquit, largitatis nostræ munera, & solaminis supplementum capere cupis, omnibus in locis omnium pateat introitus. Vir Dei respondit, Si quod nunc usq; sub regularis disciplinæ habenis constrictum fuit, uiolare conaris, nec tuis muneribus, nec quibuscunq; subsidijs, me fore a te sustentandum. Et si hanc ob causam tu huc in locum uenisti, ut seruorum Dei cœnobia destruas, & regularem disciplinam macules, scito tuum regnum funditus ruiturum, & cum omni propagine regia demergendum. Quod postea rei probauit euentus: iam enim temerario conatu rex refectorium ingressus fuerat. His ergo territus dictis foras accelerare pedem. Duris post hæc uiri Dei increpationibus rex urgetur. Contra quæ Theodericus ait: Martyrij coronam a me tibi inferendam speras? Non esse ait tantæ dementiæ scias, ut hoc tantum patrarem scelus: sed quæ sunt potioris consilij agere, & utiliora paraui: ut qui ab omnium sæcularium moribus desciscis, qua ueneras ea uia repedare studeas. Aulicorum simul consona uoce uox prorumpunt, se habere non uelle his in locis, qui omnibus non sociaretur. Ad hæc beatus Columbanus se dicit de cœnobij septis non egressurum, nisi uiolenter abstraheretur. Discessit ergo rex, relinquens unum quendam procerem, nomine Baudulfum. Is enim cum remansisset, uirum Dei a monasterio pellit, & petens Vesontionense oppidum perducit ad exulandum, quo adusq; regalis sententia, ex eo quid uoluisset decerneret. Commoranti ergo illic, audit carcerem eo in loco plenum esse damnatorum hominum, mortis diem expectantium. Ad quem uir Dei properat, ingressusq; ostium nullo obstante, uerbum Dei damnatis depromit, spondentq; si liberarentur emendaturos, & de commissis noxa pœnitentiam acturos. Beatus itaq; Columbanus, post hæc ministro Domnali, cuius superius fecimus mentionem, imperat, ut manu ferrum quo compedes reti erant, atq; innexi, apprehendat ac trahat. Quod ille apprehensum trahit, & uelut frutex putrefactus, per partes comminuitur, egredique recedere damnatos solutis compedibus iubet. Peracto autem Euangelici cultus officio, pedes lauit, linteoq; abstersa, imperansq; deinde ut ecclesiam petant, & commissi sceleris pœnitendo, ac lachrymis abluendo culpas lauent. Properantes ergo illi, ecclesiæ fores obseratas repererunt. Tribunus igitur militum cum audisset uirtute Dei per beatum Columbanum damnatorum compedes fractos, & uacuum sibi tantum modo relictum ergastulum, insequi aciem damnatorum uelut a somno excitatus cum militibus cœpit. Illi uero post tergum appropinquare satellites uidentes, & fores ecclesiæ obseratas cernentes, gemina uallati angustia, uirum Dei compellant ut eruantur. Ille autem in altum anhelitu sursum caput attollit, precansq; Dominum, ut quos uirtute ereptos a ferro non sinat denuo tradi satellitum nexui. Nec mora, tanta auctoris bonitas, fores firmiter obseratas clauium reserat, atq; in angustia positis aditum pandit, protinusq; cursu ingrediuntur ecclesiam. Fores autem post damnatorum introitum oculis militum absque humana manu obserantur, ac si custos ostij clauigero permittente & reserasset & obserasset. Peruenientes ergo beatus Columbanus cum suis, similiq; & tribunus cum militibus, fores obseratas repererunt. Aspasiumq; nomine custodem quærit, ut claues largiatur. Qui cum uenisset, clauigeroq; usu fores reserare uoluisset, ait, se nunquam diligentius obserata claustra inuenisse. Nec quisquam post ausus est damnatis iniuriam inferre, quos diuina uirtus eruerat.

CAPVT XIX.

POst hæc uir Dei cernens quod a nullis custodijs angeretur, a nulloq; molestiam sustineret: uidebant enim omnes in eo Dei uirtutem flagrare, ideoq; omnes ab eius iniurijs segregabantur, ne socij culparum forent: ascendit Dominica die in uerticem ardui cacuminis montis illius: ita enim situs urbis habetur, cum domorum densitas in diffuso latere proclivi montis sita est, prorumpunt ardua in sublimibus cacuminibus, quo undiq; abscisi fluminis Dubis alueo uallante, nullis nisi commeantibus uiam pandit. Ibiq; usq; ad medium diei expectat, si aliquis iter ad monasterium reuertendi prohiberet. Et cum nullus contra eum existeret, ipse per mediam urbem cum suis ad monasterium regreditur. Quo audito Brunechildis ac Theodericus, quod scilicet ab exilio reuertisset, atrocioribus iterum aculeis stimulantur, iubentq; militum cohortem ut rursum uirum Dei abstrahant, & ad pristinum prorsus exilium reducerent. Venientes ergo milites cum tribuno, per septa monasterij uirumq; Dei perquirunt. Residebat autem ille in atrio ecclesiæ, librumq; legebat. Illi eum circumsepti uenissent, & prope eum transirent, ita ut nonnulli in eius pedibus offenderent, & uestimenta eius fere cum tangerent, sed obcæcatis luminibus ipsum nequaquam uiderent, erat enim speculum pulcherrimum. Ille autem cernens cernebat quærentes, nec omnino uidebatur illis, in medio eorum positus, cum uideretur ab eo, non uidebant. Intererat tribunus, intuitusq; per fenestram, uirum Dei uidet inter ipsos lætum reside-

re &

re & legere serenemque uirtutem Dei ait. Quid tam latenter sanis ecclesiae peragratis, nec omnino reperitis? Nequaquam amplius infantia erroris eos uestrum decipiunt: non enim uos potestis eum inuenire, quem uirtus diuina tegit. Redite ab hac intentione, & regi properemus nunciare, quia eum minime reperistis. Datur autem manifeste intelligi, tribunum missum non sponte ad parandum uiro Dei iniuriam uenisse, & ideo ad eum uidendum lumen meruisse. Renunciantibus ergo illis auribus regis, ille audio furore uesaniae intentionis, Bertharium comitem ad eum requirendum, atque uirorum cum praesidio, simulque & Baudolfum, quem superius diximus, destinauit. Qui cum uenissent, beatum Columbanum in ecclesia positum psallentem, ac orationi deditum, cum omni congregatione fratrum reperiunt: sicque uirum Dei alloquuntur, Vir Dei precamur, ut tam regiis, quam etiam nostris praeceptis obediens, egressusque pergas eo itinere, quo primum his aduenisti in locis. At ille, Non enim, inquit, reor placere conditori, semel natali solo ob Christi timorem relicto, denuo repedare. Cumque nullatenus cernerent sibi uirum Dei obedire, relictis quibusdam quibus ferocia animi fortior erat, Bertharius abscessit. His uero qui remanserant, uirum Dei hortantur, ut illis misereatur, qui ad tale opus patrandum infeliciter fuerant relicti, eorumque periculo consideret, quia si eum uiolenter non abstraherent, mortis periculum incurrerent. At ille alias saepius testatum esse, nisi ui abstraheretur, se non discessurum. Illi autem gemino uallati periculo, undique urgente formidine, pallium quo indutus erat, attingunt: alii genibus prouoluti, cum lachrymis precantur, ut pro tanti sceleris culpa illis ignosceret, qui non suis desideriis, sed regis obtemperarent praeceptis. Videns itaque uir Dei periculum aliorum fore, si suae sinceritati satisfaceret, cum omnium eiulatu atque moerore egreditur, deputatis a rege custodibus: qui quousque ditionis suae regno pellerent, non eum relinquerent, sed pariter cum illo ambularent. Inter quos primus Ragamundus erat, qui cum uniuersis fratribus uelut funus subsequentibus, Nannetis eum usque perduxit. Anxius itaque pater tantorum membrorum dispendio, coelos respicit, Aeterne inquiens conditor rerum, tu nobis locum praepara opportunum, quo tibi tuae famulentur in secula plebes. Consolatur deinde uniuersam simul cohortem, ut spem non praepedant, sed omnipotenti Deo immensas laudes rependant: se hoc non ob dispendium suum, uel suorum pati, sed ob multiplicandas monachorum plebes hanc esse datam occasionem: & quicunque se sequi uellent, promptissimo animo ad sustinendas iniurias conuenirent: qui uero in supradicto coenobio remanere uoluerint, securi in hoc loco remanerent, cito Dominum de eorum inimicis ultionem daturum. Sed cum aequo animo de custodia pastoris segregari nollent, custodes regis inquiunt, neque quem hinc se sequi alios praemissuros, nisi eos quos sui ortus terra dederat, uel qui e Britannicis aruis ipsum secuti fuerant, caeteros qui Gallico orti forent solo, praeceptis esse regis inibi remansuros. At cum egregius pater cerneret uiolenter sua membra discipulorum scilicet, tam etiam membrorum suorum dolor multiplicabatur, & pro tanti sceleris pondere Dominum omnibus consolatorem deprecatur, ut quos a se regis pertinacia segregabat, ipse sua custodia tueretur. Inter quos uenerabilis uir, qui post in eodem monasterio pater extitit Eustasius, discipulus & minister sancti uiri, uiolenter auulsus, iubente super eum Nugetio auunculo eius, qui Lingonicae ecclesiae pontifex erat. Egressus ergo uir sanctus cum suis, uicesimo anno post incolatum eremi illius, per urbem Vesontionum Augustidunumque ad Auallonem castrum peruenit. Sed priusquam ad Auallonem peruenirent, Insula et custos equorum Theoderici occurrit, lanceaque uirum Dei transfigere uoluit, sed malesuoli animi ultio mox digna praeuenit. Nam dextera, quam aduersum uirum Dei leuauerat, torpente, lanceam ante pedes suos humi defixit: ipseque a daemonio correptus, ante uestigia uiri Dei ruit. Quem ille cernens ultione diuina percussum, die illa noctemque penes se tenuit. Cumque sequens cursus diem illuxisset, ad se accersitum, Deoque iuuante curatum a peste, ad propria remeauit. Deinde ad Carasiacum properans, ad domum cuiusdam nobilis & religiosae feminae Theodemildae peruenit. Quo cum peruenisset, occurrerunt ei uiri pleni rabido daemone, frementes atque iacentes in terra: quos uir Dei protinus oratione curauit. Eadem autem die ad uicum, quem Cortucant, uenerunt filii quinque uiri phrenesi uexati obuiam, eorum ubi & mox sanati sunt. Et in Autissiodorum properauit, ibique allocutus est Ragamundum, qui ipse cum illis, qua ibat, ducebat. Memento, inquit, o Ragamunde, quod Chlotharium, quem nunc spernitis, intra triennium dominum habebitis. At ille, Cur inquit, talia domine mi. At ille atque ait, Videbis profecto, quae dixi, si tunc uitam cum superis feras.

CAPVT XX.

PRogressus ergo exin ab Autissiodoro, conspicit quendam a daemonis correptum, penitus ex aduerso currere cursu: is etenim multibus totis uiribus cucurrerat. Quo uiso subsistit, quousque saucius homo daemonis arte ueniret, ueniensque ante uirum Dei, ruit se discerpens. Quem uir Dei orationibus curauit, patriaeque sospitem reddidit. Deinde ad Niuernense oppidum uenit, custodibus antecedentibus ac subsequentibus, ut Ligeris scapha reciperetur, Britannicisque sinus redderetur. Vbi etiam cum uenissent, & tardo conamine scapham insilirent, quidam e custodibus arrepto remo, unum eorum qui Lua dicebatur, percussit uirum sanctissimum, & omni religione deditum. Vir autem Dei intuens suum coram se minis caedi, Cur inquid crudelitatis addis, maerorem maerori? An nō sufficit ad uestram ruinam patrati sceleris malum? Cur sesse Christi membra caedis? Cur contra misericordiam inimicus appares? Cur signa in manifestos protendis? Memento te diuina ultione in hoc loco percutiendum, in quo Christi membrum sit eos percussisti. Probauit autem illa re sententiae poenam, uisio mox subsecuta. Nam is subsequenti uice rediens ad eundem pontem transiturus uenit, diuinitus percussus, in eodem est loco demersus. Quid causae fuit ut istum arbiter eandem ultionem in postmodum distulisset, nisi ut tunc sancti abluti de uindicta eius non macularentur? Inde ad Aurelianensem urbem venerunt, ubi cum nec aditum ecclesiarum sibi ex regiis praeceptis pandi uiderent, cum grandi moerore super ripam Ligeris tentoria contentus paulisper quiescit. Cumque iam sumptus necessariis indigerent, duos in urbem direxit, ut necessaria quaererent: quorum unus erat Potentinus nomine, qui adhuc superest, & in Armoricano loco in suburbano Constantiae urbis monachorum cohortem adunauit. Sed cum lustrantes urbem illi nihil repperissent, quia regio timore omnium corda perculsa manebant, ubi qua urbem intrauerant, repedabant, obuiamque habent mulierem in platea ex genere Syrorum, quae cum eos uidisset, sciscitata est qui nam essent. Illi rei ueritate digesta, addunt se necessaria quaesisse, nec prorsus repperisse. Illa autem inquit, Accedite domini mei ad metatum famulae uestrae, & quae sunt necessaria uobiscum uehite. Nam & ego aduena sum, ex longinquo orientis solo. Illi enim euntes, eam sunt calle secuti, ueneruntque ad domum eius: sellisque positis, quieuerunt donec detulit quod eis esset ad usum. Erat simul in cōsessu uir eius, olim iam luminibus orbatus: de quo sciscitati sunt, quis esset. Illa autem inquit, Vir meus est ex eodem genere Syrorum, sicut & ego, quem per multorum circulum annorum lumine priuatum traho. Illi inquiunt: Si Christi famuli Columbae obtutibus praesentaretur, eius interuentu orationum lumen posset recipere. At ille promissi muneris, fideique nexibus mentem roborat, surgensque, eorum est prosecutus duce uestigia. Narrauit ergo Potentinus hospitalitatis munus in peregrinis. Nec prorsus uerba impleuerat, caecus astabat, precatusque Dei uirum, ut suis orationibus ei lumen restituat. Videns itaque illius fidem, omnes posse ut pro caeco orent: pronusque diu supra humum iacuit, surgensque manu oculos attigit, ac post crucis signum postulatum lumen reddidit. Gaudens ergo ille reddito lumine, domum remeauit, ut uidelicet qui interiorem lucem non amiserat, exteriori non careret. Sicque exinde turba obsessorum, quos daemones horrido furore torquebant, ad uirum Dei curandi gratia properabant; datamque salus largita a Domino omnibus per uirum Dei beatum Columbanum. Hinc namque uirtutibus populus urbis permotus, uirum Dei [illegible] esse sinebat; non tamen manifeste propter custodes quicquam praebere audebant, ne regis iras incurrerent: deinde arrepto iter peragunt.

CAPUT XXI.

Nannetensem ergo per Ligerim ad Turonensem peruenitur urbem, ubi uir sanctus custodes precatur, ut scapha portui appropinquaret, seque ad sepulchrū beati confessoris Christi Martini ire sinant. Quod abnuentes custodes, nauigare ueloci conatu compellunt, remigerosque urgent, ut omni uirtute cursu celeri portū transeant, gubernatori imperant, ut medio fluminis alueo scapham teneat. Quod uidens beatus Columbanus, maestos uultus ad caelum erigit, cōpellans se tanto maerore subdi, ut ne sanctorū sepulchra uisere permitteretur. Vigentibus ergo omnibus, mox ut contra portum uentū est, uelut quibusdam anchoris detenta, scapha stare coepit, & ad portum caput dirigere. Quod cum custodes obstare non ualerent, inuiti scapham quo uellet ire sinunt: mirum in modum e medio fluminis alueo ad portum ceu praepeti uolatu peruenit, portuque recepto, uir Dei uiam pandit. Gratias autem ille regi reddens aeterno, qui famulis obtemperare non dedignatur seruis. Egressus sane ad sepulchrum beati Martini confessoris Christi accedit, totaque ibi nocte in oratione excubat. Illucescente uero die, a Leuparicio urbis illius episcopo inuitatur ad cibum, & ire non abnuit, praesertim ob suorum requiem fratrum, moratusque est eo die cum supradicto pontifice, qui cum hora refectionis cum eo ad mensam resideret, interrogatus cur iterum ad patriā repedaret, respondit, Canis me Theodericus, a meis fratribus abegit. Tunc unus e conuiuis, Chrodoaldus nomine, qui amitam Theodeberti regis in coniugium habebat, regi tamen Theoderico fidelis erat: hic uiro Dei humili uoce respōdit, esse melius lac potare quam absynthium. Cui uir Dei ait, Cognosco enim te regis Theoderici foederis iura seruare uelle. At ille fatetur se foedus fidei promissum quamdiu ualeret obseruare. Cui beatus Columbanus respōdens: Si inquit, regis Theoderici uinctus es socius, amico tuo & domino laetus tu has me legatus direxisse: Haec ergo eius auribus infer, & ipsum & suos liberos intra triennij circulum esse delendos, radicitusque eius stirpem Dominum esse eradicaturum. Cur inquit supradictus uir, famule Dei, talia promis? At ille, Non enim queo silere, quae mihi loquenda Dominus tradit. Quod in postmodum omnes nationes Galliae senserunt impletum, confirmauitque hoc superius ad Ragamundum sententia dicta. Sublato deinde prandio, uir Dei ad scapham remeat, reperitque suos multa tristitia depressos: inquirensque inuenit praeterita nocte, quae in scapha habuissent furtiue perdidisse, simulque aureos quos in pauperes non erogauerat furto ablatos. Quo audito ad sepulchrum beati Martini repedat, questusque est, se non idcirco ad eius uigilias stetisse, ut sua, suorumque sineret damna patrari furum. Nec mora, is qui loculum cum aureis furatus erat, coepit intra flagella corporis, poenasque pennasque clamare & dicere, illo & illo in loco se aureos occultatos habere. Quod uidentes socij, omnes currunt, furtoque sublato omnia reddunt, & uirum Dei precantur, ut tanti sceleris culpas ignoscat. Quod miraculum omnibus terrorem incussit, ut deinceps quicunque ista audissent, uelut sacrata omnia, quae ad uirum Dei pertinebant, attingere non auderent. Perhennis itaque necessaria Leuparius uiro Dei [illegible]. Naualis ergo itineris causa usque Nannetense oppidum uenit, ibique aliquamdiu commoratus est. Qui cum quadam die quidam egenus ante fores cellulae, in qua uir Dei metatus erat, clamaret, illo uocato ministro, ait, Praebe cibos alimoniam petenti. at ille, Non est nobis panis, ait, nisi paululum tantum farinae. at ille, Quantum inquit, habes? Testatus est ille amplius se non habere, ut rebatur, quam farinae modium. Dixit ergo, Da totum, nec quicquam reserues in crastinum. Obediens autem minister, totum simul pauperi tribuit, nihil ad necessitatem communem reseruans. Iam nutibus ergo illis tertia dies illuxerat, nihil penes se habentibus praeter spei & fidei gratiam, unde fessis ieiunio membris subueniretur. Subito autem audiunt quendam fores ligno terere, cumque ostiarius sciscitaretur, cuius rei necessitas posceret, sono fragoris fractum ualuas inquietari(?), qui fores terebat, ait se a domina sua Procula nomine, esse directum, quae diuinitus admonita, ut sumptus uiro Dei Columbano comitibusque eius, qui apud Nannetense oppidum morarentur, dirigeret, haberique in proximo: seque ideo praeuenisse, ut uasa quo reciperentur, pararent, centum siquidem modia esse uini, ducentaque frumenti, sed & bracii centum modia: quod ostiarius celeri cursu patri indicare properat. At ille, Sine inquit, fratremque totum aduenire praecipit, ut simul pulsi pro largitate Dominum precarentur, simulque grates referant conditori, qui sic consolari non desinit famulos in omnibus necessitatibus, et post haec munus oblatum recipiunt. O mira conditoris pietas egere sinit, ut sua dona egentibus largiendo demonstret: tentari permittit, ut in tentatione subueniens, suorum in se corda uberius excitet: famulorum sua membra sinit lacerando tradi, ut circa sanandorum medicamina multiplicata dilectio cumulentur. Alia simul nobilis foemina & religiosa, nomine Doda, direxit ducenta frumenti, ac promiscue centum modia. Quae causa maximam uerecundiam urbis illius pontifici excitauit, nomine Soffronio, a quo cum nihil muneris impetrauissent, nec quicquam commutando capere potuissent. Ibi commorantibus quaedam mulier, daemonum peste plena, cum filia sidereo casu caecitate repleta uenit. Quas cum Columba uidisset, continuatim precis Dominum exorauit, sanitateque pristina redditas, metato suo redire praecepit.

CAPUT XXII.

POst haec Soffronius Nannetensis urbis episcopus, unacum Theodoaldo comite, iuxta regis imperium beatum Columbanum naui susceptum ad Hyberniam destinare properabant. uir autem Dei inquit, Si nauis, quae finibus Hyberniae redditur adest, omnem supellectilem, comitesque suscipiat: ego uero interea scapha recepta Ligeris undis uehar, quo usque ad maris alta deferar. reperta ergo naui, quae Scotorum commercia uexerat, omnem supellectilem, comitesque suscepit. Cumque iam remigera arte prosperantibus zephyris nauis ad alta pelagi tenderet, undarum moles obuientes, nauimque ad litus redire coegit, planoque terrae sabulo depulsam reliquit. Collecto itaque fluctu in sinu aequoreo quieuit, mansitque per triduum absque undis carina. Intellexit ergo dominus nauis, ob uiri Dei supellectilem, comitesque receptos se esse detentum. Fuit tandem consilium, & reiecit omnia a nauis finibus, quae ad uirum Dei pertinebant. Nec mora, undarum moles adfuit, carinamque ad alta prouexit. Mirantes itaque omnes, cognouere non esse uoluntatem Dei, ut retro amplius repedaret. Ad metatum ergo suum, quo prius fuerat, rediit nullo iam obsistente, quo uellet ire, sed magis prout quisque poterat, uirum Dei honoribus ac sumptibus fulciebat. Nec defuit quicquam praesidij, dum in omnibus concursu ministrat auxilium: quia prorsus nunquam obdormiet, qui sub alarum suarum umbra Israel degit. Sic saepe omnibus omnia largiendo demonstrat, ut ab omnibus pro muneribus laudis glorificetur largitione.

CAPUT XXIII.

MOratus ergo paululum ibidem, post ad Clotharium Chilperici regis filium, qui in Austrasijs Francis regnabat, in extrema Gallia ad Oceanum posita pergit. Porro Clotharius audierat, quantis qualibus uirum insultationibus Dei Brunechildis ac Theodericus fatigauerant: quem cum uidisset, uelut caeleste munus recepit, orauitque precatum, ut si uellet, intra sui regni terminos resideret, seque ei, prout uoluerit famulaturum. At ille, Nequaquam ait, his in locis se consistere uelle, uel ob suam peregrinationem augendam, uel illis inimicitiarum occasionem sedandam. Tenuit ergo eum Clotharius quantis potuit penes se diebus, castigatusque ab eo pro quibusdam erroribus, quibus uix aula regia caret, spondet se Clotharius iuxta eius imperium omnia emendaturum. Erat enim Clotharius sollers in amore sapientiae: intentum ergo opera omnia gratificabatur. Moritur igitur eo penes Clotharium. lis oritur inter Theodebertum & Theodericum, discrepantibus utrisque de regni terminis: & utrique ad Clotharium legatos dirigunt, ut contra aduersam partem auxilium postulat. Quod Clotharius beato Columbano insinuare procurat, consulens ut studeretur eius consilio, seu uni consentiendo, contra alium dimicare. Ad quem ille prophetico repletus spiritu ait, neutri eum fore praesidium consulens, suam autem intra triennium tempus in ditionem, utrorumque regna uenire. Videns autem Clotharius a uiro Dei talia sibi prophetia phetico ore dixit, regni parem uidit: sed promissum sibi tempus fideliter expectans, postea potitus est triumpho uictoriæ.

CAPVT XXIIII.

POst hæc egit apud Clotharium uir Dei, ut sibi solamen largiretur, quatenus per Theodeberti regnum fines ad Italiam, alpium iuga transcendens perueniret. Datis ergo comitibus, qui eum usque ad Theodebertum perducerent, itinere arrepto, ad Parisium urbem peruenit. Quo cum uenisset, occurrit ei homo in porta habens spiritum immundum, debacchans ac discerpens & garrulans, querulo sciscitans uirum Dei assumine, Quid hic ais Dei agis in locis? & iam eum antea à longe beatum Columbanum uenire iamdudum clamabat. Quem cum uir Dei uidisset, ait, Egredere pestifer, egredere, nec corpora Christi lauacro abluta, diu obsidere præsumas. Cede uirtuti Dei, & Christi nomine inuocato contremisce. Sed cum diu spiritus nequam uiribus obsisteret, uir Dei manus ori eius iniecit, linguamque attrectans, & in uirtute Dei imperat, ut egrediatur. Tunc horrida ui discerpens eum ita ut uix nexibus teneretur, cum uiscerum motione, ac uomituum motu progressus, tantum fœtorem adstantibus dedit, ut sulphureum se crederent facilius tolerare odores.

CAPVT XXV.

DEinde autem ad Meldense oppidum properat: quo cum uir quidam nobilis, nomine Channericus Theodeberti conuiua, uir sapiens, & consilijs regis gratus, & nobilitatis sapientia quia tanta inesset, uirum Dei cum gaudio recepit, seque habere curam spondet, qualiter ad Theodeberti accederet aulam, non esse necesse alios comites e regis latere eum habere. Ad hoc enim alterum differebat subsidium, ut uirum Dei secum quamdiu ualeret, teneret, & eius doctrina sua domus nobilitaretur. Benedixit ergo uir Dei domum suam, filiamque eius nomine Burgundofaram, quæ infra infantiæ annos erat, benedicens Domino uouit, de qua postea in subsequentibus narrabimus. Progressus autem inde, uenit ad uillam quandam Vulciacum, quæ supra amnem Matronam sita est: ibi receptus est a quodam uiro, nomine Authario, cuius coniux Aiga dicebatur, eiusque filios intra infantiæ annos detentos mater ad benedicendum uiro Dei obtulit. Videns ergo ille matris fidem, infantulos sua benedictione sacrauit: qui post, maxime pubescente ætate, Clothario regi primum ac deinceps Dagoberto gratissimi habiti sunt. Sed postquam seculi gloria fuerant illustrati, anhelare cœperunt, ut per gloriam seculi, non careant æternis. quorum maior natu, Ado nomine, semet suis uoluptatibus abdicans, postque intra Iurani saltus, monasterium ex beati regula Columbani construit: iuniorque nomine Dado, intra Briegensem saltum, supra fluuiolum Resbacem, ex supradicti uiri regula monasterium construxit. Tanta autem in uiro Dei gratia redundabat, ut quos semel sacrasset, in boni cultus perseuerantia dies supremos finisse, cuilibet hæc dictum sit, ut quos de industria monuisset, gaudii fine postea se impertiuisse meruisse. Nec immerito tanti uiri fultus adminiculo, paris gratiæ potitus est supplemento, qui eius doctrinis inhærens, noluit à iusta uitæ tramite deuiare.

CAPVT XXVI.

EXinde ad Theodebertum regem uenit: quem cum Theodebertus uidisset, ouans suis sedibus recepit. Iam enim multi fratrum post eum ex Luxouio uenerant, quos ille uelut ex hostili præda ereptos suscipiebat: pollicitusque est Theodebertus, se reperire intra suos terminos loca uenusta, & famulis Dei ad omnem opportunitatem congrua, proximasque ad prædicandum nationes undique haberi. Ad hæc inquit uir Dei, Si pollicitationis tuæ adminiculum præbes, & uadimonio fallaciam noxæ non opponis, aliquantisper me commoraturum promitto, ac probaturum, si in cordibus gentium fidem serere ualeam. Dedit ergo rex ei optionem, ut quacunque in parte uoluisset, experimento quæreret locum, qui sibi suisque placuisset: inquisitumque locum inuenerunt, quem fama omnium reddebat laudabilem intra Germaniæ terminos: Rheno tamen uicinum oppidum, olim dirutum, quod Brigantium nuncupabant. Sed quid ille uiro Dei, dum per alueum nauigaret, actum sit, silendum non est. Dum quodam die per Rheni, ut diximus, alueum scapha ueheretur, ad urbem quam Magontiacum ueteres appellarunt, perueniunt: quo cum uenissent, remiges qui in comitatu uiri Dei à rege directi fuerant, uiro Dei aiunt se habere amicos in urbe, qui necessariorum sumptus præberent: iam enim defecerant longo itinere stipendia sumptuum. Quibus uir Dei ait, Ite. Qui cum abissent, nihil repererunt: reuersique uiro Dei interroganti respondent, se nullatenus aliquid ab amicis impetrare potuisse. Ad hæc ille, Sinite me, inquit, ad meum abire amicum. Mirantibus illis unde hic illo in loco, quo antea non uenerat, amicum haberet, progressus ad ecclesiam pergit: quam ingressus, pauimento inhærens, longæ orationis protractione summum Dominum pietatis postulat auxilium. Nec mora, episcopus urbis illius domo progressus ad ecclesiam uenit, repertumque beatum Columbanum sciscitatur quis esset. At ille fatetur se peregrinum esse. cui ille, Si, inquit, necesse est sumptuum copiam capere, propera domum, & quantum necesse fuerit, tecum defer. At ille, cum gratias simul conditori, qui sibi hoc inspirauerat, ac illi qui optatam necessitatis copiam offerebat, referret, attentius ille cogit ac imperat, ut omnia opportuna sumat: pueros quoque festine ad nauem ipse dirigit, ut omnia auferant, præter custodem unum dimissum, mestam, & quæque uellent, secum deportarent. Quod ne cui casu euenisse uideatur, solitus erat potens idem episcopus procedere, nunquam se antea sic arctum in adeundo necessaria fuisse, & se absque alia opportunitate ob beati Columbani meritum, diuina admonitione ad ecclesiam non uenisse. Deinde autem ad destinatum peruentum locum: quem peragrans uir Dei, Non sibi placere animis ait, sed tamen ob fidem in gentibus serendam, ibi paulisper mansurum respondit. Sunt enim inibi uicinæ nationes Sueuorum. Quo cum moraretur, & inter habitatores loci illius progrederetur, reperit eos sacrificium prophanum litare uelle: uasque magnum, quod uulgo Cupam uocant, quod uiginti modia amplius nec minus capiebat, ceruisia plenum in medio positum. Ad quod uir Dei accessit, sciscitaturque quid de illo fieri uellet. Aiunt illi, Se Deo suo Vodano nomine, quem Mercurium, ut alii aiunt, autumant esse, litare uelle. Ille autem pestiferum opus audiens, uas insufflat, miroque modo uas cum fragore dissoluitur, & per frusta diuiditur, uisque rapida cum liquore ceruisiæ prorumpit: manifesteque datur intelligi, diabolum in eo uase fuisse occultatum, qui per profanum liquorem caperet animas sacrificantium. Videntes autem barbari stupefacti, aiunt magnum uirum Dei habere halitum, qui sic posset dissoluere uas ligaminibus munitum. Castigatos itaque Euangelicis dictis, ut ab his segregarentur sacrificiis, domum redire imperat. Multi enim eorum tunc per beati Columbani sedulitatem uel doctrinam ad Christi fidem conuersi, baptismi sunt consecuti: alioqui quos iam lauacro ablutos error detinebat prophanus, ad cultum Euangeliceæ doctrinæ monitis suis, ut bonus pastor, ecclesiæ sinibus reducebat. Eo itaque in tempore Theodericus atque Brunechildis non solum aduersus Columbanum insaniebant, uerumetiam & contra sanctissimum Desiderium, Viennensis urbis episcopum aduersabantur. Quem primo exilio damnatum, multis iniuriis affligere nitebantur: ad postremum ut ad gloriosum martyrio coronarent: cuius gesta scripta habentur, quibus & quantis aduersitatibus gloriosus apud Dominum meruit habere triumphos. Vagante itaque beato Columbano cum suis penes Brigantiæ urbem, dum egestatis tempus obueniret. Sed quamuis alimonia deessent, manebat tamen intemerata uigilantium custos fides, quæ necessaria apud Dominum impetraret. Cumque iam triduum ieiuniis fessa corpora ferrent, euenit tanta copia alitum, ueluti Israelitarum castra coturnix olim operuit, ita ut omnem pagum illum, id est illum, multitudo oppleret. Intellexit enim uir Dei eorum suorumque necessitatem, has diuinitus pro terra diffundi, nec prorsus alibi obuiare, præterea quo ipse moraretur in loco. Iubet ergo suos pro ea grates laudesque rependere conditori, seque alitum dapes capere. Erat enim mirum & stupendum miraculum. Capiebantur aues, prout patris imperium urgebat, nec abscedere penitus a loco nitebantur. Mansit ergo alitum manna per triduum diffusa. Quarto deinde die, quidam pontifex ex uicinis urbibus, frumenti copiam diuino munere aspiratus beato Columbano direxit. Sed mox omnipotens, qui penuriam patientibus aligeros præmiserat cibum, ut farris adepta aduenit, alitum phalange imperauit abire. Nam Eustasio hoc nos cognouimus referente, qui eo tempore inter ceteros fuit uiri Dei obedientis ibidem cœnobio adnexus, quod nullus in ea fuerit caterua, quamuis eiusdem generis alitum se uidisse referens, & tamen sapor in cibo adeo ut regias dapes uinceret. O mirum diuinæ potentiæ donum, quando terrenæ dapes cultoribus Christi desunt, tunc de manu cœlestia tribuuntur. Sicut de Israel dictum est, Panem cœli dedit eis. Cum autem terrenæ opes subtraherent, tunc grates amplius fuissent. Ipso itaque tempore, cum sub quodam scopulo, inter uasta eremi scabrosa corpus contineret, & nihil aliud præter toris poma, quorum superius fecimus mentionem, in cibos caperet: ursum ad iussa abditum conuersari usus, corpusque necessarios delambere cibos, ac passim poma ore detrahere. Cumque hora refectionis aduenisset, Magnoaldum ministrum direxit, ut consuetam mensuram pomorum deferret. Qui cum abiisset, ursum inter toris frutices, rubosque peruagari, ac poma lambendo carpere conspicatus, festinusque rediit, patrique indicauit. Ille autem imperat ut partem fructuum ursis esibus ferre dimittat, aliamque partem sibi reseruare iubet. Abiit ergo Magnoaldus, ac iussa patris impleuit: diuiditque uirga frutices, rubosque qui poma ferebant, & partem suam iuxta imperium uiri Dei, ait, ut fera comedat; aliamque partem in usus uiri Dei reseruet. Mira in feris obedientia. Nequaquam ex prohibita sibi parte ausa est carpere cibos: sed in segregata & permissa sibi fructuum parte, tantummodo pabula sequebatur, quoad usque uir Dei in eo loco commoratus est. Interea cogitatio in mentem ruit, ut Venetiorum, qui & Sclaui dicuntur, terminos adiret, cæcasque mentes Euangelica luce illustraret, ac ab origine per deuia oberrantibus, ueritatis uiam panderet. Cumque hoc uotis patrandum inesset, angelus Domini per uisum apparuit, paruoque ambitu uelut paginali solent stylo orbis describere circulum, mundi compagem monstrauit. Cernis, inquit, quod manet totius orbis desertum? Perge dextra læuaque qua elegis, ut laborum tuorum fructus comedas. Intellexit ergo ille, non esse gentis illius in promptu fidei profectum: quieuitque in loco, donec aditus ad Italiam uiam panderet.

CAPVT XXVIII.

Interea inter Theodericum Theudebertumque lis oritur, ac uterque aduersus fratrem usque ad internecionem desæuit, utrisque gentium robore superbientibus. Inter quæ uir Dei ad Theodebertum accedit, eique suadet, ut coeptæ arrogantiæ supercilium deponat, seque clericum faciat, & in ecclesia positus, sacris subderetur religio-

nis,

pi, ne simul cum damno præsentis regni, etiam ne pateretur uitæ dispendia. Quod & regi & omnibus circumstantibus ridiculum excitat, aientes se nunquam audisse merouingum in regno sublimatum, uoluntarie clericum fuisse. Detestantibus ergo omnibus, beatus Columbanus ait: Si uoluntarie nullatenus clericatus honorem sumit, in breui inuitus clericus existet. His ergo dictis, uir Dei ad cellulam remeat, moxque prophetici dicti euentum, res nõ diu dilata affirmat. Nec mora, Theodericus Theodebertum ad bellũ prouocat, & prope Tullum deuictum fugat, pulsumque cum exercitus robore persequitur. Simili modo geminum mulcatum Theodebertus robore uallatum, ad Tulbiacensem castrum pugnaturus occurrit: ubi prælio miro, innumeræ gentium phalanges ex utroque exercitu perierunt. & uictus tandem Theodebertus fugit. Eo igitur in tempore uir Dei in eremo morabatur, contentus tantum unius ministri Chagnoaldi famulatu. Ea hora ergo qua apud Tulbiacum commissum est bellum supra quercus putrefactum truncum, uir librum legens residebat: quem subitus sopor oppressit, & quid inter duos reges ageretur, uidit. Moxque excitatus, ministrum uocat, cruentamque regum pugnam indicat, ac multum humanum sanguinem fusum suspirat. Cui temerario conatu minister ait: Pater mi, Theodebertum tuis precibus porrige suffragium, ut communem debellet hostem Theodericum. Ad hæc beatus Columbanus ait: Stultum, ac religioni alienum cõsilium administras. Non enim Dominus ita uoluit, qui nos pro inimicis nostris orare præcepit. Inquisiuit ergo post minister temporis diẽ & horam, reperitque ita fuisse, sicut uiro Dei fuerat reuelatum. Persecutus est ergo Theodebertum Theodericus, & suorum proditione captum, ad auiam Brunichildem direxit: quẽ cum auia recepisset, quia Theoderici partibus Brunchildis fauens erat, furens Theodebertum fieri clericum rogauit. At non post multos dies, impie nimis post clericatum perimi iubet.

CAPVT XXVIII.

POrro Theodericus penes Metensis mœnia oppidum, diuinitus percussus, inter flagrantis ignis incendia mortuus est: post quem Brunchildis filium eius Sigebertum in regnũ substituit. Itaque Clotharius memor prophetiæ uiri Dei, collecto exercitu, fines regni, qui suæ ditioni debebantur, conatur recipere. Contra quẽ Sigebertus cum hostili cuneo pugnaturus aduenit: quem Clotharius captum peremit, fratresque eius quinque Theoderici filios cum auia Brunchilde cepit: pueros separatim peremit: Brunchildem uero primo ignobiliter camelo impositam, hostibus gyrando monstrauit: post indomitorũ equorum caudis alligatam, miserabili morte uita priuauit. Funditus ergo radicitus deleta Theoderici stirpe, Clotharius potitus est trium regnorum solus monarchia. Quo facto beati Colũba prophetia in omnibus impleta est, quoniam intra triennium cũ omni stirpe deleta funditus, alio mox ter clerico facto, tertio triũ regnorũ possessione ac dominatione ditato.

CAPVT XXIX.

BEatus ergo Columbanus cum uidisset se oportunitatem dedisse Theoderico Theodebertum, relicta Gallia atque Germania, Italiam ingreditur, ubi ab Agilulfo Longobardorũ rege honorifice receptus est: qui largita optione, ut intra Italiam, quocunque in loco uoluisset, habitaret. Dei consultu actum est, dum ille penes Mediolanum urbem moraretur, ut hæreticorum fraudes, id est Arrianæ perfidiæ, scripturarum cauterio discerpere ac dissecare uellet: contra quos etiam libellum florentis scientiæ edidit. Vir quidam nomine Iocundus ad regem uenit, qui regi indicat, se in solitudine finibus Apennini basilicam beati Petri apostolorũ principis scire, in qua uirtutes expertus sit, locum esse ubertate fœcundum, aquis irriguum, piscium copiam. Quem locum ueterum traditio Bobium nuncupabat, ob riuum in eo loco hoc nomine fluentem, amnemque alium profluentem, nomine Trebiam, super quem olim Hannibal hyemans, hominum, equorum, elephantorũ, maxima damna sensit. Vbi cum uir Dei uenisset, omni cum intentione basilicam semirutam reperiens, prisco decori renouare studuit, in cuius restauratione uiri Domini uirtus patuit. Nam cum per præruptos saxorũ scopulos trabes ex abietibus inter densa saltuum loca inaccessibilibus cæderentur, uel alibi cæsæ, in quibus casu elapsæ aspero, aditum plaustrorũ denegarent, mirum in modum trabem, quã uix triginta uel quadraginta plano terræ positam, solo uehere ualebant: ibi cum duobus uel tribus, prout arduus callis meatus parebat, uir Dei accedens, suis ac fratrum humeris immanem ponderis imponebat: & ubi antea pro asperitate itineris, libero gressu uix gradiebatur, onerati maximarum trabium pondere læti gradiebantur: ut uerti uidere quis onera ferens, ac si ab aliis ueherentur, firmis uestigiis, uelut ocio uacantes, ouantes irent. Videns itaque uir Dei tanti auxilij supplementum, suos hortatur, ut arreptum opus læti perficiant, animoque roborati eo consistere in eremo studerent. Dei sibi hoc uoluntatis esse affirmat. Secto itaque templi culmine, murorũ ruinas cæteraque quæ ad monasterij necessitatem pertinent, construere parat. Interea ut memoratur Clotharius uiri Dei prophetiæ effectum in se fuisse impletum, cernens uenerabilẽ Eustasium, qui eius in loco Luxouiense monasterium regebat, ad se uenire imperat: quẽ præ aliis ammonet rogat, ut sibi cum supplemento publico legationi fungi curet, secumque quos uellet nobilium uirorum haberet, qui sui testimonij arbitri essent, qualiterque beatum Columbanum peterent, quoquo reperissent in loco, et pergentes ad se uenire hortarentur. Peruenit itaque

uenera-

uenerabilis discipulus, magistri uestigia prosecutus, qui tum ad eum uenisset, Clotharii uerba depromit. Viso ergo Eustasio, beatus Columbanus gauisus, recepti muneris aditu gratulabatur: retentumque penes se aliquantisper, hortatur ut sui laboris reminisceretur, cohortem fratrum disciplinae habenis erudiret, multorumque collegio Christi plebem adunaret, suisque institutis educaret. Dimissum ergo post haec ad Clotharium ire iubet, tali bene responsis regias mulcere imperat aures, seque eius expeditionis nullatenus causa ducere, tantummodo poscere, ut sodales suos, qui Luxouium incolebant, regali adminiculo ac praesidio foueret, & literas castigationum effamine plenas regi dirigit. Gratissimum autem munus rex uelut pignus foederis uiri Dei ouans recepit, nec eius petitioni obliuionis noxam praeponit, omni praesidio supradictum monasterium munire studet, annuis censibus datis, terminos undique prout uoluntas uenerabilis Eustasii erat, auget, omnique conatu ad auxilium sibi habitantium, ob uiri Dei amorem intendit. Porro beatus Columbanus expleto anni circulo, in antedicto coenobio Bobiensi, uita beata functus, animam membris solutam caelo reddidit, IX. calend. Decembris. cuius sanctitatem si quis nosse uelit, in eius dictis reperiet. Reliquiae autem eius conhabentur in loco condita, ubi & uirtutum decore pollent, praestante Christo, cui est gloria per omnia secula seculorum, Amen.

SANCTI COLVMBANI VITAE FINIS.

Sancti Attalae abbatis uita.

Cum uenerabilis pater Columbanus de hac luce migrasset, omni religione laudabilis Attala in locum eius subrogatus est, cuius post magistrum uirtutes clarae fulserunt: qui Burgundionum oriundus genere, nobilis natione, sed nobilior sanctitate, perfecte uestigia magistri secutus est. Huius autem beati uiri rudimenta, qualiter inter ipsa fidei primordia uberem a Domino profectum inuenerit, praetermittendum non est. Igitur dum a patre nobili liberalibus literis imbutus fuisset, Arigio quondam pontifici ab ipso genitore commendatus est. Sed bonae indolis puer, nihil sibi utilitatis aut disciplinae spiritalis sub eo agere dolens, coepit mente ac spiritu ad potiora tendere, & ad altiora anhelare: dedit ergo operam, ut propositis totius mundi phaleramentis, monachorum iungeretur cohorti. Clam itaque a sodalibus progressus, duobus pueris con-

tentus, ad Lirinense coenobium uenit. Quo in loco aliquandiu degens, ut uitam suam, quam puram innocentia custodiens, cum cerneret monachos eiusdem coenobii nequaquam regulari disciplinae colla submittere uelle, coepit anxio corde tractare, quis potioris consilii aditus panderetur. Progressus ergo inde, ad beatum Columbanum Luxouium uenit: quem uir sanctus cum ingenii sagacis solertem esse cerneret, suo ministerio commendauit, atque in omnibus diuinis eruditionibus informauit, & ad perfectum instituere coepit. Cumque beatus Attala in omni religione iamiam perfectus ad unguem, egregie actiuae post magistrum patremque suum Columbanum supradictum coenobium regeret, & in omnem disciplinam regularis tenoris mentes fratrum prouocaret, coepit contra eum antiquus hostis uersutia & dolorum discordiae uicus nodis nexibus laxare, excitans & instigans aduersus eum aliquorum corda subditorum fratrum, qui mussitando, ac sacrae religioni derogando, dicebant se nimiam austeritatem seruitutis non posse ferre, & arduae disciplinae rigorem portare non ualere. At ille, ut erat sacro semper animo diuini moderaminis gestans, pia fomenta praebere, & salutaris antidoti, quo sanies putrefacta amputaretur, potum dare statuens, cum eorum corda mollire nititur, multis precibus exorans eos, ut se non relinquerent, sed arduum itineris callem fortiter tenerent: reminiscerentur, quia sancti patres per mortificationem carnis & contemptum praesentis uitae regna caelorum possiderent. Tandem cum nihil se proficere cerneret, nec eos sanctorum patrum exemplis ad regularem districtionem inflectere posset, sinit eos pertinaces abire. Postquam ergo segregati sunt ab eo, alii eorum maritimis finibus recepti sunt, alii locum eremi ob libertatem habendam petierunt, & temeritatis intenti inibi positi, arrogantiae suae mox damna senserunt. Nam cum in eisdem locis morarentur, & uirum Dei suis detractionibus laniarent, unus eorum qui Roccolenus dicebatur, qui & iurgiorum incrementa ministrauerat, subito ictu febrium igneo accensus, inter poenarum incendia clamare coepit, se si uoluisset, ad beatum Attalam uenire uelle, & admissi criminis damna poenitentiae medicamento lenire. Nec mora, ut haec dicere sicut ille statim obmutuit, ac extremum halitum dimisit. Ast hi qui aderant, uidentes uiri Dei iniurias diuina ultione uindicari, plurimi eorum ad uirum Dei remeabant, suasque noxas confitentur, se in omnibus sibi exemplarium emendaturos pollicentes. Quos ait sanctus miro gaudio, ac si e lupinum ore liberatas oues recepit, & suis in locis singulos eorum restituit. At uero alii, qui uerecundia praeuenti, uel arrogantiae uitio maculati redire noluerunt, & datum poenitentiae locum contempserunt, diuersis mortibus sunt direpti: ut manifeste daretur intelligi, factores suos, quem ultio diuina percusserit, ac praeterea cum caeteris ueniam non meruisse.

unus eorũ Theodemundus nomine, securus per ulterius interceptus alius dum parui fluminis alueũ transmearet, [illegible] per paruulam undam necatus est: tertius uero, qui Theodericus dicebatur, cum securitate credidisset, in mari demersus est. Videntes hæc qui adhuc supererant, uerecundia submota, ad beatum patrem Attalam repedãt, à quo mox benigne suscepti, ac saluati sunt. Plura post hæc ab eo patrata miracula omnium in supradicto monasterio fratrum testimonio approbantur: inter quos ego positus & beati uiri ministerio deputatus tenebar, de quibus etiam nunc aliqua differere censebo. Quodam tempore fluuius Bobius nomine turbidis aquarum molibus ac rapaci cursu uiolenter defluens, ut solent torrentes ex Alpium cacuminibus dilapsi, & imbrium effusionibus aucti, saxorum rupes & arborum congeries nimia ui tumescens coaceruabat, molendinumque monasterij impetu ualido suffodere, & totam iam officinam quatiens demergere nitebatur. Quo fragore audito, custos molendini nomine Agibodus, ad molendinum uelociter cucurrit, ut uideret si tanti fragoris moles nihil dispendij damna generaret. Vbi cum uenisset, uidit nisi celeri auxilio subueniret, cuncta deperire. Festinans igitur patri Attalæ nunciandũ credidit, ut solamina præberet, quatenus ex aquarum fluctibus saltem ædificia molendini liberaret quoquo. Ad quem uir Dei ait, Vade, uoca mihi Sinoaldum diaconum: nec uero strato suo receptus somnum capit, nec mora aliquo detentus is, aut mox ad mentem [illegible] fas erat enim mane, priusquam aurora funderet grata lumina terris. Vocatus ergo Sinoaldus, uenit ad uirum Dei: cui beatus pater Attala ait, Apprehenso baculo, quo sustentor, uade ad Bobium, imperaque in meo dicto et signo Dominicæ crucis prælibato, ut illas desinat perfodere ripas, nec præsumptæ audaciæ modum suppleat, sed ad alia cedens litora, ista sinat illæsa, imperiumque Domini se agnoscat excessurum. Tunc Sinoaldus diaconus imperio patris obediens, cum fidei adminiculo pergit: impositoque ripæ baculo, imperat fluuio ex uiri Dei præceptis, ut inuente diuina potentia, ab illo loco citius promoueret, aliaque collis latera uiolento conatu peteret. Mox obediens fluuius, relicto alueo, collis adiacentis latera scandendo per ardua ubi usque præcipiti fauces sustentabat, quousque cursum alium pateret, quo sustineret eliquidis fluentis, iamque prorumpens sol, mundo suũ lumen præberet, surgebat, cœpitque Sinoaldus intra semetipsum cogitans dicere, Vadam & uidebo si uiro Dei uiolentia fluminis huius obediat: ueniensque ad ripam alueí, ubi fluuius prius pleno tractu fluebat, & cernens iam sibi uacuum, inspectabat qualiter ad alterius collis latera ex imperio patris cederet, ut sibi alueum, quo fluere posset, aperiret, festinansque ad uirum Dei uenit, partæ uictoriæ trophæum nunciauit. Cui uir Dei, Nullatenus inquit, me in hoc sæculo uiuente ulli dicere præsumas, ne forte procul dubio fauor adulatorum corda plena uirtutibus maculet. Quod uitium quamuis diuersis sint uirtutibus dicati, ab omnibus tamen sanctis est studiose uitandum atque fugiendum. Nam callidus hostis, dum in maioribus culpis sanctos Dei maculare non ualet, saltem in minoribus & occultis tenere ut polluat. Deinde cum in aliquo tempore unus monachorum Fraimerus nomine, ad frumenta seminanda nouellam siluam excoleret, mox sumpta securem, glebas frontibus frangit. Quam cum prædictus frater componere conatur, subito in cippo leuato ferramento pollicem desectum amputauit, soloque conditum superposita gleba sepulturæ tradidit: relictoque uomere ad monasterium pergit, patrique factum in confessione humo prostratus prodit. Quod uidens uir Dei, Vbi est, inquit, pars abscisa pollicis? at ille fatetur eam esse terra conditam, soloque sepultam. Male, ille ait, fecisti. Cur eam ad me non detulisti? Conato ergo gradu, nulli causam indicans perge, sumptamque eandem pollicis partem huc deporta. Egressus ille pergit ad locum, effossamque pollicis portionem detulit ad uirum Dei Attalam. Porro uir Dei suscipiens damna pollicis, lusisque saliuis ambo frusta liniens simul cõiunxit: statimque pollex carnis glutino compactus, uelut ante fuerat, sanus sibi adhæsit, manuique & operi quolibet aptissime redditus est. Tunc pater sanctissimus imperauit illi silentium, ne alicui hoc proderet, ut abiret, opusque incœptum perficeret iussit. O mira uirtus omnipotentis Dei, qui sic sanctos in terris glorificat, ut frigida abscissa à membris, eorum interuentu pristinæ sanitati atque decori reddat. Idem etiam sanctissimus uir, cum quodam tempore ad urbem Mediolanensium uenisset, quidam ibi puerulus in extremis febrium anxietatibus positus, uitæ tantum expectabat exitum: cuius parentes audito beati Attalæ aduentu, festino ad eum properant cursu, eumque supplici prece, ut ei subueniat, deposcunt. At uir Domini cum dissimulare & se excusare uoluisset, illi eum fletibus & terribilibus sacramentis compellebant, ut citius puero moribundo subueniat, priusquam eum noxius ardor supremo hiatu uitalibus priuet auris. Anxius ergo pater sanctissimus, ut est sanctarum mentium præcelsa & cauta circumspectio, ne uidelicet popularis fauor bona opera uitiaret, polluat, Ite inquit, ego si potero, quantocyus uos prosequar. Pergens ergo basilicas martyrum ac sanctorum loca circuit, & pro infirmo puero precatur, ut martyris eorum sospitati reddatur. Deinde ut promissa fidei impleret effectum, ad infirmum festinus uenit: sed ne quis largitori salutis præco existeret laudis, latenter domum ingressus, infirmum attigit, moxque uirtus diuina sanctis fauens precibus sanitati pristinæ ægrum reddidit. Verũ quia lumen in tenebris abscondi nõ potuit, parentes pueri in laudibus erumpunt, gratias simul cõditori referunt, qui ad sanctorum petitiones famulorum portas suæ aures accommodat. Erat namque beatus pater Attala singularis custodiæ feruoris, singularis alacritatis, singularis caritatis tia in pauperibus & peregrinis. Nouerat superbis resistere, humilibus subditus esse, sapientibus condigna rependere, simplicibus mystica aperire, in soluendis ac componendis quaestionibus sagax, aduersus haereticorum procellas uigens ac solidus, fortis in aduersis, sobrius in prosperis, temperatus in omnibus, discretus in cunctis, redundans amore & timore in fidelibus. Et pollebat eius doctrina in disciplina, nullus inter eos uel moerore terebatur, uel uana laetitia extollebatur. Cum ergo iam seruum suum ab aerumnis seculi rerum conditor liberare uellet, monstrari sibi per uisionem noluit, an de mundo egressurus, paratum in omnibus iter haberet, quinquaginta dierum spacio suspensus, quo pararet iter uenturum. Verum animus uiri Dei non cognouit aperte, an illud esset exitus uitae eius, an ad alium locum esset progressurus. Praeparat itaque diligenti cura septa monasterii, caementa renouat, omnia roborat, ut si abiret, nihil imbecille dimitteret. Vehicula ad iter agendum componit, libros ligaminibus firmat, supellectilia ablui, dissuta assui, corrupta renouari, calciamenta praeparari, ut in omnibus nulla foret tarditas, sed ad manus praesto esse omnia iubet. Ipse uero se uigiliis ac ieiuniis afficit, ita ut nunquam intentius antea in oratione perstiterit. Et ne cuiquam incredibile uideatur quod refero, aperte narro quid in me idem fidelissimus pater peregit. Cum iam enim annis circiter per circulum in monasterio conuersatus fuissem, & saepe parentes mei postulassent, ut eos ex eius permissione uisitarem, nec impetrare ualuissent, quadam post eadem nocte exinde mansionem faciente, ait: Vade fili festinus, & matrem fratremque uisita, & nulla mora propediente quantocyus recurrere. Cumque ego distulissem, & temporis opportunitatem manere in proximo dicerem (erat enim tempus nimii frigoris, tempus uidelicet Februarii mensis) ille respondit: Accelera iter quod dixi. Nam ignoras, utrum in posterum liceat illud agere tibi. Datis ergo comitibus Blidulfo presbytero, & Ermenado diacono uiris religiosis, ad destinatum peruenimus locum, a monasterio distantem centum & quadraginta millibus. Vbi cum uenimus, grandis pietatis genetricis post tantorum interuallum annorum susceptus sum: sed non diu genetrix optato fruitur dono. Nam eadem nocte febre correptus, inter incendia clamare coepi, me uiri Dei precibus torqueri, ne ibi contra interdictum quam iusserat moram facerem: & si non me citius [illegible], quocunque cum eo [illegible] potuissem, ad monasterium repedarem, [illegible] morte praeuentum. Mater ad haec, mallet esse me sibi sanum [illegible], quam [illegible]. [illegible] longum fuit diei expectare aduentum. Vix [illegible] ad monasterium repedare studuimus. Nequaquam ego cibi percipiendum quicquam coepi, donec medii paene itineris loca pertransiremus. Festinantibus ergo ac urgentibus me sociis, sospitatem rursum recepi. Venientesque ad monasterium, patrem nostrum Attalam iam febribus detentum reperimus, ac morti proximum inuenimus. [illegible] sic [illegible] nobis gauisus est. Sicque aperte cognouimus, uiri Dei in hoc praeualuisse preces, ut me [illegible] ad monasterium ante eius exitum rediret: qui cum adhuc ingressibus superesset, iussit se foras e cellula fratrum adminiculo perduci. Vbi dum monachorum [illegible] fuisset collocatus, aspiciens crucem, quam ipse in eodem loco poni praeceperat, ut ingredientes egredientesque cellulam eius intuitu frontem signarent & communirent, coepit multas lachrymas fundere, ac trophaea crucis, Christique passionis insignia commemorare. Aue, inquit, alma crux, quae mundi precium portasti, quae uexilla aeterna [illegible] nostrorum uulnerum medicinam suspendisti, [illegible] eius [illegible] ex, qui ut humanum genus saluaret, de caelo in hanc lachrymarum uallem descendit: qui in te primi Adae [illegible], & secundus Adam factus, maculam generis humani lauacro baptismatis, & cruore suae passionis abluit. Cum haec & his similia oraret sanctus Attala, rogat fratres ut a se recederent, sibique paulisper locum secretum praeberent. Abeuntibus ergo omnibus, unus eorum frater nomine Blidemundus post tergum uiri Dei tanto anhelitu desiderio stetit, ut cognosceret, si uiri Dei [illegible] orationum [illegible] diffusis, & ad suscipiendum eum paratum esse. Cum ergo nullum superesse sanctus pater putaret, coepit conditoris clementiam cum lachrymarum ubertate flagitare, ut largitatis suae [illegible] indigno famulo suo dona largiretur, & ueteres maculas deleret, omnia salutis redintegraret, ac tanquam misericordiam exercens a coelesti munere non abdicaret. Inter haec multa suspiria & fluentes lachrymas, oculos inmittens, uidit sibi eos apertos, quos multarum horarum spacio affectuose inspiciens, uberes cordis rugitus emisit. Gratias deinde referens omnipotenti Deo, qui sibi ianuas coeli apertos adhuc uiuenti in carne demonstrauit, quas post paululum corporis membris depositis penetraturus esset, facto signo, ut fratres aduenirent, praecepit ut eum cellae domicilio reportarent. Haec nobis supradictus frater eadem die retulit, quantae consolationis certitudinem Dominus famulo suo ostenderit, ut extremum halitum securus [illegible] uita [illegible] ad coelum dimitteret. Quod uir Dei libenter occultare uoluisset, si supradictus Blidemundus abditus post eius dorsum non remansisset. Altera die ualedicens omnibus fratribus uir Domini sanctus Attala, exhortabatur eos ut coeptum iter sacrae religionis non relinquerent, sed ut melioribus actibus roborati, quotidie perfectiores firmarentur. Consolatus ergo cunctis, uitae praesentis nexibus absolutus, animam coelo feliciter reddidit. Meritorum [illegible] conditor & humani generis reparator [illegible] suos [illegible] ad ornat, sicut scriptum est in libro Sapientiae: Spiritus eius ornauit coelos. quia illi ad coelum [illegible] anhelantes eius praeceptis parere semper studeant, ut de labore obedientiae [illegible] recipiat palmam utique aeternam, per Christum Dominum nostrum. Amen.

Beati Patricii primi prædicatoris & episcopi totius Britanniæ, uita & actus, Liber I.

SANCTVS Patricius, qui & Sochet uocabatur, Brito natione, in qua etiam multa aduersa in adolescentia perpessus, omni genti suæ separatim facta est in salutem. Hic in Britannijs natus est a patre Calpurnio diacono, qui fuit filius Potiti presbyteri, & matre Concessa nomine, de uico Bannaue, Tyburniæ regionis haud procul a mari occidentali, quem uicum indubitanter comperimus esse Nentriæ prouinciæ, in qua olim gigantes habitasse dicuntur. Qui cum esset puer annorum 16. cum cæteris alijs multis captiuus ad barbarorum insulam deductus est, & apud quendam gentilem immitem regem in seruitute detentus. Quam captiuitatem sanctus Patricius secundum psalmistæ præceptum cum tremore & timore Domino seruiens, in uigilijs & orationibus multis excepit. Centies enim in die & noctu similiter orabat, libenter reddens quæ Dei sunt Deo, & quæ Cæsaris Cæsari. Incipiebatque semper magis timere & amare Dominum omnipotentem, unde & spiritus sancti gratia feruebat in eo. Quotidie autem pecora pascebat cum cæteris seruis regis, nec tamen quicquam minus de opere diuino. Frequenter enim psalmos & hymnos ruminabat, & ad uenias faciendas subtrahebat horas. Vnoquoque die laborabat ad opus Dei, & noctibus similiter propter non parcens corpori, ita ut in syluis & montibus manens, ante lucem abscondite surgeret ad orationem. Per niuem enim & gelu, per pluuias & pruinam laborans nihil mali sentiebat, neque ulla pigritia erat in eo. In tali ergo labore positum, quadam nocte in somnis audiuit uocem dicentem sibi, Bene ieiunas & oras, cito iturus es ad patriam tuam. Deinde post paruum tempus audiuit uocem dicentem sibi, Ecce nauis tua parata est. Et ita inuenit mane, ut dictum est ad eum. Cucurrit igitur mane contra mare 200. millia passuum, ut ueniret ad nauem, & uenit ubi nunquam antea fuerat, nec ibi notum quemquam habebat, relinquens homines cum quibus fuerat ex prioribus septem annis. Sic ergo currens in uirtute Dei, qui uiam eius dirigebat, nihil metuebat, donec ueniret ad nauem a Deo sibi præparatam. Et ipsa die qua uenit, profecta est nauis de loco suo. Nauclerus uero cum locutus esset ad eum de mercede nauis, ille respondit se non habere. Quod uerbum gubernatori satis displicuit, & grauiter eum, quod sine naulo suam ingressus fuerat nauem, cum indignatione compulit, & de naue mox proijciebat, dicens, Nequaquam nobiscum ibis sine naulo. Hoc audiens & sustinens, ac patienter perferens, separauit se ab illis cum gemitu & lachrymis, orans ad Dominum, ut sui misererentur, & iter eius disponere dignaretur. Sed antequam orationem consummasset, audiuit unum ex illis fortiter exclamantem post eum, & dicentem, Reuertere uelociter, quia uocant te homines isti. Qui statim Deo gratias agens reuersus est. Et cœperunt nautæ dicere ad eum, Veni nobiscum in nomine, & esto nobis in auxilio: uidemus enim uirtutem Dei tui tecum esse. Quapropter ex fide recipimus tuam, facias nobiscum amicitiam contra incommoda & pericula maris, ac uastitatem longæ solitudinis, quam transituri sumus. Eadem die cœpit Patricius prædicare nautis uerbum Dei & timorem eius. Nam sperabat illos ad fidem Christi uenturos, quia gentiles erant. & hoc ordine conuersatus est cum illis, accipiebat ab eis fructum prædicationis, uictum uidelicet sibi necessarium. Nauigantes ergo per uastum æquor, post triduum cœperunt terram contra solitudinem: itaque exeuntes de nauigio, dies ambulauerunt per desertum, & cibus defuit illis, famesque afflictione inualuit super eos. Tunc cœpit gubernator dicere ad Patricium, Quid est nunc Christiane? Tu dicis, quia Deus tuus magnus est & omnipotens, & timentibus eum nihil deest: quare ergo non potest nos saluare a periculo famis, quia fidem eius per tuam prædicationem suscepimus? In dubio est enim, ut aliquem hominem unquam uideamus, sed potius in hac solitudine famæ omnes moriamur. Quos statim beatus Patricius consolans, sic allocutus est, Nolite desperare fratres, sed conuertimini ex toto corde de infidelitate uestra ad Dominum Deum meum, quem prædicaui uobis, quia nihil est impossibile ei. Confidite ei, & orate ex corde, ut hodie cibum mittat sufficientem in uiam uestram, quia omnium bonorum abundantia est illi. Nam eius est orbis terræ, & plenitudo eius, & ipse potens est ubique terrarum, spes omnium finium terræ, & in mari longe. Clamantibus autem illis & orantibus, & se credituros esse nota facientibus, ecce subito grex porcorum in uia ante oculos eorum apparuit. Quod uidentes cœperunt laudare Dominum, & crediderunt Christo per beatum Patricium, & expletis laudibus multos interfecerunt porcos, excussoque igne de silicibus coxerunt carnes, & comederunt ad saturitatem, seruantesque alijs diebus reliquias, donec peruenissent ad ciuitates, ad quas pergere uolebant. Dum autem adhuc essent in solitudine, iter agentes cum Patricio, inuenerunt mel syluestre, quod offerentes ei, rogauerunt ut ipse ex hoc gustaret: nam carnes ipse non comedebat. Et post hoc homines gratias egerunt Deo, sed & Patricius honorificatus est in oculis eorum. Eadem nocte cum dormiret Patricius, grauiter tentauit eum satanas, ingentia saxa ingerens, & quasi comminuens omnia membra eius. Dixitque ad eum, Quare Patrici uocasti me hominibus? Ecce morte morieris tu, & non uiues. Expergefactus ergo Patricius signaculo crucis consignauit se, & surgens ad orationem,

nem, solito more prostrauit se ad uestigia sua. Et eum trina uoce inuocasset Christum uerum solem, statim ortus est ei sol, qui refulgens expulit omnes caliginum tenebras, & reddita sunt uires eius, & terrores dæmonum insidiæque eorum amodo non peruenit. Veniens igitur cum prædictis nautis ad ciuitates eorum, prædicauit ibi uerbum Dei, & multum populum conuertit ad Christum. Post multos autem annos sanctus Patricius captiuatus iterum ab alienigenis [illegible]. In qua captione dum ductus esset inter longinquos, & linguas sibi prius incognitas, in una nocte audire meruit diuinum responsum, dicens sibi, Noli timere Patrici, sed esto fidelis in tentationibus tuis: duobus tantum mensibus eris in captiuitate, & post hoc ad patriam uenies: sed & ibi cum paruo tempore fueris demoratus, tertio captiuitatem patieris, deinde Romam uenies, & inde reuersus, omnem terram hanc subiugabis mihi, reges & principes subiectos eris tibi, Scotiam atque Britanniam, Angliam & Normanniam, cæterasque gentes insulanorum baptizabis, & post hæc cum honore assumam te mihi. Quod & ita factum est. Sexagesima enim die liberauit eum Dominus de manibus barbarorum, & fugiens ex alijs captiuis saluatus est per misericordiam Dei, qui & præbuit ei & comitibus suis cibum & ignem ac siccitatem quotidie, donec decima die peruenirent ad homines patriæ suæ. Per paucos autem annos apud parentes suos requiescens, rogatus est ab illis obnixe, ut uel adhuc post tantas tribulationes & tentationes de cætero uitæ nunquam ab eis discederet. Porro ille non consensit petitionibus eorum. Interim ostensæ sunt ei multæ uisiones spirituales. Erat iam tunc incipiens quasi annorum 30. occurrensque secundum Apostolum in uirum perfectum, in mensuram ætatis plenitudinis Christi. Cumque adhuc esset in patria cum patre Calpurnio & matre Concessa, fratreque suo Rusticio, ac sorore Mila nomine, in ciuitate eorum Armoric, facta est seditio magna in partibus illis. Nam filij Rethmiti regis de Britannia uastantes Armoricam, & alia circumposita loca iugulauerunt Calpurnium, & uxorem eius Concessam. filios autem eorum Patricium & fratrem eius Rusticium una cum sorore captiuos abducentes Hyberniam ingressi sunt: & uendiderunt Patricium Milchoni regi. Rusticum uero fratrem eius ac sororem alteri principi uendiderunt: & post multum temporis data est soror sua Rustico in coniugium. At ille sciens esse sororem suam, non tetigit eam, mansit tamen cum ea in continentia. Post hæc uenit angelus Domini ad beatum Patricium iuxta petram montis Egli, & dixit illi, Vade ad hæreditatem tuam, de qua uenisti. Qui statim fugiens de captiuitate, peregit iter unius diei, usque dum ueniret ad domum cuiusdam uiri in Ar[illegible] ciuitate. De cuius domo cum exiret, suscepit eum uir in nauem suam, & uendidit eum in Gallia, & portauit precium eius domum, solidos scilicet 20. Suscipientes ergo Galli beatum Patricium, duxerunt eum in naui in terram suam: quam cum nauigare cœpissent, fuit illis uentus contrarius multis diebus. Rogauit autem sanctus Patricius Dominum, & dedit illis uentum congruum. De inde uenit cum Gallis post dies 20. ad [illegible], inde Traiectum, ubi cum uenisset beatus Patricius, absolutus est à Christianis de captiuitate. Et fugiens inde, peruenit ad Martinum episcopum Turonensem, & quatuor annis mansit cum eo: & tonsus capite ordinatus est ab eo in clericum, & tenuit lectionem & doctrinam ab eo. Peracto uero quadriennio, apparuit ei angelus Domini, & dixit illi, Vade ad plebem Dei, id est eremitas & solitarios [illegible], & eris sanctus cum eis, ut proberis per aliquod tempus. Et iuit in solitudinem, & mansit cum eremitis per [illegible] annos. Venit iterum ad eum angelus Domini, dixitque ad eum, Vade ad illos, qui sunt in insulis inter montes & mare. Exijt igitur de solitudine, & uenit ad insulanos, sicut præceperat ei: & fuit ibi [illegible] Domino disponente diuina gratia. Cumque transisset inter insulas illas, & longo tempore laborasset pro Christo fatigatus esset, dixerunt insulani illi, Non potest homo habitare nobiscum, qui non possit portare aquam nobis de fonte. Erat enim bestia magna iuxta fontem in circuitu per totum annum, nisi in uno mense, id est Maio. Tunc orauit ad Dominum sanctus Patricius, & fugata est bestia de fonte, [illegible] insulanis illa nocte [illegible] in magna generatione. Rursus angelus Domini apparuit sancto Patricio dicens, Vade ad sanctum Senorem episcopum, qui est in monte Hermon in dextro latere maris oceani, & uallata est ciuitas eius septem muris. Cumque uenisset illuc, mansit cum eo per aliquot dies. Deinde ordinatur ab episcopo ille in sacerdotem, & legit cum eo multis temporibus. Dum autem ibi moraretur, nocte quadam audiuit in uisione uoces puerorum de sinu & de uentre matrum, qui fuerunt in Hybernia dicentium, Veni sancte Patrici, saluos nos fac ab ira uentura. Eadem quoque hora dixit angelus ad eum, Vade ad Hyberniam, & eris apostolus insulæ illius. Patricius respondit, Non possum ire, quia mali sunt homines qui habitant in ea. Angelus dixit, Vade Patrici [illegible]. Non possum ait, nisi uidero Dominum. Dixit ei angelus, Ascende cacumen montis Hermon, & uidebis ibi Dominum. Exiuit ergo Patricius cum nocte [illegible], & uidit Dominum. Dixitque Dominus ad eum, Veni ad dexteram meam. Et iuit Patricius ad dexteram Domini. Tunc ait illi Dominus, Vade in Hyberniam, & prædica in ea uerbum salutis æternæ. Patricius respondit, Tres petitiones postulo à te Domine, ut homines uidelicet Hyberniæ diuites sint in auro & argento, & ego sim patronus eorum, & post hanc uitam sedeant ad dexteram tuam in cœlo. Ait illi Dominus, Habebis Patrici, sicut rogasti: & insuper qui commemorauerint te in die uel in nocte, non peribunt in æternum. Surgens igitur Patricius uenit in Hyberniam, statimque [illegible] prophetæ Hyberniæ, quod uenisset Patricius illuc. Cum autem prædicaret illis diebus ac noctibus [illegible] insulani, qui tamen [illegible] Dei ordinatione, sanctus Patricius [illegible] ad Dominum huiusmodi preces, Domine Iesu Christe, qui iter meum per Gallias atque Italiam ad has insulas direxisti, perduc me ad

dã loco, inuenit eos Porcarius Diconis custodiens armenta, nõ sciens homines, habitantes ibi, ubi nunc est Patricij horreum, suo nomine usque hodie cognominatum. Porcarius uerò putans eos fures aut latrones, uenit & indicauit domino suo Diconi, quod inuenisset homines ignotos: & induxit illum super eos ipsis ignorantibus. Qui statim ueniens cum armis suis, uolebat occidere eos. Videns uerò faciem sancti Patricij, compunctus est corde: conuertit enim subitò Dominus Deus cogitationes eius, & induxit eos in domum suam. Tunc sanctus Patricius cœpit prædicare illi fidem Christi, & requieuit apud illum nõ multis diebus. Credidit ergo homo ille primus omnium in Hibernia cum omni domo & familia sua. Volens uerò sanctus Patricius ire, ut uisitaret prædictum hominem Milcon, & portare ei seruitutis suæ precium, relicta ibi naui apud Diconem, cœpit cum suis per terrã dirigere iter suum in regionem Cruthenorũ, donec perueniret ad montem Sgli: de quo monte multo ante tempore, quando ibi captiuus fuerat, presso uestigio in petra, uidit angelum Domini in conspectu suo ascendentem in cœlum. Audiens uerò Milcon seruum suum Patricium ad se uenientem, ut morem quẽ nolebat, in fine uitæ suæ ab eo susciperet, doluit uehementer, & indignabatur ne seruo suo subiectus fieret, & ne ille sui dominaretur omnino ualdè detrectabat. Instinctu itaque diaboli, igni se sua sponte tradidit, & in domo sua congregato ad se omni instrumento substantiæ suæ incensus est. Stans autem sanctus Patricius in supradicto loco à dextero latere montis Sgli, ubi primum regionem illam ingressus fuerat, uidit rogum, ubi nunc usque crux posita uidetur ad primum signum illius regionis. Videns uerò sanctus Patricius rogum incendij præfati regis Milconis, stupefactus est: suspiransque ac gemens & lachrymas emittens, hæc uerba protulit: Hic homo miser elegit perire, qui licet rex esset, & imperio uti potuisset, semetipsum igni tradidit, ne crederet in fine uitæ suæ, & ne seruiret Deo æterno. Idcirco de filijs eius nemo sedebit super sedem regni eius à generatione in generationem, insuper & semen eius seruiens erit in sempiternum. His dictis orans & armans se signo crucis, cõuertit iter suum per eadẽ uestigia, quibus uenerat: rursumque peruenit in campũ prædicti Diconis, & mansit ibi diebus multis, prædicãs hominibus regionis illius cũ omni fiducia uerbũ Dei, & multos eorũ cõuertens ad fidem Dñi nostri Iesu Christi. Ad præmissa locum recurrat oratio. Angelus Dñi ad eum in omni septima die semper uenire consueuerat, & sicut homo cum homine loquitur, ita colloquio eius Patricius fruebatur: etiam cum in sexto ætatis suæ anno captiuus teneretur, loquebatur angelus ei. Hic uisibiliter in loco, quo tunc morabatur apud Diconẽ, & illum, quem ad fidem Christi cõuerterat, apparuit ei, ubi & nunc fidelium preces fructũ felicitatis obtinent, in oratorio inibi constructo.

Appropinquauit autem Pascha, quod primum in hac insula, nõ sicut quondam in terra Gessen celebratũ est, sed sicut Dei filius in cœna sacrà discipulis corpus & sanguinem suum in redemptionem nostram consecrauit. Et inierunt consilium Patricius & discipuli eius, ubi primũ hoc ipsum Pascha in gentibus, ad quas illos misit Deus, celebrarent. Multis ergo super hac re cõsilijs habitis, postremò diuinitus inspirato sancto Patricio, uisum est, hanc maximam resurrectionis Domini solennitatem, quasi caput omnium solennitatum celebrari debere in campo Bregh maximo, qui est iuxta Themoriam ciuitatem regis Logarij, ubi erat maximum regnum nationum illarum, & caput omnis gentilitatis & idolatriæ: ut iuxta Psalmistæ uocem, caput draconis confringeret Dominus, quatenus hoc in loco capite totius idolatriæ destructo, nõ posset ulterius diabolicus error aduersus Christi fidem insurgere: & ita factum est. Eleuata denique naui ad mare, & dimisso in fide plena & pace bona præfato Dicone, migrantes de regione illa, & ad dexterã manum dimittentes omnia loca, in portum, qui uocatur Colbdi, benè & prosperè delati sunt: ubi relicta naui pedestri itinere uenerunt in campũ illum maximũ Bregh nuncupatũ, fixoque ibi tentorio, debita Paschæ uota et sacrificiũ laudis, cum omni deuotione sanctus Patricius cum suis omnibus altissimo Deo secundum prophetæ uocẽ reddidit. Contigit uerò eodem tempore, ut rex Logarius maximam ageret solennitatem idolatriæ in Themoria, quã gentiles multis incantationibus, & magicis inuentionibus, & sacrificiorũ superstitionibus summo studio celebrare solebant. Congregatis ergo tunc regibus & optimatibus populi, ducibus, principibus, satrapis & magistratibus, insuper & magis atque incantatoribus, aruspicibus, & omnis artis inuentoribus ac doctoribus, Logarius rex cogitabat solennitatem illam in Themoria, sicut quondam Nabuchodonosor in Babylonia, cum canticis & citharis, fistulis & lyris, & omnis generis carminibus celebrare. Eadem ergo nocte qua sanctus Patricius sacrũ Pascha illic celebrare decreuit, contigit etiam à prædicto rege, cum omnium gentilium congregatione, quam præfati sumus, solennitatem celebrari. Erat tunc quidam mos apud gẽtiles illos per edictum regis omnibus annis imperatus, ut quicunque in cunctis regionibus siue procul siue iuxta, in illa nocte incendisset ignẽ, antequam in domo regia, id est, in palatio Themoriæ, succenderetur, periret anima illa de populo suo. Sanctus uero Patricius diuinũ Pascha celebrans, accendit sacrum ignem antequam in domo regia, ualde lucidũ & benedictũ, qui in nocte refulgens, à cunctis penè per planiciẽ campi habitantibus uisus est. Accidit ergo ut in Themoria cuncti uiderent: quem uidens rex & omnes qui cum eo erãt, admirati sunt, cõuocatisque senioribus & maioribus natu, & doctoribus quoque, & magis, ad regẽ, dixit ad eos rex: Quid est hoc? quis est qui hoc tanta ausus est facere in regno meo? Pereat ille de populo suo. Responderunt autẽ omnibus senioribus & maioribus natu regi, se nescire illum qui hæc fecerit: magi responderunt, Rex in sempiternum uiue. Hic ignis quem uidemus, qui in hac nocte succensus est, antequam succenderetur ignis in domo tua, scilicet in palatio Themoriae, nisi extinctus fuerit hac nocte, non extinguetur in aeternum: insuper & omnes ignes nostrae consuetudinis superexcellet, & ille qui incendit eum, regnum tuum dissipabit. Superabit enim omnes nos & te, & homines regni tui seducet, & cadent omnia regna, & implebit doctrina sua omnia loca, & regnabit in secula seculorum. His auditis conturbatus est rex Loegarius ualde, & omnis ciuitas Themoriae cum eo. Et respondens dixit: Non sic erit, sed ipsi nos ibimus, ut uideamus exitum rei: & occidemus eos, qui fecerunt tantum nefas in regno nostro. Iunctis ergo nouem curribus, secundum responsionem deorum, & assumptis duobus magis Lucatmael & Lochru, in fine noctis illius perrexit de Themoria ad campum Breg. Dixerunt autem illis [?] magi ad regem: Rex, tu non ibis ad locum in quo ignis succensus est, ne forte adoraueris illum qui incendit: sed eris foris iuxta locum, & uocabitur ad te ille, ut ipse te adoret, & tu ipsius dominaueris. Nos ergo sermocinabimur ad inuicem in conspectu tuo, ut ille uincatur a nobis. Respondens ad haec rex ait: Bonum inuenistis consilium, sic faciam ut locuti estis. Et peruenerunt ad praefinitum locum: descendentesque de curribus & equis suis, non intrauerunt in circuitum loci incensi, sed sederunt iuxta locum. Tunc uocatus est sanctus Patricius ad regem extra locum incensi ignis. Dixeruntque magi ad suos: Non surgamus in aduentu uiri istius: nam quicunque surrexerit ad aduentum eius, credet ei, & postea adorabit eum. Surgens denique sanctus Patricius uenit ad eos, & uidens multos currus & equos eorum, huncque Psalmistae uersiculum non incongrue in labiis & in corde decantabat: Hi in curribus & hi in equis, nos autem in nomine Domini Dei nostri magnificabimur. Illi uero non surrexerunt in aduentu eius, sicut antea consilium fuit: unus tamen a Domino instigatus, noluit obedire dictis magorum, nomine Erc, filius Dego, cuius reliquiae nunc uenerantur in ciuitate quae uocatur Slane. Hic igitur surrexit & benedixit Patricio, & credidit per eum Deo aeterno. Incipientibus autem illis sermocinari ad inuicem, unus magorum nomine Lochru procax erat in conspectu sancti Patricii: qui audebat detrahere Deo aeterno, & fidei catholicae tumultuosis uerbis contendebat blasphemare, quam praedicabat beatissimus episcopus. Quem intuens toruo oculo talia promentem sanctus uir Patricius concitatum atque blasphemantem contra Deum caeli, quia ecce adest tempus uindictae & iudicii eius. Et sicut quondam Petrus & Paulus contra Simonem magum dimicauerant, sic beatus Patricius episcopus cum fiducia & clamore magno orauit & dixit: Domine, qui omnia potes, & in tua potestate sunt omnia, quique misisti nos huc ad destruendos errores iniquorum, iudica nunc causam tuam ab homine iniquo & doloso [?]. Eleuetur ergo nunc impius iste, qui blasphemat nomen tuum a tua potentia, & foras proiiciatur, cito moriatur. His dictis eleuatus est magus in aera, & iterum dimissus est in terram, & foris conspectum proiectum est cadauer eius, quod uidentes gentiles timuerunt ualde. Iratus autem rex cum suis, cogitauit occidere beatum Patricium super hac re, & dixit ministris suis: Iniicite manus in hominem istum perdentem nos & amicos nostros. Videns ergo sanctus Patricius quod irruerent in eum, surrexit & dixit clara uoce: Exurgat Deus, & dissipentur inimici eius. Quo dicto, Dei iudicio statim irruerunt in semetipsos gentiles, & commotio quaedam horribilis facta est inter eos: & expugnauerunt impii semetipsos, alter aduersus alterum insurgens: & terraemotus factus est magnus, ita ut praecipitarent sese currus & equi per planiciem campi maximi, & uix pauci ex omnibus mortem euaderent. Denique prostrati sunt ibidem coram rege septies septem uiri. Porro ipse rex cum septem tantum hominibus remansit illaesus, uxore uidelicet sua & duobus regibus, necnon & quatuor uiris. Veniens ergo regina ad sanctum Patricium dixit: Homo iuste & potens, noli perdere regem. Nam ipse ueniens ad te, flectet genua sua, & adorabit Deum tuum. Haec ea dicente, superueniens rex timore coactus, & flectens genua coram sancto Patricio, finxit se adorare quem nolebat. Et postquam separauerunt se ab inuicem paululum iter gradientes, uocauit rex sanctum Patricium simulato uerbo, uolens interficere eum. Sciens autem sanctus Patricius cogitationes regis pessimi, benedictis ac consignatis in nomine Domini sociis suis, uiris uidelicet octo & puero, uenit ad regem: numerauitque eos rex ad se uenientes cum insidiis & praeparatis [?], uolens occidere omnes. Statim ergo non comparuerunt, sed sublati sunt ab oculis regis, & pro eorum personis uiderunt gentiles, qui parati erant ad interficiendum eos, viii ceruos cum hinnulo euntes, & quasi ad desertum tendentes. Rex uero Loegarius timidus & ignominiosus confusus, cum paucis qui mortem euaserant, ad Themoriam reuersus est. Sequenti uero die solemnitatis, hoc est in die sancto Paschae, nostrae summae festiuitatis, recumbentibus simul regibus & principibus, & magis totius Hyberniae apud Loegarium regem, festus enim dies maximus ab eis tunc agebatur Themoriae, manducantibusque illis & bibentibus uinum cum iocunditate, cum pro festiuitate regum, tum quia mortem euaserant pridie, sermocinantibus aliis, & aliis cogitantibus de his quae facta fuerant a sancto Patricio, repente inter omnes ipse sanctissimus pontifex cum duobus tantum uiris, ut ostenderet de fide sancta, & uerbum Dei praedicaret in Themoria coram omnibus nationibus Hyberniae ibi tunc collectis, clausis ostiis, secundum hoc quod de Christo legitur, apparuit. Ingressus ergo [?] intra coenaculum Themoriae nemo de omnibus ad aduentum eius surrexit, praeter unum, hoc est Dubtag poetam optimum, apud quem tunc temporis erat quidam adolescens poeta, nomine Fheg, qui postea mirabilis episcopus factus est in Themoria [?], cuius reliquiae nunc uenerantur in Sleibte [?]. Hic uidelicet Dubtag solus ex gentibus illo die, ob honorem sancti Patricii surrexit, unde & benedixit ei sanctus Patricius, credidit que Deo primus in illo die, & reputatum est ei ad iustitiam.

Vocatus est autē sanctus Patricius à gentibus ad uescendum cum eis, ut probarent eum in futuris rebus. At ille per spiritum intelligens quę uentura essent, nō renuit ire cum illis. Comedentibus ergo omnibus, propheta magus Lucetmail, qui fuerat in nocturna contentione, quod proximum sibi erat, cupiebat in eo suo contendere aduersus sanctum Patricium: qui tamen in intuitu regis habere potuit mentibus aliis, immisit aliquid de uase suo in poculum uiri Dei, ut probaret quid faceret. Videns uerò sanctus Patricius hoc genus probationis, orauit ad Dominum, & uidentibus cunctis, benedixit poculū suū, uersumque est liquor in gelu, & cōuerso uase, cecidit gutta illa, quā immiserat magus. Tunc iterū benedixit poculū, cōuersusque est liquor in naturā suā, & mirati sunt uniuersi. Frustratus in hoc autē magus ille, uertitur ad alia dicens: Faciamus signa in campo isto. Respondens sanctus Patricius dixit: Quę? Ego, inquit magus, inducā niuē super terrā uidentibus cunctis. Sanctus Patricius dixit, Nolo cōtraria uoluntati Dei inducere. Magus dixit, Ego inducā ut dixi. Tunc incantationes magicas exorsus induxit super totū campū niuē, & intuentes oēs admirati sunt. Sanctus autē Patricius dixit ad magum, Ecce uidimus ea quę fecisti, fac ergo nūc ut amoueantur ea quę induxisti. Dixit ei magus, Ante hanc horā crastinā nō possum amouere ea quę illic. Sanctus Patricius dixit, Vt uideo malū potes facere, & nō bonū: ego autē nō sic. Tunc benedixit super circuitū totius campi dicto citius absque ulla pluuia, aut nebulis, aut uento euanuit nix: quo uiso exclamauerūt astantes, & mirati ualde, compuncti sunt corde. Paulo post inuocatis dęmonibus, induxit magus densissimas tenebras super terrā, & murmurauerūt omnes. Ait autē sanctus Patricius ad magū, Expelle tenebras. Quod cum ille nullatenus facere potuisset, sanctus Patricius orauit ad Dominū, & facto signo crucis, pulsę sunt tenebrę, & refulsit sol: & exclamauerūt omnes, & gratias egerunt: quod à tenebris densissimis liberati sunt. His ergo omnibus in cōspectu regis mirabiliter gestis inter magū & Patriciū, ait ad eos rex: Libros uestros in aquā mittite, & illū cuius libri illęsi euaserint, adorabimus. Respondit sanctus Patricius, Paratus sum ego hoc facere. Respōdit magus, & dixit ad regē, Nolo ad iudiciū aquę ire cum ipso: iste aquā enim Deū habet. Audierat enim baptismū à Patricio per aquā datū esse, & ideo timuit aquā, ne forte incideret in baptismū. Tunc ait rex, Mittite in ignē. Sanctus Patricius dixit, Promptus sum. Nec hoc quidem uolens, magus dixit, Hic homo uersa uice in alternos annos agitat nunc aquā nunc ignē ueneratur. Sanctus Patricius dixit, Non sic erit ut tu dicis, sed ibis in ignē, & unus ex pueris meis ibit tecū in separatā & clausam domū, & meā apud te, & tuā apud meū puerū erit uestimentū, sicque simul incēdemini, & iudicabimur in cōspectu altissimi. Hoc uerbum uiri Dei consensit magus, & ędificata est eis domus dimidia ex materia uiridi, & dimidia ex arida: missusque est magus in partē domus uiridē cū casula Patricii, & unus è pueris Patricii, Benenus nomine, cum ueste magica in partē domus aridam. Conclusa itaque domo exterius, corā omni turba incēsa est ex omni parte, orāte beato Patricio, sic ut cōsumeret flamma ignis magū cū dimidia parte domus, Patricij casula permanente intacta. Benenū autē cū arida parte domus, secundū quod de tribus pueris dictū est, nō tetigit ignis, neque contristauit, nec quicquā molestię intulit, uestimento magi quod circa eū fuerat, sine Dei nutu exusto. Iratus est itaque rex ualde aduersus Patriciū de morte magi sui, & uoluit eum occidere, sed prohibuit illū Deus. Ad precem denique Patricij descendit ira Dei in populū impiū, & perierūt multi ex eis. Ait ergo sanctus Patricius ad regē, Nisi iam nūc credideris, morieris, quia descendet ira Dei in uerticē tuum. Tunc extimuit rex uehementer, & omnis ciuitas cum eo: cōgregatisque senioribus & omni populo, dixit ad eos rex, Melius est enim mihi credere, quàm mori. Consilio igitur inito cū optimatibus suis, cōuersus est rex ad dñm Deū [illegible], & alij multi crediderunt eodē die. Et ait sanctus Patricius ad regē, Quia restitisti doctrinę meę, & fuisti scandalū mihi, licet prolongentur dies regni tui, nullus tamē erit ex semine tuo rex in ęternum post te. Hęc ita gessit sanctus Patricius secundū pręceptū Domini nostri Iesu Christi docere disponēs omnes gentes baptizandas in nomine patris, & filij & spiritus sancti, profectus est à Themoria, & pręedicauit ubique in Hybernia, Domino cooperante, & sermonem confirmante sequentibus signis.

De miraculis & transitu S. Patricii, Lib. II.

OMINI & Apostolici uiri, patris nostri Patricij, conuersationis laborum & itinerū mentionē fecimus in priori libello, nunc miracula eius & transitum eius sequentia, prout possumus, enarrare proponentes, opusculū paruulū Deo adiuuante aggrediamur contexere: in cuius initio quoddā miraculū, quod in S. Stephano puero contigisse legitur, breuiter aliquid referā. Quodā tēpore cum orationis causa ad locū solitum per noctis spacia comite pręedicto puero pergeret, uidit magnū in cœlo miraculum, & eius charitatem ac fidelem probare uolens sanctū puerū dixit, Fili mi dilectissime, dic mihi quęso si sentis aut uides ea quę ego sentio & uideo. Tunc pręedictus puer Stephanus, qui & Benignus, incunctanter dixit, Iam scio pater charissime, de tuis meritis [illegible] ex Domini gratia cognita sunt mihi ea quę sentis & uides. Nam uideo cœlum apertum, & filium Dei in maiestate residentem, & angelos eius circa eo. Tunc sanctus Patri-

Patricius dixit: Iam te filium meum successorem dignum esse fore futurum. Nec mora, gradatim cito, ad constitutum locum orationis peruenerunt. Hic uero in oratione in medio fluminis alueo constitutus puer dixit: Pater adiuua me, quia algorem aquæ diutius sustinere non possum. erat enim illa aqua nimis frigida. Dixit ei Patricius, Descende fili charissime de superiori loco ad inferiorem. Et nihilominus ille ibidem præstare non potuit. Nam aquam nimis calidam se sentire sentiebatur. Tum ille non sustinens in eo loco diu stare porrectum, exiuit de aqua cum eo super terram. Fuit homo quidam diues & honorabilis in regionibus orientalium, cui nomen erat Daire: quem rogans sanctus Patricius petiit ab eo, ut aliquem locum daret ei, ubi monasterium construeret, & sanctæ conuersationis religiose uiuentibus mansionem præpararet. Respondit diues ille, dicens ad sanctum Patricium, Ecce terra coram te est. Dic ergo mihi, quem locum desideres ad inhabitandum? Peto, inquit sanctus Patricius, ut illam altitudinem terræ, quæ nominatur Salicis, dones mihi ad inhabitandum, ut construam ibi locum ad cultum diuinum. At ille noluit dare sancto uiro terram altam quam petierat, sed dedit illi locum alium in inferiori terra: & habitauit ibi sanctus Patricius cum suis. Post aliquot dies uenit eques Dairi diuitis præfati, ducens equum domini sui satis opimum, ut pasceretur in herboso loco Christianorum: & offendit Patricium talis depastio equi in loco suo, dixitque: Stulte fecit Daire, mittens bruta animalia turbare locum paruum, quem obtulit Deo. At uero eques non attendit uerba illa, sed dimisso ibi equo nocte illa, discessit: crastina uero die ueniens uidere equum, inuenit eum iam mortuum: reuersusque ad dominum suum cum festinatione dixit ei, Ecce Christianus ille occidit equum tuum, offendit enim illum turbatio loci sui. Et dixit Daire seruis suis, Dignus est morte homo iste, qui reddidit nobis malum pro bono: ite ergo occidite eum. Euntibus uero seruis ad interficiendum eum, dicto citius repentina mors irruit super Daire: dixitque uxor sua, Causa Christiani est hæc mors. Eat quis cito, & portentur ei beneficia nostra, & reuocentur qui exierunt occidere eum. Exeuntes ergo duo uiri ad sanctum Patricium, dixerunt ei, Ecce infirmatur Daire, portetur illi aliquid a te, si forte sanari possit. Sanctus autem Patricius sciens quæ facta sunt, benedixit aquam, & dedit eis, dicens, Ite, aspergite dominum uestrum, & equum eius hac aqua. Et ierunt sicut præcepit eis sanctus uir, sanatusque est Daire, & reuixit equus aspersione aquæ sanctæ. Venit ergo Daire ut honoraret sanctum Patricium, portans secum aeneum cyphum mirabilem ac preciosum, capientem metretas ternas: dixitque Daire ad sanctum Patricium, Ecce hic aeneus sit tecum ob memoriam meam. Et ait ei sanctus Patricius, Gratzagam. Reuersus autem Daire domum, dixit ad suos, Stultus est homo, qui nihil aliud mihi respondit, cum darem ei aeneum uas preciosum, præter solum uerbum Gratzagam. Addiditque Daire dicens militibus suis, Ite, reportate nobis aeneum nostrum, quia ingrate accepit eum homo ille. Aeneum itaque miserunt Dairi, & dixerunt patricio, Miserunt nos dominus noster, ut reportemus ei aeneum suum, quia ingrate accepisti eum. Et ista uice sanctus Patricius nihil aliud dixit, præter Gratzagam. Reportantibus aeneum illum, interrogauit Daire seruos suos, dicens, Quid dixit Christianus ille, quando reportastis aeneum? At illi dixerunt, Gratzagam. Et ille respondens dixit, Mirabilis est homo ille, qui nihil aliud dixit, quam Gratzagam in dato, Gratzagam in ablato, ut uideo bonum est eius dictum Gratzaga, & non malum. Reportetur ergo illi rursum aeneum uas. Et remisit illi rursum cyphum argenteum, dicens ei, Sit tecum aeneum tuum: constans enim & incommutabilis homo es, & uerbum bonum, non malum profers. Insuper & partem illam agri, quam dudum petisti, do tibi nunc, quam meliorem habeo, ut inhabites eam. Accepit ergo ab eo sanctus Patricius prædium aptum & placitum sibi, & ædificauit in eo monasteria, & habitationes religiosorum uirorum. In quo loco nunc ciuitas est Arthmache nominata, ubi sedes episcopatus & regiminis est Hyberniæ. Et exierunt ambo, sanctus Patricius episcopus & Daire, ut considerarent prædium illud, optabile ... & beneplacitum oblationis munus. Ascendentes igitur altitudinem terræ, quam considerare uolebant, inuenerunt ibi ceruam cum suo hinnulo, iacentem in loco, in quo nunc est altare sinistralis ecclesiæ in Arthmache. Videntes autem comites beati Patricii ceruam & hinnulum, uoluerunt tenere & occidere: sed sanctus Patricius prohibuit eos, & comprehendens uitulum portauit eum in alterum saltum densissimi nemoris, sequente cerua uelut oue mitissima ac mansuetissima, ubi usque hodie signa eius & uirtutes monstrantur. Erat homo quidam in regionibus Vltorum, temporibus beati Patricii episcopi Macuil nomine: hic homo erat ualde impius, uerbis intemperatus, ac spiritu malignus, menteque crudelis, ita ut quadam die in montuoso asperoque loco sedens, tyrannidem suam exerceret, & transeuntes peregrinos crudeliter interficeret. Is ergo cum sanctum Patricium claro fidei lumine radiantem, & miro quodam cœlestis gloriæ diademate fulgentem uideret forte prope se transeuntem, cum suis ... cogitabat eum interficere dicens, Ecce seductor ille & peruersor hominum uenit, cui mos est facere præstigia, ut decipiat homines, multosque seducat: eamus & tentemus eum, ut sciamus si aliquid habet potestatis ille Deus, in quo se signa facere gloriatur. Tentauerunt itaque sanctum Patricium hoc modo: posuerunt quendam ex suis sanum in medio eorum sub sago, infirmitatem mortis simulantem, ut probarent hominem Dei in huiuscemodi fallacia. Adueniente uero sancto Patricio cum discipulis suis, prædictus ille tyrannus & alii gentiles qui secum erant, dixerunt ad eum, Ecce unus ex nobis infirmatur, accede & canta super eum aliquas incantationes sectæ tuæ, si forte sanari

te sanari

te sanari posset. Sanctus uerò Patricius sciens dolos omnes & fallacias eorum, constanter & intrepidè ait, Non est mirum si infirmus est, quia iam mortuus. Quo dicto, socij releuantes faciem eius, qui simulauerat infirmitatem, iam eum mortuum inuenerunt: & obstupescentes admiratione tanti miraculi, dixerunt inter se gementes, Verè Dei homo est iste, male fecimus tentantes eum. Sanctus autem Patricius conuersus ad Macfil ait, Quare me tentare voluisti? Respondens ille crudelis tyrannus ait, Pœnitet me domine facti huius, & quodcunque mihi præceperis, faciam, tradens me nunc in pœnitentiam Dei tui. Sanctus Patricius ait, Confitere primùm peccata tua, & credens Domino meo Iesu Christo baptizare in nomine patris, & filij & spiritus sancti. Conuersus igitur eadem hora Macfil, baptizatus est. & egressus de lauacro regenerationis, dixit ad hominem Dei, Confiteor tibi domine mi Patrici, quod proposui interficere te: iudica ergo quantùm debeam puniri pro tanto crimine. dicit ei sanctus Patricius, Non ego, sed Deus iudicabit: attamen si consilium meum habere uolueris, egredere nunc inermis ad mare, & transi uelociter de regione hac Hyberniæ, nihil tollens tecum de omni substantia tua præter uile & paruum uestimentum, quo possit corpus tuum tegi: nihilque comedens aut bibens de fructibus huius insulæ, abijsque signa peccata tua in capite tuo: & postquam perueneris ad mare, colliga pedes tuos compede ferreo, & projice compedis clauem in mare, mitteque te in nauem unius pellis absque gubernaculo, & quocunque te duxerit uentus, esto paratus ire ad terram, in quam te deferat diuina prouidentia, ut exerceas ibi diuina mandata. Respondens autem Macfil, cum lachrymis ait ad beatum episcopum Patricium, Faciam domine sicut præcipis, ueruntamen rogo ut ores pro me, ut suscipiat Deus pœnitentiam meam. Sed de uiro hoc mortuo quid faciam? Dicit ei beatus Patricius, Noli timere, quia resurget sine dolore. Et statim suscitauit eum Patricius episcopus, reuixitque sanus, & lætificati sunt omnes. Tunc migrauit Macfil secundum uerbum sancti Patricij ad mare, habens fiduciam magnam in Domino, colligauitque se in litore, projiciens clauem uinculorum suorum in mare, sicut iussus fuerat. Cumque esset super mare in naui pellea, aspirante aquilone profectus est in insulam Euoniam nomine: quo cum diuino gubernaculo peruenisset, inuenit ibi duos uiros mirabiles ualde in fide & doctrina fulgentes, qui primi docuerunt uerbum Dei & baptismum in Euonia, et per eos conuersi sunt homines insulæ ad catholicam fidem. Sancti ergo prædicatores Christi, quos præfati sumus, quorum nomina sunt Conindrus & Romulus, cum uidissent uirum huius habitus mirati ac misertiei eius, eleuauerunt eum de mari, suscipientes pœnitentiam illius cum gaudio. Igitur Macfil ubi susceptus est ab eis, ad regulam eorum corpus & animam suam exercitauit, & totum uitæ tempus apud istos duos sanctos episcopos exegit, usque dum successor eorum in eodem episcopatu Deo cooperante fieri promeruit. Hic est Macfil episcopus clarus ac sanctus, postmodùm effectus in Euoniensium ciuitate, cuius nos adiuuent sancta suffragia. Quadam uerò die requiescens sanctus Patricius supra **mare**, iuxta salsugine, quæ est ad aquilonarem plagam: uenit ad eum locum, qui Collumbanis nuncupatur, distantem à mari non magno spacio audiuit per sonitum turbinis operacium gentilium, in die Dominica agriculturam laborantium: quos conuocans ad se Patricius prohibuit ne laborarent in die Dominico. At illi non consentientes uerbis sancti pontificis, deridebant eum. Sic ait sanctus Patricius ad eos, Modebroth: quod interpretatur, Quod laboratis, non proderit uobis. hoc etiam statim completum est. In sequenti enim nocte uenticus uadfluctus à Deo missus, turbauit mare, ita ut ebulliret, & omnes agros pertransiret, & ita omne opus gentilium tempestas maris secundum uerbum uiri Dei destruxit. Venit aliquando sanctus Patricius episcopus per aluedum fluminis Synone, per uallem carum, anno secedens in campum Hair. Audientes autem duo magi regis Themoriæ filij, scilicet Nel, Caplis & Capitul nuncupati, qui nutrierant duas filias Logareni regis, Aethne albam, & Fethlen rufam, omnia quæ facta sunt regi, & magis eius, quæ in capite Themoriæ à sancto Patricio ceciderit, indignati sunt ualde, & timentes ne prædictæ filiæ regis quas nutrierant, mores Christianorum acciperent, induxerunt densissimas tenebras, & noctuales caligines super totum campum Hair suis magicis artibus, nescio cuius potestatis permissione: sed notum est omnibus Hyberniensium populis, quia nox illa trium dierum & trium noctium erat. Tunc sanctus Patricius uidens malitiam illorum, arripuit arma spiritalia, ieiunium, uigilias & orationes, & tribus noctibus cum cæteris ieiunijs, ac precibus assiduis perdurans, Deum regem rogabat, ut discuteret omnem grauitatem magicæ caliginis in campo Hair. Exaudiuit Dominus preces beati Patricij, & discussit omnes tenebras illas, refulsitque sol super terram, & lætati sunt homines gentis illius. Hoc cum uidisset beatus Patricius, gratias egit Deo: deinde sanctissimus episcopus Patricius uenit ad fontem, qui dicitur Debach, in lateribus Crochon contra ortum solis, cum tribus episcopis & multis clericis, ut haberent concilium de Ecclesiasticis rebus, & sederunt iuxta fontem. Et ecce duæ filiæ, quas prædiximus, Logarei regis, Aethne alba, & Fethlen rufa, ad fontem illum more mulierum, mane ad lauandum uenerunt, & sanctum synodum episcoporum cum Patricio iuxta fontem inuenerunt: sed unde essent, aut de qua plebe uel regione, non cognouerunt, æstimantes eos deorum terrenorum sacerdotes aut phantasias esse. Quapropter interrogauerunt eos dicentes, Vnde estis, & unde uenistis? Sanctus Patricius respondit, Melius erat uos deo nostro confiteri, quàm de genere nostro interrogare. Prima filia dixit, quis est deus, & ubi est deus, & cuius est deus, & ubi est habitaculum eius? si habet filios & filias aurum & argentum, si uiuit semper, si pulcher: si filium eius nutrierunt multi, si filiæ eius charæ & pulchriores sunt hominibus mundi: si in cœlo est, an in terra, in aequore, in fluminibus, in montanis, in conuallibus, edicite nobis. Quomodo uidebitur, quomodo inuenitur, in iuuentute an in senectute? Respondens ad haec sanctus Patricius, plenus spiritu sancto dixit: Deus noster, Deus omnium hominum, Deus coeli & terrae, maris & fluminum, Deus solis & lunae, omniumque siderum, Deus est montium sublimium, et uallium humilium, Deus super coelos & in coelis, & sub coelo habet habitaculum. Ergo coelum & mare, & omnia quae in eis sunt, inspirat, omnia uiuificat, regit omnia, gubernat omnia: solis lumen illuminat, lumen noctis splendore suo perfudit: fontes fecit in arida terra, & insulas siccas in mari, & stellas in ministerium omnium hominum posuit, coaeternum sibi consimilemque sibi genuit filium, qui tamen filius non minor est patre, nec pater filio senior, & spiritus sanctus spirat in eis: nec abinuicem separantur pater, & filius & spiritus sanctus, quomodo haec tres personae, unus & uerus Deus est: quem & ego iudicialiter annuncio uobis, hortans & obsecrans, ut ad notitiam nominis eius fideliter accedatis. Responderunt autem filiae regis, quasi ex uno ore dicentes: Doce nos diligentius, quomodo ad notitiam nominis eius pertingentes, uerum Deum habere possimus, uel qualiter credere debeamus in eum, & quicquid dixeris nobis faciemus. Sanctus Patricius dixit, Creditis in Deum post patris & matris peccatum? Responderunt, Credimus. Creditis in uitam post mortem? Responderunt, Credimus. Creditis resurrectionem in die iudicii? Responderunt, Credimus. Creditis unitatem sanctae ecclesiae? Responderunt, Credimus. Tunc baptizauit eas sanctus Patricius, & induit eas ueste albis & candida. Quae cum essent baptizatae, postulauerunt uidere faciem Christi. Et dixit eis sanctus Patricius episcopus, Nisi gustaueritis de corpore & sanguine Christi, & nisi mortem corporis sentiatis, non potestis Christum uidere in gloria sua. Dixerunt, Da nobis sacrificium corporis & sanguinis Christi, ut soluamur a corruptione carnis, & uideamus sponsum nostrum qui in coelis est. Tunc missam celebrante sancto Patricio, communicauerunt filiae regis cum spe magna & fide perfecta: & cum communicassent, statim requieuerunt in pace. Posita sunt autem corpora earum in lectulo uno, uno uestimento cooperta, feceruntque planctum magnum amici earum. Venit ergo magus Caplid, qui nutrierat primam filiam regis, cui cum praedicaret sanctus Patricius uerbum Dei, credidit ipse Domino nostro Iesu Christo, & capilli capitis eius ablati sunt a sancto episcopo, in testimonium prioris infidelitatis illius. Frater etiam eius Caplit, qui filiam alteram nutrierat, uenit & dixit: Ecce frater meus Caplid credidit Patricio, sed de me ita non erit: nam ego faciam eum reuerti ad gentilitatem. Et conuersus ad Patricium, protulit uerba dura & blasphema aduersus eum: sanctus autem Patricius patienter pertulit blasphemiam ab eo illatam, praedicauitque etiam ei uerba salutis & uitae, & conuertit illum in poenitentiam & compunctionem cordis. Tunc iubente sancto Patricio ablati sunt capilli capitis eius, id est norma magica, quae prius in capite illius uidebatur. Completis itaque diebus luctus filiarum regis, & sepultae sunt iuxta fontem Clebach, feceruntque eis fossam rotundam in similitudinem petrae incisae: quae fossa consecrata est a sancto Patricio cum sanctarum uirginum ossibus, & celebrata est earum memoria a rege & sancto uiro, & ab haeredibus eius episcopis post se in secula, nam ecclesiam uirginum construxit in eodem loco. Post haec perrexit Patricius episcopus ad montem Crocanegli, ut ieiunaret in illo quadraginta diebus & quadraginta noctibus, Moysicam tenens disciplinam, & Heliacam atque Christianam. Ibi cum moreretur auriga illius, sepultus est in loco qui dicitur Crocunegli: congregauitque lapides contra sepulchrum eius, & dixit, Hic anima requiescet, & uisitabitur a me in nouissimis diebus. Tunc ascendit Patricius ad cacumen montis Crocanegli, & multitudo auium uenit circa illum, ita ut non posset uidere faciem coeli & terrae ac maris, propter aues. Mansit ergo sanctus Patricius in monte quadraginta diebus orans, & responsa diuina frequenter accipiens. Exinde facta est consuetudo omnibus sanctis Hyberniorum, ut ascenderent super eundem montem, dicente ad eos Domino, Ascendite o sancti mei super montem hunc, qui imminet coelo, & altior est omnibus montibus qui sunt ad occidentem, ad benedicendos Hyberniae populos. Vt ergo uideret sanctus Patricius fructum laboris sui, ascendit in montem hunc, & chorus sanctorum omnium Hyberniorum uenit ad eum, quasi ad patrem eorum charissimum uisitandum. Hae sunt tres petitiones sancti Patricii, quas petiit a Domino Deo coeli in monte Crocanegli. Prima est, ut unusquisque fidelis homo Hyberniorum, per poenitentiam & confessionem Deo satisfaciens, licet in extremo uitae suae spatio, ab ipso clementer suscipiatur. Secunda est, ne barbari irruptionem in eos facientes, dominentur in sempiternum illis. Tertia est, ne aliquis Hyberniorum superuiuat in hac uita usque in diem iudicii, quia delebuntur omnia aequora quatuor annis ante diem iudicii. Post haec uenit sanctus Patricius per campos regionis ad locum qui Dicuil appellatur, & sepulchrum magnum mirae magnitudinis, immensae longitudinis inuenit in eodem loco: quod cum uidissent sancti ac discipuli qui erant cum eo, mirabantur nimis, atque stupebant, metientes in longitudine sepulchrum illius pedes quasi xxx. dixeruntque ad beatum Patricium, Non credimus hominem aliquem huius longitudinis extitisse. Respondit eis sanctus Patricius, dicens, Si uolueritis, uidebitis illum. Et dixerunt, Maxime se libentissime uolumus. Tunc sanctus Patricius percussit lapidem sepulchri baculo suo, ad caput scilicet hominis sepulti, signauitque sepulchrum signaculo crucis, & dixit, Aperi Domine sepulchrum uiri huius: & statim di-

uitu

[illegible] aperto sepulchro surrexit, & ecce uir magnus surgens [illegible], dixitque ad beatum Patriciũ, Benedictus sis tu uir bone & sancte, quòd suscitasti me, una hora requiescam à laboribus & poenis. Hęc dicens fleuit amarissimè, & dixit, Si ambulabo nobiscum: Respondit ei sanctus Patricius, & dixit, Nõ poteris ambulare nobiscum, quia non possunt homines uidere faciem tuam propter timorem tuũ: sed potius crede Deo cęli, & baptismum Domini accipe, & sic reuertere in locũ ubi sepultus eras: indica tamẽ prius nobis, cuius uiri antea fueris. Et dixit, Ego sum Macmais cain [illegible], quod potest dici, ego sum maximus uirorum insulanorũ, qui fui Porcarius Racrote regis: & iugulauit me dormientem feniusmac magus in anno chotbri [illegible], qui est annus centesimus usque hodie. His dictis baptizatus est à beato Patricio, facta confessione, dictoque symbolo fidei ac Dominica oratione, prędicente sancto episcopo atque mergẽte eum in aquą profundissima, ter, in nomine sanctę trinitatis. Cũq; fuisset baptizatus, leto animo intrauit sepulchrũ suum, & requieuit in pace. Venit iterum sanctus Patricius in alium campum in regionibus maritimis, & insulis Hyberniæ, inuenitque in eo loco signaculũ crucis Christi inter duo sepulchra noua infixum, & de curru suo proclamans dixit, Quis est sepultus hic? Respõdit ei uox de sepulchro dicens, Ego sum gentilis homo, & paganus. Cur, inquit, iuxta te crux Christi infixa est? Et iterum respondit ei uox de sepulchro, Quia, inquit, uir qui sepultus iuxta me est, Christianus fuit, rogauitque mater eius ut hoc signum crucis poneretur iuxta sepulchrum filii sui: sed alii quidam fatui & insensati posuerunt illud iuxta me. Quod audiens Patricius, exiliuit de curru suo, auferensque crucem de gentilis tumulo, inixit eam sepulchro baptizati: ascendensque iterum super currum suum, & recessit, orans Deum pro anima baptizati: & decantans aperte Dominicam orationem, cumque dixisset, Libera nos à malo, interrogauit illum auriga illius, & dixit, Quare non resuscitasti & istum hominem paganum, ut per baptismum posset saluari? & quare iste non licet prius per baptismum poterat saluari? Et non respondit ei Patricius. Puto enim ideo reliquit illum non suscitatum & non baptizatum, quia Deus illum saluare noluit, sicut priorem. Cum aliquando uenisset sanctus Patricius in regiones filiorum Amalgę, congregata est multitudo magorum. Ad primum magum Recraidum nomine, rogantes ut ulcisceretur se de inimico deorum suorum: at ille statim surgens ambulauit cum illis, habens circa se uestem magicam scriptam in uestimentis suis albis. Cumque uidissent eos uenientes ad se Patricius & Endeus filius Amalgę, & Conallus filius Endei, dum iam baptizaret Patricius multitudinẽ barbarorum, arripuere arma sua Endeus & filius eius, ut expellerent magos à sancto Patricio: uir autem Domini Patricius eleuauit manum suam sinistram in cœlum, & maledixit Recraidum præfatum principem magorum. Qui statim mortuus & proiectus, cecidit in medio magorum, qui uenerant cum eo, & combustus est ante faciem omnium eorum, & in signum uindictę Dei, terra deglutiuit cineres: quo uiso cæteri dispersi sunt per totum campum Damnon, & territi sunt uehementer à facie Dei cœli. Quodam tempore cum tota Britannia incredulitatis algore riguisset, & pauci essent qui fidei semina perfecto corde suscipere uellent, beatus Patricius fleuit ad Dominum, & dixit, Domine Deus tolle me, quia frustra prędico uerbũ tuũ. Nolunt enim per me credere homines isti. Cui respõdit Dominus, Noli turbari Patrici, quia ego noui quos elegerim. Non enim per te, sed per me credere habent: sed & labor tuus non erit inanis. Crastina enim die audies illam egregiam uirginem, sine omni prædicatione perfectè in me credere: quam tu cum baptizaueris, mitte ad me. & ita factum est. Cuiusdam enim regis filia egregia facie & perfecta uirtute, cui nomen tum erat Munenia, spiritus sancti subito repleta est gratia. Cumque multi nobiles ac diuites expeterent amplexus coniugales, & non adquieuit eis, licet adhuc non esset baptizata, nec fide imbuta. Nam ad id quod nolebat, à parentibus compelli non poterat: quæ uidelicet cum inter uerbera & crebras increpationes interrogaret matrem & nutricem, si compertum haberent rotæ factorem, cuius sole mundus illuminatur: & cum responsum ab eis acciperet, solis factorem esse eum cui cœlũ sedes est, rogauit ut illi copularetur coniugali uinculo, qui tam decorum lumen posuisset in cœlo. Intellexit siquidem uirgo præfata per naturã totius creaturę factorem, in hoc patriarchę Abrahę secuta exemplum: parentes autem eius quid agerent, quò se uerterent nesciebant. Tandem inito consilio à Deo sibi tradito, sanctum Patriciũ accersiri fecerunt, ut super hac causa consulerent illum. At illa per spiritũ sanctum edocta omnia, statim ad præfatam uirginem accessit, & eleuata uoce dixit ad eam, Si credis in Deũ ex toto corde tuo? Puella respondit, Credo. Tum ait Domini Patricius sacro lauacro spiritus & aquę regenerauit eam. Nec mora solo prostrata, spiritum tradidit in manus angelorũ: & ubi moritur, ibi & sepelitur. In ipso quoque loco, cellulam postmodum futuram esse sanctus Patricius prædixit, in qua alię uirgines Deo famulaturæ cõgregari deberẽt. quod & factũ est, nõ lõge ab illo tempore: nam eiusdẽ sanctę uirginis memoria colitur in eodem loco usque in præsentem diem. Item mirabile quoddam gestum sancti Patricii silentio non transibo. Nunciatum est ei aliquando nequissimum opus cuiusdam Britannici regis, nomine Chairic, infausti crudelisque tyranni, qui erat maximus persecutor & interfector Christianorum. Sanctus igitur Patricius per epistolã suam ad uiam ueritatis eum reuocare tentauit, sed ille salutaria eius monita deridebat. Quod ubi nunciatum est homini Dei, flexis genibus orauit & dixit, Domine si fieri possit, expelle perfidum hunc de praesenti seculo & futuro. Nec multo post praefatus ille tyrannus Maclcam aream quandam sibi praeparari fecit, a quo audiuit, quod cito de suo regali transiturus imperio esset: omnesque charissimi eius in hanc ipsam uocem proruperunt. Tunc ille, cum esset in medio foro, illico uulpeculae miserabiliter arrepta forma prostratus est in praesentia suorum, quo cum impetus animi dixit: & ex illo die illaque hora uelocitate diabolo raptus, nusquam comparuit. Virum aliquem ualde durum & auarum in campo Hanyr habitantem, in carcerem stultitiae auaritiaeque incurrisse, crimen perii ferunt, ut duos boues beato Patricij auferret uiolenter, & ad finem usque transueheret, cui iratus sanctus Patricius, cum maledictione dixit, Madebrat. Quod potest intelligi, Male fecisti, nunquam proficiet tibi, sed ager hic tuus neque tibi neque semini tuo in aeternum unquam utilis erit. & factum est ita. Inundatio enim iam abundans maris eodem die circuiuit atque perfudit eiusdem uiri agrum, ut nunquam a modo faceret fructum: postea sic est iuxta Prophetae uerbum, terra fructifera in salsuginem, a malitia inhabitantium in ea. Arenosa ergo & infructifera eadem terra facta est a die qua maledixit eam sanctus Patricius, usque in hodiernum diem. De diligentia orationis eius pauca de multis, quae enarrare possimus, scribere conabimur. Omnes psalmos & hymnos, & Apocalypsin Iohannis, & omnia cantica spiritualia scripturarum quotidie decantabat, siue in uno loco manens, siue in itinere pergens. Per tropheum quoque Dominicae crucis in omni hora diei noctisque centies se signabat, & ad omnes cruces quascunque uidisset, dum aliquod iter peragere, orationis gratia se inclinabat: & interdum de curru descendens in terram se prostrauit, manuque tangens crucem, signum eius sibimet impressit. Consuetudo illi erat, ut a uespera Dominicae noctis, usque ad mane secundae feriae propter honorem sacri diei nullum omnino iter perageret. Accidit ergo quodam die Dominico, ut dum pro reuerentia sancti diei pernoctaret in campo, grauis pluuia cum tempestate subito instaret: per cuius inundationem, dum tota illa prouincia depopulata esset, in loco ubi sanctus Patricius manebat, siccus erat. Tunc eadem nocte auriga eius murmurare coepit, equos amissos, & eos quasi amicos charos plangit, quia illos quaerere in tenebris absque lumine non poterat. Unde pietas beati Patricij permota est, & flebili uoce aurigae dixit: Deus in angustiis & tribulationibus opportunus adiutor est, ipse promptus adiutorium tibi praestabit, & certe equos amissos inuenies. His dictis manum de manica extulit, & quinque digiti eius, sicut tot luminaribus noctis tenebras illuminauit, ita ut non tantum proxima, sed & longinqua atque remota omnia regionis illius illuminarentur loca. Tunc auriga laetus effectus de luce concessa, equos amissos inuenit, & Deo gratias retulit, quod miraculum eidem sancti patris indiuiduus comes, simul & auriga, usque ad obitum Patricij silentio abscondit. Appropinquante die mortis beatissimi patris nostri Patricij, uenit ad eum angelus Domini, qui ante saepissime apparuerat, & dixit ei de morte sua, & de exequiis eius ac de aliis secretis Dei. Ille uero ad Ardmachae uoluit ire, ut ibi moreretur atque sepeliretur, ueneruntque ad eum uiri familiares eius, & amici nominis Christi ad deducendum eum quocunque uellet. cumque ad Ardmachae coepisset ire cum multis sociis se comitantibus, ecce iuxta uiam rubus quidam apparuit ardens, & tamen non comburebatur, sicut quondam Mosi apparuit Dominus in igne rubi. Erat autem in rubo angelus ille qui eum uisitare solebat: qui uocans ad se Patricium dixit illi, Quare sine Dei consilio proficisceris ad locum, quem non praeelegit Dominus? Reuertere ad locum unde uenis, hoc est ad Sabul. Illic enim morieris, non Ardmachae. adhibitumque permanente ut Domino Deo tuo gratias referas, quia datae sunt tibi petitiones quas petisti. Prima petitio est, ut in terra Hybernia sit a Domino salutis praefatio de meritis tuis: secunda petitio tua, ut quicunque hymnum, qui de te compositus est, in die exitus sui decantauerit, ut eius poenitentiam de peccatis suis suscipias: tertia petitio tua est, ut qui tuam memoriam benigne celebrauerint, misericordiam Dei mereantur, ut non pereant in futuro: quarta petitio est, ut Hybernienses omnes in die iudicij abs te iudicentur, ut uidelicet cum quibus apostolus fuisti iudices, sicut dictum est a Domino ad apostolos, Sedebitis super sedes duodecim, iudicantes duodecim tribus Israel. Reuertere igitur sicut dixi tibi, & ingredieris uiam patrum tuorum. Haec angeli dicta post septem dies, in die scilicet xvi. Kalend. Aprilis expleta sunt circa beatum Patricium, peracto totius uitae eius cursu, duobus annis, sicut in omnibus Hyberniae finibus celebratur. Magnum autem & inauditum miraculum tunc per totam Hyberniam factum est. Per duodecim enim dies in prouincia illa, ubi mortis eius exequiae factae sunt, nox non erat, nec pallor uesperi, neque crepusculi umbra uidebatur: plebs etiam illius loci, in quo sepultus est, certissima confirmat attestatione, quod usque ad finem totius anni, in quo obierat, nunquam noctes ita tenebrae tales extitissent, quales antea fuerunt. Quod nimirum ad eius meritum declarandum accidisse non dubium est. Si quis autem illam noctis huius claritatem contendere uoluerit, & haec eadem lucis indicia, quae morte beati Patricij praestita sunt, fidelitatem ostendit miracula infideliter negare praesumpserit, diligenter attendat, qualiter Ezechiae languenti in horologio signum indeptis demonstratum, sol per x. lineas recursum ostendit, superne duplicato die: recessit etiam, quod sol contra Gabaon, & luna contra uallem Aialon steterit duplicato die sine nocte, quando Iesus Naue pugnans contra inimicos Israel deleuit eos. Sed hoc miraculum per totum clarius fuit mundum, & ideo minime dubitandum. Illud uero miraculum sancti Patricii, quod gestum est in ista prouincia tantum, ad hoc à solis nobis scitum est, ut fideles animae tantum Hyberniorum his partis sibi sanentur exemplis. Nam ceterae gentes, si minus sancti Patricii miraculis credunt, suorum apostolorum ac praedicatorum exemplis ac miraculis credant. Igitur aegrotauit sanctus Patricius, ut dictum est, & diem, & disposuit pacem & concordiam per omnes ecclesias suas: appropinquante autem hora exitus sui, ab episcopo Thassachi sacrificium beatae memoriae accepit: & exinde post mortuos suscitatos, post populum multum ad Christum conuersum, post episcopos & presbyteros in ecclesiis ordinatos, post totum ecclesiasticum ordinem bene ac perfecte compositum, post tempus annorum, ut ante dictum est, exacti peractis omnibus quae in Deum sunt, ad Dominum nostrum Iesum Christum, qui eum in uestigiis suorum apostolorum miserat, cum beatis meritis ad beata & aeterna regna lętissime profectus est. In prima autem nocte exequiarum eius, sancti angeli excubias uigiliarum sibi dem fecerunt, hymnorum atque psalmorum modulatione in omnibus complentes: quicunque uero ad uigilias prima nocte clerici uel laici uenerant, subito obdormierunt, & angelis excubantibus totum ... ; sequentibus autem noctibus homines religiosi orantes, ac psalmos canentes, sanctum corpus ex more custodiebant. Sed postquam peractis uigiliis angeli in coelos profecti sunt, odorem suauissimum quasi mellis, & fragrantiam myrrhae dulcedinis & quasi saporem uini iuxta corpus in terra dimiserunt impleretur, quod in patriarchę Iacob benedictionibus praedictum est: Ecce odor filii mei sicut odor agri pleni, quem benedixit Dominus. Porro ut ad itinera redeamus, quando angelus ad eum uenit, & de sepultura sua ei praedixit, hęc quoque inter alia subiunxit: Eligantur duo boues indomiti, & pergant quocunque uoluerint, in plaustro portantes corpus tuum: & ubicunque requieuerint, illic ecclesia in honorem corpusculi tui ab hominibus aedificetur. Factum est ergo secundum praeceptum angeli, & electi sunt duo boues indomiti, & plaustrum cum gestamine corporis eius impositum est eis: & à loco qui Clochar uocatur, exierunt Dei nutu regente, & ad eum locum ubi sepultus est sanctus Patricius, peruenere. Apparuit autem angelus Domini omnibus qui ad sepulturam eius conuenerant, & dixit eis: Videte ne reliquiae corpusculi huius sanctissimi uiri à terra uobis sursum auferantur, & alto profunditate cubiti in terra eius corpus obruatur, quod quidem Dei nutu necessario factum, postea demonstratum est. Nam in nouissimis temporibus cum ecclesia super corpus eius aedificaretur, homines humum fodientes, ignem de sepulchro eius exurgere uiderunt: quo timore perterriti fodere desierunt, ac rece

Beda tom. 3.

dentes ab hac infestatione, maiori ueneratione monumentum eius celebrare coeperunt. In tempore transitus sanctissimi patris nostri Patricii, dira quaedam belli contentio inter orientales Britanniae populos ex parte una, & inter Vltanos ex altera parte orta est de possidendo corpore eiusdem sanctissimi uiri, in loco qui Collum bouis nominatur: sed meritis beati Patricii, & misericordia Dei, ne sanguis effunderetur Christianorum, seditio illico sedata est. Consilio enim bellorum die, intumuit ultra modum fluctus maris, quod erat inter insulanos istos, prohibentes naues bellicas, ut ad inuicem conuenire ullatenus possident. Alio autem tempore cum quieuissent maria, surrexerunt iterum orientales contra Vltanos populos, & acriter ad certamen ierunt, ut certatim armati in bellum hostili impetu ad locum beati corporis properarent: sed uelut mirabiliter sunt fallacia seducti. Nam cum tali bello fortitudini suae confidentes, sanctum corpus orientales, ut potentiores uiribus hostes, ab Vltanis exciperent, corpus illico Dei nutu plaustro cum duobus bobus ad ... secum ad se quasi iterum conspexerunt: qui nimium gaudentes sanctum esse corpus putabant, affirmantes se illa hoc uirtute rapuisse, & praecunte eo plaustro, ut putabant, domum cum festinatione reuerti cupiebant. Sicque cum tali apparatu & armatura usque ad flumen, qui dicitur Cabcenne cum corpore, ut putabant, peruenerunt: quo transito, plaustrum cum corpore eis ultra non comparuit. Hoc enim Dei pietas ita fieri, ut putamus, permisit, ut de tanto ac tam beato corpore etiam inter pertinaces & contentiosos pax esset. Nam felix illa fallacia, pia propitiatione bellum prouidenter insurgentem & gentem sedauit, ne quod esset animarum salus innumerabilium, in exitium & mortem conuerteretur plurimorum. Et sicut Syri quondam excaecati, ne sanctum Helisaeum occiderent, ab eodem propheta diuina prouisione ad Samariam usque deducti sunt: ita etiam hac seductio ad concordiam, non ad seditionem illorum populorum profuit. Ecce habes frater Pauline, à me humili probo postulatum nostrae fraternitatis indictum, quod nos pauperes aliqua tibi de sanctissimi patris nostri Patricii episcopi uirtutibus scribere cupiebas. Peto ergo caritatem tuam, ut pro me Deum rogare digneris, ut meritis beatissimi Patricii merear consequi ueniam peccatorum, & qui nostris culpis perpedientibus eius praemiorum non meremur aequale consortium, sit nobis in praemio aeternum eius esse supplicium praestante Domino nostro Iesu Christo, qui cum patre & spiritu sancto uiuit, Deus per omnia secula seculorum. Amen.

SANCTI PATRICII VITAE FINIS.

Sancti Eustasii abbatis uita.

VENERABILIS Eustasius, discipulus sancti Columbani abbatis apud coenobium, quod uocatur Luxouium, adhuc in carne posito beato Columbano, monachorum cateruas regendas suscepit, quas & paterno affectu, & [illegible] aequitatis moderamine ad instar reuerendi magistri informare curauit. Euenit aliquando, ut pro communi necessitate monasterij, ad regem Lotharium pergeret, qui eo tempore in [illegible] Galliae finibus, oceani maris uicina [illegible]. In itinere uero constitutus, uenit quadam uespera ad domum cuiusdam Chanerici, cuius uxor Leodegunda dicebatur, Christiana, & bonae mentis foemina, quarum filiam Burgundofaram nomine, beatus Columbanus Domino consecrauerat. Quam uidelicet puellam, cum contra uoluntatem eius pater ad nuptias tradere uoluisset, dolore oculorum percussa, & in febrium igne succensa est, ut uix superstes crederetur. Cumque uenisset illuc beatus Eustasius, patrem puellae increpat, dicens suum hoc esse, quod ipsa tantis exureretur poenis, qui uiri Dei Columbani interdictu uiolare tentasset. At ille simulata compunctione. Vtinam, inquit, sospitati redderetur, ut diuinis famularetur obsequijs, nec ego ulterius talibus obsisterem uotis. Accedens itaque Eustasius ad stratum puellae, sciscitabatur, si ita fuerit [illegible], quod contra beati Columbani interdictum post tanta promissa rursus iuraret terrena. Cui respondens puella, testatur se talibus uotis nunquam paruisse, ut terrena caelestia commutaret, sed paratam fuisse & esse [illegible] praeconia [illegible] praeterita nocte [illegible] etiam beatum Eustasium, qui oculis suis lumen redderet, & uocem sibi audisse dicentem, Quodcunque tibi dixerit iste, fac, & sana eris. Nunc igitur infer auribus meis, quae mihi sunt custodienda, & tuis orationibus pelle dolorem a Domino illatum. Tunc prostratus humo uenerandus uir Eustasius cum lachrymis postulat Dominum, ut pollicitum munus exhibeat: surgensque crucem super oculos exprimit, & oculos manu palpando, diuinum auxilium adesse deplorat. Adeo ut tactum lumen illico redditur, febrium ignis fugatur: redditamque sospitati puellam matri commendat, donec a Lothario rege, ut iter arripuerat, rediens, religionis eam uestibus indueret. Cum autem pater cerneret filiam suam sospitati redditam, [illegible] iterum fouere insidias, decreuit eam sponso tradere post [illegible] pollicitationem, quo puella comperto, unius sodalium suarum consilio quaesito, & eandem assumens, fugam iniit, & clam elapsa ad basilicam beati Petri principis apostolorum peruenit. Audiens hoc pater puellae, dirigit cum furore pueros, iubens ut apprehensam filiam crudeliter perimant. Pergentes ergo pueri, in finibus ecclesiae receptam inueniunt, cui illi statim minantur periculum mortis. At illa inquit, [illegible] formidare putatis, in hoc ecclesiae pauimento probate. Nam ego mortem [illegible] pro eo qui propter me non dedignatus est mori. Interea peracta legatione sua uenerabilis pater Eustasius remeat, puellam liberat, patrem crudeliter increpat, religionis uestem per pontificem urbis illius, Chaddoldi nomine, induit, monasteriumque uirginum Christi super paternum solum inter duos fluuios aedificat: fratres, qui aedificandi curam haberent, deputat, germanos puellae Chagnoaldum & Waldebertum, qui et postea [illegible], ut regulam docerent, decreuit. In quo uidelicet Waldeberto, quantae uirtutes postmodum factae sunt, [illegible] prosequemur. Reuersus posthac uenerabilis uir Eustasius ad Luxouium, magistri sui praeceptum implere parat, ut gentes quae uicinae erant, fidei pabulo alerentur. Progressus ergo Warascos praedicando conuertit populos, quorum alij idololatriae cultibus dediti, alij Fotini haeretici errore maculati erant: ubi cum multum populum ab erroribus diuersis conuertisset ad Dominum, ad Boias, qui nunc Bauarij uocantur, tendit, eosque multo labore imbutos, ac fidei lineamento correctos, plurimos eorum ad fidem conuertit. Vbi cum aliquantisper moratus fuisset, dimisit sapientes uiros, qui coepti laboris in studio desudarent, ipse uero ad Luxouium remeare disponit. Et dum iter carperet, uenit ad quendam uirum nobilem Gundoinum, habitantem in uilla, quae Mosa, ab amne ibidem praeterfluente uocatur, cuius statim ut ingressus est domum, praemissa benedictione, poscit ut liberos, quos habebat, sibi praesentet. At ille libenter obediens, duos bonae indolis liberos praesentauit. Est inquit, ubi adhuc proles? Ille fatetur praeter unam filiam luminibus orbatam, nomine Adelbergam, se amplius non habere: quam praesentatam cum uidisset famulus Dei, sciscitatus est ab ea, utrum [illegible] annos ad cultum diuini timoris aptare. Cumque illa se paratam esse responderet, [illegible] praeconijs obtemperare, pro duobus ille diebus ieiunio corpus affligit, mentem in fide armans, super oculos benedictionis oleum effudit: hocque per interuentum simul [illegible] integratis diuina pietas damna luminis eiusdem puellae: quae nunc quoque superest, & diuinis obsequijs dedita, non solum [illegible], sed & alijs [illegible]. Progressus inde beatus Eustasius, cum coeptum iter peragerent, quendam fratrem Agilum nomine, qui modo Resbacensis coenobij praesul existit, uehementi febrium igne subito correptum interuentu orationis suae sanauit, ac pristinae sospitati reddidit. Deinde perueniens ad supradictum coenobium, cum fratres [illegible], quam alienos populos ad Christiani uigoris emolumentum inhianter excitauit, multosque eorum ad poenitentiae medicamenta pertraxit.

creuit. De fratribus uero sub eius regimine constitutis, postea plures ecclesiarum præsules extiterunt: Chagnoaldus Lugduni, Acharius Viromanduorum & Nouiomensis ac Tornacensis episcopus: Ragnacharius Augustodoni & Basileæ, Audomarus Bononiæ & Tharuennensis oppidi. Cumq; iam ab omnibus haberetur gratus, ut nullus se beatum Columbanum perdidisse gemeret, quia eius doctrinis imbutum sciret, omniumq; Francorum procerum honore fulciretur, & præcipue Lotharii regis amore ac ueneratione clueret, præsertim [illegible] in discipulo magistri instituta per omnia manere: exarsit more suo liuidus aduersus sancti uiri famam Chelidrus, excitans contra eum unum e sodalibus Agrestinum nomine, qui quondam Theoderici regis notarius fuerat, & quadam compunctione cordis tactus, omnia quæ possederat relinquens, & Luxouium ueniens, se & sua omnia eidem uenerabili patri tradiderat. Is quam mox cuncta rapiens religionis speciem in monasterio gestam, post non longum tempus conuersationis eius, arrogantia mentis elatus, postulat ut gentium esse prædicator permitteretur: quem uir sanctus diu obiurgans increpat, dicens eum rudem adhuc in religione non debere ad tale opus idoneum se putare, proponens ei in exemplum Hieremiam, qui electione Domini prædicator designatus, se dignum esse denegat dicens: A a a Domine Deus, ecce puer ego sum, & nescio loqui: Moysen quoque, qui electus Domino tardioris se impeditæ linguæ esse testatur. His & huiusmodi dissuasionibus cum nihil proficeret, quia tenere non ualet, ire permisit: qui cum in regionem Baioariorum uenisset, nullum fructum exercens, ibi post aliquantum temporis ad Aquilegiam uadit. Aquilegienses etenim discordabant a communione sedis Apostolicæ, de qua Dominus in Euangelio ad beatum Petrum loquitur dicens, Tu es Petrus, & super hanc petram ædificabo ecclesiam meam, & portæ inferi non præualebunt aduersus eam, ob trium uidelicet capitulorum dissensionem, quæ præsentis operis necessarium non duximus inserere. Itaq; ueniens Aquileiã socius illorum schismatis effectus, & a Romanæ sedis communione seiunctus ac diuisus est, totius orbis communionem qui cumque Romanæ sedi iunguntur damnans, in sola Aquileia Orthodoxam fidem retineri decernens: quo schismate imbutus, epistolam uenenosam & increpationibus plenam ad beatum Attalam Bobiensis coenobii patrem per Aureum Adaloaldi regis Longobardorum notarium dirigit. Quam epistolam beatus Attala perlectam, & ridiculo habitam, mihi tradidit seruandam: quã ego etiam per multorum spacia annorum abditam penes me habui, & postea mea negligentia perdidimus: alius atque quilibet eam, sed [illegible] proprio [illegible]. Directa itaque ad beatum Attalam epistola, ipse ad Luxouium properat, Eustasium schismatis [illegible] tenens, [illegible] sua nefanda [illegible] quæat: uenerabilis

autem uir Eustasius, prius eum [illegible] & increpat, ut resipiscat, hortatur & obsecrat. Cumq; salutaribus monitis & salubri auditu mentis pertinacem [illegible], a suo fratrumq; collegio segregatum abire coegit. Fugatus igitur ab Eustasio miserabilis Agrestinus, huc illucq; discurrit, ut aliquos sui erroris fautores facere posset: sed cum nihil eius propositis longo tempore peragere quiuisset, tandem aduersus regulam beati Columbani [illegible] cœpit, ac uelut cancer [illegible] per quoscunque potuit [illegible] murmur excitauit, auxilio [illegible] Aripillino Genuensis urbis episcopo, qui ei consanguinitate proximus erat. Hic denique [illegible] uicinos episcopos singulatim sibi iungere in auxilium Agrestini [illegible] studio, ita ut regem Lotharium [illegible] partis [illegible] uoluisset. At ille sciens, & experimento cognitam habens beati Columbani sanctitatem, & discipulorum eius doctrinam, postquam diu redarguere tentauit [illegible], nec præualere potuit aduersus eum, statuit ut synodali examinatione probaretur, non ambigens de auctoritate uenerabilis uiri Eustasii, quia omnes aduersantium linguas [illegible] prudentia superaret. Tunc omnes maxime [illegible] Burgundiæ episcopi [illegible] urbis Matisconensis conueniunt, inter quos maximus [illegible], dum & ipse fieri uellet assentator Agrestinæ partis, ipso die quando aduersus Eustasium altercatio futura erat, morte præuentus [illegible]: sed nec eo terrore [illegible] fautores aduersæ partis, qui conuenerant, [illegible] in medium Agrestinum depromere cogunt, quid contra regulam Columbani uel Eustasii obiiciendum haberet. Tum ille trementibus labiis [illegible], & nihil auctoritatis uel eloquentiæ habens, ait superflua quædam, & canonicæ institutioni contraria in eorum studiis teneri, [illegible] uidelicet, quam [illegible] crucis signo crebro signari, & in ingressu cuiuslibet domus intra coenobium, tam ingredientem quam egredientem benedictionem postulare. Columbanum etiam a ceterorum [illegible] discrepare, & sacra missarum solemnia multiplicatione orationum uel collectarum celebrare. Audiens huiusmodi obiectionibus beatus Eustasius conuersus ad suæ partis episcopos, dixit: Vos o decus sacerdotii probare debetis, qui in ecclesiis [illegible] distribuant, & [illegible] religione aliena [illegible]. Quicquid enim [illegible], extra ecclesiæ corpus [illegible] debet [illegible] alienæ. Agrestinum ait, Tu [illegible] nostri [illegible] nolle enim a te uolumus, quod [illegible] super hoc responsum reddas. Sanctus Eustasius respondit: Nequaquam [illegible] religione, [illegible] quam Christianus [illegible] per [illegible] Domini [illegible]

Sancti Eustasii abbatis uita.

VENERABILIS Eustasius discipulus sancti Columbani abbatis apud coenobium, quod uocatur Luxouium, adhuc in carne posito beato Columbano, monachorum cateruas regendas suscepit, quas & paterno affectu, & omni aequitatis moderamine ad instar reuerendi magistri informare curauit. Euenit aliquando, ut pro communi necessitate monasterii ad regem Lotharium pergeret, qui eo tempore in ultimis Galliae finibus, oceani maris uicina inhabitabat: in itinere uero constitutus, uenit quadam uespera ad domum cuiusdam Chanerici, cuius uxor Leudegunda dicebatur, Christiana, & bonae mentis foemina, quorum filiam Burgundofaram nomine, beatus Columbanus Domino consecrauerat. Quae uidelicet puella, cum contra uoluntatem eius pater ad nuptias tradere uoluisset, dolore oculorum percussa, et tanto febrium igne succensa est, ut uix superstes reddi crederetur. Cumque uenisset illuc beatus Eustasius, patrem puellae increpat, dicens hanc noxae esse, quod ipsa tantis exureretur poenis, qui uotum Dei Columbani interdicto uiolare tentasset. [illegible] simulata compunctione. Utinam inquit, sospitati redderetur, ut diuinis famularetur obsequiis, nec ego ulterius [illegible] obsisterem uotis. Accedens itaque Eustasius ad stratum puellae, sciscitatur [illegible] beati Columbani [illegible] terrena. Cui respondens puella, [illegible] sed paratam [illegible] esse [illegible] eundem beato Eustasio, qui oculis suis lumen redderet, & [illegible] dicentem, Quodcunque [illegible] Nunc igitur [illegible] mihi sunt custodienda, & eius orationibus [illegible] dolorem a Domino [illegible]. Tunc prostratus humo uenerandus uir Eustasius cum lachrymis postulat Dominum, ut [illegible] crucem super oculos exprimit, & oculos manu palpando, diuinum auxilium adesse deplorat. Ad cuius tactum lumen illico redditur, febrium ignis fugatur, redditamque sospitati puellam matri commendat, donec a Lothario rege, quo iter arripuerat, rediens, religionis eam uestibus induat. Cum autem pater cerneret filiam suam sospitati redditam, [illegible] iterum [illegible] decreuit eam sponso tradere pristina [illegible] quo puella comperto, [illegible] consilio [illegible], & eandem [illegible] ad basilicam beati Petri principis apostolorum peruenerat. Audiens hoc pater puellae, [illegible] cum furore [illegible] apprehensam [illegible] ecclesiae [illegible] periculum mortis [illegible] quia [illegible] pauimento probare. nam ego [illegible] pro eo qui propter me mori dignatus est mori. Interea peracta legatione sua uenerabilis pater Eustasius remeat, puellam custodia liberat, patremque terribiliter increpat, religionis uestem per pontificem urbis illius, Chadoaldum nomine, induit, monasteriumque uirginum Christi supra paternum solum inter duos fluuios aedificari [illegible] qui aedificandi curam habeant deputat, germanos puellae Chagnoaldum & Vualdebertum, qui et postea successit, ac regulam doceant, decernit: in quo uidelicet Vualdeberto, quantae uirtutes postmodum [illegible] Reuersus posthac uenerabilis uir Eustasius ad Luxouium, magistri sui praeceptum implere parat, ut gentes [illegible] fidei pabulo [illegible]. Progressus ergo Vuarascos praedicando conuertit populos, quorum alii idolatriae cultibus dediti, alii Fotini heresi [illegible] errore maculati erant: ubi cum multum populum ab erroribus diuersis conuertisset ad Dominum, ad Boias, qui nunc Baioarii uocantur, tendit, eosque multo labore imbutos, ac fidei [illegible] correctos, plurimos eorum ad fidem conuertit. Ubi cum aliquantisper moratus fuisset, [illegible] uiros, qui coepti laboris in studio desudarent, ipse uero ad Luxouium remeare disponit. & [illegible] iter carperet, uenit ad quendam uirum nomine [illegible] habitantem in uilla, quae [illegible] uocatur: [illegible] ingressus est domum, praemissa benedictione, petiit, utrum liberos, quos habeat, repraesentet. At ille libenter obediens, duos bonae indolis liberos praesentauit. Est inquit, alia adhuc proles? Ille fatetur praeter unam filiam luminibus orbatam, nomine Adelbergam, se amplius non habere. quam praesentatam cum uidisset famulus Dei, sciscitatus est ab ea, utrum [illegible] animus ad cultum diuini timoris [illegible]. Cumque illa se paratam esse responderet, [illegible] praeceptis obtemperare, per duos [illegible] corpus [illegible] oculos benedictionis oleum effudit: [illegible] redintegrauit [illegible] puellae: quae nunc quoque superest, & [illegible] non solum sibi utilitati, sed & aliis [illegible]. Progressus inde beatus Eustasius, [illegible] cum iter peragerat, quendam uirum Agilum nomine, qui modo Resbacensis coenobii praesul existit, uehementi febrium igne correptum inuenit, [illegible] oratione sua [illegible] ac pristinae sospitati reddidit. Deinde [illegible] ad supradictum coenobium, cum fratres inuenit, quibus [illegible] populos ad Christianae religionis [illegible] ad poenitentiae medicamenta per-

traxit.

gradit. De fratribus uero sub eius regimine constitutis, postea plures ecclesiarum praesules extiterunt: Chagnoaldus Lugduni, Acharius Veromandorum & Nouiomensis ac Tornacensis episcopus: Rachnacarius Augustodoni & Basileae, Audomarus Bononiae & Tarouennensis oppidi. Cumque iam ab omnibus haberetur gratus, ut nullus se beatum Columbanum perdidisse gemeret, qui eius doctrinis imbutus fuisset, communique Francorum procerum honore fulciretur, & praecipue Lotharii regis amore ac ueneratione clareret, praesertim cum cernerent in discipulo magistri instituta per omnia manere: exarsit more suo liuidus aduersus sancti uiri famam Chelidrus, excitatque contra eum unum e subditis Agrestinum nomine, qui quondam Theoderici regis notarius fuerat, & quadam compunctione cordis tactus, omnia quae possederat relinquens, & Luxouium ueniens, se & sua omnia eidem uenerabili patri tradiderat. Is inquam, ut cuncta replicem, religionis speciem in monasterio gestans, post non longum tempus conuersationis suae, arrogantia mentis elatus, postulat ut gentium esse praedicator permitteretur: quem uir sanctus diu obiurgans increpat, dicens eum necdum adhuc in religione non debere ad tale opus idoneum se putare, proponens ei in exemplum Hieremiam, qui electione Domini praedicator designatus, se dignum esse denegat dicens, A a a Domine Deus, ecce puer ego sum, & nescio loqui: Moysen quoque, qui electus a Domino tardioris & impeditioris linguae se esse fatetur. His & huiusmodi dissuasionibus cum nihil proficeret, quem tenere non ualet, ire permittit: qui cum in regionem Baioariorum uenisset, nullum fructum exercens ibi post aliquantum temporis ad Aquilegiam transit. Aquilegienses etenim discordabant a communione sedis Apostolicae, de qua Dominus in Euangelio ad beatum Petrum loquitur dicens, Tu es Petrus, & super hanc petram aedificabo ecclesiam meam, & portae inferi non praeualebunt aduersus eam, ob trium uidelicet capitulorum dissensionem, quae praesenti operi necessarium non duximus inserere. Itaque ueniens Aquileiam socius statim schismatis effectus, Romanae sedis a communione seiunctus ac diuisus est, totius orbis communionem quicunque Romanae sedi iungeretur damnans, in sola Aquileia Orthodoxam fidem retineri decernens. Quo schismate imbutus, epistolam uenenosam & increpationibus plenam ad beatum Attalam Bobiensis coenobii patrem per Aureum Adaloaldi regis Longobardorum notarium dirigit. Quam epistolam beatus Attala perlectam, & ridiculo habitam, mihi tradidit relegendam: quam ego etiam per multorum spatia annorum abditam penes me habui, & postea mea negligentia perdidi, alias utique quibus eam, sed ipse proprio stilo scripsit. Directa itaque ad beatum Attalam epistola, ipse ad Luxouium properat, Eustasium schismatis aculeo tentans, si sanctum eius sensum corrumpere queat: uenerabilis autem uir Eustasius, paternis affatibus erudit, increpat, ut resipiscat, hortatur & obsecrat. Cumque salutaribus monitis & salubribus nullo modo eum a peruersitate posse conuertere, a suo fratrumque collegio segregatum abire coegit. Fugatus igitur ab Eustasio miserabilis Agrestinus, hoc sibi optimum duxit, ut aliquos sui erroris fautores facere posset: sed cum nihil eius impetu longo tempore peragere ualuisset, tandem aduersus regulam beati Columbani latrare & detrahere coepit, ac uelut ueneni sui granum, per quoscumque potuit parrochias late spargens, abominabile murmur excitauit, adnectens sibi Apollinari Geneuensis urbis episcopo, qui ei consanguinitate proximus erat. Hic denique Apollinaris uicinos episcopos singulatim sibi iungere in auxilium Agrestini nisus est omni studio, ita ut regem Lotharium temeraria suae partis assertor inuoluisset. At ille sciens, & experimento cognitam habens beati Columbani sanctitatem, & discipulorum eius doctrinam, postquam diu redarguere tentauit grunnientis haeresiarchae latratum, nec praeualere potuit aduersus eam, statuit ut synodali examinatione probaretur, non ambigens de auctoritate uenerabilis uiri Eustasii, quin omnes aduersarios egregia sua prudentia superaret. Tunc emanante regali iussione, multi tam Burgundiae episcopi in suburbio Matisconensis urbis conueniunt, inter quos maximus haereticorum Vuarnacharius quidam, dum & ipse fieri uellet assertor Agrestinae partis, ipso die quando aduersus Eustasium altercatio futura erat, morte praeoccupatus interiit: sed nec eo terrore turbati caeteri confautores aduersae partis, qui conuenerant, deducunt in medium Agrestinum depromere cogunt, quid contra regulam Columbani uel Eustasii aliquid habere. Tum ille tremens absque astutiis, & nihil auctoritatis uel elucubrati eloquii habens, ait superflua quaedam, & canonicae institutioni contraria in eorum fratrum [illegible] cochleam uidelicet, quam lamberent, crucis signo crebro signari, & in ingressu cuiuslibet domus tam extra coenobium, quam intra, pro egrediente benedictionem postulare: Columbanum quoque a ceterorum ecclesiasticorum more desciscere, & sacra missarum solemnia multiplicatione orationum uel collectarum celebrare. Audiens huiusmodi obiectionibus beatus Eustasius conuersus ad suae partis episcopos, dixit: Vos decus sacerdotii probare debetis, qui in ecclesiis ueritate ac uirtute seminantium [illegible] & qui ueritate ac religione aliena tradit. Quicquid enim a norma ueri examina dissentit, extra ecclesiae corpus segregari debere, unde est discernere an sit a scriptura sacra alienum. Agrestinus ait, Tuo ore nobis edicito: nolle enim a te uolumus, quod dignum super hoc responsum reddas. Sanctus Eustasius respondit, Nequaquam, ait, reor contrarium esse religioni, si cochleam, quam Christianus lambit, uel quodlibet uas aut poculum crucis signo muniri, cum per aduentum signi Dominici pellatur pestis adversarii inimici [illegible]. Introeuntem vero monachum cellulam, vel exeuntem benedictione Domini armari, rite discordans psalmistae vocem, Dominus custodiet te ab omni malo, custodiat animam tuam Dominus: Dominus custodiat introitum tuum & exitum tuum, ex hoc nunc & usque in seculum. Licet enim hoc ad unumquemque Christianum referatur, ut gratia baptismi percepta in ecclesia servetur, in eo videlicet, qui ad eam ingreditur, & usque ad finem perseveranter [illegible] quotidiano tamen monachis [illegible] ingressu vel egressu seu progressu unumquemque oportet signo crucis armari, vel benedictione [illegible] multiplicationem vero orationum in sacris officiis credo omnibus proficere ecclesiis, quia dum plus Dominus quaeritur, plus invenitur. & cum uberius oratione pulsatur, eo citius exaudire probatur. Nihil enim amplius desiderare debemus, quam orationi incumbere, sicut Dominus sub Apostolorum numero hortatur, Vigilate & orate, ut non intretis in tentationem. Sic & Apostolus non sine intermissione iubet orare, sic omnis scriptura sacra hortatur nos ad Dominum sine cessatione clamare. Nihil equidem tam utile, tamque salutare, quam creatorem multiplicatione precum, & assiduitate orationum pulsare. His & horum similibus respondit callidus Agrestinus, addit garrulitatis notam, calumniator capitis [illegible] ab omnium hominum more descisci. Eustasius autem, ut erat virtute patientiae & scientiae compitus, in praesentia ait, Omnium horum qui praesto sunt sacerdotum, ego eius discipulus & successor, cuius tu disciplinam & instituta damnas, te ad divinum iudicium [illegible] intra praesentis anni circulum [illegible], ut iustitia divini examine sententias, cuius famulum tuis detractionibus maculare procuras. His dictis metus quosdam corripit, qui Agrestini partis fautores erant, perculsi, hortantur, ut omnes in pacis nexu corda iungerent, & ut ille temerariam audaciam tolleret, & sic paterno affectu laborem eius [illegible] inveniret. Ad haec Eustasius, Vestris inquit bonis satisfacere [illegible] precibus, si videret mens duri [illegible] & correctus caute [illegible] defectis, redire ad [illegible] monita remeare instaret. Cogentibus ergo cunctis Agrestinus simulatam pacem postulavit, quam postea actibus depravavit. Eustasius vero mitis animi studio [illegible] pacem omnibus, & pacis osculum illi porrexit. Vix ad intervallum brevis spatii [illegible] Agrestinus verecundiae metu repellens, coepit iterum monasteria [illegible] sub specie discipuli pravis praedicationis [illegible], ad quendam namque virum venerabilem Romaricum nomine, venit, qui primis nobilitatibus fuerat apud Theodebertum habitus, qui per exemplum Columbani, ac per Eustasii praedicationem monitus ad Luxovium veniens, monachicis institutionibus subditus; qui [illegible] regulari [illegible] agens, postea Eustasio annuente puellarum monasterium in fundo proprio instruxit, & regulis Columbani illis [illegible]. Cumque iam multi religiosi [illegible], ad eum Agrestinus pergit, sciens [illegible] simulatione Amatum, quem ibi Eustasius ad imbuendam regulam [illegible], multisque suggestionibus tentat. Nam quibusdam sacrae religionis regulis ab eis neglectis, tam Amatus quam Romaricus ab Eustasio [illegible] fuerant. Laesos ergo eos ut praesensit Agrestinus, exasperatas mentes [illegible] assertionibus iungere voluit, [illegible] verba sanas mentes recipere, & in contemptum regulae Columbani propositum [illegible] propagare. Proh dolor exitialis vana ac lethali doctrina repletum, sanas mentes diabolica infamia maculavit, abiectis etenim pristinis institutis, quibus [illegible] sunt praesenti iam vel instruere plebe doctrinis: deinde nefandus Agrestinus ad venerabilem [illegible] Burgundiorum [illegible] dirigit, ut etiam illam suis stimulationibus [illegible], macularet, quem beata virgo Christi non [illegible], sed viriliter [illegible] responsione [illegible] ad eum. Nam tu contrarius veritatis & novorum introductor argumentorum, ad hoc huc accessisti, ut venenosa dulcia mella perfunderes, & vitalia alimenta lethali amaritudine commutares. Miser ac detestabilis tu detrahis illis, quorum ego virtutes agnovi, quorum doctrinam salubrem recepi, ex quorum eruditione multos caelestia regna penetrasse comperi: meminisse te velim Isaiae dictum, Vae qui dicitis malum bonum, & bonum malum. Festina ergo ab his venenatis assertionibus recedere, ne te ira Dei comprehendat. Contemnens itaque his famulae Dei increpationibus impulsus Agrestinus, rursus ad Romaricum & ad Amatum repedat, ut coeptum opus erroris ad effectum nequitiae perduceret. Nec defuit illis ultio divina, cum & ipsi & alii quamplures iam ad hoc aspirarent, ut perversi dogmatis haeretici huius assentatores fierent. Lupi siquidem per intempestam noctem intra septa monasterii irrumpentes, aliquos ex fratribus [illegible] in praedicta peste [illegible], [illegible] tradiderunt: quendam etiam [illegible] nomine, qui adhuc diaconii officium vehementer administrabat, daemonum rabies pervasit, & ignobiliter ad extrema perduxit. nam propria manu ipse laqueo se suspendit. Porro cum haec adversitates quamquam fierent [illegible] delinquentium, maior protinus vindicta secuta est. Subito namque fulgur ingens e caelo lapsum, tanto fragore percussit locum, ut vastaret monasterium, tegumenta subverteret, plerisque extinctis, ut praesens consummatio manifeste monstraret, futuram debere fugere iram: mortuique sunt ad praesens plusquam xx homines, auctore tamen totius criminis ad poenitentiam reservato, ut si cognosceret semetipsum, & rediret, sanitatem procul dubio reciperet. nullum enim Dominus perire desiderat, sed tempora, quibus gravibus delictis obvoluti, per poenitentiae fo-

menta.

meora reddite expectat. Cumq; sibi sepius pœnitentiæ locum datum insolita Agrestinus non cognouisset, et diuini iudicii ad iudicium inuocantis præualeret, ante uiginti dierum circulum, quam uertente anni meta compleret, à seruo suo quem ipse redemerat, securi percussus interiit, & occasio criminis dicebatur uxoris permixtio. Quod quamuis multi diuersis & uera asserere uideant, nos tamen affirmare nō est, caueas ne iuxta Salomonem. Adducet Deus in iudicium pro omni errato, siue bonum siue malum. Et Apostolus dicit, Vniuscuiusq; opus, quale sit ignis probabit. Hoc solum à nobis libere dicendum est, iusta eum sententia diuini iudicii percussum, ut & assentatoribus suis à lacerationibus similiter Dei fugere monstraret, & ille contumaciam suam per mortem ultionem lueret. Post hæc Amatus & Romaricus Eustasii patris indulgentiam postulantes, ab eo recipiuntur, & in pristinum gradum restituuntur. Appelinus quoq; & ceteri Galliarum episcopi, ad roboranda sancti Columbani instituta aspirant: quorum multi in amore eiusdem sancti patris nostri feruentes, secundum eius regulam monasteria construunt, gregem Christo congregant, & religioné monasticæ professionis adipiscunt: inter quos uir illustris Ebgisus nomine, qui modo Veromandensis ecclesiæ pontifex præest, iuxta Lemouicensem urbem, monasterium nobile Solenniacum nomine construxit, super fluuium Vincennam, distans à supradicta urbe milibus quatuor. & alia multa in quibusdam locis cœnobia. Sed & in ciuitate Parisiensi puellarum monasterii, quod de regio munere susceperat, ædificat: in quo Christi uirginem Aream præfecit. In Bethoricensi urbe, puellarum monasterii ex beati Columbani regula, Berhtrada nobilis genere & religione fœmina sanctissima construxit. In suburbano etiam Bethoricensis urbis uir uenerabilis Theodulfus, cognomento Babolenus, monasterium ex regula Columbani religione uirorum pollens construxit. Primam quoque in insula super fluuium Malmandram, ubi religiosorum uirorum adunauit caterua: aliud Gradiacum nomine, haud procul à fluuiolo Albero: tertium uirginibus sacræ religionis famulis instituerat, in loco Carantonio, supra fluuium iam dictum Milloniade [illegible] Christi uirginum, iuxta Niuernensis oppidum sub eadem regula construxit. Beatus ergo Eustasius post hæc uictoriam corrigere mentes delinquentium fratrum, ac suis pacem qui remanserant, adunare decreuit: et modo monachorum sub cœnobitica in [illegible] suo cœnobio, quem maxima exercere [illegible] multa per uicina [illegible] rentur monasteria, quæ eius successor Waldebertus firmauit atque ædificauit. Iamq; beatū de hac uita exitum præstolans omni intentione ad contemplanda mysticorum præconiorū documenta deditus, ac soli Deo mente intentissima preces effundere non cessat. Postquam per multorum circulum annorum in hoc opere uacans intentio, aduenit tempus uocationis eius, diuinaq; sententia iusti iudicis, ut quod minus [illegible] sæculi diuersis afflictionibus peracti purgaretur, paucorum dierum corporis infirmitas fouetur. In extremis itaque positum incendio perurebatur [illegible] quadraginta dierum spacio leuiori pœna curari uelit, an reigitur feruentiori incendio: respondit ille, Melius esse gratum diem, in breui salutare euangeli- [illegible] quam leuibus consumi longiore pœna. Capitur ergo prouisam atque electam corporis pœnā, & trigesimo die omnibus sui dicti [illegible] eundem diem ultimum esse denuncians, & sumpto uiatico animam cœlo reddidit, Christoq; duce paradisi gaudia penetrauit: cui est honor & gloria in secula seculorum, Amen.

SANCTI EVSTASII ABBATIS VITAE, FINIS.

Sanctissimi uiri Bertolfi Abbatis Bobiensis coenobii, uita & transitus.

QVAM præclara sint monumenta iustorum, studuit declarare posteris diligentia scriptorū: quia propter & ea, quæ nostris nobis [illegible] patrata [illegible] partibus, nequaquam negligentiæ somno corporates prætermittere debemus: ut sicut nobis præcedentium exempla uberius religionis studia generant, ita nostrorum temporum acta religiosum augmenta auditoribus pariant. Venerabilis igitur Bertolfus, Bobiensis cœnobii abbas qui quantusque fuerit, non est omittendum tradere memoriæ: sed prius qualiter à sæculo conuersus sit, memorandum. Fuit enim genere nobilis, licet gentilis, consanguineus beati Arnulfi Metensis urbis pontificis: qui cum præfatum Arnulfum [illegible] sæculum religionis post aliquos honores, post inhiat pompas sæculi ad religionis studia anhelare perspexisset, nisus est & ipse calcando terrena cœlestia desiderare. Post posuit ergo parentum natale que solum & pompas urbis, iuxta Euangelii uocem, post tergum ambitionem nolens tollendo crucem, [illegible]

negando se [illegible] Christum, tamen tunc se praedicto pontifici Arnolfo, cum ipso aliquantisper commoratus est, deinde ad venerabilem virum Eustasium, cuius iam supra vitam descripsimus, Luxovium pergit, ubi diu subiectus sanctae regulae, & monasticae religioni, omnibus huius conversationis gratissimus effectus est. Eius adventante beato Attala Bobiensis coenobij abbate, ex Ausoniae partibus, cum bonitate & pacis vinculo beati patris Eustasij, [illegible] sociorum subiectus est, quia erat illis cor unum & anima una, nec quicquam manebat discordiae, immunis ac socium subiectionis sibi fratrem commutarent. Abijt ergo post vestigia venerabilis Attalae, Ausoniaeque finibus receptus in Bobiensi monasterio sub obedientia eiusdem sancti viri permansit. Cum autem conditor rerum beatum patrem Attalam ad coelestia regna post aerumnas huius seculi transtulisset, omnis monachorum coetus, voce simul & animo praefatum Bertolfum sublimavit ad culmen honore paterno: qui per tredecim annos omni diligentiae studio plebem sibi commissam salubribus monitis erudire non omisit. Porro quid in his temporibus gesserit, memoriae tradendum est. Cum iam egregiis moribus, bonitate, disciplina, & omni virtutum ornamento polleret, coepit antiquus anguis quiddam contrarietatis adversus eum machinari. Excitavit enim quendam Procum nomine, Clevonensis urbis pontificem: qui ius subiectionis sibi praefatum abbatem cum coenobij supplemento facere, omnimodis intendebat, vicinosque pontifices, & aliosque multos primates ad id peragendum muneribus attentabat. Super eadem quoque re adijt regem Ariowaldum Longobardorum, qui eodem tempore regnabat: sed cum nihil aliud a rege in responsis accepisset, nisi ut ecclesiastico iure probaretur, utrum coenobia procul ab urbibus sita, episcopali debeant ministrare dominio: ille omnia quae potuit suo [illegible] sit. Cumque haec agerentur, unus aliquis ex regalibus praefato Bertolfo totius machinamenti causam per internuncium manifestavit. At ille statim expetendae causa quosdam de pueris suis direxit ad regem: quibus Ariowaldus [illegible] respondit, Non est meum sacerdotum causas discernere, quas synodalis examinatio ad purum debet iudicare. Sciscitantur illi qui missi fuerant, utrum fautor esse vellet praedicti episcopi, an abbatis eius. Ad quod rex, Nequaquam se, ait, illi favere velle, qui famulo Dei molestias aliquas aut iniurias inferre arrogare. Cum ergo venerabilis Bertolfus regem [illegible] vis barbarum, & Arrianae sectae credulum constanter de causa sua locutum fuisse cognovisset, potius ut supplementum ipsius Romam ad sedem Apostolicam [illegible] quaerit: quo statim largis muneribus impensis, Romam iter arripiens ad Honorium papam accessit: cui cum rei causam patefecisset, ille de industria quaerit, quae consuetudinis sub regularis disciplinae. Cumque cuncta alacri animo in aurea praesulis digessisset, placuit beato Honorio ut regularis formae religionis cultum ac humilitatis indicia teneret: ubi haec omnia vera relatione perdidicit, factus papa quotidiano affamine venerabilem Bertolfum colloquare visus est, ut corporis [illegible] laborem non relinqueret, & Arrianae pestis perfidiam Evangelico mucrone [illegible] abrogaret. Erat enim venerabilis praesul Honorius sagax animo, vigens consilio, doctrina clarus, dulcedine & humilitate pollens: laetabatur e gentibus hoc tum reperisse, cum quo dulcia promissa [illegible] delectabatur, ut etiam ab eius [illegible] legere garetur. Sed cum iam [illegible] longum prohiberet spatium, praebuit optatum munus sanctus papa patri memorato Bertolfo, privilegia scilicet sedis Apostolicae, quatenus nullus episcoporum in praefato coenobio quolibet iure dominari conaretur. Percepto ergo munere optato, ad patriam reversi sumus: cumque peracto aliquanto itineris spatio, Tusciae arva postposuimus, Apennini iuga attingentes, castellum, cui nomen Bismantum est, devenimus, tanta vis febrium Bertolfum patrem oppressit, ut omnino morte praeveniri crederet: erat enim vigilia passionis beatorum apostolorum Petri & Pauli. Cumque tentoria construeret, ille inter ignes febrium accersit me ac curiam [illegible] de nocturna vigilia inquirit: sed cum ego dicerem omnia iam bene esse disposita, ille ait, Ex ea ante stratum meum per totam noctem maneam, quousque dies [illegible] excubo. Cum ergo excubarem, quousque intempesta nox irrueret, altus sopor oppressit me, ut sursum caput attollere non valerem: omnes quoque qui erga tentoriorum [illegible] vel equos custodiendos excubabant, simili sunt oppressi sopore. Interea beatus apostolorum princeps Petrus advenit, ac super stratum aegri patris astans, Surge, inquit, & sospes cum comitantibus tuis abscede. Inquirente autem beato patre quis esset, qui sibi salutem iuberet, ille respondit, Ego sum Petrus, cuius hodie clara in toto orbe celebrantur solennia, & haec dicens abscessit. At ille timore perculsus, trepido [illegible] excitavit me, si audissem vocem, vel aspectum alicuius vidissem: ad quod ego respondi, Minime. Non cernis, inquit, fuisse hic [illegible] Petrum apostolum [illegible]? Tunc tandem agnovi quid causae gesserat interrogatio eius, [illegible] ut mihi vel panderet veritatem. Quodam tempore, dum expleto psallendi officio una cum fratribus sexta diei hora de ecclesia beati Petri egrederemur, obviam habuimus hominem nomine Viaronem, daemonis rabie plenum [illegible] conditorem omnium postulavit, ut sua voce clementer adesset, & hominem illum de diabolica peste liberaret. Cumque expleta oratione imperasset daemoni ut exiret, & imperio Dei ulterius [illegible] miserabiliter [illegible] pus hominem iniqua peste subegit, & eadem hora [illegible] est. Deinde aliquo temporum circulo [illegible] quidam [illegible]

IoDo.

in Dominicum, filius cuiusdam nomine Vitaini, saeua daemonis infestatione oppressus, ad beatū uirum curandi gratia perductus est: quem ille protinus fusa ad Dominum prece post increpationem maligni peruasoris curauit, & sanū ad propria abire permisit. Quidam etiam leprosus ualida lepra perfusus, nec prorsus ad recipiendam sospitatem à medicis inductam gerens, ad uenerabilem uirum Bertulfum uenit, [illegible] tionibus ut opē miser, tandem mereretur, postulauit: quem ubi uir Dei tabe plenum aspexit, graui ulcerum hominem subiacere suspiratum, & ut secū quandiu hospes redderetur, manere imperauit. Mens ergo uirtutum conscia coelos penetrans, ad suas preces rerum conditorē exegit, peractoque biduano ieiunio, oleū super hominē ulceribus plenum effudit. Cuius dum membra leprosa didicere post ueterem putredinem sanitatē puram recipere, & ad pristinū decorem denuo reuerti: & ita sanus aeger effectus est, ut nec uestigiū leprae in eius corpore remaneret. Sic creator omnibus suis famulis fauendo subuenit, ut alterum uirtutum uigore solidati, alterum à saecularibus, coelestia semper studeant adimplere praeconia. Plerumque enim [illegible] monachorū experti sumus flagrare uirtutem, & ideo ratum duximus, ut ex his aliqua inseramus. Cum aliquo tempore Blidulfus presbyter à beato patre Attala ad Ticinum urbē directus fuisset, ibique peruenisset, obuium habuit Ariowaldum regem Longobardorum, Arrianum sectae credulum: is ergo cum uidisset Blidulfum presbyterū, ait ad suos: De Columbani monachis est ille, qui nobis salutantibus apta denegant respondere: cumque secus eum procedens abesset presbyter, salutauit eum rex ironicè tamē. Ad haec Blidulfus: Salutem, inquit, opto tibi, si credulitatibus tuis non taceres, & alienas à ueritate Christi doctrinas animis non accommodares, [illegible] esse, ineffabilem trinitatem una deitate confiteri, non tres potestates, sed tres personas, nec unam trinomini personam, sed tres in unitate patris & filii & spiritus sancti personas, una uoluntate potestate & essentia. Haec presbyterum audiens rex, et progressus fuisset à secundis suis, questus est se nō habere ministros, qui obruente noctis caligine, monachum illum ita contumaciter in conspectu suo loquentem sollicitarent, & fustibus ac sudibus consilium morti traderent. Tunc unus uesanior caeteris ad hoc patrandum se respondit esse paratum. Dixit ei rex: Si uoluntati meae satisfeceris in hoc munere, [illegible] te mox illustrē te die crastino ducebo. Progressus itaque pessimus ille, alium sibi sceleris socium similem sibi assumit, & oborta iam [illegible] monachus à cena cuiusdam Christiani, qui mansionem [illegible] ad hospitium, regredi deberet, uigilanter custodit. Cum ergo monachus inopinate uenisset ad locum custodis, percussus in cerebro, & omni compage corporis collisus, pro mortuo cadauer relictus est ab ipsis sceleratis, nullo de populo sentiente. Erat enim abditus locus, in quo [illegible] uocem dare quiuerat, antiquo [illegible] opaco loco, & immundis [illegible]. Porro ad cuius domum [illegible] fuerat, [illegible] nequaquam [illegible], sed tamen suspicatus hoc ipsum quod euenerat ad [illegible] & ipse presbyter) [illegible] repedando uenit ad locum, reperiens eum iacentem, ac si somno depressum excitare conatus est. Ad cuius ille uocem uelut [illegible] surgit, nec plagarum uestigia apparuerunt [illegible], & pariter ad hospitium pergit, indicans qualiter à latronibus quibusdam comprehensus [illegible] plagis mactatus fuisset, nec tamen aliquid inde sensisset. Peractis deinde causis pro quibus exierat, ad monasteriū regreditur. Post cuius discessum protinus ille qui se [illegible] ad iniquum opus patrandum indiderat, daemonio corripitur, & diuersa poenarum [illegible] flagellatur, commissum facinus [illegible] confitetur: uniuersus autem populus in eius cruciatibus timore perculsus clamauit & dixit: Quicunque Bobiensibus monachis malum aliquod intulerit, simili ultioni subiacebit: & qui Arrianorum persuasionibus acquiescit, [illegible] iusti iudicis meritum sustinebit. Videns facinus suum inlicitum Ariowaldus dominus manifestatum, confusus inde, & metuens ne sibi tale quid eueniat, ipsum quem [illegible] torquebat, cum [illegible] ad beatum Attalam dirigit, postulans ut commissum malum ignoscat, spondens se [illegible] eius obsequio [illegible] dignaretur accipere. Beatus pater Attala respondit, se nunquam in perpetuū Arriani hominis dona suscepturum: rogat tamen uniuersos fratres, ut pro pessimo, qui adductus fuerat, orationem ad Dominū fundant: quibus [illegible] sanitati redditur, sed uitae lucis [illegible] potius. Nam cum ad propria redire desideraret, corripitur igne febrium, inter [illegible] calamitates uita priuatus est: quem neque iuxta aliorum sepulchra sepelire ausi sunt, sed procul ab hominibus in quodam conspicuo loco posuerunt, quo praetereuntes dicerent: Hic iacet ille miserrimus, qui Bobiensibus monachis crudelitatem suam ostendit. Per idem tempus alius monachus Meroueus nomine, ad Therdonam urbem à beato patre Attala directus, ad quandam uillam supra Yram fluuium sitam, peruenit: ubi fanum inter arbores positum uidens, allatum ignem supposuit, lignorumque congeriem in modum pyrae concremauit. Quod uidentes cultores fani, Meroueū apprehendunt, eumque fustibus caesum & ictibus collisum, in fluuium demergere conantur: sed monachum unda recipere nolebat, quanquam ille omnimodo pro tali causa mori paratus esset. Cum quoque uiderent non posse demergi, quē Domini miseratio custodiebat, [illegible] super undas Meroueum, [illegible] lapidum desuper [illegible] immane pondus corpus eius subuehitur undis, [illegible] cadauere [illegible]. Quibus abeuntibus, Meroueus nihil mali sentiens, incolumis à fluuio surgit

git ac disruptis nexibus Theodonam ingreditur, & peracto negotio suo ad monasterium se [illegible] ultione prosequente, omnes qui ad opus illud patrandum crudeles exhibuerant, diuersis poenis afflicti sunt. Alios namque [illegible], alios ignis uri, alios contractio [illegible], alios omnium membrorum debilitas inuadit, diuersisque [illegible] percepere tormenta: quorum tamen aliqui ad Bobiense coenobium se deduci rogauerunt, & postulata iam uenia, per poenitentiae medicamenta illatas poenas euaserunt, reliqui omnes in eadem ultione mortui sunt. Aliorum uero monachorum in supradicto coenobio felicem uitam & felicem exitum uidimus, qui de hac luce exeuntes diuersa superstitibus exempla reliquerunt: ex quibus aliqua ponenda sunt, ut uiuentibus, eorum uitam imitari uolentibus, adhortatio crescat. Quidam monachus Agibodus nomine, qui sub sancto patre Attala molendinum monasterij gubernauit, in extremis anxietatibus positus, horam sui exitus expectabat: cumque iam fratrum caterua astaret, quae exeunti de mundo animae supremos impenderet honores, atque ex more ad psallendi officium se prepararent, elapsa illa de corpore audiuit aeternam lucem sibi preparatam, & lumen [illegible] fulgore micantem. Tunc unus ex [illegible] ad summa [illegible], sollicitatusque quid audiuisset [illegible] responsum accepit ab eo, solis se fulgorem uidere micantem, & talem eius esse splendorem, cui nunquam uiderit parem. Ille ait, Noueris te hac die ad nos uenturum esse, & huius sortis lucis habitatorem. Saepiusque super hanc solem noueris animas iustorum [illegible] splendere. Reuersus ergo [illegible] & se deinceps redire ad nos. Hic dictus frater [illegible] rediit ad superos, & ultimum uale omnibus fecit: qui cum unus ex astantibus interrogaret, ubi tamdiu [illegible] extra moratus esset, exponit quod uiderat, & quanta sibi claritas promissa esset, dicens, quod eadem hora iturus esset [illegible], uiaticum tantum caperet, & ualedicere fratribus [illegible]. Sumensque sacrum Domini corpus, dato pacis osculo omnibus, postulat ut charitatis officium deferant corpori, animam autem [illegible] commendans creatori. Tunc a seculo migrans ad promissae sibi claritatis splendorem [illegible], relinquens posteris exemplum beatae conuersationis, ut qui eius [illegible] promissam [illegible], puritatis [illegible] eius, & religionis in omnibus imitatores existerent. Iste enim fuerat a pueritia sub regularis disciplinae norma eruditus, sub beato Columbano [illegible] conuersus, simplex & omni bonitate [illegible] habitus, obedientia & religione pollens, [illegible] omnino iuxta Euangelium paruulus existens. Et quid aliud fuerat, quod clementissimus rerum creator exeunti de mundo uoluit monstrare, qualis futurus esset, nisi quod hi qui simplicitate uiuunt, & obedientiae ac mortificationi uoluntarie se subijciunt, similem remunerationem expectent, & aeterni luminis claritate potiantur? Alium similiter obedientia, pietate ac mansuetudine fratrem, Theodaldum nomine, uidimus [illegible] de praesenti uita segregari, & cum omni laetitia atque exultatione ad aeterna gaudia properare. Nam cum in lectulo suo iaceret in strato, rogabat omnes ad se uenire fratres, omnibusque ualedicit, [illegible] eadem hora egressurum: sed qualiter foret uideri [illegible], nobis nequaquam uoluit manifestare. Cumque ualedixisset omnibus, [illegible]: quo [illegible], antiphonam ipse imposuit dicens, Ibant sancti de uirtute in uirtutem, uidebitur Deus deorum in Syon. Impleta autem antiphona [illegible] laetus & omni amoenitate repletus, animam datori reddidit: ut nobis qui astabamus, aperte daretur intelligi, eum de diuina gloria, & promissi praemij laetitia fuisse repletum. Monachus quidam sub abbate Bertolfo, nomine Baudacharius, cum tempore uindemiae ordinatus esset ut uineam custodiret, ne aut [illegible] bestiae damnum inferrent, contigit ut [illegible] fratres ad eandem uineam deuenirent: at ille charitate plenus postulat ut sibi post laborem fessa membra reficiant: nec tamen aliud quicquam ad manus habebat, nisi modicum panis, quem ad usus suos detulerat: quem cum praepositus interpellaret, cur refectionem his quibus nihil dare haberet, prohibuisset, ille respondit, Largae dapes mecum sunt, e quibus multo plures satiari possunt. Inquirente uero praeposito, quae essent istae dapes, alitem, inquit, sibi datam a domino, quam [illegible] Anatem uulgo uocant. Praepositus dixit, Fac ut dixisti. Ille ergo frater qui charitatem amabat, & charitatem cum fratribus facere uolebat, diuisit cibos quos habebat per triginta, & fiduciam habens in Domino, desiderabat omnes satiari de modico cibo. Quod & ita plenarie cooperante gratia Dei perfecit, ut dicerent omnes, nullo se tempore uitae suae tanta satietate fuisse repletos. [illegible] enim fides, quod in se non habuerant dapes. Alius item monachus Leobardus nomine, cum ad uineam custodiendam aliquando deputatus fuisset, inuenit uulpeculam quae uuas [illegible], quam statim comminando compescuit, ac ne amplius attingeret imperando prohibuit. Cumque ille abijsset ad solitum [illegible] regressa est: sed cum gustasset prohibitum, in ore cibo haerente, [illegible] expirauit. Leobardus de [illegible] uineam circuiens, reperit uulpem mortuam, prohibitos cibos in ore tenentem. Alia uice Leobardus idem cum Merouen, cuius superius fecimus mentionem, septa uineae ex abbatis imperio [illegible] muniebant: euenit autem ut [illegible] arborem succiderent, & [illegible] sepis [illegible] ramis spoliassent, [illegible] dominum postularent, ut ipse augeret fortitudinem, quatenus ipsam columnam arboris integram ad sepem uehere potuissent. Surgentes igitur ab oratione, cum inuocatione nominis Christi arborem arripiunt, & quam [illegible] qui uerant, duo homines [illegible]

[illegible]

mari fide seu motu portabant. Hanc ipsam arborem multi postea fratres simul positi mouere tentabant, & commouere leuare ualerent, tum demum uirtutem omnipotentis Dei circa famulos suos operantis cognoscebant. Sed fortasse nos aliquis reprehendendo, notet [illegible], de quod talia scripserimus de fratribus nostris, [illegible] atque condemnat: nos tamen obtrectantium linguas non attendentes, quae ad diuinam gloriam pertinent, silentio tegere nequiuimus. Illi denique dicent utrum haec credenda dicta sint, aut non sint recipienda: & cum didicerint talia non posse nisi a Deo fieri, laudes & condignas gratiarum actiones referant ipsi, qui semper & ubique mirabilis est in electis suis Iesus Christus Dominus noster, cui est cum Deo patre & spiritu sancto, honor & gloria, in secula seculorum, Amen.

SANCTI BERTOLFI UITAE FINIS.

Sancti Arnolfi episcopi uita.

BEATUS Arnolfus episcopus, prosapia genitus Francorum, altus satis & nobilis parentibus, atque opulentissimus in rebus seculi fuit: sed nobilior deinceps & sublimior fide fuit. Huius itaque laudabilia facta quae gessit, nonnulla ego familiaribus illius narrantibus, plura per memetipsum magnifice operari perspexi, ut iam ab ipsa natiuitatis eius, lectionis meae sumam exordium. Erat igitur quidam peregrinus seruus Dei, nomine Stephanus, qui a partibus Italiae ueniens, habitabat in loco contiguo parentibus huius beati uiri. Cumque rogatus fuisset per spiritum eidem peregrino natiuitatem pueri [illegible], paulisper interposito praesagio tandem uoce sic exorsus est: Scitote omnes, quomodo puer iste qui natus est summis honoribus exaltandus, magnus erit apud Dominum & homines: quod ita rei probauit euentus. Laudabilis enim in dolis per gratiam Dei praeueniens, cum literarum studijs imbuendus traditus fuisset, externis commilitonibus suis sagaci ingenio & capaci memoria praecellebat, ac de die in diem per gradus uirtutum ascendendo proficiebat. Cum autem iam bene edoctus ad perfectam uenisset aetatem, Gundulfo subregulo consiliario uidelicet regis, exercitandus in uirtutis actibus commendatur: quem ille per multa experimenta probatum, Theodeberti regis ministerio dignum adaptauit: in cuius seruitio commoratus, quanta potentia belli gerendo praecessit omnes, quis enarrare sufficiat? praesertim cum saepe phalanges aduersariorum suo uiriliter abegisset mucrone? Quapropter effectus est in breui omnium primus, ita ut sex prouinciae, quas ex illo & nunc totidem agunt officiales, sub solius eius arbitrio regerentur. Interea cum strenuus miles esset, quae Dei sunt, redderet Deo sedulo, scilicet in orationibus, in ieiunijs, in eleemosynis, & quae Caesaris sunt, Caesari, fortis scilicet in bello, prouidus in consilio, cogentibus amicis atque parentibus, a nobilissima gente puellam quandam praeclaris moribus ornatam, duxit uxorem. Quam in facto speciale quoddam munus gratiae fuit, eidem uiro Dominus indulsit, ut ex eadem uidelicet egregia femina duorum filiorum gaudia suscipere mereretur: qui quasi duarum gemmarum splendidum decus, in mundo postmodum clarescere coeperunt. Temporibus illis erat in ministerio regis uir egregius, nomine Romaricus, familiari affectu beato Arnolfo copulatus. His cum ex assiduitate [illegible] commanendi desiderium beati uiri, quo circa monasteria uel loca sancta saepius illi meditanti fuit, agnouisset, habito inter se consilio, disponunt secundum Euangelii praeceptum, relinquere omnia sua, & peregrinari pro Christi amore: sed uoluntas Domini obstitit in hac causa proposito utriusque. Nec enim fas erat, consilio fore prouidentia Christi, ut hi duo uiri, qui quandoque ueluti duae lampades fulgerent in seculo, sub ullius modij occultarentur umbraculo: sed potius super candelabrum positi, lucerent omnibus operantibus fidelem. In illis siquidem diebus accidit, ut ciuitas Metensis uiduata suo pastore, una uoce parique consensu Arnolfum domesticum atque consiliarium regis peteret sibi ordinari episcopum. Qui licet lachrymans ac multum renitens, compulsus tandem, quia sic placitum fuit Deo, praefatam urbem gubernandam suscepit. Nec tamen primatum, quem in palatio gerebat, deserere permissus est. Sublimatus igitur episcopali dignitate, tanta semper perfectae munificentiae indigentiam pauperum releuabat, ut etiam de longinquis regionibus fama beati uiri audita, innumerabilis uirorum ac mulierum caterua ad eum releuandi festinaret. Porro nouam abstinentiae eius quis enarrare ualeat, cum interdum post triduum, uel etiam amplius protracta ieiunia, pane hordeaceo seu lymphae poculo uictitaret? Induebat quoque iugiter infra tunicam suam occulto cilicio, geminum ingerebat cruciatum membris, uigilias atque [illegible] inter excelsis. Inter has assiduas corporis afflictiones, quibus ob amorem coelestis patriae, beatus Arnolfus semetipsum [illegible] uoluntate castigabat, multas per eum Dominus dignatus est uirtutum operationes demonstrare, de quibus hic aliquas aggredimur enarrare. Cum in [illegible] partibus Vosagi [illegible] feliciter sancti Stephani patroni Metensis [illegible] Domini moraretur, & mulier quaedam, nomine [illegible], a daemonio correpta, grauiter ante conspectum eius [illegible], ut oratione pietate [illegible] suscepit, dicens.

Heu

Heu miseram hanc animarum genus, in quo tantum [illegible] inimicus, ac domicilium sibi vindicat, quod potius Christus inhabitare debuerat. Et haec dicens, dedit se cum lachrymis in orationem: qua finita, fugato daemonio, statim illico reddita est mulier sanitati. Eo tempore quo triduanum ieiunium universalis celebrare consuevit ecclesia, vir sanctus extra civitatem cum crucibus atque promiscua populi multitudine, orandi gratia secundum morem solitum processit: & ecce mulier ex media caeterorum voces emisit in caelum. Quod audiens vir Domini, cum rogavisset eam arreptam a daemonio, opposito crucis vexillo, liberavit eam ab hoste maligno. Alio quoque tempore cum intra urbem orationis causa ad basilicam sanctae Crucis accessisset, ibique puellam nequiter debacchantem reperisset, misericordia motus, archidiacono suo ait: Hac nocte frater pro ista paupercula vigilias agamus, ut si peregrina Dei facta fuerit, crastina die laeti domum redeamus. Et ita factum est. Temporibus Dagoberti regis, cum in palatio eius maneret beatus Arnolfus, leprosus quidam clamavit ad eum, deposcens victum sive vestitum: at ille statim iussit eum ad hospitium suum duci. Ubi cum erga languidum secundum morem suum paternam exhiberet pietatem, sciscitatus est ab eo, si sacra unda baptismatis ablutus esset. Nequaquam ait domine mi, nam infelici mihi abiecto a populo, quis hanc gratiam tribueret? Sanctus episcopus dixit, Modo dilecte frater crede in Dominum Iesum Christum, & continuo recipies corporis animaeque medelam. Accepto igitur leprosus a beato viro baptismi sacramento, liberatus est ab omni corporis incommodo: atque de reliquo factus est in utraque substantia sanus, qui prius fuerat peccatis & maculosus. Post haec cum ad partes Thuringorum in comitatu praefati regis sanctus episcopus venisset, accidit ut quidam procerum nomine Nutho, puerum suum, quem satis diligebat, iam extremum spiritum trahentem, magno eiulatu defleret. Cuius doloribus compatiens beatus Arnolfus, cum ille desperatus de salute dilecti pueri, nihil aliud intenderet, nisi ut amputato capite eius, more gentilium cadaver ignibus comburendum traderetur: accessit ad lectulum languentis, & facta oratione, his eum alloquitur verbis. Poenitere fili si quid male gessisti, & restitueris tibi pristinae sanitati. Quid plura? Promens ille potius singultibus quam verbis confessionem cuiuslibet suae transgressionis, perunctus est oleo benedicto, per manus sacerdotis Christi, atque eadem hora ita convaluit, ac si nullam prorsus infirmitatem iampridem passus fuisset. Quidam homo scelestus nomine Notto, nisus est cum complicibus suis episcopo sancto invidiam, afferens scilicet eum non esse cultorem Dei, sed potius hominem deditum voluptati: ad cuius lectum nocturnis horis, non solum rex, verum etiam regina, tanquam consilium flagitantes [illegible] properarent. Cum ergo vir ille die quadam [illegible] una cum detrahente fratre suo furore periisset, iubente Domino, omnia vestimenta illorum corripiunt undique flammae. Quibus illico cum ingenti clamore prosilientibus, & aquam circumstantes [illegible] iniicientibus, nec omnino flammam divinitus missam extinguere valentibus, tandem ad instar porcorum suis volutabris sese pariter involvunt: & sic diu vociferantes, vitam ad ultimam poenam, quam merito patiebantur, [illegible], in quibus profecto impletum est hoc, quod scriptum est in Psalmo, Detrahentem secreto proximo suo hunc persequar. In tantum & illud divina censura factum esse non ambigamus, quod detractores isti vehementissime cremabantur in partibus illis, ubi libido de qua calumniabantur virum iustum, regnare non dubitatur. Nec multo post auctor horum detractionum, praefatus videlicet Notto, in huiusmodi criminibus diffamatus apud regem, ut scelera eius una cum vita regis gladius amputaret. Nec non & filius eius eadem sententiae subiaceret. Per idem tempus cum beatus Arnolfus iam pene omnes thesauros ecclesiae in usus pauperum erogasset, supererat adhuc discus argenteus, habens libras lxxii. Hunc quidam Hugo primus procerum dato pretio comparavit, sed omnipotens Deus non passus est, ut laicus [illegible] fruerentur, qui in honore beati Stephani protomartyris iam olim consecratus habebatur. Praedicto siquidem Hugone praepeti morte prostrato, discus ille Lothario regi allatus est: qui cum referentibus quibusdam comperisset, hunc a beato Arnolfo ob eleemosynam pauperum venundatum fuisse, mox tanquam caelitus inspiratus, iubet eum velociter superpositis centum aureis, ad Metensem civitatem sancto pontifici deferri. Cum igitur quamplures virtutes per beatum virum et clarescere coepissent, soli Deo vacare volens, remotiora quaedam loca iuxta Vosagum expetiit, & ibi remansit in cellula quadam, diebus ac noctibus caelum sanctissimis precibus pulsavit. Sollicitari vero coepit interea, ne plebs sibi a Domino credita, eo remoto de aeternae vitae pabulo aliquid minus acciperet: mittensque per internuncios epistolas ad regem, rogabat instantissime, ut alium loco suo subrogare vellet pontificem, qui praedicationis verbo dignum se exhiberet Christi plebem. Qua legatione accepta, Lotharius non modicis reperitur angoribus & querelis se absque consilio destitutum, si beatus Arnolfus a frequentia palatii remotus fuisset, rescripsit & sic inter caetera: Hoc quod per epistolam vestram domine pater rogare voluistis, ut in loco vestro alter substituatur episcopus, nullatenus nostra praesumptio facere praesumat: sed potius omni devotione rogamus, ut sicut bonorum operum exercitio vitam alicubi ducere deliberastis, acceptum populum vobis commissum, sicut coepistis, consolando, exemplum ei sitis promerendae salutis. Nec mirum, quod tanta dilectione Lotharius rex beatum virum amplexabatur, cui & filium suum Dagobertum in principatu [illegible], timatum, quasi propriam sobolem erudiendum commisit: & ipse quamdiu uixit, per eius consilium & prouidentiam quoque regni negocia disponere satis utile duxit. Defuncto itaque Lothario rege, cum adhuc beatus Arnolfus episcopus eodem desiderio quo prius, conuersandi uidelicet in eremo flagraret, & iterum atque iterum a Dagoberto principe, quem ipse diligentissime nutrierat, licentiam huius rei postularet, instinctu diaboli commotus aduersus eum rex, cum ei die quadam nimis importunus in petendo fuisset, arrepto mucrone uoluit eum sauciatum a se remouere. Tunc ille paruipendens iram mortiferi regis, constanter dixit: Quid agis miser? Mala pro bonis mihi rependere uis? Nunc uero tem, quandoquidem ita placet, saeuias in me quantum uelis: ego pro illius amore mori non dubito, qui mihi uitam dedit, & pro me mortuus est. Haec eo dicente, cum unus astantium procerum blandis uerbis redargueret temeritatem regis, sedatus est furor ipsius, & mediante gratia Dei, caruit effectu sceleratus affectus. Interea superueniens regina, ut audiuit commotionem, quae contra uirum Dei fuerat ausu incanduerat, prostrauit se una cum rege pedibus eius, & ut sibi misereatur remittendo illatam iniuriam, cum lachrymis postulauere dicentes: Perge domine ad eremum, sicut desideras: tantum te placatum habeamus, quem insulse offendimus. Data igitur sibi uenia, cum egrederetur a palatio beatus Arnolfus episcopus, ecce pro foribus claudorum, caecorum & uniuersorum pauperum magna multitudo eleuatis uocibus clamabant ad eum dicentes: O sancte pastor, cur nos miseros derelinquis? Quis miserebitur nostri, uel quis tribuet nobis cibum aut uestimentum? His & huiusmodi lachrymosis uocibus, respondit eis pius pater, & ipse flendo dicens: Nolite contristari filioli: dabit enim uobis Deus pastorem, qui uos pascat in miseratione & misericordia. Ecce separati inuicem, benigni, [illegible] in hac praesenti uita paupertate & miseria angustiemini, in futura uita felices cum Christo regnare mereamini. & his dictis statim ad orationem pergit certatim. Post haec pauco euoluto tempore, sanctus Goericus, cognomento Abbo, huius successor eligitur, uita sanctitate admirabilis, & omnibus sibi commissis amabilis. Quo audito, uir egregius Romaricus, scilicet beatum Arnolfum solitariam uitam elegisse in partibus Vosagi egressus, pergit ad eum, atque ex conuentu utriusque infra uastae eremi solitudinem, apud sibi idem praeparat locum. Sed antequam urbem exiret, ut ad eremum pergeret, quid miraculi per beatum Arnolfum in eadem urbe sit gestum, silere non debeo. Casu namque contigit ut in una nocte tam promptuarium regis ignis uoraciter arriperet, atque eructans flamma domum & eam quoque minaciter lamberet. Repente exurgens omnis ciuitas, cum sic uideret, exanimata in eiulatum atque clamorem conuersa est. Quo audito, propere egressi ad uiri Dei domum peruenimus, & eum sicut illi regulariter moris erat [illegible]

modis uacantem repperimus. Statim apprehensa manu illius, ait Romaricus: Egredere domine, ecce adsistunt pro foribus equi nostri, ut egrederet inquam, ne quod absit, te in hac urbe ignis iste absumat. Ad haec ille: Nequaquam inquit dilectissime: sed ducite me illo, & ponite prope ignem, ut uideamus hoc impleri quod grassatur incendium. Et si ita uult Deus, ut ardeam, ecce in manu eius sum. Nos itaque tenentes manus illius, ad larem ardentem perducimus: & iubente illo, statim in orationem prostrati, capitulo dicto omnes exurgimus. Tunc ille eleuans manum, signum crucis contra flammas opposuit, moxque miro in modum tanquam caelitus percussus, nil alibi nocens, infra parietes domus retorsus ignis interiit. Quod nos uidentes gratias Deo egimus, & dictis matutinis ad lectulos nostros remeauimus. Eadem hora uni e fratribus talis apparuit uisio: intuens in caelum, uidit tanquam flammam ignis depictum signaculum crucis, & uox facta est de caelo dicens: Cernis hoc signum? Hac nocte Arnolfus episcopus per ipsum totam ciuitatem istam ab incendio liberauit. Mirantibus autem nobis omnibus uirtute, quam uidimus de igne superius ab eo extincto, frater ille hanc uisionem narrauit, omnesque nos in maiorem admirationem adduxit. His ita gestis, beatus Arnolfus relictis cunctis secularibus rebus, & sicut fratribus suis pauperibus erogatis, iam fidus & securus de thesauro in caelo recondito, pauper quidem propter Christum in seculo effectus, sed iam diues de uirtute Dei, uelut nouus Helias ad eremum properat, & inter bestias & feras quotidiana meditatione laudes Deo personat, habens secum aliquantos monachos, quibus propriis manibus fidelissimam seruitutem iugiter impendebat, calciamenta a pedibus detrahens atque detergens, capita & pedes illorum crebrius abluens, nec non & lectos ipsorum singulis diebus studiosissime componens: coquinae etiam scrutinium nequaquam abhorrens, cocus ipse saepe esuriens, suos contubernales pascebat. Sed & lectisternium ipsius, uilem quidem in oculis hominum, sed pulcherrimum in obtutibus angelorum, spretis mollibus & preciosis uestibus, cilicio exornabat. In his igitur atque caeteris innumerabilibus bonis, dum angelicam duceret uitam, iamque Deus omnipotens athletam suum ad destinatum brauium uellet uocare, astante sibi religioso uiro Romarico familiari suo cum caeteris monachis, & gloriosum eius transitum de hoc seculo praestolantibus, electus Dei pontifex breuibus alloquitur uerbis: Amabiles domini, obsecrate Christi pium, iam enim adest dies, in qua iudici meo praesentandus appareo. Quid faciam? Nihil boni gessi in hoc seculo. Omnibus sceleribus ac peccatis uallatus coarctor, pro quibus Dominum, ut ueniam merear, obsecro polliceamini. Interea una hora, ut sancta illa anima manibus angelorum ad Christum gestaretur. Facto igitur gaudio magno superiorum ciuium in caelo, [illegible] gens luctus pauperum Christi, atque monachorum in seculo. Audita autem uenerabilis Goericus episcopus transitum beati pontificis Arnolfi, assumptis secum duobus aliis episcopis, & cum caterua ingenti et turma clericorum & laicorum pergit ad eremum, & cum magna reuerentia tollentes corpus uiri Dei, regrediuntur ad urbem. Cumque uenissent ad quendam fluuium, cuius [illegible] tellus exesa cursibus lubricum praebebat meatum, posteriores qui feretrum portabant, lapsi corruunt: sed ut reor, ibidem statim angeli adsunt. Nam priores nullo retardati gressu libere gradiuntur ante se, donec illi qui lapsi fuerant, euidenter coram omnibus assurgentes, & iterum se feretro subiicientes, ministerium iniunctum, sicut antea, suppleuerunt. Accidit & aliud in eodem itinere miraculum. Quidam siquidem homo in pago Caluomontinse, nomine Centa, incestuosus fuit: quem beatus Arnolfus cum in hac uita positus esset, saepius ad emendationem perducere uolens, nec ualens, sine poenitentia reliquit. Venientibus igitur illis, qui beatissimi funus portabant, ad terminos huius incestuosi hominis, repente membra portantium obriguerunt, ita ut ulterius nullomodo procedere possent. Quo uiso sacerdotes & uniuersi populi cum non modicum angustiati extitissent, quid facerent, quo diuerterent, praesertim cum iam dies declinata esset ad uesperam, Noto dux, qui unus erat de simul gradientibus ait: Manifestum est, quia sanctus iste terram huius incestuosi hominis ingredi despiciat. & ideo, si ad mansionem meam, quae aliquantulum hinc remota est, antequam nox immineat, uenire possemus, de his quae mihi de infantia suppetunt, necessitatem multitudinem me iam posse reficere, [illegible] pote ex improuiso aduenientibus, & me prorsus imparatum inuenientem, necessaria ministrarem. His auditis, uniuersus populus arripiunt iter uersus oppidum eiusdem ducis: & portitores feretri ita sunt uelociter donati, ut ad destinatum locum ante terminum diei peruenientes, potius semetipsos portari sentirent, quam ipsi portarent. Tunc Noto ait: Quia parum quod in prompta habemus, sanctus Arnolfus nocte hac prouideat nobis, cuius fidei turba secuta est rerum efficacia. Tanta namque abundantia cibi & potus excreuit, ut medietas illius omnibus ad sufficientiam satiatis, adhuc in crastinum superesset. post haec cum magna prosperitate & laetitia ad urbem perueniunt. Hac fama prouocati ciues, cum crucibus & cereis, atque ingenti gaudio & admiratione obuiam currunt pastorem suum, quem dudum iudicio Dei superstitem amiserant, caelo iam regnantem recipiunt, atque sacrum corpus illius in basilica sanctorum apostolorum cum magna reuerentia recondunt. Qui sepultus, quid apud Christum in eremo mercatus fuerit, ciuibus suis miraculis demonstrauit. Nam mulier quaedam nomine Iulia, luminibus olim caecata, cum ad sepulchrum uiri Dei accedens fideliter orasset, absque mora lumen et longo tempore desideratum recepit: atque per [illegible] quae non nisi aliena manu auxiliante calcare consueuerat, propria comitante luminibus, ad diuersoria laeta remeabat. Aliud eiusdem miraculum non silendum, quod nuper narrante uiro religioso Arnegaudio abbate cognoui. Cum per idem tempus mulier quaedam in suburbano degens, Dominica die operari ausa fuisset, iudicio Dei tacta, utraque manu contracta est: unde illa nimiis ualida angoribus ad praedictum abbatem peruenit, misericordiam sibi ab eo fieri postulauit. Qui mox praecepit ei, quatenus ad sepulchrum sancti [illegible] cum fide festinaret. Quo cum peruenisset, ostia monasterii clausa inuenit, sed cum lachrymis in orationem decubans sanctum Arnolfum, ut se sanaret. Cumque diutius illa Dominum deprecata fuisset, suffragantibus meritis beati pontificis, contracti digiti resoluuntur, & optata remedia celeriter subsequuntur. Per idem quoque tempus homuncio quidam nomine Ceno, ita contractos habens pedes, ut ex utroque latere sustentatus baculis, miserabilem pede [illegible] gereret gressum, sanatus est ad uiri Dei sepulchrum: & reuersus est ad domicilium suum solidatis plantis [illegible], qui illuc uenerat non innatis sibi pedibus. Haec pauca de plurimis huius beati pontificis miraculorum exhibitionibus, scriptis utcumque potuimus, indidimus: caeterum si omnia quae egit, stylo prosequente chartis inserere statuissemus, enorme uolumen, & nimis fastidiosum composuissemus. Nunc igitur ista sufficiant beneuolo lectori, qui pro beneficiis circa multorum salutem per merita sancti pontificis exhibitis benedicat nomen Domini nostri Iesu Christi, cui est potestas & imperium in secula seculorum. Amen.

SANCTI ARNOLFI EPISCOPI VITAE FINIS.

Sanctae Burgundoforae abbatissae uita.

BEATA Burgundofora monasterium, quod Euoriacas appellatur, cui ipsa uenerabiliter praeerat, omni intentione ac deuotione secundum regulam sancti Columbani instituit, & ad exemplum sanctorum praecedentium patrum cum aliis ancillis Dei religiosam uitam duxit. [illegible] magisterii tempore quanta & qualia rerum signa ob eiusdem famulae suae merita dignatus sit in monasterio illo demonstrare miracula, non est silentio praetereundum, imo potius ob roborandam spem fidelium tenaci memoriae commendandum. Cum sub regulari disciplina multarum adunatam secum puellarum regeret Christo dicatam cohortem, tempore quodam una de subiectis nomine Sisildrudis cellararia monasterii,

exitum

exitum uitæ per reuelationē agnouit, atque per interiectum spacium ad dictum mortis corrigere errata, emendare, & se in omnibus præparare monetur & impetratur. Transierunt xxxvii. dies cum omni religione & oratione, cum fletu & lachrymarum uigiliarumque labore, & ecce duo iuuenes candidis circumamicti stolis ueniunt ad eam, animamque à corpore segregant, quam inter se ferentes per aerem, multis discussionibus inquisitam ad cœlos deportant, permixtamque angelicis choris & cœlestium omnium uirtutum multitudini, cohortantur capere lætos de seculo triumphos: cumque iam mutationis exultatione inter æterna gaudia haberetur secura, & uirginum choris inserta, excellenti gloria tripudians gauderet, & ante tribunal clementis iudicis astaret, iubetur reduci in corpus, & tertia die denuo recedere à corpore, quatenus se uberius præparatam post triduum haberet, ut quadraginta dierum curriculus impleretur. Reuersa itaque in corpus, uenerandam matrem ancillarum Dei Burgundoforam, & omnem sororum cateruam ad se uocat, & orationibus earum se attentius commendans, tres adhuc dies sibi uitæ concessos esse testatur. Adueniente igitur tertia die, cum & mater & aliæ simul sorores adessent, conspicit illa duos iuuenes superius uisos ad se uenire, & [illegible] Vadam inquit, domini mei, iam uenio, nec amplius in hac ærumnosa uita detinebor, sed uiuens futuræ luci, de qua rediit, reddar. Sciscitante ergo matre Burgundofora, quibus talia proferret dicta, Non cernis inquit, o domina, duos, qui me nuper ad cœlos ire fecerant uiros, & nunc paratos esse eosdem me iterum reducere? Quibus in uerbis mirante matre, & omnibus circumstantibus ultimum uitale flatum præteriit, ac terminum clausit, omnes autem qui eius funeri interierant, choros angelicos audierunt psallere, & dulci modulamine animam eius in cœlum deferre, metumque simul & gaudium omnem percolere. Hanc primam exhortationem præfati cœnobij Dominus famulabus suis ideo uoluit tam euidenter demonstrare, ut quoque quæ superstites essent, omni intentione ad culmen religionis aspirarent. Alia rursus post hæc orta est exhortatio. Quædam etenim uirgo Gibitrudis nomine, in genere & religione nobilis, supradictum cœnobium conuersa à seculo petiit: quam uelut munus gratum oblatum monasterij mater Burgundofora recepit. Erat enim consanguinitate ei proxima, quæ tanti ardoris igne feruebat, ut in omnibus sancti Spiritus gratia uideretur flagrare. Nam cum adhuc paterna detineretur domo, & spiritu sancto monente cultui se religionis dicare uellet, postulat patrem matremque ut sibi oratorium, quo suo conditioni exhiberet famularum, construerent: sed cum ægre parentes ferrent petitionem filiæ (erant enim ambo genere Francorum nobiles) nec profectus eius tam esse quod ad regna perducit cœlorum, nitebantur impedire, immo fulgere magis secularibus desiderabant phaleramentis, & ob hoc sobolem magis desiderabant à filia, quam filia traderet pignora monasterio, nitebanturque animum eius ab hac intentione reuocare. Quorum persuasionibus cum illa nullatenus adquiesceret, parentum admodum ei construunt oraculum, ubi cum in bona conuersatione per aliquantum temporis degisset, parentibus per aspirationem Dei cessit uoluntatem filiæ amplius iam aliquid inclinaris [illegible], ut supradicto cœnobio famulatui mereretur associari. In cuius reclusione monasterij cum per multa annorum spacia religiosi uitam duxisset, contigit ut uenerabilis mater Burgundofora febribus ualidis correpta, perfectioribus uiæ uiribus crederetur absolui. Quod animaduertens uirgo Domini Gibitrudis, basilicā ocyus ingressa, flebilibus Deum uocibus exorat, ut antiquam reminiscens misericordiam, matrem monasterij mori non sinat, sed prius se ac sodales suas supremo calle reuocet, & sic demum matrem subsequi iubeat. Audiuit itaque uocem post lachrymas desuper dicentem, Vade famula Christi, quod petisti, obtinuisti. Illa etenim sospes adhuc longæuitate superstes, tu uero prior carnalis uinculis absolueris. Nec mora, uenerabilis uirgo morte corripitur, ac superatis sancta omnibus animam reddidit: cumque iam ab angelis suscepta supra æthera ueheretur, & ante tribunal æterni iudicis posita candidatorum, ut ipsa post referebat, cateruas aspiceret, audiuit à throno uocem dicentem, Reuertere ad seculum, quia necdum illud plene dereliquisti. Scriptum est enim, Date, & dabitur uobis. & alibi in oratione, Dimitte nobis debita nostra, sicut & nos dimittimus debitoribus nostris. Hoc tu non impleuisti, quia sodalibus tuis commotiones tibi illatas ab eis, non dimisisti. Reminiscere aduersus tres comparas læsiose parasse animos, nec omnino medicamine pœnitentiæ uulnus sanasse: corrige igitur mores, dispone animos, quos tempore uel negligentiæ maculasti. Moxque reducta est ad corpus, ac pristinæ reddita uitæ, tristibus lamentis illatam depromit sententiam, reatumque suum confitetur, & accersitis sodalibus, contra quas mota animos portarat, ueniam poscit, ne tacita uoluntate damna incurreret ulterioris. At postquam integre reddita est sanitati, mensibus sex perfectionis in quo temporibus expletis, febre correpta diem prædicit exitus sui, & horam de hoc mundo pronunciat abeundi: quæ uidisset uirgo Domini tam felicem exitum peregit, ut intra cellulam, qua eius corpus iacebat exanime, balsamum crederetis defudisse. & hoc omnibus nobis qui testes fuimus, [illegible] generauit. Die autem xxx. cum eius commemorationem ex more pristino ageremus, & missarum solennia celebraremus, tanta fragrantia repleuit ecclesiam, ut omnium unguentorum ac pigmentorum copiam putaremus adesse. Meritis enim eorum fauor animæ sibi dicatæ suis muneribus hic facit effulgere, quæ ob amorem eius seculum illud noluerunt diligere uel amare.

re. Quædam puella in infantiæ annis adhuc degens Ercantrudis nomine, parentibus nobilibus orta, supradictum monasterium conversa a sæculo introivit: quæ cum vitam religiosam ageret, volens eam iustus arbiter per præsentis corporis pœnas probare, tantis teneram ætatem flagellis attrivit, ut exemplum in eã Iob ex parvarum incommodorum multitudine crederes redintegrare. Sed mira in iuvenili ætate patientia reperiebatur, mira virtus humilitatis, mira mansuetudo, mira pietas, mira lenitas, mira charitas pollebat: & inter permixtum incendia virtus animæ manebat inconcussa, fides stabilis, immobilis bonitas, & incomparabilis lachrymarum ubertas. Quantum enim corpus angebant pœnæ illatæ, tantum animam lætificabat spes gaudiorum, & exultatio vitæ æternæ. Hac tempore quodam sibi corporis participationem interdictam sibi sciens propter illusiones nocturnas, gravibus percussa doloribus flere cœpit. Erat in crastino sacrata solemnitas beatissimi Martini. Pervigilans itaque ea nocte, & absolutionem culpæ exorans, ne tanti damni incurreret casum, ut a corpore Christi sua culpa segregaretur, meruit tandem post lachrymarum ubertatem, luctus ac crebra suspiria, venerabilem a Domino consolationem habere: Vade, inquit, & in hac die reconciliare corpori Christi, quia delictum, pro quo postulasti, dimissum est tibi, atque indicium mane patefacito, quod dixi. Quæ gaudens & exultans in Domino, summo diluculo per humilem confessionem, quæ viderat, matri patefecit, & eroque corpori Domini nostri Iesu Christi recõciliari, distinctius aliquid, quod viderat, dixit. Post multorum autem circulos temporum cum iam eam creator omnium cælo cõdere vellet, igne valido febris arrepta est: cũque iam in extremis esset posita, subito exclamavit, Cito currentes unam e consortio vestro mortuam segregate, atque deiicite. Non enim est dignum, ut quæ crucifixa est mundo, Christo, non sibi vivens, mortuam, & a vita segregatam habeant inter se. Conquirentibus itaque omnibus inter se sororibus, & quid hæc dicere vellet sciscitantibus, una earum confusa, ac terrore perculsa solo prosternitur, noxam suam confitetur, & in omnibus se de reliquo emendaturam pollicetur. Erat enim sæculo vacans, & sæcularem vitam desiderans, nec mortificationi omnino præbebat studium, sed tota inhæbat sæculo. Post hæc Ercantrudis, cum iam nox incumberet, in cellula qua iacebat, lumen ignis rogat extinguere, cumque cæteræ sciscitarentur, quid vellet dicere: Non videtis, inquit, quantus splendor advenit, & choros canentium non auditis? Quærentes illæ, quid cantari audiret. Illa ait, Confitemini Domino, quoniam bonus, quoniam in æternum misericordia eius. Confitemini Deo deorum, & cætera quæ subsequuntur. Hæc, inquit, omnium ora concinunt. Admirantibus ergo omnibus tam miræ quam insolitis illorum, vale dicens, emisit spiritum. Alia quædam Christi virgo in eodem monasterio cum exire

mo habitum claustra vellet, ut pro damno aliena præsentia luce capesceret vitæ æternæ, letaque rursus nexibus separaretur, similis monialibus dein suo præsens haberet canticus melodiam. Nam apertis auribus, quæ procul ab eius cubiculo aberant, audierunt canere cantus, & has voces prorumpere: Asperges me hyssopo, & mundabor: lavabis me, & super nivem dealbabor. Sed dum rerum repertor maiestatis suæ ornamentum, per animas sanctorum innocentiæ plenas augere, per sæculorum vices accumulare non desineret, videlicet ut renovandi bonam huius ac religionis accresceret supplementum, evenit ut supradicto in cœnobio quædam adolescentula cum genitrice converteretur: multis itaque diebus peractis, ipsius adolescentulæ genitricem tentator aggressus est, ut cœptum eius opus bonum præpediret: sed quantum genitrix imbecillitati obtemperabat, tantum virilis ac maximum concertatione adolescentulæ filiæ conspiravit. Cumque iam per multa temporum curricula mens adolescentulæ tota Deo dedita uberes fructus redderet conditori, quadam die vidit cælos apertos, & æternarum rerum thesaurum aspectibus contemplata, ad cælestia claritatis lumen intenta audire meruit: Veni ad nos dilecta, & corporis nexibus absoluta, æternam suscipe claritatem. Quod cum hæ quæ aderant mirarentur, & haud intendentes ad cælum oculis aspicerent, nec omnino palpebris moventibus, quid ibi contemplarentur cognoscerent, an si rursum vocari, & a præsentis vitæ nexibus absolui: erat enim dies sabbati. Illucescente ergo in crastinum Dominico die, febre correpta adolescentula, supremum expectat exitum: videns autem anxia genitrix incumbentem unicæ prolis exitum, inter singultus ac gemitus filiæ poscit, ut si valeat impetrare, superna reddatur, aut si suæ vitam metam suppleat, secum de hac vita post se ducat, quia non possit post eius vivere exitum. Ad hæc illa: Carnalibus, inquit, licet adhuc plus iusto desideriis illaqueeris, ego tamen sua ductu, tuis obsecrationibus satisfaciens, post digna pœnitentiæ medicamenta, post mete Christo favente adducam. Nec mora in extremis horis posita, beatam Burgundoforam vocat: cumque sollicita mater ad egressuram animam de mundo extremos honores impendere admoveret, cõspiceret in eam puellam ovans gratulatur, ut et & omnibus valedicens, genitricem commendans, interimque silentium fieri postulat. Facto igitur silentio expectantibus omnibus animæ egressionẽ, illa ait: Date locum, ecce iam creator meus venit, salvator ad me properat: rogatque matrem ut Dominicam orationem symbolumque dicere iuberet, quia ipsa tremens labiis immobili efflamine exprimere verba nequiret: quibus peractis, nimia intemerata ac relustratione cælestis renitente, animam cum laudibus reddidit creatori. Nec mora genitrix corripitur, quadragintaque dierum spacio in corpore flagellatur: quo completo primum præcedentibus dæmo-

num

sit adspectibus tersa est, deinde largitoris ope consolata, ueniam se interceptione illa sua meruisse fatetur, animamque debitoque carnis nexibus solutam coelo reddidit. Nulli dubium est, quod aliorum damna plerosque monendo ad capienda lucra uigilantiores reddant. Dominico quodam die cum missarum solennia in collegio famularum Dei ex more agerentur, & iam sacri corporis communioni participarentur: quaedam ex his nomine Domma, cum iam corpus Domini accepisset, ac sanguinem libasset, globus igneus miro fulgore rutilans micabat in ore ipsius. Quod infantulae duae cominus astantes, quas innocentia reddebat immaculatas, conspicantes, nec ea quae uidebant silere scientes, dicere coeperunt ad alias sorores, Aspicite globum ab ore sororis nostrae Dommae rutilantem. Audiens hoc uenerabilis mater Burgundofora, increpando adolescentulas imperat silere, ne uanitatis noxa cor eius uiolaret, per cuius os affluentia gratia Dei lumen reddebat amoenum. Nam instigante diabolo proh dolor hoc ita contigit, ut praesagus animus beatae matris formidolose praeuidit. Mens siquidem praedictae sororis fragilitate conditionis humanae corrupta, coepit post Spiritus sancti lucra elationis ac superbiae stimulis pungi, & innumera crimina incurrere, arrogantiae conceptum praeferre, ita ut matrem contemneret, sodales despiceret, & omnium monita sperneret. Nec mora febre correpta, & ad extremum deducta, nec sic quidem mores suos studuit emendare. Adolescentulae uero illae quas praediximus, una capitis dolore, altera febrium incommodo detenta supremum exitum praestolabantur. Cumque iam adesset sodalium cohors, & ad psallendi officium in earum exitu se praepararent, coepit una earum humanis auribus inaudita dulcia modulamina pio ore canere, orare conditorem mistis sermonibus, inauditis precibus, ineffabilibus sacramentis. Odor autem mirae suauitatis quasi odor balsami totam cellulam replebat, & ab hora nona usque ad horam nonam sequentis diei oratio cum modulamine cantus perseuerabat. Deinde matrem astantem canere poscunt, & sic iam abituras praedicunt: sicque reddito spiritu cum earum decessione recessit & odor fragrantiae. Indubitanter uero credendum est, quod gloriam felicis exitus, quam illae habere meruerunt, supradicta Domma habuisset, si per elationis & arrogantiae uitium se extollendo non perdidisset. Virgo quaedam Quisinda nomine, in supra memorato coenobio conuersationis initium simplex quae cum per multos annos uitam religiosam egisset, laborans die quadam in horto intra monasterij septa, sodalibus locuta est, Credo a nobis quae in hac areola excolit, de hac uita exitura est: & ideo paratae simus ne per negligentiam sustineamus damna uitae aeternae. Quaerentibus illis quae esset, nequaquam promereri uoluit: nec multo post corporis infirmitate correpta, cum diuersis anxietatibus angeretur, coepit laetos ad coelum uultus referens,

& ignota sibi dudum scripturarum paginas enarrare, exorsaque a principio libros Moysi cunctos per ordinem recitasset, & deinceps Euangelij uitalia sacramenta, atque simul Apostolica documenta, monuit sorores, ne se uilitati subderent, curam habentes, quia cito de aduersarijs suis Dominus ultionem esset daturus. Erat enim tunc aduersarius monasterij Egon nomine, uir in seculo sublimis, cui Dagobertus moriens filium suum Clodoueum cum regno commendauit. Is ergo aduersabatur supradicto coenobio, terminosque uiolabat, & omnem familiam eius circummanentem, quacunque poterat occasione persequebatur. sed non diu ut coeperat, pertinaciae potitus est uoto. nam mox post promissam ultionem percussus interijt. Coepit autem uirgo orationes & deprecationes, & quasi sacerdotum officia depromendo dulci modulamine canere: unde dum multum admirarentur astantes, unam de sororibus sic allocuta est, Eia, inquit, soror foras iacta quisquilias. Cumque igitur aliae conquirerent quid sibi uellent uerba ista, rursus adiecit: Non aspicis quot tantis sordibus mentem habeat occupatam & coenosam? Nec enim omnino per confessionem peccatoris suarum purgatam reddidit, quam in secreto posita praeuigil hic clauderetur omni spurcitia maculante. Perculsa metu uerecundiae correpta, & a lumine Spiritus sancti deprehensa quae talia dicebantur, solo prosternitur, celataque uitia matri humillime confitetur. Coepit post haec quae iam exitum expectabat rogare, ut spatio facto locum uenientibus darent: obtemperantibus illico sororibus inclinato capite hilari uultu dixit, Benedicite domine mee. Inquirentibus quae astabant, quibus salutationis uerbum exhiberet, respondit, Non agnoscitis sorores, quae de collegio uestro ad coelos migrauerunt? Cumque sciscitarentur, si ipsa cognosceret eas, increpando uoce ad unam earum Anstrudem nomine, loquitur dicens, Vel tu non agnoscis sororem tuam Anshildem, quae dudum ad coelos migrauit candidatorum choris insertam? Haec ea dicente, anima a carne lapsa est: qua egressa, cantus angelicus mox in aere est auditus. Quaedam etiam sorores longius a cellula qua corpus iacebat exanime remotae, audierunt angelicum coetus per aera resultantem, ac quae eo momento quo cantu compererunt beatam uirginem Quisindam carnis nexibus absolutam, & illico currentes repererunt membra defuncta, atque earum sororum exequiarum obsequia implentem agnoscunt psallentium cantum, quem per aera audierant concrepare, eius exequiarum supplementum extitisse. Aliam uirginem eiusdem monasterij Leudebertam nomine, monitis salutaribus ac coelestis prosapiae documentis beata mater Burgundofora non cessauit assidue monere uel praemonere. haec dum per aliquod spacium temporis uitam egisset honestae conuersationis, in somnis admonita est, ne a reuerendae matris suae monitis aliquo modo deuiaret, quia uidebat superna segreganda esset. Nec defuit diu promissi largitor muneris donum, quod pollicitus erat accumulare, correptamque languore corporeo solvere dignatus est e corporea molestia, quae iam extremum tunc maeret, quam sodalibus pendere alterna honores, subito post longum silentium vocem depromsit dicens, Qua hora gloriosi apostolorum principis Petri, ut in eius natalis [illegible]. Sororibus itaque quid diceret, nosse volentibus, ait, Non videtis patronum nostrum Apostolorum principem Petrum huc venisse, & me de hac vita ducere velle? Vix haec dicere licuit, iam omnes circumspectas vidit, extremumque dimisit halitum, ac superas linquens auras, ad aeternae vitae gaudia est provecta. Nec ideo tetrum furor post longa silentia in hanc vocem flebilem promovere linguam permisit, ut alias ad eius vicem exempla provocaret, & tantorum munerum copiam superis demonstraret, quibus sub hac luce in suo timore vel amore migrantes dicare non desinit. Exacerbatus contra hanc plebem Christi nequitia diabolicae fraudis, & dum pollere virtutibus cerneret, aggressus est tentationibus maculare quasdam ex his, quas nova conversatio rudes reddebat, & a veterum conversatione nitebatur avellere, ac septa monasterii violare, tentavit praecipitare eas, quae exitiabilem vitam saeculi desiderarent, & canonico more tecto, [illegible] patrimonia denuo sumere vellent, cumque iam per opacas umbras & silentia lux non adesset, & iam perfectam conditionem aspirarent, septaque monasterii per repagula scalae transilire conarentur, subito e medio dormitorii massa ignis in modum mundi egressa totam domum perlustravit, ac illuminavit, & post in tres divisa globos, per ostiorum meatus cum magno tonitrui fragore progressa est: totidem enim ostia domus habebat, per quae suos ignis globos proferret. Qui tonitrui fragor & dormientes excitavit, & egredientes septa monasterii terruit. Cum autem iam aliquae earum per vallum pedem traiecissent, & tanto fragore perterritae intra septa redire vellent, velut plumbo aggravata plantas nequaquam valebant reducere: quia diabolus arte qua poterat, studebat aggravare, quas divina correptio noluit perire. Confitentur ergo culpas suas agnoscunt, in utrisque reatus se per humilem confessionem lachrymabiliter produnt. Aggressus deinceps duas eiusdem coenobii sorores antiquus hostis, quas novitas ac multo imbecilliores conversatio reddebat, primum ad hoc impulit, ut nulla hora veram depromerent confessionem. Erat enim consuetudinis monasterii & regulae, ut ter in die per confessionem unaquaeque earum mentem purgaret, & qualemcumque rugam mens per fragilitatem attraxisset, pia proditio ablueret. In talem igitur labem mentes praedictarum puellarum in diabolus miserat, ut nulla confessione vera prodiret ab ore, seu tantum quae in saeculo commiserant, seu quae quotidiana fragilitas attrahebat, in cogitatione, in sermone vel in operatione

necnon neque latere angulis parvulum cordis abdita ... [illegible] malignitatis infudisset, & mentes earum in omnibus sibi penitus comprehendisset, tunc [illegible] ut quadam nocte extra septa monasterii progressae fugam arriperent, & ad propria remearent. Hocque apud se deliberato, cum per densam noctem abirent, nec prae nimia densitate caliginis iter tenere quivissent, adstitit ad instar diaboli, acumen in modum lucernae ut eque valuit, [illegible] templi versionem [illegible] monasterii reductae ad [illegible]. Postquam autem pervenerunt ad locum destinatum, [illegible] coenobium suum magna fronte regressae sunt ubi dum a matre monasterii beata Burgundofora aliisque sororibus diligenti scrutamine percontarentur, quae causa coegisset eas discedere, respondent se solo diaboli iussu stimulatas, & ideo mentes nequaquam habere potuisse directas. Cumque multum ab omni congregatione obiurgarentur, nec tamen aliquid huiusmodi proficeret in eis obiurgatio, divinae ultionis gladio percussae ambae mentes perimi periclitantes [illegible] veneranda mater monasterii, hortatur eas ut indesinenter vel adhuc inter supremas horas confiteantur facinus suum pandendo humili confessione, sed obdurata corda nihil remedii capere sequuntur, inter flagella clamare coeperunt, Sustinete paululum, sustinete, nec prorsus expectantes arguite. Loquentibus ergo quae aderant sororibus, a quibus sustinere rogarent, aiunt illae, Non aspicitis turbas Aethiopum advenientium, quae nos rapere & abducere volunt? Inter haec auditus est fragor maximus supra cellulam & tegumenta personans, ostiumque cellulae patefactum est, ita ut nigrescentes umbras astantes cernerent, & clamantes eas nomina sororum audirent, adeo ut aliae quae aderant signo crucis armatae, & psallendi officio detentae valerent astare. Tanti doloris ac maeroris curam ancillarum mater Burgundofora urget se extremam constitutas, ut vel adhuc per confessionem panderent vitia, & sacramento Christi corporis animae roborentur. At illae ut infideles, & a diabolo penitus possessae audita sacri corporis mentione garrire, dentibusque frendere coeperunt, & stridentes dicere, Cras, cras, & iterum supradictam vocem repetere, Expectate, sustinete paululum, sustinete. Inter quas voces extremum halitum dimiserunt. Quas cum in collegio ceterarum sepelire mater monasterii beata Burgundofora nequaquam rati umdu ... crederet segregatas humandas, ac in extremo loco coemeterii sepeliendas iussit, super quarum tumulum globus ignis in modum clypei intra triennium crebro apparuit, maxime Quadragesimae diebus usque ad adventum sancti Paschae, vel etiam ante adventum natalis Domini servitus apparebat, simulque vocem tumultuantis turbae multae personabat, inter quas duae ululantes erumpebant, vel per iram tormentis resonare solita, Vae mihi, vae mihi. Ceterasque itaque praedicta mater monasterij iustam sententiam [illegible] iudice super [illegible] animaduertam, manifestius damnatarum sententiam est aggressa comperire, accedensq; ad tumulum, experimento quaerit, si cadauera quamuis putredine corrupta in sepulchro maneant. [illegible] ex quo defuncta corpora fuerant condita, praeuenerat: & ecce, reperit interius sepulchrum igne exustum, nec quicquam superesse cadaueris, praeter fauillae uestigium. Manifestè ergo per [illegible] illatae sententiae tanta seueritas, ut terror damnatarum, amorem praeberet sodalium remanentium, essetq; correptio uiuentium illata poena mortuarum: & ex negligentia, imo duritia mentis perituram, salus propagaretur superstitum. Interposito deinde temporum aliquanto spacio, quaedam uirgo nomine Landecheria, cum extremas uitae praesentis expectaret amittere horas, ualidis scilicet doloris stimulis, solum uitae exitum, [illegible] habebat aegritudinis suae. Nocte igitur, qua iam eius imminebat uocatio, sororibus quae circa aegram excubare debebant, sopore depressis, cum una earum, cui Gernomeda nomine, & ipsa aegritudine fessa, peruigil inter sodales esset, nubes subito densa, atque rutilo quodammodo fulgore permixta, stratum praedictae uirginis operuit, simulq; uoces [illegible] canentium auditae sunt, Cantemus Domino, gloriose enim honorificatus est. Quod statim ut audiuit Gernomeda, coepit ad sodales excitare, sed nulli prorsus earum potuit [illegible]. Interim illa paulatim nubem a lecto subleuari, & tunc demum intermisso cantu excitatas per clamorem suum sorores, monet & obsecrat, ut super defunctae uirginis membra debitum exoluerent cantum exequiarum, indicans quae uiderat & audierat circa stratum illius. Ipsa nihilominus per septem deinceps dies grauibus febrium exagitata doloribus, octauo die uitam in pace finiuit. Post haec bonitatis ac munerum largitor Deus rursus pietatis suae munera largiri non distulit. Nam quaedam puella nomine [illegible], in eodem coenobio, intra adolescentiae annos conuersa, cum diu regularis disciplinae habenis constricta, immobili desiderio coelestia ad praemia anhelaret, euenit ut iustus arbiter istam animam, iustitiae copia plenam, coelo condere uellet: cumq; iam in extremis posita poneret per successiones noctium lumen coram se accendi, & sacrae lectionis praeconia ante se legi, & una assistentium uas quoddam oleo limphaq; repleuisset, omnis sopor oppressit sorores, [illegible] noctis meta, absq; sodalium solamine aegra noctem peregit. Reuertente autem diei crepusculo, cum matutinas laudes Domino cecinissent, aegra quae iacebat [illegible] lucernam, quae oleo limphaq; repleta erat, [illegible], quaerit utrum hoc aliqua sodalium commouisset. [illegible] Aegra ait, Nequaquam hoc habere animam meam [illegible], sed quid rei ueritas habeat, simpliciter indicate. Affirmantibus itaq; sororibus, quia nil prorsus inde cautum haberent, matrem monasterij uocant, & rei causam indicant: at illa protinus ut diligentius agnosceret, oleum [illegible] separari iubet, [illegible] congregatum fuisset oleum, & nihil exinde super speciem limphae remansisse, [illegible] crescere, & uberius [illegible] manare. Tunc demum hae [illegible], Dei uirtutem agnoscentes, omni studio collegerunt oleum illud, & [illegible] condiderunt, ex cuius olei perunctione quaedam infirmae sorores postmodum attactae, pristinae sanitati redditae sunt. Illa uero quae felicem expectabat exitum, omni iucunditate repleta, cum animam coelo reddidisset, tanta suauitatis odore cellam repleuit, ut balsamum ibi crederes desudare. Quid autem aliud fuit, ut creatura aquae in lactis speciem uerteretur, uel oleum multiplicaretur, nisi quod miseratio diuina aliqua ostendere uoluit, qualiter aegram uisitauerit, & dum illa sodalibus noluit indicare quid uidisset, uestigium uisitationis suae reliquit. Testes sunt huius rei uenerabilis mater Burgundofara, pontifex Meldensis urbis, & beatus Vualdebertus, abbas coenobij Luxouiensis, sicut [illegible] religiosis studium, & piae conuersationis incrementum [illegible] miracula differentium, sic & terrorem duri & ignaui mentis aliqua intimare curamus. Quaedam puella nobilis genere, ad supra memoratum coenobium regulari disciplinae colla submittere uenit: sed huius uitae conuersationem antiquus hostis aggressus euincere, excitauit in ea gulae auiditatem, ita ut clandestino furtiuo cibo semper exaturare studeret. quod [illegible] per longa spacia temporum non deprehensa patrauit, nec prorsus alicui sodalium patefactum est. Cum ergo diu gulae auiditas animam maculasset, dedit iustus arbiter iustam sententiam super animam infoelicem, corripiens grauissimum facinus poena grauiori, ac super [illegible] artius excitauit odium [illegible]. Nec aliquoque genere ciborum alebatur, nisi furfuris frondiumq; & herbarum agrestium more pecudum alimento. Cumq; iam multis diebus haec ultio super animam transgressione deceptam maneret, & sibi hora refectionis supradictum cibum adduci postularet, uidit speciem apri magni secum comedere, & [illegible] cibos [illegible] grunnio uentilare. At illa pauefacta, interrogauit quid esset. Respondit quae uidebatur bestia, & ait, Aper ego sum, cibos quos hactenus per transgressionem comedisti, tecum ego comedi, & modo per istum anni circulum hunc cibum habebis. Permansit ergo cibus ille per metam uertentis anni, nec penitus aliud quicquam edebat, quam furfures, frondesq; arborum, atq; herbas agrestes, & quodcunq; exceptis [illegible] radicum reliquijs proijciunt. Quid enim fuit, ut diaboli uoce fragilis mens taliter transgressionis conscia obiurgaretur, nisi quia per praeteritum peccatum [illegible] non [illegible] animam postmodum cruciatibus damnari, & diuina pietas per eum uoluit [illegible] [illegible] deprehendere, per quos fuerat transgressio propagata, & hunc habere iudicem, cuius suasionibus in alijs diu decepta obtemperaue-rat, & post gratiâ illustrata cognoscere, non diabolo, sed creatori creaturam debere obedire. Similiter alia puella nomine Bazechildis, cum diu in supradicto cœnobio conuersaretur, & nequaquam regularis disciplinae omni conatu intenderet praecepta seruare, nisi diabolus in mente transgressione correptam, ut quaeque potuisset, furto rapere occulte commenderet: quem cum diu hac transgressione animam macularet dedit iustam ultionem deo arbitrantibus. Corripitur etiam repente igniti in febribus, ac inter incendia clamare coepit, Vae mihi uae mihi. Et post has uoces ita sopita iacuit, ut mortua ab omnibus crederetur: cumque post multarum horarum spacium anhelaret, febris absque uocata, clamare coepit, Venit mater, uenit mater. Concito ergo gradu, quae audierant, matrem monasterij beatam Burgundoforam uocant: quae cum uenisset, aegra quae iacebat, tota intentione cordis facinorum suorum collectum per confessionem pandit. Omnes uero astantes, cũ iam finem uitae expectarent, subito illa diuina miseratione conualescens, melius habere coepit, & ita paulatim superato periculo mortis beatam uitam postea duxit. Postquam enumeratae sanctimoniales feminae sub magisterio beatae Burgundoforae conditione diuerso ac dispariati discrimine, pro meritorum qualitate transing. uitam hanc corruptibilem exuerunt, ipsa quoque uenerabilis mater earum coelesti conuiuatione digna, cum multis annis supramemorato monasterio Eboriacas decentissime praefuisset, corporis tandem infirmitate correpta, III. non. April. diem clausit extremum, coelibus aggregata uirginum, quae sequuntur agnũ quocunque ierit, coelestem uidelicet sponsum, Dominum nostrum Iesum Christum, qui cum patre & spiritu sancto uiuit & regnat Deus per omnia secula seculorum, Amen.

SANCTAE BVRGVNDOFORAE ABBATISSAE VITAE, FINIS.

Sancti ac beatissimi Iustini martyris passio.

Vando Christus Deus noster
Natus est ex uirgine,
Edictum Imperiale,
Per mundum insonuit,
Quatenus totius orbis
Fieret descriptio:
Nimirum quia in carne
Tunc ille apparuit,
Qui in coelo uniuersos
Electos ascriberet,
Quos sacra commendauisset
Fidei professio.
Quam qui digne obseruarint,
Cum bonis operibus, quaesumus,
Velut quidem census
Domino amabiles,
Caelestis destinantur,
Coelestis municipes.
Quo censu utrumque sexus,
Omnis aetas celebret,
Vt testatur plurimorum
Martyrum exercitus:
Non solum constans ex uiris,
Verum & ex foeminis:
Nec uno tantum modo
Subibant martyrium,
Sed & multos propter Christum,
Et fidem catholicam,
Legimus fuisse passos
In aetate tenera:
Ex quibus sanctus Iustinus,
Nouennis puerulus,
Qualiter per passionem
Migrarit ad Dominum,
Sequens textus demonstrabit
Scire cupientibus.
Dum crudelis Diocletianus,
Romani imperij,
Simul cum Maximiano
Teneret monarchiam,
Talis est in Christianos
Mota persecutio,
Vt darentur ad poenarum
Vniuersa genera,
Vbicunque comprehensi
Aliquem contingeret,
Quem huius professionis
Obligaret titulus.
Et ne quisquam potuisset
Continuari latebris,
Vbique componebantur
Hoc modo insidiae,
Quae euntes compulissent
In sua idolatria,
Non illis emendi quicquam,
Aut uendendi copia,
Nec ipsam haurire aquam
Dabatur licentia,
Antequam thurificarent
Detestandis idolis.
Ea tempestate fuit quidam
Praefectus in Gallijs
Perfidus, ferox, immitis,
Christi nomen odiens,
Et in Christianos furens,
Rictiouarus nomine:
Quem cum supra nominati
Principes dirigerent,
Vt sanctos persequeretur
Positos in Gallijs,
Cupidius crudelis sanctorum
Protinus efficitur.
Et ingressus ciuitatem,
Basileam nomine,
Quae fecit cursus in Rhenum

Infert

Infert Ars sinistus
Multos sibi Christianos
Diuergi praeceperat.
Sic per loca uniuersa
Edictum dat impium,
Vt nullus Christianorum
Sineretur uiuere,
Quibus uitam statuebat
Per tormenta adimi;
Erat ea tempestate
In Autissiodoro
Quidam uir bonus & iustus,
Matthaeus uocabulo,
Illique Iustinianus
Et Iustinus filij.
Sed Iustinianus ortu
Carnali praecesserat:
Iustinus uerò aetate
Morum anteierat,
Per uitam immaculatam
Senectutem induens.
Qui in breui consummatus,
Longa expleuit tempora
Meritorum eius laude
Manente in secula:
Quia placuisse Deo
Eius constat animam.
Hic ante quam nasceretur,
Frater eius senior,
Iam dictus Iustinianus,
Capitur ab hostibus,
Atque à domo paterna
Longius abducitur.
Beatus uerò Iustinus
Mox à puericia
Rebus animum diuinis
Incessanter dederat,
Profectum quotidianum,
Dante Dei gratia.
Qui cum polleret uirtutum
Donis spiritalium,
Inter caetera hoc primum
Illi Deus contulit,
Vt haberet futurorum
Saepe praescientiam.
Tum per reuelationem
A Deo instruitur
De fraterna seruitute,
Et de eius domino,
Qui appellabatur Lupus,
Ambianis habitans:
Cum hoc illi reuelatum
Fuisset à Domino,
Patri suo hoc narrare
Confestim studuerat,
Ad redemptionem fratris
Hortans iter arripi.
Ad quod illi pater eius
Taliter responderat,
O inquit, fili ignoro,
Qui sit eò transitus:
Et propter hoc quid agamus,
Me nescire fateor.

Tunc sanctus puer Iustinus
Animo accenditur,
Atque omnem peragrabat
Mox Autissiodorum,
Sic ubi reperiretur
Dux sibi itineris.
Sed cum non inueniretur,
Qui quaesitus fuerat:
Reuersus puer beatus,
Hoc patri annunciat,
Dicens tamen non cessandum
Esse ab itinere.
Nos, inquit, pergamus pater,
Christo nobis comite,
Qui non sinet nos fraudari
Nostro desiderio,
Quod de redimendo fratre
Habemus in animo.
Sed et transeunda nobis
Christo uia praeduce,
Nihil nobis aduersetur,
Nil erit contrarium.
Quin illaesi ambulemus,
Redeamusque sospites.
Ad haec filij affatus,
Ille pater reddidit:
Possem ait ego forsan
O fili dulcissime
Sustinere iter tantum,
Qui sum fretus uiribus.
Tibi autem cum sis puer,
Vt non possis timeo,
Ne forte teneritudo
Lesa tui corporis,
Fatigatum te quod absit,
Faciat deficere.
Respondens sanctus Iustinus,
Patri suo retulit,
Famulus sit sum Christi,
In quo me confidere,
Et me illi commendare
Semper pater noueris,
Eamus ergo in eius
Adorando nomine,
Illi totum committentes
Effectum itineris,
Et quod illi inde placet,
Sit nobis amabile.
Adquieuit pater filio
Hortamentis filij,
Assumptisque ad hoc iter
Sibi necessarijs,
Proficisci mox coeperunt
De Autissiodoro.
Et cum dies declinare
Coepisset ad uesperam,
In Meldunensi castro
Recepti hospitio,
Quieuerunt sub eodem
Ibi noctis spacio:
Quibus ad portam castelli
Pauper quidam obuiat,
Qui & claudicabat gressu,

Sic uisa carnerat,
  Quem arcta uexabat fames,
  Pariter & nuditas:
Cuius innotescebat
  Iustini praesentia,
  Mendicabat ut donaret
  Ipsi eleemosynam,
  Quo pene extinctum fame
  Recrearet animum.
Tunc beatus pater suo
  Genitori suggerit,
  Alimentum fore dandum
  Eidem famelico,
  Obtentoque a patre misito
  Emendat esuriem:
Ipse uero sua sese
  Tunica expolians,
  Nuditatem eius simul
  Operire studuit,
  Geminum praebens egenti
  Taliter auxilium.
Tunc aduersus illum pater
  Motus aliquatenus,
  Increpare coepit eum,
  Quare ita fecerit:
  Eiusque tam pium factum
  Vocabat dispendium.
Non inquit sanctus Iustinus,
  Hoc uoca dispendium,
  Propter quod beatitudo
  Nobis repromittitur
  Spiritu sancto dicente
  Per David Psalmographum,
Felix qui super egenum
  Intendit, & pauperem,
  Quomodo in die mala
  Deus eum liberat.
  Sed nec ab auditu malo
  Timere compellitur.
Mala reprobis est dies
  In die iudicii,
  Cum ad aeternum damnantur
  A Deo interitum,
  Arsuri igne aeterno
  Vna cum diabolo.
A malo timent auditu,
  Quibus in iudicio
  Vox a tribunali Christi
  Sonat terribiliter,
  Ite a me maledicti
  In ignem perpetuum.
In hac autem die mala,
  Qua damnantur impii,
  Liberari promeretur,
  Qui dat eleemosynam,
  Vt non eum ille malus
  Auditus perterreat:
Sed magis dicatur ei
  Ore Christi iudicis,
  Vt accedat regno Dei,
  Propter eleemosynas,
  Fratribus quas ipse Christi
  Impendebat minimis.

Vides, inquit pater, quanto
  Bono compensabimur,
  Dum ex his quae nos habemus,
  Subuenimus inopi:
  Et idcirco quod mendico
  Datum est, noo quaerere.
Igitur in Militone
  Noctu requieuerant,
  Facto mane iter suum
  Prosimus acceleerant:
  Et Christo eos ducente,
  Venerunt Parisium,
Vbi a quodam excepti
  Nomine Hippolyto,
  Ipsi omnem prodiderunt
  Causam, pro qua uenerant,
  Scilicet quia captiuum
  Fratrem suum quaererent.
Proinde satis humanus
  Fuit eis Hippolytus,
  Et cum eos refecisset,
  In pace dimiserat,
  Vt coeptum iter egissent
  Cum Dei auxilio.
Tunc illi profecti flumen
  Attingebant literum:
  Et dum transire per illud
  Ipsos oporteret,
  Non inueniebant illic
  Aliquam nauiculam.
Quod cum moleste tulisset
  Pater sancti pueri,
  Ipse beatus Iustinus
  Demonstratum coelitus
  Conturbato genitori
  Protulit praesagium.
Quamuis alicubi nunc in principio
  Non adsit nauigium,
  Non est tamen anxiandum
  Nobis de itinere:
  Quia mihi est a Christo
  Ostensum solatium.
Quidam enim homo nobis
  Cum naui appropiat,
  Cuius nobis impendetur
  Incunctanter commodum,
  Vt transire ualeamus
  Hunc praesentem fluuium,
Cum adhuc puer parenti
  Loqueretur talia,
  Ecce quidam nauta uenit
  Cum sua nauicula,
  Sicut sanctus praedicebat
  In praesagio spiritu.
Tunc accedentes ad illum
  Qui cum naui uenerat,
  Se petebant adiuuari
  Vt transirent fluuium,
  Nauigationis suffuent
  Offerentes precium.
Nauta igitur pertica
  Satis prompte annuit,
  Ipsis uero naulum dare

Debitum uolentibus
Non accepit, ille quicquam:
Gratis praestans commodum.
Illi autem properantes,
Ambianos ueniunt,
Inquiruntque domum Lupi,
Fratris sui domini:
Qui mox inuento ad illum
Preces ferunt supplices.
Quem prior sanctus Iustinus
His affatur uocibus:
Venimus ad tuam, aiens
O Lupe clementiam,
Vt captiuum fratrem nostrum
Reddas nobis liberum.
Compertum est enim nobis,
Ipsum sub te degere.
Et ad illum redimendum
Nostram substantiolam
Apportauimus donandam
Nunc pro tua gratia.
Tunc Lupus, qui essent illi
Coeperat inquirere:
Didicitque quod fuissent
Non ficti Christicolae:
Et quod habitantes essent
In Autissiodoro.
Frater autem aiunt, noster,
Propter quem huc uenimus,
Et quem a captiuitate
Conamur redimere,
Vocatur Iustinianus,
Tuusque est domesticus.
Ego, inquit Lupus, uobis
Praebebo hospitium,
Et quos habeo, ostendam
Omnes meos pueros:
Et si frater uester hic est,
Redimatur precio.
Igitur cum domum Lupi
Introissent uespere,
Demonstrauit eis suos
Duodecim pueros,
Inter quos non est inuentus
Ille quem quaesierant.
Beatus uero Iustinus
Oculos circumferens,
Vidit quendam extra ipsos
Assistentem puerum,
Cuius manibus accensa
Ferebatur lampada.
Hic erat frater Iustini
Gloriosi pueri,
Captus tamen ante eius
Natalis exordium,
Nunquam ante tempus illud
Ei uisus fuerat.
Beatus uero Iustinus
Plenus sancto spiritu,
Nullo homine docente,
Hactenus incognitum
Eundem germanum suum
Agnouit continuo.

Enimuero mens sanctorum
Dum adhaeret Domino,
Et interna & occulta
Ab eo instruitur,
Res ignotas edocetur
Spiritu prophetico.
Ostendit hoc liber acta
Narrans Apostolica,
Vbi legitur frequenter,
Dixit sanctus spiritus
Siue Petro siue Paulo,
Seu cuique discipulo.
Hoc modo sanctus Iustinus
Fratrem dum agnosceret,
Lupo qui eum tenebat,
Confestim hoc prodidit:
Meus inquiens est frater,
Qui fert manu lampadam.
Pro hoc redimendo ad te
Pater meus uenerat,
Tu nobis ut promisisti,
Hinc esto beneuolus,
Vt germano comitati
Repetamus propria.
His auditis frater eius,
Redditur suo natus.
Quod ab eo nunquam uisus
Taliter sit cognitus:
Qui affuerant mirantur
Super re insolita.
Gratulabantur fideles,
Gaudentes in Domino,
Atque pro tanta uirtute
Deo agunt gratias:
Et cum laude Christi nomen
Frequenter ingeminant.
Erant ibi in eodem
Constituti tempore,
Homines nefarii,
Supra dicti iudicis
Qui ut eos Christianos
Esse recognouerant,
Concito adnunciarunt
Illud suo domino,
Si quid forte uoluisset
De ipsis praecipere,
Iuxta leges promulgatas
Aduersus Christicolas.
Tunc misit confestim iudex
Qui eos adducerent:
Quos si noluissent sequi,
Iussit claudi carcere,
Donec opportune possent
Praesentari sibimet.
Interim Lupus qui illos
Susceperat hospitio,
Sub ipsis nocturnis horis
Eos excitauerat,
Et abire hortabatur
Inde ante diluculum.
Afferunt fero, inquit,
Hic praefecti homines,
Qui ut esse Christianos

Vos primum comperientes,
Nunciare hoc præfecto
Feſtini abierunt.
Fratrem ergo quem quæſiſtis,
Vobiſcum adducite,
Redemptionis à uobis
Precium non exigam,
Tantum fugitote illinc
A perſecutoribus.
Illis ſicut hortabatur
Profectis, uelociter
Superuenerunt ab ipſo
Deſtinati iudice:
Qui illi inuenire poſſent,
Ipſos comprehenderent.
Et cum non inuenirentur,
Qui quæſiti fuerant,
Regreſsi ſunt ad præfectum,
Quos illuc direxerat,
Narrantes quod iam digreſsi
Ab hac domo fuerint.
Tunc præfectus iubet cito
Equites, ut quattuor
Inſequi eos ſtuderent
Curſu uelociſsimo:
Atque ad ſuum tribunal
Mox eos adducerent.
Si renitterentur quicquam,
Iuſsit eos perimi.
Igitur arreptis equis,
Inſequuntur properè,
Quò ſanctus puer Iuſtinus
Cum ſuis tetenderat.
Locus habetur antiquus
Lupera cognomine:
Ad quem cum appropinquarent,
Non longè abſuerant
Ipſis à præfecto miſsi
Crudeles carnifices.
Tunc Iuſt[illegible] ſanctum
Iuſtinum alloquitur,
Opportunitatem ait
Illic certis adfore,
Qua aqua poſsit hauriri,
Et nos cibo refici.
Si placet, conſideamus
Parum panis frangere,
Atque aquæ hauſtu ſitis
Ardorem extinguere,
Sicque poſtea ualentius
Proficiſci melius.
Cui beatus Iuſtinus
Iam futura præſciens,
Si guſtare, inquit, illic
Aliquid diſponitis,
Erit uobis hoc omnino
Faciendum citius.
Ecce enim appropinquant
Huc legati iudicis,
Qui nos ſi ualebunt, debent
Iudici adducere,
Et ad pœnas ſubeundas
Eidem contradere.

Vos ergo precor, ſi uultis,
Feſtinate refici:
Ego aſtans ſpeculabor,
Aliquis ſi uenerit,
Qui inſidiatur nobis,
Ex mandato iudicis.
Et ſi quiſquam ad hoc nobis
Forte ſuperuenerit,
Ego colloquar cum illo:
At uos ingredimini,
Et in præſentis ſpeluncæ
Antro uos abſcondite.
Illis prophetali more
Puer ſanctus loquitur,
Cum ecce mox adimplentur
Ipſius eloquia,
Quæ prædixit de tranſmiſſis
Sibi carnificibus.
Etenim inter loquendum
Apparebant quatuor,
Quos tranſmiſerat præfectus
Eos comprehendere:
Vel ſi hoc non potuiſſent,
Tunc eos occiderent.
Quibus uiſis, ſe in antrum
Cæteri abripiunt:
Beatus uerò Iuſtinus
Conſiſtit intrepidus
Ad martyrium à Chriſto
Deſtinatus gloriam.
Ad quem miniſteriales
Accedentes iudicis,
Sciſcitantur quis fuiſſet,
Quo eſſet profecturus,
Qui ue, uel ubi fuiſſent,
Quos habebat ſocios.
Quibus ille referebat
Omnia per ordinem,
Ego, inquiens, Iuſtinus
Appellatus nomine,
Chriſtianum me habere
Exultans profiteor.
Et quia perſecutores
Huius eſtis nominis,
Ob hoc prodere non poſſum
Meos uobis comparesi,
Ne propter me ſubigantur
Ad pœnarum genera.
Niſi, aiunt, illos nobis
Citius prodideris,
Noſtro ſcias iugulandum
Te iam fore gladio.
Tam quod abnuis hæc nobis,
Quàm quod es Chriſticola.
Reſpondens ſanctus Iuſtinus,
Dixit carnificibus,
Repromiſit quidem ſanctum
Nobis Euangelium,
Vt qui propter Chriſtum ſuam
Animam perdiderit,
In uitam æternam uere
Eandem cuſtodiet:
Et idcirco pœnas pati

Pro illo non timeo,
Dilectu eius si dein mori,
Quam offendisse uiuere.
Quod uero iubetis a me
Fratres meos comparare,
Nihilominus hoc sanctum
Vetat Euangelium,
Ipso Domino monstrante
Quod hoc nollet fieri.
Nam quando in passione,
Quam pro nobis pertulit,
Suos ipse est exactus
Prodere discipulos,
Minime eorum delator
Voluit existere:
Et cum comprehenderetur
A persecutoribus,
Praecepit ut sinerentur
Abire discipuli,
Ne quenquam uti iam praedixit,
Ex eisdem perderet.
Nunc itaque noueritis,
Neutrum me facere,
Vt uel Christi nomen sanctum
Metu mortis abnegem,
Socios ue meos prodam
Contra Euangelium.
Aduersum haec documenta
Irascuntur nunc,
Mutuoque adhortantur
Necem sancto praeparant,
Quos uel paulum expectare
Vetat iracundia.
Itaque euaginato
Demum unus gladio,
Amputauit caput eius
Caeteris horrentibus:
Sic cum gloria & laude
Martyr coelos subijt.
Duplici proprietate
Duplex habens brauium,
Quod & in confessione
Christi perdurauerit,
Et usque ad mortem suos
Proximos dilexerit:
In ipso praeceptis Christi
Delectatus dulcibus,
Quod nos uisit ante illos
Nihil fore timidos,
Qui occidunt corpus illud,
Textum uenis languidis.
In hoc a sancto Iohanne
Suasus apostolo,
Quia sicut Christus pro nobis
Animam posuerit,
Sic dicit & nos debere
Facere pro fratribus.
Proinde ad declarandum
Quantae esset gloriae,
Idem uenerandus martyr
Occisus pro Domino,
Gloriosum demonstrabat
Populis miraculum.
Amputato enim eius
Sacrosancto capite,
Corpus mutuum hoc in suis
Manibus accipiens,
Ante suamet lictores
Steterat immobile:
Cuius mox obstupefacti
Terrore prodigij,
Fugiunt persecutores,
Non ualentes subsistere,
Cum sanctum uiderent tantum
Facere miraculum.
Parentes uero ipsius
Egressi de latebris,
Vident sanctum corpus eius
Consistens immobile,
Mirantque quod abscissum
Caput ferret manibus.
Varia in mente uersant
De eius martyrio,
Dum illis et gaudere
Censuisset gloria,
Et rursum flere de illo
Natura suggereret:
Maxime tamen de illo
Fiunt inde anxij,
Quis sepeliendum esset
Sacratum corpusculum:
Mutuaque inde sibi
Conferunt colloquia.
Quae cum agerent, ilarescit
Motione animi
Caput beati Iustini,
Quod gestabat manibus,
Mirum dictu, e capitaliter
Absolute alloquitur:
Et docens de sepultura
Sui eos corporis,
Euntes, inquit, ad locum
Qui Lupera dicitur,
Atque meum sepelite
Ibidem corpusculum:
Mater uero mea caput
Hoc meum aduehito,
Vt naturalem affectum
In illud exhibeat,
Et amoris mei secum
Istud pignus habeat:
Ipsa uero si tenetur
Mei desiderio,
Studeat in paradiso
Me locatum subsequi,
Vbi animae sanctorum
Quiescunt feliciter.
Tunc illi, ut sanctus martyr
Iustinus praeceperat,
Condientes corpus eius,
Ibi sepelierant,
Vbi ipse locum ad hoc
Signauit ex nomine.
Caput uero eius, matri
Ipsius attulerant:
Quod illa gaudens suscepit,

Deo agens gratias,
Quia innocentem eius
Animam assumerit:
Tibi dicens Christe honor,
Laus & iubilatio:
Quia dignatus es illum
Puerum assumere,
Et associare tuis
Beatis martyribus.
Artu beate Iustine,
Fili mi dulcissime,
Qui Christi regnum intrasti
Cum palma uictoriæ,
Ibi mei memor esto
In tuis suffragijs.
Hæc ipsius genitrice
Orante cum lachrymis,
Mox resplenduit lux ingens
Super habitaculum,
In quo sanctum caput eius,
Habebatur positum.
Hæc autem lux circumquaque
Cuncta illustrauerat,
Ita ut admirarentur
Qui in urbe aderant:
Erat autem nox, cum illud
Fieret miraculum.
In illis diebus sedem
In Autissiodoro
Rexerat episcopalem,
Amator uir Domini,
Quem diuinorum ornabant
Munera charismatum.
Hic dum cælitus emissum
Splendorem conspiceret,
Ire ad domum Matthæi
Iussit suos presbyteros,
Qui de ipso studiose
Portento inquirerent.
Quibus omnia Matthæus
Retulit per ordinem,
Vt se de sancto Iustino
Res gesta habuerat:
Vel de passione eius,
Vel sepulto corpore:
Subiungit & de allato
Matri eius capite,
Qualiter lux de coelo
Hora noctis tertia
Domum ipsius in qua erat,
Omnem illustrauerit.
Hæc presbyteri ad suum
Referunt pontificem,
Qui adesse omnem clerum
Protinus præceperat
Gratias omnipotenti
Agunt pro miraculo.
Deinde clarificatur
Hoc factum per populum:
Concurrunt omnes gaudentes,
Martyrem glorificant,
Imo Dominum, qui illum
Sic mirificauerat.
Interim iubente sancto
Amatore præsule,
Caput sanctum collocatum
Condigne in feretro,
Cum honore atque hymnis
Fertur ad ecclesiam:
Et in loco quem parauit
Sibimet episcopus,
Ibi illud uenerantes
Recondi prouiderat:
Vbi plura martyr sanctus
Præstat beneficia.
Nam ad comprobandam eius
Cum Deo potentiam,
Sacro capiti dum dignas
Celebrant exequias,
Puella quæ cæca uenit,
Clare uidens rediit:
Quæ cum esset in ætate,
Habens annos sedecim,
Inter martyris delatum
Veniens obsequium,
Adiuua, inquit, beate
Martyr Christi Iustine,
Vt uisum diu negatum
Tuo patrocinio,
Domino Christo præstante
Adipisci merear,
Quo laudetur nomen eius
In tuo martyrio.
Dixit, atque coram omni
Populo, continuo
Restituto, ut petebat
Oculorum lumine
In glorificatione
Martyris tripudiat.
Iterum plebs omnis gaudens,
Gratias congeminat,
Laudem dicens Saluatori
Iesu Christo Domino,
Cui sit honor & potestas
Per æterna secula. Amen.

IVSTINI MARTYRIS,
FINIS.

Martyrologium.

MENSIS IANVARIVS
HABET DIES XXXI. LVNAM
TRICESIMAM.

CALEND. IANVARII.

IRCVNCISIO Domini nostri Iesu Christi secundum carnem, & octaua Domini et natalis. Romæ natale sancti Almachij martyris, qui iubente Alypio urbis præfecto, cum diceret, Hodie octaue Dominici diei sunt: cessate à superstitionibus idolorum, & sacrificijs pollutis. hac de cau

sa

ta capitur, & à gladiatoribus occisus est. Item Romæ sanctæ Martinæ uirginis, quæ sub Alexandro imperatore, post multa tormenta gladio est occisa. Eodem die apud Spoletum ciuitatem Thusciæ, sancti Concordij martyris, qui post plurima tormenta decollatus est. Item Romæ uia Appia coronæ militum triginta. Apud Africam natale sancti Fulgentij, episcopi Ruspensis ecclesiæ, cuius uita uirtutibus plena habetur. Apud Alexandriam sanctæ Eufrasinæ uirginis. Ipso die sancti Paragodæ, separati Viennensis episcopi, Clarique sancti Basilij episcopi, & sancti Eugendi abbatis.

B. IIII. NON. IANVARII.

NAtale beati Macharij abbatis. & in Ponto ciuitate Thomis natale fratrum Argei Narcissi, & Marcellini pueri, qui sub Licinio inter tyrones comprehensus, cum nollet militare, cæsus ad mortem, & diu in carcere maceratus, in mare mersus martyrium consummauit. Corpus eius ad litus delatum, & à religiosis uiris depositum, magnis coruscat uirtutibus. Et sancti Isidori episcopi & martyris.

C. III. NON. IANVARII.

ROmæ natale sancti Antheri papæ & martyris, qui uicesimus post beatum Petrum, cum duodecim annis, mense uno, diebus duodecim rexisset ecclesiam, passus est sub Maximiano, & in cœmiterio Callisti sepultus est uia Appia. In ciuitate Parisiorum sanctæ Genouefæ uirginis, quæ à beato Germano Altisiodorensi episcopo Christo dicata, admirandis uirtutibus late claruit, & usque ad octogesimum annum in Christi seruitute consenuit. Eodem die sancti Florentij Viennensis episcopi, & martyris octaui eiusdem urbis. Natale sancti Theogenis martyris, & sancti Petri martyris. In Thomis ciuitate natale sancti Filij episcopi, qui post alia tormenta in mare est mersus.

D. PRID. NON. IANVARII.

NAtale beati Titi, apostolorum discipuli, qui ordinatus est ab apostolo Paulo Cretensium episcopus: cui scripsit epistolam omni ecclesiæ Dei utilissimam idem apostolus. Demum post prædicationis officium fidelissime consummatum, beato fine quiescens sepultus est in ecclesia, ubi à beato apostolo fuerat dignus minister constitutus. Apud Africam natale sanctorum Aquilini, Geminii, Eugenij, Marciani, Quinti, Theodori & Triphonis, præclarissimorum martyrum, quorum gesta habentur. Eodem die Romæ sanctorum martyrum Prisci presbyteri, & Priscilliani clerici, atque Benedictæ religiosissimæ fœminæ, tempore Iuliani impijssimi Augusti, qui gladio martyrium compleuerunt. Item Romæ beatæ Dafrosæ, uxoris beati Fabiani martyris, quæ post damnationem uiri sui primum relegata est exilio, deinde ab impio Iuliano capite iussa est puniri. & sancti Ferrutij martyris.

E. NON. IANVARII.

ROmæ natale sancti Telesphori papæ, qui septimus post Petrum apostolum pontifex ordinatus, sedit annos undecim, menses tres, dies uiginti unum. Hic constituit, ut septem hebdomadibus ante Pascha ieiunium celebraretur, & in natiuitate Domini nostri Iesu Christi missæ noctis celebrarentur, ac hymnus angelicus, id est, Gloria in excelsis Deo, ante sacrificium missæ celebraretur, illustrique ad extremum sub Hadriano principe martyrio decessit. Item apud Antiochiam beati Symeonis monachi depositio, qui tertio decimo ætatis suæ anno, huic sæculo abrenuncians, monasterium expetiuit: ubi non sæpissimo die cibum sibi indulgens, psalterium intra quatuor menses didicit: postremo in columna, usque ad finem uitæ suæ stetit. Ierosolymis depositio Symeonis prophetæ, qui Dominum Iesum in ulnis portauit.

F. VIII. IDVS IAN.

EPiphania Domini. Eodem die passio sanctæ Marcæ uirginis. Quæ cum Ricciouarus præfectus torqueri, & in ignem præcipitari iussisset, illæsa permansit. Deinde mamillis abscissis, & squalore carceris afflicta, super testas acutissimas & prunas uolutata, orans migrauit ad Dominum.

G VII. IDVS IAN.

REuersio pueri Iesu ex Aegypto. Et natale sancti Luciani Antiochenæ ecclesiæ presbyteri & martyris, uiri doctissimi atque eloquentissimi, qui passus est Nicomediæ sub persecutione Maximini, sepultusque Helenopoli Bithyniæ. In Antiochia beati Cleri diaconi & martyris, qui post plurima tormenta decollatus est.

A. VI. IDVS IAN.

NEapoli Campaniæ sancti Seuerini episcopi & confessoris, fratris beatissimi Victorini, clarissimi uiri in miraculis: qui & ipse fratris imitator, post multarum uirtutum perpetrationem, sanctitate plenus quieuit: sepultus in loco, ubi priusquam ad episcopatum uocaretur, collectus fuerat. Bellouaco sanctorum martyrum Luciani, & Maxiani, & Timothei in Gergia.

B. V. IDVS IAN.

IN Mauritania Cæsariensi sanctæ Marcianæ uirginis & martyris. Eodem die apud Antiochiam sancti Iuliani martyris, & Basilissæ coniugis eius. Hi itaque sanctissimo uoto casti coniuges, aliquot annos pariter uixerunt, castam sub uirginem Christo seruantes, & monasteria de rebus suis instituerunt, ut ad decem millia monachorum pater beatus Iulianus hæret. Basilissa uero multarum uirginum mater, quarum multitudine eum tam uxoriscem præmisisset ad Dominum, ipsa conuersatione uitæ probatissima, inter uerba orationis migrauit ad Dominum. Iulianus uero postmodum à Marciano præside, per innumera bella tormenta, & cruciatus ad ultimum ferire iussus est, cum Antonio presbytero & Marcionella, & Celso puero, filio eius.

C. IIII. IDVS IAN.

APud Thebaidem natale beati Pauli, primi eremitæ, qui à sextodecimo ætatis suæ anno, usque ad centesimum tertium decimum solus in eremo permansit: cuius animam inter apostolorum & prophetarum choros ad cœlum ferri ab angelis Antonius uidit. Sancti Igini papæ, qui sedit Romæ annos quatuor. Hic constituit clerũ, & distribuit gradus. Sepultus est in Vaticano tertio idus Ian. Apud Cyprũ beati Nicanoris, qui unus fuit de septẽ primis diaconibus.

D. III. IDVS IAN.

APud Alexandriam natale sanctorum confessorũ, Petri, Seueri, Leucij, quorum gesta habentur. In Africa natale sancti Saluij. In huius natali S. Augustinus sermonem fecit ad populũ Carthaginis. Reductio Domini de Aegypto.

E. PRID. IDVS IAN.

APud Achaiã natale sancti Satyri martyris, uide Arabiæ, qui transiẽs ante quoddã idolũ, et exsufflasset in illud, signans sibi frontẽ, statim corruit: ob quã causam decollatus est. Eodẽ die sancti Archadij martyris, genere & miraculis clari.

F. IDVS IAN.

ROmæ uia Lauicana, coronæ militum quadraginta, sub Gallieno imperatore. Pictauis sancti Hilarij episcopi & confessoris, qui ob catholicã fidem quadriẽnio in apud Phrygiã relegatus, inter alias uirtutes fertur quòd mortuũ suscitauerit. Apud Viennã sancti Veri episcopi, qui præfuit ecclesię post sanctũ Eterium. Treueris sancti Agritij episcopi. & octaua Epiphanię.

G. XIX. CALEND. FEBR.

APud Nolam Campaniæ beati Felicis presbyteri. Hic à Maximiano Nolanę urbis episcopo, presbyterij honore prælatus est. Qui cũ multa à perfidis pro nomine Christi pertulisset, uolentibus omnibus eiusdem urbis ut episcopus leuaretur, non consensit, sed alterum eligens ad pontificatus honorem, ipse duodecim post annos, cessante persecutione, Dominica die mysterijs completis, data pace cunctis se in pauimentum oraturus proiecit: moxque beati uiri anima de carnis ergastulo egressa, felicia regna ipse uere felix conscendit: sepultusque est iuxta urbem ab Hermilio sancto presbytero, in loco qui dicitur Pincis, ubi claris fulget uirtutibus. Apud Viennam sancti Cadeoldi episcopi.

A. XVIII. CALEND. FEBR.

ABacuc & Michææ prophetarum, quorum corpora sub Arcadio imperatore diuina reuelatione reperta sunt. Item beati Machorij abbatis, discipuli beati Antonij, uita & miraculis celeberrimi. Ipso die beati Isidori, in sanctitate uitæ, fide, ac miraculis præclari. Apud Biturigas ciuitatem, translatio sancti Sulpicij episcopi & confessoris, qui à pueritia sacris literis eruditus, & sanctæ conuersationis luce conspicuus, etiam laicus uirtutibus clarus: post etiã coma deposita monachorum pater extitit, atque inde ad episcopalem prouectus cathedram, uita clarus quieuit. Et sancti Mauri abbatis.

B. XVII. CALEND. FEBR.

ROmæ uia Salaria in cœmiterio Priscillæ, natale sancti Marcelli papæ: qui iubente Maxentio imperatore, primo cæsus fustibus, & à facie eius, quem corripiebat, expulsus est. Hic fecit cœmiterium in uia Salaria, & uiginti quinque titulos in urbe Roma constituit, propter baptismum & pœnitentiam multorum, qui conuertebantur ex paganis, & propter sepulturas martyrum. Post multos itaque annos in famulatu Dei in catabulo cilicio defunctus est, & corpus eius ablatum à Iohanne presbytero & beata Lucina, sepultus est in cœmiterio Priscillæ. Apud Arelatem sancti Honorati episcopi, cuius uita, doctrina & miraculis illustris refulsit. Et sancti Fursei confessoris.

C. XVI. CALEND. FEBR.

IN Aegypto apud Thebaidem beati Antonij monachi, qui licet nullas sciuerit literas, scripturas tamen diuinas & memoriter audiẽdo intellexisse, & prudẽter cogitãdo sensisse prædicatur, multorumque monachorũ pater uita præclarissima uixit: cuius corpus sub Iustiniano imperatore diuina reuelatione repertũ, Alexandriã delatũ est, & in ecclesia beati Iohannis baptistæ humatũ. Apud Lingonas natale sanctorũ geminorũ Speusippi, Eleusippi, & Meleusippi. Qui cum essent uirgines quisque annorum, cum auia sua Leonilla, & Lonella & Neone, martyrio coronati sunt, tẽpore Aureliani imperatoris. Gemini quidẽ in una arbore suspensi, ligatis manibus sursum, pedibus uerò deorsum ita extensi, ut penè putarentur ab ipsis membrorũ cõpage separari: & post hæc in ignẽ præcipitati, nec tñ læsi, sed inter uerba orationis simul migrabũt ad Dñm.

D. XV. CALEND. FEBR.

CAthedra sancti Petri apostoli, qua primum Romæ sedit. Eodẽ die natale sancti Publij Athenarũ episcopi, qui princeps insulæ Melite, cum nauigaret beatũ apostolũ Paulũ Romã sub custodia detentũ per triduũ hospitio recepisset, humanè tractasset (ut beatus Lucas refert) patrẽ ipsius Publij contigit febribus & dysenteria uexatũ iacere: ad quẽ cum intrasset beatus Paulus, & imposuisset illi manus, & orasset, sanauit eum. Quẽ Publiũ adhærentẽ sibi beatus Apostolus postea ordinauit episcopũ, ad prædicandũ directus: & præclarus uirtutibus, & doctrina præfulgens, ob Christũ martyrio gloriosè coronatur. Nã prius Dionysius, inde Publius iste Athenis præfuit. Ipso die natale sanctæ Priscæ uirginis & martyris. Et in Ponto natale sanctorum martyrũ, Mosei & Ammonij: qui cum essent milites, primo ad metalla deputati, consummati igni sunt traditi.

E. XIIII. CALEND. FEBR.

IN Smyrna natale sancti Germanici martyris. Qui cum primæuæ ætatis uenustate floreret, per gratiã uirtutis Dei metũ corporeæ fragilitatis excludens, sponte præparatã sibi bestiã damnatus à iudice prouocauit: eius dentibus comminutus, uero pani, id est, Domino Iesu Christo martyrio pro ipso meruit incorporari. Eodẽ die sancti Pontiani martyris. Ipso die natale sanctorum Marij & Marthæ, cum filijs suis, Audifacee & Abacuc, nobilium de Persida, qui ad orationẽ uenerunt Romã tempore Claudij principis: quibus post tolerata fustes, equuleum, ignem, ungues, manuũ præcisionem, Martha in puteum proiecta necata est, cæteri sunt decollati, & aliorum plurimorum.

F. XIII. CALEND. FEBR.

ROmae Fabiani episcopi, qui cum quatuordecim annos, menses undecim, dies decem in ecclesia praefuisset, passus est martyrium, tempore Decij, & in coemiterio Callisti sepultus. Hic regiones diuisit diaconibus, & fecit septem subdiaconos, qui septem notarijs praeeminerent, ut gesta martyrum in integrum colligerent. Eodem die sancti Sebastiani martyris, qui in tantum carus erat Diocletiano & Maximiano imperatoribus, ut principatum ei primae cohortis traderent. Quem Diocletianus ubi Christianum cognouit, iussit ligari in medio campo, quasi signum ad sagittam, & sagittari a militibus. Qui cum sagittis plenus, quasi hericius staret, putantes eum mortuum, abierunt. Nocte autem ueniens quaedam mulier, nomine Hirene, tollere corpus, inuenit eum uiuum, & adduxit in domum suam, & curam eius egit: qui ibi conualuit, multos in fide confortauit, nec mora, ipsis imperatoribus apparens, hos pro ut digni erant, corripuit. Tunc iussit eum Diocletianus in hippodromum palatij duci, & fustigari donec deficeretque mortuum in cloacam maximam miserunt. Sed ille apparuit in somnis sanctae matronae Luciniae, dicens, Iuxta circum inuenies corpus meum pendens in unco, hoc sordes non tetigerunt: & dum leuaueris, perduces ad Catacumbas, & sepelies me in crypta, iuxta uestigia apostolorum. Quae ipsa nocte ueniens cum seruis, quod iussa erat, compleuit.

G. XII. CALEND. FEBR.

NAtale beatissimae Agnetis uirginis & martyris, quae tertiodecimo aetatis suae anno, in urbe Roma passa est. Haec dum ab scholis reuerteretur, a praefecti filio adamatur: quae cum nullo modo sibi sociare ualuisset, post multa tormenta in gutture eius gladio percussa est. Passa est autem beata Agnes sub praefecto urbis Symphroniano uicario eiusdem urbis Aspasio. In Hispania ciuitate Tarracona natale sanctorum Fructuosi episcopi, Augurij & Eulogij diaconorum, qui tempore Gallieni sub Aemyliano praeside primo in carcerem trusi, deinde flammis iniecti, exustis uinculis, manibus in modum crucis expansis, orantes ut uri eremum obtinuerunt, & mox unus e fratribus & filia praesidis, quae assistebat, uiderunt sanctorum animas caelum conscendere coronatas. Apud Trecas sancti Patrocli martyris.

A. XI. CALEND. FEBR.

IN Hispanijs natale sancti Vincentij diaconi & martyris, qui cum Valerio episcopo suo a Caesaraugusta ciuitate Valentiam usque grauibus neruis catenis, iubente Daciano perductus est, ibique fame & squalore carceris diu maceratus, tormentis equulei, & ungularum horrenda laceratione uexatus, etiam grabato ferreo adustus est uisceribus, arulae, ignis, & crepitante sale perfusus est: post haec in teterrimum carcerem trusus, distractis in neruo cruribus, super acutissima testarum fragmenta proiectus est: ubi tamen lux ingens apparuit, & uirtute Dei solatium martyr inter angelos, a quibus uisitari meruit, hymnum canebat, ita ut ipsi custodes crederent. Mane autem facto, cum iussisset eum Dacianus in lecto mollissimo reclinari, ut aliquantulum recreatus acrius denuo torqueretur, inuictus spiritum Christo reddidit. Tunc Dacianus corpus eius in campo ferris & auibus iussit exponi: sed mox coruus diuinitus ad custodiam eius datus, non solum alias aues arcebat, sed & immanem lupum a sancto corpore repulit. Quod cum nunciatum Daciano esset, iussit eum insuticulleo, in profundum maris cum grauissimo saxi pondere immergi: sed prius uirtute Dei super undas natans, ad litus delatus, & harenis conditus est, quam remiges potuissent pertingere. Inde cum se sanctus martyr cuidam fideli anui locum ostendisset, cessante persecutionis rabie, a Christianis reuerenter sublatus, & in basilica conditus est. In Gallijs ciuitate Ebreduno, sanctorum martyrum, Vincentij, Oroncij & Victoris. Romae ad Aquas saluias natale sancti Anastasij monachi, & martyris de Persida, qui post plurima tormenta carcerum, uerberum & uinculorum, quae in Caesaria Palestinae perpessus fuerat, a Persis postremo in Perside multa poena affectus, atque ad ultimum decollatus est a rege eorum Chosroe, cum alijs septuaginta. Reliquiae corporis eius prius Hierosolymis ad monasterium suum, deinde Romam delatae, uenerantur in monasterio beati Pauli apostoli, quod dicitur ad Aquas saluias: & sancti Vincentij presbyteri & martyris.

B. X. CALEND. FEBR.

ROmae sanctae Emerentianae uirginis & martyris, quae erat collactanea sanctae Agnetis: & dum orares ad sepulchrum eius, ut eam a gentilis iglione defenderet, lapidata est ab eis. Et in Mauritania, ciuitate Neocaesarea, natale S. Seueriani, & Aquilae uxoris eius, qui ignibus combusti sunt. & in Philippis beati Parmenae diaconi, qui unus fuit de septem diaconibus. Qui traditus gratiae Dei a fratribus, iniunctum officium praedicationis plenus fide consummauit, martyrij gloriam adeptus, Philippis quieuit.

C. IX. CALEND. FEBR.

APud Ephesum natale sancti Timothei discipuli beati Pauli, qui apud Ephesum a beato Apostolo episcopus ordinatus, post multos pro Christo agones dormiuit: cuius corpus cum reliquijs beati Andreae & Lucae uicesimo Constantij anno Constantinopolim translatum est. Apud Antiochiam sancti Babylae episcopi, qui persecutione Decij, postea quam frequenter passionibus suis & cruciatibus glorificauerat Dominum, gloriose uitae finem fortiter cepit in uinculis: de quo in decimo ecclesiasticae historiae libro grande narratur miraculum. Nam cum Iulianus imperator ad idolorum cultum conuersus, quodam tempore Daphnis in suburbio Antiochiae iuxta fontem Castalium litaret Apollini, & nulla ex his quae quaerebat, responsa sibi peruenirent, causamque silentij perconctaretur a sacerdotibus, responderunt daemones Babylae martyris sepulchrum prope adesse, & ideo responsa non reddi. Tunc ille iussit Galilaeos (hoc enim nomine nostros appellare solitus erat) & auferre sepulchrum martyris iubet. Mox igitur Christiani conuenientes magna exultatione succensi, sustulere aras martyris, & psallentes in auditu prophani principis, per sex milia passuum summis vocibus & cum exultatione dicebant, Confundantur omnes, qui adorant sculptilia, & qui gloriantur in simulachris suis. Et Neocaesarea ciuitate natale sanctorum martyrum, Martioni, Musoni, Eugenij, Mitelli, qui igni traditi sunt, & reliquiae eorum in Axium fluuium dispersae. Et natale item sanctorum, Vrbani, Prisciani & Eupoloni.

D. VIII. CALEND. FEBR.

COnuersio sancti Pauli. Eodem die sancti Ananiae apud Damascum, qui beatum Paulum baptizauit. Apud Cabilonem, ciuitatem sancti Seueriani episcopi, mirandae sanctitatis & doctrinae viri. Item natale Praiecti Aruernensis episcopi, & natale sancti Gregorij theologi.

E. VII. CALEND. FEBR.

NAtale sancti Polycarpi beati Ioannis apostoli discipuli, qui ab eo Smyrnae episcopus ordinatus, totius Asiae princeps fuit. & post diua tormenta ad vltimum positus in medio rogo, mucrone perfossus, tantusque profusus est sanguis, vt ignem extinguerit. Passi sunt cum eo & alij duodecim ex Philadelphia venientes. Tunc etiam Germanicus athleta Christi insignis, glorioso martyrum agone transactus est. nam cum a iudice damnatus fuisset ad bestias, vltro illas praeparatas bestias prouocauit, despiciens temporalem mortem, & coronam vitae aeternae velocius adipisci desiderans. Eodem die natale sancti Theogenis martyris, & aliorum sex. Apud Bituricas ciuitatem, sancti Sulpitij episcopi & confessoris.

F. VI. CALEND. FEBR.

NAtale sancti Ioannis episcopi Constantinopolitani, cognomento Chrysostomi, qui uerbo atque exemplo plurimum profuit Christianae religioni. Item beati Mauri abbatis monasterij Bonacensis. Et apud Bethleem Iudaeae dormitio sanctae Paulae matris Eustachij virginis Christi. Quae cum esset e nobilissimo senatorum genere, abrenuncians seculo, & opibus suis in pauperes erogatis, Christi consecuta est paupertate, & apud praesatum oppidum Dominicae natiuitatis gloriosum monasterij virginalis extitit mater. Huius vitam virtutibus admirandam S. Hieronymus scribens, testatur eam longo coronatam esse martyrio. Et sanctorum Dori, Iuliani, Vincentij & aliorum.

G. V. CALEND. FEBR.

NAtale sanctae Agnetis secundo. Et in ciuitate Apollonia, Leucij, Tyrsi, Calenici martyrum, qui tempore Decij imperatoris sub praesidibus Cumbricio, Syluano & Bauduo, diuersis tormentorum generibus excruciati, Primus & vltimus abscissione capitis, medius coelesti voce euocatus, spiritu reddito martyrij cursum impleuerunt, & in Christo quieuerunt. Apud Alexandriam beati Cyrilli episcopi, qui catholicae fidei praeclarissimus extitit propugnator. Et in monasterio Leomanensi Iuannis presbyteri, serui Dei.

A. IIII. CALEND. FEBR.

ROmae natale Papiae & Mauri, militum, tempore Diocletiani, qui iudicem confitentes Saturnini & Sisinij martyrum, conuersi sunt ad fidem, statimque iussum est a Laodicio vrbis praefecto, vt ora eorum, qui Christum confitebantur, cum lapidibus contunderentur, & recluderentur in carcere, vbi baptizati sunt a beato papa Marcello, quos post dies duodecim educi iussit, sternique in terra, & fustibus caedi. deinde leuatos de terra plumbatis caedi, donec expirarent. Quorum corpora colligens nocte Ioannes presbyter, sepeliuit via Numentana ad nymphas beati Petri, vbi baptizabat. Scriptum est in gestis beati papae Marcelli. Treueris depositio beati Valerij episcopi, discipuli sancti Petri apostoli.

B. III. CALEND. FEBR.

APud Antiochiam passio S. Hippolyti, qui Nouati schismate aliquantulum deceptus, operante gratia Christi correctus, ad charitatem ecclesiae rediit, pro qua, & in qua, postea illustre martyrium consummauit. Hierosolymis beatissimi Mathiae episcopi, de quo mira & fide plena gesta narrantur, qui multa pro Christo perpessus, vltimo in pace vitam finiuit, qui octauus post Iacobum rexit ecclesiam. Item beati Alexandri. Hic Deciana persecutione pro confessione fidei, iudaeam situram, & vinculis carceris traditur. Qui cum longaeuitatis venerandae canicie praefulgeret, postquam frequenter passionibus suis glorificauerat Dominum, cum de vinculis ad tribunalia, & a tribunalibus rursus catenae ad vincula, inter ipsa vincula strictissima fidei sui sudentia tormenta bono fine quieuit. In Abodio monasterio natale Aldegundae virginis, quae temporibus Dagoberti regis Francorum ex nobili genere progenita, virginitatis propositum elegit, in quo & permansit, sepiusque illi angelica visio reuelata fuit, exhortans eam, vt in proposito permaneret. nouissime vero cum magna claritate coelestis luminis ad vitam migrauit aeternam.

C. PRID. CALEND. FEBR.

APud Alexandriam natale S. Metrani martyris, qui pagani correptum adhuc implia uerba proferre. Quod illo recusante, omne corpus eius fustibus colliserunt, vultumque & oculos acutis calamis terebrantes, extra urbem cum cruciatibus expulerunt, ibique quod in eo superrerat spiritus lapidibus excerunt. Item Saturnini, Thyrsi & Victoris. & apud Tridentinam vrbem, beati Vigilij episcopi & martyris. & natale sanctorum, Tarsi, Zotici, Ammonij, & Publij.

FEBRVAR. HABET DIES XXVIII, Lunam XXIX. in bissextili anno dies XXIX.

D. CALEND. FEBR.

APud Antiochiam passio sancti Ignatij episcopi & martyris. Apud Smyrnam sancti Pionij martyris, qui persecutione Antonini Veri, post insuperabilem responsionum constantiam, & squalorem carceris, vbi multos fratrum ad martyrij tolerantiam suis exhortationibus roborauit, ad vltimum cruciatibus multis uexatus, clauis confixus, & ardenti rogo superpositus, beatum pro Christo vitae finem sortitus est. Passi sunt cum eo & alij xv. Eodem die beati Effrem Edissenae ecclesiae diaconi. Apud Scotiam sanctae Brigidae virginis, cuius

vita

uita miraculis claruit. Quę cum signum altaris in testimonium uirginitatis [illegible] facta est. Et natale sancti Pauli episcopi ciuitatis Tricastinę, cuius & uita uirtutibus claruit, & mors pretiosa miraculis commendatur. In Graecia S. Polycarpi episcopi. & in Rausoa S. Seueri episcopi.

B. IIII. NON. FEBR.

PVrificatio sanctę Marię, quando cum infante repraesentata est in templo. Apud Caesaream beatissimi Cornelij centurionis, quem beatus Petrus baptizauit, quique apud praefatam urbem episcopali honore sublimatus, quieuit. Romę sancti Aproniani martyris, qui sub persecutione Maximiani imperatoris, cum praesentasset aspectibus Laodicij praefecti beatum Sisinium diaconum eductum de carcere (erat enim Commentariensis) & subito facta luce uidisset, uocemque pariter audisset, tremefactus cecidit ad pedes Sisinij diaconi dicens: Adiuro te per Christum quem confiteris, precandes me baptizare facias, & me pertingere ad coronam. Quem beatus Sisinius baptizatum, ad consignandum sacro chrismate Marcello papę obtulit. Quo praefectus comperto, iussit eum capitalem subire sententiam. Perductus est itaque uia Salaria miliario secundo, & truncato capite, martyr uictoriosus decessit. Aureliani depositio Sicceti uirginis deo sacratę. In foro Sempronij sancti Laurentij, Hippolyti. & natale S. Fortunati.

F. III. NON. FEBR.

APud Sebasten ciuitatem Cappadociae, passio sancti martyris Christi Blasij episcopi, qui sub Agricola praeside capite truncatus est cum duobus pueris, [illegible] mulieris de illis septem, quae per praedicationem eius confortatae & sub eodem praeside sunt martyrizatae. Lugduni depositio beati Lupicini episcopi. Viennę sancti Euentij gloriosi episcopi. In Africa B. Celerini diaconi & confessoris: & sanctorum martyrum Celerinaeque auię eius, & Laurentini & Ignatij, quorum prior patruus, sequens auunculus ipsius fuit, de quibus omnis gloriosis laudibus extat B. Cypriani epistola.

G. PRID. NON. FEBR.

IN ciuitate Aegypti, quę appellatur Thmuis, passio beati Phileae, eiusdem urbis episcopi & Philoromi tribuni militum Romanorum, cum quibus etiam innumera multitudo fidelium, ex eadem urbe pastoris sui uestigia sequens, persecutione Diocletiani martyrio coronata est. In foco Symfronij natale Gemini, Gelasij, Magni, Aquilini & Donati. Item Themonij, Gelasij.

A. NON. FEBR.

IN Patras ciuitate ordinatio episcopatus sancti Andreae apostoli. Apud Siciliam ciuitatem Catanensium passio sanctae Agathae uirginis sub Quintiano consule, tempore Diocletiani: quae post alapas & carcerem, post equuleum & tortionem, post mamillarum abscissionem, sed à Domino sanationem, post uolutationem in testulis, & carbonibus, tandem in carcere consummata est. Viennę beati Auiti episcopi, cuius fide & industria atque mirabili doctrina, tempore Gundobaldi regis, ab infestatione Arianae haereseos Gallię defensę sunt. & sanctorum Felicis, Fortunati & Saturnini.

B. VIII. IDVS FEBR.

ROmae uia Appia in coemiterio eiusdem passio sanctę Sotheris uirginis. In Caesarea Cappadociae natale S. Dorotheę uirginis, & Theophili sub Apricio praeside. Quae cum commendata esset duabus sororibus, id est Christę & Calistę, quae à fide nuper apostatauerant, [illegible] doloribus, ut eam auerterent à Christo, ipsa eas conuertit ad Christum, ita ut in cupam missae per praefectum, incensae ad martyrij palmam peruenerint. Postea uero Dorothea ducta ad locum poenarum, ubi & passa est, cum à Theophilo quodam scholastico irrideretur, quod ad paradisum uaderet, à sponso suo Christo rosas & mala ei mitteret: quae statim promisit se esse missuram. Ubi ergo uentum est ad locum, in quo iugulanda erat, paulisper oratione facta, [illegible] & uocato ad se quodam puerulo annorum sex, misit Theophilo dicens: Dic ei, Dorothea ancilla Dei, mittit tibi mala de paradiso sponsi sui Christi. Is accipiens, & gratias agens, quod petitionem eius impleuerit, coepit [illegible] repente [illegible] perfusus est, ut tota mente mutaretur: & cum grandi exultatione & clara uoce coepisset replicare: Benedictum nomen Dñi mei Iesu Christi, ob hanc confessionem mox & ipse tentus, ac suspensus in equuleo, [illegible] tortus est, ac [illegible] nouissime cum capite martyrium consummauit. Apud Aretium urbem natale sancti Anatholij martyris. In Gallia ciuitate Adarato, depositio sancti Vedasti episcopi & confessoris. Et in Elnone monasterio depositio sancti Amandi episcopi & confessoris. Romae Zotici, Irenaei, Iacinthi & Amantij. In Oriente sanctae Sotheris uirginis, quae grauiter & diutissime alapis caesa, cunctarum quoque poenarum genera uicisset, gladio martyrium consummauit.

C. VII. IDVS FEBR.

IN Britannijs ciuitate Augusta natale sancti Auguli episcopi & martyris. & sancti Moysetis uenerabilis episcopi, qui primo quidem in eremo solitariam uitam ducens, meritis & uirtutibus ac signis quae faciebat per illum Deus, magnificè innotuit, qui postmodum petente Mauuia Saracenorum regina, episcopus genti illius factus, fidei catholicę custodiam intemeratam conseruans, & gentem cui datus fuerat episcopus, ex grandi parte ad fidem Christi conuertit, atque in pace quieuit.

D. VI. IDVS FEBR.

ROmae natale S. Pauli episcopi. & [illegible] Apud Armeniam minorem natale sanctorum Dionysij, Aemiliani & Sebastiani. Apud Alexandriam natale sanctae Cointhae martyris. Hanc pagani cum eam ad idola perducerent, adorare cogebant. Quae cum illa execrando recusaret, uinctis pedibus eius innocentis, & per plateas totius ciuitatis [illegible] horrendo supplicio discerpserunt. Et sanctae Helenae reginae.

E. V. IDVS FEBR.

IN Alexandria sanctae Apolloniae uirginis, cui persecutores omnes primum dentes excusserunt: deinde constructo succenso rogo, cum comminarentur uiuam se eam incensuros, nisi cum eis impia uerbus pferret. At illa ut rogū uidit esse succensum, paululū quid intra semetipsam deliberans, repente de manibus impiorū prorupit, & in ignē quē parauerant, sponte prosiliuit: ita ut petere eternus etiam ipsi credetinaus authores, quod promptior inuenta est ad mortē foemina, q̄ persecutor ad penā. Sueuo apud Cyprum natale sancti Alexandri, Ammonij, & Ammonis, & aliorum triginta octo.

F. IIII. IDVS FEBR.

IN Campania natale sancti Syluani episcopi & confessoris. In Bethleem ciuitate Iudææ, sub Herode rege passio sancti Andreæ Apostoli. Bononiæ ciuitate depositio sancti Troiani episcopi & confessoris & Baldegundis abbatissæ. Romæ uia Lauicana militum decem, & depositio sanctæ Scolasticæ uirginis.

G. III. IDVS FEBR.

ROmæ Calocerij & Parthenij. Lugduni sancti Desiderij episcopi & martyris. Apud Viennam sancti Simplicis episcopi & confessoris. Item Alexandriæ depositio Eufrosinæ uirginis, quæ in monasterio mira uirtute abstinentiæ, & miraculis claruit.

C. PRID. IDVS FEBR.

IN Hispaniis ciuitate Barcinonę natale sanctę Eulaliæ uirginis, quæ passa est tēpore Diocletiani imperatoris, sub præside Hispaniarū Daciano: qui & sub eadē apud Barcinonā, sancti Cucupatis, & apud Gerundā sancti Felicē gloriosis cōstat martyrij accepisse coronas. In Africa passio sancti Damiani militis. In Alexandria Modesti & Ammonij infantum: & depositio Simplicij episcopi & confessoris.

B. IDVS FEBR.

APud Antiochiam natale Agabi prophetæ, de quo beatus Lucas scribit in Actibus apostolorum. In Militana ciuitate Armeniæ natale sancti Polyocti martyris, qui Latine interpretatur multū orans. Et natale sancti Gregorij papæ, qui rexit ecclesiā annos sedecim, Leonis & Constantini imperatorū tēpore. Hic uir castus, & in diuinis scripturis eruditus: hic in Germania per Bonifaciū episcopū uerbū salutis prædicauit: ille quadragesimali tempore, ut quinta feria ieiunium atq; missarum celebritas heret, quod non agebatur, instituit. Lugduni depositio beati Stephani episcopi.

C. XVI. CAL. MARTII.

ROme natale sancti Valentini presbyteri, qui post multa sanitatū & doctrinæ insignia fustibus cesus est, & sic decollatus est sub Claudio Cesare. Eodē die natale sancti Valentini Interamnensis episcopi, qui tentus a paganis ac uirgis cæsus, post diuturnā eandem custodiæ mancipatus, cum superari non posset, medio noctis silentio eductus de carcere, decollatus est iussu furioli Placidi urbis præfecti. Tunc Proculus, Ephebus & Apollonius, discipuli eius transferentes corpus ad suā ecclesiam Interamna urbis noctu sepelierunt. Vbi cum quotidianis uigilijs incubarēt, tenti a gentilibus custodiæq; sunt traditi cōsularī Leontio: quos ille iubet noctis medio suis tribunalibus præsentari, & cū a fide reuocari, nec blandimentis nec minis possent, iussit capite cædi: qui nō longe fuerūt a corpore sancti Valentini sepulti. Eodem die sanctorum martyrū Vitalis, Feliculæ, & Zenonis. Apud Alexandriā sanctorū Basil. Antonij, Protolici, qui immersi sunt mari. Item Cerionis presbyteri, Moseos, Bassiani lectoris, Agathonis exorcistæ, qui omnes igni combusti sunt. Item Dionysij, Ammonijq; decollatorum.

D. XV. CAL. MARTII.

ROmæ sancti Cratonis martyris. Qui cū haberet filium Cerimonē nomine scholasticū, qui inciderat in ægritudinē grauissimā, cumq; beato Valentino episcopo ad sanandū obtulisset, sub tali conditione ut si puer sanaretur, ipse cum omni domo sua fieret Christianus, sanato puero, quod promiserat impleuit: atq; cū uxore & uniuersa domo baptizatus, nō multis post diebus martyrio est consummatus. In Gallijs ciuitate Vasionensi depositio sancti Quinidij episcopi, cuius mortē in conspectu Domini preciosam, miracula crebra testātur. In Antiochia natale sancti Ioseph diaconi, Zenonis, Iuuentini. Item natale sanctæ Agapæ uirginis, Saturnini & Castulæ. In ciuitate Brixia sanctorum Faustini & Ionitæ martyrum.

E. XIIII. CAL. MARTII.

NAtale sancti Onesimi apostoli, de quo beatus apostolus Paulus Philemoni familiares literas mittit. Quem beatus idem apostolus episcopum ordinans, prædicationisq; uerbū ei committens, apud Ephesiorum ciuitatem reliquit: qui episcopus post beatum Timotheū & ipse resedit. Hic Romam perductus, atq; ibi per fidē Christi lapidatus, sepultus est Christi martyr primum ibi, inde ad loca, ubi fuerat ordinatus episcopus, corpus eius delatum est. Et in Cumis natale sanctæ Iulianæ uirginis, quæ tempore Maximiani imperatoris primo a suo patre Africano cæsa, & grauiter cruciata, deinde & a præfecto Eleusio, quem sponsum habuerat, nuda uirgis cæsa, & a capillis suspensa est, & plumbo soluto capite perfusa, & rursum in carcerem recepta, ubi palam cum diabolo conflixit, & rursus euocata rotarum tormenta, flammas ignium, ollam feruentē superauit, ac decollatione capitis martyriū consummauit. Quæ passa est quidē in Nicomedia, sed post paucū tēpus Deo disponente in Campaniā translata. Apud Aegyptū Iuliani cum alijs numero quinq; milibus.

F. XIII. CAL. MARTII.

IN Babylonia natale Polychronij episcopi eiusdem ciuitatis, qui præsente Decio persecutore, ore lapidibus cæso, manibus extentis, oculos ad cœlum eleuans, emisit spiritum. Scriptū est in passione sancti Laurentij.

G. XII. CAL. MARTII.

HIerosolymis beati Symeonis episcopi & martyris, qui traditur propinquus Saluatoris secundum carnem fuisse: constat tamen quia Cleophas, cuius filius iste fuit, frater erat Ioseph. Eodem die sanctorum martyrum Claudij, &

dij, & uxoris eius Prepedignæ, & filiorū Alexandri, & Cutiæ, & fratris Claudij beati Maximi. Qui cum essent præclarissimi generis, agente fratre eorū Gabinio presbytero, baptizati sunt à beato Gaio pontifice Romano, & postmodū exules facti, iubente Diocletiano à publico templo iussi: & Claudius quidē cū uxore sua & filijs deportatus in exiliū, deinde incendio cōcremati odoriferū sacrificiū martyrij Deo reddiderūt, ac sic postmodum apud Hostiam in mare iactati sunt, quorum reliquias Christiani per quotidie iuxta ciuitatem sepelierunt.

A. XI. CAL. MARTII.

ROmæ sancti Gabinij presbyteri, patris beatissimæ Susannæ, qui à Diocletiano diu in custodia uinculis afflictus, preciosa morte cœli gaudia comparauit. In Africa natale sanctorū Publij, Iuliani, Marcelli, item Iuliani, Marcelli, Tuli, Lampasi, Inauli.

B. X. CAL. MARTII.

ROmæ natale Gaij papæ. Et in Cypro natale Potamij, Nemesij & Didymi, & alibi Victoris, martyrū & Coronæ, & aliorū uiginti. Apud Tyrū, quæ est urbs maxima Phœnicis, natale beatorū martyrū, quorū numerū Dei scientia sola colligit, quos iubente Diocletiano Veturius magister militiæ diuersis tormentorū generibus sibi inuicē succedentibus, occidit. Primò flagris per omne corpus martyres laceradi mandabantur, post hæc tradebantur ad bestias, ad quos ducebantur leones, ursi, pardi, apri, tigres & tauri, sed à nullo horū læsi, ad ultimū gladijs peragūt, quod bestiæ nequiuerūt. Hos ducebāt, Tyrannio & Syluanus episcopi, qui postea bestiarū morsibus martyriū cōplecuerunt. Peleus atq; Linus episcopi cum plurimis clericis igne cōsumpti, Zenobius presbyter capite cæsus.

C. IX. CALEN. MART.

IN Africa natale sanctorū Verolis, Secundini, Sirici, Felicis, Saturnini, Fortunati, et aliorū sedecim. Et depositio Eucherij episcopi. Apud Siciliā sanctorū martyrū 79 qui sub Diocletiano per diuersa tormēta cōfessionis suæ coronā à Christo sibi paratā percipere meruerūt.

D. VIII. CAL. MARTII.

CAthedra sancti Petri, qua sedit apud Antiochiā, ubi & primū cognominati sunt discipuli Christiani. Apud Alexandriā, Abilij episcopi, q post beatū Marcū secundus episcopus, tredecim annos sacerdotiū ministrauit. In Hierapoli sancti Papiæ episcopi, auditoris Ioānis apostoli. Viennæ sancti Paschasij episcopi & cōfessoris. Ibi beati Aristionis, qui fuit unus de 72 discipulis Christi. In Nicomedia natale sanctæ Teclæ uirginis, discipulæ sancti Pauli apostoli, quæ sub Nerone imp. pro Christi nomine ignibus tradita, sed nō exusta, postea serpentibus atq; bestijs deputata, sed à nullo eorū est læsa, sed extremū uero in Seleucia cū uirginitatis martyrio atque uirtutum honore per somnum pacis migrauit ad Dominum. Romæ uia Tiburtina ad sanctū Laurentium natale sanctæ Concordiæ, quam Deciana persecutio trucidauit.

E. VII. CAL. MARTII.

IN Pannonia natale sanctorū Sereneri, Antigoni, Rouoli, Libij. Ipso die sancti Polycarpi presbyteri & cōfessoris, qui cū beato Sebastiano plurimos ad fidem Christi cōuerterūt, atq; ad martyrij gloriā cohortādo perduxit. Apud Hispaniā natale sancti Syrenī monachi, qui tempore Maximiani imperatoris, cū unus ex domesticis eius uxorē, hora incōgrua in horto, quē ipse sibi excolebat, deambulantē, acrius increpādo repulisset, iubente Maximiano tentus & Christianus esse cōfessus, capite cæsus est. Ipso die adsumptio [illegible] Euāgelista S. Matthias apostoli.

F. VI. CAL. MARTII.

NAtale sancti Matthiæ apostoli, q de septuaginta discipulis, pro Iuda traditore ab apostolis electus, forte in apostolatū subrogatus, in Iudæa Christi Euangeliū prædicauit. Ex inuentio capitis præcursoris, tēpore Marciani principis, quando ipse præcursor duobus monachis aliis se pręcepit, ut ad Herodis quondā regis habitaculū accedentes, caput suū sibi requirerēt, & inuentū digno honore recōderēt: quod ab eis inuentū & assumptū, sed non multo post cuiusdam figuli perdictū Emesam delatū est, Emessam ab ipso, & in quodā specu in urna sub terra nō paruo tempore ignobiliter reconditū est: donec demum sese sub caput ostēdit Marcello cuidam religioso presbytero, dum in eo specu habitaret. Ex quo tēpore cœpit in eadē ciuitate beati præcursoris decollatio ipso die, quo caput inuentū est, celebrari est celebrari. Apud Cæsareā Cappadociæ natale B. Sergij martyris, cuius gesta præclara habentur.

G. V. CAL. MARTII.

APud Aegyptū natale sanctorum Victorini, Victoris, Nicefori, Claudiani, Dioscori, Serapionis & Papiæ, sub Numeriano, agente Sabino duce. Quorū primus in pilā ex arbore cauatā, & undiq; circumforatā missus, ac per singula foramina diutissime transpunctus, & cum nimius sanguis effluxerit, eductus, è pila capite cæsus est. Secundus manibus ac pedib. amputatis in eandē pilam missus, pluribus tormētis sustinuit & nouissime gladio cæsus est. Tertius cū ultro in pilā sustinuisset ingressus, indignatus iudex iussit eū inde produci, & super craticulā prunis subditis aliquandiu per assari & inuerti. Cumq; in confessione persisteret, sublatus inde minutatim gladio cōcisus spiritū reddidit. Reliquorū quatuor Claudianus & Dioscorus flammis incensi, Serapion & Papias gladio consummati sunt. In Africa natale sanctorū Donati, Iusti, Rufini, Herenæ, Pisionis, Pamphili, Nestoris, & Catæ, & sanctæ Vualpurgæ uirginis.

A. IIII. CAL. MARTII.

IN ciuitate Pergen Pamphyliæ, natale sancti Nestoris episcopi, qui sub persecutione Decij cum die noctuq; orationi insisteret, postulās ut grex Christi custodiretur, cōprehensus à quodā Irenarcho principe ciuitatis, oblatus est præsidi Pollioni. Et cū nomen Christi cōstanter cōfiteretur, & dæmonia uerè ineret, iussus est à præside crudeliter [illegible] professionem [illegible] cum diceret, Vis nobilium esse, aut cum Christo nunc? Gul sanctus Nestor cum gaudio magno respondit dicens: Cum Christo meo & eram, & sum, & ero. Tunc praeses dictauit sententiam, ut qui Christum crucifixum fatebatur, tanquam dignus Deo suo, crucifixus soluerentur a ufta. Ille gratias agens Deo, cum iam affixus esset patibulo, docebat populum Christianum ut in fide persisterent. Post haec per eos omnes se genua flectentes cum eo orarent, expleta oratione, cum dixissent omnes Amen, reddidit spiritum. Eodem die beati Alexandri, Alexandrinae ciuitatis episcopi, gloriosi senis, qui post beatum Petrum, Arrium presbyterum suum, haeretica impietate depravatum, & diuina ueritate conuictum, de ecclesia eiecit. Item sanctorum Theonis, Opionis, Iusti, Donati, Ampliati, Ingenui.

B. III. CALEND. MARTII.

APud Hispaniam, in ciuitate Hispali, natale sancti Leandri episcopi, ad quem beatus Gregorius libros moralium scripsit, cuius praedicatione & industria tota Visigothorum gens ab Arriana impietate conuersa est. Eodem die in Alexandria natale sancti Iuliani martyris. Qui cum ita podagra esset constrictus, ut neque incedere neque stare posset, in sellula tralici offertur, cum his qui eum portabant, quorum unus negauit, alter nomine Eunus, cum Iuliano sene in confessione Christi perdurat. Qui iubente iudice camelis impositi, & per totam circumducti urbem, & flagris hinc inde inspectante populo laniati sunt, usque quo sub ipsis uerberibus finirentur. Apud Lugdunum sancti Baldimeri uiri Dei. In Thessalonica natale Alexandri, Androgoni, Abodareo. In Affrica Dionysii, & aliorum uiginti quatuor.

C. PRID. CALEND. MARTII.

IN territorio Lugdunensi locis uicinis beati Romani abbatis, qui primus illic uitam eremiticam duxit, & multis uirtutibus ac miraculis clarus, plurimorum postea pater extitit monachorum. Venerabile corpus eius positum est in finibus Vesuntionis. In Alexandria sanctorum martyrum Cerealis, Populi, Caii, Serapionis.

MARTIVS HABET DIES XXXI. LVNAM TRICESIMAM.

D. CALEN. MARTII.

ANdegauis depositio sancti Albini episcopi. Romae sanctorum martyrum ducentorum sexaginta, temporibus Claudii, qui uia Salaria arenam fodientes damnati sunt pro Christi nomine, quos iussit Claudius, ut instigata foris muros Salariae uiae tenentes, & ex locis inclusi in ciuitate amphitheatro, militibus sagittis interficerentur. Eodem die depositio sancti Suitberti episcopi & confessoris.

E. VI. NON. MARTII.

ROmae uia Latina sanctorum Iouini & Basilei, qui passi sunt sub Gallieno & Valeriano imperatoribus, & Simplicii papae, qui sedit annos quindecim. Hic Acacium Constantinopolitanum episcopum, & Petrum Alexandrinum episcopum, Eutychianos damnauit. Eodem die martyrum plurimorum sub Alexandro imperatore passorum, quos diu cruciatos impius Alexander capitali sententia in extremo damnauit. In Caesarea Cappadociae Lucae episcopi. In Porta Romana, Pauli, Secundoli, Ianuarii, & sanctorum Largi, Hergii & Absalonis.

F. V. NON. MARTII.

NAtale sanctorum martyrum Emetherii & Celidonii, qui primum apud Legionensem Gallaetiae ciuitatem, insistis exurgente persecutionis procella, pro confessione nominis Christi plurimis affecti tormentis, Calagurrim usque perducti, atque ibi martyrio coronati sunt: cumque capita lictores inciderent, miraculum populo magnum apparuit. Nam unius anulus, orarium alterius nube susceptum, & in caelos euectum est. Viderunt haec omnes qui aderant, & usquequo acies oculorum intendere potuit, fulgentium, candoremque linteï attonito sequebantur intuitu. Scribit haec Aurelianus Clemens, in libro coronatorum. Apud Caesaream Palaestinae sanctorum martyrum, militis Marini & Asterii senatoris, sub persecutione Valeriani. Scriptum est in historia Ecclesiastica. Et natale sanctorum Felicis, Luciolae, Fortunati, Marciae, Herodis, Anegonis, Ianuarii, Tutellae, Gabiani, Quirilli: item Felicis, Floriani, Donati.

G. IIII. NON. MARTII.

NAtale sancti Lucii papae & martyris, qui persecutione Valeriani & Galliani, ob fidem Christi exilio relegatus, & postmodum diuino nutu ad ecclesiam suam redire permissus, martyrium capitis obtruncatione compleuit, positus est uia Appia ad sanctum Statum. Sedit autem in episcopatu annos tres, menses tres, dies tres. Hic praecepit, ut duo presbyteri & tres diaconi in omni loco episcopum non desererent, propter testimonium ecclesiasticum. Item Romae uia Appia sanctorum martyrum nongentorum, qui sunt positi in coemiterio ad sanctam Caeciliam. Eodem die sancti Caii Palatini, in mare mersi. Romae depositio Iulii episcopi. & Nicomediae, & passio sanctorum Adriani cum alio numero triginta tribus.

A. III. NON. MARTII.

APud Antiochiam passio sancti Phocae martyris, qui post multas, quas pro nomine Redemptoris est passus iniurias, qualiter de antiquo illo serpente triumphauerit, hodie quoque populis declaratur. Denique si quempiam lethali coluber morsu infigeret, uenena diffudens, exemplo qui percussus est, ut ianuam Basilicae martyris credens attigerit, euacuata uirtute ueneni saluatur. Ite ipso die sanctissimi fabii Palatini, & aliorum nouem martyrum.

B. PRID.

B. PRID. NON. MARTII.

Nicomediae natale sanctorum Victoris & Victorini, qui per triennium cum Claudiano & Bassa uxore sua tormentis afflicti, & retrusi in carcere, ibidem uitae suae cursum impleuerunt. Et depositio sancti Quiriaci presbyteri.

C. NONAE MARTII.

In Mauritania, ciuitate Tuburbinatorum passio sanctarum martyrum Perpetuae & Felicitatis, & cum eis Reuocati Saturnini & Secundoli: quorum ultimus in carcere quieuit, reliqui omnes ad bestias traditi sunt, sub Seuero principe, die natali eorum. Quarum cum adhuc seruarentur in carcere, & Felicitas parturiret, omnium sanctorum commilitonum precibus impetratum est, ut octauo mense pareret. Iam uero Perpetuae inter alia cõcessum est, ut eius mens quodammodo auerteretur à corpore, in quo uaccae impetum pertulit, & ut adhuc futurum expectaret, quod in se iam gestum esse nesciret.

D. VIII. IDVS MARTII.

Apud Carthaginem sancti Pontiani diaconi, beati Cypriani episcopi, qui usque ad diem passionis eius cum ipso exilium sustinuit, & egregium uolumen uitae ipsius & passionis reliquit, atque Dominum in passionibus suis glorificans coronam uitae promeruit. In Nicomedia Quirilli episcopi & Capitulini. In Africa Rogati, Felicitatis, Rogati, Beatae, Herenae, Felicitatis, Urbani, Cyrilli episcopi, Syluani & Mamilli.

E. VII. IDVS MARTII.

In Sebaste Armeniae minoris quadraginta militum tempore Licinii regis, sub praeside Agricolao, qui post uincula & carceres creberrimos, post caesas lapidibus facies, missi sunt in stagnum, ubi gelu constricta corpora eorum noctu disrumpebantur, & manè crurium fractione martyrium consummauerunt. Deinde corpora eorum cumbusta, & in fluuium proiecta sunt: sed diuina dispensatione reliquiae eorum sunt integrae repertae, & honore digno conditae. Erant autem nobiliores inter eos Quirion & Candidus, nomina aliorum: Domitianus, Eunoicus, Sisinios, Heraclius, Alexander, Ioannes, Claudius, Athanasius, Valens, Helianus, Melition, Eutices, Acharius, Iubianus, Helias, Theodolus, Cyrillus, Flauius, Seuerianus, Cirion, Valerius, Chudion, Sacerdon, Priscus, Eutichius, Smaragdus, Philoctimon, Aetius, Micalius, Lysimachus, Domnus, Theophilus, Xisius, Agglius, Leõtius, Isaias, Gaius, Gorgonius.

F. VI. IDVS MARTII.

Natale sanctorum martyrum Alexandri & Gaii de Eumenia, qui apud Apamiam persecutione Antonini Veri martyrio coronati sunt, ut scribit Apollinaris Hierapolitanus, in libro aduersus Cataphrygas. In Persida natale sanctorum martyrum numero 42. In Sebaste natale Anatholiani & cõsoc. In Antiochia Agapetae, Argaei & Mariani, Satyri, Peronii. In Nicomedia Palatini, Firmiani & Rustici.

G. V. IDVS MARTII.

Apud Nissenam ciuitatem sancti Gregorii episcopi, fratris beati Basilii Caesariensis, uiri doctrina & eloquentia clarissimi. Apud Barcinonam Paciani episcopi, tam uita quam sermone clari: qui optima senectute mortuus est, Theodosii principis tempore. In Alexandria, Eraclii, Zosimi, Alexandri.

A. IIII. IDVS MARTII.

Romae sancti Gregorii papae, qui in lege Dei luculentissimus doctor extitit, & gentem Anglorum per Augustinum & Mellitum atque Ioannem seruos Dei ad fidem Christi conuertit, qui sedit ibi annos tredecim, menses sex, dies decem. Hic augmentauit in praedicatione Canonis, Diesque nostros in tua pace disponas. Eodem die beati Innocentii papae, qui rexit ecclesiam annos quindecim, menses duos, dies uiginti unum. Hic constitutum fecit de ecclesia, & Pelagium atque Caelestinum haereticos damnauit: & cõstituit, ut qui natus fuisset de Christiana, per baptismum renasceretur, quod Pelagius damnabat. Apud Nicomediam beati Petri martyris sub Diocletiano, eo quod detestabilis martyris sancti nomine supplicia causaretur, appendi iussus est, & flagris totum corpus laniari, & ulceribus iam pelle nudatis perfunditur aceto & sale: nouissime in craticula prunis substrata assatus finiuit. In Nicomediae natale sanctorum Egdunii presbyteri, & aliorum septem, qui diebus singulis suffocati sunt, ut caeteris metus incuteretur. & passio sancti Maximiliani martyris.

B. III. IDVS MARTII.

Apud Nicomediam natale sanctorum Macedonii presbyteri, & Patriciae uxoris eius, & filiae Modestae. In Nicaea ciuitate natale sanctorum martyrum Teusetae, & Horis filii eius, Theodorae, Nymphodorae, Marci, Arabiae, qui omnes igni traditi sunt. Iulii episcopi Alexandriae.

C. PRID. IDVS MARTII.

Romae natale quadraginta septem martyrum, qui baptizati sunt à Petro apostolo, cum teneretur idem Apostolus in custodia Mamertini, cum coapostolo suo Paulo, ubi nouem mensibus detenti sunt: qui omnes sub deuotissima fidei confessione Neroniano gladio cõsumpti sunt. In Carthagine sanctorum Donati, Effrodi, Primiani. In Nicomedia natale Felicissimi & Frontini.

D. IDVS MARTII.

In Cappadocia passio sancti Longini martyris, de quo in libello martyrii eius narratur, quod aliquando militasset sub centurione Romano, in passione Domini latus eius lancea in cruce aperuerit, & uiso terraemotu & signis quae fiebant, crediderit in Christum, postmodum autem agens de operibus pristinis poenitentiam, monachus factus, per uiginti & octo annos Christo militauerit, multos conuertens ad fidem Dei. ad extremum uero martyrium compleuit in Cappadocia sub Octauio praeside, qui propter infidelitatem suam diuino iudicio percussus corporis caecitate, post martyrium eius illuminatus est. Apud Thessalonicam ciuitatem natale sanctae Matronae: quae cum esset ancilla cuiusdam Iudaea,

& oc-

& occulte Christum colens, deprehensa à domina sua & usque ad mortem caesa, incorruptum spiritum reddidit.

E. XVII. CAL. APRIL.

ROmae natale sancti Cyriaci, qui post longam carceris macerationem, quam sub Maximiano pertulit, cum sociis suis Sisinnio & Smaragdo & Largo, post multa sua miracula, in quibus etiam filiam Diocletiani Arthemiam ipsius rogatu à daemonio curavit ac baptizavit, filiam quoque Saporis regis Persarum Iobiam, missus illuc à Diocletiano pro hoc ipso à daemonio liberavit ac baptizavit cum ipso rege & alijs quadringentis triginta: & rediens Romam post mortem Diocletiani, tentus est inter alios Christianos à filio eius Maximiano, & in custodiam missus, eo quod sororem suam Christianam fecisset. Deinde praecepitur in die processionis suae nudus catenis obligatus ante rhedam eius traheretur. Et post haec eductus de carcere, cum socijs Largo & Smaragdo & Crescentiano, per Carpasium vicarium pice liquata caput eius perfusum est: & rursum post dies quatuor eductus denuo de carcere, in catasta extensus ac tractus nervis & fustibus caesus, post dies aliquot sub eodem Maximiano capite truncatus est cum Largo & Smaragdo, & alijs viginti. Scriptum est in gestis Marcelli papae. Viennae sancti Isicij episcopi.

F. XVI. CAL. APRIL.

IN Scotia natale sancti Patricij episcopi & confessoris, qui primus ibidem Christum euangelizavit. Eodem die sanctae Gertrudis virginis, & natale Mariae martyris. Haec quoque cum esset ancilla cuiusdam Tertulli praeclarissimi, & nollet in natali filij eius prandio dominae suae interesse, sed magis Christianorum more ieiunijs operam daret, flagellis atrocibus ab eodem domino suo lacerata est. Sed cum non posset per hoc ab instantia servitij Christi, ad idolorum cultum revocari, iudici publico ad puniendum tradita est. Vbi dum carnifices eam incendio tradere voluissent, propter preces populi datae sunt ei induciae trium dierum. Triduo ergo completo, cum iterum puniri deberet, mirabiliter Domini misericordia erepta est. Nam cum orationem fudisset ad Dominum, petra ingens, quae ante eam fuerat, per medium scissa, illam ex in se recipiebat, & undique concludens ostium furori restitit: ad ipsam populus concurrens, cum vellet secundum iussum principis ipsum lapidem destruere, fulmine ac tonitru coelitus emisso, plurimi eorum interierunt, ita ut duo millia & septingenti ex ipsis divino iudicio extincti fuerint: pauci vero qui remanserant, conversi ad Dominum, in Christiana religione permanserunt.

G. XV. CAL. APRIL.

NAtale sancti Alexandri episcopi, qui de Cappadocia civitate sua veniens, cum desiderio sanctorum locorum Ierosolymam pergeret, & Narcissus episcopus eiusdem urbis, iam senex regeret ecclesiam, ipsi Narcisso & multis clericis eius revelatum est, altera die mane intrare ad episcopum, qui adiutor sacerdotalis cathedrae esse deberet. Itaque re ita completa, ut praedicta fuerat, cunctis in Palaestina in unum congregatis, admonente vel maxime Narcisso Hierosolymitanae ecclesiae cum eo gubernaculum suscepit: qui persecutione Decij cum iam longaevus aetate veneranda canicie prolegeretur, ductus Caesaream, & clausus carcere, ob confessionem Christi martyrio coronatus est. In Alexandria natale Catellici, & in Nicomedia Agapitis & Carnoti.

A. XIIII. CAL. APRIL.

IN Spolitana civitate natale beati Iohannis, magnae sanctitatis viri & confessoris, qui peregrinus de Syria illuc venit, & in suburbano eius aedificavit monasterium, & habitavit ibi quadraginta quatuor annis, ubi & requievit in pace, ubi praestantur beneficia Dei usque in hodiernum diem. Eodem die apud Surrentum sanctorum, Quinti, Quintilli, Quartillae, Marci, cum alijs novem. Lucaniae, Ingenij, & Rogatae & Timothei.

B. XIII. CAL. APRIL.

IN Britannia sancti Cuthberti, qui ex anachorita ecclesiae Lindisfarnensis antistes, totam ab infantia sua ad finem vitam miraculorum signis inclytam duxit: cuius dum undecim annis maneret corpus humatum, incorruptum quasi eadem hora defuncti simul cum veste, qua tegebatur, est inventum.

C. XII. CAL. APRIL.

APud Cassinum castrum natale sancti Benedicti abbatis, cuius vitam miraculis gloriosam in Dialogorum libris beatus papa scribit Gregorius. Eodem die beati Serapionis anachoritae. Et in territorio Lugdunensi sancti Lupicini abbatis, cuius vita sanctitatis & miraculorum gloria illustris fuit.

D. XI. CAL. APRIL.

IN Gallijs civitate Narbonae sancti Pauli episcopi & confessoris, discipuli apostolorum Christi, quem tradunt eundem ipsum fuisse Sergium Paulum proconsulem, virum prudentem, à quo ipse Paulus sortitus est nomen, quia ipse eum fidei Christi subegerat: qui quia ab eodem sancto Apostolo cum ad Hispanias praedicandi gratia pergeret, apud praefatam urbem Narbonam relictus, praedicationis officio non segniter impleto, clarus miraculis coronatus sepelitur. In Africa Saturnini, & aliorum novem. In Sebastia Dectoni & Alloni.

E. X. CAL. APRIL.

IN Africa sanctorum martyrum Victoriani, Frumentij & alterius Frumentij, & duorum Germanorum, qui omnes persecutione Vandalica sub Hunerico rege Arriano apud Africam pro constantia catholicae confessionis immanissimis supplicijs excruciati, egregie coronati sunt. In Africa natale Felicis, & aliorum viginti.

F. IX. CAL. APRIL.

ROmae sancti Pigmenij presbyteri. Hic Iulianum apostatam, & impium à puero nutri-

tum,

gauit, & literis etiã sacris erudiuit. Sed facta imperator, cultura in pietatis post quã reliquit, audito quod corpora sanctorũ martyrum, qui ab eo necabantur, idem Pigmenius sepeliret, mãdauit ei, Perge quò uis, iussa, hic enim non nec cabitur uita sua: tamẽ seruitijs tuis reddo, nisi tibi. Tunc sanctus Pigmenius in Persidã perrexit, ubi demoratus annos quatuor, factus est quemadmonetur Pigmenius in somnis, ut reuerteretur Romã. Cumq; post menses quatuor reuersus, diuum sacre uiae cum uno puero stipem petendo conscenderet, factum est, ut offenderet Iulianum imperatorem in rheda aurea sedentem: qui eminus conspiciens Pigmenium, uocari eum praecepit, dixitq; ei, Gloria dijs deabusq; meis, quia te uideo. Cui ait Dei sacer respondit, Gloria Domino meo Iesu Christo Nazareno crucifixo, quia te non uideo. Ad hanc uocem iratus Iulianus, iussit eum per pontem in Tiberim praecipitari. Cuius corpus inuentũ & collectum, sepultũ est in coemiterio Pontiani, non longe à sanctis Abdon & Sennen. Et natale sanctorum Seleucis & Agabi.

G. VIII. CALEND. APRIL.

APud ciuitatẽ Galilaeae Nazareth annunciatio Dominica: & Ierosolymae, ubi Dominus noster Christus crucifixus est. Et in Nicomedia natale Dulae ancillae cuiusdam militis pagani, quae pro castitate occisa est. Romae Cirini, qui interfectus à Claudio, & in Tiberim iactatus, in insula Lycaonia inuentus, & in coemiterio Pontiani conditus est. Et apud Smyrnã natale sancti Irenaei episcopi, qui tempore Maximiani imperatoris, sub praeside Probo, primo tormentis acerrimis uexatus, deinde diebus plurimis in carcere cruciatus, nouissime abscisso capite consummatus est.

A. VII. CALEND. APRIL.

ROmae uia Lauicana, in coemiterio eiusdem natale sancti Castuli: qui cum esset zetarius palatij, & hospes sanctorum, à persecutoribus arctatus, & ternis appensus, ternis auditus, in confessione Domini perseuerans, missus est in foueam, & dimissa est super eum massa harenaria, atq; ita cum palma martyrij migrauit ad Christum. Apud Pentapolim Libyae Theodori episcopi, Irenaei diaconi, Serapionis & Ammonij lectorum: & apud Sirmium natale sancti Montani presbyteri, qui cum Maxima uxore tentus, & in fluuium praecipitatus est, corporaq; eorũ nõ longe ab urbe sub lapide inuenta. Et depositio sancti Ludgeri episcopi & confessoris.

B. VI. CALEND. APRIL.

HIerosolymae resurrectio Domini nostri Iesu Christi. Apud Aegyptum beati Iohannis eremitae, admirãdae sanctitatis uiri, qui etiã prophetico spiritu plenus, Theodosio imperatori Christianissimo uictorias de tyrãnis praedixit.

C. V. CALEND. APRIL.

APud Caesaream Palaestinae sanctorum martyrum Prisci, Malchi & Alexandri, qui persecutione Valeriani, cum suburbanum agellum supradictae urbis inhabitarent, atq; in ea caelestedra ...

filio martyrij proponeretur corona, diuino sibi calore succensi, alterutro iudicem adeuntes, cur tantum in sanguinem piorum desaeuiret, obiurgantes: quos ille continuo pro Christi nomine bestijs tradidit deuorandos. Et apud urbem Cabilonensem depositio Gunthramni regis, qui ita se spiritualibus actionibus mancipauit, ut relictis seculi pompis thesauros suos ecclesijs & pauperibus erogaret. Romae Sixti papae, qui sedit Romae annos octo. In Africa natale Rogati, Successi, & aliorum sedecim. In Caesarea sancti Dagalaifi.

D. IIII. CALEND. APRIL.

DEpositio Eustasij abbatis, discipuli sancti Columbani abbatis, qui pater ferme sexcentorum extitit monachorum, & sanctitate uitae conspicuus, etiam miraculis claruit. Hic erat sanctorum iam nomine, natu diuino morum manibus suis cum lineamentis & aromatibus tractũ sepeliuit apud beatum Petrũ. Apud Africam sanctorum confessorum Armogasti, Archinimi & Sature. Hi tempore Vandalicae persecutionis sub Genserico rege Arriano, cum essent fortissimi membra ecclesiae Christi, & pro uirtute in Arrianorum libertate catholicae frequenter arguerent, pro confessione ueritatis multa & grauia perpessi supplicia atq; opprobria, cursum gloriosi certaminis impleuerunt. Et passio sancti Acharij.

E. III. CALEND. APRIL.

APud Paphum Tichici apostolorũ discipuli. In Numidia apud Cirtensem coloniã, natale sanctorum martyrum Agapi & Secundini episcoporum, qui persecutione Valeriani post longum exilium apud praefatam urbem, in qua tunc maxime gentilium caeco furore, & officijs militaribus, ad tentandam iustorum fidem, rabies diaboli infestantis inhiabat, ex illustri sacerdotio effecti sunt martyres gloriosi. Passi sunt in eorũ collegio Aemylianus miles, Tertulla & Antonia sacrae uirgines, & quaedam mulier cum suis geminis. Et natale Domni, Philipponi & Lacani & Nicei episcopi.

F. PRID. CALEND. APRIL.

ROmae sanctae Balbinae uirginis filiae Quirini martyris, quae beatum martyri torquis ferreũ iam de collo Alexandri papae secundum sibi ne in eãs cum pergeret, ut collo filiae suae strumã habentis imponeret, ecce puer subito cum facula apparuit, quem constat angelum Domini fuisse, & uenit ad puellam dicens, Salua esto, & in uirginitate permane, & ego te faciam uidere sponsum tuum, qui pro amore tuo sanguinem suum fudit. Perueniens pater, ut perficeret quod de Bolo euulsum fuerat, uidit subito filiam suam sanam: quae postmodum à sancto Alexandro baptizata & instructa, in uirginitate plena operibus bonis permansit: quae tamẽ post decursum secularis uitae cursum sepelitur iuxta patrem suum Quirinum martyrem. In Africa natale Anesij, & depositio Ambrosij episcopi. & natale septem uirginum.

APRIL. HABET DIES XXX. LVNAM VICESIMAM NONAM.

G. CALEND. APRIL.

ROmae beatissimae Theodorae, sororis illustrissimi martyris Hermetis, quem beatus Alexander papa instruxit ac baptizauit, eumque in fidem Christi docuit. Quae sub Aureliano imperatore martyrium compleuit, sepulta iuxta fratrem martyrem, uia Salaria, nõ lõge ab urbe Roma. Eodem die S. Venantii episcopi & martyris. Item in pago Vimonensi S. Vualarici confessoris, cuius sepulchrum crebris miraculis illustratur.

A. IIII. NON. APRIL.

NAtale sancti Nicetii episcopi Lugdunensis, cuius & uita miraculis claruit, & preciosa mors multiplicibus miraculis commendatur. Et apud Caesaream Cappadociae passio sanctae Theodosiae uirginis, quae tempore Diocletiani cum esset annorum decem & octo, ultro se sanctis confessoribus in custodia socians, tenta est ab urbis praefecto, & in equuleo cruciata, deinde ferro onusta, & in carcerem trusa, ubi uirtute Dei omnia uincula eius dirupta sunt. Post haec saxo alligata, in mare mersa est: sed mox incolumis litoribus reddita, bestiis in amphitheatro est proiecta: sed ab his intacta, martyrium capitis abscissione promeruit. In Africa, Amphiani, Victoris, & aliorum quatuordecim, & alibi Marcelli, Saturnini, Saulli, Quinti, reginae Proculae.

B. III. NON. APRIL.

THessalonicae natale sanctarum uirginum Agapis & Chioniae, sub Diocletiano, quae primum in carcere maceratae, postea in ignem missae sunt: sed intactae à flammis post orationem ad Deum fusam, animas reddiderunt. Apud Scythiae ciuitatem Thomis, natale sanctorum Euagrii & Benigni. Apud Tauromenium Siciliae S. Pancratii.

C. PRID. NON. APRIL.

MEdiolani depositio beati Ambrosii episcopi & confessoris, cuius studio inter caetera doctrinae & miraculorum insignia, tempore Arrianae perfidiae tota Italia ad catholicam fidem conuersa est.

D. NON. APRIL.

THessalonicae natale sanctae Hyrenis uirginis, quae post tolerantiam carceris, sagitta percussa est à Sisinio comite, sub quo & sorores eius simul Agape & Chionia martyrium compleuerunt. Item apud Aegyptum natale sanctorum Marciani, Nicanoris, Apollonii. Apud Caesaream Lyciae, natale sancti Amphiani.

E. VIII. IDVS APRIL.

ROmae sancti Sixti papae, qui rexit ecclesiam annos decem, menses duos, diem unum. Passus est autem temporibus Adriani imperatoris. In Sirmio natale Irenaei episcopi eiusdem loci.

F. VII. IDVS APRIL.

EGesippi uiri sanctissimi, qui uicinus apostolorum temporibus omnes à passione Domini usque ad suam aetatem ecclesiasticorum actuum texens historias, multaque ad utilitatem legentium pertinentia hinc inde cõgregans, quinque libros composuit, quibus sermones implicati sunt, quorum uestigia sequebantur. Dicit se quoque exprimere characterem, asseritque se uenisse sub Aniceto Romam, qui Decimus post beatum Petrum episcopus fuit, & perseuerasse usque ad Eleutherium eiusdem urbis episcopum, qui Aniceti quondam diaconus fuerat. Idem quoque Egesippus in libris suis refert de conuersatione sua, qua habuit ingenuam philosophiam: nam & ego ipse, inquit, sectae Platonicae institutus, audiens infamari Christianos, & uidens eos impauidos ad suscipiendam mortem atque omne supplicium tolerandum, considerabam quod impossibile esset in malitia atque in libidine eos conuersari. Romae Caelestini papae, qui rexit ecclesiam annos octo. Hic constituit, ut sacrata mysteria non tractarentur nisi à sacris ministris: & quicunque episcopus euocatus fuisset ad sedem Apostolicam, rediens ad parochiam suam, non reciperetur, nisi salutatorias literas, hoc est formatas à sede Apostolica, plebi detulisset. Hic etiam constituit, ut intra actionem missarum, Sanctus, sanctus, sanctus decantaretur: & ut psalmi Dauidis centum quinquaginta ante sacrificium antiphonatim canerentur, quum antea tantum epistolae recitabantur, & sanctum euangelium. In Alexandria natale Pelusii presbyteri. In Nicomedia natale Cyriaci cum aliis decem.

G. VI. IDVS APRIL.

TVronis sancti Perpetui episcopi admirandae sanctitatis uiri, cuius opera templum super ueneranda ossa beati Martini episcopi perfectum est, eiusque sacrum corpus de loco ubi primum humatum fuerat, ad locum ubi nunc condigne ueneratur translatum. In Africa natale Ianuarii, Maximae, Macharii, & in Carthagine Concessi.

A. V. IDVS APRIL.

APud Sirmium natale septem uirginum, quae in unum meruerunt coronari. Apud Antiochiam beati Prochori diaconi, praeclarissimi fide & miraculis uiri, martyrio consummati: qui unus fuit de septem primis diaconibus ibique quiescens.

B. IIII. IDVS APRIL.

EZechielis prophetae. Romae beatorum martyrum plurimorum, quos beatus Alexander papa & martyr baptizauit, cum tenerentur in carcere, & ipsi religati pariter cum illo. Hos omnes Aurelianus imperator naui uetustae impositos, in altum mare deduci, & illic ligatis collis, lapidibus mergi in profundum fecit.

C. III. IDVS APRIL.

APud Cretam urbem Cortinae beati Philippi episcopi, qui uita & doctrina clarus temporibus Antonini Veri & Lucii, Aurelii Commodi imp.

D. PRID. IDVS APRIL.

ROmae uia Aurelia milliario tertio, in coemeterio Calepodii, natale S. Iulii episcopi & confessoris, qui sub Constantio Ariano illius Constantini filio, multas tribulationes & exilia perpessus, post eius mortem cum magna gloria ad suam sedem reuersus est. Hic constituit, ut nullus clericus causam quamlibet in publico ageret, nisi in ecclesia [illegible]

& notitia fidei per nouitios colligeretur, & siue cautiones, uel instrumenta, aut donationes, uel commutationes, aut traditiones, uel testamenta, uel allegationes, uel manumissiones à clericis in ecclesia celebrarentur. Apud Veronam ciuitatem passio sancti Zenonis martyris, de quo beatus Gregorius in libr. dialogorum refert.

E. IDVS APRIL.

APud Pergamum Asiae urbem sanctorum Carpi episcopi, & Papyri diaconi, & Agathonicae optimae foeminae, aliarumque multarum, quae probatis confessionibus martyrio coronatae sunt, cum quibus & uir mirabilis Iustinus philosophus, qui habitu quoque philosophorum incedens, pro religione Christi plurimum laborauit, in tantum ut Antonino Pio, & filijs eius, & senatui librum contra gentes scriptum daret, ignominiamque crucis non erubesceret. Cumque iam secundum librum successoribus praefati imperatoris, id est, Antonino Vero, & Aurelio Commodo, pro religionis nostrae defensione porrexisset, remuneratione largitur fidelis martyrij munus accepit. Apud Hispanias natale Hermingildi, quem pater eius Leouigildus rex, Arianus, Gothorum ob fidei catholicae confessionem inexpugnabilem uidens, in carcerem & uincula coniecit, ubi nocte sancta Dominicae resurrectionis iussu perfidi patris securi percussus, regnum caeleste pro terreno rex & martyr intrauit. In ciuitate Chalcidonis natale Euphemiae uirginis & martyris.

F. XVIII. CALEND. MAII.

ROmae uia Appia in coemiterio Praetextati natale sanctorum martyrum Tiburtij, Valeriani & Maximi, sub Almachio praefecto, quorum primi fustibus caesi, & gladio sunt percussi, ultimus tamdiu plumbatis uerberatus est, donec spiritum redderet. Interamnis sancti Proculi martyris. Item sanctae Domninae uirginis, cum socijs uirginibus coronatae. Alexandriae beati Frontonis abbatis, cuius uita sanctitate & miraculis extitit gloriosa, & qui septuaginta ferme pater extitit monachorum.

G. XVII. CALEND. MAII.

IN ciuitate Corduba natale Olympiadis & Maximi nobilium, qui iubente Decio fustibus caesi & deinde plumbatis, ad ultimum capita eorum securibus tusa sunt, donec emitterent spiritum. Et in Hispaniis ciuitate Caesaraugusta natale sanctorum martyrum Optati, Luperci, Successi, Martialis, Vrbani, Iulij, Quintiliani, Publij, Frontonis, Felicis, Caeciliani, Euotij, Primitiui, Apodemi, & reliquorum quatuor, qui omnes Saturnini uocati esse referuntur. Apud Italiam natale sanctorum martyrum Romani, Eutychetis & Victorini, quos Aurelianus per uaria tormenta occidi fecit.

A. XVI. CALEND. MAII.

APud Corinthum Callisti & Carisi, cum alijs septem, omnium in mare mersorum. Romae sancti Aniceti papae, qui sedit in episcopatu annos undecim, & temporibus Seueri & Marci martyrio coronatus, sepultus est in coemiterio Callisti. Hic constituit, ut clerus comam non nutriret, secundum apostoli praeceptum.

B. XV. CALEND. MAII.

APud Africam natale sancti Mappalici, qui cum alijs pluribus martyrio coronatus est. Scribit beatus Cyprianus in epistola multa de illo. Apud Antiochiam natale sanctorum Petri diaconi & Hermogenis. Viennae sancti Panagathi episcopi. In Africa Fortunati et Marciani.

C. XIIII. CALEND. MAII.

APud Messanam Apuliae natale sanctorum martyrum Eleutherij episcopi, & Anthiae matris eius. Hic Eleutherius in Aquileia episcopus ordinatus, sub Adriano imperatore Romae passus est. Hic primum Felicem & Corremum comites ad fidem conuertit Christi, pro quo ipse Corremus percussus est gladio. Nam Eleutherius primum uicit lectum ferreum, deinde craticulam, & ignem supplicium, postea sartaginem cum pice & adipe feruentem, deinde bestias mitigauit, nouissime una cum matre iugulatur. Romae sancti Apollonij senatoris, qui sub Commodo principe a seruo proditus, quod Christianus esset, & imperatus ut rationem fidei suae redderet, insigne uolumen composuit, quod in senatu legit, & nihilominus sententia senatus pro Christo capite truncatus est.

D. XIII. CALEND. MAII.

IN Armenia ciuitate Militana natale sanctorum Hermogenis, Gaij, Expeditij, Aristonici, Rufi, Galatae, una die coronatorum. In Hispania ciuitate Caucoliberi natale sancti Vincentij martyris. Apud Corinthum beati Timonis, de illis septem diaconibus primus, qui apud Beroeam primo doctor sedit, deinde uerbum Domini disseminans uenit Corinthum, ibique a Iudaeis, & nomen Christi persequentibus Graecis traditur, ut primum flammis (ut ferunt) incensus sed nihil laesus, deinde cruci affixus martyrium suum impleuit, & sepultus est apud Corinthum gloriose.

E. XII. CALEND. MAII.

ROmae sancti Victoris episcopi, qui tertiusdecimus post beatum Petrum rexit ecclesiam annis decem, & sub Seuero principe martyrio coronatur. Hic constituit, ut sanctum pascha die Dominico celebraretur, & a quintadecima luna primi mensis usque ad uicesimam primam obseruaretur: & constituit ut necessitate facientes, siue in flumine, seu in mari, siue in fontibus, sub Christiana confessione, quicunque hominum ex gentibus uenientes baptizarentur. In Gallia ciuitate Ebredunense natale sancti Marcellini primi eiusdem urbis episcopi & confessoris. Romae sanctorum Sulpicij & Seruiliani.

F. XI. CALEND. MAII.

ROmae sancti Soteris papae, qui sedit in episcopatu annos nouem, sepultus est in coemiterio Callisti. Hic constituit, ut nulla monacha pallam sacratam contingeret in ecclesia, neque incensum poneret. Apud Persidem natale sancti Simeonis episcopi Seleuciae, & Thesiphontis regalis ciuitatis, qui persecutione Saporis regis Persarum, subitus eodem tyranno comprebensus, ferroque onustum, cum in ignis tribunal libere [illegible], de Domino Iesu Christo voce libera & constantissima testaretur, primum carcerali ergastulo cum aliis centum, e quibus alii episcopi, alii erant presbyteri, alii diversorum ordinum clerici, longo tempore maceratus, cum novissime iussus est cum omnibus decollari, ut caeteri eo [illegible] & ipse ultimus trucidaretur. Passi sunt cum eo etiam Usthazades eunuchus, nutricius regis, & Abdella atque Ananias, venerabiles senes: & Pusicius, praepositus artificum regalium, eo quod videns praefatum senem Ananiam sub ictu gladii trementem, exclamaverit constanter dicens, Paululum senex, claude oculos securus, mox Christi videbis aspectum. Filia quoque eiusdem Pusicii, virgo sacra, simul perempta est. Apud Alexandriam natale sanctorum Fortunati, Arathonis presbyteri, Felicis, Silini, Vitalis, qui in carcere quieverunt. In Asia natale S. Maximi martyris, qui tempore Decii post alia tormenta lapidibus oppressus est.

G. X. CALEND. MAII.

ROmae via Appia in coemiterio Callisti Caii papae. Hic constituit ut per omnes gradus primum ascenderet, siquis episcopus fieri mereretur, ut esset ostiarius, lector, exorcista, subdiaconus, diaconus, presbyter. Qui cum ecclesiam undecim annos, menses quatuor, dies duodecim rexisset, martyrio coronatus est sub Diocletiano principe, cum Gabinio fratre & presbytero. Agapiti pontificis, qui sedit Romae menses undecim. Hic ingressus Constantinopolim ad Iustinianum imperatorem Anthimum episcopum Constantinopolitanum, qui duas naturas in Christo negabat, deposuit, & in eius loco Mennam catholicum consecravit. Apud Persidem sanctorum martyrum plurimorum, qui iubente Sapore rege, saevo animo die, quo passionis Dominicae memoria celebratur, per totam Persidis regionem necati, ac pro Christi nomine gladio iugulati sunt. In quo fidei certamine passus est Milesius episcopus, sanctitate & miraculorum gloria insignis. Acepsimas episcopus, cum presbytero suo Iacobo, & Mareas, & Bicor episcopi cum clericis fere ducentis & quinquaginta monachis etiam & sacratis virginibus plurimis, inter quas etiam & soror sancti episcopi Simeonis nomine Tarbula cum pedissequa sua [illegible] alligata serraque [illegible], crudelissime necatur. In Corduba civitate natale Parmenii, Helimenae, & Chrysotelis presbyterorum, & Lucae & Mucii diaconorum de Babylonia, quorum primus Persa erat lingua loquebatur. Qui primo in equuleo suspensi, & nervis [illegible] attracti sunt, deinde laminis ardentibus circa latera appositis ustulati & ungulis lacerati, ad ultimum gladio trucidati sunt, persequente Decio. Lugduni Galliae S. Epipodii martyris sub Antonino Vero. Viennae S. Iuliani episcopi & confessoris.

A. IX. CALEND. MAII.

NAtale sancti Georgii martyris, qui sub Daciano rege Persarum potentissimo, qui dominabatur super septuaginta reges, multis miraculis clarus, plurimosque convertit ad fidem Christi, simul & Alexandriam uxorem ipsius Daciani usque ad martyrium confortavit, ipse vero novissime decollatus martyrium explevit, quamvis gesta passionis eius inter apocryphas connumerentur scripturas. In Galliis civitate Valentia natale sanctorum Felicis presbyteri, Fortunati & Achillei diaconorum, qui a beato Irenaeo Lugdunensi episcopo & martyre ad praedicandum verbum Dei missi, cum maximam partem supradictae urbis ad fidem convertissent, a duce Cornelio in carcerem missi, dein diutissime nervorum flagellatione distenti [illegible], post crura vinctis post tergum manibus, cruribusque confractis circa rotarum vertiginem illisis, fuliginis quoque amaritudine suppositae, diu ac noctem continuata equuleis extensione suspensi, ad extremum gladio consummati sunt. In [illegible] natale S. Vulfrandi episcopi, praeclari in miraculis virtute. S. Adelberti episcopi & martyris.

B. VIII. CALEND. MAII.

LUgduni Galliae natale sancti Alexandri, qui tertio post beatum Epipodium die productus e carcere, primo ita laniatus est crudelitate verberantium, ut crate soluta costarum, patefactis [illegible] secreta animae panderentur, deinde crucis affixus patibulo, beatum spiritum exhalavit. Passi sunt cum eo & alii numero viginti quatuor. Eodem die Meliti episcopi depositio in Britannia, qui tertius post Augustinum episcopum, Dorovernensem ecclesiam suscepit, & rexit annos quinque: sepultus in ecclesia beati Petri. Hac die Ananias, Azarias, Misahel, liberati sunt de camino.

C. VII. CALEND. MAII.

ROmae letania maior ad sanctum Petrum. Apud Alexandriam natale sancti Marci evangelistae. Hic discipulus & interpres apostoli Petri, Romae rogatus a fratribus scripsit evangelium. Quod cum Petrus audisset, probavit, & ecclesiae legendum sua auctoritate edidit. Quo assumpto, idem Marcus perrexit in Aegyptum, & primus Alexandriae Christum annuncians, constituit ecclesiam. At postquam constitutis & confirmatis ecclesiis per Libyam, Marmaricam, Ammoniacam, Pentapolim, Alexandriam, atque Aegyptum universam, ad ultimum tentus est a paganis, qui erant in festo Alexandriae, quia victimas eorum [illegible] missas faciebat, miserunt funem in collo eius, & trahebant eum ad loca Bucculi, quae erant iuxta mare, sub rupibus ubi erat ecclesia constructa, & defluebant carnes eius in terram, & saxa infectabantur sanguine. Vespere autem facto miserunt eum in carcerem, ubi circa mediam noctem primo angelica visitatione confortatus est, deinde ipso Domino sibi apparente, ad coelestia regna vocatus est. At mane dum traheretur ad loca Bucculi, gratias agens & dicens: Domine, in manus tuas commendo spiritum meum, defunctus est, & a viris religiosis sepultus sub loco lapideo excelso cum gloria. Ordinaverat autem pro se Alexandriae episcopum Anianum.

D. VI. CALEND. MAII.

ROmae natale S. Anacleti papae, qui quartus post beatum Petrum cum rexisset ecclesiam an-

nis

nis octoni, persecutione Domitiani martyrio coronatus est. Hic memoriam beati Petri construxit & composuit loca, ubi episcopi reconderentur. Hic presbyter à beato Petro est ordinatus, hic ad sacrificandum ductus sacrificauit, deinde poenitentia ductus, pro confessione veræ fidei capite truncatur. Hic constituit, ut quilibet cumque [illegible] sancta [illegible], sacerdotes nō indueret, sed cum [illegible]. Et natale sancti Marcellini papæ, qui cum ecclesiā nouem annis & mensibus quatuor rexisset, temporibus Diocletiani & Maximiani, ab eodem Diocletiano pro fide Christi, cū Claudio & Cirino & Antonino capite truncatus est, & post dies triginta quinque sepultus in via Salaria, in cubiculo à Marcello presbytero, & diaconibus cum hymnis. Quo tempore fuit magna persecutio, ut intra unum mensem xvii. milia hominū promiscui sexus, per diuersas prouincias martyrio coronarentur. Viennæ sancti Clarentij episcopi & confessoris.

E. V. CALEND. MAII.

ROmæ sancti Anastasij papæ, qui post beatū Petrū quadragesimus primus sedit, annos tres, dies decē. Hic Manichæos inuentos Romæ damnauit, & constitutum fecit, ut nullus Transmarinus in clericatū susciperetur, nisi quinque episcoporum designaret chirographo. In Nicomedia natale S. Anthimi episcopi & martyris, qui persecutione Diocletiani, ob confessionē Christi martyrij gloriā capitis obtruncatione promeruit: quē tanquam bonum pastorem uniuersæ pene gregis sui multitudines secutæ sunt: quorum alios præfatus tyrannus gladio obtruncari, alios ignibus conflagrari, alios nauiculis impositos immergi pelago fecit. Scriptum est in historia Ecclesiastica.

F. IIII. CALEND. MAII.

APud Rauennam natale sancti Vitalis martyris, qui fuit pater sanctorum Geruasij & Prothasij. Hic ergo fuit militans & consularis, & cum Paulino iudice suo Rauennam ingressus est: & cum uideret in conspectu iudicis sui Christianum nomine Vrsicinum, arte medicū, natione Ligurū, post nimia tormēta capitalē accepisse sententiā, & cum iam uideret eum timuisse ad palmā & expauisse, exclamauit: Noli, noli Vrsicine medice, qui alios curare cōsueuisti, teipsum æternæ mortis iaculo uulnerare: & qui per passiones nimias uenisti ad palmā, coronā à Domino tibi præparatā perdere. Audiens hæc Vrsicinus genu posuit, & spiculatore eius ut feriret, hortabatur: agens poenitentiā quod ui expauisset. Vsque martyriū consummauit idē Vrsicinus, Vitalis intra Rauennatē urbē eum sepeliuit, ad iudicem ultra uenire ipse contemnens. Tenetur itaque à Paulino consulari, ob id maxime factū, quod Vrsicinū suis exhortationibus roborasset: & post equulei tormenta iussus est perduci ad palmā (locus autē ubi decollabātur Christiani, hoc habebat uocabulū, eo quod arbor palmæ illic esset) & facta fouea, quousque inueniretur aqua, ibi supinus depositus, & terra ac lapidibus est oppressus. Alexandriæ sanctæ Theodoræ uirginis, de qua beatus Ambrosius scribit, quæ cum [illegible], in lupanar traderetur, miro Dei fauore est erepta. At ubi nec quispiam ad ostiū cellæ multitudine lasciuientium [illegible] diceret, repente quidam ex fratribus Didymus nomine, plenus fide diuinitus inspiratus, sumpto militari habitu, primus lupanar irrupit, & sanctæ uirgini cum uestes exponeret, illa militaris impositi exemplo, ipse uirginali ueste induitur. Sic uirgo egressa, & à nullo agnita, ad [illegible] fugiens euasit. Didymus præsidi exhibitus, & omne factū constanter exponens, Christianum se esse confessus, abscisso capite igni traditus est. Beata quoque uirgo, quæ pro custodia uirginitate ex lupanari profugerat, amore coronæ ad stadium regressa, simul cum Didymo percussa, simul coronata est. In Pannonia sancti Pollionis martyris, & sanctorū Aphrodisij, Caralippi, Agapij, & Eusebij martyrum.

G. III. CALEND. MAII.

APud ciuitatem Santonas natale sancti Eutropij martyris, qui à beato Clemente episcopo directus in Gallias, ab eodem etiam pontificalis ordinis gratia cōsecratus, impleto huius officij ordine, peracta in incredulis prædicatione, insurgentibus paganis, illiso capite uictor occubuit. Denique post multa annorū spacia, cum Palladius eiusdem urbis episcopus, & cum eo alij uiri Dei corpus eius honorifice deferri gratia in basilicam nouam transferrent, reserato sarcophago contemplati sunt cicatricem capitis, quā in parte dextram fuerat securis acumē. Cumque sequenti nocte strauissent sacerdotes membra quieti, apparuit eis per uisum dicens, Cicatricem quam contemplati estis in capite, scitote me per eam martyriū consummasse. Item sanctorū Mariani & Iacobi, quorū prior lector, sequens diaconus fuit. Romæ S. Cleti papæ, qui tertius post Petrū Romanæ urbis episcopatum annis xii. habuit, & ibidē martyrio coronatus est, sub Domitiano imperatore. & sancti Maximi martyris.

A. PRID. CALEND. MAII.

ROmæ sancti Quirini tribuni & martyris, sub Traiano imperatore: qui cum ex præcepto eius beatum Alexandrū papam, & Hermē præfectum in uincula coniecisset, habereque filiam cuius collū struma circumdederat, audita exhortatione beati Hermetis de fide Christi, & uisis signis, quæ Dominus in martyribus suis Alexandro & Hermete operabatur, ipsam suam filiam obtulit eis ad sanandum. Cui dixit beatus Alexander, Tolle boiam de collo meo, & impone ei. Quod cum pater obediens exequeretur, diuino munere sanata est filia. Vocabatur autem ipsa Balbina, atque ita pater eius cum uniuersis, qui in custodia tenebantur, omnique domo sua baptizatus est. Quod ut innotuit, Commentariensis Aureliano iudici tradidit, iudex ad se adduci Quirinum, & dixit ei, Ego te quasi filium dilexi: tu autem tradidisti me, deceptus ab Alexandro. Dixit ei Quirinus, Ego Christianus sum factus: si uis occidere, uis fustigare, uis incendere, aliud non ero. Nam omnes qui erant in carcere, fieri Christianos, & dimissi sunt; & maluerunt ussquam ire. Iratus Aurelianus fecit ei linguam abscidi, deinde in equuleo suspendi. Qui dum Aureliani non cederet iussionibus, iussit ei manus ac pedes abscindi, & sic eum decollari, & canibus projici. Sed Christiani corpus eius raptum in uia Appia, sepelierunt in cœmeterio Prætextati. In Alexandria natale Ephrodisij presbyteri, & aliorum triginta: & uigilia apostolorum Philippi & Iacobi.

MAIVS HABET DIES XXXI. LVNAM TRICESIMAM.

B CALEND. MAII.

Hieremiæ prophetæ. Et natale sanctorum apostolorum Philippi & Iacobi, filij Mariæ, quæ fuit soror matris Domini. Ex quibus Philippus cum pene Scythiam ad fidem Christi conuertisset, diaconibus, presbyteris & episcopis ibi constitutis, reuersus est ad Asiā, & apud Hierapolim dormiuit in pace. Iacobus uero qui & frater Domini legitur, post passionem Domini statim ab apostolis Hierosolymorum episcopus ordinatus est. Hic de utero matris sanctus fuit, uinum & siceram non bibit, carnem nullam comedit, nunquā attonsus est, nec unctus unguento, nec usus balneo. huic soli licitum erat ingredi sancta sanctorum: siquidem uestibus laneis non utebatur, sed lineis. Solusque ingrediebatur templum, & flexis genibus pro populo deprecabatur in tantum, ut camelorum duriciam eius genua traxisse uiderentur. Hunc Scribæ & Pharisæi præcipitauerunt de pinna templi, fullonis in cerebro percussus fuste occubuit. Triginta annis Hierusolymitanam rexit ecclesiam, iuxta templum sepultus. In Galliis sancti Andeoli subdiaconi, sub Seuero Cæsare, cuius caput in modum crucis scissum cum ligno est. Agauno passio sancti Sigismundi regis, filij Gundebaldi regis Burgundionum, qui cum se cerneret non posse Francis resistere, fugiens, coma deposita habitum religionis suscepit, & ieiunijs, uigilijs die noctuque uacans, raptus est à Francis cum uxore ac filijs, in puteumque demersus occubuit: postea uero cuidam abbati reuelatus est, & ab eo recuperantur sepulcro etiam miraculis claruit. Et natale sanctæ Vualpurgæ uirginis. Et in Hierosolymis passio sancti Iudæ siue Quiriaci episcopi, cui reuelatum est lignum Dominicæ crucis.

C. VI. NON. MAII.

Natale sancti patris nostri Athanasij, Alexandrinæ urbis episcopi & confessoris, qui multos Arrianorum perpessus insidias, quadragesimo & sexto anno sacerdotij sui, post multos agones, multasque patientiæ coronas quieuit in pace. Et natale sanctorum Saturnini & Neopolis, qui in carcere quieuerunt.

D. V. NON. MAII.

Hierosolymis inuentio sanctæ crucis, ab Helena regina sub Constantino principe: cuius & ipsa exstitit mater. Romæ uia Numentana, miliario septimo sancti Alexandri cum Euentio & Theodolo presbyteris, sub Traiano principe, iudice Aureliano, qui Romanæ ecclesiæ episcopatum quintus post Petrum annos rexit decem, menses duos, dies decem: sanctitate incomparabilis, fide præclarissimus, etiam magnam partem senatorum urbis conuertit ad Dominū. qui post uincula carceris equuleum, ungulas & ignes, punctis crebérrimis per tota membra peremptus est. Sequentes uero post longam carceris continentiam ignibus examinati, ad ultimum sunt decollati. Et natale sancti Iuuenalis episcopi, & depositio sancti Philippi confessoris.

E. IIII. NON. MAII.

In Palæstina ciuitate Gaza natale sancti Syluani eiusdem urbis episcopi, qui persecutione Diocletiani cum pluribus clericorum suorum martyrio coronatus. Viennæ sancti Iulij episcopi. In Metallofanensi sanctorum martyrum quadraginta qui simul capite cæsi sunt. Nicomediæ natale sanctæ Antoniæ, quæ nimium tota, & uarijs affecta cruciatibus, uno brachio tribus diebus suspensa, & in carcerem biennio missa, à Priscilliano præside ad ultimū flammis exusta est. Eodem die in Norico Ripensi loco Lauriaco natale sancti Floriani, qui præsidis Aquilini iussu, ligato ad collum saxo, in flumē Anisi præcipitatus est, & mox omnibus qui circumstabant uidentibus oculi præcipitatoris eius crepuerunt. Ipso die beati Quiriaci episcopi & martyris gloriosi sub Iuliano imperatore. Et sancti Bochehardi episcopi & confessoris.

F. III. NON. MAII.

Apud Alexandriam sancti Euthymij diaconi, in carcere quiescentis. Thessalonicæ natale sanctorum Irenæi & Peregrini, & Hyrenei, ignibus combustorum. In Galliis ciuitate Arelatensi sancti Hilarij episcopi, præclarissimi uiri, qui paupertatis amator, & erga inopum prouidentiam non solum mentis pietate, sed & corporis sui labore sollicitus erat. Nam pro refectione pauperibus etiam rusticationem contra uires suas, homo genere clarus exercuit: sed nec in spiritalibus neglexit. Nam & in docendo gratiam habuit, & absque personarum acceptione omnibus castigationem ingessit, uitamque sancti Honorati prædecessoris sui composuit. moritur sub Valentiniano & Marciano imperatoribus.

G. PRID. NON. MAII.

Natale sancti Ioannis apostoli ante portam Latinam Romæ, qui ab Epheso iussu Domitiani sub præsida Titi, secunda persecutione, qua ipse post Vespasianum exercuit, ad urbem Romam perductus, præsente senatu ante portam

Latin

Latinam in feruentis olei dolium missus est. Sed beatus Apostolus tam liber à poenis inde exijt, quàm à corruptionibus carnis fuerat immunis. Tunc in Pathmum insulam relegatus est exilio, ubi Apocalypsin uidit. Ad commendandam ergo ipsius memoriam dignam, & pro fidei apostolicae confessione, Christiani ecclesiasticam uenerationem eius gestantem, in supradicto loco ante portam Latinam praeclaro & miro opere construxerunt, ubi solennem concursum pridie nonas Maij usque hodie faciunt. Eodem die beati Euodij Antiochiae episcopi & martyris, qui primus ab apostolis ibi est ordinatus. Item beati Lucij qui Cirenensem primus episcopus rexit ecclesiam ab apostolis institutus.

A. NON. MAII.

DEdicatio ecclesiae sanctae Mariae uirginis. Et natale sancti Iuuenalis martyris, & beatae Domitillae. Quae cum esset Flauij Clementis consulis ex sorore neptis & à sancto Clemente sacro uelamine ob integritatis perseuerantiam consecrata, persecutione Domitiani ob testimonium quod Christo perhibebat, cum alijs plurimis in insulam Pontiam exilio deportata, longum inibi martyrium duxit; dehinc ad Terracinam urbem translata, primò Eufrosinam & Theodoram, deinde alios ad fidem Christi cogerent, nouissimè cursum martyrij sui cum praefatis uirginibus consummauit sub persecutione Traiani, ubi mirabantur clausae in carcere. In faciem enim suam prostratae, orantes Dominum recesserunt: quarum corpora sanctus Caesarius diaconus in sarcophago nouo simul condens, in profundo terrae sepeliuit. In Nicomedia passio sanctorum martyrum Flaui, Augusti, Augustini fratrum. Romae Benedicti pontificis, qui sedit in episcopatu unum mensem, imperante Constantino, apud beatum Petrum sepultus.

B. VIII. IDVS MAII.

MEdiolani sancti Victoris martyris, qui natione Maurus, & à primaeua aetate Christianus, cum esset in imperialibus castris miles, etiam cantile decoratus, compellente Maximiano ut sacrificaret idolis, in confessione Domini fortissime perseuerans primò grauiter est caesus, dein sequenti plumbo perfusus, sed nihil penitus laesus, nouissimè glorioso martyrij cursum capitis abscisione promeruit. Quod sanctus Maternus audiens factum, collegit corpus eius & in praedicta ciuitate cum honore sepeliuit. Viennae sancti Dionysij sexti urbis episcopi.

C. VII. IDVS MAII.

NAtale sancti Hermae, cuius apostolus Paulus ad Romanos scribens meminit: Salutate Phlegontem, Hermen, Patrobam, & qui sunt cum eis fratres. In Perside sanctorum martyrum quadringentorum. Apud Nazanzi oppidum beati Gregorij episcopi, qui theologus dicitur nobilis, Athenis eruditus, collega beati Basilij, Caesareae Cappadociae postea episcopi, qui cum se totum Dei seruitio mancipasset, tanta de collega praesumpsit, ut solemnem Basilium de dextra dextra deponeret, ac secum ad monasterium monachi institutis perduceret, ibique per annos tredecim omnium Graecorum saecularium libris remotis, solis diuinae scripturae uoluminibus operam dabant. Constantinopoli natale sancti Timothei, quando ab Epheso eius sacra ossa delata sunt. In Asiapoli natale Quintilli, Candei & Genonis. In Tarso Ciliciae Aphrodisij. Romae sancti Beati confessoris.

D. VI. IDVS MAII.

NAtalis Iohel prophetae. Romae uia Latina in cimiterio eiusdem natale sanctorum Gordiani & Epimachi. Iulianus imperator apostata inter multos Christianos, quos publicis custodijs mancipauit, beatum Ianuarium senem presbyterum comprehensum cuidam uicario Gordiano ad audiendum tradidit: qui beatum Ianuarium impatienter audiens, spiritu Dei illuminatus credidit cepitque eum proximus beatus presbyter cum uxore Marina nomine, & familia promiscui sexus, numero quinquaginta tres & eo amplius baptizauit. Quod audiens Iulianus, iussit in scriptionibus damnari sanctum Ianuarium presbyterum, & beatum Gordianum, uxorem eius ad aquas salinas manere praecepit, in seruitio rusticorum. Clementianus autem tribunali residens, beatum Gordianum uinctum catenis sibi praesentari fecit. Ille in confessione Christi tectus, diu plumbatis caedatur, ultimo capite truncatur. Cuius corpus iussit iniquus iudex ante templum Apollinis iactari, ut à canibus roderetur. Quod nocturno tempore Christiani rapientes, miliario uno plus minus ab urbe Roma posuerunt in crypta, ubi iampridem corpus beati martyris Epimachi sepultum fuerat. Hic Epimachus Alexandriae abijt cum collega suo Alexandro, multo tempore in uinculis & in cruciatibus carceris tortus, ignibus postmodum consumitur, cuius reliquiae ipsius de eadem Romam sunt translatae. Romae natale Calepodij senis presbyteri, sub Alexandro imperatore, qui cum interfectus est à Laodiceo, & corpus eius trahi per ciuitatem, atque in Tyberim iactari, die calendarum Maiarum. Quod inuentum piscatores leuauerunt, & Calisto episcopo narrauerunt. Ille acceptum condiuit cum aromatibus & linteaminibus, & sepeliuit in cimiterio eiusdem, miliario ab urbe tertio in crypta, sexto iduum Maiarum. Tunc decollatus est ab Alexandro Palmatius consul, cum uxore & filijs & alijs promiscui sexus de domo sua quadraginta duobus, cum quibus & Simplicius senator cum uxore, & filijs & familia sua, promiscui sexus sexaginta octo: & similiter cum uxore sua Felix, qui per doctrinam Calisti papae, & Calepodij presbyteri meruerant baptizari. Item Romae natale sanctorum Quarti & Quinti.

E. V. IDVS MAII.

ROmae uia Salaria, miliario uicesimo secundo, natale S. Anthimi & passio sancti Eudoxij [illegible] passione sancti Tropetis martyris, de ciuitate qui recens credidit Christo, quem [illegible] Neronis imperatoris, qui cum Christiani martyrizarentur. Viennae S. Mameriti

epi-

episcopi, qui [illegible] solennes ante ascensionem Domini [illegible] instituit.

F. IIII. IDVS MAII.

ROmae in coemiterio Praetextati natale sanctorum martyrum Nerei & Achillei fratrum. Qui cum essent eunuchi beatae Flauiae, cum ea apud insulam Pontiam longum pro Christo duxerunt exilium: postmodum uero ab Aureliano sponsae Domitillae, quem ipsa ob amorem Christi spreuerat, primo uerberibus grauissimis affecti, deinde Memmio Rufo consulari sunt traditi, a quo cum equuleo & flammis compellerentur ad immolandum, & dicerent se a beato Petro apostolo baptizatos, nulla ratione posse idolis immolare, capite caesi sunt. Quorum corpora rapuit Auspicius, discipulus eorum, nutritor sanctae uirginis Domitillae, & in crypta arenaria sepeliuit. Item uia Aurelia, miliario secundo natale sancti Pancratii martyris: qui cum esset annorum quatuordecim, sub Diocletiano martyrium capitis obtruncatione compleuit, cuius reuerendum corpus Octauilla illustris foemina occulte noctu sublatum, aromatibus conditum sepeliuit. Eodem die beati Dionysii patrui eiusdem beati Pancratii, cuius studio idem Pancratius & baptizatus, & in timore Dei eruditus, ad martyrium animatus est. Apud Cyprum sancti patris nostri Epiphanii Salaminae episcopi.

G. III. IDVS MAII.

NAtale sanctae Mariae ad martyres. Phoca imperatore beatus Bonifacius papa in ueteri fano, quod Pantheon uocabatur, ablatis idololatriae sordibus, ecclesiam beatae semper uirginis Mariae & omnium martyrum dedicauit, cuius dedicationis sacratissima dies agitur Romae tertio idus Maii. Ipso die sancti Seruatii episcopi Tungrensis ecclesiae, qui tempore quo Hunni Germaniam uastabant, ne ciuitatem atque ecclesiae suae uideret excidium, Domini reuelatione commonitus, transiit ad urbem Traiectensem, ibique defunctus, atque in medio publici aggeris est sepultus. Ob cuius meritum hominibus demonstrandum, cum tempore hyemis omnia in circuitu nix operiret, adquam sepulchrum eius aperuit nix nec pluuia, donec a successore suo sancto Monulfo episcopo templum magnum in eius honore constructum est. Item natale sancti Gangulfi martyris, & sancti Onesii confessoris.

A. PRID. IDVS MAII.

SAncti patris nostri Pacomii: qui cum esset factus apostolicae gratiae insignis, fundatorque Aegypti coenobiorum, scripsit monachorum regulam, quam angelo dictante didicerat, simul & de tempore Paschali. In Syria natale Victoris & Coronae, sub Antonino imperatore, duce Alexandriae Sebastiano. Erat autem Victor miles a Cilicia, cui Sebastianus in confessione fidei cum rogi digitos, & euelli iussit, deinde illum in caminum ignis mitti, ubi triduo permanens, non est laesus. Deinde uenenum bibere iussus, non est mortuus, sed ueneficum potius ad fidem conuertit. Deinde iussum est neruos corporis eius tolli, deinde oleum bulliens mitti in pudenda eius, post hoc iussit lampades ardentes suspensio ad latera applicari: post hoc acetum & calcem simul misceri, & dari ei: deinde oculos erui, deinde triduo uiuum capite suspendi: & dum adhuc suspiraret, iussit eum excoriari. Tunc Corona, cuiusdam militis uxor, iussit eum corpus beatificare sancti Victoris pro gloria martyrii. Et dum hoc faceret, uidit duas coronas de coelo lapsas, unam Victori, & alteram sibi missam. Cumque & hoc cunctis audientibus prodidisset, tentus est a duce, iussumque est duas arbores palmae curuari ad inuicem, & eas ab extremitatibus ligari Coronam inuictam manibus & pedibus, & sic arbores dimitti. Quod dum fieret, diuisa est Corona in duas partes: erat enim annorum sedecim. Tunc quoque Victor decollatus, & ipse uictoriae perennis triumphum meruit.

B. IDVS MAII.

NAtale sanctorum confessorum Torquati & Hesiconis, Secundi, Indaletii, Caecilii, Eliaei, Eusebii, qui Romae a sanctis apostolis episcopi ordinati, ad praedicandum uerbum Dei ad Hispanias, [illegible] adhuc gentili errore implicatas, directi sunt. Cumque ad ciuitatem Accitanam uenissent, & prae labore itineris modicum quiescentes, & causa uictus emendi discipulos in urbem misissent, mox paganorum multitudo, qui tunc forte diem suum festum celebrabant, eos usque ad fluuium persecuta est, in quo pons miro magnitudinis & firmitatis extructus, transeuntibus sanctis, Dei nutu cum omni insequentium multitudine funditus corruit. Ad quod miraculum caeteri territi, & cuiusdam magna senatricis Luparia, quae diuinitus inspirata eos benigne suscipiens credidit, exemplum secuti, relictis idolis Christo Domino crediderunt. Post haec diuersis urbibus euangelizantes, & innumeras multitudines Christi fidei subiugantes, Torquatus Acci, & Hesicon Vergi, Secundus Abulae, Indaletius Urci, Caecilius Heliberri, Eliseus Carceris, Eufrasius Iliturgi, quieuerunt. Apud insulam Chium natale sancti Isidori martyris. Apud Dimosicum passio sanctorum Petri & Andreae, Pauli & Dionysiae.

C. XVII. CAL. IVNII.

APud Isauriam natale sanctorum Aquilini & Victoriani, quorum gesta habentur. Autissiodoro passio sancti Peregrini, episcopi primi eiusdem urbis, & sanctae Maximae uirginis, quae multis clara uirtutibus in pace quieuit. In Sirmio natale Timothei, & septem uirginum. In Sardinia natale Simplicii presbyteri, & sanctae Rasulae, & sanctorum Diocletiani & Florentii. Intra Galliam depositio Fidolis presbyteri & confessoris.

D. XVI. CAL. IVNII.

IN Tuscia sancti Torpetis martyris, sub Nerone principe. Hic magnus in officio Neronis fuit, & a beato Antonio presbytero baptizatus, & in fide Christi est eruditus. Hunc Nero cum cognouisset esse Christianum, tradidit eum cuidam propinquo suo satellito, ut impelleret eum sacrificare. Sed cum spiritu Dei confortatus beatus uir immobilis permaneret, fecit eum satellitum alapis caedi, & ligatum ad columnam luminam candentibus affici, quousq; sanguis guttatim de corpore ipsius deflueret. Sed subito dum caederetur, columna cadens oppressit iudicem, & quingentos cum eo. Inde iterum a ministris positus est in rota, inde feris obiicitur à filio satellitis, nomine Syluio: sed minime ab his est laesus. Post haec iubente Syluio fueras ciuitatē Pisanam ductus, decollatione capitis martyrium suum compleuit, tertio calendas Maij. Huius corpus ministri sceleris imposuerunt penè fractæ & cariosæ naui, cum quo simul canem & gallum proiecerūt in decursum fluminis. Apparens autē angelus Domini cuidam uenerabili feminæ, cuius nomen Celerina, monuit, ut perquireret sancti martyris corpus, & sepeliret. Quod inuentum cum omni reuerentia sepeliuit, & de facultatibus suis cessante persecutione ecclesiam supra construxit. Agitur festiuitas martyris, & conuentus ciuium sextadecima calendas Iunij. In Alexandria natale Adrionis, Victoris, & Basillæ.

E. XV. CAL. IVNII.

APud Aegyptum sancti Dioscori lectoris, in quem praeses multa & uaria tormenta exercuit, ita ut ungues eius effoderet, & lampadibus eius latera inflammaret: sed coelestis luminis fulgore territi, ceciderunt ministri. Nouissime laminis ardentibus adustus, martyrium cōsummauit. Et natale sanctorum Hortasij & Serapionis, & Marci papae & Potamionis.

F. XIIII. CAL. IVNII.

ROmae natale sanctae Pudentianae uel Potentianae uirginis, quae illustrissimi generis, Pudentis, discipuli beati Pauli apostoli, filia erat: cuius mater Sabinella, soror uero Praxedis, quas pater earum in omni religione Christi erudiuit, uirginesq; Christo dereliquit. Quae post obitum sancti patris in omni exercitatione pietatis ita excreuerunt, ut nocte dieq; iugiter hymnis & orationibus cum familia sua Domino inseruirent, beato Pio urbis episcopo eum eis in laudibus Dei participante. Remunerationem igitur pro plurimis laboribus suis perceperunt, post innumeros agones, post multorum martyrū uenerabiles exhibitas sepulturas, post omnes facultates suas in uisceribus pauperum inclusas, Christoq; fideliter commendatas, tandem de terris ad Christum migrauerunt. Potentiana uenerabilis, quartadecima calendas Iunij posita in coemiterio Priscillae, uia Salaria. Praxedis uero uirgo, eius sanctissima, duodecima calendas Augusti. Et ipsa cum sorore iuxta patrem sanctum sepulta. Ipso die beati Pudentis, patris earum uirginum, Item Romae natale sanctorum Calocerij & Parthenij, eunuchorum Decij imperatoris: qui cū essent unus praepositus cubili, alter primicerius, nolentes idolis sacrificare, à Decio occisi sunt. Corpora eorum iuxta uiam Appiam sunt posita. Depositio Domni Alchouini.

G. XIII. CAL. IVNII.

ROmae uia Salaria natale sanctae Basillae uirginis & martyris Christi, quae cum esset ex genere regio, & haberet sponsum illustrissimi nominis Pompeium, per beatam Eugeniam, & sanctos Dei Prothum & Iacinctum conuersa ad fidem, accusata est à praelato sponso suo, quod esset Christiana. Decreuit concinno Gallienus Augustus, qui tunc Christi persequebatur ecclesiam, ut aut sponsum reciperet, aut gladio interiret. Conuenta de hoc, respondit se regem regum sponsum habere, qui est Christus filius Dei. Et eum haec dixisset, gladio transuerberata est. In Gallijs ciuitate Nemauso, natale Baudelij, qui à paganis deorum suorum sacrilegia celebrantibus comprehensus, cum sacrificare nollet, & in fide Christi immobilis inter uerbera & tormenta persisteret, martyrij palmā preciosa morte percepit.

A. XII. CAL. IVNII.

IN Mauritania Caesariensi, natale sanctorum Timothei, Polij, & Eutychij diaconi, qui apud praedictam regionem urbium Domini disseminantes, pariter coronari meruerunt. Item apud Caesaream Cappadociae natale sanctorum Polieucti, Victoris, Donati. In Africa Casti & Aemylij, qui per ignem passionis martyrium cōsummauerunt. Scribit Cyprianus in libro de lapsis. Apud Corsicam natale sanctae Iuliae, quae crucis supplicio coronata est: & sancti Valentini martyris & pontificis, cum tribus pueris.

B. XI. CAL. IVNII.

ROmae natale sanctorū Faustini, Timothei, Venusti. Autissiodori depositio sanctae Helenae uirginis: & in Rauenna natale sanctae Martyriae. In ciuitate Autissiodorensi beati Valis presbyteri & confessoris.

C. X. CAL. IVNII.

APud Lingones passio sancti Desiderij episcopi, qui cum plebē suā ab exercitu Vandalorū uastari cerneret, ad regē eorū pro ea supplicaturus exiuit: à quo statim iugulari iussus, pro quibus sibi creditis ceruicē libenter tetendit, & percussus gladio migrauit ad Christum. Percussor uerò eius mox amentia correptus interijt. Sepultus est ibidem beatus martyr in basilica, intra urbis muros. Passi sunt etiam & plures alij de numero gregis sui, apud eandem urbem condīti. Item Viennae natale sancti Desiderij episcopi, qui passus est in territorio Lugdunensi.

D. IX. CAL. IVNII.

NAtale sancti Manahen, Herodis tetrarchae collactanei, doctoris & prophetae sub gratia noui testamenti apud Antiochiam in Christo quiescentis. Item beatissimae Iohannae, uxoris Chuzae procuratoris Herodis, quam commemorat euangelista. In portu Romano natale sancti Vincentij martyris. In Gallijs ciuitate Nannetis natale sanctorū martyrū Donatiani & Rogatiani fratrū. In Histria natale sanctorum Zoelli, Seruilij, Syluani & Diodis.

E. VIII. CAL. IVNII.

ROmae uia Nomentana, in coemiterio Praetextati, natale S. Vrbani episcopi & martyris. Hic sedit in episcopatu annos tres, menses decē, dies decē, cuius doctrina sub persecutione

Alexan-

Alexandri multi martyrio coronati sunt. Mediolani sancti Dionysii episcopi & confessoris, qui ab imperatore Constantio apud Cappadociam pro fide catholica damnatus, exilio ibidem requieuit. Reliquias corporis eius per sanctum Basilium praefatae urbis episcopum receptas, beatus Ambrosius condigno honore condidit. Apud Mysiam ciuitatem Dorostorum, natale sanctorum martyrum Pasicratis, Valentionis, & aliorum simul coronatorum. Item Romae natale Eleutherij papae, qui sedit in episcopatu annos quindecim. Hic accepit epistolam à Lucio, Britannico rege, ut per eius mandatum Christianus fieret. Sepultus est iuxta corpus beati Petri apostoli.

F. VII. CAL. IVNII.

NAtale beati Iacobi apostoli, fratris Ioannis euangelistae, qui decollatus est ab Herode rege Ierosolymis, ut liber Actuum apostolorum docet. Huius beatissimi sacra ossa ab Hispaniam translata sunt, & in ultimis earum finibus, uidelicet contra mare Britannicum condita. Apud Athenas beati Quadrati episcopi, discipuli Apostolorum. Hic firmauit, ut nulla esca à Christianis repudiaretur, quae rationalis & humana est. Item Quadrati martyris, in cuius solennitate sancti Augustini sermones habiti inueniuntur. Romae beatorum martyrum Simitrij presbyteri, & aliorum uiginti duorum, quos Antoninus imperator gladio pro Christo puniri fecit, quorum corpora beata Praxedis sepeliuit noctu. Tuderti Tusciae natale sanctorum Felicissimi, Heraclij, Paulini. In territorio Autissiodorensi, passio sancti Prisci martyris, cum ingenti multitudine. In Britannijs sancti Augustini episcopi & confessoris, qui missus à beato Papa Gregorio, primus genti Anglorum Christi euangelium praedicauit, atque ibi uirtutibus & miraculis gloriosus quieuit. Viennae passio sancti Zachariae secundi eiusdem urbis episcopi.

G. VI. CAL. IVNII.

APud Mysiam ciuitatem Dorostorensem natale sancti Iulij, qui tempore persecutionis cum esset ueteranus exercitus emeritae militiae, comprehensus ab officialibus, & Maximo praesidi oblatus, nolens sacrificare idolis, capitali sententia punitus est. Cumque duceretur ad locum caedis implendae, Esicius quidam miles cum & ipse ob fidem Christi comprehensus detineretur, rogabat eum dicens, Memor esto mei, nam & ego subsequar te, primum etiam saluta Pasicratem & Valentionem, qui nos iam per bonam confessionem praecesserunt ad Dominum. Iulius uero osculans Esicium dixit: Frater, festina uenire, mandata enim tua iam audierunt, quos salutasti. Sic accepto orario ligans sibi oculos, martyrij palmam gladio cedente percepit. In Galliis ciuitate Arausica, sancti Eutropi episcopi & confessoris.

A. V. CAL. IVNII.

NAtale sancti Ioannis papae, qui tempore Theodoricus rex duos senatores praeclaros, & consulares Symmachum & Boetium occidit: qui nonagesimooctauo die postquam papa Ioannes interijt, subito defunctus est. Quem quia orthodoxus erat, & Iustino imperatore gratanter Constantinopolim ueniens, gloriose susceptus fuerat, Theodericus rex Arianus reuertentem Rauennam in custodia tenuit, ad mortem usque cum aliis uiris catholicis uiris perduxit. Huius meminit sanctus Gregorius in libro Dialogorum. Cuius corpus translatum, sepultum est in basilica sancti Petri apostoli, quinta calend. Ianuarij, Olibrio consule. Apud Parisium sancti Germani episcopi & confessoris, qui post innumeras uirtutes octogenarius migrauit ad Dominum. In Sardinia sanctorum Aemilij, Felicis, Priami, Luciani.

B. IIII. CAL. IVNII.

ROmae uia Aurelia sancti Restituti. Via Tyburtina septem Germanorum. Treueris beati Maximini episcopi & confessoris, à quo Athanasius persecutionem Constantij fugiens, honorifice susceptus est. Item passio sancti Cononis martyris, & filij eius sub Aureliano imperatore in Iconio ciuitate prouinciae Isauriae, iudice Domitiano. Hic cum esset fide praeclarus, exhibitus iudici cum filio suo annorum duodecim, spiritum sanctum habitare in se ueraci confessione manifestauerunt. Inde frixuram passi sunt, & inde suspensi ualido igne subter adhibito, malleo ad extremum ligneo manibus eorum contritis, in laude omnipotentis Dei spiritum emiserunt. Eodem die natale sanctorum Sisinnij Martyrij atque Alexandri, qui in Augaunie partibus persequentibus gentilibus uictis, martyrij coronam adepti sunt.

C. III. CAL. IVNII.

ROmae uia Aurelia natale sancti Felicis papae. Hic constituit supra memorias martyrum missas celebrari. Qui cum annos quinque rexisset ecclesiam, sub Claudio principe martyrio coronatus est. Turribus Sardiniae natale sanctorum martyrum Gabinij & Crispuli. In Antiochia sanctorum martyrum Sisini & Palatini, qui multa tormenta propter nomen Christi passi sunt.

D. PRID. CAL. IVNII.

ROmae sanctae Petronellae uirginis, quae filia fuit beatissimi Petri apostoli, quaeque post multa miracula sanitatum, cum eam Flaccus comes suo coniugio uellet sociare, triduo inducias postulans, & cum sancta uirgine Felicula collactanea sua continuis ieiunijs atque orationibus uacans tertio die celebratis Dominicae oblationis mysterijs, à sancto Nicomede presbytero, mox ut Christi sacramenta percepit, reclinans se in lectulo emisit spiritum. Apud Aquileiam natale sanctorum martyrum Cantij, Cantiani & Cantianillae fratrum. Turribus Sardiniae natale S. Crescentiani.

IVNIVS HABET DIES XXX. LVNAM VIGESIMAMNONAM.

E. CALEND. IVNII.

ROmæ dedicatio Nicomedis martyris & presbyteri, cuius martyrium celebratur septimadecima calendarum Octobris. Apud Cæsaream Palæstinæ natale sancti Pamphili presbyteri, uiri admirandæ fidei & sanctitatis, qui sub persecutione Maximini martyrio coronatus est. Huius uitam Eusebius Cæsariensis episcopus tribus libris comprehendit. Viennæ sancti Claudiani undecimi episcopi. Ipso die sancti Caprasij abbatis monasterij Lirinensis. In Thessalonica natale Octauij. In Antiochia Zosimi. Treueris sancti Simeonis reclusi.

F. IIII. NON. IVNII.

ROmæ natale sanctorum Marcellini presbyteri, & Petri exorcistæ, qui multos in carcere ad fidem erudientes, post dira uincula, & plurima tormenta decollati sunt sub iudice Sereno: & qui eos decollauit, uidit animas eorum splendide ornatas ab angelis ferri ad cœlos, & pœnitentiam agens sub Iulio papa baptizatus est in senectute sua nomine Theodorus. Lugduni sanctæ Blandinæ cum undecim & octo martyribus, cuius à prima luce usque ad uesperam tormenta semper innouantes, ad ultimum uictos se tortores confitentur: quæ & secundo pulsata, cruciata non superatur. Tertio quoque die religata ad stipitem, atque in crucis modum distenta, bestijs pabulum preparatur. Quam cum nulla ex bestijs auderet tangere, rursum reuocatur ad carcerem, quarto etiam uerberibus acta, craticula causta, & multa alia perpessa, ad ultimum gladio iugulatur. Tunc & Ponticus puer, annorum quindecim, per omnia tormentorum genera cum ipsa circumactus, & materna eius exhortatione roboratus, ante illam martyrium consummauit. In Campania beati Erasmi martyris & episcopi, sub Diocletiano imperatore & Maximiano, qui iussu impij Diocletiani imperatoris primo plumbatis crudeliter cæsus, deinde fustibus durissime mactatus, postremo sulphure, plumbo, pice, cera, oleoque totus perfusus, ingenti miraculo illæsus apparuit. Quod cum multi uiderent, fidem Christi relictis idolis susceperunt. Inde tamen eo pondere ferri constrictus in carcere reclusus, subditaque custodia est, de qua angelica uisitatione solutus eripitur. Verum postmodum clarissima ipsius fama uulgata, tentus est ab altero imperatore Maximiano, à quo diuersis supplicijs tortus est in tantum, ut tunica ignita aerea uestiretur, iterumque in olla, quæ plumbo, pice, cera, resina, oleo feruefacta erat, missus uirtute Domini omnia superans illæsus exinde progreditur, sicque tandem ad confirmandos cæteros à Domino seruatus in Campaniam uenit, ubi angelico salario peruentum ubi cum plurimos suis in fide roborasset, siue ad fidem Christi conuertisset, uocante Domino martyrio clarus sancto fine quieuit.

G. III. NON. IVNII.

APud Aretium ciuitatem Tusciæ natale sanctorum martyrum Pergentini & Laurentij fratrum, qui persecutione Decij, sub iudice Tarcio, cum essent pueri, post dura uincula tolerata, & magna miracula ostensa, gladio sunt cæsi, & apud eandem urbem conditi.

A. PRID. NON. IVNII.

APud Illyricum ciuitatem Sisciam natale sancti Quirini episcopi, qui persecutione Maximini pro fide Christi (ut Prudentius scribit) ligato ad manum molari saxo, in flumen præcipitatus est, & circumstantibus diu collocutus, ne eius terrerentur exemplo, ut precibus ut mergeretur, obtinuit. Huius reliquiæ translatæ sunt Romam, & positæ in Catacumbas. In Tuscia sancti Laurentij, & aliorum quadringentorum. Aurelianis ciuitate depositio S. Lifardi presbyteri. In Niniue natale Dinocisij, Anesij, Camarij, Tyrini, Iuliæ & Saraciæ, Cyprini.

B. NONAS IVNII.

SAncti Bonifacij archiepiscopi, cuius in Fresonia martyrij passio gesta est, et aliorum seruorum Dei, Vuinthrogi & Vualteri, Scopaldi, & Bosan, Hamundi & Adalheri, Vuanearij & Gundacari, Vuillehere & Athalulfi. Apud Ægyptum natale sanctorum martyrum Marciani, Nicandri & Apollonij, quorum gesta habentur. Eodem die passio sancti Bonifacij martyris, sub Diocletiano & Maximiano, apud Tharsum ciuitatem passi, sed Romæ in uia quæ Latina nuncupatur, sepulti. Hic uero cum domina Aglaes à Romana urbe, licet esset ea adulterio perpetrauerit, transmissa in loca ubi Christianorum maxima persecutio fuit, ut aliculus sancti corpus precio acquisitum sibi afferret. Ipse autem diuis obediens dominæ suæ, peruenit illuc inter Christianos, sicque comprehensus iussu principis primum oleo feruente cum pice perfusus est: sed in nullo læsus, ad ultimum ab spiculatore percussus est. Postea uero à comitibus suis, qui secum pergebant, post martyrij palmam ad dominam suam reductus est: quæ ipsum accipiens sepeliuit Romæ uia Latina. Beata uero Aglaes abrenunciauit mundo, distribuens uniuersa quæ possidebat egenis ac monasterijs, relaxans uniuersam familiam suam à iugo seruitutis, & tantam gratiam à Domino promeruit, ut in nomine eius uirtutum signis clareret. Superuixit in habitu sanctimoniali annos tredecim, sepulta apud prefatum martyrem.

C. VIII. IDVS IVNII.

NAtale sancti Philippi diaconi, qui fuit unus de septem diaconibus, qui cum beato Stephano ordinati sunt post ascensionem Domini ab Apostolis sunt ordinati: de quo beatus Lucas in Actibus apostolorum refert, quod signa & prodigia faciendo, predicatione sua Samariam ad fidem Christi conuertit, & Candacis reginæ Æthiopum baptizauit Eunuchum, qui apud Cæsarcum requiescunt iuxta quem tres uirgines, & ipsius tumulatae iacent: nam quarta filia illius plena spiritu sancto in Epheso accubuit. Romae sanctorum Artemij, cum uxore sua Candida, & filia Paulina. Hic Artemius cum esset custos carceris, & clausum teneret Petrum exorcistam in custodia, essetque illi filia unica daemonio uexata, beati Petri precibus mox sanata est, & ipse cum uxore pariter, & eadem filia Christo credens, à beato Marcellino presbytero baptizatus est, omnisque domus eius & multi alij, tam uirisque mulieribus circiter trecentorum numero. Hoc iudex Serenus audiens factum, Artemium, Candidam, & filiam ipsorum Paulinam sibi praesentatos, immensis ponderibus ruderum iussit obrui. Sicque Dei sancti perducti ad passionis locum, beatus quidem Artemius gladio percussus est, sancta uero Candida atque Paulina per lumina cryptae praecipitatae, lapidibus sunt obrutae.

D. VII. IDVS IVNII.

Constantinopoli natale sancti Pauli eiusdem ciuitatis episcopi, qui tempore Arianae perfidiae à Constantino imperatore apud ciuitatulam quandam Cappadociae Cucusum nomine, ob catholicam fidem pulsus exilio, Arianorum insidijs crudeliter strangulatus, ad coelestia regna migrauit. In Caesarea Cappadociae natale sancti Luciani martyris. In Africa sanctorum Amantij, Lucij. In Alexandria, Andreae, Donati & Peregrini, & depositio beati Claudij episcopi.

E. VI. IDVS IVNII.

In Gallijs Suessionum ciuitate depositio sancti Medardi episcopi & confessoris, cuius uita plena uirtutibus conscripta est. Nam largus fuit in eleemosynis, uirtutibus clarus, propheticum spiritum habuit, ter quinis annis Veromandensium urbis episcopatum tenuit, ad extremum ad coelestia migrans. Tunc ad Suessionum urbem corpus eius translatum est, ibique sepulchri multis uirtutum titulis claruit. Andegauis sancti Licinij episcopi & confessoris. Eodem die sancti Carilefi confessoris, & sancti Naboris confessoris. In Tharso Ciliciae martyrum uiginti sub Simplicio iudice.

F. V. IDVS IVNII.

Romae in monte Celio natale sanctorum martyrum Primi & Feliciani, qui sub Diocletiano & Maximiano imperatoribus pro Christi nomine multa tormenta passi sunt. Nam Promoto praesidi ipsi nequissimi imperatores ad puniendum eos tradiderunt. Qui cum uideret eos nullo modo posse à Christi confessione conuerti, separauit eos ab inuicem, & primum Felicianum octoginta annos habentem, fustibus plumbatis tundi, postea uero misit eum in carcerem, & neque cibum, neque aquam ei sinebat praeberi tribus diebus: deinde Primum similiter iussit fustibus caedi, dehinc uero in amphitheatro sanctos martyres leonibus tradi praecepit: sed nullo modo ab eis laesi sunt. Quod uidentes turbae crediderunt in Christum plus quam mille quingenti. Nouissime uero sancti martyres à praedicto comite decollati sunt, quorum corpora noctu à Christianis fidelibus rapta, sepulta sunt ad arcus Nomentanos iuxta Arenarium. In Galliis ciuitate Agino, loco Pompeiaco, passio sancti Vincentij leuitae & martyris. In Scotia sancti Columbae confessoris.

G. IIII. IDVS IVNII.

Romae uia Aurelia, milliario sextodecimo, natale sancti Basilidis martyris. Tripodis & Mandalis sub Aureliano imperatore, Platone praeside, & aliorum uiginti martyrum. Eodem die beati Gethulij martyris temporibus Adriani imperatoris sub iudice Liciniano: cum esset Christianissimus, & multa bona opera fecisset, traditus est Cereali uicario ad puniendum: sed sanctus Gethulius sua praedicatione conuertit ad fidem Christi, sicut fecit Amantium tribunum fratrem eius. Sanctus uero Sixtus papa baptizauit Cerealem, & confirmauit in fide. Postea uero cum audisset hoc factum praedictus imperator, tradidit sanctum Gethulium Licinio praefecto suo, ut eum cum socijs suis, si nollet sacrificare idolis, mitteret in caminum ignis ardentem. Quod cum factum fuisset, nulla modo ab igne laesi sunt. Tunc fustibus illiso capite martyrium compleuerunt, quorum corpora collegit beata Simphorosa uxor Gethulij martyris, & sepeliuit in praedio suo. In Africa Aresiogati, & aliorum quindecim. In Hispanijs Crispuli & Restituti. In Nicomedia sancti Zachariae. In Autissiodoro depositio Censurij episcopi.

A. III. IDVS IVNII.

Natale sancti Barnabae apostoli, qui cum esset Cyprius, cum Paulo gentium apostolus ordinatus est. Hic postea propter Ioannem discipulum, qui & Marcus uocabatur, separatus à Paulo, nihilominus euangelicae praedicationis iniunctum sibi opus exercuit. Cuius corpus tempore Zenonis imperatoris, ipso reuelante, repertum est. Apud Corinthum sancti Sosthenis, discipuli sancti Pauli apostoli. In Aquileia natale sanctorum martyrum, Felicis & Fortunati, sub persecutione Diocletiani & Maximiani imperatorum, praeside Eufemio. Qui cum essent germani fratres, fide Christi feruentes, primum in equuleo suspensi sunt, ardentibus lampadibus circa latera appositis, sed mox psallentibus martyribus extinctis: inde per uentrem feruentis olei superfusi, ad ultimum capite truncantur.

B. PRID. IDVS IVNII.

Romae uia Aurelia, milliario quinto, passio sanctorum martyrum Basilidis, Cyrini, Naboris & Nazarij: quorum Naborem & Nazarium, simul cum Gorgonio martyre transtulit à Roma in Galliam, Grodegandus Metensis episcopus, permittente Paulo papa Romano, anno Dominicae incarnationis septingentesimo sexagesimo quinto, & collocauit praedictus episcopus sanctum Gorgonium in monasterio quod dicitur Gorzia: sanctum uero Naborem in monasterio quod dicitur Nouacella: sanctum quoque Nazarium in monasterio, quod dicitur Loresham, ubi signa & miracula ad sanitatem infirmorum & debilium saepius fiunt. Mediolani na-

tale

natale sanctorum martyrum Nazarij & Celsi pueri. Sanctus namque Nazarius à beato Clemẽte instructus & baptizatus est, qui Anolinus sub Neroniana persecutione à rabie diu afflictus in carcere cum Celso puero, quem ipse nutrierat, gladio feriri iussit, quorum corpora Christiani furati sepelierunt in proprijs hortis, quæ beatus Ambrosius Domino reuelante reperit. Et depositio sancti Odolfi presbyteri.

C. IDVS IVNII.

ROmæ natale sanctæ Feliculæ uirginis, quæ cum Flaccus comes post excessum Petronellæ iussisset ducere uxorem, atque ad terrendum eam proposuisset dicens. Vnum tibi è duobus eligendum est, aut uxor mea, aut dijs sacrifica, responsum ab ea accepit. Nec uxor tua ero (quia Christo sacrata sum) nec immolabo idolis (quia Christiana sum.) Tunc Flaccus tradidit eam uicario, qui fecit eam in tenebroso claudi cubiculo, sine cibo per septem dies. Post hæc duxerunt eam ad uirgines Vestæ, ibique per alteros septem dies sine cibo permansit, eo quod nulla ratione cibũ pateretur de eorum manu accipere. Deinde leuata est in equuleum, & tamdiu torqueri iussa est, donec emitteret spiritum: & sic præcipitata est in cloacam, quam sanctus Nicomedes presbyter tulit, & sepeliuit septimo miliario ab urbe Roma. In Africa, Luciani & Fortunati.

D. XVIII. CALEND. IVLII.

HEliſei prophetæ, qui apud Samariam Palæstinæ situs est, ubi & Abdias requiescit, & quo maior inter natos mulierum non fuit, Ioannes baptista, ubi multa miracula fiunt. Suessionis ciuitate passio sanctorũ martyrum, Valerij & Rufini. Apud Cæsaream Cappadociæ sancti Basilij episcopi, fratris Gregorij & Petri. Viennæ sancti Eiberij episcopi.

E. XVII. CALEND. IVLII.

APud Siciliam sanctorum martyrum, Viti, Modesti, & Crescentiæ. Qui beatus Vitus in puerilitate uirtutibus maturus, primum à patre suo sacrilego Hyla, ut à cultura Dei recederet, tentatus est, deinde à Valeriano iudice cæsus, in confessione Christi permansit. Inde redditus patri, cum pœnis affligere illum pater meditaretur, monitu angeli nauem conscendens, comitantibus secũ Modesto & Crescentia nutritoribus, ad Thani Agrithanũ territorium deuenit: inde propter filiũ Diocletiani imperatoris dæmonio uexatum, quæsitus & adductus ad eum, eius filium oratione curauit. Sed eum imperator impius nequaquam eum ad consensum idolorum persuadere potuisset, uinculis ferreis astrictum in teterrimum iussit carcerem intrari cum Modesto atque Crescentia: quos postea Diocletianus in ollam resina & pice, & plumbo succensam iactari præcepit: egressosque de illa illæsi, dimissus est leo ferocissimus, qui mox pedes eorum lingere cœpit. Nouissime uero secus flumen, qui dicitur Siler, quiescentes sub arbore, animas suas Domino reddiderunt. Florentia uero fœmina illustrissima, corpora sanctorũ collegit, & in loco qui dicitur Marianus, condita aromatibus sepeliuit. Apud Meliam sancti Isicij qui sub præside Maximiano martyrio coronatus est.

F. XVI. CALEND. IVLII.

APud urbem Vesontionensem sanctorũ Ferreoli presbyteri, & Ferrutionis diaconi, qui à B. Hyreneo Lugdunensi episcopo & martyre ad prædicandum uerbum Dei missi, sub Claudio iudice ad trochleas extensi, & flagellati sunt: deinde inclusi carcere, manè amputatis linguis prædicabant uerbum Dei. Post hæc subulis triginta utrique infixæ manibus & pedibus & pectore, ad ultimum gladio feriuntur. Et in ciuitate Magunciaco passio sanctorum Aurei & Iustinæ sororis eius, qui ab Hunis cæ alijs hostibus Germaniam in ecclesia occisi sunt. Item in Antiochia sanctorum Cirici & Iulitæ matris eius, quorum prior post dira uerbera, etiam calcem cum aceto & sinapi in os accepit. Deinde clauis affixi pariter euulsis oculis in carcere trusi sunt. Post hæc decaluati & excoriati, super carbones in lecto æreo assati sunt: adulti interfectis arctis, amputatis linguas martyrũ, sic eculei in oberuncatione capitis impleuerunt. Passi sunt cum eis & alij quadringenti quatuor. Eodem die depositio sancti Auiti confessoris.

G. XV. CALEND. IVLII.

ROmæ sanctorum martyrum ducentorũ sexaginta duorũ, qui positi sunt uia Salaria ueteri, ad cliuum cucumeris. Eodem die sancti Vulmari confessoris, admirandæ sanctitatis uiri & religionis. In ciuitate Nannetis sancti Similiani episcopi & confessoris. Lugduni depositio S. Aureliani, episcopi Arelatensis. Apud Viennam sancti Domnoli episcopi. In Aurelianensi ciuitate sancti Viti presbyteri & monachi, cuius uita miraculis coruscabat. Hic inter alia facta quendam monachum defunctum in ecclesia, cæteris fratribus summo gaudio, oratione fusa ad Dominum à morte suscitauit.

A. XIIII. CALEND. IVLII.

ROmæ uia Ardeatina natale sanctorũ Marci & Marcelliani fratrum, præclarissimi generis, Tranquillini & Marciæ filiorum, qui primo carcerem pro fide passi sunt, postmodum à Fabiano iudice tenti, & ad stipitẽ ligati, in pedibus acutos clauos acceperunt. Cum autẽ transisset una dies & una nox, & illi laudantes Deum perseuerarent, lanceis per latera transfixi, cum gloria martyrij ad siderea regna migrarunt. In Antiochia passio Marinæ uirginis, quæ per Olibrium præfectum multa tormenta passa est pro nomine Christi: uincula, carceres, flagella, equuleũ, quam & diabolus in draconis specie, similiter & in Aethiopis tentauit: sed per signũ sanctæ crucis superatus est. Nouissime uero per prædictum præfectum decollata, sacris martyrio sacram finiuit.

B. XIII. CALEND. IVLII.

MEdiolano natale sanctorũ Geruasij & Protasij: qui cum per decẽ annos in uno cœnaculo conclusi, lectionibus & orationibus atque ieiunijs uacassent, unde etiam ad palmam martyrii peruenerit, esset ab Astasio comite. Qui primum candentibus plumbatis cædi iussit, quibus diu exhalaret spiritum: sequentem uero, id est, Prothasium, iussit capite truncari. Quorum corpora Philippus, uir religiosus, una cum filio suo furtim abstulit, & in domo sua in arca marmorea sepeliuit: quorum sepulchra multo post tempore Theodosio imperatore Domino reuelante beatus Ambrosius reperit, & ita incorrupta eorum corpora inuenit, ac si eadem die fuissent interempti. Quæ cum in urbem introducerentur, quidam diu cæcus factus tactu lumen recepit. Apud Rauennam sancti Vrsicini martyris, qui sub iudice Paulino, post aliora tormenta capite cæsus martyrium consummauit.

C. XII. CALEND. IVLII.

SYluerii papæ, qui sedit Romæ anno uno, qui consentiente Iustiniano imperatore, a Vilisario patricio depositus, & monachus factus, in exilio confessor moritur. Romæ sancti Nouati fratris Timothei, presbyteri, qui a beatis apostolis eruditi sunt. De quo scribit Pastor in gestis Pudentianæ & Praxedis uirginum. Et translatio sancti Zenonis martyris, & sanctæ Florentiæ uirginis.

D. XI. CALEND. IVLII.

IN Moguntia natale sancti Albani martyris, qui sub Diocletiano imperatore de insula Nasia pergens cum sancto Theonesto & Vrso Mediolanum uenit, indeque exiens auxiliante Domino peruenit ad Gallias, ibique in seruitio Dei manens, ad martyrium pro nomine saluatoris promptus fuit. Postquam autem in Augusta ciuitate beatus Vrsus martyrium accepit, Theonestus cum Albano Moguntiam peruenit: dumque ibi prædicaret uerbum Dei, Albanus discipulus eius martyrium expleuit, & sepultus est ibi iuxta prædictam ciuitatem. Syracusis natale sanctorum martyrum Rufi & Martiæ. Romæ sanctæ Demetriæ uirginis, quæ fuit beati Fausti filia. Hæc cum ante templum Iulianum pro fide Christi introduceretur, in confessione spiritum emisit, sepultaque a beato Ioanne presbytero, iuxta matrem suam sanctam Dafrosam, & sororem Vibianam, iuxta palatium Lucianum.

E. X. CALEND. IVLII.

IN Britannia sancti Albini martyris, qui tempore Diocletiani in Verelamio ciuitate, post uerbera & tormenta acerba capite plexus est. Sed illo in terram cadente, oculi eius qui eum percussit, pariter ceciderunt. Passus est cum eo etiam unus de militibus, eo quod eum ferire iussus, noluit, diuino uidelicet perterritus miraculo, quia uiderat beatum martyrem sibi dum ad coronam martyrii properaret, alueum amnis interpositi orando transmeabilem reddidisse. In ciuitate Nolana Campaniæ natale sancti Paulini episcopi & confessoris, de quo beatus Gregorius in libro dialogorum narrat. Et depositio beati Niceti Romatianæ ciuitatis episcopi, & Consortiæ uirginis. Et passio sanctorum x. millium martyrum.

F. IX. CALEND. IVLII.

NAtale Ioannis presbyteri, quem impius Iulianus in uia Salaria ueteri ante simulachrum solis decollari præcepit: cuiusque corpus a beato Concordio presbytero collectum & sepultum est iuxta concilia martyrum. Apud Britanniam sanctæ Edeltrudis uirginis & reginæ, cuius corpus cum undecim annis esset sepultum, incorruptum inuentum est. Et uigilia sancti Ioannis Baptistæ.

G. VIII. CALEND. IVLII.

NAtiuitas beati Ioannis baptistæ præcursoris Domini, Zachariæ & Elisabeth filii, qui spiritu sancto repletus adhuc in utero matris suæ, ad Israel consecratus, spiritu agebatur in desertis, uestitum pilis camelorum, habens zonam pelliceam circa lumbos suos: esca autem eius erat locusta, & mel syluestre edebat. xxx. agens annos, quintodecimo anno imperii Tyberii Cæsaris, cum procurator esset in Iudæa Pilatus, iamque regnum Iudæorum in quatuor principatus esset diuisum, uenit in omnem regionem Iordanis, prædicans baptismum pœnitentiæ in remissionem peccatorum. Romæ Fidei, Luciæ, cum aliis uirginibus duob. Augustoduno depositio S. Simplicii.

A. VII. CALEND. IVLII.

APud Beroeam sancti Sosipatris discipuli sancti Pauli apostoli. Apud Alexandriam sancti Gallicani martyris, qui per prædicationem Ioannis & Pauli ad fidem Christi conuersus, post innumera quæ perpetrauit bona, a Rauciano comite percussus gladio migrauit ad Christum. Romæ Luciæ uirginis, cum aliis uiginti duobus, & Aceiæ regis. Thessalonicæ sanctorum Bigeri, Lanradi, & dormitio sancti Ioannis euangelistæ.

B. VI. CALEND. IVLII.

ROmæ Ioannis & Pauli fratrum, quorum primus præpositus, secundus primicerius fuit Constantiæ uirginis, filiæ Constantini. Qui cum annuis turmas Christianorum recrearent, ex his opibus, quas sacratissima uirgo Christi reliquerat, peruenit hoc ad Iulianum: qui misso Terentiano campi doctore, intra domum propriam decollari fecit: qui tamen postea Christianus factus est. Eodem die sancti Quadrati apostolorum discipuli, qui in locum beati Publii Atheniarum episcopi substituitur, & ecclesiam grandi terrore dispersam fide & industria congregauit.

C. V. CALEND. IVLII.

APud Galatiam beati Crescentis episcopi, discipuli sancti Pauli apostoli. Apud Tyburtinam urbem Italiæ, natale sanctæ Symphorosæ, beati Getulii uxoris, cum septem filiis, quorum mater sub Hadriano principe maxima constantia pro Christiana fide mortem passa est, ipsam iussit primo alapis cædi, deinde suspendi crinibus. Sed cum superari nullatenus posset, iussit eam alligato saxo in fluuium præcipitari. Cuius frater Eugenius curiæ principalis, colligens corpus eius sepeliuit. Et mane imperator septem filios eius iussit ligari ad stipites, ibique filios eius ad trochleas extendi, & Crescentem in gutture transfigi, Lucianum in pectore, Nemesium in corde, Primitiuum per umbilicum, Iustinum per membra discissum fuisse per singulos corporis nodos usque

[illegible]

[illegible] ... dosi pectore usque ad [illegible] partes. [illegible] Adrianum principem corpora eorum in foueam [illegible] Et pontifices [illegible] passi sunt nomine [illegible]. Adst [illegible] Cordubae sanctorum Zoili, & aliorum [illegible] In Epheso [illegible] septem fratrum dormientium [illegible] Maximiani, Malchi, Marciani, Dionysii, Ioannis, Serapionis, Constantini.

D. IIII. CALEND. IVLII.

Leonis papae, qui post Petrum apostolum quadragesimus septimus in urbe Roma sedit annos [illegible] unum, menses unum, dies [illegible]. Hic cum multis episcopis fidem catholicam exponens, Eutychianum & Nestorianum haereses damnauit, & sanctissimum concilium Chalcedonense sua industria congregari fecit. Hic constituit [illegible] actionem dicere sanctum sacrificium, & monacham [illegible] accipere uelamen capitis benedictum ab episcopo, nisi prius probata [illegible] uirginitas fuerit. Apud Alexandriam sanctorum martyrum Plutarchi, Sereni, Heraclidis, [illegible] Sereni, Potamienę, Marcellae, Catechumenae, Heraclidis, Heronis, baptismum [illegible] Inter quos praecipue [illegible] Potamiena uirgo, quae post [illegible] agonem [illegible] mater Marcella, ignis supplicio consumpta, [illegible] migrauit ad coelum. Lugduno Galliae sancti Irenaei episcopi, qui [illegible] [illegible] sub Seuero principe. Ipsaque [illegible] Zachariae presbytero in [illegible] beati Ioannis Baptistae, sub altari [illegible] apostolorum Petri & Pauli.

E. III. CALEND. IVLII.

Roma natale sanctorum apostolorum Petri & Pauli, qui passi sunt sub Nerone, Basso & Tusco consulibus. Petrus secundo Claudii anno, post episcopatum Antiochenae ecclesiae & praedicationem dispersionis eorum, qui de circumcisione crediderant, in Ponto, Galatia, Cappadocia, Asia & Bithynia ad expugnandum Simonem magum Romam mittitus est, ibique uiginti quinque annos cathedram sacerdotalem tenuit, usque ad ultimum annum Neronis, a quo affixus cruci martyrio est coronatus, capite ad terram uerso, & in sublime pedibus eleuatis, asserens se indignum, qui sic crucifigeretur ut Dominus suus. Sepultus autem est in eadem urbe in Vaticano, iuxta uiam Triumphalem, totius orbis ueneratione celebratus. Hic ordinauit duos episcopos, Linum & Cletum, qui praesentialiter omne ministerium sacerdotale in urbe Roma populo [illegible] exhiberent, ipse uero orationi & praedicationi operam dabat.

F. PRID. CALEND. IVLII.

Eodem anno quo passus est Dominus, conuersus Paulum ad fidem credidit. Paulus quoque post passionem Domini uicesimo quinto anno, id est, secundo Neronis, postquam ab Hierusalem usque Illyricum repleuit euangelium Christi,

Romam uinctus missus est, & [illegible] ad Timotheum scribit [illegible] per Romam, uidelicet [illegible] praedicationis Neronis, euangelium Christi in occidentis quoque partibus praedicauit. Solute ergo quartodecimo Neronis anno eodem die quo Petrus [illegible] pro Christo capite truncatur, sepultusque est in uia Ostiensi, anno post passionem Domini tricesimo septimo. [illegible] Lemouicas S. Martialis episcopi & confessoris. In Agrippina sanctae Agrippinae [illegible].

IVLIVS HABET DIES XXXI. LVNAM TRICESIMAM.

G. CALEND. IVLII.

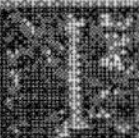

N monte Hor depositio Aaron [illegible]. Eodem die Turonis sanctae Monegundis uirginis. Viennae beati Martini, tertij eiusdem urbis episcopi, [illegible] ab apostolis [illegible] in Lugdunensi [illegible] beatissimi Domitiani abbatis, qui primus [illegible] uitam duxit. & natale Aniceti confessoris. [illegible] sancti Ioannis baptistae.

A. VI. NON. IVLII.

Romae in coemeterio Damasi natale sanctorum Processi & Martiniani, qui a beatis apostolis Petro & Paulo baptizati [illegible] cum aliis promiscui sexus numero quadraginta septem. Quod cum audisset praefectus Paulinus, misit milites, & tenuit eos, iussitque in custodiam tradi, & [illegible] in [illegible] lapidibus [illegible] in equuleo suspendi, & extendi, neruis & fustibus caedi, deinde [illegible] flammas circa latera eorum apponi [illegible]. Post modicum Paulinus arreptus a daemonio expirauit. Caesarius uero praefectus hoc Neroni imputauit, cui Nero praecepit dicens: Non [illegible], sed celerius extinguantur. Tunc educti foras muros urbis Romae, gladio sunt caesi. Corpora eorum beata Lucina collegit, & cum aromatibus sepeliuit in praedio suo. Item sanctorum martyrum Aristonis, Crescentiani, Eutychiani, Vrbani, Vitalis, Iusti, Felicissimi, Felicis, Marciae & Simphorosae, qui omnes apud Campaniam martyrio coronati sunt.

B. V. NON. IVLII.

Leonis papae, qui sedit in Roma menses decem, [illegible] Hic eloquentissimus & diuinis scripturis sufficienter instructus fuit, Graeca Latinaque lingua eruditus. Hic suscepit sextam synodum [illegible], quae in regia urbe celebrata est, in qua damnati sunt Cyrus, Sergius, Honorius, Pyrrhus, Paulus, Petrus, Macharius, Stephanus, Polychronius & nouus Symon, qui unam uoluntatem & operationem in Domino Iesu Christo praedicabant. Apud Edessam Mesopotamiae translatio corporis sancti Thomae apostoli. Caesareae Ponti [illegible] sale sancti Gregorii episcopi & martyris, beati Athenodori eiusque fratris, qui variis suppliciis quondam consummati [illegible].

C. IIII. NON. IVLII.

OSee & Aggei prophetarum. Turonis translatio sancti Martini episcopi & confessoris, & ordinatio episcopatus eius, & dedicatio basilicae ipsius. In Africa sancti Iocundiani martyris in mare mersi. Apud Sirmium natale sanctorum Innocentii, Sabbatiae cum aliis triginta. In Britannia civitate natale sancti Laurani martyris, & depositio sancti Udalrici episcopi & confessoris.

D. III. NON. IVLII.

APud Syrtam sancti Domitii martyris, qui virtutibus suis multa incolis beneficia praestat. Romae natale sanctae Zoe uxoris beati Nicostrati martyris: quae ad confessionem beati Petri apostoli dum oraret, a paganis accepta, dicta est ad patronum Numeriae, a quo praeceptum in custodiam obscurissimam trudi, & per dies [illegible] solatio lucis & cibi [illegible], septimo die demum a collo & a capillis in arbore suspensa, adhibito subter fumo in confessione Domini emisit spiritum. In Sicilia natale Agathonis & Triphinae. Et in Thomis, Marini, Theodoti & Sedophae.

E. PRID. NON. IVLII.

ISaiae & Ioel prophetarum, & octava apostolorum, & primus beati apostoli Pauli ingressus in urbem Romam anno secundo Neronis. Item depositio beati Goaris confessoris, qui in provincia Aquitaniae ortus, temporibus Hildeberti regis Francorum, sanctitate [illegible] [illegible] Deo. Hic postmodum [illegible] confectus, patriam parentesque deserens, in provinciam, quae est iuxta Rhenum flumen, contigua, Trigeria nuncupatur, atque dioecesis pertinet Treverorum, ibi Deo libere servire de[illegible] usque in finem vitae suae. Romae natale sancti Tranquillini martyris patris sanctorum Marci & Marcelliani, qui ad praedicationem beati Sebastiani credens in Dominum Iesum Christum, die octavarum apostolorum dum ad beati Pauli confessionem oraret, tentus a paganis & lapidatus martyrium consummavit.

F. NON. IVLII.

ROmae beatorum martyrum, Nicostrati primiscrinii, Claudii commentariensis, Castorii, Victorini, Symphoriani: quos beatus Sebastianus credere Christum docuit, & sanctus Polycarpus presbyter baptizavit. Quorum corpora sanctorum per ora Tyberina requirens tunc [illegible] & ad urbis praefectum perducti [illegible] [illegible] Fabianus, qui eos hortabatur ad [illegible], per decem dies [illegible] & blandis [illegible] & nullis penitus potuit inclinare. Tunc iussit eos flagellorum impressionibus, qui ipse [illegible] tertio torqueri. Cumque nulla ratione compelli posset, [illegible] [illegible] [illegible] Iamque [illegible] [illegible] [illegible] [illegible] gloriosi martyrii [illegible]

beatum. In Alexandria sancti Pantaeni viri apostolici. Viennae Goaldi episcopi. Item in Alexandria natale Parthenii, Elladii, Eliae, Apollonii, Aroni, & aliorum decem & novem. Eodem die sancti Vuilibaldi confessoris.

G. VIII. IDVS IVLII.

IN pago Austriae, & castro, nomine Vuirzeburg, iuxta Moenum flumen sito, natale sancti Kiliani martyris, & duorum sociorum eius, qui ab Hybernia Scotorum insula venientes, nomen Christi in praedicto loco propalaverunt, ibique ob veritatis testificationem sub quodam iudice Gosberto trucidati sunt, & multis postea signis veri Christi martyres esse claruerunt. In Palaestina natale sancti Procopii, qui ab Neapoli ductus Caesaream, ad primam responsionem confidentiae suae a iudice Fabiano, capite caesus est. Apud Asiam minorem sanctorum Aquilae & Priscillae uxoris eius, quorum Lucas in actibus Apostolorum meminit.

A. VII. IDVS IVLII.

ROmae ad Guttam iugiter manantem sancti Zenonis martyris, & aliorum decem milium ducentorum & trium. In civitate Tyro natale sanctorum Anatholiae & Audacis, sub Decio imperatore. Quorum Anatholia cum multos in Piceno oppido infirmos sanaret, ac demones curaret, ducta est iubente Faustiniano, ad civitatem Tyrum, & diversis plagarum generibus vexata, inde cum serpente tota nocte inclusa, nihil laesa est. Quin & ipsum Marsum, qui serpentem dimiserat, nomine Audacem, manentem a suo serpente devorandum eripuit, & ad Christum martyrium convertit. Nam ipse post hanc obedientiam in custodia inclusus, mox capitali sententia est coronatus. Ipsa quoque virgo Christi transverberata, cum stare extensis manibus in oratione, latus per dextrum gladius missus est [illegible] exivit, sepulta est inter reliquias Tyrensium, quae passa est septimo Idus Iulii. Audax vero qui de [illegible] erat, ab uxore sua & filiis illo translatus est.

B. VI. IDVS IVLII.

ROmae septem fratrum, filiorum sanctae Felicitatis, id est, Ianuarii, Felicis, Philippi, Silvani, Alexandri, Vitalis & Martialis, sub praefecto urbis Publio, tempore Antonini principis. Ex quibus Ianuarius post verbera, virgarum & carcerem, plumbatis occisus est. Felix & Philippus fustibus mactati, Silvanus praecipitio interemptus est, Alexander, Vitalis & Martialis capitali sententia puniti sunt. In Africa natale sanctorum Ianuarii, Marini, Naboris & Felicis decollatorum, quorum corpora Mediolani [illegible] sunt.

C. V. IDVS IVLII.

TRanslatio sancti Benedicti abbatis. Post quem ordinatio ipsius illustri [illegible], [illegible] sanctum [illegible] [illegible] est, Domino revelante [illegible] corpus eius, & in Gallias translatum [illegible] [illegible] quod dicitur Floriacum, condigne sepultum. Translata est pariter cum corpore beatae Scholasticae sororis ria eius, atque in partibus Germaniae nimium religiosorum deuotione colebatum. In Armenia minore, ciuitate Nicopoli, natale sanctorū martyrū, Ianuarij & Pelagiæ, qui in equuleo ungulis & testarum fragmentis diebus quatuor cruciati, martyrium impleuere. Romæ sancti Pij papæ, qui sedit in episcopatu annos decē & nouē.

D. IIII. IDVS IVLII.

APud Aquilegiā natale sancti Hermagoræ, primi eiusdem ciuitatis episcopi, discipuli sancti Marci euangelistæ. Apud Cyprum natale beati Nasonis, antiqui Christi discipuli. In Cæsarea sancti Dij. Romæ sancti Cleti papæ, qui sedit ibi annos duodecim. Hic ex præcepto beati Petri, uiginti quinq; presbyteros in urbe Roma ordinauit: qui sepultus est iuxta corpus beati Petri. Lugduno Galliæ depositio sancti Viuentioli episcopi.

E. III. IDVS IVLII.

NAtale sancti Silæ apostoli: qui cum esset unus de primis fratribus, & ab apostolis ad ecclesias gentium destinatus, cum Barnaba & Iuda, postea ab apostolo Paulo assumptus, prædicationis officium gratia Domini plenus instanter consummauit, atq; apud Macedoniam in passionibus suis Christum clarificans, postmodum requieuit. In Antiochia passio sanctæ Margaretæ uirginis.

F. PRID. IDVS IVLII.

APud Pontum natale sancti Phocæ episcopi ciuitatis Sinopis, qui sub Traiano imperatore, præfecto Africano, carcerem, uincula, ferrum, ignem etiam pro Christo superauit: cuius reliquiæ in basilica apostolorum in Vienna ciuitate Galliæ habentur. Lugduno Galliæ natale sancti Iusti episcopi & confessoris.

G. IDVS IVLII.

NIsibi natale sancti Iacobi episcopi, magnæ uirtutis uiri, ita ut ad eius preces sæpe urbs a discrimine liberata sit. Romæ in portu Romano, Zosimæ & Bonosi fratrum. In Alexandria sanctorum Philippi, Zenonis, Narsei, & infantum decem. Eodem die susceptio corporis sancti Henrici imperatoris. In Carthagine natale sanctorum Florentij, Catulini diaconi, Ianuarij, Iuliæ & Iustæ, qui sunt positi in basilica Fausti. Et in Sirmio Agrippini, Secundini, Maximini, Martialis & Iacobi episcopi. Eodem die Reginswindis uirginis, & dispersio apostolorum.

A. XVII. CALEND. AVGVST.

IN Hostia natale sancti Hilarini, qui sub persecutione Iuliani cū nollet sacrificare, fustibus cæsus martyrium sumpsit. Apud Antiochiam Syriæ natale sancti Eustachij episcopi & confessoris, qui sub Constantio principe ob catholicam fidem in Traianopolim ciuitatem Thraciæ pulsus exilio, ibidem requieuit.

B. XVI. CALEND. AVGVST.

IN Carthagine natale sanctorū Scillitanorū, id est, Sperati, Narthalis, Cythini, Bethuriæ, Feliciæ, Aquilini, Lætantij, Ianuariæ, Generosæ, Vestinæ, Donatæ & Secundæ, sub Saturnino præfecto, qui post primam confessionem Christi in

Beati uero

carcerem missi, & in ligno confixi, postea gladio decollati sunt. Horū reliquiæ cum ossibus beati Cypriani, & capite sancti Pantaleonis martyris, ex Africa in Gallias translatæ, conditæ sunt Lugduni in basilica beati Ioannis baptistæ, & sancti Alexis confessoris.

C. XV. CALEND. AVGVST.

APud Carthaginē natale sanctæ Ciundeneæ, quæ Pleuiano & Zeta consulibus iussu Rufini proconsulis, quater diuersis temporibus equulei extensione uexata, & ungularum horrenda laceratione cruciata, carceris etiam squalore diutissime afflicta, nouissime gladio cæsa est. Apud ciuitatem Metensium sancti Arnolphi episcopi & confessoris, qui sanctitate & miraculorum gratia illustris, eremiticam uitam diligens, beato fine requieuit. & sancti Materni episcopi & confessoris Mediolano.

D. XIIII. CALEND. AVGVST.

APud Thebaidem sancti patris nostri Arsenij, de quo in uerbis seniorū refertur: quia propter redundantiam lachrymarum semper sudariū semper in sinu uel in manu habuit. Apud Hispaniam in ciuitate Hispali natale sanctarum Iustæ & Rufinæ, quæ à Diogeniano præside comprehensæ, equulei extensione & ungularum laniatione uexatæ sunt, deinde cum in carcere inedia & doloribus afflictæ. Post hæc iussu præsidis, ut quocunq; iret ipse, nudis pedibus sequerentur. Tandem Iusta in carcere spiritum exhalauit: corpus eius in puteum proiectum, & à Sabino episcopo leuatum, in Hispalensi cœmiterio conditum est. Rufinæ ceruix effracta, & corpus eius igni traditum est: cuius reliquiæ à fidelibus curatæ sunt.

E. XIII. CALEND. AVGVST.

NAtale sancti Epaphræ, qui à beato Paulo Colossensis episcopus ordinatus, clarus uirtutibus martyrij palmam pro ouibus sibi commendatis uirili agone percepit: sepultus in eadem urbe. Et natale beati Ioseph, qui cognominatus est Iustus, qui & cum beato Matthia, ut numerum duodecimū impleret, ab apostolis statutus: sed Matthia locum Iudæ præuaricatoris implente, beatus Ioseph nihilominus prædicationis & sanctitatis officio inseruiēs, multamq; pro fide Christi persecutionē à Iudæis sustinens, uictoriosissimo fine in Iudæa quieuit. de quo refertur, quod uenenū biberit, & nihil ex hoc triste propter Domini fidem pertulerit. In Damasco sanctorum Sabini, Maximini, Iuliani, Macrobij, Cassiæ, Paulæ, cum alijs decem. In Africa natale Luciani, Petri, Amabilis, Nōnæ & Thebaide Victoris.

F. XII. CALEND. AVGVST.

SAncti Danielis prophetæ. Romæ sanctæ Praxedis uirginis. Hæc cum sorore sua Potentiana, à beato Pudente patre erudita, in omni castitate & lege diuina, post multas eleemosynas & sepulturas sanctorum, quas fecit, beato fine quieuit, sepulta iuxta sororem suam. Romæ ipso Salarij. Eodē die passio sancti Victoris Massiliensis episcopi, qui sub Diocletiano & Maximiano tiano supperstantius propter fidē Christi per Arrium præsidem martyrizatus est, simul cū sanctis Alexandro, [illegible], Longino & D[illegible].

G. XI. CALEND. AVGVST.

NAtale sanctæ Mariæ Magdalenæ, de qua ut euangelium refert, septem dæmonia eiecit Dominus, quæ etiam inter alia dona insignia, Christū à mortuis resurgentē prima uidere meruit. Et obdormitio beatæ Syntychæ, & Philippis [illegible] sepulta, de qua beatus apostolus Paulus Philippensibus scribit, [illegible] & Syntychē deprecor, id ipsum sapere in Domino. Ancyræ Galatiæ natale S. Platonis martyris, cuius gesta habentur. In Antiochia Cyrilli episcopi, & Andreæ.

A. X. CALEND. AVGVST.

APud Rauennam sancti Apollinaris episcopi. Hic Romæ ordinatus à beato Petro apostolo, Rauennam directus est. Qui etiam in Æmilia prædicauit, & partibus Corinthiorum, & in Mysia, & in ripa Danubii, & in partibus Thraciæ, in quibus locis exilio relegatus est, & ubicunque peruenit, innumeras uirtutes fecit, & passiones sustinuit. Nam est nimia cæde mactatus, & rursum diutissime fustibus cæsus, ac nudis pedibus super prunas impositus, rursum cæsus, & equuleo suspensus, tortus est, & lapidibus os eius contusum, & grauissimo ferri pondere inclusus, in carcere horrifico, atq; in ligno extensus est, ubi ab hominibus quidē neglectus, sed ab angelo publicè pastus est: deinde catenatus in exilium directus est, in quo rursum diutius fustibus cæsus & restibus ligatus à paganis, cæsus est & uulneratus, & iterum in carcerē missus, & tandem martyrium consummauit, sub Vespasiano Cæsare, Demosthene patricio Rauennæ, [illegible] annos uiginti[illegible] dies quatuor.

B. IX. CALEND. AVGVST.

ROmæ natale sancti Vincentii. Apud [illegible] Hispaniæ ciuitatem natale sancti Victoris militis, qui cum duobus fratribus Tyr[illegible] & [illegible] diuersis examinatus suppliciis martyrium consummauit. In Tyro apud Italiam, quæ est circa lacum Vulsinium, natale sanctæ Christinæ uirginis, quæ in Christū credens, deos aureos & argenteos Vrbani præfecti patris sui confregit, pauperibusq; distribuit. Ob hoc iubente patre afflicta alapis, uerberibusq; [illegible] ferreis [illegible]. Post hæc tam diuersis & crudelissimis affecta [illegible] de carnibus suis patri in faciem proiecit. Cumq; alligata rotæ igni supposito & oleo desuper [illegible], [illegible] gentilium interfecit. Iterum carceri tradita, angelo ministrante sanata est & refecta: deinde cum ingenti saxi pondere in mare iactata, angelico ministerio liberata est. Cum autem propter fidē [illegible] Dion [illegible]. Nouissime successit prædicto iudici nomine [illegible] ardentem, ubi quinq; diebus illæsa permansit, post serpentes [illegible] fide Christi superans, post abscissionem linguæ [illegible]

cursum compleuit, anno ætatis suæ [illegible]. Eadem die uigilia sancti Iacobi apostoli.

C. VIII. CALEND. AVGVST.

NAtale sancti Iacobi apostoli, filii Zebedæi. In Cilicia ciuitate Samon, natale S. Christophori martyris, qui sub Decio rege uirgis ferreis attritus, & flammæ æstuantis incendio, Christi uirtute liberatus est, ad ultimum sagittarum ictibus confossus, martyrium capitis [illegible] consummauit. In Hispaniis, ciuitate Barcinona natale S. Cucuphatis martyris, qui ex ciuitate Scillitana [illegible] Barcinonam sub Galerio & Maximiano [illegible] & Rufino passus, primò grauissime tortus & cæsus est, deinde catenis [illegible], aceto & [illegible] fusus est. Cumq; [illegible] ignis apparuit [illegible] ferro [illegible] in custodiam [illegible] splendore [illegible], & tunc [illegible] Cucuphas [illegible] gladio [illegible] cuius corpus à Christianis sepultū.

D. VII. CALEND. AVGVST.

NAtale beati Herasti, qui Philippis à beato Paulo episcopus relictus, ibi martyrio coronatus quieuit. Romæ in portu [illegible] sub [illegible] primo [illegible], qui missus in ignē nullam [illegible] potuit, inde præcipitatus in ualidissimum torrentē, incolumis ereptus est ad litus. Nunciantur hæc consulari [illegible], qui misit spiculatorē cum militibus, ut eum cōprehensum gladio ferirēt. Cuius corpus Iulia cū seruis [illegible] collegit, & cum honore sepeliuit in prædio suo, iuxta urbem Romam. In Pergis [illegible] Iouiani & Iuliani.

E. VI. CALEND. AVGVST.

APud Nicomediam ciuit. natale S. Hermolai presbyteri, cuius doctrina beatus Pantaleō ad fidem conuersus est. Qui etiam à Maximiano cū duobus germanis suis Hermippo & Hermocrate, capitali sententia ob confessionē Christi punitus est. In Sicilia Symeonis monachi. In ciuitate Nolana Felicis, Iuliæ & Iucundæ. Autissiodoro natale sancti Etherii episcopi.

F. V. CALEND. AVGVST.

NIcomediæ passio S. Pantaleonis martyris, qui eum iubente Maximiano [illegible] medicus à presbytero Hermolao ad fidē Christi conuersus, multa miracula fecit, patremq; suū senatorē Eustorgium Christo [illegible]. Ob quod [illegible] est ab eodē Maximiano, equulei pœna, & lampadum exustione cruciatus, sed inter hæc Domino sibi apparente refrigeratus, tandē gladio martyrium consummauit. Lugduno sancti Peregrini presbyteri.

G. IIII. CALEND. AVGVST.

ROmæ sancti Felicis papæ. Hic declarat Constantium filium Constantini esse hæreticum, [illegible] rebaptizatum ab Eusebio Nicomediensi episcopo, [illegible] præcepto eiusdem Constantii Augusti capite [illegible]. Sedit autem in episcopatu annum unum, [illegible] dies [illegible]. Eodem die passio sanctorum Simplicii & Fausti-

ni

[illegible] germanorum, qui sub Diocletiano & Maximiano in urbe Roma pro fide Christi, post multa ac diversa supplicia decollati sunt. [illegible] germanam eorum Beatricem nomine, eo quod corpora eorum cum Crispo & Iohanne presbyteris sepeliret, a Lucretio praefecto [illegible] strangulatam. Lucretius vero ab [illegible] spiritu arreptus in convivio suo expiravit. Item depositio beati Lupi episcopi, qui cum Germano ierat in Britanniam, & quinquaginta duobus annis sacerdotio functus est. Hic [illegible] regem Attylam, qui Gallias [illegible] in hymno [illegible] [illegible] Trecas [illegible]. Et depositio beati Prosperi episcopi.

A. III. CAL. AVG.

ROmae Abdon & Sennen subreguli Persarum. Qui cum Cordoba civitate Persarum [illegible] Decio, ad illorum [illegible] eos Romam catenis obligatos, & diversis poenis maceratos, [illegible] plumbatis caesi, deinde gladio interfecti sunt. Apud Africam civitate Tuburbo, lucernaria passio sanctarum virginum, Maximae, Donatillae & Secundae, sub Anulino proconsule: quae post plurimas quas sustinuerunt pro Christo passiones, gladio vitae martyrium consummaverunt. Autissiodoro depositio sancti Ursi episcopi.

B. PRID. CAL. AVG.

CAesareae passio sancti Fabii: qui cum [illegible] vexilla praesidalia portaret, primum in carcerem inclusus est, deinde productus [illegible] in Christi [illegible] perdurat. Qui mox a [illegible] iudice capitali sententia condemnatur. Post haec corpus [illegible] in mare profundo [illegible] caput [illegible] cadaver immergitur. Sed Domini virtute [illegible] reddunt corpus, ad Caesariensem [illegible] & condigno cultu a fidelibus in basilica tumulatum. In Africa natale sanctorum Demetrii, Secundi, Dionysii. [illegible] Ravennae translatio sancti Germani episcopi & confessoris.

AVGVSTVS HABET DIES XXXI. LVNAM VI. [illegible]

C. CAL. AVGVST.

SAnctorum Machabaeorum septem fratrum cum matre sua, qui passi sunt sub Antiocho rege. Romae dedicatio primae ecclesiae a beato Petro constructae & consecratae. Viennae sancti Veri episcopi, qui unus fuit de discipulis apostolorum. & sancti Nectarii episcopi. Vercellis Eusebii episcopi, qui nocturnus persecutione Arrianorum sub Constantio [illegible] martyrium passus est. Philadelphiae civitate natale sanctorum martyrum, Cyrilli, Aquilae, Petri, Domitiani, Rufi, Menandri una die coronatorum. In civitate Gerunda natale sancti Felicis martyris, qui [illegible] [illegible] Ruffina, usque dum [illegible].

D. IIII. NON. AVG.

ROmae sancti Stephani papae, & martyris, sub Valeriano & Gallieno imperatoribus. Qui cum persecutionem gravissimam [illegible] congregans universum clerum, [illegible] ut pro Christo [illegible] martyrium [illegible]. Hic constituit ut sacerdotes & [illegible] sacra [illegible] non haberent [illegible] in ecclesia. Ordinavit autem presbyteros, & septem diacones & clericos decem, cum quibus [illegible] Dei [illegible] docebat. Beatus igitur Stephanus, post multa quae operatus est bona, ex [illegible] Valeriano [illegible] est decollari, qui [illegible] cum sacrificium Deo offerret, & decollaverunt eum in eodem loco. Cuius corpus Christiani sepelierunt in eadem crypta, ubi effusus est sanguis eius, in loco qui appellatur coemiterium Calisti. Sedit autem in episcopatu septem annos, menses quinque, dies tres. Eodem die natale sanctae Theodotae, cum tribus filiis suis in provincia Bithyniae, urbe Nicaea, tempore Diocletiani, sub comite Leucadio, qui hanc feminam [illegible] cum filiis [illegible] Nicetio [illegible]. At ille filium eius primogenitum Euodium, Christum [illegible] confitentem [illegible] caedi, deinde [illegible] omnibus [illegible] consumi. Susceptus est in passione sanctae Anastasiae.

E. III. NON. AVGVST.

HIerosolymis inventio corporis sancti Stephani protomartyris, & sanctorum Gamalielis, Nicodemi, & Abibon: sicut revelatum est a Domino beato Luciano presbytero, septimo Honorii principis anno. Item in Antiochia [illegible] Stephanum protomartyrem, ubi habetur [illegible] de lapidibus, quibus in brachio percussus est, & multa ex eo [illegible]. Constantinopoli natale sancti Hermelli martyris.

F. PRID. NON. AVG.

NAtale beati Aristarchi, de quo beatus Paulus apostolus Colossensibus scribit: Salutat vos Aristarchus concaptivus meus. Qui sumens initium ab Apostolo permansit usque ad extremum: qui constitutus Thessalonicensium episcopus, post longos ac beatificos agones a Christo coronatus quievit. Romae in crypta arenaria beati Tertulliani martyris, quem beatus Stephanus baptizatum in Albis presbyterum consecravit, qui non longe post [illegible] capitis martyrium promeruit, sepultus est a beato Stephano pontifice. Et natale sancti Iustini confessoris. Lugduni adventus corporis sancti Iusti episcopi de eremo.

G. NON. AVGVST.

AVgustoduno S. Cassiani episcopi. In civitate Catania [illegible] depositio sancti [illegible] episcopi et [illegible] & [illegible] Floriani & Phil[illegible] & natale S. Oswaldi regis martyris [illegible].

A. VIII. IDVS AVG. [illegible]

ROmae in coemeterio Callisti, via Appia natale S. Sixti episcopi & martyris, sub Decio imperatore & Valeriano [illegible] [illegible] & Agapiti diaconorum [illegible]

t 4 [illegible]

iussit Decius ante templum Martis decollari. Nocte uero a uenerat clerici, & maxime pars Christianorum, sepelierunt sanctorum corpora cum digno honore. Decollati sunt cum eo & alij quatuor, ut in gestis pontificalibus legitur, Ianuarius, Magnus, Vincentius, Stephanus, subdiacones. Passus est etiam cum eo & beatus Quartus, ut scribit sanctus Cyprianus. Hic beatus Sixtus apud Athenas natus & doctus, primum quidem philosophus, postea Christi discipulus fuit. Sedit in episcopatu annum unum, menses decem, dies uiginti tres. In Hispaniis ciuitate Compluto, Iusti & Pastoris fratrum, qui cum adhuc pueritiae essent [illegible], proiectis in schola tabellis, sponte ad martyrium cucurrerunt, qui mox iussu Daciani praesidis [illegible] iugulati sunt, ubi etiam in basilica sui nominis quiescunt. Et natale Ormisdae papae, qui sedit Romae annos decem & septem. Hic composuit clerum, & psalmos erudiuit. Sub huius tempore Anastasius imperator haereticus percussus fulmine interijt. Sepultus est idem pontifex in ecclesia beati Petri.

B. VII. IDVS AVG.

APud Tusciam ciuitatem Aretio, natale sancti Donati episcopi & martyris, qui tentus est tempore Iuliani imperatoris a Quadratiano Augustali, simul cum Hilario monacho, iussusque est idolis sacrificare: quo renuente, iussit Hilarinum tamdiu fustibus caedi in conspectu ipsius, donec emitteret spiritum, deinde beatum Donatum gladio percuti. Quorum corpora Christiani uenerabiliter iuxta ciuitatem sepelierunt. Cuius meminit beatus Gregorius, quid fractum calicem oratione restaurarit. Romae sanctorum martyrum Petri, Iuliani, cum alijs decem & octo. Mediolani sancti Faustini, tempore Aurelij Commodi martyrizati. Apud prouinciam Rhetiae ciuitatem Augustam, natale sanctae Afrae martyris.

C. VI. IDVS AVG.

ROmae uia Ostiensi, miliario septimo, natale sancti Cyriaci martyris, quem beatus Marcellus cum Lucina matrona Christianissima, cum alijs qui cum eo passi sunt sanctorum corporibus, transtulit in praedium suum, condiens aromatibus, & linteaminibus recondens in sarcophagis lapideis, octaua die mensis Augusti. Beatorum martyrum passiones, id est, Cyriaci, Largi & Smaragdi, suis locis notatae sunt, hoc est, septima decima calendarum Aprilis. Apud Viennam natale sancti Seueri presbyteri & confessoris, qui etiam ingentem paganorum multitudinem uerbo & miraculis ad fidem Christi conuertit.

D. V. IDVS AVG.

ROmae sancti Romani militis, qui confessione beati Laurentij compunctus, petijt ab eo baptizari, & mox iubente Decio cum fustibus exhibitus ac decollatus est. In Verona ciuitate passio sanctorum Firmi & Rustici, qui tempore Maximiani imperatoris, & Anolini consularis passi sunt. Et uigilia sancti Laurentij.

E. IIII. IDVS AVG.

NAtale sancti Laurentij archidiaconi sub Decio, qui post plurima tormenta carceris, uerberum diuersorum laminarumque ardentium, ad ultimum in craticula ferrea assatus, martyrium complet. Mane autem primo adhuc crepusculo [illegible] corpus eius Hippolytus, & Iustinus clericus & presbyter, cum sancto Iustino presbytero, [illegible] uespertina hora, & sepelierunt in agro Veranae Romae miliario [illegible]. Tunc passi sunt Claudius, Seuerus, Crescentius & Romanus ipsa die.

F. III. IDVS AVG.

ROmae inter duas lauros natale S. Tyburtij martyris, qui iussu Fabiani praesidis super prunas ardentes nudis pedibus incedens, illaesus est. Postea uero a praedicto Fabiano extra urbem Tiburtinam [illegible] miliario tertio, gladio transuerberatus, martyrium cepit. Item Romae sanctae Susannae uirginis, quae fuit filia Gabinij presbyteri fratris Gaij papae. Haec ergo sub Diocletiano imperatore passa est, eo quod nollet Maximino filio eius in coniugio sociari, sed in uirginitate permanere, hortante eam Gaio papa, necnon & Serena Augusta, ut stabilis permaneret in fide & castitate perpetua. Propter hoc iubet eam Diocletianus post alia tormenta in domo propria gladio percuti, & sic martyrium consummauit. Praedicta uero Serena Augusta collegit corpus sanctae uirginis, & sanguinem quem fuderat, in eodem loco est suo uelamine tersit, & posuit in capsa argentea in palatio suo, ubi diebus [illegible] uotis orationum [illegible]. Corpus uero sanctae Susannae ipse manibus suis ornauit, cum linteaminibus & aromatibus, & posuit iuxta corpora sanctorum in coemiterio Alexandri. Et depositio Gaugerici episcopi & confessoris, qui [illegible] annos Cameracensem rexit ecclesiam.

G. PRID. IDVS AVG.

IN Sicilia ciuitate Cathinensium natale Eupli diaconi. Qui cum diutissime torqueretur, decollatus est a Calusiano consulari tempore Diocletiani & Maximiani. Eodem die sanctae Hilariae matris sanctae Afrae martyris. Quae cum ad sepulchrum eius excubaret, ibidem pro fide Christi a persecutoribus igni tradita est, cum Digna & Eumenia & Euprepia, & famulis puellis S. Afrae. In Syria natale sanctorum Macharij & Iuliani.

A. IDVS AVGVSTI.

ROme S. Hippolyti, qui tempore Decij ligatis pedibus ad colla indomitorum equorum, & sic per carduos & tribulos tractus emisit spiritum. Et natale Concordiae nutricis eius, quae ante ipsum plumbatis caesam martyrizatur, & aliorum decem & nouem de domo eius, qui simul decollati sunt. Eodem die natale S. Cassiani Romae. Qui cum adorare idola nollet, interrogatus a persecutore, quid artis haberet, respondit, quia pueros notas doceret, & mox spoliatus uestibus, ac manibus post terga uinctis, statuitur in medio, uocatisque pueris, quibus docendo exosum se fecerat, datus est licentia eum perimendi. At illi quanto doloris ab eo tenerentur, tanto [illegible] uictoriae [illegible] scribebant, alij stylis eum caedebant, quanto quam infirmior erat magister, tanto gloriae.

[illegible] pondere martyrii palmam meruit [illegible]. Pictauis [illegible] depositio sanctae Radegundis reginae. In Germania prouincia [illegible] sancti Vuig[illegible] presbyteri & confessoris.

B. XIX. CAL. SEPTEMB.

NAtale sancti Eusebii presbyteri & confessoris, qui sub Constantio imperatore Arriano [illegible] Liberio papa [illegible] confessionem suam compleuit. Nam a praedicto Constantio includitur in quodam cubiculo domus suae, habens latitudinem pedes quatuor, ubi [illegible] perseuerans, & nonodecimo calendarum Septembris, post menses septem [illegible] domino [illegible]. Cuius corpus collegit Gregorius & Orosius presbyteri, & sepelierunt in crypta iuxta corpus beati Sixti episcopi & martyris, via Appia, in coemeterio Callisti, ubi & titulum ipsius scribentes posuerunt ita: Eusebio homini Dei. Audiens Constantius quod Gregorius & Orosius sepelissent corpus beati Eusebii, in eadem crypta, ubi illud condiderant, praecepit uiuum includi Gregorium. Hunc sequenti nocte Orosius accepit inde, & post paululum defunctum iuxta corpus sancti Eusebii sepeliuit. Factus est grandissima persecutio in [illegible] ecclesia ab Arrianis sedem apostolicam [illegible] Liberio. Et uigilia assumptionis sanctae Mariae uirginis.

C. XVIII. CAL. SEPTEMB.

ASsumptio sanctae Dei genitricis & perpetuae uirginis Mariae. Eodem die sancti Tharsicii acolyti & martyris. Quem pagani cum inuenissent Christi corporis sacramenta portantem, coeperunt discutere quid gereret. At ille indignum iudicans porcis prodere margaritas, tamdiu fustibus & lapidibus mactatus est, quousque exhalaret spiritum. Et reuoluto eius corpore sacrilegi discussores nihil inuenire potuerunt sacramentorum Christi. Christiani autem collegerunt corpus martyris, & sepelierunt in coemeterio Callisti. In Nicomedia sanctorum Straconis, Philippi & Eutychiani, cum eorum sociis.

D. XVII. CAL. SEPTEMB.

IN Nicaea Bithyniae natale sancti Vrsatii confessoris, sub Licinio persecutore, qui relicta militia solitariam uitam in quadam [illegible] elegit, tantisque uirtutibus claruit, ut [illegible] expulisse & ingentem draconem orando interemisse legatur. Romae sanctae Serenae uxoris quondam Diocletiani Augusti. In Alexandria sanctorum [illegible] & [illegible]. In Persida sanctorum Tyri cum sociis suis. [illegible] sancti Arnulphi episcopi [illegible].

E. XVI. CAL. SEPTEMB.

APud Africam sanctorum martyrum Liberati abbatis, Bonifacii diaconi, Serui & Rustici subdiaconorum, Rogati & Septimi monachorum, & Maximi pueri, qui persecutione Vandalica, [illegible] rege Hunerico, [illegible] in monasterio [illegible] usque ad urbem Carthaginem sunt producti, ubi pro confessione fidei carcerali custodiae mancipati, & catenis ferri pondere [illegible] ligneo [illegible] igne [illegible], qui Dei nutu extinctus est. Tunc praecepit eos remorum uectibus in modum canum [illegible] singulos extingui. Corpora eorum in mare iactata, [illegible] eadem hora litoribus reddita a Christiano populo in monasterio [illegible] sunt condita. Apud Caesaream Cappadociae passio sancti Mamantis martyris, qui passus est imperante Aureliano sub Alexandro praeside. Ipso die obitus sancti [illegible] martyris & confessoris.

F. XV. CAL. SEPTEMB.

APud Praenestinam ciuitatem natale sancti Agapiti martyris, qui sub Antiocho rege, cum esset puer annorum quindecim, pro Christo passus est. Hic neruis caedebatur & flagellis atrocissimis, & tandem suspensus est, capite deorsum uerso, & [illegible] fumo suffocatus, & tunc aquam bullientem [illegible] super uentrem eius. Postea leonibus proiectus, sed nihil ab eis est laesus, ad ultimum decollatus est. Corpus eius nocte sublatum est a Christianis, & positum in sarcophago nouo, [illegible]. Romae beatorum [illegible] presbyterorum, qui multa corpora sanctorum in persecutione [illegible] sepelierunt: & ipsi postmodum in pace quieuerunt.

G. XIIII. CAL. SEPTEMB.

NAtale sancti Magni. In Gallia sancti Donati presbyteri, qui anachoreticam uitam multis annis duxit. Romae beati [illegible] & martyris. Hunc docuerunt beati martyres Eusebius, Vincentius, Peregrinus, Pontianus, per quorum manus etiam facultates suas pauperibus distribuens, a beato Rufino presbytero baptismum percepit. Quod audiens Commodus imperator, tradidit eum Vitellio ad inquirendas facultates eius, & ad sacrificandum impelleret. Qui [illegible] eum in carcerem, & post triduum catenis onustum fecit sibi praesentari, & audiens eum, tamdiu iussit [illegible], donec emitteret spiritum. Cuius corpus collegerunt noctu supradicti sancti martyres, & sepelierunt in coemeterio Calepodii.

A. XIII. CAL. SEPTEMB.

SAmuelis prophetae, cuius sacra ossa Augustus Arcadius de Iudaea transtulit in Thraciam, portantibus episcopis, & omnium ecclesiarum populis tanta laetitia occurrentibus, quasi [illegible] susciperent. Eodem die beati Porphyrii, qui [illegible] martyrem Agapitum erudiuit in fide & doctrina Christi. In Alexandria [illegible], & abbatis Philiberti [illegible]. In Lucania [illegible]. In [illegible] Valenti, Pauli, [illegible] Maximi, Pamphili, & Celsi confessoris. & sancti Bernardi abbatis.

B. XII.

B. XII. CAL. SEPTEMB.

IN territorio Camaltanæ ciuitatis, natale sancti Priuati martyris & episcopi, qui passus est persecutione Valeriani & Gallieni. Eodem die natale sanctorum Bonosi & Maximiani, quorum gesta habentur. In ciuitate Salona natale Anastasii martyris: qui cum vidisset beatum Agapitum inter tormenta fortiter Christum confitentem, exclamauit, Magnus est Christianorum Deus, & non est alius præter eum. Erat autem cornicularius miles. Ad quem præses, Sicut video, inquit, seductus es. Ex quo præses imperatori Aureliano renunciauit, qui mox per edictum iubet: & ita martyr factus, migrauit ad Dominum. Item Hispaniis Vincentii, Iuliani. In Sardinia sanctorum Luxurii & Traiani.

C. XI. CAL. SEPTEMB.

NAtale sancti Timothei, qui ab Antiochia veniens Romam, sub Melchiade papa susceptus est in hospitium à Syluestro papa: qui postea episcopus factus est. Qui cum annum integrum & aliquot menses prædicasset, multos ad Christum conuertisset, tentus à Tarquinio urbis præfecto, & longa carceris custodia maceratus, cum sacrificare idolis noluisset, tertio cæsus, & grauissimis suppliciis afflictus, ad ultimum decollatus, & iuxta beatum Paulum apostolum sepultus est. Augustoduno sancti Symphoriani, qui tempore Aureliani imperatoris sub Heraclio consulari, cum idolis sacrificare nollet, primum verberibus afflictum, deinde carceri mancipatum, ad ultimum abscisso capite martyrem effecit. In portu Romano, sanctorum peregrinorum martyrum Martialis, Epicteti, Saturnini, Aprilis & Felicis, cum sociis eorum. Item Romæ beati Antonini martyris: qui cum esset carnifex, vidit stantem mulierem cum spongia, & detergentem latera sanctorum martyrum Eusebii, Pontiani, Peregrini atque Vincentii, cum suspensi in equuleo cæderentur, exclamare cœpit, Vere Deus est Christus, quem hi prædicant. Et fugiens occulte à Rufino presbytero baptizatus est: & reuersus ad Vitellium, cum se Christianum libere fateretur, capitali sententia damnatus, via Aurelia sepultus est. Eodem die octaua assumptionis sanctæ Mariæ.

D. X. CAL. SEPTEMB.

NAtale sanctorum martyrum Donati, Restituti, Valeriani, Fructuosæ, cum aliis duodecim in Antiochia coronatis. Eodem die beati Zachæi episcopi, qui quartus ab Iacobo Hierosolymorum rexit ecclesiam. Lugduni sanctorum martyrum Minerui, & Eleazari cum filiis octo. In portu urbis Romæ sanctorum Hippolyti, Quiriaci, & Archilai. Remis ciuitate, sanctorum Timothei & Apollinaris, qui ibidem martyrizati sunt. In Alexandria beati Theonæ [illegible]. [illegible] Aegææ sub Lysia præside, id est Claudii, Asterii, Neonis. Et vigilia sancti Bartholomæi apostoli.

E. IX. CAL. SEPTEMB.

NAtale S. Bartholomæi apostoli, qui apud Indiam Christi euangelium prædicans, viuens à barbaris decoriatus est, atque iussu regis Astyagis decollatus martyrium compleuit. Huius apostoli sacratissimum corpus primum ad insulam Liparim, quæ Siciliæ vicina est, deinde Beneuentum translatum, ubi diuersis temporibus celebratur. Apud Carthaginem sanctorum qui passi sunt tempore Valeriani & Gallieni. Porro inter alia supplicia, iussu præsidis accensa calce, & ante os illius prunas cum thure exhibitis, dixit præses: Christiani, eligite e duobus unum: aut thura super his carbonibus offerte, aut in calcem demergemini. Tunc recti in fide armati, sese ibidem capitali sanum Christum Dei filium Deum fatentes, iecerunt in ignem, & inter vapores calcis in puluerem sunt conuersi. Ex quo etiam candidatus ille exercitus beatorum, massa candida meruit nuncupari.

F. VIII. CAL. SEPTEMB.

PAssio Genesii martyris sub Diocletiano imperatore, qui sæpe primum sub gentilitate mimus. Thymelicæ artis magister [illegible] postea Christi confessor factus, modis multis à persecutoribus est cruciatus, hoc est, fustibus cæsus, equuleo suspensus diutissime adustus, nouissime decollatus. Romæ natale sanctorum quatuor martyrum, Eusebii, Pontiani, Peregrini & Vincentii, imperante Commodo, Vitellio iudice: qui primum leuati in equuleo, ac neruis distenti, fustibusque sunt cæsi, & flammæ ad latera eorum applicatæ, nec tamen superati. Eusebius præcisa lingua loquebatur, nouissime plumbatis usque ad emissionem spiritus mactati sunt. Quorum corpora collegit beatus Rufinus presbyter, & sepeliuit. Et sancti Genesii Arelatensis, qui in ripa Rhodani fluminis decollatus, & proprio cruore baptizatus, martyrii gloriam accepit. Eodem die sancti Sandradi abbatis.

G. VII. CAL. SEPTEMB.

ROmæ sancti Zepherini papæ, qui rexit ecclesiam annos octo, menses septem, dies decem. Hic constituit ut præsentibus omnibus clericis & laicis fidelibus, siue diaconus, siue sacerdos ordinaretur, & alsistibus sacerdotibus missæ celebrarentur. Item natale sanctorum Maximi & Habundii Romæ, quos Deciana persecutione iussit Valerianus includi, et quidem in cloacam mitti [illegible] Concordiæ [illegible]. Ipsorum quoque corpora [illegible] nus presbyter, & sepeliuit in crypta iuxta beatum Laurentium. Apud Vercellam, castrum Italiæ, sancti Secundi martyris ex legione Thebæorum. Et Pergami sancti Alexandri martyris, qui & ipse erat ex legione prædictorum sanctorum, qui decollatione martyrium expleuit.

A. VI. CAL. SEPTEMB.

APud Capuam natale sancti Rufi martyris, quem beatus Apollinaris Petri apostoli discipulus docuit & baptizauit, cum esset idem Rufus patricius dignitate. Thomis sanctorum martyrum Marcellini tribuni, & uxoris eius Mannæ, & filii ipsius Ioannis & Serapionis clerici, & Petri militis. In Galliis ciuitate Arelatensi

latensi sancti Caesarii episcopi & confessoris, uiri mirae sanctitatis. Augustoduno sancti Siagrii episcopi & confessoris.

B. V. CAL. SEPTEMB.

NAtale beati Hermetis martyris. Hunc beatus Alexander papa urbis Romae, cum esset praefectus, baptizauit cum uxore & filiis ac sorore Theodora, & cum eo pariter mille ducentos quinquaginta seruos eius, uxores quoque & filios eorum, priusquam ingenuitate illis concessa, ac non multo post ab Aureliano gladio plectitur. Cuius corpus collegit beata Theodora, atque in uia Salaria sepeliuit. In Africa depositio sancti Augustini episcopi, qui primo de ciuitate sua propter barbaros in Sardiniam translatus est, & nuper a Luitprando rege Longobardorum Ticinum relatus, & honorifice conditus est. Constantinopoli sancti Alexandri episcopi & confessoris, cuius uirtute orationis Arius diuino iudicio condemnatus crepuit medius, & effusa sunt uiscera eius. Apud Sanctonas sancti Iuliani episcopi & confessoris, & natale sancti Iuliani martyris. Ibi natale sancti Pelagii martyris.

C. IIII. CAL. SEPTEMB.

PAssio & decollatio, uel potius inuentio capitis beati Ioannis baptistae, quem Herodes, ut euangelistae referunt, decollari praecepit. Romae in Auentino oppido Vindiciensi ad arcum Faustini beatae Sabinae martyris, quae fuit uxor praeclarissimi quondam Valentini. Hanc beata uirgo Serapia uera fide instruxit. Passa est autem famula Christi Sabina sub Adriano imperatore, sub praefecto quoque Helpidio, cum in confessione Christi perduraret, decollatione capitis martyrii palmam adepta est. Cuius corpus sepultum est in sepulchro quod sibi ipsa parauerat, ubi & magistram Serapiam ipsa ante condiderat. In Venusia ciuitate Apuliae natale Felicis episcopi. Ciuitate Tuburzonense Ianuarii presbyteri, & Fortunatiani & Septimi lectorum, qui sub Diocletiano imperatore a Magdelliano procuratore gladio consummati sunt.

D. III. CAL. SEPTEMB.

ROmae uia Ostiensi sancti Felicis presbyteri, sub Diocletiano & Maximiano imperatoribus, praefecto & iudice Dracone. Hic cum ad sacrificandum iudici esset perductus iuxta templum Serapis, dum cogeretur ad sacrificandum, exsufflauit in faciem statuae aereae, & statim cecidit. Item ductus ad Mercurii statuam, quae simili modo cecidit. Item ad simulachrum Dianae, quod pari modo cecidit. Tunc praeses iussit eum decollari. Quidam ergo uir Christianus obuius ei fuit, hominibus quidem absconditus, Deo uero manifestus: hic coepit clamare, Ipsum quem hic sanctus pater confitetur, Dominum Iesum Christum colo. Mox & ipse ab officio praefecti comprehensus, pariter dato sibi prius osculo pacis cum beato Felice decollatus est. Huius nomen quia non inuenerant postmodum Christiani, Adauctum eum appellauerunt, eo quod sancto martyri Felici adauctus sit ad coronam. Christiani uero nocte uenientes, & in eodem loco sepelierunt eos. Quorum corpora uoluerunt pagani exinde effodere, sed quicunque manus apposuerunt, a diabolo correpti sunt: ubi postea paruo tempore basilica fabricata est. Et natale sanctae Gaudentiae uirginis, cum aliis tribus. Et depositio Agili abbatis.

B. PRID. CAL. SEPTEMB.

TReueris natale sancti Paulini episcopi & confessoris, qui tempore Arianae infestationis a Constantio imperatore, ob catholicam fidem exilio relegatus, & extra Christianorum nomen usque ad mortem mutando exilia fatigatus est, ad ultimum apud Phrygiam defunctus, beatae passionis coronam percepit a Domino. Apud Athenas beati Aristidis confessoris.

SEPTEMBER HABET DIES XXX. LVNAM TRICESIMAM.

F. CALENDIS SEPTEMBRIS.

NAtale beatae Annae prophetissae, filiae Phanuel de tribu Aser, de qua euangelista narrat. Iesu Naue & Gedeon prophetarum. Apud Capuam natale sancti Prisci martyris, qui unus fuit de illis antiquis Christi discipulis. Apud Senonas beati Lupi episcopi, sanctitate insignis, & beati Longini martyris. Cenomanis ciuitate Galliae, natale Victoris episcopi. Nam dum sanctus Martinus Turonis episcopus pergeret ad sepeliendum Liborium episcopum supradictae urbis, & uenisset ad oppidum, respiciens uidit hominem operantem in uinea (erat quippe subdiaconus) reuelatumque est sancto Dei, eo quod ipse successurus esset in episcopalem locum. Vocauitque illum sanctus Martinus ad se dicens illi: Benedic domine Victur. Cui ille, Benedic mihi domine mi, & benedictus sermo tuus. Sicque iussu sancti uiri secutus est eum, quem conuocata plebe ordinauit episcopum, eiusque filium Victurium nomine baptizauit, & secum ad nutriendum ad Dei seruitium tulit, quem etiam post obitum patris eidem ciuitati ordinauit episcopum. Ad aquas dictas natale sanctae Verenae uirginis, & sancti Egidii abbatis & confessoris.

G. IIII. NON. SEPTEMB.

NAtale sancti Iusti Lugdunensis episcopi, mirae sanctitatis & prophetiae spiritus uiri. Hic cum episcopatum suum relinquens, abiens, comitante secum uno tantum puero, qui officio lector erat, nomine Viator, peruenit ad Aegyptum, ubi per aliquot annos sanctissimis monachis cohabitans, humilitate & sanctitate non mediocriter claruit. Cursuque temporis consummato, coronam iustitiae percepturus migra-

migravit ad Dominum, pridie idus Octobris. Corpus eius a religiosis civibus Lugdunensibus cum ossibus beati Viatoris ministri eius relatum, & condigno cultu in basilica sanctorum Machabaeorum conditum est, quarto nonas Septembris. Item apud praefatam urbem beati Helpidii episcopi & confessoris. Apud Apamiam sancti Antonini martyris.

A. III. NON. SEPTEMB.

NAtale sanctae Phoeben, de qua beatus Apostolus Romanis scribit. Romae passio sanctae Serapiae virginis, sub Adriano imperatore, iudice Berillo. Haec Antiochena fuit genere, & cum in domo Sabinae commaneret, exhibita est in conspectu praesidis: cui ille dixit, Sacrifica diis. Quae respondit, Timeo & colo Deum omnipotentem: non sacrifico daemonibus. Tunc praeses iussit eam quinque iuvenibus lascivis tradi, ut ei nefandum facto insultarent. A quibus perducta in cubiculum valde obscurum, cum vellent eam tangere, subito terraemotus factus est magnus, cecideruntque exanimes in terram membris omnibus resolutis. Post haec praecepit eam fustibus caedi, & ardentes lampades lateribus eius apponi: sed qui eas tenebant, ceciderunt retrorsum. Tunc percussa gladio iubetur. Passa est autem quarto calendas Augusti, sepulta a beata Sabina, pridie calend. Augusti. Compositum & ornatum est ibi venerabile sarcophagum ambarum, & locus orationis condigne dedicatus, tertio non. Septembris. In Capua sanctorum martyrum, Antonini pueri viginti annorum, & Aristaei episcopi, quorum gesta habentur.

B. PRID. NON. SEPTEMB.

MOysi prophetae. Et apud Ancyram Galatiae sanctorum martyrum, trium puerorum, Rufini, Sylvani & Vitalici. Cabilone natale sancti Marcelli, qui sub Antonino imperatore per Priscum praesidem passus. Hunc immolandi dies suis invitavit. Cumque a beato ad convivium profanum fuisset invitatus, & huiusmodi execrandis epulis omnes qui aderant, cum idolis deservirent, libera increpatione corripuisset, inaudito crudelitatis genere defodi eum cingulo tenus erectum praeses iussit. Sicque sanctus Dei martyr triduo in laudibus Dei omnipotentis perseverans, incontaminatum spiritum reddidit.

C. NON. SEPTEMB.

IN suburbano Romae beati Victorini martyris: qui dum eremiticam vitam duceret, diabolicis suasionibus est lapsus: sed per Dei gratiam recuperatus, & postea sacerdotium Amiterninae urbis adipiscitur. Inde postmodum sub imperatore Nerva, cum aliis Dei servis, Eutice & Marone ab Aureliano iudice primo relegatur apud eum locum, ubi putentes aquae & sulphureae emanant: in ipsis capite deorsum per tres horas suspendi iussus, & tanto ab impiis affligi iussus est. Quod cum per triduum pro nomine Christi passus fuisset, gloriose coronatus victor migravit ad Dominum. Cuius corpus Amiternenses populi rapientes, honorifica sepultura condiderunt. Romae sancti Herculani martyris. Capuae sanctorum Quinti, Arcontii & Donati. Taurini, Nimpi & Saturnini, & depositio Ingenui episcopi.

D. VIII. IDUS SEPTEMB.

ZAchariae prophetae. Et natale beati Onesiphori, apostolorum discipuli, de quo ait Apostolus: Det misericordiam Dominus Onesiphori domui. Apud Africam beatorum confessorum & episcoporum Donatiani, Praesidii, Mansueti, Germani, Fusculi, qui persecutione Vandalica sub Hunerico rege Ariano, pro assertione catholicae veritatis durissime fustibus caesi, & exilio sunt damnati. Inter quos etiam episcopum nomine Laetum incendio concremavit. Tunc etiam episcopis quasi ad concilium congregatis Carthaginem, una die universis Africae ecclesiis clausis, universam quoque substantiam episcoporum & ecclesiarum suis episcopis condonavit. Sancti Magni confessoris, discipuli sancti Galli. Romae Eleutherii episcopi. Cappadociae, civitate sancti Cantidii episcopi & Eugenii, & sociorum eius.

E. VII. IDUS SEPTEMB.

APud Nicomediam natale beati Ioannis sub Diocletiano imperatore, cuius cum iam [illegible] fera in suppliciis defecissent, nunquam efficere potuerunt, ut eum vel aestuantem aliquando poenis viderent. Et natale sancti Eurtii episcopi & confessoris, & depositio Clodoaldi confessoris. Arelati sancti Augustalis episcopi & confessoris, & sanctae Reginae martyris.

F. VI. IDUS SEPTEMB.

NAtivitas beatissimae Dei genitricis Mariae perpetuae virginis. Apud Nicomediam natale sancti Adriani martyris, cum aliis viginti tribus, quos Maximianus post innumeras poenas iussit, ut crura ferreo magno confringerentur sibi ipsorum. Confractis itaque cruribus, ac pedibus incisis, insuper & beato Adriano incisa manu, oraverunt & gratias agentes Deo spiritum emiserunt. Corpora eorum iussit tyrannus incendi: sed subito factae sunt coruscationes & tonitrua, ac pluvia, & extinctus est ignis. Tunc Christiani rapientes martyrum reliquias, absconsa navibus fugerunt Byzantium, & cum reverenti honore sepelierunt. Non longo post tempore beati Adriani corpus est Romam translatum. In suburbanis Maguntiacensis ecclesiae natale sancti Disibodi confessoris. & Frisinga depositio sancti Corbiniani episcopi.

G. V. IDUS SEPTEMB.

SErgii papae qui sedit Romae annos tredecim. Hic invenit mirae magnitudinis portionem ligni salutaris Dominicae crucis, in sacrario beati Petri. Hic statuit ut tempore Dominici corporis confractionis, Agnus Dei a clero & a populo decantaretur, & constituit, ut diebus annuntiationis Domini, dormitionis, & nativitatis sanctae Dei genitricis Mariae, ac sancti Simeonis, quod hypapanti Graeci dicunt, letania exeat a sancto Adriano, & ad sanctam Mariam populus occurrat. Passio beatorum martyrum Dorothei & Gorgonii. Apud Nicomediam, sub Diocletiano imperatore, quos iussit appendi,

& flagris

& flagris toto corpore laniari, & vulneribus eius pelle nudatis aceto & sale perfundi. Post hæc iubetur craticula prunis substrata in medio poni, ibique quod in eo reliquum fuerat, absumpsit hominis supplicium. Ex eo subito, sed paulo ante [illegible] ad ultimum laqueo appensus fecit necari. In eo tempore beatus Gorgonius Romam transfertur. In Sabinis sanctorum Iacinthi, Alexandri, Tyburtij. Eadem die sanctæ Kunegundis virginis.

A. IIII. IDUS SEPT.

APud Africam sanctorum episcoporum Nemesiani, Felicis, Item Felicis, Lucij, Polliani, Victoris, Iaderis & Datij, qui sub Diocletiano & Maximiano passi sunt. In Chalcedonia sanctorum Sosthenis & Victoris martyrum, sub Prisco consule. Romæ depositio Hilarij papæ, per quem Victorius ordinem paschalem conscripsit. Et depositio Saluij episcopi, de cuius sanctitate Gregorius Turonis episcopus scripsit, narrans quod per reuelationem viderit diuinæ vocis imaginarium gladium imminere super regnum, quod Hilpericus rex perceperit construi, cui visioni veritas statim subsecuta est. Nam post dies viginti duos, filij regis mortui sunt.

B. III. IDUS SEPT.

ROmæ natale sanctorum Prothi & Iacinthi, qui erant eunuchi beatæ Eugeniæ virginis, Cumque ab Heleno episcopo baptizati essent, aliquanto tempore diuinis solum traditionibus vacantes, in seruorum Dei monasterio mira humilitate versati sunt, & hoc apud Aegyptum. Inde cum beata virgine Romam reuersi, sub Gallieno imperatore, quod essent Christiani deprehensi, coguntur sacrificare, sed non consentientes, durissime verberabantur. Cumque Deo fidem seruantes gauderent, pariter decollantur. Et sanctorum Felicis & Regulæ.

C. PRID. IDUS SEPT.

APud urbem Ticinum, quæ & Papia dicitur, sanctorum confessorum Siri & Iuuentij, qui a beato Hermagora Aquileiensi episcopo, discipulo sancti Marci euangelistæ, ad prædictam urbem directi, primi illic Christi euangelium prædicantes, & magnis virtutibus ac miraculis coruscantes, etiam vicinas urbes Veronensem scilicet & Brixensem, & Laudensem, diuinis operibus illustrauerunt, sicque in pontificali honore, fundata & confirmata fide credentium populorum glorioso fine quieuerunt in pace. In Antiochia natale Timothei. Catenas sancti Petri. Lugduno depositio sacerdotis episcopi. Augustoduno beati Euantij episcopi.

D. IDUS SEPT.

IN Alexandria beati Philippi episcopi & martyris, qui præfectus primum fuit, deinde baptismi gratia sanctificatus, episcopatus dignitatem, [illegible] feruentibus populis Christianis assequitur, & sub Volusiano & Gallieno imperatoribus Perhennius præfectus Alexandriæ cogitauit eum occidere. Sed cum hoc implere non posset, propter populum Christianum, immisit quosdam, qui se fingerent Christianos. Qui ingredientes, percusserunt eum in oratione consistentem. Sedit autem in episcopatu annum unum, menses tres. Et sancti Amati presbyteri, & abbatis monasterij sancti Romarici. Turonis depositio beati Lidorij episcopi.

E. XVIII. CALEND. OCT.

ROmæ via Appia natale S. Cornelij episcopi, sub persecutione Decij: cui primo os est plumbatis exceptum, & decollatus est cum aliis viginti uno promiscui sexus, cum quibus & Cerealis miles cum Salustia uxore sua, quam Cornelius ab infirmitate sanauit orando. Beatus itaque Cornelius rogatus a beata Lucina, corpora apostolorum beati Petri & Pauli de Catacumbis leuauit noctu: primum quidem corpus beati Pauli beata Lucina accepit, & posuit in prædio suo via Ostiensi, ad latus ubi decollatus fuit. Beati Petri vero corpus sanctus Cornelius accepit episcopus, & posuit iuxta locum ubi crucifixus est, inter corpora sanctorum, in templo Apollinis, in monte Aurelio, Vaticano palatij Neroniani, tertio Kalend. Iulij. Item s. Cypriani episcopi, qui sub Valeriano principe post longum exilium detruncatus capite martyrium consummauit, sexto milliario a Carthagine iuxta mare. Eodem die exaltatio sanctæ crucis. Treueris depositio sancti Materni episcopi & confessoris.

F. XVII. CALEND. OCT.

NAtale sancti Nicomedis martyris, quem Flaccus comes, eo quod corpus sanctæ virginis Feliculæ, quam ipse pro Christo punierat, sepelisset, iussit duci ad sacrificandum. Quo renuente, plumbatis diutissime cæsus migrauit ad Dominum. Cuius corpus in Tyberim iactatum, quod a clerico ipsius, nomine Iusto, est collectum, & sepultum iuxta muros via Numentana. Cabilonensi castro Trenorcio sancti Valeriani martyris, sub præside Prisco, quem iussit suspendi, ac graui ungularum laceratione cruciari, ac deinde gladio perimi. Et natale sancti Apri episcopi, & sancti Leobini confessoris. In Alexandria sanctorum Serapionis, Leonis. In Cyro Galatiæ sancti [illegible], Valerij & Cyriacis, [illegible], Marcrobij & Constantij. In Ancyra sancti Pauli episcopi. Lugduno depositio Albini episcopi, & octaua natalis S. Mariæ virginis.

G. XVI. CALEND. OCT.

NAtale sanctæ Eufemiæ virginis, quæ martyrizata est sub Diocletiano imperatore, proconsule autem Prisco, in ciuitate Chalcedonia. Quæ tormenta & carceres, verbera & argumenta rotarum, ignes & pondera lapidum, singularium bestias & plagas virgarum, ferreas acutas & sartagines igneas vicit. In ultimo sancta virgo precibus obtinuit, ut una ex bestiis morsum ibi infligeret, & ita immaculatum spiritum Domino redderet. Cuius corpus Philosphronius pater eius, & Theodora mater eius cum sepelierunt, quasi mille passus a ciuitate Chalcedone. Romæ sanctorum Luciæ & Geminiani, imperatore Diocletiano, iudicibus Apulio & Megatio. Manserat autem beata Lucia in uidua iam annos triginta sex, totius uero uitae anni fuere septuaginta quinque. Quae accusata à filio suo quod Christiana existeret, primo in carcerem missa est, ubi confessionem diutinam promeruit: dein fustibus illisa saxis caesa, & subito terraemotus factus est magnus, & templum Iouis ita subuersum, ut nec lapis super lapidem remaneret. Tunc in ollam aeream missa est, pice & plumbo feruentibus, ubi triduo illaesa permansit. Postea plumbo & ferro onerata, & per plateas ciuitatis ducta, quidam uir Geminianus uidit sibi patere coelum, & statim associatus est sanctae Luciae in carcere, & [illegible] ab angelo à presbytero, nomine Prothasio baptizatus. Deinde sancta Lucia cum beato Geminiano Amegalio consulari iubente, nouissime gladio animaduersi sunt. Quorum corpora rapuit quaedam mulier Christiana, nomine Maxima, & ut decuit sepeliuit.

A. XV. CALEND. OCT.

TVngrensi dioecesi Leodio uilla publica natale sancti Lamberti episcopi. Qui dum regiam domum zelo religionis increpasset, cum uedium orationi incumberet, ab iniquissimis uiris de palatio regio missis ex improuiso conclusus intra domum ecclesiae occiditur. Cuius sepulchrum creberrimis miraculis illustratur. In Britannia Socratis Stephani. Nouioduno sancti Valeriani, Macrini & Gordiani. Romae beati Iustini presbyteri, quem beatus Sixtus ordinauit. Hic beatos Laurentium, Hippolytum & Concordiam, Ireneum, Abundium, & Cyrillam filiam Decij Caesaris martyres, & alios plurimos sepulturis condidit. Item Romae sanctorum martyrum Narcissi & Crescentionis.

B. XIIII. CALEND. OCT.

NAtale sancti Methodij, Olympij, Lyciae & postea Tyri episcopi, qui sub Diocletiano in Chalcide Graeciae martyrio coronatus est. Viennae sancti Ferreoli, qui persecutionis tempore, cum esset tribunitiae potestatis, iussu praesidis tentus primo crudelissime est caesus, deinde grauissimarum catenarum onustus pondere, in teterrimum carcerem trusus est: unde solutus diuinitus, postea ab insequentibus captus, martyrij palmam capitis obtruncatione percepit: cuius corpus cum capite beati Iuliani ad urbem Viennensium relatum, & condigno honore conditum est. Mediolani depositio beati Eustorgij episcopi, & Satyri, Trophimi, Luciani.

C. XIII. CALEND. OCT.

IN Neapoli Campaniae natale sanctorum Ianuarij Beneuentanae ciuitatis episcopi, cum Sosio diacono Misenatis ciuitatis, & diacono suo Festo, & lectore suo Desiderio, qui post uincula & carceres capite sunt caesi in ciuitate Puteolana, sub Diocletiano principe, & iudice Draconcio. Qui cum ducerentur ad mortem, uiderunt inter alios, Proculum Puteolanae ciuitatis diaconum, & duo laici Eutyches & Acutius, interrogauerunt quare iussi essent occidi. Quos iudex ut uidit Christianos, iussit decollari cum illis. Sic omnes septem pariter sunt decollati, & tulerunt postea eorum corpora populi Christianorum. Neapolitani Ianuarium posuerunt iuxta ciuitatem in basilica. Misenates Sosium atque in basilica. Puteolani Proculum, Eutychen & Acutium, iuxta basilicam sancti Stephani. Festum & Desiderium Beneuentani collegere. In Palaestina sanctorum Peleg & Nili episcoporum, qui persecutione Diocletiani cum plurimis clericis igne consumpti sunt pro Christo. Apud Nuceriam sanctorum Felicis & Constantiae, qui sub Nerone passi sunt. Lingonas Sigoni presbyteri, & Florentij episcopi & martyris, & natale sancti Eustochij.

D. XII. CALEND. OCT.

IN Cyzico natale Faustae uirginis, & Euilasij, sub Maximiano imperatore, quam idem Euilasius, cum esset primus palatij, iussit decaluari, & radi ad turpitudinem, dein suspendi ac torqueri. Quo tempore coruscatio de coelo multos ministrorum percussit. Deinde iussit loculum afferri, & eam immissam ac fixam, quasi lignum secari mediam: sed non eam carnifices secare ualebant. Inter quae stupens Euilasius Christo credere coepit. Et hoc ubi imperatori nunciatum est, misit praefectum, qui eum suspensum fortiter torqueret. Qui etiam iussit Faustam nudam, & sine misericordia flagellatam, incarcerari, caput terebrari, ac oculos insuper, ut postmodum non solum caput & facies, sed & pectus & totum corpus usque ad tibias clauis impletum est. Post haec sartaginem iussit igniri, & [illegible] refrigerauit. Haec interueniente uoce de coelo uocauit eos, & sic tradiderunt spiritum. Erat autem Fausta annorum tredecim, & Euilasius octogenarius. Et uigilia sancti Matthaei apostoli.

E. XI. CALEND. OCT.

NAtale sancti Matthaei apostoli & euangelistae, qui primus in Iudaea euangelium Christi Hebraeo sermone conscripsit. Post uero apud Aethiopiam praedicauit, & multos ad fidem conuertit: nouissimeque est spiculatore ab Hirtaco rege, qui eum gladio feriebat, efficiens martyrem Christi: cuius euangelium stylo scriptum Hebraeo ipso reuelante, tempore imperatoris [illegible] inuentum est.

F. X. CALEND. OCT.

IN Gallia ciuitate Seduno loco Agauno, natale sanctorum martyrum Thebeorum, Mauricij, Candidi, Exuperij, Victoris, Innocentij, Vitalis cum socijs suis, nempe sex millibus sexcentis, & sexaginta sex, qui sub Maximiano passi, pro Christo gloriosissime coronati sunt. Victor uero martyr, nec legionis eiusdem fuit, neque miles, sed emeritae iam militiae ueteranus. Hic cum iter agens incidisset in hos, qui passim epulabantur laeti martyrum spolijs, atque ab his ad conuiuium inuitatus, prolata ab eis cuiuslibet per ordinem causa cognouisset, detestans conuiuia refugiebat. Qui mox ab eis captus & iugulatus est, ac caeteris martyribus honore consortius est. At uero beatissimorum martyrum corpora post multos passionis annos, S. Theodoro

episco-

episcopo reuelatum, & in honore eorum basilica honeste composuit. Apud Ratisponam beati Emmerammi episcopi & martyris, cui singulatim omnia membra abscissa sunt.

G. IX. CALEND. OCT.

NAtale S. Sosij diaconi Mesenatæ ciuitatis in Campania. Qui cum esset annorum xxx. cum beato Ianuario Beneuentano episcopo capitis decollationem suscepit, tempore Diocletiani imperatoris. Is cum quodam tempore euangelium legeret in ecclesia Mesenatæ ciuitatis, præsente episcopo Ianuario (frequenter enim eum pro sanctitate & prudentia eius uisitare consueuerat) uidit subito idem episcopus de capite eius flammam exurgere, quam nemo alius uidit, & pronunciauit eum martyrem futurum: & non post multos dies idem diaconus tentus, & in carcerem missus est. Ad quem uisitandum cum uenisset episcopus cum diacono Festo, & lectore suo Desiderio, & ipse cum eis simul tentus est, ac pariter omnes cum alijs tribus occisi sunt. Eodem die natale sanctæ Teclæ uirginis, de ciuitate Iconio, à beato Paulo apostolo instructa est: quæ sub Nerone imperatore pro Christi nomine igni est tradita, sed non exusta: postea bestijs atque serpentibus deputata, sed à nullo eorum est læsa: ad extremum uero in Seleucia cum duplici corona uirginitatis & martyrij per somnum pacis migrauit ad Dominum. Secunda assumptio sanctæ Mariæ uirginis.

A. VIII. CALEND. OCT.

COnceptio sancti Ioannis baptistæ. Augustoduno natale Andochij presbyteri, Tyrsi diaconi, & Felicis: qui à sancto Polycarpo episcopo ab oriente directi ad docendam Galliam, sub Aureliano principe sunt gloriosissime coronati. Siquidem flagellis cæsi, in ultimo tota die inuersis manibus suspensi, in ignem missi: sed non combusti, exutiem uectibus colla seruntur, atque ita martyrium suum compleuerunt. Eodem die depositio solennis episcopi. Hic cum quadam die obuium haberet hominem à natiuitate cæcum & surdum, eum complexus collo, osculatus est, & statim sanum reddidit. Hic est Carnotensium episcopus, Lodouicum regem cum trecentis septuaginta nobilibus sacro fonte regenerauit: sicque Deo sanctitatis olympiades gerens in episcopatu, migrauit ad Dominum. Romæ Priscillæ & Liberij episcopi & confessoris. Anænnis depositio Rustici episcopi, & sancti Rutperti confessoris.

B. VII. CALEND. OCT.

NAtale beati Cleopæ, qui unus fuit de septuaginta discipulis Christi, cui post resurrectionem Dominus, euntí cum alio discipulo in castellum Emaus, quod Nicopolis nunc dicitur, apparuit. Quem tradunt in eadem urbe, in eademque domo, in qua mensam quasi peregrino Domino parauerat, pro confessione illius quem ibi ipse cognouerat, à Iudæis occisum, & gloriosa memoria etiam sepultum. Lugduno sancti Lupi episcopi, ex anachoreta, & natale sancti Firmini martyris. In Asia Iliadomiani, Eucarpi, & aliorum uiginti sex.

C. VI. CALEND. OCT.

NAtale sanctorum martyrum Cypriani episcopi & Iustinæ uirginis. Quorum Iustina sub Diocletiano multa propter Christum pertulit, ipsum quoque Cyprianum cum esset magus, & magicis artibus eam dementare conaretur, conuertit ad Christum. Cum quo tandem episcopo & nobili doctore facto, martyrizata est sub Claudio principe & iudice Eutolmio. Et cum eis Theoctistus quidam, quorum corpora iacuerunt proiecta foris sex diebus insepulta. Quidam autem nautæ Christiani noctu rapuerunt ea, & deportauerunt ad urbem Romam, & matrona uenerabilis Rufina reuerenter excipiens illa sepeliuit in prædio suo.

E. V. CALEND. OCT.

APud Aegeam ciuitatem, natale sanctorum martyrum Cosmæ & Damiani, persecutione Diocletiani, sub præside Lysia, qui post multa tormenta, uincula & carceres toleratos, post mare & ignes, cruces, lapidationes & sagittas, capite plectuntur cum Anthimo, Leontio & Euprepio. Quorum corpora religiosi uiri sepelierunt in loco uenerabili, non longe à ciuitate Aegeæ. Duorum autem fratrum Cosmæ & Damiani memoria etiam templo præclaro opere, nomini eorum ædificato solenniter agitur.

F. IIII. CALEND. OCT.

IN Hispanijs Corduba ciuitate natale sanctorum Fausti, Ianuarij & Martialis, qui primum equulei pœna cruciati, deinde rasis superciliis, & auribus ac naribus præcisis, dentibus quoque superioribus euulsis deturpati, ad ultimum ignis passione martyrium consummauere. In Germania sanctæ Liobæ uirginis, quæ de Britannia insula à sancto Bonifacio archiepiscopo Moguntiacensis ecclesiæ aduocata, ut famulas Dei in monasterijs Germaniæ diuinis scripturis instrueret, ubi non solum multa miracula uiuens fecit, imo post obitum in Bochonia sylua in monasterio Fulda, iuxta decretum sancti Bonifacij sepulta, non paucis miraculis claret. Eodem die passio sancti Vuenzlai martyris. Romæ natale Stercei. In Africa Martialis, Laurentij, & aliorum uiginti. Autissiodoro depositio sancti Alodi episcopi, & in Gallia Solocini episcopi.

G. III. CALEND. OCT.

IN monte Gargano uenerabilis memoria beati archangeli Michaelis: ubi ipsius consecrata nomine habetur ecclesia, uili facta schemate, sed cœlesti prædita uirtute. Vertice siquidem montis excelsi posita, de tempore eiusdem sanctæ speluncæ ad instar prætcauata ostenditur. Romano siquidem pontifice, & Sipontino episcopo de consecratione loci ipsius quærentibus, ac propterea triduanum ieiunium cum ciuibus celebrantibus, nocte tertia supremæ sanctus Michael episcopo Sipontino per uisionem apparens monuit, ut intrarent ecclesiam, quam ipse dedicauit, & missas ibi iuxta morem agerent. Innumera ipsoque ibi præstantur beneficia, per sanctorum archangelorum merita. In Thracia ciuitate Eracle, natale Eustici. Item Autissiodoro depositio Fraterni episcopi.

G. PRID. CALEND. OCT.

IN Bethleem Iudae depositio sancti Hieronymi presbyteri, qui uita & doctrina ubique in ecclesia Christi laudabilis exstat: qui omnes diuinos libros ex Hebraea lingua in Latinam transtulit, propheticosque sensus allegorice exposuit, & eundem perfectum plurimis Deo post conuersationem, nonagesimo octauo aetatis suae anno, apud Bethleem in pace quieuit, duodecimo Honorii imperatoris anno. In Galliis castro Solodoro sanctorum martyrum Victoris & Vrsi, ex gloriosa legione Thebaeorum, qui iussu Maximiani tyranni, ab Hirtaco executore, primo diris suppliciis excruciati, sed caelesti lumine super eos coruscante, ruentibus in terram ministris erepti sunt. Deinde in ignem missi sunt, sed ueniente mox pluuia uehementi extincta pyra, in nullo penitus sunt laesi, nouissime gladio consummati sunt.

OCTOB. HABET DIES XXX. LVNAM VIGESIMAMOCTAVAM.

A. CALEND. OCT.

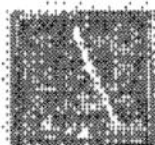

APud Autissiodorum natale sancti Germani episcopi & confessoris, qui multis uirtutibus & doctrina, continentiaque claruit. Remis ciuitate sancti Remigii episcopi & confessoris, uiri praeclarissimae uirtutis & sanctitatis. Hic gentem Francorum idolorum cultura deditam conuertit ad Christum, rege ipsorum sacro fonte baptismatis, & sacramentis fidei prius initiato: septuaginta & eo amplius annos in episcopatu expleuit. Hic inter caetera lecta, per ... mone corporis ... Treueris sancti Nicetii episcopi & confessoris, qui de utero matris sanctificatus. Nam ab ipso ortus sui tempore mirabiliter clericus designatus est. Cum paruulus itaque fuisset elisus, toto capite ut est consuetudo nascentium, a capillis nudo egressus est, in circuitu modico rum coronae pilorum apparente. Atrabatis ciuitate beati Vedasti episcopi & confessoris, & Bauonis episcopi. Item S. Fronti episcopi, cuius gesta miraculis plena conscripta habentur. Thomis ciuitate natale sanctorum Prisci, Crescentis & Euagrii.

B. VI. NON. OCT.

NAtale sancti Eusebii papae, qui sedit in episcopatu annos septem, sepultus in uia Appia, in coemeterio Calisti. Sub huius tempore inuenta est crux Domini nostri Iesu Christi, quinta nonas Maii. Hic haereticos inuenit in urbe, quos ad manum impositionem reconciliauit. In territorio Atrebatensi, uilla Syricinum, passio sancti Leodegarii Augustodunensis episcopi, qui uaria tormenta & diuersa supplicia pro ueritate ab Ebroino maiore regiae domus interfecit. Cuius sacratissimum corpus in dioecesi Pictauorum translatum, in monasterio beati Maxentii honorifice est humatum. In Nicomedia sancti Eleutherii martyris, sub Diocletiano, qui per uaria tormentorum genera examinatus migrauit ad Christum.

C. V. NON. OCT.

NAtale sancti Dionysii Areopagitae, qui ab apostolo Paulo instructus credidit Christo, & primus Atheniensium ab eodem apostolo episcopus est ordinatus, & sub Adriano principe, post clarissimam confessionem fidei, post grauissima tormentorum genera glorioso martyrio coronatur. Apud antiquos Saxones natale sanctorum duorum Eualdorum presbyterorum, qui cum beato Vuillibrordo episcopo uenientes in Germaniam, transiere ad Saxones, & cum praedicare illis Christum coepissent, comprehensi sunt a paganis, & occisi. Ad quorum corpora nocte multa diu lux apparuit, & ubi essent, & cuius essent meriti declarauit.

D. IIII. NON. OCT.

APud Corinthum beatorum Crispi & Caii, quos beatus apostolus se dicit baptizasse, cuius Caii meminit idem apostolus ad Romanos: Salutat uos, inquit, Caius hospes meus, & uniuersa ecclesia. Cuius beatus Ioannes epistolam scribens meminit ita, Senior Caio carissimo, quem ego diligo in ueritate. Apud Aegyptum sanctorum martyrum Marci & Marciani fratrum, & cum eis innumerabiles aliquam in sexu gloria tam uiri, quam foeminae, sed & pueri ac senes, pro fide Domini nostri Iesu Christi, praesentem uitam parui pendentes ad futurae gloriae beatitudinem quaerentes: quidam ex ipsis post uerbera aliosque diuersi generis horribiles cruciatus flammis traditi sunt, alii in mare praecipitati, nonnulli medio consumpti, atque patibulis affixi, nonnulli etiam capite caesi, ita ut sponte ceruices suas securibus darent. In quibus quidam more peruerso capite deorsum presso, & pedibus in sublime sublatis, beatissimam coronam passionis meruerunt. In Africa Audacti. Romae Marcelli papae. Autissiodoro depositio Marsi presbyteri. Eodem die S. Francisci confessoris.

E. III. NON. OCT.

APud Siciliam natale sanctorum Placidi, Eutychii & aliorum triginta. In Galliis ciuitate Valentia, natale sancti Apollinaris episcopi, cuius uita & uirtutibus magnifica, & mortalis hominibus signis & prodigiis decoratur. Apud Eumeniam beati Thraseae episcopi, apud Smyrnam martyrio consummati, qui unus ex antiquis quos fama ex traditione priorum se accepisse ferunt, Saluatorem praecepisse apostolis suis, ut infra duodecim annos ab Hierosolymis non discederent. Autissiodoro depositio sanctorum Germanorum, & Firmati diaconi, & Flauiae uirginis Deo sacratae.

F. PRID. NON. OCT.

APud Capuam natale sanctorum Marcelli, Casti, Aemilii, Saturnini. In Galliis ciuitate Aginno natale Fidis uirginis & martyris, cu-

ius

tas exemplo beatus Caprasius ad agonem martyrii animatus est. Eodē die beati Sagaris martyris & episcopi Laodicensis, qui unus fuit de antiquis Pauli apostoli discipulis. Depositio Romani Autissiodorensis episcopi. Eodem die octaua sancti Michaelis archangeli.

G. NON. OCT.

ROmæ uia Appia natale sancti Marci episcopi & confessoris, qui sedit in episcopatu annos duos, menses nouem, dies uiginti, qui etiā sepultus est in cœmiterio Balbinæ uia Ardeatina. Item sanctorum martyrum Sergij & Bachi, qui sub Maximiano pro Christi nomine passi sunt. Nam Sergius primicerius erat scholæ gentilium, amicus imperatoris, beatus uerò Bachus secundicerius erat eiusdem scholæ. Hi enim ab Antiocho duce pro Christi nomine, iussu Maximiani imperatoris passi sunt: ita ut Bachus dum extensus crudis flagellis cæderetur, emitteret spiritum: Sergius uero post multa tormenta gladio cæsus est, & sic migrauit ad Dominū. Item sanctorū martyrum Marcelli & Apulei, qui quidem primò adhæserunt Simoni mago, sed uidentes mirabilia, quæ Dominus operabatur per apostolum suum Petrum, relicta Simonis doctrina apostolicæ se tradiderunt, & post martyrium apostolorum sub Aureliano consulari martyrij coronam compleuerunt, sepulti non longe ab urbe Roma.

A. VIII. IDVS OCT.

NAtale beati Simeonis, qui Dominum nostrum Iesum Christum præsentauit in templum. Itē natale sanctæ Reparatæ uirginis, quæ passa est in Cæsarea urbe Palæstinæ, sub Decio præside. Hæc cum nollet idolis sacrificare, primum adhibita est illi olla plumbo feruente impleta, postea abscissæ sunt illi mamillæ, & lampades ardentes adhibitæ, deinde in caminum ignis missa est. Quæ cum in illo ibi fuisset illæsa, decollata est, & cōtinuò de collo eius exiuit columba alba. Cuius corpus rapuerunt Christiani, & conditum aromatibus sepelierunt. Apud Cretā urbē Gortyne beati Philippi episcopi. Thessalonicæ sanctorū Demetrij & Pelagiæ. Eodem die sancti Amoris confessoris.

B. VII. IDVS OCT.

ABrahæ patriarchæ. Apud Parisium natale sanctorū martyrū Dionysij episcopi, Eleutherij presbyteri, & Rustici diaconi. Qui beatus episcopus à pontifice Clemente Romano in Gallias directus, ut prædicationis operā populis à fide Christi alienis exhiberet, tandemq; ad Parisiorum ciuitatem deuenit, & per annos aliquot sanctum opus fideliter & ardenter exequutus, à præfecto Fescennino Sisinio comprehensus est, & cum eo sanctus presbyter Eleutherius, & Rusticus diaconus gladio animaduersi martyrium cōpleuerunt. Item sancti Domnini, qui sub Maximiano imperatore propter fidem Christi decollatus est.

C. VI. IDVS OCT.

LOth prophetæ. Apud Coloniam Agrippinam natale sanctorum martyrum, Gereonis

Bedæ cum

cum aliis trecentis decem & octo, quos ferunt Thebæos fuisse: & cum legione illa beati Mauricij, iussu Maximiani imperatoris in Gallias transitum fecisse, atq; circa Rheni litora consedisse, & funestum tyranni imperium respuendo pro uera pietate colla patienter gladijs subdidisse. Apud Cretam beati Pinitii episcopi. In Britannia beati Paulini episcopi Eboraci, qui gentem Nordanhumbrorum, eam uidelicet nationem Anglorum, quæ ad aquilonem Humbri fluminis habitabat, cū rege suo Heduino prædicando uerbum fidei conuertit ad Dominum.

D. VI. IDVS OCT.

APud Tharsum metropolim Ciliciæ natale sanctorum martyrū Tharaci, Probi & Andronici: qui persecutione Diocletiani sub Maximiano præside longo tempore carcerali squalore afflicti sunt, & tertio diuersis supplicijs examinati. Nam neruis crudis grauiter cæsi, & testis asperrimis defricati, etiam papyro ardente circa uentrem & latera adusti, post maxillarū confractionem, post tormenta tibiarū, post aceti & sinapis infusionē, post obolos igneos, post cōfixionem digitorū clauis acutissimis, post oculorum transpunctionem, ac linguæ abscisionem, nouissime in amphitheatro ursis & leonibus proiecti sunt. Sed cū nulla ex bestijs sanctorū corpora auderet attingere, Maximianus iratus iussit eos gladio iugulari, & corpora eorum inter corpora gladiatorum proijci. Noctu uero uenientes fideles, & deprecantes Dominum, ut ostenderet eis sanctorum reliquias, uiderunt subitò cœlestem stellam splēdidam de cœlo missam super singula sanctorum corpora residentem, sicq; cum ingenti gaudio rapientes ea præcedente se eiusdem stellæ splendore, gloriosos Christi athletas loco aptissimo condiderunt.

E. IIII. IDVS OCT.

APud Rauennam uia Laurentina natale sancti Hedisti. Apud Africam sanctorum confessorum & martyrum quatuor milium nongentorum septuaginta sex, qui persecutione Vandalica, cum essent ecclesiarum Dei episcopi, presbyteri, diaconi, associatis sibi turbis fidelium populorum, iussu Hunerici regis Arriani, pro defensione catholicæ ueritatis in horribile eremi exilium trusi, & inter Mauros ferocissimos sunt deputati. Inter quos erāt Cyprianus & Felix præcipui Domini sacerdotes. E quibus plurimi cum crudeliter ducerentur, & hastilium cuspidibus ad currendum, ac lapidibus ibi alligatis dum tunderentur, illi ligatis pedibus uelut cadauera per dura & aspera loca traherentur, tum diro supplicio per singula membra discerpti, per gladios acutos peribant. Huic caput lorta terebrabatur, alij latera findebantur, inter manus trahentium spiritum exhalabant. Extat per totum aggerem publicum loquentibus tumulis sepultura sanctorum. In Syria Eusebij presbyteri, & Eucharistiæ, Burri, Donati, Fortunatæ.

F. III. IDVS OCT.

NAtale sancti Carpi, discipuli apostoli Pauli. Apud Troadam Antiochiæ Theophili, qui sextus ab apostolis ecclesiæ pontificium tenuit, uiri eruditissimi. In Hispania natale Faustini, Marcii & Adriæ. In Chalcedonia Marcelli. In Alexandria natale sancti Anastasii episcopi, & sancti Luperculi presbyteri, & S. Geraldi cõfess.

G. PRID. IDVS OCT.

NAtale sancti Calisti papæ, qui sedit in episcopatu annos septem, menses duos, dies decem. Hic constituit ieiunium die sabbati ter in anno fieri, frumenti, uini & olei, secundum prophetiam. Qui persecutione Alexandri imperatoris diutina fame in carcere cruciatus, & quotidie fustibus cæsus, perductus a presbytero suo Calepodio, qui antea martyrium consummauerat, consortiatus est: qui in carcere eodem positus quendam militem nomine Priuatum, ab ulcerũ dolore ac fœditate simul & ab infidelitate curauit. Quod audiens Alexander, ipsum quidem militem fecit plumbatis deficere, beatum uero Calistũ per fenestram domus præcipitari, & ligato ad collum eius saxo in puteum demergi, & mœum per rudera acumulari. Post uero dies quatuordecim presbyter eius Asterius, cũ clericis noctu ueniens leuauit corpus, & sepeliuit in cœmiterio Calepodii. Corduba ciuitate S. Lupi Aureliæ Lugduno Galliæ transitus sancti Iusti in eremo. Eodem die translatio S. Burchardi episcopi & confessoris.

A. IDVS OCT.

IN Gallia apud Coloniam Agrippinam sanctorum Maurorum de militibus, qui ex illa legione sacra Thebeorũ dum essent trecenti quadraginta apud eandem urbem martyrium consummantes, conditi sunt in basilica, quæ admirabili opere ex Musiuo quodammodo deaurata resplendet. Vnde & incolæ ad Sanctos aureos uocitare consueuerunt. Viennæ sanctorũ episcoporum Agrati, Colomi. In Capua Lupuli, & sanctæ Fortunatæ.

B. XVII. CALEND. NOVEMB.

DEpositio sancti Galli confessoris, cuius uita plena uirtutibus cõscripta habetur. Apud Lugdunũ beati Antiochi episcopi. Apud Viennam sancti Theudarii episcopi, item Heronis, qui post beatum Ignatium Antiochenam rexit ecclesiam. Erat enim hic beati martyris Ignatii diaconus, qui episcopus factus, ut sui magistri pius imitator sequitur, & pro commẽdato grege amator Christi occubuit. In Galliis ciuitate Arausica, sancti Florentii episcopi, qui multis clarus uirtutibus in pace quieuit. In Nicomedia Alexandri. In Mauritania, Nini, Victoris, Nobiliani, Mariani, Luci, Militini & Crescentiani, & sancti Eliphii martyris.

C. XVI. CALEND. NOVEMB.

IN Africa sanctorum martyrum ducentorum septuaginta pariter coronatorum: & sanctorum martyrum Mariani & Saturiani, cum duobus fratribus eorum, & egregiæ Christi ancillæ Maximæ uirginis, qui tempore Vuandalicæ persecutionis sub Genserico rege Ariano, pro cõstantia fidei catholicæ primum modo flatibus cæsi, & usque ad ossa laniati. Cumque multo tempore talia paterentur, sequenti semper die incolumes inueniebantur. Nouissime ligatis pedibus post terga currentium quadrigarum, inter spinosa loca asperarum pariter tracti sunt interire. Cumque ducti atque reducti a dumosis lignorum aculeis innocentium corpora carperentur, & citius currentibus indomitis equis, uale sibi inuicem his uerbis dicebant, Frater ora pro me, imple cursum, Deus desiderium nostrum, taliter peruenitur ad regnum cœlorum. Sicque orando & psallendo gaudentibus angelis pias animas emiserunt. Item beati Aristonis, qui unus fuit de septuaginta Christi discipulis.

D. XV. CALEND. NOVEMB.

NAtale sancti Lucæ euangelistæ, qui fuit natione Syrus, Antiochensis, arte medicus, apostolorum discipulus, Paulum secutus usque ad confessionem eius, seruiens Domino sine crimine, neque umquam uxorem habens, neque filios, septuaginta & trium annorum obiit in Bithynia plenus spiritu sancto. Sepultus est autem apud Constantinopolim, ad quam urbem uicesimo Constantii anno ossa eius cum reliquiis Andreæ apostoli translata sunt. Romæ sanctæ Triphoniæ, uxoris Decii Cæsaris, quæ uiro suo post interfectionem beatorum Sixti, Laurentii & Hippolyti diuinitus punito, sequenti baptizari cum filia Decii Cyrilla, a Iustino presbytero, & alia die defuncta est, & iuxta sanctum Hippolytum in crypta sepulta. Item sancti Asclepiadis Antiocheni episcopi.

E. XIIII. CALEND. NOVEMB.

APud Antiochenam Syriæ, natale sanctorũ Beronici & Pelagiæ, quæ primum fuit sub gentilitatis errore, meretricio officio functa, & mundanis illecebris dedita, postea uero per gratiã Dei, & sancti Nonni episcopi dogmata ad fidẽ Christi conuersa, & ab eodem episcopo baptizata totam substantiam suam & supellectilem pauperibus erogauit: ipsaque cilicio induta, & uili indumento uestita, ingressa est orationem per rexit, & in Hierosolymis sub uirili habitu monasticam uitam duxit. Construxerat enim sibi paruam cellulam in monte Oliueti, ubi Dominus cœlum ascendit, & ibi uitam prosequens, finiuit, atque ad uitam æternam feliciter migrauit. Item beatorum martyrum Ptolemæi & Lucii, sub Antonino Pio, & filio eius passorũ: & sancti Aquilini episcopi & confessoris.

F. XIII. CALEND. NOVEMB.

IN Galliis ciuitate Aginno S. Caprasii martyris: qui cum rabiem persecutionis declinans lateret in spelunca, audiens beatam uirginẽ Fidem pro Christo fortiter agonizare, animatus ad tolerantiam passionum, orauit ad Dominũ, ut si pro certo eum dignum gloria martyrii iudicaret, ex lapide speluncæ aqua limpidissima emanaret. Quod cum Dominus continuo præstitisset, ille securus ad aream certaminis properauit, & palmam martyrii fortiter dimicando promeruit. Item natale Simplicii.

G. XII. CAL. NOVEMB.

APud Nicomediam natale sanctorum martyrum Dasij, Zotici, Gaij, cum duodecim militibus. Eodem die sancti patris nostri Hilarionis, cuius uitam Hieronymus uirtutibus plenam conscripsit. Item natale sancti Asterij presbyteri, Calisti papæ. Qui cum corpus eius leuatum de puteo sepelisset, post dies sex audiens hoc Alexander imperator, præcepit eum per pontem præcipitari. Cuius corpus inuentum est, & à quibusdam Christianis in eadem ciuitate sepultum. Scriptum est in passione sancti Calisti, & transitus sancti Viatoris lectoris. In Colonia sanctarum uirginum undecim milium.

A. XI. CAL. NOVEMB.

HIerosolymis beati Marci, qui primus Hierosolymis ex gentibus post episcopos ex circumcisione sacerdotium ciuitatis illius accepit, clarissimi & doctissimi uiri, ac non multo post martyrio consummatus. Item beatæ Salomæ, quæ in Euangelio legitur cum reliquis sanctis fœminis circa Domini sepulturam sollicita. Apud Hadrianopolim Thraciæ passio sanctorum Philippi episcopi, Seueri presbyteri, atque Hermetis diaconi, & Eusebij, qui persecutione feruente Christianorum ecclesias claudere & spoliare iussu imperatoris Iuliani, per iniquos præsides contradicebant. & ob hoc per Bassum præsidem, necnon & Iustinum multis tormentis afficiebantur, hoc est, carceribus, uinculis, flagellis, ad ultimum uero flammarum incendio: sed Domini uirtute roborati, usque in finem in confessione nominis eius perseuerauerunt.

B. X. CAL. NOVEMB.

APud Antiochiam Syriæ natale sancti Theodori presbyteri, qui persecutione impij Iuliani sub præfecto & auunculo eius Iuliano, cum ab eo Antiochenorum ecclesia spoliata, & religiosi quique fuissent eius terrore dispersi, in ecclesia permansit intrepidus, atque ab eo teneri iussus: post equuleï pœnam, & multos ac durissimos cruciatus, etiam lampades circa eius latera appositæ sunt. Sed his diuina uirtute resistentis, cum milites qui eas tenebant, angelorum aspectu territi cecidissent in faciem, & credentes in Christo impium ministerium recusarent, iussit eos Iulianus pelago immergi. Quibus beatus Theodorus ait, Præcedite fratres, ego uero superans inimicum sequar Dominum. Sicque occisione gladij martyrium consummauit. In Hispania natale sanctorum Seruandi & Germani, qui post uerbera squalorem carceris, & famis ac sitis iniuriam, & longissimi itineris, quod iubente Viatore præside ferro uincti pertulerunt laborem, nouissime martyrij sui cursum ferro cæsis ceruicibus impleuerunt. Coloniæ sancti Seuerini archiepiscopi & confessoris. Viennæ sancti Iodici episcopi. Item sancti Venantij abbatis.

C. IX. CAL. NOVEMB.

IN Venusia ciuitate Apuliæ natale sanctorum Felicis episcopi ciuitatis Tubrocensis, Audacti & Ianuarij presbyterorum, & Fortunatiani & Septimi lectorum, qui temporibus Diocletiani in sua ciuitate Tyri à Magelliano procuratore multis diu uinculis & carceribus macerati, & in Africa & in Sicilia, tandem in occisione gladij consummati sunt. Sunt autem honorifice sepulturæ traditi inter Carthaginem & Vticam. In Nicomedia natale Seueri & Dorothei.

D. VIII. CAL. NOVEMB.

BOnifacij papæ, qui sedit Romæ annos tres. Hic sepultus est uia Salaria, iuxta corpus sanctæ Felicitatis. Hic constituit seruum clericum non fieri, nec obnoxium curiæ, uel cuiuslibet rei. In Gallia ciuitate Suessionis natale sanctorum Crispini & Crispiniani, qui persecutione Diocletiani & Maximiani ad trochleas extensi, & fustibus cæsi, postquam digiti eorum subulis transfixi sunt, & de dorso eorum lora præcisa, ad ultimum gladio mactati, coronam martyrij adepti sunt. Petragoricas ciuitate natale sancti Frontonis, qui Romæ à beato Petro episcopus ordinatus, cum Georgio presbytero ad prædicandum euangelium missus est. Cumque tertia die itineris idem Georgius fuisset mortuus, mœrens Fronto reuersus est ad apostolum, acceptoque eius baculo, & super corpus defuncti posito, socium de morte recepit: sicque ad prædictam ciuitatem ueniens, magnam gentis illius multitudinem conuertit ad Christum, & multis clarus uirtutibus in pace quieuit. Romæ uia Salaria natale quadraginta sex militum qui simul baptizati sunt à beato Dionysio papa, & mox iubente Claudio imperatore decollati sunt.

E. VII. CAL. NOVEMB.

APud Africam natale sanctorum martyrum, Rogatiani presbyteri, & Felicissimi, qui persecutione Decij & Valeriani illustri martyrio sunt coronati. Scribit beatus Cyprianus in epistola ad confessores his uerbis. Vt sequamini, inquit, in omnibus Rogatianum presbyterum gloriosum senem, uiam uobis ad gloriam nostri temporis religiosa uirtute, & diuina dignatione facientem: qui cum Felicissimo fratre nostro quieto semper & sobrio excipiens ferocientis populi impetum, primum uobis hospitium in carcere præparauit, & metator quodammodo uester, nunc quoque uos antecedit. In Nicomedia natale Luciani & Flori, Heraclidæ & Marciani. Eodem die sancti Amandi confessoris.

F. VI. CAL. NOVEMB.

IN Hispaniis Abula ciuitate, natale sanctorum Vincentij, Sabinæ & Cristetæ, qui primo adeo in equuleo sunt extensi, ut omnes compages membrorum eorum laxarentur: deinde capita eorum lapidibus supposita, & usque ad excussionem cerebri ualidis sunt uectibus contusa, atque ita martyrium compleuerunt, agente præside Daciano. Apud Thylecastrum natale sancti Florentij martyris. Romæ Euaristi papæ, qui sedit annos nouem, sub Traiano martyrio coronatur, sepultus est in Vaticano. Hic constituit duos in urbe presbyteros, & septem ordinauit diaconos, qui custodirent episcopum prædicantem. Et uigilia Apostolorum Symonis & Iudæ.

G. V. CAL. NOVEMB.

NAtale sanctorum apostolorum, Symonis Chananęi, qui & zelotes scribitur, & Thaddęi, qui etiam Iudas Iacobi legitur, & alibi appellatur Lebbęus, quod interpretatur corculum. E quibus Taddęus apud Mesopotamiā, Simon uero apud Aegyptum traditur prędicasse: inde simul Persidam ingressi, cum fidei innumeram gentis illius multitudinem subdidissent, & ecclesiam Dei late iam fundatam uiderent, martyrium ibi cursu temporis explentes, beato certamine consummauerunt, honorifice sepulti à populis Christianis, quos Domino ipsi genuerant. Romę sanctę Cyrillę, filię Decij Cęsaris, quę à Claudio principe iugulata est gladio, & sepulta à Iustino presbytero, cum matre sua, iuxta sanctum Hippolytum. Itē sancti Fidelis martyris.

A. IIII. CAL. NOVEMB.

NAtale sancti Narcissi Hierosolymorum episcopi, uiri sanctitate & patientia, ac fide laudabilis. Accidit aliquando in die solenni uigiliarum Paschę, oleum deesse luminaribus: tum precepit repente naque ans aqua ex eo oleum uerti. Qui centum & sedecim annorum migrauit ad Dominum. Apud Sidonē urbem sancti Zenobij presbyteri, qui persecutione Diocletiani martyrio coronatur. Viennę depositio beati Theodori abbatis. In Lucania sanctorum martyrum Quintiani, Feliciani, Lucij. Eodem die sancti Felicis diaconi & martyris.

B. III. CAL. NOVEMB.

ROmę natale sancti Pontiani papę & martyris, qui ab Alexandro imperatore cum Hippolyto presbytero in exilium deportatus est in Sardiniam insulam, ubi est defunctus. Ciuitate Tingitana passio sancti Marcelli centurionis, qui capitis abscisione martyrium consummauit sub Agricolano agente uices prefectorum pretorio. Apud Africam martyrū numero ducentorum uiginti. In Antiochia beati Serapionis episcopi.

C. PRID. CAL. NOVEMB.

ROmę beati Nemesij diaconi, & Lucillę filię eius: quos sanctus pontifex Stephanus baptizauit, qui & ipsum Nemesium diaconem constituit. Qui decollatione quidē capitis martyrium compleuit, simul cum filia, sub Valeriano & Gallieno, octaua calendas Septembris: eiusq; corpus à beato Stephano papa in eodē loco sepultum: sed à beato Sixto pontifice postea leuatum, pridie calendas Nouembris, & in crypta uenerabiliter curatum. In Gallijs oppido Viromandēsi natale sancti Quintini, qui sub Maximiano imperatore passus est, & post annos quinquaginta quinq; inuentum est, reuelante corpus eius angelo, & sepultum octauo calendas Iulij. Et uigilia omnium sanctorū. Eodem die sancti Vuolfgangi episcopi & confessoris.

NOVEMBER HABET DIES XXX. LVNAM TRICESIMAM.

D. CALENDAE NOVEMBRIS.

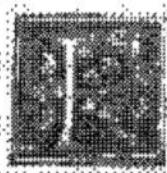

FEstiuitas omnium sanctorum. Petente namq; papa Bonifacio, iussit Phocas imperator in ueteri fano, quod Pantheon uocabatur, & à Domitiano prius factum erat, ablatis idolatrię sordibus ecclesiam beatę semper uirginis Marię, & omnium fieri martyrum: ut ubi quondam omnium non deorum sed dęmonum cultus agebatur, ibi deinceps omnium fieret memoria sanctorum: quę ab illo tempore in calendis Nouembris, in urbe Roma celebris & generalis agitur: sed & in Gallijs monente sanctę recordationis Gregorio pontifice, piissimus Ludouicus imperator omnibus regni sui & imperij episcopis consentientibus, statuit, ut solenniter festiuitas omnium sanctorum in prefata die annuatim perpetuo ageretur. Quam sanctam constitutionem reuerenti animo suscepit omnis ecclesia. In castro Diuione natale sancti Benigni presbyteri, qui cū Andochio compresbytero, & Tyrso diacono missus est à sancto Polycarpo ab Oriente in Gallias: cuius prędicatione comes Terentius comperta, uinctum eum & cęsum ad se adduci precepit: & rursum audita sermonum eius constantia, neruis durissimis cędi fecit. Post hęc ad trochleas extensus & cęsus, & rursum carceri mancipatus, manę idola orando destruxit, & reductus est in carcerem: cui subulas decem calentes in manibus infixerunt, & cum plumbo remisso pedes in lapide perforato fixerunt, & canes duodecim feroces incluserunt cum eo per sex dies. Et angelus attulit panem cœlestem ei, subulas abstulit, & eum de plumbo ac ferro eripuit. Post hoc collum eius uecte ferreo tundi precepit, & corpus eius lancea perforari. Quo facto columba niuea de carcere Christianis aspicientibus ad cœlos ascendit, & odor suauissimus quasi de paradiso secutus est. Venit autem beata Leonilla, & conditum aromatibus corpus non longe ab ipso carcere sepeliuit. Item sanctorum Cęsarij diaconi & Iuliani presbyteri: qui uidelicet Cęsarius tempore Claudij ueniens ex Africa ad Terracinam Campanię ciuitatem, dum contra idolatras proclamaret, in publico tentus est à Firmino pontifice, & in custodiam reclusus, ubi diebus multis maceratus, deinde traditus est Leontio consulari Campanię: quem ille cum uerbis superare nequiret, iussit uinctum ante carpentum suum ducere ligatis manibus nudum usque ad templum Apollinis. Quo cum peruenisset, ad orationem eius corruit templum, & occidit pontificem Firminum.

Post

Post hoc reclusus à Luxurio in carcere primo [illegible], fuit ibi annum unum & menses: deinde eductus in forum ab eo, dum oraret, coelesti est lumine circumdatus: ita ut ipse Leontius crederet, & Caesarium qui erat nudus, sua chlamyde indueret, & baptizaretur, ac corpus & sanguinem Domini acciperet de manu Iuliani presbyteri. Nec mora, dicta super eum oratione, tradidit spiritum, tertia calendas Nouembris. Tunc Luxurius iussit Iulianum & Caesarium mitti in saccum, & praecipitari in mare. Qui eodem die reiecti sunt ad littus, & sepulti ab Eusebio homine Dei, iuxta urbem Terracinam, & idem Eusebius postea martyrium passus est cum Felice presbytero. Et depositio sancti Seuerini monachi de Tyburtina ciuitate, & sanctae Mariae martyris.

E. IIII. NON. NOVEMB.

NAtale sancti Victorini Pitauiensis episcopi, qui persecutione Diocletiani martyrio coronatus est. Apud Laodiciam beati Theodoti episcopi, [illegible] non solum uerbis, sed & rebus & uirtutibus ornati. Hic arte medicus fuit quidem, sed ad animarum à Domino translatus est medicinam, uere incomparabilis, qui super omnes pene homines fide, misericordia, studio, uigilantia, atque omnibus optimis institutionibus claruit. In scripturis quoque diuinis laborem quamplurimum gessit, quarum [illegible] bona. Item sancti Ambrosii abbatis monasterii Agaunensis. Viennae sancti Georgii eiusdem urbis episcopi. In Africa sanctorum Publii, Victoris, Hermetis, Iusti & Papiae.

F. III. NON. NOVEMB.

NAtale sancti Quarti apostolorum discipuli. Apud Caesaream Cappadociae natale sanctorum martyrum Germani, Theophili, Caesarii & Vitalis, qui optime duxerunt martyrium sub Deciana persecutione. Viennae sancti Domnini episcopi gloriosi. Eodem die depositio sancti Pirminii episcopi & confessoris, & sancti Hugberti episcopi & confessoris.

G. PRID. NON. NOVEMB.

APud Alexandriam beati Hierii presbyteri, uiri acris ingenii. In Gallia ciuitate Redonis natale sancti Amantii episcopi & confessoris, cuius uita sanctitate & miraculis extitit gloriosa. Augustoduno beati Proculi episcopi. In Gallia Biturigas depositio beati Illuforis pueri & confessoris. In Africa natale Primi, Caesarii, Gregorii, Porphyrii, Amantii, Saturnini, Victorinae.

A. NON. NOVEMB.

ZAchariae prophetae, patris Ioannis baptistae. In Terracina Campaniae ciuitate natale sanctorum Felicis presbyteri, & Eusebii monachi, temporibus Claudii imperatoris. Qui cum [illegible] Eusebius cum sepelisset sanctos martyres, Iulianum & Caesarium, & ad sepulchra eorum orans multos conuerteret ad fidem, quos Felix presbyter baptizauit, tenti sunt ambo à Leontio filio Leontii consularis, ob eam uel maximè causam, quia Caesarius patrem eius Christianum fecisset. & ad forum eius ducti non sunt superati: inde carcere inclusi, nocte eadem cum sacrificare nollent, decollati sunt, atque in fluuium iacti. Quorum corpora uenerunt usque ad mare, & relicta sunt ad litus, atque à presbytero quodam, nomine Quarto, de Capua inuenta, qui ea mox imposita uehiculo duxit in casam suam, & curiose quaerens eorum capita inuenit, adiunctaque corporibus sepeliuit iuxta sanctum Caesarium.

B. VIII. IDVS NOVEMB.

TVnisi Africae natale sancti Felicis. In huius solennitate quendam psalmum beatus Augustinus uidetur exponere ad populum tractans: Felix martyr uere felix, & nomine & corona, cuius hodie dies est festiuitas. In oriente ciuitate Theopoli sanctorum decem martyrum, qui sub Saracenis passi leguntur in gestis sanctorum quadraginta. In ciuitate Lemouicensi, in prouincia Aquitaniae sancti Leonardi confessoris, discipuli sancti Remigii episcopi.

C. VII. IDVS NOVEMB.

APud Alexandriam beati Achillae episcopi, eruditione, fide, conuersatione & moribus insignis. Item apud Perusinam Italiae urbem sancti Herculani episcopi, & sancti Amarantii, qui apud Albiensem urbem martyrizatus est. Depositio Vuillibrordi episcopi de gente Anglorum, uiri sanctitatis & miraculorum gratia admodum insignis, qui à Sergio papa Romae ordinatus est, & in Germaniam ad praedicandum destinatus, ibidemque requieuit. Item sancti Rufi Metensis urbis episcopi & confessoris, qui translatus est à praedicta urbe, consentiente Drogone praesule, in Vormaciensem pagum, in uilla quae dicitur Otersheim, temporibus Lotharii imperatoris & Ludouici regis, ubi et basilica eius multis uirtutibus claruit. In Africa natale Rogati, Donati.

D. VI. IDVS NOVEMB.

ROmae natale sanctorum martyrum, Claudii, Nicostrati, Simphoriani, Castorii & Simplicii, qui tempore Diocletiani Augusti pro Christi nomine passi sunt, eo quod nollent deos paganorum colere. Nam cum essent ingeniosi artifices, & in lapidibus marmoreis imagines sculpere super omnes artifices regionis nossent, & artificum peritia multis imperatori placuissent, tamen accusantibus eos Philosophis, eo quod tales eosdem adorare renuerint, iussit eos Diocletianus loculis plumbeis inclusos omnes praecipitari in fluuium. Passus est autem cum eis & Simplicius, quem [illegible] conuerterunt ad fidem Christi. Post dies autem quadraginta duos, uenit quidam Nicodemus Christianus, & leuauit cum ipsis loculis corpora martyrum, & in domo sua honorifice posuit. Passi sunt autem sexto idus Nouembris. Ipso die natale sanctorum quatuor coronatorum, id est, Seueri, Seueriani, Carpophori & Victorini. Hi cum impellerē-

tur

tur ad sacrificandum reluctantes, nec omnino consensum impiis prebentes, perstiterunt in fide. Nunciatum est hoc imperatori Diocletiano: qui confestim iussit, ut ante simulachrum Aesculapii scorpionibus plumbatarum caedi deberent: quorum corpora iussit in platea canibus iactari, quae iacuerunt ibi diebus quinque illaesa. Tunc Christiani venerunt, & collecta corpora sepelierunt. Via Lavicana, miliario ab urbe tertio, in arenario, iuxta corpora sanctorum martyrum Claudii, Nicostrati, Simphoriani, Castorii & Simplicii. Post duos tamen annos passionis horum quinque martyrum, cum nomina eorum minime reperirentur, statuit beatus Melchiades episcopus, ut anniversarius quatuor coronatorum dies sub nominibus sanctorum quinque martyrum recoleretur. Intercurrentibus tamen annis, cuidam sancto viro etiam nomina eorum revelata sunt. Festivitas vero, quae fuerat statuta, celebris in aliorum martyrum festivitate permansit, ac locus quatuor coronatorum nomine insignis. Eodem die commemoratio omnium sanctorum.

E. V. IDVS NOVEMB.

NAtale beati Theodori martyris, tempore Maximiani & Maximini imperatorum. Qui cum esset miles sub Bryngha praeposito legionis, missus est in carcerem, signatoque ostio divina visitatione consolatur. Post aliquos dies adductus iterum ante praesidem, suspensus est in ligno, & ungulis ferreis laceratus rasus, quousque costae eius nudarentur. deinde manibus post tergum ligatis, in focum missus est, & circumspiciens vidit in turba lachrymantem Cleonicum, qui cum eo tyro adductus fuerat, & exclamans dixit, Cleonice expecto te, festina, & sequere me. Et cum iam flammarum globis undique vallaretur beatus martyr, orationem fudit, laudans patrem, & filium ac spiritum sanctum, sicque sanctam animam Christo reddidit. Quaedam autem mulier Eusebia nomine, collegit corpus eius, & sindone munda involvens transtulit in possessionem suam in locum appellatum Euchaita. Apud Bituricas sancti Ursini, qui Romae ordinatus a successoribus apostolorum, primus ipsi urbi destinatur episcopus.

F. IIII. IDVS NOVEMB.

IN territorio Agatensi natale sanctorum martyrum Tyberii, Modesti & Florentiae, qui tempore Diocletiani variis tormentis cruciati martyrium compleverunt. Eodem die sancti Martini papae, qui ob fidem catholicam ab imperatore Constantio haeretico, per Theodorum exarchum de ecclesia raptus, ac productus Constantinopolim, relegatur apud Chersonam Lyciae provinciae, ibidemque vitam finivit, multis in eodem loco virtutum signis usque hodie refulgens. Romae depositio sancti Leonis episcopi. In Antiochia natale Demetrii episcopi, Anniani, Eustochii, & sociorum eius. Aurelianis depositio beati Monitoris episcopi.

G. III. IDVS NOVEMB.

IN Gallia Turonis civitate natale sancti Martini episcopi & confessoris, cuius vita & doctrina per miracula quae Dominus per eum fecit, pene omnibus fidelibus claret: nec necesse est a nobis hic aliquid exinde commemorari, quia ipsius vitam, virtutes & signa Sulpitius manifeste luculento sermone descripsit: necnon & Gregorius eiusdem urbis episcopus in miraculorum libris plenissime disseruit. In Scythia metropoli Phrygiae passio sancti Menae martyris, qui persecutione Diocletiani & Maximiani cum esset miles nobili genere ex Aegyptiorum provincia ortus, abrenuncians terrenae militiae, primum coelesti regi secreta conversatione in eremo militavit: deinde in natalitiis praefatorum imperatorum procedens ad publicum, ac se Christianum libera coram ipsis voce declarans, traditus est Pyrrho duci torquendus qui iussit eum carcere includi, quousque imperatorum natalitia celebrabantur. Peracta igitur festivitate, iubente Duce, & nervis bubulis manibus ligatis, tamdiu a militibus virgis caesus, donec sanguine ipsius platea repleretur: deinde in equuleo extensus est, & lampadibus circa latera adustus, cilicioque plagae eius tersae, & carbones ignis super plagas impositi: per tribulos quoque & sudes ferreos ligatis manibus ac pedibus tractus, plumbatis etiam collo & maxillis graviter caesus, in laude Dei omnipotentis immobilis permansit. Novissime gladio animadverti iussus est, & corpus igne comburi. Quod furtim a Christianis e medio ignis ereptum, & mundis linteaminibus aromatibusque conditum, debita veneratione curatum est. Lugduni natale sancti Verani episcopi.

A. PRID. IDVS NOVEMB.

APud Africam commemoratio sanctorum Arcadii, Paschasii, Probi & Eutychiani, qui ex Hispania oriundi, cum apud Gensericum Vandalorum regem merito sapientiae & fidelis obsequii chari clarique haberentur, nec Arrianam perfidiam, cui ipse deditus erat, ullatenus declinari paterentur, excitato in rabidissimum furem barbaro, primum proscripti, deinde in exilium acti, atrocissimis suppliciis excruciati, ad postremum diversis mortibus interempti, illustri martyrio mirabiliter occubuerunt. Puer Paulillus nomine, frater Eutychiani & Paschasii, fustibus diu caesus, & ad infimam servitutem damnatus est. Coloniae sancti Cuniberti episcopi & confessoris. Item sancti Melani Rodonicae civitatis episcopi. Viennae sancti Isicii episcopi. In Africa sanctorum martyrum Aurelii, Publii. In Caesarea Cappadociae sanctorum Germani & Theophili, Caesarii & Vitalis.

B. IDVS NOVEMB.

RAvennae natale sanctorum martyrum Valentini, Solutoris, Victoris. Turonis depositio sancti Bricii episcopi & confessoris. In provincia apud Aquis civitatem beati Mitrii clarissimi martyris.

C. XVIII. CAL. DECEMB.

Apud Thraciam ciuitatem Heracleam, natale sanctorum martyrum Clementini, Theodoti, Philomini. Apud Alexandriam beati Serapionis, quem persecutores sub Decio in domo sua crudelissimis affecere suppliciis, nam omnes iuncturas ei membrorum, prius soluentes de superioribus eius praecipitarent, ac sic Christi martyr effectus est. Item Heraclii, Martialis, Donati, & aliorum multorum.

D. XVII. CAL. DECEMB.

Natale sancti Felicis episcopi, qui a quintodecimo aetatis suae anno miraculorum gloria insignis fuit, & sub Marciano praeside cum aliis triginta martyrium compleuit. corpus eius Elpidius presbyter in Nolana ecclesia sepeliuit. In Africa natale sanctorum Secundi, Fidentiani, Varici martyrum.

E. XVI. CAL. DECEMB.

Natale sancti Eucherii, Lugdunensis episcopi, admirandae fidei, uitae & doctrinae uiri. In Capua natale S. Augustini. In Africa Vitalis, Ianuarii, & depositio beati Othmari abbatis.

F. XV. CAL. DECEMB.

Apud Alexandriam beati Dionysii episcopi, in multis saepe confessionibus satis clari, & pro passionum tormentorumque discrimine magnifici, Valeriani & Gallieni imperatorum temporibus. In Hispaniis Corduba ciuitate passio sanctorum martyrum Aciscli & Victoriae. Aurelianis ciuitate Galliae depositio sancti Aniani episcopi & confessoris. Viennae sancti Mamerti episcopi & confessoris. Sancti patris nostri Gregorii miraculorum libri factoris Turonici.

G. XIIII. CAL. DECEMB.

Antiochiae natale sancti Romani, qui temporibus Diocletiani cum Asclepiades praefectus ecclesiam irrumperet, ceteros Christianos hortatus est, ut ei contradicerent. Vnde eum primum equuleo extendi, deinde plumbatis grauiter caedi, post haec etiam nouacula acutissima maxillas eius radi fecit. Ille ad petitionem eius puerum paruulum induci praecepit. Quem Romanus Christi nomine inuocato, utrum unum, an plures deos melius esset colere, interrogauit, ut ex eius confessione praefectus confunderetur: cumque puer in unum Deum solum credendum esse dixisset, indignatus Asclepiades, chamo eum suspendi, ac uerberari, ac postremo etiam decollari iussit, cui nomen Barulas. Romanus uero rursus equuleo suspensus, ungulisque extensus, ad rogum ardentem, in quem praecipitaretur, perductus est. Sed orante eo, [illegible] repente imber inundans, & extinxit. Post haec iussit ei linguam abscindi. Quo facto, cum Christum uoce clarissima laudaret, reclusus in carcere, ad extremum uero laqueo strangulatus est, sicque sanctus martyr migrauit ad Christum. Item in eadem urbe natale sancti Hesychii, qui sub praefato imperatore cum esset miles, & praeceptum audisset, ut quicumque non sacrificaret idolis, cingulum solueret: ob hanc causam imperator cum lobio muliebri indutum, primo eum in gymna-

etiam dedit: deinde ligato in dextera eius saxo ingenti, in Rhodanum praecipitari iussit. Octaua sancti Martini episcopi & confessoris.

A. XIII. CAL. DECEMB.

Romae uia Appia natale S. Maximi presbyteri & martyris, qui persecutione Maximiani passus, positus est ad sanctum Sixtum. Gelasii papae, qui sedit in episcopatu annos quatuor. Hic reuocauit Misenum episcopum, quem Felix antecessor illius damnauerat, & communioni ecclesiae restituit. Hic libros aduersus Eutychen & Nestorium composuit. Viennae sanctorum martyrum, Seuerini, Exuperii & Feliciani. Item sancti Fausti diaconi, cui tantam Deus contulit gratiam, ut cum nullus ad sanctos qui affligebantur, accedere praesumpsisset, ipse una cum collega suo Eusebio nomine, inuitis omnibus hostibus, ad confessores Christi non negabatur ingressus. Grandaeuus igitur beatus Faustus obtruncatione capitis consummatus est. Eodem die in Marburch beatae Elisabeth Langrauiae.

B. XII. CAL. DECEMB.

Romae S. Pontiani papae, qui Maximino aduersus ecclesiarum sacerdotes persecutionem commouente cum Hippolyto presbytero, in Sardiniam deportatus, ibique fustibus mactatus, martyrium consummauit. Corpus eius a Fabiano papa relatum, atque in coemeterio Calisti sepultum est. Sedit in episcopatu annos nouem, menses quinque, dies duos. Apud Siciliam ciuitatem Messanam sanctorum Ampeli & Gagi. Apud Cauillonem Syluestri episcopi. In Heraclea Bassi, Dionysii, Agapiti, & aliorum quadraginta.

C. XI. CAL. DECEMB.

Natale beati Rufi, de quo beatus Paulus apostolus ad Romanos scribit, Salutate Rufum electum & matrem eius & meam. Item natale sancti Mauri martyris, qui ab infantia Christianus fuit, orationibus & ieiuniis uacans: qui sub Numeriano imperatore, & Celerino praefecto diuersis poenis maceratus, hoc est primum fustibus nodosis caesus, deinde [illegible] iussum est maxillas eius contundi: postea in equuleo suspendi, atque ungulis radi, & lampades ardentes lateribus eius applicari: ad extremum uero capite eius amputari. Cuius corpus nocte [illegible] Africani cognoscentes, ex sua patria ortum rapuerunt, & inuoluentes cum linteaminibus mundis cum aromatibus posuerunt in sarcophago, scripseruntque ad caput eius, Dei & Christi Iesu famulus Maurus, hoc titulum pro Christi fide relinquens, uitam aeternam accepisset. Celerinus autem praefectus, mox ut audiuit, comprehendi eos omnes fugientes. Tunc iussit nauem, in qua martyris corpus erat, sarmentis impleri, et igne supposito, in medio mari comburi: sed gubernante Domino, martyrum illorum, ubi uolunt, ad portum saluum perduxit.

D. X. CAL. DECEMB.

Natale sanctae Caeciliae uirginis, Marci Aurelii, & Commodi imperatorum temporibus, quae sponsum suum Valerianum, & fratrem

eius

nius Tyburtium ad credendum Christo perdocuit, ac deinde ad martyrium incitauit. Hic Almachium urbis praefectus post martyrium eorum se nescit secutum, & turbata daemonibus potestate, impelli. Apparitores uero attendentes decorem & prudentiam eius, rogabant eam ne tale decus contereret. At illa consilium piorum eis suasit ter infinuans, cum ad credendum Christo permotos cerneret, dixit eis, Ite, dicite infelici Almachio quod ego inducias peto, & intra domum meam faciam uenire, qui nos omnes uitae aeternae faciat participes. Veniens igitur papa Vrbanus, baptizauit plusquam quadringentos promiscui sexus homines. Iterum Almachius beatam Caeciliam sibi praesentari iubet. Et cum insuperabilem eam in confessione fidei permanere uideret, iubet ut ad domum suam duceretur, & thermis balneis ardoribus concremaretur. Vbi inclusa die integro & nocte, quasi in loco frigido integra perstitit sanitate, cum semper incendia ignis congestu ministraretur. Quod audiens Almachius, misit qui eam decollaret: quam spiculator tertio ictu percussit, sed caput eius amputare non potuit. Supervixit autem triduo. Tunc sanctus Vrbanus corpus eius rapiens nocte, sepeliuit eam inter collegas suos episcopos. Item sanctae Mederasimae uirginis.

E. IX. CAL. DECEMB.

NAtale sancti Clementis. Hic quartus post Petrum Romae episcopus ordinatus est. Hic septem regiones diuisit notariis fidelibus, qui gesta martyrum sollicite perquirerent. Hic ex praecepto beati Petri, ecclesiae suscepit pontificatum. Linus & Cletus ideo ante eum scribuntur, quia ab ipso principe apostolorum ad ministerium sacerdotale episcopi sunt ordinati. Qui iubente Traiano, missus est in exilium trans Ponticum mare, in eremo: ubi multis ad fidem uocatis per miracula & doctrinam eius, praecipitatus est in mare, ligata ad collum eius anchora: sed recessit mare orantibus discipulis per tria millia, & inuenerunt corpus in arca saxea, in marmoreo templo, & anchoram iuxta, sicque martyrio Petri discipulus coronatur. Item natale sanctae Felicitatis matris septem filiorum martyrum, quae iubente Antonino decollata est pro Christo. In Italia, monasterio Bobio, depositio sancti Columbani abbatis, qui multorum monachorum fundator, & innumerabilium pater extitit monachorum, multisque uirtutibus clarus quieuit in senectute bona. Et sancti Trudonis confessoris.

F. VIII. CAL. DECEMB.

NAtale sancti Ignatii episcopi & martyris, qui tertius post Petrum apostolum Antiochenam rexit ecclesiam, persecutione Traiani damnatus, ad bestias Romam uinctus mittitur: ubi praesente Traiano circumsedente senatu, primum laminis scapulae eius primum compositis, deinde ungulis latera eius dilaniata, & lapidibus asperis confricata: post expositae manus eius, & igni repletae, papyro oleo infuso & incenso, latera eius adusta, post super carbones pauimento aspersos, ubi sanctae plantae illius steterunt. Post lectum flammantem, post dorsum eius ungulis discissum & dilaceratum, post acetum & salem, quibus plagae eius infusae sunt, post uinculis ferreis brachiis adstrictis, & pedes in una carceris in ligno conclusos: ubi tribus diebus ac noctibus panem non comedens, & aquam non bibens mansit. Sedente pro tribunali Traiano, in amphitheatro, adueniente omni urbe Romanorum, ligatus duobus obiicitur leonibus. Cumque iam prolectus bestias rugientes audiret, ardore patiendi, ait: Viri Rom. qui hoc certamen spectatis, non sine causa laboraui, quia non propter prauitatem hoc patior, sed propter pietatem. Frumentum Christi sum, dentibus bestiarum molar, ut panis Dei mundus inueniar. Haec illo dicente, accurrerunt ad eum leones, & ex utraque parte super eum incidentes, praefocauerunt eum tantummodo, & non tetigerunt carnes eius. Item Romae natale sancti Chrysogoni martyris, qui per biennium iussu Diocletiani coniectus est in uincula, ubi multa perpessus sanctae Anastasiae alimoniis fouebatur, ad ultimum decollatus est, & in mare proiectus. Corpus eius Zoilus sanctus presbyter inuentum, adiuncto capite in cubiculo suo collocauit. Et natale sancti Crescentiani martyris, sub persecutione Maximiani.

G. VII. CAL. DECEMB.

NAtale sancti Petri Alexandrini episcopi inter praecipuos egregii. Hic duodecimo episcopatus sui anno martyrii coronam capitis detruncatione promeruit, tempore Maximini imperatoris: cum quo simul & alii plures ex Aegypto episcopi trucidantur, fere cum clericis & laicis sexcenti sexaginta. Hic dum in carcere seruaretur, & uniuersus populus Alexandrinae urbis fores carceris obseruaret amore patris sui, Arrius infelix, qui a beato Petro excommunicatus, & degradatus propter dogma erroris habebatur, cognita sententia Maximiani aduersus beatum Petrum festine peruenit ad ecclesiam, obsecrauit pro eo clerus & populus apud episcopum intercederet, putans quod post discessum eius ipse leuaretur episcopus. Venientes igitur qui rogaturi fuerant, coeperunt pro Arrio beato episcopo supplicare: quibus sanctus episcopus cum magno suspirio respondit, Quis sum Arrius Deo mortuus, a facie Dei proiectus esset, quia grauiter in essentia Deitatis blasphemasset, dogmatizans patrem, & filium ac spiritum sanctum non esse unius essentiae & naturae. Et apprehendens duos presbyteros, Alexandrum & Achillam, de turba seorsum, ait illis secrete. Ego quidem ut peccator sum, tamen loco me uocatione coelesti ad hanc agonem martyrii esse uocatum. Vobis igitur committo mysterium Dei, quod mihi reuelatum est: quia uos post martyrium meum sedem & episcopatum meum assecuturi estis, & siquidem primus Achillas post tradendum Alexander. In hac hora noctis ut nobis totum de Arrio aperiam, cum solenni consideratione Deo sacrificium orationum consummassem, ecce subito apparuit

mihi

mihi in habitu pueri Christus Dominus meus: ad cuius praesentiam splendore nimio illustratum, vultum maiestatis eius non valebam aspicere. Erat tamen indutus colobio usque candido, quod conscissum a summo usque deorsum, ambabus manibus contingebat circa pectus suum, quodammodo cooperiens nuditatem suam. Quem ut vidi, timore nimio correptus, fiducia confortatus aio ad eum, Quid est Domine, quod video tunicam tuam scissam a summo usque deorsum? Qui respondens dixit mihi: Quid tu hic residens, & nescis quomodo scissa est? Arrius namque hoc fecit, qui separavit a me populum haereditatis meae, comparatum sanguine meo. Praecipio tibi, & moneo, ut communionem eius, nec rogantibus his, qui venturi sunt ad te, quos ille direxerit, etenim ei ne praestes. Haec quoque tibi manifestans, duobus presbyteris notum facias: ut ipsi post se eum anathematizando abiciant, ne populus illius errore decipiatur. Exhortationis igitur sermonem eis faciens, & in catholica fide eos permanere monens, commendans eos Domino, in quem crediderant, dimisit in pace. Eodem die passio sanctae Katherinae virginis & martyris Christi, & aliorum.

A. VI. CALEND. DECEMB.

NAtale sancti Lini papae, qui post apostolum Petrum primus Romanam ecclesiam rexit annos duodecim, menses tres, dies duodecim. Hic ex praecepto beati Petri constituit, ut mulier in ecclesiam velato capite introiret, & martyrio coronatus, sepultus est in Vaticano. Apud Alexandriam natale sanctorum martyrum Fausti presbyteri, & Dij, & Ammonij, qui cum beato Petro eiusdem episcopo sub tyranno Maximino trucidati sunt. Eodem die beati episcopi & martyris, sub Antonino imperatore, qui inter alia facta miracula mortuum suscitavit. Romae Syrici episcopi. Et in Capua Nicanoris, Cassiani, & Felicissimi. Augustoduno depositio sancti Amatoris episcopi. In Nicomedia beati Marcelli sacerdotis & martyris, qui temporibus Constantis regis tyranni persecutionem maximam pertulit, ad extremum ab alta rupe praecipitatus est.

B. V. CALEND. DECEMB.

NAtale sanctorum martyrum Vitalis & Agricolae, qui apud Bononiam urbem Italiae post diversa tormenta ultimo trucidati, martyrium compleverunt: quorum corpora postmodum, cum essent posita inter sepulchra Iudaeorum, & populo Christiano penitus incognita, beatus Ambrosius ipsis sanctis martyribus revelantibus apud Bononiam civitatem repperit, quae translata ecclesia cum magna fidelium laetitia, & daemonum poenis confitentibus merita martyrum, fabricata deposuit. In Gallia civitate Regensi, natale sancti Maximi episcopi, qui primo eius monasterij omnium gratia praeditus primum Lirinense coenobium rexit, deinde Regensis ecclesiae episcopus, signis & prodi

Bedacomia.

gijs inclytus extitit. Denique inter alia gesta magnifica tres mortuos viuens, unum tactu, quo ad sepulchrum vehebatur loculi, mortuum suscitauit. In Nicomedia natale Marcelli, Petri, Numeri, Hireneae, & Maioli. Et depositio Obtati episcopi.

C. IIII. CALEND. DECEMB.

NAtale sancti Sosthenes, discipuli apostoli Pauli, & Trophimi, de quo scribit apostolus ad Timotheum: Trophimum autem reliqui infirmum Mileti. Hic ab apostolis Romae ordinatus episcopus, primus ad Arelatem urbem Galliae ob Christi euangelium praedicandum missus est: ex cuius fonte, ut beatus papa Zosimus scribit, tota Gallia fidei riuos accepit: qui apud eandem urbem in pace quieuit. Gregorij papae, qui rexit ecclesiam annos decem. Hic constituit in Canone a sacerdote dicendum, Quorum solemnitas hodie in conspectu tuae maiestatis celebratur, Domine Deus noster toto in orbe terrarum, inter quorum nos consortia, & caetera. Sepultus est in ecclesia beati Petri apostoli. Eodem die sancti Rufi martyris, quem Dominus Iesus Christus cum omni domo sua per Chrysogonum martyrem lucratus est, & cum omni domo sua Diocletianus persecutor Christi martyrem fecit. Apud Africam natale sanctorum martyrum Papi, & Mansueti episcoporum, qui tempore Vandalicae persecutionis sub Genserico rege Arriano, pro fidei catholicae defensione, candentibus ferri laminis toto corpore adusti, gloriosum agonem consummauerunt. Quo in tempore etiam alij sancti episcopi, id est, Quod vult Deus, Carthaginensis, Valerianus, Vrbanus, Crescens, & qui uocatur Haber Deum, & Eustachius, Cresconius & Crescentianus, & Felix, & Hortulanus, & Florentianus, damnati exilio, cursum vitae suae consummauerunt. Viennae sancti Philippi eiusdem urbis episcopi. In Syria Epaphroni, Theodoli, Euperi, Bracci, Eusebij & Iulij.

D. III. CALEND. DECEMB.

ROmae natale S. Saturnini martyris, & Sisinnij diaconi, sub Maximiano, qui primo iussi sunt ad fodiendam arenam, ad fabricandas thermas Diocletiani: deinde in carcere diutius macerati: ubi multos gentiles docentes baptizabant, & demum educti, una cum catenis ac multis praeceptis ante praefectum urbis Laodicium adducti sunt, in equuleo leuati, & extensi neruis & scorpionibus caesi. Quibus etiam post multa, iubente ad latera missi sunt, & deposito de equuleo capite truncati. Quorum corpora colligens Thrason cum Iohanne presbytero sepeliuit in praedio suo via Salaria. Apud Tholosam natale sancti Saturnini episcopi, qui temporibus Decij, a capitolio eiusdem urbis tentus a Paganis, eo quod ad eius praesentiam omnes daemonum oracula cessabant, nullum sacrificantibus poterant dare responsum,

z tanto

rauro ad uestibulum preparato funibus religatus est. Quo uehementius afflicto, a summo Capitolio per omnes gradus praecipitatus est, capite colliso, excussoque cerebro, & omni corpore dilaniato dignam Christo animam exhalauit. Cuius corpus in ecclesia digno honore ueneratur. Et uigilia sancti Andreae apostoli.

E. PRID. CALEND. DECEMB.

IN ciuitate Patras prouinciae Achaiae, natale beati Andreae apostoli, qui interpretatur uirilis, uel decorus, frater Petri. Hic praedicauit in Scythia, qui ab Egea proconsule comprehensus, cum perseueranter in fide Christi & euangelio duraret, carcere clausus primum, inde grauissime caesus: ad ultimum cruci ligatus manibus & pedibus funibusque, toto corpore tentus, ut longius cruciaretur, biduo insuper uixit, non cessans ex ipsa cruce populum docere. Cumque hi qui Christo credebant Domino satis agerent, ut deponeretur, Egeamque ut hoc perficeret, nolentem compellerent, apostolus Domini circumstantes populos, & Egeam proconsule, ut solueretur agentes, post uerba orationis fulgore caelesti fere una de semi circumfusus hora, cum ipso lumine abscedente emisit spiritum perrexitque ad Dominum. Cuius corpus Maximilla potentissima matronarum reuerenter depositum sepeliuit. Apud Santonas natale S. Trophimi episcopi, uiri illustris. Romae Castuli, Euprepitis.

DECEMB. HABET DIES XXXI, LVNAM VICESIMAMNONAM.

F. CALENDAE DECEMBRIS.

NAtale sanctorum martyrum Chrysanthi & Dariae, qui tempore Numeriani, iudice Celerino Romae passi sunt. Chrysanthi pater Polemius uir illustris fuit. Hic filium suum cuidam uirgini coniunxit, quam ex nobilissimis Romanis fuisse constat, hanc Chrysanthus ad fidem Christi conuertens, baptizari fecit. Factumque est ut per Chrysanthum multitudo uirorum & per Dariam innumerabiles feminae ad Christi gratiam confluerent. Praefectus namque Celerinus comprehensos tradidit Claudio tribuno, qui septuaginta milites adiungens, dum deduceret, qui neruis crudis eum astringerent, sed mox ligamenta omnia resoluta sunt. Deinde in cippum, eos ita uincto pedibus eius coarctarentur, mox ipsius cippus in cinerem resolutus. Tunc perfundunt eum lotio humano putentissimo, ut maleficia, quoque ... sed fetor in suauem odorem mutatus est. Deinde eum crudo corio uitulino nudum constringunt, & ad solem ferunt ut eum componat: sed iubente Domino corium uelut cera molle permansit. Deinde collum, manus ac pedes, catenis ferreis constringentes, recludunt in obscurissimo loco: & statim catenae solutae sunt, & magna lux infulsit. Dariam uero in publico meretricio lupanari ponunt, sed leo de caueis ueniens ad tutelam Domini, uirginem custodit. Qui super cellam, in qua sancta Dei in oratione prostrata iacebat, uenientes ad se repelleret. Dum haec omnia Celerinus imperatori indicasset, ille iubet eos duci in uia Salaria in harenario, & uiuos deponi, & terra ac lapidibus obrui. Contigit ut ad diem natalis eorum populi multitudo concurreret: intentum autem est imperatori, qui iussit, ut in introitu cryptae parietem leuarent: ac sic factum est, ut omnes dum sacramenta Christi perciperent, martyrii gloriam celebrarent: inter quos erant Diodorus presbyter & Marianus diaconus, & plurimi clericorum. Ipso die beati Eligii Nouiomensis episcopi. Romae Candidae, Vrbani.

G. IIII. NON. DECEMB.

NAtale sanctae Vibianae martyris, beatorum martyrum Fausti & Dafrosae filiae, quae sub Iuliano imperatore sacrilego plumbatis caesa est, donec spiritum redderet: cuius corpus iussione imperatoris biduo in foro iacuit, tandem raptum nocte a Ioanne presbytero, sepultum est in domo, ubi mater & soror eius Demetria iam sepultae erant, iuxta palatium Licinianum. Romae natale sanctorum Primeni, Pontiani, Pimini, Dimiani, Iubiani. In Mauritania, Seueri, Secuni, Ianuarii, Victorini.

A. III. NON. DECEMB.

TIngi metropoli Mauritaniae natale sancti Cassiani presbyteri, gloriosi martyris. Item sanctorum martyrum Claudii tribuni, & uxoris eius Hilariae, ac filiorum Iasonis & Mauri, & septuaginta militum, qui omnes ad praedicationem beati Chrysanthi crediderunt in Christo. Quod ut nunciatum est imperatori Numeriano, iussit Claudium tribunum ingenti saxo alligatum praecipitem in medio mari dari, milites uero septuaginta, cum quibus Iasonem & Maurum filios Claudii capitali sententia puniri. Erat autem in loco ubi decollati sunt collis antiquus, hanc eamdem per noctem Christiani, simul in unum omnia corpora sepelierunt uia Salaria. Corpora autem Iasonis & Mauri collegit sancta Hilaria, relicta martyris, ubi dum assidue orationibus uacaret, migrauit ad Dominum. In oriente Mercorii, Claudii & Felicis. In Nicomedia Ambici, Victoris &

rie & Iulij. In Africa Claudij, Crispini, Magini, Iohannis, Stephani. In Pannonia S. Agricolæ.

B. PRID. NON. DECEMB.

ROmæ natale sanctorum martyrum Simphroniȷ & Olympij, temporibus Valeriani & Gallieni imperatorum. Hic Simphronius traditur Olympio Tribuno, ut ab eo facultates Nemesij Tribuni requireret, sub pœnarum examinatione: qui interrogatus à præfecto respondit, Si facultates quæris Nemesij domini mei, iam eas tradidi Christianis pauperibus, quoniam ipsius erant: si autem sacrificium me offerre compellis, sacrifico Christo Iesu Deo meo sacrificium laudis. Iratus Olympius fecit eum extendi in catasta & fustibus mactari, deinde simulachrum Martis aureum unà cum tripoda deferri. Quod statim ad uerba Simphronij liquefactum sicut lutum. Hoc uidens Olympius cum uxore sua Exuperia, & filio Theodulo, prostrauerunt se ad pedes Simphronij, agentes pœnitentiam. Vocatusq; beatus Stephanus papa, uenit nocte ad domum Olympij, baptizauit eos, & omnes qui crediderunt in domo Olympij. Quod cum perdicti audirent imperatores, miserunt ut adduc erentur. Simphronius namq; ad durioris ferreis uinculis arctatus, nudusq; ac capistratus, cum Olympio & uxore & filio. Gallienus dixit Olympio, Adhuc differo pœnarum tibi inferre supplicia, quia de tua conscientia dubius sum. Olympius respondit, Ego quidem non feci quasi Olympius, sed quasi impius & crudelis: pro quibus pœnitere committis, & effundo lachrymas in conspectu cui credo uiuo & uero. Tunc data est sententia, ut igne consumerentur. Ducti sunt itaq; ante statuam Solis, strati in terram supinibus, ligatis manibus deuincti sunt, ac in congerie sarmentorum spinarumq; ignis est suppositus, sicq; in ipso igne innixo gratias Christo decantantes emiserunt spiritum: quorum colligens sanctus Stephanus episcopus corpora sepeliuit. Item Eraclij, Christiani, Pudenti.

C. NON. DECEMB.

IN Africa apud Coloniam Thebestinam natale sanctæ Crispinæ, quæ tempore Diocletiani & Maximiani cum sacrificare nollet, iussu Anolini proconsulis decollata est. Item natale sancti Dalmatij martyris, & sanctorum Crispini, Felicis, Iulij, Potamiæ, Grati & aliorum septem, & Zelotæ, Fortunati & Gaui.

D. VIII. IDVS DECEMB.

NAtale sancti Nicolai Myrensis ecclesiæ Metropolitani episcopi. Apud Africam sanctarum Dionysiæ, Datiuæ, Leontiæ, Aemiliani medici, & religiosi uiri nomine Tertij, Bonifacij, Seruij, Victoris & Maiorici adolescentulæ, qui omnes persecutione Vandalica sub Hunerico Ariano rege, pro confessione catholicæ fidei, & ne ab Arrianis rebaptizarentur, grauissimis & immensis suppliciis excruciati, confessorum Christi numero sociari meruerunt: è quibus Maioricus cursum palmiferum in certamine consummauit.

E. VII. IDVS DECEMB.

APud Alexandriam beati Agathonis martyris. Qui cum esset militaris, & assisteret, ubi beati martyres lacessebantur, inter quos erant Iulianus & Eunus in Domini Iesu Christi confessione perdurantes, & quosdam uolentes etiam illudere mortuis cadaueribus martyrum, prohiberet, clamor aduersus eum totius uulgi extollitur. Offertur iudici fortissimus miles Domini, & nunquam se inferior factus in confessione persistens, capite pro pietate damnatur. Apud Sanctonas beati Martini abbatis, discipuli sancti Martini Turonicæ urbis episcopi, qui in monasterio quod ædificauit, in pace quieuit. In Antiochia natale Polycarpi & Theodori. Eodem die octaua sancti Andreæ.

F. VI. IDVS DECEMB.

COnceptio sanctæ Mariæ perpetuæ uirginis. Romæ natale sancti Eutychiani papæ, qui rexit ecclesiam annum unum, & sub Aureliano imperatore martyrio coronatus, sepultus est in cœmiterio Calisti, qui & ipse per diuersa loca trecentos quadraginta duos martyres manu sua sepeliuit. Hic constituit fruges super altare tantum fabæ & uuæ benedici. Apud Alexandriam beati Macharij sub Decio, qui gente Libycus, cum multis uerbis à iudice ad negandum suaderetur, & eo maiore constantia fidem suam profiteretur, uiuus ad ultimum subiectus exurit. In ciuitate Verona natale sancti Zenonis martyris.

G. V. IDVS DECEMB.

NAtale sanctæ Leocadiæ uirginis, quæ tempore Diocletiani & Maximiani à præfecto Hispaniarum Daciano, apud Toletum diu carceris custodia macerata est. Vbi cum grauissimos beatæ Eulaliæ, & reliquorum martyrum, qui à Daciano interficiebantur, audisset cruciatus, genibus in oratione positis, impollutum Christo spiritum reddidit. Ipso die beati Cypriani abbatis Petragorici magnificę sanctitatis uiri. In Africa natale Petri, Successi, Primitiui, Publiceni & aliorum uiginti. Treuiris depositio sancti Eucharij episcopi & confessoris.

A. IIII. IDVS DECEMB.

ROmæ sancti Melchiadis papæ, qui sedit in episcopatu annos tres, sepultus est in cœmiterio Calisti. Hic constituit, ut die Dominico, aut feria quinta nullus ieiunaret, quia ipsos dies Pagani, quasi sacro ieiunio celebrabant. Et hic constituit, ut ex consecratu episcopi, oblationes propter hæreticos per ecclesias dirigerentur. Apud Emeritam Hispaniæ ciuitatem natale sanctæ Eulaliæ. Quæ cum esset annorum tredecim, iussu Daciani praesidis plurima tormenta perpessa, [illegible] in equuleo suspensa & exungulata, lampadibus ardentibus ex utroque latere appositis, hausto igne spiritum reddidit, & cernentibus Christianis in specie columbae niueae ex ore eius caelum petijt. Cuius corpus per triduum iussu praesidis pependit in ligno. Sed cui non humana fuerant, diuina sunt concessa munera. Nam nix desuper prolapsa corpus aspersit, ut quod ex utraque parte appositus ignis ardens et incendio confusum fuerat, niueo candore coopertum diuina gratia dealbaret. Sicque a Christianis reuerenter ablata, & deuotione debita sub sacro altari deposita, miraculorum gratia illustratur. Apud praefatam urbem passio sanctae Iuliae, quae fuit conuirginalis beatae Eulaliae, quae etiam illi ad passionem properanti indiuiduam comes & sodalis adhaesit. Item apud Hispalim ciuitatem, sanctorum martyrum Carpophori presbyteri, & Abundij diaconi, qui persecutione Diocletiani, sub iudice Marciano in confessione Christi primo fustibus crudelissime caesi sunt, deinde in carcerem negato cibo & potu retrusi [illegible] per angelum cibati. [illegible] Dei praedicantes iterum tenti sunt, & ora eorum lapidibus contusa, rursumque equuleo torti, & post haec diu in carcere macerati, nouissime gladio sunt percussi. Viennae sancti Sindulfi episcopi & confessoris.

B. III. IDVS DECEMB.

DAnielis prophetae. Romae Damasi papae, qui rexit ecclesiam annos decem & octo, menses tres, dies duos. Hic constituit ut Psalmi die noctuque canerentur per omnes ecclesias. Hic multa corpora sanctorum requisiuit, & inuenit, quorum memoriam etiam uersibus declarauit. Item Romae natale sanctorum martyrum Pontiani, Praetextati atque Trasonis, qui potens & locuples de facultatibus suis cum esset Christianus, sanctis martyribus in carceribus & in metallis damnatis, uictum ministrabat, per beatos Sisinium & Cyriacum, non post multo & ipse [illegible] Maximiano palmam martyrij cum duobus aliis percipere meruit. In ciuitate Ambianis Galliae, sanctorum martyrum Victorici & Fusciani. In Hispaniis sancti Eutychij, cuius gesta habentur, & sancti Gentiani martyris.

C. PRID. IDVS DECEMB.

SAnctorum martyrum Hermogenis, Donati, & aliorum uiginti duorum. Apud Alexandriam beatorum martyrum Epimachi & Alexandri, qui multo tempore & magnis cruciatibus uinculorum & carceris torti, ignibus ad postremum consumi iubentur. Item sanctarum quatuor mulierum, Ammonariae, Mercuriae, Dionysiae, & item aliae Ammonariae, quae dum nimia constantia uterentur apud iudicem, & ille erubesceret uinci a foeminis, inauditis tormentorum generibus toleratis, finem omnium ferro

ro cadente susceperunt, gloriose apud Alexandriam sepultae.

D. IDVS DECEMB.

APud Syracusas Siciliae ciuitatem, sanctae Luciae uirginis & martyris, quae passa est persecutione Diocletiani & Maximiani sub Paschasio consulari. Haec nobilissima Syracusanorum, postquam omnia sua quae a parentibus ei remanserant, pauperibus, uiduis, orphanis, peregrinis, & Deo seruientibus distribuit, a sponso suo, quod esset Christiana, Paschasio delata, impellebatur ad sacrificandum daemoniis. Quae cum nullo modo consentiret, tradi eam lenonibus iubet, ut populum ad castitatem eius inuitarent, & tamdiu deluderetur, donec mortua nunciaretur. Quam lenones nullo genere mouere potuerant. Tunc praecepit Paschasius, ut ignem copiosum circa eam accenderent, & picem & resinam, & feruens oleum super eam iactarent: sed illa in nomine Domini stetit immobilis. Tandem gladio in gutture mersa percussa, quamdiu uoluit turbam circumstantem allocuta est, nec omnino mortua est, donec uenientibus sacerdotibus communionem Dominici corporis & sanguinis acciperet: sepulta in loco in quo percussa est, basilica supra corpus eius postmodum aedificata.

E. XIX. CALEND. IAN.

APud Antiochiam sanctorum martyrum Drusi, Zosimi, Arsenij & Isidori atque Theodori. Apud Alexandriam beatorum martyrum Heronis, Dioscori, qui sub Deciana persecutione uarijs tormentis dilaniati, nouissime igni iussi sunt tradi. Item beati Lupicini Viennensis ecclesiae octaui episcopi. Apud Cyprum natale sancti Spiridonis episcopi admirandae beatitudinis uiri, qui unus fuit de illis confessoribus, quos Maximianus dextro oculo effosso, & sinistro poplite succiso, per metalla damnauerat: qui etiam propheticam uitam duxit. Lugduno Galliae S. Viatoris episcopi. Remis Nicasij episcopi, & Eutropiae, [illegible] & Theodosij.

F. XVIII. CALEND. IAN.

APud Africam sancti Valeriani episcopi & confessoris, qui tempore Vandalicae persecutionis cum ex praecepto Genserici regis Ariani ad tradendum diuina mysteria uel libros, arctarentur cuncti Domini sacerdotes: ita ut eidem impij Ariani de ipsis palliis altaris camisias sibi & femoralia facerent, constanter ne sacramenta diuina traderet resistens, extra ciuitatem singularis ei expelli iussus est, & ita praeceptum, ut nullus eum neque in domo, neque in agro dimitteret habitare. Cumque esset annorum plus octogenarius, in strata publica multo tempore iacuit nudus sub aere, & sic in confessione catho-

lica

licet uernatis cursum beatæ uitæ impleuit. Aureliani beati Maximini presbyteri. In Africa natale Faustini, Lucii, Candidi, Cæliani, Marci, Ianuarij & Fortunati.

G. XVII. CALEND. IAN.

MArtyrium trium uirorum sanctorum Ananiæ, Azariæ & Misaelis. In Thuscia sanctæ Barbaræ uirginis, quæ tempore Maximiani imperatoris passa est pro Christo. Hæc primum à patre suo Dioscoro diu afflicta, sub dira custodia, deinde tradita præsidi Marciano, & expoliata, neruis crudelis ualde cæsa & discerpta est, & cilicio plagæ eius defricatæ, inde reclusa in carcerem, ubi luce diuina cõsolata est. Deinde circa latera eius lampades applicatæ, & malleis caput eius cæsum, & mamillæ eius præcisæ, deinde per plateas circumducta, & flagellis diu cruciata afflicta est, ad ultimum uero gladio martyrium cõsummauit. Rauennæ Valentini, Natalis, Agricolæ, Concordii. Viennæ beati Adonis episcopi. Eodem die translatio sanctorum martyrum Simplicij, Faustini & Beatricis.

A. XVI. CALEND. IAN.

TRanslatio sancti Ignatii martyris, qui tertius post Petrum apostolum Antiochenã rexit ecclesiam. Apud urbem Romam passus, sed Antiochiæ postmodũ sepultus. Eodem die beati Lazari, quem Dominus suscitauit à mortuis, & beatæ Marthæ sororis eius, quorum uenerabilem memoriam extructa ecclesia non lõge à Bethania, ubi eorundem domus eorum fuit, conseruat. In oriente apud Eleutheropolim ciuitatem passio sanctorum martyrum quinquaginta, qui sub Sarracenis passi sunt.

B. XV. CALEND. IAN.

BEatorum martyrum Rufi & Zosimi, qui de illis primis discipulis erant, per quos primitiua ecclesia in Iudæis & Græcis fundata est. Hi requiescunt apud ciuitatem Macedoniæ Philippis. Apud Africam natale sancti Moysetis martyris. Turonis sancti Gratiani episcopi, qui ad prædictam urbem ab urbe Roma transmissus, multis clarus uirtutibus ibi quieuit in pace. Laodiceæ ciuitate Theotini, Basiliani. In Africa Quinti, Simplicij.

C. XIIII. CALEND. IAN.

APud Aegyptũ beati Nemesij martyris, qui primò per calumniam quasi latro iudici delatus est Aemiliano. Quo crimine absolutus, postea quòd Christianus esset, defertur. In hoc uero nulla à iudice miseratio reseruatur, sed geminatis supplicijs excruciatum cum latronibus iussit incendi, ignorans quod crudelitate sua optimo martyri similitudinem saluatoris daret, qui pro salute humani generis inter cruciantes pertulit crucem. Aureliani sancti Vitalis abbatis, qui spiritu prophetiæ illustris fuit. In Nicomedia Cyriaci, & Pauli, Secundi, Anastasij, ac Syndimi episcoporum, & Gregorij papæ.

D. XIII. CALEND. IAN.

BEatorum martyrum Ammonis, Zenonis, Ptolemæi, Ingenui & Theophili, qui tribunalibus apud Alexandriam astantes, cum quidam Christianus à iudice torqueretur, & iam pene ad negandum flecteretur, dirumpebantur intra semetipsos, & nutu oculis ac nutibus uehementer exigere constabilire illum, qui in suppliciis positus trepidabat. Intendit etiam manus protendere, ac totius reliqui corporis motibus & habitu diuerse inclinari, tanquam ipsi subleuare laborantis animos gestiebant. Conuersi uero ad eos omnes, & quid de semetipsis profiterentur, ex eorum motibus agnoscentes, priusquam quisquam in eos manus iniiceret, ipsi in medium prorumpunt, ac se Christianos esse testantur. Per quorum uictoriam gloriosissime Christus de diabolo triumphauit. Romæ Zephirini episcopi, sanctorumque Liberati & Bassi. Et uigilia sancti Thomæ apostoli.

F. XII. CALEND. IAN.

NAtale beati Thomæ apostoli, qui Parthis & Medis Euangelium prædicans, passus est in India. Corpus eius in ciuitatẽ, quam Syri Edissam uocãt, translatum, ibique digno honore conditum est. Catalaunis sancti Maximini episcopi, primi illi ciuitati ab urbe Roma directi, qui inter alia innumera miracula mortuum suscitauit. In Thuscia natale sanctorum Iohannis & Festi.

F. XI. CALEND. IAN.

ROmæ uia Lauicana inter duas lauros, natale triginta martyrum, qui omnes una die persecutione Diocletiani coronati sunt. Apud Alexandriam beati Chæremonis martyris. Is namque cum rem cuiusdam potentis sub mercede procuraret, iubetur ab eo idolis immolare. Recusans cogebatur iniurijs, persistens rursum blanditijs mulcebatur. Cum uero utrumque contemneret, peracuta sude auidissima transuerberatur per media uiscera, & neci traditur. Ipsis diebus aliorum quamplurimorum martyrum, qui in desertis & montibus apud Aegyptum oberrantes, fame, siti, frigore, languore, latronibus, bestijsque consumpti sunt: qui omnes instar electos Dei prophetas, gloria martyrij coronati sunt. Inter quos & uenerandus senex Chæremon. Hic episcopus urbis Aegypti, quæ dicitur Nicopolis, cum ad Arabicum montem cum grandæuus coniuge diffugisset, nulli ultra apparuit. Romæ depositio sancti Felicis episcopi. In Antiochia natale sancti Basilei, & alibi passio Theodotiæ uirginis, & Didymi monachi.

G. X. CALEND. IAN.

ROmæ natale sanctæ Victoriæ uirginis, persecutione Decij imperatoris. Quæ cum esset desponsata uiro Pagano Eugenio, & nec nubere uellet, nec sacrificare, propter draconem pestiferum de illis locis expulsum, & alia sancta miracula, & propter uirgines quas ad seruiendum Domino aggregauerat, percussa est gladio in corde à carnifice Thaliarcho. Corpus eius cum omni reuerentia conditum est. Apud Nicomediam sanctorum martyrum uiginti, quos Diocletiana persecutio grauissimis tormentis martyres Christi fecit. Item Romæ beati Sernali, cuius beatus meminit Gregorius in homelia. In alio loco Gunesti, Victoris & aliorum octingentorum triginta duorum.

A. IX. CALEND. IAN.

Vigilia Domini nostri Iesu Christi. Apud Antiochiam Syriae sanctarum uirginum quadraginta, quae persecutione Deciana per diuersa tormenta martyrium consummauerunt. Eodem die sancti Gregorii presbyteri & martyris apud Spoletum, tempore Diocletiani & Maximiani imperatorum, sub iudice Flacco, qui dum perseueranter in fide maneret, fustibus nodosis dorsum eius uerberatum rumpitur, exgratus uenter eius dissipatur. Inde ligatus manus & pedes in craticula superponitur, ligna supposita. Continuo terraemotu facto, cecidit una regio in ciuitate Spoletana, & oppressit plusquam trecentos idolis seruientes. Post ferro constrictus, sub custodia militum in carcere traditur, ubi angelica uisitatione consolatur. Eductus e carcere, carduis ferreis genua illius percussa sunt, sed & ardentibus lampadibus latera eius incensa, dicente beato martyre iudici impio: Si totum corpus meum perdas, praesto est Dominus meus Iesus Christus, qui me sanat & corroborat. Tunc Flaccus iussit Tyrano cuidam, ut beatum Gregorium tractum in amphitheatrum decollaret. Quo facto, iussit Tyranus feras terribiles dimitti, ut corpus sancti martyris abstraherent: sed nulla earum corpus sancti attigit. Quaedam autem mulier Abundantia nomine, petijt corpus sancti martyris: sed quia aliter obtinere non potuit, datis triginta quinque aureis Tyrano, corpus recepit, & ut decuit, martyrem sepeliuit iuxta pontem lapideum. In Tripoli ciuitate, sanctorum Luciani, Metrobii, Pauli, Zenonis, Theotimi, Drusi.

B. VIII CAL. IAN.

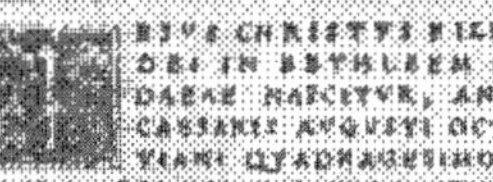

IESVS CHRISTVS FILIVS DEI IN BETHLEHEM IVDAEAE NASCITVR, ANNO CAESARIS AVGVSTI OCTAVIANI QVADRAGESIMOSECVNDO: OLYMPIADIS VERO CENTESIMAE NONAGESIMAE TERTIO ANNO: AB VRBE AVTEM CONDITA, SEPTINGENTESIMO QVINQVAGESIMOSECVNDO, compressis cunctarum per orbem terrae gentium motibus, & firmissima pace ordinatione Dei a Caesare Augusto Octauiano composita, quando Cyrenius ex consilio senatus in Iudaeam missus, census hominum possessionumque describebat, sextam mundi aetatem suo pijssimo consecrauit aduentu. Eodem die natale sanctae Anastasiae, quae tempore Diocletiani primo durissimam & immanem custodiam a uiro suo Publio perpessa, in qua tamen a Chrysogono confessore Christi multum consolata & confortata est: deinde a praefecto Illyrico in grauissima, atque diutina custodia macerata est. In qua duobus mensibus refecta est coelestibus escis per sanctam Theodoram, quae martyrium prius passa est. Deinde naui imposita cum ducentis uiris, & quingentis feminis, ut demergerentur in mare: sed perlata est ad insulas Palmarias, ubi per manus & pedes extensa & ligata ad palos fixos, & circa medium eius ignis accensus est, in quo martyrium consummauit, & omnes qui cum illa uenerant, uarijs interfectionibus martyrium celebrarunt. Inter quos omnes unus erat innocentissimae naturae, nomine Eutychianus, qui sublatis sibi, cum diues esset, omnibus facultatibus, tacuit nihil cogitans, nihilque metuens nisi hoc, ne facultates ac diuitias fidei perderet. Quotiens cunque fuisset auditus, quotiensque interrogatus, nihil aliud dicebat: Christum mihi nō tollet etiam qui caput abstulerit. Tunc Apollonia Christiana matrona tollens corpus beatae Anastasiae, exosculabatur, & aromatibus & linteaminibus mundis obuoluens, intra uiridarium domus suae fabricata basilica, ut decuit martyrem sepeliuit. Ipso die Romae in coemeterio Aproniani passio sanctae Eugeniae uirginis, quae tempore Gallieni imperatoris post multa insignia uirtutum, & sacros uirginum choros, quos Christo Domino aggregauerat, sub Nicetio urbis praefecto alligato saxo & praecipitata in Tyberim, sed mergi non potuit. Inde thermis igneis inclusa, illaesa reperta est, nouissime in die natalis Domini sicut ipse Saluator ei ante reuelauit, per spiculatorem in custodia gladio iugulatur. Et sublatum est corpus eius a Christianis, & positum non longe ab urbe uia Latina, in praedio suis proprio, ubi multorum ipsa sepelierat membra.

C. VII. CALEND. IAN.

IN oppido Hierosolymitano Caphargamala passio sancti Stephani protomartyris Christi, qui non multum post ascensionem Domini ab apostolis diaconus ordinatus est. Scribit beatus Lucas euangelista eius passionem in actibus apostolorum. Eodem die sancti Ignatij, Rufi & Zosimi papae, qui sedit Romae annum unū. Hic constituit ut diaconus [illegible] regeret palliae: & praecepit ut nullus clericus poculum in publico propinaret, nisi tantum in cellis fidelium & clericorum. De quorum agone felici, sanctus Polycarpus in epistola ad Philippenses scribit dicens: Deprecor autem omnes uos obedientiae dare operam, ac meditari patientiam, quam uidistis in Ignatio, & Rufo, & Zosimo beatis uiris: scientes quod hi non in uacuum, sed per fidem & iustitiam cucurrerunt, donec uenirent ad locum sibi a Domino praeparatum, quoniam quidem passionis eius participes extiterunt: nec dilexerunt praesens saeculum, sed Christum, qui pro ipsis & pro omnibus mortuus est, & resurrexit.

D. VI. CALEND. IAN.

NAtale beati Iohannis euangelistæ, quem Dominus Iesus amauit plurimum: qui secundam post Neronem persecutionem mouente Domitiano, postea quam in oleo ignito demersus nihil passus est, in Pathmos insulam relegatus uidit apocalypsim. Interfecto autem Domitiano, & actis eius ob nimiam crudelitatem rescissis à senatu, sub Pertinace principe rediit Ephesum: & quia eius absentia per hæreticos incidi ecclesiæ fidem, confestim hanc descriptam in Euangelio suo uerbi Dei æternitatem stabiliuit. Rogatus siquidem ab Asiæ episcopis, aduersus Cerinthum, aliosque hæreticos, & maxime contra Ebionitarum tunc dogma surgens: qui asserunt Christum ante Mariam non fuisse: unde compulsus est scribendi Euangelii sanctum opus suscipere. Ipse autem usque ad Traiani principis tempora perseuerans, totius Asiæ fundauit, rexitque ecclesias, & confectus senio sexagesimooctauo post passionem Domini anno, ætatis autem suæ nonagesimonono mortuus, iuxta eandem urbem est sepultus. Romæ Dionysii papæ, qui sedit in episcopatu annos sex: sepultus in Appia, in cœmiterio Calisti. Hic ecclesias presbyteris dedit, & parochias diœcesis dedit, atque constituit. Et ordinatio episcopatus sancti Iacobi fratris Domini, qui ab Apostolis primus ex Iudæis est ordinatus Ierosolymis.

E. V. CALEND. IAN.

BEthlehem Iudææ natale sanctorum Innocentum, quos Herodes cum Christi natiuitatem Magorum indicio cognouisset, tricesimo quinto anno regni sui interfici iussit, qui anno tricesimo sexto morbo intercutis aquæ, & scaturientibus toto corpore uermibus, miserabiliter & digne mortuus.

F. IIII. CALEND. IAN.

DAuid regis. Item apud Arelaten natale sancti Trophimi episcopi & confessoris, discipuli apostolorum Petri & Pauli. Eodem die sancti Crescentis apostoli Pauli discipuli, Viennensis ecclesiæ primi doctoris. In Africa natale Dominici, Victoris, Primiani, Lybosi episcopi. Romæ Calisti, Felicis & Bonifacii episcopi in cœmiterio Calisti. Eodem die sancti Thomæ archiepiscopi & martyris Cantuariensis.

G. III. CALEND. IAN.

APud Spoletum passio sancti Sabini episcopi, Exuperantii & Marcelli diaconorum, & Venustiani cum uxore, & filiis sub Maximiano Augusto. Qui beatus Sabinus cum esset in omnibus diuinis instructionibus clarus, tentus est à præside Tusciæ Venustiano, cum duobus diaconibus Exuperantio & Marcello, & multis clericis. Cui Venustianus deum Iouem tum, quem habebat in uasculo ex lapide uel ære formatum, æstimatione aureis ad adorandum obtulit. Quem beatus Sabinus in manibus acceptum, facta oratione cominuit, & uiliter pauimento, & confregit. Quod factum uidens Venustianus, cum furore iussit ut præciderentur ei manus, & in conspectu eius Marcellum & Exuperantium equuleo suspendi, ac fustibus cædi, & ungulis radi latera eorum, ignem etiam supponi. Hoc facto in confessione Domini spiritum emiserunt. Sabinum uero episcopum iussit retrudi in carcerem. Audientes autem quidam piscator & presbyter collegerunt corpora sanctorum, & sepelierunt iuxta urbem pridie Calendas Ianuarii. Serena uero Christiana uidua curam habens sancti Sabini episcopi, adduxit in carcerem nepotem suum Priscianum, qui erat cæcus. Tunc sanctus Sabinus uidens manus super oculos eius posuit, & illuminauit. Videntes autem qui in custodia erant, miserunt se ad pedes eius, numero undecim, & baptizati sunt. Quod cum nunciatum esset Venustiano præsidi, dolore [illegible] oculorum, & præ dolore neque cibum, neque potum, neque somnum capere poterat, misitque uxorem suam, & duos filios, ut adducerent beatum Sabinum ad domum suam de carcere. Adductus itaque prostrauit se ad pedes eius Venustianus cum filiis, uxorque ac filii agentes pœnitentiam, & rogantes se baptizari. Mox baptizatus ut depositus leuatus est, nullum dolorem sensit oculorum: nunciatum est autem hoc Maximiano, qui statim præcepit Sabinum damnari, & ipsum Venustianum capite truncari. Veniens autem Lucius Tribunus, sine mora iussit beatum Venustianum cum uxore & filiis necari, in ciuitate Assisiæ. Sabinum uero episcopum adiuxit in ciuitatem Spoletum, & tamdiu præcepit cædi, donec deficeret. Cuius corpus collegit uenerabilis Serena, quæ manu eius in doliolo uitreo cum aromatibus condiderat, & infra domum suam posuerat, sepeliuitque eum à ciuitate Spoletana miliario plus minus uno sub die septimo Idus Decembris. Festiuitas tamen eius & supra nominatorum martyrum tertio calendas Ianuarii agitur.

A. PRID. CALEND. IAN.

ROmæ natale Syluestri papæ, & confessoris, qui post beatum Petrum tricesimus quintus sedit annos uiginti quattuor, menses decem, dies undecim. Cuius industria Synodus præclarissima toto orbe sanctorum trecentorum decem & octo patrum, apud Nicæam urbem Bithyniæ celebratur, sub consulatu Constantini Augusti, & Licinii, tertio decimo calendarum Iuliarum. Iulii tamen papæ tempore confirmatur & constituit, ut nullus clericus propter causam quamlibet in curiam introiret, nec ante iudicem causam diceret, nisi in ecclesia. Et sacrificium in lineo [illegible] celebraret. Fecit autem ordinationes sex mense Decembri, presbyteros quadraginta duos, diaconos uigin ri quinque episcopos per diuersa loca sexaginta quinque. Sepultus est in cœmiterio Priscillæ, uia Salaria. Hic constituit chrisma ab episcopo confici, & ut baptizatum liniat presbyter. Et constituit ut nullus laicus crimen audeat inferre clerico. Et Dalmaticas in ecclesia, ut eorum leua tegeretur, scilicet diaconorum. Senonis sanctæ Columbæ uirginis sub Aureliano imperatore, quæ superato igne gladio cæsa est. Item Senonis beatorum Sabini & Potentiani, qui à beatis Apostolis ad prædicandum directi, præfatam urbem martyrij sui confessione illustrē fecerūt.

MARTYROLOGII FINIS.

De locis sanctis libellus, quē de opusculis maiorū abbreuiando Beda composuit.

De situ Hierusalem. Caput I.

SITUS urbis Hierusalem pene in orbē circumactus, non paruo murorum ambitu surgit, quo etiam montē Syon quondam uicinū intra se recipit, qui à meridie positus pro arce urbi supereminet, & maior pars ciuitatis infra montem iacet, in planicie humilioris collis sita. Post passionem Domini quippe à Tito imperatore destructa, sed ab Helio Adriano Cæsare, à quo etiam Helia nunc uocatur, instaurata, multoque amplior effecta est. Unde est, quod cum Dominus extra portas urbis passus sepultusque sit, modo loca passionis & resurrectionis illius intra eiusdem mœnia cernantur: cuius in magno murorū ambitu octoginta quatuor turres, portæ uero sex uisuntur. Prima porta Dauid ad Occidentem montis Syon; secunda porta uallis fullonis; tertia porta sancti Stephani; quarta porta Beniamin; quinta portula, id est, paruula porta, ab hac per gradus ad uallem Iosaphat descenditur; sexta porta Thecuitis. Celebriores tamen ex his sunt tres exitus portarum. Unus quidē ab Occasu, alius à septētrione, tertius ab Oriēte. A meridie autem Aquilonali montis supercilii Syon supereminet ciuitati, & ea pars murorum cum interpositis turribus nullas habere portas comprobatur, id est, à supra scripta Dauid porta usque ad eam montis Syon frontē, quæ præerupta rupe Orientalem respicit plagam. Situs quippe ipsius urbis est à supercilio Aquilonali montis Syon incipiens, ideft, molli cliuo dispositus, usque ad humiliora Aquilonalia Orientaliumque loca murorum, ut pluuia ibi decidens nequaquam stet, sed instar fluminis per Orientales defluens portas, cunctis secum platearum sordibus raptis, ualle Iosaphat torrentem Cedron augeat.

De sepulchro Domini, & de Constantiniana atque Golgothana ecclesia, & aliis sanctis locis in Hierusalem. Cap. II.

INgressis ergo à Septentrionali parte urbem, primum de locis sanctis pro conditione platearum diuertendum est ad ecclesiam Constantinianam, quæ Martyrium appellatur. Hanc Constantinus imperator, eo quod ibi crux Domini ab Helena matre eius reperta sit, magnifico & regio cultu construxit. Dehinc ab Occasu Golgothana uidetur ecclesia, in qua etiā rupes apparet illa, quæ quondam ipsam affixam Domini corpori crucem pertulit argenteam, modo pergrandem sustinens crucē, pendente magna desuper ærea rota cum lampadibus: infra ipsum uero locum Dominicæ crucis, excisa in petra crypta est, in qua super altare pro defunctis honorandis sacrificiū solet offerri, positis interim in platea corporibus. Huius quoque ad Occasum ecclesiæ Anastasis, id est, resurrectionis Dominicæ rotunda ecclesia, tribus cincta parietibus, duodecim columnis sustentatur, inter parietes singulos latum habens spacium uiæ, quæ tria altaria in tribus locis parietis medij continet, hoc est, Australi, Aquilonali & Occidentali. Hæc bis quaternas portas, id est, introitus per tres è regione parietes habet, è quibus quatuor ad Vulturnum, & quatuor ad Eurum spectant. Huius in medio monumentum Domini rotundū in petra excisum est, cuius culmen intrinsecus stans homo manu contingere potest, ab Oriente habens introitum, cui lapis ille magnus appositus est: quod intrinsecus ferramentorum uestigia usque ad presens ostendunt. Nam extrinsecus usque culminis summitatem totum marmore tectum est, summum uero culmen auro ornatum, auream magnam gestat crucem. In huius ergo monumenti Aquilonali parte sepulchrū Domini in eadem petra excisum, longitudinis septem pedum, trium mensura palmorum pauimento altius eminet, introitum habens à latere meridiano: ubi die noctuque duodecim lampades ardent, quatuor intra sepulchrum, octo supra in margine dextro. Lapis qui ad ostiū monumenti positus erat, nunc fissus est, cuius pars minor quadratum altare ante ostium, nihilominus eiusdem monumenti stat, maior uero in Orientali eiusdem loco quadrangulum, aliud altare sub linteaminibus extat. Color autē eiusdem monumenti & sepulchri, albo & rubicundo permixtus uidetur. A dextra autē parte huic ecclesiæ cohæret beatæ Domini genitricis ecclesia quadrangula. In platea, quæ martyriū & Golgotha cōtinuat, exedra est, in qua calix Domini scriniolo reconditus, per operculi foramē tangi solet & osculari. Qui argenteus calix duas

hinc

hinc & inde habens ansulas, sextarij Gallici mensuram capiens: in quo est & illa spongia Dominici potus mirrhati. In loco autem illo, quo Abraham altare ad immolandum filium construxit, mensa est lignea non parua, in qua pauperum eleemosynae solent a populo deferri. Singula quae diximus manifestius agnosceres, etiam prae oculis depingere curaui.

Lancea militis inserta habetur in cruce lignea in porticu martyrij, cuius hastile in duas intercisum partes, a tota ueneratur ciuitate.

De monte Syon, & de ecclesia super eum fundata, & fontibus Bethsaida & Siloe. Cap. III.

HAec quidem omnia quae commemorauimus sancta loca, extra montem Syon posita cernuntur, quo se ad Aquilonem deficiens loci tumor porrexit. In inferiore uero parte urbis, ubi templum in uicinia muri ab Oriente locatum, ipsique urbi transitu peruio pontis medianti fuerat coniunctum, nunc Saraceni quadrangulam domum sub rectis tabulis, & magnis trabibus super quasdam ruinarum reliquias uili opere construentes, oratione frequentant, quae tria millia hominum capere uidetur. Paucae illic cisternae in usum aquarum cernuntur. In uicinia templi Bethsaida piscina gemino insignis lacu apparet, quorum alter hybernis plerunque impletur imbribus, alter rubeis est discolor aquis. Ab ea fronte montis Syon, quae praerupta rupe Orientalem plagam spectat, inter muros atque in radicibus collis fons Siloe prorumpit, qui alternante quidem aquarum accessu in meridiem fluit, id est, non iugibus aquis, sed incertis horis diebusque ebullit, & per terrarum concaua & antra saxi durissimi cum magno sonitu uenire consueuit. In superiori montis Syon planicie, monachorum cellulae frequentes ecclesiam magnam circumdant, illic (ut perhibent) ab Apostolis fundatam, eo quod ibi spiritum sanctum acceperint, ibique sancta Maria obierit. In qua etiam locus coenae Domini uenerabilis ostenditur. Sed & columna marmorea in medio stat ecclesiae, cui adhaerens Dominus flagellatus est. Huius ergo ecclesiae talis dicitur esse figura.

Hic monstratur petra, super quam lapidatus est sanctus protomartyr Stephanus, extra ciuitatem; in media autem Hierusalem, ubi cruce Domini superposita mortuus reuixit, columna celsa stat, quae aestiuo solstitio umbram non facit, unde putant ibi mediam esse terram, & historice dictum: Deus autem ante secula operatus est salutem in medio terrae. Qua ductus opinione Victorinus Pictauiensis antistes ecclesiae, de Golgotha scribens ita inchoat:

Est locus ex omni medius quem credimus orbe,
Golgotha Iudaei patrio cognomine dicunt.

De Acheldemach, & loco ubi se suspendit Iudas. Caput IIII.

POrtam Dauid egredientibus, pons occurrit in austrum per uallem directus, ad cuius medietatem ab occasu Iudas se suspendisse narratur. Nam & ficus magna ibi, ac uetustissima stat, iuxta quod Iuuencus ait:

Informem rapuit ficus de uertice mortem.

Porro Acheldemach ad Australem plagam montis Syon, peregrinos & ignobiles mortuos hodie quoque alios terra tegit, alios inhumatos putrefacit.

De sudario capitis Domini, & alio maiore linteo a sancta Maria contexto. Cap. V.

SVdarium capitis Domini post resurrectionem eius, mox Christianissimus quidam Iudaeus furatus, usque ad obitum diuitiis sibi affluentibus habuit. Qui moriturus interrogat filios, quis Domini sudarium, quis caeteras patris uelit accipere diuitias. Maior thesauros terrenos, minor elegit sudarium. Et mox illi decrescunt opes usque ad paupertatem, fratri autem cum fide crescunt & opes, quod usque ad quintam generationem fideles tenuere. Hinc ad impios perueniens, diuitias tantum auxit, ut Iudaeis, & hoc multo tempore, donec post longa litigia, quibus Christiani Iudaei se Christi, infideles uero se parentum suorum affirmabant heredes, Mauias Saracenorum rex, qui nostra aetate fuit, iudex postulatur. Qui accensa grandi pyra, Christum iudicem precatus, qui hoc pro suorum salute super caput habere dignatus est, Missum ergo in ignem sudarium, ut ocius rapuit, effugiens euolat, & in summo aere diutissime quasi ludens deuolitans, ad ultimum cunctis utrinque intuentibus, sese leniter in cuiusdam de Christiana plebe sinum deposuit, quod mane mox totus populus summa ueneratione salutabat & osculabatur. Habebat autem longitudinis pedes octo. Aliud quoque aliquanto maius linteum in ecclesia illa ueneratur, quod fertur sancta Maria contexuisse, duodecim Apostolorum & ipsius Domini continens imagines, uno latere rubeo, & altero uiridi.

De locis circa Hierusalem, & ecclesia in ualle Iosaphat, ubi sepulchrum sanctae Mariae. Caput VI.

CIrca Hierosolymam aspera & montuosa cernuntur loca. Hinc quoque Septentrionem uersus usque ad Arimathiam terra petrosa & aspera per interualla monstratur, ualles quoque spinosae usque ad Thamniticam regionem patentes. Ad Caesaream uero Palaestinae ab Helia, quamuis aliqua reperiantur angusta & breuia aspera loca, praecipua tamen planicies camporum interpositis oliuetis. Distant autem septuaginta quinque millibus passuum. Longitudo uero terrae repromissionis a Dan usque Bersabee, tenditur spacio

centum

et centum sexaginta milium, ab Ioppe usque Bethleem quadraginta sex milibus. Iuxta murum templi uel Hierusalem Gehennon occurrit, quae est uallis Iosaphat, a Septentrionali plaga in Austrum porrecta, per quam torrens Cedron, si quando pluuiarum aquas recipit, decurrit. Haec uallis & parua campi planicies, irrigua & nemorosa, plenaque deliciis, locum in se quondam Baalis sacrum habuit. In hac turris regis Iosaphat, sepulchrum eius continens: cuius ad dexteram de rupe montis Oliueti excisa & separata domus, duo cauata habet sepulchra, hoc est, Symeonis senis & Ioseph sanctae Mariae sponsi. In eadem ualle sanctae Mariae rotunda est ecclesia, lapideo tabulatu discreta, cuius in superioribus quattuor altaria, in inferioribus unum habetur in Orientali plaga, & ad eius dexteram monumentum uacuum, in quo sancta Maria aliquandiu pausasse dicitur: sed a quo, uel quando sit ablata, nescitur. Hanc intrantes uident ad dexteram insertam parieti petram, in qua Dominus nocte qua tradebatur, orauit, uestigiis genuum quasi cerae molli impressis.

De monte Oliueti, & ecclesia in fastigio eius, ubi Dominus ad caelos ascendit. Cap. VII.

Mons Oliueti mille ab Hierusalem discretus passibus, altitudine monti Syon par est, sed latitudine & longitudine praestat, exceptis uitibus & oliuis rarae ferax est arboris, frumenti quoque & hordei fertilis. Neque enim uepris, sed herbosa & florida soli illius est qualitas. In cuius summo uertice, ubi Dominus ad caelos ascendit, ecclesia rotunda grandis, ternas per circuitum cameratas habet porticus desuper tectas. Interior namque domus propter Dominici corporis meatum camerari & tegi non potuit, altare ad Orientem habens angusto culmine protectum: in cuius medio ultima Domini uestigia caelo desuper patente, ubi ascendit, uisuntur. Quae cum quotidie a credentibus terra tollatur, nihilominus manent, eandemque adhuc speciem ueluti impressis signata uestigiis seruant. Haec circa aerea rota iacet usque ad ceruicem alta, ab occasu habens introitum, pendente desuper in trochleis magna lampade, totaque die ac nocte lucente. In Occidentali eiusdem ecclesiae parte, fenestrae octo, totidemque e regione lampades in funibus pendentes, usque Hierosolymam lucent: quarum lux corda intuentium cum quadam alacritate & compunctione pauefacere dicitur. In die ascensionis Dominicae per annos singulos missa peracta, ualidi flaminis procella desursum uenire consueuit, & omnes qui in ecclesia fuerint, terrae prosternere. Tota autem illa nocte lucernae ardent, ut non illustrari tantum, sed & ardere mons & subposita loca uideantur. Et huius quoque basilicae figuram prae oculis depingere placuit.

Etiam hic pictura deerat.

Monumentum Lazari ecclesia ibidem extructa demonstrat, & monasterium grande in campo quodam Bethaniae, magna Oliuarum sylua circumdatum. Est autem Bethania quindecim stadiis ab Hierusalem. Tertia quoque eiusdem montis ad Australem Bethaniae partem ecclesia est, ubi Dominus ante passionem discipulis de die iudicii loquitur.

De situ Bethleem, & ecclesia, ubi natus sit Dominus, & de sepulchris Dauid & Hieronymi, & trium pastorum. Cap. VIII.

Bethleem sex milibus in austrum ab Hierosolyma secreta, in dorso sita est angusto ex omni parte uallibus circundato, ab Occidente in Orientem mille passibus longa, humili sine turribus muro per extrema plani uerticis instructa: in cuius Orientali angulo, quasi quoddam naturale semiantrum est, cuius exterior natiuitatis Dominicae fuisse dicitur locus, interior Domini praesepe nominatur. Haec spelunca tota interius pretioso marmore tecta, supra ipsum locum, ubi Dominus natus specialius traditur, sanctae Mariae grandem gestat ecclesiam. Petra iuxta murum cauata, primum Dominici corporis lauacrum de muro missum suscipiens, hactenus seruat: quae si qua forte occasione uel industria fuerit exhausta, nihilominus continuo, dum respicit, sicut ante fuerat plena, redundat. Ad Aquilonem Bethleem in ualle contigua sepulchrum Dauid in medio ecclesiae humili lapide tegitur, lampade superposita: ad Austrum uero, in ualle contigua in ecclesia, sepulchrum Hieronymi. Porro ad Orientem in turre Ader, id est, gregis, mille passibus a ciuitate segregata est ecclesia, trium pastorum diuinae natiuitatis consciorum monumenta continens. Haec relatione Arculphi episcopi fratrum dixerim. Caeterum literas aperte scribit, in Hierusalem Dauid esse sepultum, uia regia, quae ab Helia Chebron ducit, ab Oriente Bethleem, ab Occidente sepulchrum Rachel, habens titulo nominis eius usque hodie signatum.

De situ Chebron, & monumentis patrum, & Adam. Cap. IX.

Chebron in campi latitudine sita est, & ab Helia uiginti duobus milibus separata, uno ad Orientem stadio speluncam duplicem in ualle habet, ubi sepulchra patriarcharum quadrato muro circundantur, capitibus uersis ad Aquilonem: & haec singula singulis tecta lapidibus instar basilicae dolatis, trium patriarcharum candida. Adam obscurioris & uilioris operis, qui haud longo ab illis ad Borealem extremamque muri illius partem pausat. Trium quoque feminarum uiliores & minores memoriae cernuntur. Mambre collis mille passibus a monumentis his ad Boream, herbosus ualde & floridus, campestrem habet in uertice planiciem, in cuius Aquilonali parte, in parte, quercus Abrahae, duorum hominum altitudinis truncus, ecclesia circumdatus est. Egredientibus vero Chebron ad Aquilonem sinistra parte viae occurrit mons pinosus, paruus, tribus millibus passuum à Chebron, unde Hierosolymam pinea ligna feruntur in camelis, nam in omni Iudaea currus vel plaustra raro sunt.

De Hiericho, et [illegible]. Caput X.

Hiericho ab Helia Orientem versus, [illegible] decem millibus passibus abest, quae tertio ad solum destructa, sola domus Raab ob signum fidei remanet: eius enim adhuc parietes sine culmine durant. Locus urbis segetes & vineas recipit. Inter hanc & Iordanem quinque vel sex ab ea millibus separatum, grandes sunt palmeta campestribus [illegible] & habitatoribus Chananaeis. Duodecim lapides, quos Iosue de Iordane tolli praeceperat, in ecclesia Galgalis fixa altrinsecus iuxta parietes eiusdem iacent, vix singuli nunc duobus viris elevabiles, quorum unus nescio quo casu fractus, sed ferro mediante recompaginatus est. Est iuxta Hiericho fons uber ad potum, pinguis ad rigandum, qui quondam sterilis ad generandum, parum salubris ad potandum per Helisaeum prophetam, dum vas fictile cum sale imponeret, sanatus est. Denique campus circa montem [illegible] stadiorum in longitudinem, & [illegible] in latitudinem patens, in quo [illegible] hortorum gratissimarum palmarum genera, [illegible] pretii [illegible]. Illic opobalsamum gignitur, quod idea cum adiectione significamus, quia agricolae cortices ramorum singulas acutis lapidibus incidunt, in quibus balsama generantur, ut per illas cavernas paulatim defluens humor [illegible] colligat lachrymis pulchre rorantibus. Cuprus autem Graeco nomine [illegible] dicitur. Illic cypro [illegible] illic myrobalanum nasci ferunt. Aqua ut caetera fontium, illic tamen praestantius aestate frigida, hyeme tepens; aer mollior, ut summo hyemis [illegible] induamentis. Urbs ipsa condita in campo, cui supereminet & [illegible] terram [illegible] & [illegible], & ideo desertum ab incolis. Hic a Scythopoli urbe terra usque ad regionem Sodomitanam & Asphaltitis locus diffusus habetur. Adversus hunc mons supra Iordanem [illegible] usque ad Zoaram Arabiae Petraeae [illegible], alius etiam mons est [illegible]. Inter hos duos montes campus iacet quem veteres magnum appellavere, Hebraei autem Aulon. Cuius longitudo ducentorum triginta stadiorum, latitudo centum viginti [illegible] Gennabara usque ad Asphaltitum lacum. Iordanis cum medio amne intersecat, unde utrimque [illegible] fluminis alluitur. [illegible] super ripas [illegible] arborum [illegible] est, alibi longe [illegible] praeter [illegible].

De Iordanis [illegible]. Caput XI.

Iordanis caput [illegible] in provincia Phoenice, iuxta radices montis Libani, ubi Paneas, id est, Caesarea Philippi sita est. Unde & idem Panium, hoc est, speluncam, per quam sese mollis Iordanis, rege Agrippa decore admirabili exornatam, [illegible]. Est autem in Traconitide terra fons, [illegible] exprimens, unde & Phialae nomen accepit, qui decem a Caesarea millibus passuum distans, ita iugiter plenus aquarum [illegible] neque superfluant, neque unquam minuantur. In hunc Philippus tetrarches eiusdem regionis paleas misit, quas in Panio [illegible]. Unde iam constat Phialam principium esse Iordanis, sed post subterraneum meatum in Panio coepisse. Iordanis, qui mox lacum ingressus, paludes [illegible] stagnaque [illegible] cum multa passuum sine ulla interclusione progreditur ad urbem, cui Iuliae nomen [illegible] lacum Genesar medio transit fluento. Unde plurima [illegible] Asphaltium, hoc est, mortuum mare ingressus, [illegible]. Est enim colore [illegible], & ob hoc in mari mortuo longo tramite discernitur. Est autem Genesar, id est, mare Galilaeae, magnus sylvis circumdatum, in longitudine [illegible] centum quadraginta stadia [illegible], & ad potandum habilis. Siquidem nec palustris uliginis crassum aliquid aut turbidum recipit, quia arenoso undique littore circumdatur; sed & magnis circumdatur oppidis, ab oriente Iuliade & Hippo, ab occidente Tiberiade [illegible] genera quoque piscium gustu & specie quam in alio lacu praestantiora.

De mari mortuo, et [illegible]. Caput XII.

Mare mortuum in longitudine stadiorum [illegible] usque ad Zoaram Arabiae, latitudine centum quinquaginta usque ad vicinia Sodomorum protenditur. Nam & de puteis quidam solis, post Sodomam & Gomorram, & civitatum finitimarum combustionem, mundasse certissimum est. Apparet vero prope de specula montis Oliveti [illegible] collisione [illegible] & hoc [illegible] quaerantibus [illegible]. Alibi vero in quodam Siculo [illegible] & [illegible] apellinum [illegible] dicitur. Mortuum autem mare appellatur, quod nihil recipiat generis viventium, neque pisces, neque aquaticas aves [illegible]. Denique si Iordanis [illegible] pisces illius [illegible] raptos [illegible], & pinguibus aquis [illegible]. Lucernam accensam [illegible] supernatare [illegible] qua-

qualibet difficile haurire in profundo, omniaque inuenta diuersis locis & vehementer illisa statim resilire. Denique Vespasianum praecepisse, nandi ignaros reuinctis manibus in profundum deiici, eosque omnes illico supernatasse. Aqua sterilis & amara, caeterisque aquis obscurior, & quasi adustae praeferens similitudinem. Vulgari hic per aquas bituminis glebas certum est atro liquore, quas scaphis appropinquantes colligunt. Haerent ibi bitumen ferunt, & nequaquam ferro praecidi, sanguine tantum mulierum menstruo vel urina cedere: utile est autem ad compagem nauium, vel corporibus hominum medendis. Seruat adhuc regio speciem poenae: nascuntur enim ibi poma pulcherrima, quae & edendi cupiditatem spectantibus generant, si carpas, fatiscunt ac resoluuntur in cinerem, fumumque excitant, quasi adhuc ardeant. Sane in diebus aestatis immodicus per spacia eius assiduat vapor, unde & coalescente vitio nimiae siccitatis, insuetam penitus aer miserandis incolis excitat aegritudinem.

De loco in quo baptizatus est Dominus. Caput XII.

IN loco in quo Dominus baptizatus est, crux lignea stat usque ad collum alta, quae aliquoties aquis transcendentibus absconditur: a quo loco ripa ulterior, id est, Orientalis, in iactu funda est, citerior vero ripa in supercilio monticuli grande monasterium gestat beati Ioannis Baptistae ecclesia clarum, de quo per pontem arcubus suffultum solent descendere ad illam crucem & orare. In extremo fluminis parte, quadrata ecclesia, quatuor lapideis cancris superposita est, e lateri creta desuper tecta, ubi Domini vestimenta, cum baptizaretur, seruata esse dicuntur. Hanc non homines intrare, sed undique cingere ac penetrare solent, ab eo loco, quo de lacu ibi maris Galilaei Iordanis exit, usque ubi mare mortuum intrat, octo dierum iter.

De locustis & melle silvestri, & fonte sancti Ioannis Baptistae. Caput XIIII.

MInimum genus locustarum habet, quod lustrans Baptista pastus est, usque hodie apparet, quae corpusculis in modum digiti manus exilibus & breuibus, in herbis facile capta, coctaque in oleo, pauperem praebent victum. In eodem deserto sunt arbores, folia lata & rotunda lactei coloris & mellis sapore habentes, quae natura fragilia, manibus confricantur & eduntur. Hoc esse mel syluestre dicitur. Ibidem & fons sancti Ioannis Baptistae ostenditur lucida aqua, lapideo protectus tecto calce perlito.

De fonte Iacob iuxta Sichem. Cap. XV.

PRope ciuitatem Sichem, quae nunc Neapolis dicitur, ecclesia quadrifida est, hoc est, in crucis modum facta. In cuius medio fons Iacob quadraginta cubitos altus, a facie ipsius usque ad summum digitos undecim extensus, de quo Dominus aquam a Samaritana muliere petere dignatus est.

De Tiberiade, Capharnaum, & Nazareth, & his ecclesiis [illegible]. Cap. XVI.

LOcus ille in quo Dominus panes benedixit & pisces, citra mare Galilaeae, ad Aquilonem ciuitatis Tiberiadis, campus herbosus & planus, nunquam ex illo tempore aratus, nulla suscipiens aedificia, fontem tantum, ex quo tunc illi biberunt, ostendens. Qui ergo ab Aelia Capharnaum pergunt, per Tiberiadem iter habent, deinde secus mare Galilaeae, & locum benedictionis panum, a quo non longe Capharnaum in finibus Zabulon & Nephthalim, quae murum non habens, angusto inter montem & stagnum situ, super maritimam oram Orientem versus longo tramite procenditur, montem ab Aquilone, lacum ab Austro habens. Nazareth murum non habet, sed magna aedificia, duasque grandes ecclesias. Una est in medio ciuitatis supra duos fundata cancros, ubi quondam fuerat domus, in qua Dominus nutritus est infans. Haec autem ecclesia duobus (ut dictum est) tumulis, & interpositis arcubus suffulta, habet inferius inter eosdem tumulos fontem lucidissimum, unde ciues omnes aquam in vasculis per trochleas in ecclesiam extrahunt: altera vero est ecclesia, ubi domus erat, in qua angelus ad beatam Mariam venit.

De monte Thabor, & tribus ecclesiis superpositis. Caput XVII.

MOns Tabor in medio Galilaeae campo, in tribus millibus manens ad Boream a Chenereth distat, ex omni parte rotundus, herbosus valde & floridus, altitudine triginta stadiorum. Vertex ipse campestris & multum amoenus, viginti & tribus stadiis dilatatur, ubi grande monasterium, grandi quoque sylua circundatum, tres ecclesias habens, iuxta quod Petrus ait, Faciamus hic tria tabernacula. locus muro circundatus, grandia gestans aedificia.

De situ Damasci. Caput XVIII.

DAmascus in campo lato sita & amplo magnoque ambitu, & crebris munita turribus, quam magna quatuor flumina interfluunt, ubi dum Christiani sancti Ioannis Baptistae ecclesiam frequentant, Saracenorum rex cum sua gente aliam instituit atque sacrauit. Plurima extra muros in gyro Oliueta. A Tabor usque Damascum, septem dierum iter.

De situ Alexandriae, & Nilo, & ecclesia, in qua requiescit Marcus Euangelista. Caput XIX.

ALexandria ab oriente in occidentem satis longa, ab Austro aliquanto breuior, Nilo cingitur, ab Aquilone lacu latere Mareotico: cuius portus ceteris difficilior, quasi ad formam humani corporis in capite ipso & statione capacior, in faucibus vero angustior, quia meatus maris ac nauium suscipit, quibus quaedam spirandi subsidia portui subministrantur. Ubi quis angustias atque ora portus euaserit, tanquam reliqua corporis forma, ita diffusio maris longe lateque extenditur. In eiusdem dextera portus parua habetur insula, in qua Pharus, id est, turris est maxima, nocturno tempore facibus ardens, ne decepti tenebris nautae in scopulos impingant, & aditus limitem comprehendere nequeant, qui & ipse semper inquietus est, fluctibus hinc inde collidentibus: portus vero placidus semper, amplitudinis habens triginta stadiorum. A parte Aegypti urbem intrantibus ad dexteram occurrit ecclesia, in qua beatus euangelista Marcus requiescit. Cuius corpus in Orientali parte eiusdem ecclesiae ante altare humatum est, memoria superposita, de quadrato marmore facta. Circa Nilum Aegypti aggeres crebros propter irruptionem aquarum facere solent, quibus si forte custodum incuria rupti fuerint, non irrigant, sed opprimunt terras subiacentes. & qui plana Aegypti incolunt, super riuos aquarum, ubi domos faciunt, transuersis trabibus superponentes.

De Constantinopoli, & basilica in qua pars crucis Domini continetur. Cap. XX.

Constantinopolis undique praeter Aquilonem mari cincta, quod a mari magno sexaginta milibus passuum usque ad murum ciuitatis, & a muro ciuitatis usque ad ostia Danubii quadraginta milibus passuum extenditur, ambitu murorum iuxta litus maris angulatus duodecim milia passuum circumplectitur. Hanc primo Constantinus in Cilicia iuxta mare, quod Asiam Europamque determinat, aedificare disposuit, sed quadam nocte ferramenta uniuersa ablata, missis qui sequerentur, in parte Europae inuenta sunt. Ibi enim sibi Dei voluntas intellecta est. In hac urbe basilica miri operis, quae sanctae Sophiae cognomine, quadrata rotundo schemate, & a fundamentis constructa & concamerata tribus cincta parietibus, & magnis sublimata columnis arcubusque sublimata est: cuius interior domus in Aquilonali sui parte grande & valde pulchrum armarium habet, in quo capsa lignea ligneo operculo tecta crucis Dominicae tres particulas continet, longum videlicet lignum in duas partes incisum, transuersum eiusdem sanctae crucis lignum. Haec tribus tantum per annum diebus, hoc est, coena Domini, parasceue, & in sabbato sancto, populis adorandae proferuntur. quo tum prima capsa illa super altare aureum, duos cubitos longitudinis, & unum latitudinis habens, cum cruce sancta patefacta componitur. accedensque primus imperator, deinde cunctis per ordinem laicorum gradibus sanctam crucem adorat & osculatur. Sequenti die Imperatrix, & omnes matronae vel virgines idem faciunt. tertio tribus diebus episcopi & cuncti clericorum gradus idem faciunt, & sic capsa reclusa ad supradictum armarium reportatur. Quandiu autem super altare manet aperta, totam ecclesiam mirus odor perfundit. De nodis enim lignis sanctis liquor odoriferus oleo similis profluit, cuius si etiam modica particula contingat, omnem aegritudinem sanat.

VERSVS EIVSDEM.

Descripsi breuiter sinus situsque locorum,
Pagina sacra magis, quae memorat [illegible],
Beda sequens ueterum monumenta, simulque nouorum
Charta magistrorum quae fonte inspiciens,
Da Iesu patriam semper tendamus ad illam,
Quam beat aeternum uisio summa tui.

PERORATIO.

Haec de locis sanctis prout potui fidelis [illegible] posui, & maxime Arculphi Galliarum episcopi, quos eruditissimus in scripturis presbyter Adomnanus lacinioso sermone descripsit, tribus libellis comprehendit. Siquidem memoratus Arculphus, desiderio locorum sanctorum patriam deserens, terram repromissionis adiit, aliquot mensibus Hierosolymis commoratus, veterano monacho nomine Petro duce pariter atque interprete usus, cuncta in circuitu quae desiderauerat, inuisit. Mox reuersus Alexandriam, Damascum, Constantinopolim, Siciliamque percurrit. Sed dum patriam redire vellet, nauis qua vehebatur post multos anfractus vento contrario in nostram, id est, Britanniarum insulam portata est, tandemque ipse post nonnulla pericula ad praefatum virum venerabilem Adomnanum peruenit, ter pariter suum, & ea quae viderat explicando pulcherrimam illi historiae dictandae causam praestitit: ex qua nos aliqua decerpentes ueterumque libris comparantes, tibi legenda transmittimus, obsecrantes per omnia, ut praesentis seculi laborem, non ocio lasciui temporis, sed lectionis orationisque studio, tibi superare satagas.

FINIS LOCORVM SANCTORVM.

Bedae interpretationes nominum Hebraicorum.

Aao, apprehendens, uel apprehensio.
Aad, testificans, uel testimonium.
Aadhar, deprecatio, uel deprecationi.
Aalma, uirgo abscondens, uel absconditia uel absconsio uirginitatis.
Aara, montana, uel mons fortitudinis.
Aaron, mons fortis, uel mons fortitudinis, siue montanus, uel mons eorum.

Aaronitæ, montes robusti, uel montium fortitudines, siue montani, aut montes eorum.

Aars, sol, uel lumen: siue illuminans, aut illuminatio.

Aathai, de patre tuo, uel tempore tuo, siue tu ante, aut temporalis tuus.

Aaz, apprehendens, uel fortitudo, seu fortis, aut apprehensio.

Aazia, patruus, uel patruelis, sine apprehendens Dominum, aut fortitudo Domini.

Abba, pater, uel paternitas. Syrum est, non Hebræum.

Abacuc, luctator fortis, uel rigidus: siue complexans eum, aut susceptio eorum, siue sustentatio eorum.

Abbadia, seruus Domini, uel seruiens Domino.

Abbaga, pater solennis, uel patris solennitas: seu pater loquens, aut patris locutio.

Abbaia, pater Dominus, uel pater abundans: siue pater meus iste, aut patris mei abundantia.

Abboim, pater eius, uel paternitas eorum.

Abana, pater gratus, uel lapides colligens.

Abani, patris requies, uel pater commorans: seu pater gratus mihi, uel pater gratificans me.

Abania, pater gratus Domino, uel pater gratificans Deum.

Abaria, transiens Dominus, uel in mansionem Domini: siue pater suscitans Dominum, aut pater uigilans a Domino.

Abarim, pertransiens, aut pertransitio: seu transitus transitio, uel montes transeuntium.

Abaron, pater suscitans dolorem, uel pater uigilans murmurationi: siue pater suscitans iniquitatem, aut pater uigilans iniquitati.

Abasbai, parcens, uel pepercit: seu parcens mihi, aut parsimonia mea.

Abatha, pater tangens ridentem, uel patris tactus ridentis.

Abda, seruiens, uel seruitium: siue seruus eius, aut seruiens ei.

Abdai, seruus meus, uel seruiens mihi: siue seruiens eius, uel seruitus mea, uel seruitium eius mihi.

Abdeel, seruus Dei, uel seruiens Deo.

Abdemelech, seruus regis, uel seruiens regnator: siue seruus regius, aut seruus regnator.

Abdenago, seruus tacens, uel seruiens tacens, uel Domini auxilium, aut Dominus auxiliator.

Abdi, seruus meus, uel seruiens mihi.

Abdias, seruus Domini, uel seruiens Domino: siue Domini testis, aut Domino electus.

Abdiel, seruus Dei, uel seruiens Deo.

Abdo, seruus eius, uel seruiens ei.

Abdias, seruus meus, uel seruiens mihi: siue seruitus eius, uel mea, uel seruitium eius mihi.

Abdoni, seruiens eis, uel seruus eorum.

Abdon, seruus moerens, uel seruus inutilis.

Abdon, seruus multiplicans, uel seruus iniquitas.

Abdon, ancilla dolens, uel seruiens murmuratio.

Abed, seruus populi, uel seruiens populo.

Abedia, seruiens Domino, uel seruitus Domini.

Abel, committens, uel commissio. (bella.

Abel, luctus, uel uapor: seu uanitas, aut misera-

Abdela, committens ei, uel commissio eius: siue lugens eum, aut miserabiliter.

Abelgai, uapor uallium, uel luctus deuorans.

Abelmaim, uanitas habitaculi, uel luctus inhabitantium.

Abelmeholah, uapor uallis lassæ, uel luctus parturientium, seu uanitas domicilij, uel miserabilitas inhabitationis.

Abelmula, idem est.

Abelsatim, uapor spinosus, uel luctus gemitus [illegible], aut uanitas pro futuro [illegible]. (corum.

Abenboen, lapis pollicis eorum, uel lapis in medio eorum.

Abenezer, lapis adiutorij, uel lapis auxiliator.

Abenner, lapis lucidus, uel pater lucernæ.

Aber, commisit, uel certamen [illegible]: seu participans, aut participatio. (patio.

Abel, [illegible], uel liuor: siue liuidus, aut [illegible]

Abessalon, pax patris, uel pater pacis: siue patris [illegible], aut patris [illegible].

Abessan, pater abundans, uel patris egressus.

Abethi, patris repulsio, uel uia explorationis.

Abgata, pater tangens ridentem, uel patris tactus ridentis. (tus.

Abezlebit, luctus [illegible], uel uanitas [illegible]

Abia, pater Dominus, uel patris Domini: siue Domini paternitas, aut ubi pater [illegible]. (tatio.

Abiabel, pater Dominus Deus, uel paternitas Domini Dei.

Abiail, pater meus exultans, uel patris mei exul-

Abial, pater meus contemptus, uel patris mei despectio.

Abialbon, pater meus superintelligens, uel patris mei superintelligentia.

Abiam, patris mei populus, uel pater meus [illegible]

Abiasaph, pater meus colligens, uel patris mei collectio. (congregatio.

Abiasaph, pater meus congregans, uel patris mei

Abiathar, pater meus [illegible], uel pater meus superfluus: siue pater meus suscitans peccatum, aut pater meus peccato uigilans.

Abida, pater meus sciens, uel patris mei scientia.

Abidat, idem.

Abidan, pater meus sciens eos, uel pater meus scientia eorum. (cium.

Abidi, pater meus iudex, uel patris mei iudi-

Abiel, pater meus Deus, uel patris mei deitas.

Abiem, patris mei mater, uel pater meus [illegible].

Abiezer, pater meus fortis, uel patris mei auxilium: siue pater meus separatus, aut patris mei sanctificatio.

Abiezeri, patris mei auxilium, uel pater meus auxiliator meus.

Abigabaa, pater collis moerens, aut pater uel [illegible]: siue pater meus uallis [illegible], uel pater meus collis mœrentium. (ltatio.

Abigail, pater meus exultans, uel patris mei ex-

Abigal, pater roris, uel [illegible]: siue patris mei [illegible], aut patris mei [illegible]. (tio.

Abihel, pater meus Deus, uel patris mei deitas, uel imploratio.

Abilam, lugens, uel plorans: siue luctus, aut plora-

Abil-

Abimael, lugentes, uel plorantes: seu timi, aut miserabiles.

Abimes, idem.

Abimelech, pater meus rex: uel patris mei rex.

Abimelech, pater meus à Deo, uel pater meus exaudiens Deum.

Abinadab, patris mei uotum, uel pater meus spontaneus.

Abinoem, patris mei fidelitas, uel patris mei requietio.

Abin, pater mensura, uel pater mensurans, siue pater fuit, aut pater erit.

Abinaā, patris mei decus, uel patris mei cōmotio.

Abira, pater meus magister, uel patris mei magisterium.

Abiram, pater meus excelsus, uel pater meus exaltatus: siue pater meus sublimis, aut patris mei sublimitas.

Abiro, pater magister iniquus, uel pater meus magister murmurationis: siue pater meus magister iniquus, aut pater meus magister iniustitiæ.

Abisa, pater salutis, uel patris salutare.

Abisa, pater meus sacrificans, uel patris mei sacrificium, siue patris mei incensum, aut patris mei holocaustum.

Abisai, pater salutis meæ, uel patris salutare mihi.

Abisai, pater meus incensum mihi, uel pater meus sacrificium meum.

Abisid, pater meus superstans, uel patris mei custodiens.

Abisag, patris mei incensum, uel patris mei holocaustum.

Abisue, pater meus cantans, uel patris mei cantilena: siue pater meus loquens, aut patris mei locutio.

Abisur, pater meus murus, uel pater meus directus.

Abisar, pater meus robustus, uel pater meus angustiatus: siue pater meus continens, aut patris mei acerbitas.

Abitubal, pater meus ros, uel pater meus structutus: siue patrem meum apprehendens, aut patris mei apprehensio.

Abiu, pater meus est, uel pater meus ipse.

Abiud, patris robur, uel patris robur: siue pater eorum, aut pater meus iste.

Abner, pater lucidus, uel patris lucerna, uel pater luminis.

Abobi, pater inclinator, uel patris amplexatio.

Abor, pater montium, uel patris foramen: seu pater luminis, aut pater transitus.

Abra, patris magisterium, uel patris exaltatio.

Abraam, pater uidens populum, uel pater uidens multitudinem: seu pater multitudinis, aut pater multarum, subintelligitur gentium, non est enim in nomine.

Abrech, pater delicatus, uel pater tenerrimus. Ipse est Ioseph, qui prælatus Aegyptiorum, cum esset tener ac delicatus ætate iuuentutis, factus est pater sensum metiens sapientia, & prælatus sapientibus.

Absalom, pax patris, uel pater pacis, uel patris loquela, aut patris amaricatio.

Absalon, patrem meum pacificans, uel patris mei amaricatio.

Absaias, pater egressus Domino, uel patris abundantia Domini.

Abun, patris lumen, uel pater igneus: seu pater incendens, aut patris apertio.

Abun, iudicium, uel gigas: seu iudicans, aut uulnerans.

Achab, frater patris, uel frater meus pater.

Achaz, frater patris sui, uel fraternitas paternitatis suæ.

Achaim, decenter, uel scorpiones.

Achaia, soror laborans, uel soror quæ, siue soror Domini, aut frater eius Dominus.

Achaicus, frater laborans, uel frater quis: siue frater Domini, aut frater eorum Dominus.

Achaici, fratres laborantes, uel fratres qui: seu fratres Domini, aut frater eorum Dominus.

Achaim, præceptis umbraculi: siue soror laborans, aut frater eorum.

Achai, omnia, uel in omnibus: seu frater conceptus, aut fratris commixtio.

Acham, labor, uel necessitas: seu coluber insidians, aut fraternitas eorum.

Achamoth, frater sapientiæ, uel frater sapientiæ.

Achan, necessitas, uel tribulatio.

Acharan, retinens, uel apprehendens: siue retinens gratiam, aut apprehensio gratiæ.

Achar, mœrens, uel turbator: siue tumulus, aut peruersio.

Acharam, turbans populum, uel peruersio populi: siue peruertens eos, aut turbatio eorum.

Achara, merces gratiæ, uel turba gratificata.

Achara, infernus, uel pauimentum.

Acharia, sterilis, uel ingratus: seu sterilitas, aut ingratitudo.

Acharab, mœrens, uel demolitio.

Acereon in pascuis, uel gregis pascua: seu similitudo, aut erudito tristitia.

Aceramite, in pascuis, uel in pascua gregum: siue similes, aut eruditamenta tristitiarum.

Achas, tenens, aut apprehendens: siue retentio, aut apprehensio.

Achaz, conuertens, uel apprehendens: siue conuersus uisioni, aut apprehendens fortitudinem, id est, resurrectionem Domini.

Achazias, apprehendens Dominum, uel apprehensio Domini: seu conuersus fortitudini Domino, aut apprehendens uisionem Domini.

Achabis, frater lupi, uel frater deuorans: seu tenens lupum, aut apprehendens rapacitatem.

Acfa, claudicans, uel fractura.

Achsaph, claudicans collectio, uel fractura congregationis.

Acsa, humus, uel retentio: siue humilis, aut humilitas.

Aches, idem.

Aceret, dissipans, uel disperdens: siue demoliens, aut interficiens.

Aceresthi, dissipans me, uel disperdens me, siue demolitio mea, aut interfectio mea.

Achela, suscipiens eum, uel susceptio eius.

Acheldemach, ager sanguinis, uel ager sanguinis: Syrum est, non Hebræum.

Acherubim, cognosce, uel intellige: siue sciens multitudinem, aut multitudo scientiæ.

Achi, frater meus, uel fraternitas mea.

Achia, umbraculum, uel præruptio: seu frater Domini, aut fraternitas eius Dominus.

Achiam, frater populi, uel fratris populus: siue umbra-

umbraculum eis, aut præruptio eorum.
Achaz, merces, uel retributio: seu frater Domini, aut fraternitas Domini.
Achie, umbraculum, uel in collibus.
Achila, suscipiens eum, uel susceptio eius.
Achilai, suscipiens est mihi, uel susceptio eius mea.
Achim, flerus, uel plorans: siue frater eius, aut fraternitas eorum.
Achimaas, fratris mei otius, uel fratris mei assumptio.
Achimai, frater meus reductus, uel fratris mei reductio. (modo.
Achiman, frater meus quis, uel frater meus quo-
Achimelech, frater meus rex, uel fratris mei regnum.
Achimoth, frater meus mortuus, uel fratris mei defectio.
Achinaam, fratris decor, uel frater decorus.
Achinoem, fratris decus, uel fraternitas delectabilis.
Achior, fratris mei lumen, uel frater meus montanus: seu fratris mei foramen, aut fratris mei iracundia.
Achis, frater meus, uel quomodo est.
Achis, frater iste, uel stultitia, uel ubi frater meus, aut fraternitas uiri.
Achisamech, fratrem meum corroborans, uel fratris mei firmamentum.
Achisamech, fratrem adiuuans, aut fraternitatis adiutor: seu fraternitatis fultura, aut fraternitatis erectio. (tiis.
Achitob, frater meus bonus, uel fratris mei bo-
Achitophel, frater meus cadens, uel frater meus ruens: siue frater meus tractans, aut frater meus cogitans.
Achitub, [illegible], uel mendacium: seu frater meus deuorans, aut fratris mei hostia.
Accho, hamus, uel usque adhuc, siue humilitas, aut retentio.
Acchor, hamus, uel usque huc: siue retinens eum, aut humilitas eius. (retenti.
Acchoran, hamus, uel usque huc: siue humilitas, aut
Acchor, hamus, uel usque huc: siue humilitas, aut retentio.
Achobor, mures, uel deuastatio.
Achor, turbatio, uel tumultus: seu peruertens, aut peruersio.
Achor, fratris lumen, uel fratris altitudo: seu fratris foramen, aut fratris iracundia.
Achsan, retinens, uel apprehensio: seu retinens, aut apprehendens. (tio.
Achub, [illegible], uel humilitatis [illegible].
Accupha, [illegible], uel humilis [illegible].
Acchas, retinens [illegible], uel humilis [illegible].
Acchur, retinens lumen, uel humilitas ignea.
Achaz, retentio, uel derelicta: seu mendacium, aut stultitia.
Achazib, mentiens ei, uel stultitia eius: seu retinens eum, aut derelicta ei.
Ada, testificatio, uel testimonium. (trata.
Adad, testis, uel patruus: siue præcipuus, aut [illegible]
Adada, testis [illegible], uel usque ad testimonium: siue præcipuus ei, aut patruelis eius.

Addabarim, deuteronomium Græce, secunda legislatio Latine. (ratos.
Adadezer, decorum auxilium, uel præcipuus sepa-
Adadezer, testimonium fortitudinis, uel patruelis sanctificatio: siue fortitudine præcipuus, aut ædificatio sanctificationis.
Adagla, congregatio eos, uel aggregatio eorum.
Adai, robustus, uel sufficientia: siue testimonium, aut fortitudo mea.
Adaia, seruiens Domino, uel testimonium Domini.
Adaia, seruus Domini, uel testificans Dominum.
Adalia, seruus laborans, uel seruus laboriosus.
Adam, homo, aut terrenus: siue indigena, uel terra rubra.
Adama, humus, aut terra: siue terrena, uel desiderabilis.
Adamim, cruores, uel sanguines plurali numero.
Adami, magnificans, uel qui est magnificentia: siue seruiens populo meo, aut testificans populum meum.
Adar, grex, uel populus.
Adar, pallium, uel sublime: siue testis uigilans, aut seruus suscitator.
Adarsa, testificans solem, uel seruus illuminator.
Adasa, nouus, uel nouitas: siue testis factus, aut seruitor plasmationis.
Adassar, seruus fortis, uel testis angustiatus: seu seruiens petræ, aut testificans signum luminis.
Adgam, pater sordidus, uel testis sordidus.
Admatia, seruus donatur, uel testis transconfirmationem.
Adrach, stola, uel decorus: siue indumentum, aut indutio. (moriui.
Adraim, mundans pessimos, uel mundatio pessi-
Adramelech, stola regis, uel decor regni: seu rex indutus, aut regnator decorum.
Adrenaberh, seruus prophetizans, uel testificator prophetiæ.
Ader, rex eius, uel turris gregis: siue testis uigilans, aut seruus consurgens.
Adeta, testis facturæ, uel seruus plasmator: siue seruitus nouitatis, aut ædificatio sanctifica- (tionis.
Adona, seruus domini, uel testificans dominum.
Adrahe, greges Dei, uel oues diuinæ: seu decorata Deum, aut indutio Dei.
Adremelech, stola regis, uel decor regni: siue rex indutus, aut regnator decorus.
Adremmon, testis sublimis, uel seruus excelsus.
Adriezer, stola fortis, uel decor separatus: seu decorum auxilium, aut indumentum sanctificatio- (nis.
Adi, seruus meus, uel testimonium meum.
Adiada, seruiens testib., uel fortitudo testificat [illegible].
Adihel, seruus Dei, uel testificans Deum decoris.
Adin, seruiens causæ, uel testis iudicii.
Adina, seruiens causæ eius, uel testis iudicii eius.
Adino, tenellus, uel delicatus: seu fortis iudex, aut fortis causator.
Adithaim, seruitus duplex, uel testificatio.
Adria, continens mala, uel locus malorum: siue decor facturæ, aut indutio plasmationis.
Adriel, populus Dei, uel oues diuinæ: seu decorata Dei, aut indutio Dei. (cis decus.
Ado, fortis, seu testis, uel seruiens illic, aut fortitu-
Adoar,

Adoan, seruum uigilans, uel seruus suscitator.
Adoch, seruum tenens, uel testificationis apprehensio.
Adollam, congregans eos, uel congregatio eorum: seu testimonium aquae, aut testificatio in aqua.
Adollimin, idem quod Adollam.
Adollamites, congregans eos, uel cõgregatio eorũ: seu testis aquae, aut testificatio in aqua.
Adom, serui cantis, uel fortitudo eorum.
Adomim, rubra, uel ascensus rubeorum. Iste est locus ille cruentus & sanguinarius, quo descendit homo, qui ab Hierusalem descendit in Hiericho, & incidit in latrones.
Adon, seruus moerens, uel testis murmurans siue fortis iniquus, aut fortitudo inutilis.
Adonai, Dominus, uel dominator.
Adonaia, dñs dominus, uel domini dominatio.
Adonias, dominator est Dominus, uel Domini est dominatio.
Adonibezech, Dominus missus, uel Dominus fulgurans, uel Dominus dominator fulgurans, aut Dominus dominatorum cõtemptus.
Adonicham, Dominus callidus, uel dominator calliditatis.
Adoniram, Dominus exaltatus, uel dominator sublimis.
Adonisedech, Dominus pacis, uel dominator iustitiae. (tionis.
Adopiske, libertas, uel gaudium.
Ador, seruitus generationis, uel testificatio generationis.
Aduis, testimonium prius, uel seruitus intermissa.
Adurã, ruina exaltata, uel fluuius excelsus, uel decor excelsi, uel generatio excelsa, uel decor excelsus, aut fluuius generationis.
Aduram, decor excelsi, uel generatio excelsa, seu decor excelsus, aut fluuij exaltatio.
Adrumetum, ualle sublimis, uel uidit sublimiter.
Aegla, uitula, uel iuuencula: siue solemnitas, aut festiuitas eius.
Aegyptus, tenebrae, uel angustiae, siue tribulatio coangustans, aut tribulationis coangustatio.
Aegyptij, tenebrae, uel angustiantes, seu tribulantes coangustantes, aut tribulatores coangustatorum.
Aeglan, iuuencula, uel uacca eorum, seu uacca moerens, aut iuuencula inutilis.
Aelam, uestibulum, uel ante fores: seu postis, aut superliminare.
Aelamite, uestibula, uel ante fores: seu postes, aut superliminaria.
Aelam, apposita, uel obiecta: seu despiciens, aut comparata.
Aelamite, appositi, uel obiecti: seu despicientes, aut comparati.
Aelmodi, tabernae, uel officinae: seu tabernae mortuorum, aut officinae mortuorum. (culus.
Aena, fons, uel hiatus: seu fons eius, aut oculus
Aendor, fons generatis, uel oculus generationis.
Aenos, pauper, uel miser: seu respondens, aut responsio.
Aengannim, fons hortorum, uel oculus circuli.
Aenon, fons eorum, uel oculus eorum.

Aezim, aceruus lapidum, uel aceruatio lapidum.
Agdelalo, pauperum mortalis, uel misericordia dolentium.
Aethan, terra deserta, uel terra inculta, siue terra moerens, aut terra inutilis.
Aetham, ualida, uel antiqua, siue ascendens, aut fortitudo.
Aethi, obstupefaciens, uel pertinens, seu terror patris mei, aut stupefaciens patrem eius.
Aethiopia, tenebrae, uel caligo, siue tenebrans, aut caligans.
Aethiopes, tenebrosi, uel caliginosi, seu tenebrantes, aut caligantes.
Aethon, tabula inferior, uel uestes inferiae.
Aphaim, humus eorum, uel solitudo eorũ: seu liberans eos, aut securitas eorum.
Aphaa, idem.
Aphaim, humus, uel solitudo liberans pauperes, aut securitas gratiae.
Apham, humus meus, uel solitudo meus: seu libertas pauperis mea, aut securitas gratiae meae.
Apher, terra, uel puluis: siue humus, aut fodiens.
Apheri, puluis suscitans, uel humus uigilans: seu liberans uigiles, aut securitas suscitatorum.
Aphem, terra eius, uel puluis eius: siue humus eius, aut fodiens eum.
Aphera, puluis suscitans eum, uel humus uigilans eius: seu liberans uigilantes eius, aut securitas suscitatorum eius.
Aphara, taurus, uel uitulus: seu puluis eius, aut fodiens eum.
Apharam, fodiens humum, uel puluis inutilis.
Apharaim, puluis suscitans eos, uel humus uigilia eorum: seu liberans uigilantes eis, aut securitas suscitatorum eius.
Apheraim, fodiens mare, uel maris effossio.
Apharim, puluis suscitans eos, uel humus uigilia eorum: seu liberans uigilantes eis, aut securitas suscitatorum eius.
Apharsa, terra digna, uel fodiens eleuationem: seu libertas solis, aut libertas dominatoris.
Apharsaci, terra digna, uel fodientes eleuationem: seu liberi solis, aut liberatores dominatorum.
Apharsal, tellus saluans, uel terra saluans: siue puluis suscitans salutem, aut humus uigilans saluationis.
Aphasodis, securitas, uel libertas: seu liberans generum, aut securitas resurrectionis.
Aphaziudicans Dominus, uel iudicium Dñi.
Aphec, continuit, uel continentia: siue coniuncta, aut furor nouus.
Aphec, continens, uel apprehendens: siue continens, aut apprehensio.
Apheca, continebit eum, uel apprehendet eum: siue continentia eius, aut apprehensio eius.
Aphec, furor ultimus, uel uita dissipata: seu uitam dissipans, aut uitae discussio. (lus.
Aphelech, mirabilis, uel admirandus: seu ausus eum, aut excludens.
Apher, humus, uel fodiens: seu puluis, aut una
Aphenezer, separati, uel absque mortuis: seu fodientes obstantes, aut uitali sarcinantes.
Aphes, in finibus, uel in extremis.

Aphes, libere egrediens, uel securitas egressionis.
Aphia, liberalis Dominus, uel liberalitas Dñi.
Aphrica, fertilis, uel augmentata.
Aphricani, fertiles, uel augmentati.
Aphsia, colligentes esse, uel congregatio [illegible] sione: seu liber egressus, aut secura egressio.
Aphith, securus, uel liber: seu securitas, aut libertas.
Aphon, [illegible] iniqui, uel uolatus murmuris: seu libere murmurans, uel securitas mortis.
Aphonitæ, uolantes iniqui, uel uolantes murmurantes: seu securi moriturie, aut libere murmurantes.
Aphus, uolans consilio, uel uolans consilii: seu libere consulens, aut securus festinator.
Aphuth, eius indumentum, uel eius declinatio.
Aphutæi, eius indumenta, uel eius declinationes.
Aga, loquens, uel meditans: seu meditatio, aut loquela.
Agaba, festiuus pater, uel solennitas patris.
Agabus, nuncius tribulans, uel tribulationis annunciatio.
Agag, [illegible], uel tectum: seu festiuæ solennis, aut festiua solennitas.
Agagitæ, [illegible], uel tecta: siue solennes festiue, aut festiue solenniter.
Agai, quæstio, aut festiuitas: seu loquens mihi, aut meditatio mea.
Agia, [illegible], uel [illegible]: seu solennis, aut festiuitas eius.
Agar, aduena, uel conuertens: seu festiuus [illegible] tans, aut solennitas uigiliæ.
Agareni, aduenæ, uel conuersi: seu festa [illegible] tes, aut solennitates uigilantium.
Agarai, aduena [illegible], uel conuersio [illegible] toris: siue festiuus magister meus, aut solennitas magistri mei.
Age, quæstio, uel solennis: seu meditatio, aut loquela.
Agebo, solennis pater, uel festiuitas patris.
Agdagad, [illegible] prudentis, uel solenne testimonium accinctionis.
Agalon, solennis candor, uel annuncia iniquitatem meam.
Aggeus, festiuus, uel solennitas dei quærens consilium, aut [illegible] festinator.
Agi, quæstio, uel solennitas: seu [illegible] me, aut festiuitas mea.
Agia, quærens Dominum, uel solennitas Domini.
Agilemon, fons sublimis, uel fons excelsus: seu fons congregans, aut fons maiorum granatorum.
Agrippa, congregans subito, uel congregatio subita.
Agrith, aduena, uel incola: siue aduena mea, uel incola mea.
Agithæ, festiue, uel solennes: siue loquentes, aut meditantes.
Ahab, frater patris, uel fraternitas paternitatis.
Aharon, campi, uel aulones: seu ualles grandes, aut ualles campestres.
Ahalath, mons diuidens, uel mons [illegible], id est, limpidus, siue lubricus.
Ahamon, sapientia, uel sapientissimus.
Ahara, fratris odor, uel frater odoris.
Ahareth, post excelsum, uel [illegible] excelsi dei. Ipse est Obab cognatus Moysi & Iethro.
Ahares, [illegible] uel [illegible]: seu securus, aut [illegible].
Aham, paruus, uel paruula: seu fortis, aut apprehendens.
Ahazias, paruus Dominus, uel paruula dño: siue apprehendens Dñm, aut fortitudo Dñi.
Ahebreti, [illegible] Hebræorum, uel transitiuum: seu transitus, aut transitores eorundem.
Ahel, umbraculum, uel infecunditas.
Ahel, declinans, uel declinatio.
Ahelam, uoluntas, uel consilium, uel uoluntatis, aut consilio eorum.
Ahiuiui, uel uiuit: seu uita uallium, aut quæstio uitæ.
Ahia, quærens eum, uel uallis eius: seu uita uallium eius, aut quæstio uitæ eius.
Ahialam, eorum, uel [illegible] lapidis [illegible] uallis fermentum, aut quæstio malitiæ.
Ahialon, admiratio, uel admiratio: seu uita [illegible] rens, aut uallis [illegible].
Ahiam, uita plasmata, uel uita [illegible]: seu frater [illegible], aut frater plasmatio.
Ahidad, aluerte gloria, uel uita gloriæ: seu frater meus gloriæ, aut [illegible] gloria.
Ahie, [illegible] uel [illegible]: seu frater obumbrans, aut fratris obumbraculum.
Ahiel, uiuens Deus, uel uiuens Domini: seu uita uallium Dei, aut quæstio uitæ diuinæ.
Ahiere, uallis amica, uel uita amica: seu frater meus amicus, uel fratris mei amicitia.
Ahie[illegible], frater meus fortis, uel fratris mei [illegible]: seu uita uallis separatarum, aut quæstio uitæ sanctificationis.
Ahilam, dolens, uel parturiens: seu aute forte, uel aute uestibulum.
Ahiluth, frater uincens, uel frater ligans: seu uallis declinans, aut [illegible] uocatio.
Ahilud, uallis inclyta, uel quæstio nobilis: seu frater inclytus, aut fraternitatis nobilitas.
Ahiman, [illegible] qualis, uel quæstio quæ: seu frater quis, aut fraternitas quomodo.
Ahimelech, uita regum, uel uallis regis: seu frater meus rex, aut fratris mei regnum.
Ahini [illegible], uel [illegible].
Ahinadab, frater sponte, uel frater spontaneus: seu uita uallium spontanearum, aut quæstio uitæ spontaneæ.
Ahin, frater mœrens, aut frater [illegible]: seu [illegible] uallis [illegible], aut quæstio uitæ [illegible].
Ahiram, uallis excelsa, uel uita exaltata: seu frater meus sublimis, aut fratris mei exaltatio.
Ahiran, [illegible] aut sculpens.
Ahiroth, sculptum, uel scalptum.
Ahisamech, fratris mei sculptura, uel fratris mei erectio: seu frater meus [illegible], aut fratrem meum roborans.
Ahisar, frater meus princeps, uel fratris mei [illegible]: seu uita uallium principis, aut quæstio uitæ angustiantis.
Ahitob, frater meus bonus, uel fratris mei bonitas: seu uita uallium delectantium, aut quæstio uitæ desertæ.

Ahui,

Abel, spina uel compunctio.
Abener, spinosi uel compungentes.
Abolben, spina sapientiae, uel compunctio intelligentiae.
Abolman, perturbans, uel perturbator, seu spinosus quis, aut spina quomodo.
Aminnauth, uel iniquitas.
Acul, uultur uel deuorator.
Acaz, uultur eius, uel deuorans eum.
Acath, uultur uel condemnatio, seu uultur declinans, aut deuoratio peccatorum.
Acham, frater meus surgens, uel fratris mei resurrectio, seu uultur callidus, aut deuorator calliditatis.
Ahiel, uultur Dei, uel deuorator Dei.
Ahin, dolens uel parturiens, seu uultur uelitus, aut deuorator declinans.
Ahion, uallis admirans, siue ubi erant uiri, aut ubi ursi sunt.
Aillud, uultur uicinans uallis, uel deuorator quiaquam declinauit.
Ailat, ubi erant ursi, uel ubi ursi sunt.
Aim, inutilis aut idolum.
Aiman, idolum graue, uel inutilis donatio, seu uultur quis, aut deuorator quomodo.
Ain, fons uel oculus.
Aion, uultur decorus, uel deuoratio pulchritudinis.
Ainagallim, oculus uituli, uel fons uitulorum, siue oculus reuelatus, aut fons transmigrationis.
Ainon, uultur mouens, uel uultur iniquus, seu deuorans murmur, aut deuorator iniquitas.
Air, ciuitas, uel oppidum.
Airsames, ciuitas solis, uel oppidum illuminans.
Akmoth, defectio, uel adiectio mortis.
Ahib, condemnatio uel condemnans.
Aiud, uultur inclytus uel deuorans gloriosum.
Al, commixtio, uel conscendens, siue infirmus aut infirmitas.
Alab, uastitas uel dulcedo.
Alach, lubricum, uel pars mea.
Alacamalam, fermentum diuidens deorsum, uel commixtum diuidens principes.
Alal, laxitas, uel latitudo, siue leuitas, aut latitudo.
Alala, laxitas eius, uel latitudo eius, siue leuitas eius, aut latitudo eius.
Alam, infirmitas eius, uel commixtio eorum.
Alemat, despiciens uirum, uel contemnens indignationem.
Alamo, despectio uel desuper multitudinem, siue infirmitas dolori, aut commixtio eis iniquitatis.
Alas, commixtio, uel fermentum.
Alslam, triplicem uel confirmans eum, seu commixtum populum, aut fermentatio populi.
Altabon, patrium dolor, uel patri meus sub intelligens.
Alemecas, fermentum uani consilii, uel commixtum calliditatis festinationem.
Alsmenc, uel commiscens, siue infirmus, aut infirmitas.
Alephs, mille uel doctrina sensationum.
Alepium, signa uel sponsus, seu doctrina mundi, aut mille tenebrarum.

Alel, laus uel laudatio.
Alleluia, laudate Dominum uel laudatio Domini.
Alexander, allegans tenebras, uel subleuans angustias tenebrarum.
Alexandria, idem.
Alexandrini, tenebras assumentes, uel tenebrarum angustias auferentes.
Alphala, sanguis uel aquae sitiens.
Alphicas, doctor uel documentum, siue signatus, aut multiplicatio.
Allam, contemnens donum, uel despectio gratiae.
Alsan, electus uel uectis.
Alima, uel suspensus uel super humeros.
Almath, oter uel indignatio.
Almath, contemnendo, uel despiciendo donatio.
Almon, contemptus uel despiciens.
Almondeblathaim, contemptus palatharum, uel despectus opprobria.
Almoth, oter uel indignatio.
Aloes, laus facta, uel laudatio plenitudinis.
Alon, laus doloris, uel laus mortis, siue laudator iniquitatis, aut laudator inutilis.
Alua, despiciens, uel contemnens, siue contemptus aut despectio.
Alua, contemnens eos, uel despiciens eos, seu contemptus eis, aut despectio eorum.
Aluan, contemptus uel despectus.
Alus, fermentum, aut commixtio, seu contemnens consilium, aut despectus festinationis.
Am, gens uel populus.
Amagma mea, uel populus meus.
Aman, gens eius, uel populus eius, seu populi lectio, aut populi restitutio.
Amad, populi lectio, uel populi restitutio.
Amadipopulus adhuc, uel populus sanctus, siue populus testis, aut populi testimonium.
Amadathi, populus testimonii peccato, uel populus testificans tempore.
Amador, populus aetas generans, uel populus sanctitas generationis.
Amalgma commixto, uel populus consciendens, siue populus infirmus, aut populi despectio.
Amalsa, dicit principia, uel dictum principia, siue gens commixta carceri, uel populus despectus carceratus.
Amalech, gens bruta, uel populus lambens.
Amalechitae, gentes brutae, uel populi lambentes.
Aman, iniquus, uel conturbans, seu comprimens, aut conturbatio mea.
Amana, iniquus ei, uel conturbans eum, seu comprimens eum, aut conturbatio eius.
Amanim, iniqui, uel conturbantes, seu comprimentes eos, aut conturbatio eorum.
Amā, populi donatio, uel populi gratificatio.
Amsoia, populi donati, uel populi gratificationes.
Amasa, iustitia uel mensura, seu populus quis, aut gens quomodo.
Amasai, iustitia uel mensurati, seu gentes quae, aut populi quomodo.
Amasiamcuba, iustitia uel mensura erectionis, siue populus donatus, aut populus gratificatione confirmatus.

Amataphal, dicto cadens, uel dixit ut caderet, seu populus coram Deo, aut populus medicamentum Dei.

Amaram, [illegible], uel [illegible], sordidus, siue populus [illegible] tritico, aut populus coaceruatio.

Amasia, dicens Dominus uel uerbum Domini, seu gens sustentans Dominum, aut populus uigilans Domino.

Amasia, dicentes Domino, uel uerba Domini, seu populi Domini sustentantes, aut populi Domino uigilantes.

Amas, furor uel indignatio, seu populum tollens, aut populus plasmationis.

Amasai, furor eius, uel indignatio ei, seu sustollens gentem, aut populus eius plasmatio.

Amasai, furor eius meus, uel indignatio eius mihi, seu gentem sustollens mihi, aut populi plasmatio mea.

Amasi, furor meus, uel indignatio mea, siue populum tollens mihi, aut plasmatio populi mea.

Amasia, indignans Dominus, uel furor Domini, seu gentem sustollens Dominus, aut populi plasmator Dominus.

Amath, [illegible] uel indignatio, siue populus [illegible], aut populus [illegible].

Amathi, ueritas eius, uel indignatio bilis eius, siue populus declinans eum, aut populus peccans ei.

Amatheus, populus peccans, uel indignator [illegible].

Amathi, ueritas mea, uel indignatio bilis meæ, seu populus peccans mihi, aut populus declinans. Iste Amathi est Ionas propheta, sic appellatus uiduæ filius, quem resuscitauit Helias, matre postea dicente ad eum: Nunc in isto cognoui, quia uir Dei es tu, & uerbum Dei uerum est in ore tuo.

Amathia, ueritas mea Domino, uel fidelitas mea Domini, siue populus peccans Domino, aut populus declinans Dominum.

Amathim, ueritas, uel indignatio bilis eorum, siue populus peccans eis, aut populus declinans eos.

Amathitis, ueritas uiri, uel indignatio bilis assumptæ, seu populus peccans uiro, uel populus declinans assumptionem.

Amadan, concupiscibilis, uel concupiscens, siue populus iudicans eos, aut populus iudex eorum.

Amal, populi [illegible], uel populi [illegible].

Amaus, populus abiectus, uel populi abiectio.

Amen, uere uel ueritas, seu fiat, aut fideliter.

Amesa, populum tollens, uel populi ablatio.

Amesia, populum leuans Dominus, uel populi sublevatio.

Amesech, populus timens, uel populus prolongatus, seu populi gemens, aut populi resurrectio.

Amethu, luctus uel indignatio, siue populi donum, aut populi perfectio.

Amethé, populus [illegible], uel populi fortitudo.

Amethi, luctus meus, uel indignatio mea, siue populus meus, aut populus [illegible].

Amphilochi, populus contuens, uel populus ore contuens.

Ameis, populus Domini, uel populi dogmatio.

Amiel, populus meus dei, uel populi mei Deus.

Amin, gens mea, uel populus meus.

Aminadab, populus meus spontè, uel populus meus spontaneus, siue populi mei uota, aut populus meus uoluntarius.

Amimel, populus meus inclytus, uel populus meus gloriosus.

Amisaddai, populus meus sufficiens, uel populi mei sufficientia.

Amiual, calefactus eos, uel calefactio eorum, siue populus meus [illegible], aut populi mei [illegible].

Amiuth, populus meus inclytus, uel populi mei gloriatio.

Amizadab, populi mei fluens torris, uel populo meo torris fluido.

Amnes, robustus, uel fortis, siue populus fugitiuus, aut populi [illegible].

Amob, parcens uel sustinens, siue populus dissectus, aut populi amplexatio.

Amoch, populus [illegible], uel populi apprehensio.

Amocham, siue [illegible], uel [illegible].

Amon, [illegible] uel [illegible], siue nutriens, aut fidelis.

Amon, populus [illegible], uel populus murmurans, siue populus [illegible], aut populus [illegible].

Amon, populus parcis, uel populus mœroris, siue filius generis mei, aut filius populi mei.

Ammon, populus parcis ei, uel populus mœroris eius, siue filius generis eius, aut filius populi eius.

Ammoni, populus parcens mihi, uel populus mœroris mei, siue filius generis mei, aut filius populi mei.

Ammonitæ, populi parcentes mihi, uel populus dolorum meorum, seu filii generis mei, aut filii populorum meorum.

Ammora, loquens uel amaricans, siue populi [illegible], aut populi illuminatio.

Ammorei, amari uel loquentes, siue populi [illegible], aut populi illuminati.

Amos, fortis uel potens, siue onerosus, aut uir robustus.

Amos, onerauit, uel fortitudo, seu populi, aut populi diuulsio.

Amosia, fortis ei, uel potens ei, siue onerans eum, aut fortitudo eius.

Amosi, uir robustus ei, uel onerauit eum, seu populi [illegible] populi eius.

Amoth, calefactio uel calefaciens.

Amothem, calefactio generationis, uel calefaciens generationem.

Amplias, populi [illegible], uel populus [illegible], siue populus ore concedens.

Amraphel, dicto cadens, uel dixit ut caderet, siue populus coram Deo, aut populi medicamentum Dei.

Amri, populus excelsus, uel populi celsitudo, siue populus exaltatus, aut populi exaltatio.

Amramita, populi excelsi, uel populi exaltati.

Amri, amarus, uel lacessens, siue populus magister, aut populi magisterium.

Amri,

Amiū, populus indignus, uel populi [illegible].

Amihur, populus patris, uel populus [illegible], siue populus explorator [illegible], aut populus explorator ascensionis.

Amihel, populus cælestis Dei, uel populus cum quo est Deus.

Amul, populus dolens, uel populus parturiens.

Amula, populus dolens ei, uel populus parturientium.

Amulip, populi delectus, uel populi parturientes.

Amulas, cælestis [illegible], uel cælestis [illegible], siue populus irritatus, aut populi irritatio.

Ana, donans, uel gratificator, siue donum aut gratificatio.

Anna, gratia, uel respondens, siue donans aut donatio.

Anab, uua uel humilitas, siue donum patris, aut grata paternitas.

Anaba, uua eius, uel humilitas eius, siue donum patris eius, aut grata paternitas eius.

Anacham, humilis, uel exurgens, seu donum calidum, aut gratificata caliditas.

Anaceb, cognominatum, uel cognominatio.

Anachim, [illegible] humilis [illegible], siue monile collo sublimius, aut humilitas [illegible].

Anaq, aliquid commotum, uel aliquid commotio.

Anaphalim, cadentes uel uiolenti, siue gigantes, aut grauium declinantes.

Anathe, [illegible] commotus est ipsi, uel [illegible] est commotio [illegible], siue donatur [illegible], aut gratificatus suscepit.

Anam, nubes uel obumbratio, siue donum populi, aut gratificatio eorum.

Anamaloch, donum regis, uel responsio regis, siue donans regnantem, aut gratificatio regis.

Anamin, respondentes aquæ, uel gratificationes aquarum.

Anan, donum gratiæ, uel donata gratificatio.

Ananel, gratias Deo, uel responsio dei, siue cui donauit Deus, aut qui est donatus Deo.

Ananeth, dono [illegible], uel gratia [illegible].

Anani, respondens mihi, uel gratificatio mea.

Anania, donum gratiæ Domini, uel donans gratificatio Domino.

Ananim, respondentes aquæ, uel donationes aquarum.

Anas, donans uel donatus, seu gratiam tollens, aut respondens.

Anath, gratia uel respondens, seu gratiæ peccatis, aut responsio temporis.

Anatha, respondens ei, uel gratificans eum, seu gratiæ peccati eius, aut responsio temporis eius.

Anathim, humilitas uana, uel responsio uana, seu monile colli, aut humiles consurgentes.

Anathoi, responsio, uel obedientia, aut respondens signo, aut gratiæ [illegible] designantis.

Anathotia, responsio Domini, uel obediens Domino, siue respondens signo Domini, aut gratificans designantem Dominum.

Anathothia, respondentes, uel obedientes, siue respondentes signo, aut gratificantes designatorem.

Andreas, respondens pabulo, uel decorus in statione, siue decus: aut secundum Græcam etymologiam, à uiro, id est, uir, hoc est, [illegible].

Andronicus, respondens pabulo, aut decorus ad standum, siue [illegible] aut [illegible], aut responsio [illegible].

Anethgaba, [illegible], siue [illegible] humilians, siue felicitans ualles, aut humilians colles.

Anegeb, auster uel meridies, siue australis, aut meridianus.

Anei, nunquid commotus est mihi, uel nunquid commotio mea.

Aneiab, donum Dei patris, uel gratificans Deum patrem.

Anem, circuli uel coronæ, seu precinctus, aut præcinctior.

Anemi, donum meum, uel gratificatio mea.

Aner, lumen uel illuminatio, seu dono uigilis, aut gratificans uel consurgens.

Ange, donum præceptum, uel gratificatio pectoris.

Aned, gratia uel responsio, siue respondens testibus, aut gratificatio seruitutis.

Ani, pauper uel egenus, siue donum meum, aut gratificatio mea.

Ania, donum Dei, uel gratificans Dominum.

Aniam, donum populi, uel gratia eorum.

Aniel, donatus Deo, uel gratificans Deum, siue gratificans eos, uel paupertas eorum.

Ano, donans eis, uel gratificans eos, siue [illegible] communicans liber eorum.

Anob, donum seruiens, uel gratificatio seruitus.

Anon, donator [illegible], uel gratia [illegible], siue gratificatio [illegible], aut gratificationi [illegible].

Antiphas, donans [illegible], uel donans [illegible].

Antiochus, pauper silens, uel paupertas silentii.

Antiochia, paupertas silens, uel paupertas silentium.

Antiochena, paupertas silentia, uel paupertate silentia.

Antipatrides, laudem, uel donans laudatio.

Antipatrides, donum laudatis, uel donans laudationem.

Anula, dolens uel parturiens.

Anus, donum uitæ, uel gratificatio sempiterna.

Aoren, uidens uel cubiculum.

Aod, inclytus, uel gloriosus.

Aoh, spina, uel compunctio.

Aohua, spina uel compungentes.

Aohiaben, spina sapientiæ, uel compunctio intelligentiæ.

Aohiman, perturbatio uel perturbatio, seu pungens quæ, aut pungens quomodo.

Aoch, nobilis uel gloriosus.

Appaim, humus eorum, uel nares eorum.

Apparam, liber [illegible], uel continens [illegible].

Appeiana, libertas populi Domini, uel continens populum Domini.

Appelles, congregans eos, uel congregatio eorum.

Appia, libera uel libertas, siue continens, aut continentia.

Appiforum, libera uel [illegible] libertas.

Apollo, mirabilis, aut admirandus.

Apollophanes, mirabiles facie, uel admirabilis contemplatio.

Apolonia, disciplina uel synagoga eorum.
Apolonius, miraculum uel admirabilis.
Apollos, congregans eos, uel congregatio eorum.
Apostolus, missus uel legatus.
Apsi, liber egrediens, uel continens egressionem.
Apsiba, continens rectitudinem, uel libertas conuersationis.
Aquila, dolens uel parturiens, seu dolor aut partus.
Ar, suscitatio uel uigilia.
Ara, electus uel electio, seu uigilans ei, aut suscitans eum.
Arab, insidia, uel calliditas, seu uigilans patri, aut suscitans patrem.
Araba, insidiæ eius, uel calliditas eius, siue suscitans patrem, aut uigilia patris eius.
Araba, multa uel uesper, siue occidens, aut inhabitabilis.
Arabath, deserta tempore, uel planities peccatorum, siue suscitans patrem peccati, aut uigilans patri declinanti.
Arabathitæ, deserti tempore, uel planicies peccatorum, siue suscitantes patrem peccantium, aut uigilantes patri declinanti.
Arabes, humiles uel occidentales, siue callidi, aut insidiatores.
Arabathane, humile robur, uel deserta fortitudo, siue suscitans patrem robustum, aut uigilans patri fortitudinis.
Arabia, callida, uel insidiatrix, siue humilis, aut occidentalis.
Araboth, plana uel humilis, siue campestris aut æqualis.
Arach, longitudo uel longanimitas, siue suscitans fratrem, aut uigilia fratris.
Aracheus, longitudo consistens, uel longanimitas, siue festinans, aut uigilans fratri consistenti, aut suscitans fratrem festinantem.
Arachi, longitudo mea, uel longanimitas mea, seu fratri meo uigilans, aut suscitans fratrem mei.
Arachites, longus uel longanimitas, seu uigilans fratri conuerso, aut suscitans fratrem captiuum.
Arad, descendit, uel descensio, siue suscitaui descendentes, aut suscitaui descensionem.
Arad, descendens uel descensio, siue suscitans seruum, aut uigilans testimonio.
Arada, miraculum, uel admiratio, siue obstupuit, aut admiratus est.
Arada, descendens ei, uel descensio eius, seu uigilans seruienti, aut suscitans testimonium.
Aradi, deponentes uel depositiones, siue uigilias seruituti meæ, aut suscitans testimonium meum.
Aradius, deponens consilium, uel descendens festinanter, seu uigilans seruitori festinanti, aut festinans testificationem consilii.
Aradius, admirans uel obstupescens, seu uindemiatorem meum sufficiens, aut uindemiatoris mei sufficientia.
Arado, miraculum, uel depositio, seu suscitans seruum, aut uigilia testificationis.
Araphu, suscitans terram, uel uigilans et sudinis.
Araphaim, suscitatores terræ, uel uigilantes sudientes.

Arahath, negociator, uel negociatio, seu uigilans eius, aut suscitans patientem.
Araia, eligens Dominum, uel electio Domini, seu uigilans Domino, aut suscitatio domini.
Aral, suscitans infirmum, uel uigilans tenuem & desperationis, siue suscitans contemnentem, aut uigilia desperationis.
Aram, suscitans excelsum, uel uigilia exaltationis.
Aram, res cum arca, uel res cum capsa, siue iracunda, aut indignatio.
Aram, excelsus uel iracundus, seu decor aut electio eorum.
Arama, suscitans gentem, uel uigilia populi eius.
Arama, excelsa uel iracunda, seu decorans eum, aut delectio eius.
Aramachi, despiciens, aut delectio eius, seu decore pauidus, aut excelse consummans.
Aramelech, suscitans gentem regis, uel uigilia populi regis.
Aramelech, excelsum regnum, uel erectus rex, seu decor regni, aut iracundia regis.
Aramea, res cum arca, uel res cum capsa, siue suscitans excelsum, aut uigilans exaltationi.
Aran, aceruus tritici, uel lux frumenti, seu suscitans donum, aut uigilans gratiæ.
Arann, lux frumenti, uel aceruus iustitiæ, seu suscitans doni iniquitatis, aut uigilans gratiæ iniustitiæ.
Ararach, mons uulsus, uel mons uellicatus, seu suscitans consurrectionem descendentem, aut uigilans testimonio descendenti.
Arari, mons uel sublimitas, seu uigilans uigilantem eos, aut suscitans suscitantem me.
Araritæ, montani uel sublimes, seu uigilantes uigiliis meis, aut suscitatores suscitatoris mei.
Aras, elatio uel superbia, siue suscitans sustollentem, aut uigilans plasmationi.
Arasith, artifex uel artificium.
Arath, testimonium descendens, uel consurrectio descensionis, siue suscitans peccatum, aut uigilans temporaliter.
Arbath, bruchus uel locusta, seu bruchus peccati, aut locusta temporalis.
Arbathim, locustæ uel bruchi, siue bruchi peccantes, aut locustæ temporales.
Arbathis, locusta uiri, uel bruchus assumptus, siue hamus pauidus, aut humilitas superioris.
Arbee, quater uel quatuor.
Arbella, suscitans uetustatem sorti, uel uigilia, siue assumptione.
Arbi, locusta uel bruchus, siue hamus meus, aut humilitas eius.
Arbo, hamus uel usque huc, siue humilis, aut humilitas mea.
Arboth, humilis uel campestris, siue hamus retentus, aut hami retentio.
Arbona, locusta impia, uel bruchus inutilis, siue humilitas mœrentis, aut retentio doloris eius.
Archab, insidiæ uel insidians.
Archat, insidiator festinus, uel insidiæ testimonio.
Archelaus, agnoscens leo, uel agnitio leonis.
Archisinaroth, mors coronæ, uel longitudo circuli.
Archippus, insidiæ oris, uel longitudo operis, siue

siue insidiæ distantes, aut insidiarum distantia.
Ardon, suscitatio iudicii, uel uigilia iudicii [illegible].
Arec, eligens eum, uel electio eius: siue suscitans defendentem, aut uigilia defensionis.
Arba, plana uel campestris, seu deserta, uel inhabitabilis.
Archia, humilis Domino, uel residuo Domini.
Archea, insidians uel insidiatio.
Arepna, humilis pulcher, uel insidians pulchritudo.
Arech, longitudo, uel longanimitas.
Arechon, longanimitas mœrens, uel longitudo iniqua, siue admiratio possibilitatis aut de [illegible] negociationis.
Ared, descendens uel descensio: siue ascensus montium, aut ascensus filiorum.
Areph, suscitator meus, uel uigilia dissolutionis.
Areli, declinans me, uel declinatio mea: siue suscitans Deum meum, aut uigilia Dei mei.
Arelitæ, declinati mihi, uel declinationes meæ: siue suscitatores Deum meum, aut uigilantes Deo meo.
Aren, aceruus lapidum, uel lapides aceruati.
Aren, filius meus, uel filiatio mea: siue suscitans [illegible], aut uigiliæ oculi.
Ares, electus uel electio, siue suscitans fictorem, uel uigilia plasmationis.
Areth, stupor, uel descensio: siue suscitans pauorem ei, aut uigilia [illegible].
Arruna, area, uel repositio.
Arphasa, suscitans transitum, uel uigilia transgressionis.
Arphasæi, suscitatores transeuntium, uel uigilantes transgressionum.
Arphac, sanitas uel salutis, siue sanitas uel salus.
Arphaxad, sanans uel sanatio depopulationis.
Arga, mensura, uel mensurator.
Argob, maledicens excelsum, uel maledicta sublimitas.
Aridai, suscitans dilectum meum, uel uigilia amabilis mei.
Aridatha, leo donans, uel leonis donum suscipiens.
Ariel, leo Deus, uel leo Dei.
Arieli, leo Deus meus, uel leo Dei mei.
Ariphogitha, germinis [illegible], uel suscitatio [illegible] bucellæ.
Aris, aceruus lapidum, uel lapides aceruati.
Arimathæa, altitudo eius, uel ipse exaltatus est.
Arimathia, suscitans donum Domini, uel uigilia donationis Domini.
Arioch, ebrietas, uel ad iudicium dirigens.
Ariopagita, primitiuæ solennis, uel primitiua solennitas.
Ariopagus, primitiua solennitas, uel primitiuæ solennitatis: sed hoc uiolentum est, cum Atheniensis curiæ nomen sit, quæ à Marte nomen accepit.
Arisai, leo tentans, uel leonis tentatio.
Aristarchus, suscitans coronam, uel mons satietatis superflua.
Aristobolus, suscitans dolorem, uel suscitatio germinis.
Arma, sublimis, uel consurgens, siue sublimitas, aut consurrectio.
Armageddon, mons est insurrectionis, uel mons globosus, siue consurrectio tecti, aut consurrectio in propinquo.
Armathaim, sublimitas eorum, uel altitudo eorum, siue sublimes duo, aut consurgentes bini.
Armenia, mons uelox, uel mons uelocitatis, seu montis [illegible], aut montis ædificatio.
Armenii, montes uelocitatis, uel montes ædificantes, seu montium [illegible], aut montium ædificationes.
Armoni, anathema memoriæ, uel imago [illegible].
Armon, domus uel cellarium, siue illuminatio, aut anathema.
Armoni, anathema memoriæ meæ, uel imago similitudinis meæ.
Armoni, domus mea, uel cellarium meum, siue illuminatio mea, aut anathema meum.
Arnaphar, uigilia commutationis, uel suscitatio [illegible] uersionis.
Arnan, uigilia doni, uel suscitatio gratiæ, seu arca memoriæ, aut maledictio eorum.
Arnon, arca mœroris, uel maledictio, siue lumen eorum, aut maledictio eorum.
Arod, maledictio sufficiens, aut maledicta sufficienter.
Arodi, maledictio sufficienter, uel maledictio sufficiens mihi.
Arodites, maledictus sufficienter, uel maledictionum sufficientia.
Aroer, uindemiator sufficiens, uel uindemia sufficientia.
Aroer, suffossio uigiliæ, uel stupefactio uigiliæ.
Aroer, myrica, uel exurgens, siue sublevans, aut suffossio.
Aroeritæ, custodiones uigilum, uel suffossiones uigilantum.
Aroeritæ, myricæ, uel subleuantes, siue suffodientes exurgentem.
Arom, nequam uel uersipellis.
Aromath, nequam ipsius, uel uersipellis peccator.
Aron, mons uel sublimitas.
Aronites, sublimis uel montanus.
Arofeth, aequa semen, uel longa positio, seu uigilans germen, aut suscitatio resurrectionis.
Arsa, sol eius, uel illuminatio.
Arsaces, solis duritia, uel illuminatio contritiua.
Arsenam, illuminatio [illegible], uel silentium circumcisionis, seu suscitans nomen Domini, aut uigilans auditione diuina.
Arti, mors, uel immorans.
Artheba, mors patris, uel mortua patrem.
Artaxerxes, lumen silentio tentans, uel lumine silentio tentatus.
Arthemis, [illegible], uel [illegible].
Arthemas id est, Diana consurgens, uel anathema [illegible] suscitans agrorationes, aut agrotationum suscitatio.
Arubeth, [illegible] circumdedit me, uel circumrosio mea.
Arum, aceruus telis, uel leuis frumenti.
Aruna, illuminans, uel illuminatio.
Arus, suscitans ignem, uel uigilia luminis.
Arus finalis, uel area, seu uigiliarum [illegible], aut suscitans festinationem.

Asa

Asa, tollens, uel factura, siue sustollens, aut plasmatio.

Asabi, eius captiuitas, uel eius conuersio, siue sustollens patrem, aut plasmatio patris.

Asabias, colligens Dominum, uel congregatus Domino, siue sustollens patrem Dominum, aut plasmatio patris Domini.

Asach, factura præcupta, uel plasmatio eius tabernaculum, siue sustollens fratrem, aut tollens fraternitatem.

Asadias, factura [illegible] Dominum, uel sustollens [illegible] Domini.

Asael, sustollens Deum, aut plasmatio Dei.

Asaph, colligens uel congregans, siue collectio, aut congregatio.

Asaia, facit Dominus, uel faciente Domino, siue sustollens Dominum, aut plasmatio Dñi.

Asaias, idem.

Asam, delictum, uel sumus, siue sustollens populum, aut plasmatio eorum.

Asama, delictum eius, uel fumigans eum, siue sustollens populum eius, aut plasmatio eorum.

Asan, tollens donum, uel plasmatio gratiæ.

Asana, tollens donum eius, uel plasmatio gratiæ eius.

Asar, carcer uel carceratus, seu factura [illegible] [illegible], aut sustollens uigilantes.

Asaradam, uinctus uel examinans, siue sustollens uigiles iudices, aut plasmationem suscitans iudicio.

Asarel, carcer Dei, uel carceratus Deo, seu factura suscitata Dei, aut sustollens uigiles Dei.

Asareth, factura suscitans maledictum, uel plasmatio tollens uigilans maledictionis.

Asarontamar, beatitudo palmæ, uel beatitudo commutationis, siue atrium amaritudinis, aut uestibulum commutationis.

Asarsuabim, diuites uulpium, uel atrium uulpium, seu factura suscitans salutem, aut plasmatio uigilans saluationis.

Asarsusim, diuites [illegible], uel beati [illegible], seu factura suscitans equum, aut plasmatio uigilans euersionis.

Asasonthamar, [illegible] amarum, uel silentium commutatum, seu factura faciens iniquitatem commutationis, aut plasmatio tollens dolorem amaritudinis.

Asar, [illegible], uel [illegible] [illegible], seu factura [illegible], aut plasmationis [illegible].

Asaradon, [illegible] uel [illegible], seu factura [illegible] iniquos, aut plasmatio uigilans testimonio [illegible].

Asarel, beatus Deus, uel beatitudo Dei, seu factura uigilans Deo, aut plasmatio suscitans Deum.

Asaramel, sustollens excelsum Deum, uel plasmatio excelsi Dei.

Asbael plasmans [illegible], uel tollens [illegible].

Asbel, [illegible] Dei, uel [illegible] [illegible].

Asbethel, [illegible] Dei, uel factura [illegible].

Ascalon, appensa uel impensa, siue ignis infamis, aut ignis ignobilis.

Ascalonite, appensi uel impensi, siue ignes infames, aut ignes ignobiles.

Ascenez, tollens possessorem, [illegible], uel sustollens contemptibilem possessorem.

Ascenez, ignis aspersio, uel ignis aspersus.

Ascod, [illegible] uel [illegible], siue incendens, aut incendium.

Asa, tollens uel factura, siue sustollens, aut plasmatio.

Asban, sustollens semper excelsum, uel plasmatio semper excelsi.

Asebias, sustollens Dominum, uel plasmatio Domini.

Asebon, factura [illegible], uel plasmatio [illegible].

Asebonias, tollens [illegible] Domini, uel factura in medio dominationis.

Asech, factura præcupta, uel plasmatio eius tabernaculum, siue sustollens fratrem, aut tollens fraternitatem.

Asedeh, [illegible] uel [illegible], siue ariditas aut factura ariditatis.

Asedim, [illegible] eorum, uel suburbana eorum.

Asedemoth, [illegible] uel suburbana.

Asedoch phasga, [illegible], uel os [illegible], siue tollens abscissum, aut plasmatio donatio.

Asedoch, factura [illegible], uel plasmatio [illegible].

Asedoch phasga, donatio factura [illegible], uel factura [illegible] abscissionis.

Aseph, atrium uel uestibulum, seu colligens aut congregatio.

Asema, sustollens eos, uel plasmator eorum.

Asemona, [illegible], uel os eius ab [illegible] ab ore.

Asem, sustollens fontem, uel plasmatio oculi.

Asena, ignis aspersus, uel ignis aspersio, siue sustollens fontem eius, aut plasmatio oculi eius.

Asena, ruina eius, uel præcipitatio.

Asenna, ruina eius, uel præcipitans eum.

Asennaphar, ruens imaginem, uel præcipitans [illegible].

Asenech, ruina uel præcipitatio, seu factura ædificans, aut plasmationem ædificans.

Aseones, eleuans me, uel sublimatio mea.

Asenech, ruens uel præcipitans, siue ignis aspersus, aut ignis aspersio.

Aser, [illegible] uel diuitiæ, seu beatitudo, aut beati.

Aserim, atria uel diuitiæ, seu beatitudines, aut beati erunt.

Asera, [illegible], uel diuitiæ [illegible].

Aserai, beatitudo mea, uel beatus erit [illegible], siue atrium meum, aut diuitiæ meæ.

Aserdam, [illegible], uel [illegible], seu beatum iudicium, aut diuitiæ iudicandæ.

Aserim, atrium uel uestibulum, seu diuitiæ aut beatitudo eorum.

Asermachamath, beatitudo domus, uel quæ est beata domus.

Asermoth, atrium mortis, uel diuitiæ mortales.

Aserotham, [illegible] angustiæ, uel diuitiæ [illegible].

Aseroth, atria uel uestibula, siue [illegible], aut beatitudines.

Aserseal, beata salus, aut diuitiæ salutis.

Aserson, atrium gaudii, uel beatitudo lætitiæ.

Asem, nominatus, uel faciens nomen, siue sustollens [illegible], aut plasmatio [illegible].

Aseme,

Asemaos, os ab osse, non ab ore, uel sustollens nomen eius, aut faciens famosam auditionem.
Asena, factura dentium, uel plasmatio super [illegible] nus, seu tollens nomen, aut sustollens [illegible] rum tentationum.
Asermoth, suburbana, uel suburbium: seu [illegible] [illegible] indignationis rigidæ, aut beatitudo formidationis eorum.
Asergadal, atrium accinctum [illegible], uel diuitiæ tentationis [illegible].
Aspha, tollens subito, uel factura eruclans.
Asphanar, equorum domitor, uel factura apprehendens.
Asphanes, equorum domitor, uel factura conuersionem apprehendens.
Asphar, tollens [illegible], uel plasmatio [illegible] citatis.
Asia, sustollens Dominum, uel plasmatio Domini.
Asia, gradiens, uel eleuans, seu auferens, aut clario.
Asiani, factura Domini, uel sustollentes Dominum.
Asiani, clari, uel auferentes: seu gradientes, aut eleuant.
Asias, sustollens Dominum, uel plasmatio Domini.
Asidæ, miluus, uel herodius: seu factura dilecta, aut plasmatio amabilis.
Asia, sustollens Deum, uel plasmatio Dei.
Asiel, gradiens Deo, uel eleuatio Dei.
Asim, sustollens eos, uel plasmatio eorum.
Asima, sustollens eos et, uel plasmatio [illegible] eius.
Asincritus, dirigens thuribulum, uel directio thuribuli.
Asiongaber, lingua uiri, uel delatio hominis, seu [illegible] [illegible] [illegible], aut sustollens dolores collium [illegible].
Ase, [illegible], uel [illegible]: seu factura uigilans, aut sustollens uigilantes.
Asidei, miluus, uel herodij: seu facturæ dilectæ, aut plasmationes amabiles.
Assyria, factura uigilans Domino, aut sustollens uigilias Domini.
Assyria, diligens, uel dilecta: siue dirigens, aut dilectio.
Assyrii, facturæ uigilantes Domino, uel sustollentes uigilias Domini.
Assyrij, directi, uel dirigentes: seu dilecti, aut diligentes.
Asla, factura laborans, aut sustollens laborantes.
Asmo, nouissimum eius, uel factura paruulæ.
Asmodeus, factura iudicium, uel plasmatio iudicantis.
Asmona, festinans, uel celeriter numerans.
Asna, tollens serpentem, uel plasmatio colubri.
Asop, collectio, uel uestibulum.
Aseu, festinans, uel festinatio.
Ason, silens, uel os ab ore, non ab osse.
Asomech, os eius (ab osse non ab ore) uel silentium eius, aut festinatio uaporis.
Ason, factura pupillæ, uel plasmatio coccinea.
Asor, atrium, uel sagitta luminis: seu tollens foramen, aut plasmatio iracundiæ.
Asorad, [illegible], uel [illegible]: seu [illegible] [illegible] iniqui, aut tollens foramen testimonij [illegible].
Asoram, atrium excelsum, uel sagitta luminis exaltati: seu extollens foramen excelsum, aut plasmatio iræ undæ exaltatæ.
Asorb, sustollens figuram, aut plasmatio temporalis.
Asorbag, tollentes figura, uel factura temporales.
Asra, diminutio, uel diminuens: seu tollens magisterium, aut plasmatio magisterij.
Asrael, diminutus Deo, uel sustollens magisterium Dei.
Asred, beatum faciens, uel beata commotio: seu diminutus ipse, aut diminutioni parens.
Asrahel, beatus Deo, uel beatitudo dei: siue sustollens magisterium Deum, aut plasmatio magisterij Dei.
Asraheliæ, beati Deo, uel beatificantes Deum, aut plasmati magisterio Dei.
Asraol, ignis geminus, uel ignis [illegible].
Asali, caula mea, uel præsepe [illegible].
Asali, ouile meum, uel cubiculum meum: siue atrium meum, aut factura explorationis meæ.
Astaroth, ouilia, uel factura exploratorum.
Astaroth, atrium, uel cubiculum: seu caula, aut præsepia.
Astaroth [illegible], caula, uel atrium: seu caula, aut præsepia.
Astaroth [illegible], ouile, uel factura.
Astaroth, atrium, uel cubiculum: seu præsepia, aut cubiculum.
Astathem, factura superflua, uel plasmationis superfluitas.
Astrages, uoluntas festina, consilium festinationis.
Asub, factura incendij, uel plasmatio concertionis.
Asalia, tollens subito, uel factura eructans.
Assuerus, beatitudo, uel atrium eius.
Assum, os eorum, uel fumigans eos.
Assum, factura coccinea, uel tollens pupillam eorum.
Assur, diues, uel beatus: siue factura luminis, aut tollens incendium.
Assuri, diues mihi, uel atrium meum: seu factura luminis mei, aut tollens incendium meum.
Assurim, diuitiæ eorum, uel beatitudo eorum: siue factura illuminans eos, aut tollens incendium eorum.
Assur, tollens robustum, uel tollens acerbitatem.
Asur, sustollens murum, uel tollens angustiam, seu factura continens, aut plasmatio directionis.
Asur, negociator, uel negociatio: siue nemus, aut ignis illuminans.
Asur, dirigens, uel diligens: siue beatus, aut gradiens.
Asurim, sustollens murum eius, uel tollens acerbitatem.
Asurim, faciens robustos eos, uel plasmatio directa eius: siue tollens angustias eorum, aut sustollens continentiam eorum.
Asurim, nemora, uel ignium illuminationes: seu negociatores, aut negociationes.

Asſurim, diligentes, uel diligentiæ: ſeu beati, aut gradientes.
Atac, tempus, uel peccatum: ſeu deliquens, aut temporalia.
Athach, peccator hominis, uel peccati reſtitutor ſeu deliquens frater, aut temporalis frater.
Athad, ſermonus, uel teſtimonium.
Athalia, peccatis Domino, uel temporalis Domini.
Athalia, tempus Domini, uel tempus eius: ſeu peccans Domino, aut declinatio Domini.
Athanis, concupiſcentia, uel deſiderium.
Athanael, tempus meum Dei, uel peccatum meum Dei.
Athanai, tempus fluctuans, uel peccator commotus: ſeu corona domini mei, aut exploratio gratificationis meæ.
Athar, peccator ſuſcitans, uel temporalis uigilia.
Athara, peccatum ſuſcitatum, uel peccatoris uigilia [illegible].
Atharim, explorator, uel exploratio.
Atharoth, coronæ, uel circuli.
Athath, peccatum temporis, uel tempus peccatoris.
Athenæ, diſperſe, uel diſſipare.
Athenienſes, diſſipati, uel diſpergentes.
Athenobius, peccator latrans, uel temporalis latratio.
Ather, ipſe conſurgens contrarius, uel peccator eſtimidens aduerſa.
Athicon, tempus medium, uel peccatoris dimidium: ſiue tempus congregare iniquitatis, aut peccatum congregationis inutilis.
Athipha, tempus ſubitū, uel peccatum erectus.
Athil, peccati germen, uel tempus inueterans.
Athiha, tempus quærens, uel delicti ſilentium.
Atholia, tempus chilis, uel peccati cōmixtio.
Athoniel, reſpondens Deo, uel tempus eius Dei.
Athupha, tēpus ſubitū, uel peccati infirmitas.
Athul, tempus conſilij, uel peccator feſtinans.
Aua, iniquus, uel iniquitas.
Auan, fons, uel motus: ſiue mouens eos, aut ſubuerſio eorum.
Aui, ferox, uel ferocitas: ſiue iniquus mihi, aut iniquitas mea.
Auil, incipiens, uel ſtultitia.
Auim, aceruus lapidum, uel iniquitas eorum.
Auita, uoluntas mea, uel iniquitatis meæ ſeruatia.
Auith, iniqua, uel iniquitas.
Auoth, ſedes, uel commoratio, ſeu tabernaculum.
Auoth, uita, uel gloria, ſeu uillæ, aut ciuitates.
Auothiair, uincorum uigilia, uel ſedes uigilis: ſeu commorans illuminatio, aut incunabula illuminationis.
Auothiair, gloria luminis, uel uita illuminans: ſeu uillæ uigilantium, aut oppida illuminatorum.
Auphratum, frugifera, uel puluerulenta, ſiue ubertas, aut de cinere ueniens.
Auphratonita, frugiferi, uel puluerulenti: ſeu uberes, aut de cinere uenientes.
Aupaſiſ, ſolemniter ſtantes, uel ſolemnitas ſedis.
Auſon, auiſis grandis, uel uallis campeſtris.
Auran, uiceros eorum, uel labores eorum.
Auram, non eſt, uel inutile.
Auram, iracundia, uel iracundus.
Auſran, iraſcens, uel iracundia.
Auſitida, conſilium, uel conſiliatrix.
Axa, furor, uel furibunda.
Axan, claudicans, uel iraſcens.
Axath, medicina, uel medicamentum.
Aza, uidens, uel combuſtus: ſeu fortis Domini, aut fortitudo eius.
Azabia, uidens patrem Dominum, uel fortitudo patris Domini.
Azahel, uidens Deum, uel fortitudo Dei.
Azam, uidens eos, uel fortitudo eorum.
Azanoc, fortitudo commotionis, uel uiſio requietionis.
Azara, dorſum, uel crepido.
Azaria, auxilium Domini, uel auxiliator eſt Dominus.
Azarias idem.
Azaram, adiuuans populum, uel auxilium populi: ſiue dorſum eorum, aut crepido eorum.
Azas, continens, uel apprehendens: ſeu uidēs fortiter, aut uiſio fortis.
Azazias, continens Dominum, uel apprehenſio Domini: ſeu uidens fortiter Dominū, aut robuſta uiſio Domini.
Azbel, uidens uetera, uel robuſtus ueruſtate.
Azbelita, uidentes uetera, uel robuſti uetuſtatibus.
Azbuch, uidens uenientem, uel uidens in uomitu: ſeu fortis uetuſtas, aut fortitudo lugentium.
Azdad, uidens mare, uel fortitudo maris.
Azead, uidens dolentem, uel uidens compomentem: ſeu fortis dens molaris, aut fortitudo pœnitentiæ.
Aza, pergens, uel ambigens: ſeu uallis decurrens, aut uallis expectatis.
Azecha, fortitudo, aut decipula: ſiue robuſta, aut clauſa peſſulo.
Azer, auxilium, uel ſanctificatio: ſeu fortis conſurgens, aut uidens uigilias.
Azagad, fortis temtatio, uel uidens accinctum latrunculum.
Azi, fortis meus, uel uiſio mea.
Aziam, uidens populum, uel fortitudo eorum.
Azias, uidēs Dominum, uel fortitudo Domini.
Aziel, pergens, uel proficiſcens: ſeu uidens Deum, aut fortitudo Dei.
Azia, fortis uiſio, uel uidens uiſionem.
Aziel, pergens, uel abiens: ſeu uidēs Deus, aut fortitudo Dei.
Azir, fortiter uigilans, ſeu uidens uigilias.
Aziza, fortis iſte, uel uiſio iſta.
Azimath, uidens mortem, uel fortis mortuus.
Azmaueth, idem.
Azmoth, fortis morte, uel apprehēdēs mortē.
Azmoth, fortis incluſio, uel apprehendens decorem.

[illegible] apertum, aut ignis parturiens.
Azarael, adiuuans Deum, uel fortitudo Dei.
Azuba, relicta, uel deserta: siue relictio, aut desertio.
Azur, [illegible] lucidus, uel auxilium [illegible] siue uidens lumen, aut robustum incendium.

B

BAbanna, uenit respondens, uel uenit responsio.
Baal, uir, uel uetustas: siue habens, aut deuorator.
Baala, uenit haec, uel habens eam: seu uir eius, aut deuorans eum.
Baalanan, uenit hic donum, uel habens eum gratiam: seu uir gratiae ei, aut deuorator gratificationis.
Baalasor, uetustas deuorans atrium, uel uir habens sagittam [illegible]: seu uetustas colleus foramen, aut uir plasmator [illegible].
Baalath, uir ascendens, uel habens ascensionem: seu uetustus temporis, aut deuoratio peccatoris.
Baalberith, uir habens pactum, uel uetustas deuorans foedus.
Baalpharasim, uetus deuorans diuidens, uel habentium uetustatem [illegible].
Baalpheor, uir habens hiatum, uel uetustas deuorans oppressos superius.
Baalgad, uir fortunatus, uel habens tentationem: siue uir accinctus latrunculis, aut uir deuorator.
Baalia, uir habens Dominum, uel uetustas deuorans dominationem.
Baalim, ascendentes, uel superiores.
Baalim, uiri, uel habentes: siue in superioribus, aut deuoratores.
Baalis, uetustas uiri, uel habens assumptionem: seu deuorans uiri, aut uetustas assumptio.
Baalmon, descendens humilis, uel descensio humilitatis: seu uir humilis habens domicilium, aut uetustas deuorans habitaculum.
Baalmeon, descensio humilis, uel descensio humiliata.
Baalmesar, habens eam, uel uir ex principe: seu uetustas eius, aut deuoratio principis.
Baaloth, ascendens, uel in ascensionibus: seu uir habens tempus, aut uetustas deuorans responsionem.
Baalsalisa, habens tertiam [illegible], uel habens [illegible]: seu uetustas deuorans tertium, aut uir habens [illegible].
Baalthamar, uir habens palmam, uel uir habens amaritudinem: seu uetustas deuorans commutationem, aut uetustas deuorans commutationem. [illegible]

[illegible] responsio mea.
Baara, uenit respondens, uel uenit responsio.
Baarai, uenit respondens mihi, uel uenit responsio mea.
Baaras, fontes, uel putei: siue inuentio, aut in communicando.
Baarias, uenit respondens Dominus, uel uenit responsum Domini.
Baasa, uenit tollens, uel ueniente [illegible].
Babelbaaras, [illegible] tempore, uel confusus peccator: seu translatio temporalis, aut confusio peccatoris.
Babel, confundens, uel confusio: seu transferens, aut translatio.
Babylon, idem.
Babylonii, confusi, uel translati: seu confundentes, aut transferentes.
Bachar, in [illegible], uel ingressus est.
Bachachar, uetustas in [illegible], uel ingressus est agnus.
Bachenor, lucens lucerna, uel ingressus est agnus lucernae.
Bachi, uetus, uel luctus: siue lugens, aut in commo.
Bachides, luctus fortis, uel [illegible] uotiua.
Badachar, uenit compungi, uel uenit [illegible] siue uenit merens, aut uenit turbatio.
Badab, maximus, uel excellentissimus: siue [illegible] sufficiens.
Badadi, maximus mihi, uel excellentissimus meus: seu robur meum, aut sufficientia mea.
Badaias, praecipuus Dominus, uel in iudicio Domini: seu uenit Deus, aut uenit dominator.
Badal, praecipuus, uel sublimis: seu uenit confrendens, aut uenit infirmitas.
Badan, solus in iudicio: seu uenit populus aduentus eorum.
Badanai, praecipuus, uel in iudicio: seu uenit donum, aut uenit gratificatio.
Badazer, maximum [illegible], uel excellentissimus sanctificator: seu uenit fortis, aut uenit separatio.
Badisba, filia septem, uel filia iuramenti: seu uenit eloquens, aut uenit coniectio.
Badisuba, filia deprecationis, uel filia [illegible] seu uenit conuertens, aut uenit [illegible]. Ista enim Badisuba, uel badiseba ipsa est Bethsabee mater Salomonis.
Baen, locus uitae meae, uel locus [illegible] mihi.
Baen, iniquus oculus, uel iniquitas fontis: seu uenit fons, aut uenit oculus.
Bagad, uenit accinctus, uel uenit in fortuna: seu uenit latrunculus, aut uenit tentatio.
Bagai, onus, uel iugum: seu uenit acerua, aut uenit tanulatio. (tum,
Bagaba, excelsus [illegible], uel [illegible]

Bagathan, ueniens [illegible], uel [illegible] [illegible].

Bagoam, in [illegible] [illegible], uel [illegible] [illegible].

Bagoam, [illegible] [illegible] [illegible] [illegible] [illegible].

Bahem, [illegible] [illegible]: seu [illegible], aut [illegible] eorum.

Bal, filius [illegible], uel [illegible].

Bala, absorpta, uel [illegible] [illegible] absorbta, uel inueterata.

Baala, absorbens eum, uel inueterans eius.

Balaach, deuorans, uel præcipitans: siue absorbens fratrem, aut inueterans eos.

Bal [illegible] populus, uel sine populo: siue [illegible] aut præcipitans [illegible].

Balam, turbans gentem, uel deuorans populum: siue absorbens eos, aut [illegible] [illegible] eorum.

Balaam, turbans domum, uel deuorator domus, [illegible] absorbens gratiam, aut inueteratio gratiæ.

Balanam, habens gratiam, uel inueterans responsionem: siue absorbens domum, aut præcipitatio gratiæ.

Balach, lugens, uel ludens: siue inuoluens, aut elisio.

Balada, absorbens testes, uel inueterans [illegible], siue ueniens eam iudicare, aut præcipitatio [illegible].

Baladad, [illegible], uel deuorans testimonium: siue absorbens præcipuos, aut præcipitans [illegible].

Bal [illegible] iudicans, uel [illegible] pro [illegible]: seu absorbens iudices, aut inueterator iudicis.

Balagad, absorbens [illegible], uel præcipitans [illegible].

Balagad, [illegible] [illegible], uel habuit [illegible] [illegible] aut [illegible].

Balam, turbatio, uel præcipitatio.

Balamam, turbatio populi, uel præcipitator eorum.

Balamon, turbans domum, uel præcipitans gratiam.

Balasan, [illegible] domum, uel habens [illegible] [illegible]: siue absorbens fortes, aut inueterator [illegible].

Balad, absorbens peccatum, uel inueterator tempore.

Balad, lugens, uel inuoluens: seu lingens, aut elisio.

Baldad, uetustas sola, uel uetustatis solitudo.

Baldan, [illegible] iudicans, uel [illegible] pro [illegible]: seu absorbens iudices, aut inueterator iudicis.

Bala, præcipitans, uel deuorator.

Balaim, deuorator, uel præcipitatores.

Bales, absorbens, uel præcipitans.

Balaak, [illegible] cognouit, uel [illegible] cognitio: siue absorbens testimonium, aut inueterator [illegible].

Baloch, ascendens, uel in ascensionibus: siue absorbens, aut inueterans responsione.

Bal [illegible], habens [illegible] [illegible], uel habens [illegible] [illegible]: siue [illegible] deuorans [illegible], aut [illegible] habens [illegible].

Balthasar, capillus raptus, uel absorbens, [illegible].

Baltibus, habens lectum, uel habens [illegible].

Bamoth, [illegible], uel quis: siue in quibus, aut [illegible].

Bamith, [illegible], uel excelsi filii mortis [illegible], aut mortis aduentus.

Bam [illegible], excelsis in morte, uel habens [illegible] [illegible].

Bana, ueniens respondens, uel [illegible] [illegible].

Baana, ueniens respondens ei, uel uenit responsio eius.

Banai, uenit responsio mihi, uel uenit responsio mea.

Banai, idem.

Banaias, ædificatio Domini, uel [illegible] Domini: seu respondens Domino, aut [illegible] Domini.

Banaza, filius [illegible], uel [illegible].

Banea, uenit respondens ei, uel uenit responsio eius.

Banea, uenit responsum [illegible], uel uenit responsio [illegible].

Banebarach, filius [illegible], uel filius fulgurans, seu filius fulgurantis, aut filius percutientis.

Banebarach, uenit respondens fulmini, uel uenit respondens fulguranti, aut [illegible] [illegible] percutienti.

Banajachaz, filius [illegible], uel filius [illegible] [illegible], aut uenit [illegible].

Bani, filius meus, uel [illegible] [illegible].

Bani, pollex meus, uel in medio mei.

Baanim, filius meus unicus, uel filius [illegible] [illegible].

Baon, in iniquitate, uel in iniquitatibus.

Baon, ueniens dolor, uel [illegible]: siue [illegible] murmurans, uel [illegible].

Baos, in pelle, uel in pellibus.

Baos, [illegible] [illegible], uel [illegible] [illegible]: siue [illegible] pellis, aut [illegible] [illegible].

Bar, filius, uel [illegible] [illegible] Syrum est non Hebræum.

Bara, lectus, uel creatura: siue [illegible], aut [illegible].

Barabas, filius patris, uel filius magistri. Syrum est potius, quam Hebræum.

Barach, fulmen, uel fulgur: siue fulgurans, aut percutiens.

Barachel, fulgur Dei, uel fulmen Dei: siue fulgurans Deum, aut percussio Dei.

Barchaminius, [illegible], uel [illegible] [illegible].

Barachias, benedictus Domino, uel benedictus Domini.

Barachias, fulgur Domini, uel fulgurans Dominus: siue fulgurans Dominum, aut percussio Domini.

Barachiel, benedictus Dei, uel benedictus Dei.

Baracthel, fulgur Dei mei, uel fulmen Dei mei: siue fulgurans Deum meum, aut percussio Dei mei.

Barada,

Barada, filius decoris, uel filius decorum [illegible] aut filius [illegible].

Barachel, benedixit Deum, uel benedictio Dei: siue lectus Dei, aut creatura Dei.

Barasa, haurientes, uel in egestate: seu uenientes ad faciendum, aut filius [illegible] plasmationem.

Barad, grando, uel tempestas: seu filius peccati, aut filius temporalis.

Baraza, filius uidens, uel filius fortitudinis.

Barach, grando, uel tempestas: seu filius pluuiae, aut filius pruinae.

Barea, fugit cum quispiam, uel quispiam fugiens.

Baria, filius in malis, uel filius Domini: siue in clamore eius, aut in commotione ipsius.

Bariea, filius in malo, uel filius maledictus: quem & ipsum nonnulli Bariesu corrupte nominant.

Barihem, filius ipsius, uel filius parentum: seu filius commotus, aut filius faciens.

Barioas, filius columbae, aut filius simplicitatis. Syrum est pariter & Hebraeum.

Bar quippe, sicut praedictum est, Syriace filius, & Iona columba dicitur.

Baratha, phiroalisa, uel filius [illegible] os abyssi, aut os profundum.

Barnabas, filius concludens, uel filius prophetae: seu filius uenientis, aut filius consolationis.

Barne, filius motionis, uel filius [illegible].

Barnee, electa commotio, uel filius electae [illegible].

Barsabas, filius reuertens, uel filius quietis, ex Syro & Hebraeo sermone compositum: seu filius iuramenti, aut filius consolationis.

Barseuus, filius caecus, uel filius caecitatis, quem corrupte quidam Barthimeum legunt.

Barthimeus, filius pinguedinis, uel filius ruminatis.

Bartholomeus, filius suspendentis me, uel filius suspendentis aquas. Syrum est, non Hebraeum.

Baruch, benedictus, uel benedictio.

Barzaith, filius oliuae eius, uel filius fornicationis eorum.

Basan, bruchus, uel pinguedo: seu siccitas, aut confusio.

Basar, infantia, uel in angustia: seu infans, aut angustiatus.

Basara, infans, uel in infantia eius: siue angustians eum, aut in angustia eius.

Basthami, confusio caloris, uel angustia calidi [illegible] eius.

Basemath, adeps, uel defectus.

Basan, adipem, uel defectionem.

Basechat, adeps, uel defectio: seu deficiens, aut defectio.

Basemath, deposita, uel delinquens: seu uenditur, aut derelictio.

Basemoth, uenitens [illegible] in omnibus, aut in [illegible].

Basias, adeps Domini, uel desiccatus Domino.

Bathanath, deposita, uel delinquens aut derelinquens, aut derelictio.

Bathamia, domus respondentium, aut domus humilitatis eorum.

Bathuel, uirgo Dei, uel castitas Deo.

Bauim, electi, uel electorum: siue iuuenes, aut robusti.

Bauronites, fortis, uel electus: seu iuuenis, aut robustus.

Bazotha, contemnens tempus, uel despectus peccator.

Bazeotha, contemnens eum, uel despectio eius.

Bazochia, contemnens Dominum, uel despectio Domini.

Bear, iniquus testis, uel aedificator praecipuus gratiae.

Bean, iniquus gratiae, uel iniquitas donationis.

Bebari, [illegible], uel [illegible] decoratoris.

Bechechias, inclytus Deo, uel primogenitus Dei.

Bechet, inclytus, uel primogenitus.

Becheriae, inclyti, uel primogeniti.

Becherias, inclytus Domino, uel primogenitus Domini.

Bechor, primogenitum, uel unigenitum.

Bechori, primogenitus meus, uel primogenitus mihi.

Bechorat, primogenitus fortis, uel primogenitus [illegible].

Bechurath, inclytus gratiae, uel primogenitus consolatio.

Bedid, filia, uel mensura.

Beded, instauratio, uel instaurans: seu mensura [illegible], aut filia uoluptuosa.

Bethsabe, filia septima, uel filia iuramenti: seu mensura satietatis, aut filia satietatis.

Bethsua, filia diues, uel mensura [illegible]: seu filia [illegible], aut ipsa [illegible].

Bedellium, lapis, uel carbunculus.

Bel, uetustus Deus, uel uir deuorans: siue Dominus uetustatis, aut uir habens uetustatem.

Belphegor, uir habens hiatum, uel uetustus Deus hians: siue Dominus uetustatis hiantis, aut uetustas deuorans os pellis superiora. Ipse est priapus, uel simulachrum ignominiae.

Beelsephon, uir habens arcana, uel Dominus aquilonis: seu uetustus Deus habens speculum, aut uetustas deuorans ascensionem speculi.

Beelzebub, uir muscarum, uel princeps muscarum: siue uetustus Deus habens muscas, aut uetustas deuorans muscas.

Behemoth, animal, uel animalia: seu bestialis, aut bestia.

Beer, fons eius, uel puteus eius: siue in lumine, aut puteus eius.

Beeri, fons, uel puteus meus: siue in lumine, aut puteus mei.

Bega, [illegible], uel [illegible]: siue [illegible], aut celsitudo.

Begoai, iugum uoluntas, uel sublimitas decoratoris.

Begua, excelsitas mea, uel sublimitas mea, siue fabrica uulturis, aut fabrica desuetris.

Begui, excelsus meus, uel sublimitas mea.

Begunim, fabricatus comedentis, uel fabrica cementariorum.

Bethehon, uetustas Deus habitaculi, uel Dominus habens domicilium uetustatis.

Beel, uetustas, uel absque.

Bela, habitus, uel indumentum; siue uetustas eius, uel absque eo.

Belach, habens, uel habitus ab habendo, non ab habitu.

Belaibin, uetustas peccati, uel absque tempore.

Belasilla, habens, uel habitus genere feminino; ab habendo participium est, non uerbum imperatiuum.

Belsaza, habitum apprehendens, uel indumentum leuatum.

Belbecin, uetustas primogeniti Domini, uel absque nobilitate Dominus.

Belga, absque motu, uel uetusta commotio.

Belge, idem.

Belgua, absque uulle, uel absque praecepto, siue uetustas uoraginis, aut uetustas deuorationis.

Bella, uetustas Domini, uel absque Domino.

Bela, puteus eius, uel in clamore eius; siue in malis, aut commutatio ipsius.

Belsa, absque iugo, uel absque Domino.

Belsar, caecum lumen, aut area angustiae, seu uetustas deliciarum, uel absque tormentis.

Belmeleth, Deus meus rex, uel uetustas mea regnans.

Belma, habitus desiderium, uel absque domicilio.

Belmeula, habens domicilium, uel absque inhabitatione.

Belsan, uetustas dentis, uel ipsius uetustatis inquietus.

Belsar, absque principe, uel absque tribulatione, seu uetustam uel artem, uel uetustatis angustiae.

Belsarbon, absque germine, uel absque possessione, seu uetustas spicarum, aut uetustas refrigeriorum.

Ben, filius, uel filiatio.

Benadinadab, filius patris mei uoluntarii, uel filius patris mei spontanei.

Benadab, filius uoluntarii, uel filius spontaneus.

Benahel, aedificatus Deo, uel aedificatio Dei, seu filius eius Deo, aut filius eius Dei.

Benai, filius doloris, uel filius patrociniis.

Bendagar, caecum lumen, uel filius praeuaricationis.

Benebarach, filius fulminis, uel filius fulgoris, uel filius fulgurans, aut filiorum percussio.

Benechanan, filius calidus, uel filius surgentis, siue filius necessarius, aut filius necessitatis.

Benennam, filius in eis, uel filius in medio eorum.

Benemon, filius eorum, uel filii eorum hic sunt.

Beneroem, filius eius, uel filii uiduarum, quod corrupte filius nerges uel legitur.

Benosed, filius mittens, uel filius confirmationis.

Benephar, filius uiri fortis, uel filius fortitudinis.

Benhur, filius lucis, uel filius igneus.

Beni, filius meus, uel filiatio mea.

Benol, filius requiescens, uel filius requietionis.

Beniamin, filius dierum, uel filius dexterae, siue filius sanctitudinis, uel filius amaritudinum.

Beniamin, filius dexterae, uel filius dextrae, siue filius dierum, aut filius asserorum.

Benar, caecum lumen, uel area angustiae, seu filius deficiens, uel filius praeuaricationis.

Bennoe, filius commotus, uel filius requietionis.

Bennon, filius maerens, uel filius doloris, siue filius murmurans, aut filius inutilis.

Bennoni, filius maerens, uel filius doloris mei, siue filius doloris mei, aut filius iniquitatis meae.

Benui, filius meus, uel filiatio mea.

Benuit, filius requiescens, uel filius requietionis.

Bennum, filius secundus, uel filius piscis, siue filius unicus, aut filius sempiternus.

Benir, filius lucens, uel filius lucidus, seu filius lucens, aut filius igneus.

Benzoeth, filius habens partem, uel filius habens uirtutis.

Beon, pollex, uel in medio; siue iniquitas murmurans, aut iniquitate dolens.

Beor, impellens, siue impulsio, uel iniquitas luminis, aut iniquitas iracundiae.

Ber, fons, uel puteus.

Bera, fons eius, uel puteus eius.

Beramoth, fons exaltatus uita, uel puteus elationis.

Berchon, fontis calix, uel putei potus.

Berdan, puteus iudicium, uel fons iudicii.

Berra, puteus eius, uel filia eius; Hebraeum est, pariter atque Syrum.

Beri, puteus meus, uel putei pluraliter.

Beria, fons Domini, uel puteus Domini.

Berith, foedus, uel pactum.

Bernice, puteus innocens, uel filius elegantem commutans.

Beronice, idem est. Utrumque hoc nomen ex Hebraeo Syroque compositum est.

Berota, puteus eius, uel filia eius.

Berotiel, filii eius, uel putei eius.

Beroni, filius quis, uel puteus quis. Et haec tria nomina ex Hebraeo pariter Syroque composita sunt.

Beroth, fontes, uel putei; siue fons respondens, aut puteus temperans.

Berotha, fontes eius, uel putei eius; seu fons respondens eius, aut puteus temperans eum.

Berothai, fontes mei, uel putei mei; seu fontes iudicii.

uulturum, aut puteus diuerticuli.
Berothi, fontes uel putei mei, scilicet respondens mihi, aut puteus temperans me.
Berothitæ, fontales seu puteales, seu fontes respondentes mihi, aut putei temperantes me.
Bersa, puteus fœderis, uel fons iuramenti.
Bersabee, filius septimus, uel fons iuramenti, siue puteus satians, aut puteus saturitatis.
Bresith, in capite, uel in capitulo, id est, Genesis, quæ in capite omnium librorum posita est.
Bethsan, fons altus, uel puteus altissimus.
Bezaleel, fortitudo mea, aut fortitudo mea.
Besa, pinguedo mea, uel ignominiosus mihi.
Besia, pinguis Domino, uel ignominiosus Domino.
Besamah, derelinquens, uel derelictio, seu planguc domum, aut confusio donatoris.
Besamath, adeps uel defectio.
Beser, pinguis uel ignominiosus.
Beselam, obumbratio eius, uel obumbraculum eorum.
Beseleel, umbra Dei, uel umbraculum diuinum.
Besodia, angustia mensuræ Domini, uel tribulans mensuram Dominicam.
Besloth, pinguis ligatus, uel ignominia derelicta.
Betzer, tribulatio, uel angustia, seu carnalis, aut pellis eius.
Beth, domus uel habitaculum.
Betha, requies, uel requietio: siue domus eius, aut habitaculum eius.
Bethacarem, domus sterilis, uel domus prodictionis tristitia.
Bethaphsitech, domus falsitatis, uel domus uiuificans, siue domus excludens, aut domus uiuetabilis.
Bethapha, domus erroris, uel domus mali: non a malitia, sed ab arbore.
Bethaphra, domus iris, uel domus decipula, siue domus taqui, aut domus discipulæ.
Bethaphum, domus induens eos, uel domus declinans os eorum, seu requies labiorum eius, aut requietio induitionis eorum.
Bethagan, domus orti, uel domus cisponis.
Bethagla, domus uitula, uel domus festiuitatis eius, uel domus defectionis, aut domus plangentium.
Bethaglum, domus planctus, uel domus festiuitatis eorum.
Bethiam, domus idoli, uel domus idololatriæ, siue domus deuorans eos, aut domus pulueris eorum.
Bethasimoth, domus deserta, uel domus addacentium mortem.
Bethaboth, domus stipendii, uel domus in campestribus, seu requies eorum, aut requietio mortalium.
Bethamoth, domus mortis, uel domus mortalium, seu requies mortis, aut requies eius mortuus.
Bethamar, domus pardorum, uel domus amaritudinis, seu requies amaricans, aut requietio pardi.
Bethanan, domus doni, uel domus gratiæ, seu requies donantis, aut requietio gratificationis.
Bethanath, domus respondentis, uel humilitatis, siue domus, ubi est respondens Dominus, aut domus ubi est gratia Dei.
Bethania, domus obedientiæ, uel domus afflictionis eius, siue domus doni Domini, aut domus gratificata Domino.
Bethanoch, domus gratiæ, uel domus responsionis, seu domus precantium, uel domus [illegible] mentium.
Bethara, domus aquæ, uel domus putei.
Bethara, domus electionis, uel domus electa, siue domus suscitans eum, aut domus uigilatum eius.
Betharam, domus montium, uel domus sublimitatis eorum, siue domus suscitans gentem, aut domus uigilans populo.
Betharabi, domus suscitans patrem, uel domus uigilans patribus.
Betharbel, domus grandis, uel domus multa, siue domus humilis, aut domus uespertina.
Betharapha, domus sanans, uel domus medicinæ, seu requies medici, aut requietio sanitatis.
Betharan, domus iræ, uel domus sublimium.
Betharam, domus decora, uel domus electa, siue domus suscitans gentem, aut domus uigilans populo.
Betharan, domus uigilans domino, uel domus suscitans gratificationem.
Betharon, domus iræ, uel domus arcæ, seu domus montium, aut domus ascensus humilium.
Bethasan, domus soni, uel domus delicti, siue domus tollens donum, aut domus plasmata gratia.
Bethasan, domus deponens, uel domus depositionis, siue domus deponens domum, aut domus deposita gratia.
Bethauen, domus idololatriæ, uel domus inutilis.
Bethaze, domus fortitudinis, uel domus putei eius.
Bethberai, domus putei, uel domus in lumine meo.
Bethbesse, domus confusa, uel domus pinguedinis.
Bethacon, domus sculpta, uel domus sculptura.
Bethcar, domus agni, uel domus cognitionis.
Bethcar, domus frigida, uel frigus adiacens.
Bethdagon, domus tritici, uel domus frumenti.
Bethdagon, domus piscis tristis, uel domus piscium tristitiæ.
Bethe, domus eius, uel habitaculum.

Bethel, domus eius, uel habitaculum.
Bethemelech, domus uallis, uel domus profunditatis, siue uterus uallium, aut uterus habitaculum.
Bethen, uenter uel uterus, seu domus fontis, aut domus oculi.
Bethesimoth, domus deserta, uel domus adducens mortem.
Bethphage, domus oris, uel domus buccæ, siue domus oris uallium, aut domus maxillæ, uel labij. Syrum est, non Hebræum.
Bethphalech, domus saluans, uel domus euadens, seu domus uiuificans, aut domus admirabilis.
Bethphases, domus transcendens, uel domus transitionis.
Bethphegor, domus hians, uel domus hiatus, seu domus hians pellicea, aut domus oris pellium.
Bethphese, domus transiens, uel domus transcendens, siue domus oris, siue domus odoris florentis.
Bethgader, domus muri, uel domus maceriæ.
Bethgamul, domus retribuens, uel domus retributionis.
Bethiesemoth, domus desiderij dulcis, uel domus desiderataque dulcedinis.
Bethim, domibus, uel domus pluraliter.
Bethia, domus Domini, uel domus illuminationis.
Bethlabaoth, domus uenientium, uel domus ingredientium.
Bethlehem, domus panis, uel domus refectionis.
Bethleemita, domus panum, uel domus refectionum.
Bethlebaoth, domus uenientium, uel domus ædificantium.
Bethmacha, domus mollis, uel domus contractæ, siue domus percutiens, aut domus ingeniosa.
Bethmaon, domus habitaculi, uel domus inhabitationis.
Bethmarchaboth, domus curruum, uel domus quadrigarum.
Bethmarchaboth, domus quadrigarum, uel domus quadrigantium.
Bethmaiha, domus tribuni, uel domus [illegible] foris.
Bethmorath, domus arcani, uel domus consilij, siue domus arcanorum, aut domus consiliorum.
Bethnemra, domus pardorum, aut domus amaricans.
Betharaba, domus humilis, uel domus uespertina, siue domus eremi, aut domus locorum, quæ sunt iuxta inhabitabilem.
Bethoro, domus iræ, uel domus magistri.
Bethoron, domus iræ, uel domus iræ, siue domus montium, aut domus [illegible] hominum.
Bethsalas, domus coccinea, uel domus pecu-
culata.
Bethrooth, domus platearum, siue domus latitudinis.
Bethsabee, domus septem, uel domus iuramenti, seu domus abundantiæ, aut domus saturitatis.
Bethsicchor, domus currentium, uel domus singulorum.
Bethsaida, domus frugum, uel domus [illegible], seu domus pecualis, aut domus uenatorum.
Bethsames, domus solis, uel illuminationis.
Bethsemite, domus solis pluraliter, uel domus illuminans.
Bethsan, domus dormientis, uel domus securitatis, siue domus abundantiæ, siue domus egressionis.
Bethsemes, domus solis, uel domus illuminatis.
Bethsimon, domus obediens, uel domus obedientiæ, seu domus audiens mœrorem, aut domus deponens tristitiam.
Bethsimuth, domus loci, uel domus locorum, siue domus mortificans, aut domus mortificationis.
Bethsur, domus acerba, uel domus angustiæ, siue domus continens, aut domus fortitudinis.
Bethsur, domus fortis, uel domus directa, siue domus muralis, aut domus continentiæ.
Bethsura, domus muri eius, uel domus dirigens eum.
Bethsura, domus acerba ei, uel domus angustiæ eius, siue domus continens eum, aut domus fortitudinis eius.
Bethsuram, domus dirigens eos, uel domus muri eorum.
Bethsuram, domus robusti populi, uel domus angustians populum: siue domus continens eos, aut domus acerbitatis eorum.
Bethula, uirgo, uel casta, siue domus dolens ei, uel domus parturiens eum.
Bethulia, uirgo Domini uel casta Domino, siue domus dolens Domino, aut domus parturiens Dominum.
Bethusamis, domus ignis subitanei, uel incendij consurgentis.
Bethzacharam, domus memoriæ, uel domus memorationum.
Bezech, fulgur, uel egestas, seu micans, aut contemptus uanus.
Bezecha, micans ei, uel egestas eius, siue fulgurans eum, aut contemnens uanitatem eius.
Bibli, libri, uel literati.
Bidascalium, filios commiscens, uel filiorum commixtio.
Bithia, filia Domini, uel filia dominans. Ipsa est filia Pharaonis, quæ adoptauit Moysen.
Bithynia, filia inuisa, uel filia speciosa.
Bria, sobrius uel moderatus.
Briare, sobrij uel moderati.

Boanerges, filii tonitrui, uel filii tonitrui.
Boanerges, idem.
Bor, uetustas uel uetus.
Bocim, lugens, uel luctus, seu immersus, uel in uomitu.
Bochian, lectus Domini est, uel lugens Dominum est, seu uomens Domino est, aut in uomitu Domini est.
Bochor, angustus est angelus, uel primogenitus mihi.
Bochorath, inclytus peccato, uel primogenitus tempore.
Bocri, dilectus mihi, uel primogenitus meus.
Bochru, primogenitus uel dilectus.
Boen, gollea eorum, uel in medio eorum.
Bon, pollex, uel in medio.
Boni, pollex meus, uel in medio mei.
Bon, digitus, uel in medio.
Booz, in quo robur, uel in quo uirtus, siue in ipso fortitudo, aut ipse in fortitudine.
Borith, foedus, uel pactum.
Bosor, abscissio, uel abscissio, aut ipse florens, aut in ipsis floruit.
Bosphor, angustiis succrescens, uel tribulatio fortitudinis.
Bosor, tribulatio uel angustia, siue carneus uel pelliceus.
Bosora, tribulans eum, uel in angustia eius, siue caro eius, aut annuncians ei.
Bosor, caro, uel annunciatio, siue tribulans ille, aut in angustia mea.
Bosora, in angustia, uel in tribulatione.
Bubastus, os exprimens, uel labium experimenti.
Bugaeus, excelsus, uel sublimitas, uel germen, uel germinans.
Buna, ueniet respondens, uel uicem responsio.
Bunas, ueniet respondens, uel collis praeputiorum.
Busa, confusio, uel ignominia.
Buz, despiciens, uel contemnens.
Buzi, contemptus uel despectus, seu despexit me, aut contemptibilis mihi.
Buzeus, despectus uel contemptibilis.

C

CAalatha, uoces, uel [illegible], seu ecclesia uenit, siue ecclesiae aduentus.
Caath, poenitentia uel patientia.
Caath, dolens uel dolens, seu componens.
Caathitae, dolentes, uel patientes, aut dentes molares.
Caathitae, dolentes, uel dolentes, siue componentes, aut dentes molares.
Cabseel, praeceps uel praecipitium, seu praecipitatus, aut praecipitalis.
Cabaroth, memoria, uel sepulchrum.
Cabaroth, memoria mea, uel sepulchrum meum, aut sepultura mea, uel memoriis plurali numero.
Cabaroth athaua, memoria desiderii, uel sepulchra concupiscentiae.
Cabsan, congregans eos, uel ecclesia eorum.
Cabratha, quasi [illegible] uel quasi electum.
Cad, mare uel principium.
Cademuth, mare mortuum, uel principium mortis.
Cades, translata, uel fons iudicii.
Cades, sancta, uel mutata, seu mare [illegible], aut principium plasmationis.
Cadesh, translatio eorum uel fons iudicii eius.
Cadmihel, [illegible] uel [illegible] eius, siue mutatio ei, aut principium plasmationis eius.
Cadesbarne, sanctitas mutationis, uel sanctitas electae mutationis.
Cadesim, commutatus uel exterminatus.
Cadesim, mare rubrum, uel mare antiquorum, propter antiqua quae facta sunt in eo miracula.
Cadrantes, caligo uel tenebrae, quod nos per literam q & d quadrantes dicimus.
Cephi, [illegible] uel incuruatio.
Caphtura, uel palma, seu manus.
Capharnaum, ager pinguedinis, uel uilla consolationis.
Capharsimala, manus sinistra, [illegible], uel operatio [illegible] retributionis.
Caphtorim, manus robusta, uel operatio perfectionis.
Caphira, expiatio, uel manus dissipata.
Caiphas, sagax uel inuestigator, siue uomens ore, [illegible].
Cain, possessio uel lamentatio, siue acquisitio, uel acquisitio.
Cainan, possidens populum, uel lamentatio populi, siue acquirens eos, uel acquisitio eorum.
Caios, [illegible] donum, uel lamentatio gratiae, siue acquirens gratiam, aut acquisitio donationis.
Caleb, canis, uel quasi uox, siue quasi cor, aut quasi omne cor.
Caleph, idem.
Calitas, quasi uiridis, aut quasi omne cor.
Calisthenes, [illegible], uel consummatio polluta.
Calubi, canis meus, uel quasi uiridis meus, siue quasi cor meum, aut quasi omne cor meum.
Chalutas, spes tranquilla, uel spes tranquillitatis.
Chalua, idem.
[illegible], locus siccus, uel locus siccus.
Camus, statio uel resurrectio.
Camuel, statio Dei, uel resurrectio Dei.
Camuelitae, statio Dei, uel resurrectio Dei.
Canon, statio in aqua, uel resurrectio [illegible].
Cana, fundum uel calamus, seu praeparatio uel praeparatio.
Notandum itaque quod nostrum canna de lingua Hebraea sumptum sit.
Canaan, commotio uel commutatio.
Chananaeus, idem.

Candacis, commutatio uel commutatrix.
Canaan, clangor uel recursus, seu retinens, aut retentio.
Cappadocia, manus tortoris: uel manus exploratoris: seu manus Domino redimens, aut manus redempta Domino.
Cappadoces, manus tortorum, uel manus exploratorum: siue manus redempti Domino, aut manu Domino redimentes.
Capparis, manus redempta, uel manus redemptio, siue manus tortoris, aut manus exploratoris.
Caphe, ecclesia uel congregatio.
Capseel, congregans Deo, uel ecclesia Dei.
Captor, Cappadox uel Cappadocia, siue manus tortoris, aut manus exploratoris.
Captorim, Cappadoces manus torquens, siue manus tortorum, aut manus exploratorum.
Charchamis, urbs attrectans, uel ciuitas congregatorum.
Carchil, ciuitas gratis, uel oppidum donationis.
Charchas, inuestigator uel inuestigatio, siue oppidum uigilans.
Carie, caluus uel caluities, siue occurrens igneus, aut occursus igneus.
Careim, decaluans eos, aut decaluatio eorum.
Cariath, urbs murata, uel ciuitas, seu oppidum uel uilla.
Cariathaim, perfecte uocans, uel perfecta uocatio, seu uilla eorum, aut oppidum eorum.
Cariathiaris, uilla eorum, uel ciuitas populosa.
Cariatharbe, uilla quatuor, uel ciuitas quatuor, id est Adam, Abraam, Isaac et Iacob, qui ibi sepulti sunt.
Cariathbaal, urbs uirorum, uel ciuitas habens, seu uilla deuorans, aut oppidum [illegible].
Cariathiarim, uilla siluarum, uel uilla [illegible].
Cariathsenna, uilla deficiens, uel oppidum defectionis.
Cariathiarim, uilla syluarum, uel ciuitas [illegible], seu uilla deficiens eis, aut uilla defectionis eorum.
Cariathus, ciuitas maris, uel oppidum maris.
Cariathsepher, uilla pulchritudinis, uel ciuitas literarum.
Cariathbaam, ciuitas pœnitentiæ, uel oppidum [illegible], seu uilla dulcis, aut ciuitas [illegible].
Carie, caluus uel caluitium, siue occurrens igneus, aut occursus igneus.
Carioth, occurrens igneus, uel occursus igneus, siue [illegible] respondens, aut [illegible] temporale.
Carith, occurrens igneus, uel occursus igneus.
Carmelus, mollis uel tenellus, siue cognoscens circumcisionem, aut scientia circumcisionis.
Carmelites, molles uel tenelli, seu scientes circumcisionem, aut cogniti circumcidentibus.
Carmi, uinea mea, uel cognitio mea, siue aqua cognoscens, aut cognitio aquæ.
Carmin, uineæ meæ, uel cogniti [illegible] aquæ, seu [illegible] aquarum, aut cognitiones aquarum.
Carnaim, cornua, uel defensiones, seu concidens [illegible], aut diuisio commotionis.
Carnon, cornua uel defensio.
Carnaim, cornu [illegible] uel defensio [illegible], seu [illegible] aut diuisio [illegible] eorum.
Caromel, mollities uel teneritudo, seu cognoscens circumcisionem, aut scientia circumcisionis.
Caromelites, molles uel teneri, seu scientes circumcisionem, aut cogniti circumcidentibus.
Carpum, [illegible] uel cognoscens [illegible].
Carthago, [illegible] uel consummatio, seu urbs mediterranea, aut ciuitas [illegible].
Carthaginenses, [illegible], uel consummati, seu ciues [illegible], aut urbani mediterranei.
Carthan, perfecta uocatio, uel uocationem perfectio, siue urbs populi, uel ciuitas eorum.
Carthus, perfecte uocatus, uel perfecta uocatio: quod apud nos melius effertur per q literam, ut dicatur quartus.
Casleu, summitas Domini, uel principium Domini.
Casron, duæ fortes, uel duo fortitudines, seu summitas [illegible], aut principium [illegible].
Caphia, summitas liberans Domini, uel principium liberationis Domini.
Casphore, summitas liberans montes, uel principium liberationis [illegible].
Casla, summitas Domini, uel principium Domini.
Casim, summitas, uel principium: siue summitas eorum, aut principium eorum.
Casim, messis, uel mensis, seu summitas uigilans, aut principium uigiliæ.
Casia, summitas [illegible], uel principium assumptionis.
Cathat, mortis peccati, uel congregans tempore.
Cathet, mordens ulcera, uel congregans parabolæ.
Cauda, clangor robustus, uel patientia fortis.
Cauere, clangor tubæ aut clangens [illegible].
Caue, pœnitentia uel patientia seu buccina. Ex [illegible] Hebræo, uidetur esse tractum nostrum Latinum.
Cedar, mœror uel tenebræ, seu mœrens, aut tenebrosus.
Cedemoth, antecedens uel prius, siue orientalia, aut origo.
Cedem, oriens uel orientalis.
Cedes, antecedens uel orientalis.
Cedmo, [illegible] uel antecedens, siue orientalis aut oriens.
Cedmonei, antecedentes, uel antiqua tristitia, seu priores aut orientales.
Cedmihel, oriens Deo, uel antecessio Dei.
Cedron, tristis mœror, uel tristis dolor.
Celatha, congregatio uel ecclesia uera.
Cephas, Petrus uel firmitas: Syrum est, non Hebræum.
Cephira, expiatio, uel [illegible] dissipata.
Cephirata, expiatio uigilans eius, uel manus dissipata fortitudine.

Cela.

Cella, ad fundam faciens, uel subsistens exercitur tollens sibimet, aut sustollens semet ipsum.

Celaia, uox Domini, uel excellens sibimet Dominum.

Celasithan, uallis gigantium, uel humilitas fortium.

Celeab, uindicans patrē, uel uindicatio patris.

Celeia, uallis Domini, uel congregatus Domino: seu uindicans Dominum, aut uindicatio Domini.

Celeon, uindicans dolorem, uel uindicatio iniquitatis.

Celelama, uindicans aram, uel uindicatio sublimitatis.

Celechel, occidentes uel exterminatores.

Celeuma, antecedens, uel orientale.

Celtha, quasi uiridis, uel ecclesia ueniens.

Celtao, uallis robusta, uel congregatio fortitudinis.

Clemens, ecclesiastes uel concionator.

Cleophas, concionem transcendens, uel congregatio transitoria.

Cleopatra, congregatus agnitos, uel concionē dissoluens.

Cenebel, iens Deo, uel antecessio Dei.

Cenna, zelotes uel zelotypus.

Cenereus, possidens sectatores, uel possessio sectatorum.

Cendebeus, zelotes, sufficiēs ad intellectū: uel zelotypus abundanter intelligens.

Cenereth, lignum citharæ, uel quasi lucerna.

Cenereth, quasi lucernæ, uel cithararum ligna.

Cenen, zelotypus, uel zelotes: siue possessor contemptus, aut possessio contemptibilis.

Cenes, zelotypi, uel zelotes: siue possessores contempti, aut possessiones contemptibiles.

Cenez, meū, uel zelus meus: siue nidus meus aut possessio mea.

Cepham, ecclesia uel congregatio.

Cephim, congregans eos, uel creatores.

Cereas, occidens lichnum, uel exterminator plasmationis.

Cerethi, occidentes, uel exterminatores.

Cereceus, tenebrosus, uel tenebrescens.

Creta, uocata, uel uocatio consummata: inter Syrum & Hebræum mixtum est.

Cretes, uocati uel uocatione consummati.

Cretenses, idem.

Cæsar, possidens principis, uel possessor principatus.

Cæsarea, possessio principis, uel possessio principatus.

Cæ[illegible], possessio principibus, uel possessio luminis aduenientis.

Cellon, durus fortitudine, uel duritia fortitudinis.

Cethem, finis uel abscissus, siue confractus, aut mentis excessio.

Cethim, finis, uel abscissi, uel confracti, aut mente excedentes.

Cethamoth, findens tempus, uel abscindens responsionem, seu confracta tempore, aut responsis responsionis.

Cedron, tenebræ uel thymiama.

Cedroth, tenebrans eos, uel thymiama eorum.

Celtura, iuncta uel copulata: siue thymiama offerens, aut in mente excedens luminis.

Cilicia, cæcus, uel luctus siue assumptio, uel uomitus eius.

Cina, lugens, uel luctus uel possidens, aut possessio.

Cinam, lugens eos, uel possidēs eos, siue luctus eorum, aut possessio eorum.

Cineus, luctus uel possessio.

Cinei, lugentes uel possidentes.

Cinoth, lamentatio, uel lamentationes, seu lugens tempore.

Cintus, luctus uel possessio, quod apud nos melius effertur per Q. literam, ut dicatur Quintus.

Ciprus, mœror uel tristitia.

Ciprius, mœrens uel tristis.

Cipriarches, mœrens princeps, uel tristitia principis: inter Hebræum & Græcum mixtum est.

Cireas, hæreditas, uel hæreditator.

Cirinus, hæres, uel hæreditas: quod apud nos melius effertur per Q. literam, ut dicatur Quirinus.

Cirine, hæreditas uel hæreditario.

Cirenæi, hæredes uel hæreditantes.

Cirenenses, hæreditans uel hæreditantes.

Crispus, sciens uel cognitio.

Cis, [illegible], uel durus.

Cison, durus, [illegible], uel uir mœrens dolorem.

Cilon, lætificans eos, uel duritia eorum, siue impegerunt in eos uermis murmurationis.

Cisa, amentes, uel stupentes: seu mirantes, aut admiratio.

Cithā, concisio uel plagæ consummationis.

Coph, uncatio, uel conclusio, siue ausis, aut excussio.

Cobath, mordentes, uel congregati, siue morsus, aut congregatio.

Cohila, inueterans aut inueteratio.

Cohilam, inueterans populum, aut inueteratio populi.

Coho, excussio uel præstolatio, siue præstolans aut excutiens.

Colaia, uox facta, siue uocis factio: aut uox Domini, aut uox Dominica.

Coliza, uox uidentis, uel uox fortitudinis.

Colonia, uox eorum, uel reuelatio eorum.

Colonienses, uoces eorum, uel reuelationes eorum.

Colossa, uocis facta obediens, uel uocis facta obedientia.

Colossenses, uocis factæ obedientes, uel uoces factæ obedientiæ.

Colozai, uox fornicantis, uel factio [illegible].

Coloth, omnes uel conclusio: siue intelligentes aut consummatio.

Condimenus, scyphus uel phiala.

Corban,

Corban, donum uel oblatio.
Corbans, donum eius, uel oblatio eius.
Corbanan, donum gratiæ, uel oblatio gratificationis.
Cornelius, intelligens circuncisionem, uel intelligentia circuncisionis.
Cosam, diuinans, uel diuinatio, siue diuinans eis aut diuinatio eorum.
Cozbi, calix immensus, uel immolata mihi.
Cus, gelu uel frigus.
Cus, dorus uel uomens ait.
Cusha, binium uel duplicitas.
Cushol, duplices, uel in binio.
Cuba, canis, uel latrator.
Cubal, canis meus uel latrans mihi.

Hucusque per simplicem c. literam, id est, sine aspiratione, lecta sunt principia nominum. Ex hinc quæ sequuntur, aspiratione addita, id est, per ch Græcum legenda sunt. Sciendum tamen est, quod Hebræus sermo non habet ch literam; sed nomina quæ apud nos per hanc leguntur, apud eos scribuntur per heth, quæ duplici aspiratione profertur.

Chabol, quasi germen, uel quasi germinans.
Chabon, quasi intelligens, uel quasi intelligentia.
Chabonim, liba uel crustula, seu quasi intelligentia eos, aut quasi intelligentia eorum.
Chabonim, manus spinarum, uel aceruus spinarum, siue præparantes, aut præparationes.
Chabor, coniungens, uel incantator: seu coniunctio aut incantatio.
Chabul, displicitum, uel indignatio.
Chabri, quasi grauitas, aut quasi æstiuo.
Chachim, sculpens, uel sculptura.
Charsar, fortitudo, uel robusta uiri susceptio.
Chalaal, contexta regio commixtionis, uel contextio regionis fermentatæ.
Chalachar, pascens uel nutriens, seu pabulum aut nutrimentum.
Chalad, pascens martyrem, uel consummatio testimonij.
Chalamach, omnem fortitudinem habens, uel omnis fortitudinis habitudo.
Chalamar, omne amarum, uel omnis amaritudo.
Chalamath, mensus est, uel consummauit: siue consummatus, aut consummatio.
Chalimas, omnes uel omnis: seu omnes nos, aut consummatio sonora.
Chalchal, pascens uel nutriens, seu pabulum aut nutrimentum.
Chaldæa, quasi fera, uel quasi feritas: seu quasi dæmonium, aut quasi mamilla.
Chaldæi, quasi feræ, uel quasi feroces: siue quasi dæmonia, aut quasi mamillæ.
Chale, contecta regio, uel contectio regionis.
Chaleph, canis, uel quasi similiter: siue quasi cor, aut quasi omne cor.
Chalech, idem.
Chalecorum, contegens regio eos, uel contecta regio eorum.

Caiphi, contegens regionem uel oris, uel contectio regionis illagreate.
Cham, calidum uel calliditas: siue calor uel calliditas.
Cham, surgens, uel resurrectio: seu necessitas, aut necessarius.
Chamaal, fidelis commixtio, uel similitudo dispectionis.
Chamar, fidelis, uel fidelitas: seu fidelis populo, aut fidelitas populi.
Chaman, similis uel fidelis domus, aut similitudo gratificationis.
Chamuan, fidelis populo, aut similitudo eorum.
Chamo, surgens dolor, uel calidus mœror: seu calida iniquitas, aut necessitas mœrentationis.
Chamos, congregans, uel congregatus: siue quasi attrectans, aut quasi attrectatio.
Chamuel, calens Deo, uel calidus Dei: seu Dei necessitas, aut Dei resurrectio.
Chamuelitæ, calentes Deo, uel calidi Dei: siue Deo necessarij, aut Deo resurgentes.
Chamul, calida fusio, uel calefactio uocis.
Chamul, surgens dolor, uel necessitate parturitionis, seu calens dolore, aut caliditas parturientis.
Chana, zelus uel æmulatio: seu possedit eos, aut possessio eorum.
Chanaan, suspirans, uel motus eorum: siue humilis, aut negociator.
Chanaan, zelus populi, uel æmulans populum: siue possidens populos, aut possessio populorum.
Chanaan, possidens domum, uel æmulator gratiæ.
Chanaan, e tabernaculis, uel responsio est: siue quasi monentes, aut quasi respondentes.
Chanaan, pauperculus uel negociator: siue possidens donum, aut æmulator gratiæ.
Chanana, hominum eam, uel negocians ei: seu possidens domum eam, aut æmulator gratiæ eius.
Chananæus, possidens uel possessio.
Chananæus, æmulator uel zelotes: siue præparatus, aut negociator.
Chananæi, possidentes, uel possessiones.
Chananæi, zelotypi, uel æmulatores: seu præparati, aut negociatores.
Chanaan, humilitas, uel ipse pauperculus: siue mutabilis.
Chanaan, pauperculus meus, uel negocians mihi, siue possidens domum meum, aut æmulator gratiæ meæ.
Chananæi, humiles uel possidentes: seu zelotypi aut æmulatores.
Caphsel, congregatio Deo, uel ecclesia Dei.
Characha, fures, uel foramen transibile.
Charadis, exercitus, uel castra filiorum Israel.
Charalla, ciuitas laudis, uel oppidum laudationis.
Chara, lyra uel foramen, siue furibundus, aut irascibilis.
Charam, fodientes eos, uel effossio eorum.
Charam, lyra uel ira, aut furor, aut foramina.
Chareath, intelligens peccatum, uel inuestigatio temporis.

Charith,

Charath, diuisio, uel concisio: siue cognitus, aut cognitio.

Charmanos, agnus congregatus, uel agnitio quasi armentum.

Charmam, uinea gratia, aut cognitio aquæ.

Charsena, furor abditus, uel occultus angustiæ.

Charetta, plectu uocatio, uel plecti uocationem.

Charebam, perfecta uocatio doni, uel perfecti uocationem gratiæ.

Chasaloth, spes eorum, uel quasi populantes.

Chasbi, calix in me, uel immolatio mihi: siue calix meus, aut immolatio mea.

Chasbon, calix mœroris, uel immolatio iniquitatis: siue calix murmurans, aut immolatio inutilis.

Chased, quasi copulantes, uel quasi populantes, sunt uero ipsi Chaldæi, mutato nomine.

Chaseleon, fortis durities, uel fortitudine dorum.

Chaslub, messor, uel messio: siue durus fortis, aut durus fortitudine.

Chasphim, immolans ori, uel calici sinuans.

Chasleu, spes eius, uel sperans in eum.

Chaslaian, consummatio, uel omnis dolor: siue cadens, aut incendium.

Chaslon, scelus, uel iniquitas: siue protectus, aut protectio.

Chazbi, mendacium, uel iniquitas.

Chazib, fictio, uel mendacium.

Chebron, coniugium, uel incantatio: seu uides sempiternus, aut uisio sempiterna.

Chedel, signum pauperis, uel scuttis [illegible].

Chelbon, lactea, uel albentes.

Chelcia, pars Domini, uel partiens Dominus.

Chelciam, pars Domini est, uel partiens Dominus est.

Chellan, incendium Domini est, uel consummatio Domini est.

Chelion, incendium, uel consummatio.

Chelmach, pars doni, uel donatio partita.

Cheloe, ab initio, uel consummatæ: siue omnis dolor, aut reuelatio eorum.

Cheled, signum destinans, uel scientia.

Chenne, quasi cithara, uel quasi lucerna.

Chenereth, signum citharæ, uel quasi lucerna.

Chennereth, idem.

Chenereth, quasi lucernæ, uel signa citharæ.

Chennereth, idem.

Chenoor, canticum, uel cithara: seu agnitio luminis, aut agnitio luminis.

Chereloth, uisio signi, uel uidebit signum.

Cherethim, disponentes, uel dispositiones eorum.

Cherethorn, cognita auferens, uel cognita oblatio.

Chermel, molle, uel tenerum: siue agnus tener, aut cognitio circumcisionis.

Cherse, glacies, uel solitudo.

Cherub, scientia multiplicata, uel scientiæ plenitudo.

Cherubim, immaculata pictura, uel scientia multiplicata: seu scientiæ plenitudo, aut quasi plures scientiæ & intellectus.

Cherubin, idem.

Chesion, protegens, uel protectio: seu iudicium, aut [illegible].

Chesbon, consummatio, uel omnis dolor: siue incendens eos, aut incendium eorum.

Chesib, percutiens, uel percussio.

Chesbezlud, signum infusum, uel fortitudo integrum.

Chetile, percussa generatio, uel percutiens generationem.

Chetim, signati, uel terrentes: seu formidantes, aut insanientes.

Chidon, scutum, uel clypeus.

Chilare, expiatio, uel expiatio: seu catulus eius, aut manus dissipans. Quod autem diximus catulum, leonem significat, quem Græci [illegible] uocant.

Chilab, uindicans patrem, aut uindicatio patris.

Chail, robustus, uel fortitudo.

Chaeloth, [illegible] signum, uel [illegible] significatio.

Chilam, uindicans eos, uel uindicatio eorum.

Choa, ecclesia, uel congregatio.

Choadad, maximum, uel præcipuum.

Chobal, condemnans, uel condemnatio.

Chobar, grauitudo, uel iuxta electum.

Chedchoth, Carthago, uel Carthaginenses.

Chodonasser, capiens plurima uirorum, uel capientes plasmatis.

Chodorlaomor, quasi generatio manipuli, aut quasi habens decorum manipulum.

Chodorlaomor, idem.

Choeleth, ecclesiastes Græce, concionator Latine.

Chomarim, æditui, uel ianitores.

Chomor, lacessens, uel prouocans: siue lacessiones, uel prouocationes.

Choneniæ, percussit Dominus, uel percussio Domini.

Chobar declinans partem, uel calcaria partis.

Chore, clamans, uel caluus: siue glacies, aut caluitium.

Choreb, ardor, uel siccitas: siue corruens, aut solitudo.

Choreb, missa, uel massa: siue [illegible], aut [illegible].

Choreus, iracundus, uel liber: siue farinarius, aut de foramine.

Chorrei, liberi, uel iracundi: siue farinarii, aut de foraminibus.

Chorrethi, disperdens, uel dispersio: seu dissipans, aut dissipatio.

Chori, caluus meus, uel clamans mihi: siue caluitium meum, aut glacies mea.

Chorræ, glacies meæ, uel clamantes mihi: siue calui mei, aut caluities mea.

Choreth, lumina, uel foramen: seu post me, aut foramina mea.

Corinthus, urbanus, uel ornatus ipse: seu conuersatio eorum, aut administratio publica.

Corinthii, ciues, uel conuersantes sibi: seu conciones eorum, aut publici administratores.

Chorographia, regionum descriptio, uel regionum descriptio.

Chorazain hoc secretum mihi, uel hoc mysterium meum.

Chorozaim idem.
Chus, calix, potatio.
Chosi, calix meus, uel potatio mea.
Chosamitalix, donatos, uel potū gratificationis.
Choses, congregans eos, uel cōgregatio eorū.
Chozba, iniquitas, uel mendacium.
Chozabeth, iniqua domus, uel mendacij habitaculum.
Chub, grauitas, uel condemnatio.
Chun, percutiens, uel percussio.
Chus, Aethiops, uel tenebrosus.
Chusai, niger, uel tenebrosus uultus, uel denotans.
Chusan, tenebrans eos, uel nigredo eorum.
Chusan, tenebrans domum, uel nigredo gratificationis.
Chusan rasathaim, tenebrosa iniquitas, uel nigredo impietatis.
Chusi, niger mihi, uel tenebrans me.
Chusi, secretum, uel silentium: siue arcanum, aut profunditas.
Chusa, durities ista, uel tenebrosus iste.

D

DAba, clibanus, uel proclinum.
Dabir, clibanus meus, uel proclinum meum.
Dabath, clibanus, uel proclinium.
Dabrath, oraculum, uel loquela.
Dabreth, oraculū fundi, uel locutio puteorū.
Dabreiamin, Paralipomenon Græcè, uerba dierum Latinè.
Dabir, loquens, uel loquela: siue loquens Deo, aut oraculum Dei.
Dabira, loquens ei, uel eloquentia eius: siue loquitur ei Deus, aut cistucas literarum.
Dabri, loquens, uel locutor: siue oraculum, uel eloquentia.
Dachur, compungens, uel compunctio: siue compungentes, aut compunctiones.
Dadan, iudicans, uel iudicium: siue solitarius, aut fratruelis eorum.
Daca, fortis malitia, uel iudiciū maledictionis.
Daem, fortes maligni, uel iudicia maledicti.
Daphres, adhæsio, uel remissio: siue adhærens, aut pulsatio.
Daphenem, pulsans oculos, siue adhæsio fontis.
Daphnis, lignum operum, uel ligni operatio.
Dagan, triticum, uel frumentum: seu piscis donatus, aut piscis gratificatus.
Dagon, piscis mœroris, uel piscis tristitiæ: seu piscis iniquus, aut piscis inutilis.
Dalas, fortis domino, uel pauperculus domini.
Dalaias, hauriens Dño, uel pauperculus Dñi.
Dalaian, hauriens Domino est, uel pauperculus Domini est.
Daleni, egena pauper, uel egena paupertas.
Dalila, situla, uel paupercula.
Dalmatia, grandis egestas, uel magnitudo egestatis.
Dalmaticæ, grandis egestas, uel magnitudo paupertatis.
Dalmanutha, situla quomodo pauper, uel paupertas requiescens superius.

Dalmatia, sanguis, uel sanguinea: siue sanguinis, aut sanguineas.
Damaris, silens caput, uel silentium capitis.
Damascus, sanguis facci, uel sanguineus saccus.
Damascus, sanguinem bibens, uel sanguinem propinans: siue sanguinis potus, aut sanguinis osculum.
Damasceni, sanguinem sacci, uel sanguineum osculis.
Damasceni, sanguinem biberes, uel sanguinē propinantes: siue sanguinum potatores, aut sanguinea potationes.
Dama, causa, uel iudicium: seu silens, uel silentium.
Dan, causa, uel iudicium.
Dana, causa eius, uel iudicium eius.
Danim, iudices, uel causatores.
Daniel, causa Dei, uel iudicium Dei: siue iudicans Deo, aut iudicauit me Deus.
Daran, Australis, uel Africanus.
Dardabe, generatio cognita, uel generatio cognitionis.
Darius, sterilis, aut augmentatus.
Daron, Africa, uel plaga australis.
Dalem, frenum, uel retinaculum.
Dathan, donum eorum, uel donum sufficiens.
Dathemam, donum formidolosa, uel doni sufficientiam accipiens.
Daui, fortis manu, uel uultu desiderabilis.
Debalan, delectans seculo, uel delectatio secularis.
Debehaleth, apes desiccans, uel eloquentia desiccata.
Deblata, palatha, uel opprobrium: Græco autem sermone Deblata louis ciuitas interpretatur.
Deblathaim, palathæ, uel opprobria: seu palathæ eorum, aut opprobria eorum.
Debela, delectās seculo, uel delectatio secularis.
Debelathaim, lateres, uel massæ, quas solent compingere de recentibus ficis, quas Hebræi Debelath nuncupant.
Debera, locutio, uel uelum timens.
Debir, loquens, uel loquela: siue uelum timens, aut uelitimor.
Debon, sufficiens ad intellectum, uel abundanter intelligens.
Debogad, sufficiens ad intellectum tentationis, uel abundanter intelligens accinctum latrunculum.
Debora, apis, uel loquela: siue eloquentia, aut eloquentia.
Deca, adhærens, uel pulsans: seu remittens, aut remissio.
Dela, plancata, uel plasmata: siue subtilitas, aut plasmatio.
Dedan, hoc iudicium, uel tale iudicium.
Dedana, generatio eius, uel generatio eorum.
Dephea, pulsans, uel adhærens: siue pulsatio, aut remissio.
Delaia, hauriens Domino, uel pauperculus Dñi.
Delean, egens, uel egestas.
Delechan, egens, uel egestas eorum.

Deleth,

Demetrius, summam persequens, uel uehementer incedens: seu fortis ad persequendum, aut uolubilitas uirga dexterae.
Dena, causa, uel iudicium: siue silens, aut silentium.
Demophon, silentium subiti moeroris, uel sanguinem eructans.
Damon, sanguineus moeror, uel sufficiens iniquitas.
Damonium, sanguineus moeror eis, uel sufficiens iniquitas eorum.
Denaba, iudicium ferens, uel iudicium afferens.
Dennaba, idem.
Dennahaba, causa patris, uel silentium fraternitatis.
Derben, loquens, uel filius generationis.
Derbens, loquax, uel generatus.
Derthon, loquela percutiens, uel generatio percussionis.
Desan, fortis elephantus, uel fortitudo elephantis.
Deisan, fortis dignitas, uel pinguedo elephantis.
Desith, murus, uel micatio: seu persona, aut calcatio.
Desan, fortis pupilla, uel calcatio eam, Syro sermone. Hebraice autem pingue: sonat et percutiens, aut cinis, i. est, fauilla holocaustorum.
Deuhel, agnosce Deum, uel agnoscitur Deus.
Diabolus, defluens, uel deorsum. Graece autem dicitur criminator, uel clausum ergastulo.
Diaphanes, illuminans, uel dilucidum.
Diana, aegritudinem suscitans, uel aegrotationum suscitatio.
Diapsalma, percantatio, uel spiritus sancti cessatio, siue amen, aut semper. Graeco autem sermone interpretatur uocum diiunctio.
Dibon, sufficiens ad intellectum, uel abundanter intelligens.
Dibongad, sufficiens ad intellectum tentationis, uel abundanter intelligens accinctum latrunculum.
Dimmon, sufficit eis dolor, uel sufficit eis moeror: siue sufficientia murmurationis eorum, aut sufficientia iniquitatis eorum.
Dimona, sublimitas, uel satis numerans.
Dina, causa haec, uel iudicium illud.
Dinei, iudicans bis, uel causidicus.
Dionysius, diiudicatus, uel uehementer fugiens.
Dioscore, pulchri ad regendum, uel pulchre cõregentes sunt, aut gemini Castores.
Dioscorus, pulchre contegens, uel pulchre ad regendum.
Diospolis, abnuens, uel abrenuncians.
Diotrephes, speciosus insultus, uel decor insiliens.
Dison, fortis elephantus, uel fortitudo elephantis.

Dodanim, patruus, uel patruelis.
Dolec, motus, uel mortuus: siue sollicitus, aut sollicitudo.
Domin, rubra, uel ascensus rufarum.
Domma, silens, uel silentium.
Don, iudicium, uel iudicator.
Dor, natiuitas, uel generatio.
Doram, generans populos, uel generatio populorum.
Dorcas, caprea, uel damula.
Dorda, natiuitas fortis, uel generatio desiderabilis.
Doremin, generatus excelse, uel generatio exaltata.
Dormin, generationes excelsae, uel generationum exaltatio.
Dorix, genitus furor, uel generationes medicamentum.
Doresapher, natiuitas aduenientis hominis, uel generatio paruuli uenientis.
Dothaeus, calcatio stupida, uel in deiectionem formidans.
Dothaim, pabulum, uel uiride eorum: siue sufficiens defectus, aut sufficientia defectionis.
Dudi, solitarius, uel fratruelis.
Dui, Deus, uel pulchritudo.
Duel, decorans Dominum, uel pulchritudo Dei.
Duma, tacens, uel silentium: siue gaudium & laetitia.
Durach, loquax, uel locutio: seu loquens frater, uel locutio fratris.
Durida, generatio pacifica, uel generationes pacificans.
Duram, pulchritudo, uel loquela: seu loquens populo, aut pulchritudo eorum.

E

Ebal, uallis uetus, uel uetus uorago: siue uallis deficiens, aut aceruus lapidum.
Ebrona, transiens, uel transitio: siue transcendens, aut transgressio.
Ebrona, incantator, uel incantatio: siue contagium, aut usus sempiterna.
Ebroni, transiens mihi, uel transitio mea: siue transcendens, aut transgressio mea.
Ebroni, transiens mihi, uel transitio mea: siue contagium meum, aut usus sempiterna.
Ebronite, transeuntes me, uel mihi: seu transitus mei, aut transgressione mea.
Ebronites, incantatores mei, uel incantationes meae: seu coniugati mihi, aut uidentes super me.
Edada, ornata, uel uoluptuosa.
Edema, uoluptas eius, uel deliciose ornata.

Edenitum, uoluptates deliciosæ, uel ornata diuisione.

Eden, uoluptas, uel ornatus: seu diuisio, aut deliciæ.

Edenna, uoluptas pulchra, uel diuisio pulchritudinis ornatus pulcher, aut diuisio pulchritudinis.

Edes, uoluptas [illegible], uel ornatus contingens seu diuina [illegible], aut deliciæ resurgentes.

Edesa, deliciæ [illegible], uel uoluptuosa plasmatio.

Edila, deliciosa mulier, uel uoluptuosa assumptio.

Edna, uoluptuosa pulchra, uel ornamentum pulchritudinis.

Ednas, ornatum tollens, uel diuisiosa plasmatio: siue delicatus serpens, aut uoluptuosus coluber.

Edom, rufus, uel fuluus: siue terrenus, aut sanguineus.

Edoma, rufa, uel terrena: siue rubrus, aut sanguinea.

Edras, inundatio pastus mei, uel inundatio pastus me.

Edraim, inundatio malorum, uel natiuitas pessimorum: siue descensio pastorum, aut inundatio pabulorum meorum.

Effraim, crescens, uel auctus siue augmentum, aut fertilitas.

Effraimitæ, augentes, uel aucti siue fertiles, aut crescentes.

Effra, uidens, uel frugifera seu fertilis, aut puluerulenta.

Effrata, idem.

Effrateæ, fertiles, aut frugiferi siue uidentes, aut puluerulenti.

Effrem, auctus, uel crescens seu fertilis, aut fecundus.

Effron, puluis mœroris, uel puluis mensuræ siue puluis eorum, aut ubi [illegible].

Effeta, adaperire, uel apertus sis.

Effi, mensura uel effundens siue effusus, aut resolutio.

Effai, mensura mea, uel defectio mea siue effundens me, aut dissolutus mihi.

Effraath, dissolutio umbraculi, uel effusio uestis consummatæ.

Effemai, effundens decorem, uel dissoluens imaginem.

Effre, mensura consurgens, uel effusus uigilans: siue dissolutus pellicens, aut resolutio.

Effreim, effusi uigilantes, uel mensura consurgentes: siue dissoluti pellicentes, aut resoluentes consurrectionem.

Effremesitha, mensura effundens uarium, uel consurrectio dissoluentis uarietatem.

Ephesam, cubitum meum, uel anima mea: seu [illegible] eorum, aut uoluntas mea in ea.

Ephesi, uoluntas mea, uel anima mea in eis: seu fines eorum, aut consiliatores mei.

Effine, fæcunditas, uel regeneratio.

Effi, mensura trium modiorum, uel tres modij mensurati.

Ephod, superindumentum, uel superhumerale.

Ephesiba, mensura rectitudinis, uel uoluntas mea in ea.

Eglanthan, solenne mandatum humile, uel extra domus responsionis.

Eglanthanis, solenne mandatum humilitatis, uel extra domus responsionis assumptæ.

Egeus, festus, uel solennia.

Aegyptus, tenebræ, uel angustia siue tribulans coangustians, aut coangustatio tribulationis.

Aegyptianus, tenebrosus, uel coangustatus siue tribulatione coangustatus, aut coangustatione tribulatus.

Egla, uitula, uel iuuenca: siue solennis, aut festiuitas eius. Ipsa est Michol uxor Dauid, quæ genuit ei filium, in cuius partu occubuit.

Eglaim, uitulæ, uel iuuenculæ siue solennes eis, aut festiuitates eorum.

Eglon, uitulus mœroris, uel iuuenculus iniquitatis: siue solenne murmur, aut festiuitas iniquitatis.

Ela, maledicta, uel ipsa siue terebinthus, aut arbuscula.

Elaath, ad solum, uel ad solitarium siue ad unum, aut maledictio peccati.

Elada, Dei testimonium, uel Dei testimonium [illegible] maledictio fortis, aut terebinthus desiderabilis.

Elade, ad scientiam, uel sententia siue [illegible] tuis, aut Dei scientia. Syro autem sermone interpretatur, super hanc.

Elade, ascensio, uel ad ascensum: siue Domini seruitus, aut maledictio testimonij.

Elam, orbis, uel seculum, aut postis, aut superliminare.

Elam, uestibulum, siue comparatio: seu despiciens, aut oppositio.

Elamitæ, orbes, uel secula: seu postes, aut superliminaria.

Elamitæ, uestibula, uel comparatio seu despicientes, aut oppositi.

Elas, maledictus ipse, uel faciens operationes.

Elasa, operatio ad faciendum: siue laudem faciens, aut laudabilis plasmatio.

Elasa, operatio ad faciendum: siue Deum suscipiens, aut Dei plasmatio.

Elasan, hanc separans, uel hanc separatio: siue Deum declinans, aut Dei declinatio.

Elasar, laudans carcerem, uel laus [illegible] uigilantes, aut laudata plasmationem [illegible].

Elath, unum, uel unitas siue solitarium, aut solitudo.

Elath, ad unum, uel terebinthus: siue Deo peccans, aut maledictus ipse peccator.

Elane, applicans, uel persecutio siue applicabitur, aut persequetur.

Elbon, Deo fortis, uel robustus fortitudine.

Elcham, pars eorum, uel testimonium eorum siue Deo surgens, aut Dei possessio.

Elcham, pars eorum, uel testimonium eorum seu Dei portio, aut Dei possessio.

Elchar, portio, uel portiuncula seu portio temporis, aut portiuncula perditionis.

Elchase, aduocata, uel aduocata.

Elchesem, aduocatum, uel aduocatus.

Elchesi, aduocatus meus, uel aduocatio mea.

Eldea,

Eldaa, ad scientiam, uel de scientia.
Eleale, conscensio, uel ad conscensionem.
Eleanan, Dei mei donum, uel Dei mei pulchritudo.
Eleazar, Deus meus adiutor, uel Dei mei adiutorium.
Eleazarus, Deus meus adiutor cœli, uel Deus meus adiuuans [illegible].
Eleb, Deus pater, uel Dei paternitas.
Eleeh, portio uel particula.
Elechez, particulae, uel portiones.
Elecha, ascendentes, uel ascensiones, siue ascendens, uel ascensio.
Elel, laudans, uel laudatio.
Elem, postes, uel [illegible] uestibulum, aut superliminare eorum.
Elema, postis eorum, uel seculum eius, uel Deum accipiens, siue Deum colens.
Eleuon, seruitus Dei, uel ascensio.
Elleuon, Græci, uel Græcorum.
Eleon, diuinitas, uel elaborantes. Ipse est mons Oliueti, de quo Dominus coram discipulis ascendit in cœlum.
Eleph, ad initium, uel ad faciendum, siue Deum [illegible], aut Dei plasmatio.
Eleutheros, seculum honoris, uel exercituum cohabitatio.
Eliab, deus meus pater, uel dei mei paternitas.
Eliab, uana absconsio, uel nequaquam absconditus, siue Deus meus pater eius, aut dei mei paternitas est.
Eliachim, Deus meus resuscitabit, uel Deus meus frater eorum.
Eliada, Deus meus cognouit, uel Deus meus audiens, siue Dei mei seruus, aut Dei mei testimonium.
Eliade, idem.
Eliadan, Deus meus cognouit eos, uel Deus meus audiet eos, siue Deus meus scruter eis, aut Deus meus testificator eorum.
Eliam, Deus meus populus, uel Dei mei populus, siue Deus meus mirabilis est, aut Deus meus miraculum eorum.
Eliasib, Deus meus lectum incendens, aut Deus meus [illegible].
Elietha, Deus meus [illegible], uel Deus meus uenit, siue Deo meo [illegible], aut Dei mei tempus.
Eliathan, Deo meo [illegible], uel Dei mei calidum, uel Deo meo [illegible], aut dei mei necessitas.
Eliu, [illegible], uel maledictum positis, aut superliminaria.
Eliud, Deus meus [illegible], aut [illegible] Dei mei.
Elidad, dei mei patrui, uel deus meus patruelis.
Elidshe, Deus meus [illegible] esse, uel Deus meus [illegible] ipsum [illegible], siue deus meus [illegible], aut deus meus [illegible].
Eliefalech, acerui [illegible] germinis, uel [illegible] germinis aceruati: siue Deus meus [illegible], aut Deus meus [illegible] particula.
Eliezer, Deus meus fortis, uel Deus meus adiutor: siue Deo meo [illegible], aut Dei mei fascinatio.
Eliphal, Deus meus mirabilis, uel Dei mei mirabilia eorum.

Eliphaleth, Deus meus dirimens, uel Dei mei diuisio: siue Deus meus mirabiliter saluans, aut Deus meus mirabiliter liberans pauidos.
Elia, Dei mei populus, uel dei mei congregatio.
Elisamat, Deus meus donans, uel Deus meus dominans, siue Deo meo donata.
Elima, transgrediscientem, uel ad transgressionem ingrediens.
Elimelech, ad regem, uel ad principem: siue Dei mei regnum, aut Deus meus regnator.
Elion, excelsus, uel sublimitas: siue Dei [illegible], aut Deo [illegible].
Elionai, sublimis [illegible], uel excelsus [illegible].
Elioreb, Dei mei hyems, aut Dei mei [illegible].
Elisa, ad infirmam, aut Dei mei salutatio.
Elisabeth, Dei mei septimus, uel Deus meus [illegible]: siue Dei mei iuramentum, aut Dei mei saturitas.
Elisaph, Dei mei specula, uel Deus meus speculans: siue Deus meus abscondens, aut Dei mei absconsio.
Elisaph, Dei mei labium, uel Dei mei [illegible], uel Dei mei speculum, aut Dei mei [illegible].
Elisaphat, Dei mei lapis, uel dei mei [illegible], siue dei mei [illegible], aut dei mei [illegible].
Elisbe, Dei mei salus, uel Deus meus defendit me.
Elisama, Deus meus audiuit, uel Deus meus exaudiuit.
Elisa, Dei mei princeps, uel Dei mei [illegible], siue pater meus fortis, aut pater meus coangustans.
Elise, Dei mei salus, uel Dei mei protectio.
Elisiah, Dei mei filius, uel Deus meus hic est, siue Deus meus saluans uitam, aut Deus saluans pauidos.
Elisua, Dei mei salus, uel Dei mei protectio.
Elisue, idem.
Elisur, Dei mei murus, uel Deo meo [illegible], siue pater meus fortis, aut pater meus coangustans me.
Eliud, Deus meus dominus, uel deus meus iste.
Elmadan, Dei mei mensura, uel Dei mei commensio.
Elmelech, Dei mei regnum, uel Deus regnans.
Elmodab, Dei regnalis, uel Dei [illegible].
Elmodad, Dei mensura, uel ad [illegible] principum.
Elmoa, contemnens, uel contemptus.
Elmo, locus, uel [illegible] contemnens me.
Elmondablathaim, contemnens palathas, aut contemptor [illegible].
Elnathan, addens, uel [illegible] ad donum, aut Dei donatio.
Elnathan, Dei donatio, uel Deo donatus.
Elo, Deus, uel deitas: siue exercitus eius, aut exercitus eorum.
Elocupporis, turma militum, uel opes eorum.
Eloi, Deus meus, uel deitas mea.
Eloim, Dei eis, uel deitas eorum.
Elom, exercitum fortitudinis, uel exercituum fortitudine.

Elon, quercus, uel robustus: seu regia campestris, aut exercitus fortitudinis.
Eloth, armario, uel arietis lignum: siue Deo respondens, aut deitas temporalis.
Elsabahamaris absconsio, uel nequaquam absconditus.
Elthacel, uxores conuiuae, uel nequaquam uiuens.
Elthecel, proferens, uel prolatio eorum.
Elthecen, protulit, uel prolatio.
Elthecen, proferens fontem, uel prolatio oculi.
Elmoladi, natiuitas, uel admirationem.
Eluan, exaltatus, uel exaltatio.
Eluad, gloria laudes, uel accipiens gloriam.
Elul, Deum dolens, uel Deum parturiens.
Emach, uallis, uel profunditas.
Emachim, ualles, uel profunditates eorum.
Emachmel, uallis diuisa, uel profunditas eorum.
Eman, callidus, uel accipiens: siue calor eorum, aut formido eorum.
Emath, formido eos, uel acceptio eorum: siue indignans rigidi, aut indignatio rigidus.
Emathim, formido eorum, uel accipiens eos: siue indignans rigide, aut indignatio rigida.
Emaus, mater festinans, uel desiderium consilij.
Emme, mater uel desiderium.
Emmam, mater eorum, uel desiderans eos.
Emanuel, nobiscum Deus, uel nobiscum diuinitas.
Emathalis, uallis concidens, uel uallis conscissionis.
Emmer, uerbum, uel sermo: siue sermocinans, aut sermocinatio.
Emin, metes, uel populi: siue horrendi, aut terribiles.
Emona, calor eius, uel accipiens eam.
Emor, asinus, uel alineus: siue loquax, aut amaricans.
Emorim, asini, uel asinei: seu loquentes, aut amaricanti.
Emorith, mater lux mea, uel desiderans desiderium.
Ena, fons, uel oculus.
Ena, ecce hic sunt, uel ecce oculus: siue fons eius, aut oculus eius.
Enach, fortis, uel potens: siue gigas, aut terribilis.
Enachim, fortes, uel potentes: seu gigantes, aut terribiles.
Enada, fons acutus, uel oculi exacutio: siue fons sufficiens, aut oculos testimonij.
Enadda, idem.
Enadab, fons spontaneus, uel oculus uoluntarius.
Enadan, oculus iudicans, uel oculus iudicij.
Enagallim, fons tristitia, uel oculus uitulorum.
Enai, fons meus, uel oculus meus.
Enaim, ecce hae sunt, uel ecce sunt oculi: siue fontes eorum, aut oculi eorum.
Enanubes, uel ecce haec sunt: siue fontes eorum, aut oculi eorum.
Enrodh, ecce concipit, uel ecce conceptio.
Enathan, ad dantem, uel Deo donans: siue fons dantis eis, aut oculus donationis eorum.
Enathon, dans gratiam, uel dantis gratia: siue fons datus iniquus, aut oculus datus responsioni.
Encenia, renouata dedicatio, uel renouatio dedicationis.
Endad, fons solitarius, uel oculus subtilis.
Endor, fons generationis, uel oculus naturalis.
Eneam, ecce ista, uel ecce haec sunt.
Eneas, pauper, uel miser: siue respondens, aut responsio.
Engaddi, fons hoedi, uel oculus tentationis.
Engallim, fons manans, uel oculus transmigrans: siue fons reuelationis, aut oculus transmigrationis.
Enganni, fons horti, uel oculus elationis.
Enganim, fons hortorum, uel oculus elationis eorum.
Eniel, gratia mea Deo, uel gratia mea Dei.
Enoch, dedicauit, uel dedicatio: siue aedificans, aut cum Deo ambulans.
Enochite, dedicantes, uel dedicauerunt: siue aedificantes, aut cum Deo ambulantes.
Enon, ecce sunt, uel ecce hae sunt: seu fons nubilus, aut oculus fortitudinis.
Enon, oculus maeroris, uel oculus maeroris seu fons tristitiae, aut fons murmurationis.
Enon, oculus maeroris, uel oculus iniquus seu fons tristitiae, aut fons murmurationis.
Enos, homo desperans, seu mutans, aut uiolentus.
Enremon, fons congregatus, aut oculus sublimis.
Ensames, fons solis, uel oculus mundus humilis.
Epafras, crescens, uel augmentum: siue frugifer, aut equidem uidens.
Epafrodion, fertile, uel frugiferum, aut fecunditas.
Epafroditus, frugifer, uel fecundus: seu fertilis, aut fecunditas.
Epicina, supra locum, uel supra lugentis.
Epicurei, supra curam, uel supra curantes.
Epimenion, supra uel super [illegible].
Eran, uacue fecit, uel [illegible].
Erastus, frater meus uidens, uel [illegible] absurdum uocabulum figuratum.
Erebus, [illegible], uel effusus pauore.
Ergab, lapis, uel lapideus.
Eriath, ebrietas solitudo.
Ermi, anathema maeroris, uel anathema uiduitatis.
Ernan, auferens, uel sublatio, uel anathema nostrum, aut anathematizatio gratiae.
Erom, anathema tristitiae, uel anathema [illegible] maeroris.
Eron, dolor, uel dolorum: siue [illegible] eorum, aut [illegible] dolorum.
Esau, condemnans, uel [illegible]: siue [illegible] gratiam, aut plasmatio donationis.
Esbaal, ignis in eo, uel ignis in eis.
Esdras, confirmans, uel [illegible]: seu [illegible], aut confirmator.
Esebon, uoluntas maeroris, uel [illegible] sortitudinis.

Esai, incensum, uel insulae libatio.
Esau idem.
Esebon, uoluntas moerens, uel consilium tristitiae.
Esbon idem.
Esemma, uirtus mihi, uel confirmatio mea.
Esiongaber, uoluntas, uel iuuentus, seu fortis operatio, aut consilium quod est tristitiae.
Esau, faciens uel factura.
Es[illegible], [illegible], uel [illegible], siue rubens, aut aceruus lapidum.
Esbal, ignis maritus, uel ignis maritatus.
Esban, ignis in eo, uel ignis eius.
Esbeth, uetus, uel [illegible], siue ignis uanus, uel ignis uetus.
Esbon, fluuius moerens, uel cingulum tristitiae.
Escha, contemnens uel habitans despectionem.
Eschani, contemnentes, uel habitantes despectionem.
Eschabod, ue gloriae, uel recidit gloria, seu ue glorioso, aut gloriam habet occasum.
Eschol, botrus, uel ignis omnis, seu totus ignis, uel omnis igneus.
Esdi, misericors, uel misericordia.
Esdod, effusio, uel incendium.
Esdum, incendia, uel incendentes, siue ignis paruuli, aut ignis paruuli mei.
Esdras, adiutor uel auxilium, siue misericordia Domini, aut misericordia mansura.
Esdrelon, misericordia Dei, uel misericordia mea Deus meus.
Esdrin, adiuuans misericordias, uel misericors iniquitatibus.
Esebo, cingulum tristitiae, uel cogitatio moerentis.
Eser, uicinus, uel uicinitas.
Eseli, uicinus meus, uel uicinitas mea.
Eselam prope Dominus est, uel Domino propinquans est.
Esmel, gemma uel electrum.
Eser, plasma uel electio.
Esphara, fracturam aperiens, uel plasmatio ca[illegible].
Esli, uicinus meus, uel uicinitas mea, seu facta laborans, aut plasmatio laboriosa.
Esmona, festinans uel festinatio.
Esna, ignis, uel foecunditas, seu adulterans, aut adulterium.
Esrai, indigena uel orientalis.
Esriel, auxilium Dei, uel auxiliatus a Deo.
Esron, sagittam uidens, uel sagitta uisionis, siue transeuns fortis iaculo gregum.
Esron, atrium eius, uel atrium eorum, siue atrii tristitia, aut atrium iudicantis iudicia.
Esronitae, sagittam uidentes, uel sagittae uisionis, siue transeuntes, aut fortes iaculo gregum.
Esronim, atria eius, uel atria eorum, seu atria tristitiae, aut atria iudicantis iudicia.
Estha, ignis uel cogitatio.
Esthama, ignis manens, uel cogitatio doloris.
Esthamo idem.
Esthamon, ignis manens, uel cogitatio dolorum.
Esthabol, ignis gementium, uel ignis parturientium.
Esthaelis, ignes gementes, uel ignes parturientes.
Esthabone, cogitans dolorem, uel cogitatio doloris.
Esthaol, ignis dolentium, uel ignis parturientium.
Esthonna, cogitans, uel cogitatio, siue consignans, aut consignatio.
Esthemo, ignis manens, uel cogitatio doloris.
Esthemon, idem.
Esthemoe [illegible] mulieris.
Esthon, ignis moerens, uel cogitatio [illegible].
Ethei, robustus meus, uel protectio mea.
Ethaia, fortis Dominus, uel protectio Domini.
Ethalon, incunabula moerens, uel repositio tristitiae.
Etham, fortis uel robustus, siue fortis eorum, aut protectio eorum.
Ethan, ascendens, uel ascensio, seu fortis dono, aut robusta gratia.
Ethani, robusti, uel robustorum, seu fortes dono, aut fortes gratia.
Ethehel, robustus Dei, uel protectio Dei.
Etheme, moerens, uel lugens, siue moeror, aut luctus.
Ether, formido, uel incunabulum.
Etheras, stupens, uel formidans, siue stupidus, aut formido.
Ethi, metum, uel timuerunt, seu stupor, aut obstupuerunt.
Ethei, metum, uel timuerunt, seu stupidi, aut obstupuerunt.
Ethim, perfectio, uel fortitudo, seu fortes eis, aut perfectio eorum.
Ethiopia, caligo uel tenebrae.
Ethiopes, tenebrosi, uel caliginosi.
Ethnici, pagani, uel gentiles.
Ethuel, robustus Deo, uel fortitudo Dei.
Eua, uae uel uita, seu calamitas, aut mater uiuentium.
Eubolus, cohabitator, uel cohabitatio.
Euchodia, apprehendens Dominum, uel apprehensio Domini.
Eud, gloriabundus, uel accipiens gloriam.
Eudoma, apprehendens Dominum, uel apprehensio Domini.
Euech, est uel desiderat, seu desiderans, aut desiderauit.
Euergetis, torcular pessimum, uel uera oppressio.
Eueus, ferus, uel pessimus, siue ferox, aut lapides colligens.
Eufrates, frugifera uel puluerulenta, seu equidem uidens, aut [illegible].
Eu[illegible], [illegible], uel [illegible], siue humus, aut puluerulenta.
Eui mea, idem.
Eui, ue mihi, aut calamitas mea.
Euiath, ferales uel feroces, siue desiderii, aut desiderium meum.
Euil, stultus, uel insipiens.
Euila, dolens, uel parturiens, siue solidus, aut in principio.
Euilath, idem.

Eusimer a dechs [illegible] amarus, uel insipiens amaricans.
Euim, iniqui, uel iniquitates, siue ea, aut calamitas eorum.
Eumenis, [illegible], uel commiscens ex ipsis assumptum.
Eunice, honorata, uel honor aeternum.
Eupater, honoratos separans, uel commiscens separatores.
Eupolemus, honorans ore, confusus.
Eulis, commiscens ora maxillarum.
Eurichon, ducens infernum, uel commiscens desertum.
Eurychus, amens uel insulsus: Graece autem dicitur fortunatus.
Eurychus, idem.
Ezbahania, solenne mandatum humile, uel legatio domus responsionis.
Eshalis, mente excedens, uel mentis excessio.
Ezaba, hyssopus uel humilitas.
Ezabi, hyssopus meus uel humilitas mea.
Ezabo, uidens, uel uisio.
Ezazon, uidens sursum, uel uidens in superioribus.
Ezeadu, uidens seruitutem, uel fortis testificator.
Ezeca, auxilium uel confortatio.
Ezechias, auxilium Domini, uel cōfortauit me Dominus.
Ezal, uidens Deum uel fortitudo Dei.
Ezer, auxilium, uel fortitudo, siue separatus, aut sanctificatus.
Ezia, uidens Dominum, uel fortitudo Domini.
Eziel, uidens Deum, uel fortitudo Dei.
Ezion, uidens dolorem, uel uidens iniquitatem.
Ezir, sanctificans uigilem, uel fortitudo uigilis.
Ezrael, semen Dei, uel atrium, siue auxilio Dei, aut auxiliatus à Deo.
Ezrai, seminans mihi, uel atrium meum.
Ezraim, atrium meum, uel seminator meus.
Ezras, auxilium uel seminator.
Ezri, semen meum, uel auxiliator meus.
Ezricham, semen meum, uel auxiliator meus necessarius.
Ezriel, semen meum Deo, uel auxiliator meus Deus.
Ezro, semen eius, uel atrium eius, siue auxilius eum, aut auxiliatus ab eo.

F

Facee, aperiens, uel oris assumptio.
Faceia, aperiens Domino, uel assumens Deum.
Facia, aperiens Domino, uel in assumens ei.
Fachud, instans, uel obstatio.
Fada, redemptus, uel redemptio.
Fadal, redemptus meus, uel redemptio mea.
Fadaia, redemptus Domino, uel redemptio Domini.
Fadassur, uallatus, uel redemptio fortis fratre, aut dirimens angustias, aut redemptio acerbitatis.
Fadassorta, uallati, uel redempti fortiter, seu redimentes angustias, aut redemptiones ad perfectionem.
Fadaib, redimens tempus, uel redemptio peccatoris.
Fadaia, redemptus Domino, uel redemptio Domini.
Fado, redimens eum, uel redemptio eius.
Faddon, redimens maerentes, uel redemptio iniquitatum.
Fagiel, occursus Dei, uel occurrit mihi Deus.
Fagur, hiatus, uel os pelliceum, siue occurrens lumini, aut occurrens incendio.
Fahad, euadens testis, uel operarius ultra.
Fahel, idem.
Falathi, saluator meus, uel saluatio mea.
Falaia, cadens Dominus, uel occasus Domini.
Falasar, cadens princeps, uel occasus Domini.
Faldas, cadens germen, uel ruina paupertatis.
Faleam, cadens populus, uel occasus eorum.
Faleth, diuidens, uel diuisus est, diuisit me, aut diuisio mea.
Faliel, cadens Dominus, uel occasus Dei.
Falesar, cadens principe, uel occasus carbonis.
Faleth, saluans, uel saluatio, siue occasus uitae, aut cadens pauore.
Falethi, saluans me, uel saluationes, seu occasus uitae meae, aut cadens pauore mei.
Falnasar, cadens princeps, uel occasus [illegible].
Falsan, cadens merore, uel occasus iniquitatis.
Falomites, cadens momentaneo, uel casus imaginis.
Faltel, euadens, uel liberatus, siue Saluatori meo, aut liberationi meae.
Faltias, euadens à Domino, uel liberatus Domini, seu saluat me Dominus, aut salus mea Domino.
Faltiel, euadens à Domino, uel liberans Dei, seu saluat me Deus, aut salus mea Deo.
Falu, mirabilis, aut admiratio.
Faluim, mirabiles aut admirantes.
Famuel, contemplans Deum, aut facies Dei.
Fara, ferox, uel ferus, siue onager, aut ferocitas.
Fari, gluto, uel insatiabilis, siue onager meus, aut ferocitas mea.
Farao, nudauit eum, aut dissipauit eum, seu denegans uirum, aut discooperiens eum.
Faraonechao, denudans percussus, uel dissipans praeparatum, seu denegans percussionem, aut discooperiens praeparationem.
Faras, nudans, uel succrescens, seu diuidens, aut diuisio.
Faraim, succrescens eis, uel augmentum eorum, seu diuidens eos, aut diuisio eorum.
Farasi, hiatus, uel hiauit, seu hiauit me, aut hiatio mea.
Faraton, homo iniquus, uel [illegible] tristitiae.
Faretnah, diuisio mea, uel uitulus signatus.
Fares, diuidens, uel diuisus, seu dissipans, aut uiolentus.
Fares, diuisi uel diuidentes, seu uiolenti, aut dissipantes.

Farsir,

Farfar, talpa, uel fodiens, seu dissipans, aut dissipatio.

Faruq, diuisi, uel diuidentes, seu minuentes, aut dissipantes.

Farnath, descendens ad me, uel uitulus sagittarius.

Faros, uiolentia uel dissipatio.

Farsendatha, imago abundans domus, uel [illegible] egressa [illegible].

Farsith, imago [illegible] uel ferocitas [illegible].

Fartehim, [illegible].

Farua, [illegible].

Farud, ferocitas iudicis uel [illegible] iudicatus.

Faruch, ferocitas uel concilio.

Faruim, feroces, uel concili.

Fase, transcendens, uel transcensio, siue transgrediens, aut transgressio.

Fase, transcensio, uel transitus. Pro hoc Fase, nos Pascha legimus.

Fasa, transiens eum, uel transcensio eius.

Faseë, transgrediens [illegible] uel transgressio eius.

Faseh, transgressor, uel transgressus, siue transgrediens [illegible] aut [illegible].

Fasidia, transgressio [illegible], uel transgressionis [illegible].

Fasmon, transgrediens montes, uel transgressio [illegible].

Fasphe, [illegible], uel dolatio [illegible].

Fasga dolatus, uel excisus, siue abscisio.

Fasur, transitus montes, uel transitus [illegible].

Fassa, transitus [illegible].

Fassur, pallor [illegible] aperitos [illegible].

Fath, [illegible] uel plaga [illegible], siue [illegible] plaga, uel [illegible] regio.

Fathaia, [illegible] Domini, uel plaga Domino, siue aperiens Dominus, aut apertio Domini.

Fathmoab, aperiens ex patre genitos, aut apertio de patre genitorum.

Fathuel, [illegible] Deo, uel latitudo Dei, seu aperiens Deus, aut apertio Dei.

Fatuel, idem.

Fatures, decepti calcatus, aut calcati decepti, siue buccellam confirmans.

Fau, mihi uel [illegible], seu [illegible], aut [illegible].

Fe, disciplina, uel [illegible], siue error, aut [illegible].

Febronia, [illegible] uel [illegible].

Fedahel, redemptor Deus, uel redemptio Dei.

Fegor, hiatus, uel [illegible] pellis, aut oris hiatus.

Feida, excludens [illegible], uel [illegible].

Felech, saluans Domini, uel [illegible] Domini.

Feleia, [illegible] uel diuisio.

Feleth, excludens, uel mirabilis, seu [illegible], aut saluatio.

Felethi, [illegible] eum, uel mirabilis est.

Felethi, saluans me, uel mirabilis mihi, seu excludens [illegible].

Felethia, saluans Dominus, uel saluatio Domini, seu excludens Dominus, aut mirabilis Dominus.

Felethia, excludentes, uel saluati, seu mirabiles, [illegible].

Feleti, excludens, uel saluatus, seu mirabilis, aut [illegible].

Felichem, [illegible], uel [illegible].

Felomoni, [illegible].

Felsac, [illegible].

Felonees, [illegible].

Felionem, [illegible] Dei, [illegible].

Felsia, [illegible] uel liberatio, seu saluator meus, aut saluatio mea.

Feltias, [illegible] Domino, uel liberatio Domini, seu saluat me Dominus, aut salus mea Dominus.

Felgon, diuidens, uel diuisio, seu dissecans, aut dissectio.

Fenath, motus uel minutus.

Fenelagar, conuersa generatio, uel conuersio generationis.

Fenenna, conuersa uel conuersio.

Fenuela, [illegible].

Fenduri, [illegible], uel [illegible].

Fensores, [illegible], uel disciplina [illegible].

Ferdiona, separatus, uel dissolutio, siue separatio [illegible].

Ferete, separati, uel [illegible], siue separantes, aut [illegible].

Feros, dissipans, uel uiolentia, siue dissipatio, aut uiolentia.

Ferdus, uiolentia angustiae, uel dissipatio [illegible].

Fefe, transiens, uel transcendens, siue os [illegible].

Fesse, idem.

Fesga, dolatio, uel [illegible], siue oris [illegible], aut oris [illegible].

Fesi, [illegible], siue laqueus [illegible], aut disciplina angustiae.

Fetrus, [illegible], uel os multitudinis [illegible] nomen [illegible] Hebraicè figuratum est.

Fetul, os acerbum, uel laqueus, siue [illegible], aut disciplina [illegible].

Feth, aperiens, uel apertio.

Fetha, aperi, uel aperiens, siue aperiens eum, aut apertio eius.

Fethete, diuisa, uel [illegible], siue [illegible], aut Libyes [illegible].

Fethia, aperiens Dominum, uel apertio Domini.

Fethmoab, aperiens ex patre genitos, uel apertio de patre genitorum.

Fethora, [illegible], uel [illegible], aut [illegible].

Fethros, dissoluens mensuram, uel dissolutio mensurae.

Fethrosim, dissoluens mensuram eis, uel dissolutio mensurae eorum.

Fethrosim, idem.

Fethuel,

Ferbael, aperiens Deo, uel latitudo Dei.
Ferhasson, aperiens eis, uel latitudo eorum.
Feziel, os meum Dei, uel os meum est Deus, siue os germinans Deo, aut os disciplinæ Dei.
Fezelihel, os meus Dei, uel os meus Deus, siue ora germinantia Deo, aut ora disciplinarū.
Fiahiroth, os nobilium, uel [illegible].
Fichol, os omnis, uel os omnium.
Fieenon, os lecto, uel ori eorū, siue os [illegible], aut os alligatum.
Figelus, [illegible] uel accurrens.
Figulus, os principis, uel os principum.
Finidelphus, [illegible] Domino, uel [illegible] Domini.
Filiarches, declinans principem, uel declinatio principis.
Filemon, mire donatus, uel mira donatio, siue os panis eorum, aut panis oris eorum.
Fiirus, declinans, uel declinatio, siue os meū, aut [illegible].
Filippus, os lampadis, uel os manuum.
Filippis, os manuum, uel os lampadarum.
Filippensis, ora manuum, uel ora lampadarū.
Filistea, cecidit, uel cadens potione, aut ruina duplex, aut ruina poculi.
Filistijm, ceciderūt, uel cadens potione, seu ruina duplex, aut ruina poculi.
Filogolus, os praecipium, uel [illegible].
Finehes, [illegible] uel [illegible].
Finees, os parcens, siue os requiescens, aut os pepercit.
Finon, os [illegible] siue os [illegible], aut os [illegible].
Finō, os meum [illegible], uel os meum [illegible] ore, [illegible].
Fisōn, os fontis, uel oris fontium, seu cognitio Dominum, aut cognitio Domini.
Fison, [illegible] uel os pupilla, siue os mutatum, aut oris mutatio.
Fithon, labium, uel subitaneum, siue os abyssi, aut oris profunditas.
Fithonissa, labia, uel subitanea, siue os abyssi aut oris profunditas.
Fithonissa, idem.
Fogor, [illegible] pecora, uel [illegible] pecorum.
Fogorensis, [illegible] pecora, uel [illegible] pecorum.
Focereth, [illegible] occidens, uel [illegible].
Focerasim, [illegible] uel [illegible] mei.
Fodasur, [illegible] uel fortis redemptio.
Foelen, ore [illegible], uel disciplina filius.
Fogor, hiatus, uel hiatus, siue os pellium, aut os pelliceum.
Fohalhe, [illegible] siue [illegible], aut [illegible].
Foho, [illegible] uel [illegible].
Forathe, [illegible] tempore, uel [illegible] peccatoris.
Forhoronim, [illegible] gloriæ populi, uel [illegible] populi gloriosi.
Forum [illegible] perfectæ, uel [illegible] perfectione.
Fotech, [illegible] uel [illegible].
Fulga, [illegible] uel [illegible], siue os [illegible], uel os mutum.
Fuhiel, [illegible] Deum.
Fuhel, [illegible] Deo [illegible], non pronomen.
Fua, labia [illegible] uel indutio [illegible], aut declinatio ora eorum.
Fuhabrod, [illegible] eorum, uel indutio eos, siue [illegible] eorum, aut declinatio ora eorum.
Fel, [illegible], uel [illegible], siue cadens, aut ruina.
Furia, [illegible] ab ore, [illegible].
Funiel, os meum Deo, uel os meum Dei.
Fur, [illegible].
Furim, [illegible], uel [illegible], siue fons eius, aut [illegible].
Furim, fortium, uel [illegible], siue fons eorū, aut [illegible] eorum.
Futh, labia, uel [illegible], siue [illegible], aut declinatio [illegible].
Futhiar, [illegible] inclinatio, uel os inclinans ad declinandum.

G

GAas, uallis [illegible], uel uallis [illegible].
Gaad, [illegible], uel [illegible].
Gaal, [illegible] uel [illegible].
Gaala, [illegible] uel [illegible] eius.
Gaam, [illegible] populum, uel [illegible] populi, seu [illegible], aut uallis [illegible].
Gaas, commotio, uel commotio.
Gaasso, commota tempestas, uel commotio.
Gaba, uallis, uel præliorum.
Gabaa, uallis eius, uel prælium eius.
Gabaad, uallis patrui, uel collis patruis, seu uallis [illegible], aut prælium feruens.
Gabaath, uallis [illegible], uel prælium [illegible].
Gabai, uallis [illegible], uel prælium [illegible].
Gabao, uallis [illegible], uel prælium sublime.
Gabaon, uallis [illegible], uel prælium [illegible].
Gabaonitæ, uallis [illegible], uel prælium [illegible].
Gabath, [illegible] uel columnæ, siue in [illegible], aut in columnis.
Gabatha, collis [illegible], uel prælium sublime.
Gabatha, [illegible], uel prælium sublimis.
Gababon, [illegible], uel sublimis [illegible].
Gaber, collis [illegible], uel collis sublimium.
Gabeli, uallis Deo [illegible], uel collis diuini consilij.
Gaber, [illegible] uel [illegible].
Gab, [illegible], uel [illegible].
Gabidem, [illegible], uel [illegible].
Gabriel, [illegible] meus Deus, uel fortitudo dei [illegible], aut [illegible] meus deus.
Gabuim, sublimitas, uel [illegible].
Gad, [illegible], uel [illegible].
Gadi.

Gadi, tentatio, uel in euentu, seu felicitas, aut infortuna.
Gadita, succincti latrones, uel accincti latrunculi.
Gaditæ, tentati, uel fortunati, seu felices, aut in euentibus.
Gaddi, tentatio uel accinctio.
Gaddan, tentatus populus, uel accinctio populi.
Gaddiel, hœdus Dei, uel tentatus Deus.
Gader, murus uel sepes.
Gaderæ, murus eius, uel sepes eius.
Gaderitæ, muri, uel maceria.
Gaderoth, sepes respondens, uel maceria temporalis.
Gadad, concisio uel accinctio, siue tumultus, aut expeditus.
Gaddi, hœdus meus, uel accinctio mea, siue accinctus meus, aut tentatio mea.
Gadditæ, hœdi mei, uel accinctiones meæ, siue accincti mei, aut tentationes meæ.
Gadihel, tentauit me Deus, uel accinctio mea Deus.
Gaddihelitæ, tentati Deo, uel accincti Dei.
Gaddin, accinctus [illegible], uel tentationis [illegible].
Gadum, accinctio hominis, uel [illegible].
Gaza, uorago contingens, uel deuoratio [illegible].
Gai, uallis, uel præruptum, seu deuorans, aut uorago.
Gail, exultans, uel exultatio.
Gaie, uallis, uel collis, seu deuoratio.
Gailath, exultans tempore, uel exultatio responsionis.
Gaioth, ualles uel colles, seu uoragines, aut deuorationes.
Gaius, mobilis, uel commotus, seu uallesia, aut defensibilis.
Gal, aceruus, uel inuolutum.
Galaad, tumulus testis, uel aceruus testimonii, siue transmigrantes testes, aut transmigratio testium.
Galaaditæ, tumuli testium, uel aceruus testimoniorum, siue testes transmigrantes, aut testium transmigrationes.
Galadad, uenit homo, uel [illegible] fola.
Galadithan, uerolla aquæ, uel possessiones aquarum.
Galal, uolutabrum, uel inuolutio.
Galali, uolutabra, uel uolutationes, seu uolutabrum eorum, uel uolutatio mea.
Galilai, uolutabrum [illegible], uel uolutatio deuorationis.
Galasamaim, aqua possessa, uel aquæ possessio.
Galathia, magnifica, uel translata, siue transmigratio, aut transmeatio.
Galatæ, magnifici, uel translati, seu transmeantes, aut transmigrati.
Galatenses, idem.
Galgal, rota, uel reuolutio.
Galgala, collis præputiorum, uel collis circumcisionis.
Galgala, rota eius, uel reuolutio eius, siue uolutabrum, aut inuolutatio.
Galgalis, rota uiri, uel reuolutio assumptionis.
Galgalim, uolutabris, uel reuolutionibus, seu rotis, aut inuolutationibus.
Galilæa, rota, uel uolubilis, siue transmissa, aut transmigratio facta.
Galilæi, uolubiles, uel rotati, siue transmissi, aut in transmigrationem facti.
Galim, aceruus lapidum, uel loca palustria.
Gallotha, reuolutiones, aut transmigratione, seu reuolutio temporis, aut transmigratio respondentis.
Gallio, transferens, uel translata, seu transferens transferentes, aut translatio transeuntium.
Gallim, inundatio, uel reuolutio, siue transferentes eos, aut transmigratio eorum.
Galluin, transferens iniquitatem, uel translatio inutilis.
Gamalias, redditio Domini, uel retribuet mihi Deus.
Gamaliel, redditio dei, uel retribuet mihi deus.
Gamarias, retributio Domini, uel retribuet mihi Dominus.
Gamal, retribuens uel retributio.
Gamuel, retribuens Deo, uel retributio Dei.
Gan, ortus uel clausio.
Ganges, ortus completus, uel clausio irrigata.
Gani, ortus meus, uel clausio mea.
Ganin, orti uel clausiones.
Gaam, uallis istius, uel uallis commota, seu uallis [illegible], aut uallis commotio.
Gara, ruminatio, uel peregrinus.
Garab, scabies uel scabiosus, siue incolatus multus, aut incolatus multorum.
Gareb, idem.
Garecha, alienus descendens, uel aliena descensio.
Garizim, diuisio uel abiectio.
Garia, accola, uel laudans eius, seu diuidens eos, aut præcisio eorum.
Garim, alienus, directus, uel incolatus humiliatus.
Gapha, uallis excitans, uel commotio fabulæ.
Gasan, tangens risus, uel tangentis risus, siue tactus ridentis, aut tactus tangentium.
Gather, torcular uidens, uel accola explorationis.
Gatheron, torcular uidens dolorem, uel accola explorans iniquos.
Gatheroth, torcular uidens tempore, uel accola explorans responsionem.
Gathephilitæ, torcular uidentes tempore, uel accolæ explorantes responsionem.
Gaulō, uolutabrum, uel uolutatio, siue inuolutatio, aut inuolutatio eius.
Gaza, robusta Domini, uel fortitudo eius. Sciendum tamen quod hoc nomen apud Hebræos g literam in principio non habet, sed incipit à uocali ain, & dicitur Aza, non Gaza, subtracta g litera.
Gazabar, robustus filius, uel fortitudo filii. Mixtum est ex Hebræo & Syro.
Gazan, nux, uel amygdalum, seu robustus dator, aut fortitudo gratiæ.
Gazaræ, diuidens eum, aut præcisio eius.

Gazarius, diuidens uitium, uel præcisio abominationis.

Gazer, area Dei, uel fortitudo eius.

Gazeel, robusti Domino, uel fortes eius.

Gazonites idem.

Gazam, roborans eos, uel fortitudo eorum.

Gazer, robuste consurgens, uel fortiter uigilans.

Gazera, robuste consurgentem, uel fortiter uigilantia eius.

Gazer, præcisus, uel diuisus, siue præcisio, aut ordinatio.

Gazera, diuidens eum, aut præcisio eius, siue ordinans eum, aut ordinatio eius.

Gazer, tondens, uel tonsio. Is fecit Nabal Carmelitæ, cuius uxorem accepit Dauid.

Geba, uallis, uel procliuium.

Gebal, præruptum, uel deficiens, siue uallis uetus, aut uorago exterminans.

Gebar, fodiens filios, uel effossio filiorum.

Geberch, uallis fortitudinis, uel collis testimoniorum.

Gebethon, uallis mœstitiæ, uel collis mœrentium.

Gebin, fossa uel effossio.

Gebim, fossæ uel effossiones.

Geboch, lacus uel arena, siue puluis, aut tribulis.

Gedel, accinctus Deo, uel maceria Dei.

Gedeel, tentatus Deo, uel accinctio Dei.

*Gedelias, magnificus Domini, uel magnificatus Domino.

Gedeon, circumiens in utero, uel experimentum iniquitatis, siue tentatio humilitatis meæ, aut tentatio iniquitatis eorum.

Gedera, sepes uel maceria.

Gedid, tentatio, uel accinctio.

Gedmihel, accinctio Dei, uel fortunatus Deo.

Gedilo, accinctio uel tentatio.

Gedor, accedens, uel applicans, siue sepium aut maceriarum.

Gedori, accessus meus, uel applicatio mea: siue sepes meæ, aut maceriarum mearum.

Gedud, latrunculus, uel expeditus: siue accinctus, aut latronum cuneus.

Gedor, sepes ignea, uel maceria incendens.

Gehenna, uallis Ennon, uel uallis gratuita, seu [illegible] aut uallis tristitiæ.

Gethe, uolutatio, uel decursus, siue aceruus pluuiarum, aut aceruus pluuiarum.

Gelon, migrans, uel migratio.

Gelonites, transmigrans, uel transmigratio.

Gemalon, uallis salsa, uel uallis salis, seu mare, aut amaritudo.

Gemalli, idem.

Gemalia, ualles salsæ, uel ualles salis, seu maria, aut amaritudines.

Genella, uallis salsa, uel uallis salis.

Gemmei, mare Dei, uel amaricans Domini.

Gennasar, ortus principium, uel natiuitatis initium.

Genebath, ortus filiorum, uel principium filiorum.

Genesar, ortus, uel principium, siue iusta natiuitas, aut initium natiuitatis.

Genesareth, idem.

Genucus, ortus germinis, uel principium mortionis.

Genthon, ortus responsionis, uel principium humilitatis.

Geon, pectus, uel præruptum.

Gera, incola, uel peregrinus: siue ruminans, aut incolatus.

Gerra, incolatus, uel peregrinatio.

Gerara, incolatus uisio, uel ruminatio incidit.

Gerarith, aduenæ propinquantes.

Geraleni, suburbani, uel coloni ibidem, seu incolæ mei, aut peregrinationis meæ.

Gerreni, incolæ, uel peregrini.

Gergeseus, propinquans aduenæ, uel colonum eiiciens, siue colonum applicans, aut coloni applicatio.

Gerian, ruminans Domino est, uel peregrinus Domini est.

Geriel, ruminans Deo, uel peregrinus Dei.

Gerimoth, aduenas mortem, uel uementa altitudinem mortis.

Germanus, ruminans quid consilij, uel peregrinus complens numerum.

Gerim, accola inutilis, uel ruminatio iniquitatis.

Gersan, aduena, uel alienus, siue profugus, aut eorum electio.

Gersanith, aduenæ uel alieni, siue profugi, aut eorum electi.

Gersi, aduena Domini, uel alienus Domino.

Gerson, aduena ibi, uel electio eorum.

Gersoni, aduena meus ibi, uel electio eorum.

Gersonites, aduenæ ibi, uel electi eorum.

Gerusa, peregrinatio, uel incolatus: seu ruminans, aut ruminatio.

Geretia, incolatus, uel ruminatio.

Gerseti, incolæ, uel ruminatores.

Gregorius Græce, Latine uigilantius.

Gesbaam, defluens, uel sedens in populo: siue populos despiciens, aut populus sedens in tenebris.

Gessen, terra compluta, uel iuxta uicinus, siue appropinquans plantationi, aut appropinquans plantationi eorum.

Gessemani, uallis pinguis, uel uallis pinguedinum.

Gessuri, applicans lumen mihi, uel applicata diligentem me.

Gessur, applicans lumen, uel applicans diligentem.

Gessuri, applicans lumen mihi, uel applicans diligentem me.

Gessuri, iuxta lumen, uel uicina lumini.

Gessurim, iuxta lumen meum, uel applicans te a lumine meo.

Geth, torcular, uel opprimens.

Getheus, torcular uel opprimens, siue oppressus, aut oppressio.

Gethaan, deficiens gens, uel despiciens populus.

Gethaser, humi, uel fossum, siue torcular eius, aut effossio eius.

Gethai, opprimens signum, uel torcularis consummatio.

Gethaim, torcular populi, uel opprimens populum.

illis, siue applicuerunt eos, aut applicatio eorum.
Gethedeli, torcular egenum, uel oppressio paupertatis.
Gethepher, torcular separans, uel oppressio disseminationis.
Gethei, opprimentes, uel torcularis.
Gethom, torcular frangens, uel oppressio congregationis.
Gether, murale, uel sepes: siue murus, aut circundatio.
Getbera, murus eius, uel circundans eum.
Getheremon, torcular excelsum, uel oppressio sublimitatis.
Gethremon, opprimens, uel torcular mali punici.
Gethsemani, uallis pinguis, uel uallis pinguedinum: siue opprimens nomen humile, aut torcular famulæ auditionis.
Gethson, opprimens pupillam, uel torcular coccineum.
Gezabel, est ibi, uel est fluxus sanguinis.
Gezabel, fluxus uanus, uel fluens sanguine: siue cohabitatrix.
Gezem, uicinus palpationi, uel appropinquans plantationi.
Gezphe, robustus laqueus, uel fortitudo descipline.
Gezon, fluxus doloris, uel cohabitatio iniquitatis.
Gezonites, fluens in errore, uel cohabitator iniustis.
Giderot, sepes, uel maceria.
Giderothaim, sepes duorum, uel maceriæ binæ.
Giezi, uallis uisio, uel præcipitium uidens.
Gigaal, redemptio, uel redemptus.
Gilon, migra, uel migrans.
Gilonites, transmigrans, uel transmigratus.
Gimel, plenitudo, uel retributio.
Gimeth, ortus uitæ, uel principium pauoris.
Gio, luctatio uel luctare.
Gion, luctatio, uel arena.
Giu, diuisio, uel præcisio.
Gobal, sacrificans, uel sacrificium.
Gidum, inflatio, uel ascensio.
Goatha, gens peccatrix, uel populus peccatorum.
Gob, lacus, uel locusta.
Godolias, magnificans Dominum, uel magnificus Domini.
Godoliati, magnificentia peccati mei, uel magnificus in tempore meo.
Gog, tectum, uel tectum.
Gohel, propinquus Deo, uel redemptio Dei.
Goim, gens, uel populi.
Golan, transmigrans eos, uel uolupratio eorum.
Golgotha, locus caluæ, uel locus caluariæ. Syrum est, non Hebræum.
Golias, transmigrans, uel transmigratio: seu reuelans eos, aut robustus eorum.
Goliath, idem est.
Golim, acerui, uel loca palustria.
Gom, fouea, uel decipiens: siue laqueus, aut decipula.
Gomer, assumptio, uel profectio: siue consummatus, aut consummatio.
Gomer perfectio, siue consolatio, uel perficiens, aut uenundatio. Mensura est antiquorum, quæ mensura est decima pars ephi.
Gomorra, timor, uel seditio: seu timens populum, aut timor populans. Et sciendum quod hoc nomen in Hebræo non habet g literam: sed scribitur per uocalem ain, & dicitur, Aomora.
Goneth, ortus peccati, uel arrogantia temporis.
Gonebath, furtum filiæ, uel furans filiam.
Gonethi, orti mei, uel arrogantiæ meæ.
Gorgias, diuidens luctum, uel præcisio luctantium.
Gortinam, præscindens domus, uel diuidens castra eorum.
Gosan, applicans eos, uel appropinquans palpationi eorum.
Gosen, applicans, uel applicatio: siue appropinquans palpationi, aut appropinquans plantationi.
Gotham applicans, uel iuxta cadum applicans, aut applicatio.
Goson, appropinquans palpationi, uel appropinquans plantationi.
Gothoniel, torcular respondens Deo, uel oppressio applicans se Deo.
Gozbor, murus, uel circundatio.
Gozar, amygdalum, uel nux eorum: siue tollio, aut fortitudo eorum.
Guhel, propinquus Deo, uel redemptio Dei.
Guchelite, redemptio Dei, uel propinqui Deo.
Gulias, propinquus Domino, uel redemptio Domini.
Gun, ortus meus, uel arrogantia mea.
Gunite, orti mei, uel arrogantiæ meæ.
Gubaal, diuidens uiros, uel præcisio uetustatis.

H

HAben, in filio, uel in principio.
Haber, particeps, uel participatio: siue commisit, aut certamen iniuit.
Haberiæ, participes, uel participationes: seu commiserunt, aut certamen inierunt.
Habi pater meus, uel frater meus iste.
Habiel, pater meus Deus, uel frater meus Dominus.
Hachan, necessitas, uel necessarium.
Hacharon, turba, uel turbatio.
Hachin, retinens eos, uel retentio eorum.
Hachor, excelsum, uel sublimitas.
Hadada, testis, uel usque ad testimonium.
Haditum, inundatio pessimorum, uel inundatio pessimorum.
Hadrehel, greges Dei, uel aggregati Deo.
Hadrin, testis mensuræ, uel inundans amensuratio.
Hasar, terra, uel puluis: siue humens, aut fodiens.
Hasare, taurus, uel uitulus: siue puluis eius, aut fodiens eum.
Hasarim, mare effodiens, uel maris effossio.
Haga, loquens, uel meditans: siue locutio, aut meditatio.

Hagegrath, annunciata, uel annunciatio: siue accinctus, aut fasciculos.
Hagiel, aduena meus, uel incola Dei.
Hailon, ultra uallium quercum, uel quæstio ultra roboris.
Habel, iste dolens, uel uitam parturiens.
Halaica uallium, uel quæstio ultra.
Halim, ultra uallium eius, uel quæstio ultra eius.
Haiam, ultra uallium eorum, uel quæstio ultra eorum.
Hallon, ubi erant ursi, uel ubi ursi sunt.
Halman, ultra uallium mirabilium, uel quæstio ultra mirabilis.
Hain, fons, uel oculus.
Haio, ultra uallium eius, uel quæstio ultra eius.
Halla, fermentum eum, uel consternans eum.
Halze, portio, uel pars mea: siue lubricum, aut impeditio.
Halatta, triplex, uel consternata: siue consternatus, aut consternatio.
Hulda, deprecans Dominum, aut deprecatio Domini.
Halus, fermentum, uel consternatio.
Hamas, indignans, uel furens: siue furor, aut indignatio.
Hamiel, populus meus Deo, uel populus meus Dei.
Hamora, populus stratus, uel populus illuminate
Hamul, calefactio eos, uel calefactio eorum: siue populus dolens, aut populus parturiens.
Hamolite, calefacti eorum, uel calefactiones irrorationum: seu populi dolentes, aut populi parturientes.
Hanan, respondens populo, uel responsio populi.
Han, reddens donum, uel responsio gratia.
Hanath, reddens, uel respondens: seu reddidit, aut respondit.
Hambegaba, solicitans, uel humilians: siue solicitauit, aut humiliauit.
Hanael, pauper Dei, uel respondens Deo.
Hanon, respondens mœrori, uel reddens iniquitatem, seu reddens dolorem, aut responsio mœstitiæ.
Haoi, spinæ, uel compunctiones.
Haoites, spina, uel compunctio.
Haphron, pulvis mœroris, uel terra fossilis.
Harada, miraculum, uel admiratio.
Harem, filius meus, uel filiatio mea.
Hares, restitutio mea, uel testamentum.
Harim, exaltatio, uel exaltatus.
Hasarmoth, atrium mortis, uel atrii angustiæ.
Haseroth, atria, uel uestibula: seu uillæ, aut beatitudines.
Hason, festinando, uel festinantes.
Haraith, ramus, uel dissipatio: siue testimonium, aut dissipator.
Hataroth, circuli, uel coronæ.
Hathoniel, respondens Deo, uel respondit ei Deus.
Hauna, ipsa iniquitas, uel susceptio iniquitatis.
Hauan, fons, uel motio: siue subuertens eos, aut subuersio eorum.
Hauil, stulti ea, uel insipientia: siue stultus, aut insipiens.

Hauoth, sedens, uel commoratio: siue uinculum, aut incunabula.
Haxan, claudus, uel trascens: siue claudicans, aut claudicatio.
Haxas, medicus, uel medicamentum.
Haxia, uidens, uel prouisio.
Hazar, continentia, uel apprehensio: siue continens, aut apprehendens.
Hazbi, mendacium, uel iniquitas.
Hazeb, pergens, uel abiens: siue profectio, aut proficiscens.
Hazuba, deserta, uel relicta: siue desertio, aut relictio.
He, esse, uel uiuere.
He, ipsa, uel illa: siue suscipiens, aut susceptio.
Heber, uictor, uel transiens: siue transitus, aut transitio.
Hebræus, sincerus, uel transitor: siue transiens, aut transitorius.
Hebion, pauperculus, uel pauper sensu.
Hebionite, pauperculi, uel pauperes sensu.
Hebri, uictor meus, uel transitio mea.
Hebrehon, incantans, uel incantatio: siue coniugium, aut uisio sempiterna.
Hebronite, coniugati, uel incantatores: siue incantationes, aut uisiones sempiternæ.
Hezechias, ipse mente excedens, uel iste suscipiens humilitatem.
Hedai, ornatus mihi, uel uoluptuosus meus.
Heddo, pauidus seruus, uel testificatio mea.
Heser, foues, uel præcipitium.
Here, qui est, uel qui existit.
Heli, uallis quercus, uel maledictio.
Helai, uallis quercus mea, uel maledicta mihi.
Helam, abiectio, uel superliminare.
Helam, opposui, uel composui.
Helon, Deo gratus, uel Deo donatus: seu uallis quercus, aut roboratus gratia.
Helsbed, Dei filius, uel Dei excelsus.
Helchai, portio, uel particula.
Helchana, Dei zelus, uel Dei possessio.
Helcheia, pars Domino, uel uendicatus Dño.
Helchese, aduocata, uel aduocatio.
Helcheseus, aduocans, uel aduocator.
Helchi, pars bona mihi, uel uendicatio mea.
Helchian, pars Domini est, uel uendicatio Domini est.
Helchias, pars Domini, uel uendicatus domino.
Heldaa, atrium eius, uel exacuens eum.
Heldath, atrium, uel exacuens.
Heldai, aurum meum, uel acutio mea.
Heleanan, Dei mei donum, uel Dei mei gratia.
Heled, acceptio gloriæ, uel accipiens gloriam.
Helem, pollex, uel seculo: seu uestibulum, aut superliminare.
Heleza, consternatio, uel consternatus.
Helles, exiens, uel exitio.
Hellesmoth, Græce Exodus, Latine autem exitus mortis.
Helleth, accipiens uitam, uel susceptio pauoris.
Helphaal, Deo excelsus, uel Dei mutatio pauoris.
Heli, Deus meus, uel deitas mea.

Helia,

Helia, Deus Dominus, uel Dei dominatio.
Heliab, Deus meus pater, uel Dei mei paternitas.
Helias, Deus Dominus, uel Dei dominatio: siue ascendens Dominus, aut robustus, aut dominator.
Heliasaph, Dei mei collectio, uel Dei mei congregatio.
Heliasiphan, Dei mei facies, uel Dei mei conuersio.
Heliatha, Deo meo peccans, uel Dei mei temporalis.
Heliathi, Deum meum uidens, uel Dei mei uisio: siue Dei mei auxilium, uel Dei mei fortitudo.
Heliazel, Deo meo paruitus, uel Dei mei particula.
Helihel, Deus meus Deus, uel Dei mei deitas.
Helipha, Deus meus cadens, uel Dei mei casus.
Heliphalet, Deus meus diuidens, uel Dei mei diuisio.
Heliphalo, Deus meus mirabilis, uel Dei mei miraculum.
Heliphalech, Dei mei ruina, uel Dei mei desectio.
Heliphas, Deus meus mirabilis, uel Dei mei miraculum.
Helial, Deus meus Dei, uel Dei mei Deus.
Helim, deficiens, uel fortis eorum: siue arietes, aut robusti.
Helimaidis, Dei mei contradictio, uel Dei mei mensura sufficiens.
Heliodorus, Deo mei generans, uel Dei mei generatio.
Helioenai, Dei mei fons meus, uel Dei mei oculus meus.
Heliopolis, sol ciuium, uel solis ciuitas.
Helioreb, Dei mei cornus, uel dei mei solitudo: siue Dei mei ardor, aut Dei mei sensatio.
Helisa, ad insulam, uel Deus saluator.
Helisabe, Dei mei salus, uel Dei mei defectio: siue Dei mei iuramentum, aut Dei mei absolutus.
Heliseus, Deus meus saluator, uel Dei mei salutare.
Helisu, Dei mei salus, uel Dei mei protectio.
Heliu, Deus Dominus, uel Deus dominator: siue Deus meus iste, aut Deus meus ipse.
Helizer, dei mei auxilium, uel dei mei fortitudo.
Helmodam, Deo narratus, uel Dei narratio.
Helnacham, Deo datus, uel Dei donatio.
Helnatan, Deo fidelis, uel Dei requirens.
Helon, Deus uel dextra.
Helom, commotus fortiter, uel exercitatus fortitudine.
Helon, exercitus fortitudo, uel exercitatus fortitudine.
Helonite, exercitatum fortitudine, uel exercitati fortitudinibus.
Helsaphan, Deo uictus, uel Dei inuictum: siue Deum speculans, uel speculator Dei.
Helthecha, proficiens, uel prolatio.
Helthechem, idem.
Helthulad, astutum concinnum, uel acumen temporis.

Heman, perturbans, uel perturbatio: siue suscipiens, aut formido eorum.
Hemechasis, uallis, uel abyssus: siue profundus, aut profunditas.
Hen, ecce fontem, uel ecce oculum.
Henoch, gigas, uel fortis: siue humilis consurgens, aut humilis consurrectio.
Henachim, gigantes, uel robusti: siue potentes, aut humiles consurgentes.
Hensamen, cursus mœroris, uel fons tristitiæ.
Hennon, uallis tristitiæ, uel uallis interfectionis.
Her, uigilans pelliceus, siue consurgens, aut effusio.
Heran, uacuefactus, uel uacuefaciens: siue uacuefacit, aut uacuefactio.
Heranite, uacuefacti, uel uacuefacientes: siue uacuefecerunt, aut uacuefactiones.
Herastus, uigilans, uel effusus: siue frater meus uidens, aut fratris mei uisio.
Herchusi, consurgens mendacium, uel uigilia fictionis.
Herchusin, consurgentes mendacio, uel uigilantes fictionibus.
Hered, uigil uiris, uel consurgens pauore.
Heredim, uigilantes uiris, uel consurgentes pauoribus.
Herem, uigilans eis, uel resurrectio eorum.
Heri, uigilans mihi, uel resurrectio mea.
Herias, uigilans Domino, uel resurrectio Domini.
Heriæ, effusi, uel uigiles: siue pellicei, aut consurgentes.
Herisaphet, uacuefaciens os protectum, uel uacuefactio oris protegentis.
Hermagedon, consurgens tentatio, uel uigilia inhabitationis.
Hermã, anathema mœroris eorum, uel anathematizatio tristitiæ eorum.
Hermes, anathema mœroris, uel anathema tristitiæ.
Hermogenes, mons scrutatus, uel uomens noxia uisu.
Hermon, anathema mœroris, uel anathema tristitiæ.
Herodes, pellibus glorians, uel pelliceus gloriosus.
Herodiani, pellibus gloriantes, uel pellicei gloriosi.
Herodias, pellibus gloriis, uel pellicea gloriosa.
Herodion, formido, uel pauor.
Hesbeeon, misericordia Dei, uel auxilium meũ Deus meus.
Hessi, amicitias meus, uel uicinitas mea.
Herson, aratum, uel amplitudo.
Hester, absconditus, uel absconde: siue eleuata in populis, aut præparata in tempore.
Heth, uita, uel pauor.
Hethom, fons, uel aspicit: siue pauidus donc, aut uidens gratis.
Hethan, consummatio, uel consummatus: siue suis eorum, aut suscipiens nauigationem.
Hetheus, uitax, uel pauidus: siue formidans, aut stupidus.

Hethaas, pauor colubri, uel ultra serpentis.
Hethi, ultra mea, uel pauor meus.
Hia, sublimis, uel exaltatus.
Hiarites, sublimes, uel exaltati.
Hiebutiel, ipse est duplex Deo, uel ipse spe-
rans in Deum.
Hielon, ipse est parcens, uel ipse est faciens fine
ipse est commouens fortiter, aut ipse est ex-
citatus fortitudine.
Hiemla, parcens maledictio, uel commouens
accipientem.
Hiereon, ipsa possessio, uel uigilantia nego-
tiationis.
Hiesbas, ipse faciens dona, uel ipse parcens
gratificato.
Hieu, ipse, uel est.
Hieu, parcens, uel faciens, siue commotus, aut
commotio.
Hieus, commotus, aut commotio: seu ipse est
parcens, aut ipse est faciens.
Hiezer, ipse est fortis, uel ipse est auxiliatoribus
ipse separatum, aut ipse est sanctificatus.
Hiezelia, ipsi sunt fortes, uel ipsi sunt auxilia-
tores: siue ipsi sunt separati, aut ipsi sunt sanc-
tificati.
Higal, acerua tio exaltata, uel exaltationis in-
uolutio.
Hiel, faciens Deo, uel commotio Dei.
Hila, exaltatus, uel exaltatio.
Hilai, exaltatus mihi, uel exaltatio mea.
Himeneus, ipse numerans festiuitates, uel susci-
piens adimpletionem consilij.
Hin, mensura, uel mensuratio loquentis mater-
tera, siue fuit, aut erit.
Hir, uigilans, aut uigilator ei.
Hira, matertera, uel uigilans.
Hiram, uigilans populo, uel uigiliæ populi: seu
uiuit excelsus, aut uiuens est excelse.
Hiran, fratrem meum uidit, uel fratris mei ui-
sio: seu uigilantem sustollens, aut uigilans
plasmationem.
Hircanus, consurgens possessio, uel uigilias ac-
quisitionis.
Hisbaal, ipse uir uacuitas, uel ipse uir deuorans.
Hismael, ipse nominatus Dei, uel ipse postu-
latus a Deo.
Hismoch, ipse mortem adducens, uel ipse est
mortis adductio.
Hispania, accinctio, uel expeditio.
Hispanienses, accincti, uel expediti.
Hisdai, commouens bina, uel parcens duobus.
Hitzadab, ipse fluxus corris, uel ipse torris fluxio.
Hiziel, ipse fortis Deus, uel ipse fortitudo Dei.
Hirozel, uir auditum a Deo, uel assumens audi-
tionem Dei.
Holda, incubator, uel incumatio: siue dilectus,
aut amplexatio.
Holda, defectus, uel differentes mihi: siue di-
uerticulis mei, seu deferentia, aut diuerticulum.
Huldai, defensio mea, uel differentia mihi: siue
diuerticulum meum.
Holofernes, infirmitas dilectionis, uel infir-
mans uitulum saginatum.

Homan, populum conturbans, uel populi ama-
ricatio.
Homer, crispans, uel manipulus.
Hoon, labor, uel dolor: siue laborans, aut dolens.
Horeb, uestis, uel masculus: siue siccatio, aut siccitas.
Horeb, ardor, uel siccitas: siue corruus, aut so-
litudo.
Hori, ei libert, uel iracundi: siue de foraminibus,
aut furnacis.
Horim, dolor, uel ira: seu incurrens excelsus, aut ira-
cundia.
Horis, furias, uel furiosus: seu post me, aut fo-
ramen meum.
Horita, fortes, uel excelsi: siue gigantes, aut
robusti.
Horodi, maledictio sufficiens: uel maledicta
sufficientes.
Hosthoiada, recte indigens testimonio, uel la-
mentatio positum testificationis.
Hosa, spes, uel saluatio.
Hachach, sculptus, uel sculpsit: siue sculptor,
aut sculptura.
Huphin, generatio, uel thalamus.
Huma, festinans sibi, uel manipulus.
Hur, longitudo mea, uel illuminator meus.
Hus, festinatio, uel consiliator.
Husam, festinans populo, uel consiliator po-
puli.
Husachi, festinante me, uel festinatio mea.
Husi, festinans mihi, uel conciliator meus.

I

IA, Dominus, uel dominator.
Iaeebel, incipiens laudare Deum, uel expecta-
tio laudis Dei.
Iaalon, lex, uel quercus.
Iaamena, extremus in coitu calor, uel extrema
coeuntis delectatio.
Iaanure, spondens, uel responsum: siue responsio.
Iaazer, silua, uel sylua.
Iaatsat, uel dimidiumsine dimidians, aut di-
midiatur.
Iaasel, dimidiauit Deus, uel dimidiatio Dei.
Iaath, expectans tempus, uel expectatio pec-
cantis.
Iazerobel, auxilium, uel auxiliabitur.
Iaazam, auxilium Domini, uel auxiliabitur
Dominus.
Iaba, inflatio, uel intelligentia.
Iabes, dolor, uel dolens: siue siccitas, aut exsiccata.
Iabin, sapiens, uel sapientia: siue intelligens, aut
intelligentia.
Iabios, sapiens Domino, uel intelligentia Do-
mini.
Iabin, exitus doctrinæ, uel clusi litterarum.
Iabob, pubis, uel iacta: siue iactatus, aut iactatio.
Iaboc, idem.
Iachabed, gloria Domini, uel ubi est gloria: seu
est grauis, aut est grauitudo.
Iachala, fortis eius, uel confortans eum.
Iachalia, fortis Dominus, uel fortitudo Do-
mini.

Iachan, tribulatio, uel tribulatus.
Iachan, tribulator, uel tribulatio.
Iachanem, praeparans firmitatem, uel praeparatio firmitatis.
Iachin, praeparans, uel praeparator: siue praeparatus, aut praeparatio.
Iachin, firmus, uel firmitas.
Iachin, idem.
Iachinitae, firmi, uel firmitates.
Iacob, supplantator, uel supplantatio.
Iacoba, supplantans eum, uel supplantatio eius.
Iacobus, supplantans uel festinans, uel supplantatio contriti.
Iachon, praeparans, uel praeparatio.
Iachonias, populi unio, uel populum ulciscentem: siue praeparans Domino, aut praeparatio Domini.
Iada, sciens, uel scientia: siue cognoscens, aut cognitio.
Iadaia, sciens me, uel cognitio mea.
Iadu, sciens Dominum, uel cognitio Domini.
Iadadan, sciens egressum, uel cognoscens abundantiam.
Iadaias, cognitus Domino, uel scientia Domini.
Iadiel, sciens Dominum, uel cognitus Domini.
Iado, sciens testimonium, uel expectatio ferusium.
Iadon, sciens dolorem, uel cognitio iniquitatis.
Iaphe, expectans loquentem, uel expectatio disciplinae.
Iaphe, eligens, uel electio: siue ostendens, aut illuminatio.
Iaphec, latitudo, uel dilatatio.
Iaphia, ostendens, uel ostensio: seu aperiens, aut apertio.
Iaphie, ostendens, uel aperiens: siue expectans eos, aut superiores.
Iagal, propinquitas, uel propinquus.
Iagur, aduena, uel colonus.
Iael, expectans Deum, uel expectans Deum aut incipiens, seu carnale coniugium.
Iahel, ascendens, uel ascensio: seu ascendit Deus, aut ascensio Dei.
Iahelae, expectantes Deum, uel expectationes Dei: siue incipientes, aut carnalis coniugia.
Iahelites, ascendentes, uel ascensiones: siue ascendentes Deo, aut ascensiones Dei.
Iahel, laudes Deo, uel expectatio Dei: siue possidens Deum, aut requiescens in Deo.
Iair, uigilans, uel illuminans: seu illuminator, aut illuminatio.
Iairi, illuminans, uel illuminatio: siue uigiles, aut uigilantes.
Ialan, expectans humilis, uel expectator persecutionis.
Ialeel, expectans Deum, uel expectatio Dei.
Ialech, expectans pauorem, uel expectatio eius.
Ialon, expectans dolorem, uel expectatio iniquitatis.
Iam, mare, uel dies.
Iambri, mare lacessens, uel dies amaricans.
Iamim, dies plurali numero, uel amaricans amaritudines, aut amaritudines.
Iamin, dextra, uel dextera: siue dextri, aut dextri.
Iamin, dextera, uel dextera: siue dextri, aut dextri.
Iamna, mare, uel dextera: siue maritima, aut ubi est signum.
Iamne, idem.
Iamnes, maritima, uel ubi est signum.
Iamnia, dextera Domini, uel ubi est signum.
Iamnia, aurora Domini, uel inquilinus: ubi signum.
Iamnor, amaricans lumen, uel dextera irae.
Iamram, mare eorum pelliceum, uel mare eorum in capite.
Iamres, mare pelliceum, uel mare in capite.
Iamsuph, mare rubrum, uel dies in capite.
Iamuel, dies eius Deus, uel dies eius Dei.
Iamuelitae, dies eorum Dei, uel dies eorum Dei.
Ianai, gubernator meus, uel gubernatio mea.
Ianin, praeparator meus, uel praeparatio mea.
Iano, gubernator, uel gubernatio.
Ianue, expectans commotionem, uel expectatio requietionis.
Ianoe, gubernatio, uel gubernaculum.
Ianon, dormitans moerore, uel gubernatio doloris.
Ianua, requies, uel requietio.
Ianum, dormitans, uel dormitatio.
Iaod, confitens, uel glorificans: siue cuius est frater, aut cuius est fraternitas.
Iaoo, factura fratris, uel frater Domini: siue ubi est frater, aut ubi est fraternitas.
Iara, defectio, uel defectio.
Iarai, timens dominum, uel timor domini: seu deficiens dominia, aut deficiens dominus.
Iaramoth, timens mortem, uel defectio mortis.
Iare, luna, uel defectio.
Iarre, idem.
Iareb, roborans, uel roboratus: siue descendens, aut continentia.
Iareden, descensio eorum, uel ultio iudicis.
Iareu, lignum, uel saltus.
Iaziel, dimisit deus, uel dimissio dei.
Iaziel, idem.
Iarib, ultio, uel diiudicans: siue ulciscens, aut diiudicatio.
Iarim, saltuum, uel syluarum: siue mons saltuum, aut mons syluarum.
Ias, dominus, uel dominator.
Iasa, factura mandati, uel factus in mandato, aut factum mandatum, aut habitatio eius.
Iassa, dimidium, uel dimidiatio: seu factum mandatum, aut factum in mandato.
Iasaph, habitator, uel habitatio: siue sedens, aut consideratio.
Iasiel, dimidium dei, uel dimidians deus.
Iasen, dominator, uel dominatio.
Iasi, aequalitas, uel desiderium.
Iasiel, aequalitas dei, uel desiderium dei.
Iaso, factura mandati, uel factus in mandato.
Iasob, desiderans, uel quem rediguntur fecerit.
Iasu, conuertens, uel conuersio.
Iasub, reuertens, uel reuersio: siue reuocans, aut reuocatio.
Iasubitae, reuertentes, uel reuersi: siue reuocantes, aut reuocati.
Iathsha, peccans in ea, uel peccatum meum.

Iathan, Domini perfectum, uel Domino consummatus: siue Domini perfectio, aut Domini consummatio.

Iathan, Dominus humilis, uel Dei responsio: seu expectans humilitatem, aut expectatio responsionis.

Iathanael, expectans humilem Deum, uel respondens humilitati Dei.

Iaradiath, columba deficiens tempore, uel columbaria deficiens peccato.

Iauathi, columba, uel est Syrū est, non Hebræū.

Iaur, expectās incēdiū, uel expectatio luminis.

Iaus, expectans concilium, uel expectatio festinantis.

Iazer, adiutus, uel adiutorium: siue auxilians, aut auxiliator.

Iazias, audiens Dominum, uel auscultatio Domini.

Iaziel, audiens Deum, uel auscultatio Dei.

Ibaar, mons fortis, uel uir suscitator.

Ichaiman, ut requiescenti, uel translata est requietio.

Ichaboth, cecidit gloria, uel translata est gloriatio.

Ichrainaan, durum habitaculum, uel consolatio inhabitantis.

Ichonium, dura, uel uocata: siue ubi est thesaurus: aut præparatio consolationis.

Ichatiel, spes Dei, uel sperans in Deum.

Idaia, dilectus Domini, uel amabilis.

Idaias, dilectus Domini, uel amabilis Domino.

Idida, dilectus Domini propter Dominum, uel amabilis Domino propter Dominum. Ipse est Salomō, qui dilectus Domini propter Dominum, uel amabilis Domino propter Dominum dicitur, propter suam misericordiā, scilicet, gratuitam, qua eum diligere dignatus est, cum utiq; dilectione & misericordia indignus existeret, quem constabat manzer esse, & quem reprehendit scriptura diuina pro peccato idololatriæ, & immoderato amore mulierum.

Ididia, dilectio Domini, uel amabilitas eius.

Idithum, saliens, uel transiliens eos.

Idoa, dilectus uoluntarie, uel amabilis uiolētia.

Idumea, rufa, uel rubea: seu terrena, aut sanguinea.

Idumæi, rufi, uel rubei, siue terreni, aut sanguinei.

Iebarim, lapides transeuntes, uel aceruū lapidum transeuntium.

Iebaar, mons fortis, uel electio suscitata.

Iebanias, sapiens Dominum, uel intelligentia Domini.

Iebee, præsepium, uel exiccatio.

Iebar, imitans fontem, uel expectatio pueri.

Iebeslon, uallis mœstitiæ, uel collis mœrentiū.

Iebinan, electio, uel electio.

Iebiaam, absorptus, uel absorptio: seu absorbēs populum, aut populus deglutiens.

Iebnael, ædificans Deo, uel ædificatio Dei.

Ieboch, arena, uel luctatio.

Iebus, præsepe, uel calcatio: siue conculcans, aut conculcatio.

Iebusæi, præsepe meum, uel conculcatio mea.

Iebusæi, prosapia, uel conculcata.

Iechabesculus, uel oppressio: siue opprimens, aut oppressa.

Iechao, torcular eius, uel opprimens eum.

Iechbaa, luctans est, uel arena eius.

Iecda, magnificus, uel magnificentia.

Iecdaliam, magnificus Dominus est, uel magnificentia Domini est.

Iechdon, incubans populus, uel incubatio populi.

Iechelia, torcular laboris, uel oppressio laboriosa.

Iechenias, præparans Domino, uel præparatio Domini.

Iechiman, possedit populum, uel possessio populi.

Iechimam, uindicans populum, uel uindicatio populi.

Iechiman, acquirens populum, uel acquisitio populi.

Iechinaam, possidens populum, uel uindicatio populi.

Iechinaam, possidens populum, uel præparatio populi.

Iechoniam, idem.

Iechonias, sic factus, uel præparator: seu præparans Dominus, aut præparatio Domini.

Iechan, extensio, uel inclinatio: seu merces, aut mercimonium.

Iechel, cœtus Dei, uel auxilians Deum.

Iechze, torcular lupi, uel opprimens lupum.

Iedala, manus maledicta, uel manus maledictionis.

Iedebon, manus maledicta tribulās, uel manus maledictionis angustiantis.

Iedeia, sciens Dominum, uel cognitio Domini.

Iedi, sciens me, uel cognitio mea.

Iediel, sciens Deum, uel magnificus Deo.

Iediap, manum tollens, uel manum ad os: seu manus subleuans, aut manuum subleuatio.

Ieddoa, sciens eum, uel cognitio eius.

Iedchan, paruulus, uel minoratio.

Iedri, accidens, uel applicans: siue accessus, aut applicatio.

Iedda, accinctus, uel remissio.

Iedina, tentans eam, aut accinctio eius.

Iedula, manus maledicta, uel manus maledictionis.

Iephadaia, innuens Domino, uel apertio Domini.

Iephehel, apertio Dei, uel aperiet Deus.

Iephad, exclusio peccati, uel apertio defectionis.

Iepheri, excludens peccatum meum, uel apertio defectionis meæ.

Iephon, Dominus mirabilis, uel Dominus uisitatorum.

Iephone, nutus, uel innuens.

Iephone, annuens, uel innuitio.

Iegal, propinquus, uel redimēs: seu propinquitas, aut redemptio.

Iegali, propinquus mihi, uel redemptio mea.

Iegli, despiciens, uel despectus, siue conspuus.

Iehel,

Iehel, mutans Deo, uel postulatio Dei: siue mutatus Deo, aut expectatio Dei.

Iaheli, mutans Deo meo, uel postulatio Dei mei: siue mutatus Deo meo, aut expectatio Dei mei.

Iehiluth, uel exordium: siue requies, aut postulatio mea.

Iehieli, uita Dei, uel exordium Dei: siue requiescens Deo, aut postulatio Dei.

Ieluda, cognoscens Dominum, uel cognitio domini.

Ieleph, manus tollens, uel manus ad os: siue manus sublatio, aut manuum subleuatio.

Iemda, plenitudo, uel circumcisio.

Iemel, Deus meus, uel robur meum.

Iemias, numerus Domini, uel numerabilis Domino.

Iemim, robur meum, uel dextera mea.

Iemla, parcens maledictio, uel commouens accipientem.

Iemlech, numerus uitę, uel amaritudo pauoris.

Iemara, mare, uel amara: siue numerus, aut numerabilis.

Iemmarę, maris, uel amari: siue numerabiles, aut marini.

Iemuhel, dies eius Dei, uel dies eius Deus.

Iepsiem, apertum nomen, uel aperta auditio.

Iepta, aperiens, uel apertio.

Iepthahel, aperiens Deo, uel apertio Dei.

Iepte, aperiens, uel apertus: siue aperuit, aut apertio.

Iepcho, aperiens dolorem.

Iera, timens, uel timor: siue misericors, aut misericordia.

Ieraa, timens eum, uel misericordia eius.

Ieracho, aurugo, uel demolitio.

Ierameleh, timens Deū, uel misericordia Dei.

Ieramehel, idem.

Ieramiel, idem.

Ierameli, timens Deum meum, uel misericordia Dei mei.

Ieramiseli, idem.

Ieraon, timor eius, uel timebit: siue timens iniquitatem, aut misericors crescentibus.

Ierapolis, iudicium superius, uel siue timore misericors ciuitas.

Ierchaan, aurugo populi, uel demolitio populi.

Ierebehel, iudiciū dei, uel diiudicans superiora.

Ieremiras, excelsus Domino est, uel sublimitas Domini est.

Ieremias, excelsus Domino, uel sublimitas Domini.

Ieremiel, excelsus domino deo, uel sublimitas domini dei.

Ierian, timens Iustitię, uel timor domini est.

Ierias, timens dominum, uel timor domini.

Ierihoder, uel luna.

Ierihas, odor uulturis, uel defectio deuorationis.

Iericho, luna, uel odor eius.

Ierichomini, odorantes eū, uel deficientes eū.

Ieriel, timens deum, uel timor dei.

Ierimoth, timens mortem, uel metuens altitudinem mortis.

Ierimuth, idem.

Ierioth, iurgium signi, uel iudicij designatio.

Ieroas, dominans excelsus, uel domini celsitudo.

Ieroan, timens populum, uel iudicium populi.

Ierobaal, iurgium habens, uel iudicium habentis, aut iudicium superioris.

Ierobaal, timor uiri, uel timor uiri: siue timens habentem, aut timens deuorationem.

Ieroboam, causa populi, uel diuisio populi: siue discernens populum, aut superius diiudicans.

Ierobaseth, iudicans ignominiam, uel diiudicans confusionem.

Ieron, timor, uel peregrinatio: siue timidus, aut peregrinus.

Ieronymus, uisio pulchritudinis, uel diiudicans locutiones.

Ierosolyma, pacifica, uel uisio pacis.

Ierosolymita, pacifici, uel pacem uidentes.

Ierua, aduena Domino, uel alienus Domino.

Ieruel, collis Domini, uel uallis benedictionis.

Ierusa, ruminans, uel ruminatio: siue incolatus, aut peregrinatio.

Ierusalem, pacifica, uel pacis uisio, siue timor perfectus, aut timebit perfecte.

Iesa, uetustas, uel planicies: siue saluatio, aut desiderium eum.

Iessa, incensum, uel sacrificium: siue insulę sacrificium, aut insulę holocaustum.

Iessaar, incensum suscitans, uel holocausti uigilia.

Iessaarite, incensa suscitantes, uel holocaustorum uigilię.

Iessai, incensum meū, uel sacrificium meū: siue insulę sacrificium, aut insulę holocaustum.

Iesimoth, uetustas amara, uel desiderij amaritudo.

Iesin, uetustas, uel ueterana.

Iesana, uetustas eius, uel inueterans eum.

Iesar, figmentum, uel tribulatio: siue insulę sacrificium, aut insulę oblatio.

Iassar, meridies, uel unctio mea: siue meridianus, aut mei splendens oleum.

Iesba, collaudatis, uel collaudatio.

Iesbaan, collaudans populum, uel collaudatio populi.

Iesbacbasa, collaudans summum, uel collaudatio principij.

Iesbi, est in me, uel coæquatus mihi.

Iesbacdab, est in me sponsus meus, uel coæquatus mihi sponte.

Iesboch, est cinis, uel est tactus.

Iescha, tabernaculum, uel unctio eius.

Iesse, incendens, uel incendium: siue insulę libamen, aut insulę holocaustum.

Iesima, salutis desiderium, uel saluatio requiescentis.

Iesser, fictor, uel plasmauit: siue fictio, aut plasmatio.

Iesertha, fictores, uel plasmatores.

Iesi, æqualis saluator, uel desiderium saluationis.

Iesem, desiderium, uel desideraui.

Iesi, æqualis meus, uel æqualitas mea.

Iesphia, unctio uel tabernaculum.
Iesphan, idem.
Iesia, æqualitas, uel tabernaculum.
Iessi, incensum mihi sacrificium meum.
Iessias, æqualis Domino, uel holocaustum Domini.
Iesiel, incensus Deo, uel sacrificium Dei.
Iesiabba, incensi Dei, uel sacrificii Dei.
Iesimuth, desiderium dulce, uel desiderata dulcedo.
Iesmachia, uetustas percutiens Dominum, uel fermentum percussionis Domini.
Iesmaias, salus desiderantis Dominum, uel salvatio requisitionis Domini.
Iesrael, sacrificans Deo, uel liberatio Dei.
Iesua, planities, uel est desiderium meum salus.
Iesue, saluatio uel desiderium.
Iesou, æqualis mihi, uel æqualitas mea.
Iessui, desiderauit, uel desiderium.
Iessuitæ, desiderantes, uel desideria.
Iessu, dolor, uel est in dolore, siue salus luminis, aut æqualitas ignea.
Iesuri, salus doloris mei, uel salutatio in dolore meo: siue salus illuminans me, aut æqualitas mea.
Iesus, saluator, uel salutaris: siue salus, aut salutare.
Iethi, extensio, uel inclinatio: siue superfluens, aut superfluitas.
Iethaan, superfluus populus, aut superfluitas populi: siue inclinans populum, aut extensio eorum.
Iethaba, bonitas, uel declinatio.
Iethabatha, bonitas, uel bonitates: seu declinauit ut ueniat, aut declinatio peruentionis.
Iethaam, merces, uel mercimonium: seu inclinatio, aut extensio eorum.
Iethebu, bonitas, uel declinatio uenientis.
Iethabata, bonitas, uel bonitates: siue declinauit ut ueniat, aut declinatio peruentionis.
Iethebeth, bona domus, uel declinatio uenientis.
Iethela, inclinatio palmæ, uel exsilio in gratia.
Iether, modicum residuum, uel modica residuitas.
Iethath, donans, uel donatio.
Iethnaan, possidens populi, uel filiens populi.
Iethra, superfluens, uel honorabilis.
Iethraam, honor populi, uel superfluus populo.
Iethrahel, honor Dei, uel superfluens Deo.
Iethrai, honor meus, uel superfluens mihi.
Iethram, honor eorum, uel superfluitas eorum.
Iethran, honor Dei, uel superfluitas gratiæ.
Iethri, superfluum, uel honorabiles.
Iethrites, superfluus, uel honorabilis.
Iethro, superfluens, uel honorabilis.
Iethur, ultus, uel ordo: siue ordinatus, aut ordinatio.
Iethus, excensio, uel sublimitas.
Ieo, parcens, uel commotio: seu maleficus, aut maleficium.
Ieus, idem.
Ieuza, ipsa parcens ei, uel ipsa commotio eius.
Ieuhel, ipse parcens Deus, uel ipsa commotio eius.
Iezan, domus, uel diuitiæ.

Iezabel, ubi iter, uel est fluxus sanguinis.
Iezabel, fluxus sanguinis, uel fluens sanguine: siue cohabitatrix, aut sterquilinium.
Iezaniæ, aures eius, uel aures eius: siue audiens Dominum, aut auscultatio Domini.
Iezar, fortitudo, uel adiutorium.
Iezariæ, fortes, uel auxiliarij.
Iezechel, fortis Dei, uel apprehendens Deum.
Iezechias, fortis Domini, uel apprehendens dominum: siue confortauit eum Dominus, aut Dominus confortatio eius.
Iezechiel, fortis Dei, uel apprehendens Deum: siue Deus confortauit eum, aut Deus confortatio eius.
Iezer, fortitudo, uel adiutorium.
Iezerites, fortes, uel auxiliarij.
Ieziel, audiens Deum, uel auscultatio Dei.
Iezilia, fortis labor, uel adiutorium laborantis.
Iezonias, aures eius, uel aures eius: siue audiens Dominum, aut auscultatio Domini.
Iezra, semen, uel seminator.
Iezrael, semen Dei, uel seminauit Deus.
Iezraelitæ, seminantes Deo, uel seminatores Dei.
Iezaria, semen Domini, uel seminans domino.
Igaal, aut abjiciens, uel uir reuelationis.
Igar, aceruus, uel inuolutio, Syrum est, non Hebræum.
Igarsedutha, aceruus testimonij, uel inuolutio testimoniorum, hoc Syrum est.
Igbaltenis, solenne mandatum humile, uel læta domus responsionis.
Illyricus, adueniens, uel elementum, siue subuersus, aut secunda subuersio.
India, notus illucidus, uel concessiones illuminationum.
India, notus illucidus, uel concessio illuminationis.
Iniamie, notus, uel innuit, siue innuens, aut concessio.
Ioa, retinens, uel retentio.
Ioaa, retinens eum, uel retentio eius.
Ioaan, retinens fortitudinem, uel ubi est retinere: siue Dominum uidens, aut Domini fortitudo.
Ioab, inimicus, uel inimicitia, siue est pater, aut paternitas.
Ioachaz, fortis, uel robustus, seu Domino fortis, aut Domini fortitudo.
Ioachim, ubi est preparatio, uel cuius est preparatio: siue Domino præparatus, aut Domini resurrectio.
Ioacham, retinens fortitudinem, uel ubi est retinere: siue Dominum uidens, aut Domini fortitudo.
Ioahe, ipse cognoscens, uel Domini cognitio: siue cognoscens scientiam, aut cognoscens principium.
Ioanu, Domini decus, uel domini pulchritudo.
Ioarib, dominus iniciens montem, uel dominus uigilans fortitudine.
Ioarim, dominus exaltatus, uel dñi exaltatio.
Ioas, sperans, uel temporalis: siue dominum sustollens, aut domini plasmatio.

Ioatham, perfectus, uel perfectio: siue consummatus, aut consummatio.

Ioatham, idem.

Ioathar, perfecte sustollens, uel consummata plasmatio.

Ioam, Dominum uidens, uel Domini fortitudo: siue ubi est timor est, aut ubi est apprehensio eius.

Iob dolor, uel ociositas.

Iob, magus, uel magnus: siue dolens, aut ululans.

Ioba, distillans, uel magnopatre: seu magnus pater, aut doloris uel ululationis distillatio.

Iobal, delatus, uel delatio: siue dimittens, aut dimissio.

Iobama, magus donatus Domini, uel dolor gratiæ Dei.

Iobel, magnus Dei, uel dolens Deo.

Iochabed, Domini gemma, uel Domini præparatio: siue Domini libamen, aut Domini sensus intelligentia.

Iochel, germen diuinum, uel præparatio Dei.

Ioctel, comprimitur eos, uel oppressio eorum.

Iod, scientia, uel principium: siue dominatio Dei.

Ioade, ipse cognoscens, uel Domini cognitio: siue cognoscens scientiam, aut cognoscens principium.

Ioed, Domino seruiens, uel Dominum testificans.

Ioezer, Domini fortis, uel Domino separatus.

Iophe, Domini os, uel Domini disciplina: siue Dominus elegit, aut Dominus illuminauit.

Iogli, contemptus, uel despiciens.

Ioha, Domino respondens, uel Domini responsio: siue dominatio eius, aut dominatus eius.

Iohana, Domini donum, uel Domini gratia.

Iohanna, Dominus misericors: siue Domini misericordia: seu Domino gratus, aut Dominus gratia eius.

Iohannan, Dominus gratus eis, uel Dominus misericordia eorum.

Iohanna, erat donans, uel Domini donum.

Iohannem, cuius est donum, uel Domini gratia.

Iohannen, Domino donatus, uel Domino gratificatus.

Iohannes, Domini gratia, uel in quo est gratia: siue cui donatum est, aut cui donatio a Domino facta est.

Iobel, dimittens, uel mutatus, seu defluens, aut decipiens.

Iohel, fuit Dei, uel incipiens Deo: siue est deus, aut est Dominus Deus.

Ioachim, qui est consurgens, uel Domini resurrectio: siue Dominus suscitans, aut Domino suscitante.

Ioiada, Dominum cognoscens, aut Domini cognitio.

Ioiadar, Domini cognitio, uel ipsi Domino cognoscente.

Ioiaden, Dominus cognoscens fontem, uel Dominus cognoscens oculum.

Ioiarib, Domini ultio, uel Domini iudicium.

Ioarim, Dominum exaltans, uel Domini exaltatio: siue Dominus saluum.

Iomina, matutina, uel dextera eius.

Iona, columba, uel donans: siue ubi est donatus, aut ubi est donatio.

Ionadab, Domino obediens, uel Domini spontaneus.

Ionadab, columba præcipua, uel donatio paruula.

Ionas, donans uel donator: siue cui est donatio, aut qui donatus est Deo.

Ionathan, columbæ ueniens, uel columbæ donum: siue columba data, aut Domini donatio.

Ioni, columba mea, uel donans mihi: siue donum meum, aut donatio mea.

Ioppe, pulchra, uel pulchritudo.

Ioppite, pulchri uel decori.

Ior, riuus, uel fluuius.

Iora, riuus eius, uel fluuius eius: seu manus sublimium, aut Domini celsitudo.

Iorabeth, domus excelsa, uel domus sublimis.

Ioreel, riuus spinarum, uel fluuius compunctionis.

Ioram, qui est excelsus, uel ubi est excelsus: siue Dominus excelsus, aut Domini sublimitas.

Ioram, riuus doni, uel fluuius gratiæ.

Iordanis, riuus iudicii, uel fluuius iudicantis: siue descensio eorum, aut apprehensio eorum.

Iore, riuus excelsus, uel fluuius exaltatus.

Iorim, riuus eorum, uel fluuius eorum: siue excelsus riuus, aut fluuius exaltatus.

Iora, factura mandati, uel Domini salutatio.

Iosabesech, ubi est saturitas germinis, uel ubi est saturitas resurrectionis.

Iosabeth, Domini saturitas, uel Domini iuramentum.

Iosabia, ubi est incensum Domini, uel in quo est iuramentum.

Iosaph, Domini speculum, uel Domino uinculatus: siue Domini labium, aut Domino angustiatus.

Iosaphat, ipse iudicans, uel ipse iudicat: siue Domini iudicium, aut Dominus iudicabit.

Ioseph, Domini iustus, uel domini iustificatus.

Iosedech, idem.

Ioseph, augmentum, uel appositio.

Iosephus, augens consilio, uel apponens festinationem.

Iosibias, ipse liber Domino, uel ipsa libertas Domini.

Iosias, ubi est incensum Domini, uel in quo est sacrificium.

Iosiphomus, Domino absconditus, uel Domini speculator.

Iosias, ubi est salus Domini, uel in quo est saluator Dominus.

Iosue, salus, uel saluatio: siue saluator, aut saluaturus.

Ioth, scientia, uel principium: siue dominator, aut dominatio.

Iotha, est perfectus, uel est perfectio: siue est Domini perfectus, aut est Domini perfectio.

Iotham, Domini perfectio, uel Domini consumma-

summatio, siue perfectio eorum, aut consummatio eorum.
Iotham, scientia Domini, uel principii gratia.
Ioiqa, inimicus hic, uel Dominus ille.
Iozabad, Domino donatus, uel Domini donatio.
Iozibad, Domini fluens terris, uel Domino terris fluxio.
Iozabad, Domini dotatus, uel qui est dotatus à Domino.
Iozabeth, Domini dos, uel quæ est dotata à Domino.
Iozachar, Domini ultio, uel Domini iudicium.
Iosided, Domini fortis seruus, uel Domini fortem testificans.
Iozarib, Domini ultio, uel Domini diiudicatio.
Iozian, Domini ductio est, uel Domini ductio est.
Irad, ciuitas descendens, uel ciuitatis descensio, seu uigilans seruus, aut suscitans testimonium.
Iras, frater meus uidens, uel fratris mei uisio, seu uigilantem sustollens, aut uigilans plasmationi.
Is, uir, uel assumptus.
Isis, mulier, uel assumptio.
Isaac, risus, uel gaudium.
Isar, uir uigilans, uel uir suscitans.
Isaritæ, uiri uigilantes, uel uiri suscitatores.
Isachar, qui est memor, uel Domini memoria, seu uir mercedis, aut est merces mea.
Isacharitæ, qui sunt memores, uel Domini memorantes, seu uiri mercedum, aut sunt mercedes meæ.
Isai, salus mea, uel Domini salutare: seu uir deuorator, aut uir assumens.
Isaias, Domini salus, uel Domini salutare.
Isar, uir paruulus, uel uir imminutus: seu uir uigilans, aut uir suscitator.
Isari, uir paruulus mihi, uel uir minorationis meæ: seu uir suscitans me, aut uir uigiliarum mearum.
Isbaal, uir uetustus, uel uir deuorans.
Isboan, uir deuorans populum, uel assumptus in fortitudine populi.
Isbasech, uir confusionis, uel assumpta confusio.
Isacroth, uir memoriæ, uel ille merces eius: seu in memoria morula eius, aut memoriale Domini.
Ismuth, desertum, uel assumens dissipationem.
Ismahel, uir auditus Dei, uel assumens exauditionem Dei.
Ismaelitæ, uiri audiri Deo, uel assumentes exauditiones Dei.
Israel, mens uidens Deum, uel est uidere Deum.
Israel, uir uidens Deum, uel princeps cum Deo: siue Dei uisio est, aut fortis directus Dei.
Israelis, mens uidens Deum suum, uel princeps cum Deo suo: siue est uidere Deum suum, aut directio Domini sui.
Israelitæ, uiri uidentes Deum, uel assumpti principes cum Deo.
Isuar, uir paruulus, uel uir imminutus: siue uir suscitatus, aut assumptio suscitata.
Ithai, uir loquens, uel assumptio salutis meæ.
Itob, uir bonus, uel assumptio bonitatis.
Italia, mens excedens, uel mentis excessus.
Italica, mente excedens, uel mentis excessio.
Italici, mentis excessus, uel mente excedentes.
Ithamar, insulæ palma, uel insulæ amaritudo, siue ubi est amarus, aut ubi est commotio.
Iturea, montana uel sublimis. Syrum est, non Hebræum.
Iturei, montani uel sublimes.
Ithur, mons excelsus, uel mons sublimitatis.
Iubileus, annus remissus, uel annus remissionis.
Iuchal, potentia uel fortitudo.
Iuchadam, potestas opprimens eos, uel fortis oppressio eorum.
Iudæa, confitens Dominum, uel glorificatio Domini.
Iudaismus, laus uel confessio.
Iudæi, confitentes uel glorificantes.
Iudas, confitens uel glorificans.
Iudæa, confessio, uel glorificatio.
Iudæi, laudantes uel confitentes.
Iudi, laudans uel confitens.
Iudith, confitens uel glorificans.
Iulius, incipiens, uel principium.
Iulia, idem.
Iunius, incipiens, uel principium.
Iunia, idem.
Iupiter, inimicus separans, uel Dominus separator.
Iustus, elatus, uel elatio: siue parcens, aut ipse elatus.
Iuth, principium, uel dominatio.

L

LAabadon, apolyon Græce, exterminans uel exterminator Latine.
Laabin, deusti, uel inflammantes: seu deustio, aut inflammatio.
Laada, summa iudicii, uel deustio iudicantis.
Laadon, perdens uel interficiens.
Laamua, iniquitas, uel ad iniquitatem.
Labadon, perdens uel interficiens: siue solitarius, aut solitudo eorum.
Laban, album, uel albedo: siue candidum, uel candidatio.
Labana, dealbans eum, uel candidatio eius.
Labaoth, uenientes uel egredientes.
Labeth, acceptans, uel acceptabilis.
Laben, candor, uel candidum: siue cor eorum, aut cor filio meo.
Labum, deusti, uel inflammantes: siue deustio, aut inflammatio.
Labor, ingressus, uel ingressio: seu uenientes, aut ingredientes.
Laboth, idem.
Lacedæmonia, consurgens silentio, uel consurrectio sanguinea.
Lacedæmones, consurgentes silentio, uel consurgentes sanguini.

Lachis,

Lachis, sinceritas, uel sibimet uir.
Lacho consurgens, uel consurrectio.
Lachum, consurrectio, uel ad consurgendum.
Laed, ipse sibimet uir, uel ipsemet uir suus.
Laphidoth, lampas, siue quasi os cutis [illegible] ab ore, non ab osse.
Lahel, in Deo, uel in Deum.
Lais, leo, uel filius leonis, siue ipse sibimet uir, aut sibimet uir suus.
Laisa, leena, uel ad salutem, seu filia leonis, aut filia leenae.
Lamathara, signum uel conditio, siue ad signum, aut conditionem.
Lamma zabathani, ut quid dereliquisti me, uel ut quid derelictio mea.
Lamazaphthani, idem.
Lamech, quando est nomen literae, fultura, uel adiutorium, siue erectio, aut firmamentum.
Lamech, quando est nomen hominis, percutiens, uel percussio, siue humilis, aut humiliatus.
Lamuel, cum quo est Deus, uel in quo est benedictio.
Laodicia, fuit in uomitu, uel natiuitas expectata, siue tribus amata a domino, aut tribus amabilis Domini.
Laodicenses, sunt in uomitibus, uel natiuitates expectatae, siue tribus amatae a Domino, aut tribus amabiles Domini.
Laomim, aestus, uel manes, seu phylarchi multarum tribuum, aut principes multorum populorum.
Lapidoth, fulgor, uel fulgur, siue fulgurans, aut fulguratio.
Larom, sublimitas, uel consurrectio.
Lasa, salus, uel saluatio, siue in salutem, aut in saluationem.
Lalabi, sperauit in me, uel in domino sperauit.
Lasbenti, saluatorem, uel saluator a Domino.
Lachusim, fabri, uel malleatores.
Lazarus, adiutus Domini, uel auxiliatus a Domino.
Leda, albedo, uel candidatio.
Leben, candidum, uel candidatio.
Lebeus, corculum, uel quasi cor.
Leboa, later, uel caementum.
Lebni, lateres, uel caementa.
Lebonitici, latericij, uel caementarij.
Lebona, albedo, uel candidatio.
Lecha, gena eius, uel maxilla eius.
Lechi, gena mea, uel maxilla mea.
Lechia, gena uiri, uel maxilla assumpta.
Lechum, consurgens, uel consurrectio.
Ledam, flamma iudicans, uel exurgens.
Ledihel, flamma iudicans Deo, uel exurgens iudicium Dei.
Leedam, flammam iudicans, uel exurgens iudicium.
Leenas, iniquitas, uel ad iniquitatem.
Leeth, flamma uiua, uel exustio praui[illegible].
Legbara, ignis, uel incendium.
Lem, panis, uel refectio.
Lem, additio, uel frequens bona operatio.
Lesem, ad nomen iudicij, uel ad audionem.
Lesa, salus, uel saluatio, siue in salutem, aut in saluationem.
Lesemdam, ad nomen iudicij, uel ad audiotionem iudicantis.
Lesaboth, uenientes, uel aedificantes.
Leui, additus, uel appositus, siue assumptus, aut applicatus.
Leuitae, additi, uel appositi, siue assumpti, aut applicati.
Leuites, adiectio uel appositio, siue applicatio, aut prosecutio.
Leuathan, prosequens eos, uel additamentum eorum.
Lia, laborans, uel laboriosa.
Libanus, albus uel candidus, siue candor, aut candidatio.
Libertini, facturi paleae, uel facientes paleas.
Libya, ueniens, uel introiens.
Licaonia, suscitans, uel suscitatio, siue ad suscitandum, uel ad suscitationem.
Licaoni, suscitantes, uel ad suscitandum.
Licis, consurgens, uel lachrymas fundens.
Licia, lachrymas fundens ei, uel consurrectio eius.
Licius, consurgens, uel ipse suscitans, siue lachrymas fundens, aut lachrymarum effusio.
Licij, consurgentes, uel ipsi suscitantes, siue lachrymas fundentes, aut lachrymarum effusiones.
Liconia, suscitans, uel suscitatio.
Liconienses, suscitantes, uel suscitati.
Lidi, genus, uel aedificati.
Lidia, nati ei, uel aedificatio eius.
Lidij, nati, uel aedificantes.
Lida, nata, uel aedificata.
Linus, albicans, uel candidans.
Lisania, nata tentatio, uel natiuitas tentationis.
Lisias, generans, uel generatus.
Lisimachus, generans percussionem, uel generationis percussio.
Lisbra, genus decorum, uel generans decorem.
Listra, natiuitas angustiae, uel uelitis tribulatio.
Licostratos, sublimitas, uel proeliantes, seu generans latitudinem, aut militia festinatis.
Lobna, alba, uel candida, siue albor, aut candidatio.
Lobeni, albus uel candidatus, siue cor mihi, aut cor filij mei.
Lobni, albus, uel candidus, seu albor, aut candidatio.
Lobnitici, albi uel candidi, siue albedines, aut candidatores.
Loboni, albus, uel candidatus, siue cor mihi, aut cor filio meo.
Lod, uterculum, uel declinatio.
Lodabar, ipsi uerbum, uel ipsi sermocinatio.
Lodadid, ipsi fecunditas, uel ipsi testificatio.
Lodadin, ipsi causa, uel ipsi iudicium.
Loide, confectio utilitatis, uel quae confectum est utilitatem.
Lomma, lateres candidati, uel lateris candidatio.
Lomminum, phylarchi multorum tribuum, uel princeps multorum populorum.

Lois,

Loth, uacans, uel declinans, seu uinctus, aut ipsi conclusio.

Lothan, ipse concludens eos, uel ipsi uincu-li eorum.

Lothen, uinculum, uel conclusio, seu declinans donum, aut uacans gratiæ.

Lothe, uinculum eius, uel ipsa conclusio.

Lucas, ipse eleuans, uel ipse consurgens.

Lucius, Idem.

Lud, uinctus, uel declinans, siue utinam natus, aut utinam uidit.

Ludim, uinculati, uel declinantes, siue fortiter prodeunt, aut utinam proficientes.

Luitha, genæ uel maxillæ.

Luza, nux uel amygdalum.

M

MAabeel, congregauit Deus, uel congregatio Dei.

Maacha, mollities uel confractio.

Maachati, fracta est mihi, uel contracti sunt mihi, siue uenter eorum, aut uenter percussio.

Maadi, mensura serui mei, uel quam sufficiens testimonium meum.

Maahi, congregatus mihi, uel congregatio mea.

Maala, chorus uel infirmitas.

Maalaph, de mille, uel de doctrina.

Maalath, chorus peccatorum, uel infirmitas temporalis.

Maaleheel, laudans Deum, uel laudatio Dei.

Maaimeon, de habitatione, uel habuerunt habitationem.

Maalon, de fenestra, uel a principio, seu consummatus, aut securitas.

Maama, congregatus populus ei, uel congregatio populi eius.

Maamine, congregati populi eius, uel congregationes populorum eius.

Maamad, desiderium, uel desiderabilis.

Maanath, requiescens, uel requietio.

Maaris, amara, uel domus mea, siue ex ulione, aut ex fusione.

Maaroth, spelunca uel speluncæ.

Maasia, opus Domini, uel assumptio domini.

Maath, desiderium uel desiderabilis.

Mabar, munimen suscitans, uel munimen agitans.

Mabdihel, munitus Deo, uel munitio Dei.

Mabdihelita, muniti Deo, uel munitiones dei.

Mabsam, munitus, uel protegens, siue munimen, aut protectio.

Mabsar, muniens uel munitio.

Macha, ingenium uel percussio.

Machabæus, protegens, uel protectio, siue percutiens, aut ingeniosus.

Machabæi, protegentes, uel protectiones, siue percutientes, aut ingeniosi.

Machani, fractus mihi, uel mollities mea.

Maceda, exustio, uel orientalis, siue prius, aut in antecessum.

Macedan, exurens, uel exustio, siue oriens, aut antecedens.

Macedonia, combusta, uel combustio, siue antecedens, aut orientalis.

Macedones, comburentes, uel combusti, siue antecedentes, aut orientales.

Maceloth, cœtus, uel ecclesiæ, siue congregati, aut congregationes.

Macelloth, idem.

Maceria, exurgens Dominus, uel orientalis Domini.

Maces, finis uel definitio.

Maceth, orientatio, uel antecedens.

Machi, quid est, uel quia est, siue rex meus, aut regnum meum.

Machihel, rex meus Deus, uel regnum meum Dei.

Machimath, quid est donum, uel quid est donatio.

Machir, uenundabit, uel restituet, siue uidens, aut de infirmitate.

Machirita, uenundabunt, uel restituent, seu uidentes, aut de infirmitatibus.

Machinas, humilitas uel attrectatio.

Machinatha, humilis, uel attrectata, siue tangens, aut utilitas tributorum.

Macholis, concupiscentia, uel concupiscibilis.

Mada, mensura uel quam sufficienter.

Madabas, mensuram uenientem sustollens, uel sufficientia uenientis plasmatio.

Madabena, salinosa, uel a memore eius, siue saltus eorum, aut nemus eorum.

Madai, mensura mea, uel quam sufficienter mihi.

Madaliel, turris mea Deus, uel defensio mea Deus meus.

Madan, contradictio, uel habitaculum, seu mensura domini, aut sufficientia gratiæ.

Madbar, eremus uel fumando.

Madia, mensura Domini, uel sufficiens Dominus.

Madian, de causa, uel de iudicio, siue in causam, aut in iudicium.

Madian, respondens, uel diiudicans, siue iniquitas, aut contradictio.

Madiani, respondentes, uel diiudicantes, seu iniqui, aut contradicentes.

Madianitæ, Idem.

Madid, turris testimonii, uel mensura fenestris.

Madim, iudicium, uel diiudicatio.

Madmena, mensura uilis eorum, uel quam sufficienter ex ipsis.

Madon, contradictio, uel habitaculum, siue inhabitatio, aut inhabitantes.

Mapha, speculator, uel speculatio, siue de speculo, aut de speculatione.

Magal, colonia, uel transmigratio.

Magala, transmigrans eum, uel colonia eius.

Magalim, coloniæ uel transmigrationes.

Maghena, defendens filium suum, uel defensio filii eius.

Magdal, magnitudo, uel turris, siue præminens, aut præminentia.

Magdiel, turris dei, uel magnificauit me deus.

Magdalu, magnitudo, uel turris, seu defendens eos, aut præminentia eorum.

Magdalene, magnifica, uel præminentia, siue turrensis, aut defensibilis.

Magdihel,

Magdiel, turris Dei, uel magnificans Deum: siue multum accepit à Deo, aut magnificauit me Deus.
Magdalgad, turris piratæ, uel defendens accinctum latrunculum.
Magdol, turris, uel magnitudo.
Magdola, turris eorum, uel magnificans eorum.
Magdola, quæ grandis, uel quæ turris: siue quæ est magnitudo, aut quæ est magnificentia.
Mageddà, annuncians, uel annunciatio.
Magedan, fructus domi, uel annunciatio gratis: siue poma eius.
Mageddo, tentatio, uel decentatione: siue pomorum eius, aut fructuum eorum eius.
Mageddon, tentans, uel tentatio: siue contactum, aut inhabitatio.
Mageth, cornu patris, uel tentatio uitæ.
Magmas, tangens, uel de tecto: siue uisit tributorum, aut uisitas tributorum.
Magog, δῶμα, uel tectum, uel de tecto, aut de domate.
Mago, guttur, uel de fauce.
Magron, guttur mœroris, uel de fauce iniquitatis.
Machari, domus uisionis, uel amaritudo mea.
Mabelchiel, ex Dei parte, uel ex uita excelsa.
Mehubihel, exuitæ Deus, uel quis est Dominus Deus.
Maida, contradictio, uel mensura sufficiens.
Maimam, desideratus eis, uel desiderium eorū.
Malach, angelus, uel nuncius.
Malachi, angelus meus, uel nunciatio mea.
Malachias, angelus Domini, uel annuncians Dominum eorum.
Malachim, liber regum.
Malachim, nuncius eis, uel angelus eorum.
Malachoth, liber regnorum.
Malachoth, angelus tempore, uel annuncians responsionem.
Malalel, laudator meus uel laudatio Dei.
Malaleliel, laudans Deum, uel laudatio Dei.
Malalchoth, angeli, uel annunciatores.
Malasir, laudator principis: uel despector angustiarum.
Malathra, uisio, uel de uisione: siue despiciens, aut despectio.
Malcha, regnum, uel principatus.
Malchi, rex meus, uel principatus mihi.
Malchia, regnator Dominus, uel principatus Domini.
Malchisu, rex mœstitiæ, uel princeps iniquitatis.
Malchus, rex consilii, uel princeps festinator.
Malec, nuncians, uel regnator.
Maleloch, angelus uinctus, uel annuncians declinationem.
Maloth, princeps, uel annunciatus.
Malloth, angeli, uel annunciatores.
Malloth, plenitudines, uel adimpleti.
Mambre, uidens, uel diuisio: siue claritudo, aut perspicuitas.
Mambres, mare in capite, uel mare pelliceum.
Mamuchan, de longe, uel delongatus seu alienatus, aut alienatio.

Mammon, lucrum premens, uel cupiditas diuitiarum.
Mammona, diuitiæ, uel cupiditates. Vtrunque hoc nomen Syrum est pariter, & Hebræum utrunque mixtum.
Mamucha, elongans calorem, uel alienatio prostitutionis.
Mamucham, idem.
Man, quid, uel quomodo.
Manna, quid est hoc, uel quomodo est illud.
Mana, donans, uel requiescens.
Manaa, munus, uel consolatio: seu sacrificium, aut holocaustum.
Manaath, munera, uel consolationes: seu numerans uitam, aut pauoris completio.
Manad, sepulchrum, uel monumentum.
Manaem, consolans, uel consolatio.
Manaem, castrum, uel tabernaculum: siue requies, aut consolatio.
Manat, requies, uel sepulchrum.
Manaim, castra, uel tabernacula: seu requietiones, aut consolationes.
Manasses, necessitas, uel obliuiscens: siue obliuiosus, aut qui obliuus est.
Mane, numerus, uel numeratum: siue compleuit, aut completio.
Maneth, numerus uitæ, uel numerans uitam: seu complens pauorē, aut pauoris cōpletio.
Manhu, quid est hoc, uel quomodo est illud.
Manameroth, tridentes, uel fuscinulæ, seu complens pauorem.
Manim, quid laboras, uel quomodo laboriosus es.
Manne, requiescens, uel requietio.
Maoth, curatus, uel curatio.
Maol, chorus, uel plenitudo.
Maon, habitaculum, uel habitatio.
Maozim, habitationem uidens, uel habitaculum fortitudinis eorum.
Maphsi, munimen, uel protectio.
Maphsim, muniens eos, uel protectio eorum.
Mara, amaricans, uel amaritudo.
Maradath, amara continentia, uel amara substantia: seu amare continens, aut amarus arroganter.
Marai, amaricans mei, aut amaritudo mea.
Maraioth, amara scientia, aut amaricans dominatio.
Marala, amara concessio, uel amaricanter concedens.
Maranatha, in Domini nostri aduentu, uel quādo Dominus noster aduenit. Syrum est, non Hebræum.
Marath, amarū tēpus, uel amaritudo peccati.
Marcaloth, quadrigæ, uel quadrigantes.
Marchus, attritus, uel delicatus.
Marcus, amarus, uel declinatus: siue certus, aut sublimis mandatis.
Mardath, amara contritio, uel impudenter contritus.
Mardochai, amare conterens muliebrem, uel amara contritio deuoratoris.
Mardochæus, amare conterens impudentem,

uel amara contritio impudentis.

Marcs, amare rotiens, uel amara plasmatio.

Maresa, à capite, uel à principio.

Mareth, amara olla, uel amaritudo pauoris.

Maria, illuminata, uel illuminatrix.

Maria, smyrna maris, uel stella maris, siue illuminans, aut mare amarum. Syro autem sermone domina interpretatur.

Marimoth, lites, uel iurgia, siue dissensiones, aut contradictiones.

Marimuth, litigans, uel contra dicens, siue amara morte, uel amaritudo mortis.

Marissa, à capite, uel à principio, seu à mare tollens, aut amara plasmatio.

Marina, amarum onus, uel amara recentio.

Marodach, amara procacitas, aut amara contritio.

Marosoth, amara scientia, uel amaritudo dominatio.

Maron, sublimis uel de excelso: seu amare testis, aut amara tristitia.

Marsana, amare abundans, aut amara egressio.

Martha, prouocans, uel irritans. Syro autē sermone dominans, aut dominatrix.

Massa, onus, uel assumptio.

Massa, onerans eam, uel assumptio eius.

Massa, pondus, uel eleuatio.

Massada, retinens, uel requirens, siue assumens firmamentum, aut onerans testimonium.

Masaphor, rostra incendentia, uel de tribulatione rostrorum.

Massi, onus meum, uel assumptio mea.

Massia, onus Domino, uel assumptio Domini.

Massil, parabola, uel prouerbium.

Massan, iocunditates, uel iocunditatibus: siue onus doni, aut assumptio gratiæ.

Masech, pincerna, uel propinatio.

Masepha, speculator, uel de speculatione.

Masephat, speculatio, uel contemplatio.

Maseia, onus Domino, uel assumptio Domini.

Masena, prospera, uel secunda: siue secundans, aut secundatio.

Masera, eruditio, uel disciplina.

Maserat, eruditi, uel disciplinati.

Maserecha, libans, uel attrahens: siue libatio, aut uectigal uanum.

Masserephor, speculans superindumentum, uel contemplator superhumeralis.

Maserath, specula, uel refugia, siue munitiones, uel protectiones.

Maspha, speculatio, uel contemplatio: siue de speculatione, aut de contemplatione.

Masphat, contemplans tempus, uel speculator peccati.

Masphe, speculatio, uel contemplatio.

Masia, onus Domino uel assumptio Domini.

Massot, prouerbia, uel parabolæ.

Masma, exaudiens, uel exauditio.

Masmana, auditor Dñi, uel exaudiēs gratiam.

Masob, onus serui, uel assumptio seruitutis.

Masobia, speculans Dominum, uel assumptio Domini.

Masrecha, uectigal uanum, uel attrahēs libatio.

Masrephot, speculans superindumentum, uel contemplator superhumeralis.

Massa, onus impium, uel assumptio iniquitatis.

Matha, donans, uel donatio, siue tribuens, aut humilis forum.

Mathusa, consummans eos, uel perfectio eorū.

Mathama, manus, uel donatio.

Mathan, donans, uel donatus, seu donator doni, aut donatio gratiæ.

Mathana, donum eius, uel donatio eius.

Mathanai, donum eius mihi, uel donatio eius mea.

Mathania, donans Domino, uel donatio Domini.

Mathaniam, donatus Dominus eis, uel donatio Domini eorum.

Mathanite, donator ea, uel donatē seu donatores donorum, aut donatores gratiarum.

Matharis, compluta, uel complutio: seu complutus, aut complutio mea.

Mathat, donās peccatū, uel donatio temporis.

Mathatha, donans peccatum ei, uel donatio temporis eius.

Mathathias, donatus à Domino, uel donū Domini aliquando.

Mathcha, dulcis structura, uel dulcedo structuratis.

Matheiha, donans ei, uel donatio eius.

Mathenus, donator consiliū, uel donum fulminationis.

Mathiama, donator gratiæ Domini, uel donās donationem Domini.

Mathias, donatus Domino, uel donatio Domini pro Iuda, scilicet in cuius loco positus est.

Mathanum, donum Domini est, uel donatio Domini est.

Mathiam, consummans eos.

Mathrabith, perfectio, uel uirga descendens.

Matheth, œconomus, uel dispensator.

Mathean, dono indigēs, uel donator dormitis.

Mathusalem, mortē misit, uel mortis amissio, siue mortuus interrogator, aut mortuus est, & interrogauit.

Machusalem, idem.

Mauthel, uiuens Deo, uel uiuens Deus: seu ex uita Dei, aut quis est sicut Dominus Deus.

Mauman, quis est de longe, uel ex uita alteratus.

Maza, ex hoc, uel ex isti.

Mazarathzodion, id est signa horoscopi per duodecim horas.

Mazaroth zodiacō, quæ Mathematici duodecim signa appellant.

Mazia, ex hoc Dominus, uel ex isto donatio.

Maziae, ex hoc Dominus est, uel ex isto donatio est.

Maloth, ex hoc tempus, uel ex istis responsio.

Mazuruth, uincula, uel disciplina, seu successiones, aut exclusiones.

Mechedam, ab exordio, uel contra orientem.

Mechia, percussio Domino, uel percussio Dñi.

Mechmas, humilitas, uel attrectatio.

Mechine,

Mechmethasa quiescens, uel uenundatus com motioni.
Mechonoth, futuræ, uel suppositiones.
Mechorath, uenundatus mihi, uel uenundatio mea.
Mechurath, uenundatus, uel uenundatio.
Mechurathite, uenundati, uel uenundatio mea.
Medab, fames antiqua, uel fames antiquarum.
Medaba, fames antiqua ei, uel fames antiquarum eius.
Medabena, onus, uel pondera: siue de onere, aut de ponderibus.
Medad, mensus est, uel acquieuit: siue metiens, aut mensuratio.
Medala, aquæ sublimes, uel mensura in aqua.
Medam, mentiens, uel respondens: siue mendacium, aut responsio.
Medana, aquæ eminentes, uel aquarum eminentia.
Mede, mensura, uel aquæ eminentes.
Medemena, mensura uiscerum eius, uel aquæ eminentes ex ipsis.
Medena, aquæ sublimes, uel aquarum sublimitas.
Medi, adæquati, uel mensuratores.
Media, mensura, uel adæquatio.
Medi, mensura iudicii causam, uel adæquatio iudicii.
Medon, mensurans dolorem, uel adæquans murmurationem.
Medeo, mensura, uel mensuratio.
Meeber, de quo, uel ulterior.
Meetebal, benigna Dei, uel benignitas Dñi.
Meezabel, benigna Dei, uel bonitas Dei.
Mephaat, impetus aquæ, uel impetus aquarum.
Mephat, speculum, uel speculatio.
Mephet, speculator, uel speculatio patentis.
Megis, despiciens, uel despectio.
Megbis, despiciens confusionem, uel despectio ignominiæ.
Meida, contradictio, uel mensura sufficiens.
Meizabel, benigna Dei, uel benignitas Dñi.
Mela, uallis salis, uel uallis salsa.
Melcha, regina, uel regnatrix.
Melcham, regem eorum, uel rex eorum.
Melchi, rex meus, uel regnans mihi.
Melchia, rex Dominus, uel regnum Domini.
Melchiel, rex meus Deus, uel regnum mei Dei.
Melchielitæ, regis mei Dei, uel regnum mea dei.
Melchisedech, rex iustus, uel rex pacificus: siue rex pacis, aut rex iustitiæ.
Melchisua, rex saluator, uel regnum salutis.
Melchisua, rex loquax, uel regnum clamoris: siue rex meus tyrannus, aut rex meus perditio.
Melchon, rex eorum, uel principans eis.
Melchō, rex moeroris, uel princeps iniquitatis.
Melchonoth, fulcra, uel regna: siue regna incluta, aut regum cubicula.
Mella, uallis salis, uel uallis salsa.
Melecha, chorus, uel à principio.
Melech, regnum, uel regnator.
Melechi, chorus meus, uel à principio meo.
Melechias, chorus Domini, uel à principio Domini.
Melithme, infirmitas, uel de infirmitatibus: seu

mandatum humile, aut mandatum humilitatis.
Mello, plenus, uel plenitudo: siue adimpletus, aut adimpletio.
Meloth, pleni, aut impleti: siue plenitudines.
Melothi, pleni mei, aut adimpletiones meæ.
Melloth, pleni, uel adimpleti: seu plenitudines, aut adimpletiones.
Mellothi, pleni mei, uel adimpletiones meæ.
Mella, rixa, uel in aqua.
Melzoch, uallis salsa ignis mordentis, uel uallis salsa dolorem præstolantium.
Mellochacer, uallis salsa mordentium lapides, uel uallis ignea lapidum aceruatorum.
Meluch, plenitudines, uel adimpletiones.
Mem, à quo, uel ex ipsis.
Membrana, aperta, uel manifesta: seu apertio, uel manifestatio.
Memphis, os uel ab ore: siue os eius, aut os ex ipsis.
Memphiboseth, os confusionis, uel ore confusionis: siue os ignominiæ, aut de ore ignominia.
Memphon, os moeroris, uel de ore iniquitatis.
Mephaus, quis quis, uel ex ipsis iste.
Memem, aquæ meæ, uel uiscera mea ex ipsis.
Merath, ex quo decus, uel uiscera commotionis.
Men, uiscera, uel ex ipsis.
Mesar, uiscera mea, uel ex ipsis lacrimis meis.
Menelaus, uiscera maledicta, uel ex ipsis maledictus.
Mer, apertus, uel manifestus: siue illuminans, aut illuminatio.
Merab, multitudo, uel de multitudine: siue manifestans patrem, aut illuminatio patris.
Meraia, amaricans, uel amaritudo: siue aperiens ungulas, aut illuminans fascinationem.
Meraioth, amaricantes, uel amaricatæ: siue aperientes ungulas, aut illuminantes fascinationes.
Mercurius, aperiens cataractas, uel illuminans occursum ligni.
Mere, apertus, uel manifestus: siue illuminans eum, aut illuminatio eius.
Mered, rebellis, uel apertio: siue illuminans, aut manifestatio.
Merepheth, fouens, uel cubans: siue cubabat, aut confouebat.
Meremuth, aperiens mortem, uel illuminans mortuos.
Meribaal, litigans cum marito, uel litigans cum altissimo: siue litigans in maritum, aut litigans contra altissimum.
Merimuth, aperiens mortem, uel illuminans mortuos.
Merob, multitudo, uel multitudine.
Merodach, amara procacitas, uel amaritudinem inmittens: seu amara contritio, aut amara contritus.
Meron, aquæ, uel profunditates.
Meron, illuminans mœrentes, uel manifestans iniquos.
Meronath, illuminans mœrentes tempore, uel manifestans iniquitatem peccati.
Meronathites, illuminans mœrentes tempore, uel manifestans iniquitatem.

Meroz, aperiens uisionem, uel immundatio fortitudinis.
Meroz, consulens, uel cōsilium: siue arcanum, aut aquæ sacramentorum.
Mes, hospes, uel hostis: siue mensurator, aut mensuratio.
Mesa, eius edo, uel aqua rara.
Mesa, hospes eius, uel hostia eius: siue mensurans eum, aut mensuratio eius.
Mesah, hospes saluans, uel mensura salutis.
Mesera, aqua rara, uel propinatio, siue dans potum, aut propinator.
Mesach, propitians, uel potum dans: siue hospes fratris, aut hospes fraternitatis.
Messilem, hospes missus, uel reddens redditionem: seu mensurans pacē, aut hospes salutis.
Messioth, eradens uinculum, uel aquæ raræ declinatio.
Messameth, potum dans choro, uel propinans à principio.
Mesech, attrahens, uel trahens: siue compressus, aut compressio.
Mesech, deficiens, uel prolongatus: seu defectio, aut prolongatio.
Mesepha, speculator, uel contemplator: seu speculatio, aut contemplatio.
Mesellima, capiens eos Domino, uel palpatio eorum Deus.
Meseroth, uincula, uel disciplinæ: seu successiones, aut excussiones.
Meserabel, benignus Deo, uel mensurator Domini.
Mesphar, speculatores sunt stantes, uel contemplationis uigilia.
Mesphareth, hospes stans, uel hospitis statua.
Mesphe, hospitis laqueus, uel hospitis disciplina.
Messias, christus, uel unctio: siue Christus, aut unctus.
Messilah, hospes serui, uel mensura æternitatis.
Messiam, capiens eos, uel palpatio eorum.
Mesopotamia, eleuata uoce quadam, uel eleuatio cuiusdam uocationis.
Mesraim, hospitans eos, uel mensura eorum. Sciendum uerò, quod Mesraim Aegyptus appellatur.
Mesthus, uarius, uel uarietas.
Messitam, mediora doloris, uel hostia anterior.
Metheha, dulcitudo, uel dulcedo.
Methsa, uirga, uel baculus.
Methabeel, benignus uir habens, uel quàm bona deuoratio uetustatis.
Methael, quàm bonus Deus, uel quàm bona diuinitas.
Methabehel, idem.
Methet, dulcedo uidens, uel dulcis oliua.
Mesan, saluans eos, uel attrectatio eorum.
Meza ex hoc, uel ex illo.
Mezaab, eleuata, uel super eam: siue aqua fluens, aut aqua auri.
Miamin, quis matris secum, uel cui donatus.
Mibaar, electus, uel electio: siue de electis, aut de electione.

Micha, quis hic (aduerbium loci) uel quis est ille.
Michael, quis ut Deus, uel quis est sicut ille dominator.
Michaia, quis ut Deus, uel quis ut deitas.
Micharoth, quis hic dilatans, uel quæ est hæc latitudo.
Michas, quis est hic (aduerbium loci) uel quis est ille.
Micheas, quis est iste, uel quis est in loco.
Michohoaqua omnis, uel aqua ex omnibus.
Mido, metiens, uel mensuratio.
Migrhaas, aquæ impetus, uel aquarū impulsio.
Miphibaal, os deuorans, uel os uetustatis.
Miphiboseth, os confusum, uel os uerecundiæ: siue os confusionis, aut ignominiæ.
Michael, domus Dei, uel domus exercitus.
Mitchene, generans castra, uel generatio dominium.
Milcom, generans, uel generatio: seu generare, aut cuius est.
Milcho, regnator, uel regnum.
Minamin, quis matris socius, uel cui donatus est.
Myrrha, amara, uel amaricans: seu amaritudo, aut amaricans.
Mithaal, litigans cum marito, uel litigās cum altissimo: siue litigans in maritum, aut litigans contra altissimum.
Misael, sachia Dei, uel quis interrogauit Deum.
Misaam, trahens populum, uel interrogatio eorum.
Misaach, quis ut risus, uel quis ut frater: siue quis ut risus aut quis de gaudio.
Misabel, populus Dei, uel quis est ut saluans Deus.
Misia, quæ indigentia, uel quæ est domū statio.
Misor, humilitas, uel tribulatio: seu de humilitate, aut de tribulatione.
Misor, plana, uel directa: siue humilis, aut campestris.
Micyrene, transmigrans, uel declinans: seu declinatio, aut transmigratio.
Mithnitatea, declinans donum sufficiens, uel transmigratio doni sufficientis.
Misaab, quis ut aurum obryzum, uel quis est sicut aurum purissimum.
Moab, de patre uel ex patre.
Moabitæ, de patre geniti, uel ex patre generati.
Moaida, mensura Domini, uel sufficiens Domino.
Moam, fortis, uel robustus: siue robur, aut fortitudo.
Moariam, de adiutorio Domini, uel Dominus auxiliator est.
Mohomia, ædificium, uel ædificator.
Mohomiar, ædificans mihi, uel ædificatio mea.
Mohamia, ædificium, uel ædificator.
Mohamiar, ædificans, uel ædificatio mea.
Mochebor, uidetrans patrem luminis, uel patrem iracundiæ.

Mochoni,

Machonai, suppositio, uel sustentaculum.
Machori, venundator meus, uel venundatio mea.
Machoth, plagæ uel uulnera.
Machotha, plaga eius, uel uulneratio eius.
Madab, natiuitas, uel generatio.
Madaba, nascens pater, uel generatio eius.
Madim, iudicium, uel iudicatio.
Modin, iudicans eos, uel iudicium eorum.
Madolla, generationem celsificans, uel nationis testificatio.
Moelach, dolens, uel parturiens: siue ab adolescente, aut parturiente.
Moelai, dolor meus, uel parturiens mihi.
Mosei, palpatio, uel attrectatio.
Mosela, palpans eum, uel attrectatio eius.
Moyses, aquaticus, uel assumptus de aqua.
Moyse, surgens, uel tenens: siue attrectans, aut palpans.
Molada, princeps piscium, uel dolor parturientis.
Moloch, regnans, uel principans: seu dolens, aut parturiens.
Molachi, rex meus, uel princeps meus: siue dolor meus, aut parturitio mea.
Molachite, regnantes, uel principantes: siue dolentes, aut parturientes.
Molchom, regens eos, uel princeps eorum.
Molid, infirmitas, uel à principio.
Moloch, rex, uel princeps: siue rex noster, uel princeps noster.
Mool, infirmitas, uel ad infirmitatem: siue chorus, aut à principio.
Moola, chorus eius, uel ab initio eius: siue infirmans eum, aut infirmitas eius.
Mooli, infirmitas mea, uel de infirmitate mea: siue chorus meus, aut à principio meo.
Mooli, chorus laboris, uel à principio laboris: siue infirmans laborans, aut de infirmitate laboriosa.
Moolite, chori mei, uel à principio meo: siue infirmitatem meam, aut de infirmitatibus meis.
Moos, infirmitas, uel habitaculum.
Moosa, infirmans eum, uel habitaculum eius.
Moosis, infirmans Dominus, uel habitaculum Domini.
Moreth, hæres, uel hæreditas.
Morathi, hæres meus, uel hæreditas mea.
Morathite, hæres meus iste, uel hæreditas mea ista.
Morasthim, hæres eorum iste, uel hæreditas eorum ista.
Morasthite, hæredes mei isti, uel ista sortis hæreditas mea.
Moria, uisio, uel uisionis: siue illuminans, aut dilucidans. iste est locus, in quo Abraæ dictum est, Vade in terram uisionis.
Morathi, hæres meus, uel hæreditas mea.
Morome, sublimitas, uel celsitudo.
Musa, salus, uel eruditio.
Mosee, saluans, uel saluificator: siue à salutare, aut à saluificatore.
Mosellamoth, capiens eos mortem, uel palpatio mortis eorum.
Mosera, eruditio, uel disciplina.
Moseroth, uincula, uel disciplina.
Mophetaim, fortes, uel uictoriæ: seu fortium, aut uictoriarum.
Mosi, palpator, uel attrectator.
Mosoch, captura, uel capiens: siue capientes, aut captiua.
Mosollon, capientes eos, uel palpatio eorum.
Mosollamia, capiens eos Dominus, uel palpatio eorum Dominus.
Mosollamoth, capiens eos morti, uel palpatio mortis eorum.
Mosollam, capiens eos, uel palpatio eorum.
Mosura, uinculum, uel disciplina.
Musi, eruditus Deo, uel disciplina Dei.
Mumim, consolans eos, uel uiscera eorum.
Musi, palpans, uel attrectans: siue palpatio, aut attrectatio.
Musach, palpans fratrem, uel attrectatio fratris.
Museroth, uincula, uel disciplina.
Musite, palpantes, uel contrectantes.

N

NAa, pulchra, uel pulchritudo.
Naab, absconditus, uel requiescens.
Naabi, absconditus mihi, uel requietio mea.
Naaa, pulchri fructus, uel pulchrum testimonium.
Naal, laudans, uel liquabitur: siue torrens, aut laudatio.
Naala, torrens Dei, uel laudans Deum.
Naaliel, torrens Dei, uel laudatio Domini.
Naalon, Deus calidoris, uel pulchritudo lateris.
Naama, decora, uel pulcherrima: siue commouens eos, aut commotio eorum.
Naaman, decoris, uel pulcherrimus: siue commouens eos, aut commotio eorum.
Naamath, mouens mortem, uel decor peccati.
Naamathite, mouentes mortem, uel decor peccato.
Naamin, pulcherrimos, uel commotio eorum.
Naar, puer, uel infantulus.
Naara, puer ei, uel infantulus eius.
Naarath, pueritia temporis, uel infantia peccatoris.
Naari, puer mihi, uel infantulus meus.
Naarias, puer Domino, uel infantulus domini.
Naas, serpens, uel coluber: siue augurans, aut augurium.
Naaro, requies fontis, uel requietionis fluminis.
Naason, coluber murmurans, uel serpens inutilis: siue augurans dolorem, aut augurium iniquitatis.
Naath, decor temporis, uel pulchritudo peccati: siue absconditus peccatum, aut requiescens tempore.
Naatab, extollit propheta, aut prophetauit rectè: siue pulchrum auxilium, aut celsitudinis fortitudo.
Nabai, conspicuus, uel requiescens.
Nabaoth, sedens, uel excludens: siue requiescens tempore, aut conspicuus responditor.

Nabal, stultus, uel insipiens.
Nabao, prophetæ, uel uenientes.
Nabaoth, sedens, uel excludens: siue conspicuus, aut requiescens.
Nabath, scandalum, uel scandalizans: siue insipiens, aut insipientia.
Nabathei, insipientes, aut scandalizantes.
Naban, ueniens, uel includens: seu uenimus, aut uenit.
Nabdeel, uisus Dei, uel fructus Deo.
Nabeoth, prophetans, uel prophetatio.
Nablath, organum, uel laudatorium.
Nablum, psalterium Græce, laudatorium Latine.
Nablum, organum, uel laudatorium.
Nabo, sessio, uel prophetia: siue conclusio, aut superueniens.
Nabohe, propheta, uel prophetia.
Naboth, sessio, uel prophetia: siue concludens, aut superueniens.
Nabo, ueniens, uel includens.
Nabuchodonosor, sedens in angustia agnita, uel sessio in agnitione angustiæ: siue prophetans istiusmodi signum, aut prophetia lagunculæ angustiæ.
Nabusabari, calcis tempus, uel calcatio temporis.
Naburarachim, calcator fratrum, uel calcatio fraternitatis.
Nabuthei, prophetæ, uel prophetantes.
Nabuzardam, prophetauit paleas, uel prophetia [illegible] iudicii.
Nachem, præparans eos, uel præparatio eorum.
Nachon, præparans dolorem, uel præparatio iniquitatis.
Nachor, requiescente luce, uel obscuratio nouissima: siue requies luminis, aut præparatio iracundiæ.
Nad, ascendens, uel ascensio.
Nadab, uoluntas, uel spontaneus.
Nadabias, mouens Domino, uel spontaneus Domini.
Naeman, fidelis, uel fidelitas: siue mouens eos, aut motus eorum.
Naeth, requiescens, uel requietio.
Naphaddor, dispersa generatio, uel dispersio generationis.
Napher, marina, uel maritima.
Naphedor, connexa generatio, uel connexio generationis.
Naphes, marinus, uel maritimus.
Naphei, maritimi, uel animarum refrigerationes.
Naphes anima, uel refrigerium.
Naphis, idem.
Nage, meridies, uel meridianus.
Nageb, idem.
Nahaim, pater meus, uel infantia mea.
Naheiel, hymnus, uel laus: siue laudans Deum, aut Dei laudatio.
Nahaliam, uel mare: siue fluctuans, aut instabilis & fessus mente.
Naim, fluctus, uel motus: siue fluctuans, aut commotio.
Naioth, conspicuus, uel excludens.
Nalol, torrens, uel laudatus.

Naam, Deus, uel commotio.
Naamathei, mansit Deus, uel dormitio Dei: siue filii quies Dei, aut quos dormire facit Deus.
Naama, pardus, uel amaritudo: siue amaritudines, aut amaricationes.
Naamim, pardi, uel apostatæ: siue profugi, aut transgressiones eorum.
Nami, palpans, uel tangens: siue attrectans, aut attrectatus.
Namuel, loquens cum Deo, uel cum quo loquitur Deus.
Namuelitæ, loquentes cum Deo, uel cum quibus loquitur Deus.
Nane, pisces, uel foetus: siue germen pulchritudinis, aut pascua eorum.
Narcissus, colligens, uel collectio: siue lucernæ scindens, aut accensus lumine.
Naab, exsiccans, uel exsiccatio, aut germinatio eorum.
Nasaram, germen molle, uel germen tenerum, siue germinans eis.
Nasi, coluber Domini, uel serpens dominator.
Nasi, titulus, uel statio.
Nasim, dux, uel princeps, siue principans eis.
Nason, consolans, uel quiescens: siue augurans, aut augurium.
Nasor, pulchritudo luminis, uel consolans angustiarum.
Nathan, donauit eis, uel donatio eorum.
Nathanmelech, donauit regnum, uel donatio regnantis.
Nathi, donans domum, uel donatus gratis.
Nathanael, donum Dei, uel donauit eum Deus.
Nathinnei, donantes, uel donati: siue hypodiaconi Græce, aut subministri Latine.
Natho, donat mœrori, uel donatio iniquitatis.
Naua, semen, uel germen: siue latratus, aut pulchritudo.
Naue, idem.
Naum, germinans, uel consolator.
Naum, germinans eis, uel consolatio eorum.
Nazareth, flos, uel uirgultum: siue sanctitas, aut consecratio.
Nazareth, unctio, uel munditia: seu custodiens, aut separatio.
Nazarenus, uirgultum, uel floridus: siue custodiens, aut separatus.
Nazareus, mundus, uel sanctus: siue unctus, aut consecratus. Utrumque hoc nomen apud Hebræos, non scribitur per z literam, sed per Hebræum Zade, quod nec S, nec Z, literam sonat.
Nazarei, uirgulta, uel floridi: siue custodientes, aut separati.
Nazaræi, mundi, uel uncti: siue sancti, aut consecrati.
Nazareni, idem.
Neapolis, inter commota, uel infra commotio.
Nebaaz, latrans apprehensus, uel latratus apprehensio.
Nebalal, latrans laxus, uel latrans laxatus: seu latrantis lenitas, aut latrantis laxatio.
Neballath, latrans temporis, uel insipientia peccatoris.

Nebo, latrans, uel latratus: siue psalterium, aut mensura.
Nebaldatrans Deo, uel latratus Dei: siue mensura, aut Dei psalterium.
Nebo, latrans, uel latratus.
Nebai, latratus meus, uel psalterium meum.
Nechoo, paratus ille, uel paratio illa.
Necchi, statio, uel attrectatio.
Necho, percutiens, uel percussio.
Nechoda, includens iudicio.
Nechophar, excludens, uel exclusio: siue inclusum aperiens, aut percussiorum excidens.
Nechota, storax, uel thymiama: siue storax eius, aut aromatizatio eius.
Necle, scala, uel torrens.
Neelamina, cuiusdam haeredes, uel cuiusdam haereditates.
Neelim, cuiusdam haeredes, uel cuiusdam haereditas.
Neellamite, scalae, uel torrentes.
Neelescol, torrens botri, uel botrus torrentis.
Neema, consolans, uel consolatio.
Neemias, consolatus a Domino, uel consolatio Domini.
Nechsta, aes, uel metallum.
Nephahel, spirans deo, uel applicans uel dei.
Nephe, spirans, uel sufflans: siue spiritus, aut sufflatio.
Nephec, appensus oris, uel lyncurius, quod est nomen lapidis.
Nephet, pruna, uel carbo: siue seducens, aut seductio.
Nephegidem.
Nephenas, marina, uel maritima.
Nephi, purificans, uel purificatio.
Nephia, purificans aggrauatum, uel purificatio aggrauati.
Nephoz, deceptio, uel dissolutio.
Nephusim, aperiens nomen, uel dissoluta auditio.
Neger, florens, uel floridus.
Nehoda, inclusus iudicio, uel percussio iudicii.
Nehiel, stans Deus, uel statio Dei.
Nehiloth, statio, uel statio, siue status temporis.
Neman, pulchritudo, uel consistens.
Nembra, profugium, uel apostasia: siue apostata, aut apostasia.
Nemra, profugium, uel transgressio: siue pardus, aut amaricatio.
Nemrim, pardi, uel apostatae: siue amaricantes eos, aut profugia eorum: seu pardorum, aut apostatarum.
Nemei, pardi, uel apostatae.
Nemruth, tyrannus, uel profugus: siue transgressor, aut apostasia.
Nemsi, palpans, uel tangens: siue attrectans, aut attrectatio.
Nemseh, stans, uel attrectans: siue statio, aut attrectatio.
Nephal, deceptio, uel dissolutio.
Nephath, latitudo mea, uel conuersio eius.
Nephtali, discernens, uel triuncius: seu conuolutus, aut conuersio mea.
Nephaim, habitatio, uel comparationes eorum, uel latitudo eorum.
Nephtalim, amplicatio, uel conuersio: siue dilatauit me, aut dilatatio mea.
Nephalimica, conuertentes eos, uel latitudines eorum.
Nephalim, habitacula, uel comparationes: seu dilatatio mea, aut implicationes eorum.
Nephas, purificans, uel purificatio.
Nepse, decipiens, uel dissoluens: siue deceptio, aut dissolutio.
Nephez, deceptio, uel dissolutio: siue deceptio, aut dissolutio.
Nephoim, scalpentes, uel aperientes, siue decipientes eos, aut dissolutiones eorum.
Nephtupha, deceptio uitae remissae, uel dissolutione claudicans.
Nephtaim, scalpentes, uel aperientes: siue decipientes eos, aut dissolutiones eorum.
Nephusim, operiens nomen, uel dissoluta auditio.
Ner, lucidus, uel lucerna.
Neregel, lucis aceruus, uel lucernae aceruatio.
Nereus, lucis consilium, uel lucerna festinans.
Nereth, cithara, uel quasi lucerna: seu lux uitae, aut lucerna pauoris.
Nergal, lucis aceruus, uel lucerna aceruata.
Nergel, lucerna aceruata, uel lucernae aceruatio.
Nergel, lucerna inundans, uel lucernae inundatio.
Neri, lucerna mihi, uel lucerna mea.
Neria, lucerna Domino, uel lucerna Domini.
Nesa, coluber domini, uel serpens dominicus.
Nesibi, statura mea, uel statio mea.
Neson, augurans, uel augurium: siue augur fortis, aut auguris fortitudo.
Nethab, tentatio tenera, uel fugitiuus tener.
Nethan, aeratus, uel metallicus.
Nethanim, datus, uel motio: siue commouens eos, aut commotio eorum.
Nethus, imago, uel imaginatio.
Netophat, includens me, uel inclusio mea.
Netophatitae, includentes, uel inclusores mei.
Nicanor, stans lucerna, uel statura lucida.
Nicodemus, includens iudicio, uel effusio temeritatis.
Nicolaus, effusus, uel effusio: siue stultus ecclesiae languentis, aut stultitia languoris ecclesiae.
Nicolaitae, effluentes, uel effusiones: siue stulti ecclesiae languentis, aut stultitia languoris ecclesiae.
Nicopolis, germen protectionis meae, uel protectio germinis mei.
Niger, ascendens, uel ascensio.
Nymphas, os applicatum, uel oris applicatio.
Ninue, forte, uel speciosa: seu germen pulchritudinis, aut natiuitas pulchra.
Niniuitae, forti, uel speciosi: seu germina pulchritudinis, aut natiuitas pulchrae.
Nisan, auguris gratia, uel auguris donationis.
Noa, mouens, uel commotio.
Noadaida, mouens testimonium Domini, uel commotio testimonii Dei.
Noadiae, mouens dilectionem, uel commotio Domini.
Noba, mouens eos, uel commotio eorum.

Noadia, mouens imperium, uel commotio est, furmentationis ufionum.
Nob latrans, uel latratus.
Nodab, uoto, uel sponte.
Noe, requies eorum, uel requieuit siue commotio, aut commotio.
Noema, decor, uel fides, uel uoluptas, aut delectatio.
Noeman, pulchritudo, uel pulchra: seu consolatrix, aut consolatio.
Noemanite, pulcher uel consolans: seu consolatores, aut consolationem.
Noemi, pulchra, uel consolata.
Noesta, metallum, uel æs eius.
Noestan, æs eorum, uel metallum eorum.
Nopher, motus apertus, uel commotio latitudinis.
Noga, meridies, uel meridianus.
Noge, idem.
Noom, decor, uel consolatio.
Noorai, decorans magistrum meum, uel consolatio magistri mei.
Noorari, decorans currentem magistrum, aut consolatio consummati magistri.
Nora, requiesce, siue excelse, uel commotio exaltati.
Noath, pulcher, uel pulchritudo.
Num, pascens eos, uel pascua eorum.
Nun, fœtus, uel piscis: siue unicus, aut sempiternitas.
Numenius, decorus, uel fidelis.

O

O
Aat, unitas uel laudatio.
Oal, tabernaculum, uel inhabitatio.
Oalibama, tabernaculum meum, uel inhabitatio mea.
Oam, ue populo, uel infantem.
Obab, sperans, uel amplexans: siue dilectus, aut dilectio.
Obadia, seruus Domini, uel seruiens Domino.
Obag, magus, uel pythonissa: siue incarnatur, aut incarnatio.
Obdael, seruus australis, uel seruus Africanus.
Obdias, seruiens Domino, uel seruitus Dni.
Obed, seruiens, uel seruitor.
Obededom, seruiens rufo, uel seruiens Iduo: seu seruiens terreo, aut seruus sanguineus.
Obedia, seruus Domini, uel seruiens Domino.
Obediel, seruus Dei, uel seruiens Deo.
Obia, seruus Domini, uel seruiens Domino.
Oboch, pythones, uel magi, siue lagena grandis, aut lagenarum granditas.
Ochez, diligens, uel perscrutans: siue dilectio, aut perscrutatio.
Ochel, tenens habitationem, uel apprehendens tabernaculum.
Ochora, tenens magistrum, uel retentio magistri.
Ochosiah, retentio, uel apprehensio.
Ochozias, retinens Dominum, uel apprehensio Domini.
Ochran, tenens, uel apprehendens: siue retentio, aut apprehensio.

Odaia, mensurans, uel mensuratio.
Odema, seruus Domini, uel testificans Dominum.
Odia, idem.
Odola, idem.
Odolam, testimonium eorum, uel testimonii approbatio.
Odollamites, consistens aliquem, uel testimonium in aqua.
Oddor, confitens generationem, uel testificatio generationis.
Odoma, seruus Domini, uel testificans Dñm.
Odi, mensis meus, uel mensura mea.
Oddira, mensura magistri, uel testificans magistrum.
Ocphis, mensura, uel effundens: siue æstus, aut æstuatio.
Oephi, mensurarum modiorum, uel tremodii mensurati.
Oeph, diligens, uel perscrutans: siue dilectio, aut perscrutatio.
Og, congregans, uel accruis: seu absconditus, aut coacervatio.
Oga, nobilis, uel gloriosus, siue absconderunt eum, aut coacervauit ei.
Ohia, ipse cognouit, uel cognouit Dominus.
Ohiada, ipse cognouit seruitutem, uel cognouit Dominus testimonium.
Oholi, tabernaculum, uel inhabitatio.
Oia, infirmans eum, uel infirmitas eius.
Oiam, infirmans eos, uel infirmitas eorum.
Olam, seculum, uel æternitas: siue annus iubilæus, aut annus remissionis.
Olda, destruens, uel discernens, siue destructio, aut diuerticulum.
Oldai, destruens me, uel differentia mihi: siue diuerticulum meum, aut discretio mea.
Olda, discernens dona, uel diuerticulum gratiæ.
Oli, infirmitas, uel protectio.
Oliab, infirmans patrem, uel protectio patris.
Olympa, dolens, uel parturiens.
Olympiadis, dolor testium, uel parturiens sanguinem.
Olofernes, infirmitas discessionis, uel infirmans uitulum saginatum.
Omar, populum amaricans, aut populus amaricatus.
Omer, crispans, uel manipulus.
Omei, crispans me, uel manipulus meus.
Omrai, crispans magistrum meum, uel manipulus magistri mei.
On, dolor, uel mœror.
On, iniquitas, uel inutilitas mea.
On, anxietatio, uel murmuratio.
Ona, mœror eorum, uel dolor eius.
Ona, inutilis ei, uel iniquitas eius.
Ona, murmurans ei, uel murmuratio eius.
Onam, mœror populi, uel mœror eorum.
Onam, inutilis populo, uel iniquitas eorum.
Onam, murmur populi, uel anxietatio eorum.
Onam, mœror doni, uel dolor gratiæ.
Onam, iniquitas doni, uel inutilitas gratiæ.
Onam, murmurans dono, uel anxietas gratiæ.

Onel

Onesimus, decorus, uel respondens: siue decus, aut responsio.
Onesiphorus, respondens lucris, uel decore adhaerens.
Oni, moerens mihi, uel dolor meus.
Oni, inutilis mihi, uel iniquitas mea.
Oni, murmur meum, uel mussitatio mea.
Onnid, dolore cōmotus, uel moerore requiescēs.
Onan, inutilis requies, uel iniqua commotio.
Onan, murmur commotum, uel mussitatione gestis.
Onias, moerens Domino, uel dolor Domini.
Onias, iniquus Domino, uel inutilis Dominus.
Onias, murmurans Domino, uel mussitatio domini.
Onno, moeror eorum, uel dolor eius.
Ono, inutilis eius, uel iniquitas eius.
Ono, murmurans ei, uel mussitatio eius.
Onon, murmure mussitans, uel mussitatione murmurans: siue dolor inutilis, aut moeres iniquitate.
Ooli, tabernaculum, uel inhabitatio.
Oolla, idem.
Ooli, tabernaculum meū, uel inhabitatio mea.
Ooliab, tabernaculum meum pater, uel inhabitatio mea patris.
Ooliba, tabernaculum meum in ea, uel ipsa est tabernaculum meum.
Oolibama, tabernaculi altitudo, uel habitaculum meum in aliquo.
Oon, labor, uel dolor: siue dolens, aut laboriosus.
Oozam, uidens eos, uel fortitudo eorum.
Oozias, uidens Dominum, uel fortitudo Domini.
Opha, effusio, uel effusione.
Opha, nebula, uel obscuratio: siue obscuratus, aut nebulosus.
Opha, thalamus eorum, uel maritima eorum.
Ophai, uolans, uel uolatus: siue uolantes, aut uolationes.
Ophaz, aurum obryzum, uel aurū purissimū.
Ophaz, idem.
Ophel, nebula, uel obscuratio: siue obscuratus, aut nebulosus.
Opher, ignominia, uel ignominiosus.
Ophi, infirmus, uel ignominiosus.
Ophim, tabernacula, uel habitationes.
Ophim, tabernacula mea, uel habitationes meae.
Ophir, infirmans, uel infirmitas aurea, aut chrysolitus.
Ophni, dissoluta, uel infirma conuersio.
Ophra, uolans, uel thalamus.
Or, foramen, uel iracundia.
Or, mons, uel foramen: siue pellis, aut iracundia.
Oraim, corripiens, uel comprehendens: siue correptio, aut comprehensio.
Oraia, irati, uel ne excelsos: seu ne iracundiae, aut ne iracundo.
Oram, mons populi, uel lumen eorum.
Oram, pellis populi, uel lumen eorum.
Oram, iracundus populus, uel iracundia eorū.
Orchech, aestimans, uel aestimatio.
Orchechi, aestimans mihi, uel aestimatio mea.
Orchiatharoth, longa corona, uel longitudo coronarum.
Oreb, ardor, uel siccitas: siue coruus, aut solitudo.
Oreb, mensa, uel massa: siue tentans, aut tentatio.
Oren, dolor, uel iracundia.
Orech, longanimis, uel diuturnus: seu longanimitas, aut diuturnitas.
Orpha, ceruix eius, uel supercilium eius.
Ori, lux mea, uel ignis meus.
Ori, pellis mea, uel foramen meum.
Ori, irascens mihi, uel iracundia mea.
Ori, gigas, uel excelsus.
Ori, loquens, uel excludens.
Ori, apprehendens me, uel apprehensio mea.
Orim, gigantes, uel excelsi.
Orim, apprehendentes me, uel apprehensiones meae.
Orim, loquentes, uel excludentes.
Orma, anathema, uel anathematizatio.
Ornam, lumen nobis, uel illuminatio nostra.
Orna, lumē gratiae, uel illuminatio donationis.
Oron, mons inutilis, uel foramen tristitiae.
Oron, pellis iniqua, uel ira murmurationis.
Oron, lumen moeroris, uel dolor mussitationis.
Oronaim, montes inutiles, uel foramina tristitiarum.
Oronaim, pelles iniquae, uel dolores mussitationis.
Oronaim, lumina moeroris, uel iracundia murmurantium.
Oronim, lumen moeroris eorum, uel iracundia iniquitatis eorum.
Oronom, mons inutilis eis, uel foramen tristitiae eorum.
Oronaim, lumen moeroris eorum, uel iracundia iniquitatis eorum.
Orthosiada, recte indigens testimonio, uel lumen politum testificationis.
Osa, spes, uel saluatio.
Osai, spes mea, uel saluatio mea.
Osaias, sperans in Domino, uel saluatio Dñi.
Osanna, salua, uel uiuifica: siue saluifica nos, aut saluificatio nostra.
Ose, spes, uel saluator.
Osee, sperans in eo, uel saluatio eius.
Osia, sperans in Domino, uel saluatio eius.
Otam, tempus eius, uel designatio eorum.
Othei, signum meum, uel temporalis mea.
Othni, dolor eius, uel conuersione eius.
Othir, peccato uigilans, uel signum temporale.
Othen, stans peccato, uel stans temporalis.
Othoniel, signum laboris, uel designatio temporalis.
Othoniel, signum Dei, uel respondens Deus.
Othoniam, signum eorum, uel signatio eorum.
Ox, uolenter, uel uoluntarie.
Oza, uidēs, uel robustus: seu uisio, aut fortitudo.
Ozai, fortis meus, uel robur meum: siue uidens me, aut fortitudo mea.
Ozam, uidens eos, uel fortitudo eorum.
Ozam, uidens donum, uel fortitudo gratiae.
Ozanoth, quasi signum, uel fortis designatio.

Ozazim,

Ozazim, fortis dux, uel uidens oliuam.
Ozen, uidens fortem, uel fortis oculus.
Ozensara, uidens fortem principem, uel fortis oculus angustiati.
Ozgi, uidens festum, uel robustus festiuitor.
Ozni, uidens, uel robustus, seu uisio, aut fortitudo.
Ozias, uidens Dominum, uel fortitudo Domini.
Oziam, uisio Domini est, uel fortitudo Domini est.
Oziph, germinans, uel germinatio.
Oziel, uidens Deum, uel fortitudo Dei.
Ozielitæ, uidentes Deum, uel fortitudines dei.
Ozim, auris mea, uel auditus meus.
Ozanitæ, aures meæ, uel auditores mei.

P

PAphum, redimens cadentem, uel redemptio cadentis.
Palæstina, ore contusa, uel ore contundens: siue os malleatoris, aut oris contusio.
Palæstini, ore contusi, uel ore contundentes: siue ora malleatorum, aut oris contusiones.
Palmiram, ore contundens, uel os malleatoris.
Pamphilia, conuersio a ruina, uel diuisio cadentium.
Pamphilienses, conuersi a ruina, uel diuisione cadentes.
Panaretos, liber ecclesiæ, uel liber ecclesiasticus.
Paraphrastes, garrulus, uel coniectator.
Paraceue, cœna pura, uel præparatio.
Paron, discoopertus, uel discooperiens.
Parmena, diuidens plenitudinem, uel diuisio plenitudinis.
Parthia, perfecte diuidens, uel perfecta diuisio.
Parthi, perfecte diuidentes, uel perfectio diuidentium.
Pascha, transcensus, uel transgressio.
Passum, separatio, uel separatrix.
Passimos, separatio hostis, uel separatio palpantium.
Patroba, uidere eum, uel dissolutio eius.
Patrodos, separans, uel dissoluens.
Patura, separatrix, uel separatio.
Paulus, os tubæ, uel os eorum, seu electum mirabile, aut electionis miraculum.
Pedno, tentatio mouens, uel discretio commotionis.
Pelusium, os malleans, uel os malleatoris.
Pentateuchum, quinque libri Moysi, uel quinque libri Mosaici.
Pergamum, dissecans cornua, uel diuidens cornua eorum.
Pergen, deuorans, uel uorago.
Persolusæ, circumscriptus, uel repositio morteria.
Perida, stans dilectus, uel tentatio amabilis.
Pericopen, incisus, uel incisio.
Perona, sacculus, uel repositio.
Persida, tentans, uel latera sua dissoluens.
Persæ, tentati, uel latera sua dissoluentes.
Perispolis, tentatio ciuitatum, uel dissoluens latera ciuitatis.
Petrus, agnoscens, uel discalcians: siue cognitionem dissoluens.
Pignuel, cognitus Domino, uel Dominum cognoscentes.
Pilo, os malleans, uel oris concussio.
Pilatus, ore contundens, uel os malleatoris.
Pyrrhus, dissoluens, aut dissolutus.
Prisda, cognita Domino, uel cognitio Domini.
Pistieum, fidele, uel fidelitas.
Prisca, cognita, uel cognoscens.
Priscilla, cognoscens Dominum, uel cognitio Domini.
Priscus, agnitus, uel agnoscens.
Publius, tabernaculum, uel inhabitatio.
Pollati, ore contundens, uel os malleatoris.
Pontus, inclinans, uel inclinatio.
Pontici, inclinantes, uel inclinationes.
Pontius, declinans consilium, uel declinans festinationem.
Portius, dura diuisio, uel diuidens duriciam eorum.
Posidonius, cognoscens uenationem, uel cognitio commotionis.
Probus, fructus confusus, uel fructuum ignominia.
Procorus, fructus congregatus, uel fructuum congregatio.
Ptolomæus, ad mensuram deducens, uel ad mensuram reductus.
Ptolomai, ad mensuram deducens, uel ad mensuram deductio.
Ptolomaida, ad mensuram deducens, uel ad mensuram redacta.
Ptolomais, idem.
Ptolomaidenses, ad mensuram deducti, uel ad mensuram reducentes.
Publius, tabernaculum, uel inhabitatio.
Pudens, indutus consilio, uel indumentum consilii.
Puteolis, declinans, uel declinatio.
Putiphares, os inclinans, uel oris inclinatio: siue os inclinans ad dissecandum, aut dissectio ad os inclinandum. Hæc omnia nomina Græca uel Latina, secundum linguam Hebraicam uiolenter interpretata sunt.
Sciendum tamque est, quod apud Hebræos P litera non habetur, nec ullum nomen est apud eos, quod hoc elementum sonat, abusiue igitur accipienda sunt.

R

RAab, fames, uel impetus.
Raabbas, uel dilatata: siue latitudo, aut dilatatio. Si enim Raab per a in mediam literam scribatur, famem significat, siue impetum: si uero per heth, latitudinem, uel dilatationem. Hoc autem euenit secundum accentuum & literarum diuersitatem, ut in tam uarias & contrarias significationes nomina commutentur, & in tam diuersa uocantur.

Raaba,

Raada, fames eius, uel impetus eius: siue dissi-pans eum, aut dilatatio eius.
Raabia, impetus Domini, uel famelicus Domi-no: siue despiciens Dominum, aut despiciens Domino.
Raabath, bucca, uel maxilla: siue buccæ, aut maxillæ.
Raam, multum, uel uisio: siue tonitruum, aut multitudo.
Raama, uidens, uel tonitruum eius: siue multi-tudo, aut multitudo eius.
Raamia, multi Domino, uel uisio Domini: seu uidens Dominum, aut tonitruum Domini.
Raamses, multa tinea, uel multitudo de tinea: si-ue intonans letitia, aut intonantis lætitia.
Raason, confusio, uel placentia: siue contempla-tio, aut consummatio.
Raatha, magister peccati, uel magistratus tem-poralis.
Raba, multa, uel magna: siue iudicans, aut iu-dicium.
Rabaam, multitudo populi, uel magnitudo eo-rum: siue iudicans populos, aut iudicium po-pulorum.
Rabai, multum mihi, uel magnitudo mea: siue iudicans me, aut iudicium meum.
Rabad, multum temporis, uel grande pecca-tum: siue iudicans tempus, aut iudicium pec-catorum.
Rabbi, doctor, uel magister: seu docens me, aut magister meus.
Rabboth, doctrina multitudinis, uel magisterio iudicantis.
Rabai, multi hæc, uel multitudo ista.
Rablath, multum hæc, uel multa: siue multitu-do, aut multitudines.
Rabmag, princeps eius, uel dominator eius.
Rabona, doctor, uel magister, seu docens me, aut magister meus.
Rabeth, grande lignum, uel multi respondentes: siue iudicans respondentes, aut iudicium re-spondentium.
Rabsaces, multum osculi, **uel princeps deos-culans.**
Rabsaris, princeps eunuchus, uel magister eu-nuchorum.
Rabsares, multi alienus, uel grandis de ascensu.
Racha, uanus, uel uanitas: siue absque cerebro, aut signum sublimationis.
Rachab, concita, uel quadriga: seu uisio, aut a-scensio.
Rachal, tristis, uel deorsum ferens, siue res, aut negociatio.
Rachel, ouis, uel uisio, seu uidens Deum, aut ui-dens principium.
Rachos, sublimitas, uel pecunia.
Radai, uidens me, aut fortitudo mea.
Raphu, sanitas, uel medicina Dei.
Raphael, sana Deo, uel medicina Dei.
Raphaia, sanans Domino, uel medicina Do-mini.
Raphaim, gigantes, uel medici: siue facilius no-stri, aut laxati eorum.
Raphan, sanans eum, uel medicina eius.
Raphaza, sanans uisio, uel medicina fortitu-dinis.
Raphes, dissolutus, uel medicus: siue uoluens, aut cursus oris.
Raphidim, tentatio, uel laxæ manus, seu uisio oris, aut uidit os sufficientes.
Raphidim, sanitas fortium, uel sanitas iudicij: seu uisionis fortis, aut dissolutio fortis. Iuxta proprietatem uero linguæ Syræ, interpreta-tur remissæ manus, uel remissio manuum.
Raphion, medicina doloris, uel tentatio iniq-uitatis.
Raphu, tentatio, uel dissolutio: siue sanitas, aut medicina.
Ragal, res, uel negociatio: seu mitis, aut deor-sum ferens.
Ragau, pascens, uel ægrotans.
Rages, pabulum, uel ægrotatio.
Ragon, hyems, uel pabulum: siue multum dele-ctans, aut multum delusum.
Raguel, pastor Dei, uel ægrotans Deo: siue pa-scens Deum, aut pabulum eius Deus.
Rahuel, idem.
Rahaia, pastor Domini, uel ægrotans Domino, siue pascens Dominum, aut pabulum eius Dominus.
Rahelaia, idem.
Ram, excelsus, uel exaltatus: siue tonitruum, aut exaltatio.
Rama, excelsa, uel exaltata: siue tonitruum, aut exaltatio.
Ramale, sublimitas, aut exaltatio: siue tonitru-um, aut exaltabitur.
Ramalia, excelsus Domino, uel tonitruum Do-mini: siue excelse laborans, aut exaltatio la-borantis.
Ramasse, pabulum uel tinea: siue malitia tineæ, aut malitia de tinea.
Ramath excelsum signum, siue exaltata pecca-ta, seu mortem uidit, aut mortis uisio.
Ramatha, idem.
Ramathal, excelsum signum populi, uel exalta-tio peccati eorum: seu mortem uidit eis, aut uisio mortis eorum.
Ramathaim, excelsa duo, uel excelsa bina: seu duo sublimes, aut duo exaltati. Hæc duo ex-celsa, uel duo sublimia sunt duæ tribus, regni scilicet, ac sacerdotalis. Unde Helcana intelle-gitur de Ramathaim, quia parte eius de tri-bu Leui fuit, & mater eius de tribu Iuda: quod notatur in eo, quod Effrateus dicitur, ab Ef-frata uxore, scilicet Caleb, quam constat ex-titisse de tribu illa.
Ramathlechi, excelsum signum genæ, uel ele-uatio maxillæ.
Ramathite, excelsa signa, uel mortis uidentes.
Ramalech, excelsa particula, uel exaltata par-ticula.
Ramesse, amaricans, uel commotio turbulenta: siue tonitruo tineæ, aut tonitruum gaudij.
Ramech, mortis uisio, uel excelsum signum: si-ue celsitudo pauoris, aut exaltatio tuæ.

Ramoth,

Ramoth, excelsum signum, uel exaltata responsio.
Raron, cursus magistri, uel consummatio magisterij.
Raronites, currens magister, uel consummans magisteria.
Raronitæ, currentes magistri, uel consummati magisterij.
Rasala, impius dominus, uel uarietas domini.
Rasathaim, uarietas bina, uel iniquitas duorum.
Rasim, uarians, uel iniquitas eorum.
Rasin, impius, uel iniquus: seu uarietas, aut pictura.
Rathmim, sonitus, uel iuniperus: siue uisio consummata, aut uisionis consummatio. Ferunt hoc lignum iuniperi multo tempore ignem conseruare, ita ut si pruna ex eius cinere operta fuerit, usque ad annum ignita perduret.
Razia, secretum domino, uel mysterium domini.
Rason, mysticus, uel secretus.
Rason, idem.
Reaias, magister dominus, uel dilatatio domini.
Reba, multa, uel magna: siue iudicans, aut iudicium.
Rebai, multum mihi, uel magnitudo mea: siue iudex meus, aut iudicium meum.
Rebe, quartus, uel quatuor: siue ordinatum, aut ordinatio.
Rebee, idem.
Rebecca, patientia, uel multum accepit: siue multa patientia, aut qui multum accepit.
Reblata, multa haec, uel multum ille: siue multum commissa haec, aut multum commissum huius.
Rechmag, quartus, uel ingeniosus, uel ordinata percussio.
Recha, mollis, uel delicatus: siue mollities, aut teneritudo.
Rechab, conscendens, uel excelsus: seu mollis pater, aut teneritudo patris.
Rechabitæ, conscendentes, uel excelsi: siue teneri patribus, aut deliciæ patrum.
Rechat, mollicies, uel subtilitas.
Recem, pictura, uel uarietas: seu uacuefecit, aut uacuefactio.
Rechma, tentatio, uel militia quæpiam.
Reela, camus, uel frenum: siue retinaculum, aut cohibitio.
Rephan, factura, uel requies, seu nostra requies, aut nostra factura.
Regalim, pedes, uel ambulatio: siue iter, aut itinera.
Regmen, cibus, uel refectio: siue pascens eos, aut pastus eorum.
Regma, tentatio, uel militia quæpiam.
Regom, iter uel ambulatio.
Rei, pastor meus, uel pabulum meum.
Remma, excelsa, uel uidens aliquid.
Rempha, excelsa eructans, uel exaltatio uanitatis.
Remmi, excelsa commotio, uel uidens aliquid requiei.
Remia, excelsus dominus, uel exaltatio domini.
Remis, excelsa murmur, uel exaltatio uanitatis.
Remmo, excelsa montem, uel exaltatio iniquitatis.
Remmon, ecclesia, uel congregatio.
Remmon, sublimis, uel exaltata, seu malum punicum, aut malum granatum.
Remmon phares, diuidens ecclesiam, uel dissipans congregationem.
Remmon phares, sublimitas uiolenta, uel exaltatio dissipata: seu diuisio mali punici, aut diuisio mali granati.
Remoth, uidens mortem, uel uisio mortis.
Rena, magister absconditus, uel magisterium pulchritudinis.
Res, caput, uel patientia.
Resa, caput eius, uel patiens eum.
Resa, camus, uel frenum: siue stadium, aut retinaculum.
Resaha, impius eius, uel iniquitas.
Resathaim, impietas, uel iniquitas eorum.
Reseph, iniquitas mensurae, uel caput.
Resem, caput fontis, uel patientia oculi.
Reseth, impietas, uel iniquitas: seu caput uitæ, aut patientia paucis.
Resphà, currens, uel ferox: seu cursus, aut uelocitas.
Resia, caput Domini, uel patiens Dominus.
Rethma, sonitus, uel iuniperus: seu uidens consummatæ, aut uisio consummata.
Reu, pascens, uel pastus est: seu pauit me, aut pastio mea.
Reum, pascens eum, uel pabulum eorum.
Rezer, magistri uisceræ fortis, uel magistro uisceris sanctificata.
Riba, multo, uel magna: siue iudicans, aut iudicium.
Ribai, multum mihi, uel magnitudo mea: seu iudex meus, aut iudicium meum.
Ripha, uidens bona, uel uidens buccellam.
Riphat, uidens bona temporis, uel uidens buccellam uitæ.
Riphet, uidens bona pauoris, uel uidens buccellam uitæ.
Rithus, quærens, uel bonus: seu lumen, aut inquisitio bonitatis.
Ro, magister, uel magisterium.
Roaga, magister meditans, uel magistri locutio, aut fortis susceptio.
Robaim, impetus, uel latitudo.
Roboam, dilatans populum, uel dissipans populum: seu impetus populi, aut inclinatio populorum.
Rohooth, plateæ, uel latitudines: seu plateæ inclinatæ, aut plateæ inclinationes.
Rode, uidens, uel fortis: seu uisionis fortitudo, aut uisio fortitudinis.
Rodie, uidens uisum, uel uidens essentiam, seu uidens iudicium.
Rodim, paruus iudicans, uel uisio iudicij paruuli.
Rodum, uisio, uel descensio: seu differentiens, aut dissidium.
Rodi, uidentes, uel descendentes: seu differentientes, aut dissidia.

Rodo-

Rodochut, fortiter durus, uel uidēs angredinē.
Rogel, deorsum ferens, uel magister iustitiæ.
Rogel, deorsum ferens, uel negociatio iustitiæ.
Rogelim, deorsum ferens eos, uel negociatio iustitiæ eorum.
Rogomelech, magister fonte patris, uel magistratus decipulas proijcientis.
Roma, magisterium frangens, uel magisterij contractio.
Roma, tonans, uel sublimis: siue tonitruum, aut sublimitas.
Romani, tonantes, uel sublimes: siue tonantes sublimiter, aut tonitrus excelsi.
Romelia, magister frangēs laborantes, aut sublime tonitruum laborantium.
Rooh, plateæ, uel latitudines.
Roobia, plateæ Domini, uel latitudines dominantium.
Roboth, plateæ inclinatæ, uel platearum inclinationes.
Roos, turris, uel propugnaculū.
Roos, caput, uel initium.
Rosmophim, caput fortium, uel initium uelnarum.
Roth, assio, uel festinatio: seu deficiens, aut defectio.
Ruben, uidens filium, uel filius uisionis: seu uidens in medio, aut uidens per medium.
Rubeni, uidens filium meum, uel filij mei uisio: seu uidere inter me, aut uidete per medium mei.
Rubenitæ, uidētes filios, uel uisiones filiorum: seu uidentes per medium.
Rufus, sanans, uel reficiens: siue nos sanans, aut refectio nostra.
Ruma, excelsa, uel uidens aliquid.
Ruth, uidens, uel festinans: seu deficiens, aut defectio.

S

SAaph, speculum, uel angustiatus.
Saal, reddens, uel aggrauans.
Saal, uola, uel pugil: seu uulpes, aut ortus aquarum.
Saalabim, aggrauans intellectum, uel aggrauatio intelligentiæ.
Saalim, uolæ, uel pugiles: seu uulpes, aut ortus aquarum.
Saalom, reddens, uel redditor: siue redditio, aut redditio eius.
Saar, æstimans, uel æstimatio.
Saariæ, æstimantes, uel æstimatores.
Saarim, æstimantes eos, uel æstimatores eorū.
Saasim, incubans egrediens, uel incubatio egressionis.
Saba, capta, uel captiua: siue captiuitas, aut conuersio.
Saba, clamans, uel conuertens: siue clamor, aut eloquentia.
Sabacha, rete, uel retinaculum: siue loquens ei, aut eloquentia eius.
Sabaias, captiua Domino, uel conuersio Dei.
Sabaim, clamantes, uel eloquētes: siue captiui, aut conuertentes.
Sabama, lepra, uel sinistra.
Sabamo, excelsi, uel conuersio quædam: siue tollens altitudinem, aut tollens excelsum.
Saban, tollens altitudinē, uel tollens excelsum.
Sabana, leua in ea, uel conuersio quæpiā: seu tollens altitudinem, aut tollens excelsum.
Sabaoth, uirtutes, uel exercitus: siue uirtutum, aut exercituum.
Sabarim, montes circumiens, uel montium circuitio.
Sabath, sceptrum, uel uirga: siue baculus, aut principatus.
Sabatha, gyrans, uel circumiens: siue circuitus, aut circumcidens.
Sabathara, sedes tua, uel circumiens te: siue circuitus tuus, aut circumcisio tua.
Sabathai, circuitus meus, uel circumcisio mea.
Sabbatum, requies, uel requietio.
Sabbathismos, requietio, uel requies.
Sabe, agnus, uel oues: siue septē, aut iuramentū.
Sabe, septies, uel abundans, siue saturitas.
Sabee, septem, uel abundans: siue saturitas, aut abundantia.
Sabel, captiui, uel clamantes: siue conuersi, aut eloquentes.
Saber, captiuum uigilans, uel conuersus resurgens.
Saber, uirgultum, uel iuramentum: siue uolo, aut satietas.
Sabeth, uola, uel satietas: siue uirgultum, aut adiuratio.
Sabeū, captiuus paruus, uel conuersio uiri.
Sabia, dama, uel capra: siue iurans Domino, aut satietas Domini.
Sabbath, requies, uel intermissio.
Sabbathaim, requies in eis, uel intermissio eorū.
Saboim, damæ, uel capreæ: siue stantes, aut statio.
Saboim, tollens altitudinem, uel tollens excelsum.
Sachar, cilicium, uel pœnitentia.
Sachar, singuli, uel curuantes.
Sada, secundū, uel latus: à latere, nō à latitudine.
Sadada, latera [illegible], uel arcanum eius.
Sadaia, latus iniquitatis, uel arcanum iniquitatis.
Sadai, omnipotens, uel omnipotentia.
Sade, regio, uel iustitia: siue consolatio, aut uenatio. Notandum est in hac litera S, quod licet quædam uocalia, cum apud nos sint eadem, apud Hebræos diuersis characteribus annotantur, alia eosdemque sonos habent, itidemque diuersis significationes continent: ita etiam ipsa eadem S, cum una apud nos sit, apud illos diuersis formantur nominibus, diuersasque figuras possidet, ac diuersos sonos: & idcirco nemo mirum existimet, si ipsa eadem in uarijs interpretationibus cōmutetur. Tres sunt enim apud Hebræos literæ, una quæ uocatur Samech, & simpliciter legitur, quasi per s nostrā literam proferatur: altera Schin, uel sin dicitur, in qua stridor quidam non no-

fui sermonis interstrepit: tertia Zade nominatur, quæ nostræ aures penitus reformidat.

Sademoth, regiones, uel terra siue iustitiæ, aut consolationes.

Saderoth, porticus publica, uel conuentio populorum.

Sadesor, uberum lumen, uel lux uberis meroris.

Sadith, arcanum iustitiæ, uel consolatio testificationis.

Sadoch, iustitia, uel iustificatio.

Sadoral iusti, uel iustificati siue iustitiæ, aut iustificationes.

Sarsitema, pestilens aer, uel pestilentia aeris.

Saph, uinculum, uel labium siue speculum, aut angustia.

Sapha, uinciens eum, uel labium eius siue speculans eum, aut angustia eius.

Saphai, uinciens, uel speculans me: siue labium meum, aut angustia mea.

Sapham, uinciens populum, uel labium populi: siue angustians eos, aut speculum eorum.

Saphan, absconditus, uel protegens.

Saphan, lepus, uel herinacius: siue angustians, aut choerogryllus.

Saphan, speculans donum, uel labium gratiæ: seu uinculum superius, aut barba superioris iudicij.

Saphans, uinculum gratiæ, uel speculator donationis.

Saphane, labium eius, uel labium superius: seu barba eius, aut barba superioris iudicij.

Saphane, phane, saluator mundi, uel absconditorum repertor: ipse est Ioseph, qui & Aegyptum saluauit, & abscondita reuelauit Pharaoni.

Saphama, abscondit Dominus, uel protectio Domini: seu speculans donantem Dominum, aut labium gratiæ Domini.

Saphar, iudicans, uel iudicauit: siue iudicium, aut diiudicatio.

Saphara, iudicans populum, uel populi iudicatio: siue iudicans eum, aut diiudicatio eius.

Saphatias, iudicat Dominus, uel iudicatio Domini.

Saphathmoth, iudicans mortem, uel iudicatio mortuorum.

Sapher, decus, uel pulchritudo: seu speculans uigiles aut labium resurgentium.

Sapphirus, narrans, uel literatus siue librarius, aut egregie speciosus.

Sapphira, literata uel libraria siue narrans aut egregie speciosa. Iuxta uero proprietatem Syri sermonis interpretatur formosa, siue formositas.

Saphon, labium murmurans, uel speculum inutile: seu uinculum mœroris, aut angustia iniquitatis.

Saphatia, iudicat Dominus, uel iudicium Domini.

Saga, locutio, uel minoratio.

Sahia, tentans, uel tentatio.

Sairath, dama, uel caprea.

Sala, leuans, uel missio: siue tollens, aut missa.

Salabim, pacis grauitas, uel uestimentum graue: siue aggrauans intellectum, aut aggrauatio intelligentiæ.

Salabon, tollens mœrorem, aut aggrauatio iniquitatis.

Salabonitæ, tollentes mœrorem, uel aggrauatio iniquitatibus.

Salacha, leua uenit, uel tollens uenit: siue tollens flumen aut tentatio iumentorum.

Salai, tollens me, uel missio mea.

Salabum, salus cordis, uel lenitas cordis eorum.

Salama, uestimentum, uel pacifica: siue uestis pacis, aut tribulatio eius.

Salamiel, pax mea Deus, uel retribuet mihi Deus: siue Deus uestimentum meum, aut retributio mea, uel retributio Dei.

Salamin, perfectus uel consummatus: seu perfectio, aut consummatio.

Salamitha, fluctus, uel commotio: seu umbra commotionis, aut fluxatio iudicij.

Salan, frutex, uel petitio.

Salathiel, petens Deum, uel frutex Dei.

Sale, egrediens, uel egressio.

Salebim, pacis grauitas, uel uestimentum graue: siue aggrauans intellectum, aut aggrauatio intelligentiæ.

Salech, egrediens, uel egressio.

Salech, egrediens uel emissio.

Saleph, missus, uel redditus: siue consummatus perfecte, aut consummate perfectus.

Salem, pax, uel ultima: seu missi, aut missio.

Salem, reddens, uel redditus: siue consummata perfecte, aut consummatio perfectionis.

Salemoth, egressus mortuus, uel egressio mortui: siue tollens mortem, aut egressio mortis.

Saphaai, umbra patris, uel umbra formidantis: seu umbra formidans, aut umbra in idipsum.

Sali, missa, uel leua: seu tollens, aut missio.

Salim, leua, uel uulpes: siue tollens eos, aut missio eorum.

Salisa, uitula tertia, uel uitula triennalis: seu uitula consternans, aut uitula consternata.

Salisa, idem.

Salma, perfecta, uel pacificans: seu sentiens, aut sensibilis.

Salma, sentiens, uel sensibilis: seu pacificus, aut consummatio.

Salmana, perfectus, uel consummatus: siue pacificans eum, aut sensibilitas eius.

Salmanasar, perfectus uinculo, uel consummatus ad uinciendum: siue sentiens carcerem, aut pacificans angustias.

Salmane, pacificans eum, aut consummatione: siue umbra prohibendi, aut umbra commotionis.

Salmanoe, sensus uitæ, uel pacificans (?) siue umbra offendiculi, aut imago fortitudinis.

Salmas, sentiens Dominum, uel pacificus Domini.

Salmon, sensibilis, uel pacificus: siue umbra sentiens, aut imago fortitudinis.

Salmona, imaguncula eius, uel imago fortitudi-

nis eius, siue umbra potionis, aut umbra numerationis.
Salmonem, nomen habitaculi, uel umbratio mutuaria: seu umbra uirtutis eorum, aut imago formidinis eorum.
Salo, tollens, uel commissio eorum.
Saloim, tollens eos, uel emissio eorum.
Salon, retribuens, uel pacificus: siue retributio, aut pacificatio.
Salome, pacificans eum, uel retributio eius.
Salomi, retribuens mihi, uel pacificatio mea.
Salomith, pax mea eis, uel retributio mea eorum.
Salomith, tentatio respiciens transmigrationem, uel transmigratio respiciens tentationem.
Salomon, pacificus, uel retributor: seu pacificans occurrentes, aut retribuens iniquis.
Saltus, frutex, uel petitio.
Salu, tentatio respiciens, uel respectus tentationis: iuxta etymologiam uero Graeci sermonis, interpretatur uegetatis, aut fortunatus.
Salumit, tentatio respiciens transmigrationem, uel transmigratio respiciens tentationem.
Salusa, uia consternata, uel tentatio respiciens eum.
Sama, ibidem, uel perditio: siue exauditus, aut exaudibilis.
Samaa, ibidem perditio eius, uel ibidem exauditio eius.
Samacha, coeli tui, uel coelos tuos.
Samachias, coeli tui Domine, uel coelos tuos Domine.
Samath, nomen inclytum, uel auditio testimonii.
Samagar, nomen aduenae, uel exauditio aduenarum.
Samai, exaudiens me, uel ibidem exauditio mea.
Samai, coelestis, uel humilis: seu [illegible] mihi, aut ibidem perditio mea.
Samaia, humilis Domino, uel audiens Dominum: siue ibidem auditor Dominus, aut ibidem exauditio Domini.
Samaoth, audiens signum, aut ibidem perditio responsionis.
Samaraei, lana mea, uel custodia mihi.
Samaraith, nomen amaritudinis, uel exauditio amaritudinis.
Samaraeus, lana, uel coniunctio: siue custos, aut custodia.
Samari, lana mea, aut coniunctus mihi: siue custos meus, aut custodia mea.
Samaria, lana Domini, uel coniuncta Domino: siue custos Domini, aut custodiens Dominum.
Samaritanus, lana, uel coniunctio: seu custos, aut custodiens.
Samaritani, lana, uel coniuncti: seu custodes, aut custodiri.
Samarites, idem.
Samaron, ibidem moeror, uel ibidem perditio iniquitatis.
Sambarza, sol, uel lumen: siue illuminans, aut illuminatio.
Samech, fultura, uel erectio: siue adiutorium, aut firmamentum.
Samel, custodiens, uel custoditor: siue custos, aut custodia.
Samen, sol, uel sons [illegible], aut mandatum humile, aut mandatum humilitatis.
Samgar, nominatus incola, uel nominatio aduenarum.
Samias, subtollens nomen Domini, uel audiens Dominum plasmatorem.
Samir, uepres, uel incultum: siue nomen uigiliae, aut exaudiens uigilantes.
Samlah, nomen temporale, uel auditio peccati.
Samoth, nomina, uel nominationes.
Samoe, nomen uitae, uel exaudiens susceptionem.
Samothracia, audiens responsionem, uel audiens reuelationem: seu auditio responsionis, aut auditio reuelationis.
Samothraces, audientes responsionem, uel audientes reuelationem: seu auditores responsionum, uel auditores reuelationum.
Samsari, nominatus princeps, uel exauditor angustiae.
Samri, nomen lacessens, **uel exauditio amaritudinis.**
Sansame, nomen auditum, uel famosa auditio.
Sanson, sol fortis, uel solis fortitudo: seu sol eorum, aut illuminans eos.
Samu, audiens, uel exaudibilis: seu ibidem perditio, aut ibidem exauditio.
Samua, audiens eum, uel exaudibilis eius: siue ibidem perditio eius, aut ibidem exauditio eius.
Samuel, nominatus Deus, uel postulatus a Deo: siue audiens Deum, aut exauditio Dei.
Samum, audiens eos, uel nominatio eorum.
Samus, nominatus, uel exaudibilis.
Samusarba, nominatus eis, uel exauditio eorum.
Samoschim, nominatus mihi, uel exauditio mea.
San, dormiens, uel securus: seu abundans, aut egrediens.
Sanaballat, abundans uir tempore, uel egressa deuoratio peccatoris.
Sanabia, dormiens Domino, uel egressio Domini, uel abundans Domino, aut securitas Domini.
Sanan, dormiens populus, uel securitas populi: seu abundans eos, aut egressio eorum.
Sana, dormiens Domino, uel egrediens gratias: seu abundanter donatus, aut securitas gratificata.
Sanamin, dormiens Domino, uel egrediens gratia eorum, aut abundanter donans eos, aut securitas gratificationis eorum.
Sandicus, abundans compunctio, uel egressio compunctionis.
Sanir, Deus luminis, uel Deus lucernae: seu leuans nouitatem, aut nouitatem attollens.
Sapam, speculator, uel labium eius: siue iudicium superius, aut barba superioris iudicii.
Sara, princeps, uel carbo: seu uelamen, aut angustia.
Sarai, idem.
Sarai, princeps eius, uel carbo eius: seu eius uelamen.

lamen, aut angustia malorum eius.
Sarabilix, principatum habens ix, uel carbonis deuorationes.
Saraibias, princeps patrum Domini, uel principans Domini patruis.
Sarad, descendens, uel descensio: siue descendit, aut ut descenderet.
Saraphat, incendens, uel incendium.
Saradæ, princeps fratrum, uel uelamen fratrum: siue carbo suscipiens, aut angustia [illegible].
Sarai, princeps mea, uel carbo meus: seu uelamen meum, aut angustia mea.
Sarala, princeps illius, uel principis Domini: seu uinctus Domino, aut angustia Domini.
Saraias, princeps Domini, uel principans Dominus: aut uelamen dominans, seu angustia Domini.
Saraiæ, principes, seu angustiati: siue carbones, aut uelamina.
Saran, porta uel candor: seu cantilena, aut cantor introiens.
Sararim, portæ eorum, uel cantantes eis: seu cantilenæ eorum, aut cantatores introeuntes ad eos.
Sarala, princeps tribulator, uel princeps tribulans, uel princeps tribulationis, aut principatus tribulatio.
Saradar, princeps fuit, uel elatio angustiæ: seu princeps tribulationis, aut principans tribulationibus.
Sarab, uincens, uel lepra: seu tribulatio, aut morbus insanabilis.
Sarech, uincens uenit, uel lepra eius: seu tribulans eum, aut morbus insanabilis ei.
Sarachan, lepra domus, uel uictoria gradus: seu tribulans eos, aut morbus eorum adueniens.
Sarachasar, uincens diuitem, uel lepra diuitiarum: seu morbum insanabilem tollens, aut tribulatio facturam suscitans.
Sarachim, lepra mea, uel tribulans me: siue uictor meus, aut morbus insanabilis mihi.
Sarba, lepra, uel morbus insanabilis.
Sardis, princeps pulchritudinis, uel principatus pulchritudo.
Sarea, princeps tollens, uel carbo [illegible]: seu uelamen facturæ, aut angustia plasmationis.
Sarebias, princeps Domini, uel angustians Dominus.
Sared, descendens, uel descensio: siue descendit, aut ut descenderet.
Saredatæ, descendentes, uel descensiones: siue descenderunt, aut ut descenderent.
Sareda, descensio eius, aut descendens ei.
Saredatha, descendens tempore, uel descensio peccatoris.
Sarema, princeps sibilans, uel princeps litigiosus.
Sareon, princeps mœrens, uel carbo mœstitiæ: seu uelamen tristitiæ, aut angustia iniquitatis.
Sarepha, incensa, uel incendium: seu tribulatio panis, aut panis angustia: nomen ex Hebræo Syroque compositum.
Saresa, princeps, uel angustia uia.
Sares, princeps uigilans, uel princeps suscitans elationem angustiæ.
Sareth, uincens, uel lepra: seu tribulatio, aut reliquiæ principatus.
Sarphath, princeps incendens, uel carbo incendii.
Sargan, princeps horti, uel princeps uirgulti.
Sargon, idem.
Sarganir, rami, uel propagines: seu princeps ramorum, aut princeps propaginum.
Sarias, princeps Domini, uel principans Dominus.
Sarim, hordeum, uel [illegible]: seu principans eis, aut angustia eorum.
Sarion, princeps mœrens, uel carbo [illegible]: seu uelamen tristitiæ, aut angustia iniquitatis.
Sarid, reliquiæ, uel princeps reliquiarum.
Sarone, princeps mœroris eorum, uel cantans ei canticum tristitiæ.
Saron, princeps mœroris, uel cantans tristitiæ.
Sarona, princeps tristitiæ, uel cantans tristitiam: seu princeps mœroris eius, aut cantilena tristitiæ eius.
Saronitæ, principes mœrentes, uel cantantes tristitiam.
Sarar, indutus, uel indumentum: siue coangustans, siue coangustatio.
Saraom, princeps montium, uel principans luminis: seu angustians pelles, aut uelamen tacendi.
Sarsathim, princeps cadaueris, uel princeps ruinæ: seu princeps ruentium, aut princeps cadentium.
Sarthan, princeps demolitorum eius, uel princeps coangustatorum eius.
Saruch, lorum, uel corrigia: seu dependens, aut perfectio.
Sarua, uincta, uel uinculum: seu angustians, aut angustia.
Sasa, senarius, uel longæuus.
Sasbasar, senarius [illegible], uel longæuitas angustiæ.
Sasagar, senarius robustus, uel longæuitas fortitudinis.
Sasai, senarius meus, uel longæuitas mea.
Sason, ciuitas, uel oppidum.
Sasonthamar, urbs palmarum, uel ciuitas amaritudinis: seu urbs commutantium, aut oppidum commutatorum.
Sathani, libri, uel librarii: siue historici eorum, aut historia eorum.
Sathan, contrarius, uel aduersarius: seu transgressor, aut præuaricator.
Sathanas, transgressor, uel præuaricator: seu contrarius facturæ, aut aduersarius plasmationis.
Sau, digna, uel eleuata: seu dignitas, aut eleuatio.
Sauæ, cantationes, uel cantilenæ.
Saue, digna, uel eleuata: seu dignitas eius, aut eleuatio eius.

Saupha,

Sappha, speculator, uel speculatio: seu superef-fundens, aut supereffusio.

Saph, petitio, uel expeditus: seu abiiciens, aut ab iectum eorum.

Saphira, petentes, uel expeditissime abiicientes, aut abiectus eorum.

Saphas, tentatio respicientis, uel contractionis securitas: siue abiiciens confilio, aut expetitio festinationis.

Saura, dignitas magistri, uel eleuatio magistri eius.

Schacha, propago, uel tabernaculum.

Scharioth, merces, uel mercedem accepit.

Sparta, accinctio, uel expeditio.

Sparti, accincti, uel expediti.

Spartia, accinctio bona, uel expeditio illuminationis. (ti.

Spartiata, accincti bene, uel expediti illuminati.

Sparchim, faciens cantilenas, uel factor cantilenarum.

Spachim, faciens cantilenas eis, uel factor cantilenarum eorum.

Starbuzanai, iudex contemptor gratiae meae, uel speculator despiciens gratiam meam.

Seba, statio, uel eloquentia.

Sebaste, uallans, uel gyrans.

Sebastianus, uallans, uel circumiens.

Seba, statio, uel eloquentia.

Sebedia, stans sectans Dominum, uel statio serui Domini.

Sebeia, stans iniquus Dominus, uel statio iniqui Domini.

Sebemia, stat iniquus Dominus, uel statio iniqui Domini.

Sebeon, stans merens, uel statio dolens: seu stat iniquitas, aut eloquentia inutilis.

Sebechai, stans superior, uel eloquentia pauida.

Sebea, stans Dominus, uel stans Domino: seu sectans Dominum, aut sectator Domini.

Sebthel, stans Deus, uel stans Deo: seu sectans Deum, aut sectator Dei.

Sebna, stans pulchre, uel statio pulchritudinis.

Sebin, statio maris, uel sectatio eius mare.

Seboin, dama, uel caprea: seu caprea eorum, aut dominula eorum.

Sebolet, spica, uel germinatio.

Sebon, dama, uel caprea: seu statio maris, aut sectatio eius mare.

Sebuhel, reuertens ad Deum, uel reuertimur ad eum Deus.

Sechar, bystus, uel officium.

Sechath, ramus, uel propago.

Secheth, speculum, uel speculatio.

Sechem, laborans, uel humerosus.

Sechemitae, laboriosi, uel humerosi.

Sechemias, uarius Dominus, uel uarietas Domini.

Sechim, uarius, uel uarietas.

Sechias, uarius Dominus, uel uarietas domini.

Sechiel, uarius Deo, uel uarietas Dei.

Sechinias, uarius Dominus, uel uarietas Dni.

Sechothanoth, tabernacula filiarum, uel umbracula filiae.

Sechri, ebrietas, uel tabernaculum.

Sechrona, ebrietas merens, uel tabernaculum doloris eius.

Secha, spinae, uel cardui: seu tribuli, aut praestigia.

Sechim, fatuus, uel fatuitas: siue infulsus, aut infatuatus.

Secundus, eleuans, uel eleuatus: seu elatio, aut eleuatio.

Seda, cibaria, uel ex latere.

Sedada, cibaria recta, uel ex latere ...

Sedecha, iustitia, uel iustificatio.

Sedeche, iustificans eum, uel iustificatio eius.

Sedechias, iustitia Domini, uel iustificatio Dni.

Sedeur, cibaria ignis, uel ex latere luminis.

Sedi, cibarium meum, uel ex latere meo.

Sedij, cibarium meum mihi, uel ex latere meo meus.

Sedim, filiae, uel amaritudines: seu nemus amoenum, uel amoenitas nemoris.

Sedrius, cibarium ..., uel ex latere ...

Sedimihel, ex latere Dei, uel cibarium quod est a Deo.

Seddo, cibaria testium, uel ex latere seruientis.

Sedrac, decor, uel decorus.

Sedrachi, decus meum, uel decorus mihi.

Seducha, testimonium, uel testificatio.

Sephana, humilis, uel campestris: seu auferens eos, aut ablatio eorum.

Sephamoth, auferens mortem, uel humilians mortuos: seu labium mortis, aut iudicium mortuorum.

Sephon, speculatio, uel aquilonaris.

Sephar, liber, uel litera: seu librarius, aut literatus.

Sepherthalim, liber psalmorum, uel uolumen hymnorum.

Sepharuaim, libri ipsi, uel literae ipsae: seu librarij eorum, aut ipsi literati eorum.

Sephat, iudicans, uel iudicatio.

Sephata, iudicans eum, uel iudicatio eius.

Sephatias, iudicans Dominus, uel iudicatio Domini.

Sephela, humilis, uel campestris: siue uallis, aut planicies.

Sepher, liber, uel litera: siue decus, aut pulchritudo.

Sephet, iudicium, uel diiudicatio.

Sephaen, speculatus, uel egrediens.

Sephi, speculatus, uel unquis.

Sephina, aquilo, uel aquilonaris: seu tentans eos, aut tentatio eorum.

Sephion, egrediens, uel abditus: seu egredere os meroris, aut egrediens os tristitiae.

Sepho, speculator, uel bipes.

Sephon, specula, uel aquilo: seu speculum, aut arcanum.

Sephonitae, specula, uel arcanum: seu aquilonares, aut speculatores.

Sephor, auis, uel speculum: seu adhaerens, aut placens.

Sephora, auis eius, uel speculans eam: seu placens adhaesit, aut adhaesio placuit.

Sephrat, placens signum, uel adhærens ubertati.

Sephetan, speculator humilis, uel attentio exploratoris.

Sephu, speculum, uel speculatio, seu lupus, aut uulpes.

Sepheran, afferens nauem, uel aurifer nautarum: seu adumbrans iustitiam, aut umbraculum iustitiæ.

Segar, calidus, uel minoratus.

Segim, spinæ, uel tribuli: seu pungens eos, aut punctiones eorum.

Segor, locutio murmuris, uel loquela inutilis.

Segor, humor, uel paruula: seu calens, aut meridiana.

Segor, spina paruula, uel loquela inutilis.

Segir, humor, uel paruulus: seu calens, aut meridianus.

Sephi, exitus, uel exeuntes.

Seir, hircus, uel hirsutus: seu hispidus, aut pilosus.

Seira, hispida, uel hirsuta: siue horribilis, aut pilosa.

Seireth, idem.

Sella, petitio, uel umbraculum: seu dimittens eum, aut dimissio eius.

Sella, semper, uel in finem: siue sempiternus, aut in sempiternum.

Selachi, tollens liberum, uel [illegible].

Sella, petitio, uel umbra eius.

Sellai, petitio mea, uel umbraculum meum.

Sellaia, petens Dominum, uel umbraculum Domini.

Sellaim, petentes uel sempiterni: seu dimittentes eos, uel obumbraculum eorum.

Sels, missus, uel [illegible] non latitudine.

Selo, petitio, uel sempiternitas: seu obumbratio eorum, aut dimissio eorum.

Selchazamus, uel propagatio paci suspirans, aut pacificens [illegible].

Selebin, petens filios, uel umbraculum filiorum.

Selech, petens, uel dimittens: seu umbraculum, aut sempiternitas.

Selecha, tentatio cineris, uel tentatio ambulantis: seu obumbrans eos, aut sempiternitas eius.

Sellem, pacificus, uel pacatus: seu pacificans, aut pacificatio.

Sellemitæ, pacifici, uel pacati: seu pacificantes, aut pacificationes.

Seleman, redditus Domino est.

Selemias, redditus Domino, uel redditio Domini.

Selemi, tentatio respiciens transmigrationem, uel transmigratio respiciens tentationem.

Selles, petitio, uel pacificans.

Selmhal, frutex uultuis, uel petitio deuoctis.

Seleucus, exiens aduocatus, uel exitus aduocationis: seu tollens semetipsum, aut itineris experimentum.

Seleucia, exiens aduocato, uel exitus aduocationis: seu tollens semetipsam, aut itineris experimentum.

Selim, uulpes, uel tollens: seu auditio, aut dimissio.

Selma, sensus, uel perfectio.

Selmai, sensus meus, uel perfectio mea.

Selmon, pax, uel sensus: seu fortis imago, aut uirtutis umbraculum.

Selo, pax ei, uel dimissio eius, seu petitio eius.

Selon, euulsio, uel dimissio: siue translatus, aut restituens.

Sellum, pacificus, uel pacatus: seu pacificans, aut pacificatio.

Sem, audiens, uel nominatus: siue famosus, aut famosa auditio.

Sema, nomen auditum, uel famosa auditio.

Semma, idem.

Semma, nomen auditum ei, uel famosa exauditio eius.

Semeaia, nomen auditum Domino, uel famosa exauditio Domini.

Semanoth, nomen humile, uel nomen humilitatis: seu nomen auditum, aut nominata auditio.

Semarih, nomen quæsitum, uel auditio bonitatis.

Semath, nomen temporale, uel exauditio peccatoris.

Semathei, nominati peccato, uel exauditi temporaliter.

Semadche, nomen scitum, uel nomen auditum: seu nominis auditio, aut nominis scientia.

Seme, audiens, uel auditio: seu nomen, aut nominatio.

Semeber, nomen fortis, uel exauditio potens.

Semedab, nomen perditionis, uel ibi perditio: seu nomen auditionis, aut ibidem auditio.

Semegar, ibi aduena, uel ibi colonus: seu auditio aduenæ, aut nomen aduenarum.

Semei, audi me, uel audi me: seu nomen meum, aut auditio mea.

Semeia, audiens Dominum, uel nominatus Domino.

Semeiziel, nominati mihi, uel exauditores mei.

Semel, sol, uel idolum. Sciendum quod hoc nomen in Hebræis uoluminibus quasi sermo Latinus sit a similitudine: unde & simulachra dicimus ipsa idola, quasi simulata.

Semelia, idolum Domini, uel sol dominicus.

Semer, nomen amarum, uel exauditio amaritudinis.

Semerias, coniunctus Domino, uel custodia Domini.

Semeron, crepera doloris, uel terra inculta merentium: seu nomen magistri dolentis, aut audiens magistrum lugentem.

Semel, sol, uel fons solis: seu mandatum humile, aut mandatum humilitatis.

Semi, nomen auditum mihi, uel famosa exauditio mea.

Semida, nomen meum scitum, uel nomen meum auditum: seu nominis mei auditio, aut nomen meum scientia.

Semidabe, nomen meum scitum, uel nomen meum auditum: seu nomen meum auditio, aut nomen meum scientia.

Semida,

Semidata, nomina mea scita, uel nomina mea audita: seu nominum meorum auditiones, aut nominum meorum scientia.
Semir, uepres, uel incultum: seu terra spinosa, aut terra inculta.
Semiramoth, nomen meum uidens mortem, uel auditio mea uisio mortis.
Semoth, nomen mortuum, aut auditus mortis.
Semua, nominatus, uel exaudibilis.
Semeser, blasphemus, uel blasphemia.
Semnoah, nomina, uel audiamus: seu nomen signi, aut exaudita responsio.
Semram, audiens nomen excelsum, uel famosa auditio exaltationis.
Semramita, audientes nomina excelsa, uel famosae auditiones exaltationum.
Semei, nomen laccessens, uel audiens amarus.
Semron, nomen eius, uel exauditio eius seu custos uidit, aut uisionis custodia.
Semmmaron, nomen amaritudinis, uel audiens amarum merorem: seu custos amari moeroris, aut custodiens merorem amaritudinis.
Semsai, audiens nomen salutis, uel famosa auditio salutaris.
Semshi, sol meus, uel illuminatio mea.
Sen, dentes, uel abundantia: seu super uolnus, aut amphora tentationis.
Senna, uoluntas, uel mandatum: seu uoluntas mandati, aut mandatum uoluntatis eius.
Sena, tollens eum, uel angustians eum: siue Deus eius, aut abundantia eius.
Senaa, tollens eum, uel angustia eius, aut super uolnus eius, seu amphora tentationis eius.
Senoab, uoluntas patris, uel mandatum patrum: seu uoluntas mandati patrum, aut mandatum uoluntatis patrum.
Senaar, fertile, uel fetor eorum: siue excussio dentium, aut dentium excussio.
Sennacherib, tollens deserta, uel alleuans desertionem.
Senim, Deus populi, uel angustians populum: seu tollens eos, aut abundantia eorum.
Senitsar, uoluntas diuitiarum, uel mandatum beatitudinis.
Sene, Deus eius, uel angustians eum: seu tollens eum, aut abundantia eius.
Senech, cymbalum, uel thimbus.
Sensanna, tollens rubrum, uel tentationes tollens.
Senim, uoluntas mandati eorum, uel mandati uoluntatis eorum.
Senun, nomen uidens, uel custos nominis.
Semshi, sol meus, uel illuminatio mea.
Senna, dentes mouens, uel amphora tentationis commota.
Seon, calor, uel calidus: siue germen quod non est, aut germen inutile.
Seon, tentatio lacessens, uel allocutio inutilis: seu germen tentatum, aut germinatio tentationis.
Seor, calens, uel paruulus seu minor, aut minuendus.
Seorim, minoratis eorum, uel calliditas eorum.

Sephi, speculator, uel tempestas mollis.
Sephima, speculum factum.
Seraphim, ardor, uel incendium: seu ardentes, uel incendentes.
Seraia, princeps Domini, uel angustians Dominum.
Serabias, idem.
Serezer, princeps principum, uel angustians principes.
Sereth, princeps, uel separatio tribulationis, aut reliquiae principatus.
Sergius, princeps uallis, uel princeps horti: seu princeps horti humiliati, aut angustians hortum humiliatum.
Seria, principans eis, aut angustia eorum.
Seron, princeps moeroris, uel cantus tristitiae.
Ser, carbo murmurationis, aut angustia inutilium.
Serua, uinculum, uel angustia.
Serach, laetum, uel carnis amissio dependens, aut perfecta.
Serua, unctus, uel unctio seu angustians, aut angustiatus.
Sela, tentatio, uel lasinatus: siue longinquus, aut egrediens.
Selath, manus, uel byssus: seu manus facta, aut saccus byssinus.
Selai, egrediens mihi, uel longaeuitas mea: seu farina mea, aut tentatio mea.
Selamor, tentatio ingens, uel egressio antecessoris.
Selan, tentatio dolori, uel egressio grauis.
Seth an, tribulatio ueniens, uel tribulator uelificationis.
Setabasar, tribulator, uel tribulatus: seu tribulatio, aut egrediens.
Selima, egressio mortificationis, uel egressus est in tristitia.
Selon, egressio tristis oris, uel egressum est oris tristitia.
Seth ponens, uel positus: seu posuit, aut resurrectio.
Seth, semen, uel germen: seu generatio, aut poculum.
Sethar, poculum suscitans, uel germen uigiliae.
Sethim, spinae, uel germina, seu positiones.
Sethri, exactor meus, uel abundantia mea: seu dilectus mihi, aut dilectum meum.
Sethral, feminis magister meus, uel se ... magistri mei.
Sethim, spinae, uel germina, seu positiones.
Sterma, loquens, uel tentorium: seu uel specula clamans, aut tabernaculum.
Senx, loquentes, uel tentoria: seu cuspi... clamantes, aut tabernacula.
Secnopegia, tentoriorum occursio, uel tabernaculorum solemnitas.
Scena, in specula hoc, uel tabernaculum ipsum.
Stephanus, corona, uel norma nostra: seu iudicans nos, aut speculator noster.
Stephanus, regula, uel coronatus: seu speculatio, aut iaculatio.
Stephana, corona, uel norma nostra: seu iudicans nos, aut specula... nostra

Stephana, regalis, uel corona: seu speculans, aut iaculatio.
Sia, dormitatio, uel indigentia: seu dormitantes, aut indigentes.
Sias, dormitatio eius, uel indigentia eius.
Siaba, indigentia patris, uel dormitatio patris.
Siai, dormitans mihi, uel indigentia mea.
Siam, lassi, uel tacentes, seu dormitatio, aut indigentia eorum.
Siba, recte, uel conuersio: seu uenit egressus, aut uenit egressio.
Siban, rectitudo domi, uel conuersio gratiæ.
Sibom, rectus, uel conuersus: seu egrediens eis, aut conuersio eorum.
Sicha, insania, uel ebrietas.
Sicharij, ebrij, uel insani.
Sichar, pœnitens, uel pœnitentia.
Siches, ramus, uel conclusio: seu byssus, aut delicium.
Sicelech, defecatio uocis adductæ, uel adductio uocis defecatæ: seu effundens sextarium, aut effusio sextarij.
Sichem, humeros, uel humeri: seu labor, aut laborantes.
Sicer, ebrius, uel ebrietas.
Sicera, ebrius ei, uel ebrietas eius.
Siceleg, effundens sextarium, uel effusio sextarij: siue defecatio uocis adductæ, aut adductio uocis defecatæ.
Sicilia, ponderosa, uel laboriosa.
Sicilienses, ponderosi, uel laboriosi.
Sichima, humerosa, uel laboriosa. Ipsa est quæ & Sichem, sed in Latinum & Græcum sonum uersa, ut Sichima pronuncietur.
Sichim, humerosi, uel laboriosi.
Siclone, pondus doloris, uel laboriosa iniquitas.
Siculus, pondus [illegible], uel labor [illegible],
Sichem, coniunctus, uel uenatio lenis: uel taciturnitas.
Sidon, filius, uel tacens, seu saluans.
Sidonij, filij, uel tacentes: seu saluantes, uel taciturnitas.
Sidon, uenatio, uel commotio: seu uenatio tristitiæ, aut commotio iniquitatis.
Sidonia, commouens eum, uel uenatio eius: seu commouens tristitiam ei, aut uenatio iniquitatis eius.
Sidonia, uenatio, uel commotio: seu uenatio mœroris, aut uenatio inutilis.
Sidonij, uenantes, uel commouentes: seu uenatores mœroris, aut uenantes inutile.
Sidrac, decor, uel decorus: seu decus meum, aut decorus mihi.
Syene, lassa, uel tacens: seu dormitatio, aut indigentia.
Syenenses, dormientes, uel tacentes: seu indigentes, aut indigentiæ.
Sibah, superattollens, uel superattollens.
Sila, missio, uel missio.
Silam, missio eius, uel missio eorum.
Silas, missi plasmatio, uel missionem fusi olei.
Sillem, recens, uel nouum: seu retribuere, aut auferre.
Sillai, missus mihi, uel missio mea.
Silo, missa, uel ubi est ipsa.
Silo, missio, uel translata: seu dimissio, aut restitutio.
Silonite, missi, uel ubi sunt ipsi.
Silonitæ, transferentes, uel auellentes: seu dimittentes, aut restituti.
Siloa, missum, uel missio: seu missus ei, aut missio eius.
Siloe, idem.
Siloam, missus est, uel missio eorum.
Siloni, transiens, uel auellens: seu dimissio, aut restitutio.
Silonitæ, transferentes, uel auellentes: seu dimissi, aut restituti.
Syluanus, missus frater, uel emissio ad fraternitatem.
Simea, exauditio, uel exaudibilis.
Simachus, exauditus, uel exaudibilis.
Simith, mortificans, uel mortificatio: seu mortificatus, aut quicunque moritur.
Simeon, auditus, uel exaudibilis: seu audiens mœrorem, aut nomen habitaculi.
Simeonitæ, auditi, uel exaudibiles: seu audientes tristitiam, aut nomina habitaculorum.
Simpeo, obediens, uel obedientia: seu ponens tristitiam, aut auditor mœroris.
Symphonia, uocum copulatio, uel uocum consonantia.
Simochi, iocus, uel loca.
Sin, tentatio egrediens, uel egressio tentationis.
Sin, dentes, uel dentosi: seu supra gentes, aut amphora tentationis.
Sin, rubus, uel odium, seu mandatum, aut egrediens.
Sina, dentes eius, uel dentosi eius: seu super gentes eius, aut amphora tentationis eius.
Sina, mensura, uel mandatum: seu rubus eius, aut audiens eum.
Sina, tentatio egrediens mihi, uel egressio tentationis meæ.
Sinai, mensura mea, uel mandatum meum: seu rubi, aut odia plurali numero.
Sinai, dentes mei, uel dentosum meum: seu super gentes meas, aut amphora tentationis meæ.
Sincus, egrediens, uel odiosus: seu leuans me, aut alleuatio mea.
Syntagma, doctrina, uel institutio.
Sintichon, uictori Deo palma, uel uictoris Dei triumphus.
Sinthiche, loquens, uel loquela: seu charitas.
Sion, specula, uel semen eius.
Sion, mandatum, uel numen: seu speculum, aut speculatio.
Sior, paruulus, uel turbulentus: seu turbidus, aut firmamentum nouum.
Siorlabanah, paruulus candidatus, uel firmamentum nouæ albedinis.
Sir, aula, uel lebes, quam uulgo ollam uocant, id est, caldariam.
Sira, aula eius, uel lebes eius.
Sirath, murus, uel maceria.
Syracusa, murus gladij, uel maceria latitiæ.

Sirhasirim, cantica canticorum.
Syria, ara, uel humecta: seu sublimis, aut sublimitas.
Syri, arie, uel humectissi: seu sublimes aut excelsi.
Syrophœnissa, alta conuersa mulier, uel sublimitas conuersionis assumpta.
Syrtes, tribulationes, uel angustiæ: seu portiones aut tractationes. Syrtes enim a tractu Salustius dicit appellari.
Sis, tentatio, uel farina: siue egrediens ei, aut longitudo eius.
Sisi, tentans me, uel farina mea: seu egrediens mihi, uel longitudo mea.
Sisan, tentans eos, uel farina eorum: seu egrediens eis, aut longitudo eorum.
Sisara, equitatio, uel exclusio gaudii: seu tollens cedentem, aut excludens gaudentem.
Samriel, timens Deum, uel benedictus Dei.
Suraa, dignitas, uel elatio.
Sicilia, ponderosa, uel laboriosa.
Sicilienses, ponderosi, uel laboriosi.
Scythia, uel pes illuminata, uel tenebrarum illuminatum.
Scytha, uel specula illuminata, uel tabernacula illuminata.
Scytopolis, uel pes illuminata ciuibus, uel uel specula illuminata ciuitas.
Scytopolitæ, uel specula illuminatæ ciuibus, uel uel pedibus illuminati ciues.
Smyrna, consummatio amaritudinis, uel amaricatio consummata.
Smyrnæi, consummatio amaritudinis, uel amaricati in consummatione.
Smyrne, cantans canticum, uel cantatio eorum.
Smyrnenses, cantantes cantica, uel cantatores eorum.
Soa, saluans eum, uel locutio eius.
Soar, pusillus, uel pusillanimis: seu pusillitas, aut pusillanimitas.
Soba, serra secans in ea, uel mandatum in ea.
Sobab, conuertens, aut conuersio.
Sobaba, conuertens eum, aut conuersio eius.
Sobach, simplex, uel columbaris: seu conuertens te, aut conuersio tua.
Sobai, serra mea secans, uel mandatum meum in ea.
Sobal, spica, uel uectes ad portandum: seu uana uetustas, aut uanitas uetustatis.
Sobi, serra secans me, uel mandatum in me.
Sobnas, sedens, uel sedes: seu diuertens, aut diuerticulum.
Sobochi, iretenens conuersio.
Sobochai, conuersio mea, uel incendium meum: uel irretiens uulturem, aut commutans delegatorem.
Socha, ramus, uel propago.
Sochoth, rami, uel propagines.
Socho, ramus, uel humilitas, seu umbraculum.
Socoth, idem.
Sochoth, tentoria, uel tabernacula: seu rami aut humilitates.
Socothbenoth, tentoria filiæ respondentia, uel tabernacula filiæ temporalia.

Sodai, excludens, uel latens (a latere, non a latitudine) seu arcanum, aut exclusio.
Sodada, latus eius, uel excludens eum, seu arcanum eius, aut exclusio eius.
Sodi, latus meum, uel arcanum meum, seu exclusio mea.
Soddi, idem.
Sodoma, pastio silens, uel declinatio eorum.
Sodomi, sibus, uel siccus: seu excitus, aut pecus silens.
Sodomitæ, pastiones silentii, uel declinationes eorum.
Sodomitæ, lulus, uel sterilis: seu caeci, aut pecora silentia.
Soem, gyrus, uel expectatio eorum.
Soen, gyrus, uel expectatio.
Soene, gyrus eius, uel expectatio eorum, siue expectans eos.
Soer, expectans, uel expectatio: seu gyrans, aut circundatio.
Sophar, irretitus, uel coarctatus: seu irretitio, aut coarctatio.
Sophai, speculum meum, aut speculator meus.
Sophan, atterens, uel atrium seu umbraculum, aut obumbratio.
Sophar, speculans eum, uel specula dissipatio: siue dissipans speculatorem, aut speculatorem uidebo.
Sophech, iudicator, uel diiudicatio.
Sopher, liber, uel narratio.
Sophera, narrans eum, uel liber eius.
Sopherech, liber uitæ, uel narratio pauoris.
Sophim, speculans eos, uel speculator eorum.
Sophonias, speculum Domini, uel cognitor arcanorum Dei.
Sophonias, abscondens Dominum, uel absconditus Domino: seu speculans Dominum, aut speculator Domini.
Sorenter, auellens, uel dimittens: seu auulsio, aut dimissio.
Sorenuth, statio respiciens transmigrationem.
Somer, custos, uel custodia: seu custodiens, aut custoditus.
Somerias, custos Domini, uel custodiens Dominum.
Somphthophanee, saluator mundi, uel absconditorum redemptor.
Son, pecus eorum, uel dentes eorum.
Son, pupilla eorum, uel secundus eis: seu coccus eorum, aut coccinum eorum.
Sonah, coccinea, uel subsistens eis: seu pecora eorum, aut pecora rubea.
Soni, pecus, uel dentes.
Soni, pupilla mea, uel dentes mihi: seu coccus meus, aut coccinum meum.
Sonum, pupilla eorum, uel secundus eis: seu coccus eorum, aut coccinum eorum.
Soon, ciuitas, uel oppidum.
Soonthanis, ciuitas Ægypti, uel oppidum mandatum humilitatis.
Soor, petra pusilla, uel fortis pusillanimis: seu mitte plasmatum aut angustiatus fortiter.
Sooria, petra pusilla, uel Domini plasmatio.

Sophim,

Sophtim, liber iudicum, uel liber iudicantium.
Sor, plasmatus, uel angustiatus.
Soor, petra, uel fortissimus Tyrius, aut meridianus.
Sorarith, hostes sui uel hostium suorum: seu inimicorum suorum, aut bellantium contra te.
Soreth, bona uel optima: seu electio, aut eligens dona optima.
Soreth, bona uitis, uel optima uinea: seu electa uitis, aut uinea electionis.
Sori, petra mea, uel robur meum: seu plasmatus mihi, aut angustia mea.
Sorim, horreum, uel cibarium: seu roborans eos, aut plasmatio eorum.
Sospater, saluans dispersos, uel narrans dispersionem.
Sosthene, saluans eos, uel saluans in tempore: siue gaudij da me, aut da mihi gaudium.
Sosthenus, saluans dispersos, uel saluans in tempore.
Sotha, arcanum uel exclusio.
Sothai, arcanum meum, uel exclusio mea.
Sothrei, radicans signum, uel radix subuersor.
Sotheni, arcanus, uel excludens.
Sothaci, facientes cantilenas, uel in porticibus disputantes.
Su, saltus, uel saluator.
Sua, saltus eius, uel saluans eum.
Sua, saluans eum, uel saluator eius.
Sual, reddens, uel saluans: seu salus, aut redditio.
Suar, saluator suscitans, uel saluationis uigilia.
Suba, incendens, uel incendium, seu conuertens, aut conuersio.
Subach, fruticetum, uel condensum.
Subachai, fruticetum meum, uel condensio mea.
Subahel, conuersus Deo, uel incendium Dei.
Subochai, irretiens, uel irretitus: seu incendium meum, aut conuersio mea.
Subba, excelsitas, uel sublimitas.
Subna, sedens, uel reuertens: seu sedes, aut reuersio.
Subnam, sedens eis, uel reuersio eorum.
Subael, conuersus Deo, uel incendium Dei.
Suchna, obumbrata est, uel tabernaculum eius.
Subdi, arcanum meum, uel de latere meo.
Sur, loquens, uel locutio: seu cantans, aut cantilena.
Suph, rubrum, uel scriptura: seu speculum, aut effusio.
Supha, scriptus eius, uel rubeum est: seu effundens eum, aut speculatio eius.
Supham, atterens, uel attritio, seu umbraculum, aut umbratio.
Suphamitæ, atterentes, uel obumbrantes: seu attritiones, aut obumbracula.
Suphan, atterens, uel effusio gratiae: seu umbraculum, aut obumbratio.
Suphaphim, atterentes naues, uel adumbraculum rostrorum.
Supheret, uanitas uitæ, uel tritum pauoris.
Suphim, unctus, uel unctio: seu effundens eos, aut speculum eorum.
Suphir, uanitas, uel tritum.
Suham, saluans eos, uel saluatio eorum.
Suhamitæ, saluantes eos, uel saluationes eorum.
Sul, loquens, uel locutio.
Sultes, idem.
Sun, petra, uel lapis durus, aut duricies.
Suna, lapideus populus, uel duricia populi.
Sunamitæ, lapidei populi, uel duricia populorum.
Sunamith, mortificata, uel mortificatio: seu mortificans, aut quicunque morietur.
Sunamitis, misera, uel captiua: seu mortificans, aut mortificata.
Suni, coccinum, uel coccineum: seu dentes, aut eleuatio dentium.
Sune, lapideus oculus, uel duritia frontis.
Suni, petra mea, uel lapis meus: seu durus mihi, aut duritia mea.
Suniem, petræ meæ, uel lapides mei: seu duri mihi, aut duritiæ meæ.
Sur, murus, uel robustus: seu continens, aut directus.
Sur, angustia, uel acerbitas: seu directio, aut continentia.
Suri, angustia mea, uel acerbans me: seu murus meus directus, aut continentia mea robusta.
Suriel, acerbans Deum, uel angustia Dei.
Suriel, murus Dei, uel robustus Deus: seu continens Deum, aut directio Dei.
Surihel, fortis meus Deus, uel angustians me Deus: seu Deus continens me, aut Deus directio mea.
Surisaddai, fortis Dominus, uel continens mea uberas: seu murus acerbus, aut directio angustiarum.
Surisaddai, fortis Dominus meus, uel continentia uberum meorum: siue murus acerbitatis meæ, aut directio angustiarum mearum.
Sus, gaudium, uel lætitia.
Susa, læta, uel gaudens: siue gaudium, aut lætitia.
Susech, lætus, uel gaudens cilicio: seu gaudium, aut lætitia cilicij.
Susechim, lætus, uel gaudens cilicio eorum: seu gaudium, aut lætitia cilicij eorum.
Susan, gaudium doni, uel lætitia gratiæ.
Susanna, gaudium gratiæ, uel lætitia responsionis.
Susanna, lilium, uel gratia: seu obtentus lilij, aut obtinuit gratiam.
Susannathan, audientis possidentes, uel gratia æmulatores: seu gaudium doni humilis, aut lætitia gratæ æmulationis.
Susi, gaudium meum, uel lætitia mea: siue obtinuit equum, aut obtinuit equitationem.
Susis, gaudium uiri, uel lætitia assumptus: seu reuertens mihi, aut reuersio mea.
Susia, gaudium consilij, uel lætitiæ testimonij: seu obtinuit equum, aut obtinuit equitationem.
Suthala, radix, uel radicatus.
Suthalam, radicatus eis, uel radicatio eorum.
Suthalathæ, radicantes, uel radicati.
Suthale, poculi uiridis, uel spina medulla: seu spinæ uiridis, aut spinarum medulla.
Sun, faciens ignem, uel surgens incendium.

Taph

T

Taaph, paruo, uel super: seu paululum, aut superior.
Tabath, bona, uel bonitas.
Tabeth, occidens, uel interficiens: seu occisio, aut interfectio.
Tabehel, bonus Deus, uel bonitas Dei.
Tabenmishthe, occidentes, uel interficientes: seu occisores, aut interfectores.
Tabita, dama, uel caprea.
Tachas, silens, uel silentium.
Thadeus, apprehendens principem, uel apprehensio principis.
Taphat, aduersus paruuli, uel paruulus ueniet.
Taphia, claudicans, uel claudicatio: seu uita remittens, aut remissio uitae.
Taphoe, malū (ab arbore nō a malitia) uel tympanum aperiū, seu tympani apertio, aut tympanum adaperiens.
Tala, roe, uel irroratio.
Talam, irrorans eos, uel irroratio eorum.
Tala, ager, uel appensio eorum.
Talam, appendens eam, uel ager eorum.
Tamath, pars perfecta, uel perfectio partis: seu datum consummatū, aut cōsummatio data.
Tanamech, consolator, uel consolatus: aut consolans, aut consolatio.
Taphpha, specula, uel speculum: seu speculator, aut speculatio.
Tarela, uidens terebinthū, uel uisio arbustae.
Targal, explorator, uel exploratio: seu scientia legum, aut scientiae legi.
Tarthan, superfluus, uel elongans: siue torturē dedit, aut torturis datio.
Tau, singula, uel subter: seu signat, aut subterior.
Tarchonicidis, cogitans tristitiam, uel cogitatio tristitiae.
Tercius, adiungēs, uel adiunctio: seu applicans, aut applicatio.
Temulina, ager eorum, uel placens senectus.
Tiberias, uidens, uel bonus: seu uidens eum, aut bonitas eius.
Tiberiadis, uisio, uel bonitas: seu uidens testimonium, aut bonitas testificationum.
Tiphonius, gehennalis dolor, uel latitudo iniquitatis.
Tigris, uelox, uel uelocitas.
Timon, ruminans, uel pinguedo: seu pinguis, aut ruminatio.
Timotheus, beneficus, uel beneficium: seu benefaciens, aut beneficentia.
Tyrannus, cōtinens eos, uel confortatio eorū.
Tyrāni, cōtinētes eos, uel cōfortationes eorū.
Tyros, angustia, uel tribulatio: seu plasmatio, aut fortitudo.
Tyrū, plasmati, uel tribulati: seu fortes, aut angustiati.
Tythicus, tacens, uel taciturnus: seu silentium, aut taciturnitas eius.
Titus, quaerens, uel bonus siue lutū, aut lutatus.
Triphena, inuentus, uel reuertēs: seu nouus, aut reuertens.
Triphosa, clara, uel perspicua: seu clare uidēs, aut perspicue attendens.
Tob, bonus, uel bonitas.
Tobias, bonus Dn̄o, uel bonitas domini: seu ductus ad luctum, aut conuersus ad uniuersa.
Tobo, bonus uir, uel bona assumptio.
Tophel, ruina, uel cadens: seu tractans, aut fatuitas.
Topasion, bonum testamentum, uel bonitas testamenti.
Troade, seruiens, uel seruitium: seu requies, aut latitudo.
Trophimus, dissoluēs, uel dissolutus: seu dissolutor thalamorum, aut dissolutio thalamorum.
Tubal, ductus ad luctum, uel conuersus ad uniuersa.
Tubal, deferens, uel delatus: seu deferens, aut delatus.
Tubalcharm, ductus ad luctum lamentationis, uel conuersus ad uniuersa acquisitionis.
Tubalchaim, deferens possessionē, uel deferēs lamentationem: seu delatus possessioni, aut delatus acquisitioni. Hactenus per simplicē t literā, id est, sine aspiratione lecta sunt principia nominum: deinde quae sequuntur, aspiratione addita, legenda sunt.
Thamaah, dator indignationis, aut bilis: uel dedit indignationem, aut bilem: seu data est bilis ei, aut data est ei indignatio.
Thaan, dator doni, uel paululus gratia.
Thaat, super, uel paululus: seu diues, aut superior.
Thaasar, diues, uel diuitiae: seu pauorem fascinans, aut superius iugulans.
Thabee, bonus occisor, uel bene occidens: seu bene occisus, aut bona occisio.
Thabeliās, bonus Deus Dominus, uel bonitas Dei Domini.
Thaberas, bona uisio, uel bona uisiones.
Thabiana, bona donatio, uel bonitas gratificationis.
Thabianel, bene donantes, uel bene gratificantes.
Thabor, ueniat lux, uel ueniat lumen: seu aduentus luminis, aut lucis accessio.
Thabremon, bene sublimis, uel bona congregatio: seu bonus ad uidendum, aut bonitas uisionis eorum.
Thachaim, statera appensio, uel silentiū eorū.
Thadal, princeps appendens, uel principis appensio: seu princeps appensus, aut principis appensio.
Thaphipbu, claudicans labiis, uel tympanum apertum.
Taphnas, signum apertū, uel signi apertio: seu stupratus os serpentis, aut inclinatum os serpentum: ab ore intelligendum est, non ab osse.
Thaphnes, idem.
Thaphsabsar, numerans operimentum nouum, uel numerus operimenti noui.
Thapheia, tympanum aperiens, uel tympanū apertum.
Thai pauor meus, uel superior mihi.
Thaim, duo, uel bini, siue duae, aut bina.

Thala, appensio, uel appendens: seu irrorans, aut irroratio.

Thalamis, ex ipso, uel pro semetipso: seu ipsemet respondit sibi, aut sibimet responsio eius.

Thalasa, appendens facturã, uel appensio plasmationis: seu irrorans facturam, aut irroratio plasmationem.

Thalasar, appendit principẽ, uel appensio principis: seu irrorans principem, aut principis irroratio.

Thale, appensio, uel appendens: siue irrorans, aut irroratio.

Thalim, psalmi, uel hymni: seu laudes, aut laudationes.

Thalitacumi, puella, tibi dico surge. Syrũ est, non Hebræum.

Thalme, sulcus, uel sulci: seu dependens, aut suspensio.

Thalmai, sulcus meus, uel sulci mei: siue appendens me, aut suspensio mea.

Thamar, palma, uel amara: seu commutans, aut commutata.

Thamim, consummantes, uel consentientes: siue contemptus, aut consummatio.

Thanna, numerus, uel fidelitas: seu fidelis eis, aut consummatio eorum.

Thannas, numerus, uel deficiens: seu uectans facturam, aut consummatio plasmationis.

Thannatha, uectans exploratores odoris, uel uectans exploratores ascensionis.

Thannathei, uectantes exploratores odoris, uel uectantes exploratores ascensionis.

Thannathsilsa, numerans operimentum noui, uel numerus operimenti noui.

Thanne, numerus seu deficiens, aut fidelis ei, aut consummatio eorum.

Thanni, numerans mihi, aut cõsummatio mea.

Thana, humilis, uel respondens: seu responsio, aut humilitas.

Thanaa, humilis eis, uel responsio eius.

Thanath, respõdit tibi, uel humilitas ad te: seu humilis tibi, aut responsio tua.

Thanais, humilians uirum, uel respondens assumptioni.

Thanath, humilis, uel respondens: seu humilitas, aut responsio, aut consolatio petitionis.

Thanathselo, humilitas dimissionis, uel consolatio petitionis.

Thanis, mandans humilia, uel mandans humilitatem: seu mandatum humile, aut mandatum humilitatis.

Thanihannei, responsio fidelis mihi, uel humilis explorator ascensionis meæ.

Tapsa, speculum, uel indignatio.

Tapsir, speculum uigilie, uel indignationem habitans.

Tapsi, indignans, uel indignatio: seu fædera offendens, aut fœdus offendiculi.

Thara, pascens, uel pastio: seu explorator odoris, aut exploratio ascensionis.

Tharacha, superfluus eius, uel elongatus ab eo: aut superfluitas eius, aut elongatio eius.

Tharasim, idola, uel imagines: seu figuræ, aut imaginationes.

Tharana, nequam in dono, uel abigens grauẽ.

Tharthac, superfluus, uel elongans: seu superfluitas, aut elongatio.

Thardema, grauis, aut profundus sopor, uel grauitas, aut profunditas soporis.

Thare, abactor, uel depulsor: seu nequam, aut nequitia.

Tharei, nequam, aut nequitia: seu abigentes, aut depellentes.

Tharei, pascens me, aut pastio mea: seu explorator odoris mei, aut exploratio ascensionis meæ.

Tharesa, liber duodecim prophetarum.

Thares, explorator gaudij, uel explorator lætitiæ: seu gaudium abigens, aut lætitiam.

Tharsis, explorans gaudium, uel explorans lætitiam: seu dissipans speculum, aut dissipatio speculi.

Tharsensis, explorantes gaudium, uel explorantes lætitiam: seu dissipantes speculum, aut dissipatores speculi.

Tharsim, exploratio gaudij, uel dissipatio speculi.

Thasi, positus mihi, uel positio mea.

Thau, consummans, uel consummatus: seu consummator, aut consummatio.

Thazeia, æquitas, uel latitudo.

Thaueth, laci, uel requiescentes.

Theamar, seruiens dono, uel dissolutio donationis.

Theales, dissoluens thalamos, uel dissolutio thalamorum.

Thebaida, conuersa, uel conuersio.

Thebaoth, conuertens tempus, uel conuersio procurata.

Thebeth, bonum, uel bonitas: siue conuertens delinquentem, aut conuersio peruersi.

Thebel, insulsus, uel insipiens.

Thebes, festa mea, uel mea festum.

Thebeth, bonus pastor, uel bonitas uitæ.

Thebin, palea mea, uel oua sex.

Thebin, bonus mihi, uel palea mea.

Thebonith, species paleæ, uel insulsitas germinationis.

Thebon, paleæ, uel insulsitas.

Thechel, librata appensio, uel appensum est in statera.

Thecue, tuba canens, uel buccinans.

Thecua, tuba, uel buccina: seu sonitus, aut percussio.

Thecuam, tuba, uel buccina: seu sonantes, aut percutientes.

Thequem, idem.

Thecuit, idem.

Thecuith, buccina delinquens, uel percussio peccatoris.

Thecuam, patiens, uel patientia: seu percutientes, aut buccina eorum.

Thedor, mirabilis, uel iniquitas.

Theon, meridianus, uel statura mensuræ.

Theglath, transmigrans, uel transmigrator: alia significatione intelligendum est, id est,

alios facientis transfmigrare.
Theglathphalassar, transmigrans cadentē principem, uel transmigratio cadentis principis.
Theglathphalassar, idem.
Thehen, statera mensurans, uel statera numerata.
Thehenitæ, statera mensurata, uel statera mensurationis.
Thelaim, dispersi, uel dispergentes: seu dispersio, aut dispersiones.
Thelame, ager aquarum, uel cliuus fluuiorum.
Thelassar, appendens principem, uel appensio principis.
Thelem, ros eorum, uel ager aquarum.
Thelmelahelassa, ager aquarum dispergens illustrem, uel cliui fluuiorum dispergentes illuminatos.
Thelmon, ros domi, uel irroratio requiescentis.
Thelmonorum, ros domus, uel irroratio requiescentium.
Thema, auster, uel Africus: seu australis, aut meridianus.
Theman, auster, uel Africus.
Themana, auster eius, uel Africus eius.
Themani, auster meus, uel Africus mihi.
Themanites, australis, uel Africanus: ab Africo, non ab Africa.
Themna, ostensa, uel defectio.
Themer, smyrna, uel consummatio amaritudinis.
Themota, smyrna eius, uel consummatio amaritudinis eius.
Themorites, Smyrnensis, uel consummatus in amaritudine.
Thena, castra, uel donata: seu donationes, aut dona eorum.
Thenath, castra fratris, uel dona fletuum.
Thenath, ficus, uel amygdalum.
Thenormeth, consolatus, uel consolatio.
Theodas, laudans, uel laudatio: seu signum capiens, aut capiens signaculi.
Theodatus, laudans, uel laudatio.
Theophilus, conuertens, uel conuersus: seu susum ferens, aut sursum portatus.
Therach, procul, uel elongatus.
Theraphim, idola, uel incendia: siue figuræ, aut imaginationes.
Thereath, subuertens, uel subuersio.
Therphala, subuersione cadens, uel explorata diuisio.
Therphalei, exploratores diuisi, uel subuersione cadentes.
Thermath, explorata redemptio, uel exploratio redemptionis.
Thersa, pulchra, uel placens: seu complacitio, aut complacens sibi.
Thesan, posuit donum, uel depositum gratiæ.
Thesis, posita, uel depositio.
Thesba, captiuans, uel conuertens: seu captiuitas, aut conuersio.
Thesbites, conuertens, uel captiuator: seu sessitans ad intelligendum, aut intelligentia festinata.
Thesbon, festinata intelligentia, uel festinatio ad intelligendum.

Thebues, captiuans, uel captiuator: seu captiuitas aut captiuitas.
Thessalonica, festinans umbram statuere, uel festinans umbram firmare.
Thessalonicenses, festinantes umbram statuere, uel festinantes umbram firmare.
Theth, subter, uel intra: seu bonū, aut exclusio.
Thetim, boni, uel exclusi: seu inferiores, aut subteriores.
Theudas, laudans, uel laudatio: seu signum capiens, aut capiens signaculi.
Thezer, ager horribilis, uel tuba terribilis.
Thiahira, illuminata, uel illuminatrix: seu illuminans, aut illuminatio.
Thiathireni, illuminatores, uel illuminati.
Thibath, forum, uel macellum.
Thicon, medium, uel dimidium.
Thiconium, idem.
Thienas, spes, uel desperatio.
Thimna, humilis, uel respondens.
Thicon dispergens mœrorem, uel dispersio iniquitatis.
Thiracus, pinguis, uel ruminans.
Thiras, timor, uel reditus: seu timens, aut superbus.
Thiria, timens Dominum, uel reddens Domino.
Thriphon, dissoluens dolorem, uel soluens iniquitati. (tis.
Thrimath, dissolutis mortis, uel requietio mortis.
Thob, ablatio, uel antiquitas.
Thobel, uanitas, uel ablatio: seu ductus ad luctum, aut conuersus ad uniuersa.
Thorbasth, stridens, uel stridor.
Thucem, stridor fortis, uel tendens oculus.
Thopeth, gehenna, uel stultitia: seu latitudo, aut pœna ampla stultorum.
Thophire, oris operculum, uel oris protectio: seu os protegens, aut os protectum.
Thophel, os Dei protegens, uel Dei protectio: seu oris Dei operculū, aut oris Dei protectio.
Thopheth, gehenna pœnalis, uel ampla pœna stultorum.
Thogorma, aduena, uel interpres: seu quasi peregrinans, aut incolatus auditio.
Thola, coccinum, uel uermiculus.
Tholad, coccineus factus, uel rubens colore tinctus.
Tholaitæ, coccinei, uel rubicundi.
Thole, coccineum, uel rubeus color.
Tholmai, ad mensuram deducens, uel ad mensuram reductio: seu sulcus meus, aut suspensio mea.
Tholomai, idem.
Tholomaida, ad mensuram deducens, uel ad mensuram reducta.
Tholemais, idem.
Tholomaidenses, ad mensuram deducti, uel ad mensuram deducentes.
Tholomeus, ad mensuram deducens, uel ad mensuram reductus.
Thohu, rotundus, uel rotunditas.
Thomas, abyssus, uel geminus: unde & Græce Didymus appellatur.

Thopo, amentia uel fatuitas.
Thorath, lex uel pentateuchus.
Those, captiuitas, uel festinatio.
Tholaites, captiuus, uel festinator.
Thou, error, uel amentia.
Thoul, error meus, uel amentia mea.
Thauamens, uel errans; seu error eorum, aut amentia eorum.
Tharchide, requiescens, uel requietio.
Thorgadite, seruat sueci inde, uel requiescentes latrunculi.
Thubal, ductor ad luctum, uel conuersus ad uniuersa.
Thubal, deferens, uel desertus; seu deferens, aut delatus.
Thubalchaim, ductus ad luctum lamentationis, uel conuersus ad uniuersa acquisitionis.
Tubalchaim, deferens ploratione, uel deferens lamentationem; seu delatus possessioni, aut desertus acquisitioni.
Thubin, desertus, uel desertio; seu bene metiens, aut bona mensura.

V

VGil, festinans germen, uel consilium exultans.
Vchocha, ignis mordens, uel dolor praestolationis.
Vchocha, infirmus, uel debilis; seu infirmans eos, aut infirmitas eorum.
Vphanitae, infirmi, uel debiles; seu infirmantes eos, aut infirmitates eorum.
Vphir, infirmus, uel infirmitas; seu irritum, aut herbosum.
Vl, dolens, aut parturiens; seu dolor, aut parturitio.
Vlai, coenum, uel palus (a palude non a palo) seu dolor femoris, aut dolor umbraculi.
Vlam, primus, uel ante; seu prior, aut anterior.
Vr, lumen, uel ignis; seu incendium, aut fenestra.
Vri, lumen meum, uel ignis meus, uel incendium meum.
Vram, Deus excelsus, uel lumen excelsum; seu ignis eorum, aut fenestra eorum.
Vram, lucens populo, uel ignens populus; seu incendens populum, aut incendium populorum.
Vratha, ignis peccati, uel incendens peccatum; seu lumen temporale, aut aperiens peccatum.
Vrbanus, luce gaudens, uel lucis gaudium; seu gaudens igne, aut gaudens incendio.
Vrei, fortitudo mea, uel illuminator meus; seu ignis meus, aut incendium meum.
Vria, lux mea, uel ignis meus, uel incendens me, aut apertio mea.
Vrias, lux mea Dei, uel lumen meum Domini; seu Dominus ignis meus, aut Dominus incendium meum.
Vriel, lucens Deo, uel ignis Dei; seu aperiens Deo, aut incendium Dei.
Vs, consilium, uel consiliator; aut festinans, seu festinatio.
Vsam, consilians populo, uel consilium populi; seu festinans eos, aut festinatio eorum.
Vsathi, festinans me, uel consiliator mihi; seu consilium meum, aut festinatio mea.
Vsathites, festinans, uel consiliator.
Vsi, consiliatus mihi, uel consilium meum; seu festinans me, aut festinatio mea.
Vsim, festinans eos, uel consilium eorum.
Vsim, consilium, uel festinatio; seu festinans consilio, aut festinator consilij.
Vthai, dolor signi, uel consilium erans.
Vzai, consiliatus, uel consiliator.
Vzal, consilium eius, uel consiliator eorum.
Vzal, finis, uel definitio.
Vzali, finis meus, uel definitio mea.
Vzabatis, finis consilij, uel definiens festinationem.
Vzabati, finis consilij mei, uel definiens festinationem meam.
Vzizao, ipsa uallis aestuans, uel ipsa uallis aestuatio.
Vzecra, liber Leuitarum, uel liber Leuiticus.
Vaiedabber, liber numerorum, uel liber numeri.
Vazaoth, ipse ducens hic, uel ipse fornicator.
Vasem, finis dentium, uel destinatus angustiae.
Vasthiaenis ignatus, uel definitio consummata.
Vabu, hic, uel ipsa, seu ipse, aut ille.
Veludi, finis uallis, uel definitio declinationis.
Vir, uiror, uel mitior; seu prouocatio irae, aut iracundiae prouocationis.

Z

ZAab, aurum obryzum, uel auri purissimi.
Zaira, mouens, uel motus; seu fluctuans, aut fluctuatio.
Zabad, fluens torris, uel torris fluxio, quem uulgo titionem uocant.
Zabadai, fluens torris mutilis, uel fluens torris idololatriae.
Zabadai, fluxus torris, uel torrium fluxio.
Zabadia, fluens torris Domini, uel torris fluens Domino.
Zabai, motus meus, uel fluctuatio mea.
Zabdam, mouens dolorem, uel fluctuatio iniquitatis.
Zabai, mouens delictum, uel torris fluens peccatis.
Zabam, mouens eos, uel fluctuatio eorum.
Zabel, ista confusio, uel ille ignominiosus.
Zaber, mouens puteum, uel fluctuatio fontis.
Zabdi, fluxus uehemens, uel fluxus abundans, uel fluens abundanter.
Zabdiel, fluxus uehemens Dei, uel fluens abundanter Deo.
Zabdiel, idem.
Zabina, iste uenit respondens, uel iste uenit responsio.
Zabud, fluens torrens, uel torris fluctio.
Zabulon, fluens noctis, uel fluens nox fuit eius.
Zabulon, habitaculum fortitudinis, uel habitaculum eorum; seu habitaculum fortitudinis, aut habitaculum pulchritudinis.

Zabulonitæ, fluxus noctium, uel iuraiurandi eorum.
Zabulonitæ, habitaculorum sub limine, uel habitacula eorum: seu habitacula fortitudinis, aut habitacula pulchritudinum.
Zachai, iustus meus, uel iustificatio mea.
Zacharias, memoratus Dominum, uel auxilio Domini.
Zacher, memoria, uel adiutorium: seu iustus, uel uigilans, aut iustificatus consurgens.
Zachæus, iustitia, uel iustificatio: seu iustus consilio, aut iustificatus sessionis.
Zachur, memoria, uel adiutorium: seu iustus igneus, aut iustificatus illuminans.
Zadab, iste pater, uel ista paternitas.
Zadaias, iste pater Dominus, uel ista paternitas Domino.
Zaph, illuminare, uel illuminatio.
Zapha, lumen meum, uel illuminatio mea.
Zaphan, illuminans eos, uel illuminatio eorum.
Zaidad, ista, uel hoc: seu ostium, aut fornicatio.
Zain, ista, uel hoc.
Zaith, ista hic, uel fornicatrix ubi: seu ostium eius, aut fornicatio eorum.
Zalmon, sub umbra, uel obumbratio: seu sub umbram, aut obumbratio.
Zamma, iste fluens, uel fluxus eius.
Zambri, iste lacessens, uel iste amaricans.
Zanda, fluxus uehemens, uel fluxus abundans.
Zamira, iste apertus, uel iste illuminans.
Zamira, psallens ei, uel canticum eius.
Zamean, psallens eis, uel canticum eorum.
Zamer, psallens mihi, uel cantatio mea.
Zamelin, psallens eis, uel cantatio eorum.
Zamer, psallens magistro, uel canticum magistri.
Zanoa, ista requies, uel ista commotio: seu iste repulsus, aut iste requiescens.
Zanoe, idem.
Zara, oriens, uel orientalis.
Zarad, descendens, uel alienus: seu descensio, uel alienatio.
Zaradaim, descensio iusticiæ, uel alienum idololatria.
Zarai, oriens mihi, uel orientalis meus.
Zaraias, oriens Domino, uel orientalis Domini.
Zarath, ortus peccati, uel orientalis delinquens.
Zarda, alienatus ualde, uel alienatus ab eo.
Zare, ortus est, uel orientalis est ille.
Zared, descendens, uel abalienatus.
Zaraida, descendentes, uel orientales fuerunt isti.
Zaret, ortus facturæ, uel orientalis plasmatio.
Zareth, oriens pater, uel orientalis eorum.
Zarias, oriens Domino, uel orientalis Domini.
Zatham, iste humilis, uel responsio ista.
Zaua, iniquus, uel iniquitas.
Zauath, donatus, uel donatio.
Zauadia, dos Domini, uel dos Domino.
Zauia, horridus, uel terrendus.
Zauan, horror, uel terror: seu horrendi, aut terribiles.
Zazamin, quæ est hæc aqua, uel preparatio in aciesin aciei preparatus, aut acies preparatio.
Zeb, lupus, uel rapax: seu deuorans, aut deuoratio.
Zebad, floris torrens, uel torrens floris.
Zebadia, floris torrens Domini, uel torrens floris Domino.
Zeber, uidens, uel rapina: seu hostia, aut deuoratio.
Zebedæus, donatus, uel dotatus: seu fluens iste, aut fluxus ista.
Zeber, lupus uigilans, uel deuoratio resurrectionis.
Zebi, lupus meus, uel deuoratio mea.
Zebida, dotis meæ fortitudo, uel donatio mea delectabilis.
Zebub, musca, uel muscæ pluraliter.
Zebul, habitatio, uel tabernaculum.
Zebulonites, tabernaculum mororis, uel inhabitatio iniquitatis.
Zechar, memor mei, uel memoratio mea.
Zechri, idem.
Zechrin, memorans eos, uel memoratio eorum.
Zechur, memoria luminis, uel memoratio ignea.
Zepheron, hoc os uidisti, uel huius oris uisio.
Zephron, os hoc uidit, uel oris huius uisio.
Zei, iste meus, uel iste mihi.
Zelpha, os hians, uel os fluens: seu os ambulans, uel oris fluxio.
Zemma, iste fluens, uel iste fluxus eius.
Zemeri, iste amaricatus, uel iste exacerbans.
Zemram, cantatio ei, uel canticum eorum: seu tempus eorum ostendens, aut temporis eorum ostensio.
Zamri, psallens mihi, uel canticum meum: seu iste lacessens, aut iste amaricans.
Zera, commouens, uel commotio: seu ipse requiescens, aut ipsa requietio.
Zeram, commouens eos, uel commotio eorum: seu ipse requiescens eis, aut ipsa requietio eorum.
Zembel, iste magister Deus, uel ista est magistratio Dei.
Zemmoth, iste timens mortem, uel iste metuens altitudinem mortis.
Zeram, iste lapis, uel ista duricies.
Zerhua, iste protractus, uel iste superior.
Zerhao, iste amarus, uel ista commutatio.
Zerbe, iste amens, uel iste erroneus.
Zerhua, iste errans ei, uel ista amentia eius.
Zeba, iniquus, uel iniquitas.
Zeuan, iniquus eis, uel iniquitas eorum.
Zeuuth, genitalis, uel sparsio.
Ziph, florens, uel germinans.
Ziphei, florentes, uel germinantes.
Zipha, germen, uel illuminatio.
Ziphaa, germen meum, uel illuminatio mea.
Zio, ductio, uel oliua.
Ziza, horrendus, uel terribilis.
Zoa, iste, uel ista.
Zora, minima, uel paruula: seu uinula conseruans, aut uinula conseruata.
Zorobabel, fluens, uel rosis iniquus Do-

minus, aut fluens terris, merens Domino.
Zocho, prophetia, uel prophetatio.
Zor, attrahens, uel attractio.
Zohelech, tractans, uel protrahens, seu tractus, aut protractio.
Zoheth, iste pauidus, uel iste uiuax.
Zolomin, præparantes aciem, uel præparati in acie.
Zomin, aciem præparantes, uel in acie præparati.
Zonib, a onum, uel duntiæ.
Zoon, iste iniquitas, uel iste medius.
Zoor, plasma, uel plasmator: seu iste apprehendens, aut iste iracundus.
Zoorim, plasma meum, uel plasmator meus: seu iste apprehendens me, aut iste iracundus mihi.
Zorobabel, aliena translatio, uel ortus in Babylone: seu iste princeps translationis, aut iste magister conuersionis.
Zomomim, quæ hæc est aqua, uel quæ sunt hæ cogitationes: seu præparantes aciem, aut in acie præparati.
Zosridis, consilium, uel consiliatrix.
Zorim, consilium eos, uel consiliatores eorum.

INTERPRETATIONVM HEBRAICORVM NOMINVM, FINIS.

Excerptiones patrū, collectanea, Flores ex diuersis, quæstiones & parabolæ.

IC mihi quæso, quæ est illa mulier, quæ innumeris filiis ubera porrigit, quæ quantum sucta fuerit, tantum inundat? Mulier ista est sapientia. Dic mihi ubi sit anima hominis, quando dormit homo? In tribus locis est: aut in corde, aut in sanguine, aut in cerebro. Dic mihi quis primus finxit literas? Mercurius Gigas. Quid primum à Deo processit? Verbum hoc, Fiat lux. Qui sunt nati, & non sunt mortui? Enoch & Elias. Dic mihi quis primus obtulit holocaustum Deo? Abel agnum. Dic mihi quæ primum fuit amara? Maria, soror Aaron: uel quæ prima uidua? Dina, filia Iacob. Dic mihi quis primus excogitauit aratrum? Cham, filius Noë: uel quis plantauit uineam? idem Noë, & ipse primus ebrius fuit. Dic mihi quis primus sacerdos in ueteri testamento fuit? Melchisedech: in Nouo Petrus, & Iacobus frater Domini. Quis primus fuit diaconus? Stephanus. Dic mihi qui sunt filii, qui uindicauerunt patrem suum in utero matris suæ? filii uiperæ. Dic mihi quæ est terra, quam nō uidit sol neque uentus, nisi una hora diei: nec antea, nec postea? Terra per quam exiit populus Israel in mari rubro. Dic mihi quis primus prophetauit? Adam quando dixit: Hoc nunc os ex ossibus meis, & caro de carne mea.

Omnis homo, qui in dolore positus est, memor sit illius sententiæ: Ne quid nimis. Vidi filium cum matre manducantem, cuius pellis pendebat in pariete. Sedeo super equum non natum, cuius matrem in manu teneo. Quæro barbarum quem inuenire non possum. In Aquilonali parte ciuitatis, ubi aqua attingit parietem, tolle saxum quadratum, ibi inuenies barbarum.

Dic mihi quæ est illa res, quæ cum augetur, minor erit: & dum minuitur, augmentum accipit. Nemo in ecclesia amplius nocet, quàm qui nomen & opinionem sanctitatis habet. Cui plus creditur, plus ab eo exigitur. Potentes potenter tormenta patiuntur, sicut per prophetam dictum: Ducunt in bonis dies suos, & in puncto ad inferna descendunt. Quatuor claues sunt sapientiæ: uel industria legendi, assiduitas interrogandi, honor doctoris, contemptio facultatum. Dic quot annos uixit primus parens Adam? Nongentos triginta. Qui sunt tres amici & inimici, sine quibus uiuere nemo potest? Ignis, aqua & ferrum.

Melius est ire ad domum luctus, quàm ad domum conuiuii: in illa enim cunctorum finis admonetur hominum, & uiuens cogitat quid futurus sit. Melius est à sapiente corripi, quàm stultorum adulatione decipi. Quodcunque potest manus tua facere, instanter operare: quia nec opus, nec ratio, nec scientia, nec sapientia erunt apud inferos, quò tu properas. Melior est patiens uiro forti: & qui dominatur animo suo expugnatore urbium. Et qui iustificat impium, & qui condemnat iustum, abominabilis uterque apud Dominum. Sicut urbs patens, & absque murorum ambitu, ita uir qui non potest in loquendo cohibere spiritum suum. Dicit piger, Leæna in uia, leo in itineribus. Sicut ostium uertitur in cardine suo, ita piger in lectulo suo. Abscondit piger manus sub ascella sua, & laborat si ad os suum eas conuerterit. Tria sunt insaturabilia, & quartum quod nunquam dicit, Sufficit: infernus & os uuluæ, & terra. Aqua non saturatur aqua: ignis uerò nunquam dicit, Sufficit. Alios quippe gurgites fluminis paruæ, seu innumeræ replent guttæ pluuiarum. Imperiti sicut loqui nesciunt, ita tacere non possunt. Mos enim qui usu longo confirmatus fuerit, non paruo labore uitatur. Valde enim durum est in ueteri testamento noua inchoare. Si non uenis quod amas, nō emes quod desideras: sæpe enim in uili sacculo fulget aurum. Sit omnis homo uelox ad audiendum, tardus ad loquendum. Arena maris, pluuiarum guttæ, dies seculi, altitudo cœli, multitudo stellarum, profunditas terræ, & fines abyssi, & capilli capitis, siue plebs hominum uel iumentorum: hæc non nisi à Deo tantum numeranda sunt. Per tria ordinatur anima: per cogitationem bonam, per sermonem rectum, per opus iustitiæ. Paulus plantauit, Apollo rigauit, Dominus incrementum dedit. Habete Christum in cordibus, & signum eius in frontibus. Male nos inimicos habemus, qui cursum nostrum impedire festinant. Armate vos semper signaculo crucis Christi, quia hoc est quod timent ac fugiunt daemones, signo crucis Salvatoris Domini nostri Iesu Christi. Magi sunt, qui munera Domino dederunt: primus fuisse dicitur Melchior, senex & canus, barba prolixa & capillis, tunica hyacinthina, sagoque mileno, & calceamentis hyacinthino & albo mixto opere, pro mitrario variae compositionis indutus: aurum obtulit regi Domino. Secundus nomine Caspar, iuvenis imberbis, rubicundus, mylenica tunica, sago rubeo, calceamentis hyacinthinis vestitus, thure quasi Deo oblatione digna, Deum honorabat. Tertius fuscus, integre barbatus, Balthasar nomine, habens tunicam rubeam, albo vario, calceamentis milenicis amictus: per myrrham filium hominis moriturum professus est. Omnia autem vestimenta eorum Syriaca sunt. Mundo enim namque est munda contingere, & sanctorum sancta cognoscere. In malevolam animam non intrabit sapientia, neque in corpore subdito peccatis.

Quid est malum? Corruptio boni. Quid est mors? Absentia vitae. Est enim vita carnis anima, vita animae dominus. Despicit Deus si quis exultat in malis alterius. Nam posuit Deus ordinem, ut terra serviret corpori, corpus animae, anima menti, mens Deo. Veteris Testamenti sunt libri quinquaginta quinque. Novi autem viginti septem. Est avis quaedam in Indiae partibus, prope solis ortum, signis alas habens, e quibus voce audita, omnes somno & sopore sopiuntur: cuius vox per mille passus auditur, huius tamen nomen vocabulum est Goballus. Est enim lapis in mari pretio tam mire decoris, qui aliquoties apparet, aliquoties vero amnis praeteritur. Hic autem avis cum aviculam genuit nimis pulchram ac sonoram, videns lapidem in mari sereno die radiantem, illius deinde rapitur, & volat ut capiat eum, qui dum adhuc alas extendit, lapis undis tegitur. Est autem cetus in mari magnus valde, qui cum viderit Goballum ad lapidem volantem, statim occurrit ad nidum huius, & aviculas auferens devorat: & veniens Goballus in astu nimis recurrit ad nidum, quoddam solatium sui laboris putans reperturum, & inveniens nidum vacuum, tempore clamat ita ut non solum ingentes lachrymas fundat, sed & omnes qui eam audiunt, se a lachrymis cohibere non possint. Tunc seipsum in profundum mergit, & moritur. Et ut homo Goballus habens naturam dementem nimis, quae generat sapientiam venustam. Lapis autem in mari, amor divitiarum est, qui seducit hominem, & relicta sapientia, volat ad divitias congregandas. Cetus autem in mari diabolus est, qui aufert sapientiam cum divitiis. Stultitia nascitur, & homo perdit sapientiam, perdit divitias, & infelici rapitur morte. Unde Gessidium(?) ... Melior est sapientia auro, & consilium preciosius argento, & praeclarius omni lapide precioso, & diuitiis praeeminentior omni vestitu gemmato. Sapientia, quae de limis auri liquidi una processit, gemmis omnibus ac margaritarum generibus, & cuncta preciosiora invenit gaudia, quae suos sectatores ad aulam coelestis paradisi deducit. Melius est una hora vivere cum sapientibus, quam annum habere cum insipientibus.

Tres principales mansiones constituit Deus: coelum & terram, & infernum: & in illis tribus tres principales res. In coelo continet gaudium & aeternitatem: in terra autem constituit fidem & poenitentiam, & remissionem peccatorum: in inferno constituit timorem, & aeternam poenam, & nullam remissionem. De terra autem, quae in medio posita est, replebitur coelum & infernus. Tria remedia sunt: baptismus, poenitentia, martyrium. Melior est in malefactis humilis confessio, quam in bonis superba gloriatio. Fides intellectum aperit, infidelitas claudit. Sicut stellas coeli non extinguit nox, sic fideles adhaerentes firmamento sanctae scripturae non obscurat mundana iniquitas.

Dic mihi nomina duorum latronum, qui cum Iesu simul crucifixi sunt? Matha & Ioca. Matha credidit, Ioca negavit, unam mortem elegit. Dic mihi nomen illius divitis, qui loquitur ad Abraham ex profundo inferni? Dico tibi, Tantalus est. Dic mihi nomen illius militis qui percussit latus Domini nostri Iesu Christi? Dico tibi, Longinus dictus est. Dic mihi quot patres sunt in hoc seculo? Dico tibi, tres: pater carnalis, pater terrenus, pater in doctrina. Dic mihi quot sensus hominis sunt? Dico tibi, decem: visus, auditus, gustus, tactus, odor, sapor, amor, tremor, motus & locutio. Dic mihi quot vitae sanctis leguntur? Tres: vita praesens, vita in bonis operibus & vita aeterna futura. Dic mihi quot mortes peccatoribus reputantur? Mors in peccato, & separatio animae & corporis, & mors poenae. Dic mihi quot genera sunt baptismi? Tria: primum, baptismus est, quo sordes peccatorum per regenerationis lavacrum abluuntur; secundum, quo quisque sanguine suo per martyrium baptizatur; tertium, baptismus lachrymarum. Dic mihi, quae est illa res quae coelum totamque terram replevit, sylvas & surculos confringit, omnia quae fundamenta concutit: sed nec oculis videri, aut manibus tangi potest. Dic mihi tres victorias ignis. Prima victoria, in qua apparuit spiritus sanctus: secunda quae elevavit Heliam: tertia quae comburit peccatores & terram in die iudicii. Dic mihi tres victorias venti(?). Prima victoria iustus & non videtur: secunda sanctificavit mundum post diluvium: tertia non comburetur in die iudicii. Dic mihi utrum altius coelum quam terra? Altior terra, quae in coelo est: Elias & Enoch. Multi apud homines sunt reprobi, apud Deum autem electi. Melior est qui minuitur sensu, & in timore Dei est, quam qui abundat sensu & transgreditur legem. Peccator dominatur in hoc seculo, iustus autem in regno Dei. Sunt nonnulli, qui aliorum causas cernere solent, & suas negligunt, semetipsos non abstinent in pessima conversatione. Dic mihi quæ prima interrogatio [illegible] corporea anima [illegible], vel in quo loco fuit callida suggestio serpentis ad mulierem, quando dixit in paradiso, Quare præcepit vobis Deus, ut non comederetis de ligno hoc? Sapientia sine eloquentia prodire potest, stultitia sine eloquentia destruit multos. Dic mihi, unde surgit dies ante noctem, & nox ubi currit, & in quo loco utraque requiescit? In sole requiescit dies, & in nube nox. Dic mihi, ubi sedit Deus, quando creauit cœlum & terram? Super pennas uentorum. Dum cadit equus sub quo sunt quatuor pedes: quanto magis homo, qui una lingua loquitur, qui est cadere, nec suam retinet sententiam dum recedit. Valde ignominiosum est, si tunc quærat discere, cum quæstionem debet enodare. Modica fuisti Roma, quando [illegible] sed minor eris, quando me deficies. Quamdiu stat colyseus, stat & Roma: quando cadet colyseus, cadet & Roma. Quando cadet Roma, cadet & mundus. Quid stas, quid stupes [illegible] stimulum quæro, ut pungam bouem Gallicum. Cogitationes meas stylo alligo, ne oblivione fugientes [illegible] quasi non repositas essent, quia memoria lingua labitur. Tres infelices in lege leguntur. Qui scit, & non docet: qui docet, & non facit: qui nescit, & non interrogat. Tribus modis [illegible] quod frangit inimicos, & quod [illegible] exercitum, & quod exigit tributum. Pauperem superbum, & diuitem fallacem, & senem stultum odit anima mea. Carpere & detrahere etiam imperiti possunt.

[illegible]
[illegible]
[illegible]
[illegible]
[illegible]
[illegible]
[illegible]
[illegible]
[illegible]
[illegible]

Sexaginta reginæ, & octoginta concubinæ, & adolescentularum, quarum non erat numerus. Surge Aquilo, & ueni Auster, perfla hortum meum, & fluant aromata illius. Susurro & bilinguis maledicti sunt a Deo, multos enim turbauit pacem habentes. Vetus qui uiuit in iustitia regnans, potens in populo, pius est in toto, [illegible] in mundo, magnus ubique. Amico fideli nulla est comparatio. Amicus diu quæritur, uix [illegible] inuenitur, difficile seruatur.

Quot sunt flumina paradisi? Quatuor. Phison, Geon, Tigris, Euphrates: lac, mel, uinum & oleum. Aquæ mundi quot sunt? Duæ: sal & aqua. Ubi est memoria? in sensu. ubi est sensus? in cerebro. Cui non datur sensus, non datur & cerebrum. Dic tres dies [illegible]? Lex in utero Moysi, & Ioannes in utero Elizabeth, & Christus in utero Mariæ. Quis lapis politior & durior [illegible]? Lapis quem reprobauerunt ædificantes, id est, Christus.

Quatuor uiæ sunt lectionis: Canon diuinus, in quo narratur & prædicatur uita futura: historia, in qua narrantur gesta rerum [illegible]: in qua intelligimus [illegible] futura, & solennitates diuinæ: grammatica, in qua intelligimus scientiam uerborum. Ecce quantum iustitia regis in seculo ualeat, intuentibus perspicue patet. Pax populi est tutamentum patriæ, immunitas plebis, munimentum regni, cura languorum, gaudium hominum, temperies aëris, serenitas maris, terræ fœcunditas, solatium pauperum, hæreditas filiorum, & sibimetipsi spes futuræ beatitudinis. Quid enim stolidius fieri potest, si mens ad perfectionem festinare contendat, quando omnis corporis habitus senectute confectus ad interitum properat? Dum oculi caligant, auris grauiter audit, capilli fluunt, facies in pallorem mutatur, dentes lapsi numero minuuntur, cutis arescit, flatus minus olet, oculi [illegible], pectus suffocatur, tussis cachinnat, genua trepidant, talos & pedes tumor inflat, & homo interior qui non senescit, his omnibus aggrauatur. Et hæc omnia iam [illegible] domum corporis cito proruituram. Quid enim superest, nisi dum huius uitæ defectus appropiat, nihil aliud cogitare, quam quomodo futuræ uitæ aditus prosperè comprehendantur. Frequens lectio & quotidiana meditatio plus laborare solet, quam labor corporis. Duo prophetæ, quorum alter prophetauit post mortem: alter uero ante natiuitatem, sunt Samuel & Ioannes.

Quid est quod mater me genuit, & mox eadem gignetur a me? Dic mihi quis homo, qui non natus est, & mortuus est, atque in utero matris suæ post mortem baptizatus est? Adam. Quis est mortuus bis & semel natus? Est Lazarus, quem suscitauit Iesus. Quis bis natus, & bis mortuus? Quis homo qui mortuus est, nec sepultus nec putredinem habent carnis? Quot filios habuit Adam? Triginta filios, & triginta filias. Aliter. Filiorum Adam computatio, ut alii dicunt, sexaginta duo. & filiorum computatio quinquaginta tres sunt. Quot annos uixit Abraham? Centum septuaginta quinque. Quis primus mortuum suscitauit? Elisæus: ubi eum suscitauit in Galgala. Quot genera uolucrum pennata sunt? Triginta septem. Quot sunt genera serpentium? Triginta sex. Quis primus princeps iudæus fuit? Nemrod, filius Chus. Quæ prima ciuitas? Niniue. Quis eam ædificauit? Ninus. Quis primus imperator factus est? Saul. Quot sunt prouinciæ? Centum & triginta. Quot linguæ? Septuaginta duæ.

Videre quæso ordinem humanæ uitæ, miser, qui de terra eras creatus es, terram calcas, in terram ibis, a terra resurges, in igne probaberis, iudicium expectabis æternum, post hæc aut supplicium aut regnum possidebis. Utrumque uitium possideat, incertum est. Duo sunt eleemosynarum genera, unum, ut esurientibus porrigatur, [illegible] in ignorantes [illegible] doctrina. Disparitate in [illegible]

secum

lorum, propter singularum merita, mansiones diuersitas enim operum diuersitatem facit pr[illegible] miorum. Vir sapiens non putat se mori, sed migrare, nec amicos relinquere, sed mutare. Debet mori esse [illegible] ipsius, quisquis doctor esse desiderat. Philosophia est amor quidam, ac studium sapientiae, quae fons & mater est omnis artis ac disciplinae. Bene per Salomonem dicitur, Ne des honorem tuum alienis, & annos tuos crudeli: ne forte impleantur extranei uiribus tuis, & labores tui sint in domo aliena & gemas in nouissimis, quando consumpseris carnes & corpus tuum. Lucerna Domini spiraculum hominis est, quae inuestigat omnia secreta uentris. Qui offert sacrificium ex substantia pauperis, quasi qui uictimat filium suum in conspectu patris sui. humanum enim iudicium multis corrumpitur: amore, odio, timore, auaritia saepe iudicum integritas uiolatur, & contra iustitiae regulam misericordia declinatur.

Dic quid est seruitus? Mancipium mortis. Quid est argentum? Inuidiae locus. Quid est sermo? Omnis artis instrumentum. Qui sunt qui sani aegrotant? Qui aliena negotia curant. Dic qua ratione homo lassus non fit? Lucrum faciendo. Dic quid est longissimum? Spes uel cogitatio. Quid est regi & misero commune? Nasci & mori. Quid est optimum & pessimum? Verbum. Quid est quod aliis placet, aliis displicet? Vita. Non omnes episcopi, episcopi sunt. Attende Petrum, sed & Iudam considera: Stephanum & Nicolaum respice. [illegible], oriens, occidens, aquilo, meridies.

Arcus [illegible] [illegible] [illegible],
[illegible] [illegible] [illegible].

Mortua morientium est mundus, sed illi mortui non sunt mundo. Bona diligunt secularia, sed minime consequuntur. In utraque uacat, qui futura perdunt, & praesentia non acquirunt. Scito quod in nouissimis diebus instabunt tempora periculosa. Sunt homines se amantes, non Dei gloriam, sed suam quaerentes. Homo homini iram seruat, & a Deo quaerit medelam: & in hominem similem sibi non habet misericordiam, & non habet misericordiam, quis exorabit pro delictis illius?

Dic mihi, quot modis dicitur omne quod dicitur? Quatuor: aut bonum bene, aut malum male, aut bonum male, aut malum bene. Sex diebus rerum creaturam formauit Deus. Prima die condidit lucem: secunda, firmamentum coeli: tertia, speciem maris & terrae: quarta, sidera coeli: quinta, pisces & uolucres: sexta, bestias, & iumenta: nouissime, ad similitudinem suam primum hominem Adam. Cur homo nouissime factus est? Quia maioris honoris est. Ordinatis omnibus atque bene compositis, oportebat mox sponsi formari hominem. Sex sunt quae odit Dominus, & septimum detestatur anima eius: oculos sublimes, linguam mendacem, manus effundentes innoxium sanguinem, cor machinans cogitationes pessimas, pedes ueloces ad currendum in malum, proferentem mendacia testem fallacem, & eum qui seminat inter fratres discordias. Apostoli Christi, praedicatores fidei, & doctores gentium: certa loca in mundo ad praedicandum sortes, proprias acceperunt. Petrus namque Romam accepit, Andreas Achaiam, Iacobus Hispaniam, Thomas Indiam, Ioannes Asiam, Matthaeus Macedoniam, Philippus Galliam, Bartholomaeus Lycaoniam, Simon Zelotes Aegyptum, Matthias Iudaeam, Iacobus frater Domini, Ierosolymam. Paulo cum caeteris apostolis nulla sors propria traditur: quia in omnibus gentibus magister & praedicator eligitur.

Octo sunt principalia uitia, quae humanum genus infestant: primum gula, secundum fornicatio, tertium auaritia, quartum ira, quintum tristitia, sextum acedia, id est, otium uel taedium cordis, septimum, uana gloria, octauum superbia. Non [illegible] amicum antiquum, nouus enim non erit ei similis. Monstro similis est auaritia senilis. Quae sunt tria muta, quae docent sapientiam in corde hominis? Est mens, oculus & litera. Duodecim abusiua hoc seculo sunt: hoc est, sapiens sine operibus, senex sine religione, adolescens sine obedientia, diues sine eleemosyna, foemina sine pudicitia, dominus sine uirtute, Christianus contentiosus, pauper superbus, rex iniquus, episcopus negligens, plebs sine disciplina, populus sine lege. Per haec suffocatur iustitia Dei. Septem sunt quae non inueniuntur in hoc mundo: uita sine morte, iuuentus sine senectute, lux sine tenebris, gaudium sine tristitia, pax sine discordia, uoluntas sine iniuria, regnum sine commutatione. Septem uero haec inueniuntur in regno coelorum. Noli esse desidiosus & piger, sed labora manibus tuis, ut habeas unde tribuas indigenti & pauperibus: totum enim expetitur a te, quantum tibi fuerit creditum.

Quaeritur, qua hora Dominus surrexerit, cum quadraginta horis in morte fuisset: iuxta Augustinum describitur: Id est de die, qua crucifixus est Dominus, quatuor remanent horae: duodecim horae noctis sabbati, duodecim ipsius sabbati, duodecim noctis Dominicae: in sepulchro uero triginta horis fuit. Quatuor sunt principales uirtutes: prudentia, iustitia, fortitudo, temperantia. Ante omnem creaturam mundi creatus fuit angelus, & ante omnem creationem angelorum diabolus formatus est: sicut scriptum est, Ipse principium uiarum Dei. Bene ambulemus, & sic Deus intuebitur uestras, & angelus eius comitetur uos. Dic mihi gradus uel differentiae rerum quot sunt? Sex. [illegible] animalia uiuentia, irrationabilia, rationabilia, mortalia, immortalia. Nouissimus super omnia Deus. Sed haec omnia in gradibus crescunt, ita sibi qualitate naturae praeessent, nam arbor praefertur lapidi, & pecus arbori, & homo pecori, & angelus homini, & Deus praeponitur angelis. Semper uenturum sequitur mundus. [illegible] sub [illegible] mundus. Nec mirandum est hoc de homine, cum ipse Dominus soli & mundo [illegible] sit crucifixum. Sola miseria caret inuidia, quia nemo inuidet misero. Inuidia siquidem maculam de sese non abluit, quia alteri conferre desiderat quod cum desiderio, non amicitia. Obsequium amicos, ueritas odium parit.

Qui per sacerdotes mali similes dicendi sunt, nisi aquæ baptismatis, quæ baptizatorum peccata diluit, alios ad regna cœlorum mittit, & ipsa inel[illegible] ad [illegible] descendit. Qui obturat aurem suam ad clamorem pauperum, ipse clamabit, & non exaudietur. Amicitia quæ desinere potest, nunquam uera fuit. In hoc quippe mundo humana anima quasi nauis est, contra ictum fluminis conscendentis, uno loco nequaquam stare permittitur, quia ad ima relabitur, nisi ad summa admittatur. Maior est culpa manifeste quam occulte peccare: dupliciter enim reus est, qui agit & docet, de talibus Esaias ait, Et peccata sua sicut Sodoma prædicauerunt. Quid peius est domo, ubi fœmina imperium habet in uirum. Vidi filium inter quatuor fontes nutritum: si uiuus fuit, disrupit montes, si mortuus fuit, alligauit uiuos. Vidi bipedem super tripodem sedentem, cecidit bipes, occuluit tripes. Vidi filium non natum, sed ex tribus personis fascinatum, & conuersum, donec uiuus uocaretur. Vidi mortuum super uiuum sedentem, & ex risu mortui moriebatur uiuus. Vidi uirginem flentem & murmurantem, uti eius sunt fœmineæ uitæ. Vidi mulierem cum sex oculis, cum sexaginta digitis, cum tribus linguis, cum uno ore loquentem.

[illegible]
[illegible]
[illegible]
[illegible]

Quod tacitum uelis esse, nemini dixeris: a quo enim alio silentium exigis, quod tibi ipse non imperasti. Qui uult corpus suum dedicare continentiæ, habitare cum fœminis non præsumat. Mulierum frequens usus mollificat mentem, & hebetat sensum, & sapientem esse non patitur. Mulierem sapientem quis inueniet? Natura enim mulierum est, ut neminem de longinquo diligant, sed prope debet esse, qui uult fœminis se reconciliare. Sapiens uir candidam mulierem respuit, stultus uero concupiscit eam, miserabiliterque decipitur ab ea. Cauete filioli mei fœminarum species, per quas mors ingreditur, & non parua pernicies. Dilectio enim fortis est ut mors: ea enim comparatur igni. Charitas omnia suffert. Perfecta charitas foras mittit timorem. De timore Domini nascitur dilectio, sicut Apostolus ait: Si linguis hominum loquar, & angelorum, & si nouerim mysteria omnia, & omnem scientiam, & si habuero omnem fidem, ita ut montes transferam: & si distribuero in cibos pauperum omnes facultates meas, & si tradidero corpus meum ita ut ardeam, charitatem autem non habeam, nihil mihi prodest. Quam uis corpore quis & spiritu uirgo sit, si manibus, aut oculis, aut auribus, aut lingua peccet, quo modo sanctus dicendus est corpore? Neque enim tibi sufficit a malis ociosum esse, si ociosus fueris a bonis. Noli attendere in faciem mulieris, ne te scandalizet oculus eius. Nunquid alligauit quis ignem in sinu suo, & uestimenta eius non arderent? aut ambulare super prunas potest, & non comburentur plantæ eius? hoc enim Salomon de familiaritate mulierum dicit. Contemnenda est auaritia, quæ nobis ideo aliqua lucra procurat, ut nos suos faciat nostri animi esse mus, si illa nostra non esset. Contemnenda est, inquam, auaritia, quæ ut est ignis, quanto plus accipit, tanto amplius quærit. Auarus enim inferno similis est, quia infernus nunquam dicit, Sufficit: ita auarus nunquam satiabitur auro. Sacerdos ergo, si prædicationis est nescius, quid clamoris uocem daturus est præco mutus? Non plus sapere, quam oportet sapere ad sobrietatem. Secularia igitur iudicia si habueritis, contemptibiles qui sunt in ecclesia, illos constituite ad iudicandum: ipsi uidelicet dispensationibus terrenis inseruiant, quos dona spiritalia non exornant. Si quis præoccupatus fuerit in aliquo delicto, uos qui spirituales estis, instruite huiusmodi in spiritu mansuetudinis, considerans teipsum ne & tu tenteris.

Amicum secreto admone, & palam lauda. Cito per aduersa fraudulentus patet amicus, nam in prosperis ambigua est amicitia: sæpe per simulationem amicitia colitur, ut qui non potuit aperte decipere, decipiat fraudulenter. Amicitia certa nulla ui excluditur, nullo tempore aboletur: ubicunque se uerterit tempus, illa firmata est. Rari sunt qui usque in finem existant chari. Nam multos a charitate aut aduersitas temporis, aut contentio qualibet actionis auertit: sæpe etiam per honorem quorundam mutantur & mores, & quos ante glutinatos charitate habuerant, postquam ad culmen honoris uenerint, amicos habere despiciunt. Memento quod dictum est, Melius est amicos probatos bene seruare, quam frequenter ignotos quærere, & notos amittere. Stultus si tacuerit, sapiens putabitur. Laudet te os alienum, & non tuum. Omnis piger propheta est. Ne dicas amico tuo, Vade, & reuertere, cras dabo tibi: cum statim possis dare. Occasiones quærit, qui uult recedere ab amico suo. Oculi [illegible] uita. Stultitia colligata est in corde pueri, & uirga disciplinæ fugabit eam. Inficiuntur enim membranæ colore purpureo, aurum liquescit in literis, gemmis uestiuntur codices, & eorum Christus ante fores moritur. Qui amat uina, non execratur craterasque, qui nuclеos, non putamina; qui segetes, nisi boues; qui lac, non uaccas; qui Deum, non proximum: & qui amat scientiam, non abhorreat a grammatica, sine qua nemo eruditus aut sapiens esse potest. Qua causa scribitur, In illa die magna tribulationis nemo liberabitur, nisi Noe, Daniel & Iob. In his tribus sanctis tria genera hominum significari uidentur, quæ liberanda in die tribulationis a periculis promittuntur. In Noe, gubernatores ecclesiæ præfigurantur: in Daniele, sancti continentium sectatores: in Iob, coniugati & castitatem diligentes.

Adam uixit annos quindecim in paradiso, Eua quatuordecim: alij dicunt septem, sine uxore quadraginta dies. Die sexta manducauit Adam de ligno scientiæ boni & mali, decimoquinto anno ætatis suæ. Tres [illegible] sunt linguæ [illegible] Hebræam, Græcam, Latinam. Tres enim hæ linguæ in titulo crucis Christi consecratæ sunt. Prima Hebræa propter legem, secunda Græca propter sapientiam Græcorum, tertia Latina propter regnum Romanorum: & ideo hæ tres linguæ primatum in omnibus linguis obtinent. [illegible] erat scriptum Hebraice, Græce, Latine, Iesus Nazarenus rex Iudæorum. Prima die septem opera fecit: [illegible] materiam informem, angelos, lucem, cœlos superiores, terram, aquam atque aërem. Secunda die firmamentum solum, tertia die quatuor: maria, semina, sationes seu plantas. Quarta die tria: solem, lunam & stellas. Quinta die tria: pisces aquatilia, reptilia & uolatilia. Sexta die quatuor: bestias, pecudes, reptilia terræ, & hominem. Et factæ sunt omnia uiginti duæ generationes in diebus sex. & uiginti duæ generationes sunt ab Adam usque ad Iacob, ex cuius semine nascuntur omnes gentes Israel. & uiginti duo libri ueteris Testamenti usque ad Esther. & uiginti duo literarum sunt elementa, quibus constat diuinæ legis doctrina.

[illegible verses]

Primus baptizauit Moses in nube & in mari, & in typo & in figura. Habuit enim mare sonum baptismi, nubes uero spiritus sancti, manna panis uitæ. Christus namque in spiritu sancto baptizauit. Vidi autem hospitem stantem [illegible] per pedes, corpus eius de terra, sanguis eius de [illegible]. Memento semper quod paradisi colonum mulier de possessione sua iecit. Tres sunt hæ uirtutes: fides, spes, charitas. Ab Adam usque ad Christum tria illa latuerunt dæmones: quod Christus ex uirgine natus, passus in cruce, sepultus in terra, uel quod descendit ad inferos. Tribus locis in Euangelio legitur Dominum iratum [illegible] corporaliter. Prima uice totum gregem misit in mare, secunda uice ficulneam maledixit, tertia uice quod eiecit uendentes & ementes e templo. Quis primus dixit Alleluia, aut in quo loco, uel pro qua re dictum est? Inter Thabor & Hermon dictum est. Dauid propheta dixit Alleluia, hoc est, laus Dei. Augustinus dicit, Alle, seculum [illegible] Domine. Hieronymus dicit Alle, laude [illegible] Dominum. Gregorius: Alle, pater: lu, filius: ia, spiritus sanctus. Ambrosius dicit, Alle, laude [illegible] filius summi Dei. Sobrietas seruat memoriam, acuit sensum, [illegible] mentem, dirigit uultum, integrat pudorem, mitigat uitia, [illegible] exonerat cerebrum, exprimit linguam, explicat sermonem, nutrit medullam, confirmat sanguinem, procurat uenas, constringit neruos, contemnit libidinem, recreat somnum, propagat senectutem, perhibet mysterium, & hominem constabilit.

Ebrietas est imbecillitas prima, obnubilat memoriam, euacuat sensum, negligit mentem, confundit intellectum, concitat libidinem, inuoluit linguam, impedit sermonem, corrumpit sanguinem, obtundit uisum, perturbat uenas, obturat auditum, infirmat neruos, subuertit sensum, resoluit uiscera, onerat cerebrum, debilitat memoriam, aufert securitatem, fugat somnum, impedit [illegible], obscurat animum, maculat corpus, & hominem suo uitio coinquinat, & sine honore facit.

Omnis uitæ huius tribulatio per aquas est [illegible] prætereuntibus: propterea quia si quid tribulationis in hac uita acceperis, non stat, sed uelociter transit:

[illegible verses]

De occultis cordis alieni temere iudicare peccatum est:

[illegible verses]

Omnes qui in Christo pie uolunt uiuere, necesse est ut ab impiis atque dissimillimis patiantur opprobria, illisque displiceant. Omnia uitia in malefactis tantummodo ualent, sola superbia etiam in recte factis cauenda est. nam bonus [illegible] bonis nec extollitur, neque malis frangitur:

[illegible verses]

Nulla enim lauari contemnere, quod adipisci [illegible] non uales. & nos Ecclesiastes iubet dare partem septimam, partem octauam: id est, credere utroque testamento. Neminem beatum dicas ante mortem, hoc ideo debet: quia quamdiu uiuimus, in certamine sumus: & quamdiu in certamine sumus, nulla est uictoria.

[illegible verses]

Iustitiæ palma [illegible].

[illegible]

[illegible]

Nam sunt qui linguas errores emendare non possunt, & alios reprehendere conantur. Sicut mentiri non potest, qui non loquitur: sic peccare non potest, qui peccare non appetit. Non est contra Dei praeceptum iurare, sed dum usum iurandi facimus, periurii crimen incurrimus. Istis [illegible] quasi quibusdam gradibus consummatur omne peccatum. Cogitatio namque pravi delectationem parit, delectatio consensionem, consensio actionem, actio consuetudinem, consuetudo necessitatem. Dum unusquisque divina illuminatione perfruitur, statim molestia turpium cogitationum pulsatur. Qui aut nullius aut rari confessi sunt delicti, aut nunquam aut raro terroribus fatigantur nocturnis. Alia etenim quaeque debent multis audientibus corrigi, & alia paucis aperiri. Cum gravi enim dolore amittuntur, quae cum magno amore habentur: minus autem carendo dolemus, quae minus possidendo diligimus. Dum quisque donum aliquod accipit, non appetat amplius quam quod meruit: ne dum alterius membri officium arripere tentat, id quod meruit, perdat. Carnis curam ne feceritis in desideriis: quae ergo in desideriis fieri prohibentur, procul dubio in necessitate conceduntur. Cum verbi linguis derogantium corrigi nequeunt, aequanimiter sunt per omnia toleranda. Saepe vero cum de vitiis proximorum conquerimur, mutare locum cum animo, secretum vitae remotioris eligere, videlicet ignorantes, quia si desit spiritus, non adiuvet locus. Tolerandi sunt ergo [illegible] proximi, quia Abel fieri non valet, quem Cain malitia non exercet. Valde scripturam sacram saepius de genere loqui, quae de praesenti [illegible] intelligi. Testamentum ideo dicitur, quia idoneis testibus utrumque praescriptum est [illegible]. [illegible] sunt peccata, quae [illegible] ab altari removent, prius agenda poenitentia est, ac sic deinde hoc salutiferum medicamentum suscipiendum. Qui enim peccare desinit, communicare non desinat. Coniugatis autem abstinendum est a coitu pluribus diebus, orationi vacare, ac sic deinde ad corpus Christi accedere. Matutina enim luce [illegible] Dominus & salvator ab inferis resurrexit, quando coepit fidelibus oriri lux, quae moriente Christo occiderat peccatoribus, siquidem & eo tempore [illegible] spes futurae resurrectionis creditur. Valde necessarium est iustum [illegible] tentari, & verberari flagello, ut dum [illegible] pulsatur, de virtutibus non superbiat. Tentari autem oportet iustum, sed tentatione plagae, non tentatione [illegible]. Alii datur per spiritum sermo sapientiae [illegible] eundem spiritum. Sunt enim quidam qui per donum gratiae & ipsa intelligunt, quae exponendo [illegible] non audierunt, videlicet sermonem sapientiae percipientes. Et sunt quidam qui per se [illegible] intelligere omnino nequeunt, sed ea quae in expositionibus legunt, retinent [illegible] scientiae [illegible]. Vide itaque [illegible] sermone [illegible]. Sicut praescivit Deus hominem peccaturum, ita & praescivit quoniam illum per suam gratiam repararet, qui sua arbitrio deperire potuisset. Mediator [illegible] Christus est, & mori factum. Omnipotentia [illegible] quantum se amore condescendit [illegible] tantummodo Christum, & mori factum [illegible] deputabat. Divina autem [illegible] mysteria, quae comprehendi non possunt, non intellectu discutienda sunt, sed fide veneranda. Dic ergo si nosti gyros coeli, terrae cardines, aequora abyssorum, ubi [illegible] sunt. Scimus autem, quod ex nihilo factum sit, pendens in nihilo. Sed si est aliquid, quod dicitur nihilum, iam nihil non est: si hoc nihil est nihilum, non quam mundi moles dependet, nec est ubi sit, quod creatum est ex illo: quomodo ergo nusquam est, quod novimus quia est? Perpende ergo si vales, quomodo rubrum mare virga divisum est, quomodo ex petra durissima percussione virgae unda emanavit, quomodo Aaronis virga sicca floruit, quomodo ex eius genere virginis virgo concepit, quomodo & in partu virgo permansit, quomodo quatriduanus mortuus [illegible] suscitatus, ligatis manibus & pedibus de sepulchro exiit, quem post mortem solui Dominus per discipulos iussit; quomodo idem redemptor in vera carne atque ossibus resurgens clausis ostiis ad discipulos intravit: unde & in tabernaculo per legem duo altaria fieri iubentur, unum videlicet exterius, aliud vero interius, unum in atrio, aliud ante arcam: unum quidem aere coopertum est, aliud quidem [illegible] atque in altari aureo cremantur carnes, & in altari aureo incenduntur ecce aromata. Quare hoc fratres charissimi, quod foris concrematur, & carnes sunt & aromata. Hoc quotidie videmus: quia duo sunt compunctionis genera, cum alii adhuc per timorem compungunt, alii vero iam se per amorem lamentis afficiunt. Spirituales quippe illi patres omnes in Deo trinitatem esse crediderunt, licet de eadem trinitate patres nunquam aperte loquuti sunt. Isaias namque audivit angelica illa agmina in coelo clamantia, Sanctus, sanctus, sanctus, Dominus Deus Zebaoth: ut trium personarum trinitatem monstrarent, ter sanctus dicitur: sed ut una esse substantia trinitatis appareat, non Domini Zebaoth, sed Dominus Zebaoth esse perhibetur. Quod David quoque similiter sentiens ait, Benedicat nos Deus Deus noster, benedicat nos Deus: qui cum tertio dixisset Deum, ut unum hunc esse ostenderet, subdidit, Et metuant eum omnes fines terrae. Paulus quoque loquitur, dicens, Quoniam ex ipso, & per ipsum, & in ipso sunt omnia. Ex ipso, videlicet ex patre; per ipsum, per filium; in ipso, in spiritu sancto. Cum ergo ipsum tertio dixisset, addit: Ipsi gloria in saecula saeculorum. Qui enim non dixit ipsis sed ipsi, declaravit ipsum distinxisse personas, & subiungendo ipsi gloria, non divisit substantiam. Scio humiliari, scio & abundare (ubique & in omnibus institutus sum) & satiari & esurire, & abundare, & penuriam pati. Omnia possum in eo qui me confortat. Nunquid non scientis est aliquando humiliari & abundare,

undare, satiari & esurire, abundare & penuriā pati. ut, postquam se habere [illegible] ostenderet: Ars omnino, & mira disciplina sciendi, quæ toto nobis corde est animo discenda. Quem enim penuria sua non frangit, à gratiarum actione non retrahit, in rerum temporalium desiderio nō accendit, scit humiliari: hoc enim loco Apostolus humiliari dicit, penuriam pati. Nam statim e contrario subiunxit, Scio abundare. Qui enim acceptis rebus non extollitur, qui eas ad usum uanæ gloriæ nō intorquet, qui solus non possidet quod accipit, sed hoc cum indigentibus misericorditer diuidit: qui acceptis alimentis non ad ingurgitationem uentris utitur, sed ad reparationem uirtutis: nec plus carni tribuit, quàm necessitas patitur, scit abundare. Scit satiari, qui alimentorum inopiam sine murmuratione tolerat: & qui non necessitate uictus agit aliquid, unde animæ periculi laqueum incurrat, scit esurire. Quem ergo nec in abundantia superbia eleuat, nec in necessitate cupiditas irritat, nouit abundare, nouit penuriā pati. Qui cum statim subderet, Omnia possum, ne elationis uerba esse crederemus, adiunxit, In eo qui me confortat. Denarius autem numerus per semetipsum multiplicatus in centenarium surgit, unde rectè quippe per centenarium magna perfectio designatur, sicut de electis dicitur, Omnis qui reliquit domū uel fratres, uel sorores, aut patrē & matrem, aut filios & agros propter nomen meum, centuplum accipiet, & uitam æternam possidebit. Neq; enim sanctus quisq; ideo terrena deserit, ut hæc possidere in hoc mundo multiplicata possit: quia quisquis terreno studio terram relinquit, terrā non relinquit, sed appetit: nec qui unam uxorē deserit, centum accepturus est. Sed per centenarium numerum perfectio designatur, postquam etiam uita æterna promittitur: quod aliquis Dei nomine temporalia atq; terrena contemnit, & hic perfectionem mentis recipit, ut iam ea non appetat, quæ contemnit, & in sequenti sæculo ad æternæ uitæ gloriam peruenit. Centies itaque recipit quod dedit, qui perfectionis spiritum accipiens, terrenis non indigens, etiā si hæc non habet. Ille enim pauper est, qui eget eo quod non habet: nam qui non habens, habere non appetit, diues est. paupertas quippe inopia mentis est, non in quantitate possessionis: nam cui cum paupertate bene conuenit, non est pauper. Languor animæ id est, peccatorum infirmitas, perniciosius est, de quo etiam Apostolus ait, Quis infirmatur, & ego non uror. nam infirmitatem carnis utilem esse, idē Apostolus approbat, dicens, Quando infirmor, tunc potens sum. Contentiosorum studium nō pro ueritate, sed pro appetitu laudis certat. Omnes pene uirtutes corporis mutantur in senibus, & crescit eis sola sapientia, decrescunt cætera.

Matthæus mel, Marcus lac, Lucas uinum, Ioannes oleum. ecclesiæ paradisum. Matthæus [illegible], Marcus [illegible], Lucas irrigat, Ioannes incrementum dat. Matthæus homo, Marcus leo,

Lucas uitulus, Ioannes aquila. Multæ mansiones sunt in domo patris mei pro diuersitate laborum. Matthæus in Iudæa, Marcus Romæ, Lucas in India, Ioannes in Asia. Sicut impossibile uenatori singulare aliquod animal transmontem, ita impossibile est diabolo [illegible] animas sanctorum per orationes multas. Non redimere potest aliquis post obitum suum, si tu ipse te redimere nō uis. Nec aliud dici [illegible] perius. Nō laboriosum est opus scribendi: tres digiti scribunt, totum corpus laborat.

DE DUODECIM LAPIDIBUS.

Chrysolithus, quem lapidem lux & dies celat, ita ut nocte igneus sit, in die autem pallidus. Sapphirus similis gemmis, sed non est sexangulus, in mari rubro inuenitur, radijs percussus solis ardentem fulgorem ex se emittit. Sardius lapis purpureus colore, quem timent serpentes pro fulgore, ut ferunt. Asbestus ex ipso sole sanguineo colore tingitur, quem accēsum dicunt extingui non posse. Hyacinthus, quem ferunt quod sentiat auras & serenitates tempestatum. Carbunculus colore rufeo, quem oculi amantes longè splendorem spirant, & propè non uidetur. Cerdamion, qui habet fulgorem sub diuo, nam in domo cæruleo colore est. Chrysoprassus ex auro & purpura [illegible] lucem trahens, quem amant aquilæ. Beryllus, nube aurea tegitur: & sex angulos habet, tenentem manus adurere dicitur. Smaragdus, quem colore porro, hyacintho similem potestate esse dicunt, & ex eo lunæ motus excitari putant. Sardonyx [illegible] lapis, nigri coloris est, aquis profundis alitur. Achates lapis micantes guttis aureis, resistens scorpionibus: quiq; intra os receptus sitim sedat.

DE LUMINARIBUS ECCLESIÆ.

Vis nunc acriter mi frater Desideri, ut tibi quasi de luminaribus breuiter [illegible], quæ toto mundo refulgēt, pauca de scriptoribus, qui nobis multa de obscuritatibus, quæ propter carnalem mentem intelligentiā impediunt, ad splēdorem considerationis spiritalem proferre potuerunt, manifestissime dicam. [illegible] Heliæ [illegible] in me sententia iniquo iudicio presbyterorum discernis, ne impleatur. Angustiæ mihi sunt undiq; & mihi similiter [illegible]. Si enim uoluero aliquem ex his reprehendere, aduersarios atq; inimicitias mihi [illegible] si autem noluero quod possibile est, nō quem inuenies: sed unius tamen uolunt sententiam confirmare, quam multorum concilium destruere uel despicere melius esse uideor. Quia unusquisq; in scriptionis sensu diligitur laudari meruit, sed omnes leniter [illegible] cum summo amore tangamus utrumq; pacificè impleam.

Augustinus episcopus uoluit, per mūdum

culmina quasi aquila, ea quæ in montium radicibus sunt, non considerans, multa coelorum spacia terrarumque sinus, & aquarum circuitum claro sermone proloquitur. Qui enim in lignum fructuosum, conscendere uult, paulatim ad superiora, & illic inter poma carpere festinat, ramos à proximis paruulis relinquit, sicut iste paruuli sermo infirmis ac minoribus inferiora congregare relinquimus, nobiscum bene agimus.

Hilarius episcopus Romanorum, lucifer ecclesiarum, qui sincero & precioso lapis ad quem mortalis ascendunt, pulchro sermone aureoque ore uniuersis loquitur. Si enim aliquis secus ecclesiastic prævalens, tamen ab eo in scripturis mediis magna excerta est.

Origenes Adamantius altiora ac maiora cogitans, propriumque ingenium non sufficiens, aliud per aliud subnectit: & cum hec nimio mentis ardore cogitasset, uiribus maioribus carebat se: & cum sic incedere non potuisset, ruina magna illac deuolutus est, & ruina eius par fuit diabolo: & quæ per aliquas seductiones in operas multos de uia recta in aliam uiam perduxit, & uenenum eius quasi tinnulis uocibus Syrenarum, quæ cantibus pluribus nocere potuit: melior omnibus in bonis, peior in malis. Alia enim habuit dogmata pulchra & multa, alia uero scandalum seminata sunt: multi tamen alij eius pessimi discipuli multa uenenosa sub nomine huius [illegible].

Eusebius Cæsariensis, clarus scriptorum, custosque noui testamenti, multis maior in conscriptione esse à Græcis commendatur. Tria sunt præcipua quæ hoc in operibus eius uerè redimuntur: Canones quatuor Euangeliorum, & decem historiæ Ecclesiasticæ, quæ nouum Testamentum narrant atque custodiunt: & chronicon, id est temporum seruitutem, & per omnis eius uestigia quandiu transire potuisset, nunquam reperimus.

Heliodorus pater domum amplissimam per medium locatam respiciens: cœlum quæ olim concluditur, tempus non habens, ut paucis in lucem proferre ualuit, id quod potuit narrare, sideliter narrauit.

Ambrosius frater profundorum, pinnis rapitur & aeris uolucer, quamdiu in profundum ingreditur, fructum de alto capere uidetur, & omnes eius sermones fidei & ecclesiæ & omnium uirtutum firmæ sunt columnæ.

Dardanus quoque multas quæstiones scripturæ per manus absolutum, auctorem quæ non contingens, multa impossibilia in scripturis cum fiducia loquitur.

Paulino etiam est magister sermo & non erat pater discipulus, & fructum sine radice arboris plantatis habereque remansit. Ideo suas conscriptiones scripturæ & charta non indigent.

Pelagius apud fideles sermo est, de quo etiam & mihi grauis causa disputationes uerborum propter in toto orbe seminata est, quæ omnes eccleſiæ quasi lupum de sylua declinare, aureo colore super nigrum uenenum exposuit, sicut dat & proximis sui [illegible].

lacrimantur ita facit, & corde aspero potat dulcissimum felle commixtum [illegible] eius [illegible] per [illegible] Christianos proferens compositum. & Hieronymi quoque maxime in omnibus laboriosum studium quæ [illegible] infinita effusit & acute.

Iulius Africanus, cuius intelligens amnes Australes, orientales, diligenter unanimiterque in Danielis hebdomadibus inuestigans, uniuersa temporum spacia cum omni penitus rigidoque sermone construxit, & multa omnium quæ scripta sunt per eum, in toto orbe unquam data est contradictio.

Firmenus à multis culpabilis dare sententias, fortiterque uniuersa difficilia in genere conatus est: & qualiter undas maris nauigare non potest, tunc imperium [illegible] non potestis cuncta quæ simplicibus scripturæ sanctæ consilia non poterant: ita qualiter huius secus hominem sunt.

DE SEPTEM DONIS SPIRITUS SANCTI.

Septem dona spiritus sancti, quæ enumerat Esaias. Spiritus sapientiæ, qui fuit cum Adam, qui primus prophetauit, & nomen omni creaturæ nominauit quæ est sub cœlo. Spiritus intellectus, qui fuit cum Noe, qui intellexit bona facere, usque quo meruit audire uerbum Domini, Fac arcam de lignis. Spiritus consilij, qui fuit cum Abraham, qui nihil fecit præter consilium, quod dedit Dominus, Exi de terra tua, & de cognatione tua, & de domo patris tui, & ueni in terram quam tibi demonstrauero. Spiritus fortitudinis, qui fuit cum Isaac, qui sustinuit iniurias gentium, cum quibus habitauit: quia scit quod dixit ei Abraham, Tibi dabo terram hanc. Spiritus scientiæ, qui fuit cum Iacob, cui apparuit Deus in uisione, in loco qui dicitur Bethel, quando fuit apud Laban: & apparuit ei, quando reuertitur à Laban, & congressus est cum illo Deus, & deinde Israel uocatus est. Spiritus pietatis, qui fuit cum Moyse, qui dixit, Si non dimittis populo huic peccatum hoc, dele me de libro tuo quem scripsisti. Spiritus timoris, qui fuit cum Dauid qui dixit, Non contingat mihi, ut mittam manum meam in Christum domini, cum persecutus est Saul.

DE SEPTEM ORDINIBUS.

Clerus sors, id est, pars dicitur. Inde dicitur clericus, quia pars Domini est, uel Dominus pars eius. Caput nostrum mentem significat. Capilli cogitationes. Superior pars capitis rasa, mentem Domino contemplantem significat. Superiorem partem radimus, cum temporalem cogitationem ab animo eiicimus: inferiorem in corona relinquimus, cum temporalia necessario cogitamus, & coronam ad disponimus. Capilli oculis uel auribus non superexcedant, id est, cogitationes temporales auditum uel uisum sim uestis nos impediant. Non enim [illegible] est curandum, a floribus cõlestis [illegible] quaerere, sed possumus cõsuetudinem ecclesiae monstrare. Hostiarii in ueteri Testamento ianuas templi custodiebant, scilicet ianitores, cõtentores [illegible]. Modo in ecclesiam recipiunt fideles, & eiiciunt infideles. Lectores in ueteri Testamento aperte & distincte docebant populum uerba legis: modo spiritualiter lectores sunt, qui de moribus tractant. Exorcistae, id est, adiurantes in ueteri Testamento, habebant potestatem imponendi manus, expellere daemonem ab homine: modo uero per orationem debent effugare doctrina. Acolythi & ceroferarii, in ueteri Testamento lumen praeparabant: modo in ecclesia lumen ueritatis debent praeparare mentibus fidelium. Subdiaconi, sicut in ueteri Testamento, ita nunc oblationes a presbyteris suscipiunt in domo Domini, & ipsa uasa corporis & sanguinis Domini diaconis afferunt. Diaconus super altare ponit, & inde recipit. Leuitae in ueteri Testamento excubabant custodientes uniuersa, quae pertinebant ad cultum tabernaculi, seruientes in ministerio: in nouo Testamento prouidebant uniuersa, quae necessaria erant ecclesiae Dei, & cor unum & animam unam habent. Igitur modo custodientes ministerium sibi commissum, quaecunque necessaria sunt ad perfectae communionem, disponunt super mensam Domini, & signant manus. Per manus & dilectionis digitos diuersa opera Spiritus sancti significantur. Ipsi exordium sumpserunt ab ipso Aaron: qui tunc sacerdotes, nunc presbyteri nominantur: qui tunc principes sacerdotum, nunc episcopi nuncupantur. Presbyteri consortes sunt cum episcopis in pluribus, in paucis uero dissimiles. Baculum habet episcopus, ut subditos regat, infirmos sustineat: annulum, ut sacramenta Dei non omnibus aperiat. Primum uestimentum habet ephod lineum, quod interpretatur superhumerale, significans uocis castitatem, & munditiam bonorum operum, sub quibus oportet unumquemque ordinari ad ministerium Dei, ut ex his cordis eius, & fidei sinceritas comprobetur. Secundum est tunica linea, quam Graeci poderis, Latine talaris dicitur, eo quod usque ad talos descendat. Hanc Iosephus byssinam uocat. Confecta uero ex bysso & lino, & significat [illegible]. Vade & tu fac similiter. Esto fidelis usque ad mortem. Tertium est cingulum, ne tunica ipsa defluat, & gressum impediat. Hinc [illegible] custodiam significat, quae necessaria est sacerdotali castitati per tunicam significatae, sive remissa, & [illegible], & frigore [illegible] patefacta usum bonorum impediat, & ad aliquem [illegible] concupiscentiae pollutae [illegible]. Quartum est mappula, id est, amaphia, quae ut nomen ipsum indicat, manibus tergendis praebebatur. Oportebat sacerdotem mappulam tenere manibus, ut cum emendatione mentis opus suae corporis commendet, & digne exerceat officium, quod pie est diuino munere collatum. Vel sudarium dicitur, unde pergit sudor, & omne fastidium

perfectum corporis, in sinistra ponetur parte. Significat autem studium mundanae cogitationis, quo in hac uita delectationes, taedia, & alia superflua mentis extergimus. Quintum est orarium, quod quidam stolam uocant, quod est concessum. Bene etiam orarium, conueniens orarium [illegible] afficit. Apte etenim collum simul & pectus tegit sacerdotis, ut spiritu ipsius fruatur, quicquid ore proferat, consulat summi praeconis tribunal, ut psallens spiritu psallat & mente: quia cor sapientis erudiet os eius, ne improuide loquatur. Sextum est Dalmatica, a prouincia Graeciae dicta, id est, Dalmatia. Ipsa habet duas lineas retro, & duas ante, propter uetus & nouum Testamentum, uel duas dilectiones Dei & proximi: hoc est, immaculatam esse ad Dominum, & parentes [illegible], pertinet ad pectus. Triginta fimbrias habet retro, quadraginta ante. Singulae lineae [illegible] quindecim, quibus linea charitatis in ueteri Testamento & nouo in prosperis & aduersis quindecim ex se ramos producit: quia charitas ex Deo est, patiens est, benigna est, non aemulatur, non agit perperam, non inflatur, non est ambitiosa, non quaerit quae sua non sunt, non irritatur, non cogitat malum, non gaudet super iniquitatem, congaudet autem ueritati: omnia credit, omnia sperat, omnia sustinet. Sinistra parte habet fimbrias: quia actiua uita sollicita est, & turbatur erga plurima. Dextera non habet: quia contemplatiua uita quieta est. Largitas manicarum, largam dispensationem Euangelii significat. Casula circumdatur aliquando Euangelium legit diaconus, ut expeditus ad Euangelium possit accedere, & mensam Domini praeparare. Casula aperta est in dextera parte, unde emittitur brachium: quia auctor Euangelii, quem debet diaconus imitari, in dextro latere lancea perfossus est. Septimum est quod casulam uocant, hanc Graeci planetam dicunt: quia suprema omnium uestimentorum, & ideo munimine alia tegit. Hanc ergo uestem possumus intelligere charitatem, de qua enumeratis uirtutum uestimentis Apostolus ait, Super autem omnia haec charitatem habentes, quod est uinculum perfectionis. Similiter casula opera iustitiae significat, ut illud, Sacerdotes tui induantur iustitia. Suppar est post tergum, inter humeros & ante pectus. Post humerum pondus boni operis significat, ubi duplex uestimentum: quia sic bona opera debent foris ostendi, ut intus coram Deo integra sint in pectore. Duplex, quia in eis utrumque debet esse, doctrina ad homines, & ueritas intus. Oportet duo duplicia coniuncta sint, quia tunc bene manifestatur, cum bonum opus & uera doctrina conueniunt. Habent quoque sacerdotes pedes sandaliis, Euangelici sacerdotii [illegible] cessum quo calceamentis nec penitus tectis, nec nudis ad terram [illegible] intelligi, ut nec Euangelium occultetur, nec terrenis commodis innitatur, & partim Euangelium debet operiri, partim manifestari, ut fideles inueniant doctrinam, & contemptores non inueniant materiam blasphemandi.

DE QVINDECIM SIGNIS.

Quindecim signa, quindecim dierum ante diem iudicij inuenit Hieronymus in annalibus Hebræorum. Prima die eriget se mare in altum quadraginta cubitis, super altitudinem montium, & erit quasi murus. & omnes similiter. Secunda die descendent usque ad ima, ita ut summitas eorum uix conspici possit. Tertia die erunt in æqualitate, sicut ab exordio. Quarta die pisces & omnes belluæ marinæ, & congregabuntur super aquas, & dabunt uoces & gemitus, quorum significationem nemo scit nisi Deus. Quinta die ardebunt ipsæ aquæ ab ortu suo usque ad occasum. Sexta die omnes herbæ & arbores sanguineum rorem dabunt. Septima die omnia ædificia destruentur. Octaua die debellabunt petræ ad inuicem, & unaquæque in tres partes se diuidet, & unaquæque pars collidet ad alteram. Nona die erit terræmotus, qualis non fuit ab initio mundi. Decima die omnes colles & ualles in planiciem conuertentur, & erit æqualitas terræ. Vndecima die homines exibunt de cauernis suis, & current quasi amentes, nec poterit alter respondere alteri. Duodecima die cadent stellæ & signa de cœlo. Decimatertia die congregabuntur ossa defunctorum, & surgent usque ad sepulchrum. Decimaquarta die omnes homines morientur, ut simul resurgant cum mortuis. Decimaquinta die ardebit terra usque ad infernum nouissimum, & post erit dies iudicij.

DE CRVCE DOMINI.

Crux Domini de quatuor lignis facta est, quæ uocantur cypressus, cedrus, pinus & buxus. Sed buxus non fuit in cruce, nisi tabula de isto ligno supra frontem Christi fuit, in qua conscripserunt Iudæi titulum, Hic est rex Iudæorum. Cypressus fuit in terra usque ad tabulam, cedrus in transuerso, pinus sursum. Septem sunt gradus in quibus Christus ascendit. Ostiarius fuit, quando destruxit ostia inferni, & ligauit diabolum: lector fuit, quando aperuit librum Isaiæ prophetæ, in quo inuenit, Spiritus Domini super me, euangelizare pauperibus misit me: exorcista fuit, quando eiecit septem dæmonia de Maria Magdalene: acolythus fuit. Sic subdiaconus fuit, quando lauit pedes discipulorum suorum: diaconus fuit, quando fecit de aqua uinum: presbyter fuit, quando fregit panem discipulis suis, dicens, Accipite & comedite, hoc est corpus meum.

DE SEPTEM PECCATIS.

Hæc sunt peccata Adæ, quæ & originalia sunt. Primum peccatum fuit superbia, quia dilexit [illegible] in sua potestate plusquam Dei: secundum sacrilegium, quia Deo non credidit: tertium homicidium, quia semetipsum peccando occidit: quartum fornicationem spiritualem habuit, quia integritatem mentis corrupit: quintum furtum, quia cibum prohibitum arripuit: sextum auaritia, quia plusquam debuit, appetiuit: septimum gula, quia uetitum fructum comedit. Hæc sunt quoque uindictæ septem. Prima maledictio: altera expulsio de paradiso: tertia, educatio in terram laboris: quarta, mors sua: quinta, labor: sexta, mors corporis: septima descensio eius ad infernum. Et quia septies peccauit, septem uindictas accepit. Hæc sunt septem peccata Cain. De septem peccatis Cain alij uaria sentiunt. & primum asserunt fuisse peccatum, quod non recte diuiserit: secundum, quod inuiderit fratri suo: tertium, quod dixerit, Egrediamur foras: quartum, quod interfecerit eum: quintum, quod procaciter negauerit, Nescio: sextum, quod se ipsum damnauerit, Maior est iniquitas mea, quam ut ueniam merear: septimum, quod nec damnatus egerit pœnitentiam. Sex sunt ætates mundi: prima ab Adam usque ad Noe: secunda a Noe usque ad Abraham: tertia, ab Abraham usque ad Moysen: quarta a Moyse usque ad Dauid: quinta a Dauid usque ad Ioannem baptistam, & aduentum Domini: sexta, [illegible] Domini usque ad finem seculi. & ut tradunt seniores, quod sex milia annis mundus a Deo omnipotenti creatus fuisset. Sex ætates hominis sunt. Prima infantia, septem annos tenet: secunda pueritia alios septem annos tenet: tertia adolescentia, quæ quatuordecim annos tenet: quarta iuuentus, quæ quinquaginta annos tenet: quinta senectus, quæ quinquaginta octo annos tenet: sexta dicitur senium, ultima ætas uel decrepita, quæ nullum certum tenet numerum annorum.

DE QVATVOR ORDINIBVS.

Quatuor columnæ sustinentes aulam, & ideo construitur aula. Dominus noster Iesus Christus fecit unam aulam, id est, mundum: & hanc aulam fecit de quatuor rebus, id est, de quatuor elementis quæ sunt, ignis, aer, terra, aqua: & in hac aula fecit quatuor angulos, id est, quatuor partes mundi, orientem, meridiem, occidentem, & septentrionem. Ad istam aulam sustinendam constituit Dominus quatuor columnas, quæ sustineant aulam illam, id est quatuor ordines hominum: scilicet oratores, defensores, mercatores, laboratores. Oratores autem constituit Dominus in mundo ad hoc, ut pro aliis ordinibus orarent, & haberent super nocentes, qui sunt in tenebris ignorantiæ, hoc est in peccato, & illos ad lumen reducerent, bonum eis exemplum monstrando, & bonam prædicationem [illegible] bene uiuentes, nec illi sed suo malo exemplo populum Dei occiderent.

de

de his dicitur, Stellæ non luxerunt, & ideo de gelo ceciderunt, & sic cecidit illa columna. Defensores id est milites constituti ad hoc, ut alios tres ordines defenderent: ipsi uero cum debuissent defendere, facti sunt raptores de rapina, & inde se uestiunt, & inde putant facere eleemosynas, quæ nihil prosunt eis, & de his dicitur, Defecerunt in uanitate dies eorum, & anni eorum cum festinatione, & ideo ira Dei ascendit super eos, & sic cecidit illa columna. Mercatores constituti sunt, ut alios tres ordines ab inopia defenderent, ut de orientali abundantia replerent occidentalem inopiam: & e contrario de meridionali abundantia replerent septentrionalem inopiam: ipsi uero populum deridentes, quia fraudibus & periurijs omne quod habent lucrantur, de his dicitur, Qui confidunt in uirtute sua & in multitudine diuitiarum suarum gloriantur, omnes in inferno ponentur, & mors depascet eos: & sic cecidit illa columna. Laboratores constituti sunt, ut de labore eorum alij tres ordines pascerentur. Isti uero faciunt bene hoc, ad quod constituti sunt, sicut dicitur in Psalmo, Labores manuum tuarum &c. quem ipsi manducant, beati sunt. Sed ipsi cum sic possint uiuere iuste, de proprio labore & sudore, & inde populum Dei pascere, & sic sustinere aulam ne omnino caderet, & sic peruenirent ad regnum Dei: ipsi uero deuitando causam, quæ in primis auferunt Domino suo Iesu Christo & patri, & suæ matri ecclesiæ, sua iura, decimas & primitias: & est mirum quomodo audent quærere panem ab eo, cui suum auferunt, cum dicitur, Panem nostrum quotidianum da nobis hodie. Isti sunt inuidentes uicinis suis de honoribus, de campis, de uineis: & si possunt, subtrahunt illi unam metam, aut mutant terminum: & sic cadit illa columna, & sic perijt pene totus mundus, nisi ille succurrat, qui ipsum creauit. Fratres, quia nos non possumus agere hoc, & nos regem precemur Dominum nostrum Iesum Christum, ut ipse qui cœlum & mundum regit, nos & mundum sic, ut possimus peruenire ad regna cœlorum, ipso adiuuante, qui uiuit & regnat cum patre & spiritu sancto, per omnia secula seculorum. Amen.

DE EVCHARISTIA SVMENDA.

IN miraculis Bonifacii papæ legimus, quod Dominica die cantabat missam, post missam benedixit panem, & dum communicabat populum, uenit unus filius Iudæi, & introiuit in ecclesiam, & accepit panem de manu sancti Bonifacii, & eum manducauit: & statim cœpit ardere, & clamare, Sancte Bonifaci, festina me baptizare, quia panem, quem indignus accepi, me consumit: & uenit clamor usque ad Iudæos. Venit pater eius per iudicium Iudæorum, & compleuit de lignis & spinis unam domum, & accendit ignem, & filium suum intus iactauit, & cooperuit eum per media flammas, & mater aspiciens, per flammas non potuit filium suum uidere, & cum magno clamore cœpit uocare sanctam Mariam, ut filium suum sanaret, & illi ceperunt eum Iudæi in medium ignem. Cum hoc audisset beatus Bonifacius, statim indutus quasi ad missam, & cum multis Christianis in igne introiuit, & inde puerum cum matre sanos extraxit. Deprecemur Deum, ut sic donet nobis suum corpus accipere, ut uitam æternam mereamur habere, per Christum Dominum nostrum, Amen.

HYMNVS DE DIE IVDICII.

A Prophetis inquisiui de die illa iudicii, utrum longe aut prope esset: hæc signa dederunt mihi: in tremendo die.

Beatos martyres Deus tenet, quorum passionem tam dedit ut pro illis pateremur, & pro nobis interuenirent: in tremendo die.

Cum erit dissolutio & magna tribulatio, cessabunt patrocinia, & erit consummatio: in tremendo die.

Deus ab austro apparebit, tenebris adueniet orbem ponere in desertum, & uindictam retribuere: in tremendo die.

Extinguetur sol & luna, stellæ cadent in terram, cœlum mouebit se de loco, & plicabitur ut liber: in tremendo die.

Fundamenta orbis terræ concutient cum ira grandi, montes liquescent, terra inarescet simul, & mare siccabitur: in tremendo die.

Gloriosus apparebit Christus, in throno sedebit iudicare suam plebem, cui legem ipse dedit: in tremendo die.

Hoc quod dixit, adimplebit, angelus tuba cantabit, mortui cum audierint uocem, in tremendo die.

Ibi stabit seruus malus, expectans cum ueniet Dominus eius hora qua non sperat, inquiretur actis eius: in tremendo die.

Kalumnia superborum, & rapina impiorum, ibi illa ambo occurrent cum lachrymis miserorum: in tremendo die.

Liber datur in medio, & erit memoratio ab angelis recitantur peccata nostra in illo congregata: in tremendo die.

Miser ergo quid facio, aut quid respondebo hoc quod mihi occultum est, meis auribus audiui: in tremendo die.

Non accipitur persona, cessabunt sacrificia: non se redimunt diuites, qui congregauerunt peccata: in tremendo die.

O quales reges potentes, quibus obedierunt gentes, stabunt ante thronum, cum magno fletu gementes: in tremendo die.

Principes sublimiores ibi anhelabunt pro ardore, non est qui faciat uentum illis, neque qui tergat sudorem: in tremendo die.

Quam amara dies illa, de qua loquuntur prophetæ, nimis & timenda peccatoribus tremenda: in tremendo die.

Rapidus patet infernus tenebrosus & horrendus, aperiet fauces suas nimium insatiandus in tremendo die.

Semper sit sollicitudo monente Deo nostro, ne grauentur corda nostra in crapula & timor in tremendo die.

Tanta parentur tormenta, quanta non capit mens nostra: sed ipse locus se demonstrat, ubi erit fletus frustra in tremendo die.

Videns filius iudicans orbem, Christum qui non confitentur, ipsi peribunt in fine in tremendo die.

Xpi ut compleantur uerba, ista sunt praecepta: breuiantur dies illi, erunt ut una hora in tremendo die.

Vae erit dies illi, quando uenit Dominus in terra. Deus tu libera nos ab illa aeterna poena in tremendo die.

Zabulo immittente Eua peccauit serpente. Deus tu nos libera ab illa ira aeterna in tremendo die.

AVdax est uir iuuenis, dum ferox est caro mobilis, male uiuere agis, perpetrans tua membra coinquinans: attende homo quia puluis es, & in puluerem reuerteris.

Breue est tempus iuuentutis, considera quod morieris: ueniet dies ultimus, & perdes florem optimum: attende homo.

Carni tuae consentiens, animam tuam decipis, dum flecteris ad libidinem mali, deceptus remanes: attende homo.

Dentes tui frendent, & labia exasperata, & lingua mala generans, tua uita trepidat: attende homo.

Eleuans tuos oculos, ut uanitatem uideas, flectitur mens misera, membra ad malum erigit: attende homo.

Fecisti malum consilium, & ostendisti uultum, quia multum secutus es tumorem ad libidinem: attende homo.

Gloriam quaeris in populo, laudem humanam diligis, placere Deo non cupis, nec te de coelo respicit: attende homo.

Honorem transitorium praesumpsisti accipere, sed maior poena sequitur, cui maiora credita: attende homo.

In terra semper aspicis, semper de terra cogitas, sed hic relinques omnia, unde superbus ambulas: attende homo.

Karo te traxit in foueam, uide ne male pereas, festina te corrigere, antequam finis ueniat: attende homo.

Luge modo, dum tempus est, ne gemas in iudicio, ubi non ualet gemitus, nec ulla intercessio: attende homo.

Modo labora fortiter, dum es in isto corpore, emenda tuum uitium, ne gemas in perpetuum: attende homo.

Non te frangat cupiditas, nec te flectat fragilitas, & noli cum diabolo participare supplicium: attende homo.

O si ex corde intelligas, quae praecepta legis sunt, ut ille qui adulterat, lapidibus subiaceat: attende homo.

Per Saluatorem aeternum ueniet magna redemptio, ut cuncta quae committuntur, poenitendo remittantur: attende homo.

Quare non iam iuuentus recurrere ad Dominum, roga eius clementiam, ut donet indulgentiam: attende homo.

Rumpe cordis duritiam, mentis tuae malitiam, reuertere ad Dominum, antequam finis ueniat: attende homo.

Suscipit Christus poenitentiam, & donat indulgentiam, ab illa uera anima, quae carnem suam macerat: attende homo.

Terribilis Christus uenit ad iudicandum seculum, ac ipse reddet singulis secundum suam operam: attende homo.

Veniet dies iudicii, erit fortis districtio, ubi non adiuuat pater filium, nec filius defendit patrem: attende homo.

Xpus uenit cum angelis, & ipse reddet unicuique singulis secundum sua opera: attende homo.

Ymnus adquirit gratiam, delet peccati maculas: humilitas & charitas ducit ad coelos in patriam: attende homo.

Zelum habet bonum ac optimum qui Deum amat ac proximum, laetabitur in seculum, & gaudet in perpetuum: attende homo, quia de terra factus es, & in terram reuerteris.

ORATIVNCVLAE.

REctorem mundi Christum regem ex uirgine natum, Dominum precibus pacificatores et apostolos rogemus. Petrus mihi apostolus aperiat ianuam uitae, & Paulus praedicator gentium introducat in coelis. Andreas uitam tribuat ante tribunal Christi. Iacobus uero prostrato agmine, angelorum me finibus tradat. Iohannes cum gratia me petet ab omnipotentis pectore. Philippus me lampadibus ornatis, secum ad regem perducat. Thomas mihi organorum laudibus in aurium canticum triumphalis mereat. Bartholomaeus me mellifluis mandet alloquiis, ab angelorum amator agmina delectat secum. Iacobus mihi Alphaei auream reddat coronam, uariisque floribus gemmatam in fulgido splendescat lumine. Simon mihi monilia tribuat zelotes sancta, unde angelica celsitudo admirabilis uidebatur omnibus. Iudas me confessum uocet, ad inaestimabilem patientiam uehat, ubi trinam diuinam ternam adorant uocibus patrem & filium, & spiritum uno ore omnes collaudant Dominum.

ALIA ORATIO.

O Iesu Nazarene, fili Mariae, regnum tibi sit in aeterno regi, cuius regnum est sine fine. Deus Domine meus, terribilem reus mortis, esto mihi nunc patiens, qui es fortis & potens. Adiuro Dominum meum, unum semper & trinum, ut adorantem possum sanctum Martinum. Rogo nunc regem regum, qui est lumen diuinum, ut ualeat sanctificare Martinum. Christe Deus deorum, cuius est numen mirum, sic me fugere sinas, iuxta sanctum Martinum. Viam dirige planam Iesu Nazarene, ut valeam pure, absque crimine ire. Mihi adiutorium est per naufragium, Christi militis mihi suffragium Martini. Volo te visitare, sic me ad te venire, quia es virtutis tanto tu sancte Martine. O sancte Martine, nunc intercede quaeso pro me dolente, male tabe culparum pressio. Ora sancte Martine, pro me nunc intercede, ne me exstinguant contra flammae perennis poenae. O mi sancte Martine, turba caelo remeare, ne sim particeps poenae, mihi auxiliare. O sancte Martine, mihi auxiliare, ut fruar in sine fine vitae perenni pane. Gloria tibi pater, qui es frater & mater.

ITEM ALIA.

Dominator Dominus deus omnipotens, qui es trinitas una, pater in filio, & filius in patre, cum spiritu sancto, qui es semper in omnibus, & eras ante omnia, & eris per omnia Deus benedictus in secula. Commendo animam meam in manus potestatis tuae, ut custodias eam diebus ac noctibus, horis atque momentis, miserere mei Deus angelorum. Dirige me rex archangelorum, custodi me per orationes patriarcharum, per merita prophetarum, per suffragia apostolorum, per victorias martyrum, per fidem confessorum, qui placuerunt tibi ab initio mundi. Oret pro me sanctus Abel, qui primus coronatus est martyrio. Oret pro me sanctus Enoch, qui ambulavit cum Deo, & translatus est a mundo. Oret pro me sanctus Noe, quem Dominus servavit in diluvio propter iustitiam. Roget fidelis Abraham, qui primus credidit Deo, cui reputatum est fides ad iustitiam. Intercedat pro me sanctus Isaac, qui fuit obediens patri usque ad mortem, in exemplum Domini nostri Iesu Christi, qui oblatus est Deo patri pro salute mundi. Postulet pro me felix Iacob, qui vidit angelos Dei ascendentes in scalam suam. Oret pro me sanctus Moyses, cum quo locutus est dominus facie ad faciem. Subveniat mihi sanctus David, quem elegisti secundum cor tuum Domine. Deprecetur pro me sanctus Elias propheta, quem elevasti in curru igneo usque ad caelum. Oret pro me sanctus Heliseus, qui suscitavit mortuum post mortem. Oret pro me sanctus Esaias, cuius labia mundata sunt igni caelesti. Adsit mihi beatus Hieremias, quem sanctificasti in utero matris. Oret pro me sanctus Ezechiel, qui vidit visiones mirabiles Dei. Deprecetur pro me electus Daniel, desiderabilis Dei, qui solvit somnium regis, & interpretatus est, & bis liberatus est de lacu leonum: & tres pueri liberati ab igne: duodecim

bi virtutem abstinentiae: fuga a me spiritum fornicationis, & da mihi amorem castitatis: extingue cupiditatem, & da mihi voluntatem paupertatis. Cohibe iracundiam meam, & accende in me mansuetudinem, & charitatem Dei & proximi. Abscinde a me Domine tristitiam seculi, & auge mihi gaudium spirituale. Depelle a me iactantiam mentis, & tribue mihi compunctionem cordis. Minue superbiam meam, & perfice in me humilitatem veram. Infelix ego sum, & misera homo, quis me liberabit de corpore mortis huius peccati, nisi gratia Domini nostri Iesu Christi: quia peccator ego sum, & innumerabilia sunt delicta mea, & non sum dignus vocari servus tuus. Suscita in me fletum, mollifica cor meum durum & lapideum, & accende in me ignem timoris tui: quia ego sum cinis mortuus. Libera animam meam ab omnibus insidiis inimici, & conserva me in tua voluntate: doce me facere voluntatem tuam, quia Deus meus es tu, tibi honor & gloria per omnia, &c.

ITEM ALIA.

Deus meus, & pater meus, rex meus, protector meus, munda me a peccatis meis, & ab iniquitate mea lava me Domine, & salva me: quoniam peccata multa feci coram te, & non sum dignus vocari servus tuus, propter iniquitates meas, quae sunt innumerae: dimitte Domine debita mea, quia deprecor cum omni diligentia, & intimo cordis amore supplico tibi Domine, immitte veram dilectionem in cor meum, & amorem caelestem in sensum meum, & obumbret me misericordia tua Domine Deus, revoca mihi ad memoriam agonem, ut merear audire in regno caelesti, ubi pater regnat cum filio & spiritu sancto in secula seculorum, Amen.

ITEM ALIA.

In nomine patris, & filii, & spiritus sancti. Gabriel esto mihi lorica, Michael esto mihi balteum, Raphael esto mihi scutum, Vriel esto mihi protector, Ramiel esto mihi defensor, Pantiel esto mihi sanitas, & omnes sancti & martyres deprecor ut iuvetis me apud iustum iudicem, ut dimittant mihi in die iudicii peccata mea, in nomine Domini nostri Iesu Christi. Oro vos & deprecor, ut me in orationibus vestris dignemini habere, ut nunquam inimicus vel adversarius nocere possit. Peccavi Domine coram te, & coram angelis tuis, fac cum servo tuo misericordiam tuam, tibi Dñe iustitia, tibi Dñe misericordia. Sana me Dñe, & sanabor, quia salus mea tu es, & veniat oratio mea ad templum sanctum tuum, tibi honor & gloria, per omnia secula seculorum, Amen.

ITEM ALIA.

www.ingramcontent.com/pod-product-compliance
Lightning Source LLC
Chambersburg PA
CBHW021118270326
41929CB00009B/931

* 9 7 8 3 7 4 1 1 9 2 4 6 3 *